阜平县志

FU PING XIAN ZHI

（1996—2010）

阜平县地方志编纂委员会　编

方志出版社
Publishing House of Local Records

图书在版编目（CIP）数据

皋平县志 ： 1996—2010 / 皋平县地方志编纂委员会编. — 北京 ： 方志出版社，2019.8

ISBN 978-7-5144-3702-7

Ⅰ. ①皋… Ⅱ. ①皋… Ⅲ. ①皋平县—地方志—1996—2010 Ⅳ. ①K292.24

中国版本图书馆CIP数据核字（2019）第170784号

皋平县志（1996—2010）

编　　者：皋平县地方志编纂委员会
责任编辑：刘方圆

出 版 者：方志出版社
地址　北京市朝阳区潘家园东里9号（国家方志馆4层）
邮编　100021
网址　http://www.fzph.org

发　　行：方志出版社图书经销中心
电话（010）67110500

经　　销：各地新华书店
印　　刷：山东黄氏印务有限公司

开　　本：889×1194　1/16
印　　张：63.25
字　　数：1515千字
版　　次：2019年8月第1版　2019年8月第1次印刷
印　　数：0001～3000册
ISBN 978-7-5144-3702-7　定价：698.00元

序一

盛世修志，志载盛世。集全县之智，积数年之劳，《阜平县志（1996—2010）》付梓问世。这是阜平县文化和社会生活中的一件大事，也是阜平县修志史上的重要里程碑。功在当代，泽被千秋，意义非凡，可喜可贺！

阜平历史悠久，人杰地灵，文化源远流长；山川毓秀，物华天宝，自然资源丰富；勤劳智慧，民风淳朴，勇于担当大义。自北宋（金明昌四年，公元1193年）置县，历代为兵家必争之地，素称“畿西屏障”“冀晋咽喉”。阜平是全国著名的革命老区。1925年成立中共党组织。1931年成立华北第一个工农红色政权——中华苏维埃阜平县政府。1937年成立北方第一个抗日政权——阜平县抗日民主政府。1938年在阜平县成立晋察冀边区政府。晋察冀边区革命根据地成为中国第一个敌后抗日民主根据地，为解放全中国、建立新中国立下了彪炳千秋的历史功勋，被党中央、毛主席命名为“敌后模范的抗日根据地及统一战线的模范区”。

修志问道，彰往昭来。传承中华文明，资政、存史、教化。我们有幸主持其事，深感使命光荣，责任重大。《阜平县志（1996—2010）》的编纂，坚持“党委领导，政府主持，全县上下，通力合作，专家修志，众手成书”，全面系统地记述了改革开放15年间阜平县自然、政治、经济、文化和社会的历史与现状，再现了悠久的历史，灿烂的文明，壮美的河山，富饶的物产，海纳百川、一脉相承的豪爽大气，抚今追昔、上下求索的满腔热忱，发愤图强、战天斗地的精神风貌，日新月异、翻天覆地的发展变化，是一个“让世界了解阜平，让阜平走向世界”的重要窗口；是一部集思想性、科学性、著述性于一体的百科全书。

《阜平县志（1996—2010）》终至成书，得到中国地方志指导小组、河北省和保定市地方志办公室领导、省内外专家和社会各界的悉心指导、鼎力帮助。我们代表阜平县委、县政府表示诚挚的感谢！

中共阜平县委书记 刘靖

阜平县人民政府县长 贾瑞生

2018年11月11日

序二

国有史，邑有志，家有谱。赓续不断地编修地方志，是中华民族一项优秀文化传统，迄今已经延续两千余年。

纵观历代编修的各级各类志书，以其记载对象的特殊性和记述内容的涵括性而言，大致可分作两大类，即综合性行政区域志和专志。综合性行政区域志以各级行政区域为记述对象，其主体即历史上的省、府、州、县志和今天的省、市、县三级志书；专志即除综合性行政区域志之外的其他各类专门志书，如部门志、行业志、名山大川志、寺庙道观志、事件志等。在记述原则上，综合性行政区域志要求全面、系统、客观地反映特定区域自然、政治、经济、文化和社会的历史与现状，专志则专记某一方面或某些领域事项。在内容特色上，尽管两者均强调时代性、地域性、行业（专业）性兼具，实际则各有偏重，综合性行政区域志偏重于突出时代性、地域性，专志偏重于强调时代性、行业（专业）性。

阜平作为县级建制，始于金（章宗）明昌四年（1193 年），县名寓意“兴盛平安”。《阜平县志（1996—2010）》是阜平迄今可知 800 余年建县史上的第六部县志，是 1999 年版《阜平县志》的续志。作为综合性行政区域志，志书时代特色浓郁。该志全景透视了阜平 15 年间经济社会发展历程，全方位展示了阜平改革开放这段时期的历史印记和在新时代继续深化改革扩大开放、谋求改革开放再出发的宏大进程，展现了这一进程中阜平改革开放的奋斗史、经济建设的发展史、各行各业的创业史和深厚文化尤其是红色文化的传承史，描绘了“兴盛平安”之地激荡人心的沧桑巨变，为具有深厚文化底蕴的红色土地增添了新的光彩，为更多人了解阜平、热爱阜平打开了一扇精彩的文化之窗。

该志地域特点十分突出。阜平地处太行山东麓，位于太行山腹地冀晋交界处，境内山峦绵亘、沟壑纵横，地势由西北向东南倾斜。特殊的地理区位和独特的地形地貌，造就了该县为全山区县这一最大特点。这里历代都是兵家必争之地，明清时期为“冀晋咽喉”“畿西屏障”，革命战争年代是红色土地、“模范根据地的模范县”。境内不仅有明代长城，有雄关险隘，有清代康熙、雍正、乾隆驻跸阜平的遗迹、记载、诗作、题匾等，有晋察冀革命根据地纪念馆及丰富的馆藏革命历史文物，有毛泽东、周恩来、朱德等老一辈无产阶级革命家工作、生活过的印迹，还有 4A 级自然景区、国家地质森林公园——天生桥瀑布群，众多的以真山真水为底色的景区景点，以及伴自然条件而培育、已有 3500 多年栽培历史的名优特产——阜平大枣。

革命老区、山区、库区、贫困地区“四区合一”，这是阜平最显著的地情特点。作为革命老区、贫困山区，新中国成立后尤其是改革开放以来，阜平人民发扬传统、风雨征程，克服全山区县自然环境形成的不利因素，迎难而上、开拓奋斗，铸就了阜平的辉煌灿烂。15 年间，县域经济平稳快速发展，经济实力明显增强；基础建设长足进步，支柱产业提速发展；城镇化进程逐步加快，县城面貌焕然一新；教育事业在改革中发展，在发展中提高；科技与经济加速结合，卫生事业较快发展；人民安居乐业，社会和谐进步。可以自豪地说，数十年的拼搏进取，阜平在历史上第一次真正成就了其县名所涵咏的意义——“兴盛平安”。

回溯15年阜平经济社会发展中的重大事件和重大工程，展示阜平人民艰苦奋斗、与时俱进、开放包容、锐意进取的精神风貌，全面系统客观地记录和还原阜平改革开放的光辉历程和沧桑巨变，是这一轮方志编修者的责任和使命。《阜平县志1996—2010》很好地践行了这一宗旨，全志既记述了改革开放关键时期阜平县经济社会发展变化中的新事物、新成就和新经验，也反映了值得借鉴的曲折、教训和不足，是全面、系统、客观、真实地反映阜平发展历程百科全书式的地情文献。

重视历史，研究历史，借鉴历史，可以给人们带来更多了解昨天、把握今天、开创明天的智慧，这是修史编志的意义所在。成绩固足喜，教训弥珍贵。疾不讳医，对制约阜平迈向更美好明天的问题，《阜平县志1996—2010》没有回避。

特殊的自然环境，阜平县总面积2494平方公里，山地就占了88%，耕地仅占5.84%。山多地少，“九山半水半分田”的自然格局，加之各种山地自然灾害的不断侵扰，阜平成为贫困县就很自然了。该县1986年被国务院列为全国重点贫困县，1994年被列为国定贫困县，2001年被列为全国扶贫开发工作重点县。按照农村居民户人均纯收入在2300元以下的国家贫困县标准，2010年全县209个行政村中贫困村即达164个，全县22.3万人口中农村贫困人口达9万。贫困问题，是制约阜平更大发展的一个关键性问题，也是阜平县倾力解决的问题。多年来，阜平县委、县政府以扶贫开发工作统揽全局，以扶贫开发贫困村为对象，以基础设施建设为重点，依托“林果、畜牧水产、矿产、旅游”四大支柱产业组织扶贫开发，实施项目拉动、开发推动、科技带动、环境助动“四动”战略，发展生产，消除贫困，使阜平贫困状况大为缓解。对此，《阜平县志1996—2010》设《扶贫开发》专篇，以7章、5.4万余字的篇幅，客观记载了贫困状况、政策保障、专项扶贫、社会扶贫、扶贫管理、扶贫成效、扶贫典型等内容，记述了1996—2010年间阜平扶贫攻坚和贫困村整村推进两大阶段工作开展及所取得的显著成绩，充分反映出阜平人民在改革开放精神指引下，奋进不息，建设美好家园的光辉历程。汗迹犹温，足音未远。历史性的跨越，拼搏进取的精神，在在可以鼓舞人心，助推进步发展。

修志之要，在于切合世用。修当代之书，记当代之事，反映当代社会现实，可以垂鉴未来，贻厥子孙。相信《阜平县志1996—2010》的出版面世，必可为推动地方经济社会发展，尤其是地方文化建设，发挥其应有的作用。

邱新立

2018年11月8日

（邱新立：中国地方志指导小组办公室副主任 中国地方志学会副会长 研究员 博士生导师）

阜平县地方志编纂委员会

总指导　刘　靖

主　任　贾瑞生

副主任　戴鹏炜　王　欣　王照堂　陈占洲　张　倩（女）

委　员　张晓东　王照顺　王玉东　罗建龙　张　强　李文娥（女）

白宗才　王玉飞　刘会军　安秀峰　王建军　张　涛（女）

刘　达　郑玉丽（女）　齐茂源

阜平县地方志编纂委员会办公室

主　任　王照顺（2019年3月离任）　安秀峰（2019年3月任）

常务副主任　王玉飞　齐茂源

副主任　高文成　陈先国

《阜平县志（1996—2010）》编辑部

主　编　王玉飞　齐茂源

副主编　高文成　陈先国

编　辑　白万刚　孙淑英　韩绍乾　杨廷春　王德红　刘喜生　赵顺文

孙曼玉（大学生志愿者）　宋治江（大学生志愿者）

摄　影　陈先国

《阜平县志（1996—2010）》市级评审专家

孙进柱　张积涛　赵　光　宫卫红　李　妍

《阜平县志（1996—2010）》省级评审会专家

周勇进　王卫明　赵俊丽　郑小明　杨富中　孙进柱　赵　光　宫卫红
李　妍

《阜平县志（1996—2010）》省级终审专家

杨洪进　王广才　阴纪东　王　蕾　任丽英　赵俊丽　郑小明　魏铁军

《阜平县志（1996—2010）》供稿人名单

（排名不分先后）

白万刚	常贵民	陈守兰	陈先文	陈占平	崔丙福	董　录	杜金利
范海英	冯朝阳	高风献	耿倩楠	谷庆红	顾婷婷	顾业强	韩宝旗
何士银	何新凯	贾国瑞	贾　丽	贾少光	李风忠	李树江	李学良
刘　峰	刘光红	刘建国	刘孝会	刘拥军	刘志敏	吕士虎	孟永利
孟　震	牛　嵬	齐风鸣	齐国花	郄佳学	苏文军	孙玉峰	田　霄
仝创明	王宏九	王金强	王智慧	肖志勇	许士雷	杨国荣	杨廷发
杨耀峰	袁富河	张爱召	张建月	张魏锋	张永文	赵冰丽	赵金红
赵玉和	赵志新	郑子春	周明芳	周树平	刘　波	王建栋	刘国栋
辛玉增	孟　建	冯树梅	张潇文	刘　博	陈先清	孟宪玲	张新利
王泉琳	樊青山	杨廷春	李殿平	郄佳芳	张富达	刘国海	杨志敏
杨　军	贾利军	孙文广	段志昱	张文堂	邓靖忠	贾国选	邢玉杰

凡 例

一、指导思想 以马克思列宁主义、毛泽东思想、邓小平理论、“三个代表”重要思想和科学发展观、习近平新时代中国特色社会主义思想为指导，坚持辩证唯物主义和历史唯物主义的立场、观点和方法，充分发挥地方志书“资政、存史、教化”功能，为推进社会主义物质文明、精神文明、政治文明、生态文明建设服务。

二、编纂原则 遵循以人为本、实事求是、秉笔直书、以类记事、详今略古、横排纵写。坚持质量第一原则、述而不论原则。力求思想性、著述性、科学性相统一，力求全面系统、准确翔实地记述阜平县改革开放、自然与社会的发展变化。

三、断限范围 志名《阜平县志（1996—2010）》，为断代志，是1999年版第一轮《阜平县志》的续志。上限起于1996年，下限断至2010年，时间跨度15年。为保持记事的连续性，对重要事项适当上溯，重大事项延至搁笔。志书以2010年行政区划为记述范围。

四、体裁结构 采用述、记、志、传、图、表、录、索引等8种体裁。志书图照以彩图彩照为主，有少量黑白照片。图、表附于相关部类。篇目采用小编结构。志首设概述，篇、章下设序。大事记依时纵贯。横排门类，类为一志之体例，纵向记述。共计二十四篇。

五、语言文体 采用规范的现代语体文。除引用文字和附录文献资料外，概述、无题小序，以叙为主，叙议结合。大事记以编年体为主，兼以记事本末体，其余为记述文体。用字，以国家语言文字委员会1986年10月公布的《简化字总表》为准。

六、数字标点 计量单位数字以国家质量监督检验总局、国家标准化管理委员会发布的中华人民共和国国家标准《出版物上数字用法（GB/T15835-2011）》为准。志书所用数据以县统计部门的数据为准；统计部门没有的，以主管部门提供的为准；主管部门没有的，以调查核实的结果为准。标点符号以国家质量监督检验总局、国家标准化管理委员会发布的（GB/T15834-2011）中华人民共和国国家标准为准。为尊重人民群众生产生活习惯，全书中的“亩”未换算为法定计量单位，其余均使用法定计量单位。

七、历史纪年 使用公元纪年，对所涉历史传统纪年，括注公元纪年。20世纪年代表述，一般直书年代，如90年代即指公元20世纪90年代，志中不一一注述。

八、人地称谓 采用第三人称记述。人名，直书其姓名，必要时冠以职务。地名，以现行标准地名为准，涉及古地名时括注现标准地名。党政、机构、团体、会议、文件等名称，首次出现用全称，后用简称。

九、立传原则 坚持“生不立传”原则。立传人物，以卒年先后为序。对在世的先进模范人物，采用“以事系人”“以生年排序”的方法记于相关部类或相关名表。县内烈士、南下干部、离休、市以上劳模、副处级、副高职列入有关章、节、表。

十、特殊问题处理 将体现地方特色类目作升格处理。如将阜平大枣、扶贫开发、精神文明、旅游业升格为篇。

阜平县行政区划图

审图号：冀S（2019）019号

河北省制图院　二〇一〇年

阜平县中心城区图

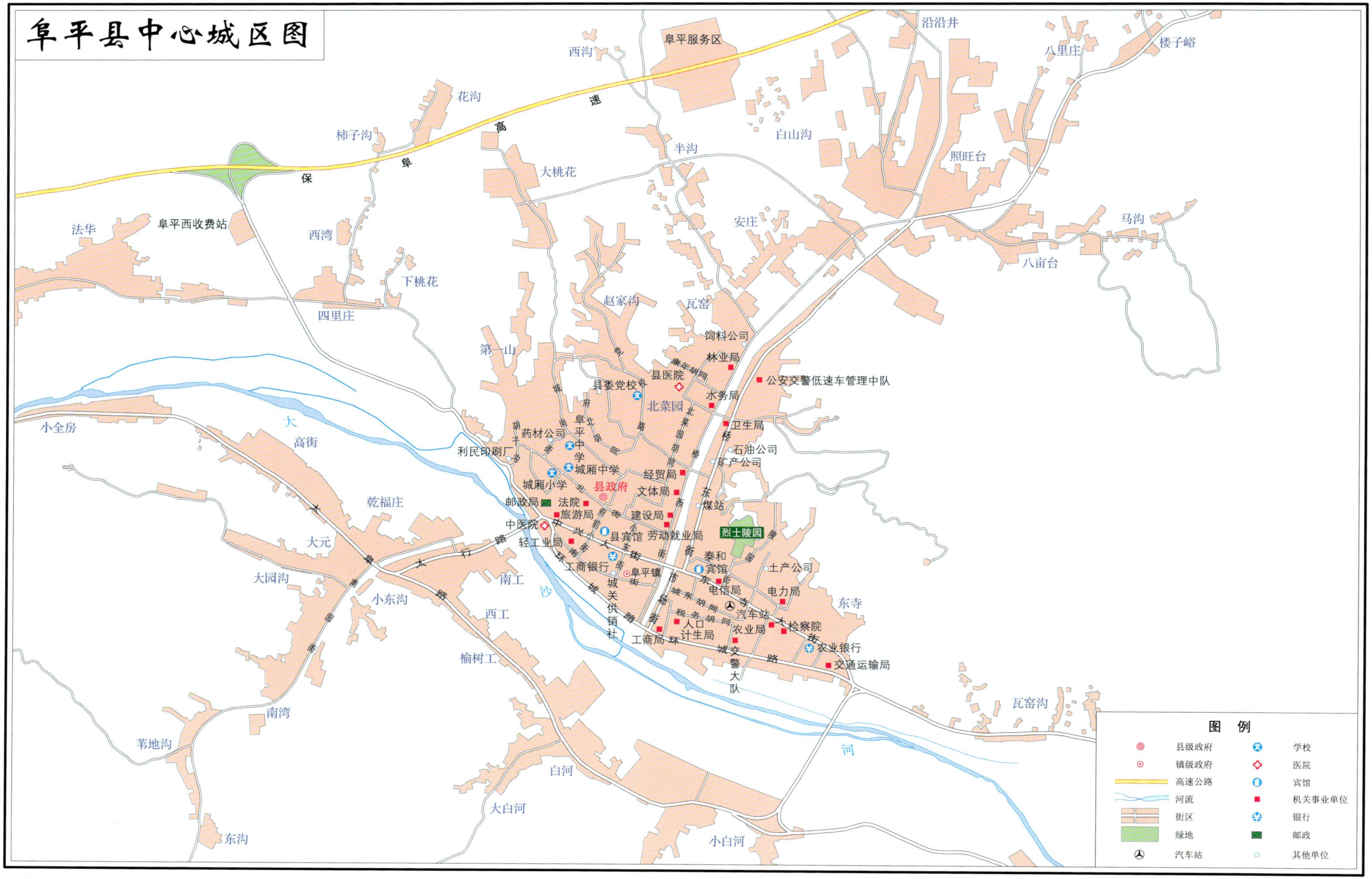

审图号：冀S（2019）019号

河北省制图院 二〇一〇年

阜平县旅游交通图

审图号：冀S（2019）019号

河北省制图院　二〇一〇年

阜平全域旅游手绘图

FUPING
中国·阜平

阜平旅游
官方网站
Http://www.fplyj.cn

扫一扫
关注阜平旅游
(二维码)

- 政府驻地
- 村落
- 农家乐
- 宾馆
- 温泉
- 寺庙
- 山峰

1.2005 年 8 月 15 日—18 日，全国幸福工程项目经验交流会在阜平召开

2. 专访参加会议专家代表

1
2

1.1998 年 9 月 14 日，河北省电力扶贫阜平战役总结表彰会在阜平召开。河北省委、省政府、电力部、国务院扶贫办公室、华北电管局、河北省扶贫办、电力局、河北南网 6 个市局、保定市委、市政府主要领导参加会议

2.1998 年 9 月 14 日下午，河北省长叶连松（右三）、电力部常务副部长赵希正（右一），到阜平县最后一个无电自然村——大台乡教庆村，合闸送电

1.2005年8月31日，河北省委、省政府在阜平举行晋察冀边区革命纪念馆揭幕仪式。图为参加揭幕仪式领导和与会人员合影

2. 河北省委书记白克明（左一），原国家科工委副主任、中将聂力（右一）参加揭幕仪式

1	1. 国务院机关事务管理局局长郭济（左二）曾多次到阜平考察指导扶贫工作
2	2. 国务院副秘书长、国管局局长焦焕成（左四）在阜平考察扶贫工作

1	1. 2004 年 4 月 16 日，国家扶贫办主任刘坚（右二），副省长宋恩华（右三），在阜平县阜平镇第一山村调研扶贫搬迁工作
2	2. 2005 年 8 月 13 日，省长季允石（中）在阜平县王林口乡调研扶贫工作，省长助理、省政府秘书长尹亚力（右三）、县委书记孟祥伟（左二）、县长王月衡（左一）陪同

1.2010 年 12 月 16 日，保（定）阜（平）高速公路建成通车，阜平境内全长 70.5 公里。图为龙泉关镇黑崖沟段（刘建良 摄）

2. 保（定）阜（平）高速照旺台段

3. 保阜高速黑崖沟大桥，华北第一高桥，全长 1211 米，桥高 100.5 米

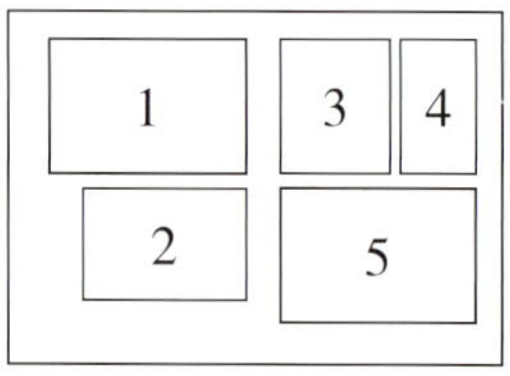

1.2008 年 11 月 24 日，供电公司生产调度大楼开工建设，建筑面积 7723.98 平方米

2. 旧电力大楼

3. 黄岸底 220 千伏变电站

4. 图为 220KV 棋黄线，棋盘站至黄岸底站，长 20.76 公里

5. 图为吴王口乡不老台 1000 千伏特高压线路，阜平县境内全长 83 公里

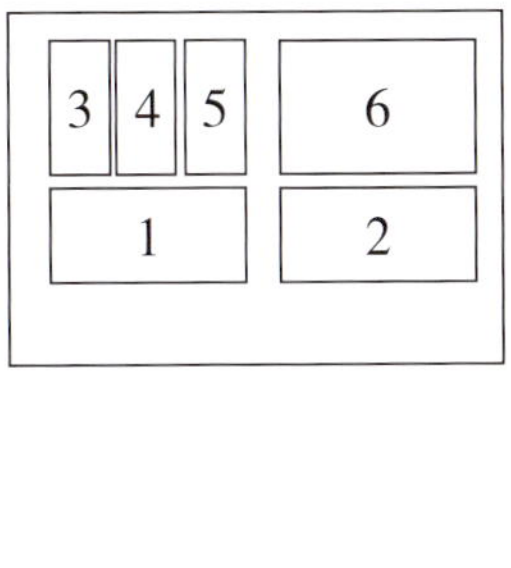

1.2. 2009 年，县政府实施第二个十万亩大枣示范工程。图为北果园乡店房村大枣基地

3. 古枣树（拍摄于北果园乡店房村）

4. 大枣

5. 枣林

6. 红枣晾晒

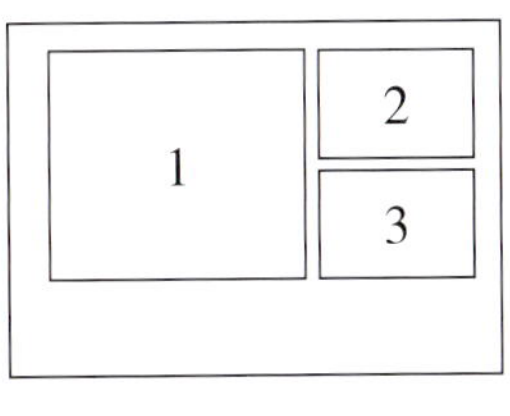

1. 1996—2010年，阜平县人工造林36.66万亩，飞播造林41.4万亩，退耕还林19万亩，义务植树25万亩。图为龙泉关镇长城岭飞播林区

2. 王快水库总库容13.89亿立方米，最大坝高62米，坝长1281米，水库面积120万平方米

3. 海沿水库，总库容367万立方米。（李英楠 摄）

阜平县医院
学第二医院阜平医院
门诊
河北医科大学第二医院专家义诊活动
深入学习贯彻党的十九大精神 构筑中国精神 中国价值 中国力量

阜平中医医院
"微腐败"自查自纠-我们在行动
学生家长
等候区

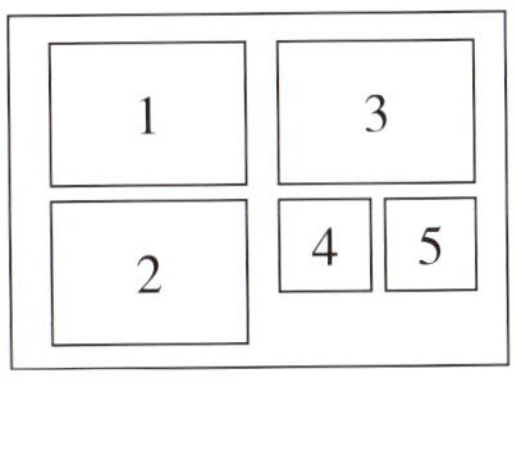

1. 县医院门诊楼
2. 中医院门诊楼
3. 阜平中学
4. 大台乡炭灰铺光明小学
5. 城南庄镇马兰叶梁佩予小学

中国农业银行

中国邮政
邮政储蓄
国家后盾
安全方便
村邮乐购
服务农村农民
中国邮政
CHINA POST
邮政储蓄

1		2
3		4
5	6	7

1. 农业银行阜平支行大楼
2. 阜平县联社大楼
3. 阜平县邮政大楼
4. 世纪城小区
5. 天宇小区
6. 亨达小区
7. 新型农民住宅

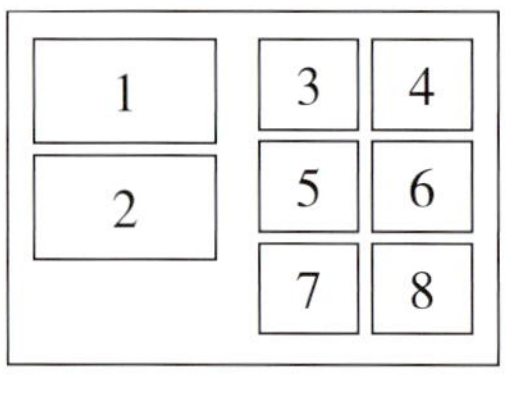

1. 2010 年 10 月，阜平县建成“山”字形县城标志，主碑高 27 米
2. 2005 年县城建成第一个公园——万金公园，占地十亩
3. 晨练太极拳
4. 节日社火巡演
5. 书画竞赛
6. 舞蹈表演
7. “重阳节”老年舞蹈表演
8. 阜平大鼓

太极拳阜平传授站

年文体展演

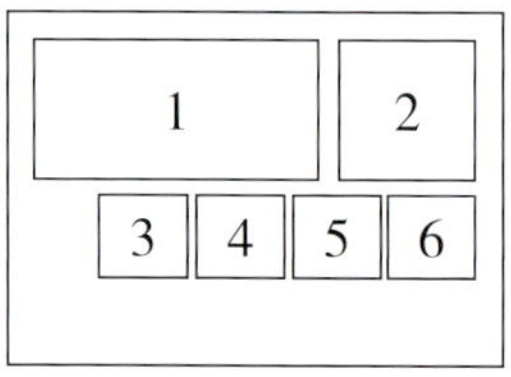

1. 2009 年，全县玉米种植面积 9.5 万亩，总产量 3420 万公斤。图为北果园村玉米种植地
2. 2002 年，柏崖村种植桃树 70 亩，5390 株，年产 245 万公斤。图为桃园一角
3. 台峪乡营尔村养猪场
4. 王林口乡兰狐养殖基地一角
5. 城南庄镇春利奶牛养殖场一角
6. 夏庄乡夏庄村古板栗树（庞卫星 摄）

严禁

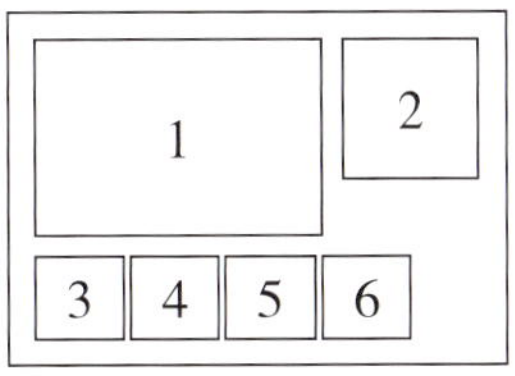

1. 吴王口乡周家河村千年古柏

2. 吴王口乡岭东村古国槐（树龄 1800 年，保护等级一级）

3. 阜平镇法华村古国槐（树龄 500 年，红二十四军军长赫光殉难处）

4. 吴王口乡南庄旺村山核桃（树龄 500 年，保护等级一级）

5. 平阳镇铁岭村西古侧柏，树龄约 400 年

6. 大台乡坊里村三千年古国槐

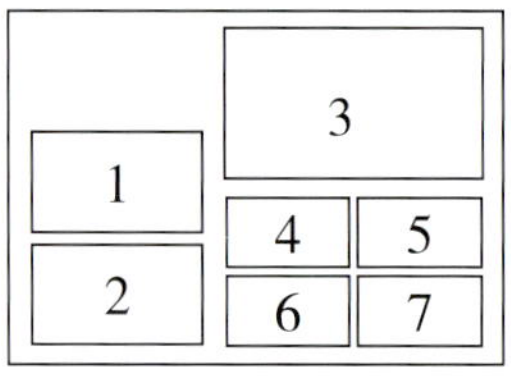

1. 城南庄晋察冀边区革命纪念馆（庞卫星 摄）
2. 城南庄镇花山村毛泽东居住旧址
3. 龙泉关镇千峰山（白志斌 摄）
4. 古北岳恒山（神仙山 李玉亮 摄）
5. 玫瑰坨（臧玉鹏 摄）
6. 仙人寺（刘建良 摄）
7. 吴王口乡现存故敌楼

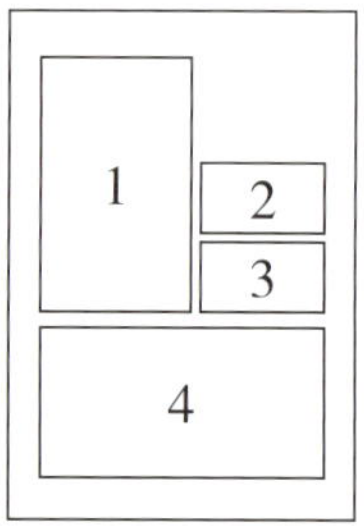

1. 天生桥瀑布
2. 天生桥
3. 石佛堂佛像
4. 石佛堂全景图

前排左起：王照堂（县政协副主席）、戴鹏炜（常务副县长）、刘　靖（县委书记）、贾瑞生（县长）、王　欣（县委办公室主任）

后排左起：罗建龙（人社局长）、白宗才（工信局长）、张　强（农业局长）、王玉飞（阜平县志主编）、王玉东（发改局长）、李文娥（统计局长）、张晓东（政府办公室主任）、王照顺（政府办公室主任科员）

前排左起：孙进柱、郑小明、赵俊丽、王卫明、高天明、刘　靖、贾瑞生、董国平、张新占、戴鹏炜

后排左起：陈先国、孙淑英、王德红、赵顺文、宫卫红、张晓东、赵　光、李　妍、王玉飞、韩绍乾、刘喜生、齐茂源、杨廷春、高文成、王照顺

前排左起：白万刚、韩绍乾、王玉飞、齐茂源、孙曼玉
后排左起：陈先国、杨廷春、高文成、宋治江、孙淑英

前排左起：杨廷春、齐茂源、王玉飞、韩绍乾、王德红
后排左起：赵顺文、陈先国、刘喜生、高文成、孙淑英

目 录

概 述
General

第三篇 基础设施
Article III Infrastructure

第四篇 环境保护
Article IV
Environment protection

第五篇　中国共产党
Article V
Communist party of China

第六篇 地方人民代表大会
Article VI
Local People’s Congresses

第七篇 地方人民政府
Article VII
Local people's government

第八篇　人民政协地方组织
Article VIII
Local organizations of the CPPCC

第九篇 社会团体
Article IX Social Organizations

第十篇 扶贫开发

Article X Poverty alleviation and development

第十一篇　政法·军事
Article XI
Politics of law and Military affairs

第十四篇 阜平大枣
Article XIV Fuping jujube

第十五篇 工业、建筑业
Article XV Industry, construction

第十六篇　商贸服务业
Article XVI
Commercial service industry

第十七篇　金　融
Article XVII　Finance

第十八篇 旅游业
Article XVIII Tourism

第二十篇 教 育
Article XX Education

第二十一篇 科学技术
Article XXI
Science and technology

第二十二篇　文化体育
Article XXII　Culture and sports

第二十三篇 医药卫生
Article XXIII
Medicine and health care

第二十四篇 人 物
Article XXIV Figure

概　述

概 述

阜平县地处太行山东麓，保定市西部。北纬38°9′～39°7′，东经113°45′～114°31′。东与唐县、曲阳县交界，南与行唐县、灵寿县、平山县毗连，西与山西省五台县、繁峙县接壤，北与山西省灵丘县、河北省涞源县相邻。县城东距保定市区界106公里，东南距石家庄市区界110公里，西距五台山界78公里，东北距北京市区界246公里。

阜平县总面积2494平方公里，辖5个镇8个乡1个社区209个行政村，总人口218139人。山地占总面积88%，耕地12.5万亩，人均17.5亩山，0.74亩耕地，素有"九山半水半分田"之称。境内山峦起伏，地势由西北（海拔2200米）向东南（海拔200米）倾斜，主峰海拔824.9米以上的山峰42座，其中歪头山2286.2米，是保定市最高峰。境内河流属大清河水系，有大沙河、胭脂河、北流河、鹞子河、板峪河、平阳河6条常年河，均汇入王快水库。省属大型王快水库淹没平阳、王林口、北果园3个乡镇23个行政村225平方公里，库区人口6950户2.3万人。

阜平县是贫困地区，1986年，被国务院列为全国重点贫困县。1994年被列为国定贫困县。2001年被列为全国扶贫开发工作重点县。按照2300元国家贫困线标准，2010年全县164个贫困村，农村贫困人口9万人，扶贫开发任务艰巨。

阜平县商周时期是冀州、并州之地。金明昌四年（1193）置县，已800多年。1925年秋建立中共党组织。1931年7月，建立中国北方第一个红色政权—中华苏维埃阜平县政府。1937年10月，建立华北第一个县级抗日民主政权——阜平县政府。1938年1月，建立全国第一个敌后抗日民主根据地——晋察冀抗日根据地。当时全县9万人口，2万人参军参战，5000人光荣牺牲，是晋察冀边区唯一"不曾被敌人长期占领的模范县"，被毛泽东主席誉为"敌后模范的抗日根据地和统一战线的模范区"，被党中央机关报誉为"每个村庄都是堡垒，每个人民都是战士"。1944年，出版了全国第一部《毛泽东选集》。抗日战争、解放战争时期，阜平县是中共中央机关和晋察冀军区司令部所在地，毛泽东、周恩来、朱德、刘少奇、任弼时等老一辈无产阶级革命家都在阜平战斗生活过。阜平人民为民族的独立和祖国解放做出了彪炳千秋的巨大贡献。

1949年10月，中华人民共和国成立。阜平人民翻身做了国家的主人，建设社会主义的积极性空前高涨，夜以继日、艰苦奋斗，经济得以迅速恢复发展，长期积弱积贫的凋敝落后局面得到改变。1978年12月召开的中国共产党第十一届三中全会，标志着中国社会进入建设中国特色社会主义的崭新历史时期，改革开放成为社会的主旋律。从1949年至1995年46年，阜平农业经过土改、互助合作化、人民公社化，特别是家庭联产承包责任制，取得历史性进步。工业从无到有，从支农工业起步，发展成为建材、化工、造纸印刷、纺织、服装、食品加工、矿业生产等多行业、多门类的地方工业体系。交通、电力、水利、邮电、通讯等基础建设日新月异、面貌一新。教育、科技、文化、卫生等社会事业蓬勃发展。历史车轮从1996年至2010年，虽然只有15年，但这15年在阜平改革和建设的社会进程中非同寻常，15年风雨征程波澜壮阔，15年翻天覆地沧桑巨变。

县域经济平稳快速发展，经济实力明显增强。2010年，全县实现生产总值（GDP）233881万元，人均生产总值11006元，工业总产值126336万元、全部固定资产投资280544万元，社会消费品零售总额92873万元，财政收入19176万元，农民人均纯收入2460元，金融机构存款余额429050万元，居民储蓄存款余额354258万元。15年间，上述各项主要经济指标均实现大幅增长。2010年同1996年相比，全县生产总值增长3.2倍，人均生产总值增长3.1倍，全部固定资产投资增长16.2倍，社会消费品零售总额增长4.9倍，财政收入增长6.6倍，农民人均纯收入增长1.9倍，金融机构存款余额增长6.9倍，居民储蓄存款余额增长6.2倍。

基础建设长足进步。1996—2010年的15年，是全县交通史上投资规模最大、建设里程最长、发展速度最快的时期。15年间，共投资80多亿元，对阜长线、阜繁线、阜行线、涞阜线、保阜线等干线公路和县乡主要道路进行整修和改扩建。从2004年起，对全县209个行政村的道路全部进行水泥硬化，实现乡乡通柏油路后，村村通水泥路。2000年11月30日，保阜高速公路顺利开工建设。2010年12月，县城通往保定的高速公路开通，结束了阜平没有高等级公路的历史。以此为标志，阜平形成了四通八达、方便快捷的公路交通网。全县通车里程1319公里。邮电通讯迅速发展。1996年全县开通程控电话，固话装机5281门。2010年固话用户发展到25282户，移动电话128452户，互联网用户10428户，建移动基地200个，实现移动通讯农村全覆盖。广播电视实现村村通。电力充足，县内建有11万伏变电站2座，22万伏变电站1座，35千伏变电站7座。

城镇化进程加快，县城面貌焕然一新。1996—2010年，对县城水、电、路、讯等公共设施3次进行大规模修建扩展。万金园、影剧院、休闲广场等一批文化设施相继完工。污水处理厂、垃圾处理厂建成投入使用，县城功能逐步完善。2004年投入20辆9座面包车，成立了公共汽车服务中心，填补县城无公交车的空白。居住条件明显改善。15年间，建住宅楼36栋17万平方米，新开发世纪城、亨达、恒泰、茗清阁、瑞景新城等一批住宅小区。2010年集中供热面积369000平方米，集中供热普及率50%以上。实施了县城绿化、美化、净化工程，县城形象和品位明显提升。

支柱产业提速发展。旅游业，以建设太行山生态文化旅游强县为目标，努力整合开发全县红色文化资源和绿色生态资源。以晋察冀边区革命纪念馆为龙头，2005年投资9500万元对晋察冀革命纪念馆进行改扩建，2010年投资3500万元实施纪念馆二期工程，拓展建设开发马兰旅游村、花山生态休闲观光园和史家寨窑洞民俗园等一批红色精品景点。依托国家地质森林公园—天生桥瀑布群独特、罕见的自然地质奇观，开发百草坨、神仙山、仙人寺、五崖寨、千峰山、城南庄温泉、吴王口温泉等一批生态景区，2010年全县接待游客40万人次，实现旅游收入2亿元以上。

阜平县是河北省重点林业县。林果业是阜平县四大支柱产业之一。以实现林果产业质的提升和量的扩张为目标，投资2.5亿元实施了两个十万亩大枣基地开发工程，成立了红枣产业协会。阜平大枣在首届中国枣业大会上获得“枣王”称号，阜平县被林业部命名为中国大枣之乡。新栽枣树400万株，2010年大枣产量达到9万吨，创产值2.34亿元。成功争取到核桃基地示范县项目，优质核桃发展到6.59万亩。优质板栗发展到3万亩。盖宇饮料、河北梦雨、博夏醋厂等果品加工企业发展壮大。

阜平县以生态养殖为重点，以基地建设为抓手，以创优品牌为切入点，努力发展现代水产养殖，是河北省第一个国家级水产种质资源保护区，也是全国唯一一个中华鳖标准化养殖示范县，甲鱼养殖面积2500亩，年产值达到1.4亿元，建成鲟鱼养殖场7个，养殖面积360亩，虹鳟鱼场4个，养殖面积80亩，奶牛存栏2600头。2010年全县畜牧水产年产值3.5亿元。

教育事业在改革中发展，在发展中提高。1996年，县委、县政府确定了“治穷先治愚，治愚靠教育”“再穷不能穷教育，再苦不能苦孩子”的指导思想，出台了《关于实施普及九年义务教育攻坚工程的意见》《关于建设教育强县的实施意见》，倾全力大办教育，1999年通过省政府“普九”达标验收，扫盲工作验收。此后县委县政府把巩固普九成果，提高办学水平作为全县工作的重中之重，投巨资改善办学条件，创建规模化、标准化学校，实现了最好的房子是学校，最美的环境是校园。2002年、2005年通过河北省政府两轮复查验收，2005年被省政府评为“两基”教育工作先进县。2009年通过省政府教育督导评估，被评为“教育工作先进县”。2009年9月阜平中学搬迁新校址，通过省级示范性高中达标验收。大力推进职业教育，投资590万元的实验楼投入使用，职教中心被评为“国家中等职业教育改革发展示范校”“国家优质特色学校”。全县教育教学质量显著提高。1996年高考上本二线人数88人，2010年达到268人。

1996—2010年，阜平县卫生事业较快发展。医疗环境大为改观，先后投资1629万元，用于基础设施建设。其中投资535万元兴建县医院门诊楼、医技楼、传染病房楼，建筑总面积6237平方米。投资80万元兴建了阜平县“120”急救站，建筑面积530平方米。中央、省、市下拨资金167万元，对平阳、城南庄、天生桥、砂窝、史家寨5个中心卫生院和台峪、龙泉关、王林口、北果园、东城铺、大台6个乡镇卫生院进行改造，建筑面积达3500平方米。投资708万元对平阳、城南庄、砂窝、史家寨、天生桥5个中心卫生院和龙泉关、吴王口、下庄、北果园、王林口、台峪、大台、阜平镇8个乡镇卫生院进行改扩建，建筑总面积9310平方米。投资139万元新建村卫生室40所，建筑总面积2240平方米。住院病床1996年260张，2010年增加到435张。救护车1996年2辆。2010年增加到7辆。大中型医疗设备1996年37台，2010年增加到145台。全县卫生专业人员1996年522人，2010年508人。2010年 全县农业人口183557人中有165480人参加了新农合，参合率90.15%，年报销补偿金额2093.69万元。

1996年后，阜平县努力转变经济增长方式狠抓科技开发、创新和成果转化，加速科技与经济结合。县、乡（镇）、村相继建立技术服务组织，形成三级科技网络，促进科学技术在企业和农村的推广，实现生产单位和科研机构的互惠互利，调动广大科技人员的积极性，取得显著经济效益。专业技术人员从1996年3289人，发展到2010年的5089人。15年取得科研成果13项，其中获得国内先进水平3项，获得省、市科技进步奖10项。

1996—2010年，阜平县扶贫开发工作经历了扶贫攻坚和贫困村整村推进两个阶段。在《国家八七扶贫攻坚计划》实施中，1994年阜平县制定出台《五三五扶贫攻坚计划》，即用五年时间解决3万贫困人口温饱问题，使农民人均纯收入达到500元，集中全县人力、财力、物力进村入户扶贫攻坚。在攻坚进程中1996年全县遭到了特大洪灾，贫困人口增加，全县36个特困村、20个贫困村，贫困人口6.4万人，扶贫攻坚任务十分艰巨。县委、县政府认真贯彻落实党中央、国务院关于扶贫开发工作的重大部署，举全县之力扶贫攻坚。2000年年底，全县贫困人口基本解决温饱。2001年，阜平县被列为国家扶贫开发工作重点县，全县174个重点贫困村，人口10.84万人。按照《中国农村扶贫开发纲要（2001—2010年）》要求阜平县制定了《2002—2010年扶贫开发规划》，面对繁重的扶贫开发工作，县委、县政府以扶贫开发工作统揽全局，以扶贫开发贫困村为对象，以基础设施建设为重点，依托“林果、畜牧水产、矿产、旅游”四大支柱产业组织扶贫开发，实施项目拉动，开发推动、科技带动、环境助动“四动”战略，对“死贫村”进行移民搬迁异地扶贫开发，捆绑资金，集中投入，夯实扶贫基础，强化行业扶贫，扶贫开发取得显著成效，贫困状况发生重大变化。2010年底全县174个贫困村完成整村推进十年规划目标。

1996—2010年的15年，是改革开放日益深化的15年，是发愤图强加压奋进的15年，也是改天换地日新月异的15年。全县呈现出经济加快发展，政治安定团结，文化健康繁荣，人民安居乐业，社会和谐进步的喜人局面。前景光明、道路曲折，瞄准目标，抓住机遇，继往开来，开拓创新，阜平一定会创造出更加美好的未来。

大事记

大事记

1996年

2月，阜平县行政区划调整，由4个镇21个乡合并为4个镇9个乡。原槐树庄乡、龙门乡并入阜平镇；原岔河乡并入城南庄镇；原北庄乡并入平阳镇；原东城铺乡并入北果园乡；原寿长寺乡并入吴王口乡；原上堡乡、百亩台乡并入砂窝乡；原西庄乡并入王林口乡；原柏崖乡并入大台乡；原段庄乡、葛家台乡并入史家寨乡。下庄乡、台峪乡、东下关乡、龙泉关镇未做调整。

3月31日，县公安局刑侦队破获吕某等人伪造存单32张，金额93.8万元，骗取贷款102万元的特大伪造有价证券诈骗贷款案。

4月，阜平县人民武装部恢复为军队建制，名称为中国人民解放军河北省阜平县人民武装部，接受中国人民解放军保定军分区和中共阜平县委双重领导。

4月7日，中共阜平县委、阜平县人民政府出台《关于实施普及九年义务教育攻坚工程的意见》。

6月27日，县政府批转计委、国有资产管理局、建委、土管局《关于加强国有土地管理的意见》。

8月3日至4日，阜平县遭受1963年以后最为严重的洪水灾害，集中降雨339毫米。农作物受灾面积9.1万亩，冲毁树木21万株，伤亡禽畜5.4万只（头），7人死亡，7人重伤，直接经济损失3.08亿元。

8月31日，阜长公路（阜平县城—长城岭）一期县城至栗园铺段20公里竣工。

9月1日，阜平县城厢中学成立，校址在原阜平县育才小学。

10月18日，阜平县召开公判大会，依法对胡某、刘某、白某等14名抢劫、爆炸、强奸、伤害、纵火犯罪嫌疑人公开宣判，对故意杀人犯胡曲敏执行死刑。

10月18日，河北省电力系统扶贫工作会议在阜平县召开。

11月，省委、省政府授予县交通局法制宣传教育工作先进单位并颁发“二五普法先进单位”奖牌。保定市委、市政府授予县交通局“文明单位”称号。

12月29日，阜繁线50公里二级路改建完成征地、拆迁。

1997年

2月26日，河北省电力局印发《关于电力扶贫“阜平战役”战斗方案的通知》。阜平县电力扶贫阜平战役攻坚战斗队成立。

3月4日至5日，政协阜平县第四届委员会第五次会议召开，陈兰当选政协主席。

3月4日至5日，阜平县第十二届人民代表大会第五次会议召开，补选王秀文为阜平县人民政府县长。

3月13日，阜平县委、县政府出台《关于打好电力扶贫阜平战役的实施方案》。

4月10日，全国政协原副主席刘澜涛为电力扶贫阜平战役题词：“大力支援革命老区各项建设，尽快改变贫困面貌多做实事。”

5月14日，全国政协原副主席吕正操，省委副书记卢展工等中央、省、市领导100余人为城南庄革命纪念馆聂荣臻铜像揭幕。

5月18日，派山蜂业公司生产的“派山牌”蜂蜜首获河北名牌产品称号。

6月8日，《阜平县土地利用总体规划》通

过省专家评审会验收。

6月30日，县公安局组建指挥中心、110报警服务台。

7月15日，阜长公路（阜平—长城岭）一期改建工程通过省检查验收，评为优良工程。

7月25日，阜长公路（阜平—长城岭）一期改建工程河口收费站通车。

9月18日，第三届中国阜平大枣节开幕。

10月23日，河北省电力局局长朱国桢到台峪乡上寺自然村考察。

10月，阜平县代表河北省通过国家扫盲验收。

11月17日，阜平县召开万人公判大会，依法对耿某、王某、李某等9名抢劫、爆炸、强奸犯进行公开宣判，对冯某、王某、李某、刘某4名杀人、抢劫案犯执行死刑。

11月18日，阜繁公路（阜平—繁峙）二级路改建通车。

1998年

2月5至7日，政协阜平县第五届委员会第一次会议召开，白宗纲当选政协主席。

2月5至7日，阜平县第十三届人民代表大会第一次会议召开，陈兰当选阜平县人大常委会主任，王秀文当选阜平县人民政府县长。

3月10至12日，中共阜平县第九次代表大会在县政府六楼召开。

6月28日，阜平县甲鱼养殖协会成立。

9月14日上午，河北省电力扶贫阜平战役总结表彰会议在阜平召开。省委、省政府、电力部，国务院扶贫办、华北电管局、省扶贫办、省电力局、河北南网市局、保定市委、市政府主要领导参加会议。下午，省长叶连松、电力部常务副部长赵希正到最后一个无电自然村—大台乡教庆自然村合闸送电。

11月17日，阜长（阜平—长城岭）公路二期栗园铺至长城岭段完成。总投资1.6亿元的阜长（阜平—长城岭）公路全线竣工。

12月25日，县政府作出《关于加强土地管理的规定》，设置粮、油、菜用地保护区10.7万亩。

1999年

3月，北京市政府对口援助阜平县，捐助资金690万元，其中390万元建保定天航绿色食品有限公司，100万元新建光荣院一所，150万元用于优抚对象危房改造，50万元用于优抚对象生活困难补助。

5月，首轮《阜平县志》由方志出版社出版，16开本，1316千字，印3000册。

7月17日，县委书记周国庆到保定市政府执行公务，返回途中在高速公路定州段发生车祸。19日，周国庆在定州市人民医院以身殉职。

9月1日，阜平县河口公路动物检疫检查站成立。

9月20日，王快水库禁止网箱养鱼。从1987年王快水库开始网箱养鱼到全部取缔为时12年。

10月21日，县委、县政府召开全县领导干部大会。县委书记范永录作《认清形势、统一思想、坚定信心、真抓实干、努力开创我县稳定和发展的新局面》的讲话。

2000年

3月7至9日，阜平县第十三届人民代表大会第三次会议召开，县长王秀文离任，补选潘冬青为阜平县人民政府县长。

5月25日，北京军区某部队援建台峪至大台公路“爱民路”揭碑。该路全长15公里，80多名部队官兵参建。

8月20日，王林口乡西庄村两名幼女在村南玉米地遭残害。经过20天侦破，犯罪嫌疑人顾某被抓获。

9月，阜平县大柳树水电站（装机2×1250瓦）发电与35千伏并网投运，升压变压器3150

千伏安。

10月20日，保阜（保定—阜平）公路改建工程开工。

12月1日，朱家营旅游路开工建设。

2001年

4月，阜平县地质矿产总局与阜平县土地管理局合并为阜平县国土资源局。

5月，阜平县人民政府制订《阜平县人民政府关于南城区开发区征用土地的实施方案》，南城区开始开发。

7月9日，阜平县人民政府制订《关于禁牧山羊工作实施方案》。

7月，阜平县电力局更名为阜平县供电有限责任公司。

6月25日至7月25日，阜平县开展以彻底铲除西部深山区非法种植罂粟，严厉打击涉毒犯罪行为为目标的“YS”特别行动，铲除毒品原植物7万余株，刑事拘留2人，治安处罚119人。

6月29日，阜平县人民政府发布《开展城镇地籍调查通告》。

10月，阜平县交通局出席河北省交通厅在滦南县召开的地方道路建养经验交流会，阜平经验在河北交通报刊登。

10月20日，阜平县人民政府出台《关于加强自然资源和生态环境保护的暂行办法》。

12月，天生桥瀑布群景区被国土资源部命名为全国第二批国家地质公园——河北省阜平天生桥国家地质公园。

2002年

1月10日，县委、县政府印发《2002年工作要点》《2002年工作要事》。

1月14至15日，国务院副总理温家宝到阜平视察慰问困难群众。

3月12至14日，阜平县第十三届人民代表大会第五次会议召开，补选孟祥伟为阜平县人民政府县长。

6月5日，海沿奶牛养殖小区建成，占地48亩，存栏奶牛270头。

6月10日至8月25日，阜平县开展代号为“猎犬”的打击涉毒违法犯罪专项行动，抓获涉毒犯罪嫌疑人214人，刑事拘留127人，逮捕45人，起诉38人，劳教37人。

8月22日，省委书记王旭东到东兴甲鱼养殖小区考察甲鱼养殖。

8月，阜平县人民政府出台《关于国有土地使用权抵押、查封和其他债务关系需要将土地产权变现以清偿债务的管理暂行办法》。

10月，原城关居民管理委员会，改为城关社区居民管理委员会。

12月，国家林业局批准天生桥景区为“阜平天生桥国家级森林公园”。

2003年

4月2至3日，中国共产党阜平县第十次代表大会在县政府六楼会议室召开。

4月8至10日，政协阜平县第六届委员会第一次会议召开。选举白宗纲为政协主席。

4月8至10日，阜平县第十四届人民代表大会第一次会议召开，选举陈兰为人大常务委员会主任，孟祥伟为阜平县人民政府县长。

4月21日，阜平县“非典”防控战役开始。

4月阜平县旅游发展中心与石家庄万方旅游开发有限公司签订天生桥景区旅游开发合同书，项目总投资5000万元。

5月14日，县委、县政府印发《关于继续开展“项目建设年”活动实施意见》文件。

5月20日，阜平东兴甲鱼养殖基地通过省水产局无公害甲鱼养殖基地认定。

5月26日，省委常委、政法委书记刘金国到阜平县平阳“防非”卡点和县看守所检查指导“防非”工作，看望慰问执勤民警。

6月26日，县委、县政府印发《关于进一

步强化信访工作的暂行规定》。

7月，县城东寺大街拆迁拓宽，拆迁58户，路面增宽8米，达到30米。

9月，县政府投资2000万元完成县城路网改造一期工程，东寺大街、中兴街、环城路和小西街路面铺油，桥东街铺设水泥，中兴街、东寺大街人行道铺设彩砖。

2004年

2月2日，县政府制定《关于在全县开展村村通工程的意见》，实施村村通油（水泥）路工程。

2月21日，阜平镇外贸广场发生聚众斗殴事件，造成5人受伤，10辆轿车严重受损。抓获涉案人员60余人。

2月26日，中共阜平县委十届二次全体会议暨全县经济工作会议召开。

3月9日，省公安厅刑侦局副局长兼禁毒处处长李志锋、市局禁毒大队大队长张明生一行4人到阜平指导调研禁毒工作。

4月16日，国家扶贫办主任刘坚到海沿奶牛养殖示范小区考察调研。

5月20日，阜平县东兴甲鱼养殖基地生产的“山泉黄”牌甲鱼通过农业部无公害水产品认证。

8月17日18时，阜平县台峪乡苇子沟铁矿发生爆炸事故，炸死3人。

8月20日，河北省政协考察、调研阜平县旅游资源，共商开发利用大计。

9月26日，阜平天生桥国家地质公园揭碑开园。

12月17日，国土资源局实行垂直管理，领导班子成员档案移交市国土资源局

2005年

1月17日19时，阜平镇大园村发生一起重大杀人案，该村村民袁园、袁浩在家中被杀害。1月24日抓获犯罪嫌疑人。

2月，河北省人民政府决定“城南庄革命纪念馆”改陈扩建，更名为“晋察冀边区革命纪念馆”。

3月4至5日，副省长宋恩华到阜平县调研扶贫工作。

3月21日，县委、县政府印发《2005年工作思路及要点》文件。

4月1日，城南庄红色旅游路动工，全长24.6公里，总投资3246万元。

4月6日，宏运出租车公司挂牌营业。

4月，南城区世纪城小区开工建设，总投资1.3亿元。

5月，万金园土地征用完成。

6月19日晚7时，阜平县东下关乡大车沟西南发生森林大火。过火面积33.87公顷，损失21.8万元。

7月8日，县政府印发《阜平县矿山开发秩序综合治理方案》。

8月，县城第一座公园——万金园建成，占地6670平方米，投资250万元。

8月10日，“山泉黄”甲鱼获得河北名牌产品称号。

8月13日，省长季允石到阜平考察调研。

8月15至18日，全国幸福工程项目经验交流会在阜平召开。国家人口计生委、国务院机关事务管理局、中国人口福利基金会、国家幸福工程组委会、中国计生协、中国人口报社、国际组织代表、企业代表、专家代表，有关领导参加会议。

8月31日，河北省委、省政府在阜平举行晋察冀边区革命纪念馆揭幕仪式。中央军委委员、总政治部主任李继耐发来贺电。省委书记白克明讲话并宣布纪念馆揭幕，省委副书记、省长季允石主持仪式。

9月2日，阜平县在城南庄召开纪念抗日战争胜利60周年暨幸福工程表彰大会。

12月29日，中共阜平县委十届四次全体会议暨全县经济工作会议召开。

2006年

3月13日，第一个“十万亩”无公害大枣开发示范区建设开始实施，涉及北果园、城南庄、阜平镇3个乡（镇）24个行政村。

4月22日，《阜平县旅游业发展总体规划》在北京通过专家评审。

5月25日，县公安局刑侦队长李克强到保定执行公务，行至王林口路段时与一大货车相撞，因车祸遇难（2008年3月19日河北省人民政府批准为烈士）。

5月29日，阜平县举行阜平中学新校址奠基仪式，国管局局长吕世光，省教育厅副厅长韩清林，保定市副市长贾体新等领导参加。

6月12日，下午5时30分，一辆煤焦油罐车，在山西省繁峙县神堂堡乡大寨口村侧翻，60吨煤焦油下泄阜平县大沙河，造成大沙河水质污染。污染事件发生后，国务院总理温家宝作出指示，副省长宋恩华、保定市市长于群、副市长石小琢等省市领导到现场指挥抢险排污。省紧急拨款500万元，市拨款100万元，保定市各市县、市直部门捐款捐物折合人民币200万元。县委、县政府组织抢险，经过23个昼夜连续奋战，排除险情。

6月19日12时40分，一辆载有68吨煤焦油的超载卡车在色岭口村翻入一农户院内，造成1人死亡8人受伤。

6月，阜平县入选第五届全国县域经济基本竞争力提升最快百县。

9月6日，省委常委、政法委书记车俊，市委副书记王会平，市政法委书记李剑方等领导一行到阜平县调研公安工作。

9月30日，保定市委书记宋长瑞到阜平调研。

9月，阜平县第一个集中供热公司——鸿霖热力公司南城区一期工程投入运营。

10月19至20日，河北省电网规划会在阜平召开。

10月22日，保阜（保定—阜平）高速阜平段勘界登统完成。

11月15日，省农村公路检查团到阜平检查工作。

11月30日，保阜（保定—阜平）高速公路奠基。公路全长147.2公里，阜平段70.64公里。

2007年

1月12日，中共阜平县委第十一届二次全会暨全县经济工作会议召开。

4月10日，阜平县召开全县旅游工作会议，印发县委、县政府《关于阜平旅游业发展的实施意见》。

5月23至25日，阜平县第十五届人民代表大会第一次会议召开，选举王林义为人大常务委员会主任，王月衡为阜平县人民政府县长。

5月23至25日，政协阜平县第七届委员会第一次会议召开。耿文金当选政协主席。

7月5日，保阜高速公路阜平段征地拆迁工作完成。

8月17至18日，阜平召开大型旅游招商推介会，香港金地、河北众美、保定亚太、南京金钥匙等多家知名企业参加会议。

9月12至13日，全国人大代表一行10人到阜平县调研职业教育。

10月30日8时40分，阜平县城南庄镇易家庄村西榆林沟花炮厂发生爆炸事故，死亡6人，受伤5人。

11月13日，阜平县恒和污水处理厂开工建设。

11月，吴王口乡石滩地村一辆小客车在大柳树路段发生车祸，造成5人死亡，7人受伤。

12月16日，晋察冀边区革命纪念馆评为国家AAAA级旅游景区。

12月，国土资源局住宅楼竣工，建筑面积15038平方米，楼层12层，是阜平县第一座有电梯的住宅楼。

2008 年

4月1至3日，泰国人口社区发展协会苏妮达·吉达诺女士，乌瑞·洪姆他维女士一行3人，到阜平县考察幸福工程项目实施情况。

“5·12”汶川地震后，阜平县各界先后两次向四川平武县地震灾区捐款1156万元。炭灰铺煤业有限公司捐款100万元，阜平县化工有限公司捐款50万元，受到保定市政府表彰。

6月2日，总投资4.3亿元的云花溪谷生态旅游项目与保定亚太集团签订合作意向书。

6月11日，中共阜平县第十一届四次全体（扩大）会议召开。

8月4日，县政府召开奥运安保决战誓师大会。

10月20日，根据抗日英雄刘耀梅烈士事迹改编的数字电影《荆子花盛开的地方》开机。

10月22日，阜平县国家级中华鳖种质资源保护区项目通过农业部评审，填补了河北省水产种质资源保护区项目空白。

12月23至24日，县政协组织部分政协委员、农村干部、荒山开发大户到邢台县前南峪村和内丘县岗南村考察山地综合开发。

2009 年

1月1日，《今日阜平》复刊。

1月8至10日，阜平县第十五届人民代表大会第三次会议召开。补选徐志清为阜平县人民政府县长。

1月16日，国管局机关服务局局长王胜、国管局扶贫办主任张景龙、省管局副局长陈彦波一行到阜平考察扶贫工作并开展节前慰问。

4月30日，定龙线（定州—龙泉关）阜平收费站停止收费。

5月31日，阜平县电影院拆除。

7月8日，晋察冀边区革命纪念馆二期工程奠基仪式召开。聂力、丁衡高、省市领导一同参加。石家庄机械步化兵学院、空军指挥学院派人到晋察冀边区革命纪念馆“挂牌‘共建’”基地。

7月，温民廉租房开工建设。项目位于县城西南大元村，投资546万元。

8月14至15日，县政府与天津市滨海高新区留学人员联谊会、天津商业大学、天津市留学人员联谊会签订合作协议。

8月20日，中华鳖国家级种质资源保护区放流中华鳖2万只。

8月，基来安垃圾处理场开工建设。

8月25日，河北省民政厅批准原东下关乡撤乡建镇，名天生桥镇，东下关村更名为天生桥村，下庄乡改名夏庄乡，下庄村更名为夏庄村。

9月9日，阜平中学搬迁新校址（照旺台）。

9月24日，阜平县行政服务中心在中兴街梅维思俱乐部揭牌。中心总面积128平方米，进厅部门14个，服务窗口15个。

9月24日，河北晋察冀边区研究会编写的画册《红色印迹》出版发行。

9月25日，河北省旅游局、河北报业集团授予晋察冀边区革命纪念馆“河北最美30景”称号。

10月24日，中国果品流通协会授予阜平县“中国枣业十强县”称号。

10月26日，全省高速公路建设现场观摩会200多名代表，观摩保阜高速公路黑崖沟大桥。桥高120米，为亚洲第二高桥。

11月，阜平县通过河北省政府教育综合督导评估，被评为“教育工作先进县”。

12月31日，阜平县集体林权制度改革。

2010 年

1月5日，中共阜平县委第十一届六次全体（扩大）会议暨全县经济工作会议在县政府六楼会议室召开。

3月10日，阜平县“深山红”牌大枣被评

为2009年河北省名牌产品。

4月12日，阜平县第二个大枣十万亩示范工程一期开始实施，涉及阜平镇、王林口乡、平阳镇、北果园乡10个行政村。

4月8日，中国作协“走进红色岁月”大型采风活动在北京启动。12日采风团由中国作协副主席叶辛带队，作家黄亚洲、阿成、孙春平、顾保孜，吴仁山、周喜俊、周立军、程雪莉等到阜平县采风。

4月27日，在北京人民大会堂举行的2010年全国劳动模范和先进工作者表彰大会上，城南庄邮政支局投递员白玉军被授予“全国劳动模范”称号。

4月28日，阜平县天生桥景区“冰瀑杜鹃观赏月”活动启动。

5月13日，在保定市政府召开重点项目观摩调度会议上，阜平县2009年重点项目建设工作排名保定市三类县第二名，获市政府奖励80万元。

5月20日，国务院机关事务管理局为阜平县幼儿园捐赠价值5万余元的教学用具、玩具、书籍等。

6月7日，阜平县“红力”牌果脯蜜饯产品、“高老西”牌红枣醋产品，被评为2009年“河北省中小企业名牌产品”“河北省中小企业质量信得过产品”。

6月9日，幸福工程全国组委会捐助“幸福工程—救助贫困母亲”款80万元，在城南庄顾家沟村启动阜平县“幸福工程”，救助计生贫困母亲160名。

6月20日，阜平县旺达水产品养殖场被认定为河北省中华鳖原种场。

7月10日晚8点，阜平县6个乡镇遭大风、冰雹袭击，直接经济损失900万元。

8月7日，国务院扶贫办开发指导司司长刘书文一行到阜平调研扶贫开发工作。省市扶贫办领导，县委、县政府领导陪同调研。

8月，保阜高速引线迎宾路工程开工建设，总投资8384万元。

9月10日，保定市重点项目春利奶牛场投入运营。奶牛场位于城南庄村，投资1.054亿元，占地400亩。

10月5日，阜平县公安局成功破获“十字绣”委托加工诈骗案，抓获两名犯罪嫌疑人，涉案金额50余万元。

10月，位于县城万金园的阜平县“山”造型地标建成。主碑高27米，副碑高4.9米。总投资290万元。

10月，小派山森林公园修建水泥路、步游台阶路1000多米，建铁质八角亭1个，硬化休闲广场600平方米，安装健身器材10件套，立石标“畅神”一座。

11月9日，晋察冀边区革命纪念馆举行《经典阜平》首发式。保定市委书记宋太平、市长李谦发来贺词。作者陈业鹏、吕新生赠书1000册。

12月14日，县医院病房楼工程奠基。项目规划占地1755平方米，建筑面积10600平方米，总投资2300万元。

12月24日，阜平县召开“两手抓三深入”活动现场会暨“下基层、解难题、送温暖、保稳定”百日活动动员大会。

12月，“周联社拉线绑扎器”获2010年下半年度河北省电力公司农电系统“五小”创新成果一等奖，获国家专利。

第一篇
建置区划与自然环境

阜平县历史悠久，早在夏商年代就有人类居住。金代设置北镇明昌四年（1193年）以北镇并曲阳县西北境置阜平县，迄今817年。据《河北县名考源》记载："由于境内多山，治所适当平坦，县域以此取名"。

阜平地处太行山深处，境内山峰叠峦，沟谷纵横，素有"九山半水半分田"之称。地势自西北向东南倾斜，最高海拔2286.2米，最低海拔200米。境内地貌3种类型：剥蚀构造断块高中山区、蚀水冲刷阶梯类型、积陷盆地浅山区类型。

阜平县为暖温带大陆性季风气候，冬季寒冷少雪，春季干燥多风，夏季炎热多雨，秋季凉爽多风。冬夏长、春秋短。地形复杂，"十里不同天"，自然灾害多发。

阜平县域总面积2494平方公里，1996年底辖4个镇9个乡，209个行政村。2010年辖5个镇8个乡，1个社区管理委员会，209个行政村，5个社区居民委员会。

第一章 建置区划

1994年保定地区与保定市合并，阜平县划归地市合并后的保定市管辖。1996年2月并乡扩镇，由原来的4个镇21个乡合并为4个镇9个乡。2010年全县辖5个镇8个乡209个行政村；1个社区管委会，5个社区居民委员会。

第一节 位置与建置

一、位置

阜平县位于北纬38°9′～39°7′，东经113°45′～114°31′，县城东北距北京市区界246公里，东南距石家庄市区界110公里，西距五台山78公里，东距保定市区界106公里。

二、境域

全县西北高东南低，自西北向东南倾斜，全境为山区。东与唐县、曲阳县交界，南与石家庄市行唐县、灵寿县、平山县毗连；西与山西省五台县、繁峙县接壤；北与山西省灵丘县、河北省涞源县相邻。全县有一条省界线（与山西省），长127公里；一条市界线（与石家庄市），长86.5公里；阜平—唐县县界长19.1公里；阜平—曲阳县县界长54.62公里；阜平—行唐县县界长32.9公里；阜平—灵寿县县界长52.3公里；阜平—平山县县界长1.3公里；阜平—山西省五台县县界长57.9公里；阜平—山西省繁峙县县界长25.9公里；阜平—山西省灵丘县县界长43.2公里；阜平—涞源县县界长12.7公里，被称为“晋冀咽喉，畿西屏障”。全县东西长74.8公里，南北宽49.6公里，县城东至平阳镇张起岭县界长33.9公里（公路里程），西至龙泉关镇长城岭县界长49.6公里（公路里程），南至城南庄镇南台村白石岭县界长33公里（公路里程），北至大台乡柴皮岭县界长43.5公里（公路里程）。全县总面积2494平方公里。

三、建置

金国初年改北寨为北镇。金（章宗）明昌四年（1193）以北镇并析曲阳县西北境始置阜平县（治北镇即今县城），属真定府管辖。元初属恒州，后更属真定路。明改隶真定府。清顺治十六年（1659）阜平县废，以县治东五社并入曲阳县，以县治西五社并入行唐县。康熙二十二年（1683）复置阜平县，仍属真定府，此时县寄治于县东25公里的王快镇。乾隆十年（1745）县署从王快镇返迁阜平县城。民国2年（1913）改属直隶省范阳道，民国3年范阳道改为保定道，仍属之。民国17年（1928）道废，直隶省改为河北省，阜平县改属河北省。民国26年（1937）属河北省第十一督察区。

抗日战争期间，1937年10月成立阜平县抗日民主政府。

县域乡（镇）、村体系现状图

1938年1月10日晋察冀边区军政民代表大会在阜平县城召开，成立了晋察冀边区临时行政委员会，阜平县属晋察冀边区冀西区二专区。1940年改属晋察冀边区四专区。1942年2月属北岳区四专区。解放战争期间，1946年阜平县属冀晋三专区。1948年6月改属北岳区四专区。1949年1月改属察哈尔省易水专区，8月1日河北省人民政府成立后，阜平县划归河北省定县专区。

1949年10月1日中华人民共和国成立后，阜平县划归河北省定县专区管辖。1954年4月24日定县专区撤销，阜平县改属保定专区管辖。1960年5月3日保定专区撤销，阜平县划归保定市管辖。1961年5月23日复置保定专区，阜平县仍属保定专区。1970年保定专区改称保定地区，阜平县属保定地区管辖。1994年12月24日保定地区与保定市合并改称保定市，阜平县隶属地市合并后的保定市。

第二节　行政区划

一、区划变更

1996年2月阜平县并乡扩镇，撤销龙门庄乡、槐树庄乡、岔河乡、东北庄乡、寿长寺乡、百亩台乡、上堡乡、西庄乡、柏崖乡、葛家台乡、段庄乡、东城铺乡12个乡，并乡扩镇后全县辖4个镇9个乡。2002年10月增设县直社区1个。2009年8月25日河北省民政厅批准（冀民函〔2009〕140号文），原东下关乡撤乡建镇，更名为天生桥镇，东下关村更名为天生桥村；下庄乡更名为夏庄乡，下庄村更名为夏庄村（阜政〔2009〕71号文）。2010年全县辖5镇8乡，209个行政村，1008个自然村，1个社区管理委员会，5个居民委员会。

1996年2月阜平县并乡扩镇一览表

表1-1-1

合并后乡镇名称	合并乡镇
阜平镇	槐树庄乡、龙门庄乡并入阜平镇
城南庄镇	岔河乡并入城南庄镇
平阳镇	东北庄乡并入平阳镇
龙泉关镇	原行政区域未变
东下关乡	（2009年撤乡建镇更名为天生桥镇）
砂窝乡	百亩台乡、上堡乡并入砂窝乡
吴王口乡	寿长寺乡并入吴王口乡
下庄乡	原行政区域未变（2009年更名为夏庄乡）
大台乡	柏崖乡并入大台乡
史家寨乡	段庄乡、葛家台乡并入史家寨乡
北果园乡	东城铺乡并入北果园乡
王林口乡	西庄乡并入王林口乡
台峪乡	原行政区域未变

二、社区划分

1996年至2002年9月，阜平县设由居民委员会，由居民委员会管辖城区居民。2002年10月设立县直社区管理委员会，列乡镇政府序列，属县委、县政府派出的正科级机构。县城城区划分为5个社区居委会。

东寺居委会成立于2002年10月。管理桥东街、陵园街、光明街、车站东、税务胡同。办公地点设在东寺万金园。

南街居委会成立于2002年10月。管理东至东河滩，西至胡子沟，南至大园村，北至中兴街。

北街居委会成立于2002年10月。管理东至东大桥，西至苹果园，南至中兴街，北至党校、原经委小桥路南。

北菜园居委会成立于2002年10月。辖区分管东至小派山根，西至气象局以东，南至原经委小桥，北至照旺台。

世纪城居委会成立于2007年12月，辖管沙河以南，东大桥以西，西大桥以东、定龙线以北区域。

第三节　乡镇（社区）概况

一、阜平镇

阜平镇地处阜平县中部，大沙河自西向东横穿全镇，镇政府驻地城厢村。东与王林口乡接壤，南与北果园乡、城南庄镇交界，西与夏庄乡、天生桥镇相邻，北与砂窝乡、史家寨乡毗连。1996年2月，原龙门庄乡、槐树庄乡合并到该镇。全镇辖30个行政村，195个自然村，8740户29224人，全镇农民人均纯收入1601元。2010年，辖30个行政村，195个自然村，9315户32131人。全镇农民人均纯收入2792元。全镇面积253平方公里，其中山场面积75000亩，耕地面积39750亩，人均耕地1.2亩。

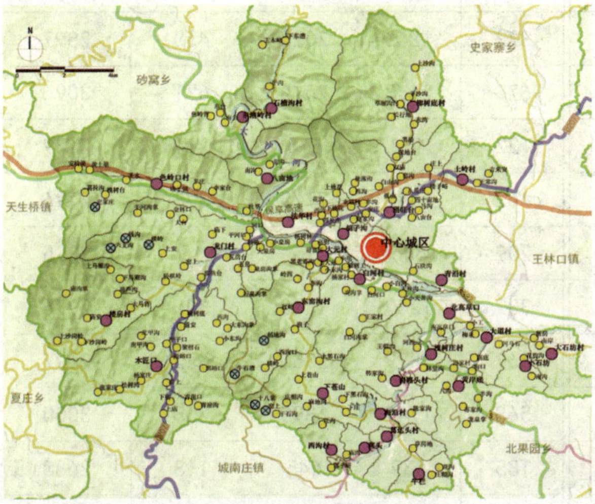

阜平镇行政区划图

乡镇企业　1996年以后，阜平镇立足本地资源，大力发展个体加工业，2010年果脯加工企业22家，年加工无核蜜枣、金丝蜜枣、南枣等果脯系列产品2000多吨，产值1200多万元。龙门博夏醋厂年生产枣醋100多吨，产品销往北京、天津、保定、石家庄等地。

新富民粮油股份购销有限公司

阜平镇矿山资源丰富，1998年龙门石材小区建成投产，入住小区的加工户73户，吸收从业人员1210多人，年生产板材3.8万平方米，年交易额9000多万元。铁矿矿山及铁选加工企业30家，年实现利润750多万元。大力发展马路煤炭市场。白河煤场、青沿煤场、龙门煤场、槐树庄煤场经营业主91家，年交易煤炭221.5万吨，交易额2.13亿元。

大力扶持发展个体商贸、餐饮、服务行业。1996年以后发展个体饭馆112个，个体旅馆71家，各类饮食摊点156个，批发、零售门市部72个，修理铺66个，理发店38家，大型超市6个，蔬菜、肉类、粮油店24个，服装加工、销售门市21个。2010年全镇经贸收入10亿元，占全镇第三产业收入的70%以上，城厢村居民年人均纯收入3000元。

基础建设 1997年，阜平镇开始实施移民搬迁和新民居建设工程，在照旺台村和白河村启动新民居建设工程5处，新建成单元楼住房600套；在照旺台村和第一山村新建移民搬迁小区2处，接收整村搬迁居民529户，接受零散搬迁移民389户。2005年，投资2000万元修水泥路116公里，30个行政村全部通了水泥路；投资15万元，修蓄水池5个，打机井10眼，修防渗渠1.1万米。2006年，阜平镇30个行政村全部完成输变电网改造。

社会事业 阜平镇2010年有初中1所，在校生1943人，完全小学11所，不完全小学6所，在校生5281人，幼儿园（含幼读辅导站）7个，在园幼儿960名，镇成人学校1所，村成人学校4所。全镇教职工482名，专任教师403名。小学专任教师239名，全部达到中师以上学历，176名达到大专以上学历。初中专任教师127名，全部达到大专以上学历，46名达到本科以上学历。幼教专任教师37名，11名达到中师以上学历，26名达到大专学历。全镇中小学校长（园长）14名，学历全部合格，持证上岗。1996—2010年，阜平镇筹措资金1000多万元投入教育事业，城厢中学达到29室，城厢小学达到19室，10所完全小学达到12室，中心幼儿园实现规范办园。城厢中学、城厢小学按一类，9所完全小学按二类依照省定标准配备了仪器。6所不完全小学有三室以上专用教室。全镇17所小学，图书119890册，生均22.7册。初中图书78050册，生均40.2册。乡镇建有卫生院1个，村级卫生所20个，从医人员47人，病床60张。

群众文化生活丰富。春节、农闲季节各村都组织文化活动。传统节目有旱船、秧歌、高跷、武会等，现代节目有广场舞、合唱、独唱等。

1996年、2010年阜平镇行政村主要指标统计表

表1-1-2

项目 名称	1996年					2010年				
	户数（户）	人口（人）	耕地（亩）	粮食总产量（吨）	农民人均纯收入（元）	户数（户）	人口（人）	耕地（亩）	粮食总产量（吨）	农民人均纯收入（元）
合计	8740	29224	20835	6983	1601	9315	32131	39750	8083	2792
城厢	1120	2656	810	350	2270	1074	3300	2070	288	3299
青沿	304	1083	840	378	1772	322	1240	2025	438	2897
照望台	629	2199	1860	415	2281	672	2633	2610	671	3096
土岭	108	395	375	112	1521	122	413	675	211	2679
柳树底	373	1567	1065	202	1217	462	1583	2775	398	2796
第一山	187	493	90	21	1125	209	685	15	13	2295
大元	315	1034	555	237	2285	332	1249	1380	305	2996
法华	540	1825	1080	407	1606	562	1879	2355	532	2897
白河	467	1307	645	323	1816	563	1749	1395	258	3000
石湖	160	510	270	110	1520	185	539	645	118	2688
三岭会	138	444	330	65	1563	144	515	495	87	2495

续表 1-1-2

项目 名称	1996 年					2010 年				
	户数（户）	人口（人）	耕地（亩）	粮食总产量（吨）	农民人均纯收入（元）	户数（户）	人口（人）	耕地（亩）	粮食总产量（吨）	农民人均纯收入（元）
东漕岭	171	575	570	143	1934	182	632	795	105	2595
石漕沟	91	256	345	42	600	82	226	330	45	2192
高阜口	437	1736	705	407	1265	505	1726	1680	440	2996
大道	308	1171	540	327	1324	342	1364	1545	416	2799
大石坊	205	761	525	338	1332	202	818	1410	305	2792
小石坊	79	263	300	132	1321	84	283	810	184	2280
黄岸底	272	939	735	267	1284	282	1203	1710	279	2495
槐树庄	153	516	405	188	1254	140	575	810	183	2385
峁路头	170	614	480	167	1121	190	790	960	203	2398
苍山	272	1032	825	213	1173	390	993	1275	258	2292
海沿	97	364	375	126	1161	112	354	495	175	2584
葛达头	110	390	435	158	1133	112	412	1020	180	2294
牛栏	90	365	465	112	1191	102	365	855	202	2288
燕头	131	433	345	129	1258	132	444	795	160	2282
西沟	88	339	315	105	1186	94	324	720	181	2392
龙门	530	1895	1875	495	1413	554	1860	2025	462	2697
木匠口	580	1958	1770	543	1419	589	1977	3045	483	2698
色岭口	406	1430	1065	333	1424	356	1371	2160	317	2796
楼房	209	674	840	138	628	218	629	870	186	2396

二、城南庄镇

城南庄镇地处阜平县城西南部，镇政府驻地城南庄村位于北纬 38°39′、东经 114°96′。距阜平县城 20 公里。东与北果园乡接壤，南与石家庄市行唐县、灵寿县毗连，西北与夏庄乡相邻，北与阜平镇交界。1994 年撤乡建镇。1996 年 2 月原岔河乡合并到该镇，面积 227 平方公里。1996 年全镇辖 21 个行政村，207 个自然村，6406 户，21565 人，全镇农民人均纯收入 709 元。2010 年，全镇辖 21 个行政村，207 个自然村，264 个村民小组。有 6459 户，21765 人，全镇农民人均纯收入 2756 元。全境为山地，地势西高东低，中部为浅山区。镇区年平均气温 13℃，全年无霜期 210 天。胭脂河为最大河流，

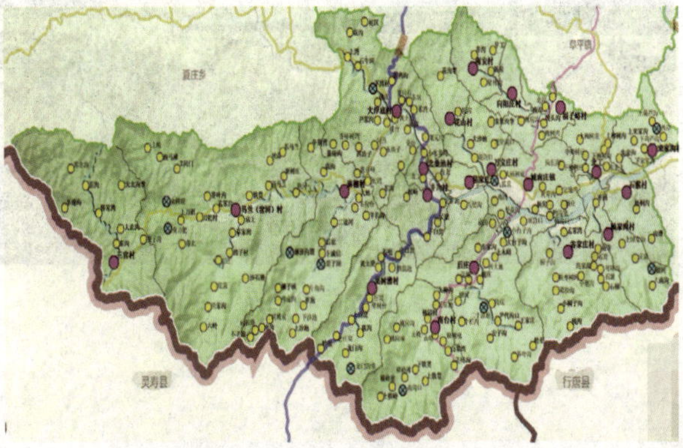

城南庄镇行政区划图

季节性河流纵横交错。207国道穿境而过。

农业 城南庄镇是全县的粮食主产区之一，主要生产小麦、玉米。1998年，实行二轮土地延包，承包期三十年。养殖业以奶牛、柴鸡、猪、羊、蜂为主，建有奶牛养殖场2个，存栏1030头；养猪场1个，猪存栏200头；养蜂户50户560箱，养殖奶牛1100头。林果业以福子峪、南安、宋家沟、向阳庄、顾家沟等村为大枣基地，开发10000亩，新增枣树40万株。以南台、后庄、栗树漕、大岸底、麻棚、岔河、三官等村为干鲜果品基地，发展核桃、板栗等经济林，栽植板栗、核桃3000亩10万株，改变农业生产格局，增加农民经济收入。

亚洲最大的花岗岩孤石山——铁贯寨

乡镇企业 城南庄镇矿产资源丰富，有金、银、铜、铁、花岗岩等十几种。其中：花岗岩储量10亿立方米以上，遍布南台、栗树漕、麻棚、岔河等十几个村。建成城南庄、易家庄、麻棚3个花岗岩石材小区，加工大锯300多台，主要加工中国2号、3号黑，黑白点，大、中、小散花，年加工板材105万平方米。解决农民就业5700多人，年创产值6000多万元，社会效益2亿元。

春利奶牛场一角

城南庄镇易家庄石材加工小区

城南庄镇是阜平县南部最大的商品集散地，全镇有6个传统庙会，规模大的是城南庄庙会和奶奶庙湾庙会，庙会客流量上万人；有5个集市，每月逢1、5、8为集日。全镇有贸易企业253家，服务企业146家，年经济效益上亿元。

红色旅游 城南庄镇有晋察冀边区革命纪念馆、晋察冀军区旧址、花山毛泽东居住旧址、温塘参议会旧址、马兰晋察冀日报旧址、坡山第一部《毛泽东选集》诞生地旧址等红色旅游资源27处。21个行政村全部实现道路硬化，全镇有4个客运点，6条客运线路。

社会事业 全镇有中小学12所，其中中学1所，小学11所。在校学生1848人，其中小学1303人，中学545人。中小学专任教师125名，其中小学88名，中学37名。有中心卫生院1所，医务人员28人，病床20张。村级卫生所34所，从业人员42人。

1996 年、2010 年城南庄镇行政村主要指标统计表

表 1-1-3

项目 名称	1996 年					2010 年				
	户数（户）	人口（人）	耕地（亩）	粮食总产量（吨）	农民人均纯收入（元）	户数（户）	人口（人）	耕地（亩）	粮食总产量（吨）	农民人均纯收入（元）
合计	6405	21565	35287	4559	709	6459	21765	34539	6824	2756
三官	270	1010	2168	136	540	272	1020	2118	153	2452
岔河	781	2380	5543	637	850	786	2400	5443	695	3059
麻棚	400	1201	2156	258	680	403	1211	2116	313	2594
大岸底	702	2249	3170	520	650	709	2269	3110	731	2680
北桑地	163	555	874	112	670	164	561	864	187	2407
井沟	317	1040	1326	256	590	319	1060	1296	308	2492
栗树漕	292	1066	2319	369	900	296	1076	2289	553	2946
易家庄	207	678	787	171	680	209	684	717	306	2647
万宝庄	205	670	779	112	690	207	679	778	155	2446
花山	110	364	696	67	710	112	367	691	158	2878
城南庄	727	3019	2692	474	680	729	3048	2592	577	3120
后庄	445	1590	3170	398	700	450	1600	3110	613	2506
南台	359	1100	1798	282	900	361	1103	1728	517	2911
谷家庄	372	1164	1997	211	640	376	1174	1987	431	2889
顾家沟	211	642	764	104	660	213	648	734	157	2825
石猴	156	512	959	104	760	157	522	950	197	2874
宋家沟	212	647	957	128	650	214	650	950	186	2724
北工	170	530	937	97	660	171	535	907	186	2487
福子峪	110	464	850	96	660	112	467	820	150	2506
向阳庄	95	314	865	63	640	96	315	864	148	2414
南安	101	370	480	68	620	103	376	475	103	2368

三、龙泉关镇

龙泉关镇地处阜平县西部，镇政府驻地龙泉关村。位于北纬 38°55′，东经 113°50′。距县政府驻地 35 公里。东与天生桥镇为邻，南与山西五台县、阜平夏庄乡接壤，西与佛教圣地五台山交界，北与吴王口乡相连。年平均气温 8.5℃，全年无霜期 175 天。全镇辖龙泉关、黑崖沟、西刘庄、北刘庄、印钞石、黑林沟、顾家台、青羊沟、八里庄、平石头、大胡卜、骆驼湾 12 个行政村 54 个自然村。总面积 141 平方公里，耕地 7320 亩。有 2988 户 8384 人。1996 年全镇农民人均收入 850 元，2010 年 2038 元。

农业　全镇山场面积近 20 万亩，森林覆盖率 50% 以上。农业生产主要以玉米、土豆、谷类为主。1998 年实行二轮联产承包责任制。

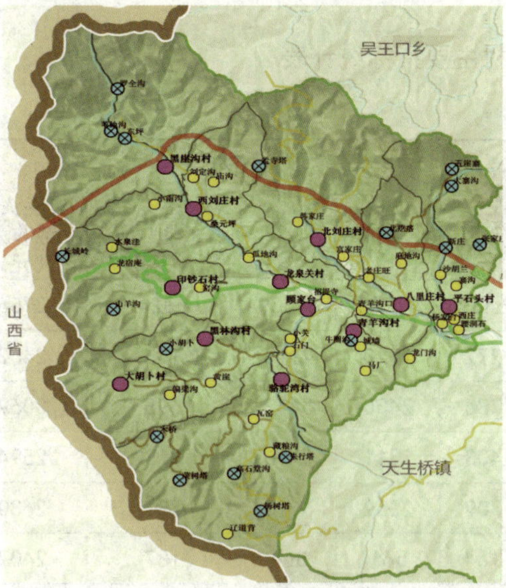

龙泉关镇行政区划图

2010年建成西刘庄、黑崖沟、黑林沟3个苹果基地。2010年全镇苹果产量45吨，实现产值22万元。建成以西刘庄、龙泉关、平石头、八里庄、顾家台、青羊沟村等核桃基地6处。2006年国务院机关事务管理局协调资金50万元，建成龙泉关村、八里庄村千亩清香核桃园。2007—2010年，为西刘庄、顾家台协调资金24万元核桃苗木款和6万元水利配套款；为八里庄、青羊沟协调38万元核桃苗木款和21万元水利配套款；为平石头村协调12万元核桃苗木款和8万元水利配套款。至2010年底，龙泉关镇核桃种植面积达到2000余亩，栽植核桃树1.6万株。核桃产量已达65吨，产值达到195万元。

龙泉关拥有丰富的山场优势和牧草资源，发展畜牧养殖业有着得天独厚的条件。龙泉关

大胡卜村圈养山羊

是冀晋交界著名的大牲畜交易市场。1996年后，该镇大力发展养殖业，户户养猪，重点村、户养牛养驴。2006年，省财政厅帮扶黑崖沟村20万元扶贫资金，从吉林购买优质肉牛80头，建牛棚38间；占地7.5亩，并帮助该村建大型青储池一个，完善养牛配套设施。2007年，北刘庄、平石头、印钞石等村利用扶贫款20万元养牛；2010年投资335万元的成旺牲畜饲养有限公司养殖场建设项目一期工程在印钞石村建成，养驴150头；2010年，印钞石用扶贫款6万元养羊和用扶贫款2万元搞水利设施建设。2010年底，全镇畜牧存栏：猪2400头、牛429头，驴256头，年产猪肉270吨，牛肉386吨，产值1736万元。

文物古迹 龙泉关镇自明朝以来就是中原防御北方游牧民族的战略要地，遗留下许多边关遗址，历史文物、佛教寺院，如明长城、古镇城墙、城门、招提寺、马刨泉、直奉大战战场遗址等。康熙二十二年康熙皇帝赴五台山途中小驻龙泉关招提寺，于三箭山前勒马而射，三箭皆逾峰巅，后人称此山为三箭山。后来乾隆皇帝去五台山进香礼佛路过三箭山时曾留下诗篇：

乾隆十五年（1750年）乾隆皇帝重游此地，立碑一座，上刻“我皇祖经此，三箭连逾峰巅，是山因此以得名，丙寅秋过之，曾成近体重瞻圣绩再赓前章……”，又赋诗一首镌于碑的后面：

龙泉关作为西大道上靠近佛教圣地五台山的一个重要古镇，佛教文化比较发达。相传盛时曾有三十六寺，比较闻名的寺院有招提寺、益寿寺、白衣寺等。招提寺建于明朝元年，此寺北倚“青龙山”，前对“伏虎山”，大有龙虎气势。寺院占地6亩，寺内“大雄宝殿”匾额，是康熙皇帝御笔亲书。每年全国各地的香客到五台山，先要在招提寺上香敬佛。新中国成立后此寺改建成学校，一座古殿和一座乾隆御碑矗立在龙泉关中学院中。印钞石村的益寿寺以无梁殿而闻名，至今保留较为完整。白衣寺位

于黑崖沟村，建于明朝，红墙黄瓦，秀丽壮观。

社会事业　2010年，全镇共有初中1所，小学3所，在校学生395人，教师49人。镇区有卫生院1所，医务人员2名，病床5张。镇建有文化站1所，图书阅览室1间，各类图书近十万册。群众文化生活丰富多彩。每年春节期间，各村都自发组织不同特色的节目表演，传统节目有旱船、秧歌、舞蹈等，其中桑园坪村的“毛撢子会”独树一帜，2010年，被定为保定市非物质文化遗产，已申请河北省非物质文化遗产保护。

基础设施　程控电话全镇普及，移动电话信号覆盖全镇。每百户拥有手机75部以上。彩电、冰箱、洗衣机已成为大部分农家日常用品。农村居民新盖房屋也由过去的土坯瓦房，变为现在的砖砌水泥浇筑房。2010年，全镇人均住房面积达到20平方米。

基础设施得到改善。1996年以后修建的饮水工程保证全镇各村均吃上干净卫生的自来水。村村自成网络防渗渠帮村民克服种地浇水困难。村村通公路把各村连成一片，与干线公路连成一体。定龙线、保阜高速公路横穿全镇，与佛教圣地五台山车程不到半个小时，每天出省班车5个班次。

1996年、2010年龙泉关镇各行政村主要指标统计表

表1-1-4

项目/名称	1996年					2010年				
	户数（户）	人口（人）	耕地（亩）	粮食总产量（吨）	农民人均纯收入（元）	户数（户）	人口（人）	耕地（亩）	粮食总产量（吨）	农民人均纯收入（元）
合计	2520	8812	7200	1700	850	2419	8500	6315	3207	2038
龙泉关	560	1680	1020	252	880	550	1630	900	458	2153
顾家台	114	348	375	85	870	108	339	345	165	2065
印钞石	162	558	450	103	920	155	540	405	211	2185
西刘庄	312	1060	930	142	830	298	985	855	292	2030
黑崖沟	310	1080	870	160	832	290	1020	750	386	1960
八里庄	242	870	720	140	842	230	832	660	323	1995
平石头	218	760	735	150	823	210	712	645	325	1994
北刘庄	196	752	585	160	832	190	702	510	355	1994
青羊沟	110	340	375	54	838	103	318	270	126	2075
骆驼湾	167	580	750	120	780	154	530	675	276	1943
大胡卜	63	153	390	65	730	54	146	300	135	1917
黑林沟	92	194	464	139	1435	98	208	464	180.4	1735

四、天生桥镇

天生桥镇地处阜平县城西部，镇政府驻地天生桥村，位于北纬38°53′，东经113°57′。距县政府25公里。该镇的前身为原东下关乡，2009年8月25日，省民政厅批准撤乡建镇，更名为天生桥镇。东与阜平镇接壤，南与夏庄乡相连，西邻龙泉关镇，北与沙窝乡交界。天生桥镇地势自西北向东南倾斜，全境为深山区，海拔600～2100米，全年平均气温10℃，年无霜期180天。该镇交通发达，定（州）五（台

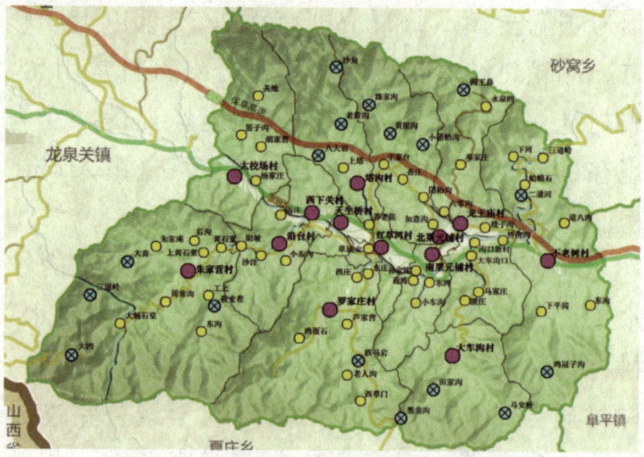

天生桥镇行政区划图

山）公路，保阜高速公路东西向平行穿过其境，在天生桥村建有高速互通。北流河自西向东流经全镇。全镇总面积146.6平方公里，辖13个行政村，57个自然村。1996年，全镇有2841户10001人。2010年，3198户10806人，其中：农业户口3198户10806人。1996年全乡农民人均纯收入1123元，2010年，全镇农民人均纯收入2743元。天生桥有国家地质公园、国家森林公园，华北最大的瀑布群；2010年总投资1.65亿开发建设的仙人山自然生态景区坐落在该镇境内。

农业 1998年该镇实行农业联产承包二轮延包以后，进一步加强农业水利基础设施建设，维护、整修已有的小型水库3座，修建蓄水塘坝8座，修建防渗渠2500米，改善和扩大水浇地面积520亩。农业种植方面，根据当地的气候条件，坚持宜粮则粮、宜林则林原则，大力发展抗旱玉米、土豆以及少量的谷类、豆类等小杂粮，全年粮食产量达6138吨。林果业总产

当地农民利用圈的形式储存玉米

值达到560万元。

旅游 依托国家地质公园、天生桥瀑布群及仙人山自然生态区的旅游资源优势，大力发展景区农家乐餐馆、旅馆、小商品、旅游纪念品销售等景区商品经济，形成了以朱家营村为主的景区旅游经济带和以东、西下关村为主的旅游饮食一条街。西下关村大盆肘子一条街成为具有本地特色、享誉京、津、冀、晋旅客最青睐的特色食品。全镇农家乐饭馆42家，旅馆18家，景区地摊商品经销点42个。全镇依托旅游资源，第三产业年收入1200万元，从业人员1800人，人均增加经济收入800多元。

社会事业 全镇共有1所中学，2所完全小学（6个教学点），共有教师112人，在校学生1200人，其中：小学生600人。镇内有卫生院1所，病床20张，从业医生9人。医院配有心电图机、B超、X光机等。建有村级卫生保健站12个，医生14人。

基础设施 固定电话、移动手机信号覆盖全镇。互联网进入寻常百姓家。2010年全镇共有固定电话1203部，手机4522部，宽带用户192户。保定—忻州，保定—龙泉关班车每天往返，途经该镇。龙泉关—阜平，天生桥—阜平等客运汽车每天往返县城达30班次。农村居住条件得到明显改善。人均居住面积由1996年前的不足10平方米增加到2010年的20多平方米。

不老树村新民居

2008年，该镇不老树村建筑面积2720平方米的新民居建设工程竣工，16户71人迁入新居。文化、健身娱乐设施齐全。

1996 年、2010 年天生桥镇各行政村主要指标统计表

表 1-1-5

项目 名称	1996 年					2010 年				
	户数（户）	人口（人）	耕地（亩）	粮食总产量（吨）	农民人均纯收入（元）	户数（户）	人口（人）	耕地（亩）	粮食总产量（吨）	农民人均纯收入（元）
合计	2819	10001	10320	3951	1123	3198	10806	10085	6138	2743
不老树	358	1304	1185	503	1120	429	1442	1127	704	3085
龙王庙	321	1191	1140	459	1100	358	1198	1009	733	3063
北栗园铺	274	1020	900	404	600	305	1028	900	679	3064
南栗园铺	273	984	690	304	850	352	1146	780	580	2007
大车沟	52	137	285	73	600	36	80	300	145	1500
红草河	175	623	945	266	2540	220	734	675	385	3052
罗家庄	191	558	675	310	850	171	536	940	454	2332
塔沟	139	510	540	208	1140	177	584	550	368	2671
天生桥	186	686	540	234	1200	233	774	525	376	3010
西下关	184	633	435	188	1550	204	678	540	292	2979
沿台	184	664	675	411	720	207	726	690	366	2161
朱家营	237	810	1215	205	610	231	791	965	495	2604
大教厂	245	881	1095	386	1380	275	1089	1084	561	2718

五、平阳镇

平阳镇地处阜平县城东部，有阜平“东大门”之称。镇政府驻地平阳村位于北纬 38°49′，东经 114°41′。东界曲阳县，南隔王快水库与北果园乡相邻，西连王林口乡，北接台峪乡。镇政府驻地距县城 30 公里。年平均气温 16℃，年降水量不足 500 毫米。保阜高速在平阳建有高速互通。保阜线、定龙线从平阳镇穿过，交通便利。

1996 年 2 月原东北庄乡并入该镇。2010 年底全镇总面积 197 平方公里，耕地面积 1.47 万亩，辖 22 个行政村。5782 户 21828 人，人口密度为每平方公里 105 人。1996 年全镇农民人均纯收入 960 元，2010 年全镇农民人均纯收入 2460 元。境内有王快水库，是北京、天津等重要城市的备用水源地。

平阳镇行政区划图

农业　农业实施农村产业结构调整，优化种植结构，大力发展高效农业。该镇是阜平县

的粮食主产区之一。主要生产小麦、玉米、红薯、附带少量的豆类等小杂粮。常年粮食产量4700万公斤。该镇有5个村属于王快库区，根据当地的实际情况，组织当地农民在水位较低的时候多种早收，充分利用大量的河滩地增加粮食产量。并在王快库区周边大力发展围山转，水平梯田工程，实行枣粮间作，增加花生、谷类等小杂粮生产，增加农民收入。2010年王快村以坡改梯田工程为契机，进行生态农业开发，栽植苹果、核桃树25000余株，间作种植花生、红薯250亩。在白家峪村发展了100多亩以西兰花、娃娃菜、马铃薯为主的蔬菜种植基地，亩产效益10000余元。

大力发展保阜公路以南畜牧养殖业，投资800万元建成王快养貂、柴鸡，山咀头、各老等村的肉牛养殖基地；投资1200万元新建腾达高产肉牛养殖基地，进一步拉动全镇畜牧业发展。2010年底，该镇养貂3万只；柴鸡4万只；肉牛3500头。畜牧养殖业年收入100多万元。

保阜公路以北以阜平大红枣为主导品牌的林果业，完成投资上亿元的北庄、车道、白山、康家峪等集中连片的大枣种植基地建设项目，阜平县鑫达枣食品加工厂已完成主体工程建设，企业＋农户＋基地建设的运作方式初步形成。以保阜公路沿线为依托，发展煤炭营销、交通运输、商业物流、餐饮等相关产业，煤炭运销业已成为该镇的主导产业。2010年底全镇共有规模型煤场135家，运输汽车150余辆，年产值1500万元。

基础设施 全镇投资250万元，打机井32眼，修防渗渠32000米，旱井窖420处，投资700万元的平阳供销社改扩建项目完成主体工程。投资1100万元的平阳11万伏变电站工程建成并投入使用。

村民生活条件发生巨大变化。变过去以土木结构为主的房屋为现在的钢筋混凝土砖石

白家峪新民居

结构为主，不少家庭盖起了高标准的二层楼。2008年投资1156万元，占地36亩的白家峪新民居建设项目主体已竣工，建成81户居民住宅楼房，被评为省级示范性工程。人均住房面积由1996年的12平方米增加到2010年的25平方米。全镇22个行政村实现了村村通水泥公路。通讯事业迅速发展，到2010年全镇共有固定电话3209部，手机9851部，彩电6228台，摩托车2010辆。

社会事业 2010年全镇有初级中学1所，小学13所，在校学生2744名，教师220名。1996年至2010年全镇先后投资400万元建起了教学楼8座；投资302万元建成中学高标准实验室、仪器室、学生食堂、图书阅览室。购置微机80台，新建微机室2个和多媒体室、语音室各一个。全镇中小学图书馆藏书量10万余册。2009年顺利通过河北省政府教育综合督导评估验收。2010年投资120万元在平阳、山咀头建成了高标准幼儿园两所。镇建有卫生院1个，村级卫生所22个，从医人员32名，其中主治医师2名，护士15名，医师15名，配有心电图1台，X光机1台，显微镜1台，实现电脑办公自动化。群众文化生活丰富多彩，平阳大鼓、秧歌、旱船等文艺形式多样，其中平阳大鼓历史源远流长，曾到河北电视台群众文艺栏目演出，深受百姓欢迎。

1996 年、2010 年平阳镇各行政村主要指标统计表

表 1-1-6

项目 / 名称	1996 年					2010 年				
	户数（户）	人口（人）	耕地（亩）	粮食总产量（吨）	农民人均纯收入（元）	户数（户）	人口（人）	耕地（亩）	粮食总产量（吨）	农民人均纯收入（元）
合计	5782	21828	7366	2094	960	6170	24343	21187	6476	2460
上平阳	155	608	410	116	930	157	659	908	264	2480
平阳	835	2841	658	183	990	894	3726	2254	678	2480
铁岭	270	979	314	31	960	260	999	783	244	2580
王快	682	2770	410	62	960	730	2862	1887	624	2480
山咀头	580	1988	46	13	930	543	2281	395	113	2380
各老	154	605	216	74	960	167	694	582	167	2480
台南	80	316	74	21	930	95	407	268	80	2480
北水峪	539	2021	510	140	990	619	2396	1636	484	2980
白家峪	254	943	355	113	960	264	998	1156	373	2480
立彦头	105	391	170	49	930	118	429	498	161	2380
冯家口	250	973	425	140	990	240	986	1253	402	2380
土门	308	1215	830	274	960	392	1432	2527	772	2380
罗峪	150	617	300	85	960	179	705	874	266	2380
北庄	285	1107	639	206	950	317	1295	1510	447	2480
康家峪	260	1065	598	186	990	280	1053	1357	407	2480
黄岸	50	190	114	33	960	55	217	263	76	2380
长角	105	406	214	62	960	118	441	484	147	2380
石湖	170	657	256	69	960	195	671	705	204	2380
东板峪	218	861	342	97	960	211	828	759	233	2380
皂火峪	72	288	135	37	960	68	303	359	110	2380
白山	50	144	43	11	960	52	171	117	35	2280
车道	210	843	307	92	990	216	790	612	189	2580

六、吴王口乡

吴王口乡位于阜平县城西北部。乡政府驻地吴王口村位于北纬 39°01′，东经 114°01′，距阜平县城 43 公里。东北与山西省灵丘县交界，西与天生桥镇、龙泉关镇相交，南与沙窝乡相连，北与山西省繁峙县接壤。该乡自西北向东南倾斜，全境为深山区。南辛庄歪头山海拔 2286.2 米为保定市最高峰，203 省道横贯本乡，是河北通往山西的一条重要通道，也是晋煤东运的重要交通要道之一。大沙河由山西境内流入该乡，该乡境内小银河从歪头山发源，干支流流经该乡 7 个行政村，在吴王口汇入大沙河流入王快水库。1996 年 2 月，原寿长寺乡并入

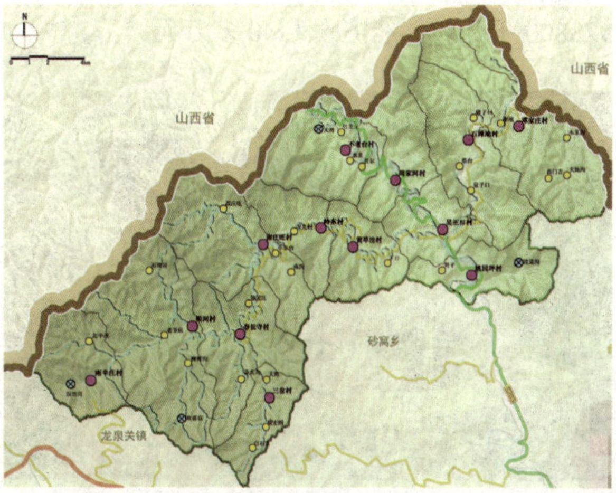

吴王口乡行政区划图

吴王口乡，全乡总面积219.5平方公里。其中山场面积313200亩，耕地面积4574亩。该乡辖13个行政村，42个自然村。1996年全乡总人口2100户6459人，全乡农民人均纯收入676元。2010年全乡总人口2084户6704人，全乡农民人均纯收入1630元。

农业 1996年以后，随着农村经济不断发展，该乡农林产业由单一的低产农业向发展经济林果转变，林果业形成一定规模。1998年实行农业二轮承包后，该乡不断加大对农业的投入力度，新修防渗渠14450米，蓄水池14个，防护堤坝1490米。坚持宜林则林，宜粮则粮，大力推进退耕还林，逐步改变农业产业结构。2010年底，全乡完成退耕还林面积2880多亩，栽植优质核桃树2500亩，杏扁、落叶松、洋槐等380多亩，绿化荒山10000多亩。

矿产业 吴王口乡矿产资源丰富，主要矿产资源有铅锌矿、金矿、银矿、铁矿、花岗岩矿等。建有瑞嘉珩铁选厂，日加工铁矿石150吨。建有总投资3500万元的岭东铅锌矿业有限公司，日加工矿石量达300多吨。小银河村建有两条选金生产线，日加工矿石150吨。建有6个中、小型花岗岩采石场，主要开采黑青3号、黑青2号。该乡充分利用当地资源优势，大力发展绿色环保水力发电，建有两座季节性发电站。其中黄草洼水电站装机容量150千瓦，丰台水电站装机容量280千瓦。年发电量达928800千瓦时，经济收入40多万元。

黄草洼水电站

马路经济 203省道贯穿吴王口乡的桃园坪、吴王口、周家河、不老台四个行政村，西北出省界，在山西省的神堂堡与108国道衔接。靠近203省道的村子，利用紧靠公路之便，大力发展煤炭市场，开设洗车场所、小型饭店、车辆修理等摊点。2010年该乡辖区内共建有小型餐馆4个，小型洗车加水处6个，小型车辆修理铺3家。马路市场经济带动和辐射该乡1000多人就业，创社会效益600多万元。

旅游 吴王口乡休闲旅游资源比较丰富。这里既有银河大峡谷的雄伟壮观，又有温塘寺的清静优雅，还有仙人寺的古朴肃穆。银河大峡谷位于吴王口乡西南。年平均气温12.7℃。旅游区内生态系统完好，是我国北方地区重要的物种基因库之一。主要有寿长寺动植物园、仙人寺、夔门锁关、空腹古槐、明长城遗址等，溪流跌宕，峭壁奇石、古老自然村落等八大景区。温塘寺2010年再度开发，围绕温塘寺已建成吴王口乡休闲旅游度假中心。

黄草洼村退耕还林

社会事业 全乡有初中一所，完全小学两所，在校生326人。教职员工57名。其中中学教师18名。2001年，建立乡卫生院，有医生4名，全乡13个行政村都建有村级医务室，村级医生15名。农民生活质量得到提高。乡政府驻地及所辖村文化生活丰富多彩，文艺节目种类较多。尤其是到了春节期间，各村农民自发组织，走街串巷，进行表演，传统民间花会主要有秧歌、跑旱船、武会等。

基础设施 2004年全乡实现固定电话村村

通，2006年实现移动村村建站，移动信号全覆盖。2008年联通公司在该乡开通宽带装机业务，到2010年年底，全乡共有固定电话1108部，移动手机4000多部，电脑用户60多户。9个村建起村级文化活动中心。2009年年底实现村村通水泥路，村村通公交车，1996年至2010年该乡共铺建水泥街道8030米，修建村级公共卫生间18间。新盖教室63间，更换电力线11900米，更换变压器8台，村民的宜居条件和生活质量得到明显改善。

1996年、2010年吴王口乡主要指标统计表

表1-1-7

项目 / 名称	1996					2010				
	户数（户）	人数（人）	耕地（亩）	粮食总产量（吨）	农民人均纯收入（元）	户数（户）	人数（人）	耕地（亩）	粮食总产量（吨）	农民人均纯收入（元）
合计	2100	6459	6296	1455	676	2084	6704	4292	1322	1630
吴王口	182	562	330	129	706	180	623	330	102.6	1861
石滩地	294	964	698	237	667	315	1025	665	198	1513
邓家庄	255	830	1100	225	663	250	781	615	185	1586
周家河	82	268	252	59	742	83	248	192	57.4	1752
桃园坪	230	664	209	145	699	240	814	395	129	1800
不老台	197	605	757	183	682	185	554	412	126	1791
黄草洼	75	233	247	44	798	77	279	148	46	1510
南辛庄	93	270	425	48	688	82	267	322	109	1413
银河	212	650	780	103	618	175	503	405	102	1413
寿长寺	139	430	330	77	615	150	509	285	93	1800
三岔	97	280	495	85	692	92	273	203	70	1448
南庄旺	148	404	390	76	610	154	504	216	70	1536
岭东	96	299	283	44	642	101	324	104	34	1619

七、砂窝乡

砂窝乡地处阜平县西北部。乡政府驻地砂窝村位于北纬38°59′，东经114°03′，距阜平县城20.6公里。东与史家寨乡接壤、南与阜平镇、天生桥镇相连，西与吴王口乡为邻，北与山西省灵丘县接壤。砂窝乡地势自西北向东南倾斜，全部为深山区。年平均气温12℃，全年无霜期190天。1996年2月原上堡乡、百亩台乡并入砂窝乡，全乡3445户，11239人。该乡辖15个行政村，72个自然村。3397户，11527人。全乡总面积256.7平方公里，人口密度为每平方公里50人。耕地面积10470亩，人均耕地0.91亩，林地面积78000亩。1996年，全乡农民人均纯收入1350元，2010年，全乡农民人均纯收

砂窝乡行政区划图

入 2360 元。

农业 1998 年实行二轮农业联产承包后，依据本乡适宜核桃种植的有利条件，积极调整产业结构，实行退耕还林，加快荒山绿化。2000 年后，该乡依据宜林则林、宜粮则粮的原则，大力实行退耕还林。采取以经济林为主，用材林与薪炭林为辅的办法，大力发展林果业。推广优质核桃种植，培育发展以全庄、大柳树、上堡、龙王沟等村为龙头的核桃基地。到 2010 年共种植优质核桃 5000 亩，年产优质核桃 554 吨，年增加经济效益 1329.6 万元。栽植杏树 768 亩，年产杏核、杏脯 5 万公斤；栽植板栗 90 亩，年产板栗 0.5 万公斤，花椒 200 亩，柿子 80 亩，亩产 600 公斤。2010 年，该乡林木面积 5.12 万亩，森林覆盖率 44.69%。

建有小型水库 1 座，塘坝 13 个，新修建防渗渠 5 万米，改善和提高灌溉面积 6000 亩。充分利用当地山场面积广阔，牧草资源丰富的优势，大力发展畜牧养殖业，采取"分户饲养"和"扶持大户重点饲养"相结合的方式，2010 年年底全乡羊存栏数 6000 多只、牛存栏数 220 头、重点养殖户 3 户。龙王沟村李永军 2009 年开始养殖野山猪，到 2010 年饲养野山猪 156 头。

乡镇企业 砂窝乡矿产资源丰富，花岗岩矿和铁矿储量大、品位高、易开采。该乡以"加快开发利用，变资源优势为经济优势"为指导思想，由重"传统开采"向重"保护性开采"转变，由重"矿产品粗加工"向重"精细加工"

砂窝村石材小区

转变，坚持"规划、规范、规模"的原则，有序发展矿产业。1997 年砂窝乡引进外资（韩国），在大柳树村（康尔台）兴建第一个成规模的石材加工厂，该厂生产的中国 1 号黑、2 号黑墓碑，远销韩、日等地。2000 年建起了砂窝、龙王庄、河彩、百亩台、大柳树 5 个石材加工小区，石材加工大锯发展到 80 台，吸收劳动力近一千人，年创产值 480 万元。矿石开采和石材加工业成为该乡的支柱产业。

牛角台加油站

大力发展小水电 1996—2008 年新建大柳树、南岭会、陡岭台、康尔台、三道岭 5 个 3.5 万伏水电站，装机容量 3300 千瓦时，年发电量 1686.6 万千瓦时，年实现发电收入 170 万元。

基础设施 1996—2010 年新开通硬化乡村道路近 20 公里，乡政府通往各行政村的主干道全部实现了道路硬化，交通条件得到明显改善。程控电话连通全镇所有村户，移动、联通、电信信号覆盖全乡所有村庄，家庭固定电话装机率达到 60%，80% 的人有手机。互联网、宽带安装逐渐增多，有线电视信号、地面卫星接收实现全覆盖。2009 年，投资近 500 万元建设仙湾和砂窝两个省级新民居示范工程，村民住房条件得到明显改善。

社会事业 该乡共有初中 1 所、完全小学 5 所（教学点 11 个），在校学生 1100 名，教师 118 名。1996—2010 年间，该乡新建教学楼 13 幢，平房 9 排，新建微机室 7 个，配备微机 92 台，简易多媒体教室 5 个，7 校实现了网络连接。2009—2010 年，招聘特岗教师 24 名，在岗教师中大中专以上学历的达到95%以上，教学水平明显提高，考入高中学生人数由1996年的5人上升到2010年的38人（2008年顾文豪考取全县中考第一名）。该乡有乡级文化活动站1个，村级文化活动中心15个，图书阅览室15个，村村有活动、阅览场所。

农民文化生活丰富多彩，砂窝、百亩台、上堡、大柳树、全庄等村建有秧歌队，业余演出队，逢年过节村村鼓乐喧天，歌声不断，自娱自乐蔚然成风。卫生事业迅速发展。2010年共投入资金140万元，扩建并完善了乡中心卫生院，建筑面积达1100平方米，设有病床15张。从业医护人员12人，配备了B超、化验、心电图、透视机等医疗设备，2010年11月投入使用。新建龙王庄、河彩、上堡三个村级卫生所，农村医保人员16人，农村居民的医疗条件得到明显改善。

1996年、2010年砂窝乡各行政村主要指标统计表

表1-1-8

项目 名称	1996年					2010年				
	户数（户）	人口（人）	耕地（亩）	粮食总产量（吨）	农民人均纯收入（元）	户数（户）	人口（人）	耕地（亩）	粮食总产量（吨）	农民人均纯收入（元）
合计	3445	11239	10245	3423	1350	3397	11527	10470	5694	2360
砂窝	360	1176	840	427	1224	354	1332	900	476	2646
河彩	221	729	690	268	2060	216	755	765	406	3391
龙王庄	267	938	750	302	1683	273	1015	870	462	3724
龙王沟	304	919	720	213	2300	320	975	735	349	4012
砂台	179	595	795	220	823	162	560	795	355	2143
百亩台	486	1626	1245	512	2160	480	1730	1095	772	3671
全庄	267	886	960	309	984	272	835	960	511	1976
大柳树	185	646	840	136	1501	185	642	765	288	2430
仙湾	120	379	645	76	1187	114	335	720	393	1940
黑印台	186	610	525	179	705	187	642	555	275	1636
碾子沟门	146	464	540	118	668	167	520	525	254	1692
上堡	272	773	600	209	737	239	735	600	410	1850
林当沟	73	254	315	102	827	72	231	315	139	1342
盘龙台	150	577	495	195	664	176	560	435	296	1750
下堡	229	667	285	157	720	180	660	435	308	1621

八、夏庄乡

夏庄乡行政区划图

夏庄乡地处阜平县西南部，乡政府驻地夏庄村位于北纬38°47′，东经113°57′，2009年8月25日，下庄乡更名为夏庄乡，下庄村更名为夏庄村。该乡东与阜平镇相接，南与城南庄镇相邻，西与山西省五台县、石家庄市平山县接壤，北与天生桥镇相连，乡政府距阜平县城35公里。夏庄乡总面积176.5平方公里，辖5个行政村60个自然村，1996年全乡有1719户，5805人，2010年有1712户、5469人。山场面积216315亩，耕地面积6450亩。2010年农村经济总收入241万元，比1996年增加11%，粮食总产3806吨，比1996的2280吨增加1526吨。1996年全乡农民人均纯收入602元，2010年全乡农民人均纯收入达到2114元。

自然环境　全乡自西北向东南倾斜，全境为深山区。该乡由于地处偏僻，境内只有一条乡村公路，距207国道20公里，境内公路随着云花溪谷旅游项目的建设，2010年升级，形成了阜平县通往山西五台的又一条重要交通要道。境内主要河流为胭脂河，发源地为本乡花塔村，流经本乡三个行政村，20多个自然村。

菜池村脱毒马铃薯

农业　夏庄乡山多地少，农民收入主要依靠有限的土地。1998年农村实行二轮农业联产承包以来，该乡本着“全面规划、量力而行、突出重点、综合治理”的原则，组织农民大力发展农田水利基本建设，修建和改善各类蓄水工程设施5座，灌溉面积150亩，投资20多万元打机井12眼，修防渗渠2000米，新建扬水站10座、蓄水池16处、旱井窖350个。在搞好基础农业建设的同时，该乡还根据本地的具体情况，大力发展高效农业和设施农业，以种植玉米，土豆为基础，大力发展以谷类、经济类为主的小杂粮生产，采取“引龙头、育支柱、建园区、扶农户”的发展方式，加大无公害小杂粮种植规模，2010年种植规模达到220亩，实现产值16万元。推广万寿菊种植，2010年种植28亩，年产量达到26吨，创产值2.3万元。开发种植脱毒甘薯150亩，开发林地120亩、果园80亩、完成退耕还林60亩。

蜜蜂放养

以解决“黑山羊”种群改良、疾病防疫、牧草种植为突破口，大力发展黑山羊养殖，2010年全乡规模养殖在100只以上的大户有2户，50只以上有12户，并建成养殖规模达500只小区1个。山羊存栏2490只，出栏1480只，畜牧养殖收入达165万元。利用优质天然花粉资源，发展家庭养蜂38户，500多箱，年产优质槐花蜂蜜、枣花蜜、荆花蜜50多吨。

乡镇企业　夏庄乡矿产资源丰富，矿产品种类主要有金、银、铁、花岗岩等。充分利用当地矿产资源丰富的优势，坚持靠山吃山，大力发展矿石加工企业，新建采矿点7家；组建投资百万元以上的企业5家，带动发展了货运、客运、餐饮、修配等众多行业。2010年全乡共有各类企业和个体户135家，总营业收入达285万元，是1996年125万元的2.3倍。

新开发旅游项目"云花溪谷"。云花溪谷旅游区位于阜平县西南部夏庄境内，是胭脂河的上游，距阜平县城50公里，与佛教圣地五台山相距仅40公里，距离红色革命圣地西柏坡70公里，与灵寿五岳寨景区，平山驼梁景区、五台山南坨景区共生一体，与天生桥瀑布群、城南庄纪念馆毗邻。云花溪谷主要包括三溪、两山，最高峰海拔2281米，面积96.2平方公里，区内山水秀丽，花草芬芳，植被茂密，环境幽静，民风淳朴，是八百里太行一颗璀璨的"生态明珠"。

社会事业　全乡共有中小学4所，其中，中学1所，小学3所，在校学生576人，专任教师64名。1996年至2010年共投资110万元，先后建成教学楼5座，村办小学1所。投资67万元，建成中小学高标准实验室、仪器室，图书阅览室。购置微机93台，新建微机室4个和多媒体室、语音室各1个。全乡中小学总藏书量28000余册。

卫生事业　实施以初级卫生保健为龙头、预防保健为中心、乡村一体化管理为主要内容的综合性目标管理。2010年，全乡共有各类医疗卫生机构15所，从业人员50余人，乡卫生院配有床位25张，有X光机、心电图机1台，肛肠治疗仪、显微镜1台，神灯1台。各村都建立村级卫生室，从业医生27人。

基础设施　2010年该乡实现村村通水泥路。移动电话直通全国，村村手机信号全覆盖，互联网进入寻常百姓家，农村人均住房面积达到23平方米，全乡拥有固定电话867部，以菜池村为中心的郊山嘴新民居示范小区已经建成，花园洋房已经不再是城市人的独有。

1996年、2010年夏庄乡各行政村主要指标统计表

表1-1-9

项目 / 名称	1996年					2010年				
	户数（户）	人口（人）	耕地（亩）	粮食总产量（吨）	农民人均纯收入（元）	户数（户）	人口（人）	耕地（亩）	粮食总产量（吨）	农民人均纯收入（元）
合计	1719	5805	2498	2280	602	1712	5469	2214	3806	2114
夏庄村	564	1867	900	837	650	547	1818	805	975	2127
菜池村	640	2197	860	804	661	657	2062	796	851	2127
二道庄村	197	662	229	200	613	193	637	196	777	2110
面盆村	174	560	269	239	564	144	448	230	648	2107
羊道村	144	519	240	200	524	171	504	187	555	2101

九、大台乡

大台乡地处阜平县东北部。乡政府驻地康家沟村，位于北纬38°59′，东经114°21′。距阜平县城17公里。东邻平阳镇、台峪乡，南邻王林口乡，西邻史家寨乡，北与涞源县，唐县交界。地势自西北向东南倾斜，属深山区。1996年原柏崖乡合并到该乡，全乡有3422户，11901人。2010年，辖9个行政村，63个自然村。总户数3480户，总人口11914人。全乡总面积158平方公里，耕地面积6626亩。人口密

度为每平方公里70.9人。1996年，全乡农民人均纯收入486元，2010年，全乡农民人均纯收入1350元。乡内主要河流板峪河起源于炭灰铺，流经大台、坊里、大连地、柏崖、东板峪店5个行政村。神仙山坐落在该乡境内。

大台乡行政区划图

农业 以种植、养殖、林果业为主。主要粮食作物有小麦、玉米、小杂粮等。水浇地主要集中在东板峪店、柏崖、大连地、坊里、大台等村。1996—2010年，全乡投资300多万元，打井25眼，修防渗渠2.5万米，塘坝1处，旱井窖280个。扩大和改善水浇地面积2000亩，粮食产量有了大幅度增加，温饱问题得到初步解决。

林果业以大枣、花椒为主。大枣主要分布在东板峪店、柏崖、大连地、坊里、苇子沟等村，花椒主要分布于炭灰铺、大台等村。2005年，柏崖村引进优质仙桃品种－神仙山仙桃和高碑店黄桃，种植面积150亩，春赏桃花，夏摘鲜桃，年产值45万元。全乡完成退耕还林1800亩，栽植核桃200亩，杏扁200亩。大连地村种植药材80亩。

养殖业以猪、羊为主体。该乡山场面积广阔，牧草资源丰富，适合发展畜牧养殖业。2002年，全县禁牧山羊后，改放养为圈养，到2010年，该乡的羊群存栏数达到2000多只。养猪业在分户散养的基础上，逐步形成规模养殖。2010年，建有小型养猪场1个，猪存栏数107头。2006年，金龙洞依托优质水资源发展虹鳟鱼养殖；养殖面积3亩，养殖虹鳟鱼8万尾，年创经济效益30万元。东板峪店发展肉鸡养殖，有规模养殖户1个，年饲养肉鸡2万只。

柏崖村百亩桃园一角

乡镇企业 依托优势资源，多业并举大力发展工矿企业。2003年以后，该乡新建铁选厂5个，石料厂10个，其中千万元以上的企业3家，百万元以上的企业12家，有采矿、矿石加工、货运、客运、餐饮、修配、面粉加工、五金、百货等多个行业。炭灰铺煤矿是河北省优质无烟煤矿之一，该矿出产的煤炭以煤质好、热量大、储量丰富而著称。2000年5月进行改制并探新井，2007年正式投产，年生产能力9万吨，开采年限20年。2010年，完成改造工程，生产能力达到45万吨。2010年，全乡有各类企业和个体户159家，其中工业企业11家，个体户148家，经营收入3135万元，上缴利税210万元。2010年，就业人数达到460人，其中工业企业230人。

商贸服务业 自农历二月到五月全乡十个

柏崖村防渗渠

传统庙会，庙会期间摊铺林立、客商云集，大台、坊里、柏崖、东板峪店等村都建有每月三次固定的集贸市场，繁荣了经济，方便了人民群众。全乡集市贸易年成交额达8000多万元。

基础设施　1996年，全乡9个行政村，63个自然村除邻近207国道的15个自然村外，全部是土路，交通不便，严重制约了全乡经济发展。2005—2010年，全乡9个行政村全部修通了水泥路，修建大型桥梁6座；南至王林口、东到台峪乡的水泥路于2007年贯通；彻底改变了该乡进出只有一条路，乡与乡互不相通，阻碍经济发展的落后局面。2010年全乡安装程控电话1000多部，建成移动、联通、电信基站25座，有手机4000多部，交通、通信条件得到极大改善。2006—2009年，完成全乡高低压线路整改，改善了电力设施，保证了全乡工业、农业、生活及办公用电需求。村民生活居住条件得到明显改善。1996年前，农村房屋主要以土木结构为主，2005年以后大部分村民新建住房实行钢筋混凝土浇筑。2010年村民人均住房面积达到25平方米。彩电、冰箱、洗衣机、固定电话、移动电话、电脑等电器已进入寻常百姓家，不少村民还拥有了自己的家庭轿车。

社会事业　2010年，全乡有初中2所，小学6所，在校学生1021人，教师108人。其中，小学学生801名，专任教师70名。中学学生220名，教师38名。乡建有1所卫生院，1所保健站，9个村级卫生所，有医务人员28名，病床40张，基本上实现了小伤小病不出村、一般疾病不出乡。2010年全乡参加新型农村合作医疗人数达到8614人，享受农村低保救助人数600多人。2005—2009年，柏崖村、东板峪店村、坊里村、大连地村、老路渠村相继建成文明生态村，每个文明生态村都建有村民活动中心、文化小广场，并配有健身、娱乐器材。全乡共存各类图书20000余册。群众文化活动丰富，艺术形式多样，每年农闲时，各村都会组织不同特色的文艺节目。主要传统节目有舞蹈、扭秧歌、传统小戏等。

1996年、2010年大台乡各行政村主要指标统计表

表1-1-10

项目 名称	1996年					2010年				
	户数（户）	人口（人）	耕地（亩）	粮食总产量（吨）	农民人均纯收入（元）	户数（户）	人口（人）	耕地（亩）	粮食总产量（吨）	农民人均纯收入（元）
合计	3422	11901	8820	1697	486	3480	11914	6626	2864	1350
炭灰铺	620	1850	1710	88	260	692	1755	945	378	1271
大台	776	2676	2340	353	400	673	2403	1643	657	1269
坊里	240	790	615	120.5	500	264	911	527	211	1279

续表 1-1-10

项目 / 名称	1996 年					2010 年				
	户数（户）	人口（人）	耕地（亩）	粮食总产量（吨）	农民人均纯收入（元）	户数（户）	人口（人）	耕地（亩）	粮食总产量（吨）	农民人均纯收入（元）
老路渠	127	422	330	31.4	450	109	423	231	92	1197
东台	97	303	210	36	400	81	308	108	43	1611
苇子沟	71	240	210	51.1	623	73	251	155	62	1628
大连地	420	1320	945	211	600	406	1452	833	368	1287
柏崖	561	2300	1290	443.8	600	619	2339	1138	545	1261
东板峪店	510	2000	1170	362.2	600	563	2072	1046	508	1623

十、史家寨乡

史家寨乡地处阜平县城北部。乡政府驻地史家寨村，位于北纬 38°55′，东经 114°16′。距阜平县城 15 公里，年平均温度 12℃。全年无霜期 210 天。东邻大台乡，南与阜平镇、王林口乡接壤，西部与砂窝乡相邻，北与涞源县、山西省灵丘县交界。史家寨乡总面积 252.7 平方公里，1996 年并乡扩镇，原葛家台、段庄乡合并到史家寨乡。1996 年全乡总户数 3006 户、9270 人，耕地面积 9848 亩，全年粮食总产量 1624 吨。2010 年该乡共辖 14 个行政村，105 个自然村，113 个村民小组。总户数 3415 户，总人口 9681 人，其中农业人口 9275 人。1996 年人口密度每平方公里 36 人。2010 年人口密度为每平方公里 41 人。1996 年财政收入为 186.8 万元，2010 年财政收入为 237.6 万元。1996 年全乡农民人均纯收入 687 元，2010 年农民人均纯收入 2011 元。阜灵线贯穿该乡全境，毗邻保阜高速公路，距保阜高速县城东互通 8 公里。山场面积 194 平方公里。地势自西北向东南倾斜，鹞子河流经该乡。

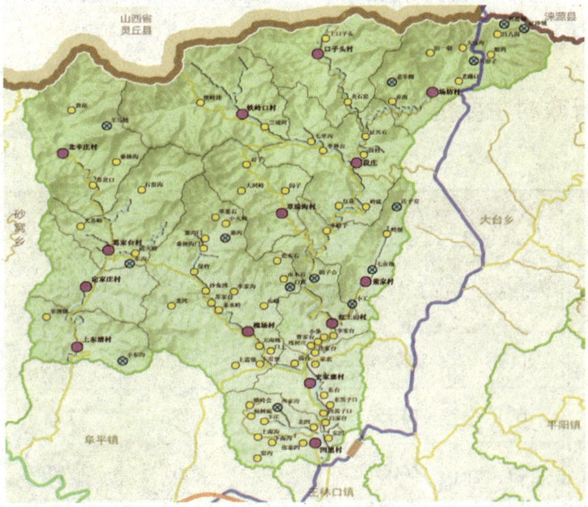

史家寨乡行政区划图

农业 以种植业、养殖、林果为主。主要粮食作物有小麦、玉米、谷子、小杂粮。粮食总产量最高年份 1998 年为 2035 万公斤，最低年份 2006 年为 1956 万公斤。耕地以坡岗旱地为主，滩地集中于凹里、史家寨等村。土地分布零散，不适宜大型机械作业，农业机械化程度低。该乡林果品种以核桃、花椒为主。核桃主要分布在段庄、葛家台等村，花椒主要分布在口子头、场坊等村，2010 年核桃产量为 21 万公斤，花椒产量 1.75 万公斤。1998 年建成以槐场、凹里为中心，辐射周边 8 村千亩优质核桃基地。养殖业形成以养羊、养猪为主体的多元化格局。依托广阔的山场资源，2002 年禁牧山羊后，养羊以舍饲圈养为主。2010 年全乡养羊存栏数达到 57869 只。2006 年生猪规模养殖渐成气候。全乡存栏量达 500 头以上的猪场 10 个，养猪 13590 头。

乡镇企业 大地金舟矿业公司是该乡 2009 年招商引资重点项目，该项目总投资 1.2 亿元，2009 年一期建成投产后具备年产 50 万吨铁精粉的生产能力，实现产值7800万元。带动和辐射饭馆、旅馆、汽修、汽车运输等行业的发展，年创社会效益5532万元。

阜山河免烧砖厂，始建于2009年3月。主要生产环保低耗的免烧水泥砖（瓦），该厂总投资1200万元，具有较好的发展前景。

基础设施　2008年实现村村通水泥路，交通条件大为改观。全乡共有客货运营车辆37辆，14村全部实现村村通班车。新能源逐步推广，全乡共建沼气池768个，农村群众用上了清洁能源。通信条件大为改观，1996—2010年全乡共建成移动、联通信号机站18个，实现手机信号全覆盖，全乡手机拥有量2010年9730部。移民搬迁成效显著，2007年实施移民搬迁工程，共搬迁456户1038人，搬迁以乡内异地搬迁安置为主。实现了搬得出，留得住，逐步能致富的目标。2010年全乡有9个村普及了有线电视，安装1680户，可同时收看40多套节目。液化气、微波炉、电脑等高档电器进入普通村民家，人民群众的生活水平有了明显提升。

凹里村河滩采沙场

社会事业　2010年全乡共有5所小学，在校学生561人，巩固率100%，其中学前班8个164人；中学一所，有6个教学班，在校学生234人。有教职工87人。“普九”检查验收顺利达标。全乡有卫生院和防保站各1所。乡卫生院共有病房14间，床位32张，医疗技术人员15人。村级卫生所14个，从业人员31人。2007年实施新型农村合作医疗，全乡实现医疗补偿890人次。补偿金额327.6万元。

全乡各村每年正月自发举办花会。史家寨、凹里等村，农闲时节自编自演反映农村生活的剧目巡回演出，小有名气。14个村都建有高标准的村民活动中心和图书阅览室，每年春季各村纷纷请专业剧团唱戏以活跃群众文化生活。农闲时节各村以锻炼身体为目的的扭秧歌、跳舞等活动形式多样，丰富多彩。

红色旅游资源　史家寨乡是晋察冀边区政府所在地，是聂荣臻等老一辈革命家战斗生活的地方，是宝贵的红色资源。该乡依托绿色生态资源和晋察冀边区政府红色资源，发展“红绿相间”旅游产业。

1996年、2010年史家寨乡各行政村主要指标统计表

表1-1-11

项目 / 名称	1996年					2010年				
	户数（户）	人口（人）	耕地（亩）	粮食总产量（吨）	农民人均纯收入（元）	户数（户）	人口（人）	耕地（亩）	粮食总产量（吨）	农民人均纯收入（元）
合计	3006	9270	9848	1624	687	3415	9681	9848	1536	2011
史家寨	438	1291	1124	254	750	458	1389	1124	245	1792
上东漕	101	332	198	241	680	111	369	198	246	1259
定家庄	120	389	350	45	620	131	399	350	49	2121
葛家台	131	406	364	51	693	145	446	364	59	1870
北辛庄	100	317	185	31	705	121	337	185	34	986

续表 1-1-11

项目 名称	1996 年					2010 年				
	户数（户）	人口（人）	耕地（亩）	粮食总产量（吨）	农民人均纯收入（元）	户数（户）	人口（人）	耕地（亩）	粮食总产量（吨）	农民人均纯收入（元）
段庄	392	1022	1521	214	710	421	1153	1521	221	1782
铁岭口	131	429	389	51	648	159	439	389	58	1312
口子头	174	530	485	69	665	199	556	485	64	1315
场坊	125	414	394	45	696	156	414	394	44	1787
草垛沟	95	254	164	28	670	106	266	164	31	2721
凹里	386	1279	1467	184	690	451	1151	1467	154	1688
槐场	383	1212	1589	180	685	451	1314	1589	140	1691
红土山	263	872	1213	167	720	305	897	1213	117	1819
董家村	167	523	405	64	698	201	551	405	74	1687

十一、台峪乡

台峪乡地处阜平县东北部深山区，乡政府驻地营尔村，位于北纬38°55′，东经114°28′，距阜平县城45公里。东与曲阳县、唐县交界，南与平阳镇接壤，西与大台乡相邻，北与唐县相连；向南经营尔、庄里、王家岸等村至平阳镇，连通保阜公路；向西经平房、吴家庄村至大台乡与207国道相连；全乡8个行政村和主要自然村全部水泥路相连，形成了内外相连，村村相通的交通网络。台峪乡总面积108平方公里，平阳河发源于台峪乡北部的古北岳恒山——神仙山，平阳河台峪段全长21公里，其支流延伸至全乡70个自然村，100多平方公里，经平阳镇流入王快水库。全乡8个行政村，70个自然村，1996年2246户，7830人。耕地6858亩，粮食总产968.1吨。2010年全乡有2306户，人口8031人。1996年全乡农民人均纯收入968元，2010年全乡农民人均纯收入2393元。

台峪乡行政区划图

农业 加强农业基础设施建设，优化种植结构，合理进行农村产业结构调整。台峪乡地处深山区，农业生产主要以玉米、小麦为主，并附带少量豆类、谷类等小杂粮。为进一步推进基础农业发展，该乡确立了以“兴修水利为基础，优化结构为突破，农民增收为目的”的农业发展方针。2002年投资30余万元，在台峪村修建塘坝一座。先后投资200多万元完善配套灌溉设施，修防渗渠20000米，蓄水池8处，打大口井25眼，建积水窖40个，解决了全乡6000多亩耕地灌溉问题。种植优质杂交玉

营尔村养猪场

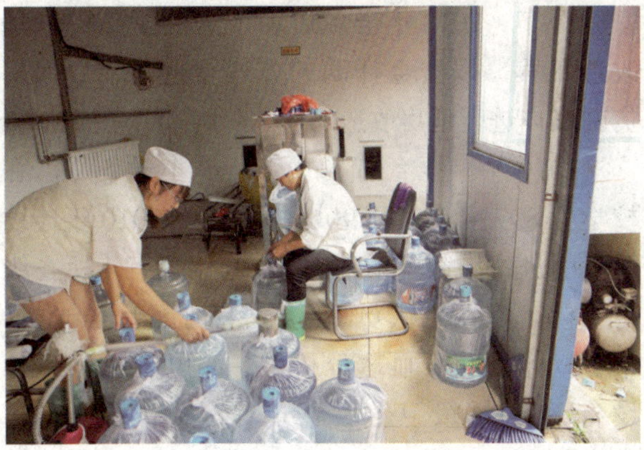

阜平山泉水厂

米3500亩，种植马铃薯1000亩，杂粮500亩。

林果业　2002—2006年完成退耕还林731亩。全乡林果业主要以红枣、核桃为主。2000年开始大搞荒山开发，开发林地1300亩。引进新品种、新技术，鼓励村民扩大林果种植，优化林果种植结构。2006年扶持建设井尔沟、王家岸两个大型大枣生产基地，2010年全乡共有枣树15.4万棵，年产红枣56吨，总收入40多万元。林果业总产值1454万元。

1996年台峪村建起第一家养猪场，2010年全乡建养猪场12个，生猪存栏4000多头；养鸡场2个，饲养柴鸡2000多只；积极发展以家庭小规模养殖模式的獭兔、肉兔养殖，饲养獭兔1200只，肉兔3500只。

乡镇企业　全乡矿产资源种类多、储量大，已探明的主要矿产资源有铁矿、金矿、银矿、石英矿、长石矿等，其中金矿探明储量为5吨，铁矿石储量10亿吨，占全县的三分之一。该乡以丰富的铁矿资源为基础，大力发展铁矿开采和铁精粉加工业。至2010年厂矿企业19个。其中：山北湾铁选厂、双龙铁选厂、白石台石英石加工厂投资都在千万元以上，百万元以上的企业有16家。铁矿开采、加工已成为台峪乡的支柱产业，吸引当地劳动力近千人，年创产值上亿元。2010年全乡共有厂矿企业和个体户199家。其中：工业企业37家，个体户162家，营业总收入9100万元，是1996年3000万元的3倍。吸纳劳动力就业1800多人。其中：工业企业1100人，年增加社会效益1000多万元。2004年该乡建成“阜平山泉”纯净水生产厂一家，“阜平山泉”以其微量元素丰富，口感清纯著称，产品远销石家庄、保定等地。

基础设施　1996年全乡8个行政村，70个自然村全部为土路，坑洼不平，崎岖难行。从2005年开始，该乡大力完善基础设施建设，到2010年全乡8个行政村及乡际公路全部改造为水泥路面。修建大型桥梁5座、小型桥梁12座；2007年修通南至平阳镇、北到大台乡的水泥路；2008年修通营尔村至曲阳县青山路、洪岗路。开通了台峪至阜平县城、台峪至定州、台峪至石家庄三条客运线路，方便了人民出行。

通讯、网络、电力建设突飞猛进。从1998年开始，台峪乡加大对通信设施的投入力度，至2010年全乡共安装程控电话694部，建成移动、联通基站6座，有手机5000多部，开通宽带100余户，促进与外界信息交流、沟通；2006—2009年全乡高低压线路全部完成整改。2010年建成35千伏安变电站，保证了全乡工农业生产及村民生活用电。

社会事业　1996年前，农村房屋主要以土木结构为主，低矮破旧，屋内没有像样的家具、家电。随着改革开放的深入、经济的持续发展，农民生活水平明显提高。692户村民建起了宽敞明亮的钢筋混凝土结构住房，79户村民盖起了二层楼房。添置了彩色电视机、洗衣机、冰箱等现代化家用电器，91户村民还拥有了自己的家庭轿车。2010年全乡启动了为期三年的危房改造工程，以资金补助的方式帮助134户孤寡贫困农户进行危房改造。

2010年，全乡有初中1所，小学5所，在校学生897人，教师90人。2009—2010年连续两年引进特岗教师16名。2010年建有1所乡级卫生院，有医务人员10人。院内配有X光机、半自动生化机、血球分析机、心电图机等医疗设备；8个村级卫生所，共有医务人员23名，病床33张，基本上实现了小伤小病不出村，一般疾病不出乡。2010年全乡参加新型农村合作医疗人数80%。2005—2009年，井儿沟村、平房村、庄里村、营尔村相继建成文明生态村，每个生态村都建有村民活动中心、文化小广场都配有健身器材，供广大村民健身娱乐。全乡8个行政村建有图书阅览室，并配备图书管理员，存有各类图书20000余册。

群众文化生活丰富多彩。每年农闲时节各村纷纷组织唱大戏、演歌舞、闹社火等不同特色的文艺节目，村民自己组建锣鼓队、秧歌队等群众性娱乐团队，丰富了农民业余文化生活。井尔沟村筹资十多万元建了一支十几人的农民乐队，并聘请专业人员对乐队进行培训。农民乐队达到一定专业水平，为台峪乡的节日、庆典、婚庆等活动增添了喜庆气氛。

营尔村农民乐队

旅游 加快旅游资源开发，打造建设“台峪乡古北岳历史文化旅游区”。台峪乡以古北岳恒山为旅游、文化基础，强力打造神仙山旅游品牌。深入挖掘“古北岳文化”内涵，扩大“古北岳”知名度和影响力，着力推进神仙山自然景观旅游资源开发，及古北岳、石猴寺、安王庙等人文历史景观的开发，加快台峪北沟旅游开发。

1996年、2010年台峪乡各行政村主要指标统计表

表1-1-12

项目/名称	1996年					2010年				
	户数（户）	人口（人）	耕地（亩）	粮食总产量（吨）	农民人均纯收入（元）	户数（户）	人口（人）	耕地（亩）	粮食总产量（吨）	农民纯收入（元）
合计	2246	7830	6858	968.1	968	2306	8031	6858	972	2393
白石台村	472	1496	1494	90	889	470	1479	1494	76	2387
台峪村	430	1491	1342	189	987	435	1515	1342	188	2390
井儿沟村	294	1070	721	173	988	324	1078	721	172	2397
营尔村	179	639	570	109	989	188	652	570	93	2395
平房村	241	870	870	123.7	988	245	963	870	122	2394
吴家庄村	344	1265	1268	128	987	341	1254	1268	143	2400
庄里村	67	258	123	44.3	988	70	281	123	60	2391
王家岸村	219	741	470	111.1	987	233	809	470	118	2394

十二、北果园乡

北果园乡地处阜平县城东南部，乡政府驻地崔家庄村，位于北纬 38°46′、东经 114°19′，距县城 20 公里。北果园乡东与曲阳县接壤，南与行唐县交界，西与城南庄镇毗连，北与阜平镇相邻，东北与王林口乡相接。1996 年 2 月原东城铺乡合并到北果园乡。全乡总面积 199 平方公里，耕地 21532 亩，辖 27 个行政村，109 个自然村，5965 户，20892 人。全乡农民人均纯收入 566 元。2010 年全乡有 6413 户，22390 人。全乡农民人均纯收入 1921 元。胭脂河自西向东流经该乡，将该乡分为河南、河北。分布在胭脂河下游的 12 个行政村为王快水库库区移民村，人口为 10023 人。全乡为山地，年平均气温 13℃，全年无霜期 210 天。

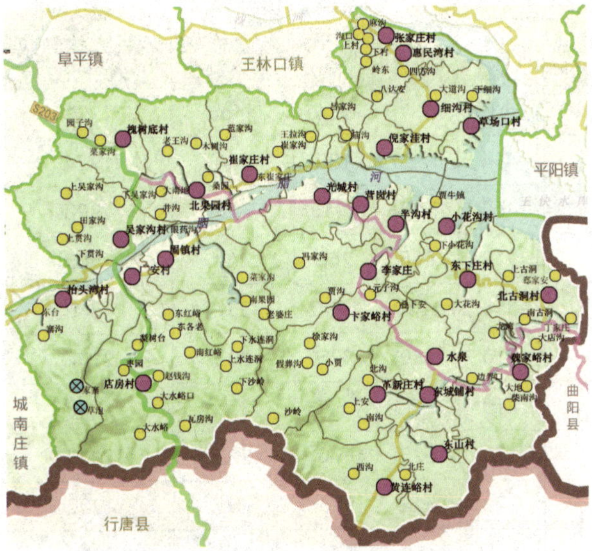

北果园乡行政区划图

农业　随着农村产业结构调整，大力发展农业基础设施建设。主要以种植业和林果业为主，普遍种植小麦、玉米、红薯等。乡内现有小（2）型水库 1 座，新修蓄水抗旱塘坝 9 个，大口机井 12 眼，防洪大坝 20 道。

该乡逐步形成四大物产，即大红枣、老汤鸡、枣杠酒、野生鱼，“老汤鸡、野生鱼”是当地的特色饮食文化。形成了四大主导产业：林果业、果品加工业、养殖业、矿山开采加工业。

林果业　北果园乡是大枣之乡，红枣收入占全乡村民收入的 60% 以上，中国大枣出阜平，阜平大枣在东城铺。东城铺大枣以个大肉厚闻名已久，享誉全国，是阜平县的名牌产品。2005 年以后，全乡以十万亩大枣基地建设为依

枣林

托，大力发展林果业，到 2010 年栽枣树 50 万余株，年产优质红枣 3500 吨，创产值 774 万元。成为全县大枣无公害管理示范区。

养殖业　2010 年，饲养柴鸡 25000 只，鼋鱼 20000 只，奶牛 100 头，肉牛 360 头，特色养殖形成规模。“老汤鸡、野生鱼”是当地的特色饮食文化。

乡镇企业　果品加工业：该乡依靠丰富的大枣资源，注重搞好产品深加工，生产无核金丝蜜枣、无核蜜枣、南枣、醉枣系列产品畅销大江南北。2010 年果脯加工点发展到 82 个，年加工生产以红枣为原料的果脯 3500 吨。以红枣为原料加工酿制的枣杠酒，更是以其口味醇正

店房村十万亩大枣基地

兼补气益中之功效，深受人们青睐。

矿石开采加工 该乡矿山开采以铁矿开采为主，2010年引进外资50万元兴建铁选厂，已办证且规模开采的业主有16家，铁选加工企业12家，吸收当地劳动力800余人，年创产值上亿元。

基础设施 全乡固定电话已达3000多部；公路沿线及较大村庄都建有移动、联通、电讯基站，移动通信信号覆盖面达95%以上；有线电视及地面卫星接收设施基本实现村村通，宽带传输覆盖全乡。实行农网改造、增容，保证照明、灌溉及工业用电。全乡60%的村实现了街道硬化，并建有供村民健身休闲的文化活动中心和小广场。

社会事业 该乡有初级中学2所（北果园中学和东城铺中学），建有高标准教室、实验室、餐厅和学生宿舍。小学9所，全乡在校生1990人，教职工221人。全部普及九年义务教育，实行“两免一补”。

2010年建有乡卫生院1所，村级卫生院1所，村级卫生所26所，基本上能保证群众就医，加入“新农合”村民90%，养老保险参保率95%。

1996年、2010年北果园乡各行政村主要指标统计表

表1-1-13

项目／名称	1996年					2010年				
	户数（户）	人口（人）	耕地（亩）	粮食总产量（吨）	农民人均纯收入（元）	户数（户）	人口（人）	耕地（亩）	粮食总产量（吨）	农民人均纯收入（元）
合计	5965	20892	21532	5008	566	6413	22390	19665	4466	1921
崔家庄	398	1316	220	210	514	414	1580	180	350	1924
北果园	409	1299	2000	372	561	460	1700	1710	418	2000
槐树底	193	531	1010	199	509	218	635	960	269	1905
吴家沟	321	1067	1590	232	512	350	1250	1290	337	1880
抬头湾	191	676	936	789	604	210	780	825	202	2102
店坊	287	1078	1930	289	623	310	1130	1530	335	2220
广安	162	610	610	210	557	170	625	600	222	2009
固镇	213	802	981	752	526	220	815	975	266	1902
李家庄	170	628	682	108	538	180	650	675	119	2263
光城	267	929	75	48	568	280	950	75	50	1675
营岗	213	702	45	36	521	224	738	45	40	1550
半沟	157	603	123	13	513	163	620	120	15	1700
小花沟	143	506	245	8	560	150	520	240	9	1576
倪家洼	260	870	126	8	572	268	890	120	9	1625
细沟	239	703	793	63	575	250	715	285	66	1748
惠民湾	138	476	490	89	538	149	500	480	102	1600
张家庄	92	302	180	36	531	98	330	165	43	1788
草场口	130	378	75	2	532	140	391	75	2	1662

续表 1-1-13

项目/名称	1996年					2010年				
	户数（户）	人口（人）	耕地（亩）	粮食总产量（吨）	农民人均纯收入（元）	户数（户）	人口（人）	耕地（亩）	粮食总产量（吨）	农民人均纯收入（元）
黄连峪	160	598	682	140	591	170	610	675	147	2130
东山	132	508	930	182	599	140	530	915	190	2302
革新庄	121	462	890	160	602	130	480	870	162	2271
卞家峪	273	1070	920	172	615	285	1100	915	184	1963
东城铺	161	569	1046	180	610	170	580	1035	198	2224
水泉	203	624	890	198	603	210	640	870	203	2187
魏家峪	473	1402	2120	302	606	484	1416	2115	309	2253
古洞	358	1403	1301	160	605	370	1420	1290	163	1970
下庄	191	780	642	50	608	200	795	630	56	2088

十三、王林口乡

王林口乡地处阜平县城东部15公里处。乡政府驻地西王林口村，位于北纬38°49′、东经114°21′。东与平阳镇相接，南与北果园乡毗邻，西连阜平镇，北依大台乡、史家寨乡。地势由西北向东南倾斜，年平均气温13.8℃，年降水量500毫米，无霜期210天。境内保阜公路、保阜高速公路东西横穿全境。大沙河由西向东，鹞子河、板峪河由北向南流入大沙河。该乡甲鱼、林果资源丰富，产业化程度较高，农产品深加工企业较多。阜平县现代工业园区、第二个十万亩大枣种植基地、东兴甲鱼养殖基地、红金贡酒厂技改等重点项目位于该乡。王林口

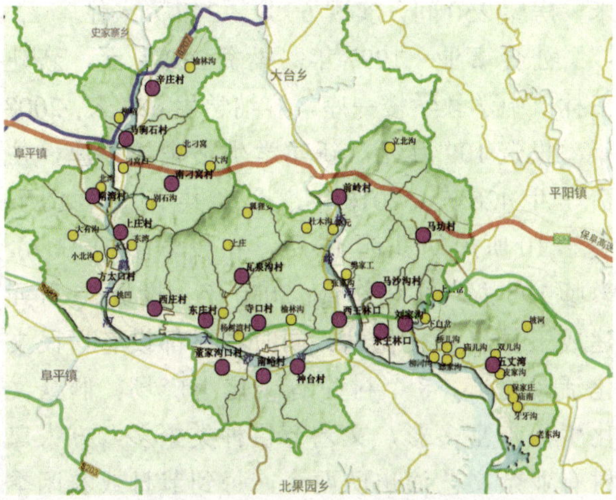

王林口乡行政区划图

乡总面积162平方公里，耕地面积7853亩。1996年2月原西庄乡合并到王林口乡。1996年全乡4691户，17468人，全乡农民人均纯收入336元。2010年全乡辖20个行政村，56个自然村，5002户，18535人。实现生产总值4153万元，全乡农民人均纯收入2265元。

农业 王林口乡地势平坦，土地肥沃，尤其是东、西二庄是阜平的小盆地，素有阜平小粮仓之称。该乡在抓好农业生产的同时，大力发展以红枣为主的林果业。建成南刁窝、瓦泉沟、神台、南峪、马坊、马沙沟、前岭七个行政村为主的红枣基地。依靠农林互补发展，使该乡的农业布局更趋合理。

林果业 2009年，南峪、神台、马坊、马沙沟、前岭等村纳入全县第二个10万亩无公害大枣生产基地建设，新整山地13000亩，栽植枣树350000株。2010年，该乡枣树种植面积达到15.7万亩370万株，主要分布在南峪、神台、马坊、马沙沟、前岭、瓦泉沟、南刁窝7个村。年产量达4000万公斤，年收入达1亿元。抓产品深加工，延长产业链。共有大枣深加工企业8家，产品产量总计300万吨，年创经济效益900万元。“中国红”大枣酒业有限公司以酿酒为主打产品，主要生产以红枣为原料的大枣发酵蒸馏酒，大枣发酵酒、大枣干红系列酒，复合大

枣汁等产品。大枣加工技术领先，已经成为本县红枣深加工项目的龙头产业。山珍大枣制品有限公司主要生产无核蜜枣、水晶蜜枣、黑贡枣、枣夹花生、花红脯、杏脯、桃脯等十几个枣系列产品，产品畅销于北京、天津、上海、山东、江西等十几个大中城市。

特色养殖 1998年阜平县成立了甲鱼养殖产业协会，协会办公地点设在该乡东庄村。2000年，王林口乡在东庄村建成300亩无公害“东兴”甲鱼养殖基地，同年注册了“山泉黄”商标。2003年，“东兴”甲鱼养殖基地通过了农业部无公害生产基地认证。2004年“山泉黄”牌甲鱼被农业部评定为无公害水产品认证（认证号WGH-04-00195），2005年获河北省名牌产品称号。2008年东兴甲鱼养殖基地被农业部评定为国家级健康养殖示范场，成为华北最大的无公害甲鱼养殖示范基地。甲鱼养殖迅猛发展，养殖规模逐年扩大，产品质量不断提升，产品市场日益广阔，综合效益逐步提高。到2010年，甲鱼养殖辐射东庄、方太口、西庄、董家口、南刁窝、五丈湾、神台8个行政村，养殖面积800亩，养殖户185个，年产商品甲鱼800吨，年创效益5000万元，产品畅销于京、津、沪、石、保等大中城市。适应市场需求变化，2009年该乡积极调整养殖结构，建起了东庄“鲟鱼”养殖基地，年产鲟鱼100吨，年创效益800万元。以五丈湾和东、西王林口为重点的养貂业、肉牛养殖业发展势态良好。

甲鱼养殖基地大棚一角（1998年摄）

2010年，养貂户发展到600多户，种貂养殖达3万多只，创效益2000万元；肉牛养殖300余头，创效益80万元。

1999年，全乡煤场上百家，涉及5个行政村，年创效益5000万元。2010年发展到300家，占地3000多亩。涉及方太口、西庄、东庄、寺口、马沙沟等7个行政村，年购销量1000万吨以上，营业额超50亿元。煤炭经销业的发展带动和延伸汽车运输、汽车修理、餐馆、旅馆、加油、煤炭装卸等产业链条，为村民提供就业岗位2500个，转移农村劳动力2300人，是全县煤炭流通经济第一大乡。

基础设施 2010年全乡20个行政村全部实现“村村通”，水泥路100%，56个自然村，水泥路达到70%；自来水供水管网铺设率达到100%，农民吃上了自来水。13个行政村建立起清洁队伍，设立集中垃圾处理点等配套设施，垃圾处理率80%以上。电信实现了传输数字化、交换程控化，建成覆盖全乡、通达全国的信息网络。固定电话装机率60部/百户，移动电话用户6000多户。互联网、宽带安装逐渐增多，有线电视普及全乡各行政村。方太口、西王林口、辛庄、东庄等村以“文明生态村”创建为契机，投资100多万元，实现街路绿化、亮化、硬化、净化、美化，村民健身娱乐配套设施相继完善。2009年，投资700万元的东庄、马沙沟村新民居建设项目建成，占地面积10万平方米，房屋250间，实现60户、240人入住。

社会事业 1997年，投资210万元，新建王林口中学教学楼一座，容纳学生600人；2008年，投资109万元，新建学生宿舍楼一座，住宿学生420人。2010年，全乡共有中学1所、小学10所，幼儿园15所，在校学生1823人，教师193人。文化体育：2010年，投资35万元建成王林口乡文化站。同时各村都设有村民文化活动中心，8个村建有文化小广场。群众文化生活丰富多彩，文艺节目种类繁多，方太口村有业余文艺演出队两个。每到节日或农闲季节，村村锣鼓喧天，笙箫悦耳，歌戏不断。卫生：辖区内有乡级卫生院2所，村卫生所32个。2008年，投资65万元的乡卫生院破土动工，2009年3月完成整体搬迁。2010年乡卫生院共有医务人员10名、病床15张，可同时容纳住院病人15人，基本实现小伤小病不出村，一般疾病不出乡。

重点企业　阜平县宗全煤焦有限公司，位于阜平县王林口乡南湾村，距县城4.5公里，和山西省益锦焦化有限公司合作开发。建于2005年，占地13350平方米，规划总投资5亿元，一期工程投资3700万元，于2007年7月建成投产，年产30万吨机焦生产线一条，职工58人，大学学历8人。主要生产冶金机焦、焦油、粗苯、硫膏、硫铵、净煤气等。二期工程投资建成年产60万吨机焦生产线一条，并开发利用焦油、粗笨、净煤气等产品，逐步达到为县城供净煤气之目的。项目完成后，年产值达到20亿元，上缴税金1.3亿元以上，可安排就业500人，成为阜平县工业经济发展的支柱企业。

中国红大枣酒业有限公司，位于王林口乡方太口村，始建于1992年，依托阜平优势资源红枣为原料生产大枣发酵蒸馏酒，大枣发酵酒——大枣干红系列酒，以大红枣、酸枣为原料，生产复合大枣汁。公司设计的三大系列产品，先后和国家轻工食品发酵所、中国农科院酿造所、兰州酿造基地、天津工业大学、河北经贸大学、河北燕山大学的专家教授进行专项咨询、论证、技术交流。鲜霖、神池、大枣干红等红枣酒产品包括工艺流程、设备选形都采纳了专家们的意见，技术领先，实现了传统酿酒行业的新突破。

阜平县天然饮料食品有限公司，创建于1984年，2000年改制为民营股份制企业。公司位于东王林口村保阜路北，占地7000平方米，2010年有固定资产1000万元，员工155人。主要产品有无核蜜枣、水晶蜜枣、黑贡枣、枣夹花生等十几个红枣系列产品。另外还生产花红脯、杏脯、桃脯等。产品营养丰富，口味纯正，得到中外消费者的厚爱。出口到日本、韩国、美国、俄罗斯等国家和地区。

1996年、2010年王林口乡各行政村主要指标统计表

表1-1-14

项目／名称	1996年					2010年				
	户数（户）	人口（人）	耕地（亩）	粮食总产量（吨）	农民人均纯收入（元）	户数（户）	人口（人）	耕地（亩）	粮食总产量（吨）	农民人均纯入（元）
合计	4691	17468	7853	16964	336	5002	18535	7419	16032	2265
刘家沟	154	493	235	489	357	166	554	218	454	2002
东王林口	139	488	251	509	369	158	540	211	428	2008
南峪	97	351	170	521	312	102	383	154	472	2052
神台	131	464	312	743	355	138	506	282	672	2033
寺口	325	1108	424	953	389	334	1219	424	953	2790
董家口	207	630	347	857	342	218	697	347	857	2180
五丈湾	741	3493	602	1291	287	763	2809	582	1248	2040
瓦泉沟	109	395	165	404	289	132	431	154	377	1990
马坊	112	368	242	518	303	118	402	221	473	2080
东庄	301	1152	495	1140	313	332	1278	450	1036	3328
西庄	379	1388	606	1321	396	410	1605	540	1177	2580
前岭	287	905	485	1074	314	295	1078	460	1019	2548

续表 1-1-14

项目 名称	1996 年					2010 年				
	户数（户）	人口（人）	耕地（亩）	粮食总产量（吨）	农民人均纯收入（元）	户数（户）	人口（人）	耕地（亩）	粮食总产量（吨）	农民人均纯入（元）
方太口	423	1635	1032	1793	365	457	1892	964	1675	2692
南湾	209	632	403	900	324	224	689	391	873	2346
马驹石	171	565	315	731	335	176	616	308	715	2676
辛庄	234	963	461	976	385	249	1050	452	957	2898
上庄	121	443	372	770	311	131	484	366	758	2272
南刁窝	148	546	298	660	365	158	596	288	638	2896
西王林口	302	1062	443	868	341	317	1285	421	825	2476
马沙沟	101	387	195	446	287	124	421	186	425	2480

十四、社区

阜平县社区管理委员会成立于 2002 年 10 月，列乡镇序列，属县委、县政府派出的正科级机构。社管会位于县城十字街，下辖五个社区居委会和一个社区计生办，管理居民 10140 户，28922 人。

2002 年阜平县社区居委会基本情况一览表

表 1-1-15

项目 名称	办公地点	管理地域	户数（户）	人口（人）
东寺居委会	东寺万金园	桥东街、陵园街、光明街、车站东、税务胡同	2220	6882
南街居委会	税务胡同 9 号	东至东河滩、南至大元村、西至胡子沟、北至中兴街	2215	6867
北街居委会	旧农行办公楼	东至东大桥、南至中兴街、西至苹果园、北至原经委桥	2200	6410
北菜园居委会	水利局后院	东至小派山根、南至原经委桥、西至苹果园、北至旧变电站原水泥厂	3025	7275
世纪城居委会	世纪城小区院内	沙河以南、东大桥以西、西大桥以东、定龙线以北	480	1488

附：

消失自然村情况调查

2010 年 3—8 月，阜平县地方志办公室会同各乡镇政府对全县 1980—2010 年消失自然村情况进行了调查。

一、调查结果

（一）消失数量大。1980—2010 年，阜平县消失自然村 123 个，914 户，3399 人。分别占全县 1131 个自然村的 10.87%，总户数 68658 户的 1.33%，总人口 221117 人的 1.53%。

（二）消失范围广。1980—2010 年，全县 13 个乡镇都有消失的自然村，全县 209 个行政村中 62 个行政村有消失的自然村，占 29.66%。

自然消失的城南庄镇岔河行政村桑树窑自然村

二、消失原因

（一）改革开放的时代需要

中共十一届三中全会后，阜平县认真落实

一系列改革开放政策，改革全面推进和不断深化，阜平县经济和各项事业蓬勃发展。根据国家“有计划有组织地发展劳务输出，积极引导贫困地区劳动力合理有序转移”的指示精神，组织引导偏僻山村的劳力走出大山涌入城镇，或经商或务工，逐步在城镇安家落户。

在调查中了解到，城南庄镇三官行政村大北沟掌自然村，80年代前有村民11户35口人。2003年有6户通过孩子在外务工经商，将家人全部带出大北沟掌村，其中1户搬迁到江苏省连云港市，1户搬迁到保定市，2户搬迁到涿州市，2户搬迁到阜平县城，剩余5户搬迁到大北沟口村。

（二）国家扶贫、移民搬迁政策支持

1994年国务院印发《国家八七扶贫攻坚计划》，8月，中共河北省委、省政府印发《河北省1994—2000年扶贫攻坚计划》，1994年阜平县委、县政府制定了《五三五扶贫攻坚计划》，1996年制定了《阜平县移民搬迁实施方案》，落实国家“对极少数生存和发展条件特别困难的村庄和农户实行开发式移民”政策。投入资金1542.9万元，实施扶贫搬迁工程。重点解决自然灾害隐患大；村民生产、生活、生存条件差；经济贫困、无发展空间的贫困自然村的搬迁问题。

吴王口乡桃园坪行政村过道沟自然村，位于四面环山、山势陡峭的大山里。地质条件差，每逢雨季，泥石流、山体滑坡等自然灾害时有发生，严重危及人畜安全。县乡村统筹考虑、合理安排，把该村22户56口人集中搬迁到移民新村——牛角台，人民生命财产得到保护，生产得到发展，过上了幸福安定生活。

（三）城镇化推动

1996年，阜平县并乡扩镇，25个乡镇合并为13个乡镇，城镇化建设步伐加快。一些人口少、居住偏远、交通不便的小自然村为求发展，逐步向较大的行政村和乡镇政府所在地集中搬迁。

砂窝乡臭水青自然村海拔千余米，有6户34人，教青村地处深山，有6户25人，交通闭塞，信息不同，这些小村的居民都随着城镇化建设搬迁到了交通方便、生活条件好的行政村碾子沟门和下堡村。

（四）搬迁愿望迫切

调查发现，过去穷苦人们搬进深山是为了躲避地主老财盘剥、躲避战乱，谋求生存。现在走出深山是为了谋求幸福生活，奔向小康。村民求富裕、求发展、求生活生产方便，早日搬迁，早日致富成为偏僻自然村村民的迫切愿望。

吴王口乡银河行政村欢喜脑自然村15户，49口人，世代居住在银河大峡谷的深山老峪里，生活贫穷，没有发展前途。他们响应政府搬迁政策，集中搬迁到靠近干线公路的东庄移民小区。交通、就医、就业、就学方便了。

三、搬迁后变化

（一）生活

阜平镇第一山行政村移民搬迁小区——幸福村

偏僻自然村村民搬迁后，村民生活水平有明显提高。有200多名青年在北京、天津、石家庄、保定等大中城市通过务工经商站稳了脚跟，走向富裕，买了房，买了车，举家搬到城市居住，改变了贫困面貌，过上了小康生活。

城南庄镇孙志国、孙志刚二兄弟在天津市从开“孙家饭馆”开始，到2010年已发展到16家连锁店，年收入600多万元。现全家定居天津市。

（二）就业

深山沟里的村民搬迁到城镇后，就业路子宽了，发家致富的机会多了。老爷庙、面然青等自然村120户457人集中搬迁到县城第一山行政村幸福村后，依托临近县城的区位优势，务工、组建车队搞运输、组建保洁公司、经营小卖部等，大部分村民有了固定收入。

（三）婚姻

吴王口乡银河村老爷庙自然村

生活在偏僻的深山村里，村民们生活贫穷，男青年无资金来源办理嫁妆，女青年不愿意嫁到深山老林里受苦受累，男青年成家立业难。搬迁后，家庭条件改善，富裕了，300余名青年先后成家立业，过上幸福美满生活。

（四）就医

偏僻深山村，距离乡镇卫生院，县中医院、县医院路途较远，交通不便。患病就医只能靠几个人用简易的担架抬着，穿越几十里、上百里的山路，耽误最佳治疗时间。有的甚至死在送医的路途中，给病人和家庭带来很大的痛苦和困难。搬迁后解决了就医难问题。

吴王口乡南辛庄行政村面然青自然村距县城150里，不通公路，只有羊肠小道，距吴王口乡卫生院也有50多里，就医看病非常不便。搬迁到阜平镇第一山行政村幸福村后距县中医院、县医院只有一两千米，救护车往返只需几分钟，解决了村民看病难问题。

（五）就学

深山里自然村居住分散，距离教学点远，有的小自然村离学校所在地7.5～9公里，孩子上学需家长接送，翻越大山深涧，费时费力。

吴王口乡银河行政村老爷庙自然村有15户村民，孩子上学要往返8公里，山路崎岖难行，上学放学都要家长接送。搬迁到阜平镇第一山行政村幸福村后，距学校只有数百米，道路平坦，再也不用家长接送了。

1980—2010年阜平县消失自然村统计表

表1-1-16

项目 乡镇	年度	户数（户）	人数（人）	原住地	迁入地	原隶属行政村
阜平镇	1996 2010	15	65	南沟村	葛达头村	葛达头
	1996—2010	2	10	瓦窑村	石漕沟村	石漕沟
	1996—2010	7	27	横岭村	河口村	龙门
	2008	15	35	指甲沟村	土岭村、县城	土岭
城南庄镇	1980	1	3	银洞村	顾家沟村	顾家沟
	1998	1	3	小安子沟	后庄村	后庄
	1996	8	30	二十亩地村	段庄村、尹代沟口村	后庄
	1983	1	7	龙门沟掌村	栗树漕村	栗树漕
	1995	2	5	羊圈村	宋家沟村	宋家沟
	1995	3	5	麻汪沟顶村	麻棚村	麻棚
	1996	3	10	土嘴村	跑马滩村	岔河
	1997	8	26	南孤石沟村	南台村	南台
	2003	11	35	大北沟掌村	保定、大北沟口	三官

续表 1-1-16

项目 乡镇	年度	户数（户）	人数（人）	原住地	迁入地	原隶属行政村
城南庄镇	1998	7	29	寺上村	县城、岔河、上庄	岔河
	1999	3	7	下湾村	大岸底村	大岸底
	2000	1	2	歪嘴崖	麻棚村	麻棚
	2001	3	3	八狐湾村	万宝庄村	万宝庄
	2003	5	12	花沟	大岸底村	大岸底
	2004	1	1	砖石塔村	下诚信村	麻棚
	2010	1	1	南刀把村	县城	岔河
	1995—2010	8	28	桑树窑村	秦皇岛市、孟家台村、阜平县城	岔河
平阳镇	1996	6	25	土窑村	长角村	长角
	2006	19	53	桃河沟村	土门	土门
龙泉关镇	1980	6	21	黄土沟	黑崖沟村	黑崖沟
	1985	6	16	席子村	北刘庄村	北刘庄
	1980	6	25	镇沟村	龙泉关村	大胡卜
	1980	2	6	三间房村	龙泉关村	大胡卜
	2000	25	96	山羊沟	印钞石村	印钞石
	2002	18	59	小胡卜村	龙泉关村	黑林沟
	2002	11	39	杨树塔村	龙泉关村	骆驼湾
	2004	24	84	麻地沟村	八里庄村	八里庄
	2007	8	31	辛庄村	平石头村	平石头
	2010	5	19	长城岭	印钞石村	印钞石
	2010	12	42	高石塘沟村	龙泉关村	骆驼湾
天生桥镇	1986	3	11	小寨沟村	红草河村	红草河
	1988	12	34	莜麦荐村	朱家营村	朱家营
	1996	13	35	溜斗沟村	塔沟村、朱家营村	朱家营
	1985	2	6	大青村	朱家营村	朱家营
	1985	12	45	黑尖沟村	龙王庙村、大车沟村	大车沟
	1998	14	39	田家沟村	县城、龙王庙村、	大车沟
	1998	18	55	河南宫村	红草河村、草地庵村	红草河
	1999	27	85	马鞍桥村	龙王庙村、大车沟村	大车沟
	1999	28	85	芦家沟村	龙王庙村、塔沟村、北栗园铺村	北栗园铺
	1993	4	15	跌马崖村	罗家庄村	罗家庄
	1993	17	53	大凹村	东下关村、朱家营村	朱家营
	1996	2	5	水磨村	北京、红草河村	红草河
	1996	8	21	道八沟村	不老树村	不老树
	1996	14	36	东沟村	不老树村	不老树
	1999	12	35	平房村	不老树村	不老树

续表 1-1-16

项目 乡镇	年度	户数（户）	人数（人）	原住地	迁入地	原隶属行政村
天生桥镇	1999	11	32	上平房村	不老树村	不老树
	2001	16	41	三道岭村	不老树村	不老树
	2007	26	72	八大岩村	上塔村、东下关村，下塔村	塔沟
	2010	22	70	老黄沟村	下塔村	塔沟
吴王口乡	1996	11	27	面然青	第一山	南辛庄
	1990	15	49	欢喜脑	东庄移民小区	银河
	2003	22	56	过道沟	牛角台	桃园坪
	2003	17	48	大湾	不老台	不老台
	2005	36	76	昌旺	丰台	黄草洼
砂窝乡	1998	6	34	臭水请	碾子沟门	碾子沟
	1996	2	5	小孤山	砂窝	砂窝
	1999	15	50	营场	砂窝	砂窝
	1989	10	30	桑园地	砂窝	砂窝
	1999	15	50	各沟	林当沟	林当沟
	1999	11	30	上柳沟	大柳树村	大柳树
	1990	2	8	下柳沟	大柳树	大柳树
	1991	2	10	东柳沟	大柳树	大柳树
	1982	4	20	罗家台	上堡	上堡
	1990	8	48	大助安	龙王沟	龙王沟
	1990	1	2	冯沟	龙王沟	龙王沟
	1996	6	25	教青	下堡	下堡
	1996	1	5	瓜地沟	下堡	下堡
	1995	3	10	坟沟	下堡	下堡
	1995	1	6	麻地沟	下堡	下堡
	1995	2	10	康儿沟	下堡	下堡
	1996	1	5	老牛官崖	下堡	下堡
	1996	1	2	大亩底	仙湾	仙湾
	1996	3	10	沙角沟	仙湾	仙湾
	1998	5	25	石夹	砂台	砂台
	1999—2002	11	65	石板沟	砂台	砂台
	2003	5	20	中石湖	砂台	砂台
	1980	1	3	上石湖	砂台	砂台
	1990	2	8	栗树沟	砂台	砂台
	1995	7	35	东沟	全庄	全庄
	1995—2010	8	25	石门沟	全庄	全庄

续表 1-1-16

乡镇＼项目	年度	户数（户）	人数（人）	原住地	迁入地	原隶属行政村
砂窝乡	1996	4	16	小工	全庄	全庄
	1996—2010	5	20	安子沟	全庄	全庄
	1996—2010	5	14	沙沟	全庄	全庄
	1996	3	11	沟掌	全庄	全庄
	1998	1	8	宽沟顶	全庄	全庄
	1998	2	7	卓尔沟	全庄	全庄
夏庄乡	1996—2000	9	28	西胭脂	阎王鼻、丰台、夏庄、县城、灵寿	夏庄
	2007	10	30	二王庄	定州、曲阳、县城、大沙地、大河、石圈沟	羊道
	2008	1	2	小水连	华塔	羊道
	2009	3	11	东木桥	沟口	面盆
	2010	9	25	西木桥	面盆、香炉石、太原	面盆
	1996—2000	4	14	黄榆树坪	山西	面盆
	1996—2002	6	20	段卜凹	山西、高家地沟	面盆
	1996—2010	4	17	上高家地沟	高家地沟	面盆
	2001—2004	4	16	木桥沟口	面盆、香炉石	面盆
	2007—2010	5	25	青杜崖	城南沟、大沙地、口上	二道庄
史家寨乡	1980	4	15	寨沟	槐场	槐场
	1980	1	1	达子安	董家村	董家村
	1981	3	8	出一朝	场坊	场坊
	2000	3	10	红河坡	场坊	场坊
	2010	11	40	老羊圈	场坊	场坊
	2010	5	17	灰窑子	场坊	场坊
大台乡	1981	3	19	陈二沟	陈家沟	柏崖
	1983	1	11	辛劳沟	东板峪店	东板峪店
	2010	3	9	大油瓶村	大台村、安家沟、下店村	大台
	2008	9	31	大西坡	后岭	东板峪店
台峪乡	1990	6	20	石城院	台峪村	台峪
	1992	2	11	清水渠	台峪	台峪
	1997	1	5	枣树岸	台峪村	台峪
	1998	2	9	簸箕折	台峪村、山北湾	台峪
	2000	6	23	菜地	台峪村、康家峪村	台峪

续表 1-1-16

项目／乡镇	年度	户数（户）	人数（人）	原住地	迁入地	原隶属行政村
台峪乡	2010	4	10	圣水	台峪村	百石台
	2010	8	23	古石	台峪村、营尔村	百石台
	2010	18	42	南营	井儿沟村、台峪村、康家峪村、县城	百石台
	2010	2	9	东石湖	千家沟	百石台
王林口镇	1992	11	38	窑河村	马坊村	马坊
北果园乡	1988	3	18	草泡	抬头湾	抬头湾
	1988	5	36	家寨	抬头湾	抬头湾
	1985	5	17	上河	南古洞	古洞

第二章　自然环境

阜平是全山区县，境内山峦起伏，沟壑纵横，地势自西北向东南倾斜。地质基础古老。河水水量不稳，降水不均。耕层土壤肥力稳中有升，山多地少，有“九山半水半分田”之称。境内矿产资源种类多、藏量小。森林覆盖率高。阜平处于暖温带半湿润半干旱大陆性东部季风区。属暖温带大陆性季风气候，四季分明。春季干旱多风，夏季炎热湿润，秋季凉爽多雨，冬季漫长严寒。主要气候灾害有：干旱、暴雨、低温、寒潮、大风、冰雹、雷暴等。全县土壤情况共有6个土类、13个亚类、35个土属、114个土种。阜平县境内所有河流均为大清河水系的南支沙河，河流从西北向东南流经全县，胭脂河、平阳河、板峪河、鹞子河、北流河5条支流汇入。辖区内有国家Ⅲ级保护植物2种，即核桃楸和刺五加。国际重点保护蓝科植物有大花杓兰、手参、北方鸟巢兰、二叶舌唇兰和绶草5种；省重点保护植物11种，其中Ⅱ级保护植物3种：穿山薯蓣、软枣猕猴桃和迎红杜鹃；Ⅲ级保护植物8种：大叶藓、蕨、党参、桔梗、锦带花、无梗五加、鹿蹄草和罗布麻。

第一节　地质、地貌

一、地质

境内地质随地壳运动发生演变。在上元古代以前，主要经历了三次地壳运动：阜平运动，距今约24亿～25亿年；五台运动，距今约20.5亿年；吕梁运动，距今约17亿年。经地壳运动，全境古老地质普遍遭受褶皱变质，并有花岗岩侵入和玄武岩喷发，古老地质历史结束（上元古代以前），基地层岩形成。

阜平县地质基础十分古老，基底岩系为太古界，分为阜平群（下太古界）和五台群（上太古界）。阜平群是遭受区域变质作用的中浅变质的各种片麻岩、变粒岩、大理岩和斜长角闪岩等，夹有磁铁、石英岩透镜体。

阜平运动在华北太古宙变质岩区影响较广，使阜平群及更老地层普遍发生变形和产生以角闪岩相为主的区域变质，并伴随大量花岗质岩浆侵位。

中元古界（记载着距今18.5亿年～8亿年间的地质演化史）震旦系包括燧石条带白云岩、

王快湿地

燧石砾岩、石英岩、砂岩、石英砂岩、钙质页岩等。

寒武系在全县均有分布，包括泥质条带致密灰岩、竹叶状灰岩、鲕状灰岩、白云岩、含钙质页岩、暗紫红色粉砂页岩、紫色页岩等。

奥陶系在全县分布广泛，主要包括灰、深灰色致密灰岩、蠕虫状灰岩、白云岩、含燧石结核和透镜体。

石炭系主要分布在大台村至炭灰铺村一带，主要包括深灰、灰黑色粉砂岩、砂质泥岩与灰、灰白色石英砂岩、夹2～4层灰岩，含5层可采或局部可采煤层，底部以厚2～5米的灰白色细粒石英砂岩和本溪组分界。本溪组中，上部为深灰色砂质泥岩与浅灰色铝土质泥岩，夹石灰岩3～4层，最下层石灰岩厚5～10米，其下为软质或硬质耐火黏土，局部夹薄煤1～2层，下部为紫红色鲕状铝土质泥岩夹透镜状铝土矿，底部偶见褐铁矿或黄铁透镜体。

阜平在上元古代以前，根据岩系的分布和岩性的特点进行分析，上元古代（震旦纪）境内有海侵。但海水不深，沉积厚度不大，主要形成分选较好的石英砂岩（层面上具有明显的波痕与泥痕）。从寒武纪至中奥陶纪地壳稳定下沉，境内形成海盆地。从岩性分析，寒武纪时海水不深，至中奥陶纪时海水方变深，且沉积环境安定，沉积有厚层石灰岩。中奥陶纪以后，由于地壳升降运动，华北地区上升为陆，阜平更是因上升幅度较大，从而形成较大的山峰和沟壑，全境成为深山区。从中石炭纪起，地壳下降并有不甚强烈的异运动，有的地方下沉幅度大，海水入侵，沉积有较厚海相地层，有的地方下沉幅度小，接受有不厚的海相沉积或陆相沉积。石炭纪时地壳升降运动显著，地壳时升时降，海水时进时退，结果形成石炭纪的海陆相互间夹的地层。二叠纪时地壳上升，全县成为陆地，但地壳差异性运动显著，境内有内陆盆地形成，其中接受了较厚的沉积。石炭二叠纪时，阜平县境内气候温暖湿润，植物繁茂，形成煤层。自三叠纪起，地壳不断上升，地面遭受侵蚀，而未留三叠纪、侏罗纪、白垩纪地层。中生代后期的燕山运动，使东部太行山区不断上升，并产生一些北北东向、南南西向的大断裂和若干小断层与褶皱。由于东部不断翘起，境内岩层多东北—西南倾斜，因而形成了许多单斜构造。从吴王口乡到大台乡形成了许多以石灰岩为主的单斜构造地质结构。

二、地貌

阜平县位于太行山区中段，西连华北屋脊

歪头山

五台山，东面是华北平原，为土石山区，地形极为复杂。境内山峦绵亘，沟壑纵横。地表基本形态为山地和沟壑。山大沟深，山山相连，四面皆山，两山之间夹杂一条条、一缕缕不规整的山地。全县山高、山险、山多、山大，地贫、地脊、地少。地势西高东低，自西北向东南倾斜，最高峰歪头山海拔 2286.2 米，为保定市最高峰。全境地貌主要有不同山地地貌与河谷地貌组成。

在沙河和其他河床的山坡上 50 米上下处，可看到被河水冲洗过的砂石层，初步推测是 400 年前的河床。50 年代末王快水库建成后，河床在逐步淤高。到 21 世纪初已上升了两米多，而且还呈现上升趋势。

吴王口乡、龙泉关镇、天生桥镇、台峪乡、史家寨乡、大台乡、夏庄乡为深山区。阜平镇、平阳镇、城南庄镇、北果园乡大部分乡村为浅山区。由于地势的不同，植被也有差异。浅山区木本以荆子、酸枣和人造洋槐为主，植被以茅草为主。深山区木本以荆子、扭荆（土名）、桦树、柞树、杭芽（土名）为主，植被以茅草、散坡青、红背草为主。

全县以沙河为主要河道，支流有平阳河、胭脂河、板峪河、鹞子河、北流河。

县境内地貌按其成因和形态特点可分为三大类：

（一）剥蚀构造断块高中山区，为石山区，海拔高程 800 ～ 1500 米以上（深山区），峰连叠嶂，苍山如海，盛产林木山珍，耕地甚少。

（二）蚀水冲刷地貌类型，河谷两岸，形成多级阶地，梯田层层，是褐土地带，适宜发展种植业。

（三）积陷盆地地貌类型（浅山区），这些地区四周环山，土壤肥沃、地势平坦，河水灌溉，生产粮油，人口密集，是最好的耕作区。

主要山峰：阜平县海拔 800 米以上的山峰有 43 座。其中海拔 2000 米以上的山峰有 5 座，1600 ～ 2000 米的山峰有 8 座，海拔 1000 ～ 1500 米的山峰有 21 座，海拔 800 ～ 1000 米的山峰有 9 座。

阜平县山峰分布一览表

表 1-2-1

项目 山名	海拔（米）	所在位置
歪头山	2286.2	龙泉关镇、吴王口乡与山西省交界处，是保定市最高峰
玫瑰坨 （驼梁山、南坨）	2281	夏庄乡与灵寿县、平山县、五台县交界处
百草坨	2144.5	天生桥镇、夏庄乡境内黄榆树坪村西
黄落伞	2129.8	吴王口乡境内白石堂村西

续表 1-2-1

项目 山名	海拔（米）	所在位置
锋尖梁	2041.4	吴王口乡境内南辛庄村东南
黑崖	1978.7	龙泉关镇黑崖沟境内
蕨菜坪	1961.1	吴王口乡境内银河村北
摩天岭	1956	龙泉关镇境内北刘庄西北
神仙山	1869.8	大台乡境内炭灰铺村东北
长城岭	1799.7	龙泉关镇境内长城岭村南
鸡冠崖	1685.2	砂窝乡境内上龙王村西南
三岔崖	1639.7	夏庄乡境内西木桥村北
老汉塔	1598.2	夏庄乡境内东木桥村东北
葫芦尖	1489.7	城南庄镇境内大北沟掌村北
油葫芦头	1479.2	天生桥镇境内芦家沟村北
后梁高尖	1463.9	吴王口乡境内磨子口村西北
草锥山	1438.3	史家寨乡境内
马鞍梁	1423	吴王口乡境内岭东村南
四楞坨	1389	吴王口乡境内西门吉村南
观音庵	1326	台峪乡境内清水渠村北
天皮窑塔	1275	吴王口乡境内西门吉村西南
大光崖	1265.7	天生桥镇境内燕台村南
东草门	1260.1	天生桥镇境内西草门村东
三道塔	1251	砂窝乡境内西沟掌村西南
老和尚庵	1224.7	阜平镇境内庙沟村村北
双尖顶山	1223	史家寨乡境内桑林沟村北
高八百山	1215	史家寨乡境内苏岔口村西
望象台	1200	吴王口乡境内老爷庙村北
一道塔山	1200	吴王口乡境内西门吉村南
苦庄槽顶	1194	吴王口乡境内黄草洼村东北
白洋洞	1187.6	砂窝乡境内银场村北
东沟顶	1134.6	砂窝乡境内全庄村西北
大派山	1088.5	阜平镇境内城厢村西北

续表 1-2-1

项目 / 山名	海拔（米）	所在位置
抓虎寨	1015	大台乡境内田家庄村西北
熊尖	995	城南庄镇境内横岭里村西
小寨顶	968	天生桥镇境内芦家营村东南
铁贯寨	934.5	城南庄镇境内铁贯村南
老倌头	870.1	夏庄乡境内长石崖村北
卧场顶	865	城南庄镇境内南漕村东南
大人寨	848.7	城南庄镇境内钱沟村东
三架山	838	城南庄镇境内南漕村东南
老虎尖	834	城南庄镇境内山沙地村东
黄花坨	824.9	史家寨乡境内鹞子会村东南

第二节　气候

一、气候概况

阜平县气候属暖温带大陆性季风气候，四季分明。春季是冬夏交替的过渡期，气候变化无常，降水少，蒸发快，十年九春旱；夏季受太平洋副热带高压和暖湿气流共同影响，多偏南气流，气候炎热；春、秋两季寒温适中，冬季受西伯利亚气流控制，气候寒冷而干燥。全县气候特点是；春季干旱多风，夏季炎热湿润，秋季凉爽多雨，冬季漫长严寒。主要气候灾害有；干旱、暴雨、低温、寒潮、大风、冰雹、雷暴等。

二、气温

1996—2010年阜平县年平均气温12.7℃，最冷月为1月，月平均气温-3.7℃；最热月为7月，月平均气温26.3℃。平均气温年较差30℃。全县各乡的气温分布有明显差异。阜平镇、平阳镇一带和北果园乡为两个明显的高温中心，年平均气温在12.4～12.7℃；台峪、大台、史家寨、砂窝、天生桥、夏庄等，年平均气温在10℃～11℃；吴王口、寿长寺、龙泉关等为一明显的低温中心，年平均气温在7℃～10℃。

1996—2010年阜平县气温统计表

表 1-2-2　　　　气温（0.1℃）单位：日数

月份 / 霜降量 / 年度	1	2	3	4	5	6	7	8	9	10	11	12	年合计
1996	-35	-7	53	136	205	247	246	227	205	126	35	1	120
1997	-38	8	81	147	208	247	281	265	186	138	49	-15	130
1998	-44	25	79	156	199	248	265	255	223	148	53	-1	134
1999	-19	27	57	159	211	263	266	245	203	130	62	-4	133

续表 1-2-2

月份 霜降量 年度	1	2	3	4	5	6	7	8	9	10	11	12	年合计
2000	-65	-16	83	153	212	262	275	246	201	118	26	-12	124
2001	-55	-7	83	145	233	253	269	245	205	143	60	-32	129
2002	3	42	100	147	213	234	262	252	196	106	25	-29	129
2003	-30	7	60	147	203	245	251	241	201	129	32	1	124
2004	-27	30	75	161	204	231	246	229	200	129	61	-18	127
2005	-32	-31	66	168	203	258	273	246	204	134	68	-36	127
2006	-23	-7	83	147	202	255	257	245	199	162	62	-18	130
2007	-25	32	65	151	226	251	256	246	203	129	44	-6	131
2008	-43	-2	87	154	205	226	259	245	200	142	60	-8	127
2009	-37	7	73	154	217	259	264	245	199	146	18	-27	127
2010	-49	-16	41	107	213	246	273	244	196	130	55	-13	119

三、降水

1959—1995 年全县平均降水量 618.2 毫米，1996—2010 年全县年平均降水量 547.6 毫米，1996—2010 年比 1995 年前平均降水减少 70.6 毫米，年平均减少 7.76%，阜平降水呈逐步下降的趋势。受地形影响，各地降水量的差异变化较大，太行山脊迎风面的夏庄、岔河和段庄、史家寨两个多雨中心，年降水量分别为 792 毫米和 693 毫米。县境内西部的寿长寺、龙泉关和东南部的平阳为两个相对的少雨中心，年降水量分别为 554 毫米和 579 毫米。极端年最大雨量 798.0 毫米（1996 年），极端年最少雨量 398.8 毫米（2001 年），降水集中在每年 6 至 9 月，7 月最多。

1996—2010 年阜平县降水统计表

表 1-2-3　　单位：mm

月份 降水量 年度	1	2	4	5	6	7	8	9	10	11	12	年合计
1996	1	0	267	246	642	2407	3390	494	279	111	3	7980
1997	12	27	158	212	353	1047	621	691	59	27	41	3587
1998	75	109	306	557	456	1709	1330	275	128	1	21	5097
1999	—	—	272	347	116	1186	1827	558	86	74	0	4504
2000	82	01	14	118	368	2398	1417	791	223	77	0	5467
2001	49	65	300	321	654	828	1352	119	198	83	19	3988
2002	0	0	228	249	1319	1751	597	771	557	0	176	5682

续表 1-2-3

降水量 月份 年度	1	2	4	5	6	7	8	9	10	11	12	年合计
2003	3	44	206	536	293	1572	1189	794	469	496	0	5777
2004	19	166	344	297	1862	1621	1297	687	79	3	119	6503
2005	35	136	108	474	599	990	1147	687	9	0	6	4191
2006	59	5	14	833	498	1579	1287	59	19	100	29	4482
2007	—	68	140	496	1288	1441	1653	904	472	7	19	6852
2008	69	0	382	262	1746	1004	2189	1300	130	—	14	7269
2009	—	48	61	354	500	1516	746	898	147	295	—	4613
2010	26	158	282	401	572	111	189	829	23	—	18	5690

四、霜冻

1996—2010年阜平县无霜期年平均239天，最长达280天（1996年），最短为206天（1999年）。1961—1995年全县无霜期平均223天，无霜期比1995年以前年平均增加16天。全县平均气温趋于逐步变暖状态。一般初霜日期10月27日，平均终霜日期3月2日。最早初霜日期10月2日（2004年），最晚初霜日期11月11日（2006年）；最早终霜日期1月19日（1996年），最晚终霜日期3月23日（1999年）。

1996—2010年阜平县降霜统计表

（霜统计的是每月的出现日数）

表 1-2-4

降水量 月份 年度	1	2	3	4	5	6	7	8	9	10	11	12	年合计
1996	2	—	—	—	—	—	—	—	—	2	19	4	27
1997	8	3	3	—	—	—	—	—	—	1	7	12	34
1998	1	3	1	—	—	—	—	—	—	1	5	7	18
1999	1	1	1	—	—	—	—	—	—	2	13	12	30
2000	5	6	—	—	—	—	—	—	—	6	13	13	43
2001	9	9	—	—	—	—	—	—	—	—	10	6	34
2002	2	—	2	—	—	—	—	—	—	4	23	20	51
2003	13	8	7	—	—	—	—	—	—	—	10	9	47
2004	2	3	1	—	—	—	—	—	—	3	10	17	36
2005	15	9	3	—	—	—	—	—	—	—	5	5	37
2006	8	3	—	—	—	—	—	—	—	—	8	9	28

续表 1-2-4

年度＼降水量＼月份	1	2	3	4	5	6	7	8	9	10	11	12	年合计
2007	11	4	4	—	—	—	—	—	—	3	14	17	53
2008	6	1	—	—	—	—	—	—	—	3	10	4	24
2009	3	3	2	—	—	—	—	—	—	—	12	10	30
2010	8	8	2	—	—	—	—	—	—	2	12	9	41

五、风、冰雹与日照

（一）风

1996—2010 年年平均风速 1.9 米 / 秒，各季比较，4 月份风速最大为 2.4 米 / 秒，夏季次之，8 月最小，风速为 1.6 米 / 秒。全年以西北风为主，最大风速为 34 米 / 秒，时间为 1965 年 5 月 15 日 20 时。

1996—2010 年阜平县刮风情况统计表

表 1-2-5　　风速（0.1 米 / 秒）

年度＼风速＼月份	1	2	3	4	5	6	7	8	9	10	11	12	年平均
1996	13	23	22	21	22	18	14	12	15	14	13	17	17
1997	18	19	16	19	20	19	17	17	21	18	13	10	17
1998	12	18	19	14	18	16	15	16	14	15	12	12	15
1999	12	22	15	24	20	18	16	15	13	16	14	14	17
2000	15	12	21	28	21	17	18	16	17	14	13	10	17
2001	11	13	26	17	22	15	16	14	13	15	16	15	16
2002	12	14	21	19	18	18	13	15	17	14	12	12	15
2003	15	11	13	19	14	17	12	15	10	16	12	19	14
2004	15	17	19	19	20	13	15	14	16	17	18	14	16
2005	23	20	32	26	26	21	22	17	18	23	19	26	23
2006	17	24	27	27	24	23	18	18	23	19	19	18	21
2007	21	18	23	27	25	19	18	20	20	20	17	21	21
2008	18	27	25	24	25	21	20	19	20	20	22	23	22
2009	21	17	25	24	24	25	17	19	19	21	19	18	21
2010	17	14	23	25	24	20	17	18	17	20	19	25	20

（二）冰雹

1996—2010 年阜平县每年都有乡、镇、村发生冰雹，多发生在雨季开始前、结束时和少雨阶段。降雹属中纬度午后多雹型，成灾冰雹大部分发生在下午到半夜之间，白天多于夜间，下午多于上午，夜间上半夜多于下半夜，发生冰雹一般规律是“雹砸一条线”或东西向，或南北向，宽度一般不超过 1 ～ 1.5 公里，长度则 5 ～ 10 公里不等。降雹持续时间一般小于 20 分钟。冰雹直径最大鸡蛋大小。1996—2010 年年平均降雹为 1.7 次，最多 6 次。最早出现在 1999 年 4 月，最晚出现在 2003 年 9 月。冰雹较为集中的月份出现在 2004 年 6 月，月内 3 次降雹。

（三）日照

阜平日照时数比较充足，根据 1959—1986 年资料统计，年平均日照时数 2678.29 小时，日照百分率 74.4%。1996—2010 年年日照时数 2455 小时，日照百分率 68.2%。1996—2010 年日照时数比 1996 年减少 223.29 小时。平均年均递减 14.89 小时。全县 1965 年日照时数最多，为 3121.7 小时，2006 年日照时数最少，为 1996.8 小时。5 月日照时数最长，平均为 277.3 小时。12 月日照时数最少，平均为 200.7 小时。

1996—2010 年阜平县日照统计表

表 1-2-6　　单位：0.1 小时

日照 年度＼月份	1	2	3	4	5	6	7	8	9	10	11	12	年合计
1996	2109	2454	2378	2541	2846	2509	1644	1402	2281	1928	1914	2246	26252
1997	2092	1859	2040	2238	2888	2745	2329	2678	2521	2886	1628	1782	27686
1998	1915	1858	2050	2075	2693	2522	2049	2767	2348	2088	2045	2109	26519
1999	2304	2319	1680	2547	2573	2569	2302	2377	1613	2465	1963	2281	26993
2000	1729	2185	2445	2503	2920	2435	2298	2085	2300	1886	1742	1887	26415
2001	1680	1604	2834	2250	3064	2180	2169	2246	1890	1625	2188	1716	25446
2002	2206	2159	2691	2221	2751	1610	1916	2404	2173	2198	2107	1196	25632
2003	2064	1547	1716	2269	2047	2325	1644	1986	1692	2147	1233	2112	22782
2004	1950	2332	2158	2173	2442	1544	1761	1486	1718	2279	2225	1404	23472
2005	2070	1347	2818	2757	468	—	—	2432	1364	2081	2153	1981	26085
2006	986	1506	2409	1981	1976	2491	1082	1924	—	—	—	—	19968
2007	1618	1907	1774	2489	2985	1697	1921	2040	2067	2032	1992	1836	24358
2008	1319	2227	2305	1931	2527	1368	2080	1760	1696	2015	2193	1758	23179
2009	1919	1341	2126	2009	2436	2737	1703	1620	1657	2263	1792	1765	23368
2010	1726	1190	1623	2184	2798	2050	1483	1723	1785	1879	2312	2237	22990

第三节　水文

一、地表水

地表水量包括县境内降水量及境外流入的客水量两部分组成。

1959—1995 年全县总降水量 22891 毫米，年平均降水 635.86 毫米。1996—2010 年阜平全县年均降水量 544.5 毫米，1996—2010 年间的 15 年比 1995 年前的 36 年平均少降水 91.36 毫米。1996—2010 年年平均蒸发量 1787.2 毫米，是降水量的 3.28 倍。全年降水多集中在夏秋两季，春季降水量 257.2 毫米，蒸发量 291.2 毫米，蒸发量是降水量的 1.1 倍；夏季降水量 123

毫米，蒸发量857.1毫米，蒸发量是降水量的6.9倍；秋季降水量415.3毫米，蒸发量574.8毫米，蒸发量是降水量的1.4倍；冬季降水37.7毫米，蒸发量301.5毫米，蒸发量是降水量的7.9倍。夏秋两季降水集中，降水强度大，常有山洪暴发，引发洪涝灾害。

降水量：1996—2010年平均降水量为544.5毫米，平均年径流量为5.72亿立方米，231.3毫米产生径流，占35%，其他补给地下水或者蒸发掉，径流系数为0.28。1996年降雨量798毫米，河流产生的年径流量5.428亿立方米，2000年降雨量546.7毫米，河流产生的年径流量是2.4804亿立方米，2005年降雨量419.1毫米，年径流量0.8766亿立方米，2010年降雨量569毫米，年径流量1.044亿立方米。1996年比2005年多降水378.9毫米，比2010年多降水229毫米。

客水量：沙河从山西流入阜平的客水量1.924亿立方米。

河系：阜平县境内所有河流均为大清河水系的南支沙河，河流从西北向东南流经全县，胭脂河、平阳河、板峪河、鹞子河、北流河5条河流汇入。

（一）沙河

沙河发源于山西省灵丘县冉庄村和繁峙县的白坡头村。

沙河——县城东寺至青沿段

在山西省境内的流域面积为330平方公里，南北两条支流汇合于阜平县境内的杜里园自然村，河床呈“V”，杜里园村河流断面15米，两岸以岩石为主，河床基地为砂砾石，至百亩台村由北流河汇入。到法华村下坡度变缓，河道顺直，河流断面500米左右，河床也由“V”变为“U”复式河床，以砂砾石为主。流入方太口村东，有鹞子河汇入；流至西王林口村东，有板峪河汇入；流至草场口村南，与胭脂河汇入；流至山嘴头村与平阳河一起汇入王快水库。沙河在阜平县境内的流域面积为1231平方公里，长度为80.6公里，流经吴王口乡、砂窝乡、阜平镇、王林口乡、平阳镇6个乡（镇）。沙河为常年河，流域内年降水量为600毫米左右，1996—2010年平均径流量为5.68亿立方米。1996年河流产生的年径流量是5.428亿立方米，比常年减少0.252亿立方米，2010年沙河径流量是1.044亿立方米，比常年减少4.636亿立方米。

（二）胭脂河

胭脂河是阜平县第二大河流，发源于境内夏庄乡花塔村，因源头有南胭脂和西胭脂两个村而得名，由西向东流经夏庄乡、城南庄镇、北果园3个乡镇，于草场口村注入王快水库，全长60.7公里，流域面积372.9平方公里。河流上游呈“V”，宽50米左右，河床一般为岩石，流至大岸底村下开始呈“U”，宽度200～300米左右，砂砾石质河床，易家庄以下为下游，宽度500～1000米，沙砾质复式河床。胭脂河是一条温顺的河，上游山坡植被情况较好，覆盖率达60%以上，中下游在30%左右，河床宽阔，水流平稳，河床内细沙洁白，1958年王快水库建成后，最厚处达5米多，下游水

胭脂河——广安村至石猴村段

灾较少。该河流域年降水量650毫米，汛期降水量占全年70%～80%，最大洪峰流量1963年，为1914立方米/秒。结冰期120天左右。全流域耕地2.79万亩，全县闻名的崔家庄大滩、北果园大滩、广安固镇大滩、抬头湾大滩、城南庄大滩、易家庄大滩等分布在河流两岸。

（三）北流河

北流河发源于河北与山西两省交界的长城岭东侧，由西向东横贯龙泉关镇，然后从天生桥镇不老树村由南向北流去，由百亩台村下汇入大沙河，全长45.6公里，流域面积237平方公里，上游植被覆盖率60%以上。

北流河——下河村段

（四）鹞子河

鹞子河发源于山西省灵邱县铁角山，从西北流向东南，流经史家寨乡和王林口2个乡，全长44.8公里，流域面积268.3平方公里，上游为"V"河床，流至史家寨村呈"U"，以砂砾石为主，史家寨村以下为下游，沿岸有史家寨大滩、凹里大滩、辛庄大滩、刁窝口大滩、上庄大滩等。

鹞子河——董家村段

（五）板峪河

板峪河发源于阜平县神仙山，经大台乡、王林口2个乡，流向东南，在西王林口村东汇

板峪河——大台乡坊里村段

入王快水库，全长36.5公里，流域面积194.4平方公里。该河河道内的石头多有深孔，系石灰岩质被水浸所致，古有"板峪河里的石头一有眼"之说。

（六）平阳河

平阳河发源于神仙山下的白石台村，由北经台峪乡、平阳镇2个乡镇流向东南，在山嘴头村汇入王快水库。全长39.9公里，流域面积256.6平方公里。

平阳河——上平阳和下平阳段

二、地下水

全县地下水总量为2.375亿立方米。1996年地下水开采量0.15亿立方米，2000年开采量0.2亿立方米，2010年开采量0.208亿立方米。

三、温泉

城南庄温泉，水温56℃，每小时涌水量5.4立方米。吴王口温泉，水温80℃，每小时涌水量10.8立方米。下堡温泉，水温38℃，每小时涌水量15.48立方米。以上三处温泉水内含有硫磺等多种矿物质，具有消毒杀菌作用，对皮肤病、关节炎、胃病等均有较好的疗效，是理想的洗浴用水。

四、水质

阜平县沙河陡岭台村以上地区和平阳河山北湾以上水质为重碳酸钙镁型水，其他地区均为重碳酸钙型水，酸碱度（pH）在 7.8 ～ 8.5 之间，呈弱碱性；矿化度为 179 ～ 348 毫克 / 升之间，属于好水，适用于人类生活用水、农田灌溉和畜禽使用。

全县地下水酸碱度（pH）在 7.6 ～ 7.72 之间，呈弱碱性，除吴王口乡、大台、城南庄镇 3 个乡多为重碳酸钙镁型水外，其他各地均为重碳酸钙型水。龙泉关、砂窝、城南庄、台峪、史家寨、阜平镇等乡镇的一些村庄的水为总硬度 2.13 ～ 2.82 毫克 / 升软水，其余地方的水都是微硬水，县内地下水对人类生活、作物灌溉及畜禽饮水无不良影响。

五、水能

阜平县支流河谷较多，水流落差大、水能理论蕴藏量为 10.46 万千瓦，水能资源可开发利用系数为 0.15，可开发利用水能资源量 1.57 万千瓦，已开发利用 759.8 千瓦，占可开发利用量的 4.8%。

第四节　土壤

一、土壤类型及分布

阜平处于山前条件，呈圈椅型分布，是河北省的山中盆地，属于暖温带半湿润半干旱大陆性东部季风区。根据全县地形地貌和海拔高度的不同，可分为西部山区气候区，中部亚深山气候区和中、东部浅山区三个气候区。在气候因子中，对土壤形成影响最大的是热量和降水，它直接影响着土壤形成过程中的水热条件，从而影响岩石的风化、土壤中物质转化和植物生长状况。地质地貌和植被类型：本县地质构造属于前震旦系太古界阜平群新华夏系构造的第三隆起带。绝对年龄有 21 亿多年。由于地形地势的影响，砂石土顺流而下，在河流开阔处沉积，其沉积物皆属第四纪覆盖物，形成了阜平特有的地貌类型的植被类型。1979 年根据国务院关于进行全国第二次土壤普查的统一安排，阜平县从 1983 年开始，用一年多的时间对全县的土壤情况进行了一次详细的普查。全县土壤情况大体分深山区和浅山区两种形式。共有 6 个土类、13 个亚类、35 个土属、114 个土种。分为亚高山草甸土、棕壤、褐土、草甸土、水稻土、沼泽土等 7 种。阜平土壤类别按海拔高度从高到低顺序排列分为亚高山草甸土、棕壤、褐土、草甸土、水稻土、沼泽土六大类。

（一）东南部浅山区

土壤类别分为褐土、草甸土、水稻土、沼泽土四大类。涉及大台乡、台峪乡、史家寨乡大部分行政村区域和平阳镇、王林口乡、北果园乡、城南庄镇、阜平镇等行政村区域。

（二）西部深山区

土壤类别分为亚高山草甸土、棕壤、褐土三大类。涉及台峪乡、史家寨乡少部中高山行政村区域和砂窝乡、吴王口乡、天生桥镇、龙泉关镇、夏庄乡全部行政村区域。

土壤分布

亚高山草甸土：主要分布在西部深山区的白草坨、南坨、歪头山海拔 2000 米以上的中高山上。山顶平缓、高寒多风、土壤常处于冰冻状态，林木生长困难，草被生长茂盛，是天然牧场。土层厚度 20 ～ 40 厘米。

棕壤：主要分布在西部、北部、东北部海拔 1200 ～ 2000 米山上，生长有耐寒耐湿及旱生型天然次生林或人工林，主要植被有乔木、灌木和各种草本植物，土壤厚度约 20 ～ 40 厘米，土色油黑、土壤潮湿。

褐土：主要分布在中、低丘陵和河谷两岸耕地，一般地形较高，排水良好，土层较厚，地下水位低，一般在 5 米以上，无涝渍威胁。

草甸土（山区潮土）：在河流两岸的地下水位高的一级阶地上或季节性河的低洼地带，由于受自然因素和人为因素较大，使相当一部分地方泥泽土和水稻土演变而成为草甸土。主要分布在河流两岸及洼地、地下水 1 ～ 3 米，多为洪水冲积及人工堆垫。

水稻土：主要分布在王快水库上游和河流两岸涝洼地区。

沼泽土：发育在常年积水的洼地和王快水库的边缘，主要植被为芦苇，地形部位稍高雨季积水；旱季落干地带形成草甸沼泽土，常年积水洼地形成沼泽土。主要分布在王快水库上游和其他乡河流两岸洼地及涝洼地。

二、土壤肥力

阜平县农业局 1983 年开展土壤普查工作，对全县山地和耕地土壤表层（0 ～ 20 厘米）取土样化验数据资料，本县的耕作土壤表层养分平均含量是：有机质 2.032%，全氮 0.214%，碱解氮 102.24ppm，速效磷 6.87ppm，速效钾 106.54ppm；山地自然土壤表层养分平均含量：有机质 2.421%，全氮 0.1384%，碱解氮 106.56ppm，速效磷 1.58ppm，速效钾 75.08ppm。

各乡镇耕作土壤与自然土壤表层（0 ～ 20 厘米）养分平均含量表

表 1-2-7

分区	名称 养分含量 乡镇	有机质（%）		全氮（%）		碱解氮（PPM）		有效磷（PPM）		有效钾（PPM）	
		耕作土壤	自然土壤	耕作土壤	自然土壤	耕作土壤	自然土壤	耕作土壤	自然土壤	耕作土壤	自然土壤
深山区乡	夏庄乡	2.925	3.846	0.1544	0.2068	135.00	175.39	6.88	2.01	123.0	102.23
	吴王口乡	1.795	2.264	0.1009	0.1338	93.75	106.00	1.91	0.54	102.50	79.43
	砂窝乡	2.278	2.247	0.1386	0.1369	127.00	112.38	3.95	1.48	92.50	87.50
	龙泉关镇	2.456	3.353	0.1623	0.1788	125.88	147.59	13.36	3.47	176.33	125.26
	天生桥镇	1.978	2.668	0.1183	0.1426	116.88	122.27	5.62	1.96	85.31	83.46
	大台乡	2.207	3.668	0.1306	0.2013	105.00	144.13	6.08	2.45	82.63	112.03
	台峪乡	1.155	2.859	0.0817	0.1702	65.00	117.54	4.46	1.51	80.20	74.90
浅山区乡	阜平镇	1.746	1.757	0.1134	0.1095	86.25	80.29	3.48	0.70	92.56	56.24
	史家寨乡	1.647	1.923	0.1029	0.1116	82.75	86.45	3.95	1.37	76.13	61.64
	城南庄镇	1.744	1.984	0.1043	0.1064	92.45	89.92	4.85	1.40	73.71	51.77
丘陵区乡	平阳镇	1.241	1.261	0.0756	0.0934	59.00	58.20	3.75	1.43	104.86	59.67
	北果园乡	1.418	2.029	0.0950	0.1059	82.67	75.07	3.94	0.95	83.38	49.69
	王林口乡	1.386	1.357	0.0800	0.0819	61.33	66.08	4.42	1.15	81.67	52.55

阜平县 2009—2010 年土样采集化验 3450 个（农作物 3330 个、大枣 120 个），取得有效数据 35080 个，其中 pH、有机质、碱解氮、速效磷、有效钾、有效铁、有效锰、有效铜、有效锌各 3450 个；全氮、全磷各 350 个；缓效钾 3330 个。通过化验，全县耕层土壤平均含量有机质 21.9 克 / 千克，缓解氮 68.2 毫克 / 千克，有效磷 22.4 毫克 / 千克，速效钾 70.9 毫克 / 千克。即有机质、缓解氮含量中，有效磷含量高，速效钾含量低。2010 年后阜平县农作物在增施有机肥的基础上，需要掌握稳氮、降磷、重施钾的原则。

2010年阜平县乡镇耕层土壤平均养分含量统计表

表1-2-8

养分含量 名称 乡镇	pH	有机质g/kg	全氮g/kg	碱解氮mg/kg	全磷g/kg	有效磷mg/kg	缓效钾mg/kg	速效钾mg/kg	有效铁mg/kg	有效锰mg/kg	有效铜mg/kg	有效锌mg/kg
阜平镇	7.23	21.6	1.32	80.2	13.5	21.6	387	63.4	15.52	11.7	2.16	1.61
王林口	7.36	20.7	1.19	72.1	8.1	13.1	359	57	13.05	9.08	1.3	0.67
平阳	6.94	20.2	1.25	75	11.1	17.4	513	81.4	10.13	9.62	1.41	1.16
台峪	6.9	21.7	1.53	72.8	13.0	20.7	369	59.6	14.77	9.59	2.81	2.16
大台	7.18	23.5	1.38	82.5	10.5	16.1	377	59	16.62	12.1	1.44	1.06
史家寨	7.25	20.8	1.27	80.3	9.9	16	384	59.7	20.89	14.68	1.61	1.09
砂窝	7.05	23	1.39	77.5	17.1	25.8	507	79.2	17.08	13.77	1.66	1.29
吴王口	7.02	22.2	1.24	69.6	13.5	20.4	561	87.5	15.36	9.32	1.9	1.51
龙泉关	7.3	22.9	1.51	86.1	16.9	29.2	629	101.1	19.23	13.45	1.52	1.59
天生桥	7.29	23.1	1.38	61	19.2	35.2	399	62.3	22.91	15.1	1.92	1.57
城南庄	7.11	22.7	1.35	43.5	16.4	27.8	473	73.9	22.54	14.19	2.58	1.9
北果园	7.3	18.5	1.24	37.4	7.4	11.9	456	71.2	13.33	12.45	1.58	1.07
夏庄	6.91	26.9	1.42	41.6	19.8	33.1	397	61.1	25.42	13.28	1.53	1.63
全县	7.26	21.9	1.27	68.2	13.6	22.4	447	70.9	17.13	12.29	1.85	1.43

2010年阜平全县土壤肥力同1983年相比有机质增加19.479克/千克，缓解氮减少38.36毫克/千克，有效磷增加20.82克/千克，速效钾减少4.18毫克/千克。

第五节　野生动植物

一、野生植物

由于阜平县处于山前条件，呈圈椅状分布，属暖温带夏绿针阔叶混交林地带、华北植物区系—半干旱生森林丛草原植被区系，据调查阜平县共有陆生高等植物685种，隶属于122科348属，另有亚种2种、变种28种、变形1种。其中苔藓植物26科、44属、78种、另有1变种。占高等植物总数的11%。裸子植物共计2科3属3种，占区域高等植物的0.4%。被子植物共计82科288属580种另有2种亚种、26种变种和1种变形，占区域高等植物的85.1%。银河山省级自然保护区内植被类型主要有寒温性针叶林、温性针叶林、落叶阔叶林、山地桦杨林、落叶阔叶丛、草地和亚高山草甸等。被分为6个植被系和30个群系。辖区内森林植被垂直带普为太行山脉最具代表性的地段。

核桃楸

辖区内有国际重点保护蓝科植物有大花杓兰、手参、北方鸟巢兰、二叶舌唇兰和绶草等5种；国家Ⅲ级保护植物2种，即核桃楸和刺五加。省重点保护植物11种，其中Ⅱ级保护植物3种：穿山薯蓣、软枣猕猴桃和迎红杜鹃；Ⅲ级保护植物8种：有大叶藓、蕨、党参、桔梗、锦带花、无梗五加、鹿蹄草和罗布麻。

县内木本及草本植物百种以上，呈垂直分布；杨、柳、榆、槐、楸、椿、桐及各种果树和灌木（如荆条、酸枣等）多在海拔700米以下；松、胡枝子等在700～1000米之间；1000米以上有少量白桦树、山杨、杂木及六道木、毛榛、苔草等灌木丛分布。因自然环境条件不同、植被分布呈现区域差异。

神仙山原始次森林

中部山区植被以半旱生、旱生草本植物和小灌木为主，植物组成比较单纯，天然乔木树种较少。植被覆盖率50%～70%。中部山区分布有集中连片的杨树、刺槐、柳树、榆树、黑枣、梨、苹果、柏树、油松、柿、李、杏、桃、枣树等人工林。

西北部山区植被呈现由低到高的垂直分布状，海拔700米以下的主要是草本植物群落；700米以上的是以灌木和乔木为主的灌丛型群落，植被覆盖率80%以上，属天然混交林区。西北部山区有受国家保护的植物核桃楸、银杏、刺五加、翠柏、水杉、紫薇等，分布有集中连片的刺槐、柏树、油松、红果、核桃等人工林，柞树、山杨、桦树、椴树、栎树、白蜡、黄榆、山柳、五角枫、鹅尔枥、核桃楸等天然混交林。

东南部浅山区植被以禾本科植物为主和连片的人工乔木林及果树等。有杨树、柳树、榆树、柏树、刺槐、楸树、桐树、柿子树、苹果树、梨树、杏树、桃树、李子树、红果树、枣树等。

四旁植树主要有乔木树种、经济林树种和乔灌木为主的绿化苗木等。有刺槐、杨树、柳树、榆树、臭椿、香椿、桧柏、国槐等乔木树种，有枣树、柿子、苹果、李、梨、红果、桃、杏、葡萄、核桃、板栗、花椒等经济树种，有银杏、白皮松、华山松、法桐、白蜡、合欢、栾树、沙地柏等绿化苗木。

全县灌木林地94227公顷。

中部山区植被以半旱生、旱生的小灌木为主，主要有灌木草丛类、包括白羊草组、白羊草加蒿类型和白羊草加醋柳型；灌木草地类包括胡枝子组、醋柳加荆条组，主要有荆条、胡枝子、酸枣、蚂蚱腿子、芫蒿、山皂角、紫穗槐等。中部山区广泛分布着白羊草、黄青草、黄背草为建群种的草本植物群落，伴生有野古草、隐子草、委陵草、狗尾草、营草、水苞草、枪杆草等。

西北部山区主要有醋柳加杜角组、胡榛子组、醋柳加荆条组、白羊草加醋柳型，有荆条、黄栌、胡榛子、山皂角，绣绒菊、葛条、蚂蚱腿子、山桃树、六道木、杜鹃等。有白羊草、黄背草、唐松草、被针叶苔、山坡青、山丹丹、荩草，还有知母、地榆、丹参、党参、苦参、荆芥、苍耳、蒲公英、艾、金莲花、山大麻、仙人头、菊花、花地丁、葛花、白茅根，沙参、白头翁、柴胡、黄芩、桔梗、天门冬、苔参等药用植物。

东南部浅山区灌木植被有酸枣、荆条、小花胡枝子、紫穗槐等。主要有白草、红草、黄背草、黄青草、白羊草、菅草、水苞草、无芝雀麦草、枪杆草、马背草、虎尾草、狗尾草、苦菊花、车前子、打碗花、大蓟、小蓟、苍耳、蒺藜、蒿类等植物、低洼地生长有喜湿性禾本科和莎草科植物三棱草、芦苇、莎草、水芹、苔草、节节草等。

（一）灌木分布

阜平县灌本种类繁多，分部最广的是荆子，夏季开花，荆花是很好的蜜源。

阜平县各类灌木分布一览表

表 1-2-9

名称	本地名称	分布地区	性质
荆子	荆梢	全县	耐旱、适应性强
酸枣树	圪针	全县	有刺、耐旱、果肉可食、仁入药
映山红	万荆	西部山区	春天开花
降龙木	六道木	西部山区	—
—	杭芽	西部山区	—
—	红坡蘖	西部山区	—
—	白坡蘖	西部山区	—
臭荆芥	—	西部山区	不同于荆芥
抗杜叶	和尚头	寿长寺	果可食
榛子	胡榛	寿长寺	果可食
香檀木	—	西部山区	—

（二）乔木分布

阜平县的乔木，多属于亚热带树种，有杨树、柳树、椿树、榆树等。西北部山区树种有松树、柞树、桦树等。

阜平县各类乔木分布一览表

表 1-2-10

名称	本地名称	分布地区	性质
刺五加	—	西部山区	国家Ⅲ级保护植物
柏树	—	全县	木质硬、耐腐蚀、生长慢，适宜做寿材
云杉树	芊树	西部山区	木质较松、生长快
楸树	野核桃	全县	木质好、生长较慢，适宜做寿材
臭椿树	—	全县	木质好、生长较快，适宜做家具
柞树	菜树	西部山区	木质好、生长慢
白桦树	—	西部山区	木质好、生长慢
红桦树	—	西部山区	木质好、生长慢
桑树	—	全县	近似灌木

续表 1-2-10

名称	本地名称	分布地区	性质
野柳树	—	西部山区	木质好、生长较慢
椴树	—	西部山区	木质好、生长较慢
枫叶树	色树	西部山区	木质好、生长较慢

（三）果树分布

阜平县的果树，东南部以枣树为主，西北部以核桃树为主。

阜平县各类果树一览表

表 1-2-11

名称	本地名称	分布地区	性质
核桃楸	山核桃、楸子	西部山区	国家Ⅲ级保护植物
山核桃	—	西部山区	个大、花纹美、供观赏玩耍
楸子	野核桃	西部山区	个小、肉少、可榨油、做嫁接母本
毛桃	—	全县	最早的桃种、桃小、肉薄
柿子	笨柿	全县	个大、
黑枣	—	全县	树大、品质一般
杏	羊粪杏	全县	个小、品质一般
板栗	栗子	西部山区	—
石榴	—	全县	有甜酸两种

（四）花卉分布

阜平县的花卉品种多，主要有杜鹃、牡丹、芍药、碧桃、紫荆、紫薇（百日红）等。

阜平县各类野生花卉一览表

表 1-2-12

名称	本地名称	产地	特点
大花杓兰	—	西部山区	国家重点保护蓝科植物
手参	—	西部山区	国家重点保护蓝科植物
北方鸟巢兰	—	西部山区	国家重点保护蓝科植物
二叶舌唇兰	—	西部山区	国家重点保护蓝科植物
绶草	—	西部山区	国家重点保护蓝科植物
穿山薯蓣	—	西部山区	河北省Ⅱ级保护植物
软枣猕猴桃	—	西部山区	河北省Ⅱ级保护植物
迎红杜鹃	—	西部山区	河北省Ⅱ级保护植物

续表 1-2-12

名称	本地名称	产地	特点
大叶藓	—	西部山区	河北省Ⅲ级保护植物
蕨	—	西部山区	河北省Ⅲ级保护植物
党参	—	西部山区	河北省Ⅲ级保护植物
桔梗	—	西部山区	河北省Ⅲ级保护植物
锦带花	—	西部山区	河北省Ⅲ级保护植物
无梗五加	—	西部山区	河北省Ⅲ级保护植物
鹿蹄草	—	西部山区	河北省Ⅲ级保护植物
罗布麻	—	西部山区	河北省Ⅲ级保护植物
野玫瑰	油瓶花	西北部山区	野生
野菊花	—	全县	多为黄色、秋天开花
菊花	—	全县	夏秋开花、红白黄色皆有
—	大脖花	全县	夏秋开花、红白黄色皆有
串红	—	全县	红色
百合	卷丹	中西部山区	花红色，根可食
山丹花	—	中西部山区	野生、花红色
映山红、杜鹃	万荆花	西北部山区	野生、春天开花、粉红色
—	绒花	全县	夏秋开花、花期达两个月

野菊花

野山花

山丹花

（五）可食用的野菜分布

阜平县山深林密，野生植物繁多。野生可食用野菜品种较多，全部属草本类科属。蕨菜、苣苣菜、毛邓蓝、鸡苗芽、田锯等主要分布在西部深山区。其他则分布在全县各地。

阜平县各类可食用野菜分布一览表

表 1-2-13

名称	本地名称	产地	食用部位	食用方法	毒性
蕨菜	—	寿长寺	嫩枝叶	生熟皆可	无
车前子	猪耳朵	全县	叶	煮熟清泡	微
地黄	—	全县	叶	煮熟清泡	微
马齿苋	马齿菜	全县	嫩枝、嫩叶	生熟皆可	无
茵陈	蒿蒿头	全县	嫩叶	熟吃	无
野葱	小蒜	西部山区	嫩叶	熟吃	微
—	妈妈奶	西部山区	嫩芽	生熟皆可	微
榆钱	—	全县	嫩果	熟食	无
灰菜	老绿	全县	嫩枝叶	熟食	微
五加皮叶	—	西部山区	叶	煮熟清泡	毒
香椿	—	全县	嫩叶	生熟皆可	无
—	人青苗	全县	嫩枝叶	熟食	无
—	钜钜菜	寿长寺	嫩叶	熟食	无
野豆苗	—	寿长寺	嫩叶	熟食	无
山韭菜	—	西部山区	嫩叶	熟食	无
—	毛邓蓝	寿长寺	嫩枝叶	熟食	无
—	鸡苗芽	寿长寺	嫩枝叶	生熟皆可	无
—	石鸡菜	西部山区	嫩枝叶	熟食	无
田锯	—	寿长寺	嫩枝叶	熟食	无
苦菜	田鸡菜	全县	叶	熟食	无

（六）主要药材分布

阜平药材品种多，数量广，是保定市中药材重要集散地。远志、柴胡，黄芩、黄金茶、大黄等品种多而质量上乘。

阜平县各类野生药材一览表

表 1-2-14

药材名称	产区	药材名称	产区
薄荷	全县	豆瓣草	龙泉关

续表 1-2-14

药材名称	产区	药材名称	产区
黑柴胡	全县	巨麦	全县
丹参	西部山区	无参	龙泉关
远志	全县	百合	全县
大黄	全县	紫苑	寿长寺
酸枣仁	全县	白薇	龙泉关
枣树皮	全县	艮子胡	全县
大蓟	全县	生地	全县
小蓟	全县	杓兰	龙泉关
黄芪	全县	紫苜蓿根	史家寨
木夕	西部山区	迎春花	城南庄
白芍	东部	黄柏	龙泉关
连壳	西部山区	桃仁	全县
白头翁	全县	青木香	全县
瓜子参	龙泉关	金莲花	龙泉关
黄芩	全县	艾叶	全县
天胡麻	龙泉关	红旱莲	龙泉关
松塔	龙泉关	爬山虎	城南庄
天仙子	龙泉关	丹参	全县
元胡	大台	车前	全县
党参	寿长寺	猪苓	寿长寺
款冬	龙泉关	穿地龙	西部山区
茯苓	龙泉关	茵陈	全县
桑皮	全县	天南星	西部山区
血见愁	全县	土元	全县
益母草	全县	何首乌	寿长寺
苍术	寿长寺	白花菜籽	下庄
驴蹄草叶	龙泉关	连钱草	大台
玉竹	寿长寺	蒿苯	西部山区
麻黄根	全县	全蝎	西部山区
铃兰	龙泉关	山桃仁	吴王口
地柏枝	全县	蛇床子	西部山区

续表 1-2-14

药材名称	产区	药材名称	产区
虎耳草	寿长寺	瓜蒌	全县
慈菇	王林口	瓦松	全县
白玉簪	城南庄	透骨草	西部山区
野芝麻	西部山区	红斑蝥	全县
樱桃核	台峪	鳖甲	全县
赤小豆	全县	桔梗	西部山区
苏子	全县	升麻	西部山区
山楂	全县	防风	西部山区
山刺玫果	龙泉关	葛根	西部山区
知母	西部山区	贯众	西部山区
半夏	全县	地龙	全县
蒜瓣草	台峪	蒲公英	全县
雪白	神仙山	土龙骨	全县
芦根	北果园	山豆跟	全县
龙胆草	龙泉关	白茅根	全县
赤勺根	龙泉关	苍耳子	全县
沙参	全县	苦丁香	全县
山药	城南庄	—	—
白山菊	寿长寺	—	—
蝉蜕	全县	四眼参	西部山区
白丁香	全县	藜卢	西部山区
山大麻叶	西部山区	老虎爪	葛家台
菊花	全县	露蜂房	全县
荆芥穗	西部山区	野籽麻花	西部山区
地榆	全县	地丁	全县

（七）真菌、蘑菇分布

阜平县的野生蘑菇在全县大部分乡村都有分布。春季主要有杏树蘑菇、羊肚蘑菇等，秋季主要有草蘑菇、松树蘑菇、马皮泡蘑菇等，其中以营盘蘑菇品质最佳。

阜平县野生真菌、蘑菇一览表

表 1-2-15

名称	产地	采摘季节	毒性
羊眼蘑菇	寿长寺	秋	无
营盘蘑菇	寿长寺、夏庄	秋	无
喇叭头蘑菇	寿长寺	秋	有毒
杨蘑菇	全县	春、夏、秋	无
松蘑菇	西部山区	夏、秋	无
马勃（马皮泡）	西部山区	夏、秋	无
羊肚蘑菇	全县	夏、秋	无
地皮菜蘑菇	全县	夏、秋	无
猴头蘑	西部山区	夏、秋	无
黑木耳	西部山区	夏、秋	无
长腿蘑菇	寿长寺	秋	无

二、野生动物

（一）兽类和小动物

阜平县的野兽主要分布在西北部山区，主要有野山羊、狍子、野猪等。

阜平县野生兽类和野生小动物一览表

表 1-2-16

名称	本地名称	分布地区	特性
野猪	—	西部深山区	流动性大，对粮食作物糟害严重
野山羊	—	西部山区	已很少
狍子	—	西部山区	—
野兔	—	全县	很多，尤其是对蔬菜、黄豆苗等糟害严重
狗獾	—	中西部山区	数量较大，对粮食作物，尤其是玉米糟害严重
猪獾	—	西北部山区	数量较大，对粮食作物，尤其是玉米糟害严重
刺猬	刺刺猬	中东部	—
松鼠	各翎鼠	中西北部山区	—
田鼠	—	全县	80 年代曾经成灾，主要活动在田间
老鼠	耗子	全县	80 年代曾经成灾

续表 1-2-16

名称	本地名称	分布地区	特性
黄鼠狼	黄鼬	全县	—
蚂蚁	—	全县	随处皆是，品种多
红蚂蚁	—	寿长寺	有半寸长，可食蛇
蝙蝠	圆蝙虎	全县	栖息在山间或房间缝隙，夜出觅食
蜥蜴	—	全县	—
壁虎	—	中东部	食蚊蝇为主
鼹鼠	滚地猪	全县	地下
蚯蚓	蛐蟮	全县	地下
蜗牛	田螺	全县	可食用
蚂蚱	—	全县	品种多、可食用

（二）禽类

阜平县的家禽，由于自然环境的影响，野生禽类正在逐步减少，如野山雀、猫头鹰、鹞子、候鸟燕子、黄鹂已很少见。同时也有一些不知名的野生禽类飞入。

野生禽类分一览表

表 1-2-17

名称	本地名称	分布地区	特性
野鸡	—	全县	冬春群居、夏秋分开
野鸽	—	全县	群居、灰色、白色
乌鸦	—	全县	—
喜鹊	山家雀	全县	群居
山喜鹊	三马锥	西部山区	群居
麻雀	家雀	全县	栖息在人居的地方、数量已很少
山雀	—	西部山区	栖息在山间、已绝种
鹞子	—	全县	食肉
猫头鹰	猫信虎	西部山区	栖息在山崖上、食肉、将绝种、夜间觅食
—	呱呱鼬	西部山区	样子似猫头鹰、有鸽子大小、食肉、夜间觅食
燕子	—	全县	候鸟
黎鸡	—	全县	候鸟
—	野斑鸠	全县	灰色、腋下有白斑、21 世纪初传入
—	咯咕嘎咕	全县	全身红绿黄色、多在森林深处、昼夜鸣叫、21 世纪初传入、以叫声为名

续表 1-2-17

名称	本地名称	分布地区	特性
布谷鸟	冈道虫	西部山区	—
石鸡	半各答	西部山区	群居
啄木鸟	凿树虫	全县	—
黄鹂	黄娄	全县	候鸟，已很少
—	风葫芦	西部山区	将近绝种

（三）两栖动物

阜平县两栖动物分布广，以西部山区为多。吴王口乡寿长寺一带剧毒蛇种类多。草上飞、火罐为全国稀有毒蛇种，一种蛇叫“蹦虫”，无尾，两端长头，行走时蹦着走，有剧毒。

阜平县野生两栖动物一览表

表 1-2-18

名称	本地名称	分布地区	特性
水蛇	—	全县	绿色有红色条纹、无毒
—	笛儿	西北部山区	有红黑黄条纹、似竹笛、剧毒
—	箭杆	西北部山区	灰色、背有条白线、细长、行走快、有毒
—	毒虫	西北部山区	白灰色、无尾、剧毒
菜花蛇	—	西北部山区	绿色有红色条纹、有毒
—	火罐	西北部山区	红色有小黑点、剧毒
黑蟾蜍	疥蛤蟆	全县	黑色、身上有毒瘤
黄蟾蜍	疥蛤蟆	全县	黄色、身上有毒瘤
绿青蛙	青皮蛤蟆	全县	绿色有白色条纹
青蛙	蛤蟆	全县	体形较小、灰色
鳖	—	全县	—
乌龟	王八	全县	—
大鲵	娃娃鱼	海沿水库	颜色棕色偏黑，长约 60 厘米，体重 3 公斤

（四）鱼类

阜平县本来水产鱼品种较多，有鲤鱼、鲩鱼、草鱼、泥鳅等。但由于地表水水源减少，以及水质被污染，致使一些自然水产类濒临灭绝，如鲤鱼、鲢鱼等。而鲇鱼、黄鱼、草鱼、白条鱼等却繁殖迅速，成为沙河系中强壮的鱼群。

阜平县各类水产鱼类一览表

表 1-2-19

名称	本地名称	分布地区	特性
鲤鱼	—	全县	—
鲇鱼	鳗鱼	沙河流域	—
草鱼	—	所有河流	无鳞
泥鳅	沙里滚	所有河流	—
鲫鱼	—	所有河流	20 世纪 70 年代后传入
三杆枪鱼	—	所有河流	胸部有三根尖刺、肉鲜嫩
黄鱼	—	所有河流	肉鲜嫩
—	爬鱼	寿长寺	体小、爬在水底
河螺	河拉锥	中东部河流	有核桃大小
小河螺	—	所有河流	体小
水蛭	—	西部河流	—

第六节　自然资源

一、土地资源

2010 年全县土地面积 3740954.2 亩，耕地面积 218819.4 亩，人均土地面积 18.12 亩，人均耕地 0.8 亩。人均土地面积多，人均耕地面积少。耕地占全县土地面积 4.43%；林地面积 696697.5 亩，占全县土地面积的 18.87%；草地面积 286586.85 亩，占全县土地面积的 18.87%；城镇村及工矿用地 83354.1 亩，占全县土地面积的 1.03%；交通用地 27008.4 亩，占全县土地面积的 0.19%；水域 90027.6 亩，占全县土地面积的 2.08%；其他土地 2304039.15 亩，占全县土地面积的 72.09%。耕地和居民点用地集中分布在山谷盆地，林、园及未利用土地主要分布在山区。

土地类型比较齐全，有一级地类 18 个，二级地类 57 个。

土地资源开发利用区域差异明显。受地形地貌类型和光、热、水等自然条件和气候水文条件的影响，是土地开发利用方式空间和垂直差异明显。高中山区可发展防护林和用材林；中低山区可发展经济林和果园；山间盆地和谷地区可发展粮油菜生产基地，并可形成错季蔬菜生产基地，山区矿藏储藏区可发展工矿开发区；从而形成区域差异明显为特征的土地利用方式。

农用土地通过土地整理、改善灌溉条件和改良土壤等措施，能提高其土地利用率和生产率，发挥其土地生产潜力。现状耕地中，中高产田（亩产 200 公斤以上）占 58.02%，低产田占 41.98%，通过上述措施分别能改造成高产田和中高产田。现状园地和林地分别有 30.05% 和 61.04% 为低产园林，通过上述措施均能改造成中高产园林。

全县未利用土地 2304039.15 亩，后备土地资源丰富。据土地适宜性评价结果，目前条件下可开发利用的面积 295099.5 亩，其中可开发成耕地 22999.5 亩，可开发成林地 181999.5 亩，可开发成牧草地 85000.5 亩。另外，全县滩涂中有 3000 亩可开发成耕地。

二、矿产资源

（一）种类

阜平县矿产资源种类多，储量丰富，全县已发现各类矿种33种，开发利用21种，其中有储量（不同级别）的17种，包括能源种矿1种，黑色金属矿产1种，有色金属矿产3种，贵金属矿产2种，化工原料非金属矿产1种，建材及其他非金属矿产8种，矿泉水1种。有探明储量的4种。6种矿产储量名列保定市第一，其中饰面石材用花岗岩占98%，优质无烟煤在保定市独此一处，储量占保定市储量的2%，硫铁储量占保定市98%，医疗型温泉在保定市内太行山区绝无仅有。有一定资源潜力的还有黄金、铁矿等。

2010年，全县有采矿证97个（花岗岩矿70个，长石矿19个，煤矿1个，金矿1个，铁矿1个，铁金属矿1个，石灰岩矿4个）；勘查证28个（磁铁矿15个，赤铁矿1个，多金属矿2个，金矿10个）。

（二）分布

现有勘探资料载明，全县有矿种12种，70多个矿点，明显特点是品种多、储量少。

煤：产于大台乡炭灰铺村。煤层二至三层，俗称上节煤与下节煤。其中下节煤的主要煤层，平均层厚为1.5～2.2米，储量约300万吨。上节煤分为6.89%～8.94%，挥发分为5.6%～4.89%，固定炭为48.25%～46.54%，煤质油性大，耐力大，燃烧力高，无烟煤。

石灰石：主要产于大台乡金龙洞和吴王口乡桃园坪，总储量在2亿吨以上。金龙洞矿体长3560多米，宽230多米，桃园坪矿体长500多米，宽80多米。

云母：产于砂窝乡板玉口和吴王口乡大地沟，矿产脉有600多条，长13.86万多米，品位为10公斤/立方米。

蛭石：主要分布于阜平镇、王林口乡、北果园乡等乡镇，总储量1000多万吨。

大理石：分布于城南庄镇、夏庄乡、大台乡、砂窝乡、北果园乡等乡镇。品种有橘红、橘黄、桃红、墨玉、豆白、紫豆瓣等13个花色品种，矿石总储量1亿立方米。

石英石、长石、方介石。分布面积较广，没有大型矿体，均属零星矿脉，主要产于台峪乡、砂窝乡、大台乡、阜平镇、城南庄镇、王林口乡、北果园乡等7个乡镇。

金：矿脉298条，较好的7条。金矿石平均品位9.89克/吨，最高达40克/吨。

花岗岩：有中国黑（也叫阜平黑）、黑白点、散花、万年青、雪花呢等10余种。主要分布在砂窝乡、吴王口乡、阜平镇、城南庄镇、夏庄乡、北果园乡、龙泉关镇，总储量约3.5亿立方米。

三、水资源

地表水量包括县境降水量所产生的径流及沙河由上游境外流入的客水量两部分组成。

降水量：1996—2010年平均降水量为635毫米，降水量最多的1996年798毫米，降水最少的1997年只有398.7毫米。平均年径流量5.72亿立方米，只有231.3毫米产生径流，仅占35%，其他补给了地下水或者蒸发掉，径流系数为0.28。

客水量：沙河由山西流入阜平的客水量，按阜上外区计算，1231平方公里面积上产生的径流量为1.924亿立方米。1996—2010年平均地表水径流量4.6726亿立方米。地下水资源量1.5932亿立方米，水资源总量4.8927亿立方米。不同保证率水资源总量分别为1.2234亿立方米（20%），3.5867亿立方米（50%），2.0597亿立方米（75%），1.2901亿立方米（95%）。不同保证率年径流量分别为7.0033亿立方米（20%），3.3666亿立方米（50%），1.8396亿立方米（75%），1.0701亿立方米（95%）。地下水资源模数为6.45万立方米/平方公里。

水质：全县地下水酸碱度为7.6～7.72，呈弱碱性。水质类型吴王口、大台2个乡多为重碳酸钙镁型，城南庄镇为重碳酸钙钠型。其他各乡镇均为重碳酸钙型。砂窝、龙泉关、台峪、阜平镇、史家寨、城南庄、夏庄、天生桥8个乡镇的水总硬度为2.13～2.82毫克/升，为软水，其余地区都是微硬水。

阜平县的优质矿泉水现探明的有10余种。已开发十多处，有神仙山山泉、花瓣山泉、阜平山泉、马刨泉山泉等。

第七节 自然灾害

一、气象灾害

洪涝灾害 水灾是影响阜平农业生产的主要灾害之一。1996年8月阜平遭受强降雨一周，持续降雨近20多天，发生了自1963年以后最严重的洪涝灾害。基础设施损坏严重，交通中断，冲毁道路400多公里，桥涵140处；损坏通讯、电力线杆120根，线路460处；倒塌民房2800间，损坏3.8万间；造成全县7人死亡，7人重伤。县城断水断电两昼夜。林果业方面，冲毁树木21万株。阜平主要特产红枣，受阴雨天气影响腐烂减产70%，枣农损失7500万元。畜牧水产业方面，伤亡畜禽5.4万头（只），冲毁鱼池30亩，王快水库内400箱网箱养鱼全部被洪水呛死，损失1400万元。冲毁耕地1.5万亩，农作物受害面积9.1万亩，占全县耕地的64%，粮食减产1330万公斤。全县因灾造成经济损失3.08亿元。2008年7月10日晚20时至21时30分，阜平县遭遇雷雨、大风、冰雹、短时强降水，其中北果园区域自动气象站显示1.5小时降水量50毫米，史家寨32.2毫米。此次降

洪水冲毁道路、桥梁

水，时间短、强度大，分布不均匀，并伴有大风、冰雹等强对流天气。灾情涉及北果园、王林口、史家寨、台峪、阜平镇5个乡镇，40个行政村151个自然村，受灾人口31170人；农作物成灾面积430公顷，绝收面积100公顷；刮到树木4980余棵，枣树受灾面积7000余亩；损坏房屋275间；损坏鼋鱼大棚60个，造成直接经济损失585万元。2008年8月8日，城南庄镇后庄村出现短时强降雨，突发洪水，冲毁桥梁一座，冲毁汽车一辆，3名农民被洪水冲走死亡。9月城南庄镇大岸底行政村，特别是坊子自然村突遇大风冰雹袭击，风大、冰雹个大密集，将该村500多亩大秋作物全部砸毁，近乎绝产。农民种植的白菜无一幸免，强大的风力将该村80%的大小树木刮倒。冰雹还将4家15间房屋砸坏。

2008年局部暴雨造成城南庄镇、北果园乡

洪水冲毁道路、桥梁

台峪乡台峪村风雹灾害现场

2008年8月8日后庄村洪水冲毁汽车

等7个乡镇严重受灾，受灾人口5.51万人，倒塌房屋8间，直接经济损失5575万元。其中：农作物受灾面积699亩，成灾面积630亩，绝收面积547.5亩。水产养殖损失面积578亩。损毁公路路基78.5公里，损坏输电线路31.2公里，损坏通信线路1.8公里，损坏堤坝10处4公里，损毁机井10眼。

大沙河干旱断流（2010年吴王口段）

2010年5月后持续干旱，大沙河、平阳河、板峪河、鹞子河、胭脂河5条主要河流断流。其他支流几乎全部干涸。11座小型水库水量减少，有的干枯，地下水位下降1～2米。出现长时间持续高温，7月29日达到39.2℃，全县600万株枣树落果，5330公顷农作物严重受灾。209个行政村中有60多个村缺水，2.1万人、300头大牲畜饮水困难。2010年7月31日下午14～16时，全县6个乡镇遭受暴雨、大风、冰雹灾害。涉及阜平镇、平阳镇、大台乡、王林口乡、北果园乡6个乡镇，51个行政村，受灾人口11900户49200人；农作物成灾面积992公顷。绝收面积133公顷。刮到成才树木2000余棵，损坏房屋9间，冲毁乡村道路2500余米；直接经济损失960万元。北果园乡的水泉、魏家峪、古洞、东下庄、小花沟村受灾最为严重。正值开花坐果的枣树被砸的叶花全无，7730亩农作物全部被砸毁。史家寨、大台、台峪、王林口四个乡的玉米被大风刮倒，受灾面积16695亩，直接经济损失900万元。

干旱灾害 2000年、2006年春旱严重。1999年、2000年、2001年、2006年、2010年伏旱、秋旱严重。

1997年，全县13万亩大秋作物受旱11万亩，粮食减产1130万公斤；林果减产900万公斤，农作物损失4000余万元；463个村饮水困难。也是阜平县发生的70年代以来最严重的干旱灾害。

风灾 风灾是阜平县主要气象灾害之一。本县大风灾害，一年四季均有发生，4月刮风次数最多（有气象观测史以来1958—2010年共发生230次），主要分为四个类型：（1）雷雨大风，主要出现在4月下旬到10月，以6、7月份为主。（2）寒潮大风多出现在秋末到冬春季节，一般由强冷空气自西北向南爆发引起，均为偏北风，大风持续时间长，风后降温显著。（3）偏南大风，主要发生在春季及夏初，而且多出现在午后。偏南大风有明显的季节特征，持续时间短，日变化强，往往会加剧农田干旱失墒。（4）偏东大风，主要发生在春秋季节，

阜平镇高阜口村风雹灾害造成的玉米倒伏

2007 年 6 月 27 日城南庄镇风灾

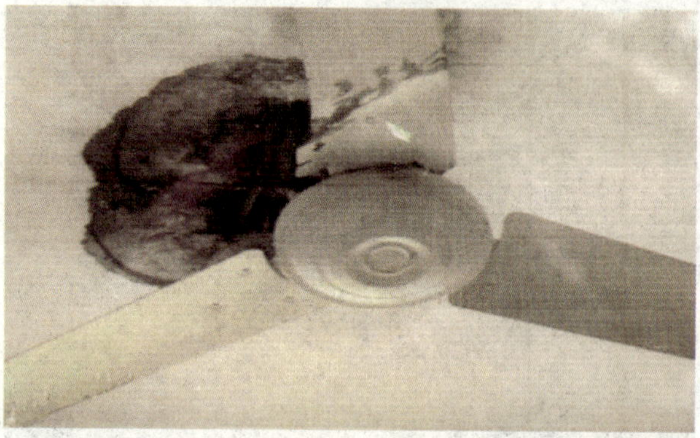

2008 年 7 月 27 日北果园乡抬头湾村雷灾

春秋大风一般与华北回流有关，有时会伴有降水出现。

2007 年 6 月 26 日夜间 12 时至次日 3 时，部分乡镇遭遇了雷雨、大风袭击。最大风力 12 级，3 小时降雨量达到 44.1 毫米，达到暴雨级别。灾害造成王林口乡部分村庄，北果园乡大部分村庄，城南庄镇部分村庄严重受灾。刮到树木 40480 棵；倒伏玉米 7125 亩，黄豆 510 亩；冰雹砸坏枣树 30000 棵，毁坏房屋 30 间；高压线路砸坏 50 多处，刮断、刮倒线杆 30 根

雷电灾害 2003 年 5 月 10 至 11 日，阜平县大派山发射台 MMDS 传输系统遭受雷击，损坏 300 瓦发射机一台和 MMDS 传输发射机 5 台，直接经济损失 12 万元。

2003 年 5 月 10 日，阜平镇柳树底行政村长兴底自然村，一村民被雷电击伤，房顶被击出一大洞，电表箱被击落，电线被烧毁，直接经济损失 5000 元。

2006 年 5 月 16 日王林口乡张家沟村雷灾

2003 年 5 月 23 日 12 时，天生桥镇罗家庄村芦家营自然村，两名学生遭受雷击一死一伤。

2003 年 6 月 7 日，雷电击中广播电视局院内移动通讯塔，击坏电视机 50 台，电话机 5 部，电冰箱 1 台，直接经济损失 5 万元。

2005 年 5 月 21 日下午 3 时，大台乡康尔沟村遭受雷击，20 多台电视机被击坏。

2006 年 5 月 16 日 18 时，王林口乡张家沟村遭受雷电袭击，击毁电话、电视、电冰箱 40 多台。同日，阜平镇海沿村击死奶牛 3 头。

2006 年 6 月 4 日下午，城南庄镇茶叶沟村遭雷击，击伤 4 人，其中女性村民郑建芳死亡。同日阜平镇海沿村击死奶牛 1 头。

2006 年 7 月 29 日晚 11 时至 30 日 1 时，大台乡东台行政村亭子沟自然村羊群被雷电击中，死 40 只。

2008 年 7 月 27 日，北果园乡抬头湾村一村民房顶被雷电击穿，2 人受伤，电视机被击毁。

二、地质灾害

1996 年龙泉关镇印钞石村郝守明家遭受泥石流袭击，冲毁水泥浇筑房 5 间，死亡 2 人。

2000 年县北沟、炭灰铺发生泥石流，水冲沙压耕地 0.3 万亩。

第二篇　人文环境

1996年改革开放持续深入，阜平各项事业逐步驶上经济发展的快车道。2005年后，全县居民收入和生活消费发生历史性变化。居民生活从初步温饱型向稳定解决温饱型转变。1996年全县在岗职工年平均工资4151元。农民人均纯收入858元，比1995年人均增加27元。与保定市农村人均纯收入2100元相差1242元，与河北省农村人均纯收入2055元相差1197元。2010年全县在岗职工年平均工资23372元。农民人均纯收入达到2460元，比2009年人均增加161元。与保定市农民人均纯收入5446元相差2986元，与河北省农村人均纯收入5958元相差3498元。15年中在岗职工年人均工资增长19221元，农民人均纯收入增长1602元。2010年比1996年在岗职工平均工资增加5.6倍。农民人均纯收入比1996年增加2.8倍。居民生活明显提高，部分居民已提前进入小康生活水平。

第一章　人口

1996年居民在生活水平提高的同时，人口也在不断增加。2010年全县总户数68658户，总人口218139人，户均3.22人。其中非农业人口32611人。人口总量较2000年第五次人口普查时增加13924人。在人口发展过程中，人口老龄化，人口性别比例失衡以及人口流动带来的空巢老人、留守儿童等问题显现，引起社会关注。

第一节　总量与分布

一、人口总量

1996年全县51899户、202000人。2000年11月1日0时（第五次全国人口普查），全县普查常住人口有58106户，204215人。同1990年7月1日0时全县第四次人口普查时的192490人相比，增加11725人，平均每年增加1173人，年平均增长率为7.25‰。2010年年底全县总人口有68658户，218139人。

1996—2010年阜平县人口状况统计表

表2-1-1

项目 年度	总户数	总人口	男性	女性	农业人口	非农业人口
1996	51899	202000	105040	96960	181313	20687
1997	51807	203000	103936	99064	179368	23632
1998	56889	204000	104448	99552	178852	25148
1999	58948	205648	105291	100357	178338	27310
2000	58706	204215	104801	99414	180015	24200
2001	60156	206152	105549	100603	180326	25826
2002	60729	207477	106213	101264	181141	26336
2003	63832	207936	106463	101473	182588	25348
2004	64980	209503	107265	102238	184059	25444
2005	65040	209868	107452	102416	185236	24632
2006	66639	212201	108557	103644	176230	35971
2007	67741	216819	111011	105808	182382	34437
2008	68347	218832	112041	106791	187557	31275
2009	68732	219945	112612	107333	187004	32941

续表 2-1-1

项目 年度	总户数	总人口	男性	女性	农业人口	非农业人口
2010	68658	218139	110943	107196	185528	32611

二、人口分布

全县人口分布在13个乡镇，209个行政村，1131个自然村。城镇人口大多数主要集中在县城和乡镇政府驻地。1996年全县人口密度为81人/平方公里，比全市平均水平低480多人。1996—2010年的15年间，由于经济条件改善、交通环境改变和城镇化步伐加快，乡镇人口变化明显，偏僻乡镇人口逐年减少，经济条件好、交通便利的乡镇、村人口逐年增多。1996年龙泉关镇人口密度为58.7人/平方公里，2010年为56.7人/平方公里。夏庄乡1996年人口密度为31.1人/平方公里，2010年人口密度为29.3人/平方公里。15年中两个乡镇下降2个百分点。因偏僻山村的农民外迁，打工人口和进城务工人口就学等人口的涌入，使阜平镇人口密度逐年加大。2000年该镇人口密度为180.1人/平方公里，是全县人口密度平均数2.2倍。2010年全县人口密度为88.5人/平方公里，比1996年每平方公里81人增加近8人，阜平镇为195.7人/平方公里。农村人口平均密度下降。

2000年居住城镇的人口26510人（居民户口），占总人口的12.8%，居住农村的人口180415人，占总人口的87.2%，同1990年第四次人口普查相比，城镇人口比重上升了5个百分点。

2010年第六次全国人口普查数据显示，居住城镇的人口为32611人（居民户口），占全县总人口的14.75%，比2000年的城镇人口增加11128人，居住乡村人口185528人，占全县总人口的85.25%，比2000年增加2796人。同2000年第五次人口普查相比，城镇人口比重上升4.23个百分点。

1996—2010年阜平县部分乡镇人口密度统计表

表 2-1-2

乡镇	年度	总人口	密度	乡镇	年度	总人口	密度
阜平镇	1996	31231	116.5	夏庄乡	1996	6279	39.8
	2000	48275	180.1		2000	6170	39.1
	2010	52444	195.7		2010	5941	37.7
城南庄镇	1996	21800	79.8	大台乡	1996	13328	79.3
	2000	21718	79.5		2000	12721	75.7
	2010	22579	82.7		2010	13094	77.9
龙泉关镇	1996	8604	57.3	史家寨乡	1996	9993	37.4
	2000	8148	54.3		2000	9574	35.8
	2010	8384	55.9		2010	9988	37.4
天生桥镇	1996	10330	63.5	台峪乡	1996	7854	66.6
	2000	10353	63.9		2000	8028	68
	2010	11096	68.5		2010	7790	66

续表 2-1-2

乡镇	年度	总人口	密度	乡镇	年度	总人口	密度
平阳镇	1996	23025	121.6	北果园乡	1996	21435	106.6
	2000	24424	128.9		2000	21657	107.7
	2010	25220	133.2		2010	23402	116.4
吴王口乡	1996	6811	29.7	王林口乡	1996	17344	103.2
	2000	6559	28.6		2000	17760	105.7
	2010	7049	30.7		2010	18785	111.8
砂窝乡	1996	11981	50.5				
	2000	11538	48.7				
	2010	12367	52.2				

第二节　人口构成

一、性别构成

1996年全县202000人，其中男性105040人，占52%，女性96960人，占48%。性别比为（女性为100对男性）108。

2000年全县总人口204215人（第五次全国人口普查数），其中男性104801人，占总人口的51.32%，女性为99414人，占总人口的48.68%，性别比为100：105。

2010年第六次全国人口普查，全县总人口218139人，其中男性110943人，占全县总人口的50.86%，女性107196人，占全县总人口的49.14%，性别比为100：103.7，比2000年下降了1.3个百分点。

二、年龄构成

1996—2010年，1～14岁人口比重逐年下降，65岁以上年龄人数有上升，劳动年龄人数高于非劳动年龄人数，婚育妇女人数所占比重较大。

2000年全县总人口中1～14岁人口45200人，占总人口21.84%，15～64岁的人口144604人，占总人口69.88%，65岁以上人口17121人，占总人口8.28%，同1990年第四次人口普查相比，1～14岁的人口比重下降3个百分点，65岁及以上人口比重有所上升。

2010年第六次全国人口普查，全县1～14岁人口为43635人，占全县总人口的21.1%，同第五次人口普查相比，1～14岁人口下降4558人，下降3.21个百分点。15～64岁人口为142707人，占全县总人口69.8%，65岁以上人口18957人，占全县总人口8.69%。2010年和1996年相比少年儿童所占比重下降，成年及老年所占比重上升，阜平县正步入老龄化社会（65岁以上人口超过7%）。

2010年阜平县人口年龄构成统计表

（第六次普查资料：常住人口）

表 2-1-3

年龄组	合计	占总人口（%）	男	占总人口（%）	女	占总人口（%）
1～14	43635	21.1	21939	10.06	21696	9.94
15～34	54562	26.7	26986	13.2	27576	13.5

续表 2-1-3

年龄组	合计	占总人口（%）	男	占总人口（%）	女	占总人口（%）
35～64	88145	43.1	45186	22.1	42959	21
65 岁以上	18957	8.7	9704	4.7	9253	4.5

三、职业构成

1996—2010 年，全县劳动力就业规模不断扩大，工业企业就业人数逐年下降，第三产业就业人数呈上升趋势。从事农、林、牧、渔业生产人数仍占最大比例。1996 年第一产业从业人员 55742 人，其中男 28428 人，女 27314 人，2010 年第一产业从业人员 38368 人，其中男 19567 人，女 18801 人。占总劳动力数的 45%。

（一）1996 年党政机关实有干部总数 1355 人，事业单位干部、职工 5195 人，其中财政全额拨款 2717 人，差额补贴 1082 人，经费自理的有 1396 人。2010 年全县党政机关有干部 1020 人，事业单位 4147 人，其中全额拨款 3019 人，差额补贴 613 人，经费自理 515 人。1996 年全县有各类企业 1112 个，职工 11549 人。其中国有企业 30 个，从业人员 2136 人，2000 年经贸局所属国有企业推行改制，企业实现自主经营、自负盈亏。2010 年拥有私营企业 1655 家，拥有员工 38368 人。

（二）建筑行业成为就业人数增长最快的行业。阜平县建筑行业以民营企业为主。1996 年全县从事建筑行业的 162 人，到 2010 年增加到 2860 人。

（三）第三产业的兴起使全县职业格局发生变化。1996 年全县从事第三产业人员 9531 人，占社会劳动人数的 11.2%，2010 年，全县商业、服务业网点发展到 2200 个，从业人员 12400 人，金融业也进入了一个新的发展时期，从业人员 638 人。

2010 年第三产业就业人数为 19987 人，占总劳动人数 23.5%，比 1996 年提高 12.3 个百分点。其中从事商业、服务业的有 12400 人，从事交通运输业的有 3692 人，从事餐饮服务业的有 1500 人。第三产业中从事批发、零售、餐饮服务业、交通运输业和金融成为从业人数最多的行业。

四、农业与非农业构成

1996 年全县 51899 户，202000 人，其中农业人口 181313 人，非农业人口 20687 人，非农业人口占总人口的比重为 10.2%。

2000 年全县 58706 户，206325 人，其中农业户口 49760 户，186415 人，非农业户口 5612 户，26510 人。非农业人口占全县总人口的 12.8%。

2010 年年底全县 61930 户，218139 人，其中农业户口 185528 人，非农业人口 32611 人，非农业人口占全县总人口的 14.9%。

阜平县农业与非农业人口统计表

表 2-1-4

年度	总人口	农业人口数量	比重 %	非农业人口数量	比重 %
1996	202000	181313	89.8	20687	10.2
2000	206925	186415	87.2	26510	12.8
2003	207936	182588	87.8	25348	12.2
2005	209868	185236	88.3	24632	11.7

续表 2-1-4

年度	总人口	农业人口数量	比重 %	非农业人口数量	比重 %
2007	216819	182382	84.1	34437	18.8
2010	218139	185528	85.1	32611	14.9

五、民族构成

2010年阜平县18个民族，汉族人口217970人，占全县总人口的99.9%。少数民族人口169人，占全县总人口的0.1%。同1990年第四次人口普查相比，汉族人口增加25649人，增长11.8%，少数民族人口增加145人。全县超过10人以上的少数民族有苗族、满族、蒙古族、彝族、壮族5个少数民族。其中苗族15人，占全县少数民族人数的8.88%，彝族19人，占全县少数民族总数的11.2%，满族39人，占全县少数民族总数的23.1%，蒙古族35人，占全县少数民族总数的20.7%，壮族18人，占全县少数民族总数的10.7%。

2010年阜平县民族人口统计表

（第六次人口普查资料）

表 2-1-5

民族	总人口	民族	总人口	民族	总人口
汉族	217970	藏族	1	壮族	18
蒙古族	35	苗族	15	布依族	4
回族	8	彝族	19	朝鲜族	6
满族	39	白族	1	黎族	2
侗族	2	土家族	6	傈僳族	9
瑶族	1	哈尼族	2	仫佬族	1

第三节　人口素质

一、身体素质

1996—2010年，改革开放不断深入，经济持续发展，人民群众生活水平逐年提高。医疗条件改善，居民身体素质明显增强。计划生育政策的贯彻，全县人口得到有效控制，广大妇女儿童健康水平得到提高，人平均寿命增长。

第五、第六两次全国人口普查数据显示老龄人口增加。2000年第五次人口普查时，全县65岁以上人口17121人，占全县总人口的8.28%，2010年第六次人口普查时全县65岁以上人口18957人，占全县总人口的8.69%，2010年比2000年老龄人口增加2164人，增长0.41个百分点。

长寿老人　城南庄镇花山村，是个“长寿村”，全村373口人，80岁以上老人17人，其中80～90岁老人10人，90岁以上老人7人。王有生（88岁）和李凤云（87岁）夫妇，年过八旬，身体健康。王永生老人已经90岁，生活能自理，自己做饭洗衣还开百货门市部。张冀新陈守荣夫妇，一个84岁，一个85岁。1948年毛主席在华山村居住时，张冀新受到过毛主席的亲切接见。说起毛主席接见时的情景，滔滔不绝，思维敏捷连一个细节都不会落下。

长寿老人简介

李玉荣，女，1904年生。阜平县天生桥镇

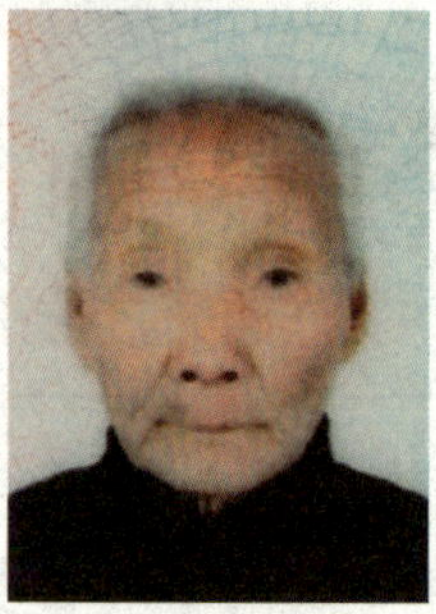

李玉荣老人

朱家营村朱家庵自然村人。李玉荣自幼生活艰苦，吃糠咽菜，晚年生活好转后仍坚持粗细搭配。从不挑食。自幼参加劳动，勤于家务，爱清洁，脾气随和、早睡早起、生活规律。90岁后仍眼不花、耳不聋，生活能够自理。2010年李玉荣老人已106岁。

高国忠老人

高国忠（1893—1999），女，享年106岁。高国忠王林口镇西王林口村人，结婚到阜平镇西沟村，生育4个儿子，两个女儿，1994年是阜平县唯一百岁老人。老人一生性格开朗、喜好娱乐。幼年以吃糠咽菜、玉米面、红薯面等粗茶淡饭。老人一生勤俭持家，经常参加劳动，喜欢锻炼身体，早睡早起，生活有规律。老人去世前，每年重阳节时，时任阜平县委书记周国庆，副县长周怀军都登门看望慰问。问及老人长寿秘诀时，老人说我的长寿秘籍就是性格开朗、活泼好动，经常参加劳动，孩子们孝顺、家庭和睦，不生气。高国忠老人的儿女们也都健康长寿。4个儿子老大享年96岁，老三享年86岁，老四80岁仍健在。女儿老大85岁仍健在。

县委书记、副县长看望高国忠老人

高国红老人

高国红（1907—2003），女，享年96岁。系高国忠老人二妹，出生于阜平县王林口镇西王林口村，结婚到阜平镇柳峪村。自幼饱经生活磨难，常年以粗粮为主，改革开放后生活好转，仍坚持粗细搭配。常年坚持早睡早起，生活有规律。老人一生乐观开朗。是当地人们公认的大好人。

耿月英老人

耿月英，女，1915年生于吴王口乡桃园坪村。17岁嫁与吴王口乡岭东村贾九恒（1915—2008，享年93岁）为妻。1938年加入中国共产党，战争年代曾组织妇救会，是踊跃支前的老共产党员。老人一生生活艰辛。幼年随父母为富人家种田、做饭、缝衣服、看孩子。成家后为家庭辛勤劳作。起五更，睡半夜，家里家外忙个不停。生活中她非常节俭，好吃好穿给男人和孩子们用，自已则吃剩饭、穿旧衣，这种习惯一直保持到晚年。她为人大度热情，对人宽容、脾气随和。结婚80多年在岭东村从未和人吵过架、生过气，是全村公认的老好人。2010年老人已95岁。

耿月英老人和老伴合影

童喜阁，男，1918年生，阜平县龙泉关镇龙宿庵村人。当地空气新鲜，水质甘甜，山高沟深，气候凉爽，蔬菜、农产品无污染，老人一生以家常饭为主，从不挑食。常年参加生产劳动，脾气随和，自幼养成早睡早起，生活规律的良好习惯。2010年老人已92岁。

郝文义老人

郝文义（1917—2009），女，享年93岁。王林口乡神台村人，嫁到大台乡康家沟村。老人一生参加劳动，性格开朗，吃饭幼年以糠菜、粗粮为主，生活好转后粗细搭配，养成早睡早起，生活有规律的良好习惯。家庭和睦，儿孙孝敬，生活顺心。

辛相荣（1917—2009），女，享年93岁。生于大台乡坊里村，嫁到大台乡康家沟村。老人性格开朗，吃饭不挑食，早睡早起，生活有规律，家庭和睦，儿孙孝敬，生活开心。

辛相荣老人

新生儿死亡率降低 1996年全县出生婴儿1909人，年自然增长率4.95‰；2000年全县出生婴儿2299人，年自然增长率4.72‰；2010年全县出生婴儿1934人，年自然增长率4.31‰。新生儿死亡率下降到1%以下。

居民平均寿命延长 至2010年年底全县61～89岁老人32168人，比2000年第五次人口普查时增加3241人，90岁以上老人326人。

2010年阜平县（六普）60岁以上人口统计表

表2-1-6

乡镇	合计	60～89岁	90～99岁
阜平镇	6792	6728	64
城南庄镇	3498	3448	50
龙泉关镇	1522	1512	10
天生桥镇	1623	1610	13
平阳镇	3128	3095	33
吴王口乡	1116	1101	15
砂窝乡	1951	1924	27
夏庄乡	990	979	11
大台乡	1910	1883	27
史家寨乡	1149	1139	10
台峪乡	1143	1132	11
北果园乡	3119	3088	31
王林口乡	2617	2593	24

残疾人 2010年全县有残疾人7534人，占全县总人口的3.5%，比保定市抽样调查人数少两个百分点。其中视力残疾671人，占残疾人口的8.9%，占总人口的0.3%；听力残疾727人，占残疾人口的9.6%，占总人口的0.3%；言语残疾517人，占残疾人口的6.9%，占总人口的0.24%；肢体残疾4906人，占残疾人口的65.1%，占总人口的2.24%；智力残疾252人，占残疾人口的3.3%，占总人口的0.12%；精神残疾165人，占残疾人口的2.2%，占总人口的

0.08%；多重残疾296人，占残疾人口的3.9%，占总人口的0.13%。全县残疾人口中农业人口6527人，占残疾人口86.6%；非农业人口1007人，占残疾人口的13.4%；无劳动能力的残疾4258人，占残疾人口56.5%；有劳动能力的残疾3276人，占残疾人口的43.5%。

2010年阜平县残疾人状况统计表

表2-1-7

类别	人数	占残疾人数（%）	年龄			文化程度				户口性质	
			18岁以下	18～50岁	50岁以上	高中	初中	小学	文盲	农业	非农业
肢体	4906	65.1	181	1050	3675	186	924	983	2813	4225	681
听力	727	9.6	32	155	540	29	98	131	469	627	103
视力	671	8.9	37	125	509	28	146	190	307	579	92
言语	517	6.9	70	115	332	2	56	117	342	470	47
智力	252	3.3	34	148	70	4	34	76	138	225	27
精神	165	2.2	2	85	78	5	42	49	69	150	15
多重	296	3.9	28	92	176	5	13	60	218	251	42
合计	7534	—	384	1770	5380	259	1313	1606	4356	6527	1007

二、文化素质

2000年第五次人口普查同1990年第四次人口普查相比，每千人中具有大专以上文化程度的人数，由4人上升为11人，具有高中文化程度的人数，由56人上升为104人，具有小学文化程度的人数，由366人下降为332人。全县总人口中，文盲（15岁及15岁以上不识字或识字很少的人）为14665人，同1990年第四次人口普查相比，文盲率（文盲人口占总人口的比重）由19.31%降为7.09%，下降12.22个百分点。

2010年第六次全国人口普查，全县人口的文化程度普遍提高。研究生以上文化程度的人数达到51人，大学本科文化程度的1438人，大学专科文化程度的5399人，高中文化程度的19234人（含中专毕业生），初中文化程度的90203人，小学文化程度的42938人，未上过学的8805人。小学及以下文化程度的由14665人下降到8805人，粗文盲率（文盲占总人口比重）由7.09%下降到4.03%，下降3.06个百分点。

2010年阜平县（六普）不同年龄组文化程度统计表

表2-1-8　　单位：（人）

年龄组	研究生	大学	大专	高中	初中	小学	文盲
15～35岁	33	808	3186	8135	36629	10889	433
35～64岁	18	592	1416	9626	50132	22748	3130
65岁以上		38	797	1473	3442	9301	5242

第四节 人口变动

一、自然变动

出生 1996年全县总人口202000人，当年出生1909人，人口出生率为9.45‰；2000年全县出生人口2345人，出生率为11.43‰；2010年全县出生人口1934人，出生率为8.67‰。

死亡 1996年死亡909人，死亡率4.5‰，1999年是全县人口死亡率最高的一年，全县死亡2931人，人口自然增长率出现负增长。人口自然增长率为-2.28‰。2000年全县人口死亡1329人，死亡率为6.48‰。2010年全县死亡1865人，死亡率为8.36‰。

自然增长率 1996年至2010年阜平县人口自然增长率有3年在11‰以上，1996年人口自然增长率为4.95‰。2000年人口自然增长率为7.24‰。2010年人口自然增长率3.33‰。

1996—2010年阜平县人口自然变动统计表

表2-1-9

年度	总人口（人）	出生人口（人）	出生率（‰）	死亡人口（人）	死亡率（‰）	净增人口（人）	人口增长率（‰）
1996	202000	1909	9.46	909	4.5	1001	4.96
1997	202950	1942	9.57	992	4.89	950	4.68
1998	204673	2137	10.47	414	2.03	1723	8.08
1999	204027	2465	12.08	2931	14.36	-466	-2.28
2000	205043	2345	11.43	1329	6.48	970	4.95
2001	205563	2466	11.96	1496	7.26	970	4.7
2002	206022	2653	12.79	2194	10.57	459	2.22
2003	207608	2531	12.17	945	4.54	1586	7.63
2004	207951	2538	12.11	2195	10.47	343	1.64
2005	210274	2966	14.13	643	3.06	2323	11.07
2006	212715	2823	13.3	382	1.8	2441	11.5
2007	215204	2929	13.5	440	2.03	2489	11.47
2008	217088	2700	12.31	816	3.76	1884	8.59
2009	218108	2660	12.19	1580	7.24	1020	4.95
2010	218139	2585	11.69	1865	8.36	720	3.33

二、机械变动

迁入 1997年全县迁入1978人，占全县总人口0.97%；1998年迁入1918人，占全县总人口的0.91%；2007年迁入1270人，占全县总人口的0.58%；2008年迁入2783人，占全县总人口的1.27%，2009年是全县迁入人口最多的一年，迁入3838人，占全县总人口的1.72%。迁入源主要是婚姻，接收安置大中专毕业生和退伍、转业军人。

迁出 1997—2006年，全县迁出人口大于迁入，2007—2009年迁入大于迁出；2007年迁出891人，迁入1270人。2008年迁出2360人，迁入2783人。2009年迁出3673人，迁入3838人。这三年是本县人口机械变动较大的年份。

迁出人员主要有外出务工定居，进入大专院校转户，适龄青年参军入伍；女青年外嫁，偏僻乡村男青年到外地当上门女婿，不少靠开矿，做生意赚了钱的人举家迁入保定、石家庄等地居住等。

阜平县部分年份人口迁入迁出统计表

表 2-1-10

年度（年）	迁入（人）	占总人口（%）	迁出（人）	占总人口（%）
1997	1978	0.97	2643	1.30
1998	1918	0.94	2093	1.03
2007	1270	0.59	891	0.41
2008	2783	1.27	2360	1.08
2009	3838	1.72	3673	1.65
2010	803	0.36	1294	0.58

三、人口流动

1996—2010年，外出务工经商人员越来越多，流动人口增加。因阜平县经济欠发达，人口流动主要以流出为主，流入较少，流出人口远远多于流入人口。

流入人口　1996年全县流入人口不足1000人，2010年，由外地流入阜平县人口13981人。其中男6826人，女7155人。农村流入（县城）9748人，其中男4592人，女5156人。省市、县、区流入591人，其中男351人，女240人。省外流入491人，其中男283人，女208人。居住在县城的有10830人，其中男5226人，女5604人。

流入人口以矿山开采和投资办厂为主。以陕西、山西、河南居多。2000年第五次人口普查时，阜平县流入人口1917人，2010年流入人口13981人，流入人口比2000年第五次人口普查时增加12064人。

流出人口　从1996年始，阜平县大部分青年劳动力，开始外出务工。2010年在京务工人员31000多人。据2000年第五次人口普查数据显示，外出半年以上的流出人口为15099人，占全县总人口的7.4%。其中男性8830人，女性6269人，15～64岁的13149人。流出人口的39%集中在北京。到2010年第六次人口普查时，流出人口为25969人，其中男性13677人，女性12292人，占总人口的11.9%。

城南庄镇马兰村98户392人，有71名青年男劳力常年在外地务工、经商，进城务工人员占全村青壮劳力的73%。2002年该村23名妇女也走出山村，加入到打工行列，有19人常年在北京、天津、石家庄等地经商、打工，占本村人数的19.4%。

2006年始，不少偏僻乡村的农民为了孩子学习，举家到县城租房陪读，县城流动人口增加很快，2010年县城常住人口由2000年的不足3万人，增加到5万多人，流动人口由1996年的不足1000人，增加到2010年的10830人，城厢小学学生由1996年的1800人增加到2010年的3400人，城厢中学学生由1996年的1200人增加到2010年的2200人。

边远山区农村的青年人，每年过完春节就外出打工。农村男人外出打工，女人挑起家里地里的生产、生活重担，还要照顾老人和孩子。偏远山村变成只有留守老人、留守妇女和留守儿童的新型‘38.61’村（38是指妇女，61是指少年儿童）。有不少人家盖起新房，因无人居住而常年铁将军把门。在农村很少看到50岁以下的青壮男人。城南庄镇三官村1996年有90多户281人，2005年有80%的人家盖起水泥浇筑房，有36家常年在外地居住生活，空置房屋36户154间。2010年，全村常年居住的农户有16家42人。偏僻山村空巢、空置现象增多。

第五节　婚姻家庭

一、婚姻

阜平县人秉承男大当婚，女大当嫁的传统习俗。1996年男性一般初婚年龄最早为22岁（最小的1人19岁），最迟年龄为45岁，一般初婚年龄在20～29岁之间，占初婚年龄的84.6%。女性一般初婚年龄为20岁（最小的1人16岁），最迟为41岁，一般初婚年龄为20～25岁之间，22～24岁年龄段最多。2010年男性最初结婚年龄为22岁（最小的1位20岁），最迟结婚年龄为41岁。女性最初结婚年龄为20岁（最小的3位17岁、2位18岁、1位19岁），最迟结婚年龄38岁。在夫妻年龄差距中，男长于女为多，以相差2～3岁为最多，最多相差8～10岁。1996年与2010年相比，法定年龄以下结婚的人数由24人下降到6人，20～24岁结婚的由173人下降到64人，30岁以上结婚人数比90年代末呈上升趋势。农村青年结婚早于城镇青年，文化低的农村人早于文化高的城镇人。

1996年以后，外出打工人员增多，男女交友圈逐步扩大，女青年外出打工后很少再回本地找对象，首选地是大中城市和交通发达的地方。男青年娶回的媳妇也是遍及全国各地。偏僻乡村的男青年到平原乡村当上门女婿。1980年以前男女通婚圈最远几十里，现在上千里、万里的也有。到2010年底阜平县仅从云南娶来的少数民族媳妇就有80人，总数达300多人，跨省联姻有的是亲戚介绍，也有通过打工相识、相恋和通过网络征婚进而联姻的。2010年全县结婚登记的有1598对，其中县内结婚1118对，占69.9%；市内结婚151对，占9.4%；省内结婚105对，占6.6%；跨省联姻224对。

青年人对婚姻态度发生变化，有知识的年轻人追求恋爱的浪漫性，长恋爱慢结婚，婚姻成功率较高；一少部分城乡低龄青年，由于缺乏婚前的详细了解，婚姻基础不牢固，结婚快离婚也多，离婚率上升较快。1996年全县当年协议离婚有28对，判决离婚的168对，2010年当年全县协议离婚达300对，判决离婚152对。

1996—2010年阜平县婚姻状况统计表

表2-1-11

年度（年）	结婚				离婚			离婚占当年结婚（%）	协议离婚占离婚（%）
	合计	初婚	再婚	占（%）	合计	协议离婚	判决离婚		
1996	1497	1497	—	—	196	28	168	13.1	0.8
1997	1530	1530	—	—	188	32	156	12.3	2.1
1998	1610	1610	—	—	217	46	171	13.5	2.9
1999	1580	1580	—	—	217	57	160	13.7	3.6
2000	1440	1440	—	—	230	41	189	15.9	2.8
2001	1410	1410	—	—	246	42	204	17.4	2.9
2002	1620	1620	—	—	223	42	181	13.8	2.6

续表 2-1-11

年度（年）	结婚				离婚			离婚占当年结婚（%）	协议离婚占离婚（%）
	合计	初婚	再婚	占（%）	合计	协议离婚	判决离婚		
2003	1480	1480	—	—	207	49	158	13.9	3.3
2004	1460	1460	—	—	258	69	189	17.7	4.7
2005	1611	1436	145	10.8	287	127	160	17.8	7.9
2006	1669	1523	146	8.7	288	147	141	17.3	8.8
2007	1601	1410	191	11.9	367	189	178	22.9	11.8
2008	1734	1431	175	10.1	418	230	188	24.1	13.3
2009	1688	1463	225	13.3	440	266	174	26.1	15.8
2010	1598	1354	244	15.3	452	300	152	28.3	18.8

二、家庭

家庭类别 1996年，家庭规模大多以小家小户的一代户和二代户为主。30多年计划生育政策实施，独生子女户越来越多。农村劳动力后继乏人，已经成为一种社会现象。河北省关于农村农户可以生育二胎的政策放开后，城镇人口仍以小家小户为主，农村则是以四口家庭居多，超生户、大家大户较少。家庭规模大部是老两口为一家，小两口带一个或两个孩子另成一家，祖孙三代在一起的比较少。据2010年第六次全国人口普查资料显示，全县61404户家庭户中，一代户有18562户，二代户有31626户，三代户有10923户，四代户有293户。

家庭规模 1996年全县有51899户，户均3.89人。2000年有58706户，户均3.48人。2010年有61930户，户均3.52人。第六次人口普查资料显示，2010年1人户有7818户，2人户有13582户，3人户有13015户，4人户有14957户，5人户有6975户，6人户有3571户，7人户有1077户，8人户有264户，9人户有88户，10人及以上户有57户。

阜平县一直秉承父母抚养儿女，儿女赡养老人的传统美德。男尊女卑不良传统习惯得到改变，生男生女都一样，女孩也是传家人。女儿为父母养老送终，承担赡养、孝敬的义务，也有继承父母遗产的权利。农村养老以家庭养老为主、男孩养老为主，两个男孩共同抚养，大多采取吃轮班饭的方法，一月、半月、10天、5天都有。

对无儿无女或鳏寡孤独老人，采取社会供养（五保、入敬老院）和亲供亲养（由五保户的近亲族侄，签订协议负责供养）的方法，保证所有老人老有所养，老有所依、老有所靠。从2004年起，全县所有年满60周岁以上的五保老人，都享受免费入住敬老院，在家供养可领取每月250元的养老补助款。

教育 注重子女的德才教育，是阜平的传统美德。把孩子的教育放在首位。城镇子女从三周岁后开始入幼儿园，农村儿童则从六周岁进入学前班。大多数家庭采取由学校教育文化科学知识，家庭侧重孩子的待人接物、尊敬师长教育。

1996年后，在农村是以女人在家操持家务，男人或出外打工挣钱，或在本地打短工、种地等从事体力劳动，劳动之余帮助妇女整理家务；在城镇则是家务共同分担，平起平坐。无论城镇、农村，1996年后男人打老婆，骂孩子，不文明，不和谐的家长式做法，已经很少。父子、父女、母子、母女之间有事互相商量，互相尊重，民主理财，共同持家的新型家庭关系正在确立。

第六节 人口控制

一、管理机构

1996年10月前，机构名称为阜平县计划生育委员会，正科级单位，属政府组成部门。下设办公室、统计股、法规股、财务股。事业单位：计划生育技术服务站、药具站、宣传站、县直计划生育办公室。乡镇计划生育办公室配备有专职计生人员、村设计划生育专干和育龄妇女小组长。

1996年10月至2003年，阜平县计划生育委员会更名为计划生育局。内设行政机构：办公室、统计股、法规股、(流动人管理股)、财务股。事业单位：计划生育技术服务站、药具站、宣传站、县直计划书办公室。乡镇计划生育办公室下放到乡镇管理，属乡镇府下设机构。

2004年计划生育局内设机构：行政机构有办公室、统计股、法规股。事业机构有计划生育服务站、药具站、宣传站、县直机关计划生育办公室（流动人管理股）、奖扶办公室、行政执法大队。

2006年计划生育局更名为人口和计划生育局，下设行政机构：办公室、统计股、法规股。事业机构：计划生育服务站、药具站、宣传站、县直计划生育办公室、奖扶办公室、行政执法大队、2009—2010年设流动人口管理股。

二、节制生育

1996年至2010年，实行人口与计划生育目标管理责任制。县委、县政府与各乡镇党委、政府及县直部门；乡镇党委、政府与村支部、村委会及乡直部门签订目标管理责任书，明确责任目标和奖惩措施。年初，各级签订责任书，年终对责任书落实情况考核，完成任务好的给予表彰奖励，完不成责任目标的给予黄牌警告，实行“一票否决”。1996年全县人口出生率9.35‰，计划生育率93.20%；1997年人口出生率10.73‰，计划生育率91.00%；1998年人口出生率11.07‰，计生率91.00%；1999年人口出生率12.10‰，计划生育率90.00%；2000年人口出生率13.98‰，符合政策生育率81.80%；2001年人口出生率14.02‰，符合政策生育率81.90%；2002年人口出生率14.98‰，符合政策生育率82.45%；2003年人口出生率14.12‰，符合政策生育率81.35%；2004年人口出生率14.96‰，符合政策生育率80.88%；2005年人口出生率16.78‰，符合政策生育率80.56%；2006年人口出生率13.38‰，符合政策生育率92.07%。2007年人口出生率14.08‰，符合政策生育率86.05%；2008年人口出生率12.49‰，符合政策生育率87.11%；2009年人口出生率12.91‰，符合政策生育率86.65%，2010年人口出生率12.33‰，符合政策生育率86.89%。

1996—2010年阜平县计划生育统计表

表2-1-12

项目 / 年度	已婚育龄妇女人数（人）	综合避孕率（%）	合计（人）
1996	38889	92.26	33430
1997	38991	91.71	33082
1998	38540	90.74	32571
1999	40008	89.55	33376
2000	38840	89.51	32281

续表 2-1-12

项目 年度	已婚育龄妇女人数（人）	综合避孕率（%）	合计（人）
2001	38684	89.29	32032
2002	38306	89.53	31578
2003	38186	88.61	31269
2004	37973	87.56	30767
2005	38145	87.34	30388
2006	38172	87.77	30630
2007	38961	88.83	34609
2008	38934	89.76	34946
2009	38458	89.85	34553
2010	38569	90.50	34906

三、优生优育

优生优育 1996年以来，开展“三优”教育，即优生、优育、优教。由计生协会组织，请省、市“三优”教育、遗传病预防专家学者来县举办培训班，县计生协组织技术、宣传、专业人员到乡（镇）村进行分期培训，使每名有生育意愿的已婚妇女都能受到优生科普知识和优生优育指导。技术站每年发放优生科普知识宣传品3万余份，使优生优育科普知识家喻户晓、人人皆知。全面实施出生缺陷干预工程，落实三级预防：

（一）一级预防即孕前预防，选择最佳受孕时间（6—8月）和最佳生育年龄（24～29周岁），远离有害物质，合理调配饮食，口服叶酸（科学证实孕妇缺乏叶酸可造成胎儿神经管发育畸形，如无脑儿，脊柱裂，脑积水等），预防神经管发育畸形，孕前进行四项病毒（弓形体病毒、巨细胞病毒、单纯疱疹病毒、风疹病毒）感染抗体检测。根据检测结果确定是否适宜怀孕，有效预防先天性心脏病、先天性智力发育不全、先天性聋哑及器官肢体发育缺陷等多种先天性生育缺陷。

（二）二级预防即孕期预防，怀孕后使用B超技术检查胎儿宫内发育情况，可直观查出胎儿形态、器官、肢体发育畸形，并实施引（流）产术，有效减少或杜绝畸形儿出生。

（三）三级预防即产后预防。产后进行新生儿科学喂养，防治消化道、呼吸道疾病；母乳喂养增强新生儿免疫力，预防接种，预防传染病；实施早期教育训练，开发智力。在已婚育龄妇女中广泛开展生殖感染干预工程，提高已婚育龄妇女的整体健康水平，为孕育健康胎儿创造良好生理环境。从2005年起组织县、乡计划生育技术人员，为农村已婚育龄妇女提供免费生殖健康检查。妇科病和乳腺病查出率达30%以上，并予以相应治疗或转诊治疗。对育龄妇女加强管理，县、乡计划生育部门，坚持每年分四季对育龄妇女实行分期复查，主要坚持查环、查孕、查妇科疾病等，分A、B、C类。第一季度：A类；第二季度：A、B类；第三季度：A、B、C类；第四季度：A类；分类管理：A类：一孩、二孩及二孩以上的育龄妇女为重点管理对象。B类：结扎两年之内的育龄妇女；C类：患不孕症的、绝经、子宫切除的育龄妇女为一般管理对象。

第二章　居民生活

1996—2010年，阜平县居民收入渠道增多，收入增长较快。2010年农民人均纯收入2460元，城镇在岗职工平均工资23372元。城乡居民存款余额354527万元，居民可支配收入大幅提高。在收入增长的同时，广大居民的消费水平和消费观念发生较大变化。大部分居民吃讲营养、穿讲时尚、住讲宽敞、乘讲舒适、用讲大方。营养结构逐步趋于合理，服装饰品日趋多样，居住条件明显改善，出行更加方便快捷，精神文化生活日益丰富。1996—2010年的15年间，阜平居民随着生活条件的不断改善，消费层次逐步提高，耐用消费品拥有量不断增加，移动电话、家用电脑、数码相机、家庭轿车等成为消费新宠。人们的理财方式由单一的储蓄向保险、基金、股票、实业投资转变。在生活水平提高的同时，休闲旅游、饭店聚餐、美容健身、新潮婚礼、网上交友、定居城镇、刷卡消费、在职求学、自谋职业等时尚的生活方式逐渐被人民接受。伴随着生产、生活条件越来越多元化，阜平城乡居民出现了贫富差距逐步加大等社会问题。

第一节　农村居民生活

一、农村居民收入

1982年实行农业联产责任制前，全县农村居民收入主要是农业收入，没有副业和其他经济收入。有三分之二家庭是吃粮靠统销，生活靠救济，花钱靠贷款。一些勉强口粮自足的村庄，每个工也只有5毛多钱。一些条件较差的偏僻山村，如城南庄镇的三官村，年人均口粮200多斤，每个工不足2毛钱。

农村实行家庭联产责任制后，全县粮食产量成倍增加，农村居民在抓好粮食生产的同时，根据当地山场牧草资源、矿石资源丰富的优势，大力发展畜牧养殖和矿山开采、加工。村民养牛、养羊、养兔，在初步温饱的基础上大力发展家庭经济，生活水平逐步提高。随着党的农村惠民政策实施，阜平人民的思想得到进一步解放，由单纯的种地开始向以发展经济，多种经营的方向转变。寿长寺乡（1996年2月合并到吴王口乡），充分利用当地出产黄金、白银的自然优势，大力开展黄金开采加工。通过开矿卖矿石或小电碾加工、冶炼黄金，参与开矿的村民年收入达到2万～3万元，有不少人通过开矿和加工黄金，年收入达到10万元以上。鼎盛时期全县黄金开采、加工点涉及寿长寺、台峪、城南庄、下庄、岔河等5个乡150多个矿点。

1990—1996年，阜平农林牧副渔得到全面发展，农业机械化快速普及，不少劳动力从土地中解放出来，砂窝乡、吴王口乡，阜平镇开采黑花岗岩矿，城南庄镇栗树漕、麻棚、岔河，阜平镇楼房、木匠口，夏庄乡菜池等村开采黑白点、大、中、小三花花岗岩矿。吸纳了大批农村闲散劳动力，带动相关产业发展。全县靠开采花岗岩发家致富的有50多家，年收入在100万元以上的有二三十家。农民工年收入也从1990年的15000多元，增加到2010年的4万多元。

2000年以后，全县二、三产业异军突起，农民不只从事农业生产，而是腾出主要劳力或外出到城市经商打工，或在当地利用农闲时节打工挣钱。农民非农业收入越来越多，经商、打工的收入成为农民收入的主要来源。到2010年农民工资性收入占到全部收入的70%以上。

1996年全县农民人均总收入为2775元，2010年达到11006元，2010年是1996年的3.96倍，年均增速为13.4%。1996年农民人均纯收入858元，2010年达到2460元，平均年增加额为106.8元，是1996年的2.8倍，年递增率为7.1%。

二、收入差别

（一）从1996年至2010年的发展变化看，农民收入普遍稳定的是东南部浅山区产枣区。北果园乡东城铺片区、广城片区、店房片区，平阳镇车道片区、北庄片区、康家峪片区。正常年份农民仅红枣一项户均收入就可达1～3万元，丰年时户均可达3万～5万元，最高户可达10万元左右。

（二）公路沿线的平阳镇、王林口乡、阜平镇、砂窝乡大力发展马路煤炭市场，经营煤炭转运。沿途农民靠出租土地，装、卸煤获得可观的经济效益。1996年全县农民人均纯收入858元，公路沿线的青沿、大元、白河等村分别达1772元、2285元和1816元，比全县农民人均收入高出一倍以上。

（三）依托矿产资源优势，矿产开采加工区出现速富现象，砂窝乡龙王沟村、河彩村、仙湾村、百亩台村，吴王口乡不老台村等黑花岗岩矿区村民大部分率先脱贫致富。主要涉及村民被占山场、毁坏树木赔偿，村民进矿点务工等。1996年全县农民人均纯收入只有858元，砂窝乡龙王沟村人均纯收入就达2300元，河彩村达2060元，百亩台村达2160元，分别高出全县平均数1442元、1202元和1302元。2010年全县农民人均纯收入2460元，砂窝乡龙王沟村4012元，龙王庄3724元，百亩台3671元，分别高出全县1552元、1264元和1211元。

（四）吴王口乡、史家寨乡、大台乡、夏庄乡、北果园乡库区村和城南庄镇的西部山村等地既没有特色农副产品，又没有矿产资源，加之远离公路货运困难，大部分农民没有稳定的副业收入，生活水平低。如夏庄乡5个行政村1996年人均纯收入最高的菜池村661元，比全县平均数低197元，最低的羊道村524元，比全县农民人均纯收入低334元。2010年全乡5个行政村农民人均纯收入低于全县农民人均纯收入。最高的夏庄村、菜池村人均纯收入2127元，也比全县人均2460元低333元。

阜平县部分年份农村居民收入统计表

表2-2-1　　单位：元

收入类型＼金额＼年份	1996	2000	2005	2010
人均纯收入	858	1470	1830	2460
人均总收入	2775	3557	5563	11006
种植业	92008	31116	50538	276813.7
林业	8089	15892	17403	35752
手工业	804	5779	7782	21517
工业	5338	230	311	481
建筑业	150	247	364	821
运输	21090	9164	19120	39366
商业	380	9164	19120	39366

续表 2-2-1

收入类型＼金额＼年份	1996	2000	2005	2010
饮食	715	3479	5700	15191
服务业	230	2271	3044	7702
生产性	—	894	2580	4362
转移性	3718	—	—	20900
财产性	349	1608	2691	—

说明：农村居民收入统计表以全县10个行政村农村住户收入测试点测试结果为根据。10个村分别为华山、海沿、定家庄、南安、瓦泉沟、老路渠、押车口、木匠口、北刘庄、吴家沟

（五）单纯种地户同外出务工、经商做买卖的农户收入差距较大。1996年后阜平县村与村、户与户贫富差距逐步拉大。主要是浅山区与深山区、公路沿线与交通闭塞乡村的差距；单纯种地为生的农民，一年收获的粮食和少量的林果收入四五千元（2008年以后玉米每斤价格升至1元以上），家中有充足劳动力，一人在家务农，或是男人外出打工，女人在家务农的农户，不仅可以解决吃饭问题，而且务工收入（一年打工8个月）每年可达1.6万～3万元。按4口家庭计算，年人均纯收入可达4000多元。据对城南庄镇2个自然村100户479名农民调查：有22户53人，主要以务农为主，其中有13户24人属于老弱病残，无打工、经商能力，占调查户数的22%，占调查人口的11.1%，年人均纯收入在1000元以下，属于绝对贫困人口；有11户57人是种地之余，在本地打工的农户，占调查户数的11%，占调查人口的11.9%，年人均纯收入在1800～2500元之间；有16户64人，边务农边经商，占调查户数的16%，占调查人口的13.4%，年人均纯收入在3000～4000元之间；有51户305人，一人在家务农或女人在家务农，男人在外打工，占调查户数的51%，占调查人口的63.6%，年人均纯收入在3200～4500元之间。

三、农村居民支出

改革开放以来，农村农民收入显著增长，消费水平显著提高。2010年阜平县农民人均消费支出为2316元，比1996年增加1509元，增长了2.9倍，平均每年增长10%。

1996年农民人均主食支出占食品支出的比重高达65%，2010年下降至50%，下降15个百分点。农村居民主食依然是以自产加工面粉为主，大米、小米以购买为主。玉米一部分用于兑换面粉和少量食用，大部分用作饲料或粜了换钱。副食消费中，农民以猪肉、鸡蛋为主，油脂、牛羊肉、水果、奶及奶制品消费有所增加。1996年前，主食是农民食品消费的主要开支渠道，2000年后，特别是2005年以后，食品消费在吃饱的基础上向吃好转变，逐步讲究荤素搭配，营养搭配。

衣着消费 1996年全县农民人均衣着支出为35元，2010年人均衣着支出220元，比1996年增长6.3倍，年均递增12.3%；1996年人均购买成衣0.5件，2010年人均购买成衣1.5件，比1996年增加1件，农民衣着逐步向成衣化、高档化发展。“一衣多季”向“一季多衣”发展。厚、重、硬向薄、轻、软发展。农村人衣着消费分为：15岁以下儿童衣着大部分是由父母做主选择，价格中等，每年春夏秋冬各季都有相对应的衣服。1996年平均消费45元，2010年平均消费230元。儿童衣着消费超过成人衣着消费。16～25岁青年衣着消费为追风、前卫型消费群体，这部分人虽然没有城市潮流

人群的经济条件，但他们可以省吃俭用，在穿戴上不惜花费重金，每年四季都随着季节变化，购买比较时尚的服饰，每年用于购买衣服的钱大约在500～1000元之间。35～50岁的人群在衣着消费方面，突出实用价值，尤其是45岁以上的人群在衣着消费方面更显理性。1996年平均消费50～150元左右，2010年平均消费180～400元左右。农村中老年居民在衣着消费比较低，虽不是80年代前新三年旧三年，缝缝补补又三年的传统着装模式，但无论从款式品牌或价格上都与城镇中老年和农村中青年差一个档次。1996年平均消费30元左右，2010年平均消费200元左右。

居住消费 1996—2010年，最明显的变化是住房变化。1996年后农民新建房屋全部为砖混结构的水泥浇筑房，建房材料，由过去木料为主改为以钢筋、水泥为主，房屋质量大幅度提升。住房面积1996年和2010年年末，平均每人适用住房面积分别为16.7平方米和27.23平方米。2010年是1996年的1.63倍。2010年全县农村住房使用自来水的农户占90%，有取暖设备的农户占99%，其中安有空调的占20%；安装家用土暖气的户占50%。使用液化气和电磁炉等现代炊具的占40%；2010年全县农民新建房屋中，砖木结构和混凝土结构占全部住房的100%；部分农民向楼房庭院式、住宅别墅式发展，更加注重内部装饰。天生桥镇不老树村、砂窝乡全庄村、平阳镇白家峪村、王林口乡马沙沟村、阜平镇照旺台村、大园新村、第一山移民搬迁点、白河新村等地还建起了单元楼和二层独门小院新民居。新民居建筑点的居民住宅面积普遍在90～120平方米之间，农村居民住房条件和城镇的距离进一步缩小。

阜平县部分年份农村居民人均住房统计表

表2-2-2　　单位：平方米

项目 年度	年末实有 住房面积	调查户常 住户口	人均住房面积
1996	1290581	51899	16.7
2000	3964602	57086	20.84
2010	55779507	61404	27.23

日用品消费 城市现代化生活方式正在进入农村千家万户。1996年农村农民平均每百户拥有自行车116辆，到2010年有85%的农户用摩托车和电动自行车代替了自行车。1996年每百户拥有电视机106台（大部为18英寸、21英寸彩电），2010年每百户拥有的电视50%更新换代为25～29英寸彩电，20%的户更新为大屏幕的液晶电视和等离子电视。1996年全县家庭电话装有量达到26441部，拥有手机185部，无线寻呼机875台（无线寻呼机、BP机、小灵通在2003年底结束其使命，全部退出人们生活）。2010年全县手机用户12.44万部，户均2.1部，机主年人均通讯费消费570.5元，全县人均通讯费消费35.34元。电风扇基本普及，有20%的户安装上空调。录音机已经淡出农民家庭，并被DVD、EVD、家庭影院取代，电脑进入百姓家，洗衣机逐步普及，电冰箱、摩托车成为普通百姓家庭必备，每百户拥有量达69台和62辆；到2010年全县每百户家庭拥有农用三轮车78辆，轿车12.4辆，载货汽车5.6辆。

四、农村居民消费观念

90年代末，阜平大部分农村群众生活比较贫困，农民的消费主要是温饱型。多数人节衣缩食，省下钱供子女上学、结婚、建房用，大部分居民家庭消费是量入为出，奢侈品只是少数富裕户的专利。进入21世纪，手里钱多起来，但阜平人传统节俭习惯还影响着相当一部分人，有钱，也舍不得花，把钱存起来，以备不时之需。据县地方志办公室2010年抽样调查显示，农村居民大部分消费属于满足生活需要的消费，提高生活质量方面的消费不足。在被调查者中每月完全或几乎完全花费所有收入的户占40%，每月花费收入1/2或以下的户占45%，有12%的户属于入不敷出，靠借贷生活。在对吃方面的消费态度上，表示能填饱肚子就行的人占60%左右，对吃不太讲究的占30%左右，该比例随着生活条件好转逐步下降；表示应多花钱吃好点，讲究营养搭配的户占10%左右。如农村购买新鲜蔬菜增多，自己家种的蔬菜不施化肥等。对吃表示注重，但在吃方面以自产为主，不花费太多的人占70%左右。人们在选购商品、服装时最看重的是商品质量和信誉。在购买所需物品时，首先购买生活必需品。到2010年，阜平县100%的户都有电视机、电视卫星接收器（锅盖），83%的户拥有双缸洗衣机，98%的户拥有电冰箱，78%的户拥有农用三轮车，62%的户拥有摩托车和电动自行车，并且有68%的户拥有电脑。据调查，农村低收入家庭拥有四大件比高收入户少不了多少，只是商品质量和价格上有区别，花在饮食营养和精神文化方面的钱，却比高收入户少得多。农村居民有70%的家庭在消费方式上是能省就省，毫不在乎肆意挥霍的人数不足5%。2008—2010年，手机作为居民不可或缺的通信工具，全县成人手机拥有量达到85%以上。

阜平县部分年份农村居民主要耐用消费品拥有统计表

（百户抽样调查）

表2-2-3

项目 年份	电视（台）	电冰箱（台）	洗衣机（台）	电脑（台）	三轮车（辆）	轿车（辆）	载货汽车（辆）
1996	85	12	23	—	41	—	—
2000	96	18	46	—	57	2	1
2005	99	37	62	—	78	5	2
2010	100	69	87	28	78	12.4	5.6

第二节　城镇居民生活

一、城镇居民收入

1996—2010年，国家先后进行工资制度、劳动用工制度改革，逐步建立起职工工资正常增长机制，多次增加职工工资。企业制定最低工资标准，逐步建立和完善各项社会保障机制。这一时期是居民收入增长最快的时期。

1996年全县在岗人员年平均工资收入4151元，月均345.9元。到2010年全县在岗人员年平均工资收入23372元，月均1947.7元，是1996年的5.6倍，年均递增17.8%。

1996年职工工资是城镇大部分居民收入的唯一来源。社会主义市场经济体制逐步建立和完善，居民非工资性收入加大，逐步形成以职工工资收入为主，第二职业收入、个体收入、离退休再就业收入和家庭财产性收入为辅的多元化格局。1996年，城镇居民人均可支配收入为4220元（来自职工工资收入为4151元，财产性收入为16元，其他劳动收入为35元，家庭副业收入为18元）。2010年城镇居民可支配收入为34370元，是1996年的8.1倍。

阜平县部分年份城镇居民收入统计表

（百户抽样调查）

表 2-2-4 单位：元

项目 / 年份	可支配收入	国有集体职工收入
1996	4220	3766
2000	7538	5651
2005	17799	11725
2010	34372	23372

二、城镇居民支出

城镇居民生活水平，直接体现在消费水平上。1996 年城镇居民人均生活费支出 3540 元。2000 年后，随着居民收入水平不断提高，城镇居民在吃、穿、用、住等方面的消费大幅度增长。2010 年人均生活费消费 18762 元，比 1996 年增加 15222 元，提高 5.3 倍，平均每年增长 8.1%

（一）食品 1996 年后，粮食供应的二元化格局被打破，商品粮供应取消，粮本、粮票退出历史舞台。粮食局供应粮油同市场基本相同。这一时期城镇居民食品消费主要以粮食为主，蔬菜少，品种少，食品消费占生活费支出的大部分。2010 年，随着人民生活水平不断提高，居民对食品消费，从量的满足逐步向质的追求转化，由“温饱型”向“营养型”转变。1996 年，阜平城镇居民人均用于食品消费支出 1891 元。其中粮油支出 756.4 元，肉蛋奶支出 298.6 元，蔬菜支出 567.3 元，干鲜瓜果支出 94.5 元，烟酒饮料支出 174.1 元。

2010 年，职工家庭年人均食品支出 2836.5 元，其中粮油支出 765.8 元，主食支出比 1996 年下降 13 个百分点，肉蛋奶、副食支出 709.1 元，蔬菜支出 850.9 元，干鲜瓜果支出 195 元，烟酒饮料支出 315.7 元，副食品支出比 1996 年上升 13%，膳食结构向品种多样化，营养高档化方向发展。

（二）衣着 随着生活条件的改善，特别是 2003 年、2006 年两次连续提高在岗职工工资后，城镇居民越来越注重外在形象，打破衣着呆板沉闷的“黑、绿、蓝”一成不变的局面。美观、漂亮、款式别致，格调高雅的服装、鞋帽成为人们的新宠。穿上千元一身的西服，四五百元的皮鞋已不少见。居民用于穿着方面的支出显著增加。1996 年人均衣着支出 246 元，2010 年为 436.9 元，比 1996 年增加 190.9 元。居民服装消费层次日趋提高，“成衣化”成为居民服装消费的主要选择。

（三）居住 1996 年，阜平县城居民住房以居民自建为主，单位集体建房较少。1998 年后，商品楼建设高速发展，居民住房以购买商品房为主，自建房屋减少。阜平县城地处山区，可利用的建房土地较少，因此，县城楼价居高不下，购房拿出多年的积蓄。1998—2009 年，阜平县居民人均实际住房支出为 1980 元，大于人均实际收入 1800 元，出现了收支倒挂现象。2010 年底，城镇居民实际住房面积达到 27.23 平方米，人均住房支出达到 2200 多元。95% 的住户拥有了自己的住房。

（四）耐用品 1996 年后，城镇居民家庭彩电、冰箱、洗衣机普及率 90% 以上。到 2010 年末，彩电、冰箱、洗衣机等传统的三大件，不仅在数量上得到普及，而且在质量、档次上，跨上了新的台阶。数字化、大屏幕成为家庭新宠，洗衣机从双缸开始向全自动发展。住宅电话由 2005 年前的家家普及，发展到家庭成员从中学生开始大部分人有了手机。家用电器更新步伐加快，年人均通信费用达到635元，电脑户均拥有量达到36%以上，人均上网消费平均达到160元以上。

阜平县部分年份城镇居民主要耐用消费品拥有量统计表

（百户抽样调查）

表2-2-5　　单位：台、辆

项目 年度	电视	电脑	移动电话	电冰箱	洗衣机	摩托车	电动自行车	小型汽车	载货汽车
1996	91	0	2	32	58	64	0	5	8
2000	98	15	42	78	89	81		16	23
2005	100	41	86	95	96	82		31	31
2010	100	68	210	98	99	38	86	58	35

（五）交通、通信　1996年，居民日常出行以自行车，摩托车为主，人均交通通信费用支出为15元。2010年，全县居民交通工具开始上档升级，自行车更新为摩托车、电动自行车。家用汽车进入部分居民家庭。城镇居民家庭每百户拥有轿车量达到38辆，固定电话普及率达到95%以上，每百户拥有手机量超过210部，户均拥有手机达到2部以上。从2003年，居民手机拥有户迅速增加，成为城乡居民一个新的消费渠道。2010年，全县人均交通消费达到432元，人均通信消费达到210元左右。

三、城镇居民消费观念

1996年前，阜平居民大部分在勤俭持家的传统观念影响下安排消费支出。2005年以后，随着社会保障体系不断完善，居民后顾之忧减少，即期消费欲望有所增强。同80年代不敢消费比，人们的消费观念发生了较大变化，既敢消费，也有一定的消费能力。2000年后城镇（含部分农村）居民已形成六种消费群体，呈现不同消费特色。这六种消费群体是：

现实型消费群　以大部分80后、90后、2000后出生的年轻人为主，他们消费意识强，购买商品注重品牌。以自我需要为前提，想买则买，对心仪的商品不惜借贷消费。这部分人中，勤俭持家的观念淡薄，发了工资存银行的少。有70%的人刚发工资是“富农”，月半为“中农”，月底沦为“贫农”，被称为新时期的新型“月光族”。遇需花大钱办大事时，大部分依靠父母，被社会称为80后“啃老族”。据调查从1996年起，80后以各种方式啃老的成年子女占82%以上；具体体现结婚买房、买车、置嫁妆、办婚礼、生育、孩子入托费等开支全部或大部由父母承担，年轻人所有收入只维护其小家生活开支。

超前消费群　超前消费人群大部为20、30岁左右的年轻人，占全县人数的12%。这部分人群，一部分是家里有钱花不清。凡是新潮、前卫的东西，小到衣服、手机、食品、首饰、化妆品，大到摩托车、汽车，只要自己喜欢随意购买，所买物品一律为中高档，超前消费意识非常强。另一部分人群虽然个人和家庭没有太多积蓄，但思想上有种追求高消费的心态，也是吃穿高标准、高档次，今天敢花明天的钱。没有钱，借款、贷款也要满足自己的需求。这部分人穿名牌服装、吃高档菜肴、开豪华汽车，有的是借款，有的是贷款。

高收入阶层消费群　阜平的高收入人群，大部为开矿山、房地产开发经销商和大型买卖网点经营者。虽然人数不多，但他们与普通居民相比，财力雄厚。这些人吃：以高档菜肴为主，以精细为主，以吃好为主。经常吃在餐馆、饭店，宴请宾客一顿饭两三千元属平常。穿：

以高档名牌为主，什么时髦、前卫穿什么，一件衣服上千元，甚至几千元。住：在阜平本县居住的大部为豪华别墅，精装高档。不少高收入户在保定、石家庄买房居住。行：家中备有高档轿车，出则乘车。阜平县街面上行驶的高档轿车，奔驰、路虎、宝马、奥迪等，全部为高收入人群所有。其中一户家中有两个儿子，各拥有一辆奔驰越野和奥迪 A6 加长版。

低收入阶层消费群 低收入人群大部为城镇无职业居民、下岗待业职工和部分私营企业务工者。这部分人吃：以填饱肚子的粗茶淡饭为主。买东西是什么便宜买什么，一年吃不上几顿肉。穿：衣着大部是从地摊上挑选减价、结实、耐穿的衣服。病：小病扛，大病养，实在没辙才住医院。有一部分家庭供不起小孩上学，不少户是勉强供孩子上完初中。有的户孩子考上大学供不起。

知识阶层消费群 知识阶层群体主要收入是工资，消费水平处于全县的中等水平。这部分人的消费理念是量入为出，理性消费。不会出现大起大落入不敷出的现象。总体消费观念是收入大于支出，略有结余。

中年女性消费群 女性消费占家庭消费的大部分。这部分人群在吃上注意营养，注意合理搭配膳食，着重减肥，保持身材苗条。在穿着上敢于花钱，也舍得花钱。穿衣注重鲜艳、漂亮、大方、美观。尤其是城镇中年女性为保持年轻的面容，贴面膜、做美容、焗油、烫发、化淡妆，不惜花钱做美容保健，以保青春永驻。据地方志办公室对城镇 50 名中老年女性调查了解，平均每人每年购买衣服 3 件，消费 800 多元，到美容保健店做美容保健平均每月一次，消费 300 多元。到理发馆美发 6 ～ 10 次，消费 600 ～ 800 多元，购买饰物饰品消费 1500 多元。

中小学生超前消费、畸形消费不容忽视 中小学生消费观念和消费状况应引起社会各界广泛关注。培养和树立正确的消费观念，促进正确人生观、世界观和价值观形成，对中小学生的健康成长和未来发展影响重大，意义深远。据对城厢中学一班 85 人、三班 82 人的调查了解，一班 85 名学生年总消费 235819 元，生均 2774 元，三班 82 名学生年总消费 204127 元，生均 2489 元。消费观念；任何消费都和家长商量的一班占 69%，三班占 71%；看见喜欢的东西就买的一班占 3%，三班占 2%。个人不花钱让父母给买的一班占 83%，三班占 75%。

第三章　习俗

阜平县是深山区，居民居住分散，虽同为一县或一乡，十里不通风，百里不通俗，村与村之间风俗不完全相同。有些习俗由于时代变迁，所传承的载体消亡了，人们的观念淡化了，但其行为仍在民间继续着。如八仙节、七巧节、石头节、填仓节等。另有一些由于社会生活变迁，虽然发生变化，但其内在的民俗心里没有改变，传统的习俗存在。

农村青年婚礼现场

阜平过去与外地接触较少，长期保持着代代相传的风俗习惯。随着社会交往扩大和社会不断进步，居民生活习惯、民风民俗也在社会进步与传承中演化和改变。

第一节　传承习俗

一、婚嫁习俗

阜平县民间男婚女嫁，一般按传统习俗，履行说媒、订婚、定好日、迎娶四个程序。说媒需托媒人从中说和促成好事。

农村婚宴菜肴

1996年后，阜平县大部分地方仍延续着一家女百家问，男女订婚看属相，“属相不合（音各）”者、辈分不同者一般不攀亲。男女同岁，出生日相隔不到百日不能结婚的习俗。如：“白马怕青牛，金鸡不遇狗；虎蛇两不合，鼠羊不长久；蛇见猛虎如刀割。鸡看猴泪长流，龙蛇一家不到头”。

定好日（俗称下好日帖），县城南部的城南庄镇、夏庄乡等地称下彩。亦属婚嫁习俗的重要环节，照例由男方长辈代表与媒人同到女方家中，告知女方选定的迎亲日期。共同商定结婚的细节问题，以便双方做好迎娶准备工作。

迎亲仪式及娶亲中的许多礼节，既烦琐复杂，又不能或缺，婚后的繁文缛节也多依照旧俗。70年代曾一度简办的迎亲仪式在80年代后期又恢复，越办规模越大，互相攀比风气盛行。90年代，阜平县大部分城镇乡村接亲由自行车、拖拉机、三轮车，发展到轿车。所用车辆越来越多，车队越来越长。轿车的档次，婚礼的排场和豪华代表着新郎家经济地位、社会地位。农村青年结婚婚车用车标准较低，大部以面包车为主，用车比较经济实用，一般由2～6辆组成。

二、丧葬习俗

阜平县自古实行土葬。全县城乡居民仍保留着具棺木、兴土葬的习俗。阜平旧时烦冗复杂的丧葬陋俗，70年代后不少地方省去了报庙、烧还魂钱、送盘缠等陈规习俗。1996年后传统丧葬礼仪又逐渐恢复。停尸、入殓、出灵、埋葬，三日圆坟、逢七上坟烧纸、过百日。孝子孝女披麻戴孝、亲友邻居吊祭，报庙、烧还魂钱、送盘缠，一如旧时规矩。葬后子女要戴孝，父母亡故三周年内，逢年过节不贴红对联，正月里不走亲访友，以表示对过世父母的哀思。

龙泉关一带丧葬家人报庙场面

1996年后，阜平县丧葬仪礼“复古”之风严重。长辈亡故后，请总管、找管事、觅帮工，

龙泉关一带丧葬家人为逝者出殡场面

筹备丧礼，务求排场阔气，旧俗中掺入不少现代化因素。如；孝子孝女哭灵增放哀乐；停灵时盛夏酷暑用电扇或鼓风机“扇尸”，不再人工“扇尸”，2000年后，停灵开始使用冰尸柜。烧还魂钱时，烧纸扎既有传统的纸马、仙鹤、金银斗、摇钱树、纸质的童男童女，也有纸质电冰箱、彩电、洗衣机、收录机、小汽车、楼房等。孝子、长孙出殡打引魂幡，与送葬队伍送花圈新旧结合；“装裹衣裳”（寿衣）女性穿花袄、裙子，男性也有穿大衣、大氅、戴现代帽、鸭舌帽、工人帽等，地道的新旧结合。2000年以后，阜平城镇农村居民在丧葬时，大部分家庭实行在棺材上盖棺罩。纸质楼房式的棺罩在埋坟后，将棺罩在坟头上烧化。

阜平过白事一般为3天，按去世者的死亡时间分长3天和短3天。葬后隔一天上坟，叫圆坟。逢7日一祭，49天为“尽七”。较为重视的有初七（7天），五七（35天）、尽七（49天）。中间如遇农历7日相遇为“犯七”，需提前一日祭坟，五七时犯七，需插五色小旗、送遗饭等。百天上坟叫过百日。阜平县还有为死者过一周年、二周年、三周年的习惯。一周年和三周年都要请客。过一周年时又叫“忌日”。三周年过完以后，死者的儿子过年就可以贴红对联了，上坟烧纸也就和其他坟地一样，按年节上坟祭扫即可。

三、节日习俗

阜平民间过传统节日的习俗，基本上延续传统。农村居民除过端午、中秋节比较隆重外，对于一些农历传统节日，则是大节大过，小节小过。有的节日只是吃一顿节日标志饭就算是过节了。如农历二月二吃煎饼、六月十三河神节吃麻糖（油条）、七月十五吃饺子、蒸面人、十月一日、冬至节吃饺子等。阜平传统节日很多，随着时代的发展，一些节日如传统的祭灶节、石头节、八仙节、填仓节、河神节等已逐步淡出人们的生活。

元宵节栗元铺村民舞龙

书法爱好者为东寺社区居民写春联

正月十五西下关村民跑旱船

除夕，俗称大年三十。主要活动有贴春联。春联随着电脑制作、数码技术的日渐成熟，创意春联受到大多数家庭的追捧。越来越多的家庭花钱购买印刷精美的春联，请人或自己动手写春联的越来越少；除夕夜喝辞岁酒、放爆竹、供神位。春节又称过年、过大年。是居民最为关注的大事。在农村，一般进入腊月人们就开始忙着置办年货，备吃备喝。农村依然是杀猪、

除夕夜果元铺村民放烟花

烧肉、做豆腐、打扫房屋、蒸年糕、蒸馒头，把正月初五以前的食物准备好。在县城，居民则是买现成的食品渐多，节前买猪肉、腌猪肉、做豆腐，蒸馒头等逐步减少。正月初一早晨家家户户鞭炮齐鸣。家家吃饺子，给长辈拜年，儿童穿新衣、着新装，长辈给压岁钱。之后到左邻右舍互相串门拜年，街上遇人互相称贺；凡戴孝之人，拜年礼提前在小年三十之前进行。

1996年后，时兴用电话给远方的亲人拜年。随着城镇化及人口流动速度加快，亲属见面、相互拜年逐渐难以做到。从2003年开始电话拜年、短信拜年、贺年卡拜年越来越时兴。2008年后，由过去的登门拜年，变为现在的轻点鼠标网上拜年。春节“探长亲”“住亲戚”习俗在慢慢消失。

1996年后，过春节同80年代前相比，人们普遍感到年味不如从前浓了。主要体现在；生活条件好了，80年代前只有过年才能吃的饺子、白面、大米、猪肉、豆腐、粉条，现在成了家常便饭，过去盼了好长时间才能吃到的东西，现在天天如此，没有过年的感觉；过去过年才能穿的新衣服，现在是随着季节的变化想买就买，想穿就穿，没有只能过年才能穿新衣的感觉；过去过年蒸馒头、杀猪宰羊、蒸年糕等，现在大部分被购买现成食品所取代，甚至连请人写对联也都换成了千篇一律的印刷对联，缺少了准备过年的感觉；现在电视、电脑增多，大部分家庭吃完年夜饭都是一家一屋在屋里看春节联欢晚会，互相串门聊天熬年的少了。现在过年虽然条件好了，但缺少了过去过年的红火热闹，过年节日气氛越来越淡。

正月十五猜灯谜

正月初五为破五节，也称“五穷日”放爆竹送穷神。正月十五元宵节，民俗有“大骡子、大马也得歇3天”的习惯，人们更要尽情享乐3天。正月十五、十六除了和春节一样的祭祀外，看花灯、猜灯谜、吃元宵、烤柏树枝火（传说烤柏树枝火一年不生病）、过花会。二月初二为龙抬头日。二月二这天早起抬头叫“抬龙头”，剃头叫“剃龙头”，二月二习俗吃煎饼、烙饼、忌吃面条，忌在屋内梳头发等。清明节，阜平人又称寒食，清明节烧纸祭祖。学校组织青年学生给烈士扫墓。端午节吃粽子，饮雄黄酒，门上插艾叶；小孩戴五色布缝制的布娃娃、小老虎、小猫、小鸡等物以“辟邪”。中元节，7月15又称鬼节是阜平人第二个祭祖的节日，县

正月十五烤柏树枝火

内的龙泉关、天生桥、吴王口、砂窝一带杀羊、做豆腐、蒸面人等，比较重视这个节日。八月十五，又称中秋节、团圆节。中秋节买月饼、摆“五果”供祭月亮神，家人吃饺子，饮酒赏月。

十月初一为“寒衣节”，又名送寒衣。给亡灵上坟烧纸“送寒衣”，出嫁妇女回家上坟。腊八节，俗称腊八日。吃腊八粥是这一天的主食。住娘家的闺女吃了粥要回婆家准备过年，有“吃罢腊八粥，赶紧往家走”的说法。

元旦公历1月1日。1999年9月，国家规定为法定节日。各机关、团体、厂矿、企事业、学校等单位悬挂国旗、彩旗，放假三天（正式假日1天，调休2天），进行团拜活动。农村这天改善生活，普遍吃饺子，一般不休息。

五一国际劳动节1999年9月，国家规定为法定假日。各机关、厂矿工人及在职人员放假7天（正式假日3天，调休4天），首开全国固定节日7天小长假，2008年增加清明节、端午节为法定节日，“五一”7天长假改为3天假期。

阜平职中清明节为烈士扫墓

“六一”儿童节各小学、幼儿园唱歌、跳舞庆祝节日。

“七一”纪念中国共产党成立日，党组织组织党员开会评选优秀党员，表彰先进党组织和优秀党员，开展新党员入党宣誓等活动。

“八一”建军节党政机关到部队、武装部进行走访慰问，军民共同开展各种庆祝活动。

9月10日教师节党政机关召开各种不同类型的教师座谈会，评选先进和优秀教师，进行表彰，社会各界开展各种形式的尊师重教活动。

国庆节1999年9月，国家规定10月1日为法定节日，党政机关、工厂、学校等单位悬挂国旗、彩旗，进行不同形式的纪念庆祝活动。并放假7天。

四、庙会习俗

阜平县城财神庙会，保定老调剧团演出

唱庙戏 阜平地处深山区，文化娱乐活动比较单调，普遍比较流行的是每年唱庙戏。全县大部分乡村都有庙会，庙会以奶奶庙（道教）会为最多，其次是火神庙（道教）、药王庙（道教）和老母庙（佛教）。阜平民间日常敬奉的神很多，多建有庙宇，但都有固定的庙会时间。庙会唱戏是全县各乡村活跃群众文化生活的一项重要内容。各村庙会期间一般唱戏三天，大部分乡村都盖有专门唱戏的戏台，演出场地都在当地的戏台上。没有戏台的则在临时搭建的戏台上演出。1978年古装戏没解放，村民过庙唱本县剧团的现代戏。80年代后期过庙都唱古装戏。有保定老调、河北梆子、山西晋剧和河南豫剧等。正庙早场戏开场前，戏班派出主要演员，扮成天官四府，即天神、地神、财神、福神到所演村子的庙前唱一段固定的拜庙戏。当地乡亲们开戏前到庙会上香，祈祷一年平安。庙会期间，附近的商贸、饮食服务摊点沿街摆摊售货，人们除观看文艺演出外，还进行物资交流。庙会期间，是亲朋好友相聚的时候，都会放下手中的农活赶庙会，甚至在外务工的人员，也有请假赶庙会的。庙会时各家请娘家人、请闺女、叫女婿来赶会，亲友团聚，改善生活。

五、忌讳

穿戴禁忌　阜平人一直以来坚持六月不缝被，八月不缝袄。俗语有："六月被没人睡，八月袄没人找"。正月不絮棉，传说正月妇女絮棉衣、棉裤、棉被之类有续闺女之嫌，对女儿不利。

出行忌讳　正月初五日为送穷日，忌出门。每月初五、十四、二十三日为忌日，忌出门。探视病人忌在月底或下午、晚上。

婚事禁忌　孕妇不能送亲，阜平人称怀孕妇女为"四只眼"，孕妇参与了接亲送亲，会认为肚子里的胎儿会冲走新娘的喜气。

新房布置好后，新郎结婚前不能在新房独睡，可以找一个小男孩一起睡，最好能找一些生肖大的，比如属龙属虎的。

结婚当日新郎新娘不能穿旧鞋。新娘穿旧鞋意谓是寡妇或活人妻再嫁，新郎穿旧鞋意谓是二婚再娶。

结婚当天新娘忌见水井、碾子、磨子，这些东西要用红纸或红布盖起来。

六、其他

生小孩坐月子，仍有看九天，过双九习俗。做满月时给小孩送衣服鞋帽、过满月礼等以示庆贺。1996年后，送礼金，在饭店摆酒席庆祝成为时尚。建房破土看吉日、烧香放炮；上梁看好时辰贴对联、挂红布、画八卦；乔迁选吉日、点灯花，搬迁之后请老人先住三天以"压宅"，入住之前请亲朋好友"暖房"，置备酒菜招待来客，共同庆祝。

第二节　演变习俗

一、穿衣着装

衣　改革开放后，县内居民服饰习俗发生很大变化。1996年后，阜平县城乡居民的衣着需求发生三大变化，即从"穿暖"向"穿美"转变，从"一衣多季"向"一季多衣"转变，从"请裁缝做衣"向"到商场购衣"转变。人们的穿着更加注重服装的质地、款式和色彩的搭配，名牌化、时装化和个性化成为衣着消费的主流。居民服饰已没有明显的地域性，服装的样式、质地、颜色不断变换。不再是改革开放前灰色和草绿色的着装基调，而是色彩斑斓、缤纷亮丽。

女青年穿衣出现跟风、追潮流时尚，服装变化最大。1996年后，城市女性的着装款式迅速成为普通女性流行服装。大部分年轻女性是什么时尚穿什么，什么流行穿什么。夏天以洁白、大红、大绿，花色鲜艳为主。春秋实行毛衣、羊毛衫外穿，非正规场合不穿外套。夏天裤衫则一反老式样，有筒裤、紧身裤、牛仔裤、脚蹬裤、半步裙、连衣裙。衬衫有篇幅衫、短衫、夹克衫、马甲、牛仔褂等。男女注重花样，重视款式。冬天男女普遍以轻薄为主。纯毛毛衣、混纺毛衣和一些轻薄的衣服成为年轻人的追风服饰。

男青年穿衣分为大气庄重和个性张扬两类。一类是上班族和35岁以上男性，穿衣以西服、夹克、休闲服等为主，夏天穿背心、短裤。另一类是以30岁以下的年轻男性为主，穿衣凸显个性的张扬和与众不同。这部分人或袒胸露背，或穿各色花上衣和红色、绿色衣裤，男性衣服同女性衣服颜色差别越来越小。

中老年女性的服装一改过去宽襟大袄，颜色以兰黑灰为主，色彩灰暗单调的旧式样，逐步向色调艳丽、大红大绿转变。夏天则更倾向于穿花衣花裤，凸显时尚。

阜平人穿衣，春夏秋冬和在不同场合穿着各不相同。参加婚礼和隆重庆典时，男女都要穿新衣，注重着装整齐。女性穿衣突出色彩鲜亮，男性穿西服、套服，搭配皮鞋。参加丧礼时，则禁忌穿红色和鲜艳亮丽的衣服，以黑、灰等朴素衣服搭配。走亲访友和参加朋友聚会则以休闲服装居多，突出个人特色为主。

鞋　1996年后，县内居民基本告别自制布鞋，平时穿鞋讲究美观大方和舒适耐用，出门办事或会客以穿皮鞋居多，平时喜欢穿布鞋。2000年后，逐步演变为休闲鞋、旅游鞋、山地鞋、运动鞋。塑料拖鞋或棉拖鞋以穿脱方便，成为家庭必备品种。女性穿高跟鞋、半高跟鞋、平跟鞋、坡跟鞋，还有松糕底、塔形底。

帽 阜平人夏天主要戴草帽（用麦秸秆编制的帽子），晴天遮凉，雨天挡雨。1996年后，男人除冬天为保暖戴一些栽绒棉帽外，春秋两季则戴比较讲究的鸭舌帽、凉帽、太阳帽。大部分人很少戴帽子，只通过改善发型来增加美感。帽子作为一种装饰品在年轻女性中流行，式样繁多，颜色各异，搭配围巾和手套，成为女性最流行的装扮。老年妇女也渐渐摆脱八九十年代常用的方围巾、长围巾，代之以各式各样的毛绒帽、毛线帽子。

袜 县内居民在1996年后主要是穿棉线袜、尼龙袜和锦纶丝袜。2005年以后追求天然、吸汗、防臭味的棉线袜。女性穿的长筒袜，长及大腿部，是青年女性夏季穿旗袍或超短裙护腿的专用袜子。

饰物 1996年后，县内人民开始讲究佩戴饰物。尤其是青年男女，根据个人的家庭经济情况，饰物渐丰。女性除佩戴样式繁多的发卡、眼镜、项链、耳环、耳坠、戒指外，手表、手机也成为饰物。无论城镇和农村，女青年结婚一般都要“二金”，女性结婚戴“三金”已经成为一种时尚。女性小孩从很小即开始扎耳朵眼、打耳坠，为以后佩戴金银首饰做准备。1996年前盛行的女青年带发卡、轧头绳的越来越少。

二、饮食

（一）主食

饮食习惯是早晨比较简单，一般是稀粥、挂面汤、馒头、玉米面饼子等，中午、晚饭吃米饭或面食。1996年后，居民生活发生了很大变化，日常主食以白面馒头、包子、面条、面片（板面）、挂面、饺子、烙饼、大米等为主。玉米糁粥，玉米面饼子等作为辅助食品。

细粮精做 2000年后，百姓的物质生活日益丰富，吃饱以后，人们开始由吃饱追求吃的精致，一日三餐吃细粮，平时食谱与节日难分，虽然吃食仍以白面、大米为主，不仅只吃馒头，而是擀面条、烙饼、炸油饼、包饺子、包包子经常变换花样。城镇居民买馒头、面条、烙饼等成品食物居多，自己蒸馒头，擀面条的很少。农村居民蒸馒头较多，但已不使用“起头”，普遍使用发酵粉发面，擀面条改用面条机压面条。吃大米饭不再是用大锅捞，而是用铝锅（阜平人称钢种锅）焖米饭、电饭煲蒸米饭。90年代前阜平居民用大锅熬菜的习惯，逐步变成了炒菜。

粗粮细作 1996年后，阜平县农村居民家庭平时吃饭以细粮为主，很少吃粗粮。偶尔吃点粗粮视为改善生活。在吃法上是粗粮细作，将玉米面和上少量面粉，发酵做成发糕，既萱又不失玉米面的味道，还有将细玉米面压饸饹、摊黄子，锅贴饼子，搅疙瘩、做拿糕等成了居民改善生活的最佳食品。

注重健康饮食 2000年后，阜平居民吃饭坚持低油、低脂、少盐，注重健康饮食、保健饮食。多以新鲜蔬菜、肉食、粮油为主。改变了90年代前，大鱼大肉的饮食方式，有60%以上的居民开始以素为主。购买蔬菜坚持少买、勤买；做饭吃多少做多少，尽量少吃或不吃剩饭、剩菜。90年代以前城镇居民同农村居民一样，冬储大白菜，到年底腌猪肉的生活方式已经改变。

待客主食 阜平人待客热情实在，有亲朋好友登门拜访，家里一定热情招待。改革开放前，由于阜平大部分农村没有解决温饱问题，为数不多的细粮只是逢年过节或有客人时才能吃。1996年后，随着农民温饱问题解决，阜平待客逐步讲究了起来。招待亲朋讲究进门饺子出门面，后则根据客人的喜好口味进行安排。但最后一顿让客人吃面条，意为常来常往。

（二）炉灶

1996年前，城镇居民做饭取暖大多采用蜂窝煤；农村居民做饭取暖多采用盘灶火，烧木柴，少部分村民用蜂窝煤炉。蜂窝煤炉作为一种做饭取暖的炉具风行延续了较长时间。1998年以后，液化气、电热炉、电磁炉作为新型做饭用具开始在城镇居民流行。蜂窝煤炉具从2002年后退出了城镇居民家庭。农村居民家庭仍以烧木柴做饭为主，液化器、电热锅、电饭煲、电磁炉也成了普通居民家中生活炉具。

（三）副食

1996—2003年间，阜平居民的副食与调料比较单纯，农村居民年前杀一头猪，吃一整年，常年吃腌猪肉，很少买鲜肉。豆腐、豆芽、粉条等只是逢年过节自己加工。2003年后，居民自己加工豆腐、豆芽、粉条已经很少，平时靠从商贩手中购买。调味品类以油、盐、酱、醋、花椒、大料为主。1996年后城镇居民吃炒菜，农村居民仍是大锅烩菜，春季主要吃菠菜、小白菜、水萝卜；夏季吃豆角、生菜、茴子白等；秋天品种丰富，有豆角、土豆、西红柿、茄子、青椒；冬天则主要以白菜、土豆、萝卜等为主。2000年后，随着温室大棚的发展，城镇、农村居民不再局限于本地的副食品种，一年四季都能吃到新鲜蔬菜。冬天不再以白菜、土豆、萝卜为主。农村居民也加大了错季蔬菜的种植，城镇的副食品差距越来越小。阜平一些具有当地特色的腌咸菜、烂腌菜、腌鸡蛋、炸香椿鱼等副食品种一直存在于人们的日常生活。

（四）饮酒

阜平自古出产以红枣为原料的枣酒，阜平本地产枣酒以味醇、甘甜、酒精度高、质优价廉闻名。当地人民半数以上有饮酒习惯。1996年后，家庭饮酒之风渐浓，不少户中老年男子每天必饮，一般是早饭不饮酒，午晚两饮。春秋冬三季以饮白酒为主，饮酒档次以本地枣酒和外地的一些瓶装低档白酒为主，夏天喝啤酒。招待亲朋好友，阜平有劝酒的习惯，亲友聚会，参加婚礼，常有人被劝酒喝得酩酊大醉。酒具由五六十年代的牛眼小盅，演变到八九十年代五钱玻璃酒杯，逐步发展到二两五一碗的小酒碗。酒与烟一样，成为日常生活和社会交往的必需品。

三、居住

房屋结构。阜平县农村大部房屋是木石结构和土木结构（土坯房）。双开木制门，为方框方格窗户，窗户里面贴窗户纸（白麻纸）。房屋设置依据地形，多为坐北朝南，单排房三至五间不等，一户一院。1996前阜平县龙泉关镇、天生桥镇、夏庄乡、砂窝乡、吴王口乡等乡村，村民习惯盖瓦房，房屋由于不出厦架（廊厦），锅灶都盘在屋内。为保持干净，当地农户养成了每次做完饭都用白土（坩子土）刷灶台的习惯，至今风俗依旧未改。

1996年后，农村居民盖房，使用砖砌墙，房顶使用木料的较多。墙面开始用白灰抹墙，地面用水泥抹面，门使用单开门，双开玻璃窗。2000年后，城镇农村建房全部改为水泥砂浆砌砖，房顶流行现浇屋顶，门窗使用铝合金玻璃窗，采用地板砖铺地，墙面实行水泥抹面，刮泥子、贴彩砖、面砖等。房间布局摒弃原来大房间、大土炕，改为一明两暗和小单间、大客

70年代末农民建设的民房

80年代农民建设的民房

厅、屋内建厨房，成为新模式。客厅、居室、储藏、卫生洗浴、厨房餐厅都建在屋内。

四、出行

1996年后，阜平交通状况有很大改善。一部分家庭拥有了摩托车、三轮车。乘摩托车、三轮车出行成了主流。2000年后，全县209个行政村有近200个村庄通了小班车，居民走亲访友以坐大巴、中巴，小轿车为主。

五、交往礼仪

称呼 尊老爱幼、热情好客、礼貌待人是阜平县居民传统习惯。晚辈尊敬长辈，青年人尊敬老人。对陌生人也以礼相待，视其年龄和身份分别尊称“大爷”“大妈”“叔”“婶”“大哥”“大姐”或“同志”。对干部则称姓氏职务。对读书人称“老师”。对工匠则称“师傅”。90年代后期，凡是不知姓名和不熟悉的人都尊称“师傅”，以示尊敬。受港台语言影响，爱人之间称“老公”“老婆”者渐多。称“先生”“老板”习惯逐渐恢复。70年代前，人们常用的“同志”称呼越来越少。对女性称呼“美女”者渐多。平时探路问事，“请”字当头，请人帮忙必说“谢谢”。同事、朋友或熟人见面，握手或相互微笑点头，或问候“吃饭了吗”“到屋里坐坐”等互相招呼。亲戚之间的称呼仍沿袭旧称，家庭称呼变化最大的是年轻父母大都让孩子改“爹”“娘”之称为“爸”“妈”。

待客礼仪 亲友、同学、同事、朋友登门，作为主人在门口迎候。来客带有礼物，主动接过，替客人拎包，到门口主动掀门帘或开门，让客人先进。进屋后让坐表示对客人尊重，双手递茶奉烟。给客人敬茶时，不能太满，阜平的习俗是“酒要满，茶要浅”。

用饭时男人陪客（妇女和小孩不入席），将客人让到正位农村称上岗（音），家有老人的，请老人当主陪。斟酒布茶先从正位斟起，吃菜时请客人先下筷，敬酒先敬客。主人要等客人吃饱后才放筷子。客人离去时，要送到大门外，笑脸相送，并道“慢走”或“下次再来”。

家庭就餐礼仪 阜平人吃饭讲究长辈坐在正位（上岗）位置（北房为坐北向南，面向门口），一般是夫妻挨着坐，小孩坐在下手。1996年后，随着家庭独生子女增多，大部分家庭对孩子娇惯，吃饭讲究座位秩序的家庭越来越少了。

六、庆典礼仪

祝寿 1996—2010年，民间男女过生日，一般都要表示祝贺。尤其是六十花甲、七十古稀，八十为耄，九十为耋，百岁期颐，统称遐龄，寿庆更为隆重。寿庆多由晚辈或亲友发起，但礼仪从简，不设寿堂，也不拜寿，仅敬送生日蛋糕，置办酒席，饮寿酒、吃寿面，意在祝愿老人健康长寿和报答养育之恩。

开业庆典 阜平人重视开业庆典是在20世纪九十年代逐步时兴起来的，厂矿、企业开业当天，广发请柬，邀请有关单位和领导参加。举行开业庆典剪彩仪式，鸣放鞭炮。参加单位或送镜匾，或送礼金以示祝贺。外地人一般在开业或竣工典礼时，不送钟，谐音为“送终”。而阜平人常常有送万年历、电子钟的习惯，谓“有始有终”(有时有钟)。一般商店、饭店、旅馆开业庆典比较简单，邀请一些部门和亲朋好友参加，大量燃放鞭炮，邀请秧歌队、大鼓队现场表演，活跃气氛，举行剪彩仪式。1996—2010年后阜平县开矿、经商、做买卖的业主和商户，流行每月逢农历初一、十五早晨点灯花、放炮等祭祀活动。

贺乔迁 由80年代初送中堂画、玻璃镜框，到90年代流行送大镜匾，石英表之类。2000年后期，店堂搬迁或开业庆贺流行送花篮、鲜花等；庙会、集市及街头摊贩，80年代以前多以口喊卖货，俗称“吆喝”。90年代后期流行晶体管喊话器，2000年后进化为电脑录音，反复呐喊，招徕顾客。更有将商品性能录制成快板书、顺口溜在集市反复播放，吸引顾客视线。2010年，各类商店名号五花八门。如“中心”“商城”“大世界”“商厦”“超市”。旅店、饭店、招待所改为“宾馆”“酒店”“酒楼”，“面馆”“快餐厅”“特色小吃部”。照相馆改为“影楼”，理发馆改为“美容美发厅”、浴池变为“桑拿中心”等。实物、图案形商幌，被琳琅满目的橱窗、商品广告图片、机械艺术形宣传品替代。

第三节　新型习俗

一、电话拜年

1996年后，全县城镇居民家庭电话普及。2005年后居民拥有了手机。打电话、使用手机成为居民最普通最直接的拜年方式。春节用电话拜年成为时尚。

二、家庭上网

2006年后，家用电脑逐步进入居民家庭，上网成为新时尚。家用电脑逐步普及，居民通过电脑上网，了解时事、政策及其他信息，丰富知识层面，达到“充电”的目的。居民电脑用户最大的利用价值是在网上浏览新闻、交友聊天、网上购物、网上销售、互联网拜年等。居民在网上进行各种文娱活动。

三、祝寿点歌

2001年后，阜平县居民兴起为父母和朋友生日点歌热，逢父母和至爱亲朋寿诞之日，在电视台一人点歌，众人听唱。显示了亲情孝道，增进了朋友感情，使传统的祝寿活动有了新的升华。

四、街头夜市

阜平县城街头夜市出现于90年代末期，夏季炎热，居民夜晚到街头消热纳凉，聚会闲谈。头脑敏捷的商家及时发现商机，在街旁人行道

装扮圣诞老人招揽顾客

东盛超市进行圣诞专柜促销

上，摆上桌椅，备上夏令凉菜，冷饮、扎啤、烧烤羊肉串、兔排等。居民居家老少，或同学、同事围坐一起，边吃菜饮酒，边乘凉聊天侃大山。寓请客吃饭与消夏祛暑于一体，商家食客两厢皆悦。不足之处是，街头烧烤烟气呛人，污染空气，有时影响交通。

五、中老年跳舞

2000年初，城镇居民健身、娱乐初具规模，早晨练太极拳，太极剑，傍晚散步。2000年后，健身娱乐格局渐有变化，不少女性融入练拳练剑，男性加入跳舞、扭秧歌的行列。2005年后健身娱乐活动逐步向农村延伸，夕阳西下，村村娱乐场地，村民秧歌队展现身手，形成一道靓丽的健身娱乐风景线。

六、倒贴福字

1996—2010年，阜平居民过年贴春联，流行将“福”字倒贴的习惯，不为错举，而是寓意“福到”之意。同样，过去阜平人结婚迎亲，新娘子以着红、做红车为吉。

七、酒楼请客

2000年后，婚丧嫁娶、生日、满月、乔迁新居等，由家设宴接待改为酒楼请客。既显示对客人的重视，又显示出主人的阔绰。

八、舶来节日

2005年后，随着网络的普及推广，外国一些有影响的节日，被一部分民众熟悉并采用。如2月14日情人节，夫妻、情人之间赠送玫瑰、巧克力，以示爱意；4月1日愚人节，朋友之间发送虚假信息取乐，以示对对方的惦记；

每年五月第二个星期日为母亲节；六月第二个星期日为父亲节；年轻的孩子们会给父母亲发送最美好的祝福；12月25日圣诞节，基督教和天主教徒聚会，举行宗教活动，较大的商场、饭店以圣诞树和圣诞老人装点，举行圣诞促销，朋友互发短信表示祝福。

第四节　老物件旧习俗

一、服饰

大襟偏开口男女上衣、长袍、马褂、大裆宽腰裤已经绝迹。搓麻绳、纳鞋底，做布袜子穿用已绝迹，尖角女人鞋也随着小脚妇女减少而逐步退出人们的视线，成为民俗收藏品。农村罩白羊肚手巾和戴毡壳帽的习俗也已基本绝迹。

二、饮食

传统的水磨面、石碾推面、本地面粉机加工面、枣面、炒面、糠面已从居民的餐桌上淡出；炊具类：木锅盖、草编盖等已被不锈钢和铝锅盖代替。炉灶类；柴油炉、蜂窝煤炉已被电磁炉、液化气灶所取代。

三、居住

木质土坯房、旧式瓦房等建房模式已无人使用；土坯炕正在减少。旧式家具方桌、条几、板柜、扣箱、圈椅已无人制作使用；卧室糊顶幔、插高粱秆做支架及纸裱墙、糊炕厢的习俗及工艺已经消失；农村连矛圈已绝迹，压水井、辘轳井、石磨，石碾大部分已闲置。

四、用具

生产用木头犁、铁制一步犁、耧、格子、挑框、斛水斗、柏木油锅等。生活用木制水筲、石碾、石磨、水打磨等。

五、其他

节日习俗中，石头节、乞巧节、填仓节、祭灶节已在大多数居民头脑中淡化，不再按传统的节日习俗操持过节。礼仪习俗方面，见长辈不再下跪磕头、作揖或鞠躬；走亲访友时“扤篮子”“扤馍馍”者越来越少。儿童认干娘戴长命锁，到十二岁开锁的习俗已绝迹；妇女生产时请“接生婆”接生的习俗已不存在。

阜平县部分老物件

08 城市快讯　2016年8月19日 星期五 新闻热线：0312-2057966

阜平深山有座“民俗老物件展馆”

本报讯（通讯员袁军）距阜平县城西南10公里的黑峪口村山脚下，有一座鑫湖民俗老物件展馆，馆长是44岁的当地人李强，在这里扎根已经8年之久，展馆里有他通过各种渠道搜罗来的老电影海报、农用具、日记本、梳妆盒、钟表、茶壶、工作证、旧书本等。他收藏的基本是从建国到上世纪80年代的东西，将三间屋子和两个仓库摆得满满当当，总计有1000多件。

李强个头敦实，相貌憨厚淳朴，说起收藏渊源，他发自肺腑地说喜欢。上个世纪八十年代初，还是中学生的李强就开始集邮，当时村里大队部常有寄来的信件，发现好看的邮票，他总是爱不释手，所以那时乡亲们收到信件觉得奇怪，平白无故的信封贴邮票处开了“天窗”，其实那是大队部常客小李强的“杰作”。问起他的第一件藏品，却是一个小电视般大小黑漆漆木质的“斗”，就是过去老百姓家里量粮食的器具。这还是土改时期，李强爷爷从地主家分来的，保存到现在，具体多少年了，谁也说不清。

过去普通人家里的和面盆，在他看来也是宝贝。李强说小时候妈妈和面时，盆上还有字，可是前几年回家向母亲讨要，母亲好不容易翻出来面盆，问：上面哪有字？李强坚信自己的记忆，当他洗净面盆上的污垢，果然在底部，几朵迎春花上，显露出“抓革命促生产”两行字。

“若想搞收藏，就得先做个有心人。”李强深谙此理。为此，他广交朋友，在其他人眼里不起眼的旧课本、作废的医疗证、布票粮票，对他来说就是十足的宝贝。另外网络的发达，也助他一臂之力，像《红灯记》《智取威虎山》等八个样板戏电影海报，就是慢慢通过和网友交换藏品集齐的。8年间，他投资鑫湖民俗老物件展馆以及餐饮、垂钓生意百万元，钱虽没赚多少，但他开心，因为看到自己拥有越来越多的民俗老物件，他觉得这样生活才有滋有味。

“收集、发现、保护具有地域特色的民俗物件，也是为了抢救和继承优秀民间传统文化，这是件值得有人去做的事情。”李强如是说。

保定电院开展突发事件应急处置演练

保定市保安公司专业人员就如何预防入室盗窃、如何预防火灾发生、发生入室盗窃的处置预案、发生火灾的处置预案和灭火器的……

参加培训演练的人员一致表示，通过安全培训和现场演练，增强了安全防范意识，掌握了入室盗窃发生和火灾发生时的处置技巧，提高了突发事件应急能力。

莲池区地税局实……资源税申报率和……率全部100%

曲阳县级医疗机……下乡义诊26次

燕赵都市报报道并详细介绍了《胭脂河红藏馆》的收藏

提灯

毡鞋

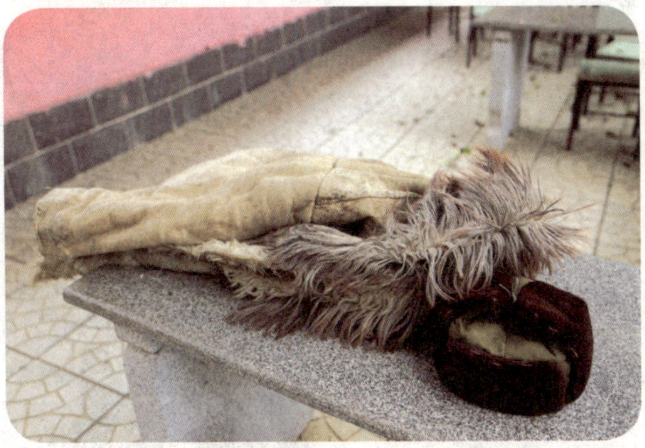

皮袄

石碾

石磨

耠子

纺车

秤

陶罐

水梢

斗、升子

（以上实物图片均由《胭脂河红藏馆》提供）

第四章　方言

皐平话属北方方言，语音大体上与普通话相近。受地域、交通、风俗等因素影响，语言又有许多“小地方”方言；如平阳、台峪、两乡镇东与曲阳县、唐县接壤，居民说话、发音与曲阳、唐县近似，话音后边一般挂‘儿’。北果园乡、城南庄镇南与行唐县、灵寿相邻，部分居民说话仿同行唐、灵寿口音。夏庄乡、龙泉关镇、天生桥镇靠近五台县，大部分居民说话、发音与山西晋语（五台话）相同，砂窝乡、吴王口乡、史家寨乡与山西省的灵丘、繁峙毗连，当地居民讲话多夹杂类似繁峙、灵丘的晋语。皐平境内适用范围最广、比较标准能体现皐平方言特点的，是皐平县城周围几个乡镇。

第一节　语音

一、县城周围几个乡镇的居民，在发音中没有前鼻韵母“en”，后天经老师指教才基本能掌握正确的发音和吐字。因此在正常谈话和没上过学的都把“en”与“eng”混同使用。除东部平阳、台峪乡以外，其他乡村的居民绝大多数将普通话中的 en[n]—eng 和 in〔in〕—ing〔i〕混同、把 en[n] 和 in[in]、uen[un]、un[yn] 都读成后鼻韵 ng。

皐平县部分方言与普通话的区别表（一）

表 2-4-1

例词	普通话	皐平方言
开门	Kāi mén	Kāi méng
花粉	huā fěn	huā féng
人民	Rén mín	Rén mīng
二斤	Èr jīn	Èr jīng
很近	Hěn jìn	Hēng jìng
脸盆	Liǎn pén	Liǎn péng

二、全县范围内有将声母 j q x 跟 I u 或以 i u 开头的韵母相拼的团音读成声母 z c s，跟 i u 或以 i u 开头的韵母相拼的舌尖音现象，而普通话是没有舌尖音的。例如：

皐平县部分方言与普通话的区别表（二）

表 2-4-2

例词	普通话	皐平方言
泉水	Quán shuǐ	Cuán shuǐ
宣传	Xuān chuán	Suán chuán
没有	Mēi you	Mu you

三、在阜平方言中还有一些特殊的定词读音与普通话不同，造成误读。主要原因是由于居民们口授相传，约定俗成，长时间习惯使用而成。但这类字词为数并不少。例如：

阜平县部分方言与普通话的区别表（三）

表 2-4-3

例词	普通话	阜平方言	
墨水	mò shuǐ	墨（音煤）水	Mèi shǔi
钢笔	Gāng bǐ	钢笔（音北）	Gāng bēi
若干	ruò gān	若（音绕）干	Rào gān
德意志	dé yí zhí	德（音嘚）意志	dei yì zhì
选举	Xuǎn jǔ	选（音算）举	Suán jú
节约	Jie yue	节约（音摇）	Jieyao
第一册	Diyice	第一册（音柴）	Diyichai
叔叔	Shu shu	叔叔（手手）	Shou shou
大伯	Da bo	大伯（音百）	Da bai
扫地	Sao di	扫（音抄）地	Chao di
干活	Gan huo	干活（音件）	Gan jian
安全	An quan	安全（音窜）	an cuan

四、阜平方言实际上有四种声调，分别为阴平、阳平、上声和去声，基本上与普通话“四声”相似，只是在口语中常把一些上声字读成去声阳平字，阳平调值偏低，县城一带读不出二声字。往往把二声字读的近似三声。但并非所有普通话中的上声字都读成去声子。然而，这都是阜平方言的特点。例如：

阜平县部分方言与普通话的区别表（四）

表 2-4-4

例词	普通话	阜平方言
好看	Hǎo kán	Háo kàn
快走	Kuai zǒu	Kuai zóu

第二节 词汇

阜平方言中的词汇相当丰富，相当复杂，既有包容普通话的基本词汇，还有相当数量的地方方言词。这些方言词一般可以从普通话中找到相应的词，分类整理如下：

一、天文地理类

阜平县部分方言与普通话的区别表（五）

表 2-4-5

普通话	阜平方言
太阳	日头、老爷儿
月亮	月儿、老母儿、月婆婆
星星	星宿（音 xiu）
小雨	蒙心雨、毛毛雨
地震	地动
彩霞	潲云、火烧云
冰	冻凌、冻溜
雨夹风	风搅雨、潲雨
雨夹雪	脓包雪

二、时令类

阜平县部分方言与普通话的区别表（六）

表 2-4-6

普通话	阜平方言
今天	今儿个、今儿嘛、今儿啦
明天	明个、明嘛、明儿
后天	后儿、后个、后嘛
去年	年生
中午	晌火
下午	后晌
白天	白晌、白日
晚上	黑呀、夜里
立春	打春

三、动物类

阜平县部分方言与普通话的区别表（七）

表 2-4-7

普通话	阜平方言
公牛	牤牛

续表 2-4-7

普通话	阜平方言
母牛	仔牛
公羊	骚呼
公猪	老泡
母猪	老母猪、老海
蚂蚁	蚍蜉（音 biefu）、蚂蚍（音 bie）蜉
蜻蜓	蚂螂
螳螂	刀螂
萤火虫	棉花虫、三儿
蚯蚓	曲蟮
蝉	知了、唧了
蜗牛	牛牛蛮儿
蟋蟀	素蛐儿
苍蝇	蝇子
蝙蝠	夜蝙虎、园蝙虎
蛇	长虫、皮条
壁虎	蝎虎、蝎出溜
啄木鸟	奔渣木儿
麻雀	家雀儿
猫头鹰	呱呱鼬
牲口	头夫
乌鸦	老鸹

四、植物类

阜平县部分方言与普通话的区别表（八）

表 2-4-8

普通话	阜平方言
花生	果子
土豆	山药蛋
板栗	栗子
向日葵	葵花、日头花、
玉米	玉茭子、黍棒子、茭棒、如棒
白薯	山药、红山药

续表 2-4-8

普通话	阜平方言
蒲公英	菠勃丁、谷谷丁
灰菜	老绿

五、称呼类

阜平县部分方言与普通话的区别表（九）

表 2-4-9

普通话	阜平方言
父亲 爸爸	爹
母亲 妈妈	娘
弟弟	兄弟、兄哩
伯伯 伯父	大伯（音百）
伯母	大大、大娘
舅母	妗子
内兄	大舅哥、大舅子、大兄哥
内弟	小舅子
男孩	小子、小小、小小子
女孩	闺女、丫头、闺妮、小妮、小妮子
男青年	小伙、小伙子、后生
老太太	老娘娘
老大爷	老头头、老头儿
同母异父弟兄	界山弟兄
太祖父	老爷爷
太祖母	老奶奶
父亲的姑姑	老姑
父亲的姑父	老姑夫
父亲的姨姨	老姨
父亲的姨夫	老姨夫
父亲的舅舅	老舅
父亲的舅母	老妗子
母亲的姑姑	姑姥娘
母亲的姑父	姑姥爷
母亲的舅舅	舅姥爷

续表 2-4-9

普通话	阜平方言
母亲的舅母	舅姥娘
母亲的姨姨	姨姥娘
母亲的姨夫	姨姥爷

六、人体类

阜平县部分方言与普通话的区别表（十）

表 2-4-10

普通话	阜平方言
头	脑袋、脑袋瓜儿、脑瓜子
额	门楼盖、月老盖儿、夜老盖
胡子	胡采
咽喉	喉嗓子眼、嗓子眼
膝盖	磕膝盖、不老盖儿
乳房	奶、斋斋
脚	脚板
背	脊梁背、脊酿背、背心
肾	腰子
胃	肚子

七、饮食类

阜平县部分方言与普通话的区别表（十一）

表 2-4-11

普通话	阜平方言
玉米面粥	馇子、糊糊
面粉	白面
猪油	腥油、大油、荤油
馒头	馍馍、卷子
植物油	素油
油条	麻糖、果子
大米饭	稻米饭
馒头，玉米面饼子	统称“干粮”

八、方位类

阜平县部分方言与普通话的区别表（十二）

表 2-4-12

普通话	阜平方言
上边	上面、上头、头起、浮头
下边	底下、下头
中间	当家、当当家、当中
里面	里头、里边
外面	外头、外边
前面	前头、前边、头里
后面	后头、后边、末拉尾（音 yi）、

九、农业用语类

阜平县部分方言与普通话的区别表（十三）

表 2-4-13

普通话	阜平方言
耙子	杈子
耙地	擦地
压场	碾场、打场
锄头	薅锄、耪田勺、耪镰勺
种瓜	安瓜
铁锹	铁锨、钎
种秧苗	下秧、铺秧
镐	镢子、镢头

第三节　语法

一、儿化语音

不少乡镇居民说话话尾带 er 音，东部、东北部的平阳、台峪、大台几个乡镇最为明显。而阜平方言中，在以上所说地域内，单韵母 er 常常是自成音节，前边有了儿化，后边也要加 er。例如：

阜平县部分方言与普通话的区别表（十四）

表 2-4-14

例词	普通话	阜平方言
老头	Lǎo t ǒu	老头儿 l ǎo t ǒu er
笔尖	Bǐ jiǎn	笔尖儿 b ei jiǎn er
锄头	Chu tou	小锄儿 xiao chu er

二、常用动词、形容词：

阜平县部分方言与普通话的区别表（十五）

表 2-4-15

普通话	阜平方言
没有	马啊、木、木有、木（音 mu）有价
喜欢	待见、喜见
不喜欢	不待见、不喜见
欺骗	糊弄、捉弄、哄
腹泻	拉肚子、跑肚、跑茅子
挂念	惦记、结记
跌倒	跌跟头、跌骨碌
看	瞭瞭、老呱
怎么了	怎么兰、咋鬼里
行	沾
捣鬼	日鬼、日鬼倒坷垃
好	得（音 dei）
什么时候	多会儿、多咱
不知道	知不道、闹不清
不多点	不大点儿
很少	二五眼
坏	嘎咕、灰、赖
胡说	胡扯、胡噙、瞎说
不自觉	不挂眼、不带劲
难看、不漂亮	磕碜、寒碜
无目的转悠	合筛
藏起来	抬唠、记唠

续表 2-4-15

普通话	阜平方言
聊天	说闲荒儿、拍闲话
说话、做事不上趟	百嘛不是
告诉一声	念起（儿）一声、念念一声
惊讶、惊叹	老黄天、老天黄
可笑	笑里慌
不用了	表兰
动一动	故能故能
骂人、训人	撅人、嚷人
倔强、（音 jiang）别扭	拧鸡儿
不利索	舍溜子淡挂
眼神不好、看不清	雀蒙眼、雀乌眼
好显摆、逞能	烧包
到河里洗澡、游泳	打澡气

三、其他

阜平县部分方言与普通话的区别表（十六）

表 2-4-16

普通话	阜平方言
石灰	大灰、白灰
水泥	洋灰
火柴	洋火、洋取同儿、取同儿
汤匙	勺勺、勺子
香皂、肥皂	胰子
背心	腰腰、汗塔
厕所	茅子、茅房、茅坑、茅厕、茅圊
尿布	袀子
凳子	杌凳、板凳
蹲下	股就、股低
眼屎	吃嘛糊
鼻涕	能呆
扫地	抄地
干活	干件（件的儿化音）

续表 2-4-16

普通话	阜平方言
秤（东西 ）	治一下　约一下
喝东西	吸溜
麻烦	叵烦 、半烦、破烦

在阜平方言中，还有一些特殊的词在普通话中没有与之对应的词，例如：

阜平县部分方言与普通话的区别表（十七）

表 2-4-17

阜平方言	包含意义
包圆儿	把剩下的一块处理掉
麻穰团	不讲道理，胡搅蛮缠的人。
爬场	人性不好
下巴做	贪婪的样子
闪呼	不可靠
腻歪	做事不爽快
糙、麸皮	皮身上的脏东西
腻烦、隔腻	反感
生活过得“款超”	生活过得不错
生活过得‘隔牵’	生活过得一般
烧包	好显摆
棵流	弯曲、不正

阜平方言将普通话中的语助词如呢、了、吧等常改读成哩、老、哇、啊、兰等。例如：

阜平县部分方言与普通话的区别表（十八）

表 2-4-18

普通话	阜平方言
说着呢	说着哩
吃了饭了、买了点东西	吃老饭了、卖老点东西
走吧	走哇、走啊
他走了	他走兰
这书是我的	这书是我哩

在阜平方言中，常常把一些带有“家”字的地名中的“家”读成“哇”“啊”“呀”。例如：“谷家沟”读成“谷啊沟”，“赵家沟”读成“赵哇沟”，“杨家庄”读成“杨啊庄”，“张家庄”

读成“张啊庄”，“易家庄”读成“易呀庄”，“崔家庄”读成“崔啊庄”等等。本地人习惯将“柏崖（bai ya）”“黑崖沟”（heiyagou）中的“崖”字读成“nie”。这类现象既有语音上的差异，也体现了阜平方言词汇的特点。

阜平方言中有一些带有一定地域性的特殊语气词，虽说只是一小部分，代表了一个地方的特殊方言。如：龙泉关镇、天生桥镇说话好带“格拉”，砂窝、吴王口一带说话挂“筛”，阜平镇、城南庄镇一带说话带“讪”，平阳一带居民话尾带的“儿”字，这类特殊语气词，让听者引起重视作用。阜平话语中有一些特别的词汇，如：“今天”说成“今儿啦”“今儿嘛”，“中午”说成“晌火”，“太阳”说成“老爷儿”“日头”，“没有”说成“马”“母价”，“行”说成“沾”“啼哭”说成“啼胡”，骂人说成是“撅人”，“感冒”说成“风发”，把亲戚说成“且人”（戚的近似音）等。

阜平县部分方言与普通话的区别表（十九）

表 2-4-19

普通话	阜平话
怎么了	咋鬼里、怎么兰
看看、瞧瞧	老刮老刮
狗东西	狗儿里
不讲道理，胡搅蛮缠	麻穰团
不自觉	不挂眼
一边去	半鼻子去
很老的年纪	可柴柴
快点	娘摸着
鼓捣、捣鬼	日鬼捣坷垃
蜷缩、蹲着	圪僦着
垃圾	恶扎
伤风、感冒	风发
现在、如今	热暂、这暂
干什么啊	组什么、揍嘛安
原来、刚才	那暂
现在	这暂
扔东西	幔东西

第四节 口语

阜平方言中时常夹杂兰般（lan ban）、兰蛮（lan man）、焉般（yan ban）、万（wan）、赶（gan）、连（lian）、蛮儿哩（man r li）等虚词，形成特定的阜平方言常见的口语语法，其大体用法如下：

吃兰般？吃兰蛮？= 吃了没有？

去兰般？去兰蛮？= 去了没有？

吃安般？去安般？= 吃不吃？去不去？

去焉般？= 去不去？

回来兰满？= 回来没有？

万（赶）哪儿来兰 = 从哪儿来的啊？

买你说怎么办？= 那你说怎么办？

不了、别了 = 覅兰

阜平人读数字也与标准话差距较大，很有特点。10个数字读法则不尽相同。如1个仍读1个，2、3个则读成“俩么、仨么”，也有读成“俩、仨”，4、7个读成“四啊、七啊”，8个仍读8个，9、10个则读成“9啊、10啊”。

阜平的方言口语中还有很多的分音、合章词，简洁明了。但如不做解释外地人很难理解。如：

阜平县部分方言与普通话的区别表（二十）

表2-4-20

方言	注释
1. 着 zhāo	“知道”二字的合音
2. 定儿 din er	“弟兄”二字的合音
3. 柳头　liu tou	“里头”二字的意思

例如：

问：你们村里有多少户？

答：谁着哩。（谁知道呢。）

问；你组什么兰？

答；我是么也马族。普通话意思是；你干什么啊？我什么也没干。

阜平方言多，听起来动听但有时难懂。如果剔除那些浓浓的方言，则有些接近普通话。这类话在描述一种动作时，觉得不解渴，就换成一个更形象生动的词来描绘。比如把“看看”或“瞅瞅”说成“老鸹老鸹”，把“鼓捣”“捣鬼”说成“日鬼捣坷垃”，把“打你”说成“筛你”“扇你”，把“跑”说成“刮颠”。

对照一段话，就可以充分体现阜平话与普通话的差别；

阜平话；夜里个，我风发了，一点也不待动，光想鼓秋着，二明子非要来老鸹老鸹我，我一点也不待见他。那个二球楞说话冒凉枪，办事不着调，整天舍溜子蛋挂里，一点也不紧就，也不知道他见天个日鬼十么里，气里他爹一愣一愣的，光想绝他，我可不招惹他。今个前半晌，我圪蹴被窝里发了一身白毛汗，没价事了。

普通话；昨天，我感冒了，不想动，只想躺着，二明要来看我，我不喜欢他，他这人不懂事，说话没谱，办事没底，穿衣着装邋里邋遢。那个人不知道天天在干什么，让他父亲很生气，光想骂他，我不想理他。今天上午，我钻到被窝里发了一身汗，没事了。

第五节　发展变化的阜平方言

1996年后，阜平方言随着学校老师授课标准话程度提高，逐步接近标准话。靠近山西的吴王口乡、砂窝乡、龙泉关镇、天生桥镇、夏庄乡以及城南庄镇三官村等地，年青一代尽管在语音、语法、声调上还掌握不准确，单个字能按正确读音读字。“四”“十”同音，“自”“至”不分等地方方言得到一定程度的纠正。在正式场合，都能使用普通话，一些现代流行语和网络新词也出现在人群的日常交流中。

例如；称呼父母普遍由称呼“爹”“娘”改为称呼“爸”“妈”。

到饭馆就餐结账时不说“算账”，而改为“买单”。

大人、小孩和人分别时说“再见”，说“拜拜”。

人患感冒基本上都说感冒，很少再说得“风发”了。

称赞男人漂亮过去说这小伙儿长得真俊，

现在叫“帅哥”，称赞女人漂亮叫“美眉”。

与众不同的人被称为“另类”。

大胆、超前、时髦被称为“前卫”。

代人替考的人被称为“抢手”。

重量级的明星叫“大腕”。

解雇和辞退叫“炒鱿鱼”。

最激烈的程度叫“白热化”。

别人请吃饭叫赴“饭局”。

带劲、好极了、感觉不错叫“爽”。

好、非常舒适叫“酷”。

给劲、带劲叫“给力”。

好看叫“养眼”。

加强学习、深造叫“充电”。

质量低劣的建筑工程叫“豆腐渣工程”。

令人吃惊的人和事叫“大跌眼镜”。

大人、孩子“拉屎”“尿尿”普遍改为上厕所，大、小便。

第三篇　基础设施

1996—2010年是阜平县交通、电力、水利、城建、通信等基础设施建设大发展、快发展时期。

交通：2010年全县四级以上公路1402.09公里，公路密度55.29公里/百平方公里，形成了以县城为中心，通达周边县、市，县内连接乡村的公路交通网。公路标准全部提升，新建成保阜高速公路。公路通达能力显著增强。客运方便快捷，货物运输量大幅度增长。

电力：投资1.37亿元于2009年动工兴建的阜平镇黄岸底220千伏变电站，改变了阜平县多年来用电紧张状况。2010年，全县拥有220千伏变电站1座，主变1台，容量12万千伏安，110千伏变电站1座，主变容量6000千伏安/2台，35千伏变电站6台，主变容量728000千伏安/台，10千伏配电变压器184.546万千伏安/1487台。110千伏线路2条，43.2公里，35千伏线路5条，108.93公里，10千伏配电线路32条，1003.82公里。全县乡、村、户通电率达到100%，工农业生产及居民生活用电量达到2亿千瓦时以上。

水利：原有水库、塘坝得到加固、维修、改造，新建一批防汛抗旱、防洪排涝等农田水利工程，小流域治理和农村饮水工程有较大发展。2010年，全县小型水库11座，灌溉面积9600亩。塘坝76座，比1995年新增17座。机电井2348眼，配套1862眼，年供水量2550万立方米。防渗渠道2100公里，灌溉面积5.6万亩。

城乡建设：实施"太行山旅游文化强县"和"山水名城"的总体规划，城乡规划不断细化，布局日趋优化合理，设施逐步健全完善。2010年城区面积由1996年的2平方公里扩大到9.5平方公里。全县人均住宅面积18平方米，城区人口人均拥有道路面积12平方米，供水覆盖城区90%以上区域。

邮政电信：邮政在原有信件投递，报刊征订等业务基础上，先后开办特快专递、中邮专送广告、商业信函等项业务，业务量不断增大。电信、移动通信，大批新设备投入运营，通信覆盖范围扩大。

第一章 城乡规划建设

1995年，阜平县城镇化水平较低，城区面积不足2平方公里。2010年9.5平方公里。县城街道拓宽，住宅、办公、营业楼越盖越高。一个个住宅小区建成，一座座高楼拔地而起，行政机关企事业单位大都建起新的办公楼。商贸楼、商场、农贸市场、购物街、各类超市相继建成投入运营。乡村农民由土坯房更新建成二层小楼房，用上自来水、村村通电、通电话、通公路。2010年全县人均住宅面积18平方米。

随着城镇建设步伐不断加快，县城人口快速增长。2008—2010年，开展“城乡三年大变样”活动，坚持一个建筑一个亮点，一个小区一座花园，一条街道一个艺术走廊，县城面貌实现“三年大变样”。

第一节 县城规划建设

一、管理机构

阜平县建设环保局，设四个行政股室：办公室、城乡规划管理股、建设工程管理股、环境保护管理办公室。事业股室10个：有招标办、稽查办、质监站、自来水公司、环境监理站、房管所、城管队、劳务所、造价站、环卫所。建设集团公司为局属集体企业。有工作人员76人。

1996年自来水公司划归水利局。2001年阜平县环境保护局挂牌成立，阜平县建设环保局更名为“阜平县建设局”。3月旅游局独立办公。2001年3月，工程股与稽查办分设，取消造价站，职能合并到工程股。2002年7月稽查办改称建筑市场综合执法大队，撤销劳务所，职能划归劳动人事局。2004年1月设立城建档案室，挂靠办公室，设立拆迁办，散装水泥办公室，挂靠规划股，增设村镇所，村镇设计室、风景名胜区管理所，合署办公。2004年11月将原城管监察大队，环卫所和市容监察大队3个股室合并，成立城管环卫综合执法大队，2004年12月成立政策法制股。2005年1月设立保定市住房公积金阜平县管理部，由房管所行使职能。成立窗口服务中心，靠挂法制股，城建档案和散装水泥办公室职能靠挂法制股，成立城市管理综合执法大队，行使城管、环卫、市容、市政园林绿化等项职能，2005年7月成立社区环境卫生管理所，专门负责社区卫生的保洁工作，并收取各单位环境卫生服务费，街道环境卫生服务费，和社区环境卫生服务费。2006年10月阜平县住房公积金管理工作全部移交市中心管理处。2007年7月1日隶属建设局的规划股分离成独立科局。2008年4月劳务所靠挂招标办。风景名胜区管理所靠挂安监站，成立保定市建设市场交易中心阜平分中心。造价站、图审办、抗震办靠挂招标办。2009年2月造价站与招标办分设，独立办公，抗震办、图审办、劳务所、散装水泥管理办公室、建筑市场交易中心靠挂造价站，风景名胜区管理所靠挂工程股。2009年5月，成立垃圾收费组。2010年机构设置无变化。

二、县城规划

1985年，阜平县制定第一个《阜平县县城总体规划》。1998年，县政府委托天津市五祖工程设计咨询有限公司对《阜平县县城总体规划》进行修编，2000年1月完成《阜平县县城总体规划（1998—2015）》。规划期限有近期1998—2005年；远期2005—2015年；远景2015年以后。规划区界西至四里庄西大沙河桥以东，北至八里庄，东至青沿，南至杨家村。规划总面积30平方公里。城区人口规模：2005年为4.1万人，2015年为5.5万人。建设用地规模：2005年城区建设用地4.55平方公里，2015年城区

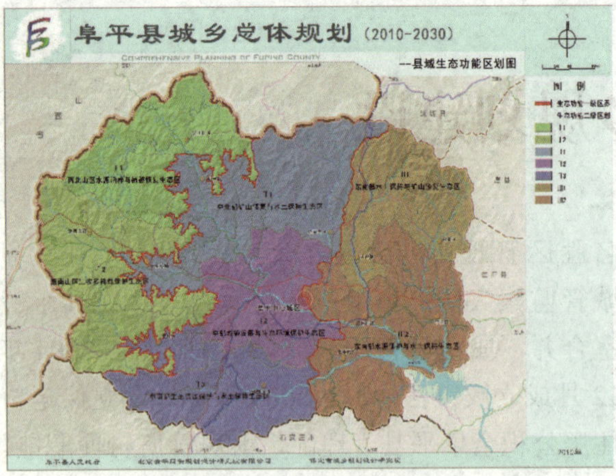

县域生态功能区划图

建设用地6.1平方公里，人均建设用地110平方米。

2005年3月，县政府委托河北省城乡规划设计研究院对县城总体规划进行重新修订，2006年底完成。2009年经保定市人民政府正式批复执行。规划期限为2005—2020年，其中近期为2005—2010年。人口规模近期5万人，远期为7万人。规划区用地规模为6.99平方公里。用地布局为“一城、两区、六组团”（阜平县城，阜平主城区和阜东城区，主城综合服务组团、法华组团、城北组团、城南组团、照旺台组团、滨河北组团）。2008年3月成立阜平县城乡规划委员会，负责组织、协调规划项目实施，指导县城建设。

三、县城建设

（一）道路建设

1996年，县城有东寺大街、中兴街、南街、北街、桥东街、桥西街等主干路多为沥青路面，部分为混凝土路面。随着社会经济快速发展，县城面积不断扩大，人口逐渐增多，道路建设进入快速发展时期。先后建设环城路、党校路、府北胡同、安庄路、城岗街、城岗胡同、保阜高速公路连接线等道路。2010年，县城建有6条路，9条街、2个胡同，道路总面积36000平方米，城区人均道路面积12平方米。2008年，对中兴街道两侧便道进行改造，便道全长1092.1米，铺设花岗岩火烧板5023平方米，石质路沿石1092.1米，石砌树坑56个，总造价15631.4元。2009年对府前街两侧便道进行改造，便道全长155米，铺设花岗岩火烧板930平方米，石质路沿石310米，石砌树坑15个。2010年对小东街进行改造，全长169.1米，路面及两侧便道全部铺设花岗岩火烧板1325.1平方米，铺设石质路沿石338.2米，搓板石1325.1平方米，铺设直径600平方毫米黑色波纹两污管道228米。小东街划为商业步行街。

县城中兴街夜景

1996—2010年阜平县城街道新建改建一览表

表3-1-1

名称	起止地点	长（米）	宽（米）	路面结构	建设时间
东寺街	三官庙—东大桥	1600	30	沥青	2003年改建
中兴街	东大桥—西大桥	710	24	沥青	1996年扩建
桥东街	冀北商城—水泥厂	2320	16	砼	2006年扩建
桥西街	虹桥大厦—照旺台村	2320	24	沥青	2004年扩建

续表 3-1-1

名称	起止地点	长（米）	宽（米）	路面结构	建设时间
环城路	三官庙—中医院	2260	20	沥青	2002 年扩建
北街	桥西街—大操场	780	15	沥青	2005 年扩建
南街	市场街西—中医院	690	8	沥青	2004 年改建
小东街	南街—财政局	150	6	沥青	2004 年扩建
府前街	南街—县政府	150	6	沥青	2004 年扩建
陵园路	电信局东—小东山居民区	1500	6	砼	2006 年扩建
烟草胡同	东寺街—环城路	100	4	砼	2006 年改建
保阜高速连接线	邮政局—法华	4000	20	沥青	2010 年改建
市场街	环城路—东大桥	230	6	砼	2005 年改建
党校路	宏祥桥—第一山	1500	5	砼	2004 年改建
城岗路	大操场—第一山	1500	3	砼	2005 年改建
府北胡同	党校路—第一山	1200	3	砼	2004 年改建
胡子沟	运管站楼西—胡子沟掌	870	4	砼	2005 年改建

（二）公共建筑

1996—2010 年，县委、县政府办公楼，公安局、法院、检察院、交通局、财政局、税务局、工商局、信用联社、农行、电信、邮电局、电力局、移动公司、县医院、中医院、水利局、农业局、烟草公司、外贸公司等单位办公楼、营业楼相继建成投入使用，建筑总面积 17 万平方米。

1996—2010 年阜平县城主要公共建筑一览表

表 3-1-2

楼房名称	结构	层数	建筑面积（平方米）	投资（万元）	建设时间	位置
招待所综合服务楼	砖混	四层	2500	138	1997. 6—1998. 6	中兴街
百货公司综合楼	砖混	五层	4500	260	1998. 6—1999. 6	中兴街
光荣院	砖混	二层	829	58	2000. 2—2000. 10	陵园街
邮政局生产楼	框架	五层	2750	260	2000. 7—2001. 6	邮政分局后院
移动公司生产综合楼	框架	四层	1140	110	2001. 6—2002. 10	环城路
金鑫机械制造综合楼	砖混	二层	800	56	2001. 3—2001. 12	桥西街
公安局看守所	砖混	二层	6324	804	2003. 9—2004. 10	照旺台
阜平宣传文化中心	框架	三层	2100	150	2003. 6—2004. 9	桥西街
县医院医技楼	框架	三层	2600	170	2004. 3—2004. 12	县医院后楼
县医院传染病区	砖混	三层	1130	77	2004. 11—2005. 4	县医院后楼

续表 3-1-2

楼房名称	结构	层数	建筑面积（平方米）	投资（万元）	建设时间	位置
良种基地储藏库	框架	一层	920	60	2004.4—2004.6	桥西街
阜平县天生桥博物馆	框架	三层	1060	101	2003.6—2004.10	东下关
国家地质公园	砖混	三层	15600	800	2003.10—2004.12	东下关
阜平县法院审判楼	砖混	一层	772	58	2004.8—2004.12	府前街
医院急救中心	砖混	二层	422	38	2004.3—2005.8	西大桥头
城厢小学电教实验楼	砖混	三层	1150	85	2002.9—2004.6	北街
畜牧局动物疫情监测报告楼	砖混	六层	2760	196	2005.5—2006.7	桥东街
城关信用社综合楼	砖混	五层	3100	200	2005.7—2006.7	中兴街
晋察冀纪念馆	框架	二层	800	250	2005.3—2005.8	城南庄
明德小学教学楼	砖混	三层	1745	87	2005.8—2006.3	照旺台
气象局办公楼	砖混	二层	490	36	2006.3—2006.10	府北胡同
国土资源局办公楼	框架	五层	—	—	2006.4—2007.12	桥东街
林业局办公楼	砖混	八层	2000	168	2006.11—2007.11	桥东街
城厢小学教学楼	砖混	三层	1600	89	2006.10—2007.10	北街
北岳水泥职工宿舍楼	框架	五层	14180	921	2008.9—2009.9	桥东街
计生局办公楼	砖混	三层	708	104	2008.10—2009.12	市场街
供电公司调度附属楼	框架	—	7724	1560	2008.10—2009.12	桥东街
城厢中学校舍	砖混	四层	4930	138	2009.5—2009.12	北街
阜平中学	砖混	四层	22165	1594	2006.11—2007.10	照旺台
阜平影剧院	框架	六层	8252	856	2010.4—2010.10	桥西街
污水处理厂	砖混	一层	632.63	2600	2008.3—2009.10	白河
垃圾处理场	砖混	一层	191.25	2400	2009.8—2010.10	基来安
县标	钢砼	—	380	300	2009.8—2010.5	三官庙
万金园	砖混	三层	2600	—	2009.8—2010.5	三官庙
粮食局综合楼	砖混	五层	5000	360	1996.4—1997.8	中兴街
政府办公楼	砖混	六层	4800	300	1995.6—1996.12	北街
糖酒公司综合楼	砖混	三层	800	114	1996.4—1996.12	中兴街
县医院门诊楼	砖混	三层	3000	210	1996.9—1997.9	桥西街
交通局办公楼	砖混	五层	2200	284	1996.9—1997.10	环城路
生产资料公司综合楼	砖混	五层	3820	124	1996.10—1997.10	桥西街
饮食服务公司商宿楼	框架	五层	1600	128	1996.10—1997.10	桥西街

续表 3-1-2

楼房名称	结构	层数	建筑面积（平方米）	投资（万元）	建设时间	位置
冀北商城	砖混	四层	2770	310	1996.11—1997.10	中兴街
食品公司综合楼	砖混	五层	2862	186	1996.11—1997.12	桥东街
木器加工厂综合楼	砖混	六层	2700	160	1996.12—1997.12	环城路
副食盐业公司综合楼	砖混	六层	3000	134	1997.3—1998.5	环城路
劳动就业局办公楼	砖混	三层	973	62	1997.4—1997.8	桥东街
粮食储备库	砖混	一层	15000	120	1997.4—1997.8	桥东街
阜中学生试验楼	砖混	八层	5300	320	1997.5—1998.7	北街
畜牧水产局综合楼	砖混	四层	1720	120	1997.9—1998.9	桥东街
汽车站综合楼	砖混	四层	1000	120	1997.11—1998.11	东寺大街
司法局办公楼	砖混	三层	360	21	1997.12—1998.7	南街
企业局综合楼	砖混	五层	2740	167	1997.7—1998.7	南街
木材公司综合楼	砖混	五层	2100	110	1997.12—1998.12	环城路
面粉加工厂	砖混	五层	2700	174	1997.10—1998.8	桥东街
财政局综合楼	砖混	五层	1250	80	1998.3—1998.12	北街
青少年活动中心	砖混	五层	1400	200	1998.3—1999.11	北街
百货商贸中心	砖混	五层	5005	260	1998.6—1999.6	中兴街
人行综合楼	砖混	五层	4200	300	1998.3—1999.3	东寺大街
档案局办公楼	砖混	三层	500	40	1998.3—1998.12	府北街
国税局办公楼	砖混	四层	2600	180	1998.3—1999.3	桥东街
防疫站综合楼	砖混	四层	2000	160	1998.6—1999.6	桥西街
汽车队综合楼	砖混	六层	3200	87	1999.7—2000.9	中兴街

（三）居民建筑

县城住宅小区建设。1996—2006年，按照县城总体规划要求，实行住宅小区建设方案。每套住房建筑面积在50～100平方米。2008—2010年高层住宅楼逐渐发展起来，每套为80～150平方米。设计具有现代风格，大都为框架结构，建筑牢固、结构合理、装潢美观、风格不一、房屋宽敞明亮，内设客厅、居室、厨房、卫生间及储藏室，水、电、暖齐全，生活起居方便。截至2010年已建成世纪城、亨达、瑞景新城、万金家园、光明小区等12个生活小区。全县规模最大住宅小区世纪城入住率

2008年大元新村温民廉租房

98%。亨达小区，瑞景新城全部建成，入住率100%，完成万金园花园（含县标及雕塑），新建改建县北沟河两座桥梁。

安居工程。2008年在大元新村建温民廉租房一栋84套，项目总投资546万元，占地面积6646.8平方米，建筑面积4200平方米。该项目是为解决城镇低保、低收入家庭住房困难的重点工程，解决低保家庭84户的住房困难。

2008年阜平县制定廉租房保障制度、城镇低收入家庭住房补贴制度，印发廉租房保障申请、年审标准公告。廉租房保障分为租赁住房补贴和实物配租两种形式，租赁住房补贴每季度发放一次。廉租房申请条件是具有阜平县城市常住户口；享受当地最低生活保障的家庭、家庭年人均可支配收入6450元以下；家庭人均住房面积在15平方米以下且家庭住房总建筑面积在50平方米以下。

住房补贴标准每平方米建筑面积的补贴额等于住房租赁市场每平方米建筑面积平均租金5元减去廉租住房每平方米建筑面积租金1.5元。廉租住房保障对象中的最低生活保障家庭，不承担廉租住房租金，即享受租赁住房补贴的，在保障面积标准内对其给予全额补贴；享受实物配租的，在保障面积标准内全额免除其租金。

截至2010年住房补贴保障住房困难家庭162户，保障人口462人。

截至2010年，县城干部职工营建个人住房3560户，总建筑面积10680平方米，个人建房多为二层。

集资建房。1996年后，县城逐渐形成单位出地，个人出钱集资建房，产权归个人所有的建房模式。1998年在县城桥西街建设局南面建造干部职工集资楼2栋，住宅面积5100平方米。2010年，县城建住宅楼36栋，建筑总面积17万平方米。

1996—2010年阜平县城住宅楼建设统计表

表3-1-3

小区名称	占地面积（平方米）	建筑面积（平方米）	层数	房屋套数	总投资（万元）	建设741时间
交警大队住宅楼	652	1460	六	58	123	1995.5—1996.7
农行集资住宅楼	1500	6000	六	49	243	1996.3—1997.8
邮电局集资住宅楼	1682	2500	六	69	156	1995.3—1997.12
太行化工厂住宅楼	1985	2400	六	49	230	1996.4—1997.5
文化局住宅楼	1687	2700	六	68	159	1996.7—1997.7
交通局住宅楼	3564	8600	六	89	243	1996.8—1997.9
建环局住宅楼	3851	5100	六	102	352	1998.8—1999.9
财政局住宅楼	2641	3000	六	108	361	1998.3—1999.12
五金公司住宅楼	1265	2600	六	98	205	2000.12—2001.10
信用联社集资住宅楼	3487	9670	六	69	368	2001.3—2002.9
亨达公司住宅楼	9853	22356	六	146	426	2001.8—2004.6
朱宝明住宅楼	1003	1330	六	98	264	2002.5—2003.3
阜中职工住宅楼	1002	1958	六	214	384	2002.7—2003.5
刘起堂住宅楼	1003	2660	六	20	361	2002.6—2003.12

续表 3-1-3

小区名称	占地面积（平方米）	建筑面积（平方米）	层数	房屋套数	总投资（万元）	建设 741 时间
盐业公司住宅楼	3562	7900	六	35	268	2003.6—2004.6
烟草公司住宅楼	4682	6200	六	34	468	2004.3—2005.7
世纪城一期住宅楼	10035	54040	六	294	1236	2005.3—2006.10
恒泰金地 1# 底商住宅楼	12095	13880	六	368	1456	2005.8—2007.5
网通公司底商住宅楼	1230	2560	六	287	697	2005.5—2006.12
茗清阁小区	10035	14126	六	369	655	2005.4—2007.6
聚鑫综合楼	985	1300	六	26	496	2006.2—2007.4
海兴底商住宅楼	3225	5435	六	64	698	2007.1—2008.3
城关农村信用社住宅楼	2100	2748	六	38	756	2008.3—2009.8
恒达家园住宅楼	2642	12910	六	68	986	2006.12—2008.4
瑞景新城 1# 楼	1985	21100	十六	268	1359	2008.1—2009.9
林业局住宅楼	2100	5410	六	62	566	2008.5—2009.10
万金家园住宅楼	2365	10040	六	98	658	2008.5—2009.12
大元新村住宅楼	2446	9932	六	106	469	2009.3—2010.8
福临阁住宅楼	1336	6612	六	146	976	2009.3—2010.8
外贸底商住宅楼	6423	10328	六	198	2642	2008.9—2007.7
电力小区住宅楼	6871	22010	六	229	2648	2008.6—2010.4
天宇名园小区住宅楼	9816	30626	十八	368	2985	2008.1—2010.4
运管站家属楼	685	1300	六	98	236	1995.3—1996.10
工商局集资住宅楼	395	2200	六	69	532	1995.6—1997.4
副食公司住宅楼	462	2200	六	136	189	1996.12—1997.4
林业局家属楼	498	1272	六	125	489	1996.3—1997.7
建筑公司住宅楼	756	1200	六	261	634	1996.5—1997.7
农副产品公司底商住宅楼	945	4000	六	298	652	1998.5—1999
电力局住宅楼	685	6000	六	368	942	1998.6—2001.7
汽车队家属楼	895	4000	十三	364	1003	1998.6—2000.7
轻工业局集资住宅楼	354	1000	六	36	658	2001.7—2002.5
针织厂住宅楼	362	1600	六	98	972	2001.9—2002.12
利民印刷厂住宅楼	462	5367	六	245	158	2001.9—2003.10
宏祥建筑公司住宅楼	969	2960	六	365	962	2002.3—2003.10
土产公司集资住宅楼	956	2100	六	255	197	2001.8—2003.7

续表 3-1-3

小区名称	占地面积（平方米）	建筑面积（平方米）	层数	房屋套数	总投资（万元）	建设 741 时间
利恒房地产评估公司住宅楼	675	5040	六	631	1685	2003. 8—2005. 7
世纪城三期住宅楼	1236	27930	六	304	3564	2007. 8—2009. 9
恒祥小区住宅楼	716	7950	六	674	1036	2003. 4—2005. 11
府东小区住宅楼	469	3000	六	109	497	2005. 6—2006. 7
养路工区底商住宅楼	2984	12165	六	853	2986	2005. 7—2007. 6
陈海住宅楼	695	1050	六	397	429	2005. 6—2006. 12
裕富苑住宅楼	498	6684	六	267	2013	2006. 9—2007. 6
国土资源局住宅楼	1450	15038	六	246	2461	2006. 7—2007. 12
世纪城二期住宅楼	2698	49030	六	654	2985	2008. 2—2009. 10
瑞景家园住宅楼	4582	10330	十五	253	3102	2008. 9—2009. 7
富瑞家园住宅楼	1695	3900	六	510	368	2006. 5—2008. 4
康泰住宅楼	2360	3510	六	50	984	2007. 6—2008. 11
恒泰商住宅楼	1532	3510	六	265	649	2006. 9—2008. 11
光明小区住宅楼	1598	11720	六	492	1697	2007. 9—2009. 10
福禄家园住宅楼	9853	12390	六	265	2345	2008. 9—2010. 8
府北住宅楼	4269	6440	六	159	354	2008. 10—2010. 11
校园住宅小区住宅楼	592	4372	六	86	295	2009. 1—2010. 10
通泰怡园小区住宅楼	8120	28617	十六	368	3160	2008. 9—2010. 5

（四）公共设施

照明 1996—2005 年县城内东寺大街、中兴街、桥东街、桥西街、府前街、北街安装路灯。2006 年南街、东小街、西小街、市场街修建改建，安装路灯。府前街改为景观灯。2007—2010 年，府前街、中兴街、东寺大街、桥西街、临街单位投资 300 余万元，实施亮化工程，安装霓虹灯、射灯、电子屏幕、灯箱广告及彩虹桥 50 座。在县城东万金园花园内安装旋转射灯、草坪灯 30 组。

供水 阜平县水务局自来水公司是县城唯一集中供水单位，公司位于阜平县城西沙河北岸。1996 年前公司原有 3 眼水源井，设有 3 个供水点，一个位于公司院内，一个位于瑞景家园住宅楼西北沟河旁，一个位于南城区，供应县城 3 万多名居民生活用水及工商户用水。随着县城规模扩大和人口不断增长，原有的供水能力不能满足实际需要，遇干旱年份，水源严重不足，居民吃水出现困难。2004 年水务局和自来水公司开始在法华村以东四里庄筹建新水厂，经过四年建设，到 2007 年 12 月，水源井、

自来水公司供水监控台

泵房、加氯间、配电室及供水管道铺设完成，一期工程竣工，四里庄水厂与县城供水管网实现联通，县城居民使用统一供水，城区居民的吃水难问题得以初步解决。水厂完成投资922万元，其中国家补贴480万元。打水源井一眼，管网铺设与改造13.24公里，日供水能力1万立方米。供水覆盖城区90%以上区域，供水户数10421户，人口3.8万人。供水范围西起四里庄，东至三关庙，北至照旺台，南至南城区。

城区供水主管道主要有6条，其中东西向3条，南北向3条。东西向第一条四里庄至三关庙主管线，用水户有2402户。第二条北街至桥西街主管线，用水户1240户。第三条南街至东寺主管线，用水户900户。南北向第一条桥西街至安庄主管线，用水户1953户；第二条是桥东街至照旺台主管线，用水户928户。第三条是中兴街至小坝主管线，用水户2977户。截至2010年县城总用水户10400多户。

抽样检验水质

水厂水质经河北省城市供水水质监测网保定监测站和阜平县卫生局防疫站抽样检验水质达标率均为100%。

排水　20世纪90年代初期县城排水设施不完善，管道短，有效使用面积小，遇到阴雨天雨污混流。1996年，县城建设步伐加快，排水设施建设相应加快。县城排水由明沟改为暗沟，暗沟改为砼管道，雨污分流与混流并存。这一年县城中兴街拓宽改造时，西大桥至东大桥由路北铺设800毫米混凝土管道800米，污水由县城县政府招待所门口向两边排放，受益用户为200多户，原来石砌排水管道全部拆除。2001年北街一期拓宽工程，由路北铺设500毫米混凝土管道220米，350多户居民排水及城厢小学、阜平中学、城厢中学的污水全部排入管道。2002年1—9月投资2.94万元，铺设800毫米水泥管道70米，改造石砌排水渠80米。2003年5—8月中兴街东寺段拓宽工程中，中兴街路南和东寺街路北铺设800毫米混凝土管道2400米，东寺大街路北和中兴街路南排水问题得以解决，受益用户800多户。2004年5—9月投资20万元对赵家沟道路铺设下水管道450米，受益用户150多户。2005年北街二期拓宽工程和桥西街拓宽工程中，铺设800毫米混凝土管道1.23公里。2006年世纪城小区建设一期工程完工，投资30多万元，铺设世纪城至三官庙大桥南端铺设800毫米混凝土管道770米。2007年3月县城污水处理厂建设启动，同年11月，在县北沟河东大桥至经委桥段建设配套管网，铺设800毫米混凝土管道560米，为污水处理厂收水管道，工程造价为20万元。2008年5月经委桥至原看守所，铺设800毫米混凝土管道2.02公里。2009年8月东寺大街至污水厂铺设600毫米，黑色波纹管2.5公里。三官庙大桥沿沙河北岸至环城桥临时铺设400毫米白色波纹管186米，环城桥至东大桥铺设600毫米黑色波纹管350米，至此通向污水处理厂收水管全部竣工。同年7—8月阜平中学改扩建工程竣工，投资200多万元，铺设污水管道2300米，铺设雨水管道2500米，地下排水管网4500米实现雨污分流。2010年对沙河北岸和县北沟河两岸居民排水口全部接入污水处理厂收水管网，净化沙河水质，美化县城环境。截至2010年县城有排水管道7344米，雨污管道150米。

污水处理　2007年在阜平县县城东南3公里处建恒和污水处理厂一座，采用百乐克处理工艺，设计规模一期日处理污水1万吨，尾水达到国家一级A标准。2009年建成投入使用，县城全部实现雨污分流，对居民生活、生产产生的污水进行处理，完成污染减排任务目标。

1996—2010 年阜平县城排水设施新建、改建一览表

表 3-1-4

名称	起止地点	长（米）	建设时间
东寺街	三官庙—东大桥	1600	2003 年改建
中兴街	东大桥—西大桥	710	1996 年扩建
桥东街	冀北商城—水泥厂	2320	2066 年扩建
桥西街	虹桥大厦—照旺台村	2320	2004 年扩建
环城路	三官庙—中医院	2260	2002 年扩建
北街	桥西街—大操场	780	2005 年 6 月扩建
南街	市场街西—中医院	690	2004 年改建
小东街	南街—财政局	150	2004 年扩建
府前街	南街—县政府	150	2004 年扩建
陵园路	电信局东—小东山居民区	1500	2006 年扩建
烟草胡同	东寺街—环城路	100	2006 年改建
保阜高速连接线	邮政局—法华	4000	2010 年改建
市场街	环城路—东大桥	230	2005 年改建
党校路	宏祥桥—第一山	1500	2004 年改建
城岗路	大操场—第一山	1500	2005 年改建
府北胡同	党校路—第一山	1200	2004 年改建
胡子沟	运管站楼西—胡子沟掌	870	2005 年改建
赵家沟	赵家沟—警卫桥	870	2006 年改建
世纪城小区	世纪城小区内	1770	2006 年改建

客运 2004 年成立阜平亨通公共汽车服务中心，投入 30 辆 9 座面包车，在城建界内实行 1 元制收费。开通县城公共交通，填补县城无公交车的空白。同年各乡镇又增加一批新的客运

公交车（2010 年摄）

出租车（2010 年摄）

班车，方便村民出行。到2010年，县城、乡村经客运线路经调整、公交车、出租车车辆的增加，居民出行已比较方便。

供气　1996年前县城居民多采用木柴、煤炭生火、做饭。1997年新建液化气站1家，年供气总量300吨，用户8000多户、3000余人。

集中供热　1996—2005年阜平县城居民大都是独家独院，冬季取暖都是靠自己生火炉或烧小锅炉。2006年阜平县鸿霖热力公司，分别在南城区和县城建立两个供热点，制订2008—2010年居住建筑供热计量及热源改造的计划，分步骤对县城内的供热系统进行改造，对新建的小区实行集中供热。截至2010年实现集中供热的有亨达小区、茗清阁小区、恒泰小区、恒祥小区等8处供热点，完成集中供热总面积32698万平方米，集中供热普及率36%。

（五）卫生

1996年县城清扫面积141160平方米，有环卫人员50名，管理人员7名，由城管队负责监督管理。范围为东寺大街、中兴街、南街、府前街、桥东街、桥西街。采取统一清扫和门前三包两种形式，专业清扫采用定人定责、分区包干形式进行。随着城市建设步伐加快，住宅建设的不断增多，清扫面积不断增多。2000—2006年环城路、南街、东寺街清扫面积逐步扩大，要求越来越高，对样板街道、重点街道实施全天保洁，清扫保洁面积超过16万平方米。2006—2010年在县城主要街道建设20个地下垃圾箱（即与地面持平，加盖的垃圾池），通过政府采购，购买1辆叉车、1辆洒水车和3辆垃圾车。投入11.4万元购置城管执法电动车3辆，投入0.485万元购置县城街道保洁车5辆。为加强县城街道秩序和环境卫生管理起到积极推动作用。

县城垃圾集中收集清运始于1996年，环卫所负责监督，实行垃圾日产日清，具体分布在东寺大街、中兴街、桥东街、桥西街、南街、北街、陵园路等处，每天清运垃圾20立方米左右。2002年环卫所将垃圾清运向社会公开竞争承包，提升清运速度，降低了费用。

2008年在阜平县土岭村建基来安垃圾处理场一座，采用无害化填埋方式处理，设计日处理生活垃圾120吨，设计使用年限16年。彻底解决阜平县城垃圾裸露堆放带来的环境污染，改善大气环境质量，消除疾病传染源，进一步改善县城环境，提升县城品位。

（六）绿化

1996—1999年县城绿化仅有自然遗留的古树与各单位门前所植树木。2000—2010年加大街道绿化力度，开始在东寺大街、中兴街栽植合欢树，两树之间设置花坛，随后又在桥东街、桥西街、北街栽植法桐、合欢树等树木，县城街道绿化有较大改善。

万金园公园　位于县城东入口处，于2004年建成，投资1220万元，占地6670平方米。栽植雪松、桧柏、垂杨等乔木200余株，百日红3000余株，万年青绿篱156米。内有凉亭、儿童游乐、石雕等设施，改写了县城无公共娱乐休闲场所的历史。

烈士陵园　位于县城东寺北坡，占地24600平方米，四周遍植洋槐、加拿大杨、国槐、桧柏、雪松等树木，门前广场建有花墙，设置绿篱，成为县城唯一集中绿化区。

单位绿化、小区绿化　世纪城小区是县城最先规划的建筑规模最大的居住小区，占地总面积26640平方米，绿化面积8890平方米，绿化覆盖率33.4%，高于新城建设绿化要求。小区绿化工程栽植18类品种的绿色植物，55000余株，草坪7500平方米。

养路工区是县直单位绿化优胜单位之一，绿化面积700平方米，成为县内首个花园单位。

中医院采取绿化与美化相结合的方法，改砖砌围墙为铁艺围墙。在围墙两侧建设绿化带，采取乔、灌木相结合的种植方法，达到景中有景的绿化效果。种植各类乔灌木12000余株，绿化面积612平方米，绿化覆盖率35%以上，成为县内绿化改造的模范单位。

为实现单位绿化、美化目标，各单位相继

投资进行绿化，不少单位建起具有一定规模的小花园。截至2010年，全县20个单位进行庭院绿化，较好的单位有政府后院、城厢中学、交通局院、电力局院、交警队院、农行院、气象局院、县医院、中医院等。

街道绿化 2001年在东寺大街、中兴街、桥东街、北街、府前街两旁栽植合欢树320棵，2008年栽植660棵，2010年栽植820棵。

第二节 小城镇建设

一、基础设施建设

1996—2002年，小城镇建设步伐显著加快，全县各乡镇实施镇区街道拓宽改造工程、配套完善公共设施、绿化亮化升级、环境容貌集中整治的小城镇建设初见成效。2004年开展文明生态村创建活动，城南庄镇依托红色历史遗迹，在保护原址的基础上，改建、扩展展览馆，天生桥镇大力开发旅游资源，新建地质博物馆，空中缆车等多项工程，交通、商贸等设施，逐步加以完善。

平阳镇作为阜平县东大门，加快中兴大街的拓宽、改造。新建百货商场，农贸市场，实行摊点入位、入店，完善公共设施，绿化美化也有一定程度提高。

龙泉关镇进行镇内街道及住房改建整治，完善公共设施，着力进行绿化、美化、亮化，成为由冀入晋到五台山的最适宜休憩之处。

砂窝乡政府所在地砂窝村，依靠冀晋重要通道优势，在大力发展矿山开采基础上，加快商业、服务业设施建设，兴建多个商场、商店及其他服务场所、场馆。

王林口乡政府所在地王林口村，在整治中心街道同时，严格按村镇规划建设，不准私建、乱建，村民房屋横成排、竖成行，整齐美观，街道通畅便利。绿化实行门前三包，村落整洁美观，成为县内按规划建设的模范村。

二、新民居建设

1996—2010年，平阳、城南庄、龙泉关、天生桥等镇政府所在地有近千户农民喜迁新居，90%的土坯房、石头房全部拆除，建成砖混结构的农家小院，有的还建起二层小楼，低矮破旧的住房已经成为历史。

阜平县农村新民居建设示范村一览表

表3-1-5

村名	原占地面积（亩）	建设类型		进展情况		已完成总投资（万元）	预计总投资（万元）
		新建	改建	拆迁面积（平方米）	完成建设面积（平方米）		
白家峪	90	√	—	—	6144	500	875
东下关	145	—	√	2700	2100	70	280
马沙沟	200	√	—	—	4200	250	450
东湾	200	√	—	—	600	40	160
炭灰铺	180	√	—	—	2400	190	260
大元	200	√	—	300	10000	1300	15000
白河	200	√	—	—	12000	800	2500
合计	1315	—	—	5700	37444	31500	19525

第三节 乡村规划建设

一、乡村规划

乡镇规划。阜平县编制乡镇建设规划始于2007年。2007年3月，阜平县政府委托河北省城乡规划设计研究院编制完成城南庄镇、平阳镇、龙泉关镇、天生桥镇等4个镇的总体规划。2008年3月，县政府委托河北省城乡规划设计研究院编制完成王林口乡、北果园乡、砂窝乡、大台乡的总体规划。2009年3月，县政府委托河北省城乡规划设计研究院编制完成台峪乡、夏庄乡、吴王口乡、史家寨乡的总体规划。至此，乡镇建设规划全部编制完成，实现乡镇规划编制全覆盖。

村庄规划。2007年阜平县政府委托河北德龙城市规划院编制完成60个行政村规划；2008年编制完成70个行政村规划。截至2010年全县209个行政村规划全部编制完成，实现村庄规划编制全覆盖。

镇村体系规划。按照省、市新民居建设工作要求，2010年编制完成《阜平县镇村体系规划》。王林口、北果园、砂窝撤乡建镇规划，村庄迁并规划，对提高全县城镇化率和指导全县新民居建设起到至关重要的作用。

二、乡村建设

1996—2004年农村经济快速发展，农民收入逐年提高，人们改善民居的愿望和行动，促进全县乡村建设的发展。2004年县委、县政府把农村新民居建设作为统筹乡村建设的切入点，推动乡村建设快速发展。2005—2009年完成阜平镇照旺台村、王林口乡东庄村2个省级新居民建设示范村的新民居建设。照旺台村新建居民单元住宅116套，建筑总面积23560平方米。东庄村新建民居96套，建筑总面积12400平方米。2010年龙泉关、西下关、马沙沟、白家峪、砂窝、大元、白河、仙湾等8个村启动新民居建设示范村建设，总建筑面积102500平方米，全部按照“三新六有”“五通五有”“四化一处理”（结构体现新设计、建设采用新材料、外观呈现新面貌、有干净整洁厨房、有安全卫生的饮水设施、有沼气或其他清洁能源、有太阳能或其他淋浴设施、有卫生型厕所、有节能取暖设施；通自来水、通有线电视、通宽带、通柏油或水泥、石板路、通客运班车或公交车，有标准化的幼儿园或小学、有卫生室、有村民活动中心或文化活动广场、有村级组织活动场所、有农家店或农资超市；村内道路硬化、街道量化、街院净化、村庄绿化、生活垃圾实现集中收集处理）标准建设。农村新民居建设示范村建设，带动全县各村的村容、村貌和居民建设。农民住宅向多功能、美观坚固方向发展。普通平房跨度越来越大，钢筋水泥框架结构越来越多，塑钢、铝合金等建材也大量使用。外部装修多为贴白色外墙瓷砖，内部装修最简单的也要吊石膏天花板，铺全瓷地板砖。不少农民拆旧翻新，建二层、三层小楼，有的还加盖彩钢顶。

第二章 交通建设

1996年阜平县境内乡级以上公路558.5公里，其中国道1条77.4公里，省级公路2条，164.1公里，县级公路1条22公里，乡级公路295公里。按技术等级分三级公路158.5公里，四级公路383.6公里。

2010年全县四级以上公路1402.09公里，其中国道78.178公里，省道2条161.985公里，县道2条46.708公里，乡道36条516.425公里，村道505.24公里（不含等外路），旅游专用路9.374公里。按技术等级分，高速公路

70.64公里，一级公路7.176公里，二级公路167.349公里，三级公路101.141公里，四级公路1054.784公里。公路密度55.29公里/百公里，万人拥有公路65.2公里。2010年，全县各类桥梁422座，其中特大桥1座，大桥85座，中桥74座，小桥258座。1996—2010年，新建公路隧道7处。

第一节　公路

一、国道

阜平县境内一条国道，即锡林浩特—海安公路（公路编号G207）—起点内蒙古锡林浩特，途经河北、山西、河南、湖北、湖南、广西至海南省海安县。经过张家口、襄樊、常德、梧州、海安等城市。1981年定为国道，编号207后延伸至海安县，编号为G207，该路是国家干线公路网的组成部分。

G207国道阜平段，全长78.178公里，三级公路，是县内贯穿南北的干线通道。由涞源至阜平，阜平至灵寿两条公路构成。

涞源至阜平　起点涞阜交界的柴皮岭，途经吕八岗、六岭、计马石、老路渠、东台、坊里、河北沟、押车口、大连地、河滩、周家湾、康家沟、送路沟、辛庄、柳峪、八里庄、照旺台至县城，长43.646公里。

2003年涞阜公路改建，土岭、柳峪岭、送路沟岭及柴皮岭等处降坡处理，新建河北沟大桥和老路渠沟口桥，新建改建小桥8座涵洞167道。改建后路基宽7.5米路面宽7米。技术等级由原来四级提升至三级。

阜平至灵寿　曾名阜（平）阳（泉）公路。县城至河口段与阜长公路重合。途经大砂地、木匠口、下店、上店、眼药沟、大岸底、栗园庄、北桑地、井沟、下白岔、栗树漕、岭根至灵寿界，长34.352公里。

1997年阜长公路改建时，县城粮食局处至河口4.4公里改建为二级公路，路基宽12米，路面宽9米，同时新建大元桥和河口大桥。

2002年，改建河口至灵寿界29.6公里。新建栗园庄大桥（原双曲拱桥拆除），建小桥5座。改建后路基宽7.5米，路面宽7米，达三级路标准。至此G207国道阜平段全部完成提升改建。截至2010年未进行大规模改建。

二、保阜高速公路

保阜高速公路阜平境内照旺台段

保阜高速公路是保定市“三纵三横一环”高速公路网的组成部分。全长147.284公里，东起保沧高速公路保定朝阳站，西与忻阜高速公路相接，途经满城、顺平、唐县、曲阳、阜平5个县。主线双向四车道标准，设计时速80～120公里/小时，总投资114亿元。2006年11月30日开工，2010年12月16日，保定至阜平县城建成通车。2012年12月7日全线通车。

保阜高速阜平段途经平阳、大台、王林口、阜平镇、天生桥、龙泉关6个乡镇30个行政村，自东向西经冯家口、立彦头、白家峪、上平阳、土门、罗峪、皂火峪、马坊、马沙沟、前岭、东板峪店、南叨窝、马驹石、辛庄、南湾、土岭、照旺台、第一山、法华、色岭口、不老树、龙王庙、北栗园铺、塔沟、大教场、平石头、八里庄、北刘庄、西刘庄、黑崖沟。长70.5公里，路宽27.28米，双向四车道，中间隔离带宽2米，设计时速80～120公里/每小时。

保阜高速公路阜平段设有5个收费站，1个停车区，1个服务区，1个卸载站，2个养护工区，1个监控通讯所。阜平境内建有6条互通连接线，分别是平阳互通连线，长2.7公里，路面宽8米，二级公路标准；阜平县城东互通连线1，起点收费站至河龙公路青沿村，长4.501公里，路面宽11.5米；县城东互通连线2，起点收费站至县城桥西街，长6.496公里，路面宽15米。县城西互通连线1，起点县城西收费站至中兴街，长1.68公里，路面宽15米；县城西互通连线2，起点县城西收费站至河龙公路，长1.139公里，路面宽15米；东下关互通连线，长2.664公里，路面宽8米。

三、省道

阜平县镜内有省级公路两条。即河龙公路和无繁公路，两条路共长161.985公里，为二级公路。

河龙公路（编号S382） 起点是河间市，途径肃宁、蠡县、博野、安国、定州、曲阳、阜平至山西五台，途径8县市。

河龙公路阜平段途经平阳、王林口、阜平镇、天生桥、龙泉关5个乡镇，26个行政村。由阜平至曲阳和阜平至长城岭两段路构成。

阜平至曲阳段，起点自曲阜交界的张起岭、途经北水峪、台南、平阳、铁岭、白山、上白岔、刘家沟、王林口、寺口、东庄、西庄、方太口、青沿、三官庙至县城。长33.905公里。

曲阜公路平阳段

2001年，该路段作为保阜公路三期工程进行改建，由三级路升为二级路。路基宽12米，路面宽11.4米。在县城东新建523.88米沙河大桥1座，新建小桥19座。

阜平至长城岭段，起点大园，经高街、河口、色岭口、圣水、安子岭、不老树、栗园铺、红草河、天生桥、西下关、大教厂、八里庄、招提寺、龙泉关、印钞石、龙宿庵至长城岭。长49.6公里，其中大园至河口段分别与国道G207、阜繁公路重合4.4公里和5公里。

1994年省市批准阜长公路改建为收费还贷公路。一期工程县城至栗元铺19.1公里，县交通局为业主。1995年完成征地拆迁，10月15日开工，1997年6月15日竣工，7月25日举行通车典礼仪式。阜长一期县城至河口5公里，路基宽12米，路面宽9米。河口至栗园铺14公里，路基宽8.5米，路面宽7米。

定龙线阜平收费站

阜长二期栗园铺至长城岭二级路改建是市县共建项目，长28.725公里，山岭重丘二级公路标准，路基宽8.5米，路面宽8米。1998年3月6日开工，11月15日竣工。阜长公路改建后是阜平第一条二级公路。该公路从1997年5月开始收费，至2009年4月30日终止，累计收通行费4.45亿元。

无繁公路（编号S203） 经无极、新乐、行

桃园坪路段

唐、阜平至山西繁峙。无繁公路阜平段长75.892公里，二级公路，由阜平至行唐和阜平至繁峙两条公路构成。

阜平至行唐公路，亦称阜行公路。起点县城大园，经白河、高阜口、槐树庄、槐树底、吴家沟、广安、店房过小官岭进入行唐界。长26.3公里。2002年阜行路改建，改建后路基宽8.5米，路面宽8米，新建大桥1座，中桥1座，小桥10座。涵洞138道。投资6841万元。

阜繁公路，从县城经大园、高街、河口、三岭会、东漕岭、大柳树、西漕口、百亩台、陡岭台、龙王庄、砂窝、河彩、桃园坪、吴王口、周家河、不老台、穿过大窗台隧道和桑树台隧道至繁峙界，长55.635公里。其中县城至河口段与G207国道及阜长公路重合。

1997年3月阜繁公路开始改建。保定市交通局为业主，阜平县负责征地拆迁工作。该工程当年11月完工，11月18日在砂窝牛角台收费站举行通车仪式。该公路改建后为二级收费公路。路基宽8.5米，路面宽8米。总投资1.2亿元。

四、县道

阜平有两条县级公路，这两条公路是阜上公路和曲北公路。共长46.708公里。

阜上公路（编号X320） 即阜平至上碑（灵寿县上碑村）公路，起点槐树庄、经崗路头、海沿、燕头、福子峪、城南庄、后庄、南台过百石岭至灵寿界。长22.963公里，路基宽8.5米，路面宽8米，为三级公路。2003年6月城南庄至百石岭公路改建开工，8月竣工。2005年晋察冀边区革命纪念馆改建。阜平至百石岭公路作为红色旅游路同期改建。4月开工7月底竣工。改建后路基宽8.5米，路面宽7米。

曲北公路（编号X359） 起点北果园乡官道岭处，经北果园、光城、营岗、李家庄、水泉、魏家峪、古洞至曲阳界，长23.745公里。曲阜公路2003年4月25日开工改建，当年12月建成通车。路基宽6.5米，路面宽6米，四级路标准，总投资280万元。

五、乡村道路

1996年全县乡村道路156条1047公里，其中乡道16条228公里，村道140条819公里。乡村道路均为土路。国省干线公路沿线及台峪、炭灰铺、史家寨、夏庄等乡道沿线77个行政村通行汽车。其余行政村能通小型汽车、三轮车。

2004年“村村通”工程老路口路段

2010年全县四级以上乡村道路162条1025.156公里，其中乡道36条519.916公里，村道126条505.21公里。全部铺筑沥青或水泥，技术标准达四级。等级以上村道分布：阜平镇17条45.36公里，平阳镇9条25.932公里，台峪乡6条41.116公里，王林口乡7条19.67公里，大台乡11条36.196公里，史家寨乡8条52.226公里，砂窝乡7条29.166公里，吴王口乡3条20.173公里，龙泉关镇9条35.824公里，天生桥镇8条28.371公里，夏庄乡7条32.45公里，城南庄镇21条101.353公里，北果园乡13条36.672公里。

（一）乡道

1996年全县有乡级公路16条228公里，分别是：吴王口—寿长寺24公里，西漕口—大川16公里，史家寨—葛家台14公里，辛庄桥—史家寨—灵邱界35公里，平阳—北庄—台峪19公里，官道岭至北果园4公里，广安—东城铺19公里，大岸底—岔河11公里。眼药沟—夏庄16公里，桃园—炭灰铺8公里，城南庄—栗园庄5公里，城南庄—百石岭12公里，城南庄—广安桥10公里，不老树—百亩台13公里，刘家沟—铁岭11公里，葛家台—东漕岭12公里。

2004年开始规模空前的农村公路建设。经过3年“村村通”建设，农村公路标准普遍提高，到2010年乡级公路36条519.916公里，全部实现硬化，技术标准达四级。乡道里程占公路总里程的39%。

平阳至白石台公路（编号Y203） 起点平阳村，经罗峪、菏泽、北庄、康家峪、庄里、营尔、台峪、大西地至百石台。途经8个行政村，长23.7公里。1996年投入以工代赈资金30万元整修。2002年平阳至台峪19公里铺筑油路，2004年台峪至白石台4.7公里铺为水泥路面。2007年投资550万元，对平阳至百石台公路改建，通过改建，桥梁涵洞配套，路面硬化贯通。

铁岭至刘家沟公路（编号Y204） 平阳镇铁岭村为起点，向西经庄子沟、柳树沟、五丈湾、庙儿沟至王林口乡的刘家沟。长9.62公里，水泥路面宽5米。

G207至王林口公路（编号Y205） 205乡道沟通207国道和382省道，连接大台乡和王林口乡。起点康儿沟村，向南经东板峪店、后岭、前岭、桑园至王林口接河龙公路。长10.059公里，水泥路面，路面宽3.5～5米。1996年整修康儿沟至后岭路段。2004年，铺筑水泥路面，新建前岭桥。

辛庄至东漕岭公路（编号Y206） 沿线经过8个行政村，以涞阜公路辛庄桥为起点，经凹里、史家寨、槐场、圣水岭、苏家台、沙角湾、保竹、道火岭、葛家台、丁家庄、上东漕、下东漕、石槽沟至东漕岭接阜繁公路。全长31.569公里，水泥路面宽3.5～4米。1998年投资70万元，辛庄桥至史家寨铺为油路。2005年，史家寨至东漕岭26公里铺为水泥路面。

西漕岭至灵丘公路（编号Y207） 起点西漕口桥，经下堡、盘龙台、板峪口、上堡、下甘岭、黑印台、爱家岭至山西灵丘界。长20.337公里，水泥路面宽度3.5～4米。1997年保定市交通局扶持资金8万元，修建黑印台至灵丘公路。2004年铺筑水泥路面。

史家寨至灵丘公路（编号Y208） 起点史家寨，经庙儿台，红土山、鹞子会、小岭子、红花、岭底、段庄、枣林台、七里沟、三道河、铁岭口、铁岭洼至山西灵丘界。长29.716公里。1996年以工代赈资金300万元，对此路进行改建，修建了家北桥。铺筑了水泥路面。

广安至城南庄（编号Y209） 起点广安大桥，经贯沟、宋家沟、北工至城南庄。长10.821公里，路面宽4～6米。1997年省交通厅投资100万元，铺为油路。2008年投资300万元，改建为水泥路。

城南庄至栗园庄公路（编号Y210） 城南庄为起点，经万宝庄、易家庄至栗园庄与国道207连接，长6.341公里。1999年省交通厅投资80万元，铺筑油路。2010年投资230万元将其中2.4公里铺筑为水泥路，3.9公里铺筑为沥青路面，路面宽4米。

G207至下庄公路（编号Y211） 起点眼药沟村，经石牛河、长石崖、菜池、河西台、桑树坪、干石沟至下庄，长16.371公里。2002年交通局投资100万元进行改建。修建桥涵，整修加宽加固路基，并铺筑为油路面，路面宽4米。

曲北线至广安公路（编号Y212） 起点北果园大桥向西经固镇至广安，接省道公路，长3.915公里，水泥路面宽4米。

大岸底至灵寿公路（编号Y213） 起点G207国道大岸底村，经坊子、麻棚、庙沟、西马兰、铁贯、岔河、孟家台、刀把村、东沟、三官至灵寿界，长23.178公里，路基宽度保持在4.5～6米之间，2005年后铺筑水泥路面。

水泉至行唐公路（编号Y215） 起点水泉村，经东城铺、北庄、黄连峪至行唐界，长5.239公里，水泥路面宽3.5～4米。

河龙线至辽道背公路（编号Y239） 起点招提寺，经顾家台、骆驼湾、瓦窑、高石堂沟、杨树塔至辽道背，长19.85公里。路基宽4.5～6米，水泥路面3.5～4米。是海拔最高的乡级公路。

北庄至柏崖公路（编号Y320） 起点菏泽村。经朱安、长角、石湖、唐野、柳河、车道、陈家沟、康儿沟接G207线。长22.1公里，水泥路面宽 3.5 米。

平阳至土门公路（编号 Y321） 起点平阳桥，经白家峪、杨树洼至土门村，长 8.011 公里，水泥路面宽 4 米。

大台至台峪公路（编号 Y322） 起点大台村，向东经水沟门、洞子沟、北法台、吴家庄、平房至台峪，长 13.501 公里。1999 年以工代赈资金修建这条路。沟通大台、台峪两乡。2000 年北京军区 51034 部队援助修建这条路，后铺为水泥路面，路面宽 3.5 米。

吴王口至邓家庄公路（编号 Y323） 吴王口为起点，经泉子口、石滩地、磨子口、谢地至邓家庄，长 12.307 公里。路基宽 4.5 ～ 6.5 米。水泥路面宽 3.5 米。

乡道 Y206 至国道 G207 公路（编号 324） 以史家寨乡雷堡村为起点，经上沙沟、下沙沟、柳树底、苇沿、双庙至照旺台接 G207 国道，长 10.201 公里，水泥路面，宽 3.5 ～ 4 米。

G207 至史家寨公路（编号 325） 起点大台乡田子口村，经北沟门，计家台、家北至史家寨。长 8.483 公里。水泥路面宽 3.5 米。

S382 至北果园公路（编号 326） 起点榆林沟村，经神台、张家庄、惠民湾、细沟、倪家洼、崔家沟至北果园，长 15.45 公里，水泥路面宽 3.5 米。

G207 至炭灰铺公路（编号 Y327） 起点老路渠沟口，经桃园、大台、下店、金龙洞、炭灰铺、黄草古路、南安沟口、三眼井至神仙山。长 18.914 公里，水泥路面，宽 3.5 ～ 4 米。1997 年修建炭灰铺桥。2002 年整修。2006 年投资 450 万元改建。

下庄至山西公路（编号 Y328） 起点下庄村，经旧营、康家坪、槽子池、大河、羊道、大湾、花塔至山西五台县跑泉厂村，长 17.923 公里，水泥路面宽 3.5 ～ 4 米。

S382 至黑崖沟公路（编号 Y330） 起点龙泉关村、经桑园坪、西刘庄至黑崖沟村，长 5.28 公里。2004 年铺为油路面。

百庙台至砂台公路（编号 Y331） 起点西边台村，经苹果园、仙湾、坟湾、罗家湾、砂台、养马楼至石门沟。长 20.263 公里，水泥路面宽 3.5 ～ 4 米。

G207 至乡道 Y211 公路（编号 Y332） 起点摸鱼台村，经乔其岭、楼房、沙岗岭、柏崖、老庄旺至河西台。全长 17.615 公里，水泥路面宽 3.5 ～ 4 米。

大园至海沿公路（编号 Y333） 起点大园村，向南经苇地沟、东窑沟、苍山至海沿村，长 12.835 公里。水泥路面宽 3.5 ～ 4 米。

G207 至方太口公路（编号 Y334） 起点辛庄村，经马驹石、刁窝口、上庄、水口至方太口接河龙公路。长 7.71 公里，水泥路面宽 3.5 米。

乡道 Y320 至省道 S382 公路（编号 Y438） 起点自车道村，途经枣岸、梨树、东板峪、大连沟、皂火峪、接省道河龙公路。长 12.834 公里，水泥路面宽 3.5 米。

乡道 Y204 至二十亩地公路（编号 Y439） 起点庄子沟村。向南经土洞沟、王快、杨树凹、二十亩地至椅子圈。长 6.463 公里，水泥路面宽 3.5 ～ 5 米。

八里庄至北刘庄公路（编号 440） 起点八里庄，经老庄旺、宫家庄、北刘庄、韩家庄至孟寺塔，长 14.324 公里。水泥路面宽 3.5 米。

百亩台至不老树公路（编号 Y441） 起点百亩台村，经全庄、三道岭、蛤蟆石、二道河至不老树，长 16.747 公里。水泥路面宽 3.5 米。

G207 至菜池公路（编号 442） 起点木匠口，经松树湾、张家庄、东沟、黄羊沟、至菜池村。长 12.176 公里，水泥路面宽 3.5 ～ 4 米。

砂窝至龙王沟公路（编号 Y443） 起点砂窝村，经龙王口、横岭、冯沟、龙王沟至上龙王村。长 7.822 公里，水泥路面宽 4 米。

S203 至神台公路（编号 Y444） 起点高阜口、经柳泉、大道、蛤蟆石、新房、大石坊、南峪至神台。长 11.906 公里，水泥路面宽 3.5 米。

古洞至半沟公路（编号 Y446） 起点北果园乡北古洞村，经下庄、上小花沟至半沟，与曲北公路连通。长 7.59 公里，水泥路面宽 3.5 米。

2010年阜平县乡级公路一览表

表 3-2-1

路线 \ 项目	路线编号	里程（公里）	路面		桩号		技术等级
			净宽（米）	类型	起点	止点	
平阳—白石台	Y203130624	23.386	3.5～4	水泥路面	0	23.386	四级
铁岭—刘家沟	Y204130624	9.62	5	水泥路面	0	9.62	四级
G207—王林口	Y205130624	10.059	3.5～5	水泥路面	0	10.059	四级
辛庄—东漕岭	Y206130624	31.569	3.5～4	水泥路面	0	31.569	四级
西漕口—灵丘界	Y207130624	20.337	3.5～4	水泥、沙石	0	20.337	四级
史家寨—山西界	Y208130624	29.716	4	水泥、沙石	0	29.716	四级
广安—城南庄	Y209130624	10.821	4～6	水泥路面	0	10.821	四级
城南庄—栗园庄	Y210130624	6.342	4	水泥路面	0	6.342	四级
G207—下庄	Y211130624	16.371	4	沥青路面	0	16.371	四级
曲北线—广安	Y212130624	3.915	3.5	水泥及沥青	0	3.915	四级
大岸底—灵寿界	Y213130624	23.178	4	水泥路面	0	23.178	四级
吴王口—寿长寺	Y214130624	25.071	4	水泥路面	0	25.071	四级
水泉—行唐界	Y215130624	5.239	3.5～4	沥青路面	0	5.239	四级
河龙线—辽道背	Y239130624	19.85	3.5～4	水泥路面	0	19.85	四级
北庄—柏崖	Y320130624	22.1	3.5	水泥路面	0	22.1	四级
平阳—土门	Y321130624	8.011	4	水泥路面	0	8.011	四级
大台—台峪	Y323130624	13.501	3.5	水泥路面	0	13.501	四级
吴王口—邓家庄	Y323130624	12.307	3.5	水泥路面	0	12.307	四级
乡道Y206—国道G207	Y324130624	10.201	3.5	水泥、砂石	0	10.201	四级
G207—史家寨	Y325130624	8.483	3.5	砂石	0	8.483	四级
S382—北果园	Y326130624	15.45	3.5	水泥路面	0	15.45	四级
G207—炭灰铺	Y327130624	18.914	3.5～4	沥青砂石	0	18.914	四级
下庄—山西界	Y328130624	17.923	3.5～4	水泥砂石	0	17.923	四级
S382—黑崖沟	Y330130624	5.218	4	沥青路面	0	5.218	四级
百亩台—砂台	Y331130624	20.263	3.5～4	水泥、砂石	0	20.263	四级
国道G207—乡道Y211	Y332130624	17.615	3.5～4	水泥路面	0	17.615	四级

续表 3-2-1

路线＼项目	路线编号	里程（公里）	路面		桩号		技术等级
			净宽（米）	类型	起点	止点	
大园—海沿	Y333130624	12.853	3.5～4	水泥、砂石	0	12.853	四级
G207—方太口	Y334130624	7.71	3.5	水泥路面	0	7.71	四级
乡道 Y320—省道 S382	Y438130624	12.834	3.5	水泥路面	0	12.834	四级
Y204—二十亩地	Y439130624	6.463	3.5～5	水泥路面	0	6.463	四级
八里庄—北刘庄	Y439130624	14.324	3.5	水泥、砂石	0	14.324	四级
百亩台—不老树	Y441130624	16.747	3.5	水泥路面	0	16.747	四级
G207—菜池	Y442130624	12.716	3.5～4	水泥砂石	0	12.716	四级
砂窳—龙王沟	Y443130624	7.822	4	水泥路面	0	7.822	四级
S203—神台	Y444130624	11.906	3.5	水泥路面	0	11.906	四级
古洞—半沟	Y446130624	7.59	3.5	水泥、砂石	0	7.59	四级

（二）村道

2003　2007 年阜平县连续 5 年开展大规模“村村通”建设。村道快速延伸，标准显著提高。2008 年全县 209 个行政村都通油路或水泥路，通客运班车，有的村道升级成为乡级公路，至 2010 年全县四级村道 126 条 505.24 公里。另有等外路 117 条，286.557 公里。

村村通乡村客运班车

六、S382—天生桥景区公路

S382 至天生桥公路，起点西下关村，经燕台、沙洼，朱家营至天生桥瀑布景区，全长 9.374 公里，沥青路面，路面宽 6.5 米，为四级

天生桥景区公路沿台路段

公路。2000 年勘察设计，2001 年开工建设，当年建成通车。工程总投资 285 万元。建有中、小桥 11 座 172.8 米，其中中桥 2 座，小桥 9 座。

七、北环公路

北环公路起点在县城东高速连线照旺台桥，经阜平中学、安庄、赵家沟掌、幸福村、桃花、至四里庄与保阜高速县城西连线相接。长 3.36 公里，设计标准为二级公路，路基宽 12 米，路面宽 11.4 米，于 2010 年开工建设。前期征地、拆迁工作由县交通运输局会同阜平镇、县有关部门完成。

第二节　桥梁隧道涵洞

一、桥梁

2010年全县有各类桥梁422座，总长32849.14米。按规模分类，特大桥1座，大桥85座，中桥74座，小桥258座。按所在线路分，G207国道32座，河龙公路29座，无繁公路23座，阜上公路10座，曲北公路7座。36条乡道99座，村道69座，天生桥路11座。城市道路桥3座。高速公路主线90座，引线7座。

（一）G207国道桥梁

G207国道阜平段桥梁共32座，1129.3米。其中大桥4座，中桥5座，小桥23座。

1996—2010年，建成河北沟大桥、南关新桥、栗园庄大桥。

河北沟大桥　位于G207涞阜段河北沟门村，中心桩号K705+763，跨板峪河，桥长120米，桥面净宽7米，6孔跨径20米，跨径组合6～20。荷载汽-20，挂-100，上部结构空心板梁。桥墩为双排柱式。2003年修建。

南关新桥长　222.44米，桥面净宽9米，两侧人行道各0.75米，跨径组合13～16.8。上部结构T型梁，U型桥台，双排柱式桥墩，设计荷载汽-20挂-100，1996年由河北省水利厅工程一处修建。

栗园庄大桥　中心桩号K751+181，桥长106.54米，桥面净宽7米。两侧人行道各0.75米。跨径组合5～20，上部为预应力简支梁，

栗园庄大桥

桥墩为双排柱式，设计荷载汽—20挂—100，2002年修建。

（二）省道河龙公路桥梁

河龙公路阜平段建有桥梁42座，其中大桥5座，中桥6座，小桥31座。

1996—2010年建成王林口大桥、方太口大桥、沙河大桥、栗园铺大桥。

王林口大桥　中心桩号K191+656，桥长163.92米，桥面净宽7米，两侧人行道各0.75米，跨径组合8～20，设计荷载汽—20，挂—100，上部结构预应力连续梁，桥墩为双排柱式。2002年修建。

方太口大桥　中心桩号K200+101，桥长178.8米，桥面净宽7米，两侧人行道各0.75米，跨径组合11～16，设计荷载汽—20，挂—100，上部结构T型梁，下部结构为双排柱式。2002年建成。

沙河大桥　中心桩号K205+380，桥长523.88米，桥面净宽9米，跨径组合26～20，设计荷载汽—20，挂—100，上部结构为预应力连续梁，下部结构为双排柱式。2001年修建。

栗园铺大桥　中心桩号K226+580，桥长106.2米，桥面净宽7米，两侧人行道各0.75米。跨径组合8～13，设计荷载汽—20，挂—100，上部结构为空心板梁，下部结构为双排柱式。1996年修建。

（三）省道无繁公路桥梁

省道S203阜平段共有桥梁31座，其中大桥3座，中桥6座，小桥22座。

广安大桥　中心桩号K104+700，桥长199米。桥面净宽8米，两侧各人行道0.75米，跨径组合15～13，设计荷载汽—20，挂—100，上部结构为T型梁，下部结构双排柱式。1998年修建，2004年改建。

河口大桥　中心桩号K125+730，桥长132.04米，桥面净宽8米，两侧人行道各1米，跨径组合8～16，设计荷载汽—20，挂—100，上部结构为箱形梁，下部结构为双排柱式桥墩。1996年修建。

砂窝大桥 中心桩号K153+328，桥长160.12米，桥面净宽8米，两侧人行道各0.75米，跨径组合12～13，设计荷载汽—20，挂—100，上部结构为空心板梁，下部结构为双排柱式。2007年建。

（四）乡村公路桥梁

2010年全县乡村公路桥梁有205座，其中大桥7座，中桥46座，小桥152座。

1996—2010年建设的乡村公路大桥有北果园大桥、史家寨大桥、吴王口大桥。

北果园大桥 桥长264米。桥面净宽8.5米，13孔，跨径20米。上部结构T型梁，下部结构双排柱式桥墩，2003年修建。

史家寨大桥 桥长161米，桥面净宽6.5米。上部结构板梁，下部结构为双排柱式桥墩。1996年修建。

吴王口大桥 位于吴王口。桥长121米，桥面净宽7.5米，上部结构为板梁，1997年修建。

（五）保阜高速桥梁

保阜高速公路阜平段主线桥梁共90座，总长22988.5米。其中特大桥1座，大桥67座，中桥3座，分离立交桥3座，匝道桥6座，机耕通道6座，贯通通道、贯通车道、回转车道、通道各1座。

特大桥　黑崖沟2号大桥 位于龙泉关镇黑崖沟，中心桩号左线ZK144+143.252，右线：YK144+138.5，桥梁全长1121米，桥面净宽24.5米。最高桥墩120.5米，20孔，上部结构，主桥为预应力混凝土连续钢梁，引桥为装配式预应力混凝土连续T型梁，下部结构为空心薄壁墩，柱式墩，桩基础，扩大基础，U型桥台，沥青混凝土桥面，设计荷载公路1级。中国交通第一公路勘察设计研究院有限公司（简称中交一公院）设计。中铁一局集团第四工程局（简称中铁一局）建造。2010年完成主体工程。

黑崖沟大桥

小北沟大桥 位于平阳镇罗峪，中心桩号K84+727，全长278.8米，桥面净宽25.5米，9孔跨径30米，上部结构，装配式预应力混凝土连续T型梁，下部结构为柱式墩，桩基础，肋台柱台。桥面沥青混凝土，设计荷载公路1级。2010年建成。

皂火峪1号大桥 位于平阳镇皂火峪，中心桩号K87+678，长158.8米，桥面净宽25.5米，共5孔，跨径30米，上部结构为装配式预应力混凝土连续T型梁，下部结构为柱式墩，桩基础，柱式桥台。桥面沥青混凝土，设计荷载公路1级。2010年建成。

皂火峪2号大桥 位于平阳镇皂火峪，中心桩号K88+065，长188.8米，桥面净宽25.5米，6孔，跨径30米，上部结构为装配式预应力混凝土连续T型梁，下部结构为柱式墩，桩基础，肋台式桥台。桥面沥青混凝土，设计荷载公路1级。2010年竣工。

大窑花大桥 位于王林口乡马坊村，中心桩号K89+038，长188.8米，桥面净宽25.5米，共6孔，跨径30米，上部结构为装配式预应力混凝土连续T型梁，下部结构为柱式桥墩，桩基础，柱肋台式桥台。桥面沥青混凝土，设计荷载公路1级。2010年建成。

马坊沟大桥 位于王林口乡马坊村，中心桩号K90+797.5，右K90+797.5桥梁全长133.2米/83.2米。桥面净宽25.5米，跨径为5×25/3×25。上部结构为装配式预应力混凝土连续T型梁，下部结构为柱式桥墩，桩基础，柱台式桥台。沥青混凝土桥面，2010年建成。

立北贯1号大桥 位于王林口乡前岭村，

中心桩号K91+560。桥长250.4米，桥面净宽25.5米。6孔，跨径40米。上部结构为装配式预应力混凝土连续T梁。下部为柱式墩，桩基础，肋桥台。桥面沥青混凝土，设计荷载公路1级。2010年通车。

立北贯2号大桥　位于王林口乡前岭村，中心桩号K91+946。桥梁长450.4米，主桥跨径为3×40+4×50+3×40。上部结构为装配式预应力混凝土连续T梁，下部为柱式墩，薄壁墩。桥台为肋台式。设计荷载公路1级。中交一公院设计，中铁一局施工。2010年通车。

前岭大桥该桥　位于王林口乡前岭村，中心桩号左K92+675.9右K92+651.15。桥梁长245.2米/297.7米。桥面净宽25.5米。主桥跨径左幅3×40+3×40，右幅3×40+4×40。上部结构为装配式预应力混凝土连续T梁，下部结构为柱式墩，桩基础，扩大基础。桥台为柱、肋、坐板U台。设计荷载为公路1级，中国交通部第一公路设计院设计，中铁一局施工。2010年通车。

板峪河大桥　位于王林口乡，中心桩号为K93+723.45。桥长451.5米，桥面净宽25.5米，主桥跨径3×40+4×50+3×40，上部结构为装配式预应力混凝土连续T梁，下部结构为柱式墩、薄壁墩、扩基。桥台为柱，坐板，U型台。设计荷载为公路1级。中交一公院设计，中铁一局施工。2010年通车。

桃花沟大桥　位于大台乡东板峪店村，中心桩号左K95+022右，K95+011.6。桥长308.8米/289.6米。桥面净宽25.5米，主桥跨径左幅3×30+3×40+3×30，右幅4×40+3×30。桥梁上部结构为装配式预应力混凝土连续T梁，下部为柱式墩，薄壁墩。桥台类型为柱台肋台。设计荷载公路1级。中交一公院设计。中铁一局施工。2010年通车。

上寺沟大桥　位于王林口乡南刁窝村，中心桩号左ZK97+144，右YK97+166。桥长188.8米/218.8米，桥梁净宽25.5米。主桥跨径6×30，右幅7×30。桥梁上部结构为预应力混凝土连续T梁，下部为柱式墩，桩基础。设计荷载为公路1级。中交一公院设计，中铁一局施工。2010年通车。

大沟林大桥　位于王林乡南刁窝村，中心桩号ZK97+574，YK97+581，桥长210.56米，5孔，跨径40米，上部结构为装配式预应力混凝土连续T梁，下部为柱式墩，桩基础，设计荷载为公路1级。2010年通车。

鹞子河大桥　位于王林口乡马驹石村，中心桩号K100+011。桥长650.4米。桥面净宽25.5米，16孔，跨径40米。上部为装配式预应力混凝土连续T梁，下部为柱式墩，薄壁墩，桩基础。柱式桥台、沥青混凝土桥面。设计荷载为公路1级。

庄上沟大桥　位于阜平镇照旺台界内，中心桩号K103+899.5。桥长183.2米，桥面净宽25.5米，7孔，跨径25米，上部结构为装配式预应力混凝土连续T梁，下部结构为柱式墩，桩基础。柱式桥台，设计荷载为公路1级。

上桃花大桥　位于阜平镇法华界内，中心桩号K108+361，桥梁长258.2米，桥面净宽25.5米，10孔，跨径25米。上部结构为装配式预应力混凝土连续T梁，下部结构为柱式墩，桩基础。设计荷载为公路1级。

大沙河桥　位于阜平镇色岭口村，中心桩号K111+156。桥梁长530.48米，桥面净宽24.5米，13孔，跨径40米。上部结构为装配式预应力混凝土连续T梁，下部结构为薄壁墩、柱式墩、桩基础。桥台为柱式。设计荷载公路1级。2010年完成主体工程。

大枣林大桥　位于阜平镇色岭口村，中心桩号K113+149，桥梁长248.8米，桥面净宽24.5米。8孔，跨经30米，上部结构为装配式预应力混凝土连续下梁，下部结构为柱式墩，桩基础，柱式桥台，设计荷载公路1级。

新庄1号大桥　位于阜平镇色岭口村，中心桩号左K114+185.95，右K114+119.桥梁长231.85米。桥面净宽24.5米。跨经左8×30，右7×30，桥梁上部结构为装配式预应力混凝土连续T梁，下部结构为柱式墩，桩基础，扩基，桥台类型为肋台，U台，柱式台。设计荷载公路1级，2010年完成主体工程。

新庄2号大桥 位于阜平镇色岭口村，中心桩号左幅K114+438，右幅K114+453。桥梁长143.8米，桥面净宽24.5米，主桥跨经左5×30，右4×30。上部结构装配式预应力混凝土连续T梁，下部结构柱式墩，桩基础。柱式桥台，设计荷载公路1级，2010年完成主体工程。

色岭口大桥 位于阜平镇界内，中心桩号左k114+939，右K114+942，桥梁长278.8米，桥面净宽24.5米，9孔跨经30米。上部结构装配式预应力混凝土连续T梁，下部为柱式墩，桩基础，薄壁墩。柱式桥台。设计荷载公路1级，2010年桥梁主体完成。

色岭沟大桥 位于阜平镇界内，中心桩号K115+238，桥梁长278.8米，桥面净宽24.5米。9孔，跨经30米。上部结构装配式预应力混凝土连续T梁，下部结构柱式墩，桩基础，柱式桥台，设计荷载为公路1级。2010年桥梁主体完成。

凹峪沟1号大桥 位于阜平镇色岭口村，中心桩号K115+628口，桥梁长250.2米，桥面净宽24.5米，主桥跨径3×30+3×50。上部结构装配式预应力混凝土连续T梁下部结构，柱式墩，柱基础，薄壁空心墩。柱式桥台。设计荷载公路1级。

凹峪2号大桥 位于阜平镇色岭口村，中心桥号K115+859.7，桥梁长250.2米。桥面净宽24.5米，主桥跨径3×30+3×50。上部结构为装配式预应力混凝土连续T型梁，下部结构为柱式墩，桩基础，薄壁空心墩。柱式桥台，设计荷载为公路1级。2010年桥梁主体完成。

鹞沟大桥 位于阜平镇色岭口村，中心桩号K116+350.7，桥梁长250.2米，桥面净宽24.5米，主桥跨径3×30+3×50。上部结构为装配式预应力混凝土连续T梁。下部结构为柱式墩、桩基础、薄壁空心墩。柱式桥台。设计荷载为公路一级。2010年桥梁主体完成。

圣水村大桥 位于阜平镇色岭口村，中心桩号K116+951.3，桥梁长330米，桥面净宽24.5米，主桥跨径3×30+6×30。上部结构为装配式预应力混凝土连续T梁。下部结构为柱式墩、桩基础、薄壁空心墩。柱式桥台。设计荷载公路1级。2010年桥梁主体完成。

道有沟大桥 位于阜平镇色岭口村。中心桩号K117+778，桥梁长130.4米。上部结构为装配式预应力混凝土连续T梁。下部结构为柱式墩、桩基础、薄壁空心墩。设计荷载公路1级。2010年主体完成。

龙堂沟大桥 位于阜平镇色岭口村，中心桩号K118+147.桥梁长161.6米，桥面净宽24.5米，共3孔、跨径50米。上部结构为装配式预应力混凝土连续T梁。下部结构为柱式墩、桩基础、薄壁空心墩，柱式桥台。设计荷载为公路1级。2010年主体完成。

黄土岭1号大桥 位于阜平镇色岭口村，中心桩号左幅k118+507，右幅k118+512。桥梁长278.8米，桥面净宽24.5米，9孔，跨经30米。上部结构为装配式预应力混凝土连续T梁，下部结构柱式墩，桩基础。设计荷载公路1级。2010年主体完成。

安子岭大桥 位于东下关镇不老树村，中心桩号左幅ZK119+938/ZK120+358，右幅YK120+178.桥梁长703.2米，桥面净宽24.5米，主桥跨经左10×30，右26×30。上部结构为装配式预应力混凝土连续T梁，下部结构柱式墩，桩基础。设计荷载公路1级。2010年主体完成。

不老树大桥 位于东下关镇界内。中心桩号K121+565，桥梁长158.8米，桥面净宽24.5米，5孔，跨经30米。上部结构为装配式预应力混凝土连续T梁，下部结构为柱式台，桩基础。肋台式桥台，设计荷载为公路1级。2010年主体完成。

北流河桥 位于东下关镇龙王庙村。中心柱号K122+409，桥梁长149.48米，桥面净宽

24.5米，主桥跨经4×10+4×50+3×40。上部结构为装配式预应力混凝土连续T梁，下部结构为空心薄壁墩，柱式墩。桩扩基，柱式桥台，设计荷载公路1级。2010年主体完成。

走道河大桥 位于东下关镇龙王庙村。中心桩号K123+146.5，桥梁长211.76米，桥面净宽24.5米，4孔，跨经50米。上部结构装配式预应力混凝土连续T梁，下部结构为柱式墩，柱扩基。U型桥台，柱式桥台，设计荷载为公路1级，2010年主体完成。

菜地沟大桥 位于东下关镇龙王庙村。中心桩号k123+693，桥梁长330.56米，桥面净宽24.5米，8孔，跨经40米。上部结构装配式预应力混凝土连续T梁，下部结构，空心薄壁墩，柱式墩，桩，扩基。柱式桥台，肋台，设计荷载为公路1级。2010年主体完成。

头道沟大桥 位于东下关镇龙王庙村，中心柱号K124+083.35，桥梁长156.3米，桥面净宽24.5米，3孔，跨经50米。上部结构为装配式预应力混凝土连续T梁，下部结构为柱式墩，桩，扩基，桥台类型为U型台，肋台，设计荷载公路1级。2010年主体完成。

石湖沟大桥 位于东下关镇龙王庙村，中心桩号左K124+289.5，右K124+269.5，桥梁长左130.4米，右170.4米。桥面净宽24.5米，主桥跨径左3×40，右4×40。上部结构装配式预应力混凝土连续T梁，下部结构空心薄壁墩，柱式墩，桩，扩基。柱式桥台，设计荷载公路1级。2010年主体完成。

龙王庙大桥 位于东下关镇龙王庙村，中心桩号K124+681，桥梁长130.4米，桥面净宽24.5米，共3孔，跨径40米。上部结构为装配式预应力混凝土连续下梁，下部结构为柱式墩，桩，扩基，柱式桥台，设计荷载公路1级。2010年主体完成。

小龙沟大桥 位于东下关镇龙王沟村，中心桩号K125+0.96，桥梁长左幅130.4米，右幅128.8米，桥面净宽24.5米，主桥跨径左3×40，右4×30。上部结构装配式预应力混凝土连续T梁，下部结构柱式墩，桩基础，柱式桥台，设计荷载公路1级，2010年主体完成。

六龙沟大桥 位东下关镇龙王庙、北栗元铺两村交界，中心桩号K125+440，桥梁长510米，桥面净宽24.5米，主桥跨径3×30+3×50+3×（3×30），上部结构为装配式预应力混凝土连续下梁，下部结构空心薄壁墩，桩基础。柱式桥台，设计荷载公路1级。2010年主体完成。

小河沟大桥 位于东下关镇北栗元铺村，中心桩号左K125+971.3，右K125+976.3，桥梁长215.4米，桥面净宽24.5米，7孔，跨径30米。上部结构装配式预应力混凝土连续T梁，下部结构，空心薄壁墩，柱式墩，扩基。U型桥台，设计荷载公路1级。2010年主体完成。

毛家沟大桥 位于东下关镇北栗元铺村，中心桩号左K126+434，右K126+477.05，桥梁长141.85米，桥面净宽24.5米。主桥跨径左5×30，右4×30。上部结构为装配式预应力混凝土连续T梁，下部结构柱式墩，桩基础，扩大基础，设计荷载公路1级。2010年主体完成。

关堂沟大桥 位于东下关镇北栗元铺村，中心桩号K126+625.5，桥长121米。桥面净宽24.5米。3孔，跨径40米。上部结构装配式预应力混凝土连续T梁，下部结构柱式墩，桩基础，扩大路基，U型桥台。设计荷载公路1级。2010年主体完成。

杏庄大桥 位于东下关镇栗元铺界内，中心桩号K127+231，桥梁全长161.6米，桥面净宽24.5米，3孔，跨径50米。上部结构装配式预应力混凝土连续T梁，下部结构柱式墩，桩基础，扩大基础，柱式桥台，设计荷载公路1级。2010年主体完成。

于家台大桥 位于东下关镇北栗元铺村，中心桩号K127+598，桥梁长440.4米，桥面净宽24.5米，主桥跨径3×40+3×50+4×40。上部结构装配式预应力混凝土连续T梁，下部结构薄壁空心墩，桩基础，扩大基础，柱式桥台。设计荷载公路1级。2010年主体完成。

洞子沟大桥 位于东下关镇塔沟村，中心桩号MRK128+895，桥梁长188.8米，桥面右幅等宽，左幅变宽。主桥跨径3×30+3×30。上部结构，右幅为装配式预应力混凝土连续T梁，左幅第一联为预应力混凝土现浇箱梁（变宽），左幅第二联为装配式预应力混凝土连续T梁。下部结构柱式扩基，桩基础。设计荷载公路1级。2010年主体完成。

上塔大桥 位于东下关镇塔沟村，中心桩号左ZK129+252，右YK129+252，桥梁长430米，桥面净宽24.5米。主桥跨径5×30+7×40。上部结构为装配式预应力混凝土连续T梁，下部结构薄壁空心墩，桩基础，扩大基础，U型桥台。设计荷载公路1级。2010年建成。

咸菜沟大桥 位于东下关镇大教厂村，中心桩号左线ZK131+460，右线YK131+447，桥梁长121米，桥面净宽24.5米，3孔，跨径40米。上部结构为装配式预应力混凝土连续T梁，下部结构柱式墩，桩基础，扩大基础，U型桥台。设计荷载公路1级。2010年建成。

胡家营大桥 位于东下关镇大教厂村，中心桩号左线ZK131+929.90，右线YK131+945.75，桥梁左幅长259.6米，右幅长308.8米，桥面净宽24.5米，跨径左幅3×30+4×40。右幅3×30+3×40+3×30。上部结构装配式预应力混凝土连续T梁，下部结构薄壁空心墩，柱式墩，桩基础，设计荷载公路1级。2010年建成。

笛子沟大桥 位于东下关镇大教厂村，中心桩号K132+600.桥梁全长330.4米，桥面净宽24.5米，8孔，跨径40米，上部结构为装配式预应力混凝土连续T梁，下部结构薄壁空心墩，柱式墩，桩基础，设计荷载公路1级。2010年建成。

赵家沟大桥 位于龙泉关镇平石头村，中心桩号K133+574.桥梁全长170.4米，桥面净宽24.5米，4孔，跨径40米，上部结构装配式预应力混凝土连续T梁，下部结构薄壁空心墩，柱式墩，桩基础，桥台为柱式台，肋台，设计荷载公路1级。2010年建成。

寨沟1号大桥 位于龙泉关镇平石头村，中心桩号左幅K133+925.65，右幅K133+963，桥梁左幅长275.7米，右幅长281米，桥面净宽24.5米，主桥跨径左幅3×40+3×50。右幅7×40。上部结构装配式预应力混凝土连续T梁，下部结构薄壁空心墩，柱式墩，桩基础，桥台为柱台，坐板。设计荷载公路1级。2010年建成。

寨沟2号大桥 位于龙泉镇平石头村，中心桩号K134+210，桥梁长170.4米，桥面净宽24.5米，4孔，跨径40米。上部结构装配式预应力混凝土连续T梁，下部结构柱式墩，桩基础，柱式桥台，坐板。设计荷载公路1级。2010年建成。

沙胡兰大桥 位于龙泉关镇平石头村，中心桩号K134+719.65，桥梁全长395.7米，桥面净宽24.5米，主桥跨径3×40+3×50+3×40米。上部结构为装配式预应力混凝土连续T梁，下部结构空心薄壁墩，柱式墩，桩基础，扩大基础，桥台为柱式台，肋台。设计荷载公路1级。2010年建成。

麻地沟1号大桥 位于龙泉关镇八里庄村，中心桩号K135+494，桥梁长401米，桥面净宽24.5米，10孔，跨径40米。上部结构系装配式预应力混凝土连续T梁，下部结构为柱式墩，桩基础，扩大基础，坐板桥台，设计荷载公路1级。2010年建成。

麻地沟2号大桥 位于龙泉关镇八里庄村，中心桩号K136+051，桥梁长551.16米，桥面净宽24.5米，11孔，跨径50米。上部结构为装配式预应力混凝土连续T梁，下部结构薄壁空心墩，柱式墩，桩基础，扩大基础，U型桥台，设计荷载公路1级。2010年建成通车。

麻地沟3号大桥 位于龙泉关镇北刘庄村，中心桩号左幅K136+688.3，右幅K136+665.5，桥梁左幅长251.16米，右幅长201.16米。主桥跨径左5×50，右4×50。上部结构为装配式预应力混凝途连续T梁，下部结构薄壁空心墩，柱式墩，桩基础，扩大基础，U 型桥台，设计荷载公路 1 级。2010 年建成。

宫家庄 1 号大桥 位于龙泉关镇北刘庄村，中心桩号 K137+381，桥长 450.4 米，桥面净宽 24.5 米。11 孔，跨径 40 米。上部结构为装配式预应力混凝土连续 T 梁，下部结构薄壁空心墩，柱式墩，桩基础，柱式桥台，设计荷载公路 1 级。2010 年建成。

宫家庄 2 号大桥 位于龙泉关镇北刘庄村，中心桩号 K137+854，桥梁长 370.4 米，桥面净宽 24.5 米。9 孔，跨径 40 米。上部结构为装配式预应力混凝土连续 T 梁，下部结构薄壁空心墩，柱式墩，桩基础，柱式桥台，设计荷载公路 1 级。2010 年建成。

北刘庄大桥 位于龙泉关镇，中心桩号 K138+437，桥梁长 261.76 米，桥面净宽 24.5 米。5 孔，跨径 50 米。上部结构为装配式预应力混凝土连续 T 梁，下部结构薄壁空心墩，柱式墩，桩基础，柱式桥台，设计荷载公路 1 级。2010 年建成。

韩家庄 1 号大桥 位于龙泉关镇北刘庄村，中心桩号 K139+225.5，桥梁长 591 米，桥面净宽 24.5 米。主桥跨径左幅 3×40+3×50+8×40，右幅 3×40+3×50+3×40+4×50。上部结构为装配式预应力混凝土连续 T 梁，下部结构空心薄壁墩，柱式墩，桩基础，扩大基础，坐板式桥台，设计荷载公路 1 级。2010 年建成。

韩家庄 2 号大桥 位于龙泉关镇北刘庄村，中心桩号左 ZK139+875.5，右 YK139+889.2，桥梁长左幅 179 米，右幅 158.2 米，桥面净宽 24.5 米。主桥跨径左幅 7×25，右幅 6×25。上部结构为装配式预应力混凝土连续 T 梁，下部结构柱式墩，桩基础，扩大基础，桥台为坐板台柱式台，设计荷载公路 1 级。2010 年建成。

庙沟大桥 位于龙泉关镇西刘庄村，中心桩号左 ZK141+675.3，右 YK141+671.3，桥梁长 871 米。桥面净宽 24.5 米。主桥跨径 14×40+6×50，上部结构为装配式预应力混凝土连续 T 梁，下部结构空心薄壁墩，柱式墩，桩基础，桥台为肋台，柱式台，设计荷载公路 1 级。2010 年建成。

刘定沟 1 号大桥 位于龙泉关镇西刘庄村。中心桩号左 ZK142+325，右 YK142+321，桥梁长 130.4 米，桥面净宽 24.5 米，共 3 孔，跨径 40 米。上部结构为装配式预应力混凝土连续 T 梁，下部结构柱式墩，桩基础，柱式桥台。设计荷载公路 1 级。2010 年建。

刘定沟 2 号大桥 位于龙泉关镇西刘庄村。中心桩号左 ZK142+652.95，右 YK142+653.65，桥梁长 406.3 米，桥面净宽 24.5 米，8 孔，跨径 50 米。上部结构为装配式预应力混凝土连续 T 梁，下部结构空心薄壁墩，柱式墩，桩基础，扩大基础，L 型桥台，坐板台，设计荷载公路 1 级。2011 年在建中。

黑崖沟 1 号大桥 位于龙泉关镇。中心桩号左 ZK142+652.95，右 YK142+653.65，桥梁左幅长 524 米，右幅长 404 米，桥面净宽 24.5 米，主桥跨径左线 3×30+（74.5+135+74.5）+5×30，右线 2×30+（74.5+135+74.5）+2×30。上部结构主桥预应力混凝土变截面连续刚构。引桥，装配式预应力混凝土连续 T 梁。下部结构空心薄壁墩，柱式墩，桩基础，扩大基础。坐板式桥台，设计荷载公路 1 级。2010 年在建。

黑崖沟 3 号大桥 位于龙泉关镇。中心桩号左线 ZK144+986，右线 YK144+981，桥梁左线长 361.24 米，右线长 361.24 米，桥面净宽 24.5 米，主桥跨径左线 4×50+4×40，右线 4×50+4×40。上部结构装配式预应力混凝土连续 T 梁，下部结构空心薄壁墩，柱式墩，桩基础，扩大基础，坐板式桥台，设计荷载公路 1 级。2010 年在建中。

黑崖沟 4 号大桥 位于龙泉关镇。中心桩号左线 ZK145+473，右线 YK145+464.3，桥梁长左 188.8 米，右 184.4 米，6 孔，跨径 30 米。上部结构装配式预应力混凝土连续 T 梁，下部结构空心薄壁墩，柱式墩，桩基础，扩大基础，桥台类型为柱式，肋式，坐板式。设计荷载公路 1 级。2010 年在建中。

保阜高速公路阜平段大、中桥梁一览表

表 3-2-2

桥梁名称	桥梁全长（米）	桥面净宽（米）	主桥跨径（米）	主桥孔数（孔）	桥梁结构	
					上部	下部
不老树大桥	158.8	24.5	30	5	预应力混凝土连续 T 梁	柱式墩、桩基础
北流河大桥	490.48	24.5	40 50	7 3	预应力混凝土连续 T 梁	空心薄壁墩 柱式墩 桩 扩基
走河道大桥	211.76	24.5	50	4	预应力混凝土连续 T 梁	柱式墩、桩基础
菜地池大桥	330.56	24.5	40	8	预应力混凝土连续 T 梁	空心薄壁墩 柱式墩 桩 扩基
头道沟大桥	156.3	24.5	50	3	预应力混凝土连续 T 梁	柱式墩、桩基础
石糊沟大桥	130.4 170.4	24.5	40 40	3 4	预应力混凝土连续 T 梁	空心薄壁墩 柱式墩 桩 扩基
龙王庙大桥	130.4	24.5	40	3	预应力混凝土连续 T 梁	柱式墩、桩基础
六龙沟大桥	510 米	24.5	30 50	12 3	预应力混凝土连续 T 梁	空心薄壁墩 桩基础
洞子沟大桥	188.8	24.5	30 30	3 5	预应力混凝土连续 T 梁	柱式扩基 桩基
小河沟大桥	215.4	24.5	30	7	预应力混凝土连续 T 梁	空心薄壁墩 柱式墩 扩基
毛豪沟大桥	141.85	24.5	30 30	5 4	预应力混凝土连续 T 梁	柱式墩 桩基础 扩基
关堂沟大桥	121	24.5	40	3	预应力混凝土连续 T 梁	柱式墩 桩基础 扩基
杏庄大桥	161.6	24.5	50	3	预应力混凝土连续 T 梁	柱式墩 桩基础 扩基
于家台大桥	440.4	24.5	40 50	7 3	预应力混凝土连续 T 梁	薄壁空心墩 柱式墩 桩基 扩大基
上塔大桥	430	24.5	30 40	5 7	预应力混凝土连续 T 梁	薄壁空心墩 柱式墩 桩基 扩大基
咸菜沟大桥	121	24.5	40	3	预应力混凝土连续 T 梁	柱式墩 桩基础 扩大基础
胡家营大桥	259.6 308.8	24.5	30 40 30 40	3 4 6 3	预应力混凝土连续 T 梁	薄壁空心墩 柱式墩 桩基
笛子沟大桥	330.4	24.5	40	8	预应力混凝土连续 T 梁	薄壁空心墩 柱式墩 桩基
赵家沟大桥	170.4	24.5	40	4	预应力混凝土连续 T 梁	柱式墩 桩基础
寨沟 1 号大桥	275.7 281	24.5	40 50 40	3 3 7	预应力混凝土连续 T 梁	薄壁空心墩 柱式墩 桩基础
寨沟 2 号大桥	170.4	24.5	40	4	预应力混凝土连续 T 梁	柱式墩 桩基础
小北沟大桥	278.8	25.5	30	9	预应力混凝土连续 T 梁	柱式墩 桩基础
皂火峪 1 号大桥	158.8	25.5	30	5	预应力混凝土连续 T 梁	柱式墩 桩基础
皂火峪 2 号大桥	188.8	25.5	30	6	预应力混凝土连续 T 梁	柱式墩 桩基础

续表 3-2-2

桥梁名称	桥梁全长（米）	桥面净宽（米）	主桥跨径（米）	主桥孔数（孔）	桥梁结构	
					上部	下部
大窑花大桥	188.8	25.5	30	6	预应力混凝土连续 T 梁	柱式墩 桩基础
马坊沟大桥	133.2 83.2	25.5	25 25	5 3	预应力混凝土连续 T 梁	柱式墩 桩基础
立北关 1 号大桥	250.4	25.5	40	6	预应力混凝土连续 T 梁	柱式墩 桩基础
立北关 2 号大桥	450.4	25.5	40 50	6 3	预应力混凝土连续 T 梁	柱式墩 薄壁墩
前岭大桥	245.2 291.7	25.5	40 40	6 7	预应力混凝土连续 T 梁	柱式墩 桩基、扩基
板峪河大桥	451.5	25.5	40 50	6 3	预应力混凝土连续 T 梁	柱式墩 桩基础
桃花沟大桥	308.8 289.6	25.5	30 40	6 3	预应力混凝土连续 T 梁	柱式墩 薄壁墩、扩基
上寺沟大桥	188.8 289.6	25.5	30 30	6 7	预应力混凝土连续 T 梁	柱式墩 薄壁墩
小窑花沟大桥	104.8	25.5	30	3	预应力混凝土连续 T 梁	柱式墩 桩基础
大沟村大桥	210.56	25.5	40	5	预应力混凝土连续 T 梁	柱式墩 桩基础
鹞子河大桥	650.4	25.5	40	16	预应力混凝土连续 T 梁	柱式墩 桩基础
庄上沟大桥	183.2	25.5	25	7	预应力混凝土连续 T 梁	柱式墩 桩基础
上桃花大桥	258.2	25.5	25	10	预应力混凝土连续 T 梁	柱式墩 桩基础
大沙河大桥	530.48	24.5	40	13	预应力混凝土连续 T 梁	薄壁墩 柱式墩 桩基础
大枣林大桥	248.8	24.5	30	8	预应力混凝土连续 T 梁	柱式墩 桩基础
新庄 1 大桥	231.85	24.5	30 30	8 7	预应力混凝土连续 T 梁	柱式墩 桩基础、扩基
新庄 2 大桥	143.8	24.5	31 30	5 4	预应力混凝土连续 T 梁	柱式墩 桩基础
色岭口大桥	278.8	24.5	30	9	预应力混凝土连续 T 梁	柱式墩　桩基础 薄壁墩
色岭沟大桥	278.8	24.5	30	9	预应力混凝土连续 T 梁	柱式墩 桩基础
凹峪沟 1 号大桥	250.2	24.5	30 50	3 3	预应力混凝土连续 T 梁	柱式墩 桩基础 空心 薄壁墩
凹峪沟 2 号大桥	250.2	24.5	30 50	3 3	预应力混凝土连续 T 梁	柱式墩 桩基础 空心 薄壁墩
鹞沟大桥	250.2	24.5	30 50	3 3	预应力混凝土连续 T 梁	柱式墩 桩基础 薄壁空心墩
圣水村大桥	330	24.5	50 30	3 6	预应力混凝土连续 T 梁	柱式墩 桩基础 薄壁空心墩
道有沟大桥	130.4	24.5	40	3	预应力混凝土连续 T 梁	柱式墩 桩基础 薄壁空心墩
龙壹沟大桥	161.6	24.5	50	3	预应力混凝土连续 T 梁	柱式墩 桩基础 薄壁空心墩
黄土岭 1 号大桥	278.8	24.5	30	9	预应力混凝土连续 T 梁	柱式墩 桩基础

续表 3-2-2

桥梁名称	桥梁全长（米）	桥面净宽（米）	主桥跨径（米）	主桥孔数（孔）	桥梁结构	
					上部	下部
安子岭大桥	703.2	24.5	30 30 30	10 10 26	预应力混凝土连续 T 梁	柱式墩 桩基础
黑崖沟 1 号大桥	524 404	24.5	30 135 74.5	10 2 4	预应力混凝土变截面连续钢构	空心薄壁墩 柱式墩 桩基础扩大基础
黑崖沟 3 号大桥	361.24	24.5	50 40	8 8	预应力混凝土连续 T 梁	柱式墩 桩基础
黑崖沟 4 号大桥	188.8 184.8	24.5	30	6	预应力混凝土连续 T 梁	柱式墩 桩基础
沙湖兰大桥	395.7	24.5	40 50	6 3	预应力混凝土连续 T 梁	空心薄壁墩 柱式墩 桩基础 扩大基础
麻地沟 1 号大桥	401	24.5	40	10	预应力混凝土连续 T 梁	柱式墩 桩基础 扩大基础
麻地沟 2 号大桥	551.6	24.5	50	11	预应力混凝土连续 T 梁	薄壁空心墩 柱式墩 桩基础
麻地沟 3 号大桥	251.16 201.16	24.5	30 50	5 4	预应力混凝土连续 T 梁	空心薄壁墩 柱式墩 桩基础 扩大基础
宫家庄 1 号大桥	450.4	24.5	40	11	预应力混凝土连续 T 梁	空心薄壁墩 柱式墩 桩基础 扩大基础
宫家庄 2 号大桥	370.4	24.5	40	9	预应力混凝土连续 T 梁	空心薄壁墩 柱式墩 桩基础 扩大基础
北刘庄大桥	261.76	24.5	50	5	预应力混凝土连续 T 梁	空心薄壁墩 柱式墩 桩基础 扩大基础
韩家庄 1 号大桥	591	24.5	40 50 40 50	11 3 6 7	预应力混凝土连续 T 梁	空心薄壁墩 柱式墩 桩基础 扩大基础
韩家庄 2 号大桥	179 158.2	24.5	25 25	7 6	预应力混凝土连续 T 梁	柱式墩 桩基础 扩大基础
庙沟大桥	871	24.5	40 50	4 6	预应力混凝土连续 T 梁	空心薄壁墩 柱式墩 桩基础
刘定沟 1 号大桥	130.4	24.5	40	3	预应力混凝土连续 T 梁	柱式墩 桩基础
刘定沟 2 号大桥	406.3	24.5	40	8	预应力混凝土连续 T 梁	空心薄壁墩 柱式墩 桩基础 扩大基础
桃树沟中桥	68.1	25.5	16	4	装配式预应力混凝土空心板	柱式墩 桩基础
杨树凹中桥	68.1	25.5	20	3	装配式预应力混凝土空心板	柱式墩 桩基础
笛子沟中桥	83.2	24.5	25	3	装配式预应力混凝土连续 T 梁	柱式墩 桩基础

高速连线桥梁 保阜高速公路阜平段四条连接线建大桥 3 座、中桥 2 座、小桥 1 座。

水磨村大桥 位于平阳互通连接线，中心桩号 K2+556，桥梁全长 278.8 米。桥面净宽 8.5 米，9 孔，跨径 30 米，上部结构为预应力混凝土连续 T 型梁，下部结构柱式墩，桩基础，肋式桥台。设计荷载公路 1 级。2010 年底在建设中。

沙河大桥 位于县城西互通连接线，中心桩号 K0+425，桥梁全长 357 米，桥面净宽 15 米，14 孔，跨径 25 米，上部结构预应力混凝土连续箱梁，下部结构柱式墩，桩基础，肋式桥台，设计荷载公路 1 级。2010 年底在建设中。

下塔大桥 位于东下关互通连接线，中心桩号K0+740，桥梁全长108.2米，桥面净宽8.5米，4孔，跨径25米，上部结构装配式预应力混凝土连续T型梁，下部结构柱式墩，桩基础，肋式桥台，设计荷载公路1级。2010年底在建设中。

二、隧道

1996—2010年，建设公路隧道11处，其中国道1处，省道3处，乡村公路2处，保阜高速公路5处。

龙宿庵隧道　位于河龙公路长城岭段龙宿庵村，中心桩号K249+130，隧道长60.3米，宽8.5米，高5米，水泥石料砌直墙，瓷砖贴面，钢筋混凝土衬拱，隧道横断面为直墙拱形。1998年建成。

龙宿庵隧道

罗峪隧道　桩号左洞ZK85+990-ZK86+305，右洞K85+985-K86+225，结构形式为分离式短隧道，双洞单向行车，单洞两车道。左洞315米，右洞240米，单洞净宽14.25米，净高8.105米。2010年建成通车。

石猴岭隧道　位于大台乡东板峪店界内，桩号ZK95+940-ZK96+865，K95+885-K96+872，隧道左洞925米，右洞987米，单洞净宽14.25米，净高8.105米，结构形式系分离式中隧道。双洞单向行车，单洞两车道。2010年建成通车。

八大岩隧道　位于东下关乡塔沟村，桩号ZK130+520-ZK130+870，K130+520-K130+865，隧道左洞350米，右洞345米，单洞净宽14米，净高8.065米，结构形式为小净距隧道。双洞单向行车，单洞两车道。至2010年底在建设中。

韩家庄隧道　位于龙泉关镇西刘庄村，桩号ZK140+875-ZK141+235，K140+900-K141+205，隧道左洞360米，右洞305米，单洞净宽14米，净高8.065米，结构形式为分离式短隧道。双洞单向行车，单洞两车道。至2010年底在建设中。

长城岭隧道　位于冀晋交界的长城岭，桩号ZK146+040-ZK150+720，K146+085-K150+710，隧道长左洞4755米，右洞4670米，单洞净宽14米，净高8.065米，结构形式为特长隧道。洞身冀晋界（ZK147+718.788、K147+724.160），出口处于山西境内，由山西省设计。至2010年底在建设中。

高速引线青沿隧道　位于保阜高速县城东互通连接线上，桩号K1+975，K2+870，隧道长895米，隧道净宽13米，净高5米，结构形式为中隧道。保通公院设计，河北路桥公司施工。至2010年底在建设中。

三、涵洞

1996年县境内公路涵洞1133道，其中207国道阜平段319道。定龙线定阜段212道，无繁路阜平段283道。县道阜城路21道。乡道298道。1996—2010年各级公路改建升级，桥涵配套，一部分涵洞改建成小桥，干砌改为浆砌，石条棚盖改为水泥盖板。对涵洞地基、进水口、出水口全面进行改建，涵洞与公路等级相匹配，标准提高。至2010年有涵洞2348道。其中G207国道406道，河龙公路269道，无繁公路328道。县道阜上公路43道，曲北公路46道。36条乡道1102道，天生桥旅游路19道，保阜高速公路135道。

第三节　交通管理

一、管理机构

1996年阜平县交通局下属养路工区，汽车站、汽车队、运输公司、搬运站。局机关有办公室、财务股、工程股、路政股、企业股、征费站。1997年设收费站。2000年设纪检室。2002年成立路政中队，2004年改名路政大队。2008年更名为路政二大队。2003年局下增设内审股、安全股。2006年搬运站并入运输公司，设立高速公路股。2007年设立农村公路管理站。2009年设养护股，征费站更名为出租车管理站。2009年阜平县交通局改名阜平县交通运输局。同年，撤销征费站和收费站。2010年交通运输局内部设办公室、财务股、工程股、企业股、运管站、养护股、安全股、高速股、法制股、路政二大队、纪检室、公交出租管理站、农村公路管理站。所辖单位有养路工区、汽车队、运输公司、汽车站。

二、路政管理

1996年阜平县法院曾在养路工区设立巡回法庭，结合工区路政人员，依法处理路产权方面的案件和问题。1998年5月，养路工区成立由18名人组成的路政执法大队。乡村公路路政管理由县交通局路政股承担，配备车辆，购置宣传器材，每年出动宣传车宣传法律法规，每月巡回检查，发现问题及时处理。2004年撤销路政股，建立路政执法大队。2008年更名路政二大队。下设两个中队，人员配备，车辆配齐，路政管理进一步加强。

2005—2008年对全县的公路进行普查。普查结果，县级公路2条46.708公里，其中三级路22.963公里，四级路23.745公里，乡级公路36条516.425公里，均达四级路标准。专用路1条9.374公里，是年对村级路也进行普查，经普查达四级路标准的村路为126条504.24公里。

三、超限运输车辆管理

超限运输管理阜平县于2003年开展治超，在河口设立超限超载监测站。科学检测，卸载放行。2005年1月，经省政府批准，设立了吴王口治超站和二龙湾治超站。2008年7月，吴王口治超站撤销，建立流动监测站6个。2009年检测货运车辆16万次。查处超限超载车辆9万次。通过治理，超限车控制在1%左右，获全省治超工作先进县称号。

四、公路运输管理

公路运输管理包括客运管理，货运管理，汽车维修业管理，搬运装卸管理和运输服务业管理。运输管理的重点是营业性运输的管理。执行1986年颁布的《公路运输管理条例》规定：申请从事营业性公路运输及运输服务的单位和个人必须履行相关手续方可开业。持当地乡以上人民政府或主管单位证明，报请县运输管理站进行审查。运输管理站根据情况30日内提出审核意见，符合条件的发给经营许可证明。申请者持经营许可证明向工商行政管理部门申请登记，由工商局按规定审查，核发营业执照。按国家规定分别向税务机关申请办理税务登记。向保险公司办理保险事宜。临时（不满3个月）从事经营性公路运输的单位和个人。经县运管站批准，发给临时营运证，即可经营。

从事营业性运输的单位和个人停业应在30日前向交通主管部门和工商行政主管部门提出报告，经审查同意，吊销营运证和营业执照后，即可停业。

货运运输除县以上人民政府确定的抢险，救灾，战备等紧急运输任务及省人民政府批准的重点物资运输外，普通货物运输实行谁受托，谁承运的原则，任何单位或个人都不得以任何借口搞地区和部门封锁，垄断货源，欺行霸市，强装强运。国家和省政府规定禁运，限运的物资，按规定办理审批手续，方能运输。公路货运运输承托运双方，按《中华人民共和国经济合同法》和《公路货物运输合同实施细则》规定，订立运输合同，实行责任运输。

公路运输企业和个体运输户经营客运的线路或区域，实行分级管理。分别报县以上交通主管部门审查批准。从事公路客运的车辆，在车前右侧悬挂经营线路或区域标志，在车内悬挂所经营范围的票价表。经批准的客运班车线，经营期一般不少于3个月，未经批准不得自行停开，也不能随意减少班次、停靠点或变更线路、区域。严禁使用拖拉机经营公路客运。

从事公路搬运装卸的单位和个人，按交通主管部门批准的作业范围进行作业活动。遵守操作规程，坚持文明生产，保证装卸质量。

经营汽车维护的企业和个体修车户须具备必要的维护、检测设备和符合国家计量标准的量具。维修企业要配备必要的技术人员。汽车维修企业和个体修车户，严格执行国家发布的汽车修理技术标准和交通主管部门制定的技术规范和修理质量标准，并符合车辆管理部门安全检验标准的要求。

1998 年交通部国家发展计划委员会颁布《汽车运价规则》。规则规定各省交通主管部门和价格主管部门根据本规则制定实施细则。而后河北省对汽车运价颁发实施细则。

五、养路费征收和使用

公路养路费是交通部门根据国家规定，按照“以路养路，专款专用”的原则，向有车单位和个人征收的用于公路养护、修理、技术改造、改善和管理的专项事业费。该项收费于 2009 年 1 月 1 日废止。

养路费费率费额，河北省多次进行调整。以 1994 年为例，是按吨位计算征费的。货车按底盘标记的载重吨位计算，没有标记载重吨位的，按最高载客人数每十人折合一吨位计算。费额为客车每吨每月 160 元，货车和其他车辆每吨每月 150 元。对客货两用车、挂车、拖拉机、农用三轮车、大型平板车、正三轮摩托车、二轮摩托车、畜力车等都有具体规定。

1996—2008 年阜平县养路费征收统计表

表 3-2-3　　单位：万元

年度	1996	1997	1998	1999	2000	2001	2002	2003	2004	2005	2006	2007	2008	合计
数量	529	756	753	753	768	768	1350	1447	4730	5074	4760	5540	4379	31607

养路费征收使用实行“专款专用”收支两条线的办法管理。养路费由省统一管理。县交通局征收的养路费按月上缴到市交通局转省交通厅。阜平县所需公路养路费用由市交通局列入计划分期拨付。主要包括养路工程费，养路事业费及养路其他费用。

六、道路养护

阜平县境内的 G207 国道全长 70.5 公里，分涞阜段和阜平至灵寿段。涞阜段由柏崖养护中心负责（该中心辖柳峪、柏崖、东台、柴皮岭 4 个道班，养路工人 21 人），养护里程 41 公里。阜平至灵寿段由养路工区槐树底养护中心负责（该中心辖 3 个道班，养路工人 15 人）。

省道公路有河龙公路曲阜段、河龙公路阜平至长城岭段、无繁公路阜平至新乐段、无繁公路阜平段至繁峙段。

河龙公路曲阜段由养路工区王林口养护中心负责，该养护中心辖平阳、王林口、方太口 3 个道班 35 人，养护里程 33 公里。

河龙公路阜平至长城岭段由河口养护中心负责，该中心辖长城岭、八里庄、栗元铺三个道班及阜繁公路道班，养护里程 36.35 公里。

无繁公路阜平至新乐段由槐树底道养护中心负责，该中心辖槐树底道班和槐树庄道班，共 14 名养路员，养护里程 26.3 公里。

无繁公路阜平至繁峙段由河口养护中心负责，该中心辖吴王口、不老台、砂窝、百亩台、东漕岭 5 个道班，共有 14 名养路工人，养护里程 49.5 公里。

农村公路养护。1996 年全县有县级公路 2 条，46.708 公里；乡级公路 16 条，295 公里。到 2010 年全县有四级以上村道 126 条，505.24 公里，等外路 117 条段，286.557 公里。县交通局负责县、乡、村道的养护工作。

县级公路养护。县道阜上公路在 2003 年前由县养路工区养护，2004 年开始由县交通局负责养护。曲阳至北果园公路于 2003 年改建，改建后经上级批准为县级公路，由县交通局负责养护。到2009年省交通运输厅决定给予农村公路养护补助费，县道每年每公里补8400元。

乡村公路养护。1997年制定阜平县《关于乡村公路管理和养护办法（试行）》。办法规定：农村整劳力和机动车、畜力车都有建勤义务。各乡可根据养护任务，分配建勤工日和建勤车日。每年拖拉机、马车应不少于两个建勤车日。乡镇按劳动日值和收入收取代金。乡财政设专项账户专款专用。用于公路大中修工程费用和养路员工资开支。再是按村分段，责任到人，专业养护。按每1.5～2公里设一名养路员日常养护。遇有大中修工程，由乡政府组织劳力修复。矿山、工厂专用路的养护，由厂矿与所在乡政府协商养护事宜。村道由受益村自修自养，制定养护标准，保持路面整洁，边沟畅通、路面平整、桥梁和防护工程良好，路树整齐、标志完善。公路养护和施工需用的砂石土料，要在荒山、河道、滩地等空闲地挖取，任何单位和个人不得阻拦或索取价款。严禁在公路上挖沟引水，堆放土石及其他物料，禁止在公路上打场晒粮、摆摊设点。在乡级公路两侧新建永久性建筑的边线距公路边沟外沿最小距离5米。在公路弯道内侧或平交道口附近建筑，种植作物或植树造林，应符合标准，不得影响视距。为加强对乡村道路养护和管理工作的领导，县交通协助乡村做好技术指导，乡镇明确一名副乡镇长主管公路养护管理工作。

2001年根据形势的变化，对乡村公路管理和养护办法修改明确强调乡道乡管，村道村管。2002年重新修订《阜平县乡村道路修建养护管理办法》，13个乡镇建立乡村道路养护站。2009年省交通厅对乡道每年每公里补助3500元用于乡道的建设管理和养护。2010年村道养护工作进一步规范。

第三章 水利

阜平县境内河流均为大清河水系的南支沙河，古称泒水，后改派水，县名俗称大沙河，河流从西北流向东南。沙河发源于山西省灵丘县冉庄和繁峙县的白坡头，南北两支流汇合于阜平县境内的杜梨元自然村。流至百亩台村有北流河汇入，流至方太口村有鹞子河汇入，流至西王林口村有板峪河汇入，流至草场口村南与胭脂河一起汇入王快水库。再往东侧有平阳河从山咀头村西流入王快水库。沙河在阜平县境内以上的流域面积为3440平方公里，长度为80.6公里，流经吴王口、砂窝、阜平镇、王林口4个乡、镇。

除上述6条常年河以外，长度6.5公里以上、流域面积20平方公里以上的季节河谷还有25条。

第一节 水利工程

一、水库

全县有水库12座，其中大（一）型水库1座：王快水库，小（一）型水库2座：海沿水库和麻棚水库，小（2）型水库9座：温塘水库、革新庄水库、石夹水库、瓦泉沟水库、南峪水库、对子沟水库、于家台水库、塔沟水库、大河湾水库。总库容591.5万立方米，兴利库容316.7万立方米，设计灌溉面积9600亩，截至2010年全县没有新增水库。

王快水库 1958年6月动工修建，1960年6月竣工。1969年9月动工续建，1972年9月续建竣工。1977年6月坝基防洪开挖竣工，大坝位于曲阳郑家庄，水库总库容14亿立方米，防洪库容10.07亿立方米，最大坝高62米，水

王快水库（庞卫星摄）

库面积120万平方米，正常蓄水位201米，设计防洪水位208.4米，校核防洪水位214.4米，灌溉下游农田140万亩，电站装机2.15千瓦时，防洪保护面积565.5万亩。水库每年发电、防洪、灌溉、水产等几项，经济效益41550万元。

海沿水库　位于阜平镇海沿村西，距县城12公里，在沙河支流柳泉河上游，是一座以防洪、灌溉为主的小（一）型水库。

1975年10月，县政府成立海沿水库施工指挥部，组织本县民工，施工历时7年，于1982年9月竣工。

水库设计洪水标准50年一遇，校核洪水标准500年一遇。水库枢纽主要由大坝、溢洪道、输水洞等建筑物组成。大坝为黏土心墙硬壳坝，坝址地基为变质岩，坝顶高程294.5米，最大坝高22米，坝顶长度6.5米。溢洪道位于大坝左侧山坡上，为开敞式宽顶堰，堰顶高程为289米，堰宽21米，最大泄量349立方米/秒。输水洞位于大坝右侧山体内，为无压直墙圆拱式，坡底纵坡1/200，洞长141.5米。

控制流域面积12.3平方公里，总库容367万立方米，兴利库容199.8万立方米，防洪库容144万立方米，正常蓄水位289米，设计浇地面积7000亩。重点保护海沿、峇路头、槐树庄、高阜口、大道5个村的防洪安全。

1996年8月水位289米高程，溢洪道敞泄，出库流量最高32秒立方米，当时溢洪道只有宽顶堰，无陡槽及消能段，下游冲刷深达10米，危及溢洪道安全。2005年，利用专项资金22万元，对溢洪道陡槽及消能设施进行了维修。截至2010年，成为阜平县旅游景区。

麻棚水库　位于城南庄镇麻棚村上游1000米处，在胭脂河上游，距县城30公里，是一座以防洪、灌溉为主的小（一）型水库。

水库于1979年动工兴建，1986年省水利厅批准扩建，1992年竣工并蓄水运用。水库设计洪水标准30年一遇，校核洪水标准300年一遇。水库枢纽主要由大坝、溢洪道、输水洞等建筑物组成。大坝为砼心墙浆砌石重力坝，坝长105米。最大坝高27米，坝顶高程425米，坝顶长55米，坝顶宽4米。溢洪道位于大坝右端，其中30米为天然岩石开挖而成，坝型为实用堰，堰顶高程420米，堰长50米，最大泄量662立方米/秒。水库控制流域面积52平方公里，总库容110万立方米，兴利库容46.52万立方米，防洪库容45万立方米，正常蓄水位420米。1996—2010年水库每年灌溉面积300亩，重点保护麻棚、喂狗台、东高子3个村的防洪安全。

2008年保定市财政局、水利局以保财建〔2008〕221号文下达中央预算资金120万元，以保财农〔2008〕130号文下达省配套资金20万元，以保财农〔2009〕569号文下达省配套资金13万元，累计下达除险加固资金153万元。工程于2009年4月1日开工，2009年10月30日完工。大坝非溢流段增设防浪墙，流坝扩宽，砂洞进口改造，进库路改造，金结、电气设备更新，完善管理设施。

南峪水库　位于王林口乡南峪村，距县城15公里，在沙河支流南峪沟上，是一座以灌溉为主的小（2）型水库。于1965年动工兴建，1966年竣工并蓄水运用。设计洪水标准为20年一遇，校核洪水标准为300年一遇，水库枢纽主要由大坝、溢洪道、放水洞等建筑物组成。大坝为土石混合坝，砂碎石反滤，黏土心墙防渗。坝顶长60米，坝顶高程234.0米，坝顶宽4米，最大坝高11.4米。坝顶设防浪墙。坝体为沙砾土填筑压实、干砌石护坡。溢洪道位于大坝左端，为宽顶堰，堰顶高程231米，溢洪道长60米，最大泄量为50立方米/秒。溢洪道左侧为浆砌石侧墙。输水洞进水口位于坝的上游右侧，取水方式采用涵卧管形式。最大放水流量0.13立方米/秒。

水库控制流域面积1.56平方公里，总库容10.6万立方米，兴利库容3.8万立方米，防洪库容6.8万立方米，正常蓄水位231米，水库设计灌溉面积200亩，重点保护南峪村的防洪安全。

2001年对水库防浪墙、拉砂洞明渠、溢洪道进行了加固。2010年利用应急度汛资金20万元安装启闭机闸门，对溢洪道进行加固。

塔沟水库 位于天生桥镇塔沟村，距县城25公里，在沙河支流北流河上，是一座以灌溉为主的小（2）型水库。

工程于1978年年初动工，1978年年末竣工运行，水库防洪标准为20年设计，200年校核，根据《保定市水文手册》校核洪峰流量147立方米/秒，设计洪水位737.1米，校核洪水位737.8米。枢纽工程有主坝、溢洪道、拉沙底洞与输水管，坝型为砌石拱坝，最大坝高18米，坝顶高程738米，坝长为43米，溢洪道为复式宽顶堰，堰顶高程735～736米，堰顶宽度13～14米，最大泄量140立方米/秒，输水管直径为0.15米的压力管，最大放水量0.15立方米/秒。水库控制流域面积5.5平方公里，总库容10万立方米，防洪库容2.6万立方米，兴利库容7万立方米，正常蓄水位735米。设计灌溉面积300亩，重点保护上塔沟、下塔沟两村防洪安全。1983年在坝体左侧增设拉砂洞。2009—2010年利用应急度汛资金20万元，对灌溉放水洞进行处理，在冲砂洞口设置铸铁闸门一扇，配备相应的启闭设施。

大河湾水库 位于龙泉关镇龙泉关村西北，距县城35公里，在沙河支流北流河上，是一座以灌溉为主的小（2）型水库。水库于1979年动工修建，1981年竣工蓄水。设计洪水标准为20年一遇，校核洪水标准为200年一遇。水库枢纽主要由大坝、溢洪道、拉砂底洞等建筑物组成。大坝为浆砌石溢流坝。坝顶长50米，坝顶高程868.2米，坝顶宽6米，最大坝高11米。溢洪道为实用堰，堰顶宽5.9米，高6米，堰顶高程866.2米，最大泄量为540立方米/秒。输水为压力钢管输水。控制流域面积33.14平方公里，总库容10.2万立方米，防洪库容5.6万立方米，兴利库容4万立方米，正常蓄水位868.2米，设计灌溉面积200亩，实际灌溉200亩，重点保护龙泉关村的防洪安全。2007年8月保定市水利水电勘测设计院对该坝坝顶和冲砂洞进行加固设计，9月保阜高速公路第十九标段对大河湾水库迎水面进行防渗处理，对坝顶进行硬化，泄洪洞安装启闭机闸门。

对子沟水库 位于天生桥镇对子沟村上500米处，距县城32公里，在沙河支流北流河上，是一座以灌溉为主的小（2）型水库。该水库于1974年动工兴建，1975年竣工运行，设计洪水标准为20年一遇，校核洪水标准为300年一遇，水库枢纽主要由大坝、溢洪道、拉砂洞等建筑物组成。大坝为土石混合坝，坝顶长54米，坝顶高程701米，坝顶宽6米，最大坝高17米。溢洪道坝型为梯形宽顶堰，堰顶宽3.5米，高3米，堰顶高程698米，最大泄量为36立方米/秒。输水为涵卧管输水，断面尺寸0.5米×0.5米，最大输水流量0.13立方米/秒。水库控制流域面积1.2平方公里，总库容14万立方米，防洪库容5.5万立方米，兴利库容8.5万立方米，正常蓄水位698米。设计灌溉面积200亩，重点保护西下关村的防洪安全。截至2010年，每年实际灌溉面积150亩。

革新庄水库 位于北果园乡革新庄村上游，在沙河支流上，距县城26公里，是一座以灌溉、防洪为主的小（2）型水库。该水库于1957年动工兴建，1958年竣工运行，1983年在大坝左侧修建拉砂洞。设计洪水标准为20年一遇，校核洪水标准为300年一遇。水库枢纽主要由大坝、溢洪道、输水洞等建筑物组成，大坝为土石混合坝，坝顶长60米，坝顶高程243.4米，坝顶宽4米，最大坝高14米。溢洪道为梯形宽顶堰，堰顶净宽7米，高1.4米，堰顶高程242米，最大泄量30.6立方米/秒。输水为涵卧管输水，最大输水流量0.125立方米/秒。拉砂洞尺寸1.5米×1.7米，长80米。水库控制流域面积1.7平方公里，总库容14万立方米，防洪库容5.5万立方米，兴利库容8.5万立方米，设计灌溉面积300亩，保护下游革新庄村的防洪安全。截至2010年，每年实际灌溉面积200亩。

石夹水库 位于砂窝乡黑印台村，在沙河支流上堡沟上，距县城35公里，是一座以灌溉为主的小（2）型水库。设计洪水标准为20年一遇，校核洪水标准为300年一遇。水库枢纽主要由大坝、溢洪道、冲砂洞、灌溉洞等建筑物组成，大坝为土石混合坝，坝长64米，坝顶高程558米，坝顶宽6米，最大坝高18米。溢洪道位于大坝左端，为梯形宽顶堰，堰顶高程551.5米，堰顶宽11米，最大泄量289立方米/秒。放水洞位于溢洪道底部，取水方式采用压力管形式，洞径0.15米，放水流量0.14立方米/秒，水库实际灌溉农田0.01万亩。水库控制流域面积9.8平方公里，总库容22万立方米，防洪库容15.4万立方米，兴利库容6.6万立方米，设计灌溉面积250亩，保护下游下甘岭和上堡两个村的防洪安全。2008年8月上游突降暴雨，对水库溢洪道造成较大冲刷破坏，对下游耕地造成一定程度的破坏。2008年12月26日保财农〔2008〕185号文中央拨付特大防汛补助资金60万元，用于石夹水库水毁修复工程，2009年6月开工，2009年10月15日完工。建设内容：溢洪道挖深、交通桥铺设、冲砂洞进口改造，启闭机工作桥及闸门安装。截至2010年，每年实际灌溉面积100亩。

瓦泉沟水库 位于王林口乡瓦泉沟村上，在沙河支流上，距县城15公里，是一座以灌溉为主的小（2）型水库。该水库于1973年开工兴建，1974年4月竣工蓄水运用，设计洪水标准为20年一遇，校核洪水标准为300年一遇。水库枢纽主要由大坝、溢洪道、放水洞等建筑物组成，大坝为土石混合坝，坝顶长52米，坝顶宽7.5米，最大坝高14米，坝顶高程296米。溢洪道位于大坝左端，梯形宽顶堰，堰顶高程292米，溢洪道长40米，深5米，宽6.7米，最大泄量55立方米/秒。输水洞进水口位于坝的上游右侧，取水方式采用卧管形式，最大放水流量0.12立方米/秒。水库控制流域面积1.75平方公里，总库容12万立方米，防洪库容7万立方米，兴利库容5万立方米，设计灌溉面积200亩，实际灌溉100亩，保护下游瓦泉沟村和甲鱼养殖基地的安全。2008年8月水库上游突降暴雨，对水库溢洪道造成较大的冲刷破坏，同时对下游耕地和鼋鱼基地造成一定程度的破坏。2008年12月26日保财农〔2008〕185号文中央拨付特大防汛补助资金45万元，用于瓦泉沟水库水毁修复工程，由保定市水利水电勘测设计院对该工程进行施工图设计。市防办组织招标，保定市建筑安装工程处中标，2009年10月25日开工，2010年7月15日完工。增设输水洞进口启闭机闸门、溢洪道人行便桥、启闭机室前的交通桥、电气设备、人行路、启闭室、防渗渠道。

温塘水库 位于阜平县城南庄镇温塘村上200米处，在沙河支流胭脂河小支流上，距县城25公里，是一座以灌溉为主的小（2）型水库，该水库于1954年动工兴建，1956年竣工蓄水运用，1983年续建了拦砂底洞。设计洪水标准为20年一遇，校核洪水标准为300年一遇。坝顶长50米，最大坝高12米，坝顶高程371米。溢洪道为梯形宽顶堰，堰顶高程367.5米，堰顶净宽6米，长60米。水库控制流域面积1.3平方公里，总库容13万立方米，防洪库容7万立方米，兴利库容6万立方米，正常蓄水位367.5。设计灌溉面积150亩，保护下游温塘村的安全。截至2010年，实际灌溉面积200亩。

于家台水库 位于天生桥镇北栗元铺村西北，在沙河支流北流河分支上，距县城20公里，是一座以灌溉为主的小（2）型水库。水库于1975年竣工蓄水运用，水库设计洪水标准为20年一遇，校核洪水标准为300年一遇。水库枢纽主要由大坝、溢洪道、输水洞等建筑物组成，大坝为浆砌石重力坝，坝长39米，坝顶宽5米，最大坝高14.5米，坝顶高程714.5米，防浪墙高1.4米；溢洪道为实用堰，堰顶高程712米，堰顶宽5.8米，最大泄量10立方米/秒。拉砂底洞为直墙圆拱，洞口尺寸1.5米×1.5米，进口高程700米，最大泄量9立方米/秒。输水卧管为钢管闸阀，直径0.2米。水库控制流域面积5.7平方公里，总库容10.2万立方米，防洪库容5.2万立方米，兴利库容5万立方米，设计灌溉面积700亩，实际灌溉300亩，保护下游于家台、团泊沟、北栗元沟、北栗元铺村的防洪安全。截至2010年每年实际灌溉面积300亩。

二、塘坝

1996年全县有塘坝59座。2010年全县有塘坝76座，15年间新增17座，全部为浆砌石溢流坝。其中1996年修建黑崖沟塘坝，2000年修建葛家台塘坝，2001年修建板峪沟、楼房庙安塘坝，2002年修建下诚信也门、北辛庄、偏岭安村上、罗家庄、大车沟口、吴家沟、固镇、台峪石门、铁岭职中、楼房上沙岗岭10座塘坝，2003年修建东板峪店、铁岭口、上东漕3座塘坝。

三、农田水利工程

机井 1996年全县机电井1529眼，配套1059眼，灌溉面积3万亩。2010年全县机电井2348眼，配套1862眼，年供水量2550万立方米，灌溉面积5万余亩。

1996年8月洪水过后，全县连续4年干旱少雨，机井建设进入一个新高潮。2000年打井350多眼，提高了抵御旱灾的能力。2001—2005年相继完成龙门、城南庄等机井、大口井160多眼。2006—2010年随着国家对农田水利的投入不断加大，抗旱、农田水利、扶贫资金不断注入，加之农民自筹资金，机井、大口井建设进入一个新高潮，完成300余眼。

防渗渠道 1996年全县防渗渠道总长度313公里，控制浇地面积1.5万亩。1997—2000年水利、扶贫等部门支持修防渗渠道1700公里，其中2001—2005年修建58公里，2006—2008年修建25公里，2009—2010年修建15公里。十五年间全县防渗渠道总长度2100公里，控制浇地面积5.6万亩。

水池、水窖 1996—2000年全县大力开展集雨工程建设，完成水池水窖1055个。2001—2005年完成水池、水窖1457个。2006年建成水池、水窖394个，2007年建成273个，2009年建成743个，2010年建成47个。

四、防洪除涝工程

1996—2004年完成广安、北桑地等3处护村护地坝工程。2005—2006年投资25万元对西庄段鹞子河护岸工程进行了加固。2007—2008年投入应急度汛资金20万元，对革新庄水库溢洪道进行处理，对县北沟河道清淤6500立方米，对南台护村护地坝进行加固。2008年投入应急度汛资金10万元，对西下关护地坝进行加固及河道清淤，确保260余亩基本农田和520口人的防洪安全。

2008年8月6日14点30分至19点30分，阜平镇黄岸底一带突降大暴雨，降雨量174毫米，造成山洪暴发，392米的护村护地堤坝，冲毁壑口184米。按照市、县政府的指示精神和上级拨付的40万元应急度汛资金，对黄岸底护村护地坝进行维修加固。截至2010年阜平县没有发生较大洪涝灾害。

五、沙河县城段综合治理工程

1996—2007年大沙河治理总是停留在小修小补阶段，河道弯曲，河床增高，每年都有冲淤现象。2008年阜平县把沙河县城段治理作为实现县城面貌三年大变样的首要大事之一来抓，开始大沙河的治理。2009年2月县水务局委托河北省水利水电第二勘测设计研究院编制完成可行性研究报告。同年8月在保定市召开可行性研究报告专家论证会，阜平县发展改革局报经河北省发改委批准。12月河北省水利水电第二勘测设计研究院，完成初步设计报告，2010

年4月完成《沙河阜平县城段河道综合治理工程施工组织设计及预算》。与此同时，整治工程也同步进行。2009年9月下旬水务局组织有关人员与城厢村、大园村干部一起，对沙河河道内妨碍行洪的树木进行清理。到10月8日，河道内的1600余棵树木全部被砍伐掉。10月10日，河道清障开挖工程开工，至11月15日，清障开挖工程完工。主槽护岸砌筑工程从2010年10月开始动工。

六、饮水工程

1996年阜平县解决846个自然村，149530人的饮水困难。1997—2000年连续4年特大干旱，山沟小岔水源干枯，地下水位大幅度下降，不少村庄出现饮水困难。国家加大对农村饮水解困工程的投入力度，各级地方政府也加大配套资金投入，2000—2002年阜平县完成农村饮水解困工程96处，打井6眼，引泉96处，铺设管道60万米，水池96座，受益人口47415人，累计投资877万元，其中中央、省、市资金557万元，群众自筹资金320万元。

2003—2005年阜平县累计投入资金772.5万元，解决92个村42766人的饮水困难。2003年解决14个村、1.06万人的饮水困难。完成打井19眼，铺设管道7.75万米，建蓄水池19座，完成投资235万元。其中国债76万元，地方配套76万元，群众自筹83万元。2004年解决了48个村22982人饮水困难。完成投资372万元，其中国债资金252万元，自筹103万元。2005年解决230个村12966口人的饮水困难，完成投资278万元。其中国补150万元，地方配套和群众自筹128万元。

阜平县基本结束农村严重缺乏饮用水的历史，农村饮水进入以保障饮水安全为中心的新阶段。2005年国家启动农村饮水应急计划，阜平县解决7个村，3782人的饮水困难，完成投资113万元。其中国补53万元，地方配套和群众自筹60万元。

2006—2010年累计投资1877万元（其中中央投资1092万元，地方和群众自筹769万元），解决40798口人的饮水安全，建集中式供水工程59处，总供水能力0.415万吨/日。2006年，解决了1个村6000口人的饮水安全，投入资金20万元。其中国补10万元，地方配套和群众自筹10万元。2007年解决10个村5000口人的饮水安全，投入资金150万元。其中国补90万元，地方配套及群众自筹60万元。2008年解决12个5300口人的饮水安全，投入资金212万元。其中国补95万元，地方配套及群众自筹117万元。2009年解决25个村26598口人的饮水安全，投入资金1330万元。其中国补798万元，地方配套及群众自筹534万元。2010年解决10个村3300口人的饮水安全，投入资金165万元。其中国补99万元，地方配套及群众自筹66万元。

第二节 水土保持

一、小流域治理工程

1996—2003年水土保持工作以小流域为单元进行治理，相继完成小花沟、白河、井沟、店房等小流域治理工程，造林20万亩，打谷坊坝2346道，整修梯田埝阶3265亩、沟坝地1350亩，累计投入水土保持资金800多万元。

2003—2007年实施王快水库周边项目区五丈湾、店房、山咀头等32个村的水土保持工作，完成治理水土流失面积106.375平方公里，栽植经济林4781.7公顷，水保林1017公顷，封禁4838.8公顷。完成谷坊坝328座，水池水窖179座，扬水、引水工程6处，修作业路38条34630米，宣传标志碑38座，刷写标语235条，完成土石方量173万立方米，群众投劳105万工日，完成中央资金680万元，省配套资金300万元，群众自筹300万元。2007年12月2日阜平县一期水保工程通过国家验收。2008年实施福子峪、北工、宋家沟、牛栏4个项目村的水土保持工程，完成水土流失综合治理面积1492公顷。其中经济林727公顷，封坡育草597公顷，封育补植168公顶，完成谷坊坝17道，水窖39座，排水沟3250米，作业路3600米，标志碑2座，刷写固定标语35条。完成投资673万元，其中国家补助240万元。2009年实施福子峪、海沿、宋家沟3条小流域工程，西沟、向阳庄、南安、苍山、海沿、耑路头、抬头湾7个项目村的水土保持工程，完成治理面积2412公顷，完成投资625.09万元，其中国补资金390万元。争取到国家扩内需资金120万元，实施晋察冀军区司令部旧址项目区和照旺台小流域水土保持工作，治理水土流失面积8平方公里。在国家扩内需项目中，实施照旺台小流域水土保持项目，治理水土流失面积8平方公里。其中经济林323公顷，封禁治理477公顷，干砌石谷坊坝12道，水窖9座，作业路1600米，排水沟1700米，总投资249.2万元，其中国补120万元。

2010年实施南安、葛达头、高阜口、神台、南峪、大石坊、白家峪、马沙沟7个村的水土保持工程，治理水土流失面积19平方公里。其中经济林902公顷，封禁治理998公顷，干砌石谷坊坝15道，水窖54座，作业路8800米，排水沟5683米，引水工程2000米，总投资828.09万元，其中国补340万元，省配套40万元，自筹448.09万元。争取到王快水库坡改梯综合治理试点项目工程，实施王快、平阳、五丈湾、古洞四个村的水保工程，治理坡耕地面积772公顷，合11580亩。其中修筑土坎水平梯田652公顷，隔坡梯田120公顷，修建扬水站4座，蓄水池4座，作业路2000米，防渗渠5100米。完成投资1668.13万元，其中国家投资1000万元。项目总用工854.15万工时，10543台时。

二、治理效果

经连续治理，阜平县东部山区的土壤侵蚀模数由治理前的1708吨/平方公里·年，减少到2010年的350吨/平方公里·年，年拦沙25.6万吨，年保水1830万立方米，林草覆盖率由20%增加到80%以上，减少泥沙向王快水库的淤积，增加了常水流量，提高了土壤肥力。

第三节　防汛抗旱

一、防汛

阜平县由于地理位置、地貌和降雨年内年际分配不均匀等因素，水旱灾害几乎年年都有。1996—2010年阜平县遭受的洪灾主要是1996年8月全流域洪水和2008年暴雨灾害。旱情较严重的年份主要是1997年、1998年、1999年。

2008年暴雨造成阜平县7个乡镇受灾，受灾人口5.51万人，直接经济损失5575万元。其中农作物受灾面积46.6公顷，成灾面积42公顷，绝收面积36.5公顷。水产养殖损失面积38公顷，毁坏公路路基78.5公里，损坏输电线路31.2公里，损坏通信线路1.8公里，损毁堤防10处4公里，损坏机电井10眼。

二、防汛措施

1996年全县防汛工作由阜平县防汛指挥部负责，县政府主要负责人担任总指挥，成员由县直有关单位的主要负责人组成。县防汛指挥部下设办公室，设在县水务局，负责处理防汛的日常工作，同时乡镇成立防汛工作领导小组。2008年，13个乡镇划分为5个防汛区域，成立防汛区域指挥部，区域指挥长由分包区域的县防汛指挥部副指挥长担任。

《中华人民共和国防洪法》宣传　1998年1月1日，《中华人民共和国防洪法》颁布实施，水务系统利用各种会议广泛宣传《中华人民共和国防洪法》，利用3.22世界水日和中国水周，出动宣传车到县城、乡镇、村大张旗鼓地宣传《中华人民共和国防洪法》及有关法律法规。结合本县的普法教育，定期或不定期组织干部职工学习《中华人民共和国防洪法》及有关业务知识，提高水政执法人员的业务素质。通过《中华人民共和国防洪法》的宣传，“任何单位和个人都有参加防汛抗旱的义务”逐步成为人们的共识。

县气象、水利部门根据阜平历年降雨情况、观测的气象数据和经验，及时发出预报，预测当年、当季、当月的雨情、水情和灾情，为防汛抗旱决策提供依据。另外省市防汛指挥部都在暴雨来袭前，以电话或传真方式告知雨情信息及防御措施，接通知后，气象和水利部门用电话或发预警信息的方式及时通知到乡镇、村、水库责任人，确保提前做好防范暴雨洪水的准备。

制订预案 每年5月中下旬，防汛办公室组织水利技术人员对县13个乡镇各类度汛工程进行汛前检查，对查出的问题，制订整改方案，能立即解决的，督促相关乡镇、村限期解决，一时不能解决的，制订度汛措施。检查结束后，防汛办公室根据检查出的新情况，完善《阜平县防洪预案》《小型水库防汛应急预案》《山洪灾害防治预案》确保预案科学性和可行性。

物资储备 每年县防汛指挥部根据全县实际情况储备足够数量的防汛物资，2004年之后，省市对县级物资储备有规范要求，县防汛办公室及时进行调整充实。

县财政局每年储备编织袋15万条，冲锋舟1艘，土工布2000平方米，片石100立方米，8#铅丝10吨，桩木30立方米，钢管10吨，救生衣100件，救生圈50只，工作照明灯（配备发电机）1台，帐篷20顶，应急灯10个，铁锹300把，尖稿50把，钳子10把，大锤20个，钣子10把，斧子5把，大锯2个。商务局备炸药300公斤，电雷管700个，电线5000米，爆破器100个。县社储备编织袋10000条，塑料布1000公斤。粮食局储备编织袋10000条，林业局储备桩木3000根，供电公司储备8#铅丝20吨，发电机组5台。住建局储备沙子200立方米，河卵石200立方米。

全县13个乡镇每年储备编织袋9万条，其中阜平镇15000条，平阳镇12000条，王林口乡9000条，台峪乡3000条，史家寨乡6000条，大台乡5000条，砂窝乡6000条，吴王口乡2000条，天生桥镇4000条，龙泉关镇4000条，城南庄镇12000条，夏庄乡2000条，北果园乡10000条。各乡镇储备的编织袋存放行政村，明确专人管理。

组建抢险队伍 为确保抢险所需，每年组织部门、县直机关工委和人武部负责从县直机关组建一支500人的快速抢险队，由机关工委负责人任抢险队长。各乡镇（社管会）机关组建一支不少于30人的快速抢险队，209个行政村各村组建一支不少于30人的快速抢险队，80人的预备队，抢险队长由民兵连长担任。另外，县防汛办公室也组建了一支20人的直属抢险队，在县防汛指挥部的领导下，在主汛期前进行抢险演练，演练内容：山洪地质灾害避险转移演练、水库垮坝救援演练、抢险物资调运演练。

落实责任制 根据防洪法的有关规定，每年对防汛工程实行县领导包乡镇、包重点工程及县直部门包村、包重点工程责任制，实行乡镇、村干部包水库、塘坝、包自然村责任制，做到任务层层分解，任务到人，责任到人，层层签订责任书。

汛中督导 在主汛期，按照责任制分工，包乡镇县领导、包村科局亲临工程点进行防汛检查，帮助落实度汛措施，指挥调度抢险救灾工作。

三、抗旱

阜平县十年九旱，每年降雨大多集中在7—8月，春秋雨季则不同程度地出现旱情，尤其是春旱时间较长，影响按时春播。县水利部门为彻底解决抗旱问题，不断加大物力投入。2005年大台乡炭灰铺村南盘沟自然村因天旱，群众用水困难，抗旱服务站全体人员出动，和水利技术人员一起忙了四天，使该自然村解决了吃水困难。

第四节 水利管理

一、水利管理机构

阜平县水务局负责对所有水利工程和水事活动管理，下属单位17个，抗旱服务站、饮水站、水保站、水利工程站、移民服务中心、水政执法监察大队、海沿水库管理所、大岭水利水电服务站、水利设施管理站、阜平县水利总站、阜平镇水利站、城南庄镇水利站、北果园乡水利站、平阳镇水利站、砂窝乡水利站、天生桥镇水利站、大台乡水利站。

二、水利工程管理

1996—2010年机井、小型水库、塘坝、护村护地坝、引水渠道、饮水工程等农田水利工程的管理基本上实行“谁修建谁管理谁受益”，由水利部门负责工程修建，建后管理交由当地村委会。水利部门每年结合抗旱防汛活动，派人员到现场进行检查、维修，并及时排除塘坝、水库出现的渗漏和险情。

三、河道管理

1996—2004年河道管理比较松散。2005年3月21日出台《阜平县人民政府关于规范公路沿线和河道两侧劈坡、开矿弃渣、临时占地管理的通知》，2005年出台《阜平县人民政府关于加强河道管理的通告》，2006年12月26日《阜平县人民政府关于取缔河道非法采砂的通告》。2008年3月20日印发《阜平县河道非法采铁砂无序采砂专项整治行动实施方案》。2009年4月20日出台《阜平县人民政府关于进一步规范河道管理的实施意见》。在河道监管上，水务部门加大执法力度和巡查频次，对挤占、侵占河道行为进行严厉打击，截至2010年查处河道违法案件30起，依法进行处理，有效维护河道正常秩序。

四、水利移民管理与服务

1961年王快水库开始蓄水，淹没平阳、王林口、北果园3个乡（镇）23个行政村，淹没总面积225平方公里。其中耕地16597亩，拆迁房屋318050平方米，搬迁人口21257人。

王快水库库容皆在阜平境内，“205”高程内淹没大量耕地、树木、苇田和基础设施，沿库周边群众失去赖以生存和发展的大部分生产资料和条件，生活水平大幅度下降，缺粮、缺钱、缺吃、缺穿、交通不便、饮水困难、生活贫困。为改善库区群众生产生活条件，国家对移民实施生活照顾和经济补偿，实行口粮补贴，扶持移民因地制宜，劈坡造地，修建基础设施工程，依托当地资源“一种二养三加工”，发展经济，改善生产生活条件。1996—2005年的十年间，库区以改田造地，解决移民口粮问题为重点，利用移民扶持资金完成劈坡闸沟造地1200亩。扶持发展养貂、养蓝狐、养鼋鱼和粉条加工、果脯加工等项目，使移民人均收入由90年代初的46元增长到801元。利用移民资金完成人畜饮水工程11处，解决3800户，13500人和800头大牲畜的饮水困难问题；修建乡村路22条，改善12个移民村，1800移民的交通条件。扶持修建学校2所，校舍600平方米。修筑护村护地坝8道，长2000米。开挖农田灌溉机井40眼，修渠道40条，长20公里，建扬水站11处，增加旱涝保收田2200亩。

2006年，国务院出台完善大中型水库移民后期扶持政策的意见，加大对水库移民的扶持力度，改口粮补贴为资金直补和项目扶持，促进库区移民生产生活条件的改善。库区移民每年都可享受600元的资金直补。2007—2010年在项目扶持方面，国家加大库区基础设施建设力度，扶持库区村完成打井9眼，机井配套11眼，硬化和维修农村道路48.6公里，修护石墙3000米，维修校舍20间，建文化活动中心2处，建养猪场1处，支持养貂厂改进品种1个，支持养鱼池扩建30亩，改善库区群众的生产生活条件。

第四章　电力

1996年，阜平县有35千伏输电线路4条，总长90.811公里，10千伏输电线路28条，总长886.384公里。2010年，有35千伏输电线路5条，总长106.787公里，10千伏输电线路36条，总长1140.674公里。1996年有110千伏变电站1座，容量2万千伏安，35千伏变电站3座，容量5200千伏安。2010年有110千伏变电站1座，容量6万千伏安，35千伏变电站7座，容量81800千伏安。完成一期、二期农网改造工程。2010年工业用电8227万千瓦时占全部用电的40.39%，农村用电235万千瓦时，比1996年增长16倍。2010年供电量20370万千瓦时，售电收入12984万元。

阜平县电力办公大楼

第一节　管理机构

一、机构设置

1996年下设科室有办公室、财务股、生产股、调度室、用电股、农电股、工区、护电股、修试所、施工队、工会。

二、管理体制改革

2000年8月完成农电管理体制改革任务，撤销原有25个乡电管站，组建6个供电所，人、财、物实行统一管理。在全县209个行政村全部实现抄表到户，农村用电秩序进一步好转，实现对农村用电的"五统一、四到户、三公开"（五统一即统一电价、统一发票、统一抄表、统一核算、统一考核；四到户即销售到户、抄表到户、服务到户、收费到户；三公开即公开电量、公开电价、公开电费）管理。

2001年7月阜平县供电有限责任公司挂牌成立。2004年成立电能计量管理中心撤销护电股，成立安监股。2005年成立劳资股，同年12月成立客户服务中心。2006年公司下设科室有办公室、财务股、劳资股、生产股、调度室、用电股、农电股、工区、安监股、基建股、汽车队、工会，人员编制162人。

2007年7月撤销基建股、汽车队，成立思想政治工作部、监审部。将财务股更名为财务部、将劳资股更名为人力资源部、将生产股更名为生产技术部、将调度室更名为调度所、将用电股更名为营销部、将农电股更名为经营管理部、将安监股更名为安全监察部、将工区更名为输变电工区。根据保供农〔2007〕16号《关于印发〈保定供电公司县级供电企业机构设置实施办法〉的通知》文件精神公司机构设置为七部一会一室一所一区：农村用电部、人力资源部、财务部、生产技术部、安全监察部、营销部、思想政治监察审计部。一室为办公室，一所为调度所，一区为输变电工区。2008年公司8月成立电费管理中心.2009年根据省、市公司集中抄表工作要求，按冀电农〔2009〕20号文件《关于全面推进标准化抄表中心建设和开展集中抄表工作的指导意见》精神，成立抄表中心。

2010年公司职能部室设置为"八部一室一会"。办公室、经营管理部、人力资源部、财务资产部、生产技术部、安全监察质量部、监察审计部、思想政治工作部、营销部、工会。

生产营销机构设置“一所一工区一中心”8个供电所：调度所、输变电工区、抄表中心、城关供电所、平阳供电所、城南庄供电所、大台供电所、砂窝供电所、北果园供电所、天生桥供电所、台峪供电所。正式职工171人，全日制农电工190人，非全日制农电工50人。

第二节　电力设施

一、输电工程

（一）35千伏线路

110千伏站至东下关35千伏（阜东311），1979年投运，线路长20.929千米，2007年对其进行改造，线路型号为LGJ-70。

110千伏站至百亩台35千伏（阜百313），1992年投运，线路长13.698千米，2007年进行改造，线路型号为LGJ-70。

电力工人架设高压线路（2010年摄）

110千伏站至大台35千伏（阜大314）1972年投运，线路长22.27千米，2007年对其进行改造，线路型号为LGJ_150/50。

110千伏站至北果园35千伏（阜北316），1972年投运，线路长33.914千米，2007年对其进行改造，线路型号为LGJ_150/120/70。

110千伏站至城南庄35千伏（阜城315），2007年投运，线路长15.976千米，线路型号为LGJ_150。

（二）10千伏线路

平阳供电所辖区内有10千伏配电线路5条，总长127.78公里，分别为平阳543、王林口540、庄里539、北庄545、白家峪544。

黄岸底电网（2009年摄）

城南庄供电所辖区内有10千伏配电线路6条，总长178.85公里，分别为城南庄511，南台512，下庄513、岔河514、谷家庄515和北工516。

大台供电所辖区内有10千伏配电线路4条，总长150.274公里，分别为段庄511、炭灰铺512、炭灰铺煤矿514、柏崖515。

天生桥供电所辖区内有10千伏配电线路4条，总长135.94公里，分别为安子岭511、黑崖沟512、不老树513、东下关514。

砂窝供电所辖区内有10千伏配电线路4条，总长152.29公里，分别为上堡511、大柳树512、寿长寺513、砂窝514。

城关供电所辖区内有10千伏配电线路4条，总长81.9公里，分别为城西521、城东523、史家寨513和水泥厂515。

城东供电所辖区内有10千伏配电线路3条，总长160.14公里，龙门525、河口527、槐树庄519。

北果园供电所辖区内有10千伏配电线路3条，总长96.03公里，分别为店房514、北果园512和东城铺511。

台峪供电所辖区内有10千伏配电线路3条，总长57.47公里，分别为康家峪511、白石台512和吴家庄515。

阜平县输电线路一览表

表 3-4-1

项目/线路名称	电压等级	起点	终点	线路总长度		导线型号（钢芯铝绞线—平方毫米）	投运时间（年）
				主干（千米）	分支（千米）		
阜百 313 线路	35 千伏	阜平 110 千伏变电站	35 千伏百亩台变电站	13.454	—	LGJ_70	1992
阜百 313 线路东漕岭分支	35 千伏	阜平 110 千伏变电站	东漕岭水电站	—	0.59	LGJ—95	2005
阜百 313 线路大柳树分支	35 千伏	阜平 110 千伏变电站	大柳树水电站	—	0.26	LGJ_70	2000
阜东 311 线路	35 千伏	阜平 110 千伏变电站	35 千伏东下关变电站	21.109	—	LGJ_70	1979
阜东 311 线路化工厂分支	35 千伏	阜平 110 千伏变电站	35 千伏化工厂变电站	—	1.755	LGJ_70	2007
阜城 315 线路	35 千伏	阜平 110 千伏变电站	35 千伏城南庄变电站	15.789	—	LGJ_150	2007
阜北 316 线路	35 千伏	阜平 110 千伏变电站	35 千伏北果园变电站	16.40	—	LGJ_120	2006
阜北 316 线路平阳分支	35 千伏	阜平 110 千伏变电站	35 千伏平阳变电站	—	17.643	LGJ—70	1972
阜北 316 线路台峪分支	35 千伏	阜平 110 千伏变电站	35 千伏台峪变电站	—	12.847	LGJ_150	2009
阜大 314 线路	35 千伏	阜平 110 千伏变电站	35 千伏大台变电站	22.446	—	LGJ_150	1972

二、变电设施

（一）35 千伏变电站

平阳 35 千伏变电站为阜平县供电公司第一座变电站，建于 1965 年，主变一台，容量为 1600 千伏。建站始初至 1999 年时主变两台容量分别为 2000 千伏安、1800 千伏安，出线五路，分别是跃进厂备用 511、白家峪 512、北庄 513、平阳 514 和王林口 515；2001 年 9 月 27 日旧站废弃，迁入平阳新站，此时主变两台，容量为两台 3150 千伏安，站变压器 1 台 50 千伏安，电容器两组容量 900 千乏，10 千伏电压互感器 1 组，35 千伏断路器 2 台，10 千伏断路器 10 台，35 千伏避雷器 1 组，10 千伏避雷器 9 组，出线六路，分别为平阳 511、备用 512、王林口 513、庄里 514、台峪 515、白家峪 516；2005 年 3 月 19 日增容改造，将 1# 主变更换为 6300 千伏安。

大台 35 千伏变电站于 1970 年由保定地区电力局设计施工，该站安装 630 千伏安主变一台。1973 年投入运行，1978 年改造增容主变由 630 千伏安换成 2000 千伏安。站内设备有站变 20 千伏安，35 千伏避雷器一组。10 千伏出线三路，分别为段庄 511、炭灰铺 512、柏崖 513。2001 年农网改造，于 2006 年 12 月 25 日投运 1# 主变，主变两台容量为 3150 千伏安、2000 千伏安，站用变压器 1 台 50 千伏安，电容器两组，容量为 1300 千伏安，10 千伏电压互感器 2 组，35 千伏断路器 2 台，10 千伏断路器 11 台，35 千伏避雷器 1 组，10 千伏避雷器 10 组；该站 10 千伏出线 6 路，分别为段庄 511、炭灰铺 512、备用 513、炭灰铺煤矿 514、柏崖 515、备用 516。

天生桥变电站于 1978 年筹建，1983 年 7 月投运，输变电工程投资共 67 万元，原有主变 1 台容量 1600 千伏安，2003 年由常规站改“四遥站”。由于负荷的不断增加，于 2008 年 2 月增容一台 125000 千伏安的变压器。站内现有设备有主变两台，容量为 6300 千伏安、12500 千伏安，站用变压器1台50千伏安，35千伏断路器2台，10千伏进线柜2面，电容器柜2面，10千伏出线开关柜5面，电压互感器柜1面，所变柜1面。该站10千伏出线四路，分别为安子岭511、黑崖沟512、不老树513、东下关514、备用515。

百亩台35千伏变电站于1987年建设，为35千伏室外、10千伏室内变电站，该站安装1800千伏安主变一台，2000年9月投入运行，2002年改造增容主变由1800千伏安换成4000千伏安。原有10千伏进线柜1面，出线柜4面，电容柜1面，电压互感器1面。2004年增加2#主变一台4000千伏安，2006年12月投入运行。主变两台，容量为4000千伏安、4000千伏安，站用变压器1台50千伏安，35千伏断路器2台，10千伏进线柜1面，母联开关柜1面，出线柜6面，电容柜2面容量900千伏ar，10千伏进线柜1面，10千伏出线6路，分别为上堡511、大柳树512、寿长寺513、砂窝514、备用515、备用516。

城南庄35千伏变电站于1988年筹建，初建有主变1台，容量2000千伏安，2004年1月农网改造增容2#变，容量6300千伏安，2005年9月将1#更换为6300千伏安，后因负荷又增加，于2008年2月增容3#变，容量为12500千伏安，主变3台，容量分别为6300千伏安、6300千伏安、12500千伏安，站用变压器1台，容量50千伏安，电容器两组，其中一组为动态无功补偿，总容量为6000千伏安；10千伏电压互感器1组，35千伏断路器3台，10千伏断路器11台，35千伏隔离刀闸4组，10千伏隔离刀闸14组；35千伏避雷器1组，10千伏避雷器9组。该站10千伏出线6路，分别为城南庄511、南台512、下庄513、岔河514、谷家庄515、北工516。

北果园35千伏变电站于2004年兴建，2006年投运。站内设备有6300千伏安主变1台，50千伏安站用变压器1台，电容器1组，

北果园35千伏变电站（2009年摄）

容量1000千伏安，35千伏电压互感器1组，10千伏电压互感器2组（投运1组），10千伏电流互感器6组，35千伏高压断路器1台，10千伏高压断路器6台；35千伏隔离开关2组，10千伏隔离开关10组，35千伏避雷器1组，10千伏避雷器6组。该站10千伏出线四路，分别为店房511、备用512、北果园513和东城铺514。

（二）110千伏变电站

1996—2010年阜平县境内有110千伏变电站一座，变压器2台，总容量6万千伏安。

（三）220千伏变电站

阜平县220千伏变电站位于阜平镇黄岸底村，距县城12公里。工程投资1.37亿元，占地18亩，2010年开始施工，首期安装12万千伏安主变1台。

黄岸底220千伏变电站（2009年摄）

阜平县变电设施统计表

表 3-4-2

项目 变电站名称	容量 （千伏安）	电压等级 （千伏）	型号	总容量 （千伏安）	投运时间 （年度）
大台变电站	3150	35	SZ9-3150	5150	1973
—	2000	35	SZ9-2000	—	—
北果园变电站	6300	35	SZ9-6300	6300	2006
城南庄变电站	12500	35	SZ9-12500	25100	1999
—	6300	35	SZ9-6300	—	1999
—	6300	35	SZ9-6300	—	1999
台峪变电站	5000	35	SZ9-5000	9000	2009
—	4000	35	SZ9-4000	—	2009
天生桥变电站	6300	35	SZ9-6300	18800	1979
—	12500	35	SZ9-12500	—	1979
百亩台变电站	4000	35	SZ9-400	8000	2000
—	4000	35	SZ9-4000	—	2000
平阳变电站	6300	35	SZ9-6300	9450	2001
—	3150	35	SZ9-3150	—	2001

三、电网改造

（一）一期农网改造

阜平县一期网改工程投资3586.23万元。1998年6月开始施工，2001年10月竣工。

城南庄35千伏输变电工程：完成投资168.73万元，主变1台，容量4兆伏安，建设35千伏线路16.4公里。

平阳35千伏变电站异地改造工程：完成投资234.13万元，主变2×3.15兆伏安，改造35千伏线路1.5公里。

大台35千伏变电站增容改造工程：完成投资126.64万元，主变1台，容量2兆伏安。

10千伏线路新建及改造工程：完成投资404.15万元，新建及改造10千伏线路196.87公里。

更换高损配变工程：完成投资270.97万元，更换高损配变356台，容量15.7兆伏安。

农村低压电网改造工程：完成投资2285.83万元，改造208个行政村。

其他工程：完成投资95.78万元。

（二）二期农网改造

二期农网改造工程投资1530.12万元，超计划投资21.12万元，由县公司自有资金支付。2002年7月开始施工，2004年4月竣工。

10千伏线路新建工程：完成投资280.97万元，新建10千伏线路56.92千米。

10千伏线路改造工程：完成投资357.67万元，改造10千伏线路153.27千米。

乡镇所在地低压电网改造工程：完成投资36.15万元，改造5个乡镇所在地。

农村低压电网改造工程：完成投资343.79万元，改造86个村。

农业排灌10千伏线路及更换高耗配变工程：完成投资194.17万元，改造10千伏线路36.08千米，配变46台。

试点乡排灌改造工程：完成投资172.37万元。

光纤通信工程：投资145万元，架设光纤118.13千米。

（三）城网改造

城网改造工程是电网“两改一同价”（改革农村电力管理体制、改造农村电力管理体制、改造农村电网实现城乡用电同网同价）工程的一部分。2003年开始计划筹备，2004年报上级部门批复，2005年正式启动。阜平县成立了以主管县长为组长，县直相关部门、乡镇一把手为成员的城网改造领导小组。工程总投资1898.07万元。其中阜平110千伏站增容工程投资513.23万元，新增主变1台，容量40兆伏安，改造110千伏线路0.246千米。35千伏输变电工程投资395.81万元，新建北果园35千伏变电站1座，主变容量6.3，新建35千伏线路5.77千米。城南庄35千伏变电站增容主变1台，容量6.3兆伏安。10千伏配电工程投资541.38万元，改造29.19千米，改造配变26台容量5.37兆伏安，更换高耗配变4台，容量1.08兆伏安。低压改造工程投资411.73万元，改造35个台区，低压线路39.96千米，JP柜35台，集户表箱1606个，一户一表5030户。通信工程投资35.92万元，新增光端机5台。城网改造工程的实施，改善阜平县的电网结构。截至2010年县城实现环网供电，为县城居民用电创造良好的供电环境，提高县城居民供电可靠性。

第三节　用电

一、工业用电

电力来源主要为网电，少量是阜平县当地的小水电。1996年，阜平县水泥厂、阜平县水晶石厂、果脯厂相继投产，工业用电开始在阜平占主导地位。

110千伏变电站投运后，阜平水晶厂用电，果脯加工企业、农副加工企业、县冷冻厂等企业用电量增加。1999年，城南庄35千伏变电站建成投运，在城南庄、河口、砂窝等地迅速建设石材小区，阜平工业发展步入了快车道。2006年，随着房地产业的崛起，钢材价格持续增长，铁矿资源得到充分的开发利用，鑫溢丰铁选厂、城南庄、上堡等几家大型铁选厂相继投产，工业用电所占的比重较大。2010年工业用电量127915千千瓦时，占全部用电的46.85%。

1996—2010年阜平县企业用电统计表

表3-4-3

项目／年度	企业数量（个）	用电量（千千瓦·时）	客户变压器数量（台）	容量（千伏安）	售电量（千千瓦·时）
1996	12	1500	16	4500	1500
1997	12	1500	16	4500	1500
1998	12	1500	16	4500	1500
1999	56	20360	60	8020	20360
2000	212	22450	223	22500	22450

续表 3-4-3

项目 年度	企业数量（个）	用电量（千千瓦·时）	客户变压器数量（台）	容量（千伏安）	售电量（千千瓦·时）
2001	320	33046	335	35500	33046
2002	378	43518	386	39600	43518
2003	408	52813	425	45200	52813
2004	414	54215	445	47800	54215
2005	454	82993	480	56500	82993
2006	548	109091	575	71480	109091
2007	556	146881	580	94545	146881
2008	723	135328	756	132400	135328
2009	756	81891	789	148830	81891
2010	823	127915	850	152775	127915

二、农业用电

1996—2000年阜平县大搞围山转工程，引水上山，农业用电量有所增加。阜平养殖业迅速发展，国家给予农业排灌工程项目投资，农业用电量剧增。截至2010年农业用电量34914千千瓦时。

1996年生活用电量612万千瓦时。2010年阜平县居民生活用电量6942.3万千瓦时，占全部用电量的31.26%。

1996—2010年阜平县农业用电统计表

表 3-4-4

项目 年度	客户数量（个）	用电量（千千瓦·时）	客户变压器数量（台）	容量（兆伏安）	售电量（千千瓦·时）
1996	61000	6455	550	44000	5887
1997	61752	6806	580	24500	5966
1998	62540	7068	602	25610	6258
1999	64200	6984	605	25810	6150
2000	66700	7064	608	26100	6391
2001	68500	9571	612	27150	8979
2002	69430	11739	615	27900	10674
2003	69520	12559	619	29645	10672
2004	70192	15412	623	29845	14250
2005	70834	18215	646	32569	16812

续表 3-4-4

项目 年度	客户数量 （个）	用电量 （千千瓦·时）	客户变压器数量 （台）	容量 （兆伏安）	售电量 （千千瓦·时）
2006	71734	22560	667	36305	20520
2007	80619	25982	735	42930	24320
2008	81977	30002	764	52145	27916
2009	81645	38441	775	56575	29843
2010	78439	34914	793	59925	43499

三、居民用电

随着人们生活水平逐步提高，各种生活电器进入千家万户，居民用电方式从生活日常所需向美好需要的高质量生活发展，城镇居民和农村用户在用电方式上逐步走向一致，用电量大幅增加。生活电价也逐步提高，从1996年0.33元/千瓦时增长到2010年0.52元/千瓦时。2010年，全县居民生活用电5585千瓦时，占总用电量2.73%。

四、电量效益

1998年购电电量44176千千瓦时，电费收入1390万元，利润542万元。2000—2003年供电量平均每年增长10000千千瓦时以上。2010年供电量210992千千瓦时，售电总收入14296万元。

1996—2010年阜平县城镇用电量统计表

表3-4-5 （单位：万千瓦时）

项目 年度	城镇居民	公用事业	县城照明
1996	694	0	346.9
1997	827	0	413.7
1998	946	0	473.4
1999	1122	0	561.0
2000	1298	30071	649.2
2001	1417	113690	708.8
2002	1487	310946	743.8
2003	1444	423185	722.2
2004	2385	358121	1192.5
2005	2442	499544	1221.4
2006	3136	1310565	1568.2
2007	3782	1130382	1891.2

续表 3-4-5

年度 \ 项目	城镇居民	公用事业	县城照明
2008	4438	1015368	2219.1
2009	4796	6044085	2398.2
2010	5585	1582247	2792.9

阜平县供用电、电费收缴、上缴利税年度统计表

表 3-4-6

年度 \ 项目	购电（千千瓦·时）	售电（千千瓦·时）	电费收缴（元）	购电费（元）	利润额（元）	上缴利税（元）
1996	39078	36795	11435793	6427208	5008585	2287394.87
1997	42542	37292	12915287	7844626	5070661	2326842.65
1998	44176	39116	13897656	8472865	5424791	2416257.56
1999	43652	38440	14092624	8427021	5665603	2507465.48
2000	44153	39944	16590258	8844880	7745378	3495893.04
2001	59824	56119	22355365	9862390	12492975	4683877.74
2002	73373	66717	32613584	8555930	24057654	5600070.78
2003	86009	79371	30298517	20369095	9929422	6548048.24
2004	111673	101014	61032624	37263453	23769171	9153524.12
2005	129221	121870	69212727	41683254	27529473	12420995.48
2006	161603	148902	90906245	50346743	40559502	7356971.68
2007	209594	193682	122232555	69863245	52369310	8808623.04
2008	221360	205334	132416132	76572459	55843673	8563420.10
2009	175024	164431	109029613	62046118	46983495	7324118.51
2010	210992	204047	142960108	79307875	63652233	8875345.47

第四节　电业管理

一、调度管理

（一）调度机构

1996年调度值班室（县调）接受地区电力调度所（地调）命令，县调在行政上隶属县供电公司，在调度业务上直属地调指挥。县调度室成为全县网供区电力生产指挥中心。由于经济、技术条件所限，调度室设备简陋，内设模拟图板1面，操作台1个，电话1部，负责平阳、大台、天生桥3座35千伏变电站运行，设调度室主任1名，值班员3名。

（二）调度职责

1996年阜平电网运行方式简单，所辖变电站与配电线路较少。县调度的职责是：10千伏配电线路的运行和操作，指挥10千伏线路的事故处理，参加审定10千伏线路的年、季、月检修计划，负责10千伏线路继电保护的定值管理，认真执行电力分配方案，严格用电纪律。主要内容包括：执行县“三电”(计划用电、节约用电、安全用电）办公室下达的按站、按线、按户的电力分配方案，10千伏拉闸限电序位表。在系统设备事故检修、临时检修、调整各县分配指标时必须严格执行调整方案。监视变电站、线路、用户不超指标用电，认真执行“谁超拉谁”的原则。监视频率表的运行，频率下降时要按既定的限电序位表自动限电。直接向各用户了解用电情况，对于其发布的调度命令，受令人应正确按时执行，当地区调度所直接向变电站发布限电命令时，应积极配合。

2004—2010年增加职责有：全县电力负荷的统计、分析、报表工作。主要包括：每日统计各变电站、10千伏出线的供电量，每日上午8～11点、晚上19～22点的电量（早、晚两高峰负荷时段电量）汇总，计算全县的负荷率；利用资料，做好统计分析工作，逐步积累经验，提高管理水平；值班室建立全县电力系统主接线图、值班运行记录、10千伏线路事故记录、检修记录、10千伏线路继电保护值记录、负荷率曲线图表、10千伏拉闸限电序位表以及按班、按线、按户分配电力方案、停限线负荷记录。

负责管辖范围内设备的安全经济运行、负荷调整、运行方式和倒闸操作，指挥所辖设备的事故处理，对地调进行35千伏停电申请和送电联系等工作。

（三）调度范围

具体调度范围划分：阜平110千伏站5条35千伏出线、7条10千伏出线；城南庄、百亩台、天生桥、大台、台峪、北果园、城南7座35千伏变电站的站内一次设备及10千伏出线；化工厂站1个用户站的调度权；2个35千伏并网水电站（大柳树水电站、东漕岭水电站）和7个10千伏并网发电站（抗儿台水电站、砂窝水电站、黄草洼水电站、龙泉水电站、丰台水电站、陡岭台水电站、云雷水电站）的调度权。

（四）调度通信

1996年县供电有限责任公司调度所使用载波通信。1998年实行调度自动化建设，成立以局长为组长，调度、生产、变电工区、用电、修试、计量等科室负责人参加的调度自动化实用化建设领导小组，选定保定冀澳电力自动化公司生产的JA-R196型微型机远动装置，JA-R196型综合自动化装置及JA-2000县调度自动化主站管理系统。12月完成平阳、天生桥两座35千伏变电站及阜平110千伏变电站一发两收安装调试工作。1999年城南庄35千伏变电站投入运行，采用保定冀澳电力自动化设备有限责任公司生产的综合自动化装置，实现“四遥”(指实现遥信、遥测、遥控、摇调）功能，7月份完成调度总机安装调试。1999年5月1日县调度自动化系统正式进入实用化考核期，10月31日考核期满，1999年11月通过验收。县境内的一座110千伏变电站，三座35千伏变电站实现了电网调度自动化，2008年1月通过市供电公司组织的自动化复查达标。

2004年一期网改时期，开始建设光纤通信，使当时所辖的平阳站、大台站、城南庄站、天生桥站、百亩台站实现“四遥”，均为载波、光纤双通道通信。2006年北果园站投入运行，实现载波、光纤双通道通信，达到“四遥”。2008年调度所又增加了视频监控系统，使所辖6个站均实现了“五遥”控制，提高了电网运行管理水平。

（五）运行方式

阜平电网采用单电源供电，不具备合环调电的能力。所辖电网（35千伏等级）采用放射式接线，各35千伏变电站之间无联络线，不能合环调电。35千伏线路一旦发生故障只能进行快速抢修，尽快恢复区域供电。北果园站为单台运行，严禁主变过负荷运行。百亩台、大台、天生桥、台峪四所变电站均为两台主变，城南庄变电站为三台主变运行，城南变电站两台主变分裂运行，北果园站为单变运行，根据负荷变化情况实时进行变压器运行情况调整，严格按照既定的经济运行曲线进行控制操作，同时加强各变电站的无功管理，按照规程要求，根据各站无功分量及时进行电容器投切操作。

阜百线313线路带大柳树水电站、东漕岭水电站并网发电，百亩台站带抗儿台、龙泉、陡岭台、砂窝、丰台、黄草洼水电站并网发电，天生桥站带云雷水电站并网发电，在丰水期加强各水电站出力的管理，根据电网潮流变化趋势，实时进行各水电站的出力和无功分量的输送。

二、供用电安全管理

全员性目标管理。供电公司的安全管理目标是不发生特大事故，不发生重大设备事故，不发生人生伤亡事故，不发生误操作事故，不发生重大交通事故，不发生重大火灾事故，一类障碍不超过两次，一般事故低于部颁标准。每年确保3百日无事故安全周期记录。为确保安全目标管理实现，从1990年开始，每年采取明察暗访的形式，严控现场作业安全和各类规章制度执行情况。每月下发安全监察通报，对各单位开展情况进行排名，对当月现场情况和规章制度执行中发现的不规范行为、违章行为和好的做法进行通报，表扬先进激励后进。每年年底开展一次规章制度和规程的评审，发现执行中的问题进行整改，修订相关规章制度和规程。

季节性事故预防。每年3月1—9月1日进行设备安全大检查活动，重在防雷。每年5月1—8月1日抓事故特巡，重在防暴雨、防风、防雷。每年6月1—9月30日抓修剪线路下树木。每年10月1—12月31日抓冬季安全大检查，重点在防污染、防冻。切实可行的安全管理举措，确保了安全生产无事故。1996—2010年公司没发生较大伤亡事故，把一般事故降到了最低限度。

三、电费收缴

1996年电费收缴方式以走收方式为主，10千伏用户的电费实行坐收。10月乡电管站对本乡的公用配变的电费进行收缴，各乡的电管站将电费上缴供电公司，低维费留在电管站，由供电公司农电股监督管理低维费的使用情况。2001年实施银行代收方式。主要针对县城用电客户，实行用电客户自行到银行缴电费，银行代收，月底汇总后一并交供电公司。2005年为解决县城用电客户缴费难的问题，供电公司和邮政局协商开拓县城5个缴费网点，施行实时缴费。2006年推行坐收电费，原则上取消走收电费的形式。2010年大量使用POS机收费，实行抄、核、收的分离，电费收取以代收员为主。

四、电价管理

（一）照明电价

1996年3月经国务院批准，国家计委、电力部发文调整河北省南部电网电力价格。阜平县照明电价调整到每千瓦时0.25元。1997年为补偿燃料、运输价格的上涨，国家计委、电力部下达关于调整河北南部电网的通知。照明电价调整到每千瓦时0.31元，非普及大工业用户，每千瓦时0.30元。2000年1月调整到每千瓦时0.372元。2002年2月10日调整到每千瓦时0.373元。2004年6月，河北南网照明电价实行综合电价，提高到每千瓦时0.49元，2006年调整到每千瓦时0.52元，学校用电按照明用电对待。从2000年到2006年的照明电价调整均由国家发改委发文调整，2010年阜平县照明电价执行0.52元/千瓦时。

（二）非（普）工业用电价

1996年经国务院批准，国家计委、电力部发文调整了河北南网的非（普）工业用电价，非（普）工业电价调整到每千瓦时0.415元。2000年1月1日调整到每千瓦时0.517元。2002年2月10日，调整到每千瓦时0.543元。2004年6月，调整到每千瓦时0.585元。2005年5月调整到每千瓦时0.6898元，几次非普工业电价调整均是由国家发改委发文，对河北南网电价统一标准。2006年非普电价取消，改为一般工商业电价。

大宗工业电价属于两部制电价，由目录电价和基本电费两部分组成。阜平县大工业执行范围是工业用户配变容量在320千伏安（315千伏安）以上额用户。1996年电价为每千瓦时0.29元，基本电价仍为10元/千伏安/月。1997年电价政策调整大工业电价标准为每千伏安每月12元，每千瓦时电价0.314元，10千伏用户、35千伏用户执行标准为每千瓦时0.301元。2000年1月调整为基本电价每千伏安每月15元，10千伏用户每千瓦时电价为0.347元，35千伏用户为0.332元。2002年2月10日调整为10千伏用户每千瓦时电价为0.396元，35千伏用户为每千瓦时0.381元。基本电价未变，按最大需量收取基本电费标准为每千瓦时每月22.50元。2004年6月10千伏用户每千瓦时电价为0.423元。35千伏用户为0.423元，基本电费为每千伏安每月18元。最大需量每千瓦每月27元。2005年5月，10千伏用户每千瓦时为0.4778元。35千伏用户每千瓦时为0.4628元。2006年调整为10千伏用户每千瓦时为0.5125元。35千伏用户每千瓦时为0.4925元。两次基本电费未变。2008年国家发改委对大工业电价进行了调整，10千伏用户每千瓦时为0.5521元，35千伏用户每千瓦时为0.5371元。基本电费，每千伏安每月20元，最大容量每千瓦每月30元。2010年大工业用户仍执行2000年标准。

（三）贫困县农业排灌电价

1996年电价为每千瓦时0.29元，1997年调整为每千瓦时0.136元，截至2010年，贫困县农业排灌电价为1～10千伏每千瓦时为0.218元。2005年实行农业生产综合电价，2005年为每千瓦时0.37元，2006年调整为每千瓦时0.399元。2010年仍执行农业生产综合电价为0.399元。

（四）非居民照明用电

非居民照明用电是指非实居民客户中心一般照明和普通生活用电。1996年冀南电网电价调整为每千瓦时0.397元，至2005年调整为每千瓦时0.6398元。2006年合并为一般工商业电价。

（五）商业电价

商业电价是从2004年非居民电价分离出来的电价。范围是指所有从及商品交换或提供商业性、金融性、服务性有无偿服务所需的电力，不分容量大小，不分照明动力，统一执行商业电价。2004年商业电价每千瓦时为0.737元。2005年5月调整为每千瓦时0.7918元。2006年合并为一般工商业电价。

（六）一般工商业电价

2006年国家发改委对河北南网电价进行调整，将原非（普）工业电价、非居民照明电价及商业电价，统一合并为一般工商业电价，调整为每千瓦时0 .7199元。2008年调整为每千瓦时0.7595元。2010年仍执行每千瓦时0.7595元。并分不满1千伏、1～10千伏。两种电压等级结算，不满1千伏为每千瓦时0.7695元，1～10千伏为0.7595元。

阜平县1996—2010年电价统计表

表3-4-7

项目 年度	居民生活（元）	非居民生活（元）	非普工业（元）	商业（元）	农业生产（元）
1996	0.337	0.476	0.45	—	0.136
1997	0.337	0.476	0.45	—	0.136
1998	0.337	0.476	0.45	—	0.136

续表 3-4-7

项目 年度	居民生活（元）	非居民生活（元）	非普工业（元）	商业（元）	农业生产（元）
1999	0.337	0.476	0.45	—	0.136
2000	0.372	0.527	0.5	0.674	0.169
2001	0.372	0.527	0.5	0.674	0.169
2002	0.403	0.589	0.553	0.739	0.184
2003	0.403	0.589	0.553	0.739	0.184
2004	0.49	0.645	0.595	0.747	0.37
2005	0.49	0.6998	0.8348	0.8018	0.37
2006	0.52	0.7299	0.7299	0.7299	0.399
2007	0.52	0.7299	0.7299	0.7299	0.399
2008	0.52	0.7695	0.7695	0.7695	0.399
2009	0.52	0.8044	0.8044	0.8044	0.4289
2010	0.52	0.8044	0.8044	0.8044	0.4289

五、农电管理

（一）农村基层单位建设

1996年低压电网管理由各乡镇电管站电工负责，定期组织对低压电网巡视检查，进行维修和改造。2000年农电管理体制改革后，低压电网改为由各基层供电所负责维护。2008年供电公司按照国家电网公司提出的“抓基础、上台阶，大力推进农电标准化建设工作”的要求，开展供电所标准化建设，实行“一长三员三班”（电力安装工长，电力安全监督员、电力质检员、电力预算员，早班、中班、晚班）的管理模式。

2009—2010年以“量化指标、明确责任、加强考核”为指导思想，先后出台《阜平县供电所管理制度汇编》《阜平县供电所管理办法》《供电所农电工管理办法》《供电所日常工作管理制度》等多项规章制度，以此激励机制和约束机制强化基层供电所的“人、财、物、安全”管理。

（二）农村电工管理

为提高农电管理水平，供电公司每年进行一次农村电工技能培训及安规考试，使其掌握过硬的本领，更好地为电力发展服务。选拔优秀电工参加上级公司组织的农村电工技能比武。公司每年对农村电工进行一次评优选先活动，奖励为农电管理工作贡献较大的农村电工。出台《供电所农电工管理办法》，对农电工进行动态管理与定期考核，规范农电工服务行为，提升农电工管理水平。

（三）农电线损管理

1996年低压线损的管理工作由各乡镇电管站负责。2000年由于对农电管理体制进行改革，低压线损的管理工作由基层供电所管理，明确专人包线路、包台区，形成与工资、奖金挂钩，线损率、千度电价双考核的奖罚机制。每年年初各供电所制定年度降损计划，对线损较高的台区采取线路改造、调整三相平衡及增加无功补偿等形式降低低压线损。

1996—2010 年阜平县电力局线损统计表

表 3-4-8

项目 年度	供电量 （千瓦时）	售电量 （千瓦时）	线损率 （%）
1996	39078	36795	5.84
1997	42542	37292	12.34
1998	44176	39116	11.45
1999	43652	38440	11.94
2000	44153	39944	9.53
2001	59824	56119	6.19
2002	73373	66717	9.07
2003	86009	79371	7.72
2004	111673	101014	9.54
2005	129221	121870	5.69
2006	161603	148902	7.86
2007	209594	193682	7.59
2008	221360	205334	7.24
2009	175024	164431	6.05
2010	210992	204047	3.29

第五章　邮政

1996—1998 年 8 月，邮政人员、邮政业务属阜平县邮电局。1998 年 9 月，阜平县邮政局成立，设综合办公室和经营部，辖县城 3 个营业网点，4 个生产班组，8 个农村支局。邮政业务有：邮政储蓄、寄递、报刊发行、特快专递、邮政增值、影像制品销售、物流配送、户外广告业务。邮路有 2 条，一条县局到东下关、龙泉关邮政所；一条县城至城南庄、北果园邮政支局。投递线路县城 5 条，农村 30 条。投递工具 1996—2010 年 10 月为自行车，2010 年 11 月后为摩托车。

第一节　邮政机构与业务

一、邮政机构

1996—1998 年 9 月邮政人员、邮政业务属阜平县邮电局。1998 年 9 月阜平县邮政局成立，行政机关设于中兴街小东街。设综合办公室和经营服务部，辖 8 个农村支局、县城三个营业网点、4 个生产班组。农村支局有平阳支局、王林口邮政所、砂窝支局、东下关支局、龙泉关支局、城南庄支局、史家寨支局、北果园支局。

邮政储蓄开展多项业务

县城生产班组有发投公司、开发部、储汇组、封发组。县城网点为东寺储蓄所、小坝所、营业组。2003年6月，王林口邮政所撤销，增设客户服务中心、押运班组、物流分销部。2005年原市场开发部更名函件广告部。2008年5月，阜平县邮政储蓄银行成立，东寺网点、平阳金融业务归邮政储蓄银行。

同年8月，邮政速递部成立业务归速递公司管理，撤销储汇班组，设立金融业务部。2010年根据空白乡镇建邮政金融网点的要求，设吴王口邮政储蓄营业所，是年6月24日营业。

二、邮政业务

邮政储蓄业务。主要办理个人存取款业务。代发工资、养老金业务、代理保险、代售国债、基金、理财产品业务、代缴话费、收缴交通罚款，电子汇兑业务。

1998—2010年邮政储蓄余额、业务收入统计表

表3-5-1　　单位：万元

项目 年度	储蓄余额净增	储蓄收入	项目 年度	储蓄余额净增	储蓄收入
1998	1932	—	2005	6241	971
1999	3015	285	2006	6150	960
2000	3934	380	2007	4241	994
2001	5617	488	2008	7662	494
2002	4748	632	2009	7899	653
2003	3147	676	2010	6528	824
2004	4830	820	—	—	—

1998—2010年汇兑收入统计表

表3-5-2

项目 年度	收入（元）	项目 年度	收入（元）
1998	32400	2005	63499
1999	70356	2006	56946
2000	77252	2007	41740
2001	90902	2008	1148
2002	93151	2009	123948
2003	74346	2010	88273

续表 3-5-2

项目 年度	收入 (元)	项目 年度	收入 (元)
2004	72335	—	—

2004年阜平邮政利用金融网点优势，开办代理保险业务，规模较小，年保费879万元。2005年保费960万元，2006年保费1230万元，2007年保费2100万元，2008年保费2100万元，2009年2700万元，2010年保费3200万元。

2005—2010年县城开办代收电费业务。

寄递业务。主要小件物品收寄、函件收寄、特快专递业务、机要通信业务，2008年开发速递身份证业务，2010年增加国内小包业务。

1998—2010年函件收入统计表

表 3-5-3

项目 年度	收入 (元)	项目 年度	收入 (元)
1998	63773	2005	244653
1999	118288	2006	270600
2000	139203	2007	291802
2001	173433	2008	313105
2002	177083	2009	551813
2003	91221	2010	640617
2004	187535	—	—

1998—2010年包裹收入统计表

表 3-5-4

项目 年度	收入 (元)	项目 年度	收入 (元)
1998	49351	2005	120100
1999	99409	2006	120121
2000	102800	2007	127495
2001	107981	2008	107743
2002	115771	2009	112569
2003	104123	2010	104092
2004	100262	—	—

报刊发行业务。报刊发行是邮政基础业务，也是阜平邮政履行的普遍服务业务。1998—2007年主要是《人民日报》《河北日报》《经济日报》等党的刊物。流转额一直在90万元以下。2008年邮政在搞好党报党刊发行的同时，加大对私自订阅、校园市场的开发，收订流转额100万元，2010收订流转额年达到130多万元。

1998—2010 年报刊收入统计表

表 3-5-5　　单位：元

项目 年度	收入（元）	项目 年度	收入（元）
1998	99080	2005	269866
1999	212396	2006	295213
2000	228882	2007	317527
2001	212396	2008	250345
2002	277791	2009	402266
2003	206165	2010	373456
2004	227935	—	—

特快专递业务。2001 年 8 月阜平邮政局在特快专递业务的基础上，开始办理特快送款业务，由于安全问题，2002 年 9 月停办，2008 年开办代理身份证速递业务，2009 年开办代收货款业务等特快专递业务。

1998—2010 年特快业务收入统计表

表 3-5-6　　单位：元

项目 年度	收入（元）	项目 年度	收入（元）
1998	16686	2005	200108
1999	53420	2006	175122
2000	108006	2007	264714
2001	150543	2008	327023
2002	154381	2009	369959
2003	137433	2010	153550
2004	168913	—	—

集邮业务。1996—1999 年集邮业务只是单一传统的集邮品销售。2000—2002 年为增加集邮收入开发形象年册。2003 年后年收入突破 20 万元，2004 年后增加个性化邮票业务。

1998—2010 年集邮业务收入统计表

表 3-5-7　　单位：元

项目 年度	收入（元）	项目 年度	收入（元）
1998	36738	2005	56650
1999	93191	2006	60835

续表 3-5-7

项目 / 年度	收入（元）	项目 / 年度	收入（元）
2000	137993	2007	78815
2001	129320	2008	202462
2002	92116	2009	176518
2003	53245	2010	232198
2004	68177	—	—

音像制品销售业务。根据业务发展要求，阜平县邮政局2002年开办音像制品光盘、图书销售业务，2004年对外承包经营。

物流配送业务。2000年开办种子销售配送业务，2003年8月开办牛奶配送业务，同时利用两辆箱式货车进行异地货运业务，2004年中止牛奶配送业务，2005年开展酒类、醋类销售。

户外广告业务。2002年阜平县邮政局在县城中兴街建彩虹桥14座，发布广告亮化美化县城环境。2002年在函件业务基础上办理《中邮广告》业务，2010年县城改造彩虹桥被拆除。

摩托车邮递（2010年摄）

第二节　邮路与投递

一、邮路

县城到支局汽车邮路。1998—2009年有邮路2条。县局至东下关邮政所，县城至龙泉关邮政所，县城至砂窝支局，邮路全长145公里。另一条为县局至城南庄邮政支局，县城至北果园邮政支局，县城至史家寨邮政所，全长118公里。2009年邮路由自办改委代办，由县局一内部职工承包两条邮路，邮政局为其提供汽车一辆。

二、投递

县城投递。1998年县城市投5条，2010年增加一条，白河、大元划归市投，县城乡邮3条。1996—2010年11月为自行车，2010年11月市投递线改用电动车，乡邮改用摩托车。

农村投递30条。1996—2010年11月投递工具为自行车，2010年11月改为自购摩托车，局给予耗油补贴。

第六章　电信

中国联合网络通信有限公司阜平县分公司由原阜平县网通公司和原联通公司重组后于2008年10月15日合并成立，主要经营固定网本地电话业务（含本地无线环路业务）、国内长途电话业务、国际长途电话业务、IP电话业务，移动通信业务、因特网数据传送业务、国际数据通信业务等。阜平县电信公司承接原联通 CDMA 业务。按照信息产业部关于对电信重组的要求，阜平县移动公司于 1999 年 7 月与阜平县电信局正式分营，挂牌为阜平县移动营业部。2000 年 11 月随着中国移动在境外成功上市阜平县移动营业部更名为河北移动通信有限责任公司阜平分公司，主要经营移动通信业务。至 2010 年通信用户 5000 人，全县通信业务收入 100 万元。

第一节　电信业机构

一、联通公司

1998 年 9 月 1 日阜平县电信局成立。分营后的阜平电信局下设一室一部，综合办公室、市场经营部。综合办公室下设业务科、设备科、线路科、设备维护中心；设城南庄、砂窝、史家寨、北果园、东下关、王林口、平阳 7 个电信支局、7 个生产班组。

1999 年 7 月 1 日移动通信业务从阜平县电信局剥离，组建“阜平县移动通信营业部”。划分后的阜平县电信局总资产 3124 万元，负债 350 万元。主要经营固定电话、电报和传真等业务，机构设一室一部，综合办公室、市场经营部。综合办公室下设会统科、供应总务科、司机班。市场经营部下设设备维护中心。全局设城南庄、砂窝、史家寨、北果园、天生桥、王林口、平阳 7 个电信支局、8 个生产班组。有在职干部职工 59 人，临时工 45 人、离退休人员 34 人，总计 138 人。2000 年 7 月 26 日阜平县电信局更名为“河北省电信公司阜平县电信局”。机构设一室一部，7 个班组，原有城南庄、砂窝、史家寨、北果园、东下关、王林口、平阳 7 个支局更名为电信营业部。2002 年 9 月 12 日阜平县电信分公司更名为“河北省通信公司阜平县分公司”。设二部一室：市场经营部、运行维护部、综合办公室。县公司设 7 个生产经营性部门，农村下设 7 个全功能通信营业部，8 个有人交换网点，42 个无人值守交换点。2004 年 11 月 16 日河北省通信公司阜平县分公司正式更名为“中国网通（集团）有限公司阜平县分公司”。公司设综合部和经营管理部。县公司设 5 个生产经营性部门，农村下设 7 个全功能通信营业部。2008 年 10 月 15 日经国务院批准，原中国联通红筹公司和原中国网通红筹公司合并成立中国联合网络通信有限公司，即日中国联合网络通信有限公司阜平县分公司成立，就此阜平县联通分公司成为一家能提供全面电信基本业务的综合电信运营企业。

二、移动公司

阜平移动公司于 1999 年 7 月与阜平县电信局正式分营，挂牌为阜平县移动营业部，在职职工 10 人，退休职工 6 人。2000 年 11 月随着中国移动在境外成功上市，“阜平县移动营业部”更名为“河北移动通信有限责任公司阜平分公司”。2001 年 12 月阜平移动公司迁入到环城路移动通信办公楼办公。分营初期，阜平县移动营业部设经理 1 人，2001 年阜平县移动公司设立综合部、市场部、网络部 3 个部室，随着业务的提升，工作的细化，2009 年增设集团客户部。截至 2010 年公司下设 4 个片区，11 个营业厅。

三、电信公司

阜平电信公司于 2008 年 3 月在阜平县工商局注册，主营基础通信即固定网通信业务。2008 年 10 月承接原联通 CDMA 业务后正式设立分公司机构。下设市场组、建设运维组、服务组和后台支撑组，有营业厅 1 个。

第二节　设施

一、联通公司设施

1998 年阜平县电信局农市话交换机总容量 14192 门，实占 8314 门，农市话交换网点 14 个，全年立杆 2050 棵，达到 11755 棵，架设光缆 78 芯长公里，管道 0.8 公里，达 3.3 公里。1999 年底农市话交换容量 17728 门，实际占用 1045 门，新增农市话交换网点 13 个，立杆 1708 棵，达到 13463 棵，架设光缆 70.2 芯长公里，达到342.9芯长公里；架设电缆164.5皮长公里，达到816.5皮长公里，全年装机放号1914部。2000年底阜平县电信公司交换机容量19920门，实占13441门，架设光缆12皮长公里，到达354.9皮长公里，架设电缆76.18皮长公里，到达892.68皮长公里，立电杆1201棵，到达16627棵。装机放号3205部，发展公用电话26部。2007年完成一期、二期和三期宽带设备扩容工程。2008年完成县局、南城区等一期、二期宽带扩容工程和龙泉关、西刘庄、上堡、下堡、西沟、大连地、台峪、车道的宽带新建工程。2009年对原联通2G基站进行了网络优化，并开通党校、农行、白河、冀鑫、照旺台2G、3G基站。2010年完成核心基站冀鑫宾馆、泰和宾馆的搬迁，开通18个联通基站，完成113套EPON设备的割接工作，完成3个光纤到户工程，形成放号能力。完成3个2.5G传输环网建设，完成邮政局、交警、联社、河北宾馆、新百宾馆、君悦国际等应急工程。对一些线路质量差的区域进行线路整治，整治线路28皮长公里，电缆延伸15杆程公里。

1998—2010年通信设备分布及设备容量和占用统计表

表3-6-1

项目 / 单位	容量（门）	固定电话到达（部）	机型
小灵通	8280	2891	UT
县电信局	9120	7417	ZXJ10
法华	384	254	接入网
照望台	—	543	接入网
青沿	352	219	接入网
县电信局河南	1232	1402	接入网
燕头	528	174	接入网
营山	192	67	接入网
槐树庄	464	267	接入网
高阜口	560	356	接入网
龙门	592	368	接入网
木匠口	400	180	接入网
柳树底	368	212	接入网
楼房	160	73	接入网
平阳	1296	879	ZXJ10
山嘴头	384	146	接入网
长角	176	111	接入网
台峪	752	550	ZXJ10
营尔	256	17	接入网
王快	480	265	接入网

续表 3-6-1

项目 单位	容量（门）	固定电话到达（部）	机型
北水峪	336	308	接入网
北庄	640	109	接入网
康家峪	192	94	接入网
东板峪	256	65	接入网
冯家口	192	79	接入网
百石台	256	151	接入网
王林口	912	661	ZXJ10
前岭	192	89	接入网
西庄	576	439	接入网
方太口	640	359	接入网
南窝	192	114	接入网
五丈湾	272	141	接入网
董家沟口	480	272	接入网
史家寨	688	339	ZXJ10
凹里	192	122	—
葛家台	224	92	接入网
柏崖	400	245	ZXJ10
车道	256	115	接入网
大台	464	249	接入网
炭灰铺	176	97	接入网
大连地	384	166	接入网
段庄	224	121	接入网
苏家台	160	108	接入网
东板峪店	256	301	接入网
征兵石	192	65	接入网
马驹石	400	159	接入网
砂窝	576	346	ZXJ10
养马楼	96	32	接入网
河彩	176	91	接入网
吴王口	352	160	接入网
不老台	160	51	接入网

续表 3-6-1

项目 单位	容量（门）	固定电话到达（部）	机型
上堡	384	222	接入网
下堡	224	108	接入网
东槽岭	304	81	接入网
百亩台	288	139	ZXJ10
全庄	176	52	接入网
石滩地	256	111	接入网
寿长寺	288	39	接入网
城南庄	1024	395	ZXJ10
易家庄	352	246	接入网
大岸底	608	286	接入网
下庄	256	143	接入网
交山嘴	400	224	接入网
岔河	416	201	接入网
三官	160	49	接入网
栗树槽	304	150	接入网
南台	464	308	接入网
麻棚	208	61	接入网
谷家庄	288	91	接入网
北工	256	138	接入网
旧营	208	99	接入网
北果园	640	399	ZXJ10
东城铺	672	330	ZXJ10
黄连峪	192	69	接入网
广安	800	518	接入网
营岗	640	325	接入网
西沟	416	160	接入网
古洞	304	133	接入网
卞家峪	256	93	接入网
天生桥	864	514	ZXJ10
栗元铺	656	424	接入网
龙泉关	544	334	ZXJ10

续表 3-6-1

单位＼项目	容量（门）	固定电话到达（部）	机型
西刘庄	288	113	接入网
八里庄	384	164	接入网
下黄石堂	208	140	接入网
大教厂	224	152	接入网
合计	—	26251	—

二、移动公司设施

1999年移动公司基站4座，2002年建15座基站，2003年建5座基站，2007年建基站17座。2008年北京奥运会开办年在公司开展的网络建设中，开通正规站两个，分别是鸡蛋石和栗园铺。施工的基站有5个，分别是阜平六站、牛巴、吴家沟、东板峪、大河、槐厂，完成直放站19个，七期传输扩容已完成传输线路63.2公里，直放站完成传输线路42.2公里。投入资金500余万元，保证30户以上自然村能通移动电话。截至2010年发展到141个基站、242个直放站，光缆建设1740公里。

三、电信公司设施

移动网络：2008年10月1日承接原联通CDMA业务后，投资2300余万元用于开通基站，并对原有的10座基础增加扩容升级，实现全部乡镇、农村的2G信号覆盖及乡镇、重点农村的3G网络信号全面覆盖。

电信公司基站覆盖统计表

表 3-6-2　　单位：个

项目＼年度	基站数	直放站数	信号覆盖村
2008	10	1	20
2009	20	5	90
2010	25	15	180

固定通信网络：2009年4月开通固网业务后，截至2010年12月，铺设光缆线路30公里，建设固网核心机房1座。

第三节　电信业务

一、联通公司业务

（一）固定电话

1996—1999年主要经营的业务是固定电话和传真电报，其中固定电话分为长途电话、市话和农话。2000年固定电话不再区分农话和市话业务，其业务种类分长途电话、市话和网话。2001年固定电话新增来电显示业务，2005大规模发展悦铃业务。2007年以后移动业务兴起，固定电话的不可移动性制约其发展，逐步被移动电话代替，固定电话用户逐年下降。

（二）宽带业务

“一线通”业务又称窄带综合业务数字网业务，2001年“一线通”业务正式在阜平开通，从此告别了电话拨号上网的时代。是年使用一线通业务的客户有31部，网吧2家。2003年5月阜平开通ADSL宽带业务，“一线通”退出历史舞台，2009年光纤通信进入寻常百姓家，人们真正进入高速上网时代，截至2010年全县宽带用户达到9122部。

（三）小灵通

2003年1月1日阜平县通信分公司开通无线市话小灵通业务，全县建点47个，小灵通基站120个，覆盖县城、城南庄、平阳一带，面积10.5平方公里，全年放号2802部。2003年7月9日阜平县通信公司平阳支局开通小灵通基站16个，覆盖面积3平方公里。全县小灵通用户最高达到7469部。2008年随着电信企业的改制，取消无线市话小灵通业务。

（四）会议电话

1996年以前阜平县电话会议仅通过电话电路传输的话音收听，1997年后改为可视电话会议。截至2010年建有会议室80平方米，设有29寸彩电2台，接收设备1套，可供70人左右的中型会议使用，为当地党、政、军及机关团体提供接听和收看会议电话的方便。

（五）无线寻呼

1995年在县城内开办无线寻呼业务。1996年全县无线寻呼用户发展到1263户，1997年电信行业改革，无线寻呼业务划归河北国脉有限责任公司管理。

（六）移动业务

2008年重组后的阜平县联通分公司开始运营移动业务，移动客户规模只有5000户，随着移动业务的快速发展，2010年2G用户10300户，3G用户915户。

1996—2010年阜平县联通公司收入统计表

表3-6-3　　单位：万元

年份	收入	年份	收入
1996	570.92	2004	2022.27
1997	804.47	2005	2251.59
1998	791.13	2006	2213.12
1999	762.23	2007	2532.83
2000	1018.84	2008	2113.07
2001	1221.49	2009	1990.25
2002	1464.91	2010	1780.14
2003	1754.53	—	—

二、移动公司业务

阜平主营无线通信业务的企业有河北移动通信有限责任公司阜平县分公司（以下简称移动公司）、中国联合网络通信有限公司阜平县分公司（简称联通公司）和中国电信有限公司阜平县分公司（简称电信公司）。

（一）移动固话

移动固话电信公司面向机关、企事业单位，2009年开通阜平县消防支队等单位移动固话30部，2010年100余部。

（二）移动通信业务

1999年移动在网用户200户，年收入200万元。模拟基站3个：县城、城南庄、平阳，数字基站一个：位于阜平县城。

分营初期，移动员工全员营销，以各种形式到阜平各个村庄宣传业务、收缴欠费、勘测站址、寻找合适的代理商，使中国移动这个新企业在百姓的心中慢慢摄入、扎根，迎来移动业务快速发展新高峰。1999—2002年阜平移动公司建2个营业厅，13个移动专营厅。截至

2010年阜平县移动公司有营业厅5个、农村营业厅6个、8个合作厅、12个代收费点，代理商发展到50余个，代办点220个。

（三）神州行业务

1999年推出“神州行”业务。2003年面向青年人推出“动感地带”品牌业务。2004—2008年相继推出彩铃、来电显示、无线音乐俱乐部、手机电视、手机地图、飞信、手机邮箱、手机阅读、手机游戏、手机医疗、全曲下载、手机证券、手机钱包、彩信、短信、闪信、航信通、手机导航、话单粉碎、GPRS、来电提醒、12580、手机报、财信通、2G无线座机、3G无线座机、IP公话、3G终端、话费闹钟、随E行等。2009年为打破客户认为手机打长途贵，不敢打长途等心理，移动公司大力推出无线固话家庭版和集团版两种业务，深入农村市场及集团单位，巩固市场占有率。推出手机邮箱、号簿管家等多项新业务上市，3G手机终端到笔记本适合不同客户，有效为客户提供方便简捷服务。2010年营业收入发展到6000多万元，141个基站、242个直放站，光缆建设1740公里。

1996—2010年阜平县移动公司业务发展统计表

表3-6-4

项目 年份	收入（万元）	自建营业厅	合作厅	专营店	服务站
1996	50	0	0	0	0
1997	110	0	0	0	0
1998	180	0	0	0	0
1999	200	1	0	1	0
2000	250	1	0	2	0
2001	630	1	0	4	0
2002	1365	2	0	6	0
2003	2370	2	0	7	0
2004	3009	5	0	5	0
2005	3130	5	0	3	0
2006	4260	7	3	3	120
2007	6095	7	4	10	50
2008	6248	9	3	4	60
2009	6433	11	2	3	10
2010	6500	7	12	5	20

三、电信公司业务

（一）宽带和专线业务

2009年4月阜平电信在陆续开始固定网基础通信设施建设后，在城域范围内开通宽带和专线业务，打破原网通宽带独家垄断的局面，良好的产品口碑、优质的性价比和服务使电信宽带业务在阜平快速发展。

（二）移动通信业务

CDMA（码分多址）通信技术由于其保密性高、不易掉话、辐射低等特点，最早应用于军事领域。电信公司承接CDMA移动通信业务后，广泛宣传其保密性高、绿色环保的产品优势。

CDMA不需另增加设备、通过设备升级直接实现3G覆盖的特有技术优势，使得2010年阜平电信在3家运营商中率先大规模开通3G信号覆盖，电信3G智能机的风头一时无两。

（三）一机双号

一机双号是电信公司推出的一款在无线话机上加载固定电话短号的业务，客服固定电话业务的不可移动性。无线话机有手机号的同时，用户可选择加载一个7位的固定电话号，两个号码均可作为被叫号码接通。该业务推出后受到中小企业用户和不愿意使用固定电话业务的家庭用户的喜爱。

2009—2010年电信公司发展专营代理2家，代理商10个，代办点25个，CDMA网用户发展到4100户，收入200多万元。推出手机视频、话单粉碎、手机钱包、手机银行卡支出、校信通、企信通、互联网专线、号簿管家、手机阅读、手机电视、平安通等3G业务。

第四篇　环境保护

1995年阜平县成立环境保护局（二级局、挂靠阜平县建设局）。2002年成立阜平县环境保护局（一级局），列政府序列。2003年制定出台阜平县《环境保护规划》《饮用水源地保护暂行规定》《环境专项治理实施方案》。1996—2010年先后开展“县城黑烟治理”蓝天行动，“沿路煤炭市场集中整治行动”“强化治污设施运行管理年活动”“整治违法排污企业、保护群众健康环保专项行动”等多项治理，对县内违法排污企业严查、严监、严管。2010年全县五大河流地表水水质全部达到国家Ⅲ级标准，王快水库饮用水源地和县城集中饮用水源地水质达标率100%，县城空气质量Ⅱ级以上天数320天，综合空气质量指数1.98，工业、生活污染防治取得成效。

第一章 环境质量

阜平县环境质量总体处于优良状态，春秋夏三季好于冬季，全年大气环境优良天数平均在300天。1996年以后，随着经济建设快速发展，居民冬季取暖用煤增多、机动车辆增加等原因，影响阜平县环境质量的主要污染物降尘、二氧化硫和总悬浮微粒。2001—2010年大气污染物以烟煤黑烟和建筑物垃圾、粉尘为主。因为矿山开采、石材加工、煤炭转运、餐营业和建筑、交通、娱乐会所等因素的影响，水资源质量和声环境质量曾一度下降。政府各职能部门携手治理，环境大为改善，质量也大幅提高。

第一节 大气环境质量

一、污染物

1996—2000年，阜平县主要大气污染物为降尘、二氧化硫和总悬浮微粒。2001—2010年，大气污染物以煤烟为主。

二、污染程度

1996—1999年大气环境质量II级以上天数不到300天。县城城区空气质量超过国家II级标准。2005年开始，县政府加大环境质量宏观调控力度，实施“县城黑烟治理（蓝天行动）”“沿路煤炭市场集中整治行动”“强化治污设施运行管理年活动”。2010年，大气环境质量II级以上的天数达到320天，空气综合指标指数控制在1.98。

2010年阜平县环境空气质量监测统计表

表4-1-1　　单位：毫克/立方米

项目 月份	PM10	二氧化氮	二氧化硫
1	0.076	0.030	0.036
2	0.066	0.028	0.039
3	0.076	0.027	0.039
4	0.084	0.027	0.026
5	0.083	0.026	0.031
6	0.059	0.027	0.031
7	0.067	0.035	0.026
8	0.076	0.019	0.017
9	0.073	0.043	0.014
10	0.072	0.025	0.015
11	0.069	0.034	0.013
12	0.070	0.028	0.018
平均值	0.073	0.029	0.029

第二节　水环境质量

一、地表水

阜平县沙河陡岭台村以上地区、平阳河山北湾村以上水质为重碳酸钙镁型水，其他地区均为碳酸钙镁型水，酸碱度（pH值）在7.8～8.5之间，属弱碱性。矿化度在179～348毫克/升之间，符合国家标准，适用于人类生活用水，农田灌溉等。

2003年阜平县政府发布《关于王快水库禁止网箱养鱼，防止污染，保护水源》紧急通知，对大沙河、胭脂河流域污染源进行全面治理，对王快水库网箱养鱼进行全面取缔。2004—2006年开展执法大检查，全面清理整顿矿产加工业，河流防污、治污措施不断完善，河流水质好转。

2007年建成县环境监测站，开始对五大河流、王快水库水质实行加密监测、不定期检查。每月出具监测报告。监测pH值、电导率、悬浮物、化学需氧量、氨氮、高锰酸盐指数等。2007—2010年五大河流水质全部达标，化学需氧量浓度控制在15毫克/升以内，低于入境断面浓度。

2007—2010年阜平县沙河王林口断面、砂窝断面水质数据统计表

表4-1-2　　单位：毫克/升

项目/年度	王林口监测点			砂窝监测点		
	化学需氧量	氨氮	悬浮物	化学需氧量	氨氮	悬浮物
2007	12.0	0.025	89	11.0	0.021	13
2008	10.0	0.023	63	8.0	0.020	18
2009	9.0	0.024	61	7.0	0.022	16
2010	7.0	0.022	60	6.0	0.025	14

2010年五大河流监测数据统计表

表 4-1-3　　　　检测结果：单位：毫克 / 升

项目/日期	监测项目	板峪河康家沟	鹞子河辛庄桥	县城西大桥	砂窝桥	平阳河东湾村	平阳河大桥	胭脂河城南庄	胭脂河广安大桥	不老台	检出限
2010.1	pH	8.17	8.15	8.13	8.25	8.13	8.15	8.10	8.05	8.25	0.1（pH 值）
	高锰酸盐指数	2.20	2.39	2.45	3.01	4.04	4.50	3.22	2.32	3.21	0.5
	化学需氧量	5L	11.0	7.00	11.0	14.0	14.0	5L	11.0	5L	5
	氨氮	0.025L	0.150	0.025L	0.020	0.150	0.150	0.100	0.025L	0.045	0.025
	电导率	365	310	330	340	415	430	261	266	385	1
	悬浮物	13	4	60	15	100	120	18	20	8	4
2010.2	pH	—	—	8.10	8.15	—	—	—	—	—	0.1（pH 值）
	高锰酸盐指数	—	—	2.01	2.15	—	—	—	—	—	0.5
	化学需氧量	—	—	5L	5L	—	—	—	—	—	5
	氨氮	—	—	0.025L	0.025L	—	—	—	—	—	0.025
	电导率	—	—	320	330	—	—	—	—	—	1
	悬浮物	—	—	50	10	—	—	—	—	—	4
2010.3	pH	8.15	8.13	8.10	8.15	8.10	8.12	8.10	8.01	8.16	0.1（pH 值）
	高锰酸盐指数	2.22	2.29	2.25	3.00	3.04	3.50	3.15	2.25	3.26	0.5
	化学需氧量	5L	10.0	6.00	12.0	11.0	12.0	5L	10.0	5L	5
	氨氮	0.025L	0.025L	0.025L	0.021	0.155	0.150	0.025L	0.025L	0.025L	0.025
	电导率	360	315	320	320	315	330	251	260	380	1
	悬浮物	10	4	50	10	85	60	15	15	10	4

说明：pH 值无量纲，电导率为 μS/cm

2010 年五大河流监测数据统计表

表 4-1-4　　　　检测结果：单位：毫克 / 升

项目 日期	监测项目	板峪河康家沟	鹞子河辛庄桥	县城西大桥	砂窝桥	平阳河东湾村	平阳河大桥	胭脂河城南庄	胭脂河广安大桥	不老台	检出限
2010. 4	pH	8. 51	8. 41	8. 19	8. 20	8. 16	8. 35	8. 41	8. 13	8. 32	0. 1（pH 值）
	高锰酸盐指数	2. 45	2. 45	2. 53	3. 33	4. 34	4. 05	3. 35	3. 40	2. 95	0. 5
	化学需氧量	5L	5L	5L	5L	9. 10	7. 20	6. 80	5L	5L	5
	氨氮	0. 410	0. 277	0. 636	0. 457	0. 735	0. 921	0. 854	0. 277	0. 025L	0. 025
	电导率	287	273	377	391	430	467	237	270	406	1
2010. 4	悬浮物	25	9	60	13	276	471	320	146	10	4
2010. 5	pH	8. 60	8. 40	8. 20	8. 15	8. 05	8. 00	8. 05	8. 15	8. 37	0. 1（pH 值）
	高锰酸盐指数	1. 13	1. 14	2. 36	2. 45	2. 33	1. 65	2. 45	2. 63	2. 41	0. 5
	化学需氧量	5L	5L	6. 00	5L	5. 20	8. 00	11. 2	13. 2	5L	5
	氨氮	0. 211	0. 173	0. 336	0. 358	0. 319	0. 374	0. 449	0. 417	0. 243	0. 025
	电导率	285	275	367	395	410	452	200	278	402	1
	悬浮物	10	8	12	6	37	22	102	95	5	4
2010. 6	pH	—	7. 90	7. 80	8. 20	7. 96	8. 00	8. 28	8. 10	8. 15	0. 1（pH 值）
	高锰酸盐指数	—	1. 13	2. 30	1. 30	2. 12	2. 10	2. 22	2. 25	2. 15	0. 5
	化学需氧量	—	5L	5L	5L	5L	5L	7. 00	6. 23	5L	5
	氨氮	—	0. 025L	0. 025L	0. 025L	0. 025L	0. 215	0. 214	0. 150	0. 230	0. 025
	电导率	—	320	296	336	327	330	358	340	300	1
	悬浮物	—	4L	4L	4L	4L	4L	32	23	4L	4

说明：pH 值无量纲，电导率为 μS/cm

2010 年五大河流监测数据统计表

表 4-1-5　　检测结果：单位：毫克/升

日期＼项目	监测项目	板峪河康家沟	鹞子河辛庄桥	县城西大桥	砂窝桥	平阳河东湾村	平阳河大桥	胭脂河城南庄	胭脂河广安大桥	不老台	检出限
2010. 7	pH	8. 07	8. 07	8. 25	8. 37	8. 01	7. 90	7. 82	7. 89	8. 31	0. 1（pH 值）
	高锰酸盐指数	1. 22	1. 34	2. 62	2. 93	3. 16	3. 02	2. 49	2. 51	2. 84	0. 5
	化学需氧量	11. 1	11. 1	11. 5	11. 9	11. 5	11. 9	11. 9	11. 1	11. 1	5
	氨氮	0. 025L	0. 025L	0. 025L	0. 304	0. 025L	0. 025L	0. 322	0. 422	0. 245	0. 025
	电导率	628	631	498	495	625	616	362	372	494	1
	悬浮物	4L	4L	4L	10	4L	4L	34	27	28	4
2010. 8	pH	8. 31	8. 32	8. 22	8. 44	8. 14	8. 15	8. 42	8. 22	8. 45	0. 1（pH 值）
	高锰酸盐指数	1. 86	1. 85	3. 11	2. 65	2. 53	2. 98	2. 63	2. 07	2. 51	0. 5
	化学需氧量	5L	7. 92	5L	11. 9	13. 9	7. 92	5L	5. 94	5L	5
	氨氮	0. 025L	0. 025L	0. 071	0. 304	0. 204	0. 138	0. 304	0. 635	0. 337	0. 025
	电导率	493	434	512	473	585	575	372	391	438	1
	悬浮物	4L	28	110	104	88	97	101	4L	4L	4
2010. 9	pH	8. 20	8. 30	8. 12	8. 31	8. 32	8. 24	8. 05	8. 14	8. 24	0. 1（pH 值）
	高锰酸盐指数	2. 31	2. 25	2. 45	1. 83	3. 45	3. 31	2. 36	2. 34	2. 40	0. 5
2010. 9	化学需氧量	5L	6. 73	12. 4	5L	13. 9	5L	5L	5L	5. 94	5
	氨氮	0. 025L	0. 072	0. 337	0. 116	0. 116	0. 058	0. 116	0. 263	0. 165	0. 025
	电导率	477	443	485	479	583	583	342	373	482	1
	悬浮物	6	121	14	6	420	534	4	130	206	4

说明：pH 值无量纲，电导率为 μS/cm

2010年五大河流监测数据统计表

表 4-1-6　　　　检测结果：单位：毫克/升

日期	监测项目	板峪河康家沟	鹞子河辛庄桥	县城西大桥	砂窝桥	平阳河东湾村	平阳河大桥	胭脂河城南庄	胭脂河广安大桥	不老台	检出限
2010.10	pH	8.34	8.18	8.40	8.44	8.29	8.33	8.18	7.97	8.54	0.1（pH 值）
	高锰酸盐指数	2.50	3.47	2.68	3.33	3.84	3.70	2.78	2.95	2.92	0.5
	化学需氧量	5L	5L	5L	5L	5L	5L	5L	5L	5L	5
	氨氮	0.025L	0.483	0.469	0.476	0.469	0.370	0.304	0.569	0.237	0.025
	电导率	423	390	417	421	531	532	290	346	416	1
	悬浮物	4L	142	36	16	146	140	4L	68	4L	4
2010.11	pH	8.23	8.11	8.21	8.32	8.22	8.36	8.26	7.77	8.43	0.1（pH 值）
	高锰酸盐指数	2.32	3.24	2.45	2.26	2.96	2.58	2.67	2.46	2.58	0.5
	化学氧量	5L	6.20	5L	5L	6.58	7.85	7.69	5L	5.08	5
	氨氮	0.025L	0.396	0.025L	0.389	0.376	0.404	0.025L	0.475	0.025L	0.025
	电导率	504	406	386	424	499	521	262	332	400	1
	悬浮物	57	106	4L	52	98	47	18	90	4L	4
2010.12	pH	8.29	8.32	8.07	8.21	8.21	8.17	8.24	8.26	8.28	0.1（pH 值）
	高锰酸盐指数	1.80	1.75	2.05	2.51.	2.57	2.49	2.10	2.37	2.15	0.5
	化学需氧量	5L	5L	5L	5L	5L	5L	5L	5L	5L	5L
	氨氮	0.025L	0.025L	0.467	0.359	0.421	0.473	0.386	0.379	0.235	0.025
	电导率	358	360	367	360	384	384	385	384	360	1
	悬浮物	33	20	90	56	67	85	88	86	23	4

说明：pH 值无量纲，电导率为 μS/cm

二、饮用水（地下水）

阜平县饮用水（地下水）酸碱度（pH 值）在 7.6 ～ 7.7 之间，呈弱碱性。吴王口、大台两个乡多为重碳酸钙镁型水，城南庄镇为微重碳酸钙镁型水，其他为重碳酸钙型水。龙泉关、砂窝、城南庄、台峪、史家寨、阜平镇等乡镇水硬度 2.13 ～ 2.82 毫克 / 升软水，其余都是微硬水。县境内地下水水质良好，城区饮用水源、水质经检测达标率 100%，符合国家生活饮水标准。

1996—2010 年水质检验方法均按《生活饮用水标准检验方法》GB5750-85 执行，每日对出厂水常规项目进行检验。对水源水、出厂水和部分有代表性的管网末梢水，每月进行一次全面分析。

1996—2010 年西门水源地水质监测数据统计表

表 4-1-7

项目＼年度	1996	1997	1998	1999	2000	2001	2002	2003	2004	2005	2006	国标
色度	< 15	< 15	< 15	< 15	< 15	< 15	< 15	< 15	< 15	< 15	< 15	色度不超过 15 度，无其他异色
嗅味（分级描述）	Ⅰ	Ⅰ	Ⅰ	Ⅰ	Ⅰ	Ⅰ	Ⅰ	Ⅰ	Ⅰ	Ⅰ	Ⅰ	不得有异臭、异味
浊度（度）	< 5	< 5	< 5	< 5	< 5	< 5	< 5	< 5	< 5	< 5	< 5	不超过 3 度，特殊情况不超过 5 度
pH（pH 单位）	7.00	7.10	7.30	7.20	7.40	7.50	7.70	7.60	7.70	7.80	7.50	6.5 ～ 8.5
总硬度（碳酸钙计）毫克 / 升	310.30	298.14	321.70	319.10	324.30	322.20	318.90	316.70	311.50	308.20	310.30	< 450 毫克 / 升
总铁毫克 / 升	< 0.05	< 0.05	< 0.05	< 0.05	< 0.05	< 0.05	< 0.05	< 0.05	< 0.05	< 0.05	< 0.05	< 0.3 毫克 / 升
铅毫克 / 升	< 0.01	< 0.01	< 0.01	< 0.01	< 0.01	< 0.01	< 0.01	< 0.01	< 0.01	< 0.01	< 0.01	< 0.05 毫克 / 升
铜毫克 / 升	< 0.01	< 0.01	< 0.01	< 0.01	< 0.01	< 0.01	< 0.01	< 0.01	< 0.01	< 0.01	< 0.01	< 1.0 毫克 / 升
细菌总数个 / 升	87	89	86	87	85	84	82	80	76	75	72	< 100 个 / 升
大肠菌群个 / 升	< 3	< 3	< 3	< 3	< 3	< 3	< 3	< 3	< 3	< 3	< 3	< 3

1996—2010 年南城水源地水质监测数据统计表

表 4-1-8

项目＼年度	2006	2007	2008	2009	2010	国标
色度	< 15	< 15	< 15	< 15	< 15	色度不超过 15 度，无其他异色
嗅味（分级描述）	Ⅰ	Ⅰ	Ⅰ	Ⅰ	Ⅰ	不得有异臭、异味
浊度（度）	< 5	< 5	< 5	< 5	< 5	不超过 3 度，特殊情况不超过 5 度
pH（pH 单位）	7.10	7.00	7.20	7.10	7.00	6.5 ～ 8.5
总硬度（碳酸钙计）毫克 / 升	312.12	311.20	310.90	307.14	306.36	< 450 毫克 / 升
总铁毫克 / 升	< 0.05	< 0.05	< 0.05	< 0.05	< 0.05	< 0.3 毫克 / 升

续表 4-1-8

项目 \ 年度	2006	2007	2008	2009	2010	国标
铅毫克／升	＜0.01	＜0.01	＜0.01	＜0.01	＜0.01	＜0.05 毫克／升
铜毫克／升	＜0.01	＜0.01	＜0.01	＜0.01	＜0.01	＜1.0 毫克／升
细菌总数个／升	67	65	66	63	62	＜100 个／升
大肠菌群个／升	＜3	＜3	＜3	＜3	＜3	＜3
余氯毫克／升	0.32	0.33	0.32	0.32	0.33	在水接触 30min 后不应低于 0.3 毫克／升，集中式给水，除出厂水应符合上述要求外，管网末梢水不应低于 0.05 毫克／升

2007—2010 年四里庄水源地水质监测数据统计表

表 4-1-9

项目 \ 年度	2007	2008	2009	2010	国标
色度	＜15	＜15	＜15	＜15	色度不超过 15 度，无其他异色
嗅味（分级描述）	I	I	I	I	不得有异臭、异味
浊度（度）	＜5	＜5	＜5	＜5	不超过 3 度，特殊情况不超过 5 度
pH（pH 单位）	7.10	7.00	7.00	7.00	6.5～8.5
总硬度（碳酸钙计）毫克／升	312.90	313.10	312.40	310.60	＜450 毫克／升
总铁毫克／升	＜0.05	＜0.05	＜0.05	＜0.05	＜0.3 毫克／升
铅毫克／升	＜0.01	＜0.01	＜0.01	＜0.01	＜0.05 毫克／升
铜毫克／升	＜0.01	＜0.01	＜0.01	＜0.01	＜1.0 毫克／升
细菌总数个／升	63	61	62	60	＜100 个／升
大肠菌群个／升	＜3	＜3	＜3	＜3	＜3
余氯毫克／升	0.34	0.32	0.31	0.31	在水接触 30min 后不应低于 0.3 毫克／升，集中式给水，除出厂水应符合上述要求外，管网末梢水不应低于 0.05 毫克／升

第三节　声环境质量

一、噪声

阜平县噪声源主要有工业企业、建筑业、交通运输业和社会商业广告宣传。工业企业主要涉及金属加工业、木材加工业，尤其是木材加工，电锯噪声扰民严重。建筑业由于受利益驱动，不按限定时间进行施工，给周围居民生产生活带来不同程度的影响。交通运输业主要是大货车在县城中兴街通过，无节制汽车鸣笛声，严重超出国家标准。宣传车、广告车、街头卡拉OK等噪声严重。1996—2010年城区造成污染的各类声源中，生活噪声影响范围最广，交通噪声对环境冲击最强，其次为建筑施工噪声。农村声环境质量好于城区。

二、形成原因

1996年阜平县噪声污染主要产生于机械震动，发动机的运转等。噪声来源主要是锅炉引水、循环泵、鼓风机、机动车辆、米面加工、建筑施工等。有噪声污染的企业15个，这些企业涉及范围及影响较小。2000年后一些加工企业不断发展，工业区与居民区混杂且距离日益缩小，尤其是机动车数量成倍增长，KTV娱乐会所不断增加，各种商业摊点门前的电动扬声器无序、超分贝播放，噪声扰民问题非常突出。全县噪声污染最为严重的是2005年，县城噪声超标50%，噪声污染成为环境污染的新污染源。

2006—2010年县政府对噪声污染严重企业进行治理整顿，规定大型车辆不准在县城中兴街通过，绕环城路运行，噪声污染有所好转。

第二章　环境污染

1996—2010年影响阜平县环境质量的工业污染源主要来源于化工、建材、石材加工和果脯行业。生活方面主要来自于生活化学需氧排放量、氨氮排放量两种。农业方面污染源主要来自化肥使用、农药喷洒、塑料薄膜以及矿山开采加工造成的粉尘污染等。

被关停的选矿厂（2008年摄）

第一节　污染源

一、工业

阜平县工业污染主要来源于化工、建材、石材加工和果脯加工行业。2007年阜平县对工业污染源进行了全面普查，其中重点工业污染源285家，一般工业污染源90家，工业废水排放量1.31万吨，化学需氧量排放量93.5吨。

二、生活

1996年全县总人口202000人，来自生活化学需氧排放量1209.17吨，氨氮排放量294.92吨，占生活污染总量的57%。畜禽饲养量13.5万头，化学需氧量排放量806.19吨，氨氮排放量342.14吨，占生活污染总量的38%，其他污染占5%。2000年全县总人口204215人，来自人口生活化学需氧量排放量1228.22吨，氨氮排放量299.57吨，占生活污染总量的56.9%。畜禽饲养量13.7万头，化学需氧量排放量820.29

吨，氨氮排放量348.12吨，占生活污染总量的37.9%。其他污染占5.2%。2005年来自人口生活化学需氧量排放量1256.27吨，氨氮排放量306.41吨，占生活污染总量的56.7%。畜禽饲养量14.1万头，化学需氧量排放量841.05吨，氨氮排放量356.93吨，占生活污染总量的37.9%。其他污染占5.4%。2010年全县68658户，221117人，来自人口生活化学需氧量排放量1323.61吨，氨氮排放量322.83吨，占生活污染总量的56.6%。畜禽饲养量14.8万头，化学需氧量排放量886.45吨，氨氮排放量376.20吨，占生活污染总量的37.9%。其他污染占5.5%。

1996—2010年部分年份阜平县生活污染统计表

表 4-2-1

项目 年度	人口数（人）	排放量化学需氧量（吨）	排放量氨氮（吨）	阜平县城			平阳镇			王林口乡			城南庄镇		
				总人口（人）	化学需氧量（吨）	氨氮（吨）	总人口（人）	化学需氧量（吨）	氨氮（吨）	总人口（人）	化学需氧量（吨）	氨氮（吨）	总人口（人）	化学需氧量（吨）	氨氮（吨）
1996	202000	1209.172	294.92	31280	187.24	45.67	19520	116.35	28.49	18003	107.77	26.28	21039	125.94	30.80
2000	205182	1228.219	299.566	39510	236.50	57.68	19820	113.26	28.94	18303	109.56	26.72	21339	127.74	31.15
2005	209868	1256.27	306.407	42300	253.21	61.76	20322	121.65	29.67	18603	111.35	27.16	21439	128.33	31.30
2006	212201	1270.235	309.813	50187	300.42	73.28	25237	151.07	36.85	18693	111.89	27.29	22284	133.99	32.53
2007	216819	1297.879	316.556	53318	313.32	77.84	26072	156.07	38.07	19216	115.03	28.12	22906	137.15	33.44
2008	218832	1309.928	319.495	53425	319.80	78.00	26402	158.04	38.55	19300	115.13	28.18	21050	126.01	30.73
2009	219945	1316.591	321.119	53435	319.86	78.02	26440	153.27	38.60	19640	117.57	28.67	21569	129.11	31.49
2010	221117	1323.606	322.831	57908	346.64	84.55	24800	148.45	36.21	19050	114.03	27.81	20400	122.11	29.78

1996—2010 年阜平县部分年份畜禽养殖污染统计表

表 4-2-2

项目 年度	农业人口（人）	畜禽养殖数（万头）	化学需氧量排放量（吨）	氨氮排放量（吨）
1996	182000	13.5	806.19	342.14
2000	185182	137	820.29	348.12
2005	189868	14.1	841.05	356.93
2010	200117	14.8	886.45	376.20

三、农业

阜平县农业方面污染源：1996 年耕地面积 13.9 万亩，林果面积 15.2 万亩，农药使用量 105 吨，化肥使用量 2479 吨，化学需氧量排放量 1390.2 吨，氨氮排放量 278.04 吨。2000 年耕地面积 13.0 万亩，林果面积 24.5 万亩，农药使用量 107 吨，化肥使用量 2314 吨，化学需氧量排放量 1299.75 吨，氨氮排放量 259.95。2005 年耕地面积 12.6 万亩，林果面积 32.1 万亩，农药使用量 108 吨，化肥使用量 2238 吨，化学需氧量排放量 1256.55 吨，氨氮排放量 251.31 吨。2010 年耕地面积 12.5 万亩，林果面积 43.9 万亩，农药使用量 110 吨，化肥使用量 3890 吨，化学需氧量排放量 2186.85 吨，氨氮排放量 437.37 吨。

1996—2010 年阜平县农业面源污染统计表

表 4-2-3

项目 年度	耕地面积（万亩）	林果面积（万亩）	农药使用量（吨）	化肥使用量（吨）	化学需氧量排放量（吨）	氨氮排放量（吨）
1996	13.9	15.2	105	2479	1390.2	278.4
1997	13.9	17.0	102	2540	1259.3	260.3
1998	12.9	18.6	103	2612	1276.6	256.8
1999	13.0	22.3	104	2415	1286.8	255.9
2000	13.0	24.5	107	2314	1299.75	259.95
2001	12.8	25.5	106	2378	1298.56	256.3
2002	12.9	28.6	103	2532	1289.9	253.2
2003	12.7	29.8	105	2341	1278.6	252.6
2004	12.6	30.9	107	2576	1263.5	252.9
2005	12.6	32.1	108	2238	1256.55	251.31
2006	12.6	34.3	106	2237	1256.55	251.31
2007	12.5	36.3	105	2227	1251.15	250.23
2008	12.8	38.8	109	2276	1278.6	255.72

续表 4-2-3

年度＼项目	耕地面积（万亩）	林果面积（万亩）	农药使用量（吨）	化肥使用量（吨）	化学需氧量排放量（吨）	氨氮排放量（吨）
2009	21.9	41.2	112	3895	2188.2	437.64
2010	21.9	43.9	110	3890	2186.85	437.37

第二节　污染物

一、废水

1996年，阜平县工业污染企业有化工厂、水泥厂、大理石厂、铁选厂4家，金选厂3家，金银矿1家，选金小电碾400家，果脯加工摊点30家，年废水排放量165万吨。1996年3月在全县范围内开展“重金属污染防治专项治理”行动，用半年时间对违法选金小电碾进行关停、拆除治理，依法取缔选金小电碾400多个，收到良好效果。2000年全县工业废水排放量下降到85万吨。2005年全县铁选企业80家，铁选企业建起废水储蓄池（尾矿库等）治污设施，废水循环利用，废水排放量下降到30万吨。“十一五”发展规划实施后，县委、县政府将环境保护纳入干部考核的任期目标，加强对环境保护的组织领导，依法监管措施更趋完善。2007年阜平县对污染企业进行全面普查，有针对性的采取监管措施，废水排放量降至1.31万吨。2007年，全县开展“整治违法排污企业，保护群众健康环保专项”治理，对违法排污企业严加整治。2010年，开展专项治理，整治排污企业346家。

1996—2010年阜平县工业废水、化学需氧量排放量统计表

表 4-2-4　　　　单位：万吨

年度＼项目	1996	2000	2005	2006	2007	2008	2009	2010
工业废水排放量	165	85	30	18	1.31	3.2	5.91	0.79
工业化学需氧量排放量	—	—	—	82.955	93.507	104.253	116.79	129.5

二、废气

工业废气排放企业主要有阜平县阜兴建材有限公司、化工有限责任公司、华益铁冶有限公司、鸿霖热力公司、焦化厂、果脯加工。1996年工业废气排放量550万标立方米，2000年工业废气排放量1706万标立方米，2005年工业废气排放量13790万标立方米，2010年工业废气排放量7072万标立方米。

烟尘、粉尘是影响阜平县大气环境质量主要因素。烟尘污染主要是机关单位燃煤锅炉、洗浴锅炉、居民取暖炉具和秸秆焚烧烟尘。1996年全县烟尘排放量23.5吨，2000年57吨，2005年87.9吨，2010年18.35吨。粉尘主要有公路扬尘、施工扬尘、石子场扬尘、煤场扬尘等。1996年粉尘排放量135吨，2000年粉尘排放量376吨，2005年粉尘排放量868吨，2010年粉尘排放量0.13吨。

三、固体废弃物

1996年全县产生固体废弃物企业120家，年产固体废弃物25万吨，利用率28%。2000年产生固体废物企业180家，年产固体废物40万吨，利用率35%。2005年产生固体废弃物企业252家，年产固体废物51万吨，利用率42%。2010年产生固体废弃物企业252家，年产固体废弃物60万吨，利用率47%。

1996年全县卫生系统年产生医疗废弃物84.2吨。2010年全县卫生系统年产生医疗废弃物164.25吨，县医院建有医疗废弃物焚烧炉集中焚烧处理，其他单位焚烧后深埋处理。

1996年全县年产生活垃圾4745吨，2000

年 7300 吨，2005 年 10220 吨，2010 年 14600 吨，县城垃圾处理率 95% 以上。

第三章　环境治理

1996 年全县进一步加大环境治理力度，依法取缔土法炼金 400 多家。1999 年完成“一控双达标”。2002 年 6 月组织实施大沙河综合治理“零点行动”，对所有企业进行集中整治。2003 年阜平县政府印发《关于王快水库禁止网箱养鱼，防治污染，保护水源》紧急通知，对大沙河、胭脂河流域污染进行全面治理，取缔库区网箱养鱼，关停违法排污企业，保证王快水库水质达标。对反弹的污染企业先后 4 次集中整治，对违规小电碾实行强制拆除。开展“整治违法企业，保障群众健康环保专项行动”和打击污染源环保专项行动，整治排污企业 346 家。督促县内工业企业安装排污设备、“双减法”脱硫设备和烟气脱硫治污设施。制定严格的治理方案，对县城黑烟和秸秆焚烧进行综合治理。

第一节　机构

一、领导小组

2003 年成立阜平县环境保护领导小组。县委副书记任领导小组组长，人大常委会副主任、政府副县长、政协副主席任副组长。监察局、组织部、考核办、公安局、环保局、宣传部、县委督查室、政府办、安监局、教育局、国土资源局、工商局、农业局、卫生局、水利局、建设局、司法局、文体广电局、电力局、畜牧水产局、人民银行阜平县支行、质量技术监督局、交通局为成员单位。领导小组下设办公室，办公地点在环保局。

二、环境保护局

1995 年成立阜平县环境保护局（二级局），下设办公室，环境监理站；1996 年机构改革，环保局并入建设环保局。2002 年成立阜平县环境保护局（一级局），纳入县政府行政序列。下设办公室、污控股、宣教法规股、环境监测站、项目股。2010 年设宣教自然股，法规股、监察大队和 5 个乡镇环保所（阜平镇、平阳镇、城南庄镇、砂窝乡、大台乡）。

第二节　污染防治

一、水

阜平县境内主要河流有 6 条。王快水库是保定市饮用水源地，也是北京市的备用水源。

1996 年全县重点治理重金属污染，取缔土法炼金 400 多家。1999 年完成“一控双达标”。2000 年工业废水排放量 85 万吨，通过上级验收。2002 年 6 月组织实施大沙河综合治理“零点行动”，对所有企业进行集中整治。2003 年阜平县政府印发《关于王快水库禁止网箱养鱼，防治污染，保护水源》紧急通知，组织环保、水利、畜牧等单位对大沙河、胭脂河流域污染进行全面治理，取缔库区网箱养鱼，关停违法排污企业，保证王快水库水质达标。2004 年对反弹的污染源先后 4 次集中打击，强制拆除 37 家小电碾。2008 年停产治理违法排污企业 60 家，处罚违法排污企业 222 家。2009 年开展“整治违法企业，保障群众健康环保专项行动”和打击“十五小”环保专项行动，整治排污企业 346 家。2010 年治理铁选企业 83 家，石材加工企业 251 家，果脯加工企业 9 家。

2006 年成功应对山西境内煤焦油罐车侧翻泄露污染大沙河的环境突发事件，确保王快水库水质安全。

2007 年阜平县建立环境监测站，对五大河流、王快水库水质进行监测。

2010年恒和污水处理厂投入运营，日处理污水7000多吨。

2006—2010年阜平县主要污染物总量削减统计表

表4-3-1

年度＼项目	总量削减任务（吨）		主要污染物削减量（吨）		削减占任务（%）	
	化学需氧量	二氧化硫	化学需氧量	二氧化硫	化学需氧量	二氧化硫
2006	19	14	19	14	100	100
2007	20	14	20	14	100	100
2008	107	92	107	121.6	100	132.17
2009	287	29	413.3	48.24	144	166.34
2010	340	17	494.38	65.52	145.4	385.41

二、大气

1996—2006年，县内工业企业改造完善治污设施。2007年投资800多万元对化工厂排污设备进行综合改进，2008年项目顺利完成。2009年对鸿霖热力公司投资24万元安装“双减法”脱硫设备。2010年华益铁冶有限公司投资30多万元，安装烟气脱硫治污设施。

2000年县政府制定严格的治理方案，对县城黑烟进行综合治理。2002年制定《阜平县夏秋季秸秆禁烧及综合利用工作实施方案》，明确任务和措施。县政府和各乡镇签订责任书，实行属地管理、不点火不冒烟。2003年县政府制定县城黑烟治理3年计划，更换、治理、淘汰不达标燃煤锅炉120台。22家单位燃煤锅炉安装治污设施，县城锅炉冒黑烟问题得到初步解决。2008年开展迎奥运环境空气质量专项治理活动，2010年严格禁止秸秆焚烧，实施秸秆还田，鼓励农民制作生物肥料、制作压块饲料等多种方法综合利用。全县秸秆利用率达到98%以上。

三、固体废弃物

1996—2008年县城街道每日清扫，垃圾专人专车清运到青沿垃圾场处理。2009年县城垃圾清运到基来安垃圾处理场。2005—2010年对石材废弃物、矿渣乱堆乱放，堵塞河道，影响交通等问题进行专项治理。2006—2010年在龙门、城南庄等石材小区，设立5个固体废弃物堆放场。全县医疗废弃物实行分级管理，乡镇以下实行焚烧后填埋无害化处置，县级医疗机构实行集中用焚烧炉无害化处理。

四、城市环境

2008年投资3200万元建污水处理厂1座，2009年10月投入运行。尾水达到《城镇污水处理厂污染物排放标准》一级A标准，县城污水收集率80%以上。2009年投资2800万元新建基来安垃圾处理场，填埋容积91.5万立方米，日处理垃圾120吨。2010年11月通过验收。

2009年组织开展煤场集中整治行动，取缔煤场244家，建隔离墙1.3万米，硬化煤场道路210条。

公路两旁煤场整治隔离带

实施县城环绿工程以“森林环抱城市，城市拥有森林”为目标，先后启动了小派山绿化、大派山高速沿线旅游带、公路沿线煤场绿化带建设等绿化工程。县城街道栽植灌木16万株，乔木6万株，小派山绿化带1000亩，大派山绿化带1000亩。投资5760万元建成3.36公里北环路，两侧设1.5米绿化带。2010年县城人均绿地面积6.98平方米，绿化率39.6%。

1996—2002年，县政府加大噪声污染治理力度，规定大型货车一律从环城路绕行；限制商业夜间活动时间，非营业时间音响声级不能超过60分贝；明确夜间施工和使用高噪声机械设备的企业必须做到对敏感区域的保护，同时对工业噪声中重点噪声源进行有效治理，新上项目必须符合降噪要求。

2009—2010年县城街道铺设污水管道14820米，雨水管道2010米，更换和修补下水道井盖75个，修补水泥、彩砖等各种路面近万平方米，更换果皮箱210个、路灯50套。2009年建成南城区和北城区两个集中供热站，供热能力20万平方米，集中供热普及率40%以上。2009年9月与天津中达能有限公司正式签约投资1.2亿元的县城集中供气项目，完成主管道铺设。投资1000万元新建水厂1座。

2010年，影剧院改造工程完成并投入使用，小派山森林公园建设完成，从2003年9月起，阜平县严格执行建设项目审批“四个不批”。沙河和北沟河综合治理全面启动。休闲广场和星级宾馆建设完成前期工作。

五、生态保护

2002年县政府制定“十五”环境保护发展规划。2005年制定《“十一五”生态建设规划（草案）》，颁发《关于加强森林资源保护的意见》，开展“生态环境综合治理”和“规范整治矿山开采及加工企业双百日”活动，对污染环境、破坏生态的行为进行严厉打击。成立环境质量检测站，县内主要河流水质监测纳入日常化、科学化、正规化管理。2006年全县完成造林整地0.15万亩。建成1万亩片、2万亩片、3000亩片至1万亩片工程9处。2007年3月保定市委、市政府在阜平召开全市造林绿化现场观摩暨动员大会，山地开发造林绿化模式、经验在全市推广。

2008年特聘河北省环境地质勘查院编制完成《阜平县天生桥镇环境规划》。

2010年完成县城总体规划、13个乡镇城镇规划和全县209个行政村规划。县城规划完成《县城雨污水工程专项规划》《县城供水工程专项规划》《县城供热工程专项规划》《县城人防工程专项规划》。

六、排污费征收

2003年阜平县制定排污费征收实施细则，严格执行收费标准，实现了依法、及时、应收尽收。

2005—2010年阜平县排污费征收情况统计表

表4-3-2

项目 年份	市核任务（万元）	实际完成（万元）	完成率（%）
2005	50	57	114
2006	60	62	103
2007	60	60	100
2008	70	72.06	102
2009	80	81.5	101
2010	90	92	102

第三节　环境管理

一、管理体制

2002年，阜平县将环境保护任务目标纳入考核内容，县政府与各乡镇和县直相关部门签订责任状，年初下达任务，年中查账，年底要账，兑现奖惩。形成县委领导、政府主抓、环保部门监管的运行体制。

二、项目审批

1996—2005年，严格限制审批涉及饮用水水源保护区、自然保护区、风景名胜区及重要生态功能区的项目，限制审批能耗、物耗高，污染物排放量大的项目，按着总量控制的要求，把污染物排放总量指标作为区域、行业、企业发展的约束性条件，落实项目环评。要求所有建设项目、环保设施必须与主体工程同时设计、同时施工、同时投产使用。“十一五”期间环评审批建设项目261个，拒批56个。其中2006年审批73个，2007年审批69个，2008年审批28个，2009年审批35个，2010年审批56个，执行率100%。

三、执法能力

2006年在阜平镇、平阳镇、城南庄镇、砂窝乡、大台乡设立5个环保所。2010年争取专项资金50万元，添置检验监测仪器设备30件；投资40万元，建成县城空气自动化检测站，填补了阜平县空气质量监测技术空白。投资40万元，为乡镇环保所配备5辆执法用车。2010年有执法人员105人。

施工场地防扬尘覆盖

四、信访案件

2003年环境热线12369开通，到2010年，累计接听投诉电话150次，接待来信来访50件，处理解决30件。

五、宣传教育

1996—1999年，利用多种形式，开展环保宣传。在饮用水源地一、二级保护区内设置环保警示牌，在农村醒目位置刷写墙体标语，印发明白纸、宣传单，宣传车巡回广播等。2000年县电视台开辟环保宣传专栏，将环保法规、政策等内容滚动播放，提高群众对环境保护知识的知晓度。2001—2010年，举办不同类型的环保知识培训班12余期；出动宣传车深入乡村巡回宣传26次，印发张贴明白纸上万份。编写信息资料56篇，其中6篇被省市有关媒体刊登，12篇在《今日阜平》刊发。

六、应急管理

2000年阜平县人民政府制定“预防为主、源头控制、常备不懈”的应急管理方针，将环境风险和应急管理纳入环境保护的重要工作内容，2006年制定《阜平县突发环境事件应急预案》，发放到各乡镇、社管会、县直各部门。明确预案编制的目的、依据及事件分级、适用范围和工作原则；明确组织体系与职责。成立环境应急工作指挥部，发改局、财政局、环保局、安监局、公安局、交通局、农业局、林业局、国土局、民政局、卫生局、电力局、工促局、药监局、商务局、气象局、质监局、网通公司、移动公司等单位为成员。

2006年6月12日，大沙河上游山西境内发生煤焦油罐车侧翻煤焦油泄漏污染大沙河事件。接到报告后，县政府在第一时间启动《环境突发事件应急预案》，在污染油团接近阜平县境的紧急情况下，及时组织人员投入抢险，筑坝拦截，半天时间筑成一号坝。县委县政府领导深入一线指挥，指导治污抢险，到6月20日圆满完成大沙河治污抢险。

附：六十吨煤焦油泄露治理纪实

2006年6月12日下午5时30分，一辆装有80吨煤焦油的大型油罐车在山西省繁峙县神堂堡乡大寨口村发生侧翻事故，约60吨煤焦油泄漏流入山西省河道，顺势下泄到阜平县境内大沙河。造成河水严重污染，煤焦油含有大量的有毒物质，大沙河下游涉及阜平县6个乡镇、54个行政村，近8万人口，6万亩耕地的用水安全，事关阜平县城5万居民的用水安全，事关2008年北京奥运会备用水源地王快水库的水质安全。县政府在第一时间启动“环境突发事件应急预案”，调动各方力量，全力以赴，抗污抢险。

“6·12”污染事故发生后，受到中央、省市领导的重视。国务院总理温家宝作出指示，国家环保总局监察局和省环保局、省水利厅、省气象局的领导接到情况报告后，连夜赶到阜平，指导抗污抢险工作。省委书记白克明、省长季允石多次批示要求：认真贯彻总理批示精神，全力做好防控工作。省委、省政府紧急拨款500万元，用于抗污抢险。副省长宋恩华连夜赶到阜平，检查督导、组织协调抗污抢险工作。市委书记王昆山、市长于群到一线调度指挥。副市长石小琢作为抢险指挥部总指挥，坐镇现场，督阵指挥。市财政拨应急专款100万元，支持阜平县抗污抢险。

事故发生后的6月13日上午10时21分，副县长刘杰带领环保局人员前往出事地点。11点县委书记孟祥伟和县长王月衡商定，把能停下来的工作全部停下，全力以赴抗污抢险。

12点，县长王月衡赶往县界，同时调集人员、机械、物资，建坝防污。

经过连续奋战，到下午6点，第一道大坝完工，由于不能解决泄漏问题，紧急决定在牛角台修建第二条大坝。

此后的几天里，第三道、第四道……直到第十四道大坝不断筑起并加固，确保县城饮用水安全和王快水库水质安全。

6月13日夜24时，在沙窝收费站，阜平县委、县政府进一步充实了抗污抢险领导班子，并向市委、市政府正式上报了险情。

6月14日凌晨1点，在招待所召开了全体县级干部会议，会议一直开到凌晨4点多，会后大家立即赶赴一线。

早5点，县委、县政府授权县电视台向全县人民报告灾情并承诺确保县城饮水安全，随时通报情况。

6点，县电视台开始播报灾情通告，每小时滚动一次。

当日，县城供水管道连通完毕，启动供水应急预案，利用北沟河和八口自备井，分区定时定量供水。

6月14日市委提出了“两个确保”（确保沿途群众饮水安全，确保王快水库水质安全）的明确要求。市长于群和市委常委、副市长石小琢连夜赶到阜平，主持召开了紧急调度会议，迅速成立了石小琢为总指挥，市政府副秘书长李洪刚、市环保局副局长魏凤枝、阜平县委书记孟祥伟和县长王月衡为成员的抢险指挥部，下设由副县级以上领导任组长的指挥部办公室、现场抢险组、后勤保障组、技术指导组、协调联络组、稳定工作组等六个工作组，建立了组织严密、协调有序、指挥有力的指挥组织体系。14日晚，保定市政府市长于群现场召集会议。当夜从市里调派发电机组10台现场作业。各县（市、区）、保定市公安消防支队、保定市园林局、保定市交通局调派运水车、消防车、绿化车、洒水车近百辆投入到高浓度污水转移工作中，从山西境内抽污水进行异地处理；保定市水利局调用了大批的土工布、麻袋等防汛物资，派专家指导科学使用活性炭吸附污染物，制定了《高浓度污水贮存渗漏应急预案》等方案。牵头组织大沙河水污染事故环境影响评估，保定市环保局开展24小时水质监测工作。

15日，保定市委领导直接赶往山西察看灾情，连夜召开会议。晚6点，河北省副省长宋恩华赶到现场，全线察看灾情，听取汇报，同山西方交换意见。此后每天了解情况，随时关注灾情。

17日，国务院总理温家宝就“6·12”抗污抢险工作做出批示：两省要密切配合，共同做好水污染防控工作，确保饮用水安全。河北省紧急拨款500万元。

18日，国家环保局在山西阳泉，召开晋冀两省联席会议。

19日阜平县委、县政府按照国家环保局在晋冀两省联席会议的要求，多次赴山西实地沟通，成立以常务副县长王林义为组长，政法委书记董国平、副县长刘杰任副组长的协调联络小组，在山西境内设立协调联络处。

20日凌晨，保定市调集运水罐车20辆，迅速投入运污工作，累计投入运输污水车达到100辆。上午9时，市长于群率保定市及阜平县有关领导到繁峙县对重污染水清运工作现场查看，就相关问题与山西省环保局监察大队、繁峙县政府有关领导进行了沟通协调，同时调运发电机2台、水泵10台支援山西，以尽快将上游重污染水清运完毕。截至下午2时，共出动运水车辆517次，抽运污水5020吨。

19日、20日两天，多个市直部门和县（市、区）领导赶赴阜平，慰问奋战在抢险一线的干部群众。20日下午，先后有保定市建设局、保定市规划局等18个市直部门，望都、雄县等12个县（市、区）参与捐款，捐款总额达181.8万元，另捐赠皮卡车3台。市委常委、副市长石小琢，副市长李国英出席捐赠仪式。环保部门检测结果显示，到20日早7点半，阜平大沙河水全程检测水质达标。阜平县抢险指挥部决定，各拦河坝开口排放蓄水，同时密切监视坝堤安全随时加固，为第二次蓄水做好准备。20日晚8点，防污抢险总指挥部再次召开调度会议，听取各方面工作汇报，就当前工作中存在的问题及下一步工作措施作出部署。继续向山西增派运水车和人员，加大清运力度。同时，对污染淤泥投放水泥进行固化处理。6月21日大沙河阜平县境内全程监测水质达标，指挥部命令各坝开口放水。

“6·12”抗污抢险，阜平县动用铲车、挖掘机大型机械设备136台，抢险工作人员4万人次（当地群众未统计在内）。动土石方量21万立方，修筑大坝14道，各种围堰50多处，大型导流明渠600米，水渠1000米。紧急调用73辆罐车，14辆消防车，调用水泥80吨，投放活性炭150吨、棉被1300条、麻袋9500条、土工布6000平方米、帐篷50顶、塑料布1000公斤、编织袋20000条，麦秸25车对污水进行吸附、过滤。累计投入资金1000多万元。

事故发生后，阜平县在国家环保局、省委、省政府、市委、市政府直接领导下，全县干部群众上下团结一心，众志成城，连续奋战23个昼夜，及时果断处置了这次国内罕见的煤焦油污染突发事件，实现了确保沙河两岸饮水安全和确保王快水库水质安全的“两个确保目标”。“6·12”抗污抢险，受到了国家环保局、省委省政府、市委市政府的充分肯定，得到社会各界的一致好评，被誉为全国在没有预案的情况下处置的最好范例，县委、县政府荣立集体二等功。

第五篇　中国共产党

中国共产党阜平县第八届、第九届、第十届、第十一届委员会以经济建设为中心，结合阜平县情，紧紧围绕脱贫致富，全面建设小康社会总目标，制定“脱贫致富”“山区综合开发”“生态立县、特色兴县、人才强县”等重大战略决策。在全县党员干部中开展“立党为公、执政为民”的思想大讨论；开展以“讲学习、讲政治、讲正气”为主要内容的党性、党风教育活动；开展深入学习“三个代表”重要思想教育活动。坚持“科学发展观”，对照“八荣八耻”；开展“善美阜平”德信教育活动。团结带领全县广大干部群众解放思想，抢抓机遇，加快发展，各项事业得到全面发展。

15年间，县委把党员发展、党员管理、党员教育放在各项工作首位，开展经常性教育和专项教育，保持党的先进性和纯洁性。1996—2000年，在基层组织中建立健全思想政治工作联系会和例会制度。2001—2004年，开展农村党支部建设升级达标活动。2005—2010年，在农村党员中开展“带头脱贫致富”活动。选拔培养152名党员脱贫致富能手，28名下岗职工，23名外出务工党员充实到村党支部，选派79名优秀年轻后备干部到新农村建设示范村担任副书记和村主任助手。在全县推广“基地＋农户”产业模式，带动7000多户农民脱贫致富。

15年间，查处各类违法违纪案件751件，处分692人（其中党员处分618人）。教育党员，端正党风，廉政工作有了新进展。组织大规模干部培训，办各类培训班120期，培训党员干部15000人次，党员素质明显提高。

15年间，加强社会治安综合治理工作，实行县级领导信访接待日制度，为人民群众解决热点、难点问题，密切党群、干部关系。农村工作从基层民主政治建设入手，开展村务公开。统战政策得到落实，老干部待遇逐年提高，宣传教育扎实开展。全县政治安定，社会稳定，经济发展，人民生活水平有了较大提高。

第一章　党员

1996—2010年，组织工作按照中共阜平县委的安排部署，坚持积极慎重发展党员，坚持党要管党，始终把党员教育、党员管理放在各项工作首位。以《中国共产党章程》发展党员。以《中国共产党党员收费、使用和管理的规定》管理党员。使党员管理更趋规范化，保持党的纯洁性。坚持经常性教育与专门教育相结合，开展“立党为公，执政为民”大讨论，保持党的先进性。

第一节　党员发展与管理

一、党员发展

1996年，中共阜平县委颁发《发展党员工作安排意见》，要求重点发展在生产、工作一线的优秀青年。1998年，实行党委组织员谈话制度，严把发展党员关。1999—2003年，重点发展35岁以下，高中以上文化，工作在一线的优秀青年。2004—2006年，在全县推行发展党员票决制。2007—2008年，实行发展农村党员“两委”干部亲属入党备案制。凡农村“两委”（党支部、村委会）干部亲属入党，在确定发展对象时，需经乡镇党委审核，县委组织部审批备案，未经组织部审批备案的，不能提交党员大会讨论。2009—2010年，在发展农村党员中，注重在妇女中发展党员，发展妇女党员的比例不低于发展党员总数的25%。

二、党员管理

1996年，建立党员基本信息管理库，对党员实行微机化管理。2003年党员信息管理库升级。2006年，在农村无职党员中实施设岗定责，设置4大类型14个岗位，将农村党员无职履行岗位责任情况，作为年底民主评议党员的重要依据。2007年，启用“流动党员活动证”，县委组织部对流动党员活动证统一编号，建立流动党员管理台账和信息库，全县300多名流动党员领取流动党员活动证。2008年，四川汶川发生地震，全县党员发扬“一方有难、八方支援”精神，积极为地震灾区捐款、捐物，涌现出一批抗震救灾优秀共产党员。2009—2010年，按照中组部下发的《关于中国共产党党费收缴、使用和管理的规定》，对党员交纳党费的比例进行调整。对不按规定上缴党费的党员干部进行处理，党费收缴、使用和管理步入正规化。

1996—2010年阜平县发展党员统计表

表5-1-1

项目 年度	总数（人）	发展农村党员数及所占比例（%）	发展35岁以下的党员数及所占比例（%）	发展高中以上学历的党员数及所占比例（%）	发展女党员数及所占比例（%）
1996	651	457/70.2	478/73.4	312/47.9	113/17.4
1997	557	311/59.4	383/68.8	299/53.7	110/19.7
1998	502	297/59.2	374/74.5	316/62.9	104/20.7
1999	424	254/59.9	306/72.2	218/51.4	90/21.2
2000	482	323/67	364/75.5	262/54.3	113/23.4
2001	494	304/61.5	371/75.1	418/84.6	152/37.8

续表 5-1-1

项目 年度	总数（人）	发展农村党员数及所占比例（%）	发展 35 岁以下的党员数及所占比例（%）	发展高中以上学历的党员数及所占比例（%）	发展女党员数及所占比例（%）
2002	562	354/63	428/76.2	378/67.3	125/22.2
2003	611	484/79.2	523/85.6	311/50.9	136/22.3
2004	480	332/69.2	332/69.2	196/40.8	103/21.5
2005	496	358/72.2	373/75.2	221/44.6	112/22.6
2006	489	362/74	368/75.3	179/36.6	113/23.1
2007	481	350/72.8	338/70.3	180/37.4	118/24.5
2008	425	304/72	306/72	178/41.9	106/24.9
2009	457	322/70.5	296/64.8	153/33.5	106/23.2
2010	459	344/74.9	289/67	170/37	95/20.7

1996—2000 年阜平县党员基本情况统计表

表 5-1-2

项目		1996	1997	1998	1999	2000
总数（人）		18051	18343	18561	18646	18836
年龄	25 岁以下	725	771	840	895	925
	26～35 岁	2670	2876	2934	3171	3241
	36～45 岁	4116	4420	4139	4146	4146
	46～54 岁	3549	3471	3624	3559	3609
	55～59 岁	1669	1668	1773	1746	1806
	60 以上	5322	5137	5251	5129	5109
学历	研究生	—	—	—	—	—
	大学本科、大学专科	536	592	698	715	735
	中专	1195	1269	1244	1315	1365
	高中	2505	2733	2892	3107	3176
	初中	5402	5576	5817	6081	6231
	小学	3896	3883	4007	3661	3611
	文盲	4517	4290	3903	3767	3718
职业分布	农林牧渔业	11711	11915	11839	12084	12114
	采掘业	285	300	300	313	317
	制造业	300	311	311	317	347

续表 5-1-2

项目	年度	1996	1997	1998	1999	2000
职业分布	电力、煤气及水的生产和供应业	271	287	156	131	133
	建筑业	14	43	12	14	14
	地质勘查业、水利管理业	45	45	—	4	4
	交通运输、仓储及邮电通信	223	229	300	309	334
	批发零售贸易、餐馆业	1015	975	990	951	959
	金融、保险业	280	341	271	51	52
	房地产业	34	34	16	19	19
	社会服务业	100	100	57	102	102
	卫生体育和社会福利业	211	466	472	409	421
	教育文化艺术和广播电视	1363	1166	1235	1512	1542
	科学研究和综合技术服务	4	4	8	9	9
	国家机关、政党机关和社会团体	2195	2127	2594	2421	2469

2001—2010 年阜平县党员基本情况统计表

表 5-1-3

项目	年度	2001	2002	2003	2004	2005	2006	2007	2008	2009	2010
总数（人）		18620	18710	18803	18684	18349	18439	18370	18565	18632	19869
年龄	25 岁以下	1005	1070	4748	3849	4008	4051	4052	4052	4064	4279
	26～35 岁	3215	3551								
	36～45 岁	4021	4075	4072	4074	3891	3907	3935	3994	3965	3992
	46～54 岁	3487	3497	3495	3661	3636	3586	3456	3455	3429	3328
	55～59 岁	2014	2024	2015	2538	2295	2300	2339	2347	2217	2118
	60 岁以上	4878	4493	4473	4562	4519	4595	4588	4717	4957	5152
学历	研究生	5	2	4	8	9	9	8	10	11	17
	大学本科	316	406	410	425	441	394	349	362	362	456
	大学专科	557	667	697	1311	1342	1469	1523	1542	1542	1643
	中专	1470	1510	1550	1761	1546	1741	1744	1760	1747	1674
	高中	3289	3513	3560	3091	3400	2930	2920	2940	2885	2898
	初中	6238	6158	12582	12088	11611	11896	11826	11951	12082	12181
	小学	3921	3771								
	文盲	2824	2880								

续表 5-1-3

项目 \ 年度		2001	2002	2003	2004	2005	2006	2007	2008	2009	2010
职业分布	公有制经济	4741	4691	4651	4459	4070	3755	3591	3629	3657	3671
	非公有制经济	1543	1490	1517	1506	1359	1215	1036	1054	1047	1005
	农牧渔民	11691	11641	11790	11977	11996	12201	12327	12436	12489	12664
	乡镇企业劳动者	38	35	—	—	—	—	—	—	—	—
	学生	12	30	50	18	25	29	2	16	14	14
	离退休人员	537	508	485	593	801	832	881	930	984	1003
	其他	58	315	310	131	98	407	533	500	441	512

第二节 党员教育

一、经常性教育

1996—2002年，以县委党校为教育基地，开展学习马克思列宁主义、毛泽东思想、邓小平理论、“三个代表”重要思想为主要内容的教育和培训，1500多名党员干部参加脱产学习，不脱产学习的党员达到了2000多人。2004—2007年，县委根据党员教育现状，采用“走出去，请进来”的方式对全县13个乡镇、209个行政村的党员干部进行业务培训。2008—2010年，连续三年开展“立党为公、执政为民”学习大讨论，保持共产党员的先进性。

二、专门教育

1996—1998年，全县开展“一抓双促”教育活动（抓党的建设，促经济发展，促社会稳定）。2000年2月，县委在党员中开展以"讲学习、讲政治、讲正气"为主要内容党性党风教育活动。2001年2月至2002年5月，分两批开展“三个代表”重要思想教育活动，成立领导机构和办公室。学习内容为“三个代表”重要思想、党的十五届三中、五中全会精神和市委“大参观、大发动、强服务、促调整”广播电视大会精神，《农村干部学习“三个代表”重要思想文件汇编》《邓小平理论通俗读本》《农村政策简明读本》等。2002—2003年，县委在党员中开展“一个宗旨三项教育（一个宗旨：全心全意为人民服务，三项教育：全心全意为人民服务的宗旨教育，实事求是的思想路线教育，严格公正、文明执法的法制教育）”活动，成立“一个宗旨三项教育办公室”。2006—2007年，在党员中分两批开展“保持共产党员先进性教育”活动，并成立领导机构和办公室。学习主要内容是《党章》《保持共产党员先进性教育读本》等，提高党员干部立党为公、执政为民的政治思想素质。2008—2010年，开展学习胡锦涛总书记提出的“科学发展观”活动。

2010年6月21日在县宣传文化中心召开农村干部培训会议

第二章　中国共产党阜平县代表大会

1992年12月—1998年2月，是中共阜平县第八次代表大会的任期。1998年3月—2010年，为中国共产党阜平县第九次至第十一次代表大会任期。

第一节　中共阜平县第八次代表大会

一、代表构成

1992年12月27日至28日，中共阜平县第八次代表大会在阜平县电影院召开。出席大会代表158名。其中各级领导干部代表95名，占代表总数60%，比上届增加0.7%；各类专业技术人员代表32名，占代表总数20.2%，比上届增加0.2%；妇女代表25名，占代表总数15.8%，比上届减少0.5%；先进模范人物代表30名，占代表总数18.9%，比上届增加0.1%；武警部队代表1名，占代表总数0.06%，比上届减少1.84%。实际到会代表149名，代表全县17179名中共党员。列席110名，上级来宾及非中共党员的县人大常委会副主任和县政协副主席等6人列席大会。

二、议程

大会主要议程：审议、通过中共阜平县第七届委员会工作报告。审议、通过中共阜平县纪律检查委员会工作报告。选举中共阜平县第八届委员会。选举中共阜平县纪律检查委员会。经过代表充分酝酿讨论，大会选举采用无记名投票办法，中共阜平县第八届委员会委员、候补委员通过差额预选后，根据得票多少产生候选人名单，最后进行等额选举产生中共阜平县第八届委员会委员30名。县委委员预选落选者列入候补委员预选名单，最后选出候补委员5名。

第二节　中共阜平县第九次代表大会

一、代表构成

1998年3月10日至12日，中共阜平县第九次代表大会在县招待所召开。出席代表大会206名代表中，各级领导干部代表112名，占代表总数54.4%，比上届减少5.6%。各行各业一线劳模、先进工作者和工作成绩突出的知识分子、科技人员代表79名，占代表总数38.03%，比上届减少1.7%。工人、农民、其他劳动者代表15名，占代表总数7.03%。

代表的年龄结构：35岁以下代表35名，占代表总数17%，比上届增加2.6%。36～45岁代表96名，占代表总数46.6%，比上届增加1%。46～55岁代表69名，占代表总数33.5%，比上届减少3.01%。56岁以上代表6名，占代表总数3%。代表文化结构为：大专以上文化程度代表84名，占代表总数40.8%，比上届增加0.8%。中专（高中）文化程度代表75名，占代表总数36.4%，比上届增加1.03%。初中及以下文化程度代表47名，占代表总数22.8%，比上届减少2%。代表入党时间：1949年10月—1966年4月入党代表69名，占代表总数33.5%，比上届增加1%。1967年10月以后入党代表137名，占代表总数66.5%。比上届增加0.5%。妇女代表38名，占代表总数18.4%，比上届增加2.6%。

二、议程

大会主要议程：审议、通过中共阜平县第八届委员会工作报告。审议、通过中共阜平县纪律检查委员会工作报告。选举中共阜平县第八届委员会。选举产生中共阜平县纪律检查委员会。大会采取无记名投票差额选举方法，选举产生第九届委员会委员27名，候补委员4名，纪律检查委员会委员15名。当选第九届委员会委员、候补委员中有6名连任，占委员总数19.4%。

三、委员构成

委员、候补委员年龄结构为：35岁以下委员、候补委员4名，占委员、候补委员总数13%，比上届增加4.4%；36～45岁委员、候补委员20名，占委员、候补委员总数64.5%，比上届增加21.6%；46～55岁委员、候补委员10名，占委员、候补委员总数32.2%，比上届减少2.01%。

委员、候补委员文化结构：大专以上文化程度委员、候补委员24名，占委员、候补委员总数77.4%，比上届增加34.5%；中专（高中）文化程度委员、候补委员6名，占委员、候补委员总数19.03%，比上届减少23.6%；初中及以下文化程度委员、候补委员1名，占代表总数委员、候补委员3.2%，比上届减少11%。

委员、候补委员入党时间：1949年10月—1966年4月入党委员、候补委员比上届减少11.4%。1996年5月—1976年9月入党委员、候补委员11名，占委员、候补委员总数35.5%，比上届减少10.2%。1976年10月以后入党委员、候补委员20名，占委员、候补委员总数64.5%，比上届增加21.6%。委员、候补委员中，妇女委员4名，占委员、候补委员总数12.09%，比上届增加7.2%。

第三节 中共阜平县第十次代表大会

一、代表构成

2003年4月2日至3日，中共阜平县第十次代表大会在阜平县人民政府会议室召开。出席代表大会代表166名。其中，各级领导干部代表103名，占代表总数62%，比上届增加7.6%。各行各业一线劳模、先进工作者和工作成绩突出的知识分子、科技人员代表57名，占代表总数34%，比上届减少4%。工人、农民、其他劳动者代表6名，占代表总数4%，比上届减少3.3%。

年龄结构：35岁以下代表29名，占代表总数17.5%，比上届增加0.5%；36～45岁代表75名，占代表总数45.2%，比上届增加1.4%；46～55岁代表48名，占代表总数28.9%，比上届减少4.6%；56岁以上代表14名，占代表总数8.4%，比上届增加5.4%。

文化结构：大专以上文化程度代表99名，占代表总数59.6%，比上届增加18.8%；中

1998年3月12日，中共阜平县第九次党代会代表合影

2013 年 3 月 2 日，中共阜平县第十次党代会代表合影

专（高中）文化程度代表 32 名，占代表总数的 19.2%，比上届减少 17.2%；初中及以下文化程度代表 35 名，占代表总数 21.2%，比上届减少 1.6%。

入党时间：1949 年 10 月 —1966 年 4 月入党代表 2 名，占代表总数 1.2%，比上届增加 0.7%；1966 年 5 月 —1976 年 9 月入党代表 55 名，占代表总数 33.1%，比上届增加 0.6%。1976 年 10 月以后入党代表有 109 名，占代表总数 65.7%，比上届减少 0.8%。妇女代表 32 名，占代表总数 19.3%，比上届增加 0.9%。

二、议程

大会主要议程：审议、通过中共阜平县第九届委员会工作报告。审议、通过中共阜平县纪律检查委员会工作报告。选举产生中共阜平县第十届委员会。选举产生中共阜平县纪律检查委员会。大会采取无记名投票差额选举方法，选举产生第十届委员会委员 27 名，候补委员 4 名，纪律检查委员会委员 15 名。第九届委员会委员、候补委员中有 9 名连任，占委员总数 29%，比上届增加 10.4%。

三、委员构成

年龄结构：35 岁以下委员、候补委员 1 名，占委员、候补委员总数 3.3%，比上届减少 9.7%；36 ～ 45 岁委员、候补委员 20 名，占委员、候补委员总数 64.5%，与上届持平；46 ～ 55 岁委员、候补委员 10 名，占委员、候补委员总数 32.2%，与上届持平。

文化结构：大专以上文化程度委员、候补委员 31 名，占委员、候补委员总数的 100%，比上届增加 22.6%。

入党时间：1996 年 5 月—1976 年 9 月入党委员、候补委员 4 名，占委员、候补委员总数 12.9%，比上届减少 22.6%。1976 年 10 月以后入党委员、候补委员 27 名，占委员、候补委员总数 87.1%，比上届增加 22.6%。委员、候补委员中妇女委员 2 名，占委员、候补委员总数 6.5%，比上届减少 6.4%。

第四节　中共阜平县第十一次代表大会

一、代表构成

2006 年 6 月 2 日至 3 日，中共阜平县第十一次代表大会在阜平县人民政府会议室召开。出席大会代表 200 名。其中领导干部代表 122 名，占代表总数 61%，比上届减少 1%。一线劳模、先进工作者和知识分子、科技人员代表

36名，占代表总数18%，比上届减少16%。工人、农民、其他劳动者代表42名，占代表总数21%，比上届增加16%。

年龄结构：35岁以下代表32名，占代表总数16%，比上届减少1.5%；36～45岁代表107名，占代表总数53.5%，比上届增加8.3%；46～55岁代表45名，占代表总数22.5%，比上届减少6.4%；56岁以上代表16名，占代表总数8%，比上届减少0.4%。

文化结构：大专以上文化程度代表142名，占代表总数71%，比上届增加11.4%；中专（高中）文化程度代表31名，占代表总数15.5%，比上届减少3.7%；初中及以下文化程度代表27名，占代表总数13.5%，比上届减少7.7%。

入党时间：1966年5月—1976年9月入党代表19名，占代表总数9.5%，比上届减少23.6%。1976年10月以后入党代表有181名，占代表总数90.5%，比上届增加24.8%。妇女代表39名，占代表总数19.5%，比上届增加0.2%。

二、议程

大会主要议程：审议、通过中共阜平县第十届委员会工作报告。审议、通过中共阜平县纪律检查委员会工作报告。选举产生中共阜平县第十一届委员会。选举产生中共阜平县纪律检查委员会。大会采取无记名投票差额选举方法，选举产生第十一届委员会委员27名，候补委员5名，在当选的第十一届委员会委员、候补委员中有12名连任，占委员总数37.5%，比上届增加8.5%。

三、委员构成

年龄结构：35岁以下委员、候补委员3名，占委员、候补委员总数9.3%，比上届增加6%；36～45岁委员、候补委员22名，占委员、候补委员总数68.8%，比上届增加4.3%；46～55岁委员、候补委员6名，占委员、候补委员总数18.8%，比上届减少13.4%；56岁以上的委员有1名，占委员总数3.1%，比上届增加3.1%。

文化结构：大专以上文化程度的委员、候补委员32名，占委员、候补委员总数100%，与上届持平。

入党时间：1996年5月—1976年9月入党委员、候补委员3名，占委员、候补委员总数9.3%，比上届减少3.6%。1976年10月以后入党委员、候补委员29名，占委员、候补委员总数90.7%，比上届增加3.6%。委员、候补委员中妇女委员有2名，占委员、候补委员总数6.3%，比上届减少0.2%。

第三章　组织机构

1992—2010年，选举产生中共阜平县第八届至第十一届县委常务委员会。111人次先后当选为中共阜平县委员会委员，18人次先后当选中共阜平县委员会候补委员，67人次当选县委常委，9人次当选中共阜平县委书记。县委工作机构随着改革开放发展和工作需要，几经调整，逐步规范、精干、高效。

第一节　中共阜平县委

一、第八届委员会

1996年，是中共阜平县第八届委员会的第四年，10月，县委书记金殿元调离阜平，阜平县政府县长周国庆接任阜平县委书记。

二、第九届委员会

1998年3月，中共阜平县第九次代表大会选举产生第九届委员会，委员会期间（1998—2003年）县委委员27名，候补委员4名，周国庆任中共阜平县委书记。1999年7月，周国庆因公殉职，9月，范永录接任中共阜平县委书记。

三、第十届委员会

2003年4月，中共阜平县第十次代表大会选举产生中共阜平县第十届委员会，任期四年（2003—2006年）县委委员27名，候补委员4名。郝俊愿任中共阜平县委书记。2005年4月县委书记郝俊愿调离，孟祥伟任中共阜平县委书记。

四、第十一届委员会

2006年6月，中共阜平县第十一次代表大会选举产生中共阜平县第十一届委员会，县委委员27名，候补委员5名。孟祥伟任中共阜平县委书记。2008年5月，县委书记孟祥伟离任，王月衡任中共阜平县委书记。

1996—2010年中共阜平县委常务委员会组成人员名录

表5-3-1

届次＼项目	职务	姓名	性别	籍贯	民族	任职时间
第八届（1992—1998）	书记	金殿元	男	容城	汉	1996.1—1996.10
		周国庆	男	顺平	汉	1996.10—1998.3
	副书记	周国庆	男	顺平	汉	1996.1—1996.10
		王秀文	男	涞水	汉	1996.10—1998.3
		贾建峰	男	阜平	汉	1998.2—1998.3
		陈　兰	女	阜平	汉	1996.10—1998.3
		郭太保	男	涞源	汉	1998.2—1998.3
		孙玉国	男	唐县	汉	1996.10—1998.3
	常委	金殿元	男	容城	汉	1996.1—1996.10
		周国庆	男	顺平	汉	1996.10—1998.3
		王秀文	男	涞水	汉	1996.10—1998.3
		郭太保	男	涞源	汉	1998.2—1998.3
		孙玉国	男	唐县	汉	1996.10—1998.3
		陈　兰	女	阜平	汉	1996.10—1998.3
		刘德龙	男	阜平	汉	1996.10—1998.3
		周　刚	男	阜平	汉	1996.10—1998.3
		贾建峰	男	阜平	汉	1996.3—1998.3
		白宗刚	男	阜平	汉	1996.10—1998.3
		耿　琳	男	阜平	汉	1996.10—1998.3
		徐二泉	男	曲阳	汉	1996.10—1998.3
		潘冬青	男	唐山	汉	1997.8—1998.3

续表 5-3-1

项目 届次	职务	姓名	性别	籍贯	民族	任职时间
第八届（1992—1998）	常委	王兰芬	女	高阳	汉	1998.2—1998.3
		王林义	男	蠡县	汉	1998.2—1998.3
		闫立明	男	阜平	汉	1998.2—1998.3
第九届（1998—2003）	书记	周国庆	男	顺平	汉	1998.3—1999.7
		范永录	男	满城	汉	1999.9—2003.3
		郝俊愿	男	定州	汉	2003.3—2005.4
	副书记	王秀文	男	涞水	汉	1998.3—1999.9
		郭太保	男	涞源	汉	1998.3—2000.4
		贾建峰	男	阜平	汉	1998.3—2003.4
		潘冬青	男	唐山	汉	1999.9—2001.6
		徐二泉	男	曲阳	汉	2000.5—2003.4
		孟祥伟	男	赵县	汉	2001.6—2003.4
		张晓梅	女	安国	汉	2002.12—2003.4
	常委	周国庆	男	顺平	汉	1998.3—1999.7
		范永录	男	满城	汉	1999.9—2003.3
		郝俊愿	男	定州	汉	2003.3—2003.4
		郭太保	男	涞源	汉	1998.3—2000.4
		贾建峰	男	阜平	汉	1998.3—2003.4
		孟祥伟	男	赵县	汉	2001.6—2003.4
		王秀文	男	涞水	汉	1998.3—1999.9
		耿　琳	男	阜平	汉	1998.3—1999.6
		王兰芬	女	高阳	汉	1998.3—2000.5
		周　刚	男	阜平	汉	1998.3—2000.5
		潘冬青	男	唐山	汉	1998.3—2001.6
		徐二泉	男	曲阳	汉	1998.3—2003.4
		闫立明	男	阜平	汉	1998.3—2003.4
		王林义	男	蠡县	汉	1998.3—2003.4
		冯亚飞	男	保定	汉	1999.6—2001.11
		郭清申	男	博野	汉	1999.12—2003.4
		张晓梅	女	安国	汉	2000.5—2003.4

续表 5-3-1

项目/届次	职务	姓名	性别	籍贯	民族	任职时间
第九届（1998—2003）	常委	赵彦宗	男	定州	汉	2000. 5—2003. 4
		孟祥吉	男	冀州市	汉	2001. 11—2002. 4
		常青山	男	魏县	汉	2002. 4—2003. 4
第十届（2003—2006）	书记	郝俊愿	男	定州	汉	2003. 4—2005. 4
		孟祥伟	男	赵县	汉	2005. 4—2006. 5
	副书记	孟祥伟	男	赵县	汉	2003. 4—2005. 4
		李 勇	男	涞源	汉	2003. 4—2006. 4
		耿文金	男	阜平	汉	2003. 4—2006. 6
		冯建法	男	安国	汉	2003. 4—2006. 5
		王月衡	男	定州	汉	2005. 4—2006. 5
	常委	郝俊愿	男	定州	汉	2003. 4—2005. 4
		孟祥伟	男	赵县	汉	2003. 4—2006. 5
		李 勇	男	涞源	汉	2003. 4—2006. 4
		耿文金	男	阜平	汉	2003. 4—2006. 6
		冯建法	男	安国	汉	2003. 4—2006. 5
		王月衡	男	定州	汉	2005. 4—2006. 5
		常青山	男	魏县	汉	2003. 4—2005. 10
		闫立明	男	阜平	汉	2003. 4—2006. 5
		王林义	男	蠡县	汉	2003. 4—2006. 5
		赵彦宗	男	定州	汉	2003. 4—2006. 4
		董国平	男	繁峙	汉	2003. 4—2006. 4
		胡志英	女	博野	汉	2003. 4—2006. 5
		李文录	男	清苑	汉	2006. 3—2006. 5
第十一届（2006—2010）	书记	孟祥伟	男	赵县	汉	2006. 6—2008. 5
		王月衡	男	定州	汉	2008. 5—2010. 12
	副书记	王月衡	男	定州	汉	2006. 6—2008. 5
		冯建法	男	安国	汉	2006. 6—2008. 10
		贡希强	男	涞源	汉	2008. 10—2010. 12
	常委	孟祥伟	男	赵县	汉	2006. 6—2008. 5
		王月衡	男	定州	汉	2006. 6—2010. 12
		冯建法	男	安国	汉	2006. 6—2008. 10

续表 5-3-1

届次＼项目	职务	姓名	性别	籍贯	民族	任职时间
第十一届（2006—2010）	常委	王林义	男	蠡县	汉	2006.6—2007.5
		刘子仁	男	安国	汉	2006.6—2008.11
		贡希强	男	涞源	汉	2006.6—2010.12
		李文录	男	清苑	汉	2006.6—2010.12
		王保辉	男	顺平	汉	2008.10—2010.12
		陈庆亮	男	保定	汉	2006.6—2008.11
		胡志英	女	博野	汉	2006.6—2008.11
		闫立明	男	阜平	汉	2006.6—2007.5
		董国平	男	繁峙	汉	2006.6—2010.12
		刘　杰	男	阜平	汉	2007.5—2008.10
		王益民	男	定州	汉	2007.6—2010.12
		晏中亚	男	顺平	汉	2008.11—2010.12
		陈志强	男	涞源	汉	2008.11—2010.12
		陈树军	男	徐水	汉	2008.11—2010.12
		张金科	男	阜平	汉	2009.1—2010.12

第二节　县委工作机构

一、工作机构

1996 年县委工作机构 4 个：县委办公室、县委组织部、县委宣传部、县委政法委员会。

县委农村工作部与农业局合署办公，一套班子，两块牌子。

2002 年县委工作机构 8 个，县委办公室、纪律检查委员会机关（监察局）、组织部、宣传部、统一战线工作部、政法委员会、农村工作委员会、直属机关工作委员会。

2005 年司法局与政法委员会合署办公，属县委管理。

2009 年县机构编制委员会办公室单独设置，属县委管理。既是县委的工作机构，又是县政府的工作机构。

2010 年县委工作机构与 2002 年相同。

二、事业机构

1996 年县委直属事业机构 1 个：党校。

2002 年议事协调办事机构 1 个：机构编制委员会办公室。部门管理机构 2 个：信访局、老干部局。县委直属事业机构 1 个：中共阜平县委党校。

第三节　中共基层组织和党组

一、机关党委

1996 年，全县有 8 个机关事业党委：交通局党委、公安局党委、卫生局党委、教育局党委、县社党委、商业局党委、经贸局党委、地矿总局党委。2000 年撤销地矿总局党委。2002 年撤销商业局党委。2006 年撤销经贸局党委。2006 年成立发展计划局党委。2007 年成立供电公司党委。2010 年，全县有 7 个机关企事业单位党委：交通局党委、公安局党委、卫生局党委、教育局党委、发展计划局党委、供电公司党委、县社党委。

二、乡镇党委

1996年合乡并镇，25个乡镇党委合并为13个乡镇党委：原阜平镇、龙门乡、槐树庄乡党委合并为阜平镇党委；原平阳乡、北庄乡党委合并为平阳镇党委；原城南庄乡、岔河乡党委合并为城南庄镇党委；原北果园乡、东城铺乡党委合并为北果园乡党委；原王林口乡、西庄乡党委合并为王林口乡党委；原大台乡、柏崖乡党委合并为大台乡党委；原砂窝乡、百亩台乡、上堡乡党委合并为砂窝乡党委；原史家寨乡、段庄乡、葛家台乡党委合并为史家寨乡党委；原龙泉关乡党委更名为龙泉关镇党委，原吴王口乡、寿长寺乡党委合并为吴王口乡党委，下庄乡党委、东下关乡党委不变。

2002年成立社区管理委员会党委。2009年东下关乡党委更名为天生桥镇党委，下庄乡党委更名为夏庄乡党委。2010年全县设5镇8乡1个社区党委。阜平镇党委、城南庄镇党委、平阳镇党委、天生桥镇党委、龙泉关镇党委；北果园乡党委、王林口乡党委、大台乡党委、砂窝乡党委、台峪乡党委、史家寨乡党委、吴王口乡党委、夏庄乡党委和社区管理委员会党委。

三、党总支

1996年党总支部19个，1997年20个，1998—2000年19个，2001—2004年8个，2005年10个，2006—2007年14个，2008年16个，2009年15个，2010年17个。

四、党支部

全县党支部，1996年515个，其中农村209个；1997年518个，其中农村209个；1998年506个，其中农村209个；1999年508个，其中农村209个；2000年508个，其中农村209个；2001年455个，其中农村209个；2002年458个，其中农村209个；2003年465个，其中农村209个；2004年465个，其中农村209个；2005年441个，其中农村209个；2006年448个，其中农村209个；2007年452个，其中农村209个；2008年452个，其中农村209个；2009年451个，其中农村209个。2010年452个，其中农村209个。

五、党组

县直部门党组，1996年、1997年各42个，1998年、1999年各63个，2000年57个，增设了环保局党组和药监局党组，取消了地矿局、统计局、红枣管理局、旅游局、移民办、物价局、档案局、企业管理局党组。2002年59个。2003—2010年每年各有61个。

第四章　纪律检查与监察

阜平县第八届、九届、十届、十一届纪律检查委员会45人次当选委员会委员，7人次当选中共阜平县纪律检查委员会书记，纪委与监察局合署办公。在中共阜平县委领导下，严肃查处违法、违纪案件。1996—2010年，立案751人，处分692人。其中，乡科级92人，一般干部124人，其他人员476人，给予党纪处分618人。其中，警告276人，严重警告147人，留党察看51人，撤销党内职务16人，开除党籍128人，给予行政处分101人。其中，警告33人，记过20人，记大过20人，降级7人，撤职19人，开除2人。双重处分27人。2003—2006年建立阜平县治理公路三乱快速反应机制。2008年省纠风办对阜平县快速反应机制工作给予肯定，2008年12月，在青岛举行的全国纠风工作会议上介绍了经验。

1996年，中共阜平县纪律检查委员会独立办公。2000年机构改革，中共阜平县纪律检查委员会与阜平县监察局合署办公。2010年有6个内设机构、6个派驻机构。

第一节 组织机构

一、内设机构

办公室、信访室、党风廉政建设室、执法监察室、纪检监察室、案件审理室。

二、派出机构

中共阜平县纪委、监察局设置六个派出机构：3个负责县直部门工作的纪工委、监察分局和3个负责乡镇工作的纪工委、监察分局。

三、乡镇纪委和县直纪检组（纪委）

全县13个乡镇设立纪委领导机构，配备纪委书记、副书记、纪委委员各1名。县直科局设立纪检组（纪委）的单位有：地税局、工商局、质监局、电力局、检察院、政法委、公安局。

第二节 县纪律检查委员会

一、第八届纪律检查委员会

1992年12月29日召开中共阜平县第八次代表大会选举产生中共阜平县第八届纪律检查委员会。委员会由15名委员组成，常务委员会委员9名，刘德龙为中共阜平县纪律检查委员会书记，副书记3名。1998年2月王兰芬任中共阜平县纪律检查委员会书记。

二、第九届纪律检查委员会

1998年3月10日召开中共阜平县第九次代表大会选举产生中共阜平县第九届纪律检查委员会。委员会有15名委员组成，常务委员7名，其中书记1名，副书记3名。王兰芬当选为中共阜平县纪律检查委员会书记。2000年5月张晓梅任中共阜平县纪律检查委员会书记。

三、第十届纪律检查委员会

2003年4月2日召开中共阜平县第十次代表大会选举产生中共阜平县第十届纪律检查委员会。委员会由15名委员组成，常务委员7名，其中书记1名，副书记3名。冯建法当选为中共阜平县纪律检查委员会书记。2006年5月贡希强任中共阜平县纪律检查委员会书记。

四、第十一届纪律检查委员会

2008年6月2日召开中共阜平县第十一次代表大会选举产生中共阜平县第十一届纪律检查委员会。委员会由委员15名组成，常务委员7名，其中书记1名，副书记2名。贡希强当选为中共阜平县纪律检查委员会书记。2008年11月晏中亚任中共阜平县纪律检查委员会书记。

第三节 主要工作

一、廉政建设

1996年，开展狠刹用公款吃喝玩乐歪风工作，对乡科级以上领导干部开展清房工作。1997年下发《阜平县党政机关厉行节约制止奢侈浪费行为实施细则》，出台《关于狠刹用公款"吃喝玩乐"歪风的实施意见》并对落实情况进行督查。1998年，县委印发《关于进一步完善政务、村务公开的实施意见》等9个有关党风廉政建设工作文件。2000年，开展"三项教育"活动（党的宗旨教育、党纪条规教育、警示教育）对"四费"（招待费、会议费、电话费、租车费）进行检查，对公款吃喝玩乐歪风进行专项治理。2001年，13个乡镇狠抓"五小"（小食堂、小菜园、小浴室、小阅览室、小活动室）建设，转变乡镇机关工作作风。县纪委设立"红包"礼金收缴专户，实行村级招待费零管理，对"四项"（村务、政务、校务、厂务）公开工作进行全面检查。2002年，转发中纪委监察部《关于各级领导干部接受和赠送现金，有价证券和支付凭证的处分规定》并进行检查，对乡（镇）领导干部"走读"现象进行检查，对禁止领导干部到企业和单位报销个人费用工作进行督查。2004年，对县级领导班子及其成员，乡科级领导干部开展诺廉活动。在乡科级领导班子和干部队伍中开展思想作风、纪律教育整顿，出台乡科级领导班子和领导干部实绩考核试行办法，出台禁止党员干部送钱收钱，跑官要官、参与赌博、打着领导干部旗号办私事及婚丧嫁娶事宜大操大办的暂行规定。2005年，清缴党政领导干部拖欠公款，纠正违规购买小汽车，在购房上以权谋私，公款大吃大喝及领导干部私人活动费用用公款支付问题。2007年，对公务用车使用情况进行全面登记，在全县党员干部中开展“为民、务实、清廉”教育活动。出台加强农村基层党风廉政建设的实施意见。贯彻落实《中纪委关于严格禁止利用职务上的便利谋取不正当利益的若干规定》。开展党政机关办公楼等楼堂馆所建设项目清理工作。

2008—2010年，公务车辆统一张贴“公务用车”标识，贯彻落实中央、省、市厉行节约八项要求，出台党政机关、事业单位小汽车配备和使用暂行规定，通过开展干部作风建设年活动改进机关作风。

二、执法监察

1996—2000年，重点搞了十个专项整治。检查企业、摊点12349户次，查处违法案件821起，查处涉案人员1089人，查处案件总标值187.97万元，罚没款74.23万元，查处非法窝点50个，大案4个，移送司法机关人员7人，取缔企业、摊点88户，停业整顿规范企业938户，吊销证照23个，培训教育人员1682人次。2002年会同县财政局对全县2001年的行政事业性收费、罚没收入进行专项检查。查处违纪资金25万元，纠正违纪资金23万元，收缴入库2万元。2002年9月对专项资金进行全面执法监察，检查专项资金1171.22万元，查处违规资金11万元，纠正退还3万元，收缴入库8万元。2003—2004年县纪委、监察局开展执法监察项目40项，其中重点项目8项，一般项目17项，自立项目8项，协办项目7项。检查资金11826.58万元，查处违规违纪资金198万元，纠正退还69万元，收缴入库129万元，挽回经济损失19万元。发现案件线索79个，立案25件，立案查处37人，给予党政纪处分30人。查处各类违规用地违法占地、隐形交易18宗，涉及面积21公顷，收缴土地出让金87万元。清理检查非典期间财政专项资金、社会捐赠款物的使用和管理。检查资金166万元，收缴违纪资金1.7万元。2005年县纪委、监察局开展执法监察项目15项，其中重点项目5项，一般项目7项，自立项目3项。检查资金5801.33万元，查出违规违纪资金50万元，纠正退还32.8万元，收缴入库17.2万元，避免经济损失12万元。发现案件线索13个，立案8件，立案查处8人，给予党政纪处分8人。整治10家石材加工厂、9家铁选厂，拆除120套电碾电机、配电盘等供电设施，处罚违法排污企业18家，罚款5万余元。清理公路沿线违法占地、煤场占地300多亩，拆除地磅8个、取缔煤厂10家，整体搬迁34家，罚款4.2万元、拆除临时建筑48个，恢复耕地200多亩。出动执法人员1120人次、车辆210车次，检查企业摊点789个，发现安全隐患606处，现场整改319处，限期整改287处。查处、销毁食品37种，查获假劣种子2000公斤，农药3000余瓶，肥料80余吨。检查专项资金1194万元，查处违规资金15万元，纠正退还15万元。对乡镇、县直机关财务进行执法监察，检查资金3156万元，查处违规资金9万元，纠正退还9万元。

2006年，阜平县成立治理商业贿赂工作领导小组，办公室设在县纪委监察局。

县治理商业贿赂办公室建立《治理商业贿赂联席会议制度》和《商业贿赂案件协查联办制度》。围绕工程建设、土地出让、产权交易、医药购销、政府采购、资源开发“六大领域”及银行信贷、证券期货、商业保险、出版发行、电力、电信、质检、环保、体育“九个方面”组织开展调查摸底和自查自纠，查处2001—2006年间存在的不正当交易行为。

2007—2008年，阜平县纪委、监察局开展执法监察23项。检查资金198万元，查处违规资金12.3万元，收缴入库，挽回经济损失30万元。发现案件线索33个，立案19件，查处19

人。其中，党纪处分17人，政纪处分2人。对土地和矿业治理整顿情况进行监督检查，依法取缔非法小铁矿点41个，制止非法开采自然石5处，查处违法占地1起、非法劈坡建房1起，依法扣押挖掘机、铲车、空压机等采矿设备163台（套）、拆除房屋28间，解散违法采矿人员53人，炸毁井口16处，罚款185万元。检查企业摊点195家，352次，查处事故隐患176件，下发整改指令书44份，整改情况复查意见书16份，强制措施决定书21份，完成事故隐患整改123件。

2009—2010年，县纪委、监察局开展执法监察项目16项，检查涉及资金131万元，立案2件，党纪政纪处分2人，挽回经济损失15万元。对全县100个项目工程，总投资13444.27万元（其中中央投资扩大内需项目45个，总投资4981万元，政府投资项目29个，非政府类投资项目25个，房地产项目1个），逐一清理。建立项日汇总表、电子版文档。监督挂牌出让土地6宗，面积165.1亩，价款2017.9995万元。开展对耕地保护、节约用地政策规定及矿产资源节约执行情况检查，制定《阜平县打击治理非法采矿百日会战专项行动实施方案》。深入开展小金库专项清理，13个乡镇65个党政机关、事业单位开展自查自纠。从纪检监察、财政、审计部门抽调13人，组成3个检查组，重点检查，查处违规单位1个，处理人员1人。

1996—2010年，立案751件，结案751件，处分692人，其中乡科级92人，一般干部124人，其他人员476人，给予党纪处分618人。其中，警告276人，严重警告147人，留党察看51人，撤销党内职务16人，开除党籍128人。给予政纪处分101人。其中，警告33人，记过20人，记大过20人，降级7人，撤职19人，开除2人。双重处分27人。

三、纠正行业不正之风和优化环境

1997年，撤销非法设置的公路站卡8个。1998—2001年，对阜繁线、定阜线、阜长线公路“三乱”开展清理。纪检干部上路检查40多次，撤销乡村公路设卡5个，查处违纪资金10万余元。

2002年开展民主评议活动。

2003年，建立治理公路三乱快速反应机制。纠风办牵头，公安、交通、建设、林业、畜牧、养路工区组成阜平县治理公路三乱督察组，公布举报电话“12346”。累计查处三乱案件5起，纠正4起，立案1件，处分3人，给予2人留党察看两年，1人撤销党内职务、行政降级处分。责令4人写出深刻检查，没收违纪资金19100元。2007年12月，召开民主评议大会、部门互评、听证质询。会议通过群众测评、部门互评、质询评议三种方式，对69个参评单位进行评价。对教育乱收费、医药购销、减轻农民负担等领域监督检查。2008年，省纠风办视察治理公路三乱工作，对全县快速反应机制工作给予肯定。2月23日，河北省经济频道进行专题报道。8月，将治理公路三乱举报平台提升为纠风工作举报平台，省纠风办将此做法上报国务院纠风办。12月，在青岛举行的全国纠风工作会议上进行推广。改革民主评议工作分上半年和下半年两次进行，群众问卷测评结合日常工作考核，对全县69个参评单位按“满意、基本满意、不大满意、不满意”四个等次进行测评。交通局、财政局、邮政局、县委办、党校年度评为“满意单位”。2009年，民主评议进一步进行改革，行政执法类，经济和社会管理类，公益经营类分上半年和年终两次测评。县委纳入考核的机关、企事业单位年终测评一次，参评单位71个。3月，开展清理收费工作，对县政府科局、事业单位、社会团体40个单位和部门的行政事业性收费，政府性基金，政府定价和政府指导价的经营服务性收费，政府性集资、保证金，进行全面清理。2010年，民主评议进一步改革，参评单位调整为58个，增加教育、卫生10个窗口单位，减少纳入县委考核的部分单位。

第五章 日常党务工作

1996—2010年，党务工作按照中共阜平县委安排部署，严格执行《党政领导干部选拔任用工作条例》，坚持党管干部原则。加强干部教育和管理，深化干部队伍改革，严格干部考核制度，制定措施加强领导班子思想作风建设。深化农村改革，妥善处理群众来信来访，完善统一战线工作。增强党的凝聚力和战斗力，党组织成为全县人民的领导核心。

第一节 组织工作

一、干部工作

（一）干部管理

县委组织部干部管理范围：县委、县政府各工作部门及部门管理机构的正副科级领导干部；县纪委副书记、常委、各职能室主任；县人大常委会、县政府、县政协、县各直属机构党组（党委、总支）正副职书记、党组成员、纪检组长（纪委书记）；县人大、县政协驻会常委，办公室及各工作委员会正副科长、主任；县人民法院党组书记、副书记、党组成员、纪检组长、副院长、政治处主任。为贯彻党管干部的原则，加强干部的宏观管理，根据领导班子建设和工作需要，干部管理坚持把政治素质放在首位，突出工作实绩，严格执行《干部选拔任用工作条例》和《中华人民共和国公务员法》。

（二）后备干部队伍建设

1996—2000年，县委积极探索新形势下后备干部管理的有效措施，创新思路，狠抓“选、育、管、用”四个重点环节，激发干部队伍的生机与活力。

选拔后备干部，坚持民主推荐、组织考察、上报审定的程序。民主推荐环节，扩展视野，乡镇参加推荐的有机关全体在编干部、村党支部书记、村委会主任、站所负责人。县直单位有全体在编干部，下属单位主要负责人。推荐的后备干部，张榜公示接受监督。2000—2010年，选拔后备干部156名，其中35岁以下117人，占75%，选拔出的后备干部均为大专以上学历，后备干部队伍年龄、文化结构得到优化。

（三）干部教育

分级负责、全员培训，每年举办3～5期村主要干部培训班。乡镇培训村“两委”干部、村“两委”干部全部轮训。实行村干部培训教育“学分制”，每培训1学时计5学分，村干部完成培训教育积分不低于100分。建立教育培训档案，训后跟踪问效。

1996—2000年，培训农村干部4260人次，530名党员致富能手选为村级后备干部。

2001—2004年，县委每年举办一期县直单位党务干部培训班，二期乡镇组织委员和组织员培训班。讲授党务知识、基层党建、产业技能、新农村建设、创先争优、先进典型等方面内容。每个党员干部学习时间在30学时以上，技能操作不少于5天，实地锻炼不少于3天。通过短信平台、远程教育网络、党课教育日、送课下乡等形式，加强党员的经常性教育，县乡两级培训党员占总数30%以上。在全部课程完成后，县委对党员干部进行测试考评。在领导干部中，每月开一次领导干部研讨会，结合县经济社会发展中的重点、难点、热点问题，钻研探讨，理清思路，制定应对措施。在中青年干部中，每年开展一次“读一本好书”活动，每季度开展一次“下基层调研”活动。全县参加培训学习党员干部1000余名。党员干部政治素质、工作能力得到提高，在各部门各行业发挥领导核心和先进模范作用。

2005—2007年，在党员发展中抓“源头工程”。人口在300人以上的村每年至少发展一名新党员，两年以上未发展党员或年轻党员少的村支部，予以提醒，定期调度。注重在生产和工作一线、文化程度较高青年中发展党员，建立优秀青年发展党员工作台账，党支部实行跟踪管理，在学习上帮、工作上扶、实践中带培养办法。2008年，全县开展“讲道德、守信誉”的德信工程。在县电视台开办“学典型、促发展”栏目，宣传全国劳模白玉军、省劳模任俭等15名先进人物事迹。2009年，印发《关于向全市道德模范邓风川同志学习的决定》，为广大党员干部树立学习榜样，调动党员干部争先进的积极性和主动性。2010年，庆祝建党89周年时，组织开展第三届德信典型评选活动，对各条战线涌现出的41名优秀代表进行隆重表彰。

（四）干部档案管理

1996—2004年，每年定期培训档案管理员。系统学习业务知识，加强信息收集、整理、保密、安全保管等基本技能，实现干部档案信息管理工作规范化。2005年，配置电脑、激光打印机、档案橱、新型档案盒灯等设备，档案室、办公室、微机室、阅档室“四室”分开。2006—2007年，健全防火、防盗等设施，提高干部档案管理水平。2008年明确专人采集干部信息数据。2010年对变动的干部信息，进行及时更新，做到干部信息滚动录入，动态管理。

（五）干部选拔任免

1996—2010年，严格按照《党政领导干部选拔任用工作条例》和“四项监督制度”等相关政策法规规定选拔任用干部，严格执行考察预告、任前公示、任职试用期、交流回避、离任审计等制度，严格执行干部调任规定，实行任前征求纪委、计生等部门意见。

（六）干部考核

1996—2010年干部考核按照“注重实绩、侧重一线”的干部日常考察机制，围绕全县中心任务，深入一线考察领导班子和领导干部处理实际问题的能力，作为提任干部的重要参考依据。建立科学全面的考核评价体系，将对口市直部门评价作为考核县直单位的重要指标，把承担市考核目标完成情况及县委、县政府出台的重大决策部署列入加分项。通过对乡镇领导班子实行“双过半”述职、半年考核、年度考核等形式，促进各年度任务目标的顺利完成。

（七）干部制度改革

1996—2000年，县委把公开选拔乡科级领导干部作为深化干部制度改革的突破口和着力点，完善招选办法，加大工作力度。2001—2002年，先后公开选拔乡科级领导干部21名。在招选工作中，按照发布公告、组织报名、文化考试、演讲答辩、组织考察、决定任命等程序严密组织。考试过程采取严格保密措施，演讲答辩由县纪委进行全程监督。在组织考察时，坚持从德、能、勤、绩、廉五个方面进行全面考察，最后根据考察结果和考试、演讲答辩总分确定初选名单，报县委常委会研究决定。对招选干部试用一年，期满经考察考核合格，报县委研究后正式任命。在整个招选过程中的每个环节都进行公示，保证了“公开、公平、公正”。

2001—2003年，全县有191名机关中层干部竞争上岗，竞岗中坚持公开、公正、平等、择优、侧重实际能力原则，采取先行试点、以点带面的方法全面推开。通过竞争上岗，营造干实事、创业绩、公平竞争良好环境，建立起一个比实绩、比贡献、以强换弱、好中择优的竞争机制，增加中层干部的责任感和危机感，增强机关单位的服务意识，转变了机关作风。2004—2006年，县委坚持“三注重一公开”（“三注重”即“注重基层、注重实绩、注重公论”，“一公开”即“公开选人用人原则”）选人用人机制。“注重基层”即在推荐、选拔、任用干部时重点向乡镇一线倾斜，尤其是艰苦边远乡镇的干部优先考虑，从县直机关选拔优秀干部充实到乡镇任职。“注重实绩”即以实绩论英雄，凭业绩用干部。提拔重用的干部全部从年度考核优秀的干部中选用。“注重公论”即在选拔使用干部过程中，采取多种形式深入到部门、群众当中，充分听取各个层面的意见建议。

"公开选人用人原则"。即根据工作需要和干部队伍现状，组织部提出选人用人原则，书面征求县委常委和人大、政协主要领导意见。原则确定后，到相关单位进行民主推荐，考察人选确定后，进行严格考察并在适当范围内公示。提拔重用的乡科级党政正职，书面征求县委委员意见。

2007—2008年，县委完善民主推荐和干部考察工作。实行民主推荐与民主测评相结合选任干部办法。民主推荐得票率高且民主测评称职票超过三分之二的干部予以使用；民主推荐得票率较高，但民主测评不称职票超过三分之一的不予使用。探索差额推荐、差额考察干部方法。按照1∶2的比例确定差额提名人选，根据推荐结果确定差额考察对象，建立干部日常考察机制。组织部采取定期与不定期相结合的形式，跟踪考察了解领导班子和领导干部整体运行情况，建立台账。强化任前监督。实行干部考察预告、考察责任追究、任前公示三项制度。考察时，发布考察预告，公布拟考察对象、考察方式和考察时间。本着谁考察谁负责的原则，填写考察责任表，责任到人。任前公示做到"六明确"：明确公示对象、公示内容及期限、公示范围及途径、公示程序、公示举报要求、公示举报反馈。强化任中监督。严格执行试用期制度。制定《县委管理干部任职试用期暂行办法》，加强对试用期干部管理和考核。规定试用期干部任职期满，由单位提出转正申请，组织部派出考核组按照程序进行考核，考核为称职以上的予以转正任职。强化任后监督。实行经济责任审计和诫勉谈话制度。离任审计做到每离必审、不审不任，充分发挥审计监督经济责任的作用。对新提拔到主要领导岗位的干部进行廉政谈话，防微杜渐。对工作上不思进取、闹不团结或发现有违纪苗头的干部进行诫勉谈话，提醒告诫。做到对领导干部问题的早发现、早纠正、早处理。2009—2010年，对177名拟提拔干部进行公示，对46名委任制干部执行试用期，对83名离任干部进行审计，对5名工作存在问题的干部进行诫勉谈话。

二、知识分子工作

1996—2000年，按照党管人才的原则，发挥党委统揽全局、协调各方的职能和优势，坚持把人才工作同经济工作同等对待，把干部工作与人才工作有机结合。制定人才工作责任制，层层分解责任，明确责任。2001—2003年，实行人才工作部门联席会议制度，定期分解任务，落实责任。2004年，设立人才开发专项资金，把人才开发专项资金纳入全年财政预算，每年预拨人才工作专项经费1.5万元。各乡镇和县直各单位保证人才开发和人才工作经费投入，发挥人才培养、引进和使用中的作用。2005—2007年，选拔农村实用人才400名，确定特色产业10个，重点农户、示范户200户。确立北果园乡、城南庄镇为大枣种植基地，龙泉关镇为苹果种植基地，吴王口乡为核桃种植基地，王林口乡为鼋鱼养殖基地，阜平镇、平阳镇为奶牛养殖基地。评选各行各业优秀人才19名。2008—2010年，在实施"十万亩大枣基地"工程中，选拔34名科技人员到34个行政村指导基地工程实施。

1996—2010年，累计招录选调生35名，大学生村官28名，招聘公务员42名，招聘特岗教师222名，其中7人走上领导岗位。

三、基层组织建设

1996年，县委结合脱贫致富奔小康目标，量化农村党支部目标管理，在民主评定基础上，对全县209个农村党支部进行划类，分别是小康党支部、合格党支部、后进党支部。到1998年有小康党支部55个。1999年，县委制定出台《加强党的基层组织建设的决定》，在全县开展农村党支部建设升级达标活动。2000年，全县农村有一类支部101个，二类支部98个，三类支部10个。2001年，按照党建实际水平和经济发展将全县农村党支部划分为：优秀党支部，一类、二类、三类党支部。一类、二类为合格党支部，三类为后进党支部。同年有29个后进党支部转化为先进党支部。2002年，县委抽调209名机关干部，分赴13个乡镇209个行政村，经过宣传发动、整顿提高、建章立制、检查验收四个步骤，认真开展“三个代表”重要思想教育活动。经县检查验收，被评为优秀的乡镇5个，占38.5%，被评为合格的乡镇8个，占61.5%。为促进农村基层组织建设和“五好党支部”建设，在全县农村基层党组织中开展创建“优秀党支部”，争当“优秀支部书记”活动。楼房、黑崖沟等15个村支部被选树为优秀党支部。15名优秀党支部书记在“七一”前进行表彰，并在电视台进行宣传报道。2004年对23个后进党支部进行整顿，调整村干部64个。其中村支部书记21名。895个村民小组中调整合并为555个，精减小组干部485名，有475名村干部兼任小组干部。2005年，把152名党员致富能手列为村级后备干部，28名下岗职工回村选拔为村干部，23名外出务工党员回村担任村支部书记。2006年，在农村党员中开展“带头脱贫致富”活动，带领4000多户农民脱贫致富。2007年，在全县推广基地+农户产业化模式，带动3000多户农民发展产业、脱贫致富。县委选派79名优秀年轻科级后备干部到新农村建设示范村和十万亩大枣基地示范村，担任副书记和村主任助理。

2008—2010年，按照“一手抓规范整顿，一手抓创新提高”工作思路，夯实基层党建工作基础。完善“激励+危机”双向导向机制，深化任期目标管理，建立激励关爱机制，完善村级组织工作运行机制，制定出台《关于加强村级组织和农村党员干部队伍管理的试行办法》，明晰农村“两委”班子的工作职责，对村级组织运行机制进行规范。完善基层党建互联共建机制，坚持党建联系点制度和党建包村制度，每年县级领导和县直部门对党建后进村和产业党建示范村进行分包，对基层党建工作进行指导和帮扶。落实乡镇党委直接责任，选派乡镇干部做好指导、协调、服务和督查工作。实施“典型示范”工程，初步形成以大枣、矿山建材、畜牧养殖和旅游四条产业党建示范带。实施“素质提升”工程，采取集中培训、远程教育、手机飞信等多种形式，对农村干部进行培训。培训农村干部3000人次，有143名村干部获取了大专及以上学历证书。2010年，深入开展“村级组织活动场所整建年”活动，统筹资金640多万元，新建和改扩建村级组织活动场所57个，建筑面积达8800多平方米，解决无场所和场所危旧狭小的问题。

四、老干部工作

（一）机构与队伍

1996年，阜平县老干部局下设办公室和综合股，人员编制9人。设局长1人，副局长1人，机关党总支1个。2010年全县离休干部131人，其中抗日战争时期参加革命工作的81人，解放战争时期参加革命工作的50人，离休干部平均年龄84岁，有45人生活不能自理。

（二）政治待遇

1996—2000年，按照《进一步加强老干部工作的意见》要求，定期召开老干部座谈会，县委政府每年四次，县直部门每年两次，听取老干部对县委、县政府、县直部门的意见和建议，了解老干部的心声和困难。做好离休老干部两报一刊工作。2001年，老干部局建立“两费”（养老费、医疗费）保障机制。2002年，出台《离休干部医药费统筹资金管理使用暂行办法》，截至2010年做到离休费按时足额发放，医药费按规定及时实报实销。

（三）生活待遇

2003—2010年，加大医药费管理，重点堵塞医院环节的漏洞。各相关部门在处理涉及离休干部待遇的工作和问题时，主动征求老干部局的意见，对重视不够，工作不力，影响保障机制规范运行和导致离休干部“两费”拖欠的单位，予以通报批评。老干部局还协调财政局、人力资源和社会保障局、卫生局等有关部门搞好调查研究，完善养老保险体系，规范医疗保险制度，使老干部老有所养。

（四）老干部活动

1996—2010年，根据老干部独特的政治优势和实践经验，尊重老干部贡献余热的真诚愿望，帮助老干部当好“五员”(参议员、宣传员、调解员、监督员、辅导员)。单位聘请老干部监督员，征求老干部对本单位的意见和建议，接受老干部监督并定期到老干部家中走访慰问，沟通思想，掌握情况。

（五）关心下一代

1996—2005年，加强“五老”(老干部、老专家、老战士、老教师、老模范）队伍建设，发挥以老干部为主的“五老”队伍在加强和改进未成年人思想道德建设中的作用。2006—2010年组织老干部对青少年进行理想信念教育、德信教育、思想道德教育、爱国主义教育、革命传统教育以及普法守法教育。做好关心下一代工作，促进青少年健康成长。

五、机关党务工作

（一）党员培训与教育

1996年，县直机关工委把机关党员教育作为机关党建一项重要内容来抓。结合县委、县政府开展各项活动，有针对性配合开展机关党员教育培训工作。以支部为单位，分层次，有步骤组织党员学习，组织广大党员认真学习党的理论、路线、方针、政策，加强理想信念教育，提高党员政治素质、理论素养和道德水准。1996—2010年，举办各种形式报告会20场，参加人员17325人；知识竞赛357场，参加人员18241人；党员领导干部授课728场次，上党课1836次，专题讲座156场次，讲演184场次，传统教育216场次，19300余人参加。

1997—1998年，举办3次党员教育理论研讨会，1999年在县直机关中选取有代表性党组织15个，就如何加强党员教育问题及对策召开了有620余名党员参加的理论研讨会。2000年，针对全国开展的三讲活动，召开了“推进三讲活动，深化三讲成果”的全县范围内的理论研讨会。2001年，为庆祝建党80周年，组织县直机关党组织中的150余名党员，分三轮，10组进行了关于党的历史、沿革、发展为主要内容的知识竞赛。2002年，组织县直机关百余名党员参加“党的十六大知识竞赛”。在直属党委总支中举办了由50名专职书记、组织委员参加“促进新时期党务工作，配合全县经济大局”党务工作研讨会。2003年7月，组织当年被县委、县政府表彰的先进基层党组织和优秀共产党员代表参加的理论研讨会，会上优秀共产党员代表10人做了专题汇报。2005年10月，举办厂矿企业支部党员代表参加的“加强非公有制企业中党建工作”专题研讨会，会上部分代表做了典型发言。同年，各基层党组织组织党员开展讲学习、讲政治、讲正气；世界观、人生观、价值观；职业道德、社会公德、家庭美德；爱国主义、集体主义、社会主义教育。

2006—2008年，开展以为人民服务为核心的道德教育；艰苦奋斗，乐于奉献传统教育；塑造文明礼貌，勤劳务实阜平人形象教育；学法懂法的法制教育。2009年组织6个党委，8个总支，20个支部部分成员和普通党员参加的“深化科学发展观，推进机关党建工作”研讨会。举办5次大型党的知识竞赛活动。2010年聘请离退休老干部15名，以“弘扬老区革命传统”为主题，在县直各单位巡回演讲20余场次，1500余名党员干部受到革命传统教育。

（二）党性实践活动

1996年机关工委利用重大节日、庆典，寓教于乐，因地制宜地开展各种党性实践活动。1997年借香港回归契机，组织县直机关党组织开展“展国威，庆回归”图片展，展出各行业图片2000余张。1998年组织县直机关职工书画展，40个单位、100余名作者、150余幅作品参展。1999年7月对先进基层党组织、优秀共产党员、先进党务工作者先进事迹进行橱窗展览。2003年机关工委以“回首过去，展望未来”为主题，编辑机关党建发展历史、沿革、发展历程宣传册1000本，下发到各基层党支部。2006年7月组织县直机关开展“党啊，亲爱的妈妈”大型歌咏比赛，20个代表队，800余名党员干部参加歌咏比赛。2007年组织县直机关党员义务造林活动，50个党支部，3000余名党员干部在小派山义务造林2580亩，栽植柏树、松树等

3万余株。2010年将30名优秀共产党员的先进事迹录制成专题片，在县电视台播放。

（三）民主评议党员

1996—2002年，民主评议党员工作，通过自我评价、民主评议和组织考核，检查和评价每个党员在坚持党的基本路线实践中，发挥先锋模范作用的情况，通过组织措施，达到激励党员、纯洁组织、整顿队伍的目的。2003—2007年，各基层党组织按照实事求是、民主公开、坚持平等原则，依照学习教育、自我评价、民主评议、组织考察、表彰处理步骤进行，对评议出的优秀党员、优秀党务工作者、先进基层党组织进行表彰，对基本不合格、不合格党员因人施教，连续两年评议不合格的党员予以除名。2008—2010年，各基层党组织民主评议党员150余次，参加评议的党员人数1.8万人次。

（四）组织发展工作

1996—2004年，县直机关工委在发展党员工作上按照《中国共产党发展党员工作细则》有关规定，严格执行十六字方针。坚持慎重发展、均衡发展，有领导、有计划地进行；坚持入党自愿原则和个别吸收原则，成熟一个，发展一个。2001—2010年，工委注重控制党员发展总量，发展比例有所降低，注重质量，注重对入党积极分子的教育培养考察，优中选优。1996—2010年，发展党员1524名，其中35岁以下党员占发展总数70%以上。举办入党积极分子培训班28批次，参加培训的入党积极分子6800余人。

（五）民兵工作

1996—2005年，工委按照“组织落实、政治落实、军事落实”的三落实精神，进一步端正民兵工作的指导思想，落实各项制度规定，根据各机关的实际改进县直机关民兵队伍建设，坚持过去行之有效的工作方法和手段，不断探索适应新形势的新办法和新手段。在民兵整组工作中进一步推广“政府主导、集中管理、全时备勤、财政保障”的常年集中模式。

2006—2010年，组织5次春季大型军政比赛实战化训练。组建民兵连队17个，基干民兵1360人，其中应急队伍677人，支援队伍341人，储备队伍342人。每年夏季进行基干民兵、应急分队民兵训练，采取基地统训、拉动演练、联演联训等方式，采用“考、比、拉”等手段，广泛开展全员全装实战化训练。全县50余个县直单位，1200余人参加大型实弹射击比赛

附：党支部书记的楷模——大教厂村领路人王志贤

“王老五被评为省劳模了！”连日来，大教厂村民竞相奔走、互相传递这个喜讯。村民口中的王老五是阜平县天生桥镇大教厂村的王志贤。75岁的王志贤幼年失怙，十几岁开始自谋生路。凭着超人胆识，在致富路上联创四项第一，68岁当选为大教厂村党支部书记，带领乡亲们建成全县第一个市级文明生态村。73岁退而不休，继续引领乡亲们忙致富。

胆识超人，致富路上连创“四项第一”。1990年，大教厂村是一个年人均纯收入只有396元的贫困村。怎样才能尽快改变现状过上富裕生活，不甘贫穷的王志贤率先想到进城打工。

凭借着瓦工技术，带着几个老乡，组建起阜平县第一个包工队，到县城找活干。从最初的饮水管道、护堤墙等小工程，到承包建楼房，业务越做越大，包工队伍也从最初的几个人发展到拥有560多名职工、年纯收入600万元的基建公司。王志贤富了，十里八乡的一大批村民也依托王志贤鼓起了腰包。

人无我有，人有我专。当别人在王志贤带动下热衷于组建包工队搞建筑时，王志贤的目光瞄准了运输业。从大教厂穿村而过的阜长线是晋煤东运的主要通道。受思想、经济等条件制约，当时运煤的主要工具是拖拉机、马车，速度慢、行程短、载重量小、成本高。看准运输业后，王志贤拿出3.3万元，买回了一辆载重5吨的大汽车，开始跑运输。

“当时从山西煤矿拉一吨煤到保定，可以挣60元差价，载重5吨的车可以拉8吨，一趟下来，除了必要的消费，能净挣300多元，而当

时副县级领导每月工资120多元。”说起跑运输的日子，王志贤满脸的自豪。

榜样的力量是无穷的。看到王志贤跑运输挣大钱，大教厂的村民纷纷开始凑钱买汽车，跑运输。很快运输车辆就发展到100多辆，铲车25辆，运输成为大教厂村的一项主要经济来源。

在跑运输的过程中，王志贤建起全县第一家煤场。

“当时卖一吨煤可净挣10元左右，卖100吨，就能挣1000余元。比跑运输省心、省力！”王志贤这样劝说乡亲们。有了前几次例子，村民们对王志贤的眼光和致富能力非常信服，全村很快建起50多家煤场。仅办煤场一项全村年均收入50余万元。

马路经济红火时，王志贤又将致富目标转向肉牛养殖，投资50多万元建起阜平县第一家肉牛养殖基地。现在以他为首的星星肉牛养殖场，养殖西门塔尔肉牛510头。

68岁那年王志贤受众乡亲的推选，出任村支部书记，带领乡亲们建成全县第一个市级文明生态村。

大教厂有5个自然村不通水、不通车。千余口村民吃水要到一里外去挑，出门步行几里地才能坐车。王志贤上任后第一件事就是解决村民吃水难、行路难问题。他带头集资，争取帮扶资金7万余元，用两个月时间修建饮水工程4公里，解决了4个自然村940口人的饮水问题。接着又筹资3万多元架线5000米，购买电机、水泵等设备，解决了两个自然村500多亩浇地难问题。以村村通为契机，筹资9万元，修通一条宽6米，长1500米的砂石路，结束了大教厂几个自然村不通车的历史。

加强基础设施建设的同时，王志贤带领党支部一班人积极响应县委号召，在全县率先掀起文明生态村创建活动。刚开始村民们积极性不高，王志贤苦口婆心给村民讲建设文明生态村的好处，自己先垫资2万元，启动创建工程。在他的感召下，短短一个月，全村清运垃圾、杂物360多立方米，整修房屋50多间，粉刷街道4000多米，硬化街道2条，改建公路1500米，植树13万棵……筹资12.8万元建起村图书馆、阅览室、多功能活动室，组建90余人的文艺宣传队，极大丰富了村民业余文化生活。村民们高兴地说：“老王真是咱们的好当家！”

作为一名村党支部书记任职5年间，为村里办了许多好事，却从没花过村里一分钱，办公事所花费的电话费、差旅费、饭费都是自己掏腰包，村民都感叹“这样的村支书真是打着灯笼也难找！”2007年，王志贤73岁主动引退。但退而不休，一面积极支持新班子开展工作，一面继续引领乡亲们忙致富。

在大教厂附近沿阜长线，有50多家煤场原来各自为政，分散经营。王志贤把50多家煤场联合起来成立煤业协会，实施统一资源、统一信息、统一价格、统一运输管理、统一整合装卸，化解煤场之间的恶性竞争，促进煤场经济健康有序发展。2008年，王志贤带头承包荒山9000亩，按照坡上栽洋槐、油松、核桃树，沟岔栽苹果树、桃树、杏树模式，大搞植树造林，栽树90万棵，为该村打造生态旅游村奠定基础。

2009年，王志贤支持村领导班子筹资23万元，硬化大教厂村30个胡同1000余米和3.5公里长的村道路面，筹资1.3万元为5个自然村安装路灯，筹资15万元修建高标准文化广场……用王志贤自己的话说：“干惯了，歇着就觉得不舒服，再说了，已是半截身子入土的人了，尽早干，还能干几年？”

劳动模范——林业局局长郄佳国

郄佳国 保定市劳动模范。2007年9月，任林业局局长。在工作中十分注重学习，谦虚做人，讲原则，讲团结，真抓实干，与班子成员、干部职工赤城相见。

“十万亩大枣无公害示范基地”是“十一五”期间阜平县的一个重点项目，从2006年到2009年分四期完成。2007年实施第二期工程期间，郄佳国任林业局局长，为尽快熟悉项目，与主管局长深入项目村，了解工程进展情况，特别是发现一期工程由于资金整合不能到位，造成工程款拖欠，影响了工程实施。二期工程面临停工，部分村干部压力很大，郄佳国一方面给村干部做思想工作，另一方面协调有关部门筹措资金。在个别部门资金仍不能到位的情况下，郄佳国以林业局名义从财政预借资金，以解燃眉之急。过后了解到单位不能落实资金，主要是资金筹措和项目实施没有做到责权利统一。为解决这一问题，提出在资金筹措上采取出资单位包村，由包村单位组织实施工程，统一技术标准，统一验收工程，各单位掌握兑现工程资金，做到工程建设责任、权利相

2010 年 3 月参加植树节劳动

统一，调动单位实施工程的积极性，保证整个工程顺利实施。项目完成后，年增加产值 1 亿元，利润 6000 多万元，项目区 25 个村林地面积 13 万亩，森林覆盖率 68%，农民年人均收入增加 3000 元以上，产生的生态、社会效益会十分可观。2010 年又在东部枣农区启动实施第二个大枣十万亩示范基地，一期工程已完成机整地 1 万亩，栽植枣树 5 万多株，对原有枣园实施无公害管理 1 万亩，整个项目区工作进展顺利。

郄佳国任林业局长期间，紧紧围绕森林防火、大枣产业、造林绿化、林权制度改革等工作，抓谋划、转落实、求发展。重点实施了太行山绿化、退耕还林等国家造林项目，引进资

2010 年 7 月察看核桃园

金 2000 多万元，完成造林绿化 41.2 万元，成活率在 85% 以上，保存率在 80% 以上，到 2010 年底森林覆盖率 33.83%，位居全市前列。强力推进大枣特色产业，成功实施了第一个“十万亩无公害大枣示范基地”，推动了全县枣业持续、健康发展。大枣产量保持在 7 万吨左右，产值 2 亿多元。先后参与了河北农大、河北林科院等院校科研单位组织的课题研究，其中 2007 年 2 月“枣疯病控制理论与技术”课题获国务院科技进步二等奖，2009 年自主选育的两个阜平大枣优良株系通过了省专家鉴定并推广，同年阜平大枣被中国果蔬产业品牌论坛组委会评为中国十大名枣，阜平县被中国果品流通协会授予“中国枣业十强县”。森林防火工作无重大森林火灾、无重大人员伤亡事故发生。2007—2010 年连续四年代表保定市接受省防火考核，其中 2009 年为全省森林防火工作目标责任制落实较好的 6 个县级单位之一，被市防火指挥部评为实绩突出县。2009 年枣树容器苗造林在全省枣产区率先应用，受到省局肯定和表扬，并在全省枣产区推广，同年，集体林权制度改革工作被市授予先进县。2010 年春季全市唯一无卫星热点县，在全市九个山区县森林防火工作目标责任制落实综合排名第一，并被市防火指挥部授予红旗单位。

第二节　宣传工作

一、组织机构

1996年，县委宣传部编制10人，领导职数4人。2010年核定编制9人，领导职数3人，县委常委担任宣传部长，常务副部长协助部长主持工作。内设机构4个，综合报道股，宣传教育股，精神文明教育办公室，舆情信息股。文明办主任由县委宣传部常务副部长兼任。

二、理论教育

1996年，中共阜平县委宣传部对照各级理论学习中心组活动任务和考核目标，结合党员干部实际和经济社会发展形势，认真制定全年中心组学习实施意见和党员干部加强理论学习实施意见，定期推荐县委理论学习中心组学习题目。学习内容以邓小平建设有中国特色社会主义理论、中共十四届六中全会文件为重点。全县中心组集中学习15次，县级领导干部撰写理论文章60多篇，市级以上理论刊物采用12篇。1997年，学习江泽民《讲学习、讲政治、讲正气》讲话，加强社会主义市场经济条件下的党性。

2009年度重点党报党刊征订发行会议

党风教育。1998年，开展“坚持用马列主义、毛泽东思想、邓小平建设有中国特色社会主义理论”教育活动，全面启动“四大教育中心”（城南庄革命传统教育、平阳千人墓民族主义教育、史家寨晋察冀边区政府艰苦奋斗教育和烈士陵园革命理想英雄主义教育），深入开展爱国主义教育和艰苦创业精神教育。1999年，深入开展马列主义唯物论、无神论教育，倡导科学，反对迷信，组织工作队就邓小平理论及十五届三中、四中全会精神等深入基层宣讲辅导。2000年，各级党委开展“三个代表”重要思想为主的党委书记理论教育活动。编订教材30余篇，学习心得300多篇，讲党课40课时，培训党员干部1500余人次。2001年，开展“县委书记讲党课”“乡镇党委书记讲党课”活动，全县党员听党课人数1万余人次。2002—2003

2008年10月20日电影《荆子花盛开的地方》开机仪式，在晋察冀边区革命纪念馆举行

年，在党员干部中部署学习“三个代表”重要思想，县委书记范永录为全县300余名干部讲以《践行“三个代表”，增强凝聚力和战斗力》为内容的第一课。党员干部写理论性文章500多篇，心得体会15000多份。

2004—2005年，县委宣传部在全县开展中共中央总书记胡锦涛提出的“科学发展观”宣传教育活动，印发宣传资料1000余份，撰写理论文章30余篇。2006年3月4日，中共中央总书记胡锦涛向全党提出：共产党员要坚守“八荣八耻”。县委宣传部结合党员干部作风建设，利用两年时间在全县开展“八荣八耻”宣传教育活动，办专栏300余块，全面宣传“八荣八耻”的具体内容。2008年，在全县开展“德信”教育，县委宣传部按照县委工作部署，大力宣传德信先进人物，以德育人，善美阜平蔚然成风。2009—2010年，理论教育的重点内容为十七届四中、五中、六中全会精神，撰写理论文章40余篇，印发宣传资料1500余份。

三、社会宣传

1996—2000年，组织开展“解放思想，改革开放”大讨论活动。2001—2002年，开展三个代表重要思想宣传教育活动。2003年，“非典”期间，印制宣传资料7万份。组织开展“众志成城抗非典”文艺演出活动，对抗击“非典”做出突出贡献的单位和个人进行表彰。2005年，晋察冀边区革命纪念馆开馆，在加强纪念馆硬件设施建设的同时，加强晋察冀文化研究和建设，9月，《晋察冀日报》学术研讨会在阜平召开。2007年，纪念晋察冀创建70周年暨“情系太行”(晋察冀后代重走革命路）宣传活动在纪念馆举行。2008年，组织开展“患难与共、传递真情”大型演出活动，全县人民积极向汶川震区“献爱心”捐款活动。6—8月，组织开展“迎奥运有我一个”大型宣传活动和“迎奥运保稳定”文艺演出活动，对做出突出贡献的单位和个人进行表彰。10月，数字电影《底片上的记忆》开机仪式在纪念馆举行。2008年出版《难忘的峥嵘岁月》。2009年出版《回望晋察冀》《赵云霄之歌》。2010年1月，由中国报业网和晋察冀日报研究共同举办的“重走《晋察冀日报》红色游击办报路”活动在纪念馆举行。同年出版《血火峥嵘》《阜平文史资料》《经典阜平》《红色的印迹》等书籍。

四、新闻报道与对外宣传

（一）创办内部刊物

2003年1月1日创办《今日阜平》，2004年9月中断，出报81期。2009年1月1日复刊。到2010年出刊164期。主要记录阜平经济社会发展要事，宣传党和国家方针政策，宣传各行业典型，鼓舞全县人民共建美好家园。

《今日阜平》报刊

（二）电视新闻工作

1996—2005年，县电视台，每周播出五期《阜平新闻》。2006年4月，电视台正式设立专题外宣部，开办“绿色家园”和“枣乡风采专题”栏目，反映县委、县政府重点工作，展示阜平优秀文化，宣传先进个人、集体典型事迹等，截至2010年向中央、省、市电视台、电台报送稿件400余件。

（三）对外宣传

阜平是著名革命老区，有“华北延安”和“太行山明珠”之称。县委宣传部为搞好对外宣传，更好宣传红色阜平、绿色阜平，1996—2010年，在国家级报刊发表文章96篇，省级报刊发表文章455篇。

1996—2010年阜平县在省以上重点报刊发表文章统计表

表5-5-1

项目/年度	报刊	发稿数	项目/年度	报刊	发稿数
1996	国家级	8	2004	国家级	6
	省级	19		省级	5

续表 5-5-1

年度＼项目	报刊	发稿数	年度＼项目	报刊	发稿数
1997	国家级	3	2005	国家级	4
	省级	38		省级	50
1998	国家级	5	2006	国家级	12
	省级	15		省级	68
1999	国家级	4	2007	国家级	6
	省级	19		省级	34
2000	国家级	4	2008	国家级	12
	省级	59		省级	52
2001	国家级	6	2009	国家级	12
	省级	15		省级	39
2002	国家级	4	2010	国家级	10
	省级	6		省级	32
2003	国家级	4	—	—	—
	省级	4		—	—

第三节　统一战线工作

一、组织机构

1996年，中共阜平县委统战部与中共阜平县委宣传部合署办公，统战部部长由宣传部常务副部长兼任。设综合办公室1个，部长1名，副部长1名，人员编制3名。2002年4月，中共阜平县委统战部与宣传部分开，统战部部长由政协副主席担任。挂“阜平县民族宗教事务局”“对台事务办公室”牌子，承担全县民族宗教和对台事务工作职责。阜平县民族宗教事务局局长、对台事务办公室主任由统战部副部长兼任。2005年增设副主任科员1名，分管对台事务及联系工商联工作，2010年有工作人员6名。

二、党外人士工作

统战对象是统战工作的范围，统一战线的工作重点是党外代表人士。1996年有党外干部20名，民主党派1名（中国民主促进会），党外知识分子981名，少数民族132名，宗教教职人员33名，以非公有制经济为主体的新阶层人士145名，无党派人士199名。在新时期、新阶段，统一战线工作范围进一步扩大，截至2010年党外干部55人名、民主党派1名（中国民主促进会）、党外知识分子1442名、少数民族169名、宗教教职人员51名，以非公有制经济为主体新阶层人士205名、无党派人士277名。

三、促进多党合作与政治协商

1996年，统战部积极落实党的工商业者政策，为工商业者解决各种实际问题，向人大、政协等部门推荐各类人才。推荐县级党外干部6人，乡（镇）、科局级党外干部37人，向保定市政协推荐党外干部2人。阜平县配备民主副县长、科技副县长。具有中国特色的社会主义建设时期的统一战线得到进一步发展。1998年第十三届人民代表大会、2003年第十四届人民代表大会、2007年第十五届人民代表大会，每届都有1名党外人士当选为阜平县人大副主任。1998年第五届政协委员会、2003年第六届政协委员会、2007年第七届政协委员会，每届都有

1名党外人士当选为政协副主席。截至2010年，统战部充分发挥党外各界人士参政议政，民主监督作用，培养和选拔新一代党外代表人士，有11名科级干部和31名股级干部分布在各个工作部门。有非公有制企业负责人54名选为县人大代表，73名选为政协委员，分别占代表委员的8.6%和23.76%。积极参政议政，提议案、建议等855条，80%以上得到政府采纳和落实。

四、对非公经济人士的统战

统战部通过工商联对私营企业、个体工商户等非公有制经济代表人士进行“团结、帮助、引导、教育”，培养一支“爱国、敬业、守法”企业家队伍。1996—2000年，有35家重点非公有制企业，总资产达到3.0879亿元。2005—2010年，在推动私营企业家关心社会回报社会“扶贫光彩事业”中，捐款217.6万元，其中阜平县炭灰铺煤业有限责任公司捐款100万元。另有两家企业资助贫困学生12名，每生每年5000元，捐助资金37.5万元。

五、统战宣传

1996—2001年，县委统战部将统战政策宣传教育作为工作重点来抓，利用电视广播、报刊等多种形式广泛宣传党的统战政策。阜平台播报近200次。市级台播报15次，省级台播报3次。保定日报刊登统战文章30篇，省级报刊刊登5篇。2002—2010年，围绕县委中心工作，发挥统战“网络、联络、桥梁、渠道”作用，团结一切可以团结的力量，在全县经济建设、城镇化建设“三年大变样”等方面发挥了“助推器”作用。发放宣传资料、手册2万份，上报信息300余条。

六、对台工作

阜平县对台事务办公室设在县委统战部，负责全县30名在台人员与家属牵线搭桥和联络工作。1996—2010年，办理去台探亲台属3人次，接待在台人员回家探亲2人次，走访慰问台属80人次。加强交流沟通，促进友好往来。

七、民族宗教工作

1996年，阜平县有少数民族人口132人，随着改革开放深入，流动人口增加，截至2010年少数民族人员增加到169人，涉及17个少数民族。2000年，在县城主要街道开设清真饭馆3个，宗教活动场所14个。其中，佛教活动场所11个（不老树村嘉绒观音寺、神仙山恒山寺、苍山村石佛堂红叶寺、寺口村法华寺、天生桥镇大佛寺、董家村弥陀寺、八里庄村般若寺、山咀头村云溪寺、黑崖沟村白衣寺、刘定沟村菩提寺、定家庄村静慧寺），道教活动场所1个（洞虚观）。基督教活动场所2个（青羊沟基督教、七里沟基督教）。县、乡、村成立民族宗教工作领导机构，强化组织网络建设。通过组织学习培训等方式大力宣传党的民族宗教政策，加强民族团结、维护社会稳定。

第四节　农村工作

一、机构设置

1996年，阜平县委农村工作部与农业局合署办公，农村工作部部长兼任农业局局长。2002年，农村工作部更名为农村工作委员会，农村工作委员会书记由县委常委担任，设农村工作委员会常务副书记，协助书记主持全面工作。2004年，农村工作委员会与农业局分离，编制为5人。2010年，县委农村工作委员会设置科室有：农工委办公室、农村基层民主政治建设办公室、农业产业化办公室、农村文明生态创建办公室、推进农村新民居建设工作领导小组办公室。

二、农村产业结构调整和农业产业化建设

1996年，农业产业结构调整，由农工委具体指导，负责农村经济发展战略和产业政策研究；参与推进农业产业化经营工作；负责县级有关部门对农产品购销、农用生产资料组织、供应等方面的协调工作；参与救灾和农用资金、物资的筹集、分配工作并监督使用执行情况。1997年，按照省市要求，启动农业“增、转、化”（农业增产、转变经营方式，实现农业产业化经营）。促进农村经济发展，农民收入提高。

2009年4月5日，县委书记王月衡现场指导新民居建设

2000年，重点强化产业化基地建设和龙头企业的产业化经营，提高其辐射带动能力。农业产业化经营率由1998年8%增长到2010年36%，市级龙头企业6家。主导产业由小到大、由弱到强、由量的扩张向质的提高逐步发展。绿色无公害蔬菜、农产品加工、畜牧水产养殖、小杂粮等为主的新兴产业快速发展，成为农村经济和农民增收的支柱产业。2001—2005年，基地规模不断壮大，围绕市场需求、立足资源优势，推进特色品牌基地建设。2000—2006年，推进3000亩无公害蔬菜、2万亩马铃薯、1万亩优质小杂粮等特色品牌基地建设，畜牧年饲养量21000头。其中，奶牛4100头。2007—2010年，“龙头”实力稳步提升。市级重点龙头企业由原来的4家增加到6家。阜平县中国红大枣酒业有限公司技改项目、保定市春利农牧业开发公司奶牛养殖场建设项目、阜平县盖宇天然饮料食品有限公司大枣种植基地及深加工3个项目列入河北省农业产业化重点项目，投资金额6.554亿元。培育了一批在省内外知名的名优新产品。“阜平大枣”“红力牌蜜枣”“桂花贡枣”“高老西牌枣醋”“红枣蜂蜜保健醋”“盖宇牌野酸枣汁”“博珍牌枣茶”“派山牌蜂王浆”等10多个农产品在市内外举办的大型博览会、展销会上获金奖、名特优农产品奖等荣誉称号。

三、农村清财

财务管理监督工作由农村工作委员会负责指导，农业局负责具体实施。1996—2005年，每年对全县209个行政村集体财务实行定期审计。主要包括对农村集体资金、资产的定期审计，对农业专项资金的专项审计，对离任村干部的离任审计。2006年，全县13个乡镇成立了农村财务委托代理服务中心，由乡镇农经管理部门具体负责农村财务管理、监督。2006—2010年农村清财工作移交农业局实施。

四、新农村建设

1994年阜平县全面启动小康村建设，当年有5个村按照要求达到小康目标。县委、县政府按照“分类指导、梯次推进”原则明确重点，强化举措，加大推进，到1998年全县有55个小康村。

五、农村基层民主政治建设

1998年，根据河北省委提出的“系统、规范、配套地推进基层民主政治建设”意见，阜平县委召开常委会、常委扩大会，党政联席会议以及三级干部会议，将中央、省、市委会议精神传达贯彻到乡村及有关部门，明确基层民主政治建设工作重点、任务目标和主要措施。建立由主管副书记任组长的基层民主政治建设领导小组和办事机构，出台《阜平县农村基层民主政治建设纲要》和《阜平县村级民主管理条例》。1999—2004年，全县209个行政村立足

不老树村大众剧场（2009摄）

本村实际，对农村村务公开栏进行完善和提高。以广播、发放明白纸，出动宣传车等多种方式进行宣传，进一步方便群众监督。集体财务存在隐患的村由原来每季一公开变成一月一公开。

对村务公开中存在对村务缺乏监督的50个村向村民公开，公开后实行回访制度，听取群众的意见。2005年，对村务公开诸项内容进一步规范，分三次对乡镇组织检查验收，全县村务公开率100%，满意率98%以上。2006—2010年，实行村民直选的村100%，村民代表会的民主理财组织，村务监督组织能履行决策、监督职能的村95%，民主选举、民主决策、民主管理、民主监督四项民主权利得到进一步落实。

第五节 政法工作

一、机构与队伍

（一）机构设置

1996年，政法委设政法委书记1名，由县委常委兼任，常务副书记主持政法委日常工作，社会治安综合治理委员会与政法委合署办公。2007年10月，阜平县政法委与司法局合署办公，常务副书记兼司法局长，领导职数5名。政法委下设办公室、综治办、排调办、维稳办、涉法涉诉联合接访服务中心。人员编制10名。

（二）政法队伍建设

1996年，全县政法干警152人，其中中专以上学历31人，占干警总数20.3%。1997—1999年，全县政法干警深入开展保持共产党员先进性教育活动，增强广大干警执法为民的自觉性。2000年开展“公正执法树形象”活动，认真解决执法中存在的问题。2002—2004年加强政治业务培训，全面提高政法队伍素质。2005—2008年完善管理机制，进一步激发政法干部队伍活力。2009—2010年加强基层基础工作，开展“规范执法行为、促进执法公正”活动，维护社会稳定。

二、社会治安综合治理

1996年，为加强社会综合治理，建立健全指挥体系，县委、县政府成立由县委副书记、县长任指挥长的“平安创建”工作指挥部。召开县委常委（扩大）会、政府常务会专题研究部署平安创建工作，各乡镇、部门成立由“一把手”任指挥长的平安创建指挥机构，层层制定创建工作方案和实施细则。与13个乡镇、1个社区，209个行政村，90%的家庭签订达标责任书。平安创建工作形成“事事有人抓，层层抓落实”的工作格局。

1997—2000年，本着“家喻户晓，人人皆知”的要求，利用各种宣传媒体和宣传手段，营造综合治理氛围。开办法制园地，群发手机短信。乡镇、村（社区）通过召开会议、发表电视（广播）讲话、印发资料、悬挂标语、制作宣传牌等多种宣传形式，开展平安（法律）知识进机关（社区、学校、企业、村社、家庭）活动，宣传法律法规和新一轮平安创建目标任务、方法措施。全县干部、群众平安创建知晓率、参与率90%以上。

2001—2002年，全面贯彻落实省委办公厅、省政府办公厅《关于建立农村平安建设长效机制的意见》，加强各乡镇“五合一”（警务室、综治工作中心、维稳工作中心、矛盾纠纷联动调处中心、信访和群众工作室）社会综合管理办公室建设。

2003—2008年，在城镇，大力加强专职治安巡逻队和保安队伍建设，组织社团行业组织、“四车多员”（出租车、营运车、中巴车、公交车和环卫清洁员、店铺营业员等）队伍、义务巡逻队等参与治安防范，有7500名奥运安保志愿者参加了治安防范队伍。推广以电子视频监控、防盗报警为主的技防设施，进一步完善社区管控、街面巡控、周边联控、重点监控、单位守控为一体的专群结合、内外联手的网格化治安防控体系，不断提升科技防范水平。在农村，健全完善村“两委”和村级警务室、调委会、治保会、治安巡逻队和民兵应急分队等基层组织建设，建立村级综治工作服务站，巩固完善乡镇、村、组、院四级治安防范网络。

2009—2010年，制定《维护社会稳定工作方案》，签订《社会治安综合治理工作目标责任书》，层层落实维稳工作领导责任制、一岗三责制、问责追究制和“一票否决”制。严格执行

“每月28日前必须报告、零报告和重大情况立即报告、敏感时期天天报告、责任领导保持24小时通讯畅通”制度，认真开展督查督办，适时进行情况通报，严格追究失职渎职责任，努力从源头上预防和减少不稳定因素。

三、严打整治

1996—2001年，政法委联合政法各部门，严厉打击违法犯罪活动，始终保持对各种违法犯罪活动严打高压态势，多管齐下，重拳出击，全县社会秩序持续平安稳定。2002—2008年，公安系统开展各项专项行动。每月分析一次治安形势，深入开展打击破坏电力、电信、广播电视设施违法犯罪、“打黑除恶”“两抢一盗”、城乡治安突出问题和治安乱点集中整治等专项行动。2009—2010年，政法委联合政法各部门，以普法活动为依托，开展依法治理活动。组织各级党政部门周密部署，突出重点，破解难点，狠抓落实，依法处理为害一方的乡（村、社）霸及违法违纪行为。

四、执法监督检查

（一）信访案件调处

1996—2000年，建立县、乡、村、组四级排查网络和“大联动”“大调解”工作体系。坚持行政村每旬排查一次，乡镇、重点企业、重点部门每半月排查一次，县级部门每月排查一次，重大节假日、重大活动等敏感时期集中排查调处制度，建立台账，落实专人收集掌握信访问题及不稳定因素。

2001—2005年，将排查出的突出信访案件、重大不稳定因素，按照“五包五定”(“五包”，包了解情况、包调查说服、包稳控管理、包依法处理、包解决问题。“五定”，定包案领导、定处理方案、定专人负责、定信访效果、定解决时限)、“五个一”(一个案件、一个领导、一套班子、一个方案、一包到底）的工作要求，挂牌分解给四大班子领导和各级党政部门，对情况复杂、涉及面广、难度较大的重大稳定隐患和重点人员的防控责任分3次挂牌督办，综合运用政策、法律、行政、经济等多种手段，攻坚化解。

2006—2010年，认真梳理重点人员，严格进行身份核查，准确掌握基本情况，明确牵头领导、责任单位和具体稳控责任人。在重大活动及敏感期间，实行“人盯人、人跟人”的办法。

（二）案件协调

对于报请协调的案件，执法监督部门认真审核立项，制定方案，做好协调前的各项准备工作，坚持充分协商的原则，组织有关部门认真讨论研究，依照法律和政策进行协调，做到法律效果和社会效果的统一。对协调达成一致意见的，制作正式意见，经政法委主要领导签批，印发各有关政法部门党委（党组）贯彻执行。不能达成一致意见的，由政法各部门分别报上一级政法部门决定。需要继续协调的，由上级政法部门报同级党委政法委协调。进一步完善执法监督意见的落实责任制和查究程序。

（三）执法监督

政法委严格按照中央政法委1998年8号文件的规定，认真规范开展各项执法监督工作。把执行法律与执行政策结合起来，把法律效果与社会效果结合起来，把监督制约与服务保障结合起来，把实体监督与程序监督结合起来，支持司法机关依法独立行使司法权。

（四）解决政法行业三乱

1996—1998年，开展警示教育活动，2002—2004年，开展领导干部“三讲回头看”教育活动，强化各级领导班子的组织建设和思想作风建设。坚持“从严治警”，加强队伍的日常管理，加强执法秩序、执法过程的管理、监督。针对存在的突出问题，对“三乱”(乱收费、乱罚款、乱摊派)，吃、拿、卡、要和“四难”(门难进、脸难看、话难听、事难办）等现象进行专项治理和纪律作风整顿。2005—2007年开展“争创人民满意的政法干警（单位）”活动。2008—2010年下大力量抓好基层“窗口”建设，全面推行公开办事制度和服务承诺制度。组织政法系统党务政工干部培训班，培训干部

99名。推进各项司法改革，落实执法责任制和错案追究制，完善各项公开办事制度，健全内外监督制度机制。深化干部人事制度改革，建立健全考核、选拔、任用、奖惩、辞退等制度，形成了优胜劣汰的竞争机制。政法干警的素质显著提高，执法的社会形象发生深刻变化。

五、青少年法制教育

1996—2000年，县政法委坚持把加强对青少年的法制教育、预防和减少青少年违法犯罪工作纳入依法治县、平安建设、精神文明建设等项工作的总体规划中，以学校为主阵地，广泛动员和组织全社会力量，开展法制宣传教育工作，从源头上遏制了青少年违法犯罪的增长势头。

县司法局利用“四五”“五五”普法的有利时机，建立起学校、社会、家庭相结合的法制教育网络，采取切实可行，丰富多彩的宣教方式进行宣传教育。

2001—2003年，积极组织、配合、参与学校、社区法制宣传教育活动。各派出所结合青少年违法犯罪的典型案例，剖析青少年违法犯罪的成因和后果，指出青少年网恋、网瘾的危害，告诫学生远离毒品、远离犯罪，做遵纪守法、文明礼让、尊敬师长的好学生、好公民。

2004—2005年，县公安局强化中小学校和幼儿园安全保卫工作，严防各类侵害师生人身安全的案件发生，积极组织，周密部署，在全县范围内开展整治中小学校和幼儿园周边社会治安秩序专项行动。

2006—2010年，县法院分别在中小学和职业技术学校建立法制教育基地，由法官兼任部分学校的法制校长。少年法庭通过举办模拟法庭、法制报告会等方式，开展法制宣传，增强学生的法律意识，预防青少年犯罪。同时结合审判工作中发现的问题，有针对性地向机关单位及学校等有关部门提出司法建议，引起社会各界对未成年人成长环境的广泛关注。形成了青少年法制教育课堂与社会实践的良性互动，为青少年健康成长创造了良好的外部环境，最大限度地避免和减少了青少年违法犯罪行为的发生。

第六节 信访工作

一、组织机构

1996年，信访局编制7人，下设办公室、接待室，领导职数3人。2002年，根据“三定”方案，信访局编制为7名，下设办公室、接待室、督查一室、督查二室。2003年，成立处理信访突出问题及群体性联席会议，县委副书记、政法委书记为第一召集人，到2010年联席会议下设土地征用、国企改制、企业军转干部安置、农村复员兵、涉法涉诉、城建拆迁等六个专项工作小组。

二、制度建设

1996—1999年，实行县信访领导小组领导公开接待日制度，规定每周四安排一名领导到信访局公开接待来访群众。2000年，县委、县政府根据市委、市政府《关于授予信访部门八项权力的决定》精神，授予信访部门八项工作权力：对所受理的信访案件的交办权、查办权、协调裁决权；对同级职能部门、政法机关和下级党委、政府在信访工作方面的领导权、督导权；对信访工作不负责任的单位和领导的批评权、通报权、追究责任建议权。2003年6月，县委、县政府制定《关于进一步强化信访工作的暂行规定》，对领导责任、逐级信访、领导接待、苗头隐患排查等做了明确规定：党政“一把手”是信访工作的第一责任人，分管副职是具体责任人，其他领导实行“一岗双责”，确立党政齐抓共管、上下协调联动体制；确立由村、乡（镇、部门）到县的逐级信访程序，明确规定一般问题30日、复杂问题60日时限要求；确立每周二县级领导公开接访长效机制；确立每月10日、25日为全县集中排查日，遇有特殊情况随机排查和信息报告制度，将日常排查和随机排查有机结合在一起，建立排查工作长效机制。2003年10月确立联席会议制度。2004年，制定《关于领导干部接访、下访、约访的实施意见》，对副科级以上领导干部的接访、下访、约访进一步做了明确规定。2005年5月，国务院新颁布的《信访条例》实施后，全面贯彻落实国务院《信访条例》，继续推行领导公开接访、下访、约访制度和领导包案制度。2007年6月25日，制定印发《阜平县信访工作领导责任制》，对领导班子、领导干部的责任做了明确规定，进一步强化各级领导干部信访工作责任制。2008年7月，围绕“奥运”安保工作和长效机制建立，制定中共阜平县委、阜平县人民政府《关于进一步强化信访工作的若干意见》，进一步确立信访工作的组织领导体系，明确县、乡、村三级工作职责，确立县级大接访机制、信访联席会议制度、领导包案办案制度、苗头隐患排查化解制度、责任追究制度等。从7月至10月推行县委书记大接访活动，县级党政领导及公安局长、法院院长轮流到信访局进行公开接待。同年12月，制定《阜平县信访工作县级领导分工》《阜平县信访工作领导小组工作制度》《县直行政职能部门受理信访事项划分》《信访事项交办、办理、责任追究程序》等四个配套文件，信访工作更加规范化、制度化。

2009年6月，县委、县政府进一步制定《关于建立信访接待中心的通知》，要求在乡镇整合信访、国土、公安、民政、司法等行政资源，建立群众信访接待中心。在县直部门调整充实工作人员，完善信访接待室建设。全县209个行政村、5个社区居委会建立群众信访接待站。完善了县、乡、村三级接待服务网络。投资30万元建立了面积为192平方米的县级信访接待大厅，10月份投入使用。2010年4月，制定《以查处信访工作中不作为、乱作为和非法上访两种典型为重点的依法信访百日整治活动实施方案》，4月14日至5月15日，集中对依法信访知识进行了宣传。7月22日，印发《信访稳定工作“两手抓三深入”活动实施方案》，把接待窗口放到群众身边，把解决责任主体放到工作前沿。开展“一手抓依法信访，一手抓问题化解”和“工作重心、工作制度、工作责任深入”的“两手抓三深入”活动。出台《信访属地代理制度》《逐级信访制度》，进一步强化县直单位、乡镇、村信访事项办理责任程序。完善《三级公开接访制度》，对县、乡、村三级公开接访制度进行量化管理，规定：每周二和逢五为县级党政领导公开接待日，每周一为乡科级主要领导公开接待日，每周五和逢五群众工作日为村干部公开接待日，其他时间要随到随接待。真正实现制度下移、重心下移、责任下移，充分调动了基层干部维护稳定积极性和主观能动性，进一步夯实基层第一道防线。2010年7月底，县委、县政府结合工作实际，成立由县委书记王月衡为主任，县委副书记贡希强，县委常委、组织部长陈树军，常委副县长董国平等为副主任，相关职能部门主要领导为成员的群众协调服务中心。从组织部、群众工作办公室、宣传部、县委办、政府办、纪检委、信访局等部门抽调骨干人员组成办公室，并将办公室确定为常设机构。在乡镇成立由党委书记为主任，党委副书记为常务副主任的群众协调服务总站，从县直部门招录11名干部，抽调19名后备干部充实到乡镇服务总站。在村（社区）成立由支部书记任主任，群众工作站站长为副主任的群众协调服务站。县级群众协调服务中心的主要任务就是解决问题强服务。

三、信访接待

信访工作是一项复杂的社会系统工程。随着社会利益格局调整和一些重大项目实施，一些矛盾通过信访渠道反映出来，群众信访反映的问题涉及社会生活各个领域，呈现不同的阶段特点。1996—2000年，企业拖欠工资、集资矛盾。农村主要是村干部经济问题、选举问题以及邻里矛盾、土地纠纷。2000—2004年，企业改制中、资产流失、拖欠养老保险等问题突出；农村主要是荒山、土地承包经营纠纷、选举、财务、宅基纠纷、邻里矛盾较多。2004—2007年，主要是企业拖欠养老保险、医疗保险、工资问题；农村主要是土地征用、“两委”选举、土地承包经营纠纷、林地矛盾。2008—2010年，主要是人身损害赔偿、医患纠纷。企业拖欠养老保险、医疗保险、失业保险问题。保阜高速建设中征地、拆迁、临时占地纠纷、治安案件、宅基纠纷、邻里矛盾、取暖纠纷、城建开发引发的采光、安全纠纷，拖欠农民工工资问题等。同时，复员兵、原民代教师、原农村信用社代办员、原农村放映员、银行协解人员、原公社农技员等特殊群体要求待遇问题越来越突出。

1996—2010年阜平县来信来访统计表

表 5-5-2

年度＼项目	总量	其中		办结情况	
		来信（件）	来访（件）	办结（件）	办结率（%）
1996	302	18	284	76	25.16
1997	306	20	286	81	26.47
1998	312	24	288	82	26.28
1999	314	25	289	80	25.48
2000	318	27	291	85	26.73
2001	319	30	289	86	26.96
2002	322	31	292	85	26.40
2003	468	42	426	89	19.02
2004	479	40	439	91	19.00
2005	546	45	501	102	18.68
2006	598	49	549	108	18.06
2007	692	22	670	266	38.44
2008	1036	16	1020	276	26.64
2009	1141	10	1131	295	25.85
2010	1091	22	1071	347	31.81

四、信访案件处理

信访案件的查办原则是“谁主管，谁负责”“属地管理”“解决问题与思想疏导并重”，依法、及时、就地解决群众合理诉求。按照这一要求，对于群众反映强烈的热点、难点问题，信访局分析梳理后，及时移交有权处理的机关单位调查处理，特殊复杂案件经信访领导小组批准后，按“四明确”落实包案领导、责任单位、责任人、完成时限。

1996—2010年阜平县承办上级交办及本县领导批办信访案件情况统计表

表 5-5-3

年度＼项目	中央、省、市交办信访（件）			县级领导接待批办信访（件）		
	交办数	办结数	办结率（%）	交办数	办结数	办结率（%）
1996	21	21	100	26	22	84.61

续表 5-5-3

年度＼项目	中央、省、市交办信访（件）			县级领导接待批办信访（件）		
	交办数	办结数	办结率（%）	交办数	办结数	办结率（%）
1997	20	20	100	25	20	80
1998	25	25	100	30	27	90
1999	28	28	100	18	16	88.89
2000	22	22	100	23	20	86.95
2001	26	26	100	29	27	93.14
2002	28	28	100	29	26	89.66
2003	18	18	100	16	14	87.5
2004	32	32	100	35	30	85.71
2005	30	30	100	36	32	88.89
2006	28	28	100	32	30	93.75
2007	29	29	100	30	27	90
2008	30	30	100	32	29	90.62
2009	32	32	100	28	26	92.86
2010	22	22	100	28	26	92.86

附：典型案例

阜平县今朝农副产品有限责任公司（以下简称今朝公司） 职工要求解决欠缴养老保险金及生产生活问题。

2000 年 12 月 23 日，因债务纠纷，法院对公司房产及土地进行拍卖，今朝公司因而失去经营场地职工上访。县政府认为今朝公司改制不完善，善后处理不彻底，致使数十名职工生活无着落。县政府出台《关于解决今朝农副产品有限责任公司有关问题的方案》。决定：一次性给予今朝公司扶持资金 50 万元，用于公司租赁场地开展经营，实现职工再就业，解决职工生计问题。原企业所欠职工工资、养老保险金等款项，由今朝公司经营所得解决。

史家寨乡红土山村拖欠工程款案例 2000 年红土山村在上级部门帮扶期间，决定申请立项利用水源充足的优势建一塘坝。项目批准后，该村与个体业主贯国保（阜平镇柳树底人）签订承建合同。2003 年工程竣工，总投资 70 万元，工程验收后，有关部门解决工程款 30 万元，因资金缺口大，剩余 40 万元没有解决，致使承建业主几乎破产。政府有关领导经过了解后，认为当时因帮扶政策的变化，在资金没有全部到位的情况下，匆匆上马，出现了经济上赤字，经过向上级有关部门申请援助，妥善解决这一遗留问题。

交通事故补偿案例 2007 年 11 月，在阜繁公路大柳树路段，吴王口乡石滩地村一辆拉载 12 名乘客的小客车被相向行驶的一辆大货车撞翻，造成小客车乘客 5 人死亡，7 人受伤，其中 4 人重伤，货车司机肇事逃逸。事故认定结果是肇事司机负全部责任，肇事司机被抓捕，但无力负担巨额经济赔偿。受害者家属多次上访，要求帮助解决。阜平县政府决定垫付资金 23 万元，妥善处理这一重大交通事故。该事件处理后，司法部门对肇事司机予以相应的法律追究，对政府垫付的资金予以追缴。

裕福苑小区污水污染周边居民饮用水案

例 2009年3月，裕福苑小区因排污设施不完善，化粪池污水外溢，渗透到周边，污染居民饮水。上访发生后，县委常委、县委办主任张金科、政府副县长王成峰接待信访代表，当即带领规划、城建、环保、相关乡镇深入现场，了解协调，筹措资金14万元完成排污管网建设。

五、依法治访

1996年后每年多次开展依法信访宣传活动。2009年7月，印发《阜平县开展查处“信访稳定工作中不作为和违法信访行为”两个专项整治活动的实施方案》，对不作为典型和违法信访典型集中治理。2010年组织开展三次大规模集中宣传活动。政法委、法院、检察院、公安局、司法局联合制定《关于依法处置非正常上访行为的暂行意见》，对20种违法上访行为予以界定。3月31日至7月10日，开展查处干部信访工作中不作为、乱作为和非正常上访两种典型的百日整治活动。同年7月22日至8月31日，开展以“什么是正常信访”为主题宣传活动。9月1日至9月30日，按照全市统一安排，再次组织依法信访宣传活动，累计发放“明白纸”20多万份，出动宣传车120台次。

附：矛盾排查

2009年，受工程建设和村“两委”换届选举的影响，群众信访较多，集体访、越级访、重复访较突出。

信访总量居高不下，集体上访突出。

截至7月17日，受理群众来访来电609件次、4049人次，分别占2008年总量的58.78%、90.74%。到县集体上访204批次3047人次，其中20人以上集体上访58批1191人次。

上行趋势明显，越级上访突出。

600多件上访中，到市以上上访82件350人次。其中：进京上访28件次55人次，赴省上访39件次231人次；到市上访15件次64人次。

新旧矛盾交替出现，热点、难点问题相对集中。

群众信访内容多头交错，历史遗留问题与现实问题相互交织、合理要求与不合法方式相互交织、多数人的合理诉求与少数人的无理取闹相互交织、经济利益和谋求政治利益相互交织。主要集中在以下九方面：（一）村“两委”换届选举中引发的矛盾。台上台下、家族派性争执，其突出特点是借反映干部经济、财务公开等问题发挥，如北刘庄村、龙王沟村。选举程序违法等问题。如大道村、槐树底村等。（二）土地、荒山、林地树木承包纠纷问题。如南台瓦房地自然村万守珍与村民小组土地承包纠纷、污水处理厂地界纠纷、“唐人知粉”征地补偿等。（三）高速公路征地补偿分配、施工影响安全及拖欠工资问题。如黑崖沟、马驹石、照旺台等村。（四）改制企业遗留问题。部分企业退休职工要求缴纳医疗保险问题、部分改制企业职工要求解决拖欠养老保险金问题及资产流失问题等。典型的是海蜂食品公司、原水泥厂部分职工、太行石材厂部分职工等，要求解决拖欠养老保险问题，原机械厂职工要求追回经营权问题，招待所拖欠职工养老保险金及要求落实工资问题等等。（五）劳动就业、拖欠工资、工程款问题。如原到新加坡务工人员要求中介退还押金问题，茗清阁工程拖欠材料费、暖气安装费问题，教育系统教学楼工程拖欠建筑业主工程款问题等。（六）安置、待遇问题。主要是复员军人群体、原信贷员、原电影放映员、原民办教师、代课教师要求待遇问题和部分单位因职能调整划转出现的问题，如农机监理站职工要求安置问题、市场服务局职工要求解决工资问题等。（七）涉法涉诉问题。主要反映法院判决不公及执行问题，如何俊才等反映法院判决不公问题。治安案件，如王林口乡刘家沟村刘某反映与李某打架问题等。交通事故赔偿问题、医患纠纷问题，如东寺孟宪英家属与县医院赔偿纠纷等。（八）河道采沙、堵塞河道及环境污染。如胭脂河流域北果园段采沙引发的纠纷，河彩村部分村民反映矿渣堵塞河道问题、裕福苑住宅小区污水污染周边居民饮用水问题等。（九）其他类问题。城建开发中引发的矛盾，如阳光丽景家园、万金家园影响采光、通风问题，移民搬迁引发的矛盾。如第一山部分村民与村委会土地补偿纠纷，幸福村部分村民与原籍村民土地使用权纠纷。反映个别执法部门执法不公问题等。

原因剖析：出现上述问题固然有社会变革利益调整、工程建设及个别信访人坚持过高无理要求的客观原因，但更多的是主观原因。主要表现在以下方面：（一）工作不到位。缺乏全局意识，为部门利益，对于分内工作，事前把关不严，事中监管不力，事后善后措施不到位。有的执法不严，执法不公，以致引发了新的矛盾。（二）解决不到位。对群众的合理诉求，解决不及时，甚至激化矛盾，以致小事拖大，大事拖难，难事拖乱。有的问题时间长，解决难度大。群众求解心切，以致反复上访。问题拖大了，才去解决，不仅增加了信访成本，客观上助长了群众“不闹不解决，大闹大解决”的风气。（三）稳控不到位。对于一些缠访老户，因较长时间的稳控，故懈怠、厌倦、甚至麻痹思想产生，非正常上访发生后，仍茫然不知。（四）接访不到位。个别部门推诿扯皮，有的甚至拒绝接访。（五）工作衔接不顺畅。部门与乡镇、部门与部门之间缺乏沟通，不能协调联动，往往是部门造成的问题，乡镇不知情，导致上访发生。部门处理后的问题，让乡镇善后，乡镇往往有怨言。出现在稳控中脱节、疏导中扯皮的现象。（六）双向责任追究力度不够。对于一些非正常上访老户，尤其对一些严重违法上访人员，处置力度不够，客观上放纵这些上访人员。对于不作为、乱作为干部追究失之于宽。

第七节　党校工作

一、组织机构

1996年，阜平县委党校内设机构3个，办公室、教务处、总务室，教职员工20人。阜平县委党校校长由县委副书记兼任，设常务副校长1名、副校长2名，常务副校长主持全面工作。2010年，阜平县委党校内设机构3个，办公室、教务处、总务处，教职员工18人。

二、设施设备

中共阜平县委党校，占地面积12亩，校舍建筑面积2177平方米，教室面积1005平方米。1996年前由于年久失修，绝大部分成为危房。1996—2000年，为适应党校干部培训工作需要，对原有危房进行修缮。2001年，按照上级对县级党校规划建设标准要求，改建办公室17间，376平方米。建成大型餐厅1个，105平方米，可供80人就餐。建成可容纳200人的多媒体培训中心，用于远程教学。办公取暖设备齐全，桌椅200余套，轿车1部。扩建图书室，阅览室，添置了摄像机、打印机、复印机、传真机、两台电脑，实现了宽带上网。2010年，硬化校园1800多平方米，修整院落2000多平方米，种植花草树木6000余株。

三、师资队伍

90年代初期，县委党校以老教师为主，教师队伍不稳定。1996年后陆续增加3名青年教师，调出4名教师，教师队伍有较大的流动。骨干教师7名，其中讲师5名，助讲2名。针对人员紧缺、编制紧张、流动性强的实际情况，2000年，公开选拔4名大学本科学历以上、35周岁以下、专业理论水平较高、教学经验丰富、热爱党校事业的人才充实到党校工作。聘用有一技之长的教师到党校兼课，扩大了教学知识面。2010年，县委党校专职教师占教职工总数50%，其中高级讲师3名，讲师6名，占专职教师总数82%，40岁以下、具有本科学历的占专职教师总数56%。

四、干部培训

1996年以加强党的执政能力建设为主要内容，以党政干部、企业经营管理干部和专业技术干部为基本对象，以多层次、广人员、高素质教育培训活动为宗旨，组织大规模干部培训活动。到2010年办各类培训班120期，培训人数15000人次，教师对外授课200余次，听课人数30000人次。培训内容为政治理论、市场经济、企业管理、法律等。历年培训情况列表如下：

1996—2010年阜平县委党校干部培训一览表

表5-5-4

年度＼项目	对象	人数	内容	效果
1996	基层干部	500	中国特色社会主义理论	贯彻了党的方针政策，提高了思想觉悟
1997	乡镇干部	658	“三讲”学习；十五大精神	学习风气渐浓；坚定了政治立场
1998	村干部；县直机关干部；	985	十五大精神的继续深入	进一步端正了政治学习的风气
1999	副科以上干部	214	邓小平理论；党的路线方针政策	提高了干部的理论水平；思想得到了进一步解放
2000	基层干部	438	“三讲”教育继续深入；	完成了党员干部培训工作，发挥了党校的主阵地作用
2001	乡镇、科局干部、农村基层党员	712	“三个代表”重要思想	提高了党员思想觉悟；明确了工作方向
2002	农村、乡镇党员干部	992	WTO知识；干部任用提拔条例	丰富了知识；开阔了眼界
2003	入党积极分子、妇联主任、副科以上干部	2000	继续贯彻“三个代表”重要思想；	认识到党员的职责及公仆义务，增强了工作热情
2004	农村两委班子、劳动专业技术骨干	1254	“三个代表”重要思想；十六届四中全会	提高了村干部的理论思想水平，为农村工作的开展奠定了理论基础
2005	基层党员干部、专业技术人员	1300	先进性教育；专业技能知识	丰富了村支部书记的理论知识；提高了专业技能
2006	村两委人员	3600	村干部素质培训；专业技能（锅炉工等）培训	同上
2007	科局长、后备干部、村两委、专业技术人员	3940	政治理论；创新能力；各类专业培训及“六·二五”讲话	充实了理论知识，掌握了有关的技能，使党员的整体素质得到提升
2008	基层干部、专业技术人员	512	十七大精神；十七届三中全会；创新能力	党的政策深入人心，党员干部的思想面貌焕然一新
2009	两委班子、后备干部、大学生村官	3200	十七大精神；创新能力；专业技能	理论水平和专业素质得到提升
2010	村干部、乡镇、县直机关干部	856	党性教育、入党积极分子、创业培训	认识到了党员的重要作用，加强了党性修养

五、教学研究

1996年，阜平县委党校教学研究工作，坚持为科学发展服务、为干部健康成长服务，内强管理，外树形象，大力实施“教学立校”“教研兴校”，“人才强校”战略，以科学发展观为统领，不断解放思想，充分发挥党校培训党员领导干部的主渠道、思想理论建设主阵地作用。1997年，围绕学习贯彻十五大精神，结合香港回归，进行各种形式的思想政治教育工作。学习《邓小平文选》第二、三卷以及十一届三中全会以来党和国家重要文献，特别是以江泽民“三个代表”重要思想为主，突出学习中央领导集体的新思想，引导党员领导干部深刻理解马克思主义实事求是、与时俱进的精神实质。1998—2000年，组织“纪念真理标准问题讨论20周年座谈会”，开展以“讲学习、讲政治、讲正气”为主题的三讲教育活动。2001—2002年，围绕学习贯彻“三个代表”重要思想，加强新理论、新政策、新技能、新知识的学习培训。2003—2004年，学习、宣传、贯彻十六大精神，选派骨干教师参加宣讲团，成立党校讲师团，深入各乡镇、机关部门、企事业单位进行政策形势巡回性普及性宣讲。2005年，开展共产党员先进性教育培训，要求全校党员自觉增强先进性意识，充分发挥先锋模范作用。2006—2010年，深入开展科学发展观的学习，大力弘扬以“社会主义荣辱观”为主要内容社会主义荣辱观，深入贯彻《公民道德建设实施纲要》。进一步解放思想，探索干部教育培训新路子，开创党校工作新局面。

1996—2010年，党校教师积极进行社会调研，撰写专题论文，参加理论研讨，成果不断涌现。写出理论调研文章130余篇，其中在国家级刊物发表37篇，省级刊物发表16篇，市级刊物发表50篇，县级调研文章26篇。

1996—2010年科研成果统计表

表5-5-5

项目 / 年度	国家级以上刊物（篇）	省级刊物（篇）	市级调研（篇）	县级调研文章（篇）	备注
1996	13	3	3	2	—
1997	—	3	4	—	—
1998	2	1	5	—	—
1999	2	3		6	—
2000	—	—	1	1	—
2001	1	2	2	—	—
2002	2	—	—	2	—
2003	5		3	—	—
2004	3	1	1	1	—
2005	1	—	2	2	—
2006	2	—	5	4	—
2007	2	2	5	—	—
2008	4	—	6	5	—
2009	—	1	8	3	—
2010	—	—	5	—	—
合计	37	16	50	26	—

六、学历教育

1996—2007年，招收三年制大专班和两年半制本科班6届，培训学员1602人，其中本科学历391人，大专学历1211人。县级以上领导9人，科级干部200余人。2008—2010年大专班和本科班招生工作停办。

阜平县委党校历届学历班招生人数统计表

表5-5-6

项目 / 年度	层次	专业	招生人数	毕业人数
1996	大专	经济管理	96	95
	—	—	—	—

续表 5-5-6

项目 年度	层次	专业	招生人数	毕业人数
1997	大专	经济管理	114	113
	—	—	—	—
1999	大专	经济管理	160	—
	—	—	—	—
2000	大专	经济管理	108	105
	大本	经济管理	44	42
2001	大专	法律	97	93
	大本	法律	49	47
2002	大专	法律	73	71
	大本	法律	71	62
2003	大专	法律	70	60
	大本	法律	51	43
2004	大专	法律	33	32
	大本	法律	41	41
2005	大专	法律	54	49
	大本	法律	44	44
2006	大专	法律	74	74
	大本	法律	60	59
2007	大专	法律	91	87
	大本	法律	142	140

第八节　党史工作

一、编辑工作

1996年，党史办公室合并到县委办公室，1997年开始编写阜平革命史。

2001年中央党史研究室编著的《中国共产党革命英烈大典》一书。书中烈士赵云霄、谷雄一（24军政委）（61页）、王宗良（64页）、刘耀梅（73页）均由阜平县党史办供稿。2001年，县党史办协助保定电视台拍摄《瞬间》电视专题片，获得金奖。2002—2005年，为城南庄纪念馆收集整理编著晋察冀史料500多份。2004年对全县革命遗址进行普查。2005年，党史办编写了阜平县1922—2000年党史大事记（10多万字）。2005年，扬子晚报刊登了县党史办编写的文章《中共七大代表人名录》王世勋的革命事迹。2005年，第九期省级刊物党史博采上刊登第一部《毛泽东选集》在阜平县坡山村诞生经过。2008年党史博采12期刊登党史办编写的《血火中的晋察冀边币印刷》。党史博采（纪实）2010年12期刊登了党史办编写的文章《晋察冀画报社的创建与发展》。

二、调研工作

2005年12月，中央党史研究室召开了全国抗战课题调研工作会议，部署在全国开展抗战时期中国人口伤亡和财产损失课题调研工作。经省委、省政府批准，2006年6月开始，在全省范围内开展抗战时期人口伤亡和财产损失课题调研工作。阜平县按照省、市要求成立课题调研小组，于2006年8月1日召集有关人员召开课题调研会议，对调研的办法进行了说明。为完成上级交办的任务，对调研人员进行专业培训。

阜平县通过两种渠道进行调研。党史人员通过查阅书刊、报纸、档案等多种方式征集资料。查阅原党史办及县档案局案卷200多卷，查阅《晋察冀日报》《晋察冀日报史》等书刊80卷。由各乡镇委派1名党委副书记主抓，各行政村党支部书记亲自抓，截至2010年对全县13个乡镇209个行政村，1008个自然村进行了一次全面普查。对收集到的资料进行核实。抗战时期伤亡人员7516人，财产损失138279179万元边币，证人974人，有证明材料的证件589份。

（一）伤亡情况

2006年入户调查结果，直接人口伤亡近7000人，县档案局1944年的灾情表上得到的直接人口伤亡是5663人，间接伤亡是1853人，合计7516人。

情况分析：2006年调查时，因年代已久，大多当事人已故，好多伤亡情况无法调查，调查资料有限。通过分析认定，1944年灾情表上的数据是当时通过各村当事人征集起来、记录下来的灾情情况，比2006年调查的情况更为准确、全面、真实，因此，最后决定采用1944年表上的数据。

（二）财产损失情况

2006年入户调查居民财产损失，土地1627亩、房屋33685间、树木57244棵、禽畜282326只、粮食8383237斤、服饰184292件、生产工具113982件、生活用品24638件、其他57728件（2006年普查得到的财产损失情况，因健在的老人很少，有的是听当事人说。征集的情况与1944年经调查当事人整理的灾情表有出入）。

通过研究分析认定，采用阜平县档案局存档的1944年灾情表上的数据，这些数据是当时各区所收集整理的灾情，是当事人所整理的，更为准确、真实、可靠。有些项目1944年表上没有调查到的，就采用了2006年的数据作了个别补充。

被敌占用土地252亩，减收粮8029石。敌人修建临时碉堡荒废土地734亩，粮食损失42石。直接掠夺粮食15909206石。因敌破坏减产249263石。房屋损失，被敌人破坏25432间。牲畜损失：牛4048头、马88头、骡1016头、驴3426头、羊3925只、猪24122头、鸡128053羽、鸭363只羽。其次有农具、被服、交通工具、纺织等损失。总计损失138279179万元（边币）。

第六章　重要会议与决策

1996—2010年，中共阜平县委根据中共中央、中共河北省委、中共保定市委部署，每年召开县委重要会议，全面贯彻落实党的各项方针政策，以经济建设为中心，抓住改革开放大好机遇，结合阜平县情况做出一系列脱贫致富、兴县、富民重要决策，圆满完成“九五”至“十一五”期间国民经济发展计划目标。经济持续快速发展，社会稳定安宁，党的方针政策得到全面落实。

第一节　县委全委会议

一、县委八届全委会议

1992年12月29日，召开中共阜平县八届一次全体会议。截至1997年底，先后召开二次、三次、四次、五次、六次全会。就阜平县脱贫致富、经济发展、经济政治体制改革、四大支柱产业进行部署。1997年中共阜平县八届六次会议确立“两个文明一起抓，全面加强党的建设，围绕‘六分之一保驾工程’，突出上经济、快发展、强实力的主旋律”，实施“科教兴县”战略。

二、县委九届全委会议

1998年3月12日召开中共阜平县九届一次会议。会议要求全面贯彻落实中共十五大和十五届三中会议精神，深入开展“三讲”活动。实施“双开带动、科教兴县和可持续发展”三大主体战略。截至2001年底，先后召开二次、三次、四次会议。2000年2月17日在中共阜平县九届三次会议上提出“每年每人新增一亩果园”的发展目标。

三、县委十届全委会议

2003年4月3日，召开中共阜平县十届一次会议。2004年中共阜平县十届二次全体（扩大）会议提出“抓结构调整、抓优化环境、抓城镇建设、抓市场建设、在四大产业上实现突破”的全体工作思路。2005年3月8日，召开中共阜平县十届三次全会暨全县经济工作会议，确立“以结构调整为主体，以项目建设为依托，全面培育四大主导产业”的发展目标。2005年12月29日，召开中共阜平县十届四次全体（扩大）会议暨全县经济工作会议。要求全县上下认真践行“三个代表”重要思想，发扬“树正气、讲团结、求发展”主旋律。围绕经济建设这个中心，奋力拼搏、开拓进取，完成各项任务目标。

四、县委十一届全委会议

2006年6月3日，召开中共阜平县十一届一次全委会议。会议明确全县经济社会发展的奋斗目标，工作重点和主要措施。号召新一届县委成员，保持奋发有为、昂扬向上的精神状态，加倍努力工作，争创一流业绩。2007年1月12日，召开中共阜平县十一届二次全体（扩大）会议暨全县经济工作会议。号召全县党员认清形势、抓抢机遇、乘势而上、提速发展，为建设“太行山区生态旅游强县”努力奋斗。2008年6月11日，召开中共阜平县十一届四次全体（扩大）会议，要求全县党员干部牢记使命、继往开来，努力开创太行山区生态旅游强县新局面。2009—2010年召开五次、六次全委会议。号召全县人民大力实施“双十万亩”大枣基地，为阜平县现代红枣产业项目建设做出贡献。

第二节　“脱贫共富”战略

一、决策背景

1996年是“九五”计划的第一年。县委、县政府紧紧围绕脱贫致富奔小康这个总体目标，正确处理改革、发展、稳定的关系，求真务实，狠抓落实。

二、决策内容

1996年3月19日，在全县经济工作会议上县委提出:“脱贫致富、共同富裕”发展战略。要求全县党员干部加大扶贫工作力度，继续实施“五三五”(用五年时间解决3万贫困人口温饱问题，农民人均纯收入达到500元）。扶贫攻坚计划，坚持开发扶贫，立足资源优势，发展强县富民项目；坚持开放扶贫，广泛动员社会各界力量，采取多种形式开展扶贫活动。1997年，调整后的县委班子带领全县人民全力打好“四修”（修复水毁、沙压、耕地战役，修复水毁水利工程战役，修复水毁道路战役，修复农民住房战役）和扶贫两大攻坚战。在全面恢复水毁公路、耕地、住房和校舍的同时，坚持山、水、林、田、路综合治理，认真贯彻落实中央和省市扶贫开发工作会议精神，扎实推进扶贫工作。县委提出：抓好粮食生产，实施“增百创千”和“建一处市场，带一批产业，活一片经济，富一方百姓”的构想，在保证粮食产量增长的基础上，加快培育大枣、核桃、煤炭三大集散地和花岗岩、土豆两大市场，使扶贫工作向开放、开发的深度开展。（详见政府篇《施政辑要》）

第三节　“一年恢复，两年巩固，三年发展”战略

一、决策背景

1996年8月上旬，阜平县遭受了1963年以

后最严重的洪涝灾害，国家、集体和人民群众的生命财产蒙受巨大损失。灾情发生后，县委、县政府迅速组织带领全县人民，全力以赴，排除险情，确保水库不倒坝，堤防不决口，受灾群众及时安全转移。汛情稳定后，县委、县政府及时把工作重心转移到除涝救灾、恢复生产、重建家园上来，组织和带领阜平县人民，自力更生、艰苦奋斗，迅速投入到抗洪救灾斗争中去。

二、决策内容

在认真调查研究和正确认识灾情的基础上，县委、县政府出台《阜平县恢复重建三年规划纲要》，制定“一年恢复、两年巩固、三年发展”的总体战略，明确恢复重建工作应坚持五项原则，即自力更生为主，争取外援为辅；先急后缓，分步实施；团结互助，共渡难关；分类排队，重点倾斜；全面规划，提高质量。按照总体规划要求和本年度任务目标，县委提出后几个月生产自救和恢复重建工作分两步进行：第一步开展以救助灾民生活、恢复工农业生产为主要内容的生产自救工作；第二步开展以“四修”为主要内容的恢复重建工作。通过全面规划，分步实施，保证了恢复重建工作有计划、有步骤地进行。（详见政府篇《施政辑要》）

第四节 “山区综合开发”战略

一、决策背景

1999年9月，阜平县委、县政府根据阜平县宜林山场面积大、资源丰富、人均土地少、贫困人口多、脱贫难度大的现状。研究制定了“围绕‘三年打基础、五年见成效、十年变面貌’”总体目标，在深化改革、调整理顺生产关系，调动出资者、经营者和生产者的积极性上实现突破；在调整优化经济结构，大力发展特色产业上实现突破；在优化经济环境，营造发展氛围上实现突破。按照这一既定的经济发展基本思路。提出了2000年农业经济的主战场，农村工作的中心任务就是山区综合开发，其他工作都要服从、服务于此项工作。就是要在山上看政绩，山上要成果。

二、决策内容

2000年2月17日，在中共阜平县委第九届委员会第三次全体（扩大）会议上提出“山水林田路综合治理的山区综合开发战略”。发展目标是“每年每户新增一亩果园，经过3～5年努力，人均新增一亩果园”。经过几年的综合治理，逐步形成大枣、核桃、板栗三个基地。（详见政府篇《施政辑要》）

第五节 “四大”战略

一、决策背景

2004年，县委、县政府围绕大发展、快发展主题，采用多种形式进行深入研讨和谋划。做到准确把握形势、广泛采纳意见、科学进行决策、精心梳理思路，准确把握当前形势是确定工作思路和措施的大前提。县委、县政府立足这一形势分析，围绕解决阜平县经济社会发展中的主要矛盾和薄弱环节，从深化县情认识出发，确定了务实求深，奋发进取，谋求大发展、快发展，推进新跨越的工作主基调。

二、决策内容

在中共阜平县委十届二次全体（扩大）会议暨全县经济工作会议上提出“四大战略”（抓结构调整，打造农民脱贫增收平台；抓优化环境，打造增强经济实力平台；抓城镇建设，打造提升阜平形象平台；抓市场建设，打造第三产业发展平台。在黑、白、绿、红产业上实现突破）的整体工作思路。强调这个总体思路是当前和今后一段时期实现富民强县、实现“三五十”目标的战略性部署。号召全县人民高扬“树正气、讲团结、求发展”的主旋律，集中精力把各项工作往深里做、往实里做，全力开创全县发展新局面。（详见政府篇《施政辑要》）

第六节 “生态立县、特色兴县、人才强县”战略

一、决策背景

“十一五”时期，既是黄金发展期，也是矛盾凸显期。全县的总体形势是机遇与挑战并存，困难与希望同在。在这经济社会发展承上启下的关键时刻，县委、县政府冷静分析未来经济社会发展面临的环境，紧紧围绕“三五十”总体目标，以科学发展观统领经济社会发展全局，继续高扬“树正气、讲团结、求发展”主旋律，大力营造干事创业为民的良好氛围。

二、决策内容

2005年12月29日，中共阜平县委十届四次全体（扩大）会议暨全县经济工作会议上提出了突出一个主题（更快更好发展和奠定基础），打造两个品牌（绿色阜平、红色阜平），实施三大战略（生态立县、特色兴县、科教强县），壮大提升四大产业（旅游业、林果业、畜牧水产业、矿产建材业）发展思路。（详见政府篇《施政辑要》）

第七节 “生态旅游强县”战略

一、决策背景

2008年，阜平县面临“爬坡”和“追赶”双重压力，实现“十一五”目标，任务艰巨。

二、决策内容

2008年6月11日，中共阜平县委第十一届四次全体（扩大）会议上提出“抓重点，谋突破，一年一大步，三年上台阶，建设太行山区生态旅游强县战略”。明确加快保阜高速公路、新建阜平中学、天生桥景区三期，十万亩无公害大枣基地项目建设，纪念馆二期前期工作的具体任务目标。旅游业要在抓现有一红一绿两大景区的基础上，按照“一区三园”的总体思路，打造“太行山明珠、山水阜平、华北延安、新中国雏型”的旅游品牌。（详见政府篇《施政辑要》）

第六篇　地方人民代表大会

皋平县人民代表大会（以下简称人大）及其常委会，认真履行宪法和法律赋予的职责，认真执行人民代表大会制度，围绕县委中心任务开展工作，求真务实，拼搏进取，发挥地方权力机关作用。从1993年起，阜平县人民代表大会任期由3年改为5年。1993年3月至2010年3月经历了第十二届、十三届、十四届、十五届人民代表大会。期间，人大及其常委会共召开180次主任会议，86次常委会会议，人民代表大会15次。做出重大决议、决定93项。听取和审议县人民政府工作报告15个，县人民法院工作报告15个，县人民检察院工作报告15个。听取“一府两院”工作汇报324次。依法选举产生人大常委会主任4人，副主任16人；政府县长4人，副县长24人；法院院长4人，检察院检察长4人。任免人大机关工作人员28人，“一府两院”工作人员329人。任命代县长5人，副县长17人，任命法院代院长3人，人民检察院代检察长4人。组织代表进行考察、专题调查105次，收集代表建议、批评和意见412条，受理群众来信来访1488件、2262人次。加强与各乡镇人大主席团联系，指导乡镇人大主席团开展工作，推进基层民主政治建设。

1998 年 2 月 18 日，阜平县第十三届人民代表大会第一次全体代表合影

第一章 人大代表

1993—1998 年为阜平县第十二届人民代表大会期间。1998—2007 年共进行了 3 次换届选举。1998 年、2003 年、2007 年三届人大换届时划分县代表选区 110 个，登记选民 137680 人，146432 人，131625 人。1993 年 3 月，第十二届人民代表大会换届选举，选举产生县人大代表 190 名。1998 年选出县人大代表 163 名。2003 年选出县人大代表 163 名。2007 年选出县人大代表 166 名。

第十二至第十五届人民代表大会代表，按照法律程序，履行义务，行使权力，通过考察、检查，了解人民群众的心声、意愿和要求，畅通公民反映问题的渠道。对全县重大工程、事项和热、难点问题开展考察监督 139 次，提出议案 12 件，批评、建议和意见 388 件。密切了国家机关工作人员同人民群众联系，保障了人民群众的合法权益，维护了社会稳定。

第一节 代表选举与构成

一、选举机构

1995 年，《中华人民共和国地方各级人民代表大会和地方各级人民政府组织法》规定，县人民代表大会任期从 1993 年起改为五年。1996 年为阜平县第十二届人民代表大会期间。1998、2003 年、2007 年分别进行了阜平县第十三届、十四届、十五届 3 次人民代表大会的代表选举。换届时县设立选举委员会。选举委员会的组成人员由本级党政机关团体协商推选，县人民代表大会常务委员会任命。选举委员会主持本级人民代表大会代表选举。县选举委员会下设办公室，办公地点设在县人大办公室。乡镇设选举领导小组，选区设选举小组。选举小组的组成人员由本选区的政党、团体和选民协商推选，报乡级选举委员会批准，负责领导、组织本选区选举工作。

二、选区划分

选区本着便于选民参加选举活动和选举组织工作、便于选民了解代表候选人和代表联系选民、便于选民监督代表的原则，以居住状况和工作单位划分。1993 年，阜平县第十二届人民代表大会换届选举，全县划分县代表选区 138 个，选民 131257 人，参加投票选举的选民 124781 人。1998 年，阜平县第十三届人民代表大会换届选举，划分县代表选区 110 个，选民 137680 人，参加投票选举的选民 129108 人。2003 年，第十四届人民代表大会换届选举，划分县代表选区 110 个，选民 146432 人，参加投票选举的选民 136181 人。2007 年，第十五届人民代表大会换届选举，划分县人大代表选区 110 个，选民 131625 人，参加投票选举选民 125762 人。

三、选民登记

选民登记按选区进行，经登记确认的选民资格长期有效。选举前对上次选民登记后满 18 周岁的，被剥夺政治权利期满后恢复政治权利的选民予以登记。从其他选区迁入的选民列入迁入选区选民名单。迁出的、死亡的和被依照法律剥夺政治权利的从选民名单中除名。每个选民只能在一个选区进行登记。机关、团体、学校、厂矿、企事业等单位的干部职工（包括合同工、临时工等），在地方院校学习的军人和在校生，在所在单位登记。在职上学的干部、职工在原单位登记，农村和城镇居民原则上在户口所在地登记。在登记的选区，依法参加选举和被选举。

四、代表名额

县人民代表大会代表名额以 120 名为基数，

每5000人增加1名代表，由省人民代表大会常务委员会确定，并报全国人民代表大会常务委员会备案。1993年第十二届阜平县人民代表大会换届选举，确定代表名额190名。1998年第十三届人大换届选举，确定代表名额169名。2003年第十四届人大换届选举，确定代表名额169名。2007年第十五届人大换届选举，确定代表名额169名。依据省人大确定的代表名额，县级选举委员会组织全县各乡镇、选区，经过宣传动员、选民登记、提名代表候选人、确定代表候选人、选民直接投票选举等阶段，选出出席县人民代表大会代表。代表资格由上一届人民代表大会代表资格审查委员会确认。

阜平县第十二届至第十五届人民代表大会选举情况一览表

表 6-1-1

项目 届数	选举年份	选民登记		选举率（%）	代表名额（人）	实选代表（人）
		选区个数	选民人数			
第十二届	1993	138	131257	95	190	190
第十三届	1998	110	137680	94	169	163
第十四届	2003	110	146432	93	169	163
第十五届	2007	110	131625	96	169	165

五、代表构成

1993年3月，第十二届人民代表大会换届选举，产生县人大代表190名。其中干部代表98名，占代表总数的50%；工农代表92名，占49%；妇女代表37名，占20%；群众代表50名，占26.7%。1996年第十二届人民代表大会第四次会议有代表182人。

1998年2月，第十三届人民代表大会换届选举，产生县人大代表163名。其中干部代表73名，占45.3%；农民代表73名，占45.3%；妇女代表32名，占20%；群众代表50名，占31%；企事业职工代表4名，占2.5%；解放军代表1名，占0.6%。

2003年4月，第十四届人民代表大会换届选举，产生县人大代表163名。其中妇女代表37名，占22.7%；群众代表39名，占23.99%；党员干部代表124名，占76.1%。

2007年5月，第十五届人民代表大会换届选举，产生县人大代表165名。其中党员干部99名，占60%；群众代表66名，占40%；妇女代表40名，占24%。大专及以上学历代表94名，占57%。

第二节　代表工作

一、考察与监督

考察是人大代表了解反映人民群众的心声、意愿和要求的一种有效监督形式。第十二至十五届人大代表对法律法规的执法情况、全县重点工程、重大事项和热点、难点问题开展考

1999年10月，人民代表考察山区综合开发工程

察监督100多次，为阜平县的经济发展和社会稳定起到了重大推动作用。

1996年，县人大代表对“脱贫自立”和“共富”两大工程，实行全程考察监督，对继续实施“五三五”扶贫攻坚计划工程提出了“立足资源优势，坚持开放和开发扶贫，发展强县富民项目”建议案。县政府把这一建议案作为脱贫致富的目标实施。1999年，县委提出“山区综合开发”的战略决策，阜平县人大常委会根据县委决策向政府提出：“落实县委决策就要在山上看政绩，山上看绿化”议案。同年10月，阜平县人大常委会组织部分省、市、县人大代表对“山区综合开发”工程考察监督，使县委的决策在全县得到很好落实。2005年，对《中华人民共和国水污染防治法》《中华人民共和国环境保护法》《中华人民共和国森林法》等10多部法律执行情况进行考察监督。2005年10月，省、市、县三级人大代表对城南庄晋察冀边区革命纪念馆、文明生态村创建、村村通工程、果品加工企业等11个重点项目进行考察。2006年，对《中华人民共和国行政许可法》《中华人民共和国食品卫生法》《中华人民共和国安全生产法》进行了考察监督。2007年，组织部分市、县人大代表分别对《中华人民共和国食品卫生法》《中华人民共和国环境保护法》《中华人民共和国安全生产法》的贯彻执行情况进行了考察监督。针对群众反映强烈的县城房价高问题，对《中华人民共和国价格法》的执行情况进行考察监督。针对人大代表提出的大沙河环境污染治理的议案，对《中华人民共和国环境保护法》的执行情况进行考察监督，形成专题报告，转交政府，对促进房价下调和水污染治理起到了很好的推动作用。2008年，组织省、市、县三级人大代表对保阜高速公路建设、阜平中学建设两个重大项目进行了考察。建议政府对拆迁、占地、树木赔偿引起的群访事件要高度重视，保证保阜高速、阜平中学建设按要求如期完工。12月，人大常委会组织部分人大代表对鼋鱼养殖、文明生态村创建、宗全机焦、供水工程、10万亩大枣基地等一批建设项目进行了考察。2009年，先后对《中华人民共和国农业法》《中华人民共和国农产品质量法》中华人民共和国《中华人民共和国职业教育法》的执行情况进行考察监督。7月份，针对安全事故频发，省、市、县三级人大代表对全县煤炭市场和尾矿库整治两项重点工作进行了考察监督。要求公安、国土、安检三个部门合力加大执法力度，遏制矿难事件发生。11月下旬，对城南庄春利奶牛厂、污水处理厂、沙河综合整治、高速公路建设等重点工程进行了考察。2010年，组织省、市、县三级人大代表对三年大变样重点项目工程进行了考察。建议政府在三年大变样工作中，关切各方利益，做好拆迁工作，防止群访、越访案件的发生。下半年对全县苗木和林果生产、气象服务等三农工作、行政服务体系建设、建筑监理及医疗建设等工作进行了考察监督。

2008年12月8日，人大代表考察文明生态村

二、议案与建议

第十二届、十三届、十四届、十五届人大

县人大代表考察高速公路引线拆迁情况

常委会把办理代表议案、批评、建议、意见，提高到尊重代表地位，重视发挥代表作用，树立和维护代表威信的高度认识，列入重要议事日程。制定《关于办理代表批评、建议和意见的几项规定》，严格交办、转办程序，加强督查催办工作。四届人大常委会受理人大代表提出的议案12件，批评、建议和意见388件，办理369件。办理结果代表满意率92%。1996年，第十二届人民代表大会期间部分代表提出平阳河污染严重，影响当地人民群众生活议案。县人大常委会专门组织代表议案办理小组，带领环保局，地矿局等单位，直接深入到平阳河的上游，将无证无序开采加工的电碾矿点全部取缔捣毁，解决了平阳河的污染问题，保证了人民群众的生活质量。1998年，代表提出县城饮用水污染严重，饮用水质量差的议案，县人大常委会利用组织代表考察的机会，邀请政府领导和有关部门现场参观，现场感受的办法督促政府新建水厂，改善管道，解决县城居民饮水问题。2001年，部分代表提出加强旅游开发的议案。县人大交办后，县政府高度重视，把旅游开发问题作为政府十八件要事之一，加快天生桥瀑布景区的开发，提升天生桥瀑布群的景区品牌，下大力招商引资，使景区规模和旅游景点有了大幅提升。2002年，部分代表提出以“农业产业化为重点，发展壮大林果业和畜牧业”的议案。县政府根据人大代表的建议，围绕山区综合开发，林果业按照“每年每户新增一亩果园”的目标，组织实施生态环境综合治理工程。2004年，人大代表提出“增强民营经济活力，加强对口帮扶和银企对接”的议案。县政府把人大代表的议案写在了2005年的工作要点中，出台优惠政策，调整县内具有一定资本积累的工商业主发展民营经济，投资生产经营领域的积极性，全年新增个体工商户729户。2005年，一些代表提出“按照禁、建、用发展模式，保护生态环境”议案。县政府把人大代表的议案作为工作重点，实施了“退耕还林，太行山绿化，王快水库周边水土保持工程”，全县植被覆盖率提高到60%。2007年，部分人大代表提出“发展四大产业，发展绿色产业”的议案。根据议案，县委、县政府提出“生态立县、特色兴县、人才强县”的三大战略。2008年，人大代表提出“依法信访、合理解决信访案件”的议案。县政府根据实际情况，强化信访工作责任追究，针对信访工作“执行不力、解决无力、没有尽力”等问题，加强工作督查和责任追究，取得了良好的社会效果。2010年，部分人大代表提出“领导干部要抓作风、抓落实”的议案。县委、县政府根据议案，以“提素质、聚合力、树形象”为主线，重点开展“阜平形象提升年”活动。

在加强代表议案、批评、建议办理的同时，注重群众来信来访的接待。1996—2010年，接待来信来访1488件，处理364件，说服解释涉及108件、2262人次，通过做工作息诉罢访95件。做到件件有着落，事事有回音。通过办理信访案件，密切了国家机关工作人员同人民群众的联系，保障人民群众的合法权益，维护了社会稳定。

第二章　人民代表大会会议

1996年3月—2010年4月，阜平县历经第十二届人民代表大会至第十五届人民代表大会。4届人民代表大会共召开全体会议15次（1996年为第十二届人民代表大会第四次会议期间）。每次全体代表会议分别听取和审议县人大常委会、县人民政府、县人民法院、县人民检察院工作报告。就县人大常委会、县人民政府、县人民法院、县人民检察院的工作报告、国民经济和社会发展计划与财政预决算执行情况的报告进行审议、审查和批准。第十二届至第十五届人大一次会议依法选举产生县人大常委会主任、副主任、委员，县人民政府县长、副县长，县人民法院院长、县人民检察院检察长。县十三届、十四届、十五届人大一次会议还选举产生了出席保定市第十一届、十二届、十三届人民代表大会代表。历届人民代表大会邀请历届离任的县人大常委会原主任、副主任和不是县人大代表的乡镇党委书记、乡、镇长、科局一把手列席大会，汇集全县各方力量，共谋阜平发展大计。

第一节　第十二届人民代表大会

1996年，为第十二届人民代表大会期间。第十二届人民代表大会于1993年3月举行第一次全体代表会议。选举并产生了人大常委会主任、副主任、委员；人民政府县长、副县长；人民法院院长和人民检察院检察长。之前分别于1994年、1995年召开了十二届人大二次会议和三次会议。

一、第十二届人民代表大会第四次会议

1996年3月21日至23日，第十二届人民代表大会第四次会议在县城人民礼堂召开，出席会议代表185人。会议听取和审议《阜平县人民政府工作报告》，会议听取和审议关于《阜平县国民经济和社会发展“九五”计划、2010年远景目标纲要》报告；审查和批准了阜平县国民经济和社会发展“九五”计划、2010年远景目标纲要；听取和审议了阜平县1995年国民经济和社会发展计划执行情况与1996年国民经济和社会发展计划的报告，审查和批准了《阜平县1995年国民经济和社会发展计划执行情况与1996年国民经济和社会发展计划》。听取和审议了《阜平县1995年财政预算执行情况和1996年财政预算（草案）》报告，审查批准了阜平县1995年财政预算执行情况和1996年财政预算。听取和审议了《阜平县人大常委会工作报告》《阜平县人民法院工作报告》和《阜平县人民检察院工作报告》，并作出了相应的决议。会议还认真讨论了阜平县人民政府提出的关于深入实施科教兴县战略的议案，做出了《关于深入实施科教兴县战略的决定》。

二、第十二届人民代表大会第五次会议

1997年3月10日至12日，第十二届人民代表大会第五次会议在县人民政府六楼会议室举行，出席会议代表182人。会议听取和审议了《阜平县人民政府工作报告》。听取审议了《阜平县1996年国民经济和社会发展计划执行情况与1997年国民经济和社会发展计划（草案）》的报告，审查和批准了1997年国民经济和社会发展计划。听取和审议了《阜平县1996年财政预算执行情况和1997年财政预算（草案）》的报告，审查和批准了1997年财政预算。听取和审议了《阜平县人大常委会工作报告》《阜平县人民法院工作报告》《阜平县人民检察院工作报告》，做出了相应的决议。会议通过无记名投票的方式补选王秀文为阜平县人民政府县长、杨海明为阜平县人民法院院长。

第二节　第十三届人民代表大会

一、第十三届人民代表大会第一次会议

1998年2月15日至18日，第十三届人民代表大会第一次会议在县电影院举行，出席会议代表163名。会议听取和审议了《阜平县人民政府工作报告》。听取和审议了《阜平县1997年国民经济和社会发展计划执行情况与1998年国民经济和社会发展计划（草案）》的报告；审查和批准了阜平县1997年国民经济和社会发展计划执行情况的报告和1998年国民经济和社会发展计划。听取和审议了《阜平县1997年财政预算执行情况和1998年财政预算（草案）》的报告；审查和批准了阜平县1997年财政预算执行情况的报告和1998年财政预算。听取和审议了《阜平县人大常委会工作报告》《阜平县人民法院工作报告》《阜平县人民检察院工作报告》，

做出了相应的决议。会议选举产生了阜平县第十三届人民代表大会常务委员会主任、副主任4人、委员14人；阜平县人民政府县长、副县长7人；阜平县人民法院院长和阜平县人民检察院检察长。选举产生了出席保定市第十一届人民代表大会代表12人。段录沛、张准（二人为市就选人员）、周国庆、陈兰、王秀文、庄春来、张树科、李喜红、张宝雄、张良、李凤莲、牛玉梅。

二、第十三届人民代表大会第二次会议

1999年3月30日至4月1日，第十三届人民代表大会第二次会议在县城电影院召开，出席会议代表161人。会议听取和审议了《阜平县人民政府工作报告》。听取和审议了《阜平县1998年国民经济和社会发展计划执行情况与1999年国民经济和社会发展计划（草案）》的报告，审查和批准了阜平县1998年国民经济和社会发展计划执行情况的报告和1999年国民经济和社会发展计划。听取和审议了《阜平县1998年财政预算执行情况和1999年财政预算（草案）》的报告，审查和批准了阜平县1998年财政预算执行情况和1999年财政预算。听取和审议了《阜平县人大常委会工作报告》《阜平县人民法院工作报告》《阜平县人民检察院工作报告》，做出了相应的决议。会议还通过无记名投票方式补选刘德龙为阜平县人大常委会副主任。

三、第十三届人民代表大会第三次会议

2000年3月7日至9日，第十三届人民代表大会第三次会议在县电影院召开，出席会议代表162人。会议听取和审议了《阜平县人民政府工作报告》。听取和审议了《阜平县1999年国民经济和社会发展计划执行情况与2000年国民经济和社会发展计划（草案）》的报告，审查批准了阜平县1999年国民经济和社会发展计划执行情况和2000年国民经济和社会发展计划。听取和审议了《阜平县1999年财政预算执行情况和2000年财政预算（草案）》的报告，审查和批准了阜平县1999年财政预算执行情况和2000年财政预算。听取和审议了《阜平县人大常委会工作报告》《阜平县人民法院工作报告》《阜平县人民检察院工作报告》，做出了相应的决议。会议补选潘冬青为阜平县人民政府县长。

四、第十三届人民代表大会第四次会议

2001年3月6日至8日，第十三届人民代表大会第四次会议在县电影院召开，出席会议的代表164人。会议听取和审议了阜平县人民政府关于《阜平县国民经济和社会发展第十个五年计划纲要的报告》，审查和批准了阜平县国民经济和社会发展“十五”计划纲要。听取和审议了《阜平县2000年国民经济和社会发展计划执行情况和2001年国民经济和社会发展计划（草案）》的报告，审查和批准了阜平县2000年国民经济和社会发展计划执行情况和2001年国民经济和社会发展计划。听取和审议了《阜平县2000年财政预算执行情况和2001年财政预算（草案）》的报告，审查和批准了阜平县2000年财政预算执行情况和2001年财政预算。听取和审议了《阜平县人大常委会工作报告》《阜平县人民法院工作报告》《阜平县人民检察院工作报告》，做出了相应的决议。会议补选赵炳山为阜平县人民法院院长。

五、第十三届人民代表大会第五次会议

2002年3月12日至14日，第十三届人民代表大会第五次会议在县电影院召开，出席会议代表157人。会议听取和审议了《阜平县人民政府工作报告》，听取和审议了《阜平县2001年国民经济和社会发展计划执行情况与2002年国民经济和社会发展计划（草案）》的报告，审查和批准了阜平县2001年国民经济和社会发展计划执行情况的报告和2002年国民经济和社会发展计划。听取和审议了《阜平县2001年财政预算执行情况和2002年财政预算（草案）》的报告，审查和批准了阜平县2001年财政预算执行情况的报告和2002年财政预算。听取和审议了《阜平县人大常委会工作报告》《阜平县人民法院工作报告》《阜平县人民检察院工作报告》，做出了相应的决议。会议通过无记名投票的方式，补选孟祥伟为阜平县人民政府县长。

第三节 第十四届人民代表大会

一、第十四届人民代表大会第一次会议

2003年4月8日至10日，第十四届人民代表大会第一次会议在县电影院召开，出席会议代表163人。会议听取和审议了《阜平县人民政府工作报告》，听取和审议了《阜平县2002年国民经济和社会发展计划执行情况与2003年国民经济和社会发展计划（草案）》的报告，审查和批准了阜平县2002年国民经济和社会发展计划执行情况的报告和2003年国民经济和社会发展计划。听取和审议了《阜平县2002年财政预算执行情况和2003年财政预算（草案）》的报告，审查和批准了阜平县2002年财政预算执行情况的报告和2003年财政预算。听取和审议了《阜平县人大常委会工作报告》《阜平县人民法院工作报告》《阜平县人民检察院工作报告》，做出了相应的决议。会议选举产生了阜平县第十四届人民代表大会常务委员组成人员，选举产生了人大常委会主任、副主任5人、委员14人。选举产生了阜平县人民政府县长、副县长8名。阜平县人民法院院长和阜平县人民检察院检察长。选举产生了出席保定市第十二届人民代表大会代表：王昆山、刘宝燕（二人为市就选人员）、郝俊愿、孟祥伟、陈兰、李伟典、张新占、张宝雄、李风莲、袁峰、牛玉梅、高文才。

二、第十四届人民代表大会第二次会议

2004年4月8日至10日，第十四届人民代表大会第二次会议在县城电影院召开，出席会议代表162人。会议听取和审议了《阜平县人民政府工作报告》，听取和审议了《阜平县2003年国民经济和社会发展计划执行情况与2004年国民经济和社会发展计划（草案）》的报告，审查和批准了阜平县2003年国民经济和社会发展计划执行情况的报告和2004年国民经济和社会发展计划。听取和审议了《阜平县2003年财政预算执行情况和2004年财政预算（草案）》的报告，审查和批准了阜平县2003年财政预算执行情况的报告和2004年财政预算。听取和审议了《阜平县人大常委会工作报告》《阜平县人民法院工作报告》《阜平县人民检察院工作报告》，做出了相应的决议。

三、第十四届人民代表大会第三次会议

2005年3月8日至10日，第十四届人民代表大会第三次会议在阜平县精神文明建设活动中心举行，出席会议代表160人。会议听取和审议了《阜平县人民政府工作报告》，听取和审议了关于《阜平县2004年国民经济和社会发展计划执行情况与2005年国民经济和社会发展计划（草案）》的报告，审查和批准了阜平县2004年国民经济和社会发展计划执行情况的报告和2005年国民经济和社会发展计划。听取和审议了《阜平县2004年财政预算执行情况和2005年财政预算（草案）》的报告，审查和批准了阜平县2004年财政预算执行情况的报告和2005年财政预算。听取和审议了《阜平县人大常委会工作报告》《阜平县人民法院工作报告》《阜平县人民检察院工作报告》，做出了相应的决议。会议补选陈文禄为阜平县人民法院院长，刘宝山为阜平县人民检察院检察长。

四、第十四届人民代表大会第四次会议

2006年3月22日至24日，第十四届人民代表大会第四次会议在阜平县精神文明建设活动中心举行，出席会议代表161人。会议听取和审议了《阜平县人民政府工作报告》，听取和审议了《阜平县国民经济和社会发展第十一个五年规划纲要（草案）》的报告，审查和批准了阜平县2005年国民经济和社会发展计划执行情况的报告和2006年国民经济和社会发展计划。听取和审议了《阜平县2005年财政预算执行情况和2006年财政预算（草案）》的报告，审查和批准了阜平县2005年财政预算执行情况的报告和2006年财政预算。听取和审议了《阜平县人大常委会工作报告》《阜平县人民法院工作报告》《阜平县人民检察院工作报告》，做出了相应的决议。会议补选王月衡为阜平县人民政府县长。

第四节　第十五届人民代表大会

一、第十五届人民代表大会第一次会议

2007年5月23日至25日，第十五届人民代表大会第一次会议在阜平县文化活动中心召开，出席会议代表166人。会议听取和审议了《阜平县人民政府工作报告》，审查和批准了阜平县2006年国民经济和社会发展计划执行情况的报告和2007年国民经济和社会发展计划。审查和批准了阜平县2006年财政预算执行情况的报告和2007年财政预算。听取和审议了《阜平县人大常委会工作报告》《阜平县人民法院工作报告》《阜平县人民检察院工作报告》，做出了相应的决议。会议选举产生了阜平县第十五届人民代表大会常务委员会组成人员，选举产生了人大常委会主任、副主任5人、委员18人。选举产生了阜平县人民政府县长、副县长7人。阜平县人民法院院长和阜平县人民检察院检察长。

二、第十五届人民代表大会第二次会议

2008年3月26日至28日，第十五届人民代表大会第二次会议在阜平县文化活动中心举行，出席会议代表167人。会议听取和审议了《阜平县人民政府工作报告》，审查和批准了阜平县2007年国民经济和社会发展计划执行情况的报告和2008年国民经济和社会发展计划。审查和批准了阜平县2007年财政预算执行情况的报告和2008年财政预算。听取和审议了《阜平县人大常委会工作报告》《阜平县人民法院工作报告》《阜平县人民检察院工作报告》，做出了相应的决议。会议选举产生出席保定市第十三届人民代表大会代表11人。宋太平、刘宝燕（女）（宋太平、刘宝燕为市就选人员）、孟祥伟、王月衡、王林义、王玉东、杨爱民、吴建利、曹建平、耿喜梅（女）、顾振梅（女）。

三、第十五届人民代表大会第三次会议

2009年1月8日至10日，第十五届人民代表大会第三次会议在阜平县精神文明建设活动中心举行，出席会议代表163人。会议听取和审议了《阜平县人民政府工作报告》，审查和批准了阜平县2008年国民经济和社会发展计划执行情况的报告和2009年国民经济和社会发展计划。审查和批准了阜平县2008年财政预算执行情况的报告和2009年财政预算。听取和审议了《阜平县人大常委会工作报告》《阜平县人民法院工作报告》《阜平县人民检察院工作报告》，做出了相应的决议。补选徐志清为阜平县人民政府县长，孟良辉为阜平县人民检察院检察长。

四、第十五届人民代表大会第四次会议

2010年2月2日至4日，第十五届人民代表大会第四次会议在阜平县精神文明建设活动中心举行，出席会议代表162人。会议听取和审议了《阜平县人民政府工作报告》，审查和批准了阜平县2009年国民经济和社会发展计划执行情况的报告和2010年国民经济和社会发展计划。审查和批准了阜平县2009年财政预算执行情况的报告和2010年财政预算。听取和审议了《阜平县人大常委会工作报告》《阜平县人民法院工作报告》《阜平县人民检察院工作报告》，做出了相应的决议。

第三章　人民代表大会常务委员会

1996—2010年，阜平县历届人民代表大会常务委员均由第一次会议选举产生。1993年，第十二届人大常委会由一名主任，5名副主任，11名委员组成。1998年、2003年，第十三届、第十四届人大常委会由5名正副主任，14名委员组成。第十五届人大常委会由5名正副主任，

18名委员组成。十二至十五届期间，召开人民代表大会常务委员会会议86次（以下简称人大常委会会议）。听取“一府两院”工作汇报324次，涉及政府19个行政部门。根据县委各个时期的中心工作和全县工作，适时做出“关于实行错案和责任追究制的决议”“关于开展第三个五年法制宣传教育的决议”和关于批准“阜平县‘九五’期间—2010年生态农业建设规划”、《关于建立义务植树体系，加速太行山绿化》及关于批准阜平县人民政府编制的《阜平县小康建设规划及实施意见》《关于批准阜平县2010年太行山绿化总体规划》《关于批准阜平县“五三五”扶贫攻坚规划》和《关于继续保持社会稳定，加速经济发展》的决议、决定等93个。

第一节 常委会组成

一、阜平县第十二届人民代表大会常务委员会

阜平县第十二届人民代表大会常务委员会，于1993年3月由阜平县第十二届人民代表大会第一次会议选举产生，阜平县第十二届人大常委会有17名成员组成。主任1名、副主任5名。在6名正副主任中，大中专以上学历2名，高中3名，初中以下1名。平均年龄47岁，无党派副主任1名。1996年1月，人大常委会有正副主任6名，委员10名（1名委员因工作调动辞职）。1997年3月，人大常委会副主任岳士杰、刘金琢因退休辞职。第十二届人大常委会届满时，有14名常务委员会委员组成，主任1名，副主任3名。

阜平县第十二届人大常委会组成人员一览表

表6-3-1

姓名＼项目	性别	职务	政治面貌	任职时间	籍贯	民族
谷凤国	男	主任	中共党员	1993.3—1998.2	阜平县	汉
陈明生	男	副主任	无党派	1993.3—1998.2	阜平县	汉
岳士杰	男		中共党员	1993.3—1997.3	阜平县	汉
刘金琢	男		中共党员	1993.3—1997	阜平县	汉
童银生	男		中共党员	1993.3—1998.2	阜平县	汉
李振秀	男		中共党员	1993.3—1998.2	阜平县	汉
王宗仁	男	委员	中共党员	1993.3—1998.2	阜平县	汉
王梦祥	男		中共党员	1993.3—1998.2	阜平县	汉
许银明	男		无党派	1993.3—1998.2	阜平县	汉
吕瑞学	男		中共党员	1993.3—1998.2	阜平县	汉
辛明国	男		无党派	1993.3—1998.2	阜平县	汉
张保雄	男		中共党员	1993.3—1998.2	阜平县	汉
李福家	男		中共党员	1993.3—1998.2	阜平县	汉

续表 6-3-1

项目 姓名	性别	职务	政治面貌	任职时间	籍贯	民族
杨瑞富	男	委员	中共党员	1993.3—1998.2	阜平县	汉
金玉国	男		中共党员	1993.3—1998.2	阜平县	汉
顾　芳	女		无党派	1993.3—1998.2	阜平县	汉
崔　荣	女		无党派	1993.3—1998.2	阜平县	汉

二、阜平县第十三届人民代表大会常务委员会（1998.2—2003.4）

阜平县第十三届人大常委会，于1998年2月17日由阜平县第十三届人民代表大会第一次会议选举产生，阜平县第十三届人大常委会有18名成员组成。主任1名，副主任3名。在4名主任、副主任中，大专文化的2名，占50%；中专文化1名，占25%；初中文化1名，占25%。平均年龄43.6岁，无党派副主任1名。1999年4月阜平县第十三届人民代表大会第二次会议时，补选刘德龙为县人大常委会副主任。

阜平县第十三届人大常委会组成人员一览表

表 6-3-2

项目 姓名	性别	职务	政治面貌	任职时间	籍贯	民族
陈　兰	女	主任	中共党员	1998.3—2003.4	阜平县	汉
刘德龙	男	副主任	中共党员	1999.4—2003.4	阜平县	汉
童银生	男		中共党员	1998.3—2003.4	阜平县	汉
张清亮	男		中共党员	1998.3—2003.4	阜平县	汉
李尔皂	男		无党派	1998.3—2003.4	阜平县	汉
王金贵	男	委员	中共党员	1998.3—2003.4	阜平县	汉
许银明	男		无党派	1998.3—2003.4	阜平县	汉
孙健全	男		中共党员	1998.3—2003.4	阜平县	汉
杨占省	男		中共党员	1998.3—2003.4	阜平县	汉
杨业荣	女		中共党员	1998.3—2003.4	阜平县	汉
李凤莲	女		无党派	1998.3—2003.4	阜平县	汉
李秀琪	男		中共党员	1998.3—2003.4	阜平县	汉
肖　强	男		中共党员	1998.3—2003.4	阜平县	汉
张保雄	男		中共党员	1998.3—2003.4	阜平县	汉
陈宝霞	女		中共党员	1998.3—2003.4	阜平县	汉
周合云	女		无党派	1998.3—2003.4	阜平县	汉

续表 6-3-2

项目/姓名	性别	职务	政治面貌	任职时间	籍贯	民族
郑永祥	男	委员	无党派	1998.3—2003.4	阜平县	汉
郑建林	男		中共党员	1998.3—2003.4	阜平县	汉
阎保贵	男		中共党员	1998.3—2003.4	阜平县	汉

三、阜平县第十四届人民代表大会常务委员会（2003.4—2007.5）

阜平县第十四届人大常委会，于2003年4月10日由阜平县第十四届人民代表大会第一次会议选举产生，阜平县第十四届人大常委会有19人组成。主任1名、副主任4名（非中共党员副主任1名）、委员14名。

阜平县第十四届人大常委会组成人员一览表

表 6-3-3

项目/姓名	性别	职务	政治面貌	任职时间	籍贯	民族
陈　兰	女	主任	中共党员	2003.4—2007.5	阜平县	汉
孙建林	男	副主任	中共党员	2003.4—2007.5	阜平县	汉
刘邦锦	男		中共党员	2003.4—2007.5	阜平县	汉
陈先贺	男		中共党员	2003.4—2007.5	阜平县	汉
周有军	男		无党派	2003.4—2007.5	阜平县	汉
王　宏	男	委员	中共党员	2003.4—2007.5	阜平县	汉
王耀恩	女		无党派	2003.4—2007.5	阜平县	汉
齐贵喜	男		中共党员	2003.4—2007.5	阜平县	汉
张术田	男		中共党员	2003.4—2007.5	阜平县	汉
李银红	男		中共党员	2003.4—2007.5	阜平县	汉
辛进敏	男		无党派	2003.4—2007.5	阜平县	汉
杨振明	男		中共党员	2003.4—2007.5	阜平县	汉
郑来宽	男		无党派	2003.4—2007.5	阜平县	汉
郑建林	男		中共党员	2003.4—2007.5	阜平县	汉
顾节英	女		中共党员	2003.4—2007.5	阜平县	汉
顾晓慧	女		无党派	2003.4—2007.5	阜平县	汉
韩宝华	男		中共党员	2003.4—2007.5	阜平县	汉
甄天明	男		中共党员	2003.4—2007.5	阜平县	汉
甄金明	男		无党派	2003.4—2007.5	阜平县	汉

四、阜平县第十五届人民代表大会常务委员会

阜平县第十五届人民代表大会常务委员会，于2007年5月25日由阜平县第十五届人民代表大会第一次会议选举产生，阜平县第十五届人大常委会有23人组成。主任1名、副主任4人（无党派副主任1名）、委员18人。本届5名正副主任，全部具备大专以上学历，平均年龄48岁。

阜平县第十五届人大常委会组成人员

表6-3-4

姓名＼项目	性别	职务	政治面貌	任职时间	籍贯	民族
王林义	男	主任	中共党员	2007.5—2010	阜平县	汉
陈先贺	男	副主任	中共党员	2007.5—2010	阜平县	汉
董玉孝	男		中共党员	2007.5—2010	阜平县	汉
周有军	男		无党派	2007.5—2010	阜平县	汉
陈德廷	男		中共党员	2007.5—2010	阜平县	汉
王　宏	男	委员	中共党员	2007.5—2010	阜平县	汉
白喜军	男		中共党员	2007.5—2010	阜平县	汉
齐国花	女		中共党员	2007.5—2010	阜平县	汉
李保杉	男		中共党员	2007.5—2010	阜平县	汉
李银红	男		中共党员	2007.5—2010	阜平县	汉
杨文明	男		中共党员	2007.5—2010	阜平县	汉
杨振明	男		中共党员	2007.5—2010	阜平县	汉
辛进敏	男		无党派	2007.5—2010	阜平县	汉
张术田	男		中共党员	2007.5—2010	阜平县	汉
张新雪	男		中共党员	2007.5—2010	阜平县	汉
郑来宽	男		无党派	2007.5—2010	阜平县	汉
袁　峰	女		无党派	2007.5—2010	阜平县	汉
袁玉璀	女		中共党员	2007.5—2010	阜平县	汉
顾华圻	女		无党派	2007.5—2010	阜平县	汉
顾晓慧	女		无党派	2007.5—2010	阜平县	汉
高明贵	男		中共党员	2007.5—2010	阜平县	汉
阎春江	男		中共党员	2007.5—2010	阜平县	汉
韩蕾梅	女		中共党员	2007.5—2010	阜平县	汉

第二节　常委会会议与办事机构

一、常委会会议

依据《中华人民共和国地方各级人民代表大会和地方各级人民政府组织法》第四十五条之规定，常务委员会会议由主任召集，每两个月至少举行一次。从1996年起，阜平县人大常委会历经第十二届（第四、五次会议）、第十三届、第十四届和第十五届四个阶段，期间召开人民代表大会15次，人大常委会会议86次。听取和审议县人民政府工作报告15个；县人民法院、县人民检察院工作报告15个。听取“一府两院”工作汇报324次，涉及政府各个部门。根据县委各个时期的中心工作和全县工作的布局，适时做出了“关于实行错案和责任追究制的决议”“关于开展第三个五年法制宣传教育的决议”和关于批准阜平县“阜平县九五期间—2010年生态农业建设规划”《关于建立义务植树体系，加速太行山绿化》及关于批准阜平县人民政府编制的《阜平县小康建设规划及实施意见》《关于批准阜平县2010年太行山绿化总体规划》《关于批准阜平县“五三五”扶贫攻坚规划》和《关于继续保持社会稳定，加速经济发展》的决议、决定等93个。

二、办事机构

1996年县人大常委会下设办事机构一室四科：办公室、政法科、代表联络科、财政经济科、教科文卫科。工作人员15人，编制25人。

2002年县委、政府机构改革时，根据上级指示精神和县编办的统一安排，县人大常委会下设办事机构由一室四科改为四室：办公室、法制工作室、代表工作室和财经工作室。人员编制缩减为行政14人，其中为老干部服务人员编制4人，工勤人员编制1人，行政编制9人。2010年5月人大常委会机关实有编制13人。实有干部职工19人。

第四章　主要工作

对“一府两院”（县人民政府、检察院、法院）实施监督，是宪法和法律赋予人大常委会的重要职责。第十二届、十三届、十四届、十五届人大常委会，把监督工作放在各项工作的首位，强化监督意识，加大监督力度，积极探索和改进监督的形式和方法。建立健全监督机制，增强监督实效。逐步形成了完善、有效的监督形式。1996—2010年，共组织13次执法执纪检查和代表考察，对土地管理法、农业法、农业技术推广法、产品质量法、消费者权益保护法、妇女权益保障法、劳动法、义务教育法和环境保护法等30多部法律、法规的执行情况进行了多次有重点的检查。通过检查纠正了行政部门执法不到位和执法人员执法水平不高的问题。保证了各项法律法规在本行政区域的贯彻实施。1996—2010年，人大常委会组织联系代表活动28次。召开各种类型的代表座谈会和恳谈会26次，畅通代表在闭会期间反映社情民意181次。1997年、2002年、2006年，人大常委会领导分片包干指导乡镇进行人大、政府的换届选举工作，使乡镇人大主席团工作走上了制度化、规范化的轨道。

第一节　执法监督

一、执法检查

利用执法检查的形式，加强对司法机关的执法监督。1996—2010年组织执法检查13次。检查审阅公安机关治安卷166件，审阅法院刑事卷93件，民事卷204件，行政案卷87件。

审阅检察院刑诉和免诉卷77件。通过执法检查，减少和纠正办案不公、执法不严、打击不力和以罚代法的问题。对维护全县社会稳定起到了积极促进作用。

二、责任追究

认真落实“两错”责任追究制度，加强对执法人员的执法监督。根据群众反映和申诉，通过对影响较大，有明显执法不公的案件进行真追实究。保证案件审理、执行的公正性，维护法律的尊严。保护了弱势群体的利益，增强了执法人员法制观念和法律意识，减少避免了错案和执法过错的发生。

在加强对司法机关进行执法检查的同时，将行政执法部门的执法情况纳入人大常委会监督之中。利用执法检查形式，对土地管理法、农业法、农业技术推广法、产品质量法、消费者权益保护法、妇女权益保障法、劳动法、义务教育法和环境保护法等30多部法律、法规执行情况进行了多次有重点的检查。通过检查纠正了行政部门执法不到位和执法人员执法水平不高问题。进一步保证了各项法律法规在本行政区域的贯彻实施。通过组织代表对乡镇“七所八站”的执法评议和对县政府组成人员的述职评议，被评议对象受到了教育，增强了评议对象的公仆意识、法制意识、人大代表责任意识、广大干部群众的民主与法律意识。

三、案例

臧某与甄某二人原属阜平县宏祥建筑工程有限公司第六工程处，合伙承揽工程数十年。二人发生财产纠纷后，于2008年12月31日，在公司董事长马某主持和阜平县公证处的全程监督下，对合伙期间的财产进行了等值分割。通过抓阄，臧某分得了A组财产，甄某分得了B组财产，当时双方签订了协议书并经公证处公证。

2009年2月16日，甄某反悔，起诉至阜平县人民法院，要求重新评估平均分割合伙财产，要求臧某支付人民币50万元。阜平县人民法院受理此案后，指定城关法庭审理。城关法庭受理后以本案原告起诉所涉及的财产数额已达到500万元以上，本案一审应由中级人民法院管辖为由，于2009年2月23日做出了〔2009〕阜民初第96号民事裁定，裁定驳回甄某起诉。甄某不服，申请再审。2009年4月14日，保定市中级人民法院做出了〔2009〕保民终字2310号民事裁定，撤销〔2009〕阜民初字第96号民事裁定，指令阜平县人民法院对该案进行审理。阜平县人民法院接到市中院指令后，指定平阳法庭审理，后又指定民二庭审理。5月14日，法院误将不属于臧某的财产查封，9月12日，法院办案人员又查封了宏祥建筑工程公司第六工程处营业场所，从而引发了臧某及第六工程处民工的上访。

上访发生后，县委副书记贡希强，人大常委会副主任陈先贺等领导第一时间赶到信访局共同接待臧某等人，耐心听取信访人的反映，认真解释相关的法律法规，表示坚决以法维护职工的合法权益，严肃追究有关人员的责任，稳定了信访人情绪。随后责成人大常委会监督此案。

县人大常委会组织专门人员调阅案卷，三次听取法院主要领导、分管领导及办案人员汇报。认真研究案情，发现法院在此案的审理中存有三处违法现象：县级法院受理无权管辖的案件；内部管理混乱，法院个别领导置法律的严肃性不顾，随意指定、随意变更，给群众以误导；违背事实，违法查封，办案人员在办案中没有深入调查，偏听偏信，错误查封财产。从而引发了臧某等人的上访。人大常委会要求法院依法公正审理，定期汇报审理进度。

人大监督后，臧某等人的上访虽然得到了平息，但其对立方甄某等人以县委、人大干预为由开始了上访。县人大主管领导以正面接触和侧面做工作的方式，多次劝慰，找律师咨询，多次与双方代表接触，沟通感情，联络友谊，以真情感动人，以友情感化人，最终使对立双方坐在一起，均同意以法解决纠纷，不再上访。

主要参与人：县委副书记：贡希强、人大

常委会副主任：陈先贺

人大法制科科长：王宏

拟稿人：信访局：王宏九

拟稿时间：2010年1月3日

第二节　人事任免与代表联系

一、人事任免

依法任免“一府两院”工作人员，是宪法和地方组织法，赋予人大常委会的一项重要职权。阜平县第十二至十五届人大常委会工作期间，任命“一府两院”工作人员329名，任免人大机关工作人员28名，其中常委会任命代理县长5名，副县长17名，任命法院代理院长3名，人民检察院代理检察长4名。任免政府系统组成人员137名，法院副院长14名，审判委员会委员、审判员、庭长、副庭长91名。任免检察院副检察长9名，检察委员会委员、检察员49名。根据县人民政府提请，先后批准阜平县人民政府关于授予国管局挂职扶贫副县长，政府办副主任李黎、李春杰、刘会堂、张华、郑梦春、李岩、张本忠、原晋察冀日报社社长邓拓之女邓小岚等为阜平县荣誉县民。

二、代表活动

常委会始终把联系代表工作放在工作首位。制定了严格的代表活动制度，建立健全了常委会各项重要活动邀请代表参加制度，向代表通报重要情况制度，常委会组成人员联系代表制度，人大常委会主任、副主任定期接待日制度。每年深入基层和选区进行两次联系代表制度。通过各种不同形式的代表座谈会，走访等形式，广泛听取代表和人民群众的呼声，深入了解民情，充分反映民意，广泛集中民智，保证了人大常委会监督工作的准确性和时效性，提高了人大常委会的决策水平和工作效率。1996—1997年，人大常委会组织联系代表活动3次，1998—2002年，人大常委会组织联系代表活动9次，2003—2006年，人大常委会组织联系代表活动10次，2007—2010年，人大常委会组织联系代表活动6次。1996—1997年，召开各种类型的代表座谈会和恳谈会4次；1998—2002年，召开各种类型的代表座谈会和恳谈会10次；2003—2006年，召开各种类型的代表座谈会和恳谈会11次；2007—2010年，召开各种类型的代表座谈会和恳谈会5次。1996—1997年，为代表在闭会期间反映社情民意31次，1998—2002年，为代表在闭会期间反映社情民意52次，2003—2006年，为代表在闭会期间反映社情民意61次，2007—2010年，为代表在闭会期间反映社情民意37次。

第三节　考察调研与乡镇工作

一、考察调研

考察调研是人大常委会的主要工作，是反映民心、体现民意的具体体现。15年间，人大常委会对县委决策、全县重大工程、执法检查、热难点问题开展考察调研40余次。

1996年，阜平县遭受了最为严重的洪涝灾害，县委发出了“全党动员、甘苦与共、全力以赴、抗洪抢险”的动员命令。针对突如其来的特大洪灾，阜平县人大常委会组织省、市、县三级人大代表深入到灾区、查看灾情、调查研究，及时写出了“全力以赴抗洪抢险，确保人民生命财产安全”的调研文章，县政府审时度势，及时提出了“变大灾之年为大干之年、创业之年”的口号，向全县人民做出四项承诺：绝不因灾饿死一人；绝不因灾病死一人；绝不因灾冻死一人；绝不因灾出现一人乞讨。在县委的正确领导和人大的监督下，统一思想、真抓实干，坚持不懈地开展了“四修”攻坚战，使灾情损失降到了最低点。1998年，按照县委“一年恢复、两年巩固、三年发展”的总体目标。人大常委会到基层查灾情、摸情况。通过考察调研，向县委、县政府提出了“以小流域综合治理为中心内容的山地综合开发”建议案。县政府根据人大常委会建议，实施了“八大基地建设”。2000年，突出山区综合开发这个重点，县委、县政府出台了《关于拍卖“四荒”使用权的意见》的文件，按照县委“每年每户新增一亩果园”的目标要求，扎实开展山区综合开发，到2002年山区综合开发初见成效。2003年，矿产开发快速发展，粉渣、石面对大沙河污染十分严重。部分代表提出了“根治沙河上游的采矿、化工厂、上堡铁厂、龙门大锯等污染源”的建议案。人大常委会及时组织了《中华人民共和国环境保护法》的执法调研，形成主题报告，转交政府。政府对此议案高度重视，责成环境保护局牵头，组成执法检查组定期、不定期巡查。从源头上遏制，保护了大沙河水质。2005年，县委提出了“生态立县、特色兴县、人才强县”发展战略，全县人民在县委的领导下，加强生态资源保护，大搞造林绿化，开发旅游建设。人大常委会根据县委安排部署，组织人大代表到仙人山原始森林景区、天生桥瀑布等景点实地调研，根据阜平县的资源优势，向政府提出了“招商引资，开发阜平旅游资源”的建议案。得到了政府的采纳。2006年，阜平县实施了“十万亩片”大枣示范工程。人大对这项民心工程给予了大力支持，人大常委会组织省、市、县三级代表分成三组对北果园乡、城南庄镇、阜平镇的30多个村进行了详细的调查了解。与村民们商讨“十万亩大枣基地”开发的对策和措施，通过考察调研，提出了“经济效益与生态效益并重，发展以大枣为主产品的林果业”建议案。政府根据人大建议案在实施“十万亩”大枣基地建设中，以扩大规模、提升品质、拓展市场，叫响“中国大枣第一乡”品牌，大力推进产业化经营。2010年，阜平县人大常委会执法调研组对《中华人民共和国人口与计划生育法》《中华人民共和国劳动合同法》，《中华人民共和国水法》《中华人民共和国城乡规划法》《中华人民共和国电力法》进行了执法检查与调研。8月底前，对《中华人民共和国土地承包法》《中华人民共和国行政处罚法》《中华人民共和国赔偿法》《中华人民共和国治安管理处罚法》《中华人民共和国城市房地产管理法》《中华人民共和国药品管理法》等法律法规贯彻实施情况及政府行政执法情况进行执法检查和考察调研。

二、乡镇人大工作

1996年并乡扩镇，全县25个乡镇合并为13个乡镇。为加强乡镇人大依法行使职权，推进全县民主法制进程，实现依法治县，针对基层干部，群众民主与法制意识比较淡薄，机构建制不够完善，民主法制监督不够到位的问题，下大力抓了乡镇人大主席团的机构建设。在全县各乡镇配齐了人大主席团常务主席、副主席。规定了职权范围，完善了工作制度和监督制度。指导乡镇人大主席团依照法律履行职责，开展工作。阜平县第十三至十五届人民代表大会换届选举前的1997年、2002年、2006年，通过人大常委会领导干部分片包干，指导乡镇人大、政府的换届选举工作，逐步使乡镇人大主席团的工作走上了制度化、规范化的轨道。阜平县第十三至十五届人大常委会通过组织人大主席、副主席工作培训，进行法律讲座。邀请乡镇人大主席列席县人大常委会等形式，提高乡镇人大干部的业务水平和工作能力。指导乡镇人大利用村委会换届的时机，大力推进村民代表会议的建设，把村民自治组织，民主监督的触角直接延伸到基层。促进全县各乡镇民主理财，依法治村活动开展，保障各项法律法规在全县范围内贯彻实施。

第七篇 地方人民政府

1996—2010年，历届县政府在县委领导下，认真落实县人民代表大会各项决议，团结和带领全县人民，坚持以经济建设为中心，坚持扶贫与扶志相结合，坚持“输血”与“造血”并重原则，克服困难，共同奋斗，较好地完成“九五”“十五”“十一五”计划各项任务。

15年间，县政府全面落实县委决策，先后实施“脱贫致富”“巩固发展”“山区综合开发”“四大战略”“生态强县”“特色兴县”“人才强县”“生态旅游强县”等重大战略决策。谋划和实施关注民生、发展民生、改善民生的民心工程，为脱贫致富奔小康，为构建和谐、幸福、美好新阜平发挥了重要作用。

15年间，县政府树立执政为民的理念，转变政府工作职能，廉洁从政，依法行政，初步建立适应和促进特色社会主义市场经济发展，功能齐全，结构合理，运转协调的行政管理体系。

15年间，不断深化劳动人事和社会保障制度，逐步建立和完善全员劳动合同制，实行养老保险、医疗保险、失业保险、一体化管理、成立县人才交流中心，建立人才资源市场，强化干部教育培训，建立城镇居民最低生活保障制度和住房公积金制度。民政工作在拥军优属、优抚安置、社会救助和社会事务管理等方面做出了积极贡献。机构编制工作按政策有序开展，民族宗教政策的落实使少数民族与汉族和睦相处。

15年间，针对县情特点，制定“九五”“十五”“十一五”计划与长远发展规划。开展人口普查和农村经济调查。财税改革更加深入，财税收入大幅增加。加强审计组织建设，建立和完善了审计管理体系。国土资源有序开发和保护，安全生产没有发生重特大事故。工商管理和质量监督更加规范，物价平稳，各项工作扎实推进，为百姓提供实惠和方便，对全县经济社会发展起到了促进作用。

第一章　政府组成

1996—2010年，第十二届、十三届、十四届、十五届阜平县人民代表大会选举阜平县人民政府县长6人次，副县长55人次。随着机构改革深入，阜平县人民政府班子更加精干、高效、充满活力。

第一节　政府领导人员

一、1996年，周国庆任阜平县人民政府县长，副县长7名。1997年，第十二届人民代表大会第五次会议补选王秀文为阜平县人民政府县长。

二、2000年，第十三届人民代表大会第三次会议补选潘冬青为阜平县人民政府县长。2002年，第十三届人民代表大会第五次会议补选孟祥伟为阜平县人民政府县长。第十三届人大（1998年至2003年3月）期间，任命副县长10名，其中国管局挂职副县长5名。

三、2005年，第十四届人民代表大会第一次会议选举王月衡为阜平县人民政府县长。第十四届人大（2003年至2007年5月）期间，任命副县长12名，其中国管局挂职副县长2名。

四、2008年，第十五届人民代表大会第一次会议选举徐志清为阜平县人民政府县长。第十五届人大（2007—2010年）期间，任命副县长14名，其中国管局挂职副县长5名。

1996—2010年阜平县人民政府历任县长、副县长名录

表7-1-1

届期＼项目		职务	姓名	政治面貌	籍贯	民族	任职时间
第十二届人代会	1993年3月—1998年2月	县长	曹志刚	中共党员	涞源	汉	1993.3—1993.4
			金殿元（代）	中共党员	容城	汉	1993.4—1994.3
			周国庆	中共党员	顺平	汉	1994.3—1997.3
			王秀文	中共党员	涞水	汉	1997.3—1998.2
		副县长	周国庆	中共党员	顺平	汉	1993.3—1994.3
			周怀钧	中共党员	徐水	汉	1993.3—1998.2
			陈占国	中共党员	阜平	汉	1993.3—1994
			王秀文	中共党员	涞水	汉	1993.3—1997.3
			吕镜千	无党派	江苏	汉	1993.3—1998.2
			李春田	中共党员	阜平	汉	1993.3—1998.2
			耿文金	中共党员	阜平	汉	1993.3—1998.2
			王国义	中共党员	曲阳	汉	1993.11—1998.2
			刘　坡	中共党员	阜平	汉	1994.8—1998.2
			李明凯	无党派	徐水	汉	1995.12—1998.2

续表 7-1-1

届期		职务	姓名	政治面貌	籍贯	民族	任职时间
第十三届人代会	1998年2月—2003年4月	副县长	王秀文	中共党员	涞水	汉	1997.3—2000.3
			潘冬青	中共党员	唐山	汉	2000.3—
			孟祥伟	中共党员	赵县	汉	2002.3—2003.4
			吴从志	中共党员	阜平	汉	1998.1—2003.4
			郭清申	中共党员	博野	汉	2000.11—2003.4
			康 社	中共党员	满城	汉	2001.1—2003.4
			胡占房	中共党员	安国	汉	2001.1—2003.4
			孟祥伟	中共党员	赵县	汉	2001.7—2003.4
第十四届人代会	2003年4月—2007年5月	县长	孟祥伟	中共党员	赵县	汉	2003.4—2005.5
			王月衡	中共党员	定州	汉	2005.5—2007.5
		副县长	王林义	中共党员	蠡县	汉	2003.4—2007.5
			吴从志	中共党员	阜平	汉	2003.4—2007.5
			康 社	中共党员	满城	汉	2003.4—2007.5
			胡占房	中共党员	安国	汉	2003.4—2007.5
			刘 杰	中共党员	阜平	汉	2003.4—2007.5
			魏彦茹（女）	无党派	蠡县	汉	2003.4—2007.5
			王会强	中共党员	清苑	汉	2003.4—2007.5
			王月衡	中共党员	定州	汉	2005.5—2007.5
			朱国栋	中共党员	望都	汉	2006.6—2007.5
			陈志强	中共党员	涞源	汉	2006.6—2007.5
第十五届人代会	2007年5月—	县长	王月衡	中共党员	定州	汉	2007.5—2008.7
			徐志清	中共党员	涞源	汉	2008.7—2010.12
		副县长	董国平	中共党员	繁峙	汉	2007.5—2010
			魏彦茹（女）	无党派	蠡县	汉	2007.5—2010
			朱国栋	中共党员	望都	汉	2006.6—2008.12
			陈志强	中共党员	涞源	汉	2006.6—2008.12
			王保辉	中共党员	定州	汉	2008.11—2010.12
			李贤民	中共党员	阜平	汉	2008.12—2010.12
			陈国志	中共党员	涞源	汉	2008.12—2010.12

第二节　工作机构

一、常设工作部门

1996年，县政府工作机构21个：政府办公室、计划局、经济贸易局、教育局、科学技术局、公安局、司法局、监察局、民政局、劳动人事局、财政局、建设环保局、土地管理局、交通局、统计局、审计局、工商行政管理局、物价局、卫生局、计划生育局、农业局。

2002年，县政府工作机构18个：政府办公室、经济贸易局、发展计划局、财政局、建设局、交通局、农业局、水利局、环境保护局、教育局、公安局、民政局、司法局、卫生局、计划生育局、审计局、国土资源局、人事劳动和社会保障局。

2005年，县政府工作机构18个：政府办公室、发展计划局、教育局、水利局、农业局、公安局、民政局、人事劳动和社会保障局、财政局、建设局、国土资源局、环境保护局、交通局、统计局、审计局、卫生局、安全生产监督管理局、人口和计划生育局。

2006年，成立城乡规划管理局，为县政府工作部门。建设局并入发展改革局，在发展改革局挂牌。

2010年，县政府工作机构18个：政府办公室、发展改革局、教育局、公安局、民政局、财政局、人力资源和社会保障局、国土资源局、环境保护局、交通运输局、水利局、农业局、卫生局、食品药品监督管理局、统计局、审计局、安全生产监督管理局、人口和计划生育局。

二、直属事业单位

1996年直属事业单位7个：档案局、地质矿产局、畜牧水产局、广播电视局、文化体育局、乡镇企业局、水利局。

2002年直属事业单位5个：林业局、广播电视局、文体旅游局、畜牧水产局、扶贫开发领导小组办公室。

2005年直属事业单位4个：林业局、广播电视局、文体旅游局、扶贫开发领导小组办公室。

2007年文体旅游局更名为旅游局，广播电视局更名为文体广电局。更名后的旅游局和文体广电局仍为县政府直属事业单位。

2009年直属事业单位3个：林业局、文化广播新闻出版局、扶贫开发办公室。

三、双重领导（垂直管理）部门

1996年阜平县双重管理机构16个：国家税务局、地方税务局、交通局、气象局、烟草专卖局、邮电局、养路工区、中国人民银行阜平支行、中国农业银行阜平支行、中国农业发展银行阜平支行、阜平工商银行阜平县支行、中国建设银行阜平县支行、供电公司、县联社、石油公司、保险公司。

1998年邮电局划分为邮政局和电信公司。1998年中国人民保险公司阜平支公司划分为人寿保险公司和人保财险公司。

2010年双重管理机构有23个：国税局、地税局、工商局、质检局、气象局、交通局、邮政局、烟草专卖局、住房公积金管理部、养路工区、人行、农行、农发行、银监会、县联社、邮政储蓄、供电公司、联通公司、电信公司、移动公司、人寿保险公司、人保财险公司、石油公司。

第二章　施政辑要

阜平县人民政府在中共阜平县委领导下，1996—2010年实施“脱贫富民”“山区综合开发”“生态立县”“特色兴县”“人才强县”等富民强县发展战略目标。启动并实施“阜平中学整体搬迁”“十万亩无公害大枣示范区”“沙河县城段综合治理”“文化中心”“万金园”“小派山森林公园”“污水处理”“垃圾处理”等民心工程。实现科学发展、提速发展、和谐发展，阜平经济实现了又好又快发展。

第一节 实施“脱贫致富奔小康”战略

一、脱贫致富

1996年，加大扶贫工作力度，全面实施“脱贫致富奔小康”战略。继续实施“五三五”扶贫攻坚计划，按照“突出特点，分类指导，协调发展，整体推进”总体思路，加快脱贫致富步伐。(一）强化种植业开发。持续推进农田水利基本建设，开发荒滩、荒坡、荒地增加耕地面积。通过中低产田改造、水利配套建设改善生产条件。全年完成防渗渠15万米，机井、大口井70眼，改善和扩大灌溉面积1.5万亩，新开发可耕地2000亩，发展吨粮田4000亩，“双千田”2万亩，完成玉米制种5000亩，地膜西瓜1000亩，地膜花生1000亩，新发展大棚菜1000亩。(二）强化林果业开发。围绕山地综合开发重点抓好红枣、苹果、核桃、板栗四大果品基地建设，太行山绿化工程和人均1亩“千元山”建设。发展红枣2万亩，苹果3000亩，核桃1万亩，板栗4000亩，完成绿化20万亩，育苗3000亩，优质率80%以上。“千元山”建设抓了4个试点在全县推广。(三）强化畜牧业开发。在稳定猪、鸡等畜禽发展同时，狠抓鼋鱼、牛、羊、蜂、兔五大基地建设。解决14311人温饱问题、25个自然村通电问题、40个自然村通路问题和3700人的饮水问题。

二、落实“增百创千”计划

1997年，扎实推进扶贫工作，落实“增百创千”(粮食单产过千斤，每亩增收100元）计划。建设城南庄、王林口两个吨粮乡1万亩高产示范区。结合“四修”念好“山水经”。投资投劳建设和完善小流域治理工程、围山转工程和经济沟工程。支持库区开发水面资源，发展水面养殖业。抓住上级大力扶贫机遇，争取更多的支持，管好用好扶贫资金，努力提高使用效益。各级帮扶单位引进项目30多个，引进各类资金2285万元，为贫困乡村办实事90多件，帮助建希望小学8所，救助失学儿童1250名。国管局引进项目3个，资金1090万元，帮扶两个特困村脱贫出列。省管局帮扶北果园乡半沟村引进资金10万元，协调落实各类资金12万元，新建扬水站一座，挖大口井一眼，修防渗渠1400米。河北省经济日报社帮扶吴家庄小学捐桌凳100套。省编办帮扶山咀头村引资7万元。开展“电力扶贫阜平战役”攻坚战，投资1200万元，使40个自然村通电，架设线路191公里，安装变压器25台，解决无电户556户、2015人。市直37个单位帮助特困村引资110万元，市地质矿产局帮扶吴家庄村建希望小学一座。石油化工厂支持骆驼湾村资金5万多元，物折款6万多元。县直机关60个单位帮扶56个贫困村开展“四定三帮一扶”活动，落实资金86万元。落实“二包、六到”责任制。(县六大班子领导包乡镇，县直部门包贫困村，乡村领导包贫困户，领导联系到村，帮扶对象到村，脱贫计划分解到村，扶贫资金安排到村，扶贫措施到户，项目覆盖到户）。全年18个特困村和5个贫困村出列，5296户、21573人脱贫。

1998年，按照“统一规划，择优扶持，捆绑使用，明确重点”原则，各级帮扶单位引进项目12个，引资868万元，修路45公里，建希望小学6所，办实事128件。其中，国管局为大柳树水电站引资630万元，从河北农大引进大枣保鲜技术。省管局协调资金18万元，建成半沟希望小学。省编办引资30万元帮扶山咀头村大搞荒山开发和网箱养鱼。省考试院投入15万元为草垛沟村修路挖渠。市直帮扶集团当年捐赠款物80多万元，市计委、教委、水利局等单位先后多次开展帮扶活动。县直各帮扶单位发挥职能作用，全年扶持科技扶贫示范点20个，培育科技示范户200户，培训农民6000人次。

1994—1998年，通过5年扶贫努力，阜平县"五三五"扶贫攻坚计划实施完成。

三、"八七"扶贫攻坚

在"八七"扶贫攻坚期间，阜平县是国定贫困县，在新一轮国家扶贫开发中，被列为重点县。在国家、省、市帮扶部门的关怀和大力支持下，贫困状况有了根本改变。交通、通信、电力、教育、卫生、广播电视等基础设施建设取得了突破性进展，农民的生产生活有了显著提高。但由于干旱、风灾、雹灾等诸多因素，贫困山区农民的返贫率很高，致使贫困面仍然很大。到2001年全县有174个贫困村，10.84万贫困人口。2002年是《中国农村扶贫开发纲要（2001—2010年）》实施第一年，政府制定印发《阜平县2002—2010年扶贫开发规划》，对今后9年扶贫开发工作做了具体安排部署，对全县的社会帮扶工作进行调整。

工作重点　对全县13个乡镇174个贫困村分三批进行帮扶，第一批2002—2004年扶持55个村；第二批2005—2007年扶持61个村；第三批2008—2010年扶持58个村。

项目内容　主要实施农田水利基本建设、人畜饮水、交通通信、文教卫生、计划生育、生态建设、农业产业结构调整、龙头企业带动、移民搬迁、科技培训与技术推广等九大类扶贫项目。

对口帮扶安排　根据扶贫开发规划要求，对口帮扶工作分三期安排，每期3年，到期调整。

2002—2010年阜平县扶贫开发资金项目统计表

表7-2-1　　单位：万元

项目类型 / 项目分类	资金安排						
	总投资	发展资金	以工代赈	信贷资金	部门资金	帮扶资金	自筹资金
合计	28697	3930	3900	10440	3580	2075	4772
农田水利基本建设	4776	1524	1550	—	740	322	640
人畜饮水	777	144	238	—	155	80	160
交通通讯	6137	1375	1602	—	1700	740	720
文教卫生计划生育	1800	319	—	108	480	333	560
生态建设	2405	—	510	650	505	—	740
农业结构调整	8398	16	—	6822	—	538	1022
科技培训及推广	700	180	—	400	—	—	120
龙头带动	2990	—	—	2300	—	—	690
移民搬迁	714	372	—	160	—	62	120

扶贫措施　为全面落实扶贫规划，县委、县政府把扶贫开发作为中心工作来抓，以扶贫开发工作统揽全局，把扶贫开发措施落到实处。用好用活各项扶贫资金，千方百计提高扶贫效益。

实施异地搬迁　2000—2010年，先后完成3514户、11919人的搬迁。建立移民搬迁新村1个，移民搬迁小区1个，多数搬迁户靠易地搬迁解决温饱，摆脱贫困。

实施社会帮扶　1993年，国务院机关事务管理局到阜平县挂职扶贫，18年间，国管局派干部15任、33名，为阜平引进项目200多个，新技术50多项，资金2亿多元，投入资金2000多万元。省直8个单位先后帮扶21个贫困村，引进项目36个，协调引进资金4210万元，培训农民1360人次。市直40个单位帮扶阜平40个贫困村，市政府办公厅作为帮扶阜平集团牵头单位，定期督促，定期调度，极大调动各帮扶单位的积极性。县委、县政府动员全县67个科局分包贫困村，27名县级领导，每人一个贫困村联系点，县直科局为分包贫困村“建班子、谋路子、投票子”，做到不脱贫不脱钩。

按照“渠道不乱、性质不变、相互匹配、捆绑投入、各记其功”的资金投放原则扶贫 扶贫、财政、计划、农、林、水、牧县直科局围绕“四大支柱产业”，实施科技引路，典型带动战略，扶持扶贫示范园区建设，推进产业化扶贫，提高扶贫资金的使用效益。2002—2004年，投入扶贫贷款830万元，以工代赈资金360万元，发展资金350万元，林业专款1480万元。全县累计拍卖“四荒”（荒山、荒地、荒滩、荒沟）120万亩，打眼放炮360万炮，开发荒山218万亩，建设经济沟323道，栽植各类果树950万株，建大枣万亩片基地6个，核桃、板栗千亩片基地3个。

实施科技扶贫 1996—2010年，投入培训资金3948万元，以县职教中心为主要培训基地完成技能培训21期，转移劳动力4100人。袪斑实用技术培训225期，培训科技明白人1.5万人，乡村干部政策培训班75期，培训1500人次。聘请河北农大教授38名来阜培训80场，受训人员3600人。在农村基层办培训班38期，受训3350人。

实施“幸福工程” 2001—2010年，先后在王林口、吴王口、史家寨、大台、阜平镇、城南庄、北果园等8个乡镇实施救助贫困母亲幸福工程。受助贫困母亲家庭收入由受助前580元达到1000元以上，部分受助对象达到或超过本地人均收入，受助母亲脱贫率90%以上。2005年8月15至18日，全国幸福工程项目交流会在阜平县召开。国家计划生育委员会副主任赵白鸽参加会议并作重要讲话。

1996—2010年，县农业银行投入扶贫贴息贷款6160万元，财政发展基金2040万元，以工代赈资金23069.99万元。

第二节 落实“一年恢复、两年巩固、三年发展”战略

一、“四修”攻坚

1996年8月上旬，全县普降大到暴雨，遭受了1963年以来最为严重洪涝灾害，大量农田和水利设施被冲毁，交通、通讯、电力中断，直接经济损失3.08亿元。

县政府提出“变大灾之年为大干之年，创业之年”，向全县人民做出四项承诺：决不因灾饿死一个人，决不因灾病死一个人，决不因灾冻死一个人，决不因灾出现一人乞讨。

洪灾后，县政府提出举全县之力打赢“四修”攻坚战（修复水毁沙压耕地、修复水毁水利工程，修复水毁道路、修复农民住房）。各级领导干部带头深入第一线，全县乡乡有重点，村村有工程，户户有指标，人人有活干。1996年末，修复水毁沙压耕地1.69万亩，完成6万亩冬小麦播种任务。修复水毁水利工程2413处，修复公路路基246公里，桥梁6座，涵洞31道，新建住房1650间，维修、新建校舍414间。

二、农业开发

抓“大枣、核桃、苹果、板栗等基地建设”，推进大农业开发和农业产业化进程。县委提出“刺槐封顶，干果缠腰，水果铺底”要求，在全县展开林果生产的立体综合开发。扩大大棚种植，大力发展蔬菜种植业。年实现百棚千亩规模，推进农业社会化服务体系建设。在全县推广架好三桥（农民与科技、与生产资料供应、与市场之间的桥梁），完善“八大服务体系”（农扶、农机、畜牧、水产、水利、农副产品销售、生产资料供应、气象预测预报），培育贸工农一体化生产组织形式，农业生产效益有

了显著提高。

1998年，按照“一二三”的思路继续稳定和加强农业，农村经济再上新台阶。

强化农业基础设施，改善农业生产条件。狠抓以“节、打、蓄、引、增”为主要内容的农田水利基本建设，新打机井35眼，机井配套35眼，修建防渗渠10万米，改善灌溉面积0.5万亩。狠抓两岸的堤防加固工程建设，确保安全度汛。

大力推进以农业产业化经营为切入点的农业增转化方略。建成土豆批发市场和华北最大的大枣批发市场。扶持红金贡酒厂、王林口天然食品饮料厂、冷冻厂和外贸进出口、果脯加工等四大集团，新建土豆加工厂1个，发挥其龙头牵动作用。枣树开发5万亩，土豆基地完成2万亩，产量5千万公斤，网箱养鱼、鼋鱼、牛、羊、蜂分别达到1500箱、20万只、3万头、20万只、2万箱的规模。

大搞以小流域综合治理为中心的山地综合开发。积极推广“小花沟开发模式”，荒山治理面积5万亩，荒山拍卖30万亩。

第三节　实施“山区综合开发”战略

一、“四荒”拍卖

2000年，阜平县委、县政府出台《关于拍卖“四荒”使用权的意见》《关于林果业发展的安排意见》，确定“每年每户新增一亩果园”。

由农工委、农业局、司法局牵头，按照拍卖荒山使用权50年不变的政策要求签订合同。2000年全年拍卖荒山10万亩。

二、发展林果业

落实“谁栽树谁所有，谁开发谁受益，完善合同，长期不变”，强化政府服务，抓科技指导，抓示范引导，在全县组织开展“一个科局一道沟”活动。2000年新增果树基地5万亩。2001年新增果树基地4万亩，发展阜平大枣3万亩。引进发展优质核桃0.5万亩，冬枣、梨枣0.3万亩，优质板栗0.2万亩。2002年，完成林果基地4万亩，完成封山育林4万亩，飞播造林4万亩。发展小水窖800个，建设果园水利配套工程13处，完成枣树嫁接200万株、义务植树100万株。

三、农业结构调整

2003年，实施五大工程：城南庄镇福子峪千亩太行山绿化示范工程，王林口至平阳万亩林果基地补植补造工程，阜平镇法华千亩退耕还林杨树带工程，胭脂河城南庄段速生杨工程，东下关乡大教厂2000亩刺槐防护林工程。八大产业带建设：以城南庄和北果园为重点，扩大基地规模，无公害大枣示范面积建设达到5000亩，推广面积1万亩。以龙泉关为重点，苹果基地规模建设达到2000亩，生产无公害绿色苹果150万公斤，完成无公害商标注册。无公害错季蔬菜产业带以龙泉关为重点，种植面积3000亩。脱毒马铃薯产业带以龙泉关、东下关、城南庄为重点，种植面积1万亩，总产达到1.5万吨，订单销售1000吨。山泉黄特色养殖示范区，以王林口为重点，扩大鼋鱼、金鳟鱼、鲟鱼养殖规模，鼋鱼达到35万只。瑞士沙农奶山羊养殖小区以库区、深山区乡村为重点，抓好规模化、标准化的养殖示范点建设，养殖数量5000只。柴鸡养殖示范区以台峪、大台、史家寨等边远山区为重点，走小规模、大群体的路子，年内散养柴鸡达60万只。奶牛养殖示范区以大园、海沿、大连地奶牛养殖小区为重点，发展奶牛养殖，全县养殖奶牛2000头。

第四节　实施“四大”战略

一、调整农业结构

2004—2005年，县政府把农业结构调整作为农村工作主线，发挥林果业基础好、资源丰富、生态环境优良优势，在继续推动山区综合开发基础上，强龙头，抓基地，大力推进农业产业化，提高经济效益，增加农民收入。开发绿色无公害产品，扩大规模，提高质量，打响品牌，占领市场，形成拉动县域经济发展、实现农民增收的特色农业产业。培植农产品深加工龙头企业，组织企业管理者外出参观学习，转变经营方式和经营理念。组建农村专业合作经济组织，培育经纪人队伍，拓宽深加工产品销售渠道。推行参与式扶贫，实施整村推进战略，走开发式扶贫的道路。依据国家扶贫政策，因村制宜抓畜牧养殖、移民搬迁、劳务输出，加快脱贫步伐。

2004年，粮食产量创历史最高水平，达到5.1万吨，脱毒马铃薯产量3.5万吨，无公害错季蔬菜种植面积5000亩，饲草种植2000亩，中药材种植3000亩。全年免收特产税180万元，农业税附加150万元。

2004年，全县工业总产值完成1.5亿元，同比增长24.9%；工业经济综合效益指数100.2%，同比提高9.5个百分点。化工有限责任公司完成产值4571万元，同比增长69.2%；县供电公司累计售电突破1亿度，完成产值2084万元，同比增长68.3%；阜兴建材有限公司累计完成产值1242万元，同比增长13.8%。全年新增个体工商户280家。

二、优化投资环境

社会事业协调发展。2004年全县人口出生率、计划生育率、人口自然增长率达标。“幸福母亲”工程试点工作取得好成绩。主要河流污染得到一定程度的遏制，县城黑烟污染治理取得明显成效。加大生态保护力度，全县植被覆盖率60%，生态环境进一步好转。以提升农村文明程度为主题，文明生态村创建活动扎实推进。深入开展“两抓一保”活动，严厉打击各种刑事犯罪，努力创建“平安阜平”，社会治安状况明显好转。审计和人事管理工作进一步加强，文化、体育、广播电视、金融服务、气象、统计、国防等各项事业取得新进展。

项目建设实现新突破。营造人人抓项目，人人跑项目，上立县大项目氛围。扩大就业，增加全县财政收入。2004—2005年，实施各类项目90个，总投资5.5亿元。其中亿元以上的在建项目2个，千万元以上的项目10个。投资1.3亿元的村村通公路项目，完成投资8200万元，受到市委、市政府表彰奖励。总投资1.12亿元的宗全煤焦有限公司机焦项目，一期工程（3000万元）建成投产。投资9890万元的水电农村电气化项目，完成投资1100万元。投资4500万元的无公害林果产品基地项目，建成无公害错季菜生产基地3000亩，小杂粮基地1万亩，中药材基地650亩。投资1800万元的曲北（曲阳——北果园）公路改扩建工程竣工。投资1800万元的阜平腾达石材资产盘活及技改项目投产。投资3000万元的山珍红力食品公司出口大枣加工项目，一期工程建成投产。投资2200万元的新繁线阜平段维修项目竣工通车。投资1000万元的山泉黄基地扩建项目完成投资700万元。投资1000万元的看守所迁建项目已完成主体工程。投资1634万元的县城电网改造项目，完成110千伏变电站增容扩建工程。

三、城镇建设

2005年，以提升县城品位为重点，结合高速公路建设，聘请有关专家考察论证，按照适度超前的原则，制定县城长远发展规划和近期建设计划。城区管理，在净化、绿化、亮化和文明、秩序上下功夫。堵、疏结合整治蔬菜、修理、食品等经营场所。加强土地二级管理，实行一级垄断，控制路两旁用地，严格按规划审批用地。完成县城北街拓宽改造工程和桥西街拓宽铺油工程。完成投资2000万元的以电代燃项目，投资1700万元的县城电网改造项目、投资3500万元的管道燃气工程项目、投资2000万元的县城供水项目和总投资1000万元的县城污水处理厂项目建设。完成平阳、城南庄、龙泉关三个建制镇的控制性建设规划。完成平阳、城南庄两镇的街道拓宽。推进文明生态村（社区）建设。对旅游景点和中心城镇改路、改厕、改水、改管、改线，对农村和社区环境进行综合整治。

城镇建设。城建投资800万元，完成桥西街、北街拓宽拆迁工程，北沟河大桥建设，党校街和城岗路整修改造。实施县城绿化亮化工程，完成26座彩虹桥统一广告牌设置。开展县城春季和秋冬季绿化活动，栽植各种树木6万余株，建成环城路、东寺街和桥西街三个绿化带。

四、市场建设

加强市场硬件建设 为做大做强支柱产业，采取政府规划、部门服务、多种形式筹建的方式，建设大枣、核桃、苹果、甲鱼、石材、煤炭等产品市场，逐步强化产品市场驱动经济发展作用。

加强市场软件建设 为搞活市场，开展解放思想、更新观念的大讨论，发展专业化市场中介服务机构，规范和发展各类行业协会、商会等自律性组织。

加强依法监督和管理 强化执法部门依法管理市场、服务市场的职能，促进市场规范、有序运作。完善行政执法、行业自律、舆论监督、群众参与相结合市场监管体系，健全产品质量监管机制，严厉打击制假售假、商业欺诈等违法行为，维护良好市场秩序。推进城镇户籍管理改革，按照有关政策改革城镇户籍管理制度，搞活人才和劳动力市场，增强城镇对人力资源吸纳能力，为城镇第三产业发展提供人力资源保障。

五、支柱产业突破发展

林果业 实施太行山绿化工程，大搞造林绿化，2005年完成45万亩。其中大枣25万亩，涉及8个乡镇13万人口。完成退耕还林4万亩，荒山配套0.3万亩，封山育林12万亩，无公害大枣基地1万亩，无公害苹果基地2000亩。

畜牧水产业 2005年，形成以海沿奶牛养殖小区为龙头的奶业经济，以派山蜂业公司为龙头蜂业经济，以山泉黄特种养殖公司为龙头的鼋鱼养殖，以古恒山公司为龙头柴鸡养殖四大龙头经济，涉及59个行政村，4万人。

矿产建材业 建成城南庄、易家庄、麻棚、砂窝、龙门五个石材加工小区。2005年全县矿产建材业完成生产总值4亿元。投资5000万元的瑞隆矿业公司200立方米高炉技改项目投产。投资3400万元的炭灰铺煤矿二期工程开工建设。对县城周边、干线公路两侧5米以内煤场全面清理整顿。

旅游业 2005年投资1600万元，完成阜平天生桥国家地质公园的地质博物馆、公园标志牌等景区配套设施建设，揭碑开园。城南庄晋察冀军区司令部旧址完成改陈布新，2005年正式开馆，列入国家红色旅游规划和全国20大爱国主义教育基地。

第五节 实施“三大”战略

一、生态立县

落实保定市“做大中心、发展南北、保护两翼”战略部署，按照“禁、建、用”发展模式，制定《“十一五”生态建设规划（草案）》和《关于加强森林资源管护的意见》。2006年，完成造林整地4.5万亩，封山育林新封20.7万亩，四旁义务植树90万株，育苗1500亩。建成2万亩片、1万亩片、3000亩片、3000亩片至1000亩片工程9处。大枣“双万亩”示范工程、小派山千亩生态景观林建设，受到省市肯定。2007年3月，保定市委、市政府在阜平县召开全市造林绿化现场观摩暨动员大会，推广阜平经验。深入开展“生态环境综合治理”和“规范整治矿山开采及加工企业双百日”活动，对污染环境、破坏生态的行为进行严厉打击。建立环境质量检测站，实施王快水库水源地及上游保护工程，县内主要河流水质监测纳入日常化管理。狠抓森林防火和禁牧山羊工作，植被得到有效保护。

二、特色兴县

旅游业 编制完成《阜平旅游产业发展总体规划》，召开高规格的专家评审会，绘就“一区三园”“三足鼎立”的旅游业发展蓝图。

制定《关于加快旅游业发展的实施意见》《阜平县旅游资源管理保护办法》和《阜平县农家乐旅游管理办法》，使旅游业的发展有章可循。

招商开发步伐加快。成功签约总投资3亿元的仙人山原始森林旅游景区开发项目。天生桥景区二期工程进展顺利，晋察冀边区革命纪念馆二期正在抓紧运作，吴王口温泉、苍海湖度假区已完成前期规划。总投资5亿元的河北神州丽景生态庄园综合开发项目，初步达成合作意向。

林果业 制定《阜平大枣产业发展规划（2007—2016年）》。

大枣“双万亩”示范工程顺利完成。基地开发1.25万亩、新栽枣树40多万株，实施大枣无公害管理1.5万亩，树体改造60万株。2006年谋划大枣“十万亩片”示范工程。

加快推进果品提质增效步伐。建大枣烘干房20个，完成无公害基地环评认证11万亩，推广大枣无公害管理10万亩。示范点年收获鲜枣1000万公斤，收入2000万元，增收500万元，人均比常年增收1000多元。

加快大枣市场建设。新发展经销户10个，培育专业营销组织1个，完成东城铺大枣市场一期工程建设。

完成“阜平大枣”商标注册工作。2006年11月份，召开的全国果品产业经验交流暨先进典型宣传推介表彰大会上，中国果品基地暨果品产业先进典型评选组委会评为“中国优质大枣基地重点县”。

畜牧水产业 突出发展柴鸡、奶牛，稳步发展甲鱼等特种养殖，养殖规模进一步扩大。2006年，全县奶牛存栏3000头，柴鸡61万只，甲鱼800多吨，虹鳟鱼100吨，牧、渔业产值2亿元。

无公害生产迈出可喜步伐。完成东庄无公害甲鱼生产基地认证换证工作和海沿奶牛养殖小区无公害产地认定工作。3. 建立健全县、乡、村三级防疫体系，确保无重大疫情发生。

矿产建材业 2006年开展4次大规模综合治理行动。查处违法采矿案件87件，拆除房屋119间，扣押捣毁机器76台，断电11家、炸毁采洞16个。处罚违法排污企业22家，规范36家企业排污口，拆除机器100多套。开展声势浩大的“规范整治矿山开采及加工企业双百日”专项行动，取得积极成效。

三、人才强县

新阜平中学建设 2006年5月29日，阜平中学建设工程成功奠基，6月份完成勘探和图纸设计，11月6日完成招投标，11月20日动工。占地164亩，建筑面积33000平方米，工程总投资4000万元。

职教中心争创全国“211”工程取得重大进展 抓住国家在“十一五”期间针对职业教育实施“211”工程的契机，“打破行政区域界限，立足带动辐射周边（太行山区），发展大职教”办学思路，以“建设山区职教典范、河北职教强县、全国职教名县，打造太行山区职业教育龙头”为目标，扎实开展“211”工程争创工作。2006年7月，在省教育厅组织的争创答辩会上，以全省第一的名次出线并上报教育部。10月24日，在全国职业教育半工半读试点工作会议上，被确立为全国107所半工半读试点学校之一，为争创全国百所示范性中等职业学校奠定了坚实基础。

第六节　实施“生态旅游强县”战略

一、打造精品景区

阜平县是著名革命老区，革命遗址众多，生态良好，景色秀丽，被誉为“华北延安”和“太行山明珠”，旅游资源优势得天独厚。1996—2010年，县委、县政府依托资源优势，围绕旅游规划，理顺发展思路，创新发展举措，旅游业从无到有，从小到大，发展成长为四大支柱产业之一，走上了又快又好发展路子。县旅游业从精心谋划到付诸行动，从局部开发到编制总体规划，打造出一红一绿龙头景区，从提出“开发红色土地，建设绿色阜平”宏伟目标到提出“打造一园三区旅游格局”构想，一步上一个台阶，年年上水平，取得明显成效。

实施天生桥景区一二期开发工程，完成“国家地质公园”“国家森林公园”的认定，奠定发展绿色旅游基础。实施城南庄晋察冀革命纪念馆改陈建设，被中宣部列为第三批全国爱国主义教育示范基地，成功打造红色旅游龙头，初步形成红色旅游与绿色旅游相得益彰局面。

二、重点突破

围绕四大特色产业打造亮点，对在建重大项目坚持一事一议，特事特办，确保天生桥三期，十万亩无公害大枣基地、纪念馆二期前期生态旅游名城等项目扩建，确保按期开工。

三、科学定位

立足阜平县依山傍水、碧水蓝天的独特优势，明确“围绕一个定位（太行山区生态旅游名城），发挥两大优势（红色文化底蕴和绿色生态资源），突出三大重点（山、水、路建设），实施四个集团（城容城貌整治、路网建设工程、水系建设工程、基础设施建设）分步推进，实现五大基本目标（环境质量明显改善、承载能力显著提升、居住条件大为改观、现代魅力初步显现、管理水平大幅提高）”的“一二三四五”总体思路。突出“政府主导与市场运作，全面推进与重点突破，县城改造与民生改善”等三个结合；在工作抓手上，突出规划、建设和管理等三个方面；在工作突破上，突出山、水、路等三个关键；在工作推进上，制定分年度实施计划，确定分包领导、责任部门、工作标准和完成时限。县城品位，突出山水特色，彰显文化内涵，引领群众意愿，在全县形成强大的共识。

四、搞好规划

围绕建设生态旅游强县总体思路，县委、县政府在财政十分困难情况下，投资200多万元聘请顶级设计单位编制完成县城总体规划、控制性详细规划及消防、道路交通等11项专项规划，高标准制作三年大变样（2008—2010年）规划展室和县城总体规划沙盘模型，为县城发展提供科学依据，为生态旅游名城建设奠定坚实基础。

多渠汇水，破解筹资难 按照“五个一部分”模式，通过资金整合和财政投资拉动，投入县城建设资金15.72亿元，支撑各项重点工程实施。财政筹措解决一部分，在金融危机和经济低迷的严峻形势下，县财政逐年加大财政专项投入。2008—2010年，县财政拨出1.08亿元用于县城基础设施建设。土地置换解决一部分，通过以地置换，解决太行集贸市场、休闲运动广场等项目建设资金。银行贷款解决一部分，向银行贷款1.5亿元，解决恒和污水处理厂、外环路等项目建设资金不足问题。招商引资解决一部分，成功引进保定金阳、保定一诺、石家庄诚信、奥德燃气工程等项目。吸纳民间资金解决一部分，出让广告经营、城市供热等公共资源，吸纳民间资金1.302亿元安装彩虹桥广告、橱窗、LED显示屏，建成四座集中供热站。

拆旧拓新，破解用地难 启动县城“两轴一环”路网改造，拉大城市骨架，城区面积由4.04平方公里扩展到9.34平方公里，向提高城镇化水平、吸纳和聚集人口的目标推进。加大旧城区拆旧改建力度，采用“六点工作法”，即：思想动员时，脚步勤一点，方法多一点。征地拆迁时，方案细一点，感情多一点。为民解忧时，心肠热一点，责任多一点。使群众在拆迁中得到实惠，资源在拆迁中得到整合，形象在拆迁中得到提升，阜平县城“基础差、空间小、投入不足”的制约得到有效破解。

彰显特色，破解形象“提升难” 发挥“生态环境良好、红色文化厚重”两大优势，以“天蓝、山绿、水清”为主线，按照县城“一城两山（大派山、小派山）一城两河（沙河、北沟河）、一城四区（北城区、南城区、阜东新区、工业园区）”的结构布局，突出山水灵韵，重点建设大小派山森林公园、沙河两岸休闲观光区、高速引线旅游观光带，打造“以山为骨、以水为脉、以红色文化为底蕴，山水交融，红绿相映，生态宜居”的县城特色，有效破解“千城一面”的城建难题，在完善市政功能、提高宜居程度基础上，彰显太行山区生态旅游名城的独特魅力。

五、实施工程

县委、县政府围绕三年大变样建设生态旅游名城五项基本目标，以总投资33.3亿元的二十项重点工程为总抓手，扩大县城规模，改善居住条件，完善县城功能，提升县城品位，确保城市现代化进程第一阶段目标圆满完成。

拉大城市框架，提高承载能力 坚持把路网建设作为拉大县城框架、提高承载能力的重大举措，围绕打造县城“两轴一环”（迎宾路、滨河西路、环城路）大交通格局，谋划实施总投资8300万元的迎宾路、总投资9100万元外环路、总投资2571.8万元的滨河西路、总投资1亿元沙河中桥等项目建设。彻底改变县城道路内不成网、外不成环现状，县城框架进一步拉大，城市承载能力明显提高。

突出山水特色，提升县城品位 按照“让森林走进城市、让城市拥抱森林”理念，集观光、健身、休闲、娱乐为一体小派山森林公园建设工程，完成绿化面积1千亩，建设观光步游路、八角亭、健身休闲广场等基础设施，绘制“山在城中、城在绿中、人在画中”美丽画卷。2010年，谋划实施总投资15亿元小派山森林公园暨阜东新区开发建设项目，完成投资2200万元的阜平文化中心，可容纳1000名观众，填补了阜平县没有大型高档综合娱乐场所空白。依托大沙河穿城而过的独特优势，打造县城滨水空间，建设亲水城市，谋划实施投资3.04亿元沙河县城段综合整治工程，在沙河两侧修建防洪堤坝，河道内修建橡胶坝拦河蓄水，建设水上公园；在沙河两岸实施以绿色休闲观光为主要内容的景观改造工程，建设滨河路休闲旅游观光区，打造县城景观新亮点。项目一期工程已完成河道清淤清障、主河槽开挖，两侧征地拆迁正在实施中。

完善市政设施，增强县域功能 投资3120万元恒和污水处理厂、2800万元的基来安垃圾处理厂、1000多万元的集中供水厂、1.3亿元集中供热等项目已建成。投资5000万元阜平中学项目2010年全部竣工。投资1.6亿元的县城集中供气项目8月份与奥德燃气有限公司签约，已完成投资400万元，完成天然气储配站部分场地平整及重压燃气管线铺设1000米。完成投资510万元县城休闲运动广场基础性工程。

改善居住条件，提高生活质量 按照“单体为景，联合成区”理念，积极推进“三改”（改路、改厕、改水）工程、住房保障及房地产开发工作。总投资1.7亿元、建筑面积10.3万平方米天宇名园城中村改造项目2010年底前3号楼完成主体工程，1号楼完成主体12层建设，2、4号楼正式动工建设。坨梁山林场棚户区44户改造项目已达成团购住房协议，10月底交付使用。投入资金104.2万元，完成对邮电局住宅楼等5个旧住宅小区改造任务。总投资1080万元完成1800户农村危房改造项目，2010年已完成改造1013户。建成廉租住房98套（新建84套、租赁14套），廉租住房保障率100%。2008—2010年，为226户低收入家庭发放住房补贴47.854万元，保障面积7388平方米。2008—2010年，县城房地产开发建设累计完成投资5.42亿元，建成入住的有瑞景新城、瑞景家园、世纪城小区等，新增住房面积30.27万平方米。正在建设的有万金家园、电业小区、通泰怡园、恒泰金苑商住楼等，即将动工实施的有假日兰庭小区、茗清阁二期、阳光丽景等工程。

提升管理水平，展示现代魅力 完成万金园文化广场项目建设，建成高27米抗日革命根据地纪念碑及图书馆、博物馆、展览馆等背景建筑。对周边环境进行改造整治，县城功能进一步完善，阜平县红色文化内涵和城市现代魅力进一步彰显。组织开展煤炭市场集中整治行动，建设并粉刷美化煤场隔离墙1.4万余米。对公路沿线及煤炭市场周边进行绿化，实现保阜高速公路阜平段绿化。组织开展“蓝天行动”攻坚活动。2008—2010年拆除燃煤锅炉16台，规范砂石料采集场6家，超额完成市核任务。大力实施县城环绿工程，累计投资580万元，先后启动小派山、大派山绿化建设，高速沿线、公路沿线绿化带建设，县城重点部位绿化等工程。扎实开展城容城貌综合整治工作，按照“统一规划、统一设计、统一标准”要求，实施县城亮化、美化工程。对主要街道广告牌匾、景观灯进行统一更新。对沿街建筑实施“穿衣戴帽”工程，形成层次分明、效果明显、风格现代县城景观。

第七节 民心工程

一、阜平中学建设

阜平中学是阜平县唯一一所高中教育学校，1996年被确定为河北省重点中学。

1994年，县委县政府开始谋划建设新的阜平中学。2004年，县政府确定新校址一县城北照旺台村。2006年，投资5000万元，征地166.38亩，建综合楼13637平方米，宿舍楼4809平方米，餐厅3825平方米。2009年9月9日，阜平中学整体搬迁新校址。

二、石材小区

2000年，县政府出台《关于建立石材加工小区推动石材加工业发展的实施方案》，决定用三年时间，建成五个石材小区，10月完成选址、起步配套建设。2005年，建成城南庄、易家庄、麻棚、龙门、砂窝五个石材小区，石材加工企业300家，年加工能力500万平方米。截至2010年，累计投资8.3亿元，加工设备2000台（套），生产路基石、墓碑、装饰板材等多种产品，主要销往韩国、日本、俄罗斯、新加坡、意大利等国家，北京、天津、石家庄、太原等城市。石材加工业成为县域经济发展的新兴产业，每年安排农民就业5000人。

三、“十万亩”无公害大枣示范区

2006年，县委、县政府决定，在北果园、城南庄、阜平镇3个乡（镇）24个行政村建设“十万亩”无公害大枣开发示范区。涉及北果园乡东城铺、革新庄、水泉、下家峪、东山、黄连峪、东下庄、小花沟、李家庄、半沟、营岗、光城、固镇、北果园、广安、店房、抬头湾、吴家沟、槐树底；城南庄镇宋家沟、北工、石猴、福子峪；阜平镇的牛栏。

“十万亩”无公害大枣开发示范区建设，从2006年开始实施到2009年完工。原有5万亩枣园按照“树开心、枝拉平；精细管、肥平衡；无公害、质先行”模式进行综合管理。新建5万亩红枣基地，按照“机整地、路上山；窖集水、保抗旱；统一治、分户管；选优种、早丰产”模式开发建设。完成机械开挖水平沟500万米，建成水平条田间作2万亩，栽植枣树200万株。成活率90%以上。

“十万亩”无公害大枣开发区建设，从实施到完成四年间累计投入资金1亿元。具体筹资办法：采取国家投资、农民自筹相结合的方式进行筹集。国家投资部分，用于挖掘机开挖水平沟机械租赁费补贴、修路、建集水窖补贴。农民自筹部分，挖水平沟农民个人出资，购买苗木、农药及个人投劳折款。县每年投资部分，按照“资金统筹、投向不变、捆绑使用、各记其功”原则进行筹集。

经过实施，红枣产量比常年提高50%以上。特一、二级优质果率80%以上。

四、沙河县城段综合治理

沙河县城段综合治理工程，估算总投资3.04亿元，分三期建设。一期为水系建设，形成蓄水景观，主要是建设两道堤防坝，一道拦沙坝、两道橡胶坝、一座溢流堰，施工期为一年；二期为绿化景观建设，在沙河两侧进行绿化、亮化及景观建设，形成绿化景观带；三期为南北滨河路建设，在绿化景观带两侧修建宽30米，长4公里的滨河大道。2010年一期工程已完成主河槽开挖及清淤清障工程，正在进行两侧护岸护坝建设。

五、恒和污水处理厂

恒和污水处理厂位于县城东南3公里处，占地40亩，总投资3120万元。2009年建成投入运营，一期日处理污水1万吨，尾水达到国家一级A标准，县城污水收集率80%以上。2010年通过环保验收。

六、基来安垃圾处理场

基来安垃圾处理场位于县城东北8公里处，总投资2800万元，占地167.4亩，其中填埋区占地88.51亩，总填埋容积91.48万立方米，日处理生活垃圾120吨。2009年8月动工建设，2010年11月通过环保验收。

七、阜平文化中心

阜平县文化中心位于县城中心（原县电影院），占地3.9亩，建筑面积8100平方米，总投资2200万元，可容纳1000多名观众。设计单位保定市城乡设计院（甲级），施工单位保定市建业集团（一级资质单位）。预计2011年9月投入使用。欧阳中石题名“阜平文化中心”。

八、万金园

万金园是阜平县城第一座公园，位于县城东入口处。2005年阜平县政府投资250万元，5月完成征地，8月建成，占地6670平方米。2009年9月动工扩建，投资1000万元，建成高27米的抗日根据地纪念碑、图书馆、博物馆、展览馆。

九、小派山森林公园

小派山森林公园占地面积2平方公里。2005年完成绿化面积1000亩。2009年投资300多万元，硬化上山道路1000米，建设八角亭1座，安装健身器材10件（套），是县城居民登山观光、休闲健身的理想之地。

十、廉租住房

阜平县温民廉租住房位于县城西南大元村。2008年动工，投资546万元，征地1646.8平方米，建筑面积4200平方米，建成84套廉租住房，2010年交付使用。

十一、迎宾路

迎宾路起于县城赵家沟口，止于保阜高速东口，建设投资8384.46万元，全长4公里，路基宽18.5米，路面宽15.0米。2009年拆迁动工，2010年竣工通车。

十二、北外环

2010年，县城北外环动工建设，投资9141.19万元。东起照旺台桥，西至四里庄村，

迎宾路安庄路段

全长3.631公里，路基宽15.5米，路面宽15.0米，二级公路标准，沥青混凝土路面结构。全线建大桥5座，中桥3座，小桥1座，涵洞2道。

十三、水厂建设

2006年，阜平县政府投资1095万元，在城西四里庄村建设新水厂，2008年投产供水。2009年投资160万元扩建，供水规模提高到1万立方米/日，县城建成区供水普及率提高到90%以上，集中供水水质达标率100%。

十四、休闲广场

休闲广场（原操场）位于县政府西200米，建设面积15250平方米，投资550万元，建有花坛、喷泉、舞池等健身场地，环形塑胶跑道、遮光看台、灯光篮球场、羽毛球、乒乓球等运动场地。2007年开始建设，历时4年，2010年12月竣工使用，是阜平县第一个大型休闲广场。

学练广场舞

第三章 综合政务

综合政务主要包括人大议案和政协提案的办理、人力资源、社会保障、民政、机构改革、宗教工作等。1996—2010年，县政府办理人大代表议案、意见和建议115件，人大代表满意率92.7%。承办政协委员提案164件，满意率90.2%。

2010年，全县政府系统干部（不含教师）1087人，其中行政干部513人，事业干部316人，医疗干部258人。

15年间，职称改革，聘任专业技术人员2435人，其中高级140人，中级1144人，初级1151人。民政管理以灾害救济、养老、优待抚恤、农村低保等工作为重点，全面实施惠民政策。社会保障工作深入开展，机构编制改革使政府效能更加优化，宗教工作开展顺利。全县社会稳定、政治安定、人民生活水平不断提高。

第一节 人大议案和政协提案办理

一、领导机构与办理程序

1996年，是第十二届人大和第四届政协会议期间，阜平县人民政府建立了人大议案和政协提案办理机构。1998年2月，人大、政协两会结束后，县政府对县两会提出的建议、批评、意见和提案的内容进行整理分类，确定具体承办单位，由政府办提出拟办意见后送主管县长审批，再交部门办理。按要求成立承办工作领导小组，组长由政府常务副县长担任，副组长由政府副县长，政府办主任担任，政府办与相关单位一把手为成员。发文对承办工作进行安排，下发到各承办单位，要求各承办单位按期办理和答复各位代表、委员，保证办理和答复质量。专门召开交办会议，承办单位的办公室主任参加会议，会上对承办工作进行安排部署，对工作中的具体问题给予解答。在办理过程中，加强督查，及时掌握办理进度，对承办工作给予指导。承办单位在办理工作中，按照县人大、县政府、县政协的要求，深入调查研究，按照国家法律法规政策办理和答复代表委员。能够解决的问题采取措施，尽快解决。对因条件限制，短期内无法解决的问题，列入规划，积极创造条件给予解决，对不能解决的问题客观地实事求是地做出说明和解释。2003年、2007年、2010年因人事变动，阜平县人民政府承办工作领导小组做了相应补充和调整。

二、办理结果

1996—1997年，人大、政协两会期间，阜平县人民政府承办人大代表提出的议案2件，批评、建议和意见57件，办理54件，办理结果代表满意率94.7%。承办政协提案86件，办理83件。办理结果政协满意率为96.5%。

1998年2月至2002年12月，人大、政协两会期间，承办人大代表议案4件，人大代表建议、意见112件，办理108件，办理结果满意率为93%。承办政协委员提案161件，办理152件，办理结果政协委员满意率为95%。

2003年4月，人大、政协两会结束后，县政府承办工作领导小组根据建议、批评、意见、议案分类整理，确定具体承办单位，督促落实。

2003年交通局承办的建议案最多，达12件，局领导班子非常重视，指定一名局长专抓此项工作，办理程序严谨，答复代表函件质量高。主管副局长亲自带领承办人员走访代表，诚恳的征求代表意见，受到了代表们的赞扬，圆满完成县政府交给的承办任务。

县环保局接到赵金红等代表提出的“根治沙河上游的采矿、化工厂、上堡铁厂、龙门大锯、县北沟等污染源”的建议后，引起领导高度重视，为更好地治理污染，采取了以下几项措施：1.要求各生产企业、加工点都要建一个8平方米的沉淀池，待储存满后用车运往指定地点。2.同全部业主签订了保证书，违反受罚。3.组建巡逻队定时不定时巡逻，发现偷排偷放，坚决予以查封。4.完善环评手续，加强日常监管。5.对化工厂主要污染源，由环保局督促，在厂外建污水处理池，冬季对尾气、粉尘进行治理。该建议的办理结果经与代表见面，得到全体代表的好评。

教育界代表提出的“关于在县城三所学校建立教育派出所”的建议。县公安局对该建议认真对待，局党委专门召开专题会议，鉴于成立教育派出所不切合实际的情况，为了维护校园及其周边治安秩序的稳定，为学校师生营造良好的学习环境，制定具体措施：1.制定定期走访制度，对校园及其周边的治安问题集中整治。2.对在校园及周边区域打架斗殴、敲诈勒索、流氓滋扰等侵害师生人身财产安全的案件，及时立案，限期查处。3.由县局内保股指导学校建立内部安全保卫机构，并组建由教职员工或学生组成的校园巡逻队，及时发现问题，解决问题，定期向内保股汇报治安状况。4.结合有关部门，对校园周边影响教学的网吧、摊点进行治理整顿，加大对网吧的管理，严厉查处经营色情网站的违法行为。5.加强联系，及时解决问题，县局将公安机关报警电话（110、7221260）及内保股民警联系电话、主管局长联系电话告知学校，遇到情况或问题，直接与民警联系，也可直接找主管领导解决。教育界代表对公安局的办理结果非常满意。

到2006年12月底，承办人大议案4件，人大意见建议104件，办理人大代表议案、意见和建议103件，人大代表满意率为95%。承办政协委员提案132件，办理125件，办理结果政协委员满意率为94%。

2007—2010年，县政府承办工作领导小组累计承办人大议案8件，人大意见建议116件，办理人大代表议案、意见和建议115件，人大代表满意率为92.7%。承办政协委员提案164件，办理148件，办理结果政协委员满意率为90.2%。

第二节 政府法治工作

一、行政复议、应诉

1996—2010年，县政府受理行政复议案318件，其中维持270件，撤销31件，其他17件。县政府机关行政应诉案件200余件（均审结），经法院判决，维持85件，撤销48件，其他67件。行政复议及时、正确、依法有效地解决行政争议，密切政府与群众的关系，保障行政机关依法行使职权，纠正执法不当行政行为，保护申请人合法权益，为创建和谐社会发挥了重要作用。

二、行政执法监督

1996—2001年，行政执法监督作为政府法制工作的重点，不断得到加强完善。期间，制定完善行政复议应诉、执法监督检查、执法案卷评查、执法证件管理、执法评议考核、执法责任追究、行政许可实施、规范性文件审查等多项制度。2002—2010年，审查政策规范性文件58件，清理废止政府文件296件，经清理确认具有行政执法主体资格单位36个，核发“罚没许可证”36个，核发（备案）行政执法证件1100个，清理确认县级行政许可实施机关36个，全部实施的行政许可项目268项。参加信访听证、价格听证会议10次，协调处理涉法事件100多起。组织开展执法证年度考试、执法案卷评查和依法行政考评活动，深入推行行政执法责任制，深化行政权力公开工作，全县行政执法水平不断提高。

三、法治培训与宣传

1996—2000年，县政府法制办购买省市法制办出版法律书籍，通过自学和集中学习加考试方式，对全县执法人员进行法制培训；配合司法部门在街道、农村进行普法宣传。2001—2010年，利用法制宣传日对执法人员及群众进行法制宣传和培训。利用政府网站公布行政复议流程。通过宣传和培训，宪法及相关法律法规得到广泛普及。人民群众法制观念普遍提高，遵纪守法自觉性和运用法律维护自身合法权益能力增强，各级领导干部法律意识明显增强。依法决策、依法行政、依法管理能力逐步提高。为推进依法治国进程，维护社会稳定，促进经济发展和社会全面进步发挥积极重要的作用。

第三节　人事管理

一、干部队伍管理

（一）干部来源

阜平县干部来源主要是大中专毕业生分配、军转干部安置、招聘录用三个方面。

大中专毕业生分配　1996年，分配大中专毕业生156人，其中行政机关23人，事业75人，企业58人；1997年，分配大中专毕业生162人，事业57人，企业105人。1998—2000年，分配大中专毕业生295人，行政机关24人，事业224人，企业47人。2000年始停止分配大中专毕业生。

军队转业干部　1996—2010年，全县接收军转干部13人，其中营级4人，连级8人，排级1人。按照“妥善安置、合理使用、人尽其才、各得其所”原则，采取指令性安置方法，全部安置到党政机关。完成军队转业干部安置任务。

招聘录用　2001年，大中专毕业生实行市场招聘、自主择业。2006年招收录用8名公务员。2006—2007年，阜中、职中从高校毕业生中招聘教师26名。2010年，接收省市县乡四级联考公务员17名。

（二）干部现状、任免

1996年，全县政府系统干部（不含教师）1073人，其中行政干部675人，事业人员170人，医疗部门228人。2010年，全县政府系统干部（不含教师）1087人，其中行政干部513人，事业干部316人，医疗部门258人。

1996—2010年期间，县委书记、县人大常委会主任、县长、县政协主席和相当于副处级干部由市委管理。

科局级领导干部分别由县委、县人大、县政府任免，县直党群系统、人大、政协、法院、检察院、各乡镇股级干部和县直各单位人事股长由县委组织部任免。政府系统股级干部由劳动人事局任免，报县委组织部备案。

（三）干部培训

1996—2010年，选送60名在职行政及企事业管理人员进行培训，组织77人参加党校函授学习，20人行政管理学院函授学习，200人初任职培训。为适应信息时代发展要求，1996年开始举办微机培训。2000年为迎接中国加入世界贸易组织（WTO），开展WTO知识培训班，培训1031人。举办英语培训班，培训1250人。到2010年底，举办培训班35期，培训3500人。

（四）干部考核

1996—2004年，阜平县干部考核工作实施岗位目标责任管理，每年对机关事业单位进行考核，考核德、勤、绩三方面，干部考核等次分为优秀、称职、不称职；事业单位考核等次分为优秀、合格、不合格。2005—2010年，干部考核工作按照职位和所承担工作任务进行考核，依据考核结果实施奖惩，对工作实绩突出个人给予记三等功、二等功奖励，受奖人员从年度考核为优秀等次人员中产生。

（五）人才交流

1996—2010年，接收大中专毕业生935人，其中中专208人，大专591人，大学以上学历136人。

1996—2010 年阜平县大中专毕业生统计表

表 7-3-1 单位：人

年度	中专	大专	大学以上
1996	7	2	—
1997	6	6	—
1998	3	1	1
1999	5	6	—
2000	41	4	2
2001	52	25	2
2002	26	31	—
2003	10	22	1
2004	11	39	5
2005	4	55	10
2006	12	72	15
2007	11	80	26
2008	12	81	25
2009	2	84	32
2010	6	83	17
合计	208	591	136

二、职称工作

（一）职称改革

职称评聘改革 1996 年，职称评聘工作进行了重大改革，实行评聘分开，即评审专业技术职务任职资格与聘任分开，聘任与工资待遇挂钩，未聘任不挂钩。评聘范围是机关、企事业单位中在专业技术干部岗位上的人员。截至 2010 年底，全县机关、企事业单位已聘任专业技术人员 2435 人，其中高级 140 人，中级 1144 人，初级 1151 人。

职称申报改革 1996 年，职称申报评定工作实行下达申报数额和申报条件双控制。贯彻国务院关于《全民所有制工业企业转换经营机制条例》中有关企业用人自主权的规定文件和国职改办文件《关于当前职改工作有关问题的通知》，落实企业自主设岗、自主评聘、自我管理、自我约束的要求。1999 年，对企业和实行企业化管理的事业单位职称申报评审实行放开，不再下达申报数额。2001 年后职称工作在政策上做了较大调整，事业单位高、中级专业技术职务任职资格评审除正高工、农业技术推广研究员实行下达申报数额外（2006、2007 年鉴于中小学高、中级专业技术人员数量增长幅度较大，为加强职称评聘工作的宏观调控和管理，对中小学高、中级专业技术职务任职资格申报评审，下达申报数额，实行申报数额和申报条件双控制），其他不再下达申报数额。到 2010 年，按照严格标准、放开申报、比例控制、强化管理的工作原则进行推荐申报评定。

（二）专业技术人员继续教育

1996年，组织举办创新能力培训、公需科目知识产权等继续教育培训。到2010年培训22546人，参训率95%，考试合格率99%。

（三）专业技术人员状况

1996年，专业技术人员3389人，其中高级58人、中级851人、初级2480人。2010年底，全县专业技术人员5089人，其中高级263人，中级2851人，初级1975人。

1996—2010年阜平县专业技术人员统计表

表7-3-2　　单位：人

年度	高级	中级	初级
1996	58	851	2480
1997	73	946	2438
1998	88	1011	2433
1999	93	1184	2292
2000	112	1618	1984
2001	112	1848	1980
2002	145	1977	2008
2003	149	2204	1985
2004	155	2326	1966
2005	170	2346	2058
2006	183	2435	2067
2007	192	2564	2022
2008	218	2662	2016
2009	243	2775	1928
2010	263	2851	1975

1996—2010年阜平县专业技术人才结构统计表

表7-3-3　　单位：人

年度	高级农艺师	高级畜牧师	高级工程师	中学高级教师	其他
1996	6	11	7	21	13
1997	6	12	9	23	23
1998	6	12	10	35	24
1999	8	13	10	43	25
2000	8	13	10	43	25
2001	11	13	10	51	27
2002	13	14	11	78	29

续表 7-3-3

年度	高级农艺师	高级畜牧师	高级工程师	中学高级教师	其他
2003	13	14	11	82	29
2004	13	14	11	88	29
2005	15	14	11	101	29
2006	15	15	11	112	30
2007	15	15	11	140	30
2008	16	15	11	163	30
2009	17	15	11	196	30
2010	18	16	11	196	30

1996—2010 年阜平县专业技术人才结构统计表

表 7-3-4　　单位：人

年度	工程师	农艺师	兽医师	主治（管）医（药、护、技）师	中教一级 小学高级教师	其他
1996	43	54	44	97	587	23
1997	44	56	45	122	647	32
1998	46	57	45	142	676	45
1999	48	57	45	162	827	45
2000	52	60	46	173	1242	57
2001	54	62	47	178	1461	58
2002	56	63	47	178	1587	58
2003	60	67	47	180	1803	60
2004	69	69	43	180	1920	57
2005	69	69	43	181	1938	58
2006	71	69	44	181	2021	61
2007	72	70	46	181	2142	65
2008	79	73	63	181	2216	69
2009	82	77	79	181	2306	69
2010	84	81	82	181	2380	55

1996—2010 年阜平县专业技术人才结构统计表

表 7-3-5　　单位：人

年度	助工工程师	助理兽医师	助理经济师	助理农艺师	助理会计师	医师护师	中教二级 小学一级	其他
1996	332	316	371	283	302	262	359	225

续表 7-3-5

年度	助工 工程师	助理 兽医师	助理经济师	助理农艺师	助理会计师	医师 护师	中教二级 小学一级	其他
1997	337	313	374	280	304	259	371	206
1998	334	311	364	281	301	253	372	217
1999	317	294	347	264	284	236	355	195
2000	276	254	308	223	245	196	317	169
2001	277	253	309	225	240	197	321	158
2002	290	259	312	225	241	201	334	156
2003	279	251	311	220	248	193	314	159
2004	263	243	306	213	241	193	317	191
2005	273	254	309	221	249	186	331	235
2006	272	247	301	213	245	190	326	273
2007	267	242	294	208	241	185	320	289
2008	279	243	286	211	243	188	337	259
2009	265	229	272	197	229	174	323	239
2010	270	234	277	197	239	179	328	245

三、工资福利

（一）1996年机关、事业单位工作人员工资制度改革主要以职务、任职年限、工作年限确定工资标准。

2006年7月1日至2010年工资政策按以下标准执行。公务员工资构成：职务工资、级别工资（基本工资）、岗位津贴。事业单位工资构成：岗位工资和薪级工资两项（基本工资）、绩效工资、岗位津贴。机关工作人员分职务工资、级别工资、基础工资、工龄工资四部分组成。机关工人分为技术工人和普通工人，技术工人工资有岗位工资、技术等级工资和奖金三部分组成，普通工人有岗位工资和奖金两部分组成。事业单位工作人员工资制度分为事业单位职员职务工资标准、事业单位专业技术人员工资标准、事业单位技术工人和普通工人工资标准。四类人员工资结构有岗位、职务工资标准和津贴两部分组成。

1996—2006年阜平县机关、事业单位工作人员调整工资标准一览表

表 7-3-6

时间	调整标准
1996年1月1日起	机关、事业单位工作人员增加一级级别工资
1997年10月1日起	机关、事业单位工作人员两年考核合格增加一档职务工资
1998年1月1日起	机关、事业单位工作人员增加一级级别工资
1999年7月1日起	机关、事业单位工作人员调整工资标准

续表 7-3-6

时间	调整标准
1999 年 10 月 1 日起	机关、事业单位工作人员两年考核合格增加一档职务工资
2001 年 1 月 1 日起	机关、事业单位工作人员调整工资标准
2001 年 10 月 1 日起	机关、事业单位工作人员两年考核合格增加一档职务工资
2003 年 1 月 1 日	机关工作人员增加一级级别工资
2003 年 10 月 1 日起	机关、事业单位工作人员增加一档职务工资
2005 年 10 月 1 日起	机关、事业单位工作人员增加一档职务工资
2006 年 7 月 1 日起	机关、事业单位工作人员变动工资标准

2007—2010 年阜平县机关、事业单位工作人员改革工资制度调整工资标准一览表

表 7-3-7

时间	调整标准
2007 年 1 月 1 日起	事业单位工作人员增加一级薪级工资
2008 年 1 月 1 日起	机关公务员增加一档级别工资，事业单位工作人员增加一级薪级工资
2009 年 1 月 1 日起	义务教育学校 2055 名教师实行绩效工资
2009 年 1 月 1 日起	事业单位工作人员增加一级薪级工资
2010 年 1 月 1 日起	机关公务员增加一档级别工资，事业单位工作人员增加一级薪级工资

（二）党政机关、事业福利

离退休金变更情况 根据人事部、财政部《关于机关、事业单位离退休人员增加离退休费的通知》规定，从1997年7月1日起，全县236名离退休人员每人每月增加离退休费20元。从1997年10月1日起，全县236名离休干部晋升一个工资档次的档差，1189名退休人员每人每月增加20元退休费。

根据国办发、冀政办文件精神，全县从1999年7月1日起增加离退休费，216名离休人员每人每月增加120元。1266名退休行政人员按职务分别增加：县级140元，科级110元，科员办事员90元，退休专业技术人员按职务分别增加，副教授及相当职务140元，讲师及相当职务110元，助教及以下90元，退休工人按级别分别增加，技师110元，高级工以下90元。1999年10月1日全县为216名离休人员晋升一个工资档次的档差，1266名退休人员每人每月增加20元退休费。

2000年1月1日起，机关执行冀人发文件。全县为189名机关离休干部，根据本人职务和工作年限，按照新的级别工资晋升表，增加离休费。为1328名机关退休干部每人每月增加20元退休费。1295名机关干部，依据本人职务和工作年限，按照顺延一个级差，厅级45元，科级及以下35元标准增加退休费。

从2001年1月起，根据冀政办文件精神，机关事业单位离退休人员增加离退休费的实施办法规定。全县为离休干部每人每月增加100元。退休人员按下列标准增加退休费：行政人员，县（处）级130元，科级100元，科员及办事员80元；专业技术人员，教授及相当职务180元，副教授及相当职务80元；工人、高级技师和技师100元，高级工及以下80元。

从2001年起，全县为1567名离退休人员年终加发一次性生活补贴。离休干部按本人当年12月份的基本离休费数额增发生活补贴，退休人员按县级（副教授级）500元，其他人员300元标准增加生活补贴。

2001年10月1日起，根据冀政办文件精神，为142名离休人员每人每月增加80元。1384名退休人员按下列标准增加退休费：行政管理人员，处级125元，科级80元，科员及办事员55元；专业技术人员教授及相当职务180元，副教授及相当职务120元，讲师及相当职务80元，助教及以下职务55元；工人、高级技师和技师80元，高级工及以下55元。

从2001年10月1日起按冀人发文件规定，为183名离休人员晋升一个工资档次的档差，1384名退休人员每人每月增加20元退休费。

从2003年7月1日起，按冀政办文件规定，为162名离休人员调整标准，1820名退休人员按下列标准：行政人员，县级80元，科级50元，科员及办事员35元和专业技术人员，教授及相当职务115元，副教授及相当职务75元元，讲师及相当职务50元，助教及以下职务35元，工人、技师50元，高级工及以下35元。

从2003年10月1日起，为161名离休人员晋升一个工资档次的档差，1524名退休人员每人每月增加20元退休费。

自2005年10月1日 起， 全 县 为142名离休人员每人每月增加晋升一个工资的档差。1668名退休人员每人每月增加20元退休费。

2006年7月1日起，根据《河北省机关事业单位离退休人员计发离退休和增加离退休费实施办法》冀政文件规定。

调整计发离退休费标准　离休人员：按本人离休前职务工资、级别工资、岗位工资和薪级工资全额计发。退休人员：公务员退休后的退休费按本人退休前职务工资和级别工资文和一定比例计发。其中，工作年限满35年的，按90%计发；工作年限满30年的，按80%计发；工作年限满10年不满20年的，按70%计发；工作年限满10年的，按50%计发。

事业单位工作人员退休的退休费按本人退休前岗位工资和薪级工资文和一定比例计发。其中工作年限满35年的，按90%计发；工作年限满30年不满35年的，按85%计发；工作年限满20年不满30年的，按80%计发；工作年限满10年不满20年的，按70%计发。

机关工人退职后的退职生活费分别按本人退职前的岗位工资和技术等级工资的一定比例计发。其中工作年限满20年及以上的，按70%计发；工作年限满10年不满20年的，按60%计发；工作年限不满10年的，按50%计发。

从2006年7月1日起增加离退休费，其标准如下：

为机关事业单位151名离休人员增加离退休费。其中：行政管理人员、正处级670元，副处级490元，正科级350元；专业技术人员、副教授及相当职务540元，讲师及相当职务350元。

为1748名退休人员增加退休费。其中行政县处级450元；乡科级275元，科员级办事员180元；专业技术人员、副教授及相当职务400元，讲师及相当职务275元，助教及以下职务180元，工人质量275元，高级工及以下180元。

根据《河北省艰苦边远地区津贴制度实施办法》文件规定：全县属于一类艰苦边远地区，其艰苦边远地区津贴标准为：县处级90元，乡科级及技师以上75元，科员以下高级工以下65元。自2006年7月1日起离休人员按以上标准的100%计入离休费；退休人员按以上标准的85%计入退休费；退职人员按以上标准的60%计入退职生活费。并以执行。到2010年执行标准不变。

伤残抚恤

伤亡认定　《河北省人事厅冀人发》文件规定，认定因公（工）伤亡及比照因公（工）伤亡条件，认定机构，由县及县以上政府成立以人事部门为主，卫生、工会等部门负责人和医疗专家组成的机关事业单位医务劳动鉴定委员会。认定审批权限，县级医务劳动鉴定委员会负责县级机关、事业单位工作人员工伤与职业病的认定审批。因公（工）伤残待遇，按国家和省政府规定的因公负伤待遇。

死亡、优抚 国家机关、事业单位在职和离退休人员死亡后，其遗属享受国家发给的丧葬费、抚恤费、生活困难补助费。

各种假期待遇

年休假 省委办公厅、省政府办公厅发布《关于职工休假问题的通知》(冀办字〔1991〕37号)，休假期间工资奖金及各项福利待遇不变。

探亲假 国务院《关于职工探亲待遇的规定》明确规定探亲条件及探亲假期的待遇。

婚丧假 按原国家劳动总局、财政部《关于国有企业职工请婚丧假和路程假问题的通知》执行。

病事假 按河北省人民政府发布《关于印发国家机关、事业单位工作人员请事假制度暂行规定的通知》规定，试行请假办法及审批事假期间的待遇、违犯请假制度的处理等制度。

产假 国务院第9号令《女职工劳动保护规定》、1988年省政府发布《河北省计划生育条例》规定，婚产假期间待遇。

企业福利

企业离退休人员养老金调整 1999年根据冀劳社文件规定的办法和标准，全县为896名离退休人员调整养老金，并从1999年7月1日执行。1999年《河北省劳动和社会保障厅关于调整企业离退休人员养老金的补充通知》为因工全残人员提前退休人员养老金，每人每月增加40元。2001年7月1日开始执行《河北省劳动和社会保障厅、河北省财政厅关于2001年调整企业退休人员基本养老金有关问题的通知》，全县为1089名企业退休人员退职人员基本养老金按照调整范围，调整标准已进行调整。《河北省2002年调整企业退休人员基本养老金水平方案》全县为1168名企业退休人员、退职人员按照调整范围、普调标准、特殊群体调整标准、低收入群体调整标准进行了调整，并从2002年7月1日执行。《2005年、2006年调整企业退休人员养老金的通知》规定，全县为1418名退休人员调整了养老金，分别从2005年7月1日、2006年8月1日执行。根据《2007年调整企业退休人员养老金的通知》规定，全县为1717名退休人员分别按调整方法类别的标准调整了养老金，均已执行。《2008年调整企业退休人员养老金的通知》规定，全县为2041名退休人员按调整范围、标准和办法调整了养老金，并从2008年1月1日执行。2009年调整企业退休人员养老金的通知规定，全县为2383名退休人员按调整方法、范围、标准和办法，调整了养老金并从2009年1月1日起执行。

关于做好《调整企业离休人员津贴补贴标准等有关问题的通知》规定，全县为63名离休人员及新中国成立前参加革命工作的退休老工人调整津贴补贴标准，并从2009年1月执行。

工伤保险 1996年劳动部发布《企业职工工伤保险试行办法》，1998年河北省制定《河北省贯彻原劳动部〈企业职工工伤保险试行办法〉》实施细则。2004年国务院第5次常务会议讨论通过施行《工伤保险条例》。全县有5236名职工参加工伤保险。2010年工伤保险参保人数5734人，征缴工商保险基金110万元。

四、退休干部管理

1996—2003年，退休人员由原单位管理。2004年，实现了退休人员社会化管理，全县5个社区内，配备人员、电脑、办公桌椅、档案柜等设备，与市信息中心联网。为丰富企业退休人员物质文化生活，宣传社会保险政策，提高社会保险知名度，保障退休人员老有所养、老有所乐，为社区配备了象棋、麻将、乒乓球桌等娱乐设施，丰富了企业退休人员晚年生活。每年对退休人员进行两次生存状况认证，对异地居住退休人员每年邮寄退休人员异地认证表，并由当地社保经办机构或社区（街道）办事处进行认证，然后将认证表邮寄回社保局和社区，杜绝退休人员死亡后继续冒领养老金现象的发生。

1996—2010 年阜平县退休干部统计表

表 7-3-8

年度	在职人员（人）	年征收养老保险费（万元）	退休人员（人）	支付养老金（万元）
1996	4106	340	787	60
1997	4180	253	825	278
1998	4088	341	879	317
1999	4036	298	902	417
2000	4267	294	1010	598
2001	4359	321	907	620
2002	4427	367	1021	640
2003	2673	456	1431	821
2004	2885	593	1651	952
2005	3481	1441	1846	1188
2006	4012	1384	1909	1482
2007	4842	3583	2374	2287
2008	6328	3471	2726	2287
2009	9723	4256	4022	3334
2010	15239	6467	4319	7121

第四节　民政

一、组织机构

1996 年定编 9 人，其中领导职数 3 人（局长 1 人、副局长 2 人），设救济股、募捐办公室、社会事务股、婚姻登记处、财务股等五个股室。2010 年定编 7 人，其中领导职数 3 人（局长 1 人、副局长 2 人，科员 4 人），设办公室和综合业务股，下属烈士陵园、光荣院、社会福利院等 3 个事业单位。

二、基层自治组织建设

（一）村民委员会

1996 年成立“阜平县换届选举领导小组”。1997—2005 年，全县村委会换届选举顺利完成。2006 年完成 202 个行政村如期换届选举，7 个选举程序上存在问题没有如期完成换届选举的行政村，通过深入宣传《村民委员会组织法》，严格选举程序，年内完成换届选举。2009 年培训村干部 418 名，2010 培训村干部 402 名，培训内容主要是怎样当好村干部，怎样管好村务工作等方面知识。

随着村民自治意识不断提高，积极参加本村经济和社会发展规划的制定。村委会对公益事业兴办和群众普遍关心热点问题，提交村民代表会或村民大会讨论决定。财务收支，宅基地审批，育龄妇女生育名单及各种罚款处理等都做到村务公开，张榜公布，接受群众监督。村民对村务公开和民主管理的满意率 85% 以上，村民知情权、决策权、参与权和监督权得以落实。

（二）居民委员会

2002年10月，阜平县在县城成立四个社区，即东寺社区、北街社区、南街社区、北菜园社区。2007年12月增设世纪城社区，5个社区居民委员会由社区管理委员会管理。社区居民委员会按照《中华人民共和国居民委员会组织法》民主选举产生，分别设主任1人，副主任1人，工作人员5人。2010年，建有5个社区居民委员会。

三、优待抚恤

（一）义务兵家属优待

1996—2001年，义务兵家属优待金由乡统筹解决，每户每年300元。2002年，义务兵家属优待金由县统筹，优待标准提高到1000元。2008—2010年，提高到1500元。

1996—2010年阜平县义务兵家属优待金发放统计表

表7-3-9　　单位：元

年份	优待户数	优待标准	合计	年份	优待户数	优待标准	合计
1996	191	300	57300	2004	190	1000	190000
1997	189	300	56700	2005	183	1000	183000
1998	207	300	62100	2006	177	1000	177000
1999	193	300	57900	2007	171	1000	171000
2000	197	300	59100	2008	174	1500	261000
2001	194	300	58200	2009	174	1500	261000
2002	187	1000	18700	2010	150	1500	225000
2003	186	1000	18600	—	—	—	—

（二）资金补助

1998年，建立县优抚医院，有20个床位，2名医生，2名护士，专门为生活困难的优抚对象实行免费诊治并定期巡回下乡为优抚对象看病治疗。1998—2000年，平均每年免费诊治200多人次，减免药费10万元。

1999年，北京市政府对口帮扶阜平资金690万元。其中用于解决优抚对象住房困难150万元，生活困难50万元，大病困难200万元。先后为48个孤老优抚对象新建住房79间，1200平方米，为540户优抚对象的1700多间房屋进行了维修。发放粮食13.5万公斤，衣被2300件，发放临时困难补助8万元，解决427户优抚对象生活困难。2000年，出台《关于在全县建立优抚对象抚恤标准自然增长机制的意见》，首次将优抚对象抚恤补助标准同全县经济和人民生活水平挂钩，使优抚对象生活水平相当或略高于当地群众平均生活水平。2006年，解决重点优抚对象医疗难，在优抚医院实施免费诊治620人，减免药费30万元。2007年，发放优抚补助金316万元，免费诊治优抚对象270人，减免药费11万元。2008年，组织医疗队深入到100户卧床不起重点优抚对象家中，免费义诊，发放药品价值2万元。为1452名重点优抚对象减免药费15万元。2010年，制定《阜平县优抚对象医疗保障实施办法》，为463户优抚对象发放医疗救助款13万元，农村和城镇生活困难残退役军人员发放生活补助金8.9万元。

四、复员退伍军人安置

1996—2001年，城镇退役士兵、专业士官安置实行指令型分配，大多数安排在国有企业。2002年，县国有企业改制后，重点安置在工资有保障的自收自支事业单位。

2004—2005年，由于事业单位满员，全部安排城镇退伍军人上岗有困难，将专业士官和城镇复员士官作为安置重点，其余城镇退伍安置对象由政府发给就业金，自谋职业。2006年，接收城镇退伍军人33人，17名专业士官和复员士官安置到安检局、国土局、劳动就业局、广播电视局，其余16人自谋职业，按上年度全县平均工资的2倍每人23540元标准发给一次性自谋职业金。全县发放376640元。2008年，接收专业士官、城镇复员士官、残疾退役士兵16人，全部安置到事业单位。城镇退役士兵10人，一律自谋职业，每人发放自谋职业一次性补助金30000元，待安置期间生活补助费1440元。2009年，接收城镇退役士兵和专业士兵38人，其中城镇一级士官7人（九级残疾军人1名），三级士官8名，义务兵22名，二等功1名。安置办根据本人志愿和档案记载，定出积分进行双向选择和择优分配，将其中16名专业士官和城镇复员士官，安排到自收自支事业单位。剩余22名城镇退伍士官自谋职业，发给自谋职业一次性补助金每人44000元（上年全县年平均工资21942元的2倍）。发放待安置期间生活补助费每人每月120元，其中义务兵22人按12个月发放，合计31680元。自谋职业补助金和生活补贴两项累计999680元。2010年，完成企业城镇退役士兵下岗失业人员再就业招录工作，100名城镇退伍士兵下岗再就业。

1996年，继全国两用人才阜平现场会召开后，阜平县将鼓励化为动力进一步拓展军地两用人才市场，施展其用武之地。根据所学到的一技之长，各级政府、社会组织牵线搭桥，安排就业。1996—2010年，全县有1980人靠一技之长就业，其中1420人摆脱贫困成为富裕户，120人走上村级和企业领导岗位。北果园乡细沟村退伍军人李振奎，利用在部队当卫生员学到的医务知识，经卫生部门批准创办家庭医院，方便村民看病，免费为特困户治疗，方圆数十里传为佳话。被省卫生厅评为“卫生战线医务标兵”。

五、灾害救济

1996年，阜平遭受1963年以后最为严重的洪涝灾害，灾情发生后，县委政府立即组织全县人民大力开展生产自救，整修梯田8000亩，改补种粮食4.2万亩，发动全县人民积极抢修道路、水利设施和被冲坏的房屋。电力、通讯、交通迅速恢复，将损失降到最低。

市政府拨800万元救灾款，发往各乡镇灾区。对重灾村、重灾户予以重点救济，龙泉关镇印钞石村郝守明家遭泥石流袭击，冲毁水泥浇筑房5间，淹埋死亡2人，政府送去救灾款20000元。

各地向阜平灾区伸出援助之手。承德、唐山等地先后送来玉米50吨，小麦40吨，面粉50吨，棉被5000条，棉衣5000套，塑料布20捆。市政府还将国家事务管理局、保定市南市区等单位列为帮扶阜平灾区的重点单位，职工和市民捐来单衣、棉衣、毛衣21万余件，鞋1000双，毛毯100条，肥皂200箱，以及学生用品书包、笔盒和儿童玩具。民政局干部职工连夜卸车，造册登记，接受捐物，将物品及时送到灾民手中。

2006年6月12日，大沙河上游突发水质污染事件，一辆载80吨煤焦油的油罐车，行至阜—繁公路交接路段时侧翻，约60吨煤焦油流入河中。县委、县政府立即组织当地民众和县直各部门投入到排污抢险中，利用挖掘机、推土机沿河筑坝、挖沟分流。市局拨款10万元救灾款，50顶救灾专用帐篷（折34万元），县级投放200条棉被，发放到各坝站点。200多人经过11天连夜奋战，拦截污水下泄，使县城和下游饮水免受污染。

2008年，汶川“5·12”大地震以后。全县积极开展“献爱心”募捐活动。由民政局牵头协调，向社会公布捐赠账号、联系电话、接受群众捐赠。阜平县人民发扬老区精神，前后两次向四川平武县地震灾区捐款1156万元，排名全市第三位。炭灰铺煤业责任有限公司捐款100万元，阜平化工责任有限公司捐款50万元。

2010年5月后持续干旱。大沙河、平阳河、胭脂河、板峪河、鹞子河等五条主要河流断流，

11座小型水库水量减少，有的干枯，地下水位下降1～2米。长时间持续高温，7月29日达到39.2摄氏度，600万株枣树落果，5330公顷农作物严重受灾，60多个行政村缺水，2.1万人吃水困难，300头大牲畜无处饮水。进入7月后天气又变化无常，7月10日晚8点，6个乡镇遭受大风冰雹袭击。北果园乡的水泉、魏家峪、古洞、东下庄、小花沟等村受灾最为严重。枣果全部被砸光，树叶全部被砸掉，7730亩农作物全部被毁灭。史家寨、大台、台峪、王林口四个乡的玉米被大风吹到，有近一半被折断，受灾面积16695亩，直接经济损失900万元。民政部门先后向灾民发放救灾款163万元，面粉500袋，棉被1500条，安置灾民生活。

为及时准确通报灾情，及时有效开展救灾救助，2006年，县局建立救灾信息网络，出台《阜平县灾害紧急预案》，建立救灾储备库。灾情发生后，能立即做出应急反应，使救灾款物能及时送到灾民手中。

1996—2010年阜平县发放救灾款物一览表

表7-3-10

年份	救灾款数（万元）	救灾物品数
1996	800	面粉50吨、小麦40吨、玉米50吨、棉被5000条、棉衣5000套、各类衣物21万件、塑料布20捆
1997	30	棉被300条、棉衣5000件
1998	15	棉被200条、棉衣200件、面粉200袋
1999	20	面粉200袋、棉被150条
2000	40	面粉150袋
2001	45	面粉260袋、衣服0.8万件
2002	35	面粉300袋
2003	60	衣服2万件、面粉250袋
2004	95	棉被150条、衣服1万件、面粉200袋
2005	120	棉被200床、衣服1万件、面粉300袋
2006	195	救灾帐篷50顶、棉被200条
2007	147	面粉350袋、棉被550条
2008	100	棉被1500条、棉衣1200件、棉裤1000条、童装1000件
2009	100	面粉500袋、棉被300条
2010	163	棉被1500条、面粉500袋

六、社会救济

（一）临时救济

对一些突发火灾交通事故、残疾、疾病等造成家庭经济重大损失和人员伤亡事件，验灾后进行临时救济。1996—2000年，临时救助853户，发放2.57万元。2001—2005年，救助1791户，发放9.4万元。2006—2009年，救助4039户，发放24.3万元。社管会东寺村李冬伟，2010年家中失火，烧毁房屋和屋内物品，损失15万元，发放5000元救灾款进行临时救济。砂窝乡黑印台村贾建林家遭受雨后滑坡，住房山墙损坏，无力维修，发放1500元救灾款予以临时救济。2010年阜平县城乡临时救助515户，发放25万元。

（二）退职职工生活救济

2004年1月1日起，对60年代精减退职职工40%的救济标准在原有基础上，每人每月提高40元，所需经费由县财政负责解决。2010年四季度末为62人，年发经费4.3万元。

2008—2010年阜平县精减退职职工40%生活救济季发情况统计表

表7-3-11　　单位：元

项目／年份	第一季度		第二季度		第三季度		第四季度	
	人数	款数	人数	款数	人数	款数	人数	款数
2008	61	10169.58	62	13684.38	62	10337.58	66	11213.58
2009	66	11213.58	66	11213.58	64	11033.58	64	11033.58
2010	64	11033.58	64	11033.58	62	10600.26	62	10660.26

七、社会福利

（一）五保供养

1996—2005年，五保（保吃、保住、保医、保葬、保穿）供养费用从救济款中资助一部分，村集体供给一部分解决。2006年3月，国家《农村五保供养工作条例》发布，1797名五保对象由农村户口转为城镇户口，纳入低保救济范围，按人按月发放保障金。根据自愿原则，53人由敬老院集体供养，1744人由亲属、社会分散供养。2008年，农村五保2363人每人每月享受120元生活补助。2009年2月，由县财政统一开户，五保对象每人一折，财政拨付给县信用社，再打到个人存折上。2010年全县有五保对象1859人，其中分散供养1797人，集中供养62人，集中供养率3.4%，供应标准分散为每人每月160元，集中供养为每人每月230元，全年累计发放五保供养金256.4万元，做到因保必保，按标施保。

（二）敬老院

1996年，全县有敬老院2所，寿长寺敬老院和台峪敬老院，年底住院老人数为16人。1999年，新建平阳敬老院一所，占地面积1900平方米，设床位40个，服务4个乡，36个村。2003年，寿长寺敬老院迁至吴王口村，占地面积960平方米，设床位10个，服务3个乡，5个村。2005年，新建史家寨乡敬老院，占地面积1750平方米，设床位50个，服务6个乡，11个村。2006年，王林口建敬老院。2010年，完成对台峪乡敬老院的改扩建，占地面积1500平方米，建筑面积540平方米，房屋18间，床位30个，服务3个乡，18位老人入住。2010年底，全县敬老院5所，住院人数120人。

2000年11月，敬老院给老人过生日

（三）光荣院

1996年，光荣院老人月生活标准为90元，加上其他收入实际达到350元，2002—2010年，生活标准为240元，实际可达到450元。2000年5月，县政府动工兴建阜平县光荣院。该院位于阜平县烈士陵园东侧，占地面积3000平方米，建筑面积1300平方米。建成独立楼房一座，房屋54间。设床位100张，总投资231.6万元，其中100万元由北京市援建。新建光荣院设有娱乐室，图书室，医务室，药房，餐厅，会议厅，荣誉室，健身房，洗浴间。2010年，院内入住老人23人，其中抗日战争时期和解放战争时期入伍老复员军人17人，建国时期2人，伤残军人4人，老烈属1人。配院长1人，服务人员4人。2000—2010年，先后入住老人67人，送终44人。年龄最长的齐万亮寿终为96岁。住院老人心情愉快，高寿，晚年幸福。1997年和2009年两次被省命名为“甲级光荣院”。

2000年10月，在光荣院举办的活动中，老人们自娱自乐

（四）福利院

2005年，阜平光荣院改建为“阜平县福利院”。建院宗旨：为老人、残疾人、孤儿和收留的弃婴提供养护、康复、托管等服务。福利院占地面积4000平方米，房屋51间，建筑面积1200平方米。福利院设院长1人，工作人员6人。经费来源由国家供给，生活标准每人每月200元。2005年养护老人2人，残疾康复治疗3人，托管弃婴2人，孤儿3人。2006年养护老人3人，残疾康复治疗6人，托管弃婴2人，孤儿3人。到2010年累计养护老人30人，残疾康复治疗40人，托管弃婴12人，孤儿20人。

（五）福利彩票

2009年7月，彩民观看开奖号码走势图

1996—2010年，福利彩票销售类别有两种：一种是电脑福利彩票；一种是即开式福利彩票。销售方式也分为两种：一种是内部组织力量发动，宣传，庙会销售；另一种是网点销售。1996—2000年，有县城两处、乡下两处（城南庄、平阳）销售。2001年后，销售网点逐年增多，县城增加4处，乡镇增加西庄、王林口、河口、砂窝、龙泉关、东下关、大台、台峪、夏庄、北果园等10处。2010年，全县有销售网点18处，销售额和募集福利基金快速增长。2007年，销售福利彩票为240万元，募集资金24万元。2009年，销售彩票为1100万元，募集福利资金110万元。2010年，销售彩票860万元，募集福利资金86万元。

2001—2010年阜平县福利彩票销售统计表

表7-3-12

年度＼项目	销售额（万元）	募集福利基金（万元）	年度＼项目	销售额（万元）	募集福利基金（万元）
2001	15	0.15	2006	86	8.6
2002	20	0.2	2007	240	24

续表 7-3-12

项目 年度	销售额（万元）	募集福利基金（万元）	项目 年度	销售额（万元）	募集福利基金（万元）
2003	25	0.25	2008	370	37
2004	30	0.3	2009	1100	110
2005	30	0.3	2010	860	86

八、婚姻登记管理

1997年1月1日起，婚姻登记由乡镇管理登记收归民政局管理登记。民政局设婚姻登记处，配置4人。婚姻登记处设在政府大院，办公地点狭小，设备简陋。1999年，落实保定市婚姻登记规范达标要求，将婚姻登记处由政府迁到县农机大楼。办公面积由10平方米增加到70平方米，设登记室、照相室、婚前教育室、服务室、档案室。随着办公条件改善，服务项目增多，顺利达到河北省婚姻登记一星级标准。

2002年，原租赁农机公司的房间由于农机公司需要，婚姻登记处再次搬迁政府大院，迁至司法局大楼。2003年2月，从司法局迁回民政局办公楼。婚姻登记集中管理后，早婚登记得到遏制，但违法婚姻依然存在。每年组织力量深入乡镇村对私婚进行查处，使违法婚姻逐年减少。

2010年，婚姻登记处迁至县城中兴街，总面积190平方米，按照河北省标准化窗口建设要求，投资36万元对房屋进行建设装修。按标准要求设置侯等室、婚前教育室、结婚登记室、离婚登记室、颁证室、档案室、服务室等7室。实现结婚登记与离婚登记分室管理。购置微机5台，传真机1部，电话机1部，在侯等厅安装空调。服务硬件添置摄像机、照相机、打印机、复印机、电视机，首次实现婚姻登记全方位服务。全年结婚登记1683对，离婚登记281对。登记合格率100%。

1996—2010年阜平县婚姻登记统计表

表 7-3-13　　单位：对

年度	结婚	离婚
1996	1497	28
1997	1530	32
1998	1610	46
1999	1580	57
2000	1446	41
2001	1410	42
2002	1620	42
2003	1480	49
2004	1460	49
2005	1540	72
2006	1669	146

续表 7-3-13

年度	结婚	离婚
2007	1580	189
2008	1691	227
2009	1766	266
2010	1683	281

九、殡葬管理

1996 年，根据阜平山区特点，倡导新风俗，引导人们不占耕地，上山深埋，节约耕地，节约丧葬开支。2002 年，农村红白理事会逐年增多，谁家人员过世后都聘用专业人员处理丧葬事宜，减轻丧主压力。

十、城乡居民最低生活保障

（一）城镇低保

1998 年，实行城镇居民最低生活保障制度，对在职职工、下岗职工、离岗人员、离退人员、失业人员以及其他人员进行保障。2006 年，保障户数 3882 户，5455 人，其中在职职工 126 人、下岗职工 1193 人，离退人员 5 人，失业人员 829 人，三无人员 1397 人，其他人员 1905 人，全年发放保障金 315.5 万元，人均补差为 47 元。2008 年 146 元，2010 年 260 元，人均补差 2008 年 118 元，2010 年 127 元。

2006—2010 年阜平县城镇居民最低生活保障统计表

表 7-3-14

区分 年度	低保对象占非农人口比例（%）	低保总户数（户）	低保总人数（人）	累计支出（万元）	人均补偿（元）	低保标准（元）
2006	12	3882	5455	311.5	47	137
2007	9	3382	5455	656.3	72	142
2008	12	3382	5455	681.8	125	146
2009	9	2025	4220	569.16	116	225
2010	9	2419	4402	656.3	127	260

（二）农村低保

2005 年 11 月，启动农村生活最低保障救济，将全县 3430 户，4036 人，年人均收入低于 600 元特困户全部纳入农村低保，保障金额每人每月发放 12 元。2377 名“三孤人员”由农村户口转为城镇户口，纳入最低生活保障对象。其中孤老户每人每月保障金额 70 元，孤残户每人每月保障金额 60 元，孤儿每人每月保障金额 60 元，按月发放。2006 年，全年发放 58.3 万元。2007 年，人均补差由 2006 年的每人每月 12 元提高到 18 元，11 月份提高到 25 元，保障面 3%，年底保障金额累计发放 93.8 万元。2008 年，保障标准 746 元，保障户数 4320 户，保障人数 4063 人，保障面 3%，6 月份前人均补差为 32 元，7 月份后提高到 42 元。2010 年，保障标准 1300 元，保障户数 3882 户，5560 人，保障面 3%，人均补差由 42 元提高到 60 元，全年保障金额 315.6 万元。

2005—2010 年阜平县农村低保发放统计表

表 7-3-15

年度	保障标准（元）	保障户数	保障人数	保障面（%）	人均补差	累计支出（万元）
2005	600	3430	4063	2.2	12	9.7
2006	600	3430	4063	2.2	12	58.3
2007	700	4320	4063	3	25	93.8
2008	746	4320	5400	3	42	250.84
2009	870	1828	3122	1.7	42	159.2
2010	1300	3882	5660	3	60	315.6

（三）医疗救助

1996—2005 年，乡镇、农村医疗救助还不够完善。2006 年，组织力量对各乡镇药费在万元以上生活困难户进行调查摸底，根据调查发放医疗救助金 11.5 万元，使 369 户因病致贫家庭得到有效救助。2009 年，阜平县人民政府制定《城乡医疗救助实施办法》，对困难群体实施医疗救助。办法明确规定阜平县城乡医疗救助资金使用范围，申请办法和审批程序。规定对所有五保对象和农村低保对象参加新农合的个人承担部分给予全面补助，对患有大病、慢性病特困家庭分情况给予不超过 3000 元临时医疗救助。

2009—2010 年阜平县医疗救助情况统计表（一）

表 7-3-16

区分 年份	城镇							
	总人数（人）	直接救助（人次）	住院（人次）	门诊（人次）	总款数（万元）	直接支出（万元）	住院支出（万元）	门诊支出（万元）
2009	1120	1120	220	900	40	40	22	18
2010	5270	1070	590	4200	79.5	71.1	51.1	20

2009—2010 年阜平县医疗救助情况统计表（二）

表 7-3-17

区分 年份	农村								
	总人数（人）	直接救助（人次）	住院（人次）	资助新农合人数（人）	总款数（万元）	直接支出（万元）	住院支出（万元）	门诊支出（万元）	资助新农合（万元）
2009	1108	1108	388	—	43.18	43.18	31.18	12	—
2010	8290	1790	1080	6500	156	143	108	35	13

十一、区划地名

（一）行政区划

1996年2月，实行合乡扩镇。将槐树庄乡、龙门庄乡并入阜平镇，岔河乡并入城南庄镇，东城铺乡并入北果园乡，东北庄乡并入平阳镇，寿长寺乡并入吴王口乡，上堡乡、百亩台乡并入砂窝乡，西庄乡并入王林口乡，柏崖乡并入大台乡，段庄乡、葛家台乡并入史家寨乡，龙泉关镇、东下关乡、台峪乡、下庄乡未动。合并前全县21个乡（西庄、王林口、槐树庄、龙门庄、东城铺、北果园、东北庄、台峪、砂窝、百亩台、上堡、吴王口、寿长寺、柏崖、段庄、葛家台、大台、东下关、史家寨、下庄、岔河）4个镇（城南庄镇、阜平镇、平阳镇、龙泉关镇），合并为9个乡（王林口、台峪、北果园、史家寨、吴王口、东下关、大台、砂窝、下庄）4个镇（阜平镇、城南庄镇、龙泉关镇、平阳镇）。

2002年10月，撤销城关居民委员会，建立阜平县社区居民管理委员会。社管会下属五个社区居民委员会：南街社区居民委员会、北街社区居民委员会、东寺社区居民委员会、北菜园社区居民委员会、世纪城社区居民委员会。区域划分：南街片为南街社区，北街片为北街社区，城北北菜园片为北菜园社区，城东东寺片为东寺社区，城南世纪城片为世纪城社区。

2009年8月25日，东下关乡更名为天生桥镇，下庄乡更名为夏庄乡，至此阜平县为5镇8乡209个行政村1163个自然村。5镇是：阜平镇、城南庄镇、龙泉关镇、平阳镇、天生桥镇。8乡是：王林口、台峪、北果园、史家寨、吴王口、大台、砂窝、夏庄。阜平镇辖30个行政村，224个自然村；平阳镇辖22个行政村，87个自然村；城南庄镇辖21个行政村，204个自然村；龙泉镇辖12个行政村，59个自然村；天生桥镇辖13个行政村，74个自然村。吴王口乡辖13个行政村，46个自然村；砂窝乡辖15个行政村，94个自然村；夏庄乡辖5个行政村，82个自然村；大台乡辖9个行政村，71个自然村；史家寨乡辖14个行政村，95个自然村；台峪乡辖8个行政村，73个自然村；北果园乡辖27个行政村，102个自然村；王林口乡辖20个行政村，57个自然村。

（二）地名管理

1996年县城街路设标15块。2007年在县城街路设标34块，国道、省道、市道设置村牌66块。2010年对全县各类地名标志进行清理规范，县城路街、胡同、桥规范为中兴街、南街、北街、小北街、府前街、桥东街、桥西街、陵园街、东寺大街、秀水街、胡子沟街、高尖街、党校街、康复路、城岗路、环城路、赵家胡同、胡北胡同、东大桥、西大桥。完成设置城区和5个镇（阜平镇、平阳镇、城南庄镇、龙泉关镇、天生桥镇）的街、路、巷标牌160块，城区街路门牌1800块，农村街路牌400块。完成更新城区门户牌4800块，农村门户挂牌47740块，村设牌209块。完成209个行政村的农村地名规划，绘图209张，开通阜平县地名网站，录入地名信息，实现与省市联网。

（三）勘界

1996年根据《行政区域界线管理条例》要求，为确保行政区域界线联合检查工作顺利开展，结合工作实际，双方县研究，共同制定行政区域界线联合检查工作实施方案，深入了解该界线基本情况。两县成立联合检查组，负责联检工作组织实施和重大问题协调处理，明确检查范围和内容。1997年，双方县到实地进行联合检查，确定县界边界交汇点，签订协议书。检查工作结束后，召开联检会议，交流检查情况，编写签署联合检查记录。有关联检资料汇总后，上报市勘界办公室。

2001—2002年，按照民政部《关于贯彻落实开展平安边界建设意见的通知》，开展平安边界创建活动。从源头上预防、减少新的边界纠纷发生，把矛盾纠纷解决在基层，实现界线附近地区的长期和谐稳定。严格按照河北省人民政府勘界工作领导小组《关于河北省县级行政区域界线勘定办法》及《河北省县界行政区域界线勘界测绘技术规定》的要求，认真做好行政区域界线联合检查各项工作。通过联合检查宣传勘界和行政区域管理有关政策，保持界桩位置明显易见，界线走向清晰，及时发现，及时正确解决联检中发现的问题，维护行政区域界线附近地区社会稳定，建立平安边界。

2006—2010年，对同边界接壤的山西省五台县、繁峙县、灵丘县双方绘制图界，裁定县桩，对边界进行进一步确定，并签订协议书。

1996—2010年，对全县307.1公里的省、市、县界勘察结果为：

县界4次。阜平—涞源、阜平—唐县、阜平—曲阳，全长93.6公里。

市界2次。灵寿—阜平、平山—阜平、行唐—阜平，全长86.5公里。

省界2次。阜平—五台、阜平—繁峙、阜平—灵丘，全长127公里。

十二、拥军优属

1996年后，阜平驻军逐年减少，2010年，有阜平县人民武装部、阜平县武警中队和公安消防少量官兵。阜平人民为驻军更新电视、电冰箱、录放机，购置生活用品，配备国防教育电教设施，修缮民兵训练基地，对子女上学就业进行优先安排。积极支持部队建设，做好每年征兵工作，为部队输送合格优质兵员。2005年，在中国人民抗日战争胜利60周年纪念活动期间，县政府对抗日老战士进行慰问，发放慰问品，颁发由中国人民解放军总政治部制作的“中国人民抗日战争胜利60周年纪念章”。2006年，制作永久性双拥标语，落实各项优抚政策，各项定补、抚恤发放及时。1996—2010年“八一”“春节”期间，县四大班子领导亲自带领有关部门负责人携慰问品和慰问金，对驻阜部队、人武部、县中队、光荣院、公安、消防、军队离退休干部，进行慰问，广泛征求意见，构建和谐融洽军政军民关系。

2010年阜平县春节慰问部队物品及慰问金一览表

表7-3-18

项目 单位	数量	合计金额（元）
人武部	花生油10桶、大米10袋、慰问金5000元	7200
光荣院	大米20袋、面粉20袋、猪肉100公斤、鸡蛋100公斤、花生油10桶、礼品25份、慰问金5000元	17950
公安消防	大米10袋、花生油10桶、面粉10袋	3200
军休干	大米7袋、花生油7桶、礼品7份	2590
县中队	大米20袋、面粉20袋、猪肉100公斤、鸡蛋100公斤、花生油10桶、礼品20份、慰问金5000元	17200

每年春节，为优抚对象发放以县委政府名义写的慰问信，对有困难的优抚对象进行重点慰问，送去面粉、大米、食油等，把党和政府的关怀送到每个官兵和优抚对象家中。

十三、烈士褒扬

为做好烈士褒扬工作，1996—1998年，争取优抚款15万元，对烈士陵园门脸和纪念堂进行整修，整修后陵园门脸雅典、古朴、庄严。聂荣臻元帅、彭真委员长生前为阜平烈士陵园题词雕刻于门庭两旁，格外引人注目。聂荣臻元帅题词是“革命英烈永垂不朽”，彭真委员长题词是“发扬战争年代英雄的阜平人民顽强的大无畏的革命精神和斗志，建设繁荣幸福的社会主义新阜平”。陵园内四个展室，展出“阜平县革命斗争史”和著名烈士英烈事迹，供游人参观学习。

2000年，将散葬在陵园东侧6个烈士墓和晋察冀画报社英魂碑迁至陵园东北角，建起围墙。2006年，陵园前后院落铺设水泥地面，后山植柏绿化。2008年，在陵园墓地为著名烈士刘耀梅立纪念碑一座。2009年，对《阜平县烈士英名录》进行修订，新增烈士3名。1996年7月，牺牲于塔里木劳改监狱的新疆军区战士张述红，籍贯为阜平县平阳镇王快村。1996年8月，在阜平遭受特大洪灾时，为抢救电缆线而牺牲的县物资局职工白宗国，籍贯为阜平县东下关乡南栗园铺村。2006年5月25日，在接访途中牺牲的县公安局刑警大队队长李克强，籍贯为阜平县城南庄镇万宝庄村。2010年，全县烈士总数为1132人。

十四、社团管理

1996年，对全县社会团体进行全面摸底清查。2000年，进行专项清理，对符合条件社会团体进行发证登记。4月，阜平县农贸商品供应协会完成登记，成为第一家符合条件的社会团体。2010年底，全县符合条件社会团体完成登记32家。

2000—2010年阜平县民间组织一览表

表7-3-19

项目 协会名称	业务主管单位	住址	机构代码	登记日期	登记证号
阜平县农贸商品供应协会	县社	阜平县环城路	—	2000.4	015
阜平县石材协会	工促局	工促局	—	2002.4	012
阜平县聂荣臻教育促进会	教育局	教育局	—	2002.7	09
阜平县佛教协会	民宗局	吴家庄村	—	2002.9	013
阜平县甲鱼养殖协会	畜牧局	畜牧局	—	2003.4	018
阜平县大教厂养牛协会	畜牧局	畜牧局	—	2003.6	021
阜平县私人企业协会	工商局	工商局四楼	—	2003.12	014
阜平县果品加工协会	县社	阜平县照旺台	—	2004.4	016
阜平县烟花爆竹流通协会	县社	阜平县环城路	—	2004.4	017
阜平县老年体育协会	老干局	政府前楼一楼	—	2004.9	06
阜平县老年协会	老干局	阜平县中兴街	—	2005.3	05
阜平县环保志愿者协会	环保局	阜平县环保局	—	2005.6	08
阜平县金融协会	人行	东寺大街	—	2005.9	020
阜平县个体劳动者协会	工商局	工商局四楼	—	2006.2	01
阜平县消费者协会	工商局	工商局四楼	—	2006.2	02
阜平县维修行业协会	工商局	工商局四楼	—	2006.2	010
阜平县防治地震服务中心	科技局	阜平县科技局	79269593-8	2006.5	010003
阜平县摄影家协会	文联	物价局	—	2006.7	—

续表 7-3-19

协会名称 \ 项目	业务主管单位	住址	机构代码	登记日期	登记证号
阜平县奶牛养殖协会	畜牧局	畜牧局	—	2006.12	024
阜平县农村合作经济联合社	县社	县社四楼	—	2007.8	023
阜平县质量技术监督协会	质监局	技术监督局	—	2008.8	019
阜平县书画家协会	文联	大元村	—	2008.8	—
阜平县养羊协会	畜牧局	畜牧局	—	2008.9	029
阜平县吴王口乡蜂业协会	吴王口	吴王口村	—	2008.10	027
阜平县大枣产业协会	林业局	林业局	67993083-6	2009.3	028
阜平县派山蜂业协会	畜牧局	康复路	68823584-3	2009.4	031
阜平县养驴协会	扶贫办	桥东街	55333802-8	2009.10	032
阜平县吴王口乡养牛协会	吴王口	桃园坪村	00054567-9	2010.1	033
阜平县养猪协会	扶贫办	阜平镇北街	55607260-8	2010.5	034
阜平县武术协会	广电局	阜平县西庄村	—	2010.7	—
阜平县茶文化协会	工商联	工商联	—	2010.9	—
阜平县舞蹈家协会	文联	东盛超市三楼	56616609-3	2010.11	041

第五节 劳动和社会保障

一、组织机构

1996年，县劳动人事局内设机构6个：办公室、工资福利股、计调安全股、干部股、职称股、仲裁股。直属事业单位2个：就业局、保险所。领导职数一正三副。2003年，阜平县劳动人事局更名为人事劳动和社会保障局。内设机构7个：办公室、干部股、职称科干股、工资股、福利股、计调仲裁股、编办综合股。事业单位4个：社会保险局、失业所、就业局、劳动监察大队。2010年，阜平县人事劳动和社会保障局更名为人力资源和社会保障局，内设机构6个，办公室、干部股、职称科干股、工资股、福利股、计调仲裁股，人员编制51个，领导职数1正3副，直属事业单位不变。

二、下岗职工基本生活保障和再就业

1998年，国有企业减员，出现大批下岗人员，国家相继出台一系列优惠政策，要求国有企业内部成立下岗职工再就业服务中心，开辟第三产业，规定下岗职工在企业内部消化安置，国家给予企业一定的补偿。

2003年，中共河北省委、河北省人民政府制定《关于贯彻中共中央、国务院〈关于进一步做好下岗失业人员再就业工作的通知〉的实施意见》（冀发〔2000〕1号）文件，县委县政府出台《关于进一步做好下岗失业人员再就业工作的意见》（阜发〔2003〕15号）文件，要求各乡（镇）党委、政府、社管会和县直有关部门把下岗失业人员再就业作为一项重要工作来抓，积极拓宽就业渠道，千方百计扩大就业，采取八路并进措施推进就业和再就业工作。新上项目解决一批，主辅分离消化一批，社区服

务吸纳一批，微型经济扶持一批，市场建设容纳一批，公益岗位安置一批，产业调整转移一批，自谋职业安排一批。到2010年底安置下岗失业人员3600人。

2003—2010年阜平县安置下岗失业人员统计表

表7-3-20　　单位：人

年度	2003	2004	2005	2006	2007	2008	2009	2010
人数	312	423	506	614	635	624	618	671

三、职业培训和劳动转移

职业培训　2003年，结合实际，采取多种方式和手段，开展职业培训，截至2010年底，职业培训3000余人。

2003—2010年阜平县参加职业培训人员统计表

表7-3-21　　单位：人

年度	2003	2004	2005	2006	2007	2008	2009	2010
人数	185	264	318	453	509	625	686	702

劳动力转移　1996年，就业服务局（原劳动服务公司）与北京市市政三公司建立劳务合作关系，全县农村剩余劳动力向北京输出。1997年，与北京市丰台区劳动局达成意向，阜平成为北京丰台区劳务基地，为北京输送劳动力。随着全县劳务输出工作开展，输出人员不断增加，先后与天津、石家庄、保定等地劳动部门开展合作，发展劳务关系。到2010年，输出劳务人员2.1万人。

1996—2010年劳务输出人员统计表

表7-3-22　　单位：人

年度	1996	1997	1998	1999	2000	2001	2002	2003
人数	1500	1700	1900	2000	2100	2200	2250	2000
年度	2004	2005	2006	2007	2008	2009	2010	
人数	1500	1300	1000	750	500	300	430	

四、劳动监察与仲裁

依据《中华人民共和国劳动法》《中华人民共和国仲裁法》《中华人民共和国调解仲裁法》，1996年2月，成立阜平县劳动争议仲裁委员会，负责仲裁劳动争议案件。十五年间劳动争议仲裁委员会按照《中华人民共和国企业劳动争议处理条例》，坚持以化解争议双方矛盾，维护社会稳定为前提，以保护争议双方正当合法权益为宗旨，以客观事实为依据，以法律为准绳，及时处理群众投诉劳动争议案件。1996—2010年，受理劳动争议案件196件，其中庭前处理16件，调解63件，裁决14件，撤诉3件。

1997年7月，辖区劳动力与监察员按8000∶1的配备比例，设立劳动监察大队，定编6人。监察大队主要职责是维护劳动者合法权益。到2006年，查处多起瞒报工资案件，少申报、缴纳社会保险案件中，挽回社会保险费损失43万元。2008年，开展“追讨农民工工资”

专项活动中，为农民工追讨工资38万元。到2010年，接待来信来访500起，立案80起，追讨农民工工资1700万元，有效维护农民工合法权益。

五、劳动工资

1999年7月，全县各企业根据省、市政府发布的工资指导线，结合企业实际，调整职工工资标准。企业增加工资，由企业根据经济效益和支付能力自行确定。暂无能力增加工资的企业，可先办理工资增量的审批手续，增加职工档案工资，待企业经济效益好转后再执行。下岗职工相应调整工资标准存档。已实行岗位技能工资的企业，依照山东省企业职工岗位工资参考标准，根据企业自身的经济效益和支付能力，提高并套入相应岗次的岗位工资标准。未建立岗位工资标准的企业，在安排增资的同时，建立岗位工资标准。制定相应升级条件和考核办法，向生产一线和重要岗位倾斜。1995年，全县企业开始实行最低工资标准，规定职工每月最低工资不得少于150元，以后随经济发展相应提高。

六、社会保障

（一）失业保险

1996年，失业保险参保人员3000人。到2010年，失业保险覆盖城镇所有企业，事业单位及职工，参保人员5203人。

1996—2010年阜平县失业保险运行统计表

表7-3-23

年度	新增扩面（个）	参保总人数（人）	收缴失业金（万元）
1996	95	3000	17
1997	110	3110	20
1998	150	3260	21
1999	136	3396	32
2000	147	3443	38
2001	155	3598	43
2002	168	3768	50
2003	179	3949	58
2004	185	4134	60
2005	200	4334	63
2006	260	4352	66
2007	98	4753	72
2008	110	4853	86
2009	180	5033	89
2010	170	5203	92

（二）机关事业保险

养老保险 1996年，参加养老保险4106人，征缴养老保险基金340.8万元，2010年参加养老保险10609人，收缴养老保险基金5102万元。

工伤保险 1996年，劳动部发布《企业职工工伤保险试行办法》，企业工伤参保人数1500人，征缴基金5万元。2010年，全县参加工伤保险人数5500人，征缴工伤基金125万元。

增加险种 1998年，自收自支事业单位所有人员实行养老保险，2000年，差额事业单位所有人员实行养老保险。2008年全额事业单位所有人员纳入养老保险，养老保险覆盖全县各类企、事业单位全部人员。到2010年，参保在职人员10887人，离退休4352人，年征缴养老保险费5446万元，支付离退休养老金7121万元。

保险制度改革 1999年，养老保险基金储存改为收支两条线管理。2003年，企业养老保险费征缴由社保机构征缴改为地方税务代征。2009年7月，企业养老保险由县级统筹变为省级统筹，离退休人员工资由市社会保险事业管理所统一发放。县社会保险事业管理局管理养老保险费申报、缴费基数核定，县地税局负责养老保险基金征缴工作，征缴养老保险费直接进入市财政局国库。2010年，企业养老保险费征缴管理办法不变。

1996—2010年阜平县社保业务运行、统计表

表7-3-24

年度	参加养老保险人数	年征养老保险费（万元）	支付养老金（万元）	参加工伤保险人数	年征工伤保险基金（万元）
1996	4106	340.8	60.7	1344	2.2
1997	4180	353.3	278.6	2633	3.1
1998	4088	341.8	317	3518	3.1
1999	4036	298.5	417	2630	2.5
2000	4267	294	598	2157	3.4
2001	4359	321	620	2369	3.8
2002	4427	367	640	2417	3.9
2003	2673	456	821	2096	8.3
2004	2885	593	952.9	2212	7.7
2005	3481	1441	1188	2573	15.2
2006	4012	1384.3	1482	3081	36.4
2007	4842	3583	2287	3590	70.2
2008	6328	3471	3334	4031	97.1
2009	9723	4256	4746	5386	87.8
2010	10609	5102	5023	5500	125

（三）医疗保险

医疗保险 2001年10月1日，市属单位启动大病医疗保险，参保人数542人，2002年1月1日，大病医疗保险扩面到机关、事业单

位，参保职工人数4100人。报销范围是十种大病，起付线2000元，最高限额25000元。2003年7月1日，由大病医疗保险过渡到城镇职工基本医疗保险和大额补充医疗保险。参保范围为党政机关、企事业单位，到2010年参保人数13030人。为切实解决各类人群医疗保险问题，2009年4月，发布《阜平县城镇职工困难企业基本医疗保险暂行办法》和《阜平县灵活就业人员基本医疗保险暂行办法》，将困难企业职工和灵活就业人员纳入基本医疗保险范围。2009年12月，根据省市文件规定，一次性解决全县破产企业退休人员基本医疗保险问题。2009年1月1日，启动城镇居民医疗保险。截至2010年，参保人数20710人。

生育保险　1996年，企业实行生育保险，参保人数2828人。2008年10月，机关、事业单位也参加生育保险，参保人数7076人，2010年，参保人数12442人，支付办法是定额补贴。

1996—2010年阜平县医疗、生育保险统计表

表7-3-25

年度	参加医疗保险人数	年征医疗保险费（万元）	参加生育保险人数	年征工伤保险基金（万元）
1996	—	—	1344	3.3
1997	—	—	2633	4.4
1998	—	—	3518	4.8
1999	—	—	2630	3.4
2000	—	—	2157	5.8
2001	323	3.6	2369	5.7
2002	3394	79	2417	5.7
2003	4789	112	2096	4
2004	7346	435	2550	3
2005	8170	505	2550	17
2006	8502	685	2550	18
2007	11206	827	2916	62
2008	11747	1164	6408	65
2009	13030	1285	7076	53
2010	12442	1495	8084	60

第六节　机构编制与改革

一、组织机构

阜平县机构编制委员会办公室是县机构编制委员会常设办事机构，负责全县行政管理体制，机构改革以及机构编制的日常管理工作，既是县委工作机构，又是县政府工作机构，挂靠在县劳动人事局，编办主任由劳动人事局局长兼任。设副主任一名。2004年，编办设专职主任，与劳动人事局合署办公。2009年，根据中共保定市委、保定市人民政府《关于印发〈阜平县人民政府机构改革方案〉的通知》文件规定，县机构编制委员会办公室单独设置，列

县委序列，既是县委工作机构，又是县政府工作机构。编委办公室设主任一名，副主任2名，行政编制5名，股室2个，事业编制8名。

二、党政机构编制与改革

（一）县直党政机构改革

1996年，根据中共保定市委、保定市人民政府《关于阜平县党政机构改革方案的通知》文件规定，阜平县为四类县。阜平县县级党政工作机构设25个，其中县委工作机构4个；县政府工作机构21个；县委设直属事业机构1个；县政府设直属事业机构7个。

县委工作机构4个：县委办公室、县委组织部、县委宣传部、县委政法委员会。

县政府工作机构21个，县政府办公室、计划局、经济贸易局、教育局、科学技术局、公安局、司法局、监察局、民政局、劳动人事局、财政局、建设环保局、土地管理局、交通局、统计局、审计局、工商行政管理局、物价局、卫生局、计划生育局、农业局。

县委直属事业机构1个：党校。

县政府直属事业单位7个：档案局、地质矿产局、畜牧水产局、广播电视局、文化体育局、乡镇企业局、水利局。

设置人大机关、政协机关、检察院、法院。

群团设置8个：总工会、共青团、妇联、残联、工商联、文联、计生协、科协。

2002年，根据中共保定市委、保定市人民政府《关于印发〈阜平县机构改革方案〉的通知》文件规定，县委工作部门设8个，议事协调机构的办事机构设2个，部门管理机构设2个，县委直属事业机构设1个，县政府工作部门设18个，县政府直属事业机构设5个。

县委工作部门8个：县委办公室、纪律检查委员会机关（监察局）、组织部、宣传部、统一战线工作部、政法委员会、农村工作委员会、直属机关工作委员会。

议事协调机构的办事机构1个：机构编制委员会办公室。

部门管理机构2个：信访局、老干部局。

县委直属事业机构1个：中共阜平县委党校。

县政府工作部门18个：县政府办公室、经济贸易局、发展计划局、财政局、建设局、交通局、农业局、水利局、环境保护局、教育局、公安局、民政局、司法局、卫生局、计划生育局、审计局、国土资源局、人事劳动和社会保障局。

县政府直属事业机构5个：林业局、广播电视局、文体旅游局、畜牧水产局、扶贫开发领导小组办公室。

全县设置人大机关、政协机关、检察院、法院。

群团设置8个：总工会、共青团、妇联、残联、工商联、文联、计生协、科协。

2005年，根据中共保定市委、保定市人民政府《关于印发〈阜平县人民政府机构改革方案〉的通知》文件规定，县政府设置工作部门18个：县政府办公室、发展计划局、教育局、农业局、水利局、公安局、民政局、人事劳动和社会保障局、财政局、建设局、国土资源局、环境保护局、交通局、统计局、审计局、卫生局、安全生产监督管理局、人口和计划生育局。

政府直属事业机构4个：林业局、广播电视局、文体旅游局、扶贫开发领导小组办公室。

司法局与政法委员会合署办公，列县委序列。

2006年，根据保定市机构编制委员会《关于阜平县设立城乡规划管理局的批复》文件规定，成立城乡规划管理局，为县政府工作部门。同时，将县建设局并入县发展改革局，在发展改革局挂牌。

2007年，根据保定市机构编制委员会《关于阜平县文体旅游局（新闻出版局、版权局）和广播电视局更名及职能调整的批复》文件规定，将县文体旅游局更名为县旅游局，将县广播电视局更名为县文体广电局。更名后的旅游局和文体广电局仍为县政府直属事业机构。

2009年，根据中共保定市委、保定市人民政府《关于印发〈阜平县机构改革方案〉的通知》文件规定，县政府设置工作部门18个：县政府办公室、发展改革局、教育局、公安局、民政局、财政局、人力资源和社会保障局、国土资源局、环境保护局、交通运输局、水利局、农业局、卫生局、食品药品监督管理局、统计局、审计局、安全生产监督管理局、人口和计划生育局。

政府直属事业机构3个：林业局、文化广播新闻出版社、扶贫开发办公室。

县机构编制委员会办公室单独设置，列县委机构序列，既是县委工作机构，又是县政府工作机构。

（二）乡镇党政机构编制与改革

1996年，根据中共阜平县委、阜平县人民政府《关于印发〈阜平县乡镇党政机构改革实施方案〉的通知》文件规定，乡镇设13个，其中一类乡（镇）1个，阜平镇；二类乡（镇）11个，即平阳镇、城南庄镇、北果园乡、王林口乡、大台乡、砂窝乡、东下关乡、史家寨乡、龙泉关镇、吴王口乡、夏庄乡；三类乡（镇）1个，即台峪乡。

13个乡镇设置内设机构6个，办公室（党政合署办公）、组织员办公室、综治委办公室（与司法所合署办公）、社会事务办公室、财经办公室、乡村建设办公室。

2002年，根据中共阜平县委、阜平县人民政府《关于印发〈阜平县乡镇党政机构改革实施方案〉的通知》文件规定，乡镇设13个，其中一类乡（镇）1个，阜平镇；二类乡（镇）11个，平阳镇、城南庄镇、北果园乡、王林口乡、大台乡、砂窝乡、东下关乡（天生桥镇）、史家寨乡、龙泉关镇、吴王口乡、下庄乡（夏庄乡）；三类乡（镇）1个，台峪乡。

一类乡镇内设机构设置5个，党政办公室、财经办公室、社会事务办公室、计划生育办公室、城镇建设办公室。二三类乡镇内设机构设置4个，党政办公室、财经办公室、社会事务办公室、计划生育办公室。

1996—2010年阜平县事业单位人员编制统计表

表7-3-26

项目 年度	机构个数					编制个数					实有人数					备注
	小计	全额拨款	差额补贴	经费自理	企业化管理	小计	全额拨款	差额补贴	经费自理	企业化管理	小计	全额拨款	差额补贴	经费自理	企业化管理	
1996	—	—	—	—	—	3142	—	—	—	—	5195	2717	1082	1396	—	—
1997	269	199	37	29	4	—	—	—	—	—	5484	3137	1159	1060	94	—
1998	333	238	58	37	—	4785	3309	692	784	—	5731	3768	798	894	28	—
1999	366	233	84	47	2	5513	3991	950	534	38	6065	3948	947	1028	142	—
2000	—	—	—	—	—	—	—	—	—	—	—	—	—	—	—	无法查找
2001	372	247	81	42	2	4776	3352	934	434	56	5217	3473	750	938	56	—
2002	276	201	42	31	2	4483	3227	792	404	60	4899	3354	724	761	60	—
2003	275	206	32	35	2	4527	3229	792	446	60	4784	3190	687	846	60	—
2004	283	195	51	35	2	4527	3229	792	446	60	4818	3287	565	905	61	—

续表 7-3-26

年度	机构个数					编制个数					实有人数					备注
	小计	全额拨款	差额补贴	经费自理	企业化管理	小计	全额拨款	差额补贴	经费自理	企业化管理	小计	全额拨款	差额补贴	经费自理	企业化管理	
2005	281	212	32	35	2	4697	3399	792	446	60	4901	3216	653	967	65	—
2006	282	213	32	35	2	4156	2858	792	446	60	4897	3181	538	1114	64	—
2007	289	214	32	41	2	4153	2855	792	446	60	4811	3116	507	1124	64	—
2008	290	215	32	41	2	4153	2855	792	446	60	4636	2984	483	1112	57	—
2009	289	216	32	39	2	4151	2853	792	446	60	4489	2884	415	1133	57	—
2010	297	227	32	38	0	4151	2853	792	446	60	4147	3019	613	515	0	—

1996—2010 年阜平县党政群机关人员编制统计表

表 7-3-27

年度	总计		县直机关		乡镇机关		政法机关		备注
	编制	实有人员	编制	实有人员	编制	实有人员	编制	实有人员	
1996	1056	1355	390	503	439	532	227	320	—
1997	1104	1291	390	555	439	410	275	326	—
1998	1104	1277	390	563	439	381	275	333	—
1999	1104	1332	390	571	439	411	275	357	—
2000	1119	1295	390	556	439	383	290	356	—
2001	1119	1298	390	485	439	374	290	419	—
2002	979	1304	334	566	378	373	267	365	—
2003	979	1264	334	577	378	317	267	370	—
2004	981	1265	334	547	378	368	269	350	—
2005	984	1268	334	566	378	355	272	347	—
2006	984	1180	334	524	378	320	272	336	—
2007	970	1139	327	506	378	301	265	332	—
2008	992	1101	327	496	378	281	287	324	—
2009	994	1072	331	490	378	269	285	313	—
2010	1021	1020	346	350	378	376	297	294	—

1996—2010年阜平县政府直属事业机构人员编制统计表

表7-3-28

年度＼项目	机构数	编制	实有人员	备注
1996	7	102	201	—
1997	7	102	191	—
1998	—	—	—	无法查找
1999	—	—	—	无法查找
2000	—	—	—	无法查找
2001	—	—	—	无法查找
2002	5	199	195	—
2003	5	236	303	—
2004	5	236	291	—
2005	4	66	62	—
2006	4	66	64	—
2007	4	66	57	—
2008	4	66	58	—
2009	4	66	55	—
2010	3	66	60	—

第七节　民族宗教

一、民族事务

1996年阜平县少数民族人口132人，截至2010年全县有17个少数民族，人口169人，多为经商、婚嫁迁入阜平县。居住分散，涉及全县13个乡镇。国家民族政策的贯彻落实使少数民族和汉族和谐相处、融为一体。

二、宗教事务

（一）宗教概况

阜平县宗教活动以佛教为主，道教次之。佛教、道教在阜平县有悠久的历史，但何时传入，已无准确记载。根据当地传说和相关石刻碑文推测，佛、道两教在唐、宋进入兴盛期，明清时期得到进一步发展。抗日战争时期，多数寺院道观毁于战火，“文革”期间受到进一步破坏。改革开放后，党和政府实施宗教信仰自由政策，宗教界开始恢复活动，基督教开始传入阜平县。2004年11月30日，《宗教事务条例》（中华人民共和国国务院第426号令）颁布，2007年河北省出台《河北省宗教事务条例》。全县民族宗教由阜平县民族宗教事务局负责管理。2010年经批准建立的宗教活动场所13个、正在筹建1个（静慧寺：位于史家寨乡定家庄村）。

（二）宗教活动场所及宗教团体

经批准建设宗教活动场所13个，分布在6

个乡镇。其中佛教活动场所10个，僧人51人；道教活动场所1个，道士2人；基督教活动场所2个，基督教长老1人，受洗礼信教群众86人。较具影响的寺院：1994年6月10日批准设立黑崖沟村白衣寺、1995年9月10日批准设立董家村弥陀寺、1997年4月5日批准设立不老树村嘉绒观音寺、1998年8月15日批准设立苍山村石佛堂红叶寺、2002年4月7日批准设立八里庄村般若寺、2002年8月7日批准设立寺口村法华寺、2003年8月6日批准设立山咀头村云溪寺、2003年11月25日批准设立刘定沟村菩提寺、2004年11月29日批准设立神仙山恒山寺、2007年7月3日批准设立天生桥镇大佛寺。道教活动场所1个：2005年10月6日洞虚观。基督教活动场所2个：1998年8月10日批准设立七里沟基督教、2002年4月26日批准设立青羊沟基督教。佛教协会1个。

（三）宗教管理

1996年，民族宗教局与宣传部合署办公。为便于管理，2002年民宗局与宣传部分离，主管民族宗教事务。2002年8月8日，经民政部门批准成立“阜平县佛教协会”。随着党的宗教政策贯彻落实，宗教管理越来越规范。2010年，县民宗局对13个宗教活动场所的规章制度进行完善，统一制作上墙，建立健全财务管理制度，成立财务管理机构，对宗教教职人员社会养老等保障工作进行推进，对社会稳定工作做出了积极贡献。

（四）公益活动

宗教界人士积极参加社会公益活动，宗教团体开展慈善工作。2004年，法华寺为13个乡镇800户贫困户捐米、面、油，价值16万元；为13个孤儿安排学校上学，并资助到毕业。2008年，在汶川地震救灾中，宗教界捐款13000元、捐衣物价值5000元；佛教慈善工作会为岔河小学捐助学习用品价值3万元、为23户贫困户送米、面、油价值5000元。

第四章　综合经济管理

综合经济管理，是适应社会主义市场经济的需要，对市场经济进行调控、监管，为市场经济服务。按照机构改革和机构编制的工作部署，加大税收力度，增强地税工作职能，整合国土资源，组建安全生产监督管理局，使各经济管理部门的职能不断转化和优化，宏观调控力度加强，调整和规范市场的经济行为，职责明确，促进市场经济健康发展。

第一节　计划

一、组织机构

1996年，阜平县计划委员会更名为计划局。2004年阜平县计划局更名为阜平县发展计划局，将物价局、统计局、科技局、招商局并入发展计划局。职能调整，将实施工商领域产业政策，引导企业和商业性金融投资方向等职能划归县经济贸易局。制定全县国土规划与土地利用总体规划职能划归县国土资源局。参与企业集团的审核职能划归县经济贸易局。计划生育目标考核工作划归县计划生育局。政府办公室承担的经济体制改革由县发展计划局承担。2006年，发展计划局更名为县发展改革局，挂物价局、科学技术局（信息产业局、信息化领导小组办公室）、粮食局、商务局牌子，将统计局的职能划出。2010年，城市客运管理职责划归县交通运输局。城乡规划管理局、工业促进局职责整合划入县发展改革局，机关行政编制36名，其中局长1名，副局长2名，股级领导职数15名，机关工勤人员编制3名。

二、计划编制

1995年7月，制定《阜平县国民经济和社会发展“九五”计划指导纲要》(1996—2000年)。计划分为四部分：(一)总的指导思想，以建设有中国特色的社会主义理论为指导，充分发挥资源优势，抓开放，促开发，加速产业结构调整。强农富民，重工富县，三产兴县，提高县域经济质量。到20世纪末，主要经济指标达到或接近全市百分之二，实现由贫困温饱型向富裕小康型转变，由“吃饭”财政向建设财政转变，由资源粗放开发型向集约开发质量型转变。(二)“九五”计划重点突出资源开发，外向带动，乡镇企业和高新技术产业，实施重点是基础产业，发展“两高一优”农业，投入与“三改”相结合，加快工业化步伐；发展商贸流通，开发新型产业，基础产业和基础设施再上新台阶。(三)提出2000年国民生产总值达到9.2亿元，年递增25.5%。其中第一产业2.3亿元，年递增9.7%；第二产业3.7亿元，年递增43.9%；第三产业3.2亿元，年递增28.9%。一、二、三产业比例由目前的45：14：41调整到25：40：35，人均国民生产总值4466元，人均纯收入力争达到1859元，基本接近小康，实现农业稳固，工业发达，市场兴旺，财政自立，居民生活水平提高，社会文明进步，跨入较发达市（县）行列。(四)实现“九五”计划指标，包括国民生产总值、工业总产值、农业总产值和涉及国民经济、社会发展的各项主要指标。

2000年12月，根据保定市委关于制定国民经济和社会发展第十个五年计划的建议和保定市国民经济和社会发展第十个五年计划纲要的要求，开始制定县国民经济和社会发展第十个五年计划纲要（2001—2005)。“十五”指导思想是以中共十五届五中全会精神为指导，按照“三个有利于”的标准和“三个代表”的要求，坚持以发展为主题，围绕“三年打基础、五年见成效、十年变面貌”目标，依托资源优势，培育壮大林果业、畜牧水产业、矿产建材业、农副产品加工运输业和旅游业五大支柱产业，努力在深化改革、调整结构、普及科技、增加投入、优化环境五个方面实现突破。基础设施有根本性改善，优势特色产业具备规模，县域经济发展壮大，人口素质提高，农民收入增长，公教人员工资切实保障，促进县域经济持续、快速、健康发展和社会全面进步。2005年，国内生产总值年均增长9%以上，在统工业企业增加值年均增长10%以上，财政收入年均增长8%以上，全社会固定资产投资年均增长10%以上，农民人均纯收入年均增长5%以上，人口出生率控制在12‰以内。“十五”时期发展重点是：精心培育壮大林果业、畜牧水产业、矿产建材业、农副产品加工运输业、旅游业五大支柱产业。深化各项改革，扩大对外开放，强化项目建设力度，大力发展基础产业和基础设施建设，强化城镇建设，增强辐射功能，实施科教兴国战略，加强社会主义精神文明和民主法制建设。

2005年7月，根据中共保定市委关于制定国民经济和社会发展第十一个五年计划的建议和保定市国民经济和社会发展第十一个五年计划纲要要求，开始制定阜平县国民经济和社会发展第十一个五年计划纲要（2006—2010)。“十一五”的总体指导思路是坚持以邓小平理论和“三个代表”重要思想为指导，紧紧围绕“三五十”总体目标，全面落实科学发展观，突出一个主题（更快更好发展和奠定基础），打造两个品牌（绿色阜平、红色阜平），实施三大战略（生态基础、特色主导、人才强县），壮大四大支柱产业（旅游业、林果业、畜牧水产业、矿产建材业），实现“五有”目标（基础设施建设有根本改善，特色产业有明显竞争优势，人口素质有明显提高，生态环境和资源保护有明显加强，和谐社会建设有明显成效），建设富裕、文明、和谐的新阜平。发展目标是：“十一五”期间，经济发展速度要保持高于全市平均水平以上，经济增长质量和效益显著提高，综合实力明显增强，经济结构战略调整迈出重大步伐，四大主导产业形成较大规模，市场发育较快，城乡居民收入持续增加，社会保障水平较大提高，科技教育加快发展，工业化、城镇化、农业产业化不断提升，生态建设和环境保护取得突破性进展，民主政治、精神文明建设继续推进，社会稳定局面进一步巩固。主要预期指标是到2010年，生产总值年均增长12%以上，人均生产总值10000元，财政收入1.6亿元。第一产业、第二产业、第三产业比重由“十五”末的19.4∶40.3∶40.3调整为2010年的18∶37∶45。固定资产投资五年70亿元，重点项目建设取得较大突破。城镇化水平达到36%以上，农业产业化率达到60%左右，非农业产业从业人员比重50%以上。城镇居民可支配收入8000元，农民人均纯收入2500元。城镇登记失业率控制在5%以内，城镇居民最低生活保障实现全覆盖。人口总数控制在21.7万人，单位生产总值能耗降低20%左右，人口、资源、环境协调发展能力显著提高。

三、计划实施

“九五”计划完成较好，全县国内生产总值完成7.27亿元，年均递增5.6%，其中第一产业递增2%，第二产业递增16.5%，第三产业递增24.7%，财政收入完成3515万元，年均递增7%。各项改革取得突破性进展。县办55家国有工商企业全部改制。五年拍卖荒山20万亩。粮食流通体制、劳动和社会保障制度、财政体制改革迈出新步伐。对外开放不断扩大。“九五”期间累计引进资金17490万元，利用外资477.5万美元，外地投资企业40家。基础设施建设加强。“九五”期间固定资产投资完成16.47亿元，是“八五”期间的6.7倍。完成阜长线、阜繁线二级公路改建工程。市交换机总容量达到13000门，移动电话3850部。全县自然村通电。180个村开通了有线电视，“村村通”工程圆满完成。县城环境明显改善。扶贫成果显著。人均收入200元以下的贫困人口减少3.93万人。农民人均纯收入达到1403元。各项社会事业取得新进展。两项研究获国家专利，6个科研项目取得省以上科研成果，推广适用技术39项。办学条件明显改善，普九义务教育实现达标，高考成绩步入全市先进行列。社会事业取得新成绩。

“十五”期间经济社会持续快速健康发展，各项指标完成较好。（一）县域经济快速增长。GDP增长保持在9%以上。2005年生产总值比2000年增长5亿元。规模以上工业企业增加值排名在全市由第22位上升至第10位。财政收入增长1.5倍，增速由“九五”末全市第21位上升至第8位。个人存款五年增10亿元。居民纯收入稳步提高。（二）产业结构优化，特色经济优势凸显。旅游、林果、畜牧水产、矿产建材四大支柱产业初具规模，产业优势显现。红色旅游、绿色旅游的战略顺利实施。大枣产量突破亿斤大关。“山泉黄”牌甲鱼、“派山牌”蜂蜜、“古恒山牌”柴鸡蛋等品牌知名度不断扩大。以石材、铁矿为主的矿山开发有序发展。（三）投资规模快速增长，基础设施建设明显改善。“十五”投资是“九五”的2倍多。到2005年，全县公路通车里程达1600公里，比2000年增260多公里。农村和城网改造工程完成。固定电话发展到36042门，移动电话发展到33000多户。开通MMDS有线电视，电视频道扩大到40个。（四）改革开放稳步推进，经济活力显著增加。人民生活水平不断提高。县属国有企业改制并焕发新的活力，农村税费、投资体制、财政体制等改革取得较大进展。全县民营企业已发展到3118个，比2000年增长了27%。（五）社会事业蓬勃发展。中小学入学率达到100%，顺利通过省“普九”二轮验收。医疗卫生条件得到明显改善，初步建立突发性公共卫生体系和疫情监测报告体系。文化、民政、土地、计划生育等其他社会事业均取得明显进展。

“十一五”期间积极应对世界金融危机冲击，各项任务目标圆满完成。（一）县域经济较快增长，经济实力明显提升。“十一五”期间全县GDP增速保持在10%以上，2010年生产总值完成23.4亿元，比“十五”末增长11亿元；规模以上工业企业增加值达到1.59亿元，比“十五”末增加0.79亿元。全社会和城镇固定资产投资完成31.36亿元、24.2亿元，分别是“十五”末的3倍、3.3倍；财政收入大幅度增长，由2005年的0.9亿元，增加到1.9亿元。全县居民储蓄余额达到35.4亿元，是“十五”末的2.4倍。农民人均纯收入达到2460元，比“十五”末增加630元。森林覆盖率达到33.8%，比“十五”末增加7个百分点。2010年全县总人口达到21.06万人，自然增长率控制在7‰以内。单位GDP能耗下降20%，完成主要污染物总量削减任务，其中COD削减99吨，SO_2削减72吨。（二）产业结构优化，特色经济优势明显。旅游、林果、畜牧水产、矿产建材四大支柱产业竞争力显著提升。晋察冀边区革命纪念馆晋升AAAA级景区，入选“河北最美30景”，天生桥景区运营良好。2010年游客30万人次，实现旅游总收入1.55亿元。第一个十万亩大枣示范工程和福子峪大枣科技观光园建设完成，启动第二个大枣十万亩示范工程建设，大枣累计发展到30万亩，1500万株，年产值达到1.8亿元，成立阜平县红枣产业协会。建立西部乡镇优质核桃基地和以城南庄、夏庄等乡镇为主的板栗基地；培育了“山泉黄”甲鱼、“派山”蜂蜜、“古恒山”柴鸡蛋等一批知名品牌。巩固发展海沿奶牛养殖小区和平阳腾达高产奶牛养殖场，新建了春利奶牛养殖场、黄岸底奶牛养殖小区和北果园、大石坊、五丈湾3个甲鱼养殖小区，奶牛存栏2000头，甲鱼养殖水面达到2000亩，畜牧水产业2010年产值达到2.8亿元。完成炭灰铺煤矿整合暨45万吨煤井扩建项目。完善砂窝、龙门、城南庄等石材加工聚集区，入驻企业520家，年销售收入达到4.8亿元。铁矿开采秩序得到了整治，铁精粉加工企业达到74家，年产值达到15亿元。（三）项目建设实现突破，现代工业初具规模。总投资5亿元的105万吨煤化工项目一期工程建成投产；投资3.27亿元的针形炭材料项目签约落户，总投资23亿元的高科技、无污染环保纸生产项目已由台湾龙盟科技集团公司与阜平县炭灰铺煤业有限责任公司签订合作意向书，现代工业聚集区建设全面推进。（四）城镇建设步伐加快，城乡面貌大为改观。污水处理厂建成并投入运营，垃圾处理场一期工程完成并投入使用；影剧院建设工程顺利完工并开始商业化运营。启动实施北城区集中供热工程。瑞景家园、瑞景新城、恒泰、茗清阁、世纪城等高标准住宅小区建设相继完工。（五）投资规模快速增长，基础设施明显改善。到2010年，全县公路硬化里程达到762.8公里，209个行政村全部实现通油（水泥）路面，自然村道路实现硬化，保阜高速二期（保定至阜平县城段）建成通车；西阜高速公路立项，通油路（水泥路）总里程1299公里。农网和城网改造工程顺利完成，通信事业发展迅速。

四、专项规划

2009年7月，根据保定市工业倍增计划（2009—2013），县编制了《阜平县工业倍增计划》，总体思路是：坚持“一手抓绿色产业，一手抓现代工业”，全力打造华北最大的煤化工基地，做好矿产建材园区的升级改造，全面提升农副产品加工档次和水平，为经济较快发展做强产业支撑。突出阜平特色，全面提升产业综合竞争力，力争用三年时间，三个主导产业规模以上工业增加值总和比2008年翻一番以上。用主导产业的三年倍增，带动全县规模以上工业在四年内实现倍增，进而确保全部工业在五年内实现倍增。

总体目标是：到2011年，全县工业增加值达到5.3亿元，年均递增15%，是2008年的1.51倍。到2013年，全县工业增加值达到7亿元，年均递增15%，是2008年的2倍。到2011年，规模以上工业增加值达到3亿元，年均递增21.1%。到2012年，达到3.73亿元，年均递增24.2%，是2008年的2.2倍。到2013年，达到5亿元，年均递增24.2%，是2008年的2.95倍。

主导产业发展目标：到2011年，煤化工、矿产建材、农副产品加工三个产业完成工业增加值2.6亿元，实现2008年的2.03倍，占规模以上工业的比重86.7%；到2013年三个产业规模以上工业增加值总和实现4.2亿元，占全县的比重达到84%。

园区项目建设目标：三个工业园区规划面积20.4平方公里，2011年开发面积完成6平方公里；2013年，开发面积完成8平方公里。谋划实施项目36项，总投资63.51亿元。

2008年5月，落实保定市生态建设领导小组办公室关于做好2008年生态县（市）建设有关工作的通知要求，聘请河北省工程咨询研究院制定《阜平县生态建设规划》。

规划的指导思想是立足阜平县经济、社会和生态环境实际情况，以邓小平理论和“三个代表”重要思想为指导，以科学发展观为统领，紧紧围绕县“十一五”规划和建设太行山区生态旅游强县目标，运用生态学、生态经济学和循环经济理论，以全面建设小康社会、建设社会主义新农村和保障生态安全为核心，统筹区域经济、社会资源、环境关系，以人为本，通过调整优化产业结构，大力发展生态经济和循环经济，改善生态环境和人居条件，培育生态文化，实现经济发展、社会进步、环境优美的和谐社会目标。

规划总体目标是：到2020年，基本建成以循环经济为主导的生态经济体系、可持续利用的资源支撑体系、与自然和谐的环境安全体系、优美舒适的人居环境体系和“以人为本”高度文明的生态社会体系。通过几大体系的建设，基本建设成为经济繁荣、人民富裕、环境优美、社会文明的生态县。

近期目标：（2008—2010）全面启动和重点推进阶段。2008年全面启动生态县建设。“十一五”后三年，在优化结构、提高效益和降低消耗的基础上，生态县建设取得显著成效。

按照《阜平县国民经济和社会发展第十一个五年规划纲要》，到2010年，全县生产总值年均增长12%以上，人均生产总值10000元，农民年人均纯收入2500元，第三产业比重提高到45%，城镇化水平36%，森林覆盖率35%，单位GDP能耗年均降低4%，重点行业、重要区域人为因素产生的水土流失和对大气、水、土壤的污染得到基本遏制，各功能区域开始步入良性循环，生态补偿机制初步建立，公众生态意识明显提高。

规划基准年2007年，生态县建设22项指标中，已经有6项达到标准要求，分别是单位GDP能耗、集中式饮用水源水质达标率和村镇饮用水卫生合格率、受保护地区占国土资源面积、空气环境质量、水环境质量、噪声环境质量。

到2010年，拟新增达标指标3项，包括主要污染物排放强度、城镇生活垃圾无害化处理率和工业固体废物处置利用率、规模化畜禽养殖场粪便综合利用率。

中期目标：（2011—2015年）：全面建设和加快发展阶段。全县生产总值年均增长12%以上，人均生产总值17300元，城镇化水平42%，森林覆盖率56%，农村生活用新能源比例30%以上。生态补偿机制完善，水土流失区域得到基本整治，工矿区环境恢复治理取得明显效果，基本形成产业特色鲜明、结构优化、布局合理、符合可持续发展要求、与资源环境承载力相适应、具有较强科技创新和市场竞争能力的生态经济体系。基本达到天蓝、水清、地洁、气爽、山川秀美、生态环境良性循环，社会生态文明程度、国民素质和创新能力达到较高水平。

到2015年，新增生态县建设达标指标3项，分别是秸秆综合利用率、化肥施用强度、环境保护投资占GDP的比重。

远期目标：（2016—2020年）：全面达标与完善提高阶段。巩固和完善经济、社会和生态良性复合系统，全面达到生态县建设各项阶段性目标，形成以优质自然资源为依托、以生态环保型产业为主体的绿色经济形态；全社会形成以崇尚科学和先进生态文化为支撑的绿色意识形态；经济及产业结构合理，功能健全，达到人口、资源、环境良性循环。

到2020年，新增生态县建设达标指标10

项，分别是农民年人均纯收入、单位工业增加值新鲜水耗和农业灌溉水有效利用系数、主要农产品中有机绿色无公害产品种植面积的比重、森林覆盖率、城镇污水集中处理率和工业用水重复率、城镇人均公共绿地面积、农村生活用能中清洁能源所占比例、农村卫生厕所普及率、人口自然增长率、公众对环境的满意率。全面达到生态县建设指标要求。

2009年6月，落实保定市委、市政府《关于加快西部地区工业发展的意见》，市政府2009年初下发各县编制工业发展规划通知的要求，阜平县政府委托河北省工程咨询研究院编制《阜平县工业发展规划》。

阜平县工业规划的指导思想是：以邓小平理论为指导，全面树立和落实科学发展观，坚持走科技含量高、经济效益好、资源消耗低、环境污染少、人才资源得以充分发挥的新型工业化道路，以发展为主题、以市场为导向、以结构调整为主线、以制度创新、科技创新和管理创新为动力，坚持可持续发展，提高产业核心竞争力，实现速度和结构、质量和效益的统一，提高工业企业整体素质，充分发挥工业对经济发展的支撑带动作用，促进工业经济实现跨越式发展。确定全县工业规划目标：初期起步阶段（2010年）完善现代工业集中区道路、排水、供电、通信、社会服务等基础设施一期工程建设；现代工业集中区建成区面积达到1570亩，形成工业集中区基础和骨架。中期快速发展阶段（2011—2015年）基本完成各集中区内各项基础设施建设，先进制造业、食品加工业、矿产建材业、煤化工等支柱产业的集群效应逐步显现，传统优势产业进一步壮大，成为带动阜平经济实现跨越式发展的重要角色。现代工业集中区建成区面积达到2870亩。远期巩固提升阶段（2016—2020年）工业集中区实现由初期量的扩张向质的提升转变，整体效益得到提升。各项配套基础设施全部建成，成为阜平县经济又好又快发展的巨大引擎。现代工业集中区建成区面积6080亩。

第二节 统计

一、组织机构

1996年统计局内设办公室、工劳股、农业股，下设人口调查队（为副科级单位），干部职工18名。2002年4月，统计局合并到发展计划局，为二级局。2006年从发展计划局分离出来，独立成局，到2010年，下设办公室及工业、投资、贸易、社劳股；农调队1个、普查中心1个，编制18名，有干部职工18名。

二、统计业务管理

（一）乡镇统计

1996年，全县25个乡镇合并为13个乡镇，乡镇统计人员由25人缩减为13人，2010年部分乡镇统计人员为兼任统计。乡镇统计主要任务是搜集、整理、汇总所辖行政村及企业报送的统计资料，在各项普查中，组织、协调本乡镇的普查工作。

（二）村级统计

村级统计属于最基层统计，大多由村会计负责。主要任务是搜集本行政村基本情况，填报乡镇统计站统计报表，完成本村各项普查工作。

（三）机关、事业、企业单位统计

职工人数较多单位和规模较大企业都设有专职统计。职工人数较少、规模较小单位和企业一般由单位会计人员兼任。承担县统计局布置的各项统计报表工作，统计报表直接报送县统计局。

（四）工资福利待遇

1996年乡镇统计人员工资福利待遇由县财政拨付，乡镇发放。村级统计补贴由村级解决，机关、事业、企业单位统计人员工资福利由本单位发放。2010年10月，乡镇统计人员每人每月补贴80元，村级统计人员每人每月补贴20元，由县统计局统一发放。

（五）统计专业设置

1996年，统计报表种类少，随着统计事业

发展，统计制度完善，统计专业设置逐年增加，统计报表种类逐步丰富。到2010年设置统计专业有：国民经济核算、民营经济、城镇化监测、村委会调查、工业、能源、工业品价格调查、规模以下工业抽样调查、贫困监测、农业、农产量、农业产业化、畜禽监测、投资、建筑业、房地产、贸易、成品油调查、外经、基本单位名录库、劳资、城乡划分、社会、科技、执法检查、计算机网络维护。

三、专项统计普查

2000年进行第五次人口普查。普查标准时点为2000年11月1日零时。普查范围：全县境内常住人口，不包括现役军人。普查内容：全县人数、户数、性别、年龄构成、民族构成、文化程度、住房面积、居住环境、劳动力情况、婚姻状况等。普查结果：全县人口206925人，其中男性106511人，女性100414人；汉族206756人，少数民族169人；出生率13‰，死亡率5.76‰，自然增长率7.24‰。

2010年进行第六次全国人口普查。普查标准时点为2010年11月1日零时。普查对象是普查标准时点在全县境内的自然人。普查主要内容：户数、人数、性别、年龄、民族、文化程度、户口性质、工作情况、行业、职业、生活来源、婚姻状况、住房及附属设施等情况。普查表种类：有普查表长表、普查表短表、境外人口普查表、死亡人口调查表四种。

第六次人口普查与第五次人口普查相比有较大变化。登记范围变化。按见人就登、见人就查的原则，对外出、外来流动人口不论时间长短，在户籍地和常住地同时登记，然后再根据相关信息进行排重汇总。增加区域图电子图绘制，利用国土部门卫星拍摄遥感影像图，划分绘制普查区和普查小区。增加建筑物信息录入，将普查区域的所有建筑物相关信息录入汇总处理。增加建筑物信息数字化工作，主要目的是展示人口普查的成果，为今后防灾减灾提供依据。

四、专项普查

（一）农业普查

1997年进行第一次全国农业普查，普查的标准时点为1997年1月1日。普查范围是全县所有农业类生产经营单位。普查内容是农业生产经营单位数量、规模、结构、生产性固定资金数量、劳动力素质等基本情况。普查结果：农业人口181313人，耕地面积9286公顷，其中水浇地面积4606公顷，牛存栏16017头、羊存栏143800只，猪存栏54600头。

2006年进行第二次全国农业普查，普查标准时点为2006年12月31日，时期资料为2006年度。普查范围是全县所有农业类生产经营单位。普查内容：从事第一产业活动单位和农户生产经营情况；乡镇、村委会及社区环境情况；农业土地利用情况；农业和农村固定资产投资情况；农村劳动力就业及流动情况；农民生活质量情况。普查结果：户数53473户，农业人口183686人，耕地面积8377公顷，其中水浇地5428公顷、牛存栏15000头、羊存栏33200只、猪存栏53100头。通二级公路的乡镇8个，完成电网改造乡镇12个，有水电站乡镇4个，乡镇用电量2609万千瓦时，有邮电所乡镇11个，有储蓄所乡镇13个，有图书室（文化站）乡镇9个，有体育场乡镇3个，有广播电视站乡镇8个，有中小学乡镇13个，有卫生院乡镇13个，有敬老院乡镇5个，有农技推广服务机构的乡镇12个，有综合市场的乡镇7个。

（二）经济普查

按照普查条例规定，经济普查每五年进行一次。年份在3、8年度进行。第一次全国经济普查在2003年进行，由于全国发生严重“非典”，社会经济和人民生活受到很大影响，为搞准、查清经济总量、结构、分布等情况，国家决定将经济普查推迟一年进行。

2004年进行第一次全国经济普查，普查标准时点为2004年12月31日，时期资料为2004年度。经济普查是将第三产业普查、工业普查（包括建筑业）和基本单位普查合并进行的一项综合性普查，具有普查范围广、普查项目多、工作难度大等特点。普查范围是全县从事第二产业、第三产业所有法人单位、产业活动单位以及个体经营户。普查内容：单位基本属性、从业人员、财务状况、生产经营（商品销售）情况、生产能力、原材料和能源消耗、科技活动情况等。目的是为全面掌握第二、第三产业的发展规模、结构和效益等情况。普查结果：法人单位635个，其中单产业法人单位619个，多产业法人单位16个，从业人员15072人，女性从业人员3917人。产业活动单位93个，从业人员15200人。个体经营户5706户。

2008年进行第二次全国经济普查，普查标准时点是2008年12月31日24时，登记时间为2009年1月1日至4月3日，普查目的是全面掌握第二、第三产业的发展规模、结构、效益、能源消耗等情况，为各级政府制定国民经济和社会发展规划提供决策依据。普查原则是“统一领导、部门协作、分级负责、共同参与、共享成果”。普查范围是从事第二产业、第三产业的全部法人单位、企业活动单位、个体经营户。全县划分214个普查区，选调普查指导员和普查员800余名，这次普查结果：法人单位909个，产业活动单位142个，个体经营户6193个。

（三）基本单位普查

1996年进行第一次全国基本单位普查，普查标准时点为1996年12月31日，时期资料为1996年度。

2001年进行第二次全国基本单位普查，普查标准时点为2001年12月31日，时期资料为2001年度。普查对象为全县所有法人单位及法人单位所附属的产业活动单位。普查内容：各类单位的基本标识、主要属性、基本状态和主要总量指标。目的是摸清县域内各类单位的底数，反映第一次全国基本单位普查以及各类单位的发展变化情况，重点掌握基本单位的地区分布、行业分布、登记注册类型、规模结构以及生产要素的配置情况。

五、抽样调查

（一）贫困监测

阜平县是国家级贫困县，按照国家统一部署，从2001年开始进行贫困监测。依照抽样规则，调查样本点由省局专业处统一抽取，记账户由县统计局统一抽取。按照要求抽取10个调查点，每个调查点抽取10户，100户进行记账。记账户每天将收入、支出、实物的收取、消费等情况进行记录，形成日记账，每季一报账，各调查点负责人，将记账户日记账收取、编码，上报到县统计局，统计局专业人员对日记账进行录入，再上报省局专业处。

（二）人口变动和1%人口抽样调查

1%人口抽样调查五年进行一次，年份逢5进行，是人口普查之外一次较大规模的人口调查，按1%的人口比例抽取样本点和调查对象。人口变动调查除逢0、逢5两个年份外，其他年份进行调查，一般规模较小，抽取样本量较少，两项调查涉及内容与人口普查基本一致，主要是了解人口数量、区域分布、出生、死亡、迁移情况、受教育程度、就业状态等变化情况。

（三）劳动力调查和群众安全感调查

两项抽样调查一般随人口变动调查同时进行。按随机抽样的方法抽取调查点，采用调查问卷的形式进行。劳动力调查主要是调查劳动力的数量，所从事的职业、行业、工资收入及人员流动等情况。群众安全感调查主要是调查社会治安、综合治理、群众安全度等情况。

（四）组织工作满意度调查

组织工作满意度调查是中组部委托国家统计局开展的一项调查活动。从2007年开始，每年进行一次，主要是按照等距抽样方法抽取调查单位和调查对象。抽取调查单位有乡镇、机关、事业、企业等单位。抽取人员有公务员、职员、党代表、离退休人员、人大代表、政协委员。调查采取调查问卷形式。调查内容主要是全县组织工作开展、组工干部形象、干部培训、使用、任免等情况。

六、统计咨询服务

统计的基本职能是信息、咨询、监督，最终目标是为各级领导，社会大众服务。从1996年开始，统计局每月搜集汇总全县主要经济指标完成情况，整理打印成册（月报），及时报送县委，县政府主要领导及其他领导，同时分送全县相关经济部门，为各级领导及相关部门指导全县经济工作提供统计信息。1999年统计局组织人员、对1988—1997年十年国民经济统计资料进行搜集、整理、审核、汇总，编纂出版统计年鉴。2004年全县经济总量（GDP）突破10亿元大关，编印并发行了统计公报。2005—2010年为加强统计预测分析等职能，统计局要求局内专业人员定期撰写统计信息、分析报告、调研文章，深入剖析全县经济或某个经济领域发展现状、存在问题、并提出合理化建议，做到事前预警、事中监测、事后统计分析。统计局还成立统计数据质量评估领导小组，对基层上报的统计数据进行质量评估、查看上报的数据与部门相关数据是否协调、配备，对有疑虑的数据要求基层重新核实上报。

第三节　财政

一、机构设置

1996年，阜平县财政局内设机构为二室四股，办公室、国资办、预算股、农财股、企业股、综合股，财政人员30人。2001年9月，增设阜平县财政集中支付中心。2002年7月撤销企业股，业务并入国资办公室，农财股分为农财股和农税股。2004年4月，增设监察股、会计股、阜平县人民政府采购办公室、信息中心。2006年成立阜平县契税所，与农税股合署办公。2009年6月，撤销农税股，契税所挂牌，增设阜平县人民政府财政投资评审中心、国库股、社保股、经建股。综合股更名为征管股，撤销会计股和阜平县人民政府采购办公室，其职能由监督股承担。

2010年3月撤销阜平县契税所，职能划转到地税局。2010年，财政局下设办公室、预算股、国库股、征管股、农财股、社保股、经建股、监督股、支付中心、阜平县人民政府财政投资评审中心、国资办公室、信息中心12个股室，编制14人，实有人员34人。其中局长1人、副局长1人。

二、财政体制改革

1996—2001年财政体制沿用1994年1月1日起实行分税制财政管理体制，在收入划分上主要采取按税种分享、分成和专享等形式。主要方法：（一）对主要税种实行分享形式，即按隶属关系划分收入范围，主要包括增值税（25%）、营业税、企业所得税及企业上缴利润、车船使用税、房产税、印花税等；（二）对与政府没有隶属关系的纳税主体缴纳的税收按制定范围划分，如契税、屠宰税、土地增值税、固定资产投资方向调节税、个人所得税按指定归属，实行哪级征收归哪级；（三）农业税收及资源税，市县按比例分成。

2002年省实行“四税”分享改革。坚持分税制改革方向，将增值税、营业税、企业所得税和个人所得税四个主要税种全部实施分享改革，彻底改变按隶属关系划分收入格局。具体划分为：

增值税的分享比例　中央级75%，省级10%，市级5%，县级10%。

营业税分享范围和比例　中国工商银行、中国农业银行、中国建设银行、中国银行、国家开发银行、中国农业发展银行、中国进出口银行极其参股行的地方金融营业税，均100%作为省级固定收入。除此以外的地方营业税，省分享10%，市分享15%县级75%。

企业所得税的分享范围和比例　除跨省经营、集中纳税的中央企业（不包括经济独立核算、就地纳税的中央企业）下划河北省的地方收入（由中央财政按因素法分配）作为省级固定收入外，其他驻河北省境内的各级各类企业缴纳的企业所得税，按属地原则征收，各级按比例分享。2002年，中央分享50%，省分享

25%，县分享25%。2003年调整为中央分享60%，省分享20%，县分享20%。

个人所得税的分享范围和比例 按属地原则征收，包括个人储蓄存款利息所得税在内的个人所得税收入各级按比例分享。2002年，中央50%，省级15%，市级15%，县级20%。2003年调整为中央60%，省级10%，市级10%，县级20%

资源税和城镇土地使用税的划分 以2001年实现收入省分成部分为基数，由县定额上解省财政。

2003年实行激励性财政体制。财政困难县在保持2002年确定的财政体制划分不变基础上，取消省、市集中县增值税、营业税、企业所得税、个人所得税50%增量的规定，实行"定额分享、超收全返"政策，此项政策沿用至2008年。

2008年省以下财政收入划分体制调整：

资源税收入体制调整 从2008年1月1日起，全省资源税收入统一实行属地征收，省分享30%、市、分享30%、县级分享40%。2008—2010年，省、市以2007年县资源税收入为基数，实行基数返还，当年资源税额达不到2007年基数的，以当年实际缴入省、市国库数为限。

新建、扩建高新技术企业和农业产业化龙头企业增值税收入体制调整 从2008年开始，经省有关部门审核批准，将新建、扩建高新技术企业新增增值税省级分享（10%）部分，全部下划为市县财力；将新建、扩建以本省农产品为原料、经省级认定的农业产业化龙头企业新增增值税省级分享（10%）部分下划为市县财力，用于促进农业产业化龙头企业发展。

营业税收入体制调整 从2008年起，省财政不再分享各县一般营业税新增财力（省专享地方金融业务营业税除外），省以2007年省分享县一般营业税实际收入数为基数，2008年及以后年度超基数部分省分成财力，通过结算返还给市，市返还给县，此政策至2010年仍在执行。

2010年1月1日起，按照河北省财政管理体制要求，县财政体制归省财政厅直接管理。项目申报、资金往来归省厅管理，部分管理业务由市财政局管理。

三、财政管理

（一）预算管理

1996—1999年，预算管理不断改革创新，财政改革的重点由收入改革转向支出改革，预算管理改革进入新阶段，改革主要内容是：实行部门预算管理，以部门为依托构建新的预算管理体系；改革预算编制方式，大力推行零基预算、项目预算等现代预算管理方式；改革预算编制组织方法，及早动手，细编预算；改革预算运行机制，规范预算执行，硬化预算约束；推行综合预算管理；建立财政绩效评价体系和风险防范机制。

2000年，以部门预算为重点的预算管理改革在全县推开。2005年为进一步提高资金使用效益，从预算分配源头上解决财政资金重分配轻管理、重资金轻效果的问题，开始推行财政支出绩效评价试点工作。2006年，全面推行政府收支分类改革，2007年预算编制全部采用新科目。2008年，继续拓展预算管理改革新领域，探索实施新的改革举措。积极探索实施发展性支出三年滚动预算编制试点工作。

2009—2010年，各项改革工作向纵深发展：进一步扩大县级部门发展性支出三年滚动预算试点范围；继续推进部门预算改革，县级预算管理的规程、预算文本格式进一步规范；进一步扩大财政支出绩效评价试点范围。

（二）预算外资金管理

1996年按照国务院《关于加强预算外资金管理的决定》的要求，制定了相应的政策，打破了过去所有权、使用权"两权"不变的管理模式，明确了预算外资金为政府财政性资金，并开始对预算外资金逐步纳入预算内管理，截至2010年除教育收费外，其他收费全部纳入预算内管理。同时在内部设立专门的稽查机构，加强对预算外资金收入稽查工作。2001年实行政府非税收入“收支两条线”“票款分离”等改革，教育收费资金推行“一费制”收费模式管理，加强非税收入管理，2004年7月，按照财政部《关于加强政府非税收入管理的通知》及《河北省政府非税收入管理办法》的有关规定，进一步明确政府非税收入范围、统一管理方式及征缴主管部门，财政部门为政府非税收入主管部门得到进一步明确。

2003—2010年取消各类不合理收费18项，极大减轻企业和缴费人负担。

1996—2010年非税收入累计44327万元（2008收入达到最高峰，年收入9305万元，到2009年下半年定龙线阜平收费站撤销后，年收入大幅减少）。

1996—2010年政府预算外资金收支统计表

表7-4-1　　单位：万元

年度	预算外资金收入	预算外资金支出
1996	590	590
1997	685	685
1998	1052	1052
1999	1143	1143
2000	830	830
2001	1710	1710
2002	2398	2398
2003	2843	2843
2004	4626	4626
2005	4388	4388
2006	5393	5393
2007	6061	6061
2008	9305	9305
2009	2795	2795
2010	508	508
合计	44327	44327

（三）企业财务管理

1996年以对国有企业财务管理为主，对集体企业和乡镇企业财务管理很少介入。国有企业按照行业分为工业企业、商业企业、物资企业、粮食企业、外贸企业和其他企业，有86户。不同行业实行不同会计核算和财务管理制度，各企业按照月、季度和年度向财政部门分别报送月快报、季度报表和年度决算财务报表，财政部门分行业审核汇总后上报到市级财政部门。报表种类分为主表和附表，主表包括资产负债表、利润表（损益表）、现金流量表，附表包括固定资产变动表、企业基本情况表等20余种。

2000年，按照上级关于对国有企业进行股份制改造的精神，53户国有企业改制为股份有限责任公司。自此，纳入财政部门统计管理的国有企业剩13户，其中粮食购销企业12户，电力企业1户。统一企业会计核算和财务管理，改变了分行业会计制度核算和财务管理模式，此种核算和管理模式一直延续到2010年。

2000—2010年阜平县国有企业财务主要指标统计表

表7-4-2　　单位：万元

年度	企业户数	职工人数	资产总额	负债总额	所有者权益	实收资本	利润总额
2000	13	368	9554	7993	1561	2413	-105
2001	13	321	9261	7608	1653	2516	66
2002	13	293	10956	9228	1728	2478	117
2003	13	272	9753	7775	1978	2478	137
2004	13	419	9351	8555	796	2448	-1139
2005	13	421	11212	6846	4366	2448	-167
2006	13	390	9370	5202	4168	2448	217
2007	2	198	9755	3694	6061	2346	434
2008	2	198	11173	4763	6410	2346	474
2009	2	182	10287	2925	7362	2346	151
2010	2	187	10357	2864	7493	2346	148

（四）行政事业单位财务管理

1996—2000年实行单位独立记账核算，记录本单位各项收入、支出、结余等财务收支情况。2000年，对各单位实行集中支付管理，取消单位会计，设立报账员，统一到县财政局集中支付中心报账，财政集中支付中心负责各单位的账务处理工作，2002年各单位的账务处理工作又由财政集中支付中心移交给各单位自行管理，仍实行报账制管理，此办法延续至2010年。

（五）控制社会集团购买力管理

1996年继续沿用1990年的控制社会集团购买力的管理政策，取消企业和个人购买小汽车及购买其他大件商品办理控办审批，只对行政事业单位购买小汽车实行审批。

2004—2010年对行政事业单位购买小汽车按照单位级别、人数核定小汽车编制，实行定编管理，没有定编和车辆超编单位一律不准购买小汽车。

（六）会计管理

1996—2010年会计管理工作主要是会计从业人员管理、会计信息质量以及《会计法》贯彻实施情况监督检查，对全县会计人员继续教育和会计从业资格证、发放及日常管理工作，同时组织会计职称、注册会计师报名，服务核算单位和所有会计人员。

1996—2010年组织会计培训班120期，指导企事业单位会计人员新旧会计制度衔接操作158人，在岗有会计从业资格证继续教育4440人，其中行政事业单位会计人员2422人，企业单位会计人员2018人，2009年、2010年组织农村会计人员继续教育培训464人。

2001—2010年检查企业单位141个，指导企业在岗会计人员实际操作158人次。

1996—2010年会计系列报名工作由有纸化变为网络化，参加报考人员878人，其中会计从业资格证470人，会计职称408人，注册会计师39人。取得会计资格证189人，取得会计职称的会计人员30人。

1996—1999年编制《阜平县财政局会计委派制度》并对水利局、林业局会计委派2人。

1996—2010年阜平县会计管理工作统计表

表7-4-3　　　　单位：人

年度	行政事业会计人员继续教育数	企业会计人员继续教育数	农村会计人员继续教育数	会计从业资格报名情况	会计职称报名情况	会计信质信息质量检查户数	在岗培训会计人员数
1996	128	124	—	21	27	—	9
1997	136	117	—	19	23	—	10
1998	142	124	—	25	19	—	11
1999	120	163	—	24	26	—	14
2000	142	142	—	29	22	—	7
2001	163	134	—	30	27	15	10
2002	123	152	—	31	26	11	9
2003	162	132	—	28	23	12	16
2004	134	147	—	36	22	16	4
2005	123	165	—	29	21	9	9
2006	126	156	—	22	25	12	8
2007	128	164	—	28	30	15	12
2008	134	142	—	34	38	17	18
2009	143	267	229	54	40	14	7
2010	114	293	235	60	39	20	14
合计	2018	2422	464	470	408	141	158

（七）财政监察

1996年始，每年组织一次行政事业单位财务监督检查、乡镇财务监督检查、会计信息质量监督，非税收入征管监督检查、专项资金监督检查、国有资产监督检查等。

2000年由纪检、监察部门牵头，财政、审计配合开展预算外资金大检查。查出有违纪问题单位22户，违纪金额269万元。政府制定《关于加强财政监督检查工作的实施意见》，规定财政监督职责、权限、方式、范围、程序等内容。同时加强财政内部监督，对局内股室实行全面检查。2004年成立监督股，加强对各项财政资金监督检查。2006年对全县八项涉农资金和各类专项资金进行检查。2007年开展政府采购专项检查。2008年对行政事业单位企业单位进行会计信息质量检查。2009年全县行政事业单位开展"小金库"专项治理工作。2010年"小金库"治理工作范围扩大到社会团体、国有控股企业。

（八）乡镇财政

1996—1999年乡镇财政实行"统收统支、定额补助"管理体制。2000年推行"分灶吃饭"乡镇财政管理体制。县委、县政府联合下发《关于对乡镇实行收支定额包干财政体制的决定》，设阜平镇、龙泉关镇、大台乡3个试点乡镇实行收支定额包干体制。2001年全县乡镇实行。主要内容是：划分税种、核定收支、收入上缴、支出下拨、收入进度与支出进度挂钩、定额补贴或上解、超收全留、短收自负、自求平衡、一年一定。鉴于乡镇收入规模小、季节性强，实行“分灶吃饭”的乡镇暂不设国库，仍采用收入全部上交，支出由县财政下拨办法。

2006年县乡财政体制改革，选择城南庄镇作为“相对规范的分税制”改革试点，选择大台乡作为“统收统支加激励”体制试点，其他乡镇继续实行统收统支财政体制。政府出台《阜平县县乡财政体制改革方案》，财政体制改革的主要内容：“相对规范的分税制”体制内容：分级管理、支出定则、收入分享、责权统一。统收统支加激励体制内容：收支统管、核定收支、超收奖励、节支留用。统收统支体制内容：收支统管，相对稳定。

2008年对县乡财政体制改革方案进行修订，城南庄镇继续实行相对规范的分税制财政体制，统收统支加激励财政体制试点范围，增加史家寨乡、台峪乡、下庄乡，其他乡镇继续实行“统收统支”体制。

2009—2010年鉴于乡镇经济基础薄弱、税源不稳定、财政收入规模较小的实际，暂不扩大相对规范分税制财政体制试点范围，除实行分税制财政体制的城南庄镇外，其他12个乡镇全部实行统收统支加激励财政体制。

四、财政收入

（一）收入管理

1996—1998年围绕财政自立工程，制定严格奖惩措施，将全年收入任务逐级分解，落实到有收入的所级单位，责任到人。1999年在组织收入方面采取年初明确任务，层层分解，年中督促催缴，责任到人，年末对完不成任务的单位一把手实行末位淘汰。2000—2001年在1999年基础上，采取收入任务与职务、工资挂钩的强硬措施，确保收入任务目标的实现。2002—2006年在组织收入方面，实行县领导分包任务单位的办法。

2007—2010年制定严格责任制度，并将国税、地税经费与任务完成情况挂钩，继续采取县领导分包任务单位，加大督导力度等相关办法。

（二）收入构成

1996年财政收入主要有两部分构成，即中央财政收入和地方财政收入。地方财政收入构成主要是：工商税收、农业四税、企业所得税、国有企业上缴利润、国有企业亏损补贴、基本建设贷款归还收入、其他收入、罚没收入、行政性收费收入等。县委、县政府出台《关于确保完成2001年财政收入任务的意见》，强化领导责任，实施财税任务“三挂钩”办法。严格“票款分离”程序，规范行政事业性收费及罚没收入的“收”“支”“管”，做到“应收尽收不乱收，应缴尽缴不拖欠”。2002年财政收入，按级次划分为中央、省、市、县四级，县财政收入的构成为：增值税、营业税、企业所得税、个人所得税、农业五税、行政性收费及罚没收入、专项收入、政府基金收入、其他税收等。2003年基本维持2002年统计口径，对税收分享比例进行调整。2004年社保两金统计到财政总收入范围。2005年取消农业税、农业特产税，此统计口径延续到2006年。2007年将基金收入从财政收入中剔除，将基金收入划分为政府性基金和社会保险基金，此统计口径至2010年仍在执行。

（三）农业四税

农业税 1996年农业税附加部分的一半留县使用，后改按正税的10%征收附加费，全部留县作为县级预算收入。2002年取消“三提五统”，调整农业税政策。按农作物常年产量（1994年至1998年5年时间平均产量）计税土地面积（以二轮承包面积为依据），规定计税价格（小麦1.14元/公斤、玉米0.75元/公斤）和批准确定税率（7%）计算征收，收入纳入县级预算，附加费按正税的20%一并征收，作为村级收入，实行乡管村用。2005年取消了农业税征收，减少的财力每年由中央财政转移支付补助。

农业特产税 原名农林特产税，后改为农业特产税，由财政部门负责征收。征收的范围主要包括林果业、水产业、畜牧业。税产品主要有红枣、核桃、花椒、水果、渔产品等，征收税率一般为10%。附加费按正税的10%征收，纳入县财政预算。

根据农业税和农业特产税不重复交叉征收的原则，2002年调整了农业特产税政策。即：非农业税计税土地上生产的农业特产品，继续征收农业特产税；农业税计税土地上生产的农业特产品，农业特产品集中产区只征收农业特产税，非集中产区只征收农业税。收入纳入县级预算，附加费按正税的20%征收，连同农业税附加作为村级收入，实行乡管村用。

农业特产税于2005年取消，减少的财力由中央转移支付补助。

契税和耕地占用税 1997年财政与国土、房管等部门协作配合，探索契税和耕地占用税（简称“两税”）的征收方式，两税收入的持续增长。2004年，财政部门直接征收两税。2010年3月1日，契税和耕地占用税职能划转到地税局。

1996—2010年阜平县农业四税征收统计表

表7-4-4　　　　单位：万元

年度	合计	农业税	农业特产税	耕地占用税	契税
1996	138	16	102	19	1
1997	412	64	321	22	5
1998	416	83	316	12	5
1999	429	67	355	1	6
2000	371	25	341	—	5
2001	220	21	193	1	5
2002	522	182	340	—	—
2003	415	198	214	3	—
2004	115	115	—	—	—
2005	17	—	—	1	16
2006	26	—	—	2	24
2007	24	—	—	—	24
2008	216	—	—	168	48
2009	209	—	—	—	209
2010	88	—	—	24	64

五、财政支出

（一）支出管理

1996年，实行按月供应会议费、车修车油费、电话费、办公费、招待费等，结余留用，超额不补。各项财政支出，报主管财政副县长、县长审批。1997年修订和完善五大班子公用经费管理办法，对行政事业单位罚没收入、行政性收费收入返还比例进行重新划分。1999年对县五大班子公用经费实行包干制度，出台离退休人员经费包干办法。2000—2003年县五大班子公用经费压缩支出20%。2004年出台《阜平县专项资金管理办法》，严格财政监督检查。

2005—2008年，严格执行行政事业单位公用经费支出标准定额。除政策性增支外，各部门公用经费水平实行零增长，对会议费、接待费、出国考察费、公务用车等一般性支出按国家和省市关于党政机关厉行节约有关政策要求从紧从严控制。

2009—2010年县财政积极履行职能，狠抓收入征管，大力调整和优化支出结构。一方面压减单位运行等一般性支出，结余资金全部投入到民生领域。一方面积极争取政策性资金，支持经济结构调整。

（二）支出构成

1996—1998年财政支出的构成主要是：个人部分、公用部分及上级下达专款。1999—2001年财政支出分为一般预算支出和基金预算支出两部分，其中一般预算支出构成为：个人部分、公用部分及上级下达专款。从支出上看，1999年个人部分由于受财力和资金制约，出现欠发个人工资现象。2002—2003年财政支出构成为：个人部分、正常公用、收费和罚没返还、农村费改税支出、专款支出。2004—2010年财政支出构成：个人部分、正常公用、专项公用、农村费改税支出、行政事业单位执收执罚办案补助、专款支出等。

1996—2010年阜平县财政收支统计表

表7-4-5　　　　单位：万元

年度	财政收入	一般预算收入	财政总支出	备注
1996	2522	1517	5241	—
1997	3612	2639	6067	—
1998	4212	3145	6241	—
1999	3448	2347	5976	—
2000	3515	2748	8675	—
2001	3518	2745	11734	—
2002	4594	2891	14316	—
2003	5419	3136	15223	—
2004	6817	3386	16376	—
2005	9388	4228	19851	—
2006	12876	5724	27218	—
2007	15850	6667	33470	—
2008	18628	8237	38616	—
2009	15566	8402	47635	—
2010	19176	10616	62088	—

1996—2010 年阜平县基金收支统计表

表 7-4-6　　单位：万元

年度	基金预算收入	上级补助	基金预算支出
1996	0	0	0
1997	20	0	10
1998	0	37	0
1999	247	30	127
2000	78	0	7
2001	0	60	0
2002	325	84	355
2003	421	182	678
2004	882	1108	1986
2005	1134	1114	2141
2006	1470	449	1636
2007	731	2592	3313
2008	1050	3019	4186
2009	2480	2022	4163
2010	2492	1275	3977

1996—2010 年阜平县政府预算外资金收支统计表

表 7-4-7　　单位：万元

年度	预算外资金收入	预算外资金支出
1996	590	590
1997	685	685
1998	1052	1052
1999	1143	1143
2000	830	830
2001	1710	1710
2002	2398	2398
2003	2843	2843
2004	4626	4626

续表 7-4-7

年度	预算外资金收入	预算外资金支出
2005	4388	4388
2006	5393	5393
2007	6061	6061
2008	9305	9305
2009	2795	2795
2010	508	508

1996—2010 年阜平县上级财政拨款统计表

表 7-4-8 单位：万元

年度	定额补助	专项补助	结算补助	国债补助	合计
1996	354	2299	1066	—	3719
1997	354	1860	1611	—	3825
1998	393	1624	1128	—	3145
1999	393	2554	1406	—	4353
2000	393	2965	2248	60	5666
2001	393	2378	4695	3101	10567
2002	393	2491	5884	2002	10770
2003	393	3581	6432	1868	12274
2004	393	4427	7635	1041	13496
2005	393	4274	10053	523	15243
2006	—	6004	13564	2196	21764
2007	—	9421	16125	605	26151
2008	—	11117	19733	887	31737
2009	—	16696	21013	2544	40253
2010	—	23491	26984	—	50475

1996—2010 年阜平县国债资金使用统计表

表 7-4-9　　　　　　　　　　　　　　　　　　　　　　　　　　单位：万元

项目／年度	合计	农、林、水		文化、教育、广电		公检法		卫生		交通		旅游		廉租住房	
		国债补助资金	国转贷资金	国债补助资金	国转贷资金	国债补助资金	国转贷资金	国债补助资金	国转贷资金	国债补助资金	国转贷资金	国债补助资金	国转贷资金	国债补助资金	国转贷资金
1998	520	328	192	—	—	—	—	—	—	—	—	—	—	—	—
1999	—	—	—	—	—	—	—	—	—	—		—	—	—	—
2000	216	216	—	—	—	—	—	—	—	—		—	—	—	—
2001	3014	767	—	47	—	—	—	—	—	2200	—	—	—	—	—
2002	1933	209	—	24	—	—	—	—	—	1700	—	—	—	—	—
2003	2783	388	150	—	—	215	—	130	—	350	550	800	200		—
2004	1041	251	—	140	—	—	—	80	—	570	—	—	—	—	—
2005	523	313	—	—	—	—	—	—	—	210	—	—	—	—	—
2006	2666	160	—	1910	470	126	—	—	—	—	—	—	—	—	—
2007	596	441	—	115	—	—	—	40	—	—	—	—	—	—	—
2008	913	26	—	370	—	62	—	455	—	—	—	—	—	—	—
2009	2544	1358	—	668	—	211	—	—	—	181	—	—	—	126	—
2010	0	0	0	0	0	0	0	0	0	0	0	0	0	0	0

1996—1999 年阜平县财政支出统计表

表 7-4-10　　　　　　　　　　　　　　　　　　　　　　　　　　单位：万元

项目／年度	1996	1997	1998	1999
一、基本建设支出	53	8	5	83
二、企业挖潜改造资金	5	—	—	—
三、简易建筑费类	—	10	—	—
四、科技三项费用	2	21	33	18
五、流动资金	—	—	—	—
六、支援农村生产支出	283	343	186	30
七、农业综合开发支出	30	2	60	16
八、农林水利气象等部门的事业费	215	284	189	179
九、工业交通等部门的事业费	31	27	29	29
十、流通部门事业费	—	—	—	—

续表 7-4-10

项目 \ 年度	1996	1997	1998	1999
十一、文教事业费	1821	1777	239	210
十二、城市维护费	14	4	1665	1525
十三、科学事业费	1	—	1	2
十四、卫生经费	269	304	256	183
十五、其他部门的事业费	159	288	398	132
十六、抚恤和社会福利救济费	323	585	311	388
十七、行政管理费	852	615	746	715
十八、社会保障补助支出	—	—	—	19
十九、国防支出	—	—	—	—
二十、行政管理费	—	—	942	490
二十一、外交外事支出	—	—	—	—
二十二、武装警察部队支出	—	—	—	—
二十三、公检法司支出	442	334	488	368
二十四、城市维护费	—	—	4	37
二十五、政策性补贴支出	215	—	26	—
二十六、支援不发达地区支出	70	540	399	1170
二十七、行政事业离退休经费	—	712	—	—
二十八、专项支出	20	—	32	16
二十九、其他支出	436	212	232	366
三十、总预备费	—	—	—	—
本年支出合计	5241	6066	6241	5976

2000—2002 年阜平县财政支出统计表

表 7-4-11　　单位：万元

项目 \ 年度	2000	2001	2002
一、基本建设支出	268	2242	3070
二、企业挖潜改造资金	—	—	—
三、简易建筑费类	—	—	—
四、科技三项费用	18	19	28
五、流动资金	—	—	—
六、支援农村生产支出	190	322	118

续表 7-4-11

年度 项目	2000	2001	2002
七、农业综合开发支出	90	35	—
八、农林水利气象等部门的事业费	277	302	403
九、工业交通等部门的事业费	15	15	18
十、流通部门事业费	—	—	—
十一、文教事业费	294	400	495
十二、城市维护费	1895	2226	3315
十三、科学事业费	—	—	—
十四、卫生经费	236	320	417
十五、其他部门的事业费	211	322	264
十六、抚恤和社会福利救济费	459	431	535
十七、行政管理费	1008	1096	1324
十八、社会保障补助支出	101	149	514
十九、国防支出	—	—	—
二十、行政管理费	910	953	1287
二十一、外交外事支出	—	—	—
二十二、武装警察部队支出	—	—	—
二十三、公检法司支出	562	712	700
二十四、城市维护费	74	53	16
二十五、政策性补贴支出	10	—	290
二十六、支援不发达地区支出	1457	1231	1007
二十七、行政事业离退休经费	—	—	—
二十八、专项支出	12	26	45
二十九、其他支出	587	880	470
三十、总预备费	—	—	—
本年支出合计	8675	11734	14316

2003—2006 年阜平县财政支出统计表

表 7-4-12 单位：万元

年度 项目	2003	2004	2005	2006
一、基本建设支出	1972	1171	734	2329
二、企业挖潜改造资金	—	—	—	40

续表 7-4-12

项目＼年度	2003	2004	2005	2006
三、地质勘探费	—	—	—	—
四、科技三项费用	29	31	51	50
五、流动资金	—	463	—	—
六、农业支出	437	145	487	795
七、林业支出	238	386	553	509
八、水利和气象支出	328	20	352	512
九、工业交通等部门的事业费	18	—	24	27
十、流通部门事业费	—	812	—	—
十一、文体广播事业费	618	3779	539	729
十二、教育支出	3031	—	4913	4850
十三、科技支出	—	351	—	—
十四、医疗卫生支出	325	1186	417	495
十五、其他部门的事业费	479	882	2197	2431
十六、抚恤和社会福利救济	675	1692	1049	1504
十七、行政事业单位离退休支出	1386	575	1860	2406
十八、社会保障补助支出	465	—	467	516
十九、国防支出	—	1698	—	—
二十、行政管理费	1754	—	2370	2564
二十一、外交外事支出	—	—	—	—
二十二、武装警察部队支出	—	662	—	—
二十三、公检法司支出	728	30	757	1015
二十四、城市维护费	171	310	85	—
二十五、政策性补贴支出	330	1514	280	184
二十六、支援不发达地区支出	1245	—	1414	1373
二十七、海域开发建设和场地使用费支出	—	—	—	—
二十八、债务利息支出	—	—	—	—
二十九、专项支出	38	74	172	—
三十、其他支出	953	595	1130	386
三十一、总预备费	—	—	—	4303
本年支出合计	15223	16376	19851	27218

2007—2010年阜平县财政支出统计表

表7-4-13　　单位：万元

项目＼年度	2007	2008	2009	2010
一、一般公共服务	5311	6410	6664	7245
二、外交	—	—	—	—
三、国防	77	92	66	100
四、公共安全	1368	1930	2459	3287
五、教育	6700	8157	10906	12205
六、科学技术	80	71	87	96
七、文化体育与传媒	233	574	541	918
八、社会保障和就业	5730	8119	8354	8370
九、医疗卫生	1475	2853	3335	7236
十、环境保护	384	526	1026	2696
十一、城乡社区事务	212	305	474	506
十二、农林水事务	5357	6234	9524	11622
十三、交通运输	3095	1769	2113	3544
十四、资源勘探电力信息等事务	328	—	312	535
十五、商业服务业等事务	—	649	—	787
十六、金融监管等事务支出	—	—	—	—
十七、地震灾后恢复重建支出	—	—	—	—
十八、国土资源气象等事务	—	—	—	797
十九、住房保障支出	—	—	—	1746
二十、粮油物资储备管理事务	—	—	654	57
二十一、预备费	—	—	—	—
二十二、国债还本付息支出	—	—	—	1
二十三、其他支出	3120	927	1120	340
本年支出合计	33470	38616	47635	62088

六、国有资产管理

（一）企业国有资产管理

1996—1999年企业国有资产管理主要是加强国有资产保值增值和企业占有国有资产的管理。主要采取年初向国有企业下达年度国有资产保值增值额和保值率，年终进行考核。国资局代表县政府考核国有企业国有资产保值增值完成情况。企业占有国有资产的管理方面通过每年一次国有资产产权登记年度检查来进行。每年从3月1日开始到4月30日结束，产权登记年度检查表是企业进行工商年检的必备资料之一。同时进行国有资产产权占有、变更、注销管理。

1997年全县城镇集体所有制企业、开展清产核资工作。成立县清产核资领导小组，由政府常务副县长任组长、各分管副县长任副组长，财政局、国资局、经济贸易局、地方税务局、供销合作联合社、轻工业局、商业局主要负责人为成员。资产清查工作自1997年1月1日开始至12月31日结束，通过企业自查、领导小组核查、资金核实、挂账核销四个阶段。涉及供销合作联合社系统、轻工业局系统、经济贸易局系统、商业局系统40个企业、单位。

1997年阜平县城镇集体所有制企业资产清查统计表

表7-4-14 单位：万元

序号	项目	资产清查数	清查核定数	账面数
一	资产总额	6752	6752	6752
二	负债总额	6724	6724	6724
三	所有者权益	29	29	29
四	资产损失挂账	5092	—	—
	1. 净资产损失	3660	—	—
	2. 资金挂账	1428	—	—
	3. 有问题的长期投资	3	—	—

2000年县政府为推动国有企业管理体制改革，对所有国有企业进行股份制改造。县政府制定《阜平县企业改革实施方案》，成立“阜平县企业改革领导小组”，由县体改委牵头，财政局、国资局、审计局、物价局、土地管理局、建设局、经贸局、商业局、物资局、粮食局、外贸局等单位参与，经过一年工作，完成全县53户国有企业股份制改造。通过股份制改造，原企业国有资产全部退出，国有企业均改制为“有限责任公司”，国有企业职工身份由“国有固定工”改为“合同制”。至此，国有企业除粮食系统13个国有粮站和阜平县供电有限责任公司外都实现企业改制。2004年开始对国有企业实行“月快报制度”，每月向市国资委报告主要财务指标。对全县重点企业（不分企业所有制性质）实行“财源监控报告”制度，每月通过省财政厅外网“财源监控管理”系统上报财务数据，有8户企业纳入财源监控范围。

（二）行政事业单位国有资产管理

1996年县政府批转国有资产管理局、财政局《关于加强行政事业单位国有资产处置管理的意见》，强化行政事业单位国有资产处置管理工作。1999年对行政事业单位非经营资产转为经营性资产进行清理，对非经营资产转为经营性资产所得收入纳入预算管理。2007年对全县行政事业单位国有资产进行全面清查，清查范围延伸到基层站所。参加这次清查的单位120个，通过清查摸清了全县行政事业单位国有资产存量和分布情况，全县行政事业单位占有国有资产16875万元。2010年11月，完成全县行政事业单位资产管理信息系统数据上报核查工作，实现了行政事业单位国有资产管理信息化。

（三）国有资产评估与经营

1996年成立保定资产评估总公司阜平县分公司，受保定资产评估总公司和阜平县国有资产管理局双重领导，属自收自支事业单位。2001年之后不再开展资产评估业务。在此期间，每年评估项目5～20个不等，所评估项目涉及企业改制、资产抵押、出售等行为。1998年成立阜平县国有资产经营公司，隶属阜平县国有资产管理局管理，属自收自支事业单位，该公司自成立至2010年未开展过业务。

第四节 国家税务

一、组织机构

1994年阜平县国家税务局成立。内设办公室、人事教育股、监察室、税收政策管理股、计划财务股5个股室，直属机构1个稽查局、1个信息中心、下辖8个国税所。2010年管辖全县纳税人1467户，其中一般纳税人137户，小规模纳税人1293户，非增值税纳税人37户。局内机构设置、干部管理、人员编制和经费开支，由省国税局垂直管理。

二、税种、税率及变化

增值税 是以1993年12月13日国务院颁布的国务院令第134号《中华人民共和国增值税暂行条例》为基础的，即1994年1月1日起，实施新的增值税制。基本税率为17%，低税率为13%。2004年5月1日，增值税起征点进行调整，销售货物调高至月销售额5000元，销售应税劳务为月销售额3000元，按次纳税起征点仍为每次（日）销售额200元。

消费税 1994年税制改革在流转税中新设置的一个税种。

企业所得税 实行25%的比例税率。

外商投资和外国企业所得税 税率统一调整为25%

个人利息所得税 1999年11月1日起开始按20%征收个人利息所得税。2007年8月15日起，将储蓄存款利息所得个人所得税的20%调减为5%。2008年10月8日国家取消利息税，同时存款利率下调0.27个百分点。储蓄存款在2008年10月9日后（含10月9日）的利息所得，免征个人所得税。

车辆购置税 税率为10%。

三、税务稽查

1996年按照深化税收征管改革"十六字"方针，设立阜平县国税局稽查分局，抽调人员专门从事稽查工作，形成互相协助、互相监督、互相促进、互相补充稽查队伍网络。1997年6月，县国税局稽查分局按照"选案、稽查、审理、执行"四个环节调整内设机构。同年10月，成立阜平县国税局稽查局。

1997年建立"分级负责、分类稽查"的管理体制，按照稽查选案、稽查实施、案件审理、处理执行四个工作环节实行专业化分工。1998年省局下发文件，规定稽查局是县局直属机构，受县局领导和管理，在业务上接受上一级稽查局指导，完成上级稽查局交办任务。国税基层分局内设稽查股，人员列入"税务稽查序列"，受基层分局领导和管理，同时接受县稽查局业务指导、业务培训和监督考核。2001年3月，取消基层分局稽查职责，由县局稽查局负责日常稽查、专项稽查、专案稽查，受理群众举报、上级交办案件。2006—2010年稽查实行"稽查五制"，即：以执法过错追究责任制约束税务干部执法行为；以"许可准入、查前通知、查中约谈、稽查辅导、查后廉政回访"等保障纳税人合法权益。

1995—2010年累计检查纳税人385户次，查补税款730万元，入库税款730万元。

四、税收

（一）税源管理

1996—2002年税源管理主要是通过做好税务登记工作包括税源登记、验证、核定等环节加强对固定户的控管。对新开业纳税户，基层税务机关在税务登记环节，准确核定应征税税种、适用税率、定税额。对登记在册的正常纳税户每年进行一次验证，每两年换发一次新证，借助验证换证核定纳税户的注册资本、经营范围等，及时掌握税源变化情况。对歇业、停业、破产和改组、合并、兼并、转业的税源户，督促其重新进行税务登记，防止虚假和转移税源现象发生。生产经营规模较大、上缴税收大户，指定专人驻厂管理，动态掌握重点企业税源变化情况。2003年，纳税人全部纳入税收综合征管软件（CTAIS）监控，分户建立纳税人户籍档案。按照纳税人经营规模、经营性质、行业特点进行科学分类，按纳税情况、税法遵循情况等分成A、B、C、D四个纳税信用等级，推行纳税人分类管理。2005年全面推行税收管理员制度。做到户数明、税源清，准确掌握税源变化情况。及时催报催缴，提高按期申报率和税款入库率。2006年不定期开展“地毯拉网式”户籍清理，清理漏征漏管户，减少税款流失。2007—2010年认真落实《发票管理办法》，通过强化发票管理更好地为税收征管、护市场经济服务。对小规模纳税人，实行分类、限版管理，推行定额发票和电脑发票，提高纳税人发票使用率，继续推行有奖发票，鼓励消费者主动索取发票。

（二）税源建设

1996—2000年在开展双增活动中。发挥税务系统自身优势和特点，帮助企业把好经营关，追求利润最大化；帮助企业把好财务关，实现核算制度化；帮助企业把好分配关，确保“三者利益”分配规范化，最终达到企业增产增效、国家增税增收。2001—2005年全面落实乡镇企业税收优惠政策、贫困地区优惠政策、高新技术税收优惠政策、“三资”税收优惠政策、出口退税优惠政策、增值税以及所得税优惠政策，在保护国家利益的同时，促进企业搞活，发展地方经济。2006—2010年积极招商引资，打造公平的税收环境。推行税收执法责任制和执法过错责任追究制，规范税收执法行为。大力整顿和规范税收秩序，营造依法诚信纳税的氛围；实行统一稽查、阳光稽查、查前告知、查中辅导、查后约谈等人性化制度，简化涉税审批程序，创新服务内容，落实首问责任制、服务承诺制、限时办结制、实行办税“一站式”，做到在严格执法中实现征纳和谐，为政府招商引资当好参谋。结合经济社会发展现状，加强税收形势和税源状况的调查分析，为政府推动县域经济发展当好参谋，更好地为地方产业结构优化升级、加快转变经济发展方式服务。

（三）税收收入

国税系统干部职工狠抓重点税源管理，强化纳税服务，加大税收分析、纳税评估、税务稽查等工作力度，多措并举，促进税收收入稳步增长，税收收入从1995年1513万元上升到2010年9266万元，净增7753万元。

1995—2010年阜平县国税收入统计表

表7-4-15

年度＼项目	市核收入任务（万元）				县核收入任务（万元）			
	计划	完成	占计划	比上年增长%	计划	完成	占计划	比上年增长%
1995	1520	1513	99.54	36.39	1520	1513	99.54	36.39
1996	1494	1352	90.50	-10.64	1620	1352	83.46	-10.64
1997	1280	1289	100.7	-4.66	1700	1289	75.82	-4.66
1998	1465	1463	99.86	13.50	1562	1463	93.66	13.50
1999	1200	1200	100	-17.98	1156	1200	103.81	-17.98
2000	1280	1204	94.06	0.33	1280	1204	94.06	0.33
2001	1250	1399	111.92	16.20	1250	1399	111.92	16.20
2002	1250	1498	119.84	7.08	1250	1498	119.84	7.08
2003	1556	1584	101.8	5.74	1556	1584	101.8	5.74

续表 7-4-15

项目 年度	市核收入任务（万元）				县核收入任务（万元）			
	计划	完成	占计划	比上年增长 %	计划	完成	占计划	比上年增长 %
2004	1640	2321	141.52	46.53	1750	2321	132.63	46.53
2005	2440	3579	146.68	54.20	2830	3579	126.47	54.20
2006	3830	5266	137.49	47.14	4000	5266	131.65	47.14
2007	6500	8784	135.14	66.81	6600	8784	133.09	66.81
2008	10000	10256	102.56	16.76	10000	10256	102.56	16.76
2009	6000	6270	104.50	-38.87	6000	6270	104.5	-38.87
2010	—	—	—	—	—	—	—	—

第五节　地方税务

一、组织机构

1995年6月阜平县地方税务局成立，设机构5个：办公室、政工股、税政股、征收管理股、计划会计股。直属机构2个：税务稽查局（二级局）、直属征收分局。基层税务所7个：城关税务所、平阳税务所、史家寨税务所、砂窝税务所、龙泉关税务所、城南庄税务所、北果园税务所。2007年阜平县地方税务局机构调整，设机构6个：办公室、政工股、税政股、征管法规股、计划会计股（原征收计会股）、信息股。直属机构2个：稽查局、征收分局。基层分局（所）4个：城区税务分局、平阳税务分局、城南庄税务分局（原城南庄税务所、东下关税务所）、砂窝税务所。2010年撤销砂窝税务所，其征管范围划归城区税务分局。

二、税种税率

（一）营业税

税率：交通运输业3%、建筑业3%、金融保险业5%、邮电通信业3%、文化体育业3%、娱乐业5～20%、服务业5%、转让无形资产5%、销售不动产5%。

（二）个人所得税

个人所得税法列举征税的个人所得有11项，具体包括：工资、薪金所得；个体工商户的生产、经营所得；企事业单位的承包经营、承租经营所得；劳务报酬所得；稿酬所得；特许权使用费所得；利息、股息、红利所得；财产租赁所得；财产转让所得；偶然所得；其他所得。税率：工资、薪金所得适用5%—45%的九级超额累进税率。

（三）土地增值税

税率：土地增值税按照四级超率累进税率进行征收。增值额未超过扣除项目金额50%的部分，适用税率为30%；增值额超过扣除项目金额50%，未超过100%的部分，适用税率为40%；增值额超过扣除项目金额100%，未超过200%的部分，适用税率为50%；增值额超过扣除项目金额200%的部分，适用税率为60%。

（四）城市维护建设税

税率：按照纳税人所在地的不同，实行不同档次的税率。纳税人所在地在市区的，税率为7%；纳税人所在地在县城、镇的，税率为5%；纳税人所在地不在市区、县城或镇的，税率为1%。

（五）房产税

税率：依照房产余值计算缴纳的，税率为1.2%。依照房产租金收入计算缴纳的，税率为12%。对个人按市场价格出租的居民住房，房产税暂减按4%的税率征收。

（六）耕地占用税

计税依据：耕地占用税以纳税人实际占用的耕地面积为计税依据，按照规定的适用税额一次性征收。税额：25 元 / 平方米。

三、税收收入

1995—2010 年累计组织收入 5 亿元。税费收入从 1995 年 496 万元增长到 2010 年的 10000 万元，2004 年后年均递增超过 12%；社保费自 2002 年开征，已累计征收 12070 万元。税费收入圆满完成为阜平经济发展和社会稳定提供强有力财力保障。

1995—1998 年阜平县税收收入统计表（一）

表 7-4-16 单位：万元

项目＼年度	1995	1996	1997	1998
完成（万元）	496	788	1286.2	1306.8
为上年 %	—	158.8	163.3	101.6

1999—2010 年阜平县分税种收入统计表（二）

表 7-4-17 单位：万元

项目＼年度	1999	2000	2001	2002	2003	2004	2005	2006	2007	2008	2009	2010
合计	1094.32	1117.38	1044.17	1166.45	1321.35	1482.78	1822.1	2160.69	2799.69	3808.86	5900.65	7302
营业税	486.93	799.26	708.41	814.19	863.28	826.12	911.41	1160.77	1510.68	2908.88	4550.54	5716
企业所得税	131.39	62.04	26.81	36.32	128.99	174.13	551.93	671.36	737.03	203.76	189.63	390
个人所得税	205.02	86.48	167.8	198.13	180.63	162.38	174.45	158.13	171.6	256.71	550.41	507
资源税	39.77	17.17	28.01	14.15	25.08	182.97	74.5	37.21	40.58	42.63	33.21	15
固定资产投资方向调节税	88.53	20.92	1.81	—	—	—	—	—	—	—	—	—
城建税	41.9	38.27	44.39	41.76	51.94	71.42	57.81	77.68	118.75	132.29	163.55	183
房产税	55.92	58.27	48.25	44.4	55.86	42.28	36.57	41.39	46.87	54.56	62.1	63
印花税	1.61	0.87	3.74	0.42	0.88	4.02	4.12	2.44	105.62	15.55	30.95	30
土地使用税	21.82	15.21	10.58	13.97	11.44	11.71	9.32	10.46	22.59	46.11	70.07	52
土地增值税	—	—	—	—	—	—	—	—	—	37.04	128.88	109
车船税	13.13	16.96	3.38	3.12	3.24	7.75	1.94	1.26	45.97	111.34	121.29	157
契税	—	—	—	—	—	—	—	—	—	—	—	24
耕地占用税	—	—	—	—	—	—	—	—	—	—	—	56
屠宰税	8.31	1.93	0.98	—	—	—	—	—	—	—	—	—

四、税务管理

地税局坚持以服务地方经济发展作为立局之本，严格执行国家关于促进国有企业、民营经济、服务业和贫困地区发展以及扶持下岗职工再就业等方面的税收优惠政策，1996—2010 年，累计审批减免税收 1200 多万元，在促进企业改革、科技进步、启动消费、增加就业等方面起到了积极作用。地税局教育和引导广大干部从纳税人满意的地方做起，从纳税人不满意的地方改起，先后在全局开展“服务纳税人，满意在地税”活动。实行文明办税“十公开”，推行多元申报、税银联网、网上报税、简易申报、简并征期等方便纳税人措施。推出了首问负责制、限时办结制、服务承诺制和执法公示制等服务制度。推出了“一窗式服务”和“县域通办”纳税服务模式，加强对业户的纳税辅导、政策宣传、会计培训等工作。并经常开展明察暗访、召开企业座谈会等活动，为优化经济税收环境做出了积极贡献，受到县委、县政府的充分肯定和社会各界的普遍好评。连年被评为“工作实绩突出单位”“优化环境先进单位”“文明执法杯”第一名、“行风评议”优秀单位等。

五、征管与稽查

建立起“以申报纳税和优化服务为基础，以计算机网络为依托，集中征收，重点稽查，强化管理”征管体制，实现征管质量和效率总体提高；大力推行科学化、精细化管理，制定了一系列分行业、分税种征管办法，先后总结推广了建筑业、房地产业“以地控税”，旅游业、饮食业“以票管税”，矿业、建材业“以电控税”等先进征管办法；着力加强税源监控，层层建立监控制度，实行重点税源重点管理、专业市场集中管理、中小税源分类管理；强化户籍管理，实现与工商、国税的信息传递；严格落实税收管理员制度和绩效考核；深入开展“四位一体百日大会战”活动，强化纳税评估工作，具有地税特色的征管格局日趋完善。

第六节　审计监督

一、组织机构

1996 年阜平县审计局行政编制 8 人，其中领导职数 3 名（局长 1 名，副局长 2 名）。内设一室三股：办公室、财金事业股、经贸交通基建股、经济责任审计股。2010 年行政编制、领导职数、股室设置未变。

二、国家审计

1996 年《中华人民共和国审计法》颁布实施后，阜平县全面开展本级财政预算执行情况审计。审计方式由“上审下”转变为“同级审”与“上审下”相结合。采取“账户入手，下审一级”的做法，以“核实收支、摸清家底、扩大范围”为重点。1997—2000 年拓宽审计覆盖面，对预算收支、预算管理和预算外资金征管用情况进行全面审计，并将审计结果向政府报告。人大常委会召开例会审议审计工作报告。2001—2003 年对 13 个乡镇政府和乡综校、中心小学、中学进行财务收支审计。针对乡（镇）政府财政支出增长大于预算收入、赤字逐年加大、财政包袱重、消费性支出增长过快、预算外资金管理偏松、执收执罚款项不如实反映、未全额上交、坐支滥支等共性问题，审计机关依法审计，规范乡镇财政管理。2004—2005 年审计各类建设项目 30 多项，审计资金总额 3 亿多元。通过对项目建设程序、概算编制、工程质量、建设资金使用和新开工建设项目资金来源、竣工决算的审计，为财政节省资金 1000 多万元。2006 年对扶贫资金、以工代赈资金、有偿支农周转金、林业基金、农业投入资金、农业综合开发资金、水利资金、发展经济转向贷款等专项资金进行审计，审计单位 60 多个。针对农业审计中发现的挤占挪用、虚列转移、损失浪费、滞拨积压、配套资金不到位等问题，及时纠正和处理、维护了农民合法权益、保障各项政策的贯彻落实。对各项农业专项资金管理、提高资金使用效益提出了建议和意见。

2000—2010 年累计审计党政机关、事业、社会团体 300 多个单位。审计的重点是预算执行情况，教育、科技、医疗卫生、体育、文化、环境卫生、环境保护、社会保险等专项资金，公检法、工商、物价、民政等管理使用财政性资金较多的部门。10 年间，对社会关注的热点难点问题，加大审计力度，对查出违纪问题做了相应处理。堵塞漏洞，完善内部约束机制，推动了党政机关、事业单位的廉政建设和行业作风的改变。2003年中央两办关于《县级以下党政领导干部任期经济责任审计暂行规定》颁布，在对乡镇、县直部门正职领导干部任期经济责任审计工作中，坚持实事求是、客观公正原则，正确划分现任与前任、直接与间接责任、主观与客观责任三个界限，为强化民生项目资金运行的审计监督，将事后监督改为科学有效的全称跟踪监督。2009年完成民生项目审计9项，查出管理不规范资金1000多万元。

阜平县是国家扶贫开发工作重点县，林果基地建设、扶贫移民搬迁、水土保持等涉及民生工程项目多，资金数额大。审计局对民生工程资金运行情况，提前介入，跟踪监督，提高资金使用效率。王快水库水保工程项目资金250万元，是重点惠农项目。截至2009年11月底，审计局已对该项目的资金运行情况审查4次。涉农项目运行，审计局成立资金使用监督审计领导小组，按照“事前审计警示、事中跟踪监督、事后总体评价”的监督机制，对工程相关单位账目审计的同时，深入项目涉及乡、村，实地查看项目进展，检查监督资金到位情况，做到资金用途明、账目清、工程实。2009年该局还协同纪检、财政等部门对党政机关、事业单位的政府采购执行情况、“小金库”、13个乡镇“普九”债务情况进行专题审计。截至2010年底累计完成经济责任审计40多项。

15年间，完成审计项目和项目单位500多个，审计资金总额70多亿元，查出各种违纪违规金额8000多万元，处罚收缴600多万元。向司法机关移送经济案件1宗，移送司法机关处理的责任人员1人。提交审计工作报告、信息800多篇，采用300多篇。

三、社会审计

2006年阜平县社会审计所与审计局分离，独立开展委托审计。同年开始对工商企业注册资金进行验资。2006—2010年依法审计单位或项目578个。验资40多亿元，查处违法违规、虚假资金5000多万元。

四、内部审计

1996年阜平县行政科局内部审计组织有4个，分别是教育局、交通局、农业局、卫生局。没有建立审计组织的由单位会计兼任审计员。到2010年全县专（兼）职人员102名。配合审计局审计单位或项目500项次，内部审计120多次。纠正违规资金1亿多元，调整项目1200余笔。

第七节　物价

一、组织机构

1996年物价局设有办公室、检查所、成本队。1997年物价局增设价格事务所，为事业编制。2005年更名为价格认证中心，职责不变，保留检查所、成本队、办公室。2010年物价局合并到发展改革局。

二、价格管理

1996年政府对市场价格管理有三种模式：政府定价、政府指导价、和市场调节价。与国民经济发展和人民生活关系重大的极少数商品价格，资源稀缺、自然垄断经营商品价格，重要公用事业、公益性服务价格实行政府指导价和政府定价，其他商品和服务价格实行市场调节价，主要包括重要储备物资、农产品、部分化肥、水、医药价格、电力、热力、液化石油天然气、邮政电信、房地产、交通运输及军备物资等。

水价、药品价格等重要商品价格随商品市场的变化而变化，其变化情况见下表。

阜平县水价变化统计表

表 7-4-18　　单位：元/吨

类型	1998 年	2002 年	2007 年
居民生活用水	0.75	1.00	1.38
机关团体用水	1.00	1.50	2.00
工商企业用水	1.50	2.00	2.50
经营服务用水	4.00	5.00	6.50
特种行业用水	6.00	8.00	10.00

阜平县药品价格一览表（一）

表 7-4-19

价格各类	计算公式	最高关价率（%）		
		化学药品	中成药	中药材
批发价格	批发价格＝出厂价格 ×（1 ＋进销差率）	针剂：20 片剂：19	20	35
零售价格	零售价格＝含税批发价格 ×（1 ＋批零差率）	15	15	35

阜平县药品价格一览表（二）

表 7-4-20

价格各类	计算公式	最高关价率（%）		
		中药饮片	生物制剂	生化药品
批发价格	批发价格＝出厂价格 ×（1 ＋进销差率）	普通中药饮 35 颗粒饮片：30	22	针剂：22 片剂：21
零售价格	零售价格＝含税批发价格 ×（1 ＋批零差率）	35	15	15

1999 年对列入中央和省级政府定价目录的药品，不再公布出厂价和批发价，不再实行按实际进价规定差率作价的规定，药品零售单位不得突破政府指定的零售价格销售。2007 年阜平县建立热力公司，热力价格纳入政府价格部门日常管理，按法定程序，在成本监审、召开听证会的基础上，确定了 2008—2010 年热力价格，其变化情况见下表。

2008—2010 年阜平县热力价格变化统计表

表 7-4-21　　单位：元/平方米

类型	2008 年	2009 年	2010 年
居民住宅	17.50	19.00	19.00
办公用房	23.00	25.00	25.00
生产经营用房	24.00	26.00	26.00

三、收费管理

为配合收费许可证审验工作，2003年省物价局、监察厅联合发文规定，在国家机关、企事业单位实行收费员和物价员证制度，要求实施收费的人员必须经过培训考核、取得相应资格方可上岗收费，同样也实行三年一换，一年一审制度，与收费许可证同步配套实施。

2004年为贯彻国家义务教育的方针，全县中小学实行一费制。2005年物价与财政联合编制本行政区域收费目录和罚没目录，发给各收费单位。2007年国家免除学杂费，只代收课本和作业本费，为使这项惠民政策得以落实，物价部门组织全县中小学校长召开培训会，开学之初，召开现场咨询会。2008—2009年中央和省级先后取消108项和100项行政性收费。到2010年底，保留29个单位80余项收费。

2005—2010年度阜平县收费许可证审验统计表

表7-4-22　　单位：项

项目	2005	2006	2007	2008	2009	2010
数量	360	350	150	120	120	70

四、价格监督检查

专项检查　1996年检查重点逐渐向收费检查过度。重点是电价、药品价格、各执收部门的行政收费、涉农、涉企收费。检查方式采取上级查下级，同级自查自纠，联合多部门共同查处。对不执行政府定价、指导价，自立收费项目、扩大收费范围、提高收费标准等作为重点检查处理。查出的违纪金额能退还的退还，不能退还的收缴财政。2000—2010年十年间查处重大违纪案件60余起，经济处罚500万元。

市场检查　物价部门在每年的“五一”、“十一”、元旦、春节等重大节日期间都开展市场物价大检查，重点查处价格欺诈、哄抬物价，缺斤短两、以次充好等不法行为，确保市场稳定。

明码标价　明码标价是物价管理的日常工作，2000年10月31日国家计委颁布实施《关于商品和服务实行明码标价的规定》，县物价局印发了宣传手册和传单宣传，明码标价率达97%。

五、价格评估鉴证

1997年成立阜平县价格事务所，职责是对公、检、法部门标的价格不明的涉案物品进行价格鉴证，为司法部门审理案件和定罪量刑提供价格依据。2005年价格事务所更名为价格鉴证中心，同时扩大业务范围，接受社会委托，开展房地产评估、车辆定损评估、社会中介评估等。2008—2010年为响应县政府城镇面貌三年大变样的号召，价格认证中心积极参与到城中村房屋拆迁、道路拆迁等各项工作。

六、价格监测

价格主管部门对重要商品和服务价格的变动情况进行跟踪、采集、分析、预测公布，价格是市场最灵敏的信号和综合的反映指标，准确及时的价格信息能够客观透视出国民经济的运行状况、产业结构状况、市场供求状况和人们的消费结构。县级物价部门有专人负责此项工作，1996—2010年具体开展六项工作：河北省176种商品价格监测月度报告；河北省35种商品价格监测半月报告；重大节日市场价格监测报告；突发性、苗头性价格问题跟踪监测报告；重大价格改革项目专项监测报告；特色农产品价格采集报告。

七、价格服务

1998年《中华人民共和国价格法》正式颁布实施，标志着价格执法活动有了法律依据，随后《价格违法行为行政处罚规定》《价格决策听证办法》《政府定价目录》《成本监审办法》等十几部法律规章陆续实施。2000年起每年都要举行《价格法》宣传活动，积极参与“3·15”消费者权益日活动，宣传价格法律法规，接受社会价费咨询，开展价格服务进万家活动。到2010年办宣传栏10块，开展价格服务活动20次，印刷宣传品1万份，接收社会价格咨询50次。为企业维护自身权益、宣传自身形象搭建服务平台。

第八节 工商行政管理

一、组织机构

1996年工商局内设：办公室、人教股、财务股、法制股、经检股、企业股、个体股、合同股、市场股、商广股、稽查大队、市场派出所和车辆管理所；下设：城关、太行、平阳、王林口、台峪、河口、城南庄、北果园、下庄、砂窝、吴王口、史家寨、大台、龙泉关、东下关15个工商所，干部职工236人。2008年工商所升格为工商分局，分局长为副科级待遇。2010年工商局内设：办公室、人事教育科、法制科、注册科、企监科、市场维权管理科、商广科、食品科、监察室。六个派出机构，五个工商分局分别是：城关、平阳、城南庄、砂窝、龙泉关、经济检查大队。直属单位：个体劳动者协会秘书科、私营企业协会秘书科、维修行业管理办公室、消费者协会秘书科，干部职工96人。

二、企业登记管理

1996年全县企业换发了全国统一营业执照，在登记事项、名称、地址、负责人、资金数额、经济性质、经济范围、经营期限等方面登记更加规范。1997年全县举办企业厂长、经理、财会人员培训班，系统学习《中华人民共和国公司法》《中华人民共和国合同法》等有关法律法规，提高企业法律意识。1998年对全县企业进行清理整顿，通过年检，注销名存实亡企业，全县企业总数735家，其中全民制企业200家，集体企业389家，公司制企业146家，注册资金总数28402.63万元。1999—2003年企业登记和个体登记合并，实行了申请、审核、发照一条龙登记，解决了办证难，年检难问题。2010年，全县企业登记总数582家，其中全民企业79家，集体企业115家，公司制企业388家，注册资金总数52199.05万元，工商企业登记管理工作更加规范。

1996—2010年阜平县企业登记管理统计表

表7-4-23

项目 年度	户数				注册资金（万元）
	小计	全民	集体	公司	
1996	770	288	344	138	17263
1997	800	279	379	142	29281.55
1998	735	200	389	146	28402.63
1999	610	162	298	150	30677.05
2000	649	138	347	164	30469.65
2001	692	126	401	165	29089.65
2002	527	118	231	178	30752.65
2003	505	113	201	191	30951.85
2004	514	105	210	199	30060.05

续表 7-4-23

年度	户数				注册资金（万元）
	小计	全民	集体	公司	
2005	716	97	412	207	42408.05
2006	823	93	518	212	50997.05
2007	468	87	156	225	59866.05
2008	526	88	161	277	37428.05
2009	500	79	95	326	41623.05
2010	582	79	115	388	52199.05

三、个体私营经济管理

1996年个体工商户3442户，从业人员4629人，注册资金5872万元，2010年个体工商户2281户，从业人员5837人，注册资金14786万元。私营经济588户，从业人员6052人，注册资金50477万元。个体私营经济经营规模迅猛扩大，部分私营企业完成了从小本经营到规模经营的过渡。私营经济经营者队伍结构和整体素质很快提高，一批知识型人才加入个体私营经济队伍，成为个体私营经济主流。

2003年县委、县政府《关于进一步加快非公有制经济发展，深化国有企业改革，发展壮大县域经济发展》的文件下发后，工商局研究制定发展县域对策措施，为企业和个体私营经济发展排忧解难，广泛开展“结对子”“心连心”“双百”（支持百户企业和百家个体户）活动。为企业牵线搭桥，引进外资，解决纠纷、化解矛盾，提供信息。2004—2007年办好事120件，提供信息80条，回访经营户80多户，上门办照150多个，为下岗失业人员免费办照200多户，促进了非公有制经济健康发展。2008—2010年认真贯彻落实县委、县政府关于加快发展非公有制经济的精神，充分发挥职能作用，积极推进个体私营经济发展。从放宽市场准入，改善登记监管方式，加大扶持力度，坚持月汇报，季总结，年考核为非公有制发展营造宽松环境。

1996—2010年阜平县个体私营经济注册登记统计表

表 7-4-24

年度	个体			私营		
	工商户数	从业人员	注册资金（万元）	工商户数	从业人员	注册资金（万元）
1996	3442	4629	5872	24	389	794
1997	3661	4903	5235	26	328	841
1998	3896	5138	5585	32	376	1284
1999	3168	4021	6270	55	394	3416
2000	3508	4182	7342	92	415	4215
2001	3456	3872	8095	104	842	5405
2002	1275	2928	9150	141	2132	6425
2003	1771	3562	8964	173	2411	9389

续表 7-4-24

项目 / 年度	个体			私营		
	工商户数	从业人员	注册资金（万元）	工商户数	从业人员	注册资金（万元）
2004	1013	1893	7075	204	3875	9338
2005	1194	2650	7819	274	4618	17980
2006	1374	2827	8968	345	5130	31870
2007	16206	5720	10993	429	3383	24700
2008	1546	3817	9351	466	6093	30618
2009	1872	4429	9525	452	5263	38603
2010	2235	5269	12920	588	6052	50447

四、市场建设与管理

（一）市场建设

1996—1997 年组织企业和个体经营者兴建县城、河口粮油批发市场，建筑面积 4200 平方米。1998 年对煤炭市场进行整顿规范，1999 年培育河口、城南庄两个花岗岩加工市场占地面积 28000 平方米。截至 2000 年全县有各类有形市场 11 个，城乡集市 7 个，庙会 36 个。2001 年 10 月底按照国务院“整体移交，彻底脱钩”原则，全部完成管办分离和移交工作，移交市场 5 个，移交分流人员 31 人。

（二）市场管理

1996 年县工商行政管理局将规范化建设向基层工商行政管理所推进，开展“有事找工商，满意在市场”活动，实行市场巡查制，变静态的、驻场式管理为动态的、巡查式管理，挂牌上岗。1997—2000 年连续 4 年开展“公平交易执法年”活动，以“一反两保”为重点，持续开展专项治理。以惩治假冒伪劣、欺诈、私货市场、欺行霸市、查哄抬物价为重点，整顿市场秩序，集中查处一些经济违法违章案件，与有关部门及企业联手打假，查处违法违章案件 400 件。2001—2002 年开展整顿和规范市场经济秩序工作。2003—2007 年以惩治制售假冒伪劣商品为宗旨，加强了食品市场、农资市场监管。以打击传销和商业欺诈、加强市场整治为主要内容治理商业贿赂，一批大要案件得到彻查。2008—2010 年查处经济违法违章案件 904 件，涉案金额万元以上的 15 件。

1996—2010 年阜平县查处经济违法案件统计表

表 7-4-25

年度	件数	违法金额（万元）	罚没款额（万元）
1996	104	—	18
1997	78	—	19
1998	325	—	31
1999	10	—	14
2000	183	—	11

续表 7-4-25

年度	件数	违法金额（万元）	罚没款额（万元）
2001	507	—	21
2002	485	—	53
2003	268	—	104
2004	895	800	53
2005	492	—	73
2006	723	—	92
2007	589	—	87
2008	389	—	92
2009	396	—	83
2010	119	—	99

五、经济合同管理

1996年，随着城镇基础设施投资规模加大，建筑工程承包合同、农副产品、联营合同等有较大发展。根据国家工商行政管理总局《关于依法严厉查处利用经济合同进行欺诈违法的通知》，合同管理部门结合打假、打私、企业年检，对26户企业进行经济合同签订，不完善合同进行修改补充。到1999年办理合同鉴证125份，金额17万元。对9户“重合同、守信用”企业进行考评，其中命名私营企业4户。在命名企业中，“重合同、守信用”企业存续年达到1～2年的12户，3～4年的1户，5年以上的1户。在继续加强合同监督管理工作，确保合同监管职能到位的同时，把工作重点转向合同跟踪服务，通过有效服务促成外商来投资。到2002年，促成2项引资项目顺利落户，投资额374万元，为县域经济建设做出了积极贡献。2003年，重点对买卖合同、承揽合同、居间合同、技术转让合同、建设工程合同损害国家、集体和他人合法权益的欺诈行为进行了查处。认真履行企业动产抵押物登记管理职能，规范合同鉴证管理，办理企业动产抵押物登记21份，主债权金额230万元，抵押物价值774万元。

利用集市和庙会宣传法律法规知识

流通环节食品安全培训会议

2004—2005年，检查各类合同35份，合同金额8500多万元，其中对4份条款不完备、双方权利义务不明确不合格合同，进行纠正，防止因合同不规范等违法行为发生。4家企业被命名为“重合同、守信用”企业。

2006—2009年，开展查处合同欺诈行为专项执法行动。命名“守合同、重信用”企业16户。发挥企业动产抵押物登记职能，为企业提供融资担保服务，办理抵押登记32份，抵押物价值6820万元，主债权金额3074万元。启动“订单农业”合同帮扶工程，检查涉农企业185户，检查涉农合同27份，查处涉农违法案件26起，案值2605万元，罚款9.4万元，没收化肥500公斤。

2010年，20户企业命名为县级“守合同、重信用”企业，4户企业被市工商局确定为全市“守合同、重信用”企业。按照国家工商行政管理总局《动产抵押登记办法》开展动产抵押登记工作，办理企业动产抵押登记30份，抵押物总价值达3.08亿元，主债权金额7951万元。

六、经济案件查处

1996—2000年，检查各类企业和个体工商户2786户，查处违法经营户127户，查处制售假冒伪劣案件7件，捣毁取缔制假窝点1个。全县创建3个“消费者满意商场”，注销“三无”企业和两年以上未年检企业35户。2001年，受理各类举报31件，受理消费者申诉6件，查处各类经济违法违章案件104件，罚没款18万元；清理各类市场6个（次），查处“三无”企业5户，吊销营业执照1户，取缔无照经营46户，捣毁制假窝点和场所1个。按照“单位开票，银行收款，统一开户，收支统管”的办法，实行了规费和罚没收入“收支两条线，”。2002年检查内资企业349户，年检率为85%，注册资本金到位率为100%。擅自改变登记事项、超范围经营户5户，虚假出资抽逃出资产1户，注册资本金不到位户1户，“三无”企业18户；检查私营企业和个体工商户1000户，注销34户，吊销2户。检查农资经营户34户，查处无照经营户2户，受理投诉3起，查处假劣种子、化肥、农药、地膜等4.5吨，为农民挽回经济损失32万元。检查旅游景点2个，个体户28户，餐饮经营户8户，取缔无照经营户3个，取缔不符合卫生条件的饮食摊点4个，查缴假冒伪劣食品1200公斤，其他假冒伪劣商品60多件，铲除制假窝点1个。立案查处涉及电力、邮政、电信等公用企业限制竞争案2件，案值2万元，罚没款0.8万元。根据市工商局的部署，组织查处了仿冒“脑白金”特有商品名称案，查扣仿冒“脑白金”特有名称及包装装潢、侵犯“脑白金”“年轻态”注册商标专用权商品7盒。收缴违法广告印刷品1.5万份，拆除、收缴、取缔各类广告宣传品近万件，查处广告违法案件2件。“3·15”期间，集中销毁假冒伪劣商品2.3吨、价值10万元。2003年，受理各类举报和投诉100余件，为消费者挽回损失近16万元，查处各类经济违法案件301件，案值250万余元。按照整顿和规范市场经济秩序工作实施方案，确定了12项重点整治内容，安排部署12项专项整治活动。结合“非典”防治工作，及时调整工作部署，增加了新的专项整治项目，印发了《关于进一步深化整顿和规范市场经济秩序工作实施方案》，促进整顿和规范市场经济秩序工作深入发展。严格落实登记程序规定，坚持前置审批条件，依法登记注册内资企业314户，私营企业173户，个体工商户1771户。检查各类企业和个体工商户318户，依法处理无照经营、证照不全和未亮照经营的287户。制定印发《食品安全专项整治实施方案》《2004年整顿和规范市场经济秩序工作实施方案》，确定22项整治内容。先后开展了农资市场、粮食市场、食品安全、保护注册商标专用权、打击传销和变相传销等22次专项整治和集中执法行动。检查各类市场90多次，各类市场主体2845户次，查处各类经济违法违章案件895件，案值800万元；查处取缔无照经营293户；受理消费者申诉举报94件，为消费者挽回损失100万元。制定了2005年整规工作实施方案以及维护食品安全、开展“红盾护农行动”、保护注册商标专用权等专项整治方案，确定8项主要整治内容，开展了60余次专项整治和集中执法行动，查处各类违法案件458件，罚没款42万元，查处取缔无照经营45户；受理消费申诉11件。围绕重点区域、重点市场、重点商品，检查农资经营户67户，取缔无证照非法经营农资9户，查处违法经营农资案件45起，案值78万元，受理投诉15起，挽回经济损失12万元。

2006—2007年查处各类经济违法违规案件1312件，案值1500万元，取缔无照经营45户，受理各类申诉举报32件，吊、注销个体工商户78户。

2008—2010年按照国家公布的范围和批次，认真开展问题乳制品专项清查，检查各类经营主体21008户（次），下架问题乳制品1.05吨，受理处理消费投诉313件。开展驰名、著名商标广告宣传用语专项检查，收缴冒用混用驰名、著名商标等违规宣传品26份。

七、商标、广告管理

（一）商标管理

《中华人民共和国商标法》的颁布使商标这一工业产权受到法律的保护，随着经济体制改革不断深化，企业的商标意识逐渐增强，商标注册量不断上升，知名商标不断涌现。1996年全县累计注册商标19件。

2000年县工商行政管理局大力支持企业实施名牌战略，充分发挥商标开拓市场、增加效益的重要作用，指导企业运用商标战略开拓市场，积极参与市场竞争，培育知名商标，帮助企业发展名牌经济。促使全社会了解商标在国民经济中的地位和作用，使商标工作为经济大发展服务。依法查处商标侵权和假冒注册商标行为，2010年完成企业注册商标验证工作，验证率100%。查处商标违法案件98件，累计罚款150万元，没收、收缴、消除商标标识3500件。

（二）广告管理

工商行政管理机关在对广告监管工作中，强化对印刷品广告、药品广告、医疗广告的管理，开展对电视广告的集中检查，规范各类广告的发布行为。加大查处广告违法案件力度，维护了市场秩序，1996—1999年查处广告违法案件12件。全面检查广告经营单位的资格，检查率100%。在此基础上，核发新证，依法确定主体资格。2000—2002年查处虚假、违法广告案件2起，收缴各类违法印刷品广告1.5万份，责令停止发布广告3条，清理规范各类户外广告16条。

2005—2010年以媒体广告为重点，进一步加强广告市场监管。其间，按照市局的部署和要求，制定下发《虚假违法广告专项整治工作方案》，对全县虚假违法广告专项整治工作进行安排部署，建立局际联席会议制度，加强部门间执法办案的协作与协调，强化督促检查，形成执法合力。强化对广告主、广告经营者、广告媒体的监管，依法加强对媒体广告监测，严厉打击制作、发布虚假违法广告的行为。建立健全广告审查、备案和行政告诫等制度，保证广告监管工作有序进行，推动专项整治工作扎实开展。对全县广告经营单位资格进行检查，对逾期未年检的广告经营单位进行批评教育，对全县媒体广告进行集中监测，对违法广告依法进行纠正、通报和查处。

1996—2010年阜平县注册商标一览表

表7-4-26

商标名称	商品名称	生产厂家	注册时间
一天馥	果酒	阜平县京平大枣酒业有限公司	2004.7.9
一年馥	果酒	阜平县京平大枣酒业有限公司	2004.7.10

续表 7-4-26

商标名称	商品名称	生产厂家	注册时间
一月馥	果酒	阜平县京平大枣酒业有限公司	2004.7.10
山泉黄	甲壳动物	甲鱼养殖协会	2001.6.7
阜兴	水泥	阜平县阜兴建材有限公司	1986.5.22
梦雨	水果蜜饯	河北梦雨食品有限公司	2005.9.27
东墨	活性炭	阜平县燕太活性炭厂	1990.3.9
派山	蜂蜜	阜平县派山蜂业有限公司	1992.10.22
山珍	果脯蜜饯	阜平县山珍大枣制品有限公司	1986.7.19
花瓣山泉	矿泉水	阜平县色岭口花瓣山泉矿泉水厂	2004.6.1
阜真	蜜线	阜平县残疾人综合服务公司	1999.8.14
深山红	蜜线	阜平县天航绿色食品保鲜有限公司	2001.7.14
阜平山	矿泉水	阜平县山泉饮用水有限责任公司	2003.12.29
马刨泉	苹果	张先成	2004.1.21
盖宇	蜜饯	阜平县盖宇天然饮料食品有限公司	2002.10.14
阜平大枣	鲜枣	阜平县果品发展研究中心	2008.10.7
庶民	酒	阜平县华台酿酒厂	2002.2.14
盖宇	饮料	阜平县盖宇天然饮料食品有限公司	1996.2.14
阜国	甲壳动物	阜平县天源瑞兴水产品专业合作社	2009.11.28

八、消费者权益保护

1996年，全县7个基层工商所成立消费者协会分会，普遍开展“无假冒伪劣商店”评选活动。开展“3·15”《中华人民共和国消费者权益保护法》宣传活动，声势大，效果好，深得社会普遍赞誉，1996—1997年处理投诉215余件。1998年查处损害消费者合法权益案件9件，其中立案查处9件，全年受理消费者投诉108件，调解率99%。1999年查处损害消费者合法权益的案件170件，案值50万元，罚没金额3.7万元。2001年国家工商总局开通全国统一受理消费者申诉举报电话“12315”，先后设立“12315”消费者申诉举报中心，工商所“12315”消费者申诉举报站。在商场、农村、社区、学校等设立“12315”联络站（点）。全面加强对“12315”工作的指导和人员培训，主动协调政府相关部门，加强“一会两站”（消费者协会分会，举报站、联络站）建设，全县每个行政村、社区、经营企业、学校、景区建立“12315”联络站（点）。建立健全“12315”维权网络体系，“12315”维权服务网络向农村、社区、企业和社会延伸。消费者权益行政保护力度不断加大。工商机关受理和处理消费者申（投）诉，从中掌握了损害消费者权益违法活动的动向。对损害消费者合法权益的违法行为依法查处。在查处的案件中，商品消费案356件占70%，服务消费案110件占22%。掺杂使假、以假充真、以次充好的案件26件占5%。生产淘汰产品冒用他人厂名、厂址，伪造认证标志、名优标志的案件15件占3%。2002年开展集贸市场专项整治。检查经营单位340户，取缔无照经营12户，查处假冒伪劣案件2件，案值1.5万元。县工商局印发《打假维权目标责任制》《重要商品入市备案制》《企业不良经营行为公示制》等。开展“百村千户拒伪劣”活动。在农村设立消费者投诉点35个，受理投诉18件，为农民挽回损失1.8万元。

2003年严厉惩治查处各类利用防治非典名义从事违法经营的行为，整治防治非典用品市场，实施食品药品放心工程。出动执法人员2600人次，出动执法车辆600台次，检查市场18个，取缔无照经营680户，检查食品经营主体1827户，查处案件235件，其中案值万元以上的8件，罚没款78万元，吊销营业执照1户，查处的主要违法食品共计272公斤、饮料23件。检查乳制饮品经营140余户，查获含有虚假宣传内容的含乳饮料230件，货值近15万元，罚款1.2万余元；开展“红盾打假护农”等专项执法行动。2004年安徽阜阳劣质奶粉事件发生后，工商局安排部署整治全县奶粉市场，对商场、超市、集贸市场，特别是农村市场和经营户进行全面检查。对12个批次的婴幼儿奶粉、18个批次的婴幼儿营养奶粉进行抽查，对不合格奶粉、营养奶粉的违法行为进行了查处。全县查处2种、15袋（听）劣质或不合格奶粉。出动执法人员1980人次，检查经营户2845户次，查处无照经营396户，捣毁制售假劣窝点1个，罚没金额1.23元，查获假冒伪劣食品价值总计3.4万余元。2005—2006年，组织开展清查含“苏丹红”食品整治行动。对含“苏丹红”食品原料进行全面检查、撤柜封存等清理排查工作，特别是对辣椒油、红油豆瓣、火锅底料、方便面、饼干、酱腌菜等食品，进行重点清理。出动执法人员1702人次，检查经营户1821户次，查处制售假冒伪劣食品案件62件，罚没金额3.43万元。“12315”机构受理消费者申诉32件，处理32件，办结率100%。2007年立案查处制假售假食品案件15件，总货值18万元，罚没金额0.8万元。在此次专项整治中，全县食品经营户85%建立了索证索票制度和进货台账制度。2008年启动食品安全应急机制，组织力量，采取举措，开展抗震救灾食品安全监管工作。累计出动执法人员1009余人次，出动执法车辆228台次，检查食品经营户3203户次，查处食品违法案件122件，查处违法食品623余公斤。2009年3月15日，县工商局、县消费者协会与县盐业局、县烟草专卖局、县质量技术监督局等部门联合进行以“素质提升、岗位大练兵”为主题，纪念3·15消费者权益保护法律法规宣传活动。接受消费投诉13起、咨询35起，现场处理投诉4起，发放宣传资料7800份。

2010年依法受理消费者投诉76件，成功调解76起，调解率100%，为消费者挽回经济损失14.3万元，接待来访、接受咨询559人次。按时、保质完成中消协《综合统计报表》《受理投诉情况季度统计表》及统计分析工作，严格按照中消协《受理投诉工作导则》规定进行登记，使用格式化文书、分类编号、装订归档。各工商所在每个行政村设立一个消费维权点，侵害消费者违法违章案件、消费纠纷按照职能分工得到及时有效查处和调解。建立12315联络站105个，聘请315名维权联络员，其中农村联络员240个，社区15个，商场联络站3个，学校联络点2个，市场联络点2个，维权网络覆盖率90%。

第九节　质量技术监督

一、组织机构

1996年技术监督局挂靠阜平县经贸局。2000年7月更名为阜平县质量技术监督局，负责全县质量、计量、标准化和特种设备安全监察工作。2010年内设机构办公室、财务股、标准股、稽查一队、稽查二队、特种设备安全监察股，下设计量测试所和产品质量监督检验所。领导职数4个，局长1人，副局长2人，纪检组长1人。

二、标准化管理

阜平县标准化工作起步较晚。2000年标准化管理提上工作日程。2003年后，在推行标准化管理工作中，县质监局积极帮助食品企业制定企业标准，起草相关标准文件，向企业推荐先进的标准化管理办法。2010年制定了阜平县龙门博夏醋厂、河北梦雨食品有限公司、阜平山珍大枣制品有限公司、河北省阜平县派山蜂业开发公司、保定天航绿色食品保鲜公司等27家食品生产企业标准。企业按照标准组织生产，生产效率和产品合格率进一步提高。河北省阜平县派山蜂业开发公司、阜平县甲鱼养殖产业协会，保定天航绿色食品保鲜公司荣获省名牌称号，阜平县盖宇天然饮料食品有限公司荣获“河北省优质产品”称号。

三、质量管理与监督

1996—2000年对商业网点、加油站和集贸市场进行70余次计量监督检查。对存在问题的计量器具使用单位（户）责令整改，对蓄意利用计量器缺斤少两给消费者造成损失单位（户），没收计量器具或经济处罚，为消费者挽回经济损失300多万元，维护了消费者合法权益。2001年9月根据群众举报，县质监局稽查大队同公安机关在阜平县砂窝乡XX村捣毁一个生产假酒黑窝点。执法人员现场查获大批假冒“北京醇”“沙城老窖”等白酒，对外流假冒白酒追回和没收处理，进行相应行政处罚，未造成重大事故。2002年根据群众举报，阜平县质监局稽查大队在公安机关的配合下，对XX加油站进行突击检查，该站柴油加油机负偏差为12.8%，超出国家规定负偏差标准40多倍。执法人员当场对该加油站税控加油机主板铅封情况进行查看，开封检查发现该电路主板上的税控芯片外围电路均有改动痕迹。经询问调查，当事人交代，该站是和南方人共同经营的，为获取非法暴利，对加油机主板进行改动。该加油站计量作弊违法行为受到严厉查处。

食品安全市场准入制度是国家质检总局在2002年推出的，为保证食品质量安全，具备规定条件的生产者才允许进行生产经营活动、具备规定条件的食品才允许生产销售。食品安全市场准入制度是一种政府行为，是一项行政许可制度。从产品质量监督结果看，食品质量安全问题比较严重。食品加工中掺杂使假，以假充真现象比较突出，以非食品原料、发霉变质原料、病死畜（禽）等加工食品的违法活动屡禁不止，食品安全事故屡有发生。对此，依据相关规定逐一进行处理、整改和纠正。河北梦雨食品有限公司、阜平山珍大枣制品有限公司、阜平县红力蜜饯制品有限公司、阜平县京平大枣酒业有限责任公司、阜平县龙门博夏醋厂、阜平县中国红大枣酒业有限公司、河北省阜平县派山蜂业开发公司、保定天航绿色食品保鲜有限公司等27家获得食品生产许可证，并取得QS标志。河北梦雨食品有限公司在取得食品生产许可证（QS）后，严格按照国家法律、法规和标准组织生产，提高了生产效率，进一步开拓国内外市场，市场占有率份额明显增加，增强该企业的市场竞争力，经济效益显著提高，为农村劳动力酒业创造了机会，为进一步带动大枣产业发展起到了推动作用。2003年县打假办与工商、烟草、商务、卫生、食品药品等部门开展集中打假活动。到2010年累计开展12次大规模集中打假活动，查处假冒伪劣产品货值总计1300多万元，立案查处400余起。

四、生产许可证管理

1998年，县质量技术监督局开始对生产许可证进行管理，一家企业获得生产许可证（阜平北岳建材有限公司）。到2010年有2家获得生产许可证。工业产品生产许可制度的实施，促进企业市场竞争能力和市场开拓能力，使获证企业健康快速发展。对水泥、化学试剂等行业的5家无证生产企业进行处罚。严厉打击无证生产行为，进一步规范市场经济秩序。

五、特种设备安全监察

2002年特种设备安全监察职能由原劳动人事部门整体划转到质量技术监督部门。县质监局将13个乡镇划分为4个责任区，明确监察人员，明确监管区域，与县重点特种设备使用单位签订《阜平县特种设备安全目标管理责任书》，明确责、权、利，督促特种设备使用单位建立健全安全管理机构，设专人负责特种设备的安全，以保证特种设备安全运行，促进地方经济的发展。2003年4月，市质监局在对阜平县XX厂进行特种设备安全检查时发现，该厂在用33台压力容器（蒸压釜）不合格，发出特种设备安全监察指令书责令其停止使用。质检局执法人员在2003年5月到该厂再次检查时发现，该厂未按要求进行整改，并且还继续投入使用。经调查核实后，根据《特种设备安全监察条例》相关规定，对该厂使用的33台压力容器予以取缔。2004—2010年累计检查特种设备使用单位120余家，对锅炉、压力容器、起重机械进行专项整治，检查特种设备200余台，培训特种设备操作人员230余名，消除了45项安全生产事故隐患。

第十节　安全生产监督管理

一、组织机构

1996—2002年安全生产监督管理职责在县劳动人事局。

2002年劳动人事局负责的安全生产监督管理职能划转到安全生产监督管理局。在经济贸易局挂“安全生产监督管理局”的牌子，安全生产监督管理局局长由经济贸易局局长兼任。各乡镇明确一名乡镇领导主抓安全生产工作，配备安全生产专（兼）职监督管理人员。

2005年发展改革局和经济贸易局合并组建发展改革局，安全生产监督管理局列为县政府工作部门，负责全县安全生产综合管理和监督监察职能。2006年成立由15名全额事业编制人员组成的安全生产监察大队。2008年在13个乡镇成立安全生产监督管理所。截至2010年内设股室有办公室、监督管理股、政策法规股。

二、监督机制

2003年阜平县成立非煤矿山安全整治领导小组。从火工品供应入手对矿山底码进行重新摸查，要求企业到安监局验证、备案，安监局按照“验收合格一个，恢复开工一个”的原则，开展安全评估和验收工作，建立全县非煤矿山企业安全台账和安全档案，建立危险化学品从业单位、从业人员和重大危险源三个安全台账。2004年县长孟祥伟代表县政府与各乡镇、县直有关部门以及重点企事业单位签订安全生产工作责任状，各乡镇一把手与辖区各行政村一把手签订责任状，确保责任层层延伸，监管不留死角死面。将安全生产工作纳入对领导干部的政绩考核，实行“一票否决”。重点企业建立健全制度，明确监管责任人，确保安全有领导、安全有人抓。2006年建立“管好一本账（事故隐患台账），做到三个到位（事故预防到位、日常管理到位、隐患整治到位）制度”。2007年县长王月衡代表县政府签订《安全生产目标管理责任书》，要求“五包”（县委常委包乡镇、县级领导包隐患单位、科局包线、乡镇包片、人员包点），形成一把手负总责、分管领导负片责、执法人员负具体责分包机制。2008年建立安全生产“联席会议、联合检查、联合执法”三联互动机制。

2009—2010年组织执法人员培训、学习，制定执法负责制和十三项执法管理制度，落实《安全检查手册》和《安全检查表》制度。对企业负责人、安全生产管理人员、特种作业人员以及现场作业人员进行专业培训。对保定永安煤业有限公司（炭灰铺煤矿）、非煤矿山企业、尾矿库企业等高、危、险行业定期“会诊”、挂图作战、倒排进度、专人负责、一企业（库）一档。严密组织“打非”工作，不定时组织“突查”“暗查”“督查”。

三、安全监督

（一）安全生产基本情况

2008年保定市安全生产监督管理局组织的行政执法案卷评查工作中，阜平县安全生产监督管理局排名第一。2009年5月13日，保定市尾矿库整治现场观摩会在阜平县鑫溢丰铁选厂召开，涞源、易县、唐县等县市的主管副县长，安监局干部职工及尾矿库企业主百余人参加。11月，在全市尾矿库整治行动总结表彰大会上，政府县长徐志清作典型发言，县政府、安监局、三家尾矿库企业被授予先进单位，政府县长徐志清、县委常委副县长董国平等16人分别受到市委、市政府记二等功、三等功和嘉奖。

（二）指标完成情况

2003—2010年没有发生伤亡10人以上安全事故，3人以上10人以下安全事故2起，死亡17人。

2003—2010年阜平县安全事故统计表

表7-4-27

项目 / 年度	一般性事故（人）				工矿性事故（人）				火灾性事故（人）			交通性事故（人）					经济损失（元）
	起数	死亡	重伤	受伤	起数	死亡	重伤	受伤	起数	死亡	重伤	受伤	起数	死亡	重伤	受伤	
2003	—	—	—	—	—	—	—	—	—	—	—	—	152	4	—	122	847290
2004	—	—	—	—	2	2	—	—	—	—	—	—	53	13	—	56	191900
2005	—	—	—	—	1	1	—	—	13	—	—	—	39	9	—	66	686716
2006	—	—	—	—	—	1	—	—	—	—	—	—	56	10	—	83	338705
2007	—	—	—	—	2	7	—	5	16	—	—	—	38	6	—	—	488466
2008	—	—	—	—	0	0	0	0	12	—		1	38	6	—	47	321200
2009	—	—	—	—	—	—	—	—	8	—		—	38	8	—	50	357300
2010	—	—	—	—	—	—	—	—	12	—	—	—	39	10	—	53	428351

（三）安全事故选例

"8·17"苇子沟爆炸事故

2004年8月17日18时许，在阜平县台峪乡苇子沟张某某铁矿发生爆炸，当场死亡3人。

事故原因：爆破人员设定导火索过短，20个炮眼未全部点燃就发生爆炸。

事故性质：保定市安全生产监督管理局认定是一起责任事故。

事故责任：对相关人员给予相应处分。

"10·30"烟花爆竹爆炸事故

2007年10月30日8时40分，阜平县城南庄镇易家庄村西榆林沟阜平县第一花炮厂发生爆炸事故，死亡6人、受伤5人。

事故原因：直接原因是双响装药工张爱英，到双响药混药处取双响上药中药物摩擦发生爆炸。间接原因：非法组织人员进行生产，生产工序和作业均不符合国家标准和行业标准；作业人员未经市安全生产监督管理部门培训。企业停产4年多，还借、贷款压力大，生产工序和作业违反生产作业操作工序，监管人员疏于监管和监管不到位。

事故性质：是一起非法生产安全责任事故。

事故责任：直接负责人张爱英、孙志军（已亡），不再追究责任。直接负责人副厂长尹文红逃逸，建议公安机关抓捕并追究其刑事责任。主要负责人厂长齐健海追究其刑事责任。负有监管责任、领导责任的人员给予相应行政处分。

四、危险化学品安全监督

2002年，阜平县危化生产经营监管企业37家（其中加油站34家、氧气站1家、化工厂1家、焦化厂1家）。按照省、市有关文件规定要求，阜平县将危险化学品专项治理整顿工作作为工作重点，对生产、运输、经营、储存和使用情况进行摸底调查。防止“白沟苯中毒”事件在阜平县发生，安全生产委员会各成员单位组织四个检查组，对化工厂等37家生产经营单位进行拉网式检查。2003年建立危险化学品从业单位、从业人员和重大危险源三个安全台账，取缔加油站2家、停产整顿2家、组织从业单位主要负责人31人参加省级安全培训，完成经营许可证申报软件订购工作。按照阜平县2004年度专项整治方案要求，安全监管局联合气象、消防、工商部门安全大检查，出动车辆136次，人员560人，下发整改指令书161份，强制措施决定书37份，对存在安全隐患不按期整改的37家企业摊点进行处罚。对26家加油站进行安全评价，重新修订阜平县危险化学品安全管理台账。2005年重点对危险化学品生产、储存、运输、使用废弃物处置环节进行检查。成立了安监、交通、公安、质监、工商五个职能部门组成打击非法危货运输专项行动小组，对路上运输，危货运输单位进行联合检查。对液化气站、环城路加油站、氧气站等20家单位实施挂牌监管，落实监控措施。组织加油站122名加油员进行安全培训。

2006年4月16日保定市安全生产紧急电视电话会后，县政府召开会议，对危险化学品专项检查工作进行安排部署，对危化企业逐一检查。开展危险货物运输专项整治工作，在入县路口设置告示牌，对危货运输车辆进行劝返或改道行驶。督促两家存在重大隐患的危机经营单位制定搬迁计划。组织危险化学品生产经营单位主要负责人、安全管理人员参加市级以上培训，44人取得安全资格证书，持证上岗率100%。重新修订《阜平县危险化学品生产经营单位管理台账》，企业建立明细台账。各危化企业制定应急救援预案，建立应急救援组织机构，配备灭火器、灭火毯等应急救援器材。6月下旬组织第一花炮厂进行应急救援演练，以此次演练为范本，组织开展其他单位的应急演练。“6·12”煤焦油泄漏事故发生后，各级各部门快速反应，果断处置，投入大量的人力、物力进行治理，确保经济社会稳定和王快水库饮水安全。2007年按照《阜平县危险化学品安全专项整治实施方案》要求，吸取沧州大化“5·11”事故教训，安监局牵头，强化对设备陈旧老化或存在重大隐患单位的整改和监控，规范危险化学品生产经营企业安全管理，检查企业91次，查处事故隐患184条，完成整改184条。2008年对32家危险化学品生产经营单位进行4轮排查，累计排查116次，治理隐患56条。奥运期间，开展易制爆化学品专项检查，实行日报、周报和月报制度。开展成品油市场专项整治，取缔非法经营摊点2家。2009年会同消防部门加强对企业自备油罐的管理。对16家经营汽油的农村网点下达停止经营通知书，对1家企业进行查封，查处5家煤炭经营企业自备油罐违法行为。2010年组织开展危险化学品隐患排查及各类督导检查专项行动10次，取缔非法经营销售点2个，暂扣危险化学品经营许可证3个，下发整改指令书20份，对2家煤炭经营企业自备油罐违法行为进行严肃查处。按照河北省政府统一要求，采取非常特别临时监管措施，确保危险化学品安全。

五、职业安全健康监督

2002年阜平县职业卫生监管企业有126家。其中煤矿1家、非煤矿山企业86家（花岗岩开采企业48家、铁选企业38家）。危化生产经营企业37家（加油站34家，氧气站、化工厂、焦化厂各1家）。其他企业2家（水泥厂1家、铁精粉加工厂1家）。

根据“三定”方案，卫生局承担作业场所卫生，安全监督检查职能调整到安监局。2003年阜平县安全生产委员会印发《阜平县职业病防治工作实施方案》，确立职业卫生工作思路，根据具体情况，全面部署并确定工作重点。为切实加强对职业病危害防治工作领导，成立由阜平安监局局长任组长，卫生局局长任副组长，安监局、卫生局相关股室负责人为成员职业病防治工作领导小组，负责对职业病防治工作的统一领导，对企业职业危害进行专项治理。

2007年，按照河北省安监局《关于开展作业场所职业病危害申报工作的通知》要求，深入扎实开展企业作业场所职业病危害申报管理工作，对全县存在职业危害的高危行业进行调查摸底，发放《作业场所职业病危害申报告知书》，明确申报时限，对因申报而未申报或不及时申报的企业进行警示。2008年，安监与卫生两部门联合执法、开展帮扶指导、将申报工作作为复工验收条件，较好地完成了职业卫生申报工作，走在了保定市的前列。组织103家企业单位申报人员参加保定市组织的作业场所职业病危害申报培训，使培训人员初步掌握申报任务、申报流程。2008年，156家企业完成注册申报，其中有2家企业设置了职业卫生管理机构，124家企业均设置职业卫生管理人员，对1231人接触职业危害因素在岗职工，进行职业卫生防护知识培训和健康体检，未发现职业病危害病例。2009年，完成208家职业卫生申报，270人参加了职业卫生安全培训工作。2010年，完成68家非煤矿山企业相关从业人员职业健康体检和职业危害因素检测工作，完成34家加油站从业人员的健康体检工作。发放职业安全卫生告知书126份，发放安全提示指导卡106份，99家企业完成职业危害申报，开展企业接毒接害人员的职业健康培训，职业卫生检查40余次，培训从业人员407人。

第十一节　国土资源管理

一、组织机构

1996年，阜平县土地管理局内设机构由“三股一室”改为“两股一室”，原地政股、建设用地股合并为综合股。保留监督检查股、办公室。2006年阜平县土地管理局、阜平县地质矿产总局合并为阜平县国土资源局（挂阜平县测绘管理办公室牌子），为县政府工作部门，隶属保定市国土资源局垂直管理部门。内设机构13个股室（办公室、财务股、纪律监察室、耕保利用股、地籍股、规划股、执法监察大队、执法监察股、矿管股、稽征一、二、三股、国有土地储备中心），领导职数为1正14副（局长1名、副局长13名，主任科员1名），下设乡（镇）国土资源所8个（阜平镇、平阳镇、城南庄镇、天生桥镇、北果园乡、王林口乡、史家寨乡、砂窝乡）人员184人。2010年内设机构14个（增设测绘股），12个基层国土资源所（增台峪乡、夏庄乡、吴王口乡、大台乡国土资源所），领导职数1正14副（局长1名，副局长8名，主任科员6名），人员185人。

二、土地利用总体规划

1996年，县政府组织技术人员，聘请河北师范大学地理系教授指导帮助，编制《阜平县土地利用总体规划》。总体规划根据县经济发展对土地利用的要求，综合分析全县的自然、经济和社会条件及土地利用现状，提出土地利用的指标，从数量上空间上确定土地利用的类型结构方案、指标调整方案、基本农田保护区规划方案和土地开发与挖潜规划方案，为全县土地合理利用和管理提供重要依据。规划时间为1996—2010年。

1996年《阜平县土地利用总体规划》实施后，在调整土地利用结构、优化土地资源配置、宏观调整土地利用、微观土地管理等方面发挥了一定作用。随着国民经济的发展，在规划原则、依据、要求等方面发生了很大变化。1997年4月15日中共中央、国务院下发《关于进一步加强土地管理，切实保护耕地的通知》，对土地利用总体规划、修订和实施提出了明确的要求。执行规划基本上是以需求定供给，耕地减少过快的势头未能得到有效控制。耕地占用与开发挖潜整理挂钩不密切，耕地动态平衡目标不明确。在土地利用方面没有实施土地用途管制，许多土地被随意改变用途。

根据《中共中央、国务院关于进一步加强土地管理切实保护耕地的通知》（中发〔1997〕11号）的要求，县政府对《阜平县、乡土地利用总体规划》进行修编。这项工作于1997年11月开始，到1998年2月结束，经历四个阶段。

（一）规划编制

准备阶段（1997 年 11 月） 县政府成立以主管土地工作的副县长为组长，以土地管理局等 14 个有关部门和 13 个乡镇主要领导为成员的规划领导小组，设立规划办公室。组成以土地管理局为主体，各有关部门技术人员和河北师范大学地理系几位教授参加的规划课题组，负责规划的具体编制工作。明确编制规划任务，制定规划计划，落实工作经费。编制规划工作和技术方案，经保定市土地局领导和规划小组审批，作为规划工作的指导和依据。

调整和收集资料阶段（1997 年 12 月） 根据规划编制要求和技术方案，规划技术组深入到各部门、各乡镇进行实地调查。在调查过程中，校正完善土地动态监测结果，为规划打下可靠的基础。收集乡镇村基础资料，了解掌握各乡镇土地利用现状及存在问题，调查土地资源开发方向及规模，确定基本农田保护区范围级别等。到县政府各有关部门收集资料，了解掌握各部门发展规划与用地设想。通过调查和广泛收集，掌握大量一手材料，为编制好县级和乡级土地规划奠定坚实基础。

专题研究与编制初步方案阶段（1997 年 12 月至 1998 年 1 月） 在调查研究的基础上，开展有关专题研究。设置专题有：土地利用现状分析，人口发展动态预测，土地供需预测，土地开发与挖潜整理规划，基本农田保护区规划，非农业建设用地与控制指标分析等。在专题研究的基础上，编制土地利用总体规划初步方案，把初步方案送发各有关部门，广泛征求意见，与各部门一起协调后，交规划领导小组审议，综合平衡后，形成规划方案。

规划成果整饰阶段（1998 年 2 月） 根据规划方案，编制规划文本和说明书；编制基本农田保护区、土地开发与挖潜整理等专项规划；编制规划图，修改乡级规划等。

规划验收通过后，根据验收委员会提出意见、建议进行修改完善，修改后的规划经阜平县政府审议通过，报送保定市人民政府审批，审批通过后颁布实施。

（二）土地利用战略目标

耕地总量平衡目标 通过土地“外延”开发与“内涵”挖潜整理，规划期内增加耕地 4100 亩以上，确保耕地总量平衡。强化基本农田保护区建设与管理，发展“一优双高”(品质优良，产量高、效益高）农业，到规划目标年 2010 年，粮食亩产量 550 公斤，粮食人均占有量 352 公斤以上。

国家重点建设用地目标 保证交通、水利、能源、重大矿产资源开发等基础设施和重要建设项目用地。按少占或者不占耕地的原则进行建设，全县非农业建设占用耕地总量控制在 4100 亩以内。

城镇村居民点用地目标 县城和 3 个建制镇现状用地分别为 300 公顷和 95.55 公顷，人均用地分别为 100 平方米和 146.2 平方米；2000 年用地规模分别控制在 326.67 公顷和 114.24 公顷；2010 用地规模分别控制在 380 公顷和 146.52 公顷，人均用地分别控制在 105 平方米和 110 平方米以下。

村庄居民点现状人均用地 155.5 平方米，规划期一律不准外延发展，采取有力措施内涵挖潜发展。村庄按规划人口人均 130 平方米以上部分（全县共计 400.3 公顷），力争全部挖潜整理，力争 25% 挖潜整理成耕地。

土地资源开发与园林牧发展目标 根据全县宜林牧未利用土地面积大的有力条件，采取多种有效措施加快荒山绿化。到规划目标年 2010 年，增加园地 6000 亩（400 公顷），林地增加 18 万亩（1.2 万公顷），森林覆盖率达到 23.8%，牧草地达到 10 万亩（0.67 万公顷）以上。

（三）土地利用结构调整指标方案

耕地 1996 年有耕地 11064.67 公顷（165970 亩），到 2000 年调整到 11267.16 公顷（169007.4 亩），占土地面积的比重由 1996 年的 4.64% 调整为 4.51%，4 年间纯增加耕地 202.49 公顷，人均耕地 0.053 公顷（0.79 亩）。到 2010 年耕地调整为 11624.83 公顷（174372.4 亩）占土地总面

积的比重为 4.66%。从基期年到规划年 14 年间，将占用耕地 273.33 公顷，开发耕地 833.5 公顷，开发的比占用的多 560.16 公顷。人均耕地数量是 0.051 公顷（0.77 亩）。

园地 现有园地 2589.8 公顷，占土地总面积的比重为 1.04%。2000 年增加到 2686.93 公顷，所占比重达到 1.08%，比现状增加园地 97.13 公顷。园地增加的来源主要是对未利用土地中宜林果地的开发。到 2010 年，园地增加到 2929.8 公顷，比重为 1.17%，比 2000 年增加 242.87 公顷。

林地 林地由 47,091.07 公顷调整为 2000 年的 50,885.07 公顷，所占比重由 18.87%，调整为 20.39%。到 2010 年林地要增加 59,224.4 公顷，林地面积占土地总面积的比重要达到 23.73%，均为未利用土地开发。

城镇村及工矿用地 该类用地由 1996 年的 3239.47 公顷调整为 2000 年的 3360.44 公顷，所占比重由 1.30% 提高到 1.35%，增加用地 121 公顷，增加该类用地包括城镇用地增加 45.36 公顷，独立工矿和开发区增加用地 210.22 公顷，农村居民点减少用地 134.3 公顷。

2010 年该类用地达到 3706.28 公顷，占土地总面积的比例达到 1.48%，比 1996 年增加 466.81 公顷，增加该类用地主要用于城镇用地规模的扩大以及独立工矿用地规模的扩大，城镇用地总规模将达到 5265.2 公顷。农村居民点占地将比现状用地有所减少，为 2245.37 公顷，因为一些农村居民点转为城镇用地，乡镇企业用地挖潜整理为耕地和工矿用地，独立工矿 923.29 公顷，比现状增加 736.14 公顷。特殊用地依然保持现状数，为 11.11 公顷。增加的 867.11 公顷城镇及工矿用地将占用耕地 206.67 公顷，占用未利用土地 360.3 公顷。

交通用地 1996 年的交通用地 483.07 公顷，2000 年增加到 542.13 公顷，增加用地 59.06 公顷，所占比重由 1996 年的 0.19% 调整到 0.22%。到 2010 年，交通用地增加到 670.4 公顷，比 1996 年增加 187.33 公顷，该类用地所占比重是 0.27%。

水域 1996 年水域面积 5180.2 公顷，2010 年水域面积增加到 4990.2 公顷，净减少 190 公顷。

未利用土地 1996 年未利用土地为 179,944.37 公顷，占土地总面积的 72.09%，到 2000 年未利用土地减少到 173,665.06 公顷，所占比重降为 69.57%。到 2010 年未利用土地减少到 159,805.39 公顷，所占比重降为 64.03%。

三、土地使用制度

1996—1998 年在农村土地承包期间，土地使用处于比较松散阶段。1999 年 3 月修订《中华人民共和国宪法》规定，农民集体经济组织实行家庭联产承包经营为基础、统分结合的双层经营体制。农村中的生产、供销、信用、消费等各种形式的合作组织，是社会主义劳动群众集体所有制经济。参加农村集体经济组织的劳动者，有权在法律规定的范围内经营自留地、自留山、家庭副业和饲养自留畜，确定了家庭联产承包经营集体土地形式。农村家庭承包经营的土地所有权仍归集体，而使用权为承包户所有，可以根据需要，在规定的范围内自主经营。随着乡镇企业和个体私营企业迅速发展，数量增多，规模扩大，占地问题也大量出现。到 2000 年全县乡、村企业占地达到 400 亩，由于是无偿、无限期使用，在土地使用上出现未立项先圈地、随意乱占耕地、多占土地甚至炒卖地皮的现象，造成土地资源浪费。2005—2010 年县土地管理部门加强了对乡镇企业及农村用地的管理，其中关键措施是对乡镇企业建设用地使用制度进行改革，改土地无偿、无限期使用为有偿、有限期使用。

四、地籍管理

（一）土地权属状况

经保定市土地详查汇总接边修订和 1996 年土地利用动态监测，对阜平县土地权属和现状进行详细调查和统计。全县辖区面积 3743889.5 亩，国家所有 41276.6 亩，占辖区总面积的 1.1%；集体所有 372612.9 亩，占辖区总面积的 98.99%。

1996年阜平县各乡镇耕地权属现状统计表

表7-4-28

乡镇名称	数量（亩）	乡镇名称	数量（亩）	乡镇名称	数量（亩）
阜平镇	26007.6	平阳镇	14856.9	城南庄镇	18605.9
龙泉关镇	13617.4	史家寨乡	9406.5	大台乡	8749.6
王林口乡	13047.9	砂窝乡	14125.6	北果园乡	12186.6
台峪乡	8607.3	天生桥镇	10946.9	夏庄乡	6586.7
吴王口乡	9225.4	—	—	—	—
合计	165970.3	—	—	—	—

1996年阜平县各乡镇园地权属统计表

表7-4-29

乡镇名称	园地面积（亩）	乡镇名称	园地面积（亩）	乡镇名称	园地面积（亩）
阜平镇	293.2	平阳镇	266.6	城南庄镇	1060.1
龙泉关镇	351.3	史家寨乡	3668.3	大台乡	160.7
王林口乡	160.7	砂窝乡	94.6	北果园乡	29990.2
台峪乡	3.6	天生桥镇	596.5	夏庄乡	95.2
吴王口乡	1305.4	王林口乡	961.4	—	—
合计	38847.1				

林地面积706365.8亩，国家所有林地面积 36557.3亩，集体所有林地面积340795.5亩。

1996年阜平县各乡镇林地面积统计表

表7-4-30

乡镇名称	林地面积（亩）	备注	乡镇名称	林地面积（亩）	备注
阜平镇	59856.9	—	平阳镇	30055.4	—
城南庄镇	132579.9	—	龙泉关镇	66948.4	其中国家所有16684.8亩
史家寨乡	41717.2	—	大台乡	39419.4	其中国家所有1332.4亩
王林口乡	19314.4	—	砂窝乡	19062.6	其中国家所有850.8亩
北果园乡	20202.9	—	台峪乡	18587.6	—
台峪乡	1858.6	—	天生桥镇	75531.4	其中国家所有10087.8亩
夏庄乡	70641.9	其中国家所有7585.7亩	吴王口乡	112447.8	其中国家所有16.1亩

居民点及工矿用地面积48591.7亩，其中国 家所有218.4亩，集体所有48373.3亩。

1996年阜平县各乡镇居民点及工矿用地面积统计表

表 7-4-31

乡镇名称	集体所有（亩）	国家所有（亩）	乡镇名称	集体所有（亩）	国家所有（亩）
阜平镇	702.6	218.4	平阳镇	7786.2	—
城南庄镇	4877.5	—	龙泉关镇	1622.6	—
史家寨乡	2001.3	—	大台乡	2463.8	—
王林口乡	4220.6	—	砂窊乡	3037.1	—
北果园乡	5622.5	—	台峪乡	2078.4	—
天生桥镇	1857.4	—	夏庄乡	872.0	—
吴王口乡	1215.3	—	—	—	—

交通用地面积7245.7亩，其中集体所有 2744.8亩，国家所有4500.9亩。

1996年阜平县各乡镇交通用地面积统计表

表 7-4-32

乡镇名称	集体所有（亩）	国家所有（亩）	合计（亩）
阜平镇	484.0	857.3	1341.3
平阳镇	190.4	312.1	502.5
城南庄镇	101.8	765.9	867.7
龙泉关镇	302.4	155.0	457.4
史家寨乡	54.7	153.8	208.5
大台乡	236.4	538.0	594.4
王林口乡	538.3	824.0	1362.3
砂窊乡	178.1	177.0	355.1
北果园乡	104.5	472.2	576.7
台峪乡	107.0	—	107.0
天生桥镇	163.8	227.7	391.5
夏庄乡	98.8	—	89.8
吴王口乡	193.6	197.9	391.5

水域面积84811.6亩，均归国家所有。

1996年阜平县各乡镇水域面积统计表

表 7-4-33

乡镇名称	水域面积（亩）	乡镇名称	水域面积（亩）	乡镇名称	水域面积（亩）
阜平镇	11432	平阳镇	20457.5	城南庄镇	7572.9
龙泉关镇	985.3	史家寨乡	272.0	大台乡	919.4
王林口乡	7765.0	砂窝乡	4887.7	北果园乡	29231.1
台峪乡	2141.8	天生桥镇	2064.3	夏庄乡	1304.0
吴王口乡	778.9	—	—	—	—

未利用土地面积2691487.8亩，均归集体所有。

1996年阜平县各乡镇未利用土地面积统计表

表 7-4-34

乡镇名称	未利用土地面积（亩）	乡镇名称	未利用土地面积（亩）
阜平镇	296018.4	平阳镇	206966.9
城南庄镇	260342.0	龙泉关镇	139116.8
史家寨乡	330891.8	大台乡	213406.7
王林口乡	111863.9	砂窝乡	305973.8
北果园乡	148923.5	台峪乡	40750.5
天生桥镇	155851.7	夏庄乡	174479.9
吴王口乡	207471.4	—	—

（二）土地利用现状

经保定市土地详查汇总接边修订和1996年土地利用动态监测，全县总耕地面积为165970.3亩，占全县总面积的4.43%。其中灌溉水田499.8亩，望天田560.5亩，水浇地93999.3亩，旱地70792.3亩，菜地118.4亩。

1996年阜平县各乡镇耕地面积统计表

表 7-4-35

乡镇名称	灌溉水田（亩）	望天田（亩）	水浇地（亩）	旱地（亩）	菜地（亩）	合计
阜平镇	—	25.7	206954.1	5327.8	—	26007.6
平阳镇	—	14.0	9451.0	5391.9	—	14856.9
城南庄镇	228	110.9	14674.6	3584.7	7.7	18605.9
龙泉关镇	—	—	2049.3	11568.1	—	13617.4
史家寨乡	—	2.6	2692.3	11568.1	—	13617.4

续表 7-4-35

乡镇名称	灌溉水田（亩）	望天田（亩）	水浇地（亩）	旱地（亩）	菜地（亩）	合计
大台乡	—	—	5358.1	3377.1	14.4	8749.6
王林口乡	—	—	10329.5	2717.2	1.2	13047.9
砂窊乡	—	—	7110.4	7015.2	—	14125.6
北果园乡	271.8	351.8	7623.3	3844.6	95.1	12186.6
台峪乡	—	37.6	5008.8	3560.9	—	8607.3
天生桥镇	—	17.9	4456.8	6472.2	—	10946.9
夏庄乡	—	—	2380.1	4206.6	—	6586.7
吴王口乡	—	—	2211.3	7014.1	—	9225.4

园地38847.1亩，果园35807.6亩，其他园地3039.5亩。

1996年阜平县各乡镇园地利用现状统计表

表 7-4-36

乡镇名称	园地面积（亩）	果园（亩）	其他园地（亩）
阜平镇	293.2	293.2	—
平阳镇	266.6	266.6	—
城南庄镇	1060.1	1060.1	—
龙泉关镇	351.3	351.3	—
史家寨乡	3668.3	631.9	3036.4
大台乡	160.7	157.6	3.1
王林口乡	961.4	961.4	—
砂窊乡	94.6	94.6	—
北果园乡	29990.2	29990.2	—
台峪乡	3.6	3.6	—
天生桥镇	596.5	596.5	—
夏庄乡	95.2	95.2	—
吴王口乡	1305.4	1305.4	—

林地面积706365.8亩，其中有林地417526.6亩，灌木林102635亩，疏林地163571.2亩，未成林造林地22518亩，迹地89.3亩，苗圃7.7亩。

1996 年阜平县各乡镇林地利用现状统计表

表 7-4-37

乡镇名称	林地（亩）	有林地（亩）	灌木林（亩）	疏林地（亩）	未成林造林地（亩）	迹地（亩）
阜平镇	59856.6	22052	198.7	34878.8	2638.1	89.3
平阳镇	30055.4	20845.4	—	6362.4	2847.6	—
城南庄镇	132579.9	82090.9	700.9	45208.1	4580.0	—
龙泉关镇	66948.4	48463.2	12877.3	5059.0	548.9	—
史家寨乡	41717.2	21817.4	10633.0	9197.9	61.2	—
大台乡	39419.4	33657.7	3253.1	335.3	2173.3	—
王林口乡	19314.4	9765.3	31.3	1610.8	7907.0	—
砂窝乡	19062.6	10675.7	4228.5	3684.6	473.8	—
北果园乡	20202.9	12666.2	433.0	7093.9	9.8	—
台峪乡	1858.6	4964.1	1280.5	11284.4	1058.6	—
天生桥镇	75531.4	39257.2	666.0	35388.5	219.7	—
夏庄乡	70641.9	65177.5	1996.9	3467.5	—	—
吴王口乡	112447.8	46094.0	66353.8	—	—	—

居民点及工矿用地面积 48591.7 亩，其中城镇 454.6 亩，农村居民点 43280 亩，独立工矿用地 4693.7 亩，特殊用地 163.4 亩。

1996 年阜平县各乡镇居民地及公开用地利用现状统计表

表 7-4-38

乡镇名称	合计面积（亩）	城镇占地（亩）	农村居民点占地（亩）	独工矿用地（亩）	特殊用地（亩）
阜平镇	10921.0	104.3	9582.0	1213.9	20.8
平阳镇	7786.2	—	5755.2	2025.0	6
城南庄镇	4857.5	350.3	4364.4	139.2	3.6
龙泉关镇	1622.6	—	1607.4	5	10.2
史家寨乡	2001.3	—	1991.6	9.7	—
大台乡	2463.8	—	2402.5	3	58.3
王林口乡	4220.6	—	4162.2	48.4	10
砂窝乡	3037.1	—	2348.9	679.1	—
北果园乡	2078.4	—	1761.7	316.3	0.4
台峪乡	5622.5	—	5481.6	103.4	37.5
天生桥镇	1857.4	—	1717.8	132.1	7.5

续表 7-4-38

乡镇名称	合计面积（亩）	城镇占地（亩）	农村居民点占地（亩）	独工矿用地（亩）	特殊用地（亩）
夏庄乡	872.0	—	866.2	5.8	—
吴王口乡	1251.3	—	1238.5	12.8	—

交通用地面积7245.7亩，其中公路4501亩，农村道路2744.7亩。

1996年阜平县各乡镇用地利用现状统计表

表 7-4-39

乡镇名称	合计面积（亩）	公路占地（亩）	农村道路占地（亩）
阜平镇	1341.3	775.8	565.5
平阳镇	502.5	312.1	190.4
城南庄镇	867.7	668.6	199.1
龙泉关镇	457.4	155.0	302.4
史家寨乡	208.5	153.8	54.7
大台乡	594.4	358.0	236.4
王林口乡	1362.3	1002.9	359.4
砂窝乡	355.1	177.0	178.1
北果园乡	576.7	472.2	104.5
台峪乡	107.0	—	107.0
天生桥镇	391.5	277.7	163.8
夏庄乡	89.8	—	89.8
吴王口乡	391.5	197.9	193.6

水域面积84811.6亩，其中河流水面13858.3亩，水库水面3235.7亩，坑塘水面320.7亩，苇地1264.5亩，滩涂31046.8亩，沟渠5620.4亩，水工建筑物365.2亩。

1996年阜平县各乡镇水域面利用现状统计表

表 7-4-40

乡镇名称	水域面积（亩）	河流水面（亩）	水库水面（亩）	坑塘水面（亩）	苇地（亩）	滩涂（亩）	沟渠（亩）	水工建筑物
阜平镇	11432.0	1374.2	155.5	9.1	21.9	8665.5	1195.5	103
平阳镇	20457.7	206.9	16078.0	—	62.3	3930.6	168.2	11.7
城南庄镇	7572.4	1916.8	141.5	61.6	127.3	3992.9	1323.4	8.9
龙泉关镇	985.3	431.0	22.5	—	—	200.2	315.4	16.4
史家寨乡	272.0	—	13.0	—	—	200	59	—

续表 7-4-40

乡镇名称	水域面积（亩）	河流水面（亩）	水库水面（亩）	坑塘水面（亩）	苇地（亩）	滩涂（亩）	沟渠（亩）	水工建筑物
大台乡	919.4	564.2	—	—	—	290.6	82.6	—
王林口乡	7765.0	564.2	—	21.7	601.8	4238.6	459.8	11.1
砂窝乡	4887.7	645.7	38.4	4.7	—	3724	474.9	—
北果园乡	24231.1	4663.4	15810.6	218.2	450	2178.9	623.4	286.6
台峪乡	2141.8	—	26.7	1.8	—	1863.2	250.1	
天生桥镇	2064.3	647.2	49.5	—	—	1101.9	245.5	20.2
夏庄乡	1304	506.9	—	3.6	1.2	627.3	165	—
吴王口乡	778.9	488	—	—	—	33.3	257.6	—

（三）土地统计

未利用土地2692057.3亩，共有荒草地217857.8亩，沼泽地201.8亩，沙地167.1亩，裸土地8.8亩，裸岩石裸地2357978.6亩，田坎115815.9亩，其他273亩。

1996年阜平县各乡镇未利用土地现状统计表

表 7-4-41

乡镇名称	未利用土地面积（亩）	荒草地（亩）	沼泽地（亩）	沙地（亩）	裸土地（亩）	裸岩、裸石砾地（亩）	田坎（亩）	其他
阜平镇	296018.4	89730.7	—	21.3	—	192577.6	13686.7	2.1
平阳镇	206966.9	2263.5	55.8	—	—	198435.4	6212.2	—
城南庄镇	260342.0	63549.3	93.8	95.3	8.8	179247.7	17347.1	—
龙泉关镇	139116.8	6859.3	—	—	—	11894	13303.5	—
史家寨乡	330891.8	—	—	—	—	325648.6	5243.2	—
大台乡	213406.7	2581.8	—	—	—	203946.1	6878.8	—
王林口乡	11863.9	25382.7	19.5	23.9	—	79798	6639.8	—
砂窝乡	305973.8	274.3	—	—	—	294185.7	11505.7	8.1
北果园乡	148923.5	5697.6	—	—	—	135884.8	7341.1	—
台峪乡	140750.5	1011.8	—	—	—	134288.1	5433.5	17.1
天生桥镇	155851.7	1319.9	32.7	7	—	147073.2	7418.9	—
夏庄乡	174479.9	3575.7	—	19.6	—	164874.9	6009.7	—
吴王口乡	207471.4	15611.2	—	—	—	183064.5	8795.7	—

1997年，国土资源局将土地资源的数量、质量、分布、权属和利用状况，按国家统一规范要求，系统而全面载入地籍册和地籍图。

1998—2000年在土地利用现状调查基础

上，开展土地统计，不断更新、充实、修正统计资料。2001—2005 年通过对统计资料分析研究，掌握土地利用情况和计划的执行情况，制止各种违反土地管理法令和浪费土地的现象，2006—2007 年建立健全土地统计报表制度，国土资源管理局和统计局还共同制定“土地利用现状分类面积”(国土年综 1 表）和“耕地面积变化情况”(国土年综 2 表）统计表的式样标准。2008—2010 年国土资源管理局制定“各类建设用地当年增加面积”(国土年综 3 表)、“城镇建设用地当年增加面积”(国土年综 4 表)、“土地利用现状分类（概查）面积”(国土年综 5 表）三种土地报表式样标准，下发到土地管理部门填报，并严格执行报表制度。

五、建设用地管理

1996 年，按照《中华人民共和国土地管理法》第二十三条规定，建设用地严格执行审批程序和报审资料。1997 年开展《中华人民共和国土地管理法》和《河北省土地管理条例》宣传年活动，对境内国家建设征用（划拨，以下同）耕地 3 亩以下，其他土地 10 亩以下，由县人民政府批准；征用耕地 10 亩以下，其他土地 20 亩以下，由省辖市人民政府批准；征用耕地 1000 亩以下，其他土地 2000 亩以下，由省政府批准；超过上述限额的由国务院批准的审批标准进行大张旗鼓的宣传，增强法律意识。1998—2000 年对国有土地出让管理，严格按照《中华人民共和国土地管理法》和《河北省土地管理条例》执行。对土地使用权出让最高年限严格按下列用途确定：

1. 公寓、住宅用地 70 年。2. 工业、交通用地 50 年。3. 教育、文化、科技、卫生、体育用地 50 年。4. 商业、旅游、娱乐用地 40 年。5. 综合用地或其他用地 50 年。

2001 年阜平县人民政府对农村宅基地的权属、选址标准、条件做出具体规定：本人向村民委员会写出书面申请，由村民委员会及村民代表讨论后张榜公布，通过后上报乡（镇）土地管理所。乡（镇）土地管理所根据村镇规划和当年用地指标，按照宅基发放条件进行审查，同意后发给申请人农村宅基地申请表一式三份，由申请人填写，村委会和乡（镇）土地管理所签署意见后，乡（镇）人民政府审查上报。

使用原有宅基地和村内空闲地的由乡（镇）人民政府审批，报县国土资源局备案。使用耕地和其他土地都由县国土资源局审批。农村宅基地申请依法批准后，由县国土资源局将审批结果发布公告，乡（镇）土地管理所会同村委会定位实地丈量，明确四至，建房户按规定缴纳各项有关费用后，领取准建证方可动工。2002—2004 年乡（镇）村建设按照节约、合理的原则利用每寸土地。实施农村建设规划首先使用原有宅基地和村内空闲地。一般不得占用耕地和向村外扩展。对农村宅基地的选址要由村民委员会统一安排。村民中“五保户”“独身户”死亡等原因腾出的宅基地，一律归村镇，统一安排使用。2005 年国土资源局组织有关部门同用地单位与被征用（划拨土地单位)，以及依法商定征用土地补偿费、安置方案、签订征用（划拨）土地协议，并填报建设用地申请书。2006—2007 年县国土资源局对项目占地面积、用途进行检查和验收。检查合格的，按照《中华人民共和国土地管理法》第 9 条办理土地登记手续，并核发国有土地使用证。2008—2010 年对旧城区改造用地，依法办理权属变更登记手续和出让、划拨手续。用地单位方可使用土地，并到县国土资源局办理土地登记手续，核发《国有土地使用证》。

六、耕地保护

为满足全县人口基本口粮需求和完成国家所定议购粮、棉、油任务所必需的农田面积，得到有效的保护，不使其遭到人为的破坏。1996 年根据全县粮食种植实际情况，各乡村按各自的地理位置、自然环境、种植习惯等条件，宜粮则粮，宜油则油，充分发挥地方优势，建立适合当地特点的保护区。各乡村根据各自的人口数量、耕地面积确定保护面积。1997 年明确了保护区的重点、范围，编制了方案。基本农田保护区的重点，保证当地人们口粮生产需要的基本农田。范围包括全县13个乡镇209个行政村的7.88万亩耕地，人均面积0.43亩。各乡镇根据当地的自然经济条件，首先确定须保护的基本农田面积分配表，报县批准后再分解到各村。按方案要求，将保护面积逐片、逐块、逐项进行登记，同时填写基本农田保护区卡片发到各承包户手里。绘制县、乡（镇）、村三级农田保护分布图，编制农田保护地块登记表和保护面积汇总表，达到墙上有图表，田间有标志、承包户有卡片，县、乡（镇）、村三级有档案。保护措施：

（一）保护区一经建立，即受法律保护，是非农业建设用地的“禁区”，原则上不准占用和改变使用性质。因国家重点建设必须占用时其补偿费应高于一般耕地补偿标准的一点二倍。

（二）严禁在保护区内建果园、挖塘、卖土、打坯，建砖瓦窑、葬坟等，违者按《中华人民共和国土地管理法》《河北省土地管理条例》的相关规定予以罚处。

（三）农村居民确实需在保护区取土时，必须经县土地管理局批准，本着起高垫低原则，开沟使土，治土还田。平整后土地不低于相邻地块高度。

（四）乡镇企业占地、农村城镇居民建房占地，确需占用保护区土地时收费标准高于其他耕地五倍，对未经批准或骗取批准非法占用保护区内土地建厂、建房者，除责令限期拆除违法建筑、恢复地貌以外，按规定加倍处罚。到2010年阜平县耕地保护按以上措施实施。

七、土地市场

1996—2000年土地市场建设按国土规划实施，2001—2007年完成阜平县农用地定级评估工作，将耕地分为4个等级，根据地形地貌，水文、土壤等特点，总体变化级别由高到低沿公路、河流两侧向外缓冲：一级地总面积2590.61公顷，二级地总面积2568.34公顷，三级地总面积为2307.2公顷，四级地总面积2181.69公顷。一、二级主要分布在县城周边，保阜公路及G207国道两侧，集中于阜平镇、城南庄镇、东下关乡、平阳镇、王林口乡和北果园乡几个乡镇；三、四级地主要分布在坡度较大，水土条件较差的坡地和梯田上，在大台乡、龙泉关镇、沙窝乡、史家寨乡、台峪乡、吴王口乡、下庄乡几个乡镇分布较广。2009年在河北省国土资源厅指导下，邀请有关专家组成验收组对阜平县城区土地级别与基准地价更新成果进行验收。到2010年经审阅成果资料，阜平县城区土地级别与基准地价更新成果符合《城镇土地分等定级规程》和《城镇土地估价规程》的要求。通过验收，全县城区综合用地级别与基准地价其分为四个等级。按用途分为商业、住宅、工业用地。

2004—2010国有土地使用权有偿使用情况统计表

表7-4-42

年份	宗数	面积（亩）	万元
2004	8	150	1627.9372
2005	3	6.3233	443.6989
2006	1	1.55	31
2007	2	606	657
2008	8	36.81	1004.27
2009	8	246.25	2286.97
2010	6	165.1	2017.9995

八、土地执法

1996年根据《中华人民共和国土地管理法》《河北省土地管理条例》，县国土资源局依据“一法”“一例”对全县违法使用土地的行为进行监察处罚。对于农民的举报、信访或其他各种形式的反映，十分重视。一旦发现，立即组织人员亲临现场进行调查，“发现一件查处一件”，使许多违法用地问题及时得到处理。1997—1998年国土资源局会同县政府法制办公室、法院等有关单位对全县非法占地案件及其纠纷进行了查处。

例一

肖XX与郄XX土地使用权纠纷处理

1970年左右，王林口乡马坊村在花沟建水库（塘坝）一座，水库在使用中，淤积了大量泥沙。实行承包责任制后，肖XX之父用水库内青泥靠西坡跟垫了一小片地，后随泥沙淤积，该地也不断整修扩大。1994年肖XX父亲去世，肖XX继续耕种。1996年经肖XX整修，形成一块比较完整的耕地，约0.127亩。同村农民郄XX以此地的西坡已承包给自己使用，坡跟界限应以河槽中心为准，为此双发发生争执。肖XX申请到王林口乡政府处理。1996年8月22日，王林口乡政府做出决定，将争执之地所有权归村民委员会，使用权归肖XX。该决定生效后，一直未执行，该地一直由郄XX耕种。1997年4月19日工作组重新调查后，由王林口乡以通知的形式废止了所做的决定书，并重新做出决定，将争执之地由村委会收回，统一管理使用。肖XX接到此决定后不服，向县政府提出复议，但复议办公室没有做出复议结果。另查，争执之地在原水库水面内，属集体所有，没有进行过承包。

处理意见

争执之地属集体所有，郄XX既没有整修，也没有承包，其仅以该地西坡承包给其使用为由占用此地，明显不当。肖XX没有取得合法使用手续，而耕种此地，亦有不妥，但其不在影响集体、他人利益的情况下，开垦荒地耕种亦符合农村常理，为此其付出了一定劳动，应得到合理补偿。1997年4月19日王林口乡已做出的处理决定，已超过执行时效，现已不能真正解决问题。为了及时处理此案，促进阜平县社会稳定，工作组根据事实提出两个解决办法：

1. 争执之地由马坊村委员会负责收回集体，给肖XX一定的经济补偿。

2. 争执之地先有肖XX耕种5年，再由村委会收回集体。

以上两个办法都不能解决问题，由村委会申请阜平县人民政府作决定，按法律程序进行。

阜平县人民法院

阜平县国土资源局

1997年4月29日

例二

平阳镇医药批发站土地权属纠纷的查处

1976年平阳医药批发站借房搭棚营业，急需建站。当年春，县医药公司领导和平阳医药批发站站长经平阳煤站站长郑XX搭桥，找到大队革命委员会主任、副书记孟XX协商建站占地事宜，因当事人孟、齐、杨已故，无法取证。经查大队1976年账目和当时任大队会计孟XX笔记，平阳医药批发站占用第七生产队的耕地、河滩、旧公道、树木等共付款2661元（含拆除邓X房款760元），大队扣除公积金380元外，其余2281元，大队付给了第七生产队。

邓X、张XX两家在该地块上施工建房确有此事，是原第七生产队划得地方。据当时的政策。个人一律不准在包产地上建私房，据邓X本人讲，此房是公社决定让其自行拆除的。

平阳医药批发站将部分土地转卖给马XX、张XX，并拆旧翻新一事，经查：该站原房屋多年失修需拆旧翻新，因资金短缺，县医药公司采取“借鸡下蛋”的办法，由马、张两人投资建房，房屋建成后抵押贷款还给马、张。

通过调查，土管局认为该案土地使用权事实清楚，按照规定其土地所有权属于国家，土地使用权归平阳医药批发站。平阳村原第七生产队收回土地使用权的要求没有法律依据。

阜平县国土资源管理局

1998年8月10日

1999—2010年，在市国土局协助下，累计查处县保险公司、铁路十八局两个单位，超占面积耕地0.8亩、非耕地3亩，罚款5000元，并责其补办用地手续。查出县人行、县外贸汇源公司、石家庄陆军学院铁选厂、城南庄、吴家庄长石加工厂、上堡铁选厂、税务局、阜平县木材开发总公司未批先占单位，违法占地81.05亩，其中耕地33.68亩，非耕地47.37亩，收违法违规占地等款5.8万元，按规定补办了手续。县种子公司改变使用用途，违法占地面积2.9亩，罚款7000元，并补办了收据。查出人武部、民政局、食品公司、养路工区、畜牧水产站、粮食局。非法转让土地8.8亩，其中耕地7.26亩，非耕地1.59亩，以上单位已处理。

九、矿产资源管理

（一）种类

阜平县矿产资源种类多，储量丰富，优势明显。全县已发现矿种33种。已被开发利用的21种，其中有储量（不同级别）的17种，包括能源种矿1种，有色金属矿产4种，贵金属矿产2种，化工原料非金属矿产1种，建材及其他非金属矿产8种，矿泉水1种。6种矿产储量名列保定市第一，饰面石材用花岗岩占98%，优质无烟煤在保定市独此一处，储量占保定市储量的2%，硫铁储量占保定市98%，医疗型温泉在河北省内太行山区仅此一家。有一定资源潜力的还有黄金、铁矿等。

（二）开发

1996年石材开采属分散性开发。到2010年阜平县有石材小区5个，石材加工企业300多家，各类石材加工设备980余台套，主要生产装饰板材、城市广场砖，路沿及墓碑等系列产品，年加工石料15000立方米，大部分为半成品销售，部分矿石境外销售。

1996年铁矿开采属半开发中，2000年铁矿正常开发。到2010年阜平县有铁选厂70余家。

（三）管理

1996—1999年阜平县矿产开采属半开发中，依法开发意识淡薄，乱采滥挖现象严重，对河道行洪及河道周边环境造成一定影响，伤亡事故也时有发生。

2000—2002年阜平县加大矿产开采的执法力度，对矿产底码进行全面摸底调查，矿产资源开发由政府统一规划，规范采矿秩序，打击非法开采，使阜平县矿产资源得到合理利用。2003年阜平县成立矿山安全整治领导小组，政府一把手任领导小组组长，要求国土资源局、安全监督管理局、环境保护局联合执法，对全县矿山企业进行全面检查。对无证开采、存有隐患、影响环境企业一律停工整顿。按照“验收合格一个，恢复开工一个”原则，集中开展安全评估和验收工作，使全县矿产资源进入正常有序的开采。2004年县政府与各乡镇、县直各部门签订了国土资源管理、安全生产、环境保护等工作责任状，各乡镇一把手与辖区内各行政村一把手签订责任状，国土资源局与各乡镇国土资源所也签订责任状，确保责任层层延伸，监管不留死角死面。形成了上下联动、左右分工、层层抓落实、事事有人问的监管制度。2006年建立“管好一本账（事故隐患账）”，做到三个到位（事故预防到位、日常管理到位、隐患整治到位）制度。2007年实行矿产资源开采“五包”制度（县委常委包乡镇、县级领导包企业、科局包线、乡镇包户、人员包点），形成一把手负总责，分管领导分片责，执法人员具体责任分包机制。2008年建立完善国土资源安全生产“联席会议、联合检查、联合执法”三联互动机制。2009年组织执法人员培训学习，增强执法观念和执法力度。对企业负责人、安全生产管理人员、现场作业人员进行专业培训，利用警示事故进行意识培训教育。

截至2010年全县累计办理采矿证97个（花岗岩矿70个，长石岩矿19个，煤矿1个，金矿1个，铁矿1个，铁金矿1个，石灰岩矿4个）；勘查证28个（磁铁矿15个，赤铁矿1个，多金属矿2个，金矿10个）；超贫磁铁矿区域调查正在进行。

十、测绘管理

1996年全县有19个标志点，2005年由河北省测绘局和中国人民解放军6624部队委托给国土资源局管理。2007年开展《阜平县城镇地籍调查》。2008—2010年开展《全国土地利用现状第二次调查》。

第八篇 人民政协地方组织

1996—2010年中国人民政治协商会议阜平县委员会（以下简称县政协）分别召开第四届四次、五次会议，第五届、第六届、第七届一至四次全体会议。委员的界别和人数由第四届第四次七个界别130人到第七届七个界别186人。县政协在县委领导下，紧紧围绕全县中心工作和人民群众普遍关注的热点、难点问题，带领广大政协委员和各界人士认真履行政治协商、民主监督、参政议政职能，为民分忧；发挥政协人才荟萃，智力密集、联系广泛的优势，开展建言献策、民情反馈，矛盾化解，团结稳定工作。组织和团结社会各界人士，以经济建设为中心，高举爱国主义和特色社会主义旗帜，为促进全县社会经济发展做出了积极贡献。

第一章 政协委员

阜平县第四届、五届、六届、七届政协筹备委员会，负责筹备阜平县政协委员会的产生。筹备委员会按照确定方针，根据推荐单位提出的推荐人选，受县委委托通过民主协商，征求县委组织部、政协党组意见，形成委员人选，建议名单草案，报县委审定，政协委员按界别构成产生。政协委员积极参与全县社会公益事业，为阜平经济社会发展做出了贡献。

第一节 委员产生与构成

一、委员产生

1996年为阜平县政协第四届委员会第四次会议期间。1997年在中共阜平县委的领导下，成立了由县委副书记为组长、县委常委、组织部长、统战部长为副组长的政协阜平县筹备委员会，负责筹备阜平县政协委员的产生。县委组织部、统战部会同政协党组，根据上级有关文件精神和政协章程规定，结合阜平县实际，研究提出县政协换届人事安排的工作方案，报县委审定。2002年政协阜平县筹备委员会按照确定方案，根据推荐单位提出的推荐人选，按党内、党外分别报县委组织部、统战部。县委组织部、统战部综合考虑民族、地域、界别、年龄、性别及历史等情况，与各推荐单位沟通协商后，分别提出党内、党外初步人选名单。对于党内人选，由县委组织部组织或委托考察。对于党外人选，由县委统战部组织或委托考察。推荐人选为党政干部的，听取纪检监察机关的意见。推荐人选为各社会阶层人士的，听取行业主管部门、行业协会党组织和政法、人口计生、工商、税务、环保、社会保障、安全监督等部门的意见，非公有制经济人士由县委统战部牵头开展综合评价。推荐人选为异地交流任职不满两年的，听取推荐人选原所在地和单位党组织的意见。推荐人选考察后，在一定范围内公示。

2006年按照确定方案，根据推荐单位提出的推荐人选，县委组织部、统战部就党内、党外推荐人选名单，听取政协党组意见，县委统战部汇总推荐人选名单后，受县委委托召开工商联、有关人民团体负责人和无党派代表人士等参加的民主协商会，就推荐名单进行协商，进一步征求县委组织部、政协党组意见，形成委员人选建议名单草案，报县委审定。

二、委员构成

（一）第四届政协委员

第四届政协委员由130名委员组成，界别7个。其中党外人士76人，占委员总数的58%。妇女委员20人，占总数的15%。委员中，35岁以下的有21名，占委员总数的16%。36～45岁的有47名，占委员总数的36%，46～55岁的有45名，占委员总数的35%。56岁以上的有17名，占委员总数的13%。委员的文化结构为：大专以上文化程度的有23名，占委员总数的17%。高中（含中专）文化程度的有53名，占委员总数的41%。初中以下文化程度有54名，占委员总数的42%。连任委员72名，占委员总数的55%。1993年4月至1998年1月期间举行了五次全体会议，到1998年1月实有委员142名。

（二）第五届政协委员

第五届政协委员由141名委员组成，界别7个。其中党外人士50人，占委员总数的35%。妇女委员24人，占总数的17%。委员中，35岁以下的有30名，占委员总数的21%。36至45岁的有77名，占委员总数的55%。46岁至55岁的有32名，占委员总数的23%。56岁以上的有2名，占委员总数的1%。委员的文化结构为：大专以上文化程度的有32名，占委员总数的23%。高中（含中专）文化程度的有72名，占委员总数的51%。初中以下文化程度的有37名，占委员总数的26%。连任委员86名，占委员总数的61%。1998年3月至2003年4月期间举行了五次全体会议，到2003年3月实有委员161名。

（三）第六届政协委员

第六届政协委员由149名委员组成，界别7个。其中党外人士67人，占委员总数的45%。妇女委员25人，占委员总数的16.8%。委员中，35岁以下的有23名，占委员总数的15.4%。36岁至45岁的有73名，占委员总数的49%。46岁至55岁的有43名，占委员总数的28.9%。56岁以上的有10名，占委员总数的6.7%。委员的文化结构为：大专以上文化程度的有15名，占委员总数的10%。大专文化程度的有67名，占委员总数的45%。高中（含中专）文化程度的有43名，占委员总数的29%。初中以下文化程度的有24名，占委员总数的16%。连任委员82名，占委员总数的55%。

（四）第七届政协委员

第七届政协委员由164名委员组成，界别7个。其中党外人士75人，占委员总数的46%。妇女委员29人，占委员总数的18%。委员中，35岁以下的有30名，占委员总数的18%。36岁至45岁的有80名，占委员总数的49%。46岁至55岁的有38名，占委员总数23%。56岁以上的有16名，占委员总数的10%。委员的文化结构为：大专以上文化程度的有35名，占委员总数的21%。大专文化程度的有79名，占委员总数的48%。高中（含中专）文化程度的有38名，占委员总数的23%。初中以下文化程度的有12名，占委员总数的8%。连任委员93名，占委员总数的57%。

第二节　委员活动与委员风采

一、委员活动

政协委员在做好自己工作的同时，积极参与社会公益活动。

1996年阜平县遭受了罕见的洪涝灾害，人民群众生命财产蒙受了巨大损失。在阜平县委领导下，全县人民投入到抗洪救灾中。县政协向各界政协委员发出了“抗洪救灾做贡献”号召。行政机关、企事业单位的政协委员组织抗洪救灾队到第一线，部分政协委员向灾区捐款2万余元。1997年县政协根据《鼓励支持和引导民营经济发展的若干规定》的文件精神，鼓励有经济实力的政协委员创业发展。县政协举办了各种形式的座谈会、研讨会。在“深改革、大开放、谋发展、做大事”活动中，组织部分政协委员赴外地考察参观，提升政协委员的市场竞争意识和创新发展意识。

1998—2002年煤炭市场、花岗岩开采、果脯加工等一大批企业发展壮大，创造就业一万多人。2003年“非典”疫情发生后，广大政协委员积极响应奉献爱心，踊跃捐款。政协委员白喜军接到通知的当天，就到政协机关捐款1000元，张文委员接到通知的第二天到政协机关捐款5000元。阜平县太行化工有限责任公司捐款捐物合计7.35万元、阜兴建材有限责任公司捐款2万元，河口加油站经理捐款1万元。“抗非”期间，全县政协委员捐款14.43万元。2004年1月，政协组织企业界和机关政协委员开展“进村入企送温暖、解难题”活动，125名政协委员分成20个小组，分赴13个乡镇和城区的7个企业，带去衣物、粮油和资金慰问贫困农户和特困职工。长青花岗岩有限公司在了解到地处深山的炭灰铺光明希望小学，因全体学生来自方圆几十平方公里的十几个山村，全部寄宿学校，粮食出现困难的情况后，一次送去面粉1000公斤，并向学校捐赠了部分现金；为砂窝乡仙湾村修路捐款3万元，为阜中、县武警中队灾区捐款2万元。太行化工有限责任公司，全年为聋哑学校、阜平中学等单位捐款20万元。2007年8月，县政协针对部分村民看病难的情况，由县医院、药检局牵头，组织卫生系统的政协委员到北果园乡东城铺村为群众义务看病、免费送药，为群众体检达800多人次，送药2000多元。市政协委员、县政协常委顾彦军从2007年开始连续资助8名贫困学生，每位大学生每年资助5000元，资助完成学业。2009年顾彦军被保定市委、市政府评为“亲民、爱民金秋助学”先进个人。2009年9月，县政协七届十三次常委会组织部分政协委员对阜平县小学基础教育进行了专题调研。通过实地查看，交流座谈，大家认为偏远小学办学条件差，学校的电教设备不齐全，部分委员表达了自己要为教育做贡献的心愿，经主席会议研究，决定尊重委员们的要求，按照自愿的原则，为委员服务社会、服务教育搭建平台，组织了“捐资助教——爱心在行动”活动。部分政协委员捐赠微机30台，为12名代课教师发放资助金1.2万元。2010年县政协开展了“政协委员系三农，共建文明生态村”光彩事业活动。10家民营企业的政协委员为顾家台村捐款8万元，修建路灯18个。为铁岭村捐款1万元进行村内路面硬化。

二、委员风采

政协委员高贵全

在县城西三公里、207国道南侧的一道山沟里，有一家酿醋企业——阜平县龙门博夏醋厂。该厂规模虽然不大，但生产的“高老西儿”红枣系列醋却是远近闻名，先后荣获“中国地方特产”、河北省中小企业“名牌产品”……人们在夸赞“高老西儿”醋好的同时，更夸赞高贵全创办醋厂和研发红枣醋产品付出的心血和努力。

阜平县龙门博夏醋厂厂房

异地创业建醋厂

高贵全原籍山西阳泉，曾在当地一家煤矿任电力工程师。1989年辞去工作，随妻子来娘家阜平创业。

经过市场调研，高贵全发现醋作为不可或缺的食用调味品，消费需求量大且稳定。再加上过去常到亲戚家酿醋作坊参观，对酿醋流程和工艺较为熟悉，高贵全决定筹建醋厂，靠酿醋来谋生致富。于是，高贵全拿出积攒的2万多元钱，租下了原龙门乡供销社11间房，改建成约200多平方米的酿醋加工厂，从山西聘来师傅，在当地招募工人，开始进行食醋生产。“只要自己勤奋、实诚，酿出来的醋就不愁卖。”现实却告诉他，干一番事业远不是想象中那样简单。那时，当地的四家醋厂占据着阜平售醋市场。人生地疏的高贵全开着载有数百斤食醋的三轮车，在当地走村串巷四处兜售，早上拉出去多少，晚上又全部拉回来。跑腾一整天开不了张，甚至到中午连吃一袋方便面的钱都没有。1993年腊月三十，正当别人已经准备喜迎春节的时候，高贵全和妻子开着三轮车走到方太口对面木桥急着送货，木桥太窄，高贵全夫妻俩连人带车落入水中，河水寒冷刺骨，两人满含泪花眼睁睁地看着装醋的大桶被水冲走……

面对事业上的沟沟坎坎，家人劝他放弃酿醋，另谋生计。“选择了建醋厂，就得把醋酿造好，酸出个味来让人夸”！高贵全一边说服妻子和家人，一边跑遍了亲戚朋友家，借钱维持着进料生产。在高贵全的默默坚持和悉心经营下，产出的醋由于口味好、酸度适中，受到越来越多群众的认可和欢迎。

随着产品销量的逐年递增，原厂规模已远不能满足销售需求。1998年高贵全在207国道河口路段旁买下一百余亩山地，建起占地2000平方米的新厂区，新上发酵池、储存罐、灌装机、灭菌器、锅炉等设备，产量由原来的年产

10余吨提升到年产4000吨。

创新研发红枣醋

2003年在参加河北省食品酿造培训会期间，高贵全向前来授课的专家教授说出了要用阜平大枣酿造红枣醋的想法。“这个项目很有特色，我们愿帮你一起进一步把该产品研发深、研发好。”专家教授的关注支持，坚定了高贵全依托阜平特色资源做大做强酿醋事业的信心和想法。

高贵全邀请河北省轻工科学研究院专家来厂指导红枣醋酿造工艺研发。酿造工艺初步成型后，高贵全又反复生产、取样，然后邮寄到专门机构鉴定产品质量，再根据专家建议改进工艺。历时两年，耗资10万元，红枣醋终于研发成功。经国家轻工业食品质量监督检测上海站检测显示，该红枣醋富含钙、铁、锌、钾等矿物质和16种氨基酸，产品质量上乘。

2010年高贵全投资1800万元，对设备进行更新。新设备全部是国家级酿造行业专利，生产流程控制实现电脑自动化，原料、成品采用全封闭管道运送。“各个车间是封闭式的，干净卫生；整个生产过程是透明开放式的，隔着玻璃窗一目了然，便于消费者监督，让大家放心消费。”高贵全介绍说。

新厂建成后，产品质量更有保障，产量大幅提高，年产红枣醋2万吨年产值可达4000万元。“红枣醋饮料已经研制成功，正准备投产。红枣醋家族又增添一名新成员。”高贵全高兴地说。

阜平县龙门博夏醋厂储装车间

“这儿的枣醋有一种特殊的酸味，就是好吃！”购买枣醋的天津客户张先生说。2005年在河北廊坊农产品交易会上，该客户买了“高老西儿”红枣醋，回家使用后便爱上了这味儿。打那时起，张先生便成了“高老西儿”红枣醋的忠实消费者，出差办事路过时，总不忘找上门来多买些回家食用和送人。

在当地，“高老西儿”醋更是家家户户厨房里的必备品，深受人们喜爱。过去人们常说“老西儿醋酸”，如今人们直夸：“高老西儿的醋好！”

政协委员胡金海

胡金海1959年11月出生，汉族，无党派人士，高中文化，阜平县城南庄镇岔河村人。曾任县政协七届、八届常委，县工商联六届、七届副会长，阜平县山沟沟大酒店总经理。

一、注重学习，提高自身素质

按照市政协关于推动学习型政协创建活动深入开展的要求，胡金海注重学习，提高自身理论素养、增强参政议政能力。除参加小组集中学习和单位学习外，坚持自学，学习了党的十八届五中全会文件、习总书记来阜讲话精神、学习了政协《章程》、党的统一战线理论和各级党委的有关文件精神，学习了现代法律知识、科技知识，学习了现代企业管理知识，促进了个人理论素质的提高和参政议政能力的增强。

二、服务社会，回报人民厚爱

胡金海政治素质较高，有较强的社会责任感，热心社会公益事业，积极参加县政协、县工商联组织的“光彩事业”活动，2010年被保定市委统战部、工商联评为“光彩之星”；2011年被评为“优秀社会主义建设者”、保定市“产品质量信得过单位”、阜平县“诚信企业”等称号。

胡金海乐善好施，积极参与社会捐赠活动。社会主义文化建设捐款10万元，新农村建设2万元；资助贫困学生和贫困户2万元；汶川地震捐款2.5万元；阜平县煤焦油污染事件捐款2万元；支持阜平县消防事业捐款2万元，合计捐款20万元。

政协委员张新利

张新利是第六届政协委员，曾任阜平县气象局局长。

人工影响天气工作　为充分发挥部门职能作用，张新利带领全局深入全县各乡村调查研究。先后在全县红枣基地车道村、苹果基地西刘庄村、核桃基地龙王庄村和玉米制种基地城南庄村建立人工消雹增雨作业点。每年6月1日至9月30日，作业点开展正常值班。值班人员昼夜坚守岗位，精心观测，及时作业。几年坚持不懈，通过消雹增雨，解决旱情。2003年，县气象局购置两门火箭，配合四个固定高炮作业点交叉作业、流动作业，做到了哪里有“险情”就在哪里作业。确保了保护范围内果树、农作物不受雹灾侵害。

农业气候区划工作　为解决影响农业增效、农民增收的实际问题，张新利身体力行，跑部进厅，争取到省气象局在阜平搞农业气候区划试点。张新利考虑到全县大多数村里没有电脑，不能用光盘，印制出版《阜平县农业气候区划成果图集》一书500套，印制出版《阜平县卫星影像图》《阜平县乡镇卫星影像图》《阜平县县城卫星影像图》。为领导决策提供科学依据，成了全县农业经济发展的好帮手。阜平“区划”在《中国气象报》头版头条宣传报道。

错季草莓项目工作　气象局“对口帮扶”龙泉关镇黑崖沟村，为使该村农村经济发展，张新利把争取到发展“错季草莓”项目，引进黑崖沟村。经过两年试种，终于获得成功。河北省食品质量监察院对草莓品质进行鉴定，结果比一般品种含糖量平均高30%，维生素含量高20%。为黑崖沟村开辟了一条新的致富之路。

自动化气象站建设　2003年10月，省气象局临时调整阜平局自动站建设。通知下达后，张新利带领技术人员搞好规划设计，进行土建工程，经过艰苦工作，11月中旬完成自动化站建设。省验收组对地网建设、观测场、值班室改造等各项工作十分满意。静电屏蔽方面，采取钢管穿线为全省首创，受到省局的表扬。

政协委员顾彦军

顾彦军，河北省阜平县人，阜平银河加油站和银河车队总经理，政协委员，曾任政协阜平县第七届常务委员会委员。在搞好事业的同时加强学习，积极参政议政，热心公益事业，为社会文明、公正、进步做出了贡献。

参政议政建言献策　顾彦军珍惜政协委员的政治待遇，认真履行委员职责，积极参加政协组织各项考察、调研、学习活动，在日常工作生活中关注社会发展、进步、热点、难点，关心弱势群体，关注群众呼声，通过政协提案、发言、讨论等多种渠道提出意见和建议。撰写政协提案和大会发言，七届政协期间以个人和委员活动小组名义提交提案13件，提案多次被评为优秀提案或列为重点提案。

与人为善，爱心不变　顾彦军以善心、平等、平和之心对待他人，营造良好的工作生活环境，影响身边许多人。做人诚实谦卑，包容大度；做事认真公正，尽职尽责。2001年开始资助贫困大学生，从不张扬。到2010年，受资助的大学生15人。每年学费6000元，逢年过节，还给孩子们买新衣服、学习和生活用品。村里开展文化活动鼎力相助，每年资助万元左右。

政协委员白喜军

白喜军任阜平县恒达房地产开发有限责任公司董事长、政协阜平县第六届委员会委员、常委，政协保定市第十届委员会委员。

立足本职，建设美丽家园　白喜军1986年进入建筑行业，组建建筑施工队伍，截止到2005年共完成建筑施工面积8万多平方米，实现产值4000多万元，上缴税金120多万元。2003年，白喜军委员筹资组建阜平县恒达房地产开发有限责任公司，注册资金500万元。开发房地产，不到两年时间，开发建设县供销社底商住宅楼、恒祥住宅小区，恒泰金地住宅小区，开发面积2万多平方米，实现产值1300多万元。

服务社会，回报人民厚爱 1996—2005年，先后承建职教中心教学楼、史家寨中学教学楼、槐树庄中学教学楼，还承建了上堡、凹里两座希望小学，以上工程均是垫资建设，还为西刘庄、上堡、辛庄等小学捐资、捐物、捐款10多万元。2005年9月，白喜军闻知保定师专陈阳同学因交不起学费面临辍学，主动承担起陈阳3年全部学杂费和生活费约3万元。出资30万元为法华村投资整修通往县城公路，建设一座桥梁。资助社区、文体局联合举办“恒达杯”篮球赛。白喜军的义举受到阜平县社会各界热情赞誉。

第二章 委员会会议

政协委员全体会议每年召开一次。会议的主要议程是：听取并审议县政协常委会工作报告、提案工作情况报告以及县委领导讲话；列席县人大全体会议，听取县政府工作报告和其他报告；按照工作需要，进行选举事项。

第一节 第四届四次、五次会议

一、第四次全体会议

1996年3月21—23日，召开政协阜平县第四届委员会第四次全体会议。委员应到132人，实到121人。会议听取并审议政协阜平县第四届委员会常务委员会工作报告，以及政协阜平县四届三次会议以来提案工作情况的报告。列席了阜平县第十二届人代会第四次会议，听取并讨论了关于阜平县国民经济和社会发展“九五”计划和2010年远景目标纲要的报告及其他报告。

二、第五次全体会议

1997年3月4—6日，召开政协阜平县第四届委员会第五次全体会议。委员应到132人，实到123人。会议听取并审议政协阜平县第四届委员会常务委员会工作报告，以及政协阜平县四届四次会议以来提案工作情况的报告。听取并协商讨论阜平县政府工作报告及其他报告。审议通过政协阜平县第四届委员会第五次会议政治决议。选举陈兰（女）为政协阜平县委员会常务委员、主席。

第二节 第五届会议

一、第一次全体会议

1998年2月5—7日，召开政协阜平县第五届委员会第一次全体会议。委员应到143人，实到138人。会议听取并审议政协阜平县第四届委员会常务委员会工作报告，以及政协阜平县四届会议以来提案工作情况的报告。听取并协商讨论阜平县政府工作报告及其他报告。

审议通过政协阜平县第五届委员会第一次会议提案审查情况的报告。选举白宗纲为政协阜平县第五届委员会主席，赵志明、韩国生、程定邦、刘耀生为副主席，选举产生常务委员25名。协商通过阜平县人民政府县长、副县长候选人名单。

二、第二次全体会议

1999年3月30日—4月1日，召开政协阜平县第五届委员会第二次全体会议。委员应到143人，实到138人。会议听取并审议政协阜平县第五届委员会常务委员会工作报告，以及政协阜平县五届一次会议以来提案工作情况的报告。听取并协商讨论阜平县政府工作报告及其他报告。

三、第三次全体会议

2000年3月7—9日，召开政协阜平县第五届委员会第三次全体会议。委员应到160人，实到154人。会议听取并审议政协阜平县第五届委员会常务委员会工作报告，以及政协阜平县五届二次会议以来提案工作情况的报告。列席第十三届人民代表大会第三次会议，听取、讨论县政府工作报告和其他工作报告。协商人民政府县长候选人、审议通过政协阜平县第五届委员会第三次会议政治决议、增选政协常委。

四、第四次全体会议

2001 年 3 月 6—8 日，召开政协阜平县第五届委员会第四次全体会议。委员应到 157 人，实到 149 人。会议听取并审议政协阜平县第五届委员会常务委员会工作报告，以及政协阜平县五届二次会议以来提案工作情况的报告。列席第十三届人民代表大会第四次会议，听取、讨论县政府工作报告和其他工作报告。协商人民法院院长候选人。审议通过政协阜平县第五届委员会第四次会议常务委员会工作报告的决议。审议通过政协阜平县第五届委员会第四次会议提案审查情况的报告、政治决议。

五、第五次全体会议

2002 年 3 月 12—14 日，召开政协阜平县第五届委员会第五次全体会议。委员应到 161 人，实到 158 人。会议听取并审议政协阜平县第五届委员会常务委员会工作报告，以及政协阜平县五届二次会议以来提案工作情况的报告。列席第十三届人民代表大会第五次会议，听取、讨论县政府工作报告和其他工作报告。协商政府县长候选人。审议通过政协阜平县第五届委员会第五次会议常务委员会工作报告的决议。审议通过政协阜平县第五届委员会第五次会议提案审查情况的报告、政治决议。

第三节　第六届会议

一、第一次全体会议

2003 年 4 月 8—10 日，召开政协阜平县第六届委员会第一次全体会议。委员应到 161 人，实到 149 人。会议听取并审议政协阜平县第五届委员会常务委员会工作报告，以及政协阜平县五届会议以来提案工作情况的报告。听取并协商讨论阜平县政府工作报告及其他报告。审议通过政协阜平县第五届委员会第一次会议提案审查情况的报告。协商通过县政府县长、副县长及法院院长、检察院检察长候选人。

选举政协阜平县第六届委员会主席、副主席、常务委员。审议通过政协阜平县第五届委员会常务委员会工作报告的决议和第六届委员会第一次会议提案审查情况的报告。

二、第二次全体会议

2004 年 3 月 8—10 日，召开政协阜平县第六届委员会第二次全体会议。委员应到 167 人，实到 161 人。会议听取并审议政协阜平县第六届委员会常务委员会工作报告，以及政协阜平县六届二次会议以来提案工作情况的报告。列席第十四届人民代表大会第二次会议，听取、讨论县政府工作报告和其他工作报告。审议通过政协阜平县第六届委员会第二次会议常务委员会工作报告的决议和提案审查情况的报告、政治决议。

三、第三次全体会议

2005 年 3 月 8—10 日，召开政协阜平县第六届委员会第三次全体会议。委员应到 170 人，实到 162 人。会议听取并审议政协阜平县第六届委员会常务委员会工作报告，以及政协阜平县六届二次会议以来提案工作情况的报告。列席第十四届人民代表大会第三次会议，听取、讨论县政府工作报告和其他工作报告。审议通过政协阜平县第六届委员会第三次会议常务委员会工作报告的决议和提案审查情况的报告、政治决议。

四、第四次全体会议

2006 年 3 月 22—24 日，召开政协阜平县第六届委员会第四次全体会议。委员应到 180 人，实到 171 人。会议听取并审议政协阜平县第六届委员会常务委员会工作报告，以及政协阜平县六届三次会议以来提案工作情况的报告。列席第十四届人民代表大会第四次会议，听取、讨论县政府工作报告和其他工作报告。审议通过政协阜平县第六届委员会第四次会议常务委员会工作报告的决议和提案审查情况的报告、政治决议。学习讨论县委书记孟祥伟在县委十届四次全体（扩大）会议上的工作报告。选举耿文金为县政协主席、表彰了优秀委员。

第四节　第七届会议

一、第一次全体会议

2007年5月23—25日，召开政协阜平县第七届委员会第一次全体会议。委员应到182人，实到175人。会议听取并审议政协阜平县第六届委员会常务委员会工作报告，以及政协阜平县六届会议以来提案工作情况的报告。听取并协商讨论阜平县政府工作报告及其他报告。审议通过政协阜平县第六届委员会第一次会议提案审查情况的报告。协商有关人事事项、选举政协阜平县第七届委员会常务委员、选举政协阜平县第七届委员会主席、副主席、秘书长。审议通过政协阜平县第七届委员会第一次会议提案审查情况的报告、关于六届常务委员会工作报告的决议、政治决议。

二、第二次全体会议

2008年3月26—28日，召开政协阜平县第七届委员会第二次全体会议。委员应到182人，实到173人。会议听取并审议政协阜平县第七届委员会常务委员会工作报告，以及政协阜平县七届一次会议以来提案工作情况的报告。听取并协商讨论阜平县政府工作报告及其他报告。审议通过政协阜平县第七届委员会第二次会议提案审查情况的报告、关于七届常务委员会工作报告的决议、政治决议。

三、第三次全体会议

2009年1月8—10日，召开政协阜平县第七届委员会第三次全体会议。委员应到182人，实到174人。会议听取并审议政协阜平县第七届委员会常务委员会工作报告，以及政协阜平县七届二次会议以来提案工作情况的报告。听取并协商讨论阜平县政府工作报告及其他报告。审议通过政协阜平县第七届委员会第三次会议提案审查情况的报告、关于七届常务委员会工作报告的决议、政治决议。

四、第四次全体会议

2010年2月2—4日，召开政协阜平县第七届委员会第四次全体会议。委员应到186人，实到179人。会议听取并审议政协阜平县第七届委员会常务委员会工作报告，以及政协阜平县七届三次会议以来提案工作情况的报告。听取并协商讨论阜平县政府工作报告及其他报告。审议通过政协阜平县第七届委员会第四次会议提案审查情况的报告、关于七届常务委员会工作报告的决议、政治决议。

第三章　常务委员会

政协阜平县第四届四次、五次常务会议，委员会期间召开常委会10次。政协阜平县第五届委员会期间召开常委会24次。政协阜平县第六届委员会期间召开常委会20次，政协阜平县第七届委员会期间召开常委会15次。1996—2010年县政协主席会议召开117次。

第一节　机构

一、中国人民政治协商会议阜平县第四届常务委员会（1993.3—1998.2）

中国人民政治协商会议阜平县第四届常务委员会选举产生于1993年3月7日至9日的第一次会议上，会议选举出常务委员会委员17

名，其中主席1名、副主席5名。政协阜平县第四届常务委员会由中共党员和无党派人士组成。常务委员会中女委员3名，占17.6%，大专以上文化的4名，占24%，中专文化的6名，占35%，高中及以下文化的7名，占41%。1996年10月调整主席1名；1997年8月增副主席1名。

政协阜平县第四届政协常务委员会主席、副主席、常委名单

表8-3-1

职务＼项目	姓名	性别	政治面貌	民族	籍贯	任职时间
主席	王成军	男	中共党员	汉	阜平县	1993.6—1996.10
	陈　兰	女	中共党员	汉	阜平县	1996.10—1998.2
副主席	宋玉文	男	中共党员	汉	阜平县	1993.3—1998.2
	李二皂	男	中共党员	汉	阜平县	1993.3—1998.2
	刘耀生	男	无党派	汉	阜平县	1993.3—1998.2
	赵志明	男	中共党员	汉	阜平县	1993.3—1998.2
	韩国生	男	中共党员	汉	阜平县	1993.3—1998.2
常委	王希芝	女	中共党员	汉	阜平县	1993.3—1998.2
	王丙花	女	无党派	汉	阜平县	1993.3—1998.2
	王宝鹏	男	无党派	汉	阜平县	1993.3—1998.2
	卢永昌	男	无党派	汉	阜平县	1993.3—1998.2
	刘爱锁	男	中共党员	汉	阜平县	1993.3—1998.2
	刘　瑜	男	中共党员	汉	阜平县	1993.3—1998.2
	辛玉哲	男	中共党员	汉	阜平县	1993.3—1998.2
	陈国庚	男	中共党员	汉	阜平县	1993.3—1998.2
	张家石	男	无党派	汉	阜平县	1993.3—1998.2
	赵　刚	男	无党派	汉	阜平县	1993.3—1998.2
	赵广祜	男	无党派	汉	阜平县	1993.3—1998.2
	高建风	女	无党派	汉	阜平县	1993.3—1998.2

二、中国人民政治协商会议阜平县第五届常务委员会（1998.2—2003.4）

中国人民政治协商会议阜平县第五届常务委员会选举产生于1998年2月16日至18日的第一次会议上，会议选举出常务委员会委员25名，其中主席1名、副主席4名。政协阜平县第五届常务委员会由中共党员和无党派人士组成。常务委员会中女委员5名，占20%，比上届增加2.4%；大专以上文化的10名，占40%，比上届增加16%；中专文化的8名，占32%，比上届减少3%；高中及以下文化的7名，占28%，比上届减少13%。

政协阜平县第五届政协常务委员会主席、副主席、常委名单

表 8-3-2

职务 \ 项目	姓名	性别	政治面貌	民族	籍贯	任职时间
主席	白宗纲	男	中共党员	汉	阜平县	1998.2—2003.4
副主席	赵志明	男	中共党员	汉	阜平县	1998.2—2003.4
	韩国生	男	中共党员	汉	阜平县	1998.2—2003.4
	程定邦	男	无党派	汉	山西省繁峙县	1998.2—2003.4
	刘耀生	男	无党派	汉	阜平县	1998.2—2003.4
常委	王丙花	女	无党派	汉	阜平县	1998.2—2003.4
	王宝鹏	男	无党派	汉	阜平县	1998.2—2003.4
	王耀恩	女	无党派	汉	阜平县	1998.2—2003.4
	牛玉杰	男	中共党员	汉	阜平县	1998.2—2003.4
	刘庆珍	女	无党派	汉	阜平县	1998.2—2003.4
	刘光福	男	中共党员	汉	阜平县	1998.2—2003.4
	刘爱锁	男	中共党员	汉	阜平县	1998.2—2003.4
	李　明	男	中共党员	汉	阜平县	1998.2—2003.4
	李万成	男	中共党员	汉	阜平县	1998.2—2003.4
	张　倩	女	无党派	汉	阜平县	1998.2—2003.4
	张玉山	男	无党派	汉	阜平县	1998.2—2003.4
	杨振光	男	中共党员	汉	阜平县	1998.2—2003.4
	陈国庚	男	中共党员	汉	阜平县	1998.2—2003.4
	金玉国	男	中共党员	汉	阜平县	1998.2—2003.4
	高建风	女	无党派	汉	阜平县	1998.2—2003.4
	周世存	男	中共党员	汉	阜平县	1998.2—2003.4
	周有军	男	无党派	汉	阜平县	1998.2—2003.4
	韩有勇	男	无党派	汉	阜平县	1998.2—2003.4
	韩绍瑞	男	中共党员	汉	阜平县	1998.2—2003.4
	孙雨雯	女	无党派	汉	阜平县	1998.2—2003.4

三、中国人民政治协商会议阜平县第六届常务委员会（2003.4—2007.5）

中国人民政治协商会议阜平县第六届常务委员会选举产生于2003年4月8日至10日的第一次会议上，会议选举出常务委员会委员27名，其中主席1名、副主席3名。政协阜平县第六届常务委员会由中共党员和无党派人士组成。常务委员会中女委员6名，占22%，比上届增加2%；大专以上文化的13名，占48%，比上届增加8%；中专文化的9名，占33%，比上届增加1%；高中及以下文化的5名，占19%，比上届减少9%。

政协阜平县第六届政协常务委员会主席、副主席、常委名单

表 8-3-3

职务	姓名	性别	政治面貌	民族	籍贯	任职时间
主席	白宗纲	男	中共党员	汉	阜平县	2003.4—2006.3
副主席	董玉孝	男	中共党员	汉	阜平县	2003.4—2006.3
	刘耀生	男	无党派	汉	阜平县	2003.4—2006.3
	顾廷哲	男	中共党员	汉	阜平县	2003.4—2007.5
常委	王者洋	男	无党派	汉	阜平县	2003.4—2007.5
	王金珀	男	中共党员	汉	阜平县	2003.4—2007.5
	王宝鹏	男	无党派	汉	阜平县	2003.4—2007.5
	牛玉杰	男	中共党员	汉	阜平县	2003.4—2007.5
	白国强	男	无党派	汉	阜平县	2003.4—2007.5
	白喜军	男	无党派	汉	阜平县	2003.4—2007.5
	吕占平	男	中共党员	汉	阜平县	2003.4—2007.5
	刘庆珍	女	无党派	汉	阜平县	2003.4—2007.5
	刘光福	男	中共党员	汉	阜平县	2003.4—2007.5
	刘爱锁	男	中共党员	汉	阜平县	2003.4—2007.5
	齐国花	女	无党派	汉	阜平县	2003.4—2007.5
	李　丽	女	无党派	汉	阜平县	2003.4—2007.5
	张　倩	女	无党派	汉	阜平县	2003.4—2007.5
	张玉山	男	无党派	汉	阜平县	2003.4—2007.5
	陈小社	男	无党派	汉	阜平县	2003.4—2007.5
	何俊才	男	无党派	汉	阜平县	2003.4—2007.5
	郑　丽	女	无党派	汉	阜平县	2003.4—2007.5
	周世存	男	中共党员	汉	阜平县	2003.4—2007.5
	杨振光	男	中共党员	汉	阜平县	2003.4—2007.5
	胡山琴	男	中共党员	汉	阜平县	2003.4—2007.5
	段玉社	男	中共党员	汉	阜平县	2003.4—2007.5
	韩绍瑞	男	中共党员	汉	阜平县	2003.4—2007.5
	蔡爱萍	女	无党派	汉	阜平县	2003.4—2007.5

四、中国人民政治协商会议阜平县第七届常务委员会（2007.05—2010.12）

中国人民政治协商会议阜平县第七届常务委员会选举产生于2007年5月23日至25日的第一次会议上，会议选举出常务委员会委员28名，其中主席1名、副主席3名。政协阜平县第七届常务委员会由中共党员和无党派人士组成。常务委员会中女委员4名，占14%，比上届减少8%；大专以上文化的15名，占54%，比上届增加6%；中专文化的9名，占32%，比上届减少1%；高中及以下文化的4名，占14%，比上届减少5%。

政协阜平县第七届政协常务委员会主席、副主席、常委名单

表8-3-4

职务	姓名	性别	政治面貌	民族	籍贯	任职时间
主席	耿文金	男	中共党员	汉	阜平县	2007.5—2010.12
副主席	刘耀生	男	无党派	汉	阜平县	2007.5—2010.12
	顾廷哲	男	中共党员	汉	阜平县	2007.5—2010.12
	张新占	男	中共党员	汉	阜平县	2007.5—2010.12
常委	牛玉杰	男	中共党员	汉	阜平县	2007.5—2010.12
	王　平	男	中共党员	汉	阜平县	2007.5—2010.12
	干者洋	男	无党派	汉	阜平县	2007.5—2010.12
	白国强	男	无党派	汉	阜平县	2007.5—2010.12
	刘华龙	男	中共党员	汉	阜平县	2007.5—2010.12
	刘金山	男	无党派	汉	阜平县	2007.5—2010.12
	刘革命	男	无党派	汉	阜平县	2007.5—2010.12
	刘建平	男	无党派	汉	阜平县	2007.5—2010.12
	吴建利	男	无党派	汉	阜平县	2007.5—2010.12
	李文娥	女	中共党员	汉	阜平县	2007.5—2010.12
	李秀珍	女	无党派	汉	阜平县	2007.5—2010.12
	李宗兵	男	无党派	汉	阜平县	2007.5—2010.12
	杨振光	男	中共党员	汉	阜平县	2007.5—2010.12
	张　文	男	无党派	汉	阜平县	2007.5—2010.12
	张　倩	女	无党派	汉	阜平县	2007.5—2010.12
	张宝雄	男	中共党员	汉	阜平县	2007.5—2010.12
	孟庆国	男	中共党员	汉	阜平县	2007.5—2010.12
	周世存	男	中共党员	汉	阜平县	2007.5—2010.12
	周永旺	男	中共党员	汉	阜平县	2007.5—2010.12

续表 8-3-4

职务	姓名	性别	政治面貌	民族	籍贯	任职时间
常委	顾彦军	男	无党派	汉	阜平县	2007.5—2010.12
	袁　龙	男	中共党员	汉	阜平县	2007.5—2010.12
	韩绍瑞	男	中共党员	汉	阜平县	2007.5—2010.12
	甄金明	男	无党派	汉	阜平县	2007.5—2010.12
	蔡爱萍	女	无党派	汉	阜平县	2007.5—2010.12

第二节　会议

一、政协第四届四次、五次常务委员会议

政协四届四次、五次会议（1996年3月—1998年2月）期间召开常委会10次。重要会议有：1996年5月召开的常委会，组织有关部门，对阜平县扶贫情况进行调查，写出《政协阜平县委员会关于扶贫情况的调查报告》，并向市政协、省政协进行汇报。

四届四次、五次主席会（1996年3月—1998年2月），期间召开主席会议19次。重要会议有：第三次主席会议研究实施“鱼水工程”活动，搞好调查办实事，抓好扶贫联系点。第五次主席会议研究对城南庄镇三官村小尾寒羊的养殖进行帮扶。第七次主席会议针对扶贫资金发放工作，做跟踪调查，做好扶贫款的贷前摸底和贷后服务工作。第八次主席会议根据市政协学宣委的安排和部署，对“委员风采”的专题节目的工作进行研究部署。第九次主席会议研究如何积极参与抗洪救灾工作。第十一次主席会议研究庆祝香港回归书画展览活动有关事项。

二、政协第五届常务委员会议

第五届常委会（1998年2月—2003年4月），期间召开常委会24次。重要会议有：1999年5月，组织常委及有关部门对阜平县城沙河流域、东河滩河道等周边垃圾堆放严重问题，进行实地考察后，在常委会上进行讨论，要求办公室向政府写出书面建议。1999年9月，组织常委对阜平大柳树水电站工程进展情况进行了重点视察。通过实地考察、座谈、听汇报，对存在的问题进行分析，并找出解决办法。2000年12月5日召开的政协五届十五次常委会，听取了政府领导和有关单位关于阜平县国企改革进展情况和个体私营企业发展情况的汇报，了解情况，分析原因。在十七次会议上，政协根据县委的统一安排部署，全体常委认真扎实地对“三讲”活动的开展进行了学习与讨论。在2002年9月2日召开的第二十一次常委会上，分别听取了县农业局、林业局、畜牧水产局、地矿局和县生态建设办公室的工作汇报，对各部门工作给予充分肯定，并提出意见和建议。

政协第五届主席会（1998年2月—2003年4月），期间召开主席会议34次，重要的会议有：第三次会议研究决定对驻县的市政协委员和县政协委员进行学习培训。第五次会议贯彻落实党的十五届三中全会精神，办公室发出通知，要求每位政协委员要作为一项重要任务，认真学习、贯彻落实。第十次会议研究对县城沙河流域、东河滩河道周边垃圾堆放严重问题，组织委员进行实地考察。第十二次会议研究信访接待工作，发挥政协联系面广的优势，多做协调关系，化解矛盾，凝聚人心工作。十五次会议按照县委的统一部署，积极开展县域经济示范活动。第十七次会议根据中央、省、市、县委的统一要求，对“三讲”教育活动进行了安排部署。第十九次会议研究决定对新增补的政协委员进行走访。第二十一次会议对认真学

习贯彻中共十六大和十六届三中全会精神进行安排部署，向全县政协委员发出《关于认真学习和贯彻中国共产党第十六次全国代表大会精神的通知》。第二十四次会议针对“非典”疫情的发生，安排部署配合支持全县的抗非工作，向全县政协委员发出了《关于充分发挥政协委员作用，打好防治非典型肺炎战斗的紧急通知》。第二十六次会议，针对市政协提出的开展“两争两为”活动，认真研究安排县政协开展“两争两为”的活动方案，向全县政协委员发出了《关于开展“争做优秀政协委员、争创优秀活动小组；为发展阜平做贡献、为人民政协添光彩”活动的通知》。

三、政协第六届常务委员会议

县政协第六届常委会（2003年4月—2007年5月），期间召开常委会议20次，重要会议有：县政协第一次常委会上，对在抗击“非典”战役中，涌现出来的优秀政协委员进行了大张旗鼓地表彰。第三和第四两次常委会，专门就阜平县2004年经济工作的发展思路和优化环境等问题进行了讲座，并提出了意见和建议。2004年8月19日召开的常委会，专门听取教育局等10个部门《行政许可法》学习贯彻情况汇报。10月14日召开的七次常委会专门听取了交通、计划、生态文明村创建办及农口等五个部门就增收减负等情况的通报，并就阜平县经济工作的发展思路和优化经济环境等问题进行了讨论。提出了意见和建议。2005年7月4日召开的政协常委会，邀请企业负责人专门就安全生产问题，听取安监局、地矿局等部门的汇报，并进行充分酝酿讨论。2006年6月15日召开的政协常委会，组织有关部门及部分委员对新农村建设进行了座谈，对全县的新农村建设提出了可行性建议。

县政协第六届主席会（2003年4月—2007年5月），其间召开主席会议38次。重要的会议有：第二次会议学习了《关于实行党风廉政建设责任制的规定》《中国共产党党员领导干部廉洁从政若干准则》等，真正使每位领导干部引起高度重视。第三次会议研究把学习和贯彻中共十六届三中全会精神，作为一项重要议题进行重点辅导。第五次会议研究对在“非典”中涌现出的优秀委员进行表彰的方案。第二十四次会议对全县文明生态村建设、水土保持工程和水利基础设施建设等工作的视察进行了研究讨论。第二十九次会议对全县新农村建设进行调研研究讨论。第三十四次会议针对近年来阜平县小麦耕种面积大量减少的现象，研究调研方案。

四、政协第七届常务委员会议

县政协第七届常委会（七届一次—七届四次），其间召开常委会15次。重要会议有：2007年6月13日，县政协组织召开了政协七届委员会第一次常务委员会。会议原则通过了《全体会议工作规则》《常务委员会工作规则》以及《提案工作实施细则》。学习了《政协章程》。七届三次常委会协商审议通过了两个《关于阜平大农业发展的建议案草案》。2008年6月18日政协阜平县七届五次常委会议协商审议通过了《关于加快阜平县林果业发展步伐的建议案》。2008年9月26日政协阜平县七届六次常委会重点研究了阜平县的扶贫工作。2008年9月26日政协阜平县七届八次常委会议，全体政协常委对照旺台聚龙移民搬迁小区和黄岸底奶牛养殖扶贫示范小区两个扶贫项目进行了视察。视察后，听取了县扶贫办扶贫工作开展情况的通报，常委们在听、看的基础上进行充分协商讨论。2009年3月27日，县政协召开七届十一次常委会，协商讨论县政协2009年工作要点，并对阜平县如何贯彻落实科学发展观，保证社会持续稳定进行座谈讨论。2009年9月28日政协阜平县七届十三次常委会议协商审议通过了关于加强全县小学基础教育阶段工作的建议案。

县政协七届主席会（七届一次—七届四次），期间召开主席会议26次。重要的会议有：2007年4月2日，针对市政协县域经济专题调研组来阜平调研，召开会议研究接待方案。6月25日，七届三次主席会议研究决定，在全体政协委员中广泛开展“为保阜高速公路建设做贡献”活动。倡议委员积极行动，推进工作开展，充分发挥政协委员的作用。7月11日，研究“庆祝建军八十周年暨纪念晋察冀军区成立七十周年”书画展活动方案。研究第三季度常委会内容，会议决定对阜平县的奶牛养殖进行调研。11月13日，商讨第四季度常委会内容，决定对新阜平中学、宗全机焦有限公司、鼋鱼养殖基地进行视察。

第四章　政协主要工作

考察、建议、提案是政协反映社情民意，发挥政治协商和民主监督的一种形式。阜平县政协第四届、五届、六届、七届委员会向县委、县政府提出各类建议200条，提案786件，提案满意率在95%以上，优秀提案5件。

第一节　民主监督

一、考察

考察是政协委员通过考察、了解，反映社情民意，发挥政治协商和民主监督的一种形式。1996年10月县政协组织部分政协委员对5个小康村的建设情况进行了考察。通过座谈、汇报、调查、了解后，对小康村建设情况提出具体意见。1998年8月13日，县政协会同县人大组织部分政协常委对阜长线二期改建工程进行重点考察。在考察中委员们通过实地察看、座谈、听汇报，提出存在问题和改进措施，对工程的顺利完工起到积极促进作用。1999年阜平财政十分困难，工资不能按时发放，县政协部分政协常委听取了财政局工作情况汇报，与税务部分领导协商，建议深挖税源，加大税收力度。

1999—2001年阜平县实施“山区综合开发”工程。荒山开发、植树造林在全县展开。2002年县政协组织20余名政协委员与人大代表组成工作组到一线考察，对科局承包荒山、荒沟开发情况实地调查，通过考察，掌握一手材料，形成文字，向县政府提出建议。2003年12月1日，听取县水务局工作情况汇报，重点考察大柳树水电站和县城供水情况的进展情况，召开座谈会，交流意见、提出具体建议。2004年6月县政协组织部分政协委员利用3天时间，对龙泉关、天生桥、城南庄等3乡镇“实施的国家脱毒马铃薯良种繁育基地项目”进行考察。到农户家中座谈，了解农民种植的积极性，并对工程项目资金的使用情况进行了解。

2006年8月下旬，由县政协领导带队，组织林业局、扶贫办、财政局等单位和部分担任政协委员的村支部书记、主任及果树专业户，前往邢台市临城县学习考察优质核桃发展先进经验。在学习考察的基础上，组织专业人员对阜平优质核桃的发展现状进行调研，提出发展优质核桃的建议和措施。2007年9月中旬，县政协组织部分政协常委、委员协同农工委、畜牧局负责人及专业人员，对阜平县奶牛养殖情况进行了专题调研。2008年6月中旬，县政协组织部分政协常委、委员，协同林业局负责

县政协常委考察春利牛奶厂（2009年8月张曙红摄）

人及专业人员，对阜平县林果业发展情况进行“回头看”式的专题调研。调研组分别到阜平镇色岭口村荒山治理示范点、青沿村生态园，吴王口乡周家河村优质核桃基地进行调研座谈。

2009年6月下旬，为助推阜平“工业西进”工作，政协七届十二次常委会把“工业西进”工作作为专题进行了协商讨论。会前组织部分政协常委、经济界人士，结合发改局、工促局、畜牧局等相关部门对春利奶牛、北方云母、博厦醋厂、河北梦雨四家企业进行了考察，并对阜平工业发展进行深入细致的座谈讨论。为进一步推进小学基础教育阶段均衡发展，2009年9月下旬，县政协组织部分政协常委、委员，协同教育局有关领导，考察了北果园、城南庄、夏庄三个乡镇的4所学校。察看学校的校舍建设、图书仪器配置，听取学校汇报，与教师、家长、乡村干部代表进行座谈。2009年11月下旬，县政协常委对阜平县大沙河县城段改造工程、污水处理厂、电影院工程、大字名园工程、垃圾处理厂、小派山森林公园和县城规划展馆进行考察，现场听取有关单位情况介绍。

2010年6月下旬，县政协常委对阜平县水利工程进行调研，察看部分塘坝，全面了解在农业生产、居民生活以及区域气候改善等方面发挥的作用和存在问题，为县委、县政府科学决策提供依据。2010年9月下旬，县政协常委对阜平县新民居建设和移民搬迁工作进行考察。先后考察了平阳镇白家峪村新民居、阜平镇白河移民搬迁小区和大园移民搬迁小区，全面了解阜平县的新民居建设和移民搬迁情况。

二、建议

建言献策是政协委员政治协商、民主监督的具体体现，是参政议政的一种具体形式。阜平县政协第四届、五届、六届、七届委员会向县委、县政府提出各类建议200多条，并形成建议案。

1996年突如其来的洪水给阜平县人民带来了巨大的灾难。政协委员在一线抗洪救灾，了解救灾情况。根据洪灾发生的原因及受灾的情况，县政协常委会研究起草了《对阜平县汛期安全生产工作进行考察情况的汇报》，并形成建议案。1997年在县委领导下，全县落实“一年恢复、两年巩固、三年发展”的发展目标，恢复重建进入关键阶段。根据县委安排部署，县政协向政府提出“确保全县粮食自足，保障人民生活水平，下大力抓粮食生产”的建议案。县政府采纳政协建议案，在全县实施“狠抓粮食生产、实施增百创千”（粮食单产过千斤，每亩增收100元）计划。1999年按照“一二三”发展的大思路，农业基础设施有了很大改善，农田水利基本建设有了很大进展。县政协及时向县委、县政府提出“以农业产业化经营为切入点，实施农业增转化，建设华北最大的大枣批发市场”的建议案。由水利局、林业局牵头，实施了以小流域综合治理为中心的山地综合开发，枣树开发5万亩。2001年县政协25位委员署名向县政府提出“加快阜平县林果业发展步伐，深度推进山区农业开发，增加农民收益”的建议案。县委、县政府按照“每年每户新增一亩果园”的目标，继续实施综合开发、综合治理。全县完成林果基地4万亩，其中完成栽植枣树3万亩，完成核桃繁育和栽植1万亩。

2002—2003年是阜平县农产品由数量型向质量型发展的新阶段。县政协30位委员向政府写出建议案《向高效农业发展，发展养殖业，提升阜平人民的生活质量》。根据建议案政府实施了以王林口为重点的鼋鱼养殖基地。以大元、

2009年县政协常委考察高速公路建设工作（张曙光摄）

海沿、大连地为重点的奶牛养殖基地。以大台、史家寨、台峪为重点的柴鸡养殖基地。2005年政协25位委员向政府提出“依托资源优势，发展大枣业，增加农民收入”的建议。根据建议，县政府在阜平镇、城南庄镇、北果园乡实施了“十万亩”大枣基地工程。2006年政协常委走访了部分学校，根据基础教育现状，写出了《关于加强全县小学基础教育阶段工作》的建议案。根据建议案，教育局向政府汇报，在全县进行了学前教育达标检查，促使小学基础教育质量的提升。2007年县政协提出《关于阜平县西部乡村优质核桃发展》的建议案。根据建议案，林业局牵头，在龙泉关、天生桥两镇实施了阜平县优质核桃基地建设。2008年县政协组织部分政协常委到龙泉关、史家寨、大台等乡镇了解扶贫开发工作，根据实际，向政府写出《关于加强阜平县扶贫工作》的建议案。2009年在实施“三年大变样”工程中，阜平县拆迁城建大规模实施，县政协根据阜平县城的规划建设情况，及时写出了《注重城市建设中的居民休闲、娱乐场所》的建议案。县政府根据建议案和居民呼声，于2009年修建了位于县城中心的阜平县文化中心，极大方便了居民的文化娱乐休闲生活。2010年政协组织部分政协委员到“十万亩大枣基地”实地查看，写出《继续实施无公害大枣开发示范区建设》的建议案。

第二节　政治协商

一、协商阜长线二期改建工程

1998年8月县政协组织政协常委对阜长线二期改建工程进行重点考察。在考察中通过实地察看、座谈、听汇报，提出存在问题和改进措施，对工程的顺利完工起到了促进作用。

二、协商保阜高速公路拆迁

2007年6月18日，县政协在政协常委会议室召开了由全体常委、保阜高速公路沿线乡镇村的政协委员和县直单位的政协委员60多人参加的会议。县交通局主要负责人向会议介绍了高速建设的相关情况，县政协常委会向全体政协委员发出倡议书，号召全体政协委员为保阜高速建设做贡献。

三、协商奶牛养殖工作

为全面了解奶牛现状，找准问题根源，寻找解决方法，加快奶牛养殖业步伐，促进农民致富。县政协组织部分政协委员对阜平县奶牛养殖情况进行专题调研。在2007年9月县政协七届三次常委会上，常委们听取扶贫办、畜牧局等有关部门汇报，并进行认真的讨论。会后，向县委、县政府报送了专题建议案。

四、协商“工业西进”项目建设

2009年6月下旬，政协七届十二次常委会把“工业西进”工作作为专题进行协商讨论。会前组织政协常委、经济界人士，结合发改局、工促局、畜牧局等相关部门对春利奶牛、北方云母、博夏醋厂、河北梦雨等四家企业进行考察，并对阜平工业发展进行了深入细致的座谈讨论。

五、协商“三年大变样”工程建设

为了助推阜平县“三年大变样”工程进展，2009年11月下旬，县政协常委会对阜平县“三年大变样”工程：大沙河县城段改造工程、污水处理厂、电影院工程、天宇名园工程、垃圾处理场、小派山森林公园和县城规划展馆进行考察，现场听取有关单位情况介绍，提出意见和建议。

六、协商新民居建设工程

为全力推进阜平县新民居建设快速健康发展，2010年9月28日，县政协七届十九次常委会组织政协常委先后到平阳镇白家峪、阜平镇白河、大园三个新民居示范村进行考察。听取农工委、扶贫办等有关部门汇报。常委们就促进新民居建设工作提出了许多有价值的意见和建议。

第三节　文史工作

一、编辑《太行绿歌》

县政协第七届委员会于2008年组织专人收集阜平县1937—2009年、跨度为72年的治山治水经验资料，与当事人见面座谈，编纂了约

38 万多字的《太行绿歌》一书，2009 年 9 月举行发行仪式。

二、编辑《阜平文史资料》

2010 年出版发行《阜平文史资料》一书。该文史资料汇集了地理地貌、历史沿革、历史人物、军政史料、文化艺术等方面相关文章 46 篇，从不同侧面、不同角度反映了阜平历史上知名人士和重大事件，具有重要史料价值。

三、筹备《七届政协五年回顾》

2010 年 3 月对政协第七届委员会所有资料进行整理，包括政协例会、政治协商、民主监督、参政议政等内容。待政协七届委员会结束后出版。

第四节　政协提案

一、提案征集

政协阜平县第四届、五届、六届、七届委员会通过专题学习、委员培训、走访委员、发放社情民意用笺等多种方式，使委员认识提案工作的重要意义，增强光荣感、责任感和使命感，引导帮助委员书写提案，写好提案。每次政协全会召开前，政协办公室都要围绕县委、政府工作部署，编写提案参考题目印发给委员，为委员书写提案提供第一手材料。

二、提案办理

五届政协期间（1998 年 2 月 —2003 年 4 月），委员提出提案 277 件，经提案委审查并案整理，立案 196 件。其中经济建设方面 78 件，占 40%。科教文卫体方面 39 件，占 20%。城镇建设和社会保障方面 28 件，占 14%。社会治安、法制建设方面 26 件，占 13%。党风廉政建设和干部队伍建设方面 20 件，占 10%，其他方面 5 件，占 3%。这些提案交县委系统承办的 35 件，交政府系统承办的 161 件。截止到 2002 年 12 月底，全部办结。所提意见和建议得到解决或列入计划解决的 189 件，占 96.4%。对因政策、体制和条件等原因一时难以解决的，各承办单位也如实做了说明。根据反馈意见，满意率为 97.5%。对不符合立案条件的也作为委员建议进行了妥善处理。

六届政协期间（2003 年 4 月 —2007 年 5 月），委员提出提案 253 件，经提案委审查立案 211 件，并案整理为 160 件。其中有关经济建设方面 82 件，占 51%。有关精神文明建设方面的 27 件，占 17%。有关党的基层建设和干部队伍建设的 14 件，占 9%。有关社会事业发展的 37 件，占 23%。这些提案交县委系统承办 28 件，交县政府系统承办的 132 件。截止到 2006 年 12 月底，全部办结。所提意见和建议得到解决或基本解决的 148 件，占 92.5%，因政策、制度和条件等原因一时难以解决的，各承办单位也如实做了说明。根据反馈意见，对提案办理结果满意和基本满意的达到 95.6%。对不符合立案条件的也作为委员建议进行了妥善处理。

七届政协一次至三次全会期间，委员提出提案 185 件，经提案委审查立案 158 件，并案整理为 129 件。其中经济建设方面 56 件，占 43%。科教文卫体方面 20 件，占 16%。城镇建设和社会保障方面 18 件，占 14%。社会治安、法制建设方面 16 件，占 12%。党风廉政建设和干部队伍建设方面 12 件，占 9%。其他方面 7 件，占 6%。截至 2009 年 12 月底，全部办结。所提意见和建议得到解决或列入计划解决的 124 件，占 96.1%。对因政策、体制和条件等原因一时难以解决的，各承办单位也如实做了说明。根据反馈意见，满意率为 97.5%。对不符合立案条件的也作为委员建议进行了妥善处理。

在县政协七届四次会议期间，委员提出提案 71 件，经提案委员会初步筛选、合并，整理为 60 件，经主席会议和提案委员会最后讨论确定，正式立案 35 件，涉及承办部门 25 个。截至 2010 年各承办单位都在办理中。

三、优秀提案

（一）六届三次会议提案

案由：强化城建管理，推进旧城开发

提案人：王金珀、陈占洲、顾节军、白喜军、张殿军、牛尚祥内容：2004年我县对城区总体规划进行了修编，城区面积由原来的八平方公里增至十八平方公里，面积大幅增加，这对县城的城建事业将起到积极的推动作用。目前，县城区的居住人口近四万人，随着城区经济的发展，农村人口还将不断地向县城涌进。因此城镇建设，特别是房地产市场将面临广阔的前景。十八平方公里的城区面积，对于一个仅有四万人口的山城小县似乎已经够大了。但是，除去山地、河流、滩涂等，实际可利用（指用于建设用地）不足六平方公里，相对来说是人口多、面积小、密度大，特别是老城区人口居住拥挤，交通及基础设施落后，居住环境和条件很差。所以我们认为：加大旧城区的开发势在必行。

建议：

政府在规划开发新城区的同时，注重抓好旧城区的开发和改造，这样既美化了县城的整体环境，又解决了新区建设土地征用的难题。

政府应责成有关部门对县城南街、东寺、北菜园等旧宅和危房较集中的区段调查摸底，做出房地产开发的近期和年度规划，以利于开发商实施开发经营活动。

严把住房建设的审批关，严格执行上级的有关规定，不再批准党政机关、企事业单位建设集资楼，对私人住宅建设也严格控制，严格审批，不应放任自流，不予管理，以避免国有资产的流失，土地的浪费，以及不顾交通通行、采光等问题造成的邻里纠纷和破坏县城总体规划。

加强城建管理的监察力度，对违犯规划不经审批私建乱建者，要严肃查处。

审查意见：请政府办理

办理截止时间：2005年10月底

（二）六届三次会议提案

案由：关于尽快加大我县大沙河综合治理和改善水源案

提案人：韩文儒、刘国利、郑吉进、刘连双、王宝鹏、黄振明、吕占平

内容：大沙河是我县的母亲河，关系到两岸人民的日常生活用水和农田灌溉，过去沙河之水清澈流淌，水质甘甜，锦鳞游水，现在黄水翻滚，垃圾如山，改善和治理大沙河已迫不及待，刻不容缓，是关系到千家万户人民身体健康的大事，随着社会的进步，人民生活的改善提高，把我县的母亲河治理的更加美好，已成为大家关注的焦点。

建议县政府切实引起重视，下大力根治沙河污染，让人民喝上放心水、健康水。

审查意见：请政府办理

办理截止时间：2005年10月底

（三）七届一次会议提案

案由：县城内急需建公共洗手间，切实解决群众入厕难问题

提案人：蔚俊林、顾彦明、韩文儒、王平、范海英、何建红

内容：阜平县城作为太行山生态旅游强县的中心，是政经中心，游客云集的集中场所，仅今年五一黄金周，阜平就接待外来游客近5万人次，加之乡村来县城的群众，县城每天的流动人口数目不算小数，但全县城至今还没有一座公共洗手间，这不仅给在县城的所有流动人口带来极大的不便，也严重影响了阜平县城的外在形象，更与建设旅游强县的思想格格不入。

建议：

政府加大资金投入，在县城各个方位、游人集聚地建立公共洗手间，公共洗手间要做到星级建设，星级管理。

在资金不足，或是建设公共洗手间数量还不能满足广大群众及游客需求的情况下，建议政府效仿北京市的做法，即规定道路（县城及乡镇政府所在地）两旁的所有机关、商店、宾馆、饭店等的内部厕所一律免费对外开放，并责成有关部门对此规定进行督导落实，对拒不执行规定，或是有如厕群众、游客投诉的单位要进行处罚，并责令其不得再有此类事件发生。

审查意见：请县政府办理，办理截止时间：2007年10月底

（四）七届二次会议提案

案由：合理布局校点，实现学有所上的目标

提案人：王国香、辛风扬、李秀忠、陈永庆、郄佳平、李金梅、刘化龙、蔚俊林、王红光、袁志田、甄耀萍、吴建利、刘金山、刘革命、白国强、高贵全、孙宝利、赵胜光、刘国帅、郑玉丽

内容：在我县“生态立县、特色兴县、人才强县”政策的引导下，我县县域经济飞速发展，人民生活水平日益提高，许多外地商人在这里投资建业，许多乡下农民进城打工，还有许多富起来的农民带着孩子来到县城，让子女享受最好的教育。于是到县城中小学就读的学生日益增多。特别是县城唯一的一所小学——城厢小学，这所学校目前有四十三个教学班，三千多名学生，一百多名教师，就规模来说在保定市也居前列，但就这样仍不能满足学生就读。2007年一年级的班容量达到一百多名学生，根本就无法进行正常教学工作，更别谈提高教学质量了。学校在无奈的情况下，只能把实验室让出来，勉强加了两个班，试想今年让出了实验室，明年、后年让什么呢？显而易见，城厢小学现在的基础设施、师资队伍与就读学生的数量形成了尖锐的矛盾，造成了极不协调的局面，面对这种情况，教育局和城厢小学承受着巨大压力，我们认为导致这种局面的原因有四：1、教育不公平；2、师资力量的配备；3、学校的硬件建设；4、小城镇建设的必然。怎样解决这些问题呢？我们认为应在东寺片、北菜元片及城南区建设与城厢小学相当的学校，或者说是城厢小学的分校。这样也能缓解北街的交通压力。把城厢小学的就读学生分流出去，这样才能保证学有所上，实现阜平“人才强县”的目标。

审查意见：请县政府办理，办理截止时间：2008年10月底。

（五）、七届二次会议提案

案由：严格规范我县房地产开发秩序。

提案人：孟红朝、崔丙福、刘晓峰、臧玉国

内容：近年来，受利益驱动，我县一度掀起了新一轮的房地产开发热潮，一些无资质和假借有资质的单位或个人也加入了房地产开发行列，不但施工质量无法保障，其随意定价引发的高房价市场，更是引起了广大居民的不满。为了我县房地产行业健康有序发展特建议：

认真编制我县城区（旧）改造及新城区发展建设规划，经有关部门批准后认真实施。

严格清理我县建筑市场施工单位，无论施工单位大小，对于无资质或假借他人资质名义搞开发的施工单位，坚决予以取缔。

物价部门要提前介入，工商建设部门，根据市场行情，施工预算，及时科学性、合理性给开发商定出楼盘发售的最高限价，并在媒体公布，接受群众监督。

未经物价部门介入，开发商自定的楼盘销售价不予承认。审查意见：请县政府办理，办理截止时间：2008年10月底。

第九篇　社会团体

1996—2010年，阜平县各社会团体在县委领导下，充分发挥职能作用，积极参与全县社会发展和经济建设，努力服务社会、服务基层、服务群众。总工会在推行民主管理，开展“鱼水工程”“送温暖，献爱心”活动中做了大量工作，提合理化建议2019条，为困难劳模发放补助26万元。团县委加强青少年思想道德教育、积极参加抢险救灾、协调部门单位捐款1600多万元。妇女联合会在妇女、儿童维权解困、助学救助等方面，为县委、县政府保驾护航。科协工作在科普宣传、科技推广、新技术引用等方面成绩显著。工商业联合会在创业发展、光彩事业等方面发挥重大作用。文学创作涌现出一批优秀工作者。残疾人康复实施“万人复明”阳光行动，帮助384名白内障患者复明，救助残疾人4558人。计划生育启动救助“贫困母亲”幸福工程项目，资助131位贫困母亲，56名特困学生。

第一章　总工会

1996—2010年，阜平县总工会召开了2次代表大会。总工会在推行民主管理、开展“鱼水工程”“送温暖、献爱心”“职工竞赛”等活动中做了大量工作。15年间为县委、县政府提合理化建议2019条，创新示范岗7个，经济技术创新成果7项，价值32万元。

第一节　组织机构与代表大会

一、组织机构

1996年，阜平县总工会设主席1人，副主席2人，科员3人，设办公室1个。2010年设主席1人，副主席1人，设办公室1个。

1996年阜平县基层工会59个，2000年全县13个乡镇建有工会工作委员会，12家企业建立工会联合会，45家改制企业建立工会组织（2001年乡镇、社区、工会、工作委员会更名为总工会）。2010年全县建立171个基层工会，33个村级工会联合会，工会会员18883人。

阜平县2010年基层工会会员统计表

表9-1-1

类别 项目	单位基本概况					职工人数	工会会员	工会干部	
	总数	25人以下	100人以上	女工8人以下	女工25人以上	总数	总数	总数	专职干部
机关团体	67	12	1	37	1	4968	4968	425	29
事业单位	39	25	14	21	8	3002	3002	317	—
国有企业	15	—	1	12	5	3100	3100	59	3
非公有制企业	50	17	32	25	16	8715	7813	63	8
合计	171	54	48	95	30	19785	18883	864	40

二、代表大会

（一）第八次代表大会

2000年5月24日，阜平县总工会第八届委员会在阜平县招待所召开，会期一天，实到代表81人，特邀代表5名，列席代表3名。大会审议通过阜平县总工会第七届委员会工作报告、阜平县总工会第七届委员会财务工作报告、阜平县总工会经费审查委员会第七届委员会工作报告。选举产生阜平县工会经费审查委员会。选举产生新的工会主席、副主席、经费审查委员会主任。选举产生第八届委员会委员19名，其中初中文化占10%、高中文化占30%、大专以上文化占60%。2003年4月30日，市委批准张风毅（副处）任工会主席。到2003年6月阜平县总工会主席1名、副主席2名。

（二）第九次代表大会

2005年9月2日，阜平县总工会第九次代表大会在阜平县招待所召开，会期1天，代表99人，特邀代表5人，列席代表3人。大会审议通过阜平县总工会第八届委员会工作报告、阜平县总工会第八届委员会财务工作报告、县总工会经费审查委员会工作报告。选举产生了第九届经费审查委员会委员。选举产生新的工会主席，副主席、经费审查委员会主任。选举产生阜平县第九届委员会委员19名，其中初中文化占5%、高中文化占25%、大专以上文化占70%。

第二节　主要活动

一、民主管理

（一）健全集体合同制度

1996年，阜平县全面推行平等协商和集体合同制度。2001年在企业大力推行工资集体协商，60家企业建立工资集体协商制度，覆盖职工2421人。2005年全县38家企业开展“劳动关系和谐企业”创建活动，评选出A级企业10个，AA级企业1个，典型企业2个。截至2010年，全县建立平等协商和集体合同制度企业87家，覆盖职工4260人，企业集体合同覆盖率95%。

（二）厂务公开

1998年10月，厂务公开工作全面展开。11月总工会成立厂务公开领导小组，对全县国有企业全面推行厂务公开。2000年，厂务公开工作进一步规范改进。2001年，在全县非公有制企业中推广宏祥建筑有限公司厂务公开经验。截至2010年公开率90%。

二、劳模管理

1996—2010年，全县推选全国劳动模范1名、省级劳动模范7名、全国五一劳动奖章获得者2名、市级劳动模范9名。2004年，县总工会在电视台开辟专栏，介绍劳动模范先进事迹。2006年，对劳动模范基本情况进行全面调查，对生活困难和长期患病的劳动模范提供困难补助，截至2010年为困难劳模发放生活补助26万元。

三、职工维权、职业介绍

1996—1999年，总工会协助有关部门积极参与解决劳动争议案件13件。1999年荣获市法律工作先进单位。2000年，总工会成立下岗职工职业介绍所。2001—2005年安置下岗职工200余人。2006—2010年，总工会举办下岗失业职工培训班15期，参加培训职工1226人，职业介绍840人，实现再就业720人。

四、开展活动

（一）送温暖

1996—1999年，总工会开展“鱼水工程”“送温暖、献爱心”活动，慰问困难职工225户，发放慰问款56802元。2000年建立机关干部联系职工困难户制度，开展“金秋助学”“关爱劳模”活动，对特困职工家庭2名考上大学子女进行救助，发放救助金26000元。2003年，对4名参加大病医疗互助活动职工实施救助，报销医药费6.4万元。2008—2010年筹款4000元慰问污水处理厂、阜平中学建设和三年大变样重点工程中冒酷暑野外作业的工人。

2006年11月26日，县工会主席张风毅慰问贫困职工

（二）开展文体活动

2002年，总工会在“五一”劳动节组织基层工会开展丰富多彩的职工文化、娱乐、体育

2006年4月，县工会组织的象棋比赛

活动。基层工会编排的部分文艺节目参加保定市庆“五一”职工文艺演出，荣获三等奖。2006年，总工会举办“交通杯”象棋比赛和“林业杯”扑克比赛。2008年，为庆祝“五一”国际劳动节，总工会、电业公司联合举办“供电杯”职工篮球赛。2009—2010年，总工会举办首届和第二届“地税杯”中国象棋比赛和“逸美时光杯”职工乒乓球赛，活跃职工业余文化生活。

五、开展劳动竞赛

1996—1997年，总工会组织全县职工深入开展“学邯钢，做主人，为‘九五’建功立业”竞赛活动。组织职工从生产各个环节找差距，堵塞漏洞，挖掘潜力。1998—2000年，在全县各级工会中开展劳动竞赛活动，提合理化建议3150件，为职工办实事158件。组织全县职工积极投身改革，为搞好本单位工作献计出力，开展技术练兵，岗位竞赛等活动，收到良好效果。2007年组织5次基层工会主席、工会干部学习培训班，深入学习“科学发展观”《工会法》《职代会条例》《厂务公开条例》。在职工中开展“学技术、争一流、创效益、做贡献”劳动竞赛活动，提合理化建议1500条，创新示范岗2个。2008年，与人社局、安监局联合开展“阜平县整治非法用工、打击违法犯罪”为主要内容专项行动，针对劳动用工、安全生产进行联查。同安监局联合举办安康杯竞赛，60家企业9800多名职工参加，规范企业的劳务用工，增强企业和职工安全生产意识。2009—2010年，组织全县职工开展建功立业比赛活动，提合理化建议2019条，实现经济效益47万元，创新示范岗5个，经济技术创新成果7项，创价值32万元。

第二章　中国共产主义青年团

1996—2010年阜平县共产主义青年团召开过2次代表大会。青年团在当地党组织和上级团委领导下，加强对青少年的组织领导和思想教育，开展培训、思想道德教育、希望工程、抢险救灾等活动。在希望工程活动中，团县委经过努力协调，国家机关事务管理局、国家统计局、国务院扶贫基金会等机关团体为阜平县捐资1600多万元。

第一节　组织机构与代表大会

一、组织机构

1996年，全县并乡扩镇，顺利完成25个乡镇团委向13个乡镇团委合并整建工作。在全县23所中学设立团委，隶属团县委领导。2009年，随着合校并点，完成由23个中学团委向17个中学团委的整建工作。在社管会建立团委，取消石油公司团委、地税局团委。截至2010年，县直团委减至8个。大力发展少先队组织，适龄儿童入队率99%，基本配齐少先队辅导员网络。

二、代表大会

（一）第十四次代表大会

1999年5月4日，召开共青团阜平县第十四次代表大会，代表98人，选举产生共青团阜平县第十四届委员会。

（二）第十五次代表大会

2009年3月10日，召开共青团阜平县第十五次代表大会，代表109人，选举产生共青团阜平县第十五届委员会。

第二节　主要活动

一、组织教育培训

1996年，团县委开展第一个“全民文明礼貌月”活动，号召全县青少年学雷锋、做好事、懂礼貌、讲文明，投身山区植树造林活动。1997—1999年，推进以青工技能培训和岗位能手争创为主要内容的“青工技能振兴计划”，组织技术培训、技能比武，岗位练兵等活动，培训青年300人次，技能比武5次，4人获得市级以上荣誉。2000年，团县委组织县医院、中医院青年志愿者上街开展义诊服务活动，深入基层为五保户、老党员义诊，到学校为小学生检查身体，组织2000名志愿者上街清扫卫生。2002年，开展青年志愿者“周末做贡献”活动。2004年，中共中央国务院出台《关于进一步加强和改进未成年人思想道德建设的若干意见》，县委县政府制定《关于进一步加强和改进未成年人思想道德建设的措施》，利用两年时间在全县开展青少年思想道德教育活动。2007年，在青少年中广泛开展“学雷锋、树新风、做新人”活动。2008年，在“三年大变样”城市建设中，号召青少年开展“我为县城做贡献”活动。2009—2010年，结合县委提出的“德信教育”，团县委号召广大青少年以德做人、诚实为人，全县青少年做好事500多件。在组织教育活动期间，培训回乡中学生2000人次。

二、抢险救灾

1996年，团县委成立“青年抗洪抢险救灾突击队”和“志愿者服务队”，投入抗洪抢险第一线。2003年抗击非典，广大团员青年勇挑重担，完成各项工作任务，32名团员青年火线入党。同年8月抗洪抢险工作中，广大青年人人争先，不畏艰险，吃住在防洪坝上，坚持几个昼夜战斗在第一线。

三、青年志愿者活动

1996年阜平县成立青年志愿者服务队。1997年团县委为全县15支青年志愿队授旗。2000—2005年文教卫生、工矿企业、商贸系统、团组织先后组织开展“科技扶贫”“幸福工程”“义务医疗服务”“送温暖、献爱心”等活动。2006年围绕县委“生态立县”战略，在全县开展“绿色环保行动”，在环保日等有关节日进行环保、节水、节电宣传，提高广大青少年环保意识，树立生态文明理念。2008年5月汶川地震，广大青少年积极响应团县委号召，缴纳特殊团费5.3万元。捐献棉衣棉被，为灾区奉献爱心。同年，开展“迎奥运、争做节能减排先锋”活动。发放《节能减排宣传手册》4000余本，发放绿手帕2500条，号召广大少先队员争当“节能环保小卫士”。组织团员青年走向社会，对县城及周边进行环境调查，向商铺、居民散发宣传资料，共同创建绿色家园。截至2010年志愿者服务20000人次。

四、少先队工作

1996年，全县有少先队员12562名，大中小队少先队组织621个。少先队活动室配备率和专（兼）职辅导员配备率分别为46%和82%。少先队教育活动主题为：有理想、做主人。在教育内容上突出革命传统教育、革命英雄主义和集体主义教育。1997—1998年，开展“走向社会，参加义务劳动”活动。1999年，县委提出“一户一亩果园、一个科局一道沟”山区综合开发战略决策，1万多名学生参加植树20多万株。2000年，开展“青少年跨世纪手拉手”活动，全县手拉手学校、少先队员手拉手结队占学生的85%。2003—2005年，胡锦涛总书记提出“和谐社会”的理念，团县委号召广大青少年积极融入社会、融入家庭，开展“尊老、敬老”活动，杜绝打架斗殴现象，杜绝歪风、树立正气，创造和谐社会氛围。2006—2010年开展“革命传统教育”，组织青少年到晋察冀边区政府旧址参观，缅怀先烈事迹，向老一辈革命家学习。

五、思想道德教育

1996年，团县委把青少年思想道德教育作为一项重要任务来抓，启动《青少年跨世纪读书计划》，开展基本国情、县情教育，激发青少年热爱中国共产党、热爱祖国教育活动。1997年团县委举办香港回归专栏30个，发放宣传资料1000多本，详细介绍香港的过去和现在，激发青少年爱国、爱家思想观念。1998—2000年，围绕“跨世纪做党的坚强后备军”这个主题，号召广大青少年为党做贡献。2001年，组织满18周岁青年举行成年仪式，培养积极向上，提高加入中国共产党的意识，为中国共产党培养后备力量。2002—2003年，结合“三个代表”重要思想教育活动，让广大青年参与党的理论学习。要求读一本好书，成为先进文化的传播者；做一份贡献，成为先进生产力的创造者；做一件好事，成为全心全意为人民服务的践行者。2005—2006年，借助晋察冀边区旧址城南庄纪念馆开业，组织部分青少年重走革命路，接受爱国主义、革命英雄主义红色传统教育。2007—2008年，开展“社会主义荣辱观”思想道德教育，引导广大青少年树立社会主义荣辱观。利用学雷锋纪念日、五四青年节等重大节日，开展“看一部爱国主义影片，唱一首革命歌曲、读一本好书、做一项志愿服务活动”的“四个一”活动。开展社会主义荣辱观教育，利用征文、演讲比赛、文艺演出等形式进行系列宣传教育，发放“知荣辱、树新风、促和谐”宣传资料3000份。2009—2010年，在广大青少年中开展“善美阜平”德信教育。在活动中，涌现出一大批优秀青少年。

六、希望工程

1996年共青团阜平县委联系国管局捐资48万元，为炭灰铺村建成一栋二层36间高标准教学楼。“光明学校”是国管局鲍先广副局长亲自命名的，是阜平县第一所寄宿制学校。炭灰铺村有18个自然村，方圆20华里，居住分散，是有了名的“黑屋子”“破桌子”“土台子”三无学校。高标准寄宿制小学建立，为炭灰铺村的百姓托起了明天的希望。1999年，邀请居住北京的阜平老艺术家先后到城南庄、史家寨等学校慰问演出。2000—2005年，国管局先后联系北辰集团、中国技术进出口公司、中国公共关系协会、国务院扶贫基金会等30多家单位，为

2002年11月，著名表演艺术家田华（前排左五）一行到长林小学捐助电脑6台和其他学习用品

阜平县教育捐资750万元，建起24所希望小学，4所“春蕾班”，改善校舍860间21600平方米，3500名因贫困而失学的孩子重返校园。2006—2007年团中央等单位为阜平中小学捐赠价值800多万元的教学设备。协调国家统计局投资10万元建小学一座。国管局干部职工资助贫困孩子260人，与60多个贫困家庭的孩子长期帮扶结对。2008—2009年，中国科技出版社、中国电影出版社、国谊宾馆等单位向阜平中小学捐赠2万多册教材、2台旧锅炉，安装在广城小学，解决该校师生的冬季取暖、热水洗漱问题。2010年，国管局国兴汽车中心为教育系统捐赠电脑、图书等教学用品价值18万元。

受资助的贫困学生（李玉亮摄）

第三章　阜平县妇女联合会

阜平县妇女联合会（下称妇联会）辖13个乡（镇）、一个社管会、209个行政村的妇联组织，妇联会机构健全。1996—2010年，妇联会主要开展“双学双比”“巾帼建功”“维权解困”“助学”等工作，开办“三八风采”和“孝顺儿女”专栏，动员广大妇女创建五好文明家庭，在推动阜平县精神文明建设和经济社会发展中发挥积极作用。

第一节　组织机构

一、县妇女联合会

阜平县妇女联合会是在中国共产党领导下的群众性妇女组织。1996年设主席1人，副主席1人，编制2人，办公室1个。2010年设主席1人，副主席1人，编制2人，办公室1个。

二、乡镇妇女联合会

全县13个乡（镇）和1个社管会的妇联会机构健全，209个行政村、5个居委会县直36个单位建立妇联会。

第二节　主要活动

一、“双学双比”活动

1996—1999年，县妇联动员全县广大妇女积极参与“学文化、学技术、比成绩、比贡献”为内容的“双学双比”活动，紧扣县委、县政府中心工作，解放思想、创新思维，规范活动管理办法，拓展活动领域，服务大局，为农村妇女增收致富提供政策、信息、培训、技术等优质服务。进一步教育、引导、激励广大农村妇女学习外面先进经验，投身社会建设中。2000—2005年，县妇联在全县开展“新千年阜平县脱贫致富接力行动”活动。乡村技术员与贫困户、女能手与贫困户、专业户与贫困户结对子300对。2006—2007年，开展“百万妇女学习培训工程”“岗村共建”等活动取得明显成效。开展5种实用技术培训，受训妇女2000人次，发放“撑起半边天，建设新农村”倡议书1200份。在庆祝第97个国际妇女节大会上表彰各类妇女典型、先进集体102个。2008年6月县妇联会联合扶贫办开展奶牛养殖培训会，聘请河北农大教授讲解奶牛养殖技术，295名妇女参加培训。10月开展“贫困村村级互助金试点”培训班，坚持妇女优先原则，提高农村妇女致富的热情。2009年，输送8名妇联会主任和致富能手，参加市妇联和河北农大组织的第五届女状元大专班培训，为新农村建设培养有文化、懂技术、会经营的农村科技致富带头人。2010年，阜平县在庆祝国际妇女节一百周年大会上表彰各类优秀妇女典型、五好文明家庭、先进集体96个。

二、巾帼建功活动

1996—2000年，县妇联会开展巾帼建功活动，组织动员全县职业妇女开展“百岗”“千颗星”系列评选活动，树立县级以上巾帼文明示范（岗）50个，巾帼明星48名。2001—2005年，连续5年开展“岗位送春风”活动，组织帮助下岗女工实现再就业，开辟各种就业渠道，用足用好上级政策，鼓励自主创业，以创业带动更多妇女就业。帮助200名下岗女工成功创业，解决300名下岗女工再就业问题。2006—2010年，深入基层调研，对农村妇女剩余劳动力进行摸底调查。加大协调力度，实施对接京津战略，会同有关部门大力发展劳务经济，1000多人外出就业，许多农村剩余劳动力与多家企业达成用工意向。以典型示范作用引导广大农村妇女积极投入新农村、新民居建设，激励各条战线妇女自主创业，岗位成才。

三、维权解困

1996年，阜平县妇联会联合15家单位成立妇女儿童维权协调组织。1997—2000年，接待来信来访190件。争取市维权解困资金3万元，救助权益受侵害的妇女儿童8名。2001—2005年为128名贫困孤儿，发放救助款38000元。动员社会各界为白血病儿童郄文杰、张珺捐款2万元。为荣获“保定市十大杰出母亲”苏文莲争取救助款1000元。为残疾贫困人发放轮椅20个。为大病、重病及生活贫困妇女儿童34人发放救助资金25000元。志高门业、虹桥大酒店为白血病患者史家寨乡葛家台村村民顾振英捐款3500元。2006—2007年，开展以“千万妇女学法律、家庭平安促和谐”为主题千人承诺签名活动，发放法律进家庭手册5000册，接受40名权益受侵害妇女咨询。利用“12·4”法制宣传日，发放《中华人民共和国未成年人保护法》《中华人民共和国婚姻法》手册3100本。2008年，妇联副科以上干部对4名权益受到侵害的贫困学生结对帮扶，给予物质帮助和精神关爱。县妇女联合会帮扶贫困妇女1名，送去1200元救助款，价值500元的贝因美奶粉、米粉、饼干等物品。2009年，协调轮椅8辆，发放到6名行动不便的妇女和2名残疾儿童手中。贝因美公司捐赠价值8万余元奶粉、米粉等物品，救助贫困婴幼儿400名。2010年发放医疗救助款3万元，救助贫困妇女儿童163人。

四、助学工作

1996—2006年，开展“关爱儿童、关注未来”阳光救助活动，发放救助款113000元，使1060名儿童得到救助。为落实好慈辉救助项目，发放227000元，救助贫困学生2270名。开展机关干部结穷亲活动，1000多名机关干部和贫困女童结成帮扶对子。2007年5月17日，在阜平中学“春蕾计划”贫困女童奖学金捐赠仪式上捐赠10000元，救助阜平中学品学兼优的50名女生。5月30日上午，县妇联在城厢小学“献爱心，庆六一”奖学金发放仪式上，发放

2010年县妇联“蜜儿餐”捐赠仪式

10000元，救助62名贫困儿童。6月2日，县妇联在大台中学开展“关心教育事业、爱洒贫困儿童”捐款仪式，捐款50000元，救助50名贫困学生，为174名学生购买了学习用品。在“驻联帮解促”活动中，协调冀鑫宾馆出资2200元救助贫困小学生21名，涉及20个贫困家庭，其中残疾、单亲家庭儿童8名。

2008年，中国人民解放军驻保定95866部队为槐树庄学校捐赠节日礼物270份，价值1万元；现场发放7000元救助60名贫困儿童；2万元现金用于学校改善寄宿条件。5月29日上午，“2008和谐保定、困境儿童爱心援助走进阜平”爱心救助活动，在大台乡苗圃希望小学举行。保定女子医院向苗圃希望小学捐助价值一万元的电脑及文体用品，改变学校没有电脑的历史。瑞景售楼中心出资3万元，救助150名孤儿和单亲家庭的孩子；发放慈辉救助款9800元救助49名孤儿。2008年发放救助款11.48万元救助贫困学生260名。2009年在开展

2010年县妇联协调儿童基金会捐赠学习卡会议场面

"庆六一、关爱困境儿童"活动中，瑞景售楼中心捐资3万元救助全县贫困孤儿和单亲家庭儿童150名。市妇联到大台乡东板峪店小学进行捐赠慰问，送去价值2.3万元的桌凳、图书、光盘、本、笔等学习用品及月饼、衣服等生活用品。为阜平中学送去价值3800元的辅导图书，把捐赠毛线现场发给10名最需要的学生。县妇联和恒达房地产开发有限责任公司联合开展金秋助学活动，捐资1.24万元，救助孤儿8名，单亲儿童29名，特困家庭学生63名。2009年发放救助资金8.54万元，救助贫困学生343名。

2010年协调全国妇联儿童基金会向教育局捐赠价值300万元的学习卡5000张。争取省妇联支持，协调价值24万元蜜儿餐对槐树庄小学、栗元铺小学等寄宿制小学的住宿生实施救助。争取市妇联支持，联系保定日报社、保定荣圣时通商贸有限公司、安徽口子酒业有限公司，为大台乡玉华希望小学捐赠款物1.65万元。联系宏祥建筑集团公司第一工程处负责人出资3万元开展"庆六一，献爱心"活动，救助孤儿、单亲及生活贫困家庭的孩子150名。联系8名外地爱心人士对28名贫困生实施长期帮扶，受助的阜平中学杨进华同学被评为河北省百名优秀春蕾女童。

五、宣传工作

1996—1999年，每年"三八"节期间在县广播电视台开办"三八风采"和"孝顺儿女"专栏，拍摄专题片，宣传报道妇联工作、妇女典型，激发广大妇女建功立业的热情，在全社会形成尊重妇女、支持妇女工作的浓厚氛围。2000年举办"双合格"知识、婚姻家庭、女性健康知识讲座，邀请外地专家授课，150多名妇女受益。2005年组织部分乡镇妇联主席、县直妇女干部30名开展首届女子爬山比赛活动，掀起全县妇女健身热潮。2008年结合城镇面貌三年大变样活动，发出题为"三年大变样，妇女要为先，争当新女性，共创新家园"倡议书，在阜平新闻节目中进行播放。2010年邀请市妇联副主席就开展"低碳家庭.时尚生活"主题活动，在全县进行专门宣讲，发放宣传资料5000份，动员全县广大妇女积极投身低碳生活全民行动，投身于五好文明家庭创建活动。在保定市纪念"三八"国际妇女节100周年座谈会上，阜平镇海沿村村民苏文莲，代表保定市十大杰出母亲做了典型发言，保定电视台"有事你说话"栏目进行了专题报道。保定市首届民营企业家"贤内助"评选中，河北梦雨食品有限公司等3名民营企业家的夫人光荣当选。

2010年举办"低碳家庭·时尚生活"颁奖仪式

第四章　科学技术协会

1979年6月30日，阜平县科学技术协会（下称科协）成立，13个乡（镇）建有科普协会。科协在科普培训、科技推广、新技术引用等方面做了大量工作，为阜平县经济发展发挥了重要作用。

第一节　组织机构

一、县科学技术协会

1996年，阜平县科学技术协会设主席1人，副主席1人，科员1人，行政编制2个，事业编制1个，办公室1个。2010年设主席1人，副主席1人，科员1人，行政编制2个，事业编制1个，办公室1个。

二、基层科学技术协会

1996年并乡扩镇，25个乡镇科学技术协会合并为13个。2002年1个社区建立科普协会。协会会员主要有：农、林、牧、水、卫生科技部门的科技人员，乡镇及社管会主管科技的副乡镇长、社区副主任及主管民、青、妇人员、村级班子的村委会副主任及主管民、青、妇村干部，种植、养殖、运输、矿山开采、加工等行业专业户组成。2010年协会会员1647名。

第二节　主要活动

一、科普培训

1996—2000年，利用农村庙会协调农业局、林业局、水利局、畜牧局等单位，在种植、养殖集中的城南庄镇、平阳镇、王林口乡、北果园乡等乡镇科普培训93500人次。2001—2002年，发放科普资料2万份，办专栏40块。2003—2005年，协调卫生部门组织科技人员80人，为预防非典、传染性疾病等科学知识进行全面培训，培训5万人。2006—2008年，根据不同季节举办种植、养殖技术培训50起，3000人次。2009—2010年，对下岗职工及复员军人进行多层次、多渠道的实用技术培训，办各类培训班60起。

1996—2010年阜平县科普培训统计表

表9-4-1

项目 年度	庙会 （培训人数）	种植、养殖产业区 （培训人数）	发放科普资料 （份）	科技人员 （名）
1996	18000	1000	10000	14
1997	18800	800	11000	14
1998	19200	1000	10000	15
1999	19100	1000	11000	18
2000	18400	1000	11000	19
2001	20100	1200	12000	20
2002	20050	1500	13000	22
2003	23100	1600	13000	25
2004	23600	1800	14000	26
2005	22700	1900	15000	27
2006	23700	2000	20000	32
2007	28200	2100	20000	32
2008	26500	2500	20000	34
2009	29400	2100	35000	48
2010	29700	2300	32000	45

二、科技周活动

国家科协定于每年9月15日前后一周的时间为科普周，1996年，科协协调农、林、牧、水、卫生等部门的科技人员到全县13个乡镇进行科普宣传。截至2010年参加单位71个，活动场次22次，提供新品种45种，咨询13500人次。

1996—2010年阜平县科普周活动统计表

表9-4-2

项目 年度	参加单位	制作展板（块）	发放科普资料（份）	活动场次（次）	科普挂图（幅）	提供新品种（项）	咨询人数（人）
	6	4	2000	2	8	3	800
1997	5	4	1500	2	6	—	1000
1998	5	5	1000	2	10	5	1000
1999	7	7	1000	2	12	5	1200
2000	7	8	1200	2	10	4	1500
2001	6	6	1500	2	10	5	1500
2002	5	4	1200	2	12	4	1200
2003	5	4	1200	2	10	4	1200
2004	4	4	1500	2	10	2	1500
2005	4	6	1500	2	12	3	1300
2006	7	8	2000	2	12	10	1500
2007	7	10	2000	3	12	11	1800
2008	8	12	2200	3	13	12	2000
2009	7	12	2000	4	14	12	2500
2010	7	12	2500	4	16	11	2600

三、青少年科技活动

1996—2000年协调教育局每年选3所中小学开展“夏令营”活动，学生3000人。2001年与教育局合作组织阜平中学开展知识竞赛一次。到2005年全县有16所初级中学开展知识竞赛4次。2006—2010年举办“夏令营”6次，开展知识竞赛7次。

1996—2010年阜平县中小学科普统计表

表9-4-3

项目 年度	夏令营（次）	知识竞赛（次）	模型制作（次）
2000	1	2	1
2001	—	1	—
2002	2	1	1

续表 9-4-3

年度＼项目	夏令营（次）	知识竞赛（次）	模型制作（次）
2003	1	—	1
2004	—	1	1
2005	—	1	—
2006	1	2	2
2007	1	2	2
2008	1	3	1
2009	2	2	2
2010	1	2	2

四、新技术推广

1996 年阜平县科协把推广引进科学技术作为一项重要工作来抓。1998 年黑木耳种植在 4 个乡镇普及。2001 年在龙泉关镇实施苹果套袋。2006 年在 3 个乡镇实施优质核桃露地嫁接。2010 年“中科一号”《防止果树落叶病、枣缩果病》在全县枣区推广。截至 2010 年阜平县新技术推广 29 项。

1996—2010 年阜平县新技术推广统计表

表 9-4-4

年度＼项目	项目	普及乡镇（个）
1996	—	—
1997	—	—
1998	黑木耳种植	4
1999	—	—
2000	—	—
2001	苹果套袋	1
2002	蘑菇种植	6
2003	—	—
2004	—	—
2005	—	—
2006	优质核桃露地嫁接	3
2007	“神仙山寿桃”套袋	—
2008	—	—
2009	阿姆斯生物肥试施	13
2010	中科一号（防治果树落叶病、枣缩果病）	2

第五章 工商业联合会

1996年阜平县工商业联合会（下称工商联）会员150名，2010年242名，1996—2010年召开3届会员代表大会。阜平县工商联合会在创业发展、光彩事业等方面发挥了重大作用。到2010年扶贫济困捐助1200万元。

第一节 组织机构与代表大会

一、组织机构

1996年阜平县工商业联合会会员150名，2010年会员242名，工商联内设办公室、商会服务中心。

二、代表大会

（一）第四届会员代表大会

1997年7月10日，阜平县工商联第四届会员代表大会在县招待所召开，出席会议代表55名。中共阜平县委副书记陈兰参加会议，会议选举产生第四届执行委员会。会长1人，副会长7人、执委17人。

（二）第五届会员代表大会

2001年11月9日，阜平县工商业联合会第五届会员代表大会在阜平县虹桥大酒店召开，出席大会代表80人。保定市工商联会长赵桂良，中共阜平县委常委县委秘书长王林义参加会议。会议讨论通过第四届执委会工作报告，选举产生第五届执行委员会。会长1人、副会长13人、秘书长1人、执委25人。

（三）第六届会员代表大会

2007年6月20日，阜平县工商业联合会第六届会员代表大会在阜平县锦都宾馆召开，出席大会代表55人，特邀代表7人。保定市委统战部副部长、保定市工商联党组书记董桂武、保定市工商联副主席王宝仓、中共阜平县委副书记冯建法、阜平县政协副主席、县委统战部部长顾廷哲等领导参加会议。会议讨论通过第五届执委会工作报告，选举产生阜平县工商联第六届执行委员会，会长1人、副会长15人、秘书长1人、执委34人。大会还向全县非公有制经济人士发出《争做构建和谐阜平的建设者》倡议书。

第二节 主要活动

一、创业发展

1996—1997年，阜平县工商联认真贯彻落实《中华全国工商业联合会章程》和省委、省政府《鼓励支持和引导民营经济发展的若干规定》文件精神，在会员企业深入开展“强思想、转意识、谋大事、求发展”活动。1998年，河口加油城总经理胡金海利用交通要道独特条件，创办山沟沟大酒店项目，投资400万元，改变单一的业务。2000年，东盛商行总经理张玉山利用优越的地理位置创办阜平县最大超市——东盛超市，项目投资450万元，营业面积扩大到3000平方米，方便县城居民购买需求。瑞祥果脯厂经理吴建利创办果脯加工业的龙头——河北梦雨食品有限公司，占地13500平方米，年产量3000吨，2006年7月正式投产，安置劳动

2010年县工商联组织部分代表到会员企业参观调研

力和下岗职工300多人。董事长吴建利当选为保定市人大代表、县政协常委，在“赢在中国高峰论坛”获中国优秀企业家称号。2008年12月，县政协委员韩世禄创办南城家具市场，投资800万元，占地20亩，营业面积10000平方米，开创海洋式购物新时代。同年，韩世禄获“保定市青年创业奖”。截至2010年阜平县自主创业农民企业家有50名。

二、捐资助教

1996年，阜平县工商联争取到30万元捐助资金，用于车道小学、北果园中学校舍改造。2000年争取到捐助资金23万元，用于段庄村汇富小学、吴王口乡寿长寺小学建校舍24间，使11个行政村53个自然村，5160口人受益。2003年11月，组织东盛超市为炭灰铺村75名小学生，捐助羽绒服75件，价值22000元，长青石材厂为炭灰铺村寄宿小学捐赠白面1000公斤。2005年争取到省工商联支持新农村建设资金3万元，用于北刘庄、八里庄村的小学配套工程和村基础设施建设。同年组织工商联19名执委，捐资21000元扶持阜平中学贫困高中生25名。组织56个会员、会员企业参与资助大、中、小贫困学生174名，捐助学习用品，合计24200元。支持新农村建设三个项目，捐助资金74000元。2007年银河加油城总经理，市政协委员、县政协常委顾彦军连续资助8名贫困大学生，每位大学生每年5000元，资助完成学业。2009年顾彦军被市委、市政府评为“新民、爱民金秋助学活动”先进个人。截至2010年顾彦军已捐款16万元。

三、光彩事业

1996年冬，工商联了解到大台乡炭灰铺村因雹灾，村民严重缺粮，及时上报省工商联，省工商联协调资金2万元，购买白面2万斤，春节前送到村民家中，使100多个家庭过上一个欢乐祥和的春节。2006年组织阜博石材公司，水泥建材有限责任公司，长青石材公司，东盛超市，河口加油城、化工有限责任公司等会员单位为首批生态村捐款13.2万元，捐助水泥180吨。年底又组织3家民营企业为北刘庄新农村建设捐款15000元。2008年5月12日，四川汶川发生强烈地震，在抗震救灾中，县工商联组织全县非公有制经济人士、工商联会员奉献爱心，捐款692万元，占全县全部捐款68.8%，受到县委、县政府表彰。2009年按照省委统战部、省工商联、省光彩会关于开展“民企系三农，共建新农村”光彩事业活动的要求，组织13家民营企业为顾家台村捐资10000元，修建全村路灯22个，解决村民晚上行路难问题。为铁岭村捐款12000元进行村内路面硬化，为村民出行提供方便。截至2010年阜平县非公有制经济人士和工商联会员积极参与社会公益事业活动，扶贫济困关爱弱势群体，累计捐款1200万元。

第六章 文联

阜平县文艺联合会协会（下称文联）组织有文学、书画、摄影、舞蹈等协会。文学作品主要有《赵云霄之歌》《决战前夕——毛泽东在阜平的46天》《枣花》等。摄影主要有《绿色家园》摄影集、《红色印记》等大型画册。

第一节 组织机构

一、县文联

1996年，阜平县文联设主席1人，编制2人，办公室1个。2010年主席1人，编制2人，工作人员3人，办公室1个。

二、基层协会组织

基层协会组织有文学、书画、摄影、舞蹈等协会，各协会设主席1名，会员分别是县内文学、书画、摄影、舞蹈爱好者。各协会会员均在50名以上。

第二节 协会活动

一、文学创作

1997年《历代吟月诗歌精选》由河北人民出版社出版，作者为刘坡。1998年，张爱明先后在《短篇小说》《新聊斋》《百姓故事》《共富天地》等刊物发表小说、散文、故事、诗歌等30余篇。其中《转运》获2002年保定市精神文明“五个一”工程入选作品。高明乡《“铁局长”的故事》《朗诵诗》在1999年保定市纪检系统诗歌比赛中获一等奖。2003年，陈国庚在《保定日报》发表散文、小说。如：《月夜》《卖枣》《我听父亲话当年》《难忘的一首歌》《二毛》《小派山感怀》《天生桥游记》《旧居情思》《老杨》《双喜》《秋雨》《乡间小路》《游空中草原》《张老汉要官》《重游东下关》《潇洒》等20多篇。赵宪撰写《太行深处一家人》由山西人民出版社于2007年12月出版。2007年，刘振平诗集《拓荒》由内蒙古人民出版社出版。顾金兰撰写了《难忘的峥嵘岁月——顾氏兄弟姐妹回忆录》由山西人民出版社于2008年9月出版。王林义、赵春共同编写了《赵云霄之歌》，2009年6月由中国文联出版社作为新中国成立60周年献礼的作品出版发行。高明乡的《决战前夕——毛泽东在阜平县的46天》，2009年新华出版社出版。保定晚报于2009年10月9日发表长篇评论文章，认为该书写出了中华民族的脊梁精神。赵春撰写的《枣花》作品载入《中华当代汉诗大辞典》，2010年获中华当代诗词最高创作奖。

二、摄影

2006年，摄影家协会成立，会员53名。2005年，孟庆增出版《绿色家园》摄影集。2006年应邀参加中国摄影家协会在北京人民大会堂举办的“2006年中国摄影新春联谊会”。2009年出版大型画册《红色印迹》。

三、书画

2008年，书画家协会成立，会员62名。崔少红的《秋韵》获第四届“祖国颂”国际书画摄影大赛三等奖。《藏书票》被收集在《全国首届版画藏书票展览作品选集》，曾在日本展览且在二、三、四届时都参加展览。2003年6月曹利忠的水粉《鱼》在第二届“华辰杯”全国中小学书画大赛中荣获教师组一等奖。2003年6月，郄录平的雕塑《青年女教师》在第二届“华辰杯”全国中小学书画大赛中荣获教师组一等奖。2003年6月，油画《乡恋》《晨》在第二届河北艺术联展中分别荣获中青组二等奖和优秀奖。2004年10月，油画作品《乡恋》《乡愁》《晚秋》《晨》被《河北艺术联展精品集》收录入集，装成画家专页。2005年12月，油画《正月》荣获河北省首届中小学美术教师书画评比一等奖。2007年5月，学术论文《谈多媒体在美术教学中的应用》和《如何在美术教学中培养学生的创造能力》分别发表在《当代教育理论与实践》和《教育教学理论与方法》中。2007年曹利忠与郄录平老师一起创建阜平县新蕾美术班。2009年在第五届“艺术之星”全国少儿美术书法摄影大赛中，荣获集体一等奖。

2010年，舞蹈家协会成立，会员50名。2007年卢秀梅在第三届全国艺术水平考级大赛中，获优秀辅导教师奖，荣获优秀园丁称号。在2009、2010年保定市文联第三、四届“小小舞蹈家比赛”中，获二等奖。在省举办“小小舞蹈家比赛”中获三等奖。

第三节 组织活动

一、组织采风

1996年，为写出好作品，组织文艺者采风3次以上。足迹踏遍全县农村、学校、机关、厂矿等地，用真心、真情去体验生活，反映其心声，鼓励作者到各大城市采风。2009年8月6

日，在天生桥举行“保定市作家协会‘天生桥创作基地’挂牌仪式”。市人大常委会副主任、市作家协会名誉主席高天民出席挂牌仪式并致辞，市委宣传部、市文联、市作协、阜平县委、天生桥景区等有关领导及市作协部分作家参加。2010年4月12日，由中国作协主办、河北省作协协办的“走进红色岁月”中国作家采风团到阜平城南庄革命博物馆参观，与阜平县文学爱好者深入交谈，鼓励阜平作家写出好作品。

二、理论研讨

1996年，阜平县文联在召开的文学理论研讨会上，以“大改革、大发展”为主题展开讨论，要求文艺工作者根据党的政策，紧跟时代步伐，把握时代脉搏，写出好作品。2003年，围绕“三个代表”重要思想，展开讨论，要求文艺工作者以先进文化为前进方向，增强全心全意为人民服务意识，多写执政为民好作品。法警常贵民在省、市级刊物发表论文和宣传报道50篇。荣立个人二等功一次，三等功二次。2004年开展和谐社会的大讨论，向省、市报刊选送稿件100篇。高明乡新闻作品《文明之风起太行》在人民日报发表。2007年开展“荣辱观”大讨论。2010年县委提出：在全县开展“德信”教育，促进精神文明建设。阜平县文联组织文艺工作者召开专门理论研讨会，大力宣传善行阜平的好人好事。

三、书画展览

2008年，涿州市文联9人来阜平进行书画交流，展出作品42幅。12月5日举办书画展，展出作品160幅。2009年11月19日，北京、定州、曲阳、唐县、阜平等市县联合举办书画展在王快举行，县文联带领数十名书画家，参加“王快水库建库50周年书、画、摄影展及艺术交流笔会”。2010年10名书画爱好者到保定参加“华夏银行杯”保定市第二届书法展，作品11幅。

四、舞蹈文化展演

2010年6月29日，阜平县第二届社区文化艺术节开幕，10月底结束。县幼儿园、小天使舞蹈中心、北街社区等单位演出舞蹈《宝莲灯》、歌舞《大地飞歌》《喜庆秧歌》、二胡独奏《赛马》、男声独唱《欢聚一堂》等节目，内容丰富多彩，得到社区居民好评。

第七章　残疾人联合会

1997年，阜平县各类残疾人7215人。2010年各类残疾人12051人。14年间阜平县残联培训1500人，安排就业45人，灵活就业200人。《阳光行动》救助4558人。384名白内障患者重见光明。705名听力及言语残疾人康复，25位肢体残疾人装配了假肢。

第一节　组织机构与代表大会

一、组织机构

1997年10月，阜平县残疾人联合会（以下简称残联）成立，设综合办公室。

二、（会员）代表大会

2007年9月19日召开阜平县残疾人联合会第五次代表大会。参加大会代表82人。县委副

2007年9月19日，阜平县残疾人联合会第五次会议召开

书记冯建法，人大常委会副主任陈德廷，政府副县长朱国栋，政协副主席顾廷哲等领导到会。大会听取和审议上届主席团工作报告，确定今后五年工作任务。选举产生阜平县残疾人联合会第五届主席团出席保定市残疾人联合会第五次代表大会代表。

第二节　主要活动

一、残疾人登记管理

1997年各类残疾人7215人。2010年进行残疾人基本情况调查，各类残疾人12051人。其中一级1612人，二级2207人，三级3523人，四级4709人。各类残疾人中视力残疾1252人，听力残疾2193人，言语残疾218人，肢体残疾3869人，精神残疾817人，智力残疾935人，多重残疾2047人。此次调查摸清了残疾人基本情况，建立档案，改变了全县残疾人人数不清，情况不明现象。

二、残疾人培训就业

1997—2002年，通过集中办班培训残疾人1500人，使大部分残疾人掌握了1～2项种植或养殖技术。1997—2010年，特殊教育中心的特教教育，入学率，教育质量不断提高。50名聋哑学生毕业后走向社会并参加工作，3名残疾学生高中毕业后考入高等院校。2005年，为帮助残疾学生和残疾人子女实现上大学的梦想，全县开展金秋助学活动，为每位考入大专以上学子资助1500～3000元。到2010年资助40人。

2006—2010年，残联将残疾人就业作为重要工作来抓，加大培训力度让其掌握一技之长。多渠道联系县内外企业，保定长城汽车、高碑店白象食品、天威等企业安排残疾人20人，个体就业25人，灵活就业200多人。

1997　2010年阜平县残疾人技术培训人数统计表

表9-7-1

年度	人数	年度	人数
1997	—	2004	100
1998	50	2005	100
1999	50	2006	200
2000	50	2007	200
2001	50	2008	200
2002	50	2009	200
2003	50	2010	200

1997—2010年阜平县特殊教育学校招生统计表

表9-7-2

年度	人数	年度	人数
1997	15	2004	14
1998	15	2005	14
1999	15	2006	14

续表 9-7-2

年度	人数	年度	人数
2000	15	2007	15
2001	15	2008	15
2002	14	2009	15
2003	14	2010	16

三、残疾人康复

1997 年残疾人康复工作由单一助视服务发展到为残疾人提供助视、助听、助行等服务，促进残疾人康复工作发展。1997 年开展“万人复明”阳光活动，使 20 位白内障患者通过治疗，重见光明。截至 2010 年治愈白内障患者 384 名。

1997—2010 年阜平县白内障手术复明人数统计表

表 9-7-3

年度	人数	年度	人数
1997	19	2004	21
1998	21	2005	22
1999	23	2006	25
2000	22	2007	34
2001	28	2008	38
2002	27	2009	41
2003	32	2010	43

1997 年开展“万人助听”活动使 25 位听力及言语残疾人得到康复。截至 2010 年累计使 705 名听力及言语残疾人康复。

1997—2010 年阜平县听力及言语残疾人康复人数统计表

表 9-7-4

年度	人数	年度	人数
1997	25	2004	53
1998	27	2005	54
1999	30	2006	58
2000	41	2007	64
2001	52	2008	67
2002	50	2009	65
2003	52	2010	67

1997年开展“帮助千人站起来”活动为一位肢体残疾人装配假肢。截至2010年为25位肢体残疾人装配了假肢。

四、残疾人救助

1997—2000年，残联救助残疾人1212人，发放救灾款121200元。为让贫困残疾人过好春节，县残联按照《阳光行动》结合县委县政府春节期间慰问困难群众的工作安排，2002—2010年开展9次《阳光行动》，救助人数4558人。

2010年县委常委常务副县长、残联主席王保辉亲自到砂窝乡慰问贫困残疾学生贾利。

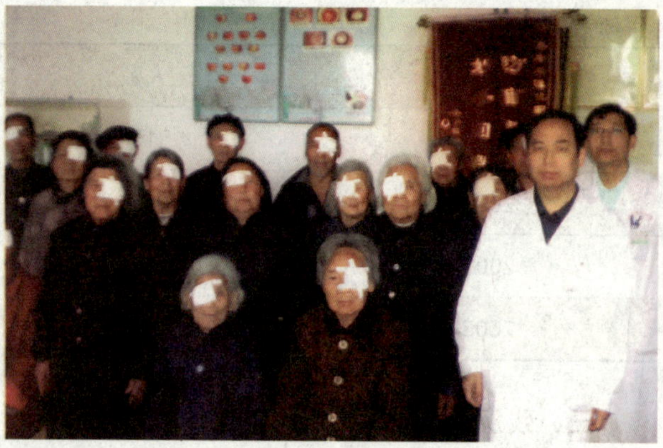

1997年“万人复明”阳光活动部分患者合影

2002—2010年阜平县阳光行动救助人数统计表

表9-7-5

年度	2002	2003	2004	2005	2006	2007	2008	2009	2010
人数	100	150	180	200	280	400	600	1048	1500

第八章　计划生育协会

阜平县计划生育协会（下称计生协），全面开展育龄妇女上站检查，做好“三优化”（优化理事会，优化组织网络，优化全员队伍结构）工作，开展计生“三结合”为中心的“帮、包、建”活动，促进计划生育工作。2002年，启动“救助贫困母亲”幸福工程项目，到2010年，举办各类培训班50期，参训4000人。幸福工程项目办公室自筹资金150.7万元，资助131位贫困母亲，56名特困学生。

第一节　组织机构

一、县计划生育协会

1996年阜平县计划生育协会设办公室1个。2010年设办公室和幸福工程项目办公室。

二、基层计划生育协会

全县基层协会214个，会员之家214个，企业协会1个。村计生办与计生协合署办公。协会会员2023个，会员小组67个，宣传服务阵地21个。

第二节　主要活动

一、婚育新风

1996—2000年，计生协在开展育龄妇女上站检查，搞好生殖健康等工作中，影响感化育龄妇女自觉实行计划生育。2002年，专门召开由各乡镇计生协会会长、秘书长参加的计生协工作，制定后进村转化措施，部署考核、表彰等专题。2004—2005年基层组织建设，扎实做好“三优化”工作。2006年，在开展“婚育新风进万家人口基层群众自治”“百村（居）示范”活动中，阜平镇柳树底村和天生桥镇龙王庙村被命名为国家级人口和计划生育基层群众自治示范村。王林口乡西庄村被命名为省级人口计划生育基层群众自治示范村。2007—2010年，开展以计生“三结合”为中心的“帮、包、建”活动，开展以优生优育优教为中心内容的“0岁方案”教育活动。促进了计划生育工作顺利开展。

二、救助贫困母亲

2001年12月，国家幸福工程组委会对阜平县“救助贫困母亲”项目予以立项，2002年5月正式启动。

2004年8月引进河北省幸福工程组委会救助资金25万元。救助王林口乡东王林口村27户贫困母亲，用于发展肉牛养殖业。救助北果园乡北果园村26户贫困母亲，用于发展羊养殖业，受到了贫困母亲的普遍欢迎。2005年6月，幸福工程河北省阜平县项目交流会期间，国家幸福工程办公室给予阜平镇白河村、海沿村、北果园乡东城铺村20万元的支持，还从物资上给予大力支持。8月15日至18日，幸福工程十年回顾河北省阜平县项目交流会在阜平县召开，出席会议的有国家人口计生委、国家计生协、中国人口福利基金会、幸福工程组委会、国务院扶贫办、国务院机关事务管理局、省委、省人大、省计生委、计生协、市委、市政府、县委、县政府的重要领导，与会代表168人。实地参观考察技术服务站、阜平镇白河村、海沿村的幸福工程项目工作。与受助母亲进行详细交谈，幸福工程项目工作得到国家幸福工程组委会肯定。2006年开展“幸福工程救助母亲”行动宣传周活动。张贴标语（横幅）12条，发放宣传材料2万余份，咨询服务3000人次。同年8月在计生协会召开“幸福工程救助母亲”培训班，参加活动人员140多人。2007年8月16日，幸福工程项目办公室与16户贫困母亲签订救助资金使用协议书，发放救助资金12.8万元，每户8000元。2008年4月3日，保定市与泰国人口社区发展协会幸福工程交流会在阜平召开。会上，国家人口福利基金会国际合作部部长牛艳平介绍国家幸福工程实施情况。阜平县委副书记、计生协会长冯建法介绍阜平县幸福工程项目实施情况。泰国人口社区发展协会农村发展三局主任苏妮达.吉达诺女士介绍泰国农村发展项目，走访大元村、海沿村奶牛养殖小区，走访杨英爱、刘会霞两位养奶牛脱贫致富母亲，并邀请到泰国作经验交流。2009年在全县开展“关爱女孩、培蕾助学”和“计生特困家庭救助”活动，筹集资金129000元，救助特困学生56名，计生特困家庭52户。2010年6月9日，中央国家机关阜平县幸福工程项目在阜平县启动。中国福利基金会、国务院机关事务管理局、省市计生协会、县四大班子领导参加会议。国务院事务管理局向阜平县捐赠善款80万元，现场向10位受助母亲发放救助款。国务院机关事务管理局副局长李宝荣，中国人口福利基金会理事会长幸福工程全国组委会副主任赵炳礼对阜平县“幸福工程”开展工作给予了高度评价。

泰国人口发展协会考察阜平

“幸福工程”项目专记

2008年4月1～3日，泰国人口社区发展协会苏妮达·吉达诺女士、乌瑞·洪姆他维女士一行3人，在中国人口基金会及省、市计划生育协会有关人员陪同下，到阜平县访问考察幸福工程项目实施情况。

考察期间，阜平县有关人员与泰国客人进行了互动交流，向泰国人口社区发展协会的两位专家介绍实施幸福工程项目做法和经验，泰国专家对阜平县创立“六统二分”(统一规划养殖场地、统一挤奶销售、统一配种、统一饲料配方、统一防疫灭病、统一饲料青贮、分户饲养、分户核算）管理模式，帮助贫困母亲发展养殖业的做法表示赞同，对中国政府尊重人权，大力支持计生协会工作，表示高度赞赏。乌瑞·洪姆他维女士说：“你们中国政府这么支持计生协会和贫困母亲救助工作，这在泰国是不可想象的，我们协会工作完全是我们自己做的，政府不干扰就很不错了。回去后，我们也建议泰国政府派官员到中国、到阜平学习参观。”泰国苏妮达·吉达诺女士、乌瑞·洪姆他维女士分别介绍泰方农村社区发展、卫生保健、艾滋病预防等项目。泰方运作形式是提请项目计划书、做好会议记录、选好小组长、月培训交流、结对子形式每户资助5000元，资助期限不超过一年，通过增加救助者收入，提高其地位，培养范例进行推广，扩展项目点。通过项目实施，充分发挥非政府组织作用，让企业、单位、老百姓满意，实现互赢。交流会期间，泰方苏妮达·吉达诺一行先后到大元村、海沿村奶牛养殖小区幸福工程项目点进行实地察看，走访杨英爱、刘会霞两位养奶牛脱贫致富贫困母亲，当看到在计生协会的帮扶下，家庭生活取得可喜变化，表示衷心地祝福，并邀请杨英爱、刘会霞到泰国作经验交流。

第十篇　扶贫开发

1996—2010年，阜平县扶贫开发工作经过《国家八七扶贫攻坚计划》《中国农村扶贫开发纲要》两个阶段。第一阶段（1994—2000年）：阜平县为国定贫困县。1994年阜平县制定出台《五三五扶贫攻坚计划》，集中全县人力、财力、物力进村入户扶贫攻坚。攻坚目标是：用5年时间解决3万贫困人口的温饱问题，农民人均纯收入达到500元。在攻坚进程中，1996年全县遭遇特大洪灾，增加了20个贫困村，贫困人口增加到6.4万人，扶贫攻坚任务十分艰巨。县委、县政府认真贯彻落实党中央、国务院关于扶贫开发工作的一系列指示和重大部署，全党动员，全民参战，举全县之力扶贫攻坚，2000年实现“八七”扶贫攻坚目标，全县36个特困村3万贫困人口解决了温饱，人均收入超过500元。第二阶段（2001—2010年）：阜平县为国家扶贫开发工作重点县，全县重点贫困行政村174个，贫困人口10.84万人。2001年阜平县制定《2001—2010年扶贫开发规划》，规划目标是：解决6.27万贫困人口的温饱问题，4.57万贫困人口低收入问题。面对艰巨繁重的扶贫开发工作，县委、县政府统揽扶贫开发工作全局，以扶贫开发重点村为对象，基础设施建设为重点，依托资源优势，围绕“林果、畜牧水产、矿产建材、旅游”四大支柱产业组织扶贫开发，创新工作机制，实施项目拉动、开发推动、科技带动、环境助动“四动”战略，对“死贫村”（是指边远深山区缺乏基本生存条件，人畜饮水困难，道路难以修通，生态环境恶化；土地瘠薄较少，地理条件险恶，自然灾害频繁，群众生命财产安全没有保障的自然村）进行移民搬迁异地开发，对扶贫资金实行捆绑使用，集中投入。在中央、省、市大力扶持下，全县人民艰苦奋斗，奋发图强，扶贫开发工作取得显著成效，贫困状况发生了重大变化。2010年阜平县完成扶贫开发十年规划目标。

第一章　贫困状况

1996年，"八七"扶贫攻坚开始后，阜平县有人均年纯收入300元以下117个行政村34086户；200元以下特困村36个7803户；人均纯收入在150元以下的死贫自然村40个。2001年国家印发《中国农村扶贫开发纲要（2001—2010年）》时，阜平县有10.84万贫困人口，分布在全县13个乡（镇）。

第一节　贫困人口

一、"八七"扶贫攻坚计划实施时贫困人口

1994年，国家开始全面实施"八七"扶贫攻坚计划，即用7年时间，解决8000万绝对贫困人口温饱问题，在90%以上的贫困村大面积改善生产生活条件，使农民人均纯收入、人均粮食占有量大幅度增加，改善贫困落后面貌。"八七"扶贫攻坚开始，全县农民人均纯收入300元以下117个行政村34086户，其中200元以下特困村36个7803户，特困人口3万人。4个库区乡和9个边缘深山区乡镇部分农民，人均纯收入在150元以下，生活非常困难。死贫自然村40个，需搬迁特困户600多户，1500口人。贫困村基础设施落后，水不通、电不通、路不通，致富无门路，发展无条件，缺粮、缺钱、缺柴烧，处在"吃粮靠国家，花钱靠贷款，生活靠救济"的极端贫困之中。截止到《国家八七扶贫攻坚计划》结束，2000年12月阜平县有贫困人口10.84万人。

二、《中国农村扶贫开发纲要》实施时贫困人口

2001年国家制定《中国农村扶贫开发纲要（2001—2010年）》，扶贫开发工作进入新阶段。按照该纲要标准，阜平县农民人均纯收入低于625元的有78个村，625～820元的有96个村。共计174个贫困村列入扶贫开发规划，其中西部深山区8个乡镇78个村，1.2万户，4.05万人。东部浅山区5个乡镇73个村1.43万户，5.25万人；王快水库周边地区23个村5100户，1.54万人；这些贫困村的基础设施建设落后，有16个行政村不通电话，310个自然村不通广播电视，91个行政村缺路少桥，73个行政村6.5万人人畜饮水困难。16个自然村930人居住在生存条件恶劣的深山区。

2000年阜平县贫困人口分布统计表

表10-1-1

项目 名称	贫困村数	人均收入625元以下		人均收入625～820元	
		户数	人数	户数	人数
阜平镇	23	2109	6358	3196	11060
王林口乡	15	1692	5831	945	3253
平阳镇	20	2410	8915	1361	4715
台峪乡	8	966	3525	362	1611
大台乡	8	1964	6627	107	380

续表 10-1-1

名称 \ 项目	贫困村数	人均收入 625 元以下		人均收入 625 ～ 820 元	
		户数	人数	户数	人数
史家寨乡	13	468	1501	1258	4053
砂窝乡	11	1588	5756	185	540
吴王口乡	13	781	2379	493	1755
天生桥镇	9	775	2831	826	2763
龙泉关镇	11	883	2871	484	1909
夏庄乡	5	972	3522	309	1057
城南庄镇	16	2197	7241	1708	6054
北果园乡	22	1592	5311	1776	6573
合计	174	18397	62668	13010	45723

第二节 贫困区域

一、西部深山区

2000 年，西部深山区总面积 182 万亩，有 8 个乡镇 89 个行政村 2.1 万户 6.9 万人，其中重点贫困村 78 个 1.2 万户 4.05 万人。区域特点是山高、地少，交通、通讯、广播电视、教育等基础设施落后。需要加强基础设施建设，需要加快发展林果业、畜牧业，实施移民搬迁。

二、东部浅山区

2000 年，东部浅山区总面积 135 万亩，有 5 个乡镇 96 个行政村 2.8 万户 9.7 万人，其中重点贫困村 73 个 1.43 万户 5.25 万人。区域特点是山地多、耕地少。交通、通讯等基础设施相对较好。种植业以小麦、玉米为主，林果业以红枣为主，养殖业以牛、羊、猪、鸡、鼋鱼等为主。

三、王快水库周边地区

2000 年，王快水库周边地区总面积 55 万亩，有 3 个乡镇 24 个行政村 0.75 万户 2.6 万人，其中重点贫困村 23 个 0.51 万户 1.54 万人。区域特点是库区周边为浅山区，坡度小，海拔 200 ～ 500 米之间，适宜栽植枣树，需开发荒山造地，发展舍饲养牛、养羊等产业。

第二章 政策保障

阜平县根据国家的扶贫标准，确定扶贫范围和对象，对低收入人口全面实施扶贫政策，自上而下制定完善各种扶贫攻坚计划和扶贫政策，为贫困群众改善生存条件、发展生产，提高生活水平提供了保障。

第一节 扶持政策

一、综合扶贫政策

1994 年县委、县政府出台《阜平县五三五扶贫攻坚计划》，动员全县人民集中人、财、物扶贫攻坚。2002年县委、县政府制定《阜平县2002—2010年扶贫开发规划》，扶贫开发进入新阶段。2003年阜平县委、县政府按照中央、省、市扶贫开发工作的政策方针，结合全县实际，制定《关于加大对贫困乡村支持力度的意见》（全文25条）。提出推进产业扶贫，强化行业扶贫，实施生态扶贫。搞好科技扶贫，深化社会扶贫，实行政策扶贫，落实扶贫责任，对扶贫工作考核排在前三名和后三名乡镇，严明奖惩。把扶贫开发作为党委、政府中心任务，以扶贫开发工作统揽全局，逐村逐户找出脱贫致富的路子，用好用活各项扶贫政策，管好用好各类扶贫资金，千方百计提高扶贫效益，使贫困农民尽快脱贫致富。

二、移民搬迁政策

1996年，阜平县实施移民搬迁工程。县委、县政府制定《阜平县移民搬迁实施方案》。提出充分利用当地资源，不与当地群众争一寸耕地，以开发荒山、荒沟、荒滩、荒地，保证异地搬迁顺利实施的基本原则，提出就近搬迁、插花搬迁、向县城周边搬迁三种方式。2003年1月12日，县委、县政府出台《阜平县贫困人口移民搬迁实施意见》。主要以西北部边远深山区缺乏基本生存条件和发展条件少数贫困村、贫困户为扶贫搬迁条件，包括人畜饮水困难，没有持续利用水源或距水源地较远；道路难以修通或修路投入过大；生态环境恶化，土地瘠薄且人均较少，经常受灾，长期靠政府救济；居住深山，地理条件险恶，自然灾害频繁，群众的生命财产安全没有保障；饮用水严重污染，有害矿物质严重，短期难以改善。具备条件之一者，均可列入搬迁范围。

按照《阜平县2002—2010年扶贫开发规划》要求，全县需搬迁贫困人口640户2432人，涉及8个乡镇35个贫困村。搬迁资金补贴标准是每人补助5000元，其中省补资金4000元（财政扶贫资金3000元，以工代赈资金1000元），市配套500元，县配套500元。县委、县政府出台一系列移民搬迁优惠政策，保证搬迁的巩固率。优惠政策包括：搬迁户搬迁后原所在地土地、树木三年内自主支配，搬迁三年后归原行政村；搬迁户户口、子女入学、计划生育等搬迁地予以妥善解决，统一管理；县城周边集中搬迁的由政府解决水、电、路及一切基础设施；搬迁户建房资金除国家补贴外，不足部分自己解决；各乡镇对搬迁户一视同仁，不冷漠、不刁难、不孤立，解除其后顾之忧。

三、扶贫开发规划

2002年7月2日，县委、县政府印发《阜平县2002—2010年扶贫开发规划》，确定了扶贫开发工作的重点是174个贫困村，分3批进行扶持。第一批2002—2004年，扶持55个村；第二批2005—2007年，扶持61个村；第三批2008—2010年，扶持58个村。2010年，174个贫困村10.84万贫困人口人均粮食占有量由150公斤提高到250公斤；贫困人口人均纯收入达到1000元以上；全县90%以上的贫困户住上砖瓦结构房，100%的贫困村通电、通路，解决了人畜饮水困难；普及九年义务教育，贫困户适龄儿童入学率达到98%以上；开展科技扶贫，广泛培训农民，每个贫困户都有1人掌握1～2项实用技术；贫困人口享有医疗、保健、防疫条件，消灭了地方病；建立和完善了农村广播、电视网络，100%的贫困村接通电话、有线电视；贫困村集体收入达到3万元以上。

第二节　扶持资金

一、扶贫资金构成

扶贫资金包括：扶贫信贷资金，财政发展资金，以工代赈资金和社会帮扶资金。1995年制定《阜平县扶贫资金管理使用暂行办法》，经县人大常委会通过，作为地方性法规执行，把财政发展资金、以工代赈资金、扶贫贷款捆绑起来，集中投入，一次到位，使扶贫资金发挥最大效益。1996—2000年，县农业银行投入扶贫贴息贷款6160万元，主要用于贫困村的水利基础建设、种植业、养殖业和龙头加工企业。

财政发展资金2040万元，以工代赈资金2575万元，主要用于基础设施建设。2001—2010年，投入扶贫资金23069.99万元，按照《河北省财政扶贫资金报账制管理办法》，县财政局、扶贫办对扶贫财政资金实行专户储存、专款专用、封闭运行、报账管理。县财政局、扶贫办按照扶贫项目工程进度适时预拨资金，工程结束，按照设计要求，严格验收，项目合格的工程给予报账，拨付全部项目资金。国家扶贫资金，对阜平县扶贫开发工作起到强有力保障作用。

1996—2010年阜平县扶贫资金使用统计表

表10-2-1　　单位：万元

项目 年度	财政发展资金	以工代赈资金	扶贫贴息贷款	社会帮扶资金
1996	29	410	650	—
1997	361	410	1290	—
1998	292.6	535	1220	—
1999	623.4	620	2500	—
2000	763	600	500	—
2001	745	680	—	—
2002	592	620	—	201.27
2003	833.6	585	—	203
2004	765	723	—	200
2005	786	700	—	104.85
2006	914	438	—	2691.07
2007	1508	533	—	288.84
2008	1614.5	334	—	394.45
2009	2016.8	498	—	1111.11
2010	1642	602	—	1112
合计	13485.9	8288	6160	6306.59

二、扶贫资金使用原则

1996—2010年，阜平县严格执行中央及省、市财政扶贫资金管理办法，细化监管措施，确保扶贫资金封闭运行，专款专用。坚持开发式扶贫原则、扶贫到村到户原则、捆绑使用原则、科教扶贫原则、分级负责和统一管理原则。

三、扶贫资金投向

1996—2010年，阜平县各项扶贫资金按使用原则，进行资金投向。

（一）财政发展资金用于扶贫部分

重点用于改善贫困乡村的农业生产条件、发展多种经营、修建乡村道路、普及义务教育、开展农民实用技术培训、发展农村医疗卫生、改善农民居住条件。1996—2010年共投入13485.9万元。

（二）扶贫专项贴息贷款

重点支持有助于直接解决农村贫困人口温饱的基本农田建设、种植业、养殖业、林果业。支持能够发挥本地资源优势，安排大量贫困户劳动力就业的资源开发型和劳动密集型的工业项目。投入6160万元。

（三）以工代赈资金

重点用于修建县、乡、村公路和为扶贫开发项目配套的道路、小流域治理、修建农田水利、解决人畜饮水问题等。1996—2010年投入8288万元。

（四）社会帮扶资金

按照社会捐款单位和个人捐赠意愿支持扶贫项目，帮扶资金专款专用。捐赠资金 6306.59 万元。

第三章　专项扶贫

阜平县扶贫开发的主要措施：坚持专项扶贫，组织实施易地扶贫搬迁、产业扶贫、教育扶贫、科技扶贫。阜平县是全山区贫困县，边远深山区死贫村是扶贫攻坚的重点和难点。死贫村主要特点是：信息闭塞，交通不便，缺电、缺水、缺地，生存条件极差，思想观念落后，生活方式滞后。唯一出路是从山里走出来，实施异地搬迁，进行开发式搬迁扶贫。县委、县政府经过调查研究，制定了阜平县异地搬迁实施方案，按照搬迁与荒山开发相结合，搬迁与四大主导产业相结合，搬迁与劳务输出相结合，搬迁与小城镇建设相结合的原则，通过就近搬迁、插花搬迁、集中搬迁三种形式对地处偏远深山区贫困人口实行移民搬迁。阜平县政府按照“渠道不乱，性质不变，相互匹配，捆绑投入，各记其功”的资金投放原则，紧紧围绕发展壮大“四大支柱产业”，实施科技引路、典型带动战略，大力扶持扶贫示范园区建设，产业扶贫扎实稳妥推进。

第一节　搬迁扶贫

一、集中搬迁

1996 年，开始实施异地搬迁工程，居住边远深山贫困户向县城周边集中搬迁，走出了一条异地扶贫开发的新路子。吴王口乡银河行政村老爷庙自然村，是“死贫村”、地质灾害隐患村。县委、县政府把该村作为向县城周边搬迁的第一批试点。在阜平镇第一山村，政府购买荒山 800 亩，让搬迁户边建房、边搞荒山开发。集中搬迁、统一规划、统一设计、统一解决水、电、路。第一批 19 户，每户建起 4 间标准高、质量好的新房。南辛庄村、上寺村等边远山区贫困户，在县扶贫办的组织下，在政府购买的荒山上，劈山填沟，整地造屋，建起了崭新的移民新村，120 户 457 人通过搬迁住进了宽敞明亮的新居。国务院机关事务管理局、省市扶贫办、保定市政府等各级领导对搬迁工程给予支持，国管局副局长唐树杰亲自为搬迁村命名“幸福村”。为实现“搬的出，稳的住，能生活”目标，扶持搬迁户开发荒山 320 亩，整治水平条田 130 亩，栽种日本甜柿、美国黑宝石李子等优质果树 1800 棵。依托邻近县城的区位优势，外出务工，跑运输，经营小卖部等搬迁户收入渠道大大拓宽，生活水平不断提高。国家扶贫办主任吕飞杰 2002 年 7 月到阜平考察扶贫工作，到第一山“幸福村”搬迁户高三银家，得知搬迁后有房住，生活、就业都有保障，称赞“阜平县移民搬迁是贫困村农民脱贫致富的希望之路”。1996—2010 年，在县城周边和公路沿线集中建设移民搬迁小区，先后完成了第一山二期工程，照旺台聚龙小区一、二期工程，白河移民小区一期工程，东庄搬迁小区整体工程，大园移民小区等 11 个小区，累计搬迁贫困户 1114 户，3791 人。

二、就近搬迁

2001—2010 年，全县建成西沟、王快、土门、炭灰铺、黑印台、仙湾、龙王庄、清水湾等 8 个就近搬迁移民点，安置搬迁户 628 户 2480 人。568 个自然村的 1954 户 6560 人就近搬迁到 175 个行政村主村。

三、插花搬迁

1997 年，县政府制定插花搬迁户原住地地权、林权、产权不变政策。1998—2010 年，全县插花搬迁完成446户1568人。

第二节　产业扶贫

一、林果业

1996—1999年，投入扶贫贷款资金830万元、以工代赈资金360万元、财政发展资金350万元，林业专款1480万元扶持荒山开发，打眼放炮360万炮，开发荒山21.8万亩，建设经济沟323道，栽植各类果树950万株，建大枣万亩片基地6个，核桃、板栗千亩片基地3个。2000年，县委、县政府筹措资金78.5万元（财政发展资金10万元，以工代赈13.5万元，水利专款18万元，移民专款6万元，扶贫贷款31万元），扶持贫困村小花沟开发荒山4500亩，整治水平条田2400亩，栽植枣树12万棵。对王林口天然饮料厂，阜平蜜饯厂等果品加工企业进行扶持，企业利润增加800多万元。

二、养殖业

2001年，阜平县开始禁牧山羊，推广舍饲圈养，重点扶持发展养殖示范小区。海沿奶牛场是阜平县政府扶持发展的第一个奶牛养殖示范小区，投入扶贫发展资金55万元，县联社贷款330万元。2003年，建成棚舍26个，发展养殖户65户，饲养奶牛320头。2008年，全县搞互助金试点18个，安排专项资金204万元，发展养殖户300户。2010年，全县建成海沿、大连地、六岭沟3个奶牛示范小区，龙泉关、大台、夏庄3个柴鸡示范小区。

三、石材加工业

1999年，县政府投入以工代赈资金220万元，财政发展资金100万元，扶持小区水电路配套。农行扶贫贷款400万元，信用社贷款500万元，在阜平镇、城南庄镇、砂窝乡建成石材加工小区5个。2001年，石材加工户350户，石材加工大锯850台，年加工能力800万平方米。农村劳动力就业7500人，3000多贫困户脱贫。

四、旅游业

县委、县政府把绿色生态游作为主打品牌，投入以工代赈资金100万元，财政发展资金89万元，引进资金5000万元用于天生桥景区建设。2002年12月，国家林业局批准天生桥景区为“河北阜平天生桥国家森林公园”。2004年，国土资源部批准天生桥景区为“河北阜平天生桥地质公园”。

第三节　教育扶贫

一、改善办学条件

1996—1999年，县委、县政府颁发《关于实施普及九年义务教育攻坚工程的意见》，实行县直科局包学校。筹集资金10219.2万元，新建、扩建、改建、维修学校120所，建筑面积335299平方米。2000—2008年，利用中央、省危房改造资金4783万元，改造中小学36所，面积52186平方米。2006—2009年，利用中央、省专项资金5000万元，建设新阜平中学。2003—2010年，建多媒体教室66个，电子备课室76个，65所学校建立网站，48所学校建成校园网，加入保定市教育城域网。

二、希望工程

1996—2010年，捐助资金851.5万元，建希望小学28所，资助贫困学生3500名。阜平县政府颁发捐资助教荣誉证书、牌匾126个，宣传表彰64人次。

三、特岗教师

特岗教师是中央解决西部地区农村教师总量不足、结构不合理问题的特殊政策。2009年，阜平县列入国家特岗教师设岗县。特岗教师享受每人每年20540元补助。2009—2010年，分配特岗教师222名。

第四节　科技扶贫

一、实用技术培训

1996—2010年，阜平县投入培训资金3948万元，完成劳动力转移培训21期，转移劳动力

4100人。举办实用技术培训225期，培训科技明白人1.5万人。举办乡村干部政策培训班75期，培训1500人。聘请河北农大教授38名现场培训80场，受训3640人次。在阜平镇海沿奶牛养殖基地现场办培训班2期，培训290人。在北刘庄、莱池、沿台村举办肉牛养殖培训班3期，培训340人。在东庄、五丈湾鼋鱼养殖基地办培训班6期，培训720人。在王快村举办养貂、蓝狐培训班5期，培训630人。在东城铺、东山、黄连峪、福子峪、北工、长角、石湖等村举办枣树科学管理培训班13期，培训940人。在砂窝乡、吴王口乡、龙泉关镇6个行政村举办核桃管理班6期，培训720人。发放科技实用技术书籍3000册、科技明白纸5.5万张。选送230人到石家庄、保定等地学习。

二、科技示范推广

（一）玉米制种

1996—2000年，在城南庄镇易家庄、天生桥镇龙王庙、王林口镇刘家沟、阜平镇大道村、大台乡柏崖村等制种基地制种5000亩，产种150万公斤。示范新品种“阜诚1-23号”获得成功，创建了阜平品牌。2001—2010年，在龙王庙村租地25亩，进行新品种试验示范。培育的新品种“丹于69”“农大95”“东单19”“农大364”在阜平推广。

（二）脱毒马铃薯种植

1997年，阜平县引进脱毒马铃薯克新1号新品种5万公斤，在龙泉关镇、天生桥镇、夏庄乡、吴王口乡、砂窝乡5个乡镇种植，亩产3000～4000公斤。1998年引进脱毒马铃薯优质种6万公斤，在西部山区推广种植。2002年引进脱毒马铃薯加工专用品种，示范种植400亩，订单销售60万公斤。2004年投资300万元建成脱毒马铃薯良种繁育种子加工线1套，兴建网室大棚8个，引进微型薯10万粒，建600平方米储库、1000平方米低温保存库各1座。2010年推广种植脱毒马铃薯1万亩。

（三）无公害蔬菜

1996年在阜平镇种植无公害蔬菜2000亩。2000年县良种场改建10亩高标准的绿色棚菜示范区，建大棚20个，年产蔬菜15万公斤。2001年，阜平镇大道村、北果园乡广安村、王林口乡辛庄村建无公害蔬菜大棚50个。

2003年，龙泉关镇黑崖沟村种植无公害蔬菜3000亩，年产300万公斤。吴王口乡寿长寺村种植无公害错季豆角50亩，亩收益5000多元。

（四）地膜覆盖

1996—2000年，在吴王口乡、龙泉关镇搞玉米、土豆地膜覆盖获得成功。2001—2010年在县城附近采用地膜覆盖技术种植蔬菜，后发展到小拱棚、塑料大棚、日光温室，每亩年收入2万元。

第四章　社会扶贫

阜平县把社会扶贫作为扶贫开发工作重点，积极争取中直、省、市对口帮扶单位支持，每年定期组织中直、省、市帮扶单位与贫困村座谈会，组织贫困乡村慰问对口帮扶单位。社会扶贫力量逐年加大，社会帮扶资金超过财政扶贫资金。

第一节　领导与机关定点挂钩扶贫

一、省领导与省直单位定点扶贫

省领导定点扶贫　1996—2010年，有3位省领导帮扶阜平县贫困村。1998年河北省委副书记李炳良帮扶王快村，协调资金53万元，发展库区网箱养鱼100箱，打机井2眼，修路7.5公里，建校12间。1997年河北省委常委、保定市委书记张士儒帮扶城南庄村，协调资金10万元，搞农田水利工程。2002年河北省政协副主席赵燕帮扶定家庄村，协调资金5万元发展林果业。

省直单位定点扶贫 省直8个单位，帮扶21个贫困村，协调引进资金4210万元，落实项目36个。

省财政厅扶贫。帮扶天生桥镇龙王庙村，协调落实资金56万元，捐赠资金6.5万元，建蓄水9万立方米塘坝1座，修防渗渠8000米，700亩旱地变成旱涝保收的水浇地。帮助栗园铺村小学协调落实危房改造资金15万元。帮扶龙泉关镇黑崖沟村，协调资金60万元，修路8公里，建牛棚38间，建大型青贮池1个，购优质肉牛80头。帮扶龙门村，筹资25万元修建塘坝1座，保浇耕地150亩。协调资金90万元帮助黄岸底村修建长555米，高7.5米的拦河护村护地坝。争取资金30万元，修建蓄水塘坝1座。筹措资金20万元，建起标准化奶牛养殖小区，奶牛存栏400多头，100多贫困户靠养奶牛实现脱贫。帮扶葛达头村争取资金20万元修护地堤坝，筹资15万元改善校舍，筹集资金10万元修建文化广场。协调中央财政和省级财政资金345万元，建设红色旅游城南庄爱国主义教育基地，协调落实老区建设资金950万元，建设阜平中学。争取150万元建设资金，改善中小学办学条件。争取资金150万元建设天生桥地质公园。协调水利建设资金220万元、水毁救灾资金60万元，用于农田水利建设。

省政府机关事务管理局扶贫。帮扶史家寨乡葛家台、红土山两个村落实资金65万元，各建起1座塘坝，保浇耕地增加到800亩，解决了两个村的吃粮难问题。帮扶第一山移民贫困村协调资金20万元开发荒山。为第一山村争取资金27万元，修建了通往县城的公路，打大口井1眼，解决了村民行路难、吃水难问题。帮扶花山村资金50万元修建村级道路，争取资金58.5万元建核桃基地800亩，协调省水利资金10万元修建塘坝。协调省扶贫资金15万元，修建防渗渠1000米，栽植优质核桃6000多株，协调资金15万元，建立互助组织，争取资金1万元，建起党员电教室。

省考试院扶贫。帮扶草垛沟小学课桌、电脑，价值2万多元。唐山工业职业技术学院帮扶李家庄村，出资5万元帮建水窖500个，解决了村民枣树喷药用水问题。

省计生协扶贫帮扶营岗村协调资金5万元，修防渗渠5000米。

省编制办公室帮扶平阳镇山嘴头、省招待所帮扶北果园乡光城村、省工商银行帮扶北果园乡营岗村、省电业局帮扶北果园乡西沟村。

二、市领导与市直单位定点扶贫

市领导 1996—2010年，保定市委常委、秘书长段录沛帮扶段庄村，协调资金5万元，修路、发展林果业。保定市委常委、副市长王庆明帮扶史家寨村，协调资金5万元，改善办学条件。保定市委副书记、市长付志方帮扶山嘴头村，协调资金15万元，解决人畜饮水困难，发展林果业。时任保定市军分区司令员李德兴帮扶五丈湾村，协调资金5万元，发展畜牧养殖业。

新市区 帮扶台峪乡4个贫困村捐赠20万元，粮食2车，衣被1车，皮卡车一辆。为周家河、不老台、楼房贫困村捐款15万元，修建道路和桥梁。

南市区 帮扶康家峪村、东板峪村、桃园坪村、革新庄村。2008年帮扶资金10万元，捐赠面粉450袋，赠送棉被450床。2009年，帮扶资金12万元，其中6万元用于革新庄村建两委办公室，桃园坪水利工程建设。2010年帮扶资金15万元，其中10万元用于东板峪村文化广场建设。

市直部门 保定市委、市政府成立帮扶阜平集团，组织市直40个单位帮扶阜平40个特困村。

市政府办公厅帮扶平阳镇山咀头村，协调

资金185万元，修路、建蓄水池、发展养牛。帮扶阜平镇柳树底村，协调资金30万元开发荒山，协调资金20万元改造学校危房。市教育局帮扶城南庄镇麻棚村，筹措资金21万元，建教学楼1座，配置了价值18.2万元的电脑、彩电、功放机等电教设备。资助资金3万元，资助贫困生150人。为下庄乡莱池村筹措建校款40万元，捐赠电脑6台，图书1万册。市水利局帮扶北果园乡细沟村15万元，打大口机井2眼，建扬水站2处，旱变水地50亩。

保定企业扶贫

中国移动通信集团河北有限公司保定分公司帮扶崔家庄村，帮扶崔家庄村，捐资10万元修建道路。

保定运输总公司为平石头村捐资5.5万元修建道路。

保定市供电公司帮扶凹里村投资10万元安装100伏安变压器1台，解决了村民用电难问题。帮扶各老村、台南村修路资金5万元。帮扶石漕沟村通信设施建设资金3万元。

保定天鹅化纤集团帮扶栗树漕村4万元搞石材加工，帮扶山咀头学校配套建设资金5万元。

保定天翔集团公司帮炭灰铺村修路5万元，支持衣物、布匹物资10万元。

三、县领导与县直单位定点扶贫

县领导 1996—2010年，20位县领导每人联系一个贫困村。2000年县委书记范永录帮扶深山区特困村白石台，县长潘冬青帮扶边远深山区特困村口子头，人大常委会主任陈兰分包史家寨乡特困村北辛庄，政协主席耿文金分包史家寨乡特困村草垛沟。县领导深入分包贫困村帮贫困村谋划脱贫路子，协调落实扶贫资金。

县直单位 1996年，阜平遭受特大洪灾后，县委、县政府选择56个科局帮扶全县36个特困村和20个贫困村，帮助贫困村发展一项产业，引进一个项目，帮扶一批贫困户，每年投入资金，不少于5万元，不脱贫不脱钩。

1996—2010年阜平县贫困（特困）村对口帮扶单位一览表

表10-4-1

项目 乡镇	村名	县领导帮扶	县对口帮扶		省、市领导及省、市对口帮扶	备注
			单位	负责人		
阜平镇	第一山		粮食局	孙子军		特困村
	柳树底		政府办	孟庆增	地勘局519大队	特困村
	石漕沟		商务总公司	陈业铭		贫困村
王林口镇	五丈湾	徐二泉	计划局	陈先贺	市军分区司令员李德兴 市计委、军分区	特困村
	上庄		科技局	陈德廷		贫困村
	董家口		科协	张志勇		贫困村
平阳镇	王快村		水利局	张田	省人大副主任李炳良、市水利局	特困村
	山嘴头	贾建峰	畜牧局	刘义	市长付志方、省编办、 南市区、市畜牧局	特困村
	各老村		党校	吕小堂	保定电影机械厂	特困村
	台南村		文体局	郑玉斌	省职工医学院	特困村
	平阳村		审计局	刘光福		贫困村
	罗峪村		检察院	王宇		贫困村
	黄岸村		政协办	牛玉杰		贫困村
	白山村	吴丛志	外贸总公司	郄佳学		贫困村
	皂火峪		统计局	杨彦平		贫困村

续表 10-4-1

乡镇 \ 项目	村名	县领导帮扶	县对口帮扶		省、市领导及省、市对口帮扶	备注
			单位	负责人		
台峪乡	台峪村		公安局	庄春来	保定市范专科学校、新市区	特困村
	庄里		县冷冻厂	吴雄	保定外贸冷冻厂	特困村
	吴家庄		地矿总局	张俊生	新市区、市地矿总局	特困村
	井儿沟		邮政局	白金章	新市区、市教委农行、省水产局	特困村
	王家岸		广电局	李艮生	槐茂酱菜厂、新市区	特困村
	白石台	范永录 王林义	土管局	周耀林	市土地局、新市区	特困村
大台乡	炭灰铺	白宗刚 闫立明	财政局	董玉孝	市毛纺厂	特困村
	老路渠		卫生局	吕明月	市卫生局	特困村
	大台村		工商局	董兆菊		贫困村
史家寨乡	段庄村	李克信	交通局	孙建林	市交通局	特困村
	草垛沟	耿文金	县联社	白贵亮	南市区、省教委考试院	特困村
	铁岭口		人行	孙会林	南市区	特困村
	口子头	潘冬青 冯亚飞	教委	张清	新市区、市教委	特困村
	厂坊村	郭清申	电力局	刘占印	市第一橡胶厂、南市区	特困村
	葛家台		人大办	闫保贵	省管局、南市区	特困村
	北辛庄	陈兰 赵彦宗	团委	王玉东	南市区、市面粉厂	特困村
	上东漕		劳人局	刘振龙		特困村
	定家庄		农行	杨林平	省政协副主席赵燕	特困村
	红土山		经贸局	张树科		贫困村
	董家村		轻工业总局	王增强		贫困村
吴王口乡	周家河		电信局	杨晋生		特困村
	银河村		工会	郑建林		贫困村
吴王口乡	岭东村		司法局	张思广	保定市锅炉厂、定州市	特困村
	南辛庄	张晓梅 李明凯	法院	赵炳山	保定棉纺厂、定州市	特困村
天生桥镇	朱家营		计生委	闫金凯		贫困村
龙泉关镇	顾家台		林业局	何建红		贫困村
	印钞石		企业局	曹玉江		贫困村
	青羊沟	赵志明	保险公司	冯树立		贫困村
	黑林沟	刘德龙	建行	李长国		贫困村
	大胡卜	张清亮	工商行	周世云		贫困村
	骆驼湾	李克信	农业局	王者飞	保定石油化工厂	贫困村

续表 10-4-1

项目 / 乡镇	村名	县领导帮扶	县对口帮扶		省、市领导及省、市对口帮扶	备注
			单位	负责人		
	光城村		招待所 民政局	张玉明 李宪明	省招待所	特困村
	小花沟		移民局	闫春江	市劳动就业局	特困村
	倪家洼	徐二泉	物价局	李丙祥	北市区、市物价局	特困村
	营岗村		地税局	王成洲	北市区、省工商行、保定饭店	特困村
北果园乡	细沟村		国税局	陈先庆	定州市、望都县、 保定电业局、省电业局	特困村
	半沟村		红枣局	陈德廷	新市区	特困村
	惠民湾		建设局	王金泊	北市区、五金交电总公司	特困村
	张家庄		组织部	刘爱锁	市冶金部勘察总公司、北市区	特困村
	草场口		县社	尉俊林	定州市、望都县	特困村
夏庄	面盆村		宣传部	顾廷哲		贫困村

第二节　对口扶贫

一、电力扶贫阜平战役

启动时间：1997 年 1 月。

战役任务：完成 10 户以上 58 个无电自然村的办电任务，解决十户以下无电自然村 14 个，累计解决 1008 户、4085 口人的用电问题。

筹资：河北省电力局出资 300 万元，保定市电力局筹资 300 万元，河北省南网各电业局及所属各县联合捐资 300 万元，阜平县政府筹集 300 万元，累计筹集资金 1200 万元。

竣工时间：1998 年 6 月 26 日。

工程总投资：1234.67 万元。

项目完成：架设 10 千伏线路 206.68 公里，低压线路 86.78 公里，安装变压器 43 台，总量 1080 千伏安，投入劳力 18 万个，动用土石方 1.2 万立方米。

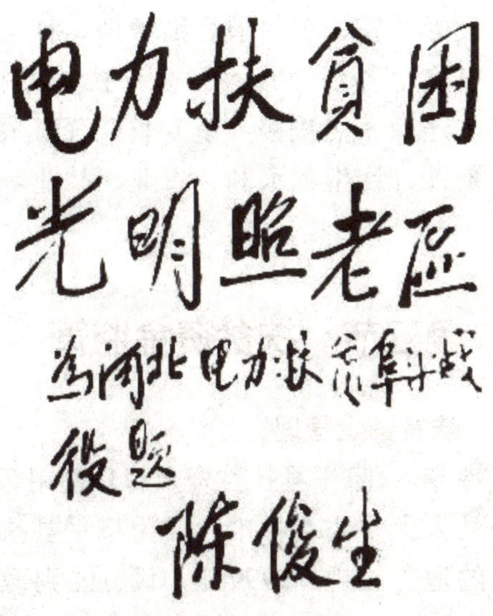

1997 年，国务委员、国务院扶贫开发领导小组组长陈俊生为电力扶贫阜平战役题词

二、战役总结

1998 年 9 月 14 日，河北省扶贫领导小组在阜平县召开“电力扶贫阜平战役”总结表彰现场会。省委、省政府主要领导出席表彰会，省委、省政府授予省电力局“河北省行业扶贫先进单位”称号，授予省扶贫开发办公室、省电力局“电力扶贫阜平战役先进单位”称号。会前，省长叶连松为阜平县大台乡炭灰铺行政村教庆自然村合闸送电。“电力扶贫阜平战役”结束了当地靠烧柴做饭、点煤油灯照明的历史。

第三节　部队与群团组织帮扶扶贫

一、部队帮扶

2000 年，北京军区某部帮扶阜平，实施完成“1234”帮扶工程：一条乡村公路（大台—

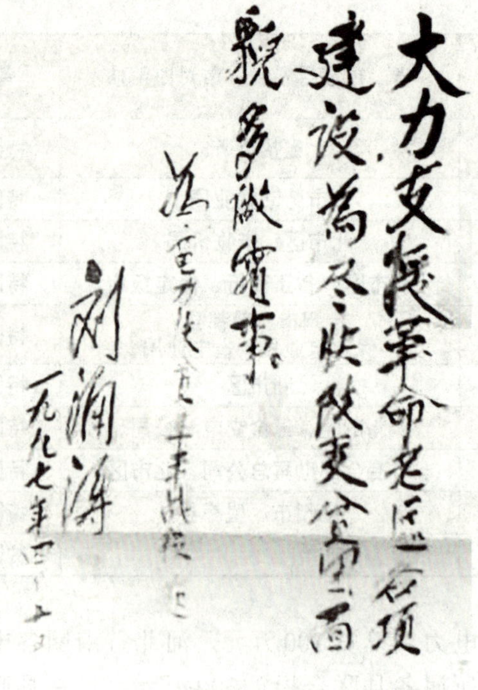

1997 年 4 月，全国政协原副主席刘澜涛为电力扶贫阜平战役题词

台峪乡，砂石路，宽 5 米，长 19.5 公里，8 月竣工）；为光荣工程、希望工程，捐赠 3 万斤大米、面粉；为城南庄镇、北果园乡、大台乡 3 个乡镇卫生院捐赠价值 23 万元的医疗器械；为北水峪、小花沟、槐树底、宋家沟四个枣树基地，整治荒山 4500 亩，栽枣树 12 万株。

二、群团组织帮扶

2001 年，国家幸福工程组委会对阜平县“救助贫困母亲”项目立项，2005 年 5 月启动。救助王林口镇东王林口村、阜平镇白河村、青沿村、大园村、北果园乡东城铺村贫困母亲 283 人，每户资助 5000 元发展养殖业。到 2010 年，发放救助资金 150.7 万元。

第五章　扶贫管理

阜平县扶贫领导小组负责全县的扶贫开发工作，领导小组下设扶贫办公室。县扶贫办公室对全县扶贫资金和扶贫工作实施管理。

第一节　管理机构

一、领导机构

阜平县扶贫开发领导机构是阜平县扶贫领导小组。1994 年阜平县扶贫领导小组调整。组长由县长担任，副组长由主管扶贫工作的副县长、人大常委会副主任、政协副主席、国管局挂职副县长担任。县委办、政府办、计划局、教育局、农业局、林业局、畜牧局、水利局、国土局、建设局、电力局、电信局、统计局、县人行、县农行、县联社等科局为成员单位。项目规划由扶贫领导小组审核。

二、工作机构

1994 年扶贫办公室（以下简称扶贫办）从民政局分离，由股级单位升为正科级单位。扶贫办下设办公室、项目股、财务股、社会动员股 4 个股室。各乡镇设乡（镇）扶贫办公室，办公室主任由一名副乡（镇）长兼任，成员由民政、统计、计生、水利、农业、林业等人员组成。

第二节　扶贫资金监管

一、扶贫资金管理

1995 年，《阜平县扶贫资金管理使用暂行办法》经县人大常委会批准，成为阜平县扶贫资金管理的地方法规。1999 年，设立县财政扶贫资金专户，实行专户储存，专项专用，封闭运行，报账管理。专户储存所得利息，全额转为扶贫资金继续用于扶贫。财政扶贫资金严格实行项目管理，资金到项目，管理到项目，核算到项目。项目完成后，由村、乡（镇）提出报账申请，县扶贫项目验收小组验收，县扶贫办出具验收证明，向县财政局报账。县建立扶贫资金监督检查办公室，严格查处督办。

二、扶贫资金审计

对扶贫资金使用实行定期审计，全程审计。对转移、挪用、拖欠、挤占扶贫资金的，依法追究相关责任人责任。对贪污扶贫资金构成犯罪的，移交司法机关处理。

第六章　扶贫成效

1996—2010年，阜平县通过实施《国家八七扶贫攻坚计划》《中国农村扶贫开发纲要（2001—2010年）》，贫困人口逐步减少，贫困村面貌发生深刻变化。

第一节　贫困村变化

一、基础设施

交通　1996—2002年，投入扶贫资金505万元，完成口子头等村15条道路改扩建工程，建成吴家庄村、仙湾等村14座桥梁，整修里程196公里，解决了32个贫困村17000多人行路难问题。

水利　1998—2003年，水利建设由重点实施节水工程转向实施集雨工程，投入扶贫资金534万元，在龙王庙、固镇、台峪、葛家台、碾子沟门等贫困村建成塘坝20座，永久汪17座，水窖1000多个。

电力　1998年，全县10户以上的58个自然村全部通电，解决1008户，4085口人用电问题。

通信　1999年，投入扶贫资金75万元架设线路73公里，安装电话1200多部，寿长寺等13个贫困村实现村村通电话。

二、教育

2000—2008年，完成旧营村、骆驼湾村、段庄村、夏庄村等6所寄宿制小学改扩建工程，解决13个贫困村、850多名学生的上学难问题。

三、林果业

1996—2005年，开发枣林5万亩，栽植枣树150万株。栽种核桃树3.3万株，人均新增果树20棵。

四、养殖业

2010年，肉牛养殖存栏1.79万头，奶牛0.5万头，羊存栏3.3万只，蜂2.9万箱，柴鸡40万只。库区周边养殖业，饲养鼋鱼600万只，养貂3.5万只。

五、矿产业

2009年加工铁精粉100万吨、加工花岗岩板材400万平方米、墓碑800立方米。

六、旅游业

发展农家乐150家，土特产销售店180家，2010年收入0.3亿元。

第二节　整村推进

一、规划推进

阜平县严格按规划实施整村推进，整合各类支农资金和帮扶资金，按照统一规划、统筹安排、各负其责、渠道不乱、用途不变互相匹配，形成合力的原则，加大对贫困村的扶持力度。实施扶贫规划的贫困村都有一个单位定点帮扶，建立多层次宽领域的整村推进帮扶工作体系。实行县领导包乡、县直部门包村、机关干部包户的扶贫工作三级责任制。

2002—2010年阜平县扶贫开发工作重点村整村推进规划一览表

表10-6-1

乡镇	行政村209个	重点村174个	第一批规划村55个（2002—2004）	第二批规划村61个（2005—2007）	第三批规划村58个（2008—2010）
阜平镇	30	23	第一山，石漕沟	土岭，柳树底，石湖，三岭会，东漕岭，木匠口，色岭口，楼房，龙门	大石坊，小石坊，黄岸底，峁路头，苍山，海沿，葛达头，牛栏，燕头，西沟，槐树庄，大道
王林口镇	20	15	五丈湾，上庄，董家口	南刁窝，辛庄，马驹石，南湾，瓦泉沟	刘家沟，东王林口，前岭，马沙沟，马房，神台，南峪
平阳镇	22	20	王快，山咀头，黄岸，长角	白家峪，立彦头，冯家口，土门，各老，台南，罗峪，上平阳	铁岭，北庄，康家峪，白山，车道，东板峪，皂火峪，石湖
台峪乡	8	8	白石台，台峪，吴家庄，营尔	庄里，王家岸，平房，井尔沟	
大台乡	9	8	炭灰铺，老路渠，东台，大台	苇子沟，坊里	大连地，柏崖
史家寨乡	14	13	段庄，草垛沟，厂坊，铁岭口，口子头，北辛庄，定家庄，上东槽	葛家台，红土山，董家村	凹里，槐场
砂窝乡	15	11	砂台，仙湾，黑印台，碾子沟门	全庄，上堡，盘龙台，下堡	砂窝，大柳树，林当沟
吴王口乡	13	13	银河，三岔，寿长寺，南庄旺，岭东，黄草洼，邓家庄	石滩地，周家河，不老台	吴王口，桃园坪，南辛庄
大生桥镇	13	9	南栗元铺，罗家庄，龙王庙，北栗元铺	不老树，塔沟，沿台	大车沟，朱家营
龙泉关镇	12	11	骆驼湾，黑林沟，大胡卜，印钞石	西刘庄，黑崖沟，平石头，北刘庄	顾家台，八里庄，青羊沟
夏庄乡	5	5	二道庄，羊道，面盆	下庄，菜池	
城南庄镇	21	16	三官，麻棚	大岸底，北桑地，福子峪，向阳庄，南安，岔河	井沟，栗树漕，万宝庄，华山，谷家庄，石猴，顾家沟，北工
北果园乡	27	22	卞家峪，营岗，倪家洼，半沟，固镇，光城	崔家庄，细沟，回民湾，张家庄，东山，小花沟，草厂口，东城铺	革新庄，水泉，抬头湾，李家庄，黄连峪，魏家峪，北古洞，东下庄

二、产业推进

阜平县对174个贫困村实行"整合资金、集中投放、产业推进、养殖优先、连片开发"。2002—2004年，对重点扶持的55个贫困村，投入扶贫资金2190.6万元，以工代赈资金1928万元，发展周转牛3800头，周转羊8100只，周转棚86个，完成荒山开发水利设施125处。2005年43个村基本解决温饱。2005—2007年，对重点扶持的61个贫困村，投入扶贫资金3208万元，以工代赈资金1671万元。发展周转牛4100头，周转羊2400只，周转棚16个，完成荒山开发、水利设施134处。2007年，60个贫困村基本解决温饱。2008—2010年，对重点扶持的58个贫困村，投入扶贫资金5273.3万元，以工代赈资金1434万元，发展周转牛2400头，周转羊1890只，周转棚13个。完成荒山开发水利设施168处。2010年58个贫困村基本解决温饱。

第七章　扶贫典型

1996—2010年，阜平县经过“八七”扶贫攻坚和2001—2010年十年扶贫攻坚两个阶段。在扶贫开发中各级领导带领本地贫困村民苦干实干，脱贫致富，开发当地资源，形成“公司+农户”的开发模式，使贫困村民摆脱贫穷走向富裕。

第一节　单位与个人扶贫

一、国务院机关事务管理局定点挂钩扶贫

国务院机关事务管理局（以下简称国管局）1993—2010年每年派两名机关干部到阜平县挂职定点扶贫。国管局心系老区人民，情注贫困群众，以扶贫为己任，扎根阜平，谋大事、办实事、解难事。国管局党组成立了由一名副局长任组长的扶贫工作领导小组，每年至少听取两次扶贫工作专项汇报。18年间，挂职干部把改善全县基础设施建设摆在扶贫工作的突出位置，帮助作规划，筹资金，上项目。1993年国管局帮扶工作队，联系国家财政部及省有关部门，协调资金520万元，开通7200门程控电话、手机和无线寻呼业务，阜平通信业跨入保定市先进行列。1994年挂职干部十几次进京赴省，把阜长线修路项目列入国家建设计划，协调资金4800万元，建成山区二级路。协调资金68万元，建起林当沟和台峪村两座塘坝。筹资50万元帮福子峪村修建了长4.5公里，宽3.5米水泥路。筹资40万元修建了顾家台村级公路。围绕旅游、林果业、矿山建材、畜牧水产四大支柱产业，引进项目200多个，引进资金2亿多元。投资10万元帮助小花沟村开发荒山2400亩，栽植枣树5万株。投资100万元帮助东城铺村开发建设大枣基地300亩，栽种枣树12万株；新建大枣专业市场1个。投资30万元帮助西刘庄村建起千亩核桃林。投入资金200万元，修建、改建中、小学28所，改造校舍860间21600平方米。帮扶3500多名贫困失学儿童重返校园。国管局机关干部捐资48万元，在炭灰铺村建起阜平县第一所寄宿制小学—光明小学。

国管局把帮扶阜平列入重要议事日程，常抓不懈。局党组每季听取一次扶贫工作汇报，每年两次到阜平检查督导扶贫工作。18年间有6名局领导，20多名司局长60多次到阜平走访慰问，考察调研。每年春节前，局领导带队到阜平慰问光荣院、特困户和孤寡老人。郭济、焦焕成、鲍先广、唐树杰、李宝荣等局领导的名字为阜平人民所熟知。国管局以“长期帮扶、不脱贫、不脱钩”为指针，以帮扶与扶志相结合，“输血”与“造血”并重为原则，以开发式扶贫为主要扶持方式，培植阜平人民的自我脱贫能力，阜平经济、社会取得较快发展。18年间，国管局选派精兵强将驻县挂职，一任接着一任干，选派了15批33名优秀中青年干部到阜平开展扶贫帮扶工作。1999—2000年，副司长李庆林挂职省扶贫办副主任，常驻阜平县。15名副处级干部挂职阜平县政府副县长，17名科级干部挂职县政府办副主任。他们远离父母妻儿，克服许多难以想象的困难，在艰苦的环境里摸爬滚打，默默奉献，无怨无悔。他们以扶贫为己任，忠实践行“三个代表”重要思想，心系老区人民，情注贫困群众，帮观念、帮思路、帮技术、帮资金、帮项目，谋大事、办大事，解难事。从解决贫困群众最关心、最直接、最现实的问题入手，办了大量实事、好事，在老区人民心中树起了历史的丰碑。

真情帮扶把阜平带出贫困

阜平县是中国共产党在北方开辟最早的根据地之一。1925年建立党组织，1931年建立人

民政权，第一个中华苏维埃县级政权就诞生在这里。毛泽东、周恩来、任弼时、聂荣臻等老一辈无产阶级革命家都在这里工作、战斗、生活过。当时，阜平县不足10万人，有2万人参军参战，5000人光荣牺牲，为中国人民的解放事业做出了巨大贡献。由于特殊的历史和自然因素，阜平人民依然没有摆脱贫困的羁绊。阜平是“八七扶贫攻坚计划”贫困县，是新一轮国家扶贫开发工作重点县。1993年，全县18万农业人口中贫困人口12.7万人，农民人均纯收入376元，人均纯收入不足200元的特困村有36个、1.9万人。一些边远山区群众吃水难、行路难、入学难、就医难，缺乏基本的生存条件。

1994年2月，国务委员、国务院扶贫开发领导小组组长陈俊生（中）到阜平视察

老区人民的贫困牵动着党和政府各级领导的心，国务院总理温家宝，国务委员、国务院扶贫领导小组组长陈俊生等先后到阜平访贫问苦，考察调研，革命老区承载着党和国家的深切关怀。

1993年春节刚过，国管局主动请缨到阜平县扶贫。春寒料峭，国管局副局长鲍先广一行6人风尘仆仆，驱车300多公里赶到阜平。在绵延起伏的太行山中翻山越岭，进乡村，访农户。当他们看到老区人民缺衣少穿，房不避风雨，有的一家4口人只有一条破棉被，生活非常困苦，心被深深地刺痛了。

“阜平人民生活太苦了，一定要让他们脱贫

1996年，阜平县遭受特大洪灾，国管局为阜平灾区捐赠大量款物

致富过上好日子，把革命老区带出贫困。”时任国管局局长郭济的话语掷地有声。很快，国管局成立了由一名副局长、5个职能司室领导组成的局扶贫领导小组，下设办公室，制定了《国管局帮扶阜平县实施方案》，召开全局干部职工大会进行动员部署，有30多名同志踊跃报名赴老区扶贫。局党组经过认真研究，决定首派李黎、李春杰两位同志驻县挂职。

1993年10月，为帮助老区人民安全越冬，国管局在全局开展了“送温暖，献爱心”活动，捐献出200多条棉被和1400多件棉衣紧急送往阜平。随后，又联系解放军总后勤部、农业部、中国扶贫基金会、北京万翔实业公司等单位，捐赠了两万条棉被和4万件衣服，动用了55辆军地运输车。1993年10月14日下午5时，当满载着对老区人民深情厚谊的37辆运输车到达阜平县城时，全城一片欢腾，两公里长的街道两旁数千名群众夹道欢迎，敲锣打鼓放鞭炮。对一个县这么大规模的捐赠活动，有史以来是第一次。

1996年8月3—4日，阜平县遭受了百年不遇的特大洪灾。3日深夜，第四批扶贫干部张本忠、赵峰涛接到县里的电话后，心急如焚。凌晨4点，他们开车往阜平赶。当时，洪水猛涨，乱石滚滚。他们冲过齐腰深的洪水，天亮后赶到县里，立即到受灾最重的村察看灾情，慰问群众。因大水冲毁了道路和桥梁，他们只得划着小船在洪水中行走。后来，又连夜赶回北京

1996年10月，国管局向阜平县捐赠物品交接仪式

汇报，四处奔走呼吁，引来一批又一批救灾物资，国管局干部职工捐款10万元，并两次组成慰问团赶往灾区慰问，帮助老区人民渡过了难关。

在炭灰铺村，洪水冲毁了仅有的一条山路。因没有路，村民们用一根绳子把张本忠系住，从山顶上拽过去。他在这个村住了一夜，这个海拔1600多米只有几十户人家的偏僻小山村，第一次见到北京来的干部，乡亲们兴奋得怎么也睡不着觉，半夜起来杀猪宰羊，为张本忠包饺子。炭灰铺村地势险峻，抗战时期，白求恩战地医院就隐居在这里。直到1996年，有一些贫困户还住在茅草房里，储存的粮食只能吃上3个月。因不通电，每到天黑就点上一会儿松枝。张本忠为这个村筹资1万元，修了一条石路出山。之后，又多次协调县有关部门为村里送来变压器，两个月内通了电。在悬崖峭壁上打眼放炮，修建了40公里土路，修防渗渠3000米。有了路，村民们开始走出山门。过去，满山遍野的榛子、蘑菇、黄花都白白扔掉了，如今，卖到几十元钱一斤，成了当地农民的重要收入来源。

1999—2000年，在河北省扶贫办挂职副主任李庆林、挂职阜平县副县长王刚和挂职县政府办公室副主任张景龙，两年中走遍了全县深山区的每一个贫困村。一次从村里考察回来，夜间，王刚突发心脏病，为了不打搅值班人员，他忍着疼痛坚持到天亮，直到有人发现他疼得大汗淋漓，才把他送进医院。2000年5月，国管局帮助阜平县建起畜牧良种繁育基地。为了保证种兔运输安全，李庆林、王刚、张景龙3人连夜从北京押车送来种兔，与县扶贫办干部一起卸车干到天亮。

2003年7月，“非典”的阴霾刚刚散去，第十批挂职扶贫干部李宁卓、陈德颖就赶到阜平县。在交接会上他们表示：“到任晚不会成为我们少办事的理由，我们要把耽误的时间抢回来。”为帮助农民发展圈舍养殖业，他们到陕西省考察奶山羊，行程2000多公里，不辞辛苦。

选择了崇高，就选择了奉献。第十一批挂职扶贫干部陈杰到县半年来，倾注真情，殚精竭虑，创造性地开展工作。为县、乡、村跑项目，引资金，他顶着酷暑，四处奔波，不知疲倦。因过度劳累和水土不服，患上严重的脚疾，两脚肿得迈不开步，胳膊也被蚊子叮咬后感染，他全然不顾，像上满发条的闹钟停不下来。先后争取到荒山开发、水土保持、大沙河综合治理、农业无公害等基地建设项目资金和教育资金。2005年8月16日，“全国幸福工程十周年成果展”在阜平举办。8月31日，阜平县城南庄晋察冀边区革命纪念馆隆重揭幕。这两项重大活动，为阜平宣传展示自己赢得千载难逢的历史机遇。陈杰积极投入两大活动的筹备，从北京挑选优秀的宾馆服务员到现场服务，并对阜平县宾馆服务员进行了短期培训，使县里的接待服务水平上了一个大档次，受到了来宾的称赞，保证了两大活动的成功。到最艰苦的地方去，到贫困群众最需要的地方去，到矛盾集中工作推不开的地方去，陈杰一马当先。他几次掏出工资接济最贫困的群众。

2010年6月9日，第15批挂职干部卢敏、赵家宝，协调中央国家机关资助阜平80万元，幸福工程项目在城南庄镇顾家沟村正式启动。全县160名计生贫困母亲每户5000元“小额资助、直接到人”项目资金，用以发展养殖业和林果业等家庭经济。幸福工程的深入实施，促进了群众生育观念的转变，稳定了低生育水平，有效帮助贫困家庭逐步摆脱贫困，过上幸福生活。工作组从河北省民政厅协调落实资金280万元，启动敬老院建设，进一步扩大优抚对象范围和改善福利院基础条件提供了有力资金支持。

18年的帮扶，国管局与阜平老区人民水乳交融，结下了深厚的感情。王林口乡五丈湾村上小学三年级的女孩李娜患有先天性心脏病，家中生活困难无力救治。挂职扶贫干部李黎为这个可怜的孩子四处募捐，北京农大附中捐款10300元。1994年接任李黎的刘会堂把小李娜接到北京治疗，联系北京阜外医院为她做了心脏修补手术，国管局资助5000元，并请求医院免费几万元。阜平县医院一个家属在小桥边捡到一个男婴，养到5岁时发现患有先天性巨结肠症，因无钱医治，就把孩子送到县长办公室。张本忠联系中日友好医院把患儿接到北京，制定治疗方案，免费做了手术，又请北京儿童医院专家到阜平县作了回访。

抓基础设施建设，促老区扶贫开发

1993年11月，国管局邀请国家计委、科技部、林业部等10多个部委的领导、专家到阜平县实地考察。在石家庄召开由国家有关部委和河北省委领导及省直计划、财政、金融、农业等25个部门80多人参加的帮扶阜平工作座谈会。国管局领导向与会代表介绍阜平县情，反映老区人民脱贫致富的强烈愿望和要求。之后，又3次协助阜平县委、县政府在北京召开阜平籍离休老干部和企业领导汇报会，从而打破了"穷在深山无人问"的封闭格局。

阜平县矿产资源丰富，有花岗岩、黄金、铁矿等。但由于道路不通，无法运输，外边的投资者只能望而兴叹。西部和北部山区盛产马铃薯，可因运不出去，只能烂在地里。1993年，县里只有少数"摇把子"电话，有投资者到县想打个电话十分不便。交通不便，信息闭塞，基础设施条件差是制约阜平经济发展的最大"瓶颈"。从改善基础设施建设入手，国管局帮扶阜平县在道路、通讯、广播、电力等方面接

国管局帮助修建的乡村路（摄于2004年）

连打了几个翻身仗。阜平至山西五台县的公路是晋煤东运的主要通道，由于山路坡度大，车多路况差，经常一堵就是半天甚至一天。挂职扶贫干部李黎、李春杰花两个月时间，驾驶着吉普车颠簸在崎岖的山路上考察线路，反复论证工程实施方案。国管局多次协调建行和交通部门，为阜平贷款4500万元，完成阜平境内50公里山区二级路建设工程。既疏通了运煤通道，又为佛教圣地五台山旅游提供了交通便利。协调国家计委落实以工代赈资金300万元，修通了阜平至山西灵丘的59公里断头公路，使5个乡4万多人直接受益。联系国家交通部争取资金100万元，修通了县城通往晋察冀军区旧址城南庄的20公里柏油路。通过有关部门联系加拿大驻中国汇源路桥公司投资1.2亿元，修通了阜平至山西繁峙79公里的阜繁线路。乡与村、村与村的土路也陆续修通。国管局房管处干部职工个人捐款8.8万元，为北果园乡修路。18年间，国管局累计为阜平县协调修路资金4800万元，修建公路24条、430公里，兴建大小桥梁30座，二级路通车里程达220公里，13个乡镇全部通油路。纵横交织四通八达的公路网络，打开了封闭的山门，为阜平的发展注入活力。

1994年，国管局协调国家财政部拨专款350万元，为阜平县建立程控电话系统，开通了7200门程控电话，实现了村村通电话。为此，第二批挂职扶贫干部刘会堂、张华一直盯在现场，两个多月没有回北京。其间，刘会堂的母

亲患直肠癌做手术，他也没顾上回去。

为解决群众看电视难的问题，1995年第三批挂职扶贫干部郑孟春投亲奔友，联系原国家广电部为阜平县低价提供卫星电视系统，有线电视覆盖了全县240个村、17000户。

1997—1998年的电力扶贫战役，消灭了阜平县偏远山区58个10户以上无电自然村和14个10户以下无电自然村，总投资1200多万元，增加供电量，使阜平县通电率达到99%以上，超出全国平均水平3.12个百分点。

阜平县城供水设备陈旧老化，2000—2003年，国管局几任扶贫干部多方协调资金330万元，对县自来水公司进行设备更新和扩建，解决县城4万居民的供水难题。基础设施条件的根本改善，为老区经济腾飞奠定坚实基础。

增强造血功能，加快贫困村致富

阜平县山场面积广阔，有荒山327万亩，人均17亩。加快脱贫致富潜力在山，希望在山，优势在山。

国管局帮扶治理后的枣林基地（摄于2005年）

库区移民村第一山村无耕地，缺水源，村民日子过得紧巴巴。1995年，第三批挂职扶贫干部郑孟春、刘岩筹集20万元，为该村打了两眼大口井，并配套了灌溉设施，使500亩荒坡地泛起片片翠绿，变成了水浇田，当年开发当年见效。国管局还投资80万元为这个村建起蓝狐养殖场，年产值200万元。如今，这个村山清水秀，环境优美，家家有电视和电话，该村致富不忘深山区贫困户致富，吸收南辛庄、银河、百石台边缘深山区88家贫困户搬迁到第一山，搬迁使这些贫困户摆脱贫穷，走上致富之路。

距县城45公里的小花沟村，全村400多口人只有80亩耕地，人均不足2分，粮食不能自给，长期解决不了温饱。1997年，第五批挂职扶贫干部李金璞、刘建宇多方协调资金20万元，带领群众搞“围山转”。在山上修水平梯田，栽种枣树，套种红薯、豆类等农作物，修建二级扬水站引水上山，人均有枣树上百棵，仅套种的农作物，一年就解决了温饱。经过三个冬春的苦干，小花沟开发荒山4500亩，整治水平梯田2400亩，栽种枣树12万棵，发展网箱养鱼1000多箱。形成“山顶洋槐盖帽，山坡枣树缠腰，山下五谷飘香，河里鳖爬鱼跃”的金字塔“花园村”模式。该村荒山开发的经验被阜平县政府充分肯定，并号召全县人民学习“小花沟”的成功做法。在示范村的带动下，群众看到了实实在在的效果，对祖祖辈辈围困他们的荒山开始重新打量，刮目相看。在阜平县东部和南部片麻岩地区的80多个村，大规模开发荒山战役接连打响。实行“统一规划，分山到户；统一标准，分户治理”的原则，改变了生产方式，人们越干越想干，越干越会干。国管局副局长鲍先广看到山区的可喜变化，由衷地感慨：“放一炮，离贫穷远了一步；再放一炮，离富裕近了一步。”

砂窝乡上堡村地处深山，人畜饮水十分贫

国管局捐资修建的塘坝（摄于2005年）

困，2001年第八批挂职干部孙宝华、马青，深入该村调查研究，找水利部门帮助设计，多方协调资金28万元，建起了一座永久性塘坝，保浇耕地200多亩，使该村稳定脱贫。

台峪乡台峪村原来的600亩耕地都是坡岗次地，收成全看老天爷的脸色。2002年，第九批挂职扶贫干部徐永胜、王海洲协调资金为这个村建起一座塘坝，并修了防渗渠，使贫瘠的荒坡地变成旱涝保收的丰产田。

2005年5月18日，国管局第十一批扶贫干部陈杰一行3人来到阜平。临行前，局党组副书记、副局长、扶贫领导小组组长吕世光殷殷嘱托："一定要沉下去，包村帮扶，实实在在地为老百姓办几件实事。"到县后，他们用一个多月的时间，走遍了全县的山山水水、沟沟岔岔，深入到13个乡镇、20个贫困村、10个教学点、50多个贫困户和10名离休老党员家中嘘寒问暖，调查研究，并对贫困人口进行翔实的摸底，建档造册，紧紧瞄准贫困人口，形成了清晰的帮扶思路。既要帮助没有解决温饱的贫困人口，又要最大限度地涵盖没有稳定解决温饱的低收入人口，帮助他们克服脆弱性。确定在全县重点帮扶的18个贫困村中把东城铺村和福子峪村作为国管局的定点帮扶村。在看到群众吃水难、用水难的状况后，他们筹资6万元，购买水泥200吨，为两村打大口井5眼，建小水窖40个。为解决两村的行路难，陈杰多次到保定市协调联系。经过不懈努力，争取资金40万元和水泥100吨，为东城铺村修建了一条长4.5公里、宽2米的乡村道路，为福子峪村修建了一条长4.5公里、宽3.5米的乡村道路。从此，两村老百姓告别了"晴天一身土，雨天一身泥"，圆了几代人的梦想。

阜平县盛产大枣，被国家林业局评为"中国大枣第一乡"。东城铺和福子峪两个村是阜平县优质大枣的主产区，农民世代以大枣为支柱产业，在传统的种植管理中积累了丰富的经验。因规模小，农民收入很低。陈杰决定引导农民在"枣"字上做文章，开发建设东城铺村3000亩和福子峪村"双千亩"大枣基地，实现"家家种枣树，人人都致富"的帮扶目标。为此，他们多次往返于北京和石家庄，与国家发改委、财政部、农业部、林业局等部委及河北省有关部门联系，争取到资金100万元用于项目建设，组织群众上山栽种枣树12万棵，请来林业技术员进村培训。2005年10月8日，阜平县在东城铺村召开荒山开发现场会，带动周边5个村开发"双万亩"大枣基地。

2007年第15批扶贫工作组陈佳资、王楠，协调有关部门为支持15个文明生态村建设捐赠图书6万册，价值80万元。投入资金5万元为全县209个行政村、县直机关等部门订阅经济时报300份。积极与省扶贫办协调，西刘庄村"千亩核桃林项目"争取资金10万元，使该村"千亩核桃林项目"顺利实施。工作组联系国家林业局和中国林业科学院有关专家到实地考察，帮助选择核桃苗木，传授科学种植和管理知识，此项目为该村稳定脱贫奠定了基础。

2009年8月，国管局派出第15批工作组到阜平县挂职。组长卢敏，成员赵家宝，多次深入贫困村调研，按照东部大枣，西部核桃的发展格局，在西部深山区龙泉关镇、八里庄、顾家台和天生桥镇、不老树等贫困村，发展核桃，重点实施配套水利设施专项扶贫。协调省市有关部门争取到30万元专项资金和20万元配套资金，打大口井1眼，建蓄水池1座，修防渗渠6000米，栽植优质核桃1.6万株。协调资金9.5万元，完成修顾家台村防渗渠2000米项目，保浇核桃80亩。协调资金4万元为不老树修防渗渠1200米，保浇核桃树800亩。协调省水利厅30万元资金建蓄水池3个，打机井3眼，铺设管道25000米。解决了大台乡大连地村田子口自然村1100口人的饮水困难。

在依托当地资源，调整产业结构，增加农民收入的同时，国管局还为阜平县投入资金建了四方石材厂、面粉厂、水晶厂等一批龙头企业。

扶贫扶志，治穷治愚

阜平是山区贫困县。教学点分布广，危险

校舍多，教学设备急待更新，师资急需培训。国管局帮扶工作组坚持把帮扶教育作为扶贫开发工作重点，积极争取各方面的资金和物质支持，组织开展师资培训，提高教育质量。

地处深山区的大台乡炭灰铺行政村有18个自然村，方圆20华里，居住分散。分布于各自然村的7所小学均为黑屋子、破桌子、土台子的“三子学校”，生活的艰苦和教育的窘困惊人的相似。1996年，国管局捐资48万元，为炭灰铺村建起一座二层36间高标准教学楼，这所被郭济局长亲自命名的“光明学校”，是阜平县第一所寄宿制小学。第15批挂职干部卢敏、赵家宝为阜平镇耑路头村小学协调国家统计局项目建设资金10万元，盖起新教学点。自筹资金1500元配备了篮球、足球、象棋等文体用品。工作组联系全国妇联儿童基金会到阜平开展了“感恩报国助学行动”为中小学无偿捐赠了总价值300万元的5000张《大学府·E问通学生卡》，为全县中小学生课外自学考前学习提供较好的工具查询和远程教育。工作组组织光明小学两位教师到北京东城区和平里一小分别听授五六年级的语文、数学和英语课程教学，并与和平里一小的老师就教学理念、教学形式与方法等问题进行座谈交流。工作组筹措资金4000元为光明小学各班配备了英语教学点读机、教学工具用书、电脑等。工作组协调局机关服务中心向阜平县照旺台中学捐赠了总价值6万元的新电脑10台，向县幼儿园捐赠总价值2.1万元的电脑3台，移动硬盘2个以及幼儿玩具、学具等。工作组协调“真情耀神州”爱心助学协会，对阜平县的31位贫困生每人每年500元的爱心助学金。2009年9月，当场为31为贫困生捐赠首批爱心助学金后，工作组及时搭建平台，牵线结对，促成爱心助学协会成员与31位困难学生一对一或一对多的结对帮扶关系。

18年间，国管局先后联系北辰集团、中国技术进出口公司、中国公共关系协会、中国扶贫基金会等30多个单位，为阜平县教育捐资750万元，建起了24所希望小学、4所“春蕾班”，改建校舍860间21600平方米，使3500多名因贫困而失学的孩子重返校园。联系中宣部、团中央等单位为阜平县中小学捐赠了价值800多万元的电脑、图书、教学光盘和幼儿教具。国管局干部职工资助贫困孩子260多人，与60多个贫困家庭的孩子长期结对帮扶。人事司司长王力达一人就救助过6个孩子。国谊宾馆总经理王胜，资助2个贫困学生，直到大学毕业。

阜平县只有一所普通高中，3000多名初中毕业生，入高中的只有800人（含职高），教育资源十分紧缺。可谓上高中比上大学还难。县里一直想建一所第二中学，历任帮扶干部都为之付出过心血，但苦于资金缺口太大，一直未能付诸实现。陈杰一行3人到任后，带领县有关部门多次向国家发改委、财政部、教育部、中国侨联汇报情况，争取支持，终于促成了投资5000万元建设项目在国家发改委立项，2006年初奠基动工。建起综合大楼13637平方米，宿舍楼4809平方米，餐厅32825平方米，于2009年9月9日阜平中学迁至新校区。

阜平县是全山区县，交通不便，学生“上学难”问题非常突出，针对这种情况，阜平县积极探索发展山区寄宿制小学，缓解偏远山区学生“上学难”问题。在全县人民共同努力下，阜平教育事业有了较快发展，但是受到阜平经济发展水平的制约，寄宿制小学条件仍然非常艰苦，教学设施破旧，住宿条件简陋，冬季取暖采用室内煤炉，厨房卫生条件恶劣，严重影响孩子们的健康成长。基于阜平教育的现状，第13批扶贫工作组策划实施了“冬暖2007工程”。在国管局党组和阜平县委、县政府的领导下，在社会各界的大力支持下。“冬暖2007工程”历时近4个月，工程总投资135万余元，受益学生2万多人。工程内容有5个方面：1.为3所小学、21所中学配备教辅教参40659册，电视137台，台灯150盏，价值65万元；2.为21所学校学生宿舍进行改造，更换了宿舍用具，为19所寄宿制小学统一配备了铁床，棉被及床上用品，价值25万元；3.为栗园铺小学新建校舍、食堂14间，建筑面积475平方米，投资26万多元；4.投资10万多元为8所寄宿制小学宿舍安装了取暖设备；5.投资5万多元，对7所条件较差的学校厨房进行了全面改造，配备了新冰箱；6.投资4万多元，为3所学校更换了办公设备，配备了学习用品。通过工程实施，明显改善了阜平县办学条件。

国管局联系清华同方、北京协和医院等单位，为阜平县捐赠价值200多万元的医疗设备，每年带医疗队来县义诊。一批批更换下来的锅炉、电扇、课桌、家具等也不断送往阜平。1999年，国管局邀请北京的老艺术家来阜平慰问演出，丰富老区人民的文化生活。

为提高干部群众的科技文化素质，国管局在行政经费十分紧张的情况下，每年挤出30万元用于农民的科技培训。先后举办各类培训班380期，培训14万人次，让科技进山入户。牵线搭桥，选派县、乡干部到广东、江苏、山东等发达地区挂职锻炼，开阔视野。18年间，国管局累计为阜平县引进项目200多个，引进新技术50多项，投入资金2000多万元，引进资金2亿多元，劳务输出1000多人。

老区的脱贫致富离不开科学的发展观。1998年，在国务院副秘书长、国管局局长焦焕成的亲自主持下，第六批挂职扶贫干部李晓祥、穆华伟邀请中国兵器工业规划研究所帮助阜平县搞了县域经济综合研究。经过一年时间的深入调研，利用投入产出、统筹学等理论对阜平县进行科学的规划，制定了《阜平县脱贫解困和经济发展战略》，提出了“开发红色土地，发展绿色阜平”的总体发展思路，经中国人民大学、中国科学院专家学者组成的专家组论证，给予高度评价。在此基础上，阜平县确立了林果、矿产建材、畜牧水产、旅游四大支柱产业。2004年，经国管局协调国土资源部投资89万元开发的阜平县朱家营天桥瀑布群，被列为国家地质公园。

中国农村扶贫开发纲要（2011—2020年）实施后，国务院机关事务管理局仍继续帮扶阜平县。

1993—2010年国务院机关事务管理局帮扶阜平县挂职干部一览表

表10-7-1

批　次	姓　名	挂职年份	职　务
1	李　黎	1993—1994	政府副县长
	李春杰		政府办副主任
2	刘会堂	1994—1995	政府副县长
	张　华		政府办副主任
3	郑孟春	1995—1996	政府副县长
	刘　岩		政府办副主任
4	张本忠	1996—1997	政府副县长
	赵风涛		政府办副主任
5	李金璞	1997—1998	政府副县长
	刘建宇		政府办副主任
6	李晓祥	1998—1999	政府副县长
	穆华伟		政府办副主任

续表 10-7-1

批次	姓名	挂职年份	职务
7	王 刚	1999—2001	政府副县长
	张景龙		政府办副主任
8	孙宝华	2001—2002	政府副县长
	马 青		政府办副主任
9	徐永胜	2002—2003	政府副县长
	王海洲		政府办副主任
10	李宁卓	2003—2005	政府副县长
	陈德颖		政府办副主任
11	陈 杰	2005—2006	政府副县长
	王敦正		政府办副主任
	李向阳		政府办副主任
12	穆文刚	2006—2007	政府副县长
	赵子川		政府办副主任
	尹亚孚		政府办副主任
13	陈佳资	2007—2008	政府副县长
	王 楠		政府办副主任
14	刘恩军	2008—2009	政府副县长
	朱 军		政府办副主任
15	卢 敏	2009—2010	政府副县长
	赵家宝		政府办副主任

二、县领导人与县直部门负责人扶贫

阜平县人民政府科技副县长周怀军

周怀军，河北省徐水县人，1949年生，河北农业大学林学院党委书记，教授、硕士生导师。

1997年4月，科技副县长周怀军在厂坊查看新修建的河滩地

1991年3月任阜平县人民政府科技副县长，政府党组成员，分管农村、农业工作。在阜平工作6年多的时间里走遍阜平的山山水水，主持完成《阜平县五三五扶贫攻坚计划》《阜平县农业八大基地建设发展规划》《阜平县太行山绿化规划》《阜平县水土保持规划》《阜平县小流域综合治理规划》《王快水库周边综合开发治理规划》等十多个经济、社会、环境建设，脱贫致富发展规划，为阜平的山区开发治理、生态环境改善、经济发展、脱贫致富等奠定了强有力的基础。

1996年阜平发生特大洪灾。洪灾期间，他亲自带队，昼夜奋战在洪灾第一线，组织抗洪、防灾、救援。阜平县被省政府批准为重灾县，获得一千多万元的救灾物资和830万元救灾资金，大灾之年，解决了1.92万人的温饱问题，解决无电村、不通路村（自然村）76个，解决2500人的饮水困难。修防渗渠10万米，打大口井18眼，恢复沙压耕地1.5万亩，发展枣树2.5万亩，核桃5050亩，板栗2530亩。

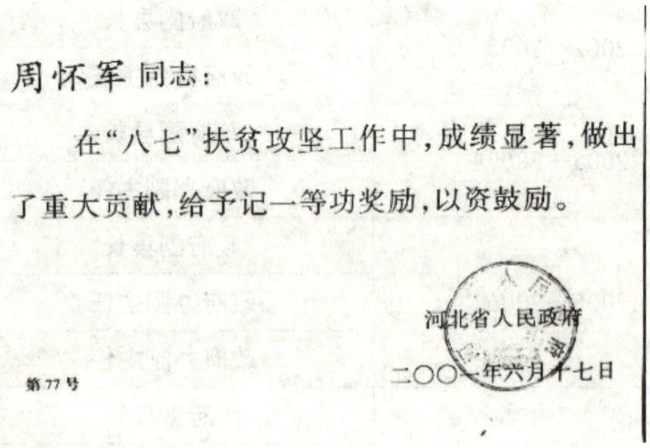

周怀军 同志：

在“八七”扶贫攻坚工作中，成绩显著，做出了重大贡献，给予记一等功奖励，以资鼓励。

河北省人民政府

二〇〇一年六月十七日

第77号

荣获全国绿化奖章证书

全绿奖 37 号

周怀军 同志在植树造林、绿化祖国事业中成绩卓著，特授予全国绿化奖章，以资鼓励。

全国绿化委员会

一九九七年二月廿日

周怀军获得的证书

奖章

全国绿化奖章

扶贫工作中，周怀军坚持把36个特困村作为扶贫攻坚的主战场，狠抓扶贫项目和扶贫资金管理，主持出台了阜平县扶贫资金回收再利用的规定，阜平县扶贫资金的回收率在50%以上，居全国贫困县扶贫资金回收率的先进行列。

分管工作成绩：1992年《太行山枣树丰产综合技术开发》获国家星火二等奖；1993年获保定市地区扶贫工作先进单位；1994年获河北省扶贫先进县、《河北省水利产业建设二等奖》《保定地区扶贫工作任务完成突出单位》；1995年获《河北省扶贫先进县》；1996年获全国水土保持先进县、《全国人畜饮水先进县》《河北省扶贫先进县》《河北省水利产业建设一等奖》《河北省水土保持先进县》《河北省职称改革先进县》《中国大枣之乡》。

个人获国家、省、市荣誉：1995年国家科委颁发的《九四年度振华科技扶贫服务奖》，河北省扶贫开发领导小组颁发的《扶贫开发先进工作者》，河北省委组织部、省人事厅、省科委颁发的“河北省优秀科技副县长”。1996年国家科委颁发的《九五年度振华科技扶贫服务奖》，河北省人民政府颁发的《河北省有突出贡献的中青年科学（技术、管理）专家》，河北省山区技术开发领导小组颁发的《河北省九五年度山区经济技术开发先进工作者》，河北省山区开发领导小组颁发的《河北省九五年山区开发先进工作者》，保定市委、市人民政府、军分区颁发的《保定市抗洪抢险先进个人》，保定市人民政府颁发的《保定市二等功》。1997年全国绿化委员会颁发的《全国绿化奖章》，中国扶贫基金会、新华社颁发的《全国扶贫贡献奖》。2001年河北省人民政府颁发的《河北省一等功（八七扶贫工作）》。

阜平县电力局局长吕玉峰

吕玉峰，1948年出生，阜平县大台乡大台村人，1973年毕业于天津工学院。1984年任电力局局长。针对阜平县电力建设贫困落后的状况组织完成了阜平县电力发展规划。1989年完成长达43.6公里110千伏线路输变电工程。1991年10月完成百亩台35千伏变电站工程。

1996年8月10日吕玉峰学习文件

史家寨乡草垛沟村是全县偏远的贫困村之一，也是仅有的无电行政村。1991年12月，他带领技术人员深入该村，进行勘测、设计。协调省、市电力部门出资6万元，县电力局出资3万元，1992年1月12日草垛沟村通电。至此阜平县行政村通电率100%。

1996年阜平县10户以上的无电自然村58个，10户以下的14个。吕玉峰多次向省、市反映阜平县的实际困难和山区无电村民的盼电愿望。1997年初河北省电力局发起了全省规模的“电力扶贫阜平战役”，决定由省局、保定电业局、河北南网、阜平县人民政府分别筹资300万元，在1998年底，为阜平10户以上58个无电自然村解决用电。

1997年，阜平县电力局领导班子安排部署“阜平战役”阶段工作

吕玉峰亲自率领工程技术人员对无电自然村进行实地调查、勘测。亲任攻坚战斗队队长，经常到施工第一线，解决施工中发生的问题。经过阜平县电力局全体职工及全县人民的共同努力，“电力扶贫阜平战役”提前半年于1998年6月底完成。整个战役投入资金1234.67万元，解决10户以上无电自然村58个，另有10户以下无电自然村14个，架设10千伏线路206.68公里，低压线路86.78公里，安装配电变压器43台，总容量1080千伏安。动用土石方1.2万立方米，解决了1008户4085口人的用电问题。

1996年县委、县政府把帮扶厂坊村的扶贫任务交给了县电力局。吕玉峰接受任务后，骑车百十里专程赶到厂坊村，用一周时间走访了厂坊所属的9个自然村，进行了详细的调查摸底，还与村民一起深入研究脱贫致富的办法。

1996年吕玉峰在上寺村查看电力设施

吕玉峰选准厂坊村所属的出一朝自然村搬迁，搬到通路、通电、通水的本行政村一处山沟口。搬到新村，修坝造地。电力局买来了20把铁锹，13根钢杆，200多公斤炸药，6辆平板车等造地材料工具。挖石头，垒防洪

1997年初，在陈士庵架线杆

堤坝120米，垫土造地17亩，打机井一眼。17亩土地变成了水浇地，为确保小麦丰收，向主管农业的副县长要来了小麦优种，保证村民们当年种上小麦，1997年新造的地亩产小麦200公斤。出一朝有54口人，经过两年多来的苦干，实现了人均一亩水浇地目标。出一朝搬迁新村后，村民郑桃园第一个结婚，结束该自然村十几年没有男青年结婚历史。

1998年在电力局局长吕玉峰带领下，给厂坊村建了新校舍5间，解决孩子上学走10多公里的历史，并建起大队部，干部有了办公地方。给该村安装4台变压器，彻底解决了村民用动力电的难题。

吕玉峰情注山区30年，全局各项工作都能按上级要求圆满完成，1996—1998年连续三年，被县委、县政府授予“实绩突出先进单位”“保定市文明单位”。在全县开展“四职一纠”竞赛评比和“便民利民”杯评比活动中，始终名列第一名。本人5次被授予县先进个人、模范工作者，6次评为“优秀共产党员”。

交通局局长孙建林

孙建林，1950年出生，阜平县砂窝乡人。1987年转业到阜平县交通局工作，1993年任局长、局党委书记。

孙建林担任交通局局长期间，一直把抓好公路建设作为全局各项工作的重中之重。先后融资3亿多元完成了一大批公路建设项目。1997年完成阜长线一期改建工程，建成保定市

1998年，局长孙建林在长城岭查看公路状况

1999年，交通局班子成员安排部署工作

第一条收费公路，阜平公路实现了二级路零的突破。同年阜繁线改建工程完成，阜长二期工程于1999年完成，保阜路阜平段改建工程2001年完成。新繁线行唐界至县城段，国道207线县城南段改建工程于2002年完成，国道207线北段改建工程于2003年完成，至此全县6条230公里的干线公路全部完成改建任务。在大力抓干线公路建设的同时始终不放松乡村道路的建设，集中力量推进乡村道路向油路化、网络化、等级化、配套化发展。从1997年开始先后完成了县城槐树庄—城南庄—行唐界22公里的改建工程，完成乡道城南庄—广安、城南庄—大岸底、大台—207北线、史家寨—辛庄、北果园—官道岭、夏庄—207南线、台峪—平阳7条80公里的乡道铺油工程，13个乡镇全部通了油路，提前3年实现“十五”计划乡道通油路的目标。与此同时新建改建乡村道路20条200多公里。建成网络6条80多公里，修建桥涵100多座，村级道路达到了179条1078公里，其中18条295公里乡级路全部达到了四级路标准，2003年多次跑部进市、进省、进京争取到了保阜高速项目，为以后该项目的顺利实施打下了坚实的基础。

任交通局局长期间，被省委、省政府评为“二五”普法先进单位，“三五”法制宣传教育先进集体；全省红旗党校；1996—2000年连续五年被评为省“精神文明先进单位”；被省交通厅评为治理公路“三乱”先进集体。荣获保定

1997年，局长孙建林（右）在河口指挥部查看工程进度

市“1997年度基础理论学习先进单位”。1998年被评为市扶贫攻坚先进个人，保定市政府记二等功。1999年荣获河北省“劳动模范”荣誉称号。2000年被阜平县委、县政府评为“山地综合开发先进个人”。2001年被省交通厅评为交通系统治理“三乱”先进工作者，被保定市委、市政府评为第三届保定市优秀人民公仆。2002年获保定市“优化环境先进个人银玉兰奖”，被阜平县委、县政府通报表彰，奖励单位和个人奖金共15万元。2003年被河北省交通厅评为“行风建设先进个人”“重视征费工作好局长”。1994—2003年连续9年保持全县实绩突出单位。

三、村党支部书记扶贫

山嘴头村党支部书记韩绍福

韩绍福，阜平县平阳镇山嘴头村人，1947年出生。1989年任山嘴头村党支部书记。山嘴头是库区特困村，全村1800口人。该村在支部书记韩绍福的带领下，自力更生，艰苦奋斗，修路，兴水利，搞养殖业，开发荒山，发展旅游业。改善基本的生产生活条件。使村民走上了脱贫致富路。

1996年10月，发动村民出义务工，利用上级支持的20万元的修路资金，苦干6个月，修通山嘴头至平阳村3公里的沙石路。2004年对沙石路进行水泥硬化，村民出入方便，货物运输畅通。1998年在村山坡上建起两个蓄水池，每个蓄水池储水200立方米，解决全村村民吃水难的问题。1999—2002年打大口井8眼，架起动力线，机井配套，修防渗渠1800米，保浇耕地1100亩。开发西岩峪荒沟2500亩。山顶栽洋槐1.2万株，山沟、坡洼栽柿子树1.2万株，栽优质枣树500株。治理后承包到户。2002年利用水草丰富资源，争取到省扶贫发展资金100万元。建起肉牛养殖基地、发展肉牛500头，同北京一家养殖公司合作形成养殖销售一条龙。1996—2006年利用库区水面，100多户村民网箱养鱼，发展规模达到350箱。35户发展圈舍养羊，取得很高效益。1998年开始韩绍福带着班子主要领导，走出去多方筹措资金30万元，修通了村到三岩寨旅游路3公里，上变压器一台，把动力线架到了三岩寨。建寺院11间，吸引了许多游人到三岩寨观赏旅游。村民通过旅游服务，增加了收入。韩绍福发动村民集资发展教育事业，改善办学条件。先后筹措资金100多万元，2010年建起新教学楼52间，建筑面积1280平方米。周围村1～6年级的孩子到山嘴头小学上学。2009年争取到社会帮扶资金10万元，建起了14间幼儿园。孩子们搬进宽敞明亮的教室，学习劲头更足，村里先后有12位上了大学，其中3名学生出国学习。

韩绍福任支部书记期间，兼任村委会主任12年。在扶贫攻坚中，带领班子领导村民做了大量脱贫致富工作，获得上级领导的奖励；1998年扶贫开发工作中荣获“保定市扶贫攻坚市长奖”。中共保定市委，保定市人民政府授予“韩绍福同志为2002—2004年度扶贫开发工作先进个人”。中共保定市委2004年7月、2007年6月，韩绍福两次被评为市“优秀共产党员”。1996—2010年期间6次被中共阜平县委评为“优秀共产党员”，2次获“优秀村党支部书记”称号。中共阜平县委阜平县人民政府授予韩绍福“九八年度扶贫攻坚先进个人”“2003年度造林绿化先进个人”。

小花沟村原党支部书记胡山琴

胡山琴，1951年出生，阜平县北果园乡小花沟村人。1997年，当选小花沟村支部书记。小花沟村位于县城东南25公里处。全村136

户，450口人，耕地30亩，大部分是坡岗次地，粮食不能自给，生活靠救济，花钱靠贷款，是全县有名的库区特困村。党支部把荒山开发和农田水利基本建设作为脱贫致富突破口，胡山琴带头把个人的山场，挖上了水平沟，栽上了枣树，为全村荒山开发开了头。村支部对荒山开发实行统一规划、统一管理、分山到户、责任到户、效益到户。1997—2006年全村开发荒山32130亩，开挖水平沟30万米，整修梯田2400亩，新栽枣树12万株，实现了人均1亩旱地，人均300棵枣树。全村打大口井4眼，修二级扬水站1座，蓄水池1座，防渗渠360米，发展网箱养鱼1000多箱。修村级公路4公里，农田盘山公路5公里。

十年苦干，小花沟村变成了“山顶洋槐盖帽，山坡枣树缠腰，山下五谷飘香，河里鳖爬鱼跃”的花园式村庄，不再向国家伸手要钱要粮。县委、县政府多次在该村召开现场会，号召全县学习“小花沟村荒山开发”的成功经验。小花沟村先后被评为“省扶贫先进村”“艰苦创业村支部”，荣获“保定市扶贫攻坚市长奖”。胡山琴被市纪委、组织部评为“市勤廉双优农村支部书记”，保定市、河北省劳动模范。

楼房村党支部书记李喜红

李喜红，1957年出生，阜平镇楼房村人。1980年任楼房村支部书记。在任村支部书记期间深入进行调查研究，决心脚踏实地，为老百姓办好事，办实事，改变村里的落后面貌，让村民过上称心如意的好日子。

要想富，先修路。1994—1996年楼房村集中力量，新修207国道至庙沟村，楼房村至下庄村两条乡村公路，初步改变了当地交通不便的落后状况。2007—2010年，争取到省发改委、省扶贫办和省交通厅修路款300余万元，先后把207国道至楼房6.3公里乡村土路，楼房至下庄12公里乡村土路全部硬化。

1996年，楼房村多方筹集资金，兴建教学楼2层22间500多平方米，使全村9个自然村1～6年级学生搬进宽敞明亮的新课堂。

1996年楼房村由村委会牵头成立了红白事理事会，帮助村民料理喜事丧事，既节省了资金，又减轻了当事人的负担。

楼房村地处深山，大部分土地依山而修，高低不平且多为旱地。为使旱地变水田，提高粮食产量，李喜红多次到上级水利部门请示修建水塘，蓄水池。1997年，楼房村争取资金40多万，修建了蓄水量为2.1万立方米的上沙甘岭塘坝。2009年楼房村又争取到93.5万元的资金，用两年时间修建蓄水量为1.8万立方米的楼房塘坝。仅十年时间建成了三座塘坝，使全村860多亩旱地，变成水浇地。

楼房村，花岗岩资源丰富。李喜红组织群众，采用多种形式，开发当地花岗岩资源，村辖区内先后建起25个石材开采点，建石材加工厂1座，闲散劳动力得到安置。人人有活干，村民收入增加，也壮大了集体经济。

楼房村集体经济壮大，村民富裕。李喜红和村支部、村委会没有忘记村里无依无靠的孤寡老人。2008年，楼房村多方筹资49万元，新建2层18间560平方米的敬老院，全村首批12名孤寡老人住进敬老院，实现老有所依、老有所养。楼房村成为全县唯一成立集体供养站的村。村敬老院78岁老人高文堂逢人便说党的政策好，村支部书记李喜红真是村民的好领导。

2008年楼房村出资20万元，建成村文化活动中心，活跃群众文化生活。

李喜红担任村党支部书记31年，带领群众苦干实干，是脱贫致富的带头人。被评为“河北省劳动模范”，保定市十一届人大代表和省七届、九届、十届人大代表。

北辛庄村党支部书记刘文玉

刘文玉，1947年出生，阜平县史家寨乡北辛庄村人。1994—2003年任北辛庄村党支部书记。北辛庄是全县有名特困村，全村有5个自然村，105户，340口人，距县城35公里，山场面积4万亩，耕地面积300亩。

1994年刘文玉任北辛庄村党支部书记，首先解决学校危房，带领班子成员多方筹集资金，在教育局的支持下盖学校4间，从此孩子们在明亮舒适的教室里上课。当时北辛庄5个自然村，其中羊马楼是个无电村，其他4个村有3个变压器，2个是坏的，不能正常用电。刘文玉把个人的牛卖掉做费用，发动群众拉杆挖坑，在电力局的支持下，解决了两台变压器，给羊马楼村通了电，全村都能正常用电，村民非常满意。

1996年，刘文玉发动群众兴修水利，在县扶贫办支持下，争取水泥100吨，经过8个月的奋战，4个自然村修防渗渠5000米，保浇耕地160亩。1997—2003年在扶贫办、计划局、市水利局的支持下，建塘坝3处，蓄水池2个，大部分耕地都能浇水。在电信局支持下投资20万元，发动村民栽杆、挖坑，1998年底通电话，方便了群众。1999年自筹资金3万元，安装有线电视，村民都能看到阜平新闻及各种信息。

落实荒山开发承包责任制，荒山开发1000亩，栽植板栗3000棵，核桃树5000棵，洋槐10万棵，杏树3000棵，杨树10000棵。

1998—1999年，经过多年的奋战修通葛家台到黄崖12公里沙石路。原来3米宽的路改造成6米宽，并修了40道涵洞。1999年在扶贫办支持下，投资11万元，在大各峪沟门架桥一座，道路畅通为北辛庄村的脱贫致富打下坚实基础。

1999—2000年，刘文玉带领两委班子，发展养殖，投资4万元从辽宁省盖州市购进绒山羊105只种羊，提高养羊户的经济效益。2000年，在扶贫办和国管局的支持下，购进奶牛30多头，让贫困户养牛卖奶得到了收入。

刘文玉任党支部书记期间，带领两委班子做了大量为村民脱贫致富的工作。获得县委的奖励。1997年评为模范共产党员；1998年评为扶贫攻坚先进个人；1999年被评为“山区综合开发优秀干部”；2000年被授予学用科技党员标兵。

第二节　企业扶贫

一、乡镇企业扶贫

天然饮料食品有限公司

阜平县天然饮料食品有限公司，建于1984年，厂址王林口镇东王林口村。张宝雄，1949年出生，阜平县王林口镇前岭村人。1985年任乡镇企业局阜平县天然饮料食品厂厂长。当时该厂仅有固定资产20万元，厂里一无资金，二无原材料，三无定型产品。面对这样一个烂摊子，张宝雄没有被困难吓到。率先出台一系列企业管理新举措：搞工资改革，实行多劳多得、奖勤惩懒，彻底打破了“大锅饭”，激发广大职工积极性。

购买新设备，在过去只是生产蜜枣、南枣、鲜无核、老无核、红无核、酥枣等产品的基础上，又生产香槟、格瓦斯、汽水、橘子汁等。研制开发盖宇牌红枣汁、酸枣汁。扩大生产规模，增加了市场产品占有率。

1993年，在专家指导下，利用当地资源，研制开发出博珍牌珍珠枣茶，填补阜平县茶生产的空白。至此，该厂产品已有三大类16个品种，其中无核蜜枣被评为市优良产品。博珍牌枣茶出口到美国等多个国家和地区，荣获河北省第四届、第五届消费者信得过产品奖。

饮料生产的主要原料是红枣、酸枣，枣产品加工业成了当地群众致富的支柱产业，王林口镇及周边枣农仅红枣一项，人均增收1600元。他跑南方，进北京，到大中城市为当地农民寻找红枣销路。通过他联系销路，每年销售100多万公斤，农民收入得到大幅度提高。每年都季节性招收本村或附近贫困村民几十或上百人到他的企业务工。他帮助贫困学生完成学业，先后资助五名学生学业有成。企业每年创造社会价值达100多万元。张宝雄的企业被保定市扶贫开发领导小组授予保定市扶贫龙头企业。2000年他被保定市授予致富明星；2002年：在科技兴县工作中，做出突出贡献，被评为“阜平县第四批拔尖人才”；2004年被河北省评为保定市和河北省劳动模范，2004—2006年连续3年被中共阜平县委评为“优秀共产党员”。

二、民营企业扶贫

山珍大枣制品有限公司

阜平县山珍大枣制品有限公司（以下简称公司），前身为阜平县蜜饯厂，建于1975年，2000年改制为民营股份制，更名为阜平山珍大枣制品有限公司。地址阜平县王林口镇方太口村，注册资金300万元，固定资产1300万元，公司员工200人。2004年公司获得“进出口企业”资格，取得独立自营进出口权，是外贸定点出口企业。公司董事长兼总经理马进明1996年、1998年被评为阜平县优秀厂长，1999年、2001年、2003年、2004年被县委评为阜平县优秀共产党员。

公司主要产品有无核红枣、水晶蜜枣、黑贡枣、红贡枣、阿胶枣、枣夹花生、蜂蜜枣珍、枣酱等十多个枣系列产品和海棠脯、杏脯、桃脯、草莓脯、山楂等。公司产品90%销往国外，出口日本、韩国、美国、加拿大、俄罗斯及东南亚等十几个国家和地区。2010年产品产量1200吨，年销售收入1230万，年利税152万元。

公司依托阜平大枣资源优势，通过“公司+基地+农户”模式，每年安排300多贫困农民就业。惠及86个贫困村约60%的贫困人口。是全县十家重点企业之一。2005年被评为“河北省扶贫龙头企业”。

东城铺果脯厂

阜平县东城铺果脯厂建于1984年，厂址阜平县北果园乡东城铺村，企业法人马文占，1952年出生，魏家峪村边界口人。企业性质为个人独资企业，经营蜜饯制造、农产品加工、销售；该厂现有员工60多人，其中管理人员8名、技术人员10名。

总经理马文占摆脱传统的家族式管理束缚，注重以人为本的管理理念，坚守“诚信经营”，他一面扎进商海调研市场，一面狠抓产品质量，强化企业管理，注册“赤果果”商标，树立自己的品牌形象。产品远销北京、山西、东三省、山东等地。每年加工收购青枣300万余斤，与210个贫困户建立了“公司+农户”的经营模式，提高了枣农的生产积极性。果脯加工属季节性生产，影响企业的经济效益，为使企业常年有活干，1996年马文占又筹集资金，建起阜东酒厂，生产“枣王贡酒”，枣香浓郁入口绵甜，很快打开了销售市场。为了改变传统低效益的栽培模式，他还自己承包山场建成200多亩的矮化密植枣园示范片，为全乡枣农提供良好的示范基地。

该企业始终坚持“一切为了用户”的经营理念，坚持以为用户提供技术先进、性能优良的新产品为己任，在不断变幻的市场中取得了不凡的业绩。该厂各项经济技术指标均有不同程度地增长，同时也赢得了社会各界的广泛好评。1993年，马文占被聘任为北果园乡副乡长，分管乡镇企业和教育工作。任职期间，使本乡的乡镇企业由当初几家发展到几十家，增加了税源和群众收入。1994年，马文占荣获保定地区农民企业家称号，当选为保定企业家协会理事会理事。被县委、县政府授予“致富带头人”，被评为纳税先进工作者。1998年，马文占调县乡镇企业局从事企业管理工作。

北方云母工业有限公司

河北省阜平县北方云母工业有限公司（以下简称公司）前身为“阜平县云母集团公司”，1992年12月成立。2005年改制为民营股份制，更名为“河北省阜平县北方云母工业有限公司”。股东16人，注册资金63万元。公司董事长兼总经理周世存，1955年出生。吴王口乡周家河人。

公司成立初靠手工生产天然云母片，大部分原材料靠本县资源，劳动力来自贫困户的子女。1997年开始发展云母深加工，公司聘请退休后原国家建材部云母工业研究所高级工程师为技术顾问。在西庄生产厂区发展再生云母。公司16名员工出资63万元，扶贫资金扶持80

万元，建成了机械化第一条再生云母生产线。2005年公司将再生云母性能再做技术研究改进，经县发改委批准（〔2005〕002号），上第二条再生云母生产线。2006年第2条再生云母生产线建成投产，主要生产用于航空航天工业、冶金工业、大中型高压电机、电器及家用电器的云母绝缘制品。产品畅销上海、广东、江苏、山东、陕西、吉林、辽宁、黑龙江等地。2010年有职工35人，年产量突破1200吨，年产值1.5亿元，上缴税金110万元。

1999年、2000年该企业被阜平县工商业联合会评为“优秀民营企业”。周世存2001年被中共阜平县委、阜平县人民政府评为“2000年度发展县域经济示范活动先进个人”。2008年被保定市纪委、保定市监督局纳入“成长型企业监测点”。2009年该公司被中共阜平县委、阜平县人民政府评为“阜平县第一届德信典型诚信企业”。2010年被阜平县地方税务局评为“2009年度纳税先进单位”，被县政府列入重点支持的工业制造企业。被河北省科学技术厅认定为“河北省科技型中小企业”。

第三节　易地搬迁

一、易地搬迁概况

阜平县是一个全山区县，贫困人口主要分布在边远深山区农村。其中，死贫村一般距县城和行政村比较远，最远的距县城80多公里，不通班车，出入步行，交通十分不便。生活生产用品全靠肩挑背扛；信息十分闭塞，生活与世隔绝。缺水缺电，思想观念和生活方式落后，生存条件极差。大部分人居住的是五六十年代的土坯屋和干打垒的房子。

要改善这些地方的基础设施成本太高，发展特色产业又缺乏条件，群众脱贫致富异常艰难。被称为“死贫村”的赤贫村，更是尝尽了吃水难、用电难、求医难、上学难、致富难的苦头。唯一的希望就是从大山里走出来，实施移民搬迁，进行开发式扶贫。是党的扶贫开发、移民搬迁政策给这些偏远深山的农民带来了希望，带来了对未来的憧憬。

阜平县委、县政府认真贯彻落实党的扶贫政策，始终坚持把移民搬迁工作作为脱贫致富的一项重要任务来抓。1996—2010年，完成3514户11919人的搬迁任务，建成移民搬迁新村1个，移民搬迁小区11处，绝大部分搬迁户靠异地搬迁开发解决了温饱，摆脱了贫困。

在移民搬迁中，本着因地制宜、分类指导的原则，总结推广了三种搬迁方式：（一）插花搬迁，凡符合条件的零星贫困户，可通过投亲靠友、联姻挂靠、经济往来等途径向条件较好的地方进行自由搬迁；（二）整村搬迁，对人口较多，居住偏远的行政村或自然村，由政府统一规划，开发商开发，实行集中安置；（三）自然村向行政村搬迁，对人口较少，居住分散的自然村由乡村协调宅基地，组织贫困群众向行政村靠拢。

坚持“四个结合”，确保搬迁群众搬得出、稳得住、能致富。在移民搬迁过程中始终坚持“四个结合”，即移民搬迁与小城镇建设相结合，对有条件的移民人口着重向县城周边的乡镇集中，通过人口搬迁实现小城镇的规模发展。移民搬迁与产业开发相结合，立足县城主导产业的发育壮大，注重移民新村的选址，尽量选在养殖、种植小区附近，搬迁户通过小区发展养殖、种植业可以加快脱贫致富的步伐。移民搬迁与劳动力转移相结合，培训移民掌握一门实用技术，增强外出务工的本领，实现“培训一人，输出一人，脱贫一人”的目标。移民搬迁与荒山开发相结合，搬迁户依靠开发荒山发展林果种植，脱贫致富。

先生产后生活，先开发后搬迁，让搬迁群众没有后顾之忧。只有生产搞好了，群众基本生活有了保障，才能消除顾虑；只有开发搞好了，群众搬迁后才能安居乐业。吴王口乡老爷庙自然村，既是一个“死贫村”，又是一个地质灾害隐患村，成为全县第一批搬迁试点村。1997年，县政府出资8万元，在县城周边的第一山村购买荒山800亩。在建房过程中，按照统一规划、统一设计要求，一座崭新的搬迁新村在荒山上拔地而起，第一批移民搬迁19户，从低矮昏暗的破土屋住进宽敞明亮的新砖房。1999年开始，搬迁户在县政府支持下，开发荒山320亩，整治水平条田180多亩，栽种美国黑宝石李子、日本甜柿、京东板栗、大杏扁等优质果树6800棵，在水平条田种植杂粮，解决生活问题。累计有120户457人搬入第一山移民新村，“死贫村”的村民变成了“城里人”，人们的观念、意识在不知不觉中发生了质的变化。搬迁户中有搞养殖的，有搞种植的，有跑运输的，有外出打工的，搬迁户的生活正在走向富裕。搬迁工程竣工后，国管局原副局长唐树杰亲自为搬迁村命名为“幸福村”。

落实好移民搬迁优惠政策，让搬迁户安居乐业。史家寨乡厂坊行政村出一朝自然村，原村坐落在一座高山半山腰，缺水、无电，不通公路。整村搬迁到乡村公路附近，政府免费解决了通电、通路问题，还解决了孩子入学难问题。生存条件改善了，人们的精神面貌也发生了变化。村民以前所未有的干劲整治荒山，人均开垦耕地1.2亩，粮食年产人均达到700公斤，人均年收入由搬迁前不足300元增到了900多元。

2001年新一轮的扶贫开发工作开始，为大力推动整村集中搬迁工作开展，从根上改善贫困群众生产生活条件，阜平县大力实施扶贫移民搬迁“一边一线”工程，即在县城周边和公路沿线集中建设移民搬迁小区。从2003年到2010年，按照科学规划、布局合理、稳步推进的原则，分别在县城周边和公路沿线先后规划完成了第一山二期工程、聚龙搬迁小区一、二期工程、白河搬迁小区一期工程、东庄搬迁小区整体工程等5个移民搬迁小区工程建设，累计集中搬迁贫困户257户849人。搬迁到县城周边第一山、聚龙、白河小区的贫困户就业渠道和致富门路大大拓宽；搬迁到公路沿线的东庄小区毗邻全县最大的鼋鱼养殖基地和阜平县最大的煤炭集散销售区。良好的生产生活条件，使这些搬迁户在较短的时间内实现了摆脱贫困的目标。

县政府按照移民搬迁与城镇建设相结合的原则，扶贫资金与城镇经济适用房建设资金与社会资金相互匹配，捆绑使用，让偏远山村的贫困群众搬迁到县城，实现了从乡下人到城里人的蜕变。2008年，大元移民搬迁小区由开发商出资征地建房，按照城镇居民小区标准建设住宅楼2栋。城建部门为开发商补贴经济适用房建设资金，扶贫部门按标准补贴贫困户搬迁资金，搬迁户再以低于市场价格购买住宅楼。到2009年底，60户233人偏远山村的贫困群众迁入新居。这种搬迁模式被县政府命名为扶贫移民搬迁的“大元模式”，这种模式成为阜平移民集中搬迁的主要途径。

另外，完成投亲靠友插花搬迁到其他乡村446户1568人。这些搬迁户由于人脉在、地情熟很快适应新地生活，加之原址地权、林权、产权不变，经济收入有增无减，脱贫步伐大大加快。

为实现“搬得出、稳得住、能致富”的宗旨目标，阜平县多措并举对搬迁户进行追踪问效，跟踪服务，有效保证了移民搬迁的工作成效。（一）加大资金扶持力度，增强搬迁户发展后劲。新一轮扶贫开发工作实施后，阜平县涉及各类专项资金的投放向搬迁村、搬迁户倾斜，大力支持搬迁村进行交通、农田水利等基础设施建设，扶持搬迁户实施荒山开发、畜牧养殖、林果栽植、农田改造等脱贫项目，各类扶持资金累计投向搬迁村、搬迁户达到1360万元。（二）强化科技培训，提高搬迁户致富技能。新一轮扶贫开发工作实施后，扶贫、人社部门相互协调，累计投入扶贫科技培训资金176万元，阳光培训资金72万元，在县职教中心举办针对移民搬迁户的创业培训和实用技术培训36期，参训人次达到2560人次。（三）加快劳动力转移步伐，促进搬迁户增收。新一轮扶贫开发工作实施后，扶贫办与就业服务局相互协作，结合全县“立足本地、面向京津、辐射华北”的劳动力转移战略，全县搬迁累计向外地输出劳动力1170人，就地转移劳动力1840人。靠劳动力转移，全县搬迁户年实现人均增收1980元。

扶贫移民搬迁已成为阜平县缩小贫富差距、稳定解决缺乏基本生存条件地区贫困群众脱贫致富的最有效路径。安置区迁入农户的通电、行路、饮水、就医、子女入学等问题基本得到了解决，搬迁后的移民生产生活条件和居住环境得到了普遍提高，彻底告别了过去恶劣的生存环境，迎来了温暖祥和的生活，走向了富裕之路。

二、移民搬迁村——幸福村

幸福村是1997年开始新建的阜平县第一个移民搬迁自然村，位于阜平县城西，居阜平县第一山行政村。2003年，全村120户457口人，来自吴王口乡的柳树沟自然村、老爷庙自然村和台峪乡的上寺自然村。这三个自然村是阜平县出了名的“死贫村”，也是全县扶贫攻坚最难啃的硬骨头，缺乏最基本的生存条件，路不通，电不通，讯不通，吃水难，上学难，求医难，生产难，生活难，发展难。地处在严重的地质灾害区，自然灾害频发。实施整体移民搬迁，进行开发式易地扶贫，是脱贫致富的唯一出路和最佳选择。基于此，1997年，阜平县政府决定，县政府出资8万元，在阜平镇第一山行政村购买荒山800亩，新建一个移民村。项目由县政府统一规划、统一设计、统一建设，砖混结构，1997年始建，2003年建成，工程分三期进行。

第一期，1997—1998年，用两年时间，完成19户搬迁任务。1997年，县财政投资20万元，劈山整地为19户搬迁户建房76间。县农业银行投资20万元用于启动就业、发展生产。1998年，19户移民搬迁入住。

第二期，1999—2000年，在一期移民工程的北面，西面开工建设，县政府投入发展资金40万元劈坡垫沟造地，农行贷款20万元用于搬迁户发展生产。搬迁户出工出劳互助建房164间。2000年，41户移民搬迁入住。

第三期，2001—2003年，在二期移民工程的周边陆续劈山造地，60户陆续建房240间。2003年，60户移民搬迁入住。

阜平县扶贫移民第一村“幸福村”，水泥铺的村道两旁绿化成荫，12排排子房一排紧挨一排，村容村貌整洁一新。村民生活水平发生了很大变化，在县政府的支持下，搬迁户开发荒山320亩，整治水平条田180多亩，栽种美国黑宝石李子、日本甜柿、京东板栗、大杏扁等优质果树6800株，并在水平条田种植杂粮，解决了生活问题。16户搬迁户建起16个沼气池，做饭、照明用上清洁能源。搬迁户李秀庭第一个搞起规模养猪，存栏60头；贾二有第一个圈舍养羊，存栏80只。搬迁户高三银、李计所、黄秀生、黄家女等户，第一批搞起了食用菌大棚。搬迁户贾小英第一个搞起家政服务，组织6名妇女为县城居民进行家庭卫生保洁。搬迁户刘斤效、黄利平、张二小等人搞了运输业，承揽运输业务。搬迁户刘七斤第一个组建了建筑施工队，组织搬迁户劳动力在县城内搞建筑施工。其余搬迁户劳动力在县城打工，人均月收入4000多元。从山上搬到幸福村，解决了小伙子找媳妇难的问题，2000年青年黄路平第一个结婚，到2010年结婚的青年有42个。搬迁户村民的子女在县城厢小学入学，受到良好的教育，第一期搬迁户贾二有的女儿贾丽丽2009年第一个考上了国家重点大学“华中农业大学”。

2001年国务院机关事务管理局先后为搬迁村协调资金30万元，修路2500米，打大口井1眼，机井配套。建储水池1座，解决搬迁户道路、饮水、浇地等问题。2001年4月，国务院机关事务管理局副局长唐树杰2001年4月到搬迁村调研，为搬迁村命名“幸福村”。阜平县人民政府2001年11月为第一山移民新村立碑——幸福村，纪念移民搬迁工程。

2002年7月3—4日国家扶贫办主任吕飞杰到阜平县调研，先到“死贫村”调研后，再到移民搬迁新村—幸福村察看搬迁情况。对移民搬迁后新变化给予肯定，扶贫移民搬迁是稳定解决缺乏基本生存条件贫困村民脱贫致富的有效途径。

第十一篇　政法·军事

1996—2010年，阜平县公、检、法、司、各职能部门，认真履行宪法和法律赋予的职责，相互配合联动。建立健全治安防范机制和法律服务体系与民事调解组织，积极开展宪法宣传教育，严格社会治安管理。依法开展集中打击战役和严打活动，有效地预防和打击了各种违法犯罪。县公安部门按照“稳定压倒一切”和“服务经济发展第一要务”的精神。强化社会治安综合治理，破获刑事案件2273件，摧毁犯罪团伙360个。户政、监所管理、交通管理、消防管理及重大节日、重要活动保卫等工作均取得较好成绩。有力的震慑了犯罪，保障了社会秩序稳定。县检察机关认真履行检察职能，以打击破坏社会经济秩序、贪污贿赂、渎职犯罪为重点，强化法律监督、维护公平正义，查处渎职侵权案18件，经济犯罪75件，挽回经济损失406.1万元。受理不服人民法院民事（经济），行政判决、裁定的案件111件，立案29件、抗诉44件，息诉27件。县审判系统围绕“公正与效益”主题，不断推进刑事、民事、经济和行政审判方式改革，案件审判质量和执行率进一步提高，审结各类案件10368件。审（执）结标达1.034亿元，保护了公民的合法权利和利益。司法行政部门，顺利完成“三五”“四五”“五五”普法规划。办理各类法律援助案件1087件，提供法律咨询服务78960人（次），办理各种公证2058件，增强广大人民群众的法律意识和法制观念，推动依法治县工作的顺利开展。

阜平县人民武装部在上级军事机关和县委、县政府的双重领导下，根据新时期的特点，健全民兵组织，组建民兵应急分队和专业技术分队，调整完善民兵预备役组织，严格军事训练，加强民兵训练基地和基层武装部建设，组织全县民兵积极参加两个文明建设。在兵员征集方面，做好宣传发动、严把体检、政审关，做到15年无一例退兵。在防汛、防火、修路、植树等项工作中，动员民兵积极参加，为经济建设贡献力量。

第一章 公安

1996—2000年，阜平县公安系统围绕服务经济建设，坚持“打防结合，综合治理”，严打、严管、严防、严控，全力维护政治稳定和治安安定。严厉打击违法犯罪，创新治安防控。根据不同时期的犯罪态势，开展有针对性的专项打击行动，侦破多发性案件和大案要案。2001—2004年连续四年开展禁毒专项特别行动，实现全县零种植。2010年阜平县被评为全国“6·26”禁毒宣传教育精品县。2004年2月21日成功侦破在外贸广场发生的一起重大聚殴案件。2008—2010年对经济案件加大侦破力度，对北岳水泥有限责任公司合同诈骗案成功侦破，挽回经济损失263.36万元。实施“110”“119”“122”联并，完善多警种联合作战的快速反应机制。推进网络安全工作，建立互联网与社会相适应的监控模式。配合县委、县政府依法治访，开展人民内部矛盾排查工作，及时化解社会不安定因素，为阜平县的经济发展和社会稳定保驾护航。

第一节 组织机构

一、机构设置

1996年，阜平县公安局设机关股室12个：即办公室、政治处、政保股、内保股、纪委、预审股、户政股、治安股、消防科、刑警大队、交警大队、看守所。下设阜平镇、平阳、王林口、城南庄、北果园、下庄、东下关、龙泉关、大台、台峪、史家寨、砂窝、吴王口等13个乡镇派出所和黄金、矿山、林业、市场、土管执法5个行业派出所等。刑警大队下设5个部门：办公室、刑警一中队、刑警二中队、刑警三中队、刑警四中队。

1997年6月30日组建指挥中心、110报警服务台（特情大队），两个牌子一套人马。同年11月5日，增设刑警五中队，撤销预审股。1998年4月24日增设国税派出所、地税派出所，撤销林业派出所、土管局执法队、黄金派出所。2000年撤销110特情大队，组建110巡警大队。2001年根据责任区划分情况，撤销刑警五中队，刑警一、二、三、四中队，分别改为直属中队、阜北中队、阜南中队、技术中队。同年8月增设警务督察大队。2002年11月增设禁毒经侦中队。同年增设案件审理中队。2003年8月撤销国税派出所、市场派出所、地税派出所。县公安局政保股改称为国内安全保卫大队，治安股改称为治安警察大队。

2004年增设林业派出所，将纪委更名为纪检监察室。刑警大队更名为刑事案件侦察大队，交警大队更名为交通警察大队，“110”巡警大队更名为巡警防爆大队。2008年将政治处更名为政工监督室（加挂监察室、警务督察大队牌子）、法制股更名为法制室、办公室更名为指挥中心（加挂办公室牌子）、将巡警防爆大队更名为巡警特警大队、缉毒经侦大队更名为禁毒大队。撤销警务督察大队、纪检监察室、户政股、内保股。增设警务保障室、爆炸危险物品监管大队、拘留所。2009年将东下关派出所更名为天生桥派出所、下庄派出所更名为夏庄派出所。

2010年，公安局设政治处、指挥中心（办公室）、警务保障室、纪检监察室（警务督察大队）、网络安全保卫大队、法制大队、信访办、国内安全保卫大队、治安警察大队（下辖户政管理、出入境管理、治安管理3个中队）、刑事案件侦查大队（下辖情报信息、办案指导、经侦、城关、阜南、阜北、刑事技术室7个中队）、交通管理大队（下辖办公室、车管所、事故股、法制股及12个中队）、巡警特警大队、看守所、消防大队，同时下设阜平镇、平阳、王林口、城南庄、北果园、夏庄、天生桥镇、龙泉关、大台、台峪、史家寨、砂窝、吴王口等13个乡镇派出所和府前街派出所、高速治安派出所、森林警察大队。

二、公安队伍

1996年公安民警161人，交警大队民警27人。2001年增加16名（公安院校毕业生10名，其他院校毕业生6名），公安队伍发展到188人。2003年以后一部分老民警达到退休年龄，警力出现负增长，到2006年减少到178人。2008年公安局招录公务员16名，警力增加到194人。2009—2010年，6名民警达到退休年龄，到2010年警力为188人。2005—2010年，为提升公安民警业务素质和执法能力，在全体民警中组织开展了形式多样的专项教育活动和执法培训，全县公安民警政治业务素质得到提升。

1996—2010年阜平县公安队伍状况比对分析表

表11-1-1

年份	人员数量	知识结构	年龄结构
1996	161人	大专学历占9.94%、高中（中专）学历占52.8%、高中以下学历占37.26%	50岁以上占21.12%；40～50岁占32.30%；30～39岁占36.65%；29岁以下9.93%
2010	188人	本科学历19.15%、大专学历41.49%、高中学历26.06%，高中以下学历13.30%	50岁以上占25.53%；40～50岁占37.24%；30～39岁占25.53%；29岁以下11.8%

第二节　治安管理

一、农村治安

1996年后，公安系统加大维护农村治安稳定力度，建立健全农村（社区）治保组织、治安巡逻队、厂矿企业联防队等.每个行政村设专职治保干部1名（由村干部兼任），治安巡逻队员3～5名。治保组织、治安联防队在乡镇派出所指导下开展工作，由派出所不定期进行工作业务培训指导。截至2010年12月，全县农村治安巡逻队209个，治安巡逻队员1095名。

二、特种行业管理

1996年，全县特种行业56家，其中：旅馆32家、机动车修理业21家、废旧金属回收业1家、歌舞娱乐业2家。截至2010年12月，全县特种行业发展到184家，其中旅馆103家，机动车修理业60家，废旧金属回收业15家，歌舞娱乐业4家，桑拿洗浴业2家。对特种行业场所，县公安系统坚持日常检查和集中清查相结合，及时剔除治安隐患。

（一）对旅店、车站管理

1996—2005年，县公安系统对旅店业、车站等流动人口较多场所，采取不定期治安检查。在重大节日、重大活动期间，公安机关加大检查力度，确保治安秩序稳定。针对长途汽车站客流量大，人员混杂，易发生问题的特点，加大巡逻清查力度，严厉打击车站内各类违法犯罪活动，维护车站治安秩序。在各类重大安保活动中，车站作为重点治安检查场所，设立临时治安检查卡点，严格盘查可疑人员和可疑物品，实现“无一个高危人员、无一件危险物品流入北京”的目标。

2006年，对全县93家旅馆安装了旅馆业治安管理信息系统，重点加强对住宿人员验证登记制度的管理，要求各旅馆必须按照实际住宿人员和人数如实登记，做到“四实”（实名、实数、实情、实时），及时上传入住人员信息。严禁一人登记，多人住宿，本人登记，他人住宿。严禁不按规范信息采集住宿人员信息，不按规定验证登记。坚决杜绝不录、迟录、漏录、漏传、迟传、不传住宿人员信息和让无证人员住宿等情况发生。工作中做到“三个一律”，即：对无证经营的旅店（含留宿洗浴场所）一律封停；对无证经营的网吧会同工商部门一律予以取缔；对不登记、虚假登记或一证多人登记的旅店、网吧等一律顶格处理。

（二）公章刻制行业管理

2009 年 3 月县公安系统按照市公安局要求安装网络印章信息系统，责令两家单位停止刻制所有冠有单位名称和具有法律效力的印章。

（三）其他特种行业管理

2009—2010 年按照“严格审批、严格管理、热情服务”的要求，建立和充实管理特种行业的专职民警，强化审批制度，严格按照规定办理各类手续，建立、健全特种行业内部管理制度和防范体系，把治安责任落实到人。

三、危险物品管理

（一）民爆物品管理

1996—2007 年县公安系统严格落实“四抓”措施：1. 抓排查清理。排查民爆物品销售、使用单位基本信息，检查安全管理、防范等制度落实情况，逐一登记造册，加强日常监管，安全检查。2. 抓安全环节。定期对民爆物品销售、使用单位开展危险物品检查和流向审查核对，及时发现物品在经营、储存、运输、使用等环节存在的漏洞隐患。3. 抓管理登记。对从事爆破作业的人员和从事管理及施工的人员，逐一登记造册。4. 抓教育宣传。开展危爆物品专项整治行动，2008 年奥运安保期间，公安机关深入开展危爆物品集中整治专项战役，对所有使用民爆物品的单位予以暂停供应民爆物品，维护奥运安保期间的社会稳定。2010 年，市公安局安排部署打击非法采矿和涉爆类违法犯罪百日会战专项行动，县公安系统侦破非法采矿案件 1 起，涉爆违法犯罪案件 27 起，抓获违法犯罪嫌疑人 30 人，收缴炸药 5688 公斤，雷管 3846 枚，导火索 675 米，黑火药 265 公斤。截至 2010 年全县有涉爆单位 53 家。

（二）鞭炮制造厂家及营销摊点管理

1996—2007 年，阜平县有烟花爆竹生产厂家 1 家：阜平县城南庄镇第一烟花爆竹厂。

2010 年公安定点收缴管理枪支弹药

2007 年 10 月 30 日上午 9 时许，阜平县城南庄镇第一烟花爆竹厂发生爆炸事故，造成 3 人当场死亡，2 人重伤抢救无效死亡，3 人轻伤。事故发生后，县公安局对阜平县第一烟花爆竹厂厂长齐建海依法追究刑事责任，相关部门对该厂予以关停。为严防再次发生烟花爆竹爆炸事故，县公安局结合安监、工商等部门，严格营销摊点设置和管理，坚决取缔无证销售各类烟花爆竹的零售、游动摊点，严禁销售国家明令禁止的违禁烟花爆竹。公安机关不定期开展烟花爆竹集中清查收缴行动，打击非法生产、运输、储存、销售烟花爆竹的各类违法行为，确保烟花爆竹安全管理安全无事故。截至 2010 年 12 月，全县有烟花爆竹营销摊点 66 家。

（三）枪支弹药管理

1996—2000 年，公安系统加强对流散于社会上的枪支弹药清查收缴管理，加强枪支使用单位安全检查。2001 年，组织开展“治爆缉枪”专项行动，收缴枪支 2 支，子弹 876 发，查处相关违法犯罪人员 1 名。2002—2010 年，公安系统将枪支使用单位的安全检查作为重点，定期组织民警对枪支使用单位物防、技防、人防措施进行检查，排出各类隐患，确保安全无事故。

1996—2010 年阜平县治安案件统计表

表 11-1-2

项目 年度	发案数 （起）	查结数 （起）	查处率 （%）	处罚违法人员数 （名）	罚款 （万元）	行政拘留 （名）
1996	342	327	95.6	369	217	152
1997	246	223	90.7	251	160	91
1998	195	195	100	203	133	70
1999	248	235	94.8	267	168	99
2000	239	228	95.4	233	198	35
2001	278	252	90.6	273	233	40
2002	162	151	93.2	580	351	229
2003	328	305	93.0	554	446	108
2004	302	296	98.0	191	98	93
2005	213	196	92.0	153	17	136
2006	176	164	93.2	236	132	104
2007	376	368	97.9	415	13	402
2008	605	605	100	647	18	629
2009	734	594	80.9	369	19	350
2010	922	805	87.3	922	127	795

第三节　刑事案件侦查

一、专项整治

1996—1999 年公安系统先后开展“春季严打、夏季治安整治”和“一破三打四整顿”等专项行动（“一破”：破积案，“三打”：打盗抢、打痞霸、打诈骗，“四整顿”：整顿交通、整顿火灾、整顿治安、整顿矿山），破获一批案件，抓获一批犯罪嫌疑人。2000 年发案数有所下降。2001—2008 年，组织开展“打盗抢、抓逃犯”专项行动、夏季严打整治专项斗争、“百日大巡逻”“大巡逻、大清查、大检查、大搜捕、大防控”“冬季亮剑”等一系列专项行动。对各类影响政治稳定、社会安定的犯罪活动予以全力打击，维护社会治安的持续稳定。2009 年，国庆之际，公安系统组织开展“打盗抢攻坚行动”“社会治安整治行动”“社会治安整治百日会战”“打击拐卖妇女儿童”“打击假币犯罪 09 行动”“冬季攻势”等一系列专项行动。2010 年，组织开展严打整治“利剑”行动，破获一批有影响的案件，抓获一批犯罪嫌疑人，打掉一批犯罪团伙，刑事案件得到有效遏制。

1996—2010 年，立刑事案件 4236 起，破获刑事案件 2273 起（包括隐、积、协外案件）。在侦查破案工作中，有 10 个专案组和 80 余名民警立功受奖。

2010 年“利剑”行动启动

1996—2010年阜平县刑事案件发案破案统计表

表 11-1-3

项目 / 年度	发案数（件）	其中		破案数（件）	破案率（%）	其中				刑事案件分类（件）										
		大案数（件）	一般数（件）			重大案（件）	破案率（%）	一般案（件）	破案率（%）	杀人	伤害	抢劫	防火	爆炸	强奸	流氓	诈骗	盗窃	绑架	其他
1996	213	17	196	98	46	8	47.1	90	45.9	1	4	6	—	—	2	—	3	165	—	32
1997	144	13	131	66	45.8	6	46.2	75	57.3	1	3	7	—	—	—	—	—	107	—	26
1998	152	25	127	83	54.6	11	44	57	44.9	—	7	5	—	1	—	—	6	91	—	42
1999	122	13	109	55	45.1	6	46.2	41	37.6	1	8	3	—	—	1	—	—	73	1	35
2000	188	27	161	103	54.7	7	25.9	96	59.6	6	7	3	—	6	3	—	11	115	2	35
2001	154	33	121	108	70.2	7	21.2	101	83.4	3	10	8	1	5	6	—	4	104	—	13
2002	208	31	176	127	61	5	16.1	122	69.3	3	7	13	1	2	4	—	4	79	1	94
2003	163	24	139	96	58.8	5	20.8	91	65	4	6	6	2	1	5	—	2	109	—	28
2004	193	29	164	133	68.9	23	79.3	110	67.1	3	9	7	1	2	6	—	4	137	1	27
2005	202	31	171	106	52.5	21	67.7	65	38	4	5	14	1	3	4	—	7	133	—	31
2006	260	41	219	199	76.5	33	80.5	136	62.1	1	11	25	—	2	2	—	8	128	—	27
2007	342	53	299	236	69	35	66	201	67.2	4	2	39	2	1	5	—	13	192	—	84
2008	361	27	334	284	78.7	20	74.1	264	79	1	10	12	3	—	1	—	42	221	—	71
2009	833	106	727	439	52.7	55	51.9	384	52.9	1	53	45	6	1	—	—	38	620	—	69
2010	951	138	813	474	49.8	71	51.4	403	49.6	—	60	67	—	2	8	—	64	597	1	152

二、整治经济犯罪

1996—2010年刑警大队经侦中队负责阜平县重大经济犯罪案件的侦办工作，对经济犯罪形势进行分析研究，制定打击和防范对策。经济案件主要是：销售伪劣商品案件、合同诈骗案件，信用卡诈骗案件，职务侵占，挪用资金，集资诈骗等。2008年8月26日，犯罪嫌疑人金水林以溧水县芝山建筑材料厂法人代表名义与阜平县北岳水泥有限公司法人代表杨振光签订三年（2008年10月1日至2010年10月1日）承包合同，在承包期间为负责人，2010年伙同总会计王洪彬侵占霍志平、杨占青、赵景文等购买水泥预付款263.36万元。此案2010年8月告破。

1996—2010年阜平县破获犯罪团伙统计表

表11-1-4

项目 年度	合计		其中							
	破案件数（件）	涉及人员（人）	盗窃		抢劫		伤害		其他	
			个数	人员	个数	人员	个数	人员	个数	人员
1996	35	57	19	13	3	8	—	—	13	36
1997	18	31	9	7	5	12	—	—	4	12
1998	29	55	7	10	8	5	3	16	11	27
1999	47	68	26	20	2	7	—	—	19	41
2000	31	44	18	15	4	9	—	—	9	20
2001	35	45	16	23	6	9	3	5	10	8
2002	15	22	6	8	3	5	2	6	4	3
2003	17	8	11	5	6	3	—	—	—	—
2004	21	30	15	9	3	11	—	—	3	10
2005	8	15	6	5	2	10	—	—		—
2006	12	23	7	5	3	8	—	—	2	10
2007	18	21	12	9	4	7	—	—	2	5
2008	22	31	11	7	7	23	—	—	4	11
2009	46	52	31	18	9	26	5	3	1	5
2010	19	25	12	15	7	10	—	—	—	—

附：

外贸广场聚众斗殴案

破获2004年“2·21”聚众斗殴案。2004年2月21日下午4时36分，阜平县外贸广场发生一起聚众斗殴案件，致刘军（男，64岁）、张永军（男，50岁）死亡，张兴礼（男，36岁）、张占军（男，50岁）、张兴哲（男，37岁，五人均系曲阳县人）不同程度受伤，10辆轿车不同程度受损。案发后，引起省、市、县领导的高度重视，市公安局专门组织精干警力到阜平县展开侦破工作。经深入细致工作，先后抓获涉案人员60余人，成功侦破此案。

大园村特大杀人案

侦破2005年“1·17”特大杀人案。2005年1月17日晚19时左右，阜平镇大园村发生一起特大杀人案，该村村民袁玉民家的两个孩子袁圆（女，18岁）、袁浩（男，13岁）被杀死在家中。公安局迅速成立专案组展开案件侦破工作，经现场勘查、走访调查访问、线索排查等工作，1月23日，最终确定死者袁圆生前的好友张某有重大作案嫌疑。办案民警迅速将张某抓获，经讯问张某对杀人的犯罪事实供认不讳。

第四节　户政管理

一、管理范围

1996—2010年，县户籍工作由县公安局户政股管理，各派出所建立户籍室，专门管理户籍工作。主要对常住人口、暂住人口、重点人口、出生、死亡、迁入、迁出、变更户籍资料及居民身份证的发放管理。2010年11月11日撤销户政股，在治安管理大队设户政管理中队。

二、常住人口管理

1996年，全县常住人口（包括农业人口和非农业人口）呈逐年增长趋势。2000年结合全国第五次人口普查工作，县公安系统13个乡（镇）派出所对全县人口进行全民登记、核对、纠错，户籍工作逐步实现户籍微机化管理。2003年10月，打破城乡分割的农业、非农业户口管理结构，取消非农业户口、农业户口的划分，以居民居住地和所从事的职业，将人口划分为城镇人口和农业人口，统一登记为居民常住人口。2010年，第六次全国人口普查工作开始，公安局开展入户访查登记工作，对全县漏登、重登、错登户口进行集中梳理，对人口进行全面排查登记。

2010年第六次全国人口普查宣传工作现场

（一）农业、非农业人口管理

1996年，全县有非农业人口22313人，农业人口181611人。2003年，取消农业、非农业户口划分后，全县有常住人口207936人。1996年户口登记以实际居住地为准，实行一户一簿，2003年结合第二代居民身份证换发准备工作，县公安系统对常住人口进行逐人、逐户、逐项核对，同时户籍工作逐步实现微机化，全县人口数据并入全国人口数据网。对户口信息的更改，严格管理，实行派出所、县公安局、市公安局层层审批制度。截至2010年全县有常住人口223846人。

（二）迁出、迁入、出生、死亡户口管理

1996—2002年，阜平县户口迁出、迁入、户口上户管理工作较为严格，手续复杂。出生上户需携带准生证、出生医学证明、结婚证、户口本等证件。2003年，按照《河北省人民政府关于进一步深化户籍管理制度改革的意见》文件精神。放宽5种落户政策：1.在本地有合法营业执照并依法纳税一年以上的；2.与用人单位签订劳动合同一年以上的；3.具有国家承认的中等职业教育以上学历的；4.具有国家承认的大专以上学历的；5.农民工中的市级以上劳动模范、先进工作者以及有其他突出贡献的。根据上级文件精神，新生儿上户只需出具出生医学证明和父母的户口本即可。对死亡户口的管理，人员死亡后由村级出具死亡证明，携带死者户口本到户籍地派出所注销户口即可。

1996—2010 年阜平县迁出、迁入、出生、死亡人数统计表

表 11-1-5　　单位：人

项目／年度	迁入人数	迁出人数	出生人数	死亡人数
1996	—	—	1909	909
1997	1978	2643	1992	992
1998	1918	2093	2062	414
1999	—	—	2465	2931
2000	—	—	2299	1329
2001	—	—	2466	1496
2002	—	—	2653	2194
2003	—	—	2512	945
2004	—	—	2560	2195
2005	—	—	2976	643
2006	—	—	3392	382
2007	1270	891	3250	410
2008	2783	2360	5622	816
2009	3838	3673	9725	1580
2010	950	1565	3101	2633

三、居民身份证办理

1999 年 10 月 1 日起开始办理 18 位编码的居民身份证，15 位编码身份证（1984 年开始办理的第一代居民身份证）仍然有效，有效期内持证人要求换领的，为其换发 18 位编码居民身份证。2003 年开始换发第二代身份证。到 2010 年全县换发二代身份证 13 万张。

四、流动人口管理

1996—2002 年，县公安系统以县城及平阳、城南庄、砂窝等经济发达乡（镇）和龙泉关、吴王口等与外省相邻乡（镇）为重点区域，以企业、饭店、娱乐场所为重点对象，加强对全县流动人口管控，登记率、办证率在 95% 以上。2003—2007 年，全县煤炭运输业、煤炭经营业、矿山开采业、石材加工业迅速发展，外来人口大量涌入。县公安系统结合经济发展和人口流动性较大的特点，建立流动人口、出租房屋管理新办法。采取“以房管人”措施，集中开展流动人口、出租房屋清理整顿专项行动，加大旅店业、娱乐服务场所、建筑公司、企业单位、个体用工场所的清查检查力度。2008 年奥运安保、2009 年国庆 60 周年安保期间，进一步加大流动人口、出租房屋清查力度，实行定期检查和不定期清查相结合，推动流动人口管理工作规范化、制度化。2010 年全县流动人口 8722 人，出租房屋 368 户。

第五节　出入境管理

一、登记备案

2008 年，国家工作人员登记备案和法定不批准出境人员通报备案两大报备信息系统投入

使用，对全县88个机关单位的1572名国家工作人员统一报备，对公、检、司、法、安监等5个执法单位的1615名法定不批准出境人员统一报备。

二、护照申办

2009年1月1日，阜平县设立出入境接待大厅，开通护照受理及网上录入业务。截至2010年办理护照2200份。

第六节　公共信息网络安全管理

一、队伍建设

网络安全大队查找相关数据

2010年11月11日，县公安系统成立网络安全保卫大队，设大队长1名，教导员1名。网络安全大队成立前，主要业务工作在内部安全保卫大队，负责全县网吧管理和监督。网安大队成立后，主要担负着信息网络安全保卫任务，依法监督、检查、指导互联网和重要信息系统落实安全管理制度、安全保护技术措施和安全登记保护制度，维护信息网络安全秩序，依法防范和查处主要违法犯罪活动在信息网络中实施的违法犯罪，为查处利用信息网络进行违法犯罪活动提供技术支持和服务。

二、监督管理

监督、检查、指导互联网接入单位、互联网信息服务场所、上网服务场所，落实安全管理制度和安全技术保护措施，对互联网上网服务营业场所进行网络安全检查和审核。开展互联网安全知识宣传和信息网络安全专业技术人员继续教育工作。2010年全县有互联网上网服务场所（网吧）15家，正常营业12家，信息网络安全技术人员培训42人次。

第七节　交通安全管理

一、道路综合管理

交警大队设县城中队和11个路查中队，分别负责县城主要街道交通秩序管理和国道、省道及县域公路的路检、路查工作。1996年，阜平至山西河龙线投入建设，交警大队坚持上路巡查、纠正违章、疏导车辆、维护秩序，确保交通安全畅通。1997—2002年，交警大队以预防和减少交通事故为重点，以“平安大道”“畅通工程”建设为主线，深入开展事故多发路段排查治理和道路交通秩序专项治理行动，查隐患、纠违章、遏事故、保畅通，维护全县良好的道路交通环境。2004年县境内车流量由2003年的日流量5000台次，上升至18000台次，县公安交警加大依法整治力度，查纠交通违法、违章行为11387人次。2005年开展县城交通秩序专项整治，交通环境明显改观。2006年9月投资67万元在县城主要街道安装防护栏。2008年坚持“严打开路”，对各类交通违法犯罪行为，依法从严打击、严厉惩处。保持严打高压态势，全年纠正、消除和查处各类交通违法行为75000余例，治理改装车185辆，查扣报废

县城中兴街交警指挥交通

车41辆，行政拘留290人。2009年投资12万元对县城区主要街道划定分道线标线，县城交通面貌得到很大改观。2010年严查各种交通违法行为，杜绝了重特大交通事故发生。

二、驾驶员及车辆管理

1996年，全县有机动车9738辆，其中大型车辆825辆，小型车辆1423辆，农用车4728辆，机动车驾驶员8723人。2010年全县机动车42218辆，其中大型车3864辆，小型车8488辆，农用车13730辆，驾驶员28723人。

1996年，对全县驾驶员实行档案管理制度。1997—2004年，对机动车检验和驾驶员考试实行倒查追究制度。考试员和驾驶员在考试评定表上签名盖章，坚持谁检车谁签字、谁考试谁签字、谁签字谁负责。2005年加强违规车辆监督工作。发现生产厂家继续生产、销售违规车辆，及时向上级主管部门反应情况，从源头堵住违规生产车辆的行为。2006—2008年加大客运车辆及驾驶员的管理力度。对大型客车和大客驾驶员实行“户籍化”管理，对从事营业性运输的中型客车和从事客车运输的大客驾驶员逐车逐人拍照建档，登记造册。2009—2010年建立监督制约机制。公开监督咨询电话，认真兑现各项服务承诺，狠抓各项措施落实。

三、交通事故

1996—2000年小型车出现大幅增长，交通事故发生率较低。2001年后车流量剧增，交通事故逐年上升。1996—2010年，全县发生交通事故330起，死亡98人，受伤509人，经济损失727万元。

1996—2010年阜平县交通事故统计表

表11-1-6

项目 年度	事故（起）	死亡（人）	受伤（人）	直接经济损失（元）
1996	12	2	17	260000
1997	15	3	22	270000
1998	12	2	24	300000
1999	14	5	25	390000
2000	20	4	29	430000
2001	19	2	31	470000
2002	18	4	30	420000
2003	17	4	32	490000
2004	18	8	37	540000
2005	20	9	35	600000
2006	24	7	40	580000
2007	25	8	38	600000
2008	30	10	44	630000
2009	46	11	48	620000
2010	40	10	51	670000

2009—2010 年阜平县交通事故车辆分类统计表

表 11-1-7　　　　　　　　　　　　　　　　　　　　　　单位：起

项目 年度		道路等级			车辆类型				时间		驾驶证种类	
		国道	省道	县乡道	大货车	客运车	农运车	三轮车	白天	夜晚	正式驾驶	非正式驾驶
2009	46	4	35	7	78	2	4	10	32	14	88	4
2010	40	3	31	6	69	1	5	5	29	11	75	5

从事故发生路段看，事故多发于车流量较多的国道、省道（阜繁线、定龙线、阜行线），发生率分别为 26%、28% 和 17%。

从车辆类型看，大型货车事故发生率较高，占事故总起数的 84%。客运车辆事故较少，但损失较大。农运车（三轮车）发生事故占事故总数的 15%。

从事故发生时间段看，白天事故发生率占 69.56%，晚上事故发生率占 30.44%；

按驾驶员情况看，有证驾驶占事故总数的 95.65%，无证驾驶占事故总数的 4.35%。

第八节　消防管理

一、消防队伍

阜平县公安消防大队隶属武警保定市消防支队，属中国人民武装警察部队序列。1996—2005 年消防科、正营职编制。2005 年 6 月成立阜平县公安消防大队，干部增至 3 人。2008 年 1 月消防大队征招合同制消防队员 15 名，文职 2 名，同年 12 月征招合同制消防队员 10 名，文职 6 名。截至 2010 年，有官兵 37 人，其中干部 4 人，战士 2 人，合同制消防队员及文职 31 名。消防大队受武警保定市消防支队和阜平县公安局双重领导。

二、消防设施

1996—2005 年，阜平县辖区内无高层建筑，一般为民用建筑及多层建筑，主要消防设施有灭火器、消火栓、消防沙、消防桶。2005 年，消防大队办公地点由县公安局迁照旺台看守所院内，购置 3.5 吨水灌消防车一部。2006 年 12 月，县政府投资 30 万元，建成小型消防站一座，建筑面积 300 平方米。车库两座，购置消防监督检查火灾勘查仪器，配置 18 台电脑和 2 台笔记本电脑。2007 年 11 月完成编制。2008 年 6 月经县政府第五次政府常务会研究，县人大常委会审议通过，《阜平县消防规划》纳入城镇建设整体规划同步实施。全县建设市政消防栓 50 座，对消防站实施扩建，建训练塔一座，新增建筑面积 587 平方米。县政府投资 32 万元为消防大队购置 6 吨水罐消防车、抢捡救援消防车各一辆，同年投资 22 万元购买战斗员个人防护装备和灭火救援装备。2010 年，消防大队占地面积 6889 平方米，建筑面积 1807 平方米，消防水罐车两部，抢险救援车一辆，消防车库 4 座。

三、防火宣传

1996—2010 年，结合社会主义新农村建设，广泛进行消防宣传，全面推进消防工作进农村活动，建设农村消防示范乡和社区。指导乡镇消防队建设，扎实推进构筑消防安全社会“防火墙”工程，指导社会单位开展检查和消除火灾隐患，组织扑救初起火灾，组织人员疏散逃生和消防宣传教育培训，加强对社会消防产品和材料的监管。

四、防火监督检查

阜平县防火监督检查从 2008 年 1 月 1 日开始的。消防工作贯彻预防为主、防消结合的方针，按照政府统一领导，部门依法监管、单位全面负责、公民积极参与的原则，严格落实消防安全责任制，建立健全社会化的消防工作网络。开展火灾隐患排查整治，依法实施消防监督检查，对火灾事故追究事故责任者。消防部门坚持每年组织消防巡回检查，实行重点单位法人代表与主管部门签订消防责任状制度。要求各企事业单位、危爆物品储存、销售单位及各大商场、超市、办公楼、网吧都必须安装消防栓。到2010年全县重点消防保护单位30个，派出所管辖单位92个。

1996—2010年，全县发生各类火灾151起，全部被扑灭。1996年发生火灾5起，经济损失73200元，是损失最少的一年。2008年发生火灾14起，一人受伤，经济损失17.7万元，是损失最重的一年。

1996—2010年阜平县严重火灾统计表

表11-1-8

项目 / 年度	火灾（起）	死亡（人）	受伤（人）	损失（元）
1996	5	0	0	73200
1997	7	0	0	82500
1998	9	0	0	85600
1999	8	0	0	87300
2000	9	0	0	92500
2001	7	0	0	83400
2002	10	0	0	70250
2003	11	0	0	75380
2004	12	0	0	70280
2005	11	0	0	76700
2006	10	0	0	68500
2007	17	0	0	101710
2008	14	0	1	176966
2009	9	0	0	39300
2010	12	0	0	131300

第九节　监所管理

一、监管队伍

1996年，县看守所有民警6人，设所长1名，指导员1名，副所长1名。2002年，看守所增加警力，民警增至8人。2008年奥运会安保期间，看守所分配民警1人，狱医1名。截至2010年看守所民警达到15名，其中正式民警12人，女民警2名，配备所长1人，指导员1人，副所长2人，狱医1名。

二、监所设施

1996—2002年，看守所位于阜平县北菜园，占地面积6亩，设有四个监区，每个监区有5个监室，设计容量70人。看守所羁押容量小、房屋破旧，部分监区已经成为危房，难以适应严打任务的需要。2003年看守所新址确定在阜平县照旺台村，同年10月开始动工建设。占地面积24110平方米，设有两个监区14个监室，其中8个男监室，1个女监室，监区建筑面积6200平方米，设计容量300人。宿舍及管理使用房面积4445平方米，设有外值班室、办公室、会议室、民警宿舍、提讯室、会见室。2005年10月份竣工，11月26日县公安局组织警力90余名，车辆16辆，完成看守所搬迁押解工作。

三、管理教育

1996—1997年，阜平县建立了较完善的教育制度，管教民警负责按月制定教育计划，全方位、深层次对在押人员实施教育。每月一次所长、指导员讲课，进行监规和法制教育。1998年，聘请公、检、法的领导为在押人员上课，提高在押人员的法律和道德观念。2000—2008年，看守所建立狱医、就医、巡诊制度。对收押人员进行健康检查登记，根据被收押人员的身体健康状况提出是否可以收押意见。每天早晚两次对全体在押人员进行巡诊，发现问题及时治疗。与县医院建立医疗联系，全程协调对其治疗及监护工作。每周对监区进行一次消毒，暑期为防止在押人员中暑，预备足够的藿香正气水，保证开水供应充足。2009—2010年，按照公安部要求，积极推进看守所管理机制创新，建立在押人员权利义务告知机制、一日生活制度、在押人员安全风险评估和分别管理机制、律师预约会见机制、视频会见制度、在押人员投诉调查处理机制、人民检察院对看守所监督机制、对社会开放机制、特邀监督员巡查机制等。围绕容易滋生“牢头狱霸”的环节，看守所实行主、协管民警直接管理监室制度，严禁使用被监管人员进行管理。每个监室都安装报警装置，如受虐待及时报警。实行被监管人员出所谈话和跟踪观察访谈制度。加强日常管理，保证被监管人员必要的休息、娱乐、锻炼时间。对被监管人员患病的，及时给予治疗。2010年，通过邀请人大代表、政协委员、社会各界群众代表、媒体记者、被监管人员家属参观、交流，完善监管场所警务公开制度。

四、监管工作

1996—2004年，阜平县看守所因监室少、容量小，存在在押犯罪嫌疑人超量羁押情况。看守所民警结合实际，采取有效措施，确保监所安全。2005年看守所建成投入使用后，加大监管教育工作力度，截至2010年监管工作安全无事故。

1996—2010年阜平县看守所羁押统计表

表11-1-9　　　　单位：人

项目 / 年度	在押人员	男在押人员数	女在押人员数	项目 / 年度	在押人员	男在押人员数	女在押人员数
1996	148	143	5	2004	150	142	8
1997	156	150	6	2005	164	160	4
1998	152	145	7	2006	229	219	10
1999	168	161	7	2007	303	294	9
2000	182	177	5	2008	417	411	6
2001	203	197	6	2009	303	298	5
2002	192	179	13	2010	276	271	5
2003	202	200	2	—	—	—	—

第十节 国内安全保卫

一、内部安全保卫

1996年，公安系统对全县内部单位严格落实“人防、物防、技防”措施，全县有专职内部保卫干部15名，兼职24名，治保组织15个。2002年在金融单位、内部单位财务室安装监控装置，积极推进内部单位监控设施和报警系统的建设应用。2003年全县安装监控探头21个。截至2010年全县内部单位安装监控探头68个，建立治保组织120个。公安系统实行不定期检查与重大节假日定期安全大检查相结合，开展内部单位安全隐患集中整治活动，确保内部单位安全，有效防范内部单位重特大事故发生。

二、重点单位安全保卫

2008年奥运安保期间，强化涉枪、涉爆及供电、供水、供油等单位的安全保卫。严格督导检查涉爆、涉枪单位，严防爆炸物品、枪支弹药流散社会。严格督导检查使用、储存、运输危险化学品、放射物品、剧毒化学品等单位和部门，防止物品被盗抢而流入社会。严格督导检查党政机关、金融系统、广播电视，特别是关系国计民生的供电、供水、供油、供气等重点单位的保卫组织，增强防范意识，落实防范措施。先后投入警力650人次，车辆240台次，检查单位88家，发现剔除隐患21处，维护了“奥运”期间的安全稳定。

三、其他安全保卫

2003年抗击“非典”期间，公安系统实行24小时值班备勤，全力配合卫生防疫部门查询可疑患者，配合交通部门完成对全县客运车、出租车的消毒工作。指导基层治保组织开展设卡防范工作，严厉打击“非典”期间各类违法犯罪活动。在“非典”防控工作中，公安系统投入警力8486人次，车辆2447台次，盘查车辆44185辆，人员105776人，维护“非典”期间秩序稳定。2005年8月31日，晋察冀边区革命纪念馆揭幕仪式在阜平县城南庄举行，省委、省政府、省人大、省政协、省军区有关领导，省直有关部门负责人，保定市主要负责人，部分老党员、老干部代表、晋察冀边区工作过的老同志及家属代表、北京军区、山西军区代表、驻保部队代表参加。为全力做好揭幕仪式期间的各项安全保卫工作，确保不发生任何问题，从5月开始着手安排安全保卫工作，结合安保形势对安保方案进行多次修改，制定应对突发事件工作预案。揭幕仪式期间，公安系统全警参战，协调联动，确保了该活动的顺利进行。2007年9月12至13日，全国人大代表一行（10人）到阜平调研职业教育发展情况，公安系统采取有效措施，完成了安保工作任务。1996—2010年出动警力34658人次，治安联防力量63600余人次，警车6798辆次，突发事件保卫活动257次。

第十一节 专项治理

一、禁毒专项斗争

2001年6月25日至7月25日，针对阜平县西部深山区罂粟种植的突出问题，开展为期1个月以铲除非法种植罂粟、严厉打击涉毒犯罪行为为目标的“YS”特别行动。行动中村民主动铲除毒品原植物幼苗70000余株，民警查处毒品原植物60000余株，刑事拘留2人，行政拘留3人，治安处罚119人。2002年6月10日—8月15日，针对西部山区非法种植毒品原植物活动猖獗的势头，公安系统在做好禁毒踏查工作的同时，集中开展代号为“猎犬”的严厉打击涉毒违法犯罪活动专项行动，抓获涉毒犯罪嫌疑人214名，其中刑事拘留127名，逮捕45人，移送起诉38人，劳教37人。

二、“治爆缉枪”行动

2005年，制定出台《阜平县公安局关于进一步加强民爆物品管理规定》。收缴炸药771.5公斤，雷管1687枚，导火索1500米。查处违反爆炸物品管理案件8起，处罚8人。2008年奥运安保工作期间，开展危爆物品专项整治战役，重点对危爆物品、烟花爆竹生产、运输、储存、使用等各个环节逐一检查，对违反危爆物品管理规定的严厉查处。检查涉危涉爆单位640家次，收缴炸药22539.85公斤，雷管119399枚，导火线28451米，黑火药1241公斤，剧毒物品205公斤，管制刀具649把，民用枪4支。2009年社会治安整治百日会战期间，开展危爆物品集中整治专项行动，收缴炸药5060公斤、雷管4256枚、导火线11米、黑火药45公斤，手榴弹1个，枪支2支。2010年开展“打击非法采矿和涉爆类违法犯罪百日会战专项行动”，侦破涉爆案件13起，抓获违法犯罪嫌疑人13人，刑事拘留13人，逮捕11人，收缴炸药2988公斤，雷管1006枚，导火索140米。

三、打击“盗抢犯罪”专项行动

2004年8月1日至10月1日，组织开展“三打（打击抢劫、抢夺犯罪；打击盗窃机动车、砸汽车玻璃盗窃犯罪；打击渣痞犯罪）一清（清理流动人口、出租房屋）”专项行动，破获各类刑事案件47起，抓获各类违法犯罪嫌疑人13人，其中刑事拘留9人，逮捕3人，移送起诉2人。2005年开展打击“两抢一盗”（抢劫、抢夺、盗窃）专项行动，破获盗抢机动车案件17起。其中盗抢汽车案件11起，盗抢摩托车案件6起，抓获涉车犯罪嫌疑人8名（网上逃犯3人），追缴脏车16辆，打掉盗窃机动车犯罪团伙1个。2006年开展“打、抓、破”专项行动，破获抢劫案件45起，盗窃案件99起，抓获两抢一盗犯罪嫌疑人44人。2007年公安系统因情实策，将“两抢一盗”等多发性侵财案件作为首攻目标，重点突破，侦破“两抢一盗”案件258起，打掉“两抢一盗”犯罪团伙11个，抓获团伙涉案人员48名。2010年县公安局开展严打整治“利剑”行动，继续将盗抢等多发性侵财犯罪作为重点目标，全力攻坚，侦破盗抢类案件63起，抓获盗抢类犯罪嫌疑人8人。

四、打黑除恶专项斗争

2006年，阜平县开展“打黑除恶”专项行动。公安系统将容易滋生黑恶势力的矿山业、煤炭运营业、服务餐饮业、建筑业等纳入工作重点，将黑社会性质的犯罪组织、流氓恶势力犯罪团伙、渣痞分子纳入打击对象。专门成立由局主要领导挂帅的“打黑专业队”，成功打掉邪恶势力犯罪团伙，抓获涉案人员4人。2007年，认真落实《中央政法委关于认真做好2007年全国打黑除恶专项斗争的工作意见》，始终将打击涉黑涉恶违法犯罪活动作为严打整治斗争的重要任务之一，深入推进打黑除恶专项斗争，打掉恶势力团伙2个。8月，成功打掉一个非法拦截过往车辆强行收取保护费、敲诈勒索、实施抢劫等违法犯罪活动的恶势力犯罪团伙，抓获团伙成员6人。9月，成功打掉一个多次聚众斗殴、扰乱社会秩序的涉恶犯罪团伙，抓获犯罪嫌疑人5人。

五、严打整治专项会战

2004年，深入开展严打整治“百日会战”专项行动，破获各类刑事案件89起。其中杀人案件1起，抢劫案件1起，伤害案件4起，盗窃案件82起，敲诈案件1起。抓获各类违法犯罪嫌疑人25人，其中刑事拘留16人，逮捕3人，移送起诉1人。打掉犯罪团伙3个，抓获团伙成员19名。

2006年8月1日至12月31日，在全县开展“打现行、抓逃犯、破积案”专项行动，侦破各类刑事案件535起，抓获各类犯罪嫌疑人170名，抓获网上逃犯68名。刑拘135名，逮捕116人，起诉98人，打掉犯罪团伙10个，抓获涉案成员37人。

2007年6月1日至10月10日，开展“严打整治专项斗争”，破获各类刑事案件533起。抓获犯罪嫌疑人236人，刑事拘留122人，逮捕146人，移送起诉179人，劳动教养12人。抓获网上逃犯101人，其中命案逃犯3人。打掉团伙25个，其中恶势力犯罪团伙4个。

2008年，开展“维护稳定工作战役、严打整治战役、危爆物品专项整治战役、交通和火灾事故隐患排查整治战役、治安隐患排查防控战役信访案件攻坚战役”等六大战役，排查掌握重点人员41名。破获刑事案件517起，抓获犯罪嫌疑人183名，打掉犯罪团伙13个。其中恶势力犯罪团伙2个，抓获网上逃犯61名，其中命案逃犯1人，重点逃犯12名。检查涉危涉爆单位640家次，查处涉危涉爆违法犯罪案件52起，抓获犯罪嫌疑人50名，刑事拘留24人，批准逮捕21人，移送起诉19人。查处无证驾驶239例，酒后驾驶37例，农用车载客300辆，刑事拘留6人，行政拘留239人。检查单位、场所162家（处），发现火灾隐患502处，责令立即改正317处，下发限期改正通知书131份，责令停业1家，取缔非法场所3家。排查化解矛盾纠纷74起，重大治安隐患3处，涉法涉诉上访隐患25起，群体性事件苗头4起。化解信访案件26起，告诫非正常上访人员23人，警告8人，劳动教养1人。

2009年，开展“社会治安整治百日会战”，破获刑事案件86起，抓获犯罪嫌疑人137人，刑事拘留97人，逮捕91人，起诉132人。打掉犯罪团伙11个，抓获网上逃犯60人。其中外省市逃犯5人，本省外市逃犯5人，省督逃犯1人，市督逃犯2人。

2010年5月22日至10月10日，破获各类刑事案件376起，抓获各类犯罪嫌疑人147名，刑事拘留93名，批准逮捕92人、劳动教养14人。打掉犯罪团伙9个，抓获网上逃犯60名。

附：阜平县禁毒工作专记

2001—2002年，阜平县西部深山区罂粟种植问题突出，阜平县集中开展两次打击涉毒违法犯罪专项行动，分别是“YS”“猎犬”专项特别行动。“YS”特别行动铲除毒品原植物7万余株，刑事拘留2人，治安处罚119人。“猎犬”打击涉毒违法犯罪专项行动，抓获涉毒犯罪嫌疑人214人，刑事拘留127人，逮捕45人，起诉38人，劳教37人。

2003年成立阜平县公安局缉毒警察大队，机构规格为正股级，编制10人，设大队长1名，副大队长1名。2003年2月12日，根据特情线索，县公安局禁毒大队在牛角台收费站布控警力，成功抓获制、贩毒团伙成员高某。3月一举抓获贩毒团伙成员张某。4月，县公安局一举查破以孙某为首的制、贩吗啡161克，涉案人员13人的制、贩毒品团伙。6月28日抓获贩卖毒品大烟膏的犯罪嫌疑人张某。7月3日，禁毒民警追踪线索，在山西省繁峙县架网守候，抓获批捕在逃的高某贩毒团伙成员任某。2004年破获涉毒案件15起，抓获各类涉毒人员92名，刑事拘留12人，逮捕10人，起诉10人，治安行政处罚80人。2005年3月8日，在省公安厅禁毒总队指导下，县公安局禁毒大队、阜平镇派出所与山西警方联合行动，在山西阳泉市成功打掉一跨河北、山西两省三市三县的特大贩毒团伙，抓获贩毒分子7名，缴获自制海洛因69克，作案用面包车1辆。2005年县公安局抓获涉毒违法犯罪嫌疑人17人，其中刑事拘留1人，转外7人，行政拘留1人，治安处罚8人。2008年5月27日，县公安局阜平镇刑警中队根据特情提供线索破获一吸毒贩毒团伙，抓获吸毒贩毒犯罪嫌疑人吕某（女）、吕某（男）、薛某（男）。2006年8月1日至3日，省禁毒委副秘书长、省公安厅缉毒总队总队长李志峰一行深入阜平县西部乡镇，对毒品禁种工作进行调研。针对调研情况，李志峰专门和阜平县禁毒委主任、县委书记孟祥伟对禁毒工作交换意见。李志峰对阜平县由“大面积种毒”到“连续四年实现零种植”的禁毒工作局面给予充分肯定，同时对阜平县禁毒缉毒工作提出更高要求。2010年国家禁毒委给予阜平县禁毒宣传充分肯定，阜平县被评为“全国‘6·26’禁毒宣传教育精品县”。

第二章 检察

1996—2010年，阜平县人民检察院批准逮捕案件1102件，涉案人员1582人，立案监督63件，提起公诉924件1314人，报送市院审查起诉27件44人。立案侦查贪、贿、挪等经济犯罪75件90人。受理渎职侵权职务犯罪案件线索18件，立案侦查18件，受理不服人民法院民事（经济）、行政判决、裁定的案件111件，立案29件，抗诉44件，息诉27件。通过办案为国家集体挽回经济损失406.1万元。国税检查室受案72件，协助收缴税款55万元。地税检查室受案32件，协助收缴税款25万元。县检察院为提高干警素质，鼓励干警积极参加考试，为符合条件干警上报办理检察官和法警评定。

第一节 组织机构

一、检察机构

1996年县检察院人员42人，其中领导6人。科室设置有办公室、法纪检察科、控告申诉科、民事行政检察科、刑事检察科、经济检察科、监所科、派出检察室。1997年检察院派出的检察室全部撤销。1998年10月检察院设：批捕检察科、起诉检察科、法纪检察科、监所检察科、控告申诉检察科、民事行政检察科、反贪污贿赂工作局、政治部、办公室和法警队。2001年法警队改为法警大队。2002年8月县委颁发《阜办发〔2002〕51号》文件，明确阜平县人民检察院专项编制36人，其中领导指数4人。科室设置有办公室、反贪污贿赂局、政治处、侦查监督科、公诉科、渎职侵权检察科、监所科、民事行政检察科、控告申诉科、法警队。2010年在编人数31人。其中领导3人，科室设置有反贪污贿赂局、公诉科、侦查监督科、民事行政检察科、控告申诉科、渎职侵权检察科、监所科、办公室、政治处、法警队。

二、队伍建设

1996—2004年落实从优待警政策，为全院干警、二线及退休干部进行身体健康检查，为在职干警办理人身意外伤害保险，激发干警工作积极性。2005年县检察院针对中层干部老龄化的实际情况，精心组织中层干部竞争上岗活动，12名优秀年轻干警走上中层领导岗位，使中层干部年龄结构、文化程度发生变化。2008年鼓励干警积极参加司法考试，有4名参加，其中2名通过司法考试。2009年有3名干警通过司法考试，有4名干警的检察官等级得到首评和晋升。2010年为符合条件的12名干警上报办理检察官等级和法警评定。

第二节 刑事检察

一、审查批捕

1996年成立“严打办案会战领导小组”，加快消化处理案件，批准逮捕62件99人。1997年严厉惩治暴力犯罪、流窜犯罪、流氓恶势力和带黑社会性质的犯罪。2002年召开3次公捕公判大会，公开逮捕32人，宣判30人，执行死刑3人，追捕漏犯18人。在全县范围内开展“打击非法种植毒品原植物”专项斗争，24小时受案，为禁毒斗争创造有利条件。

2003年，侦查监督部门创新《主动提前介入制度》，监督关口前移，对侦查机关需提请批捕的案件全部提前介入，促进批捕质量和工作效率，受到省检察院重视，直接调用经验材料向全省推广。先后67次提前介入，受理公安提请批捕各类刑事案件70件、103人，受理县检察院自侦案件3件4人，批准逮捕66件、97人，不批准逮捕1件、2人，补查不捕1人，决定逮捕3件、4人，批捕准确率100%。

2004年以“打造平安阜平，创建安全环境”“强化法律监督，维护公平正义”活动为载体，坚持严打方针，稳、准、狠地打击各类刑事犯罪分子，重点打击杀人、爆炸、放火、投毒、绑架等严重刑事犯罪分子，以及影响群众安全感的多发性犯罪。对公安提请逮捕的案件，坚持提前介入制度，引导侦查、固定证据，追捕漏犯，做到及时阅卷，及时研究，从快批捕。坚持公诉引导侦查提前介入和追诉漏罪漏犯，确保案件质量，做到所有案件诉得出、判得准。在“严打整治百日会战”期间受理的案件，在法定时限内办结。审查批捕环节一般案件不超过24小时，重大复杂案件不超过3天，审查起诉环节一般案件不超过20天，重大复杂案件不超过一个月。批捕准确率、有罪判决率均达100%，保证了“严打”的实效，维护了社会稳定。

2005年受理提请批捕53件、76人，经审查，批准逮捕48件、71人。受理移送起诉45件、57人，提起公诉37件、47人，全部在法定时限内办结，批捕准确率、公诉有罪判决率均达100%。

2006年开展“打、抓、破”专项行动，受理提请批捕96件、160人，批准逮捕96件、161人，不批准逮捕2人。

2007年重点打击杀人、爆炸、放火、投毒、绑架等严重刑事犯罪分子，及影响群众安全感的多发性犯罪。受理批捕112件、219人，批准逮捕105件、207人，不捕12人，批捕准确率100%。特别是2004年“2·21”聚众斗殴案件发生后，县检察院迅速出击，提前介入，参加现场勘查及尸检等工作。及时审阅案件材料，提出检察建议，细致核实有关证据，两天之内辗转9个县行程1000多公里，完成对异地羁押的16名犯罪嫌疑人的提审，及时向市院汇报情况，三天之内完成对该案24名案犯的审查批捕工作，之后又从快审查移送市院。

2008年受理批捕案件97件、183人，批准逮捕89件、162人，不捕12件、19人，追捕1件、1人。批捕准确率100%。

2009年受理批捕案件112件、180人，批准逮捕96件、142人，追捕2件、2人。贯彻宽严相济刑事政策，维护当事人合法权益。对犯罪情节轻微、社会危害较小的，当宽则宽，减少对抗。对不符合法定逮捕条件的，依法决定不予批准逮捕24件、37人，不批准逮捕1件、1人，批捕准确率100%。

2010年受理批捕案件101件、164人，批准逮捕97件、155人，不捕9人。侦查监督提出检察建议12次，批捕准确率100%。

1996—2010年阜平县人民检察院审查批捕统计表

表11-2-1

年度＼项目	受理		批捕		不予批捕		追捕	退查		立案监督	
	件	人	件	人	件	人	人	件	人	件	人
1996	64	104	62	99	1	3	4	1	2	—	—
1997	34	59	32	57	—	—	—	—	—	4	4
1998	36	51	34	49	1	1	12	—	—	2	2
1999	69	104	69	104	—	—	15	—	—	4	5
2000	37	48	33	40	—	8	2	—	—	5	5
2001	65	105	51	89	—	—	—	—	—	2	2

续表 11-2-1

项目 年度	受理		批捕		不予批捕		追捕	退查		立案监督	
	件	人	件	人	件	人	人	件	人	件	人
2002	87	118	83	112	4	6	—	—	—	1	3
2003	73	85	72	81	1	1	—	—	—	1	1
2004	36	51	35	50	1	1	—	—	—	6	—
2005	53	76	48	71	5	5	—	—	—	7	8
2006	96	164	96	161	—	2	—	—	—	7	10
2007	112	219	105	207	—	12	—	—	—	6	7
2008	97	183	89	162	12	19	1	—	—	6	7
2009	112	180	96	142	1	1	2	—	—	5	7
2010	101	164	97	155	7	9	2	—	—	7	9

二、审查起诉

突出打击重点。对杀人、放火、抢劫、强奸等七类重点案件及团伙犯罪从快起诉，起诉案件有罪判决率100%。1996年起诉33件、44人，免于起诉10件、12人。2006年受理移送起诉82件、120人，提起公诉82件、120人，移送市院6件、9人，引导侦查8件、10人，出现场16件次。同年公诉工作被市人民检察院记集体三等功。2007年受理移送起诉111件、187人，提起公诉111件、187人。案件数量比上年同期增加一倍多，起诉有罪判决率100%。2008年受理移送起诉案件121件、132人，提起公诉91件、117人，起诉有罪判决率100%。2009年受理移送起诉85件、127人，提起公诉78件、112人，起诉有罪判决率100%。2010年受理移送起诉89件、127人，提起公诉80件、123人。移送市院审查起诉1件、1人，提请市院抗诉1件、1人。适用简易程序审理案件12件、12人。纠正违法10次，起诉有罪判决率100%。

1996—2010年阜平县人民检察院起诉案件统计表

表 11-2-2

项目 年度	受理		起诉		不诉		建议提请抗诉		追诉		移送市院		免诉		出庭支持公诉	
	件	人	件	人	件	人	件	人	件	人	件	人	件	人	件	人
1996	69	107	33	44	1	3	—	—	1	1	5	17	10	12	33	44
1997	32	50	17	33	—	—	—	—	—	—	4	6	—	—	17	33
1998	39	51	25	32	1	1	3	3	—	—	—	—	—	—	25	32
1999	79	111	59	83	—	—	—	—	—	—	4	4	—	—	59	83
2000	47	65	47	65	—	—	—	—	—	—	—	—	—	—	47	65
2001	76	114	56	92	—	—	—	—	—	—	—	—	—	—	56	92

续表 11-2-2

项目/年度	受理		起诉		不诉		建议提请抗诉		追诉		移送市院		免诉		出庭支持公诉	
	件	人	件	人	件	人	件	人	件	人	件	人	件	人	件	人
2002	90	120	83	110	7	10	—	—	—	—	—	—	—	—	83	110
2003	82	98	82	98	—	—	—	—	—	—	—	—	—	—	82	98
2004	50	60	43	51	5	5	1	1	—	—	—	—	—	—	43	51
2005	45	57	37	47	6	6	—	—	—	—	5	5	—	—	37	47
2006	82	120	82	120	7	7	—	—	—	—	6	9	—	—	82	120
2007	111	187	111	187	5	8	—	—	—	—	2	2	—	—	111	187
2008	121	132	91	117	6	6	—	—	—	—	—	—	—	—	91	117
2009	85	127	78	112	0	0	—	—	—	—	—	—	—	—	78	112
2010	89	127	80	123	1	2	1	1	2	2	1	1	—	—	80	123

三、刑事立案监督

1996年刑事立案监督1件、1人。1997年刑事立案监督4件、4人。1998年刑事立案监督1件、2人。1999年刑事立案监督1件、1人。2000年刑事立案监督1件、1人。2001年刑事立案监督1件、2人。2003年刑事立案监督1件、2人。2004年刑事立案监督坚持重点跟踪，全面监督，加大不应立案而立案监督力度，所办4件案件全部进入诉讼程序。2005年对不够立案标准的耐心做当事人思想工作息诉3件。与法院联合出台《关于检察建议引起再审的暂行规定》，以使用检察建议的方式，加强民行案件监督，减少诉讼环节，提高工作效率，打下良好基础。2006年办理刑事立案监督案件7件、10人，判决2件、3人。2007年完成立案监督案件6件、7人，判决6件、7人，诉、判率100%。2008年完成立案监督案件6件、7人，判决3件、4人，通知公安撤案3件、3人，诉、判率100%。2009年完成立案监督案件5件、7人，其中批捕3件、6人，通知公安机关撤案1件。2010年依法监督公安机关立案4件、14人，撤案3件、3人。加强执行和监管改造场所的监督力度。

第三节　民事行政检察

一、敢抗抗准

对于土地纠纷、交通事故、宅基纠纷慎重复查依法纠正。1996年提请抗诉1件、1人。1997—1999年无抗诉案件。2000年提请抗诉1件、1人。2001年无抗诉案件。2002年提请抗诉1件1人。2003—2004年无抗诉案件。2005年依法加大民行案件监督力度，对确属错误且已发生法律效力的民事行政案件受理3件。2006年依法加大民行案件监督力度，对确属错误且已发生法律效力的民事行政案件受理3件，其中抗诉3件，改判1件。2007年积极发现线索，及时向法院调阅案卷，认真审查，受理民事行政案件8件，提请抗诉5件，对于其他案件，通过法律解释达到息诉效果。2008年审查，受理民事行政案件3件，改判3件。2009年受理民事行政案件19件，提请抗诉14件。市院支持抗诉13件，提出检察建议4件。2010年受理民事行政案件5件，提请抗诉3件，检察建议启动再审2件，法院全部采纳并做出调解改判。向当事人做解释工作息诉2件，针对当事人即将超过诉讼时效的案件督促起诉4件。

二、涉农监察

2009年在乡镇设立涉农检查工作站，发放涉农检察宣传资料800余份，提供法律咨询100多人次。选择山北湾选矿厂、盖宇天然饮料厂、长青花岗岩有限公司三个有代表性的支柱产业，建立涉农检察工作站，3个企业举行挂牌仪式。开展涉农检察工作后，受理涉农批捕案件27件、39人，起诉30件、32人，判决25件、27人。办理涉农刑事立案监督案件2件、5人。接待涉农信访案件5件、20人。查处涉农职务犯罪案件2件、4人，对所办案件均提出检察建议和整改措施。受理的中冀汽贸系列诉讼案，在认真做好审查的同时，耐心为村民做好法律解释，10件申诉案件报送市院提请抗诉，保障农村社会稳定。2010年建涉农工作站27个，其中乡镇14个，村站13个，聘请检察联络员27名。

1996—2010年阜平县人民检察院民行案件统计表

表11-2-3

项目／年度	接待申诉		申诉		提抗		建议抗诉		改判		息诉	
	件	人	件	人	件	人	件	人	件	人	件	人
1996	3	3	—	—	1	1	—	—	—	—	3	3
1997	3	—	—	—	—	—	—	—	—	—	—	—
1998	4	—	3	—	—	—	—	—	1	1	2	2
1999	11	—	6	—	—	—	1	—	—	—	1	—
2000	6	—	—	—	—	1	1	—	—	—	1	—
2001	12	—	6	—	—	—	1	—	—	—	1	—
2002	6	—	3	—	1	—	1	—	—	—	—	—
2003	3	—	3	—	—	—	—	—	—	—	3	3
2004	6	—	—	—	—	—	—	—	—	—	—	—
2005	9	—	5	—	3	—	—	—	—	—	—	—
2006	3	—	—	—	3	—	—	—	1	—	—	—
2007	8	—	—	—	5	—	—	—	—	—	—	—
2008	3	—	—	—	—	—	—	—	3	—	—	—
2009	19	—	—	—	14	—	—	—	14	—	14	—
2010	5	—	3	—	3	—	—	—	3	—	2	—

第四节 经济检察

一、税收检查

1996—2010年，国税检察室受案72件，协助收缴税款55万元。地税检察室受案32件，协助收缴税款28万元。

二、经济案件检查

经济案件办案中有公开调查转变为秘密侦查，实行办案责任制。1996年对经济犯罪立案侦查11件、12人。1997年对经济犯罪立案侦查7件、7人。1998年对经济犯罪立案侦查7

件、8人。1999年对经济犯罪立案侦查5件、5人。2000年按照"打击、监督、预防、保护"的思路，打击犯罪者、保护无辜者、支持改革者、挽救失足者、教育失误者。受理初查贪污贿赂、挪用公款案件14件，立案5件，挽回损失30余万元。2001年重点查处发生在农村基层组织、国有企业、金融系统等职务犯罪。2002年向地税局发出检察建议书，9—10月完成税收230万。2003年反贪工作强化"三长联动（检察长、主管检察长、科长）办案"机制，适时开展反贪办案"百日会战"。检察长亲自调度指挥人员，捕、诉协调运转，努力形成大反贪格局。2005年查处各类贪污贿赂犯罪6件、6人，侦查终结6件、6人，其中大案2件。2006年乡镇换届选举群众反映强烈，集体上访情况的问题多有发生，县检察院为换届选举保驾护航，受理案件线索12件，初查8件，立案2件、5人，移送起诉2件、5人，有罪判决1件、4人。反贪工作被市记集体三等功。2007年对群众反映强烈的集体上访问题，县检察院受理案件线索6件，初查4件，立案4件、4人。2008年查处各类贪贿案件3件、4人，其中判决2件、3人。2009年查处涉及农村征地、拆迁、高速公路工程等违法行为，通过办案，为国家挽回经济损失80余万元。2010年受理初查贪贿案件11件、13人，立案侦查7件、9人，全部侦查终结并移送审查起诉，通过办案挽回经济损失40万元。平息上访6起，发检察建议7份，得到回复的7份。

1996—2010年阜平县人民检察院贪污贿赂案件统计表

表11-2-4

项目/年度	受理		立案		起诉		免诉		追赃挽损	逮捕	撤案待查	
	案数	人数	案数	人数	案数	人数	案数	人数	万元	人数	案数	人数
1996	16	17	11	12	3	5	—	—	15.6	—	—	—
1997	11	12	7	7	4	4	—	—	20	—	—	—
1998	5	5	4	4	2	2	1	—	3.5	—	—	—
1999	14	14	5	5	3	3	—	—	12	—	—	—
2000	8	8	5	5	3	3	—	—	8	—	—	—
2001	18	18	5	5	1	2	—	—	40	—	—	—
2002	11	11	5	5	5	5	—	—	30	—	—	—
2003	9	10	6	8	3	3	—	—	25	—	—	—
2004	8	11	4	8	4	8	—	—	10	—	—	—
2005	10	12	6	6	6	6	—	—	40	—	—	—
2006	12	—	2	5	2	5	—	—	32	—	—	—
2007	6	—	4	4	3	3	—	—	30	—	—	—
2008	3	4	2	3	2	3	—	—	80	—	—	—
2009	8	10	2	4	2	4	—	—	20	—	—	—
2010	11	13	7	9	5	7	—	—	40	—	—	—

第五节 渎职侵权检察

一、检察责任制

1996—2010年，检察院内部实行检察长、主管检察长和科长“三长联动办案”机制，完成非法拘禁等案件5件、5人，挽回经济损失12万元。其中1998年完成市院督办案件，查处失职致使在押罪犯脱逃罪一件。

二、渎职检察

1996—2003年，县检察院侵权渎职检察部门，克服人员少案件取证难，办案阻力大等困难，受理初查各类案件8件，立案8件。2004年在查处侵权渎职犯罪中，初查6件，其中1件侦查终结。2005年在查处侵权渎职犯罪中，查处行政执法机关不作为1件、3人。2006年完成渎检初查2件，立案1件、3人，侦查终结1件、3人。2007年完成渎检1件、3人，完成立、诉、判任务目标。2008—2010年侵权渎职案件1件、2人，完成立、诉、判任务目标，全市排名前列。

1996—2010年阜平县渎职侵权案件统计表

表11-2-5

项目 年度	受理		立案侦查		起诉		刑拘	逮捕
	件数	人数	件数	人数	件数	人数	（人）	（人）
1996	1	2	1	2	—	—	—	—
1997	0	0	—	—	—	—	—	—
1998	0	0	—	—	—	—	—	—
1999	1	1	1	—	—	—	—	—
2000	1	3	1	2	—	—	—	—
2001	0	0	—	—	—	—	—	—
2002	1	1	1	1	—	—	—	—
2003	4	4	4	4	—	—	—	—
2004	6	6	6	6	—	—	—	—
2005	1	3	1	3	1	3	—	—
2006	1	2	1	2	1	2	—	—
2007	1	3	1	3	1	3	—	—
2008	1	2	1	2	1	2	—	—
2009	0	0	—	—	—	—	—	—
2010	0	0	—	—	—	—	—	—

第六节　监所检察

一、监所内部检察

1996—1997年，对监所认真检查严加防范，挫败一起在押犯预谋集体脱逃事件。1998年严把三关（收押释放关、羁押时限关、判决裁定关），对在押的148名嫌疑人全面考察。口头建议12次，书面建议2次，防止在押犯逃跑自杀问题的发生。1999年依法纠正非法羁押、超期羁押和无证关押，为在押人员讲述法律知识12次。2002年对缓刑、假释、保外就医等人员进行回访检察，提出建议5份。2003—2008年针对侦查、审判环节存在的问题提出检察建议8条，办理刑事立案监督案件7件，保证诉讼活动的正常进行。2009—2010年开展监管场所专项检查活动，针对侦查、审判环节存在的问题提出检察建议2次。

二、检察设施建设

2005年看守所搬迁，购置电脑、打印机、传真机等设备，健全各项制度，制作展板18块，宣传栏1个，意见箱2个，达到省高检院三级规范化标准检察室。2007—2010年加强驻所检察室建设，抽调一人到驻所检察室，与公安联网实现信息共享。建设看守所专用讯问室，保障案件质量和犯罪嫌疑人的诉讼权利。

第七节　控告申诉检察

一、办案责任制

1996年，受理举报线索15件、17人，受理侦查13件、15人，分流转办12件、14人。1997年受理举报线索10件、12人，受理侦查8件、10人，分流转办8件、10人。1998年受理举报线索10件、11人，受理侦查9件、10人，分流转办7件、7人。1999年坚持检察长接待日，开通举报专线电话，受理举报21件，初查5件，转办其他部门13件，接待来信来访102件次。

2002年，平息台峪乡白石台集体上访案，涉案人员得到依法处理，村民为县检察院送锦旗表示感谢。

2003年，完善信息网络系统和举报自动受理系统，扩大网络社会覆盖面，全县13个乡镇，26个科局都能利用网络反馈信息，排查解决问题。改善接待工作，使接待制度、方法、程序进一步规范，全年接待来信、来访180余人次，当面答复130余人次，其余均做了妥善处理。跨入全省先进行列，被评为省级文明接待室，制作两部专题片，将县检察院控申工作情况向全市、全省推广。

2004年3月，省院在阜平召开全省检察机关控申信息网络工作现场会，将阜平检察院的工作经验在全省检察机关推广。8月举办信息员培训班。

2005—2008年，加大信访案件工作力度，开展集中联合接访活动，在联合接访工作中，通过电视台广泛宣传，向群众告知。与公、法等部门密切配合，认真协作。院领导亲自接访，变上访为下访，实行领导包案责任制，院领导为第一责任人，主管领导为主要责任人，承办人员具体负责办理。从树立新的执法理念入手，实行开门接访、上门回防、真情化访、源头控访，采取边接访边处理，集中时间、集中力量对所有涉检访案件全面清理，有力地化解矛盾，促进社会和谐。2005年度被省检察院评为集中处理涉法涉诉上访工作先进集体。县检察院控

利用集日、庙会开展普法宣传

申科被省院记集体二等功。

2009年接待来信来访50多人次，受理举报4件，转办4件，完成县委交办案件1件。2010年开展举报宣传周活动，发放宣传材料2000余份，利用电视台宣传报道。接待来信来访60多人次，受理举报6件，办理刑事赔偿1件。

二、法律宣传

1996—2010年，加强法律宣传工作，积极参加“3·15”消费者维权日和社会治安综合治理宣传，在东寺大街、中兴街、桥西街、府前街发放宣传材料30000多份，设立咨询台答复群众各类问题60000余人次。开展送法进社区活动，制作联系卡8000张发放到群众手中。

第八节　预防职务犯罪

一、预防机构

1998年成立预防职务犯罪科，隶属于反贪污贿赂局。1999年无案件发生。2000年加强职务犯罪预防工作，及时向企业和主管部门提出检察建议，帮助企业加强制度建设，堵塞漏洞，防范和减少犯罪。

2001年，派专人进驻化工厂，帮助企业建章立制。与税务金融部门建立专门预防机构。2002年为工商、金融、税务等部门上法制课百余人次。2004年预防职务犯罪工作在巩固完善原有预防机制的基础上，向建筑、教育系统延伸，与建筑、教育系统联合下发文件，建立联系协作机制，拓宽工作视野。2008年适时召开阜平县预防职务犯罪工作会议，全县13个乡镇、209个行政村负责人及24个县直单位负责人参加会议。成立13个乡镇预防职务犯罪工作站，聘请209名联络员，把预防职务犯罪延伸到乡镇农村，这项工作得到市院的充分肯定。

2010年，坚持“标本兼治、综合治理、惩防并举、注重预防”的工作方针，立足检察预防职能，提书面检察建议13次，上报典型案例4件，撰写调研文章3篇，上报专题报告2份，开展警示教育，预防咨询活动8次，深化预防工作的效果和影响。县检察院借鉴兄弟院的经验和做法，积极筹备“预防协会”，以“预防协会”为纽带，利用“预防协会”这个平台，搞好系统预防和部门预防，形成联动机制，完成“预防协会”的成立工作。

二、监督员

2004年，县检察院积极探索人民监督员制度，聘任具备政策法律知识的人民监督员5名，人民监督员可以参加本院检委会，对案件的撤销、不起诉等重要环节提出意见、建议。2005—2010年检委会发挥人民监督员的作用在遵循民主集中制的原则下，采纳各方意见和建议，使办案效率和准确性都有提升。

三、法制宣传

1996—2004年，为全县20个单位上法制课8次。2005年为县信用联社等单位上法制课2次，其中，一次为中层以上干部授课，一次为全体员工授课，受训180余人次。2006—2007年为县国税局、地税局全体干部职工上法制课4次，受训360余人次。2008—2010年组织预防、控申部门送法进村进社区为群众提供法律服务，制作联系卡2000张发放到群众手中。渎检工作，立案1件3人。

第三章　审判

1996—2010年，审判工作重心从严厉打击各种刑事犯罪转移到维护社会稳定与化解人民内部矛盾，保障经济建设与打击刑事犯罪并重的轨道上来，审判工作领域逐步扩展。法院紧紧围绕“公正与效率”这个主题，围绕全县工作大局，狠抓队伍建设，审判工作和法院改革三件大事。审（执）结各类案件10368件，审（执）结标的1.034亿元，为全县改革、发展和稳定提供有力的司法保障。积极开展司法救助活动，先后为129名确有困难的当事人依法减、缓、免诉讼费用120.12万元。法官队伍建设跨上新台阶，被保定市中级人民法院授予先进集体，被保定市中级人民法院记集体三等功，72名干警先后被省、市、县有关部门评为先进个人。

第一节　机构队伍

一、审判机构

1996年行政编制73人，实际在职干警81人。内设刑事一庭、刑事二庭、民事庭、经济庭、金融庭、行政庭、告申庭、执行庭、法警队、办公室、政工科、法医室、下辖阜平镇、城南庄、平阳、史家寨、东下关、砂窝八个基层法庭。1998年撤销金融庭，原经济庭变更为经济一庭、经济二庭。2000年10月成立立案庭。2003年4月，撤销告申庭，成立审监庭、研究室，政工科更名为政治处。2005年5月，刑事一庭、刑事二庭合并为刑庭。执行庭变更为执行一庭、执行二庭。撤销经济一庭、经济二庭。民庭变更为民事一庭、民事二庭。2005年10月撤销法医室，成立评查室。截至2010年，全院设有刑庭、民事一庭、民事二庭、行政庭、执行一庭、执行二庭、立案庭、审监庭、评查室、办公室、政治处、研究室、法警队。下辖阜平镇、平阳镇、城南庄镇、天生桥镇、砂窝乡、史家寨乡6个基层人民法庭，19个机构，干警74人。

二、审判队伍

1996年，在职干警81人，以军转干部和抽调干部为主，其中大专学历8人，中专学历12人，高中及同等学力45人，初中以下学历16人。助理审判员以上法官38人，法律专业毕业人员6人。1997—2000年，12名大中专法律专业毕业生陆续分配到法院，全院48名干警参加大专学历班和法律专业证书班学习，学员按时毕业。2006年，招录2名专职书记员，2010年公开招录4名通过全国法律统一资格考试的高学历专业人才，全院先后有13位干警取得全国法律统一考试资格证书，全院有高级法官8人，一级法官15人，二级法官6人，二级以下五级以上法官4人。法官队伍的知识结构和年龄结构得到明显优化。截至2010年，全院在职干警74人，其中中专学历2人、大专学历26人、本科学历46人。法官29人，司法警察6人，书记员、法官助理36人，行政人员3人。

法院党委注重自身学习和传统教育

1996—2010年阜平县法院审判队伍统计表

表11-3-1

项目 / 年度	年龄构成			专业构成				性别构成		政治构成			学历构成				
	20～30	30～50	50以上	法官	法官助理	司法警察	行政人员	男	女	党员	副科	正科	高中以下	中专	大专	大本	硕士
1996	28	46	7	36	35	5	5	60	21	66	10	11	16	36	27	2	—
1997	27	47	7	36	35	5	5	60	21	66	10	11	16	36	27	2	—

续表 11-3-1

项目/年度	年龄构成			专业构成				性别构成		政治构成			学历构成				
	20～30	30～50	50以上	法官	法官助理	司法警察	行政人员	男	女	党员	副科	正科	高中以下	中专	大专	大本	硕士
1998	25	45	11	32	36	5	4	56	19	64	8	9	12	26	35	16	—
1999	20	46	15	32	34	6	4	55	18	63	8	7	12	26	30	21	—
2000	15	40	22	2	38	6	3	54	19	62	6	6	2	6	39	32	—
2001	10	41	24	26	34	6	3	57	18	64	6	6	—	4	35	36	—
2002	10	41	24	26	40	6	3	57	18	64	6	6	—	4	35	36	—
2003	10	41	30	26	40	6	3	57	18	64	6	6	—	4	35	36	—
2004	8	35	30	25	41	6	3	57	18	64	4	5	—	2	23	50	—
2005	8	35	30	25	41	6	3	56	19	63	4	5	—	2	23	50	—
2006	8	35	30	14	41	6	3	56	19	63	4	5	—	2	20	53	—
2007	8	35	30	25	41	6	3	56	19	63	4	5	—	2	26	45	1
2008	12	31	30	29	36	6	3	58	19	62	3	3	—	2	26	45	1
2009	7	38	29	29	36	6	3	58	16	62	3	3	—	2	26	45	1
2010	8	36	30	29	36	6	3	58	16	62	3	3	—	2	26	45	1

第二节 立案

一、坚持依法立案、保障公民诉权

立案是人民群众运用司法程序维护自己合法权益的第一站，也是人民法院司法为民的窗口。县法院把解决群众立案难，方便群众诉讼作为司法为民的首要环节，通过规范立案程序，公开收费标准，简化立案手续等多种方式，积极做到及时立案、公开立案、便民立案。1996—2010年，立案10368件，努力为人民群众依法维护自身权益敞开大门，有效保障公民诉权。

二、实行立审分离，推进立案改革

2000年前县法院各庭室又立案又审判立审不分，责任不清，管理混乱，相互推诿。2000年县法院撤销告审庭，专门成立立案庭，由立案庭对全院的案件统一进行立案，实行立审分开，分段管理，明确立案责任，规范立案流程，改进立案机制，提升立案效率，解决立案难问题。

三、改善服务设施，强化便民措施

县法院从“便民、利民、为民”出发，竭力营造“公正、文明、温馨、便利”的诉讼环境，完善立案大厅司法为民服务设施，购置空调、休息椅、饮水机、写字台、纸笔、墨水等物品。

四、公示诉讼风险，告知权利义务

在当事人前来立案时，向当事人发放“举证须知”“诉讼风险须知”，告知当事人权利义务。首先发放诉讼风险提示书，明确告知其在诉讼各阶段可能承担的风险及应对措施，保护其诉讼知情权；立案时，发放举证通知书、送达地址确认书、当事人诉讼权利和义务通知书，对当事人的诉讼过程起到引导作用，使其更好地行使诉权，最大限度实现其合法权益。

五、开展司法救助，开通“绿色通道”

县法院对社会弱势群体、社会关注度较高及情况紧急的案件快速立案，采取司法救助措施，做到快立、快审、快执。针对不少当事人因为经济确有困难而欲诉不能，导致合法权益难以保障的问题，县法院坚持司法为民宗旨，积极开展司法救助，开辟便民诉讼绿色通道。依法将确有困难、亟待救助的涉及生活保障的民生类案件纳入救助范围，制定《司法救助制度》，对老、弱、病、残人员追索赡养费、扶养费、抚育费；对下岗职工、农民工等特殊群体，以及经济确有困难的当事人，依法实行诉讼费用的减、免、缓。1996—2010 年为困难当事人依法减、免、缓诉讼费 120.12 万元。

第三节　刑事审判

一、审判概况

刑事审判着眼于社会稳定大局，适时开展“严打”整治斗争，依法严惩抢劫、强奸、盗窃、爆炸、绑架、寻衅滋事、毁坏公私财物等严重暴力犯罪、多发性犯罪和侵财型犯罪，对重大案件快审快判，从严惩处。1996—1999 年，在县人民体育场召开公判大会 9 次，公开宣判 83 名犯罪分子，协助保定市中级人民法院对故意杀人犯冯某、王某、李某、刘某等犯罪分子执行死刑，受教育群众 9 万多人。1997 年，新刑法、刑诉法颁布实施，法院刑事审判更加注重保障人权，不断推进刑事审判方式改革，突出庭审功能、突出证据、突出被告人的辩护权。

开庭审理

下乡调解民事案件

贯彻宽严相济的刑事政策，对青少年犯罪，情节较轻的刑事案件，注重教育疏导，减少社会对立面，促进社会和谐。2000—2008 年，针对黑恶势力、抢劫、盗窃、毒品、滥伐林木等犯罪突出态势，法院开展“打黑除恶”、惩治“两抢一盗”（抢劫、抢夺、盗窃）、严惩“种毒贩毒”等专项行动。2009—2010 年，法院把握打击重点，继续深入开展“严打整治”斗争。打击影响公共安全和社会稳定的买卖运输爆炸物、盗、抢劫、寻衅滋事等区域性多发犯罪，保持对犯罪分子的高压态势，23 人被判处五年以上有期徒刑。全面落实宽严相济的刑事政策，积极实施量刑规范化改革，将量刑纳入庭审程序，规范刑罚裁量权，确保不枉不纵。推进附带民事案件调解工作，对符合条件的被害人实施司法救助，缓解社会矛盾。受理刑事案件 63 件、审结 63 件，判处 86 人犯。

1996—2010 年，审结刑事案件 1227 件，其中公诉案件 981 件，自诉案件 246 件，判处 1380 人犯。其中判处 3 年以下徒刑 831 人犯。3 年以上 10 年以下徒刑 417 人犯，10 年以上徒刑 132 人犯。从犯罪构成看，杀人及伤害、强奸、抢劫等暴力案件占主体地位，分别占到案件总数的 20%、9.5% 和 8.5%，总计占 38%。盗窃案件始终为高发性犯罪，占总数的 25%。

1996—2010 年阜平县刑事案件审判分类统计表

表 11-3-2　　　　单位：件

项目 年度	结案数	故意杀人伤害	强奸	抢劫	盗窃	交通肇事	破坏电力	其他
1996	66	38	5	5	8	10	—	10
1997	42	32	0	4	5	0	1	3
1998	66	38	7	5	9	2	—	5
1999	84	47	4	11	24	4	2	12
2000	108	73	8	4	31	4	3	12
2001	61	33	0	9	17	2	—	13
2002	108	38	7	12	24	5	—	38
2003	75	25	3	19	21	5	—	18
2004	67	29	5	7	28	6	1	12
2005	62	30	3	13	13	4	—	4
2006	86	41	8	11	20	5	—	13
2007	120	34	4	27	32	11	1	28
2008	80	16	5	11	24	17	2	35
2009	66	20	3	11	25	12	—	10
2010	98	17	2	13	15	22	—	29

二、判处罪犯

1996—2010 年，县法院判处各类案犯 1380 人。其中判处 10 年以上有期徒刑 132 人，占案犯总数的 9.57%。判处 3 年至 10 年有期徒刑 417 人，占案犯总数的 30.2%。2001 年后，在多次“严打”整治斗争中，由于加大对“两盗”（入室盗窃、一般盗窃）、“两抢”（抢劫、抢夺）盗窃及黑势力等犯罪活动的集中打击力度，判处罪犯明显高于其他年份。随着交通肇事、轻伤害、轻微盗窃等案件增多，以及对青少年犯罪执行“教育、感化、挽救”方针等因素的影响，适用 3 年以下有期徒刑，包括适用缓刑处理的案件比例明显增多，判处三年以下有期徒刑 831 人，占总数的 60.2%。

2004 年召开公捕大会

1996—2010 年阜平县法院判处犯罪统计表

表 11-3-3　　单位：人

项目 年度	罪犯人数	10 年以上	10 ～ 5 年	5 ～ 3 年	3 年以下（含运用缓刑）	拘役	其他
1996	65	6	19	23	15	—	2
1997	59	4	18	27	9	1	—
1998	89	9	16	35	20	3	6
1999	106	3	37	41	20	2	3
2000	121	3	48	52	18	1	—
2001	88	2	19	21	34	7	5
2002	147	4	22	24	91	4	2
2003	80	8	12	27	30	—	3
2004	48	5	6	10	27	—	—
2005	42	5	7	9	16	—	—
2006	56	2	12	22	20	—	—
2007	140	7	33	45	55	—	—
2008	151	9	38	51	53	—	—
2009	124	8	22	41	52	—	1
2010	96	3	23	33	36	1	—

第四节　民商事审判

一、民事审判

1996—1999 年，随着改革深入和社会主义市场经济确立，社会利益格局变化引发的民事纠纷逐年上升，民事审判任务不断加大。法院积极推进民事审判改革，改变传统的审判周期长、效率低、难以适应新形势需要的弊端，先后推出“直接开庭”“主审法官责任制”等新审判方式，强化合议庭和独任审判的职能作用。突出庭审功能和当事人的举证责任，有效提升审判效率。2000—2004 年，针对社会转型期维稳工作对民事审判提出的新要求，法院把妥善处理家庭婚姻、赡养抚养、相邻关系，涉农纠纷等与人民群众生产生活密切相关的案件摆在优先位置，办理“三农”案件 1609 件。2005—2010 年，法院在民事审判中，弘扬调解办案、便民利民的司法传统，积极参与构建“三位一体”（司法调解、行政调解、人民调解）调解体系，不断健全法院、法庭和基层乡村民调网络，坚持“当调则调、当判则判、调判结合、案结

法官下乡办案

事了”的办案原则，最大限度地化解人民内部矛盾，审结各类民事纠纷6067件，其中调解结案3872件，调撤率60%以上。

二、经济审判

法院充分发挥经济审判职能，依法及时调整各类市场主体之间的财产、信用和契约关系。1996—2005年，法院针对公民和各类企业法人拖欠金融部门贷款时间长、数量多、金额大，严重影响阜平县金融部门资金正常运转的问题，适时开展4次集中清收拖欠贷款专项行动，为金融部门收回拖欠贷款5000多万元。法院审理合同、金融、买卖、租赁、保险、证券等各类经济纠纷1161件，标的1.15亿元，有力地维护和保障社会信用和市场公平竞争秩序，优化发展环境。2005年，经济审判纳入“大民事审判”格局。2006—2010年，法院发挥民商审判职能，强化民生审务，对婚姻家庭、交通事故赔偿、农村土地承包等民生类案件，优先立案、优先审判、优先执行，充分运用司法手段，帮助涉案群众排忧解难。依法支持重点项目建设，服务发展大局，服务全县中心工作。对所有民商案件，贯彻“以调为主”原则，受理民事案件436件，审结433件，其中调撤305件，调撤率70%。

1996—2010年阜平县民事（含经济）案件审判分类统计表

表11-3-4

项目 年份	婚姻“三费”继承（件）	房地产（件）	人身损害赔偿（万元）	合同财产纠纷（件）	其他（件）
1996	286	22	78	106	80
1997	261	13	40	161	47
1998	321	21	60	201	39
1999	267	21	38	149	59
2000	416	36	54	277	49
2001	379	41	59	189	90
2002	494	36	60	301	97
2003	529	53	88	298	90
2004	545	31	102	311	101
2005	339	45	54	174	66
2006	344	21	42	182	99
2007	272	30	41	142	59
2008	338	31	41	206	60
2009	315	34	35	180	66
2010	671	136	122	224	189

1996—2010 年阜平县民商事案件情况统计表

表 11-3-5　　单位：件

项目 年份	旧存	收案	结案	标的 （万元）	判决	调节	撤诉
1996	—	245	245	256	44	199	4
1997	—	241	241	280	49	187	5
1998	—	267	267	278	85	176	6
1999	—	225	225	250	76	146	3
2000	—	349	349	297	173	136	40
2001	—	310	310	308	114	163	33
2002	—	381	381	315	172	161	48
2003	—	480	480	326	105	283	92
2004	—	445	445	412	98	254	93
2005	—	339	339	454	93	181	65
2006	—	344	344	476	75	180	89
2007	—	272	272	513	114	96	62
2008	—	338	338	632	113	142	83
2009	—	314	314	725	107	93	114
2010	—	671	671	1500	224	235	212

附：易家庄村村民杜金海与杜军红财产纠纷调解案

阜平县易家庄村村民杜金海与杜军红系父子关系。2007 年 10 月 30 日，杜金海的妻子张爱英在阜平县第一花炮厂打工时，因发生爆炸事故不幸被炸身亡，获赔 18 万元。当时父子二人商议，分给外祖母 5 万元慰问补偿，其余由杜金海存入银行。

杜金海中年丧偶，便就有人为其张罗着介绍对象。父亲想续弦的事被儿子杜军红知道后，小两口认为这是父亲嫌弃儿子媳妇靠不住，是对自己孝心的否定，便极力反对父亲再婚。父子关系因此越来越僵，儿子要求分家并分割母亲死亡赔偿金的一半 9 万元，父亲坚决不同意，村干部多次解决未果，儿子一纸诉状闹到了公堂之上。法院依法审理后，于 2009 年 12 月 10 日判决由杜金海付给杜军红 4000 元。杜军红不服判决，扬言上访，并向检察机关提出申诉。

2010 年，县法院依法启动再审程序审理此案，主办法官在认真分析该案的特殊情况后，意识到若一判了之，很难消除当事人积怨，且上访隐患较大。为此，办案干警通过深入了解和分析，抓住血浓于水的亲情关系这个特殊性，携卷三进杜家门槛，开展思想疏导和说服教育。精诚所至金石为开，办案法官三次登门不厌其烦地析传统、讲情理、释法理，终于打通杜氏父子的思想坚冰。双方都承认后悔不该走到这一步，表示愿听法官意见，协商解决。在互谅互让的基础上双方当场达成了调解协议。父子俩终于冰释前嫌，握手言和。

第五节 行政审判

一、执法培训

1997年法院针对涉及土地使用权争议等行政案件中，行政机关特别是基层乡镇政府败诉率高的问题，法院协同法制办、司法局等有关部门，从1998年开始，每年举办2～3次行政执法培训班，截至2010年举办培训班30次，培训3000人次。

二、行政执法

1996—1998年，法院认真执行行政诉讼法、行政许可法、行政处罚法、国家赔偿法等法律法规，及时受理涉及行政机关具体行政行为案件，充分发挥行政审判的合法性审查职能，促进行政部门依法行政。1999年受理行政赔偿案件，办理涉及公安、规划、乡镇政府等行政部门的行政赔偿案件5件，依法维护公民的合法权益。2002年全国法院行政审判会议召开后，法院进一步强化行政审判的庭审和办理行政诉外执行案件职能，针对计划生育工作中拖欠社会抚养费案件多的问题，执行征收社会抚养费案件38件，依法维护行政权威。1996—2010年，法院受理各类行政案件413件，行政诉外执行案件135件，并注重延伸服务，注重行政案件的协调职能，成功协调促使6件疑难复杂案件的当事人撤诉。向行政部门提出司法建议41件，促进政府依法行政，维护公民、法人和其他组织的合法权益。

1996—2010年阜平县行政案件统计表

表11-3-6　　　　单位：件

项目 年度	旧存	收案	结案	维持	撤销	撤诉	驳回
1996	—	8	8	2	5	0	1
1997	—	26	26	8	16	1	1
1998	—	34	34	10	22	2	0
1999	—	28	28	9	16	0	3
2000	—	15	15	5	6	2	2
2001	—	66	66	27	30	8	1
2002	—	67	67	34	26	5	2
2003	—	54	54	11	39	3	1
2004	—	48	48	32	14	0	2
2005	—	32	32	14	14	3	1
2006	—	24	24	9	12	2	1
2007	—	15	15	6	9	0	0
2008	—	23	23	5	14	4	0
2009	—	25	25	9	11	3	2
2010	—	44	44	20	22	2	0

附：砂窝村村民张凤亭与孙玉国道路纠纷调解案

砂窝乡砂窝村村民张凤亭、耿明荣、孙玉国系同排通院式邻居，三家住宅均建于1958年。张家居西经耿家、孙家院子通行至村东大街，孙家、耿家居东经张家的院子通行至村西公路。1986年县政府为三家办理宅基证时，并未在宅基证上界定出入通道的范围。2005年，孙家将购买的耿家旧宅和自家的旧宅拆旧翻新时，与张家就出入通行和排水问题发生纠纷，张家认为争议之地属习惯通道，孙家认为争议之地属自己的宅基范围，双方争执不下。在此后长达5年多时间里，双方互设障碍，一直纠纷不断，并多次上访，成为当地令人头疼的信访隐患。2009年10月，申请人张凤亭因不服阜平县人民政府要求双方将争议之地恢复原状的答复意见，向法院提起行政诉讼。

县法院行政庭在办理此案时发现，该案并非是一起单纯的行政案件，而是既涉及行政确权问题，又涉及民事相邻关系问题，如单就该案的行政部分判决维持政府的决定，则双方仍需打民事相邻官司才能解决实际问题；如因该案涉及民事部分而判决撤销政府的决定，则双方需重新打行政官司进行行政确权，然后仍需打民事官司才能解决实体问题。由于国家法律规定，人民法院审理行政诉讼案件只对行政机关做出决定的合法性进行审查和裁判，并不对当事人争议的实体问题进行直接处理。对此案而言，办案人员若仅追求结案目标，只要经过开庭审理后，或判维持，或判撤销，出一纸判决并不难。但如此却并不能从根本上化解双方的矛盾，当事人双方会陷入长期诉讼或上访的恶性循环，既增加当事人诉累，又给社会稳定造成重大隐患。

办案人员在认真分析该案形成的特殊性、复杂性和长期性后，着力从根源上化解矛盾，解决纠纷。一、更新理念，变被动司法为主动服务。办案干警先后三次到案发地进行实地勘查，走访群众，积极与乡村干部联系沟通，详细了解案件事实和纠纷产生的根源，做到了底码清楚，心中有数。二、协调联动，发挥“三位一体”调解优势。办案人员召集政府相关部门、乡村干部、双方当事人及其亲属共同参与，多方协力，发挥“三位一体”调解体系的作用来化解矛盾。砂窝乡党委政府指派专人协助办案人员全程开展协调工作，办案人员还通过多次登门拜访，邀请双方当事人的亲戚朋友共同做双方的疏导工作，使协调工作形成了合力。三、以民为本，强化疏导。纠纷虽然复杂，但经过办案人员从维护双方最大利益的角度进行耐心疏导，使双方认识到远亲不如近邻，仅因一隅之地便相互阻碍通行，长期争执不休，受害的最终还是争执的双方，和则两利，争则俱伤。最终使双方在互让互谅的基础上达成了和解协议。争议之地在孙家的宅基范围内仍由孙家经管使用，允许张家通行和排水，双方放下干戈，握手言和。

第六节　案件执行

一、审执分离

1996—2002年，法院把解决“执行难”问题摆在突出位置，实行审执分离制度，强化执行力量。2005年执行庭增设为执行一庭和执行二庭，所有进入执行程序的案件统由执行庭执行，规范执行行为，加大执行力度，组织“执行会战”“清理执行积案”“执行年”等一系列专项行动。通过责令被执行人申报财产，公告期限执行，对被执行人的财产及时采取查封、冻结、扣押、搜查、划拨、拍卖、变卖和对被执行人司法拘留，限制被执行人高消费一系列执行措施，有力促进执行工作的进行。1996—2010年执结各类执行案件1305件，执结标的4300万元。

二、执行与稳定统一

执行过程中，执行庭自觉从维护社会稳定的大局出发，因案制宜，注意把握执行时机，探索并运用“债权转股权、放水养鱼、资产重组、劳务抵债、执行和解”等各种行之有效的办法，力求做到法律与社会效果的有机统一。2010年成立执行局，进一步强化执行工作职能，加大执行信息网络建设。建立以“党委领导为依托、社会联动为支撑、法院实施为主导”的解决执行难工作新格局，联动威慑机制基本形成，协作执行网络日益完善。

1996—2010年阜平县执行案件统计表

表11-3-7　　　　单位：件

项目 / 年度	执行旧存	执行结案	执行标的（万元）	强制执行	执行终结	执行和解	自动履行
1996	—	12	30	8	1	1	2
1997	—	13	66	10	0	2	1
1998	—	27	111	16	4	3	4
1999	—	40	260	36	0	3	1
2000	—	167	450	123	37	7	0
2001	—	127	431	43	57	27	0
2002	—	65	209	20	29	16	0
2003	—	94	289	18	46	25	5
2004	—	102	297	26	41	34	1
2005	—	91	307	13	40	28	10
2006	—	62	412	16	11	24	11
2007	—	46	370	4	28	9	5
2008	—	69	610	10	39	16	4
2009	—	44	512	10	19	10	5
2010	—	93	990	15	58	14	6

附：执结一件积案　救活一家企业

2003年4月，阜平县农村信用合作联社（以下简称“信用联社”）向阜平法院申请，要求执行阜平县红金贡酿酒有限公司（以下简称“红金贡公司”）借款本息共计757.46万元。该案在执行过程中，面临诸多难题，一方面此案执行标的较大，信用联社急需回笼贷款，消除不良资产，维持资金周转。另一方面，红金贡公司因经营不善，多年处于停产状态，不仅无力偿还借款，拖欠工人养老保险金多达120多万元，不少工人为此多次上访。如贸然对红金贡公司仅有的机器、设备等资产采取强制执行措施，不仅不足以偿还信用联社的借款，还将使70多名工人彻底下岗失业，失去生活来源而诱发集体上访，影响社会稳定。针对此案的特殊性，法院在办理此案过程中，一、千方百计寻找突破口。利用全国“南资北移”、全市“项目西进”和全县“大力优化发展环境，招商引资”的有利时机，积极协调红金贡公司和县政府有关部门，促成深圳一家公司对红金贡公司的资产进行重组，由深圳公司投入现金1000多万元，红金贡公司以厂房、设备等资产作股份，合资成立“阜平中国红酒业有限责任公司”，从而盘活了红金贡公司资产。二、千方百计为双方当事人着想。由新成立的公司分期偿还红金贡公司拖欠信用联社的所有借款本息，促成双方达成了执行和解。既保证公司的正常生产经营，又保障信用联社债权的实现。三、千方百计解除下岗职工的困境。由新公司一次性付给拖欠70多名工人的养老保险金120多万元。同时，吸纳50多名工人重新就业，解除了众多工人的后顾之忧，消除上访隐患，促进当地经济发展和社会稳定，最大限度地实现了法律与社会效果的有机统一。

第七节　审判监督

一、成立审判监督庭

2003年，阜平县人民法院成立审判监督庭。2005年成立案件质量评查室，及时审理上诉发还重审和当事人申诉再审案件。对进行诉讼程序案件的程序、实体、审限、执行等环节进行流程管理和跟踪监督，对审执结的案件进行质量评查，从严落实错案和执法过错责任追究制度。2003—2010年，评查各类案件3200件，审结重审案件306件，再审案件60件。

二、听证监督

1996—2005年，对涉诉上访等群众关注的重点案件，主动邀请人大代表、政协委员、律师、群众代表等各界人士参加听证会，召开听证会100余次，增强司法公开性和透明度，发现问题，及时纠正，以保障司法公正。2006—2010年，法院充分发挥审判监督职能，办理重审案件12件、再审案件4件。开展深化“审判管理年”活动，充分运用审判执行管理软件，对立案、分案、审限、结案、归档等关键节点，实行全程动态监控，督促法官依法办案。利用网络信息平台，对结案均衡度、发改率、调撤率等主要审判指标完成情况实施定期通报。健全案件排期开庭呈报制度，保证人大代表旁听庭审活动的正常开展。加大审务公开力度，以电话、函件等灵活多样的方式主动征求人大代表、政协委员的意见，积极推动人民陪审员的选任工作。完善审委会制度，针对特殊案件，主动邀请检察长列席审委会，当场听取检方意见，提升抗诉案件质量，一审息诉率和二审维持率明显提升，有效促进司法公正。

第四章　司法行政

1996—2010年，阜平县司法行政系统大力开展矛盾排查治理，对“两劳”(劳改和劳教)、解教释放人员开展对口安置帮教，并进行普遍回访、重点回访，积极维护社会稳定。同时在全县开展普法宣传、法律服务、法律援助、司法公正，维护人民群众的合法权益。

第一节　机构队伍

一、司法机构

1996年，阜平县司法局下设办公室、基层股、宣教股、公证处、律师事务所、辖13个乡（镇）司法所。2006年成立法律援助中心。同年10月司法局与政法委合署办公。2008年司法局成立矫正办公室负责社会服刑人员的矫治、协调职责。2010年司法局机构设置没有变动。

二、司法队伍

1996年有司法人员41名。到2010年政法编、行政编40个，实有人数46人。其中公务员身份23人，工人身份23人。本科学历9人，大专学历16人，中专（高中）20人。

第二节　法制宣传

一、“三五”普法

1996年11月，阜平县委、县政府批转《关于在公民中开展法制宣传教育的第三个五年规划》，并做出《关于深入开展法制宣传教育的

2009年县处级干部法律知识考试现场

决议》。县人大常委会做出《关于深入开展法制宣传教育的决定》，明确规定“三五”普法（1996—2000年）重点对象是：科局级以上领导干部，司法人员、行政执法人员、企业经营管理人员和青少年。1996—2000年，每年以两办文件批转阜平县普法年度工作安排意见，下发到各级各部门。1997年组建普法辅导团，组织各层面人员普法考试。组织科局级以上领导干部的法制讲座8次，编印《中华人民共和国行政处罚法》《中华人民共和国行政诉讼法》《中华人民共和国劳动法》《中华人民共和国行政复议法实施条例》等10000余册。购买市普法办《“三五”普法必读》一套三册及音像制品，为广大干部群众提供必备普法教材。与有关部门协调配合，组建阜平县法制教育中心，对失足青少年实施挽救、教化。1998年举办普法、依法治县知识竞赛。1999年配合组织部、人事局，对500余名公务员进行为期半月的10部法律法规培训，在城南庄镇抓“普法样板工程”试点。2000年为加大在校生的法制教育力度，从公、检、法、司部门抽调精干人员，为52所学校配备法制校长、法制辅导员，定期向广大学生讲解法律知识，配合学校对“双差生”进行帮化教育，适时组织有关部门对学校周边环境进行治理。2000年阜平县的“三五”普法顺利通过省、市验收。

二、“四五”普法

2001年阜平县委、县政府批转《阜平县普法办关于在公民中开展法制宣传教育的第四个五年规划》。2002年3月28日，县十三届人大常委会第28次会议通过《关于深入开展法制宣传教育的决议》。2001年初，重新调整充实普法领导小组，建立科局级以上领导干部学法、副局级以下干部和普法骨干培训、各级干部任前法律知识考试、县乡村三级法律顾问、学校法制校长法制讲座、各级领导干部及司法和执法人员普法培训普法考试、公务员普法档案和普法合格证等七项制度。开展“法律进六家”活动（进机关、进乡村、进社区、进学校、进企业、进单位）。2003年举办有财会人员、乡镇司法所人员、村调解人员、学校法制校长等600人参加的普法骨干培训班。为进一步加大对邪教组织揭批力度，举办《反对邪教、崇尚文明》图片展，10万余人受到教育。2004年在农村开展“一户一个法律明白人”和“小手牵大手”活动，并组织力量编印《“四五”普法知识读本》3万册，供广大干部群众普法之需。2004—2005年全县推行县直机关普法包村责任制，筛选出48个问题较多的村，由48个县直机关对口分包，开展法制教育，实现由乱到治。

三、“五五”普法

2006年阜平县委、县政府批转《阜平县普法办关于在公民中开展法制宣传教育的第五个五年规划》。阜平县十四届人大常委会第二十二次会议通过《关于在全县开展法制宣传教育的第五个五年规划》。2008年重新调整普法领导小组。制定《阜平县普法办关于扎实开展“法律八进”活动实施方案》。组织协调开展县级领导干部培训班5期，科级干部培训班35期。组

2010年在针织厂小区进行法制宣传

织法律知识考试，参考干部人数达6000余人。2008年深入开展百名领导干部法制宣传一百天活动。2009年联合群众工作站队员扎实开展“迎国庆、保稳定、促发展”百日会战活动。2010年在全县中小学校开展“法律征文”活动。组织副科级干部观看法制讲座光盘5次，利用远程教育对村两委干部进行法制培训5次，参加人数1500人次，面向社会开展法律知识竞赛2次参加人数400人次。2010年6月顺利通过保定“五五”普法检查验收。

第三节　民事调解

一、民调组织

1996—2010年，认真贯彻“调防结合，以防为主”的方针，抓民调工作的组织落实、制度落实、工作落实、报酬落实。全县13个乡镇1个社区全部建立民调工作领导小组，209个行政村、5个居委会建立民调委员会，有调解员680人。

二、调解网络

1996—2005年，推行十户调解员到村、村调解主任到乡（镇）、司法助理员到片（县）的“三级上站”民调制度，加强对民调工作的指导，“十户调解员”队伍发展至6471人，形成调解网络。2006年成立“三位一体”大调解中心，各乡镇、社管会成立“三位一体”调解中心并明确中心主任、副主任由主管领导担任。到2010年基本形成县、乡、村、组、员五级调解网络，14个乡镇社区配备司法助理员27名，建立司法行政法律服务所。2008—2009年在全县部署实施迎奥运、庆国庆60周年纠纷调处“百日大会战”，调处各类民事纠纷810起，调处成功率96%，促进经济持续发展和社会稳定。

第四节　律师事务

一、律师事务所

1996年阜平县有律师3个，春光律师事务所1个。2010年阜平县有注册律师8人，展威律师事务所1个，该所有注册执业的律师4人，实习律师2人。

1997年司法局对律师事务所进行管理体制改革，成立展威律师事务所，实行主任负责制，下放业务权属国资所。1998—2005年严格落实律师法，定期开展案卷自查和接受省、市律师管理处及县人大、政法委案件执法检查，严格落实律师代理风险管理制度，投诉律师必查和严格财务管埋及收费标准等制度。每年定期对律师进行法律及律师职业道德学习培训，杜绝办人情案、只收费不办案等不法行为，坚决落实一次查实下岗制度。2006—2010年后未出现过律师违法事件。分配上采取提成奖励的管理办法，调动律师工作积极性，服务质量不断提高。

二、律师业务

随着社会治安综合治理和普法宣传的深入，律师业务逐年增加，业务量逐年增大。1996—2010年办理各类案件23760件，其中民事案件2322件、刑事案件1864件、行政案件1156件、法律援助1087件，受理非诉讼代理案件1996件，提供法律咨询服务78960人次。

1996—2010年阜平县律师业务统计表

表11-4-1

年度＼项目	民事（件）	刑事（件）	法援（件）	行政（件）	非诉讼（件）	咨询（人次）
1996	110	73	56	56	60	4200
1997	116	86	58	61	80	5200
1998	110	92	61	60	90	5500
1999	113	97	63	68	118	4800

续表 11-4-1

项目/年度	民事（件）	刑事（件）	法援（件）	行政（件）	非诉讼（件）	咨询（人次）
2000	134	127	59	70	121	5000
2001	143	117	61	75	120	5100
2002	140	142	58	78	135	5560
2003	137	152	63	80	130	5640
2004	147	139	68	83	145	5800
2005	171	132	79	79	147	5100
2006	164	146	85	87	150	5200
2007	200	140	89	80	158	5260
2008	211	127	94	86	160	6100
2009	202	129	93	95	172	5200
2010	224	165	100	98	210	5300
合计	2322	1864	1087	1156	1996	78960

第五节　公证事务

一、公证员队伍

1996年只有两人取得公证员资格，2008年9月1人通过国家司法考试，2009年9月被司法部授予公证员资格，成为阜平县公证处成立以来第一个通过司法考试注册的公证员。司法系统严格执行公证员、助理公证员参加省、市举办的培训班，提高政治素质和业务能力。截至2010年，有公证员3人，助理公证员2人，公证联络员13人。

二、公证管理

2006年3月1日公证法实施，公证处严格依法办事，按省市“三化一建设”标准进行规范化建设（规范化、法制化、标准化，建设全省达标公证处）。在省市公证质量每年一次的执法检查中取得较好的成绩，2009—2010年连续两年被市司法局授予先进集体。通过公证事项审批制度、岗位责任制度、工作制度、培训学习制度等制度建设，规范收费行为，定期审验收费许可证，严格按照收费标准收费，截至2010年没有发生公证质量投诉事件。

三、公证业务

阜平县公证处主要办理国内民事和经济类公证业务。民事类的有收养、继承、遗嘱、遗赠抚养协议、委托书、现场监督、赠予合同、证据保全、声明书等内容。经济类的有房屋买卖合同、房屋租赁合同、贷款合同、拍卖、还款协议等多种。无办理涉外公证资格。

1996—1998年公证处为“三农”提供法律服务和保障。1999年农村实行土地延包，办理大量“四荒”使用权承包、拍卖等业务。2006年房地产开发，办理大量分期房贷合同公证。2009—2010年保阜高速连接线征地拆迁，公证处为高速路建设提供全程公证法律服务，为阜

1999年“四荒”使用权承包进行公证

平的经济发展做出有力的法律保障。

1996—2010年阜平县司法公证事项分类统计表

表 11-4-2　　　　单位：份

类别 年度	收养	遗嘱	继承	赡养协议	遗赠扶养协议	委托书	声明书	赠予	担保书	房屋买卖	房屋租赁	贷款合同	还款协议	现场监督	证据保全	拍卖	招投标	其他民事	其他经济	财产协议	财产租赁	合计
1996	15	1	—	—	—	—	—	—	—	—	—	—	—	—	—	—	—	4	19	—	1	40
1997	11	4	—	2	—	2	—	—	1	—	—	7	—	1	—	—	1	3	9	—	—	41
1998	7	2	1	—	—	2	—	—	—	—	—	—	—	5	—	1	—	3	26	—	—	47
1999	3	5	—	3	—	1	1	—	—	1	1	8	—	2	—	34	2	28	240	—	—	329
2000	5	4	—	2	—	3	—	—	—	—	—	5	1	2	—	1	—	24	130	1	—	178
2001	1	6	1	4	—	2	1	1	1	3	3	49	1	3	—	—	—	21	78	—	1	176
2002	2	3	2	1	—	3	—	1	—	—	2	3	1	1	1	—	—	23	51	1	3	98
2003	1	1	2	1	—	4	—	1	—	—	2	2	1	2	—	—	—	20	43	—	1	81
2004	—	—	1	—	—	14	—	—	—	2	2	4	2	9	—	17	—	20	68	—	—	139
2005	1	—	4	—	2	5	2	2	—	1	1	—	2	—	—	—	—	27	47	1	1	96
2006	1	7	7	—	2	4	—	3	—	2	—	50	8	2	1	—	—	11	54	1	—	153
2007	—	3	7	—	4	5	2	6	—	1	—	—	1	2	5	—	—	45	146	1	1	229
2008	2	5	—	—	2	19	1	1	—	—	—	—	1	1	1	—	—	41	32	1	—	107
2009	—	7	12	—	1	8	3	3	1	2	—	—	2	2	8	—	—	24	51	—	—	124
2010	2	1	12	—	—	15	27	10	—	1	2	—	1		7	—	—	102	37	—	3	220
小计	51	49	49	13	11	87	37	28	3	13	13	128	21	32	23	53	3	396	1031	6	11	2058

第六节　法律服务

一、基层法律服务

1996年乡镇机构改革，25个乡镇法律服务机构撤销。组建法律服务所13个，法律服务人员400余人。实行“不占行政编制、不靠财政经费、自收自支、自负盈亏、自我约束、自我发展”的新体制。全县13个乡镇实现一乡一所。1998年规范基层法律的人事、财务、办案等制度，开展执法检查和教育整顿工作，对3起违纪案件和8名违纪人员做出严肃处理。2000年配合企业改制、林果承包开展法律服务。2001年对基层法律服务所进行合伙制改革，完善章程，健全内部管理，提高法律服务人员素质。开展争创规范化法律服务单位和法律服务标兵竞赛活动。2002—2005年基层法律服务所通过晋档升级、建章立制、抓内部管理，全县建一级所2个，二级所6个。2006—2007年为企事业单位清欠清贷600余万元。2008—2010年为乡镇党委保驾护航提供法律服务200多次。

二、法律援助工作

1999年1月法律援助中心成立，主要为贫、弱、残、农民工等弱势群体免费提供法律帮助。

1999年6月开通12348（要司法的谐音）法律服务热线专用电话。是年国家颁布《中华人民共和国法律援助条例》，正式把法律援助纳入法律轨道。2005—2009年每年争取周转资金3万元，对县确定的“民心工程”法律援助中心接待大厅进行装修改造，购置办公桌、椅、床、柜、空调及电脑打印设备，办公条件全面改善。截至2010年接听热线法律咨询电话35300余个，接待来访当事人900余人，办理法律援助案件1087件。

第七节 社区矫正工作

一、组织建设

2010年实行社区矫正工作，阜平县成立“阜平县社区矫正领导小组”，矫正办设在司法局，具体负责全县“判处管制、宣告缓刑、裁定假释、暂予监外执行、剥夺政治权利”等五种罪犯等监督、管理和协调、指导工作。

二、制度建设

为加强社区矫正对象的管理，先后建立报到制度、监护制度、走访制度、迁居制度、请销假制度、会客制度、公示制度、申诉制度等八项制度。

三、矫正对象管理

制定矫正工作程序，从接收到解除，按“五书十表”（“五书”：法院判决书或裁定书、矫正告知书、帮教协议书、保证书、监护协议书。“十表”：矫正对象基本情况登记表、矫正对象工作考察表、矫正对象学习劳动情况表、矫正对象困难救助登记表、监护人情况反馈表、矫正对象季度改造情况表、矫正对象评审鉴定表、矫正工作年度鉴定表、矫正期满鉴定表等）要求，人人一个档案，实施公安派出所、法院、监狱、司法所、社区、家属及社区矫正志愿者共同参与的全方位监督管理。2010年司法系统与中国电信阜平公司联合对所有矫正对象实行跟踪定位系统管理，防止对矫正对象的脱管漏管。是年接受矫正对象167名，解除75名，正在接受矫正对象92名。

2010年司法工作人员对矫正对象进行教育

第五章 军事

抗日战争和解放战争中，阜平人民特别是民兵积极配合八路军主力部队参战，阜平县成为“晋察冀边区顶天立地的支柱”“全边区唯一不被日军长期占据的完整县”。毛泽东主席亲笔题字“晋察冀边区抗日模范县”。城南庄革命纪念馆是全国革命教育基地。这块红色土地是传承革命历史的见证。中国人民解放军河北省阜平县人民武装部发扬人民军队的优良传统，在各个时期都做出巨大贡献。1986年4月前为军队编制序列。1986年5月至1996年3月为地方建制。1996年4月1日起收归军队编制，全称为“中国人民解放军河北省阜平县人民武装部”。阜平县人武部无论是地方编制还是军队编制，都接受上级军事机关和县委、县政府的双重领导，主要负责全县民兵预备役工作。1996—2010年人武部围绕军队正规化和经济建设两个中心，充分发挥地方军队武装的优势和特点，积极开展民兵组织建设以及民兵学生军训。在国防教育、拥政爱民、军民共建、民兵参建、维稳抢险等方面，都取得可喜的成绩，成为配合正规部队进行国防建设、维护社会治安和经济建设的重要力量。

第一节　军事机构

一、地方军事机构

（一）县国防动员委员会

1996年4月，根据国务院、中央军委《关于成立国家国防动员委员会的通知》精神，阜平县国防动员委员会成立。阜平县国防动员委员会是县国防动员工作的议事协调机构。主要任务是：贯彻积极防御军事战备方针、组织实施国防动员工作。协调国防动员工作中经济与军事、军队与地方、人力与物力之间的关系，以增强国防实力，提高平战转换能力。

县国防动员委员会设第一主任、主任、副主任和委员。第一主任由县委书记、县人武部党委第一书记兼任；主任由县政府县长兼任；副主任由县委、县政府主管武装工作的副书记、副县长和县人武部部长、政委兼任；委员由县人武部副部长、各科长和县公安、经贸、粮食、交通、财政、卫生、司法、电信、邮政、建设、环保、劳动人事、教育、科技、国防教育办公室、团委、妇联、工会等单位的一把手以及县委办、政府办各一名副主任组成。县国防动员委员会下设8个办公室：综合办公室、县人民武装动员办公室、经济动员办公室、交通战备办公室、人民防空办公室、科技动员办公室、信息动员办公室、国防教育办公室。

（二）县人民武装委员会

阜平县人民武装委员会，由县委、县政府、县人武部有关部门及工会、共青团、妇联等群众团体的主要负责人组成，是领导民兵的协调机构。其任务是贯彻中共中央、国务院、中央军委有关民兵建设的各项方针、政策和指示；根据上级地方党委和军事机构的有关指示，结合阜平县的具体实际，贯彻有关民兵和兵役工作的方针、政策，解决重大问题。

（三）县人民武装部

1996年4月，根据中共中央、国务院、中央军委、中发〔1995〕12号《关于县（市、区）人民武装部收归军队建设的通知》，中共河北省委、河北省人民政府、河北省军区冀发〔1996〕1号《关于落实中共中央、国务院、中央军委关于县（市、区）人民武装部收归军队建制的通知的通知》。阜平县人民武装部改为军队建制，名称为“中国人民解放军河北省阜平县人民武装部”，接受中国人民解放军河北省保定军分区和中共阜平县委员会、阜平县人民政府的双重领导，是全县的军事领导指挥机关，是县委的军事部兼县政府的兵役机关，其性质和任务不变，主要负责本区域的民兵预备役工作。武装部编制11人，部长、政委，副部长、副政委各1名，下辖军事科、政工科、后勤科3个科。所辖基层人民武装部14个。

1996—2010年阜平县人民武装部部长、政委任职一览表

表11-5-1

项目 时间	姓　名	职　务	籍　贯
1996.3—1998.3	陈春生	部长	唐山乐亭县
1998.3—2001.3	冯亚飞	部长	保定市
2001.3—2005.4	常青山	部长	邯郸魏县
2007.3—2010.12	鲁　南	部长	山东莒县

续表 11-5-1

项目 / 时间	姓　名	职　务	籍　贯
1996.4—1998.12	耿　琳	政委	阜平县
1998.12—2002.4	孟祥吉	政委	衡水冀州市
2002.4—2004.3	李亚东	政委	保定市
2004.3—2010.12	李文录	政委	清苑县

（四）基层武装组织

1996年，县人武部下辖13个乡镇武装部。乡镇武装部是乡镇党委和政府的军事工作部门，又是其兵役机关，受乡镇党委和县人武部双重领导。基层专职武装干部经费由县财政拨付。阜平县专武干部大部分从退伍军人中选拔，少部分从地方青年干部中选拔。

2003年4月原县直和县联社人武部改建为县经贸局人武部，受经贸局党委和县人武部双重领导，下辖5个民兵连。

二、武警部队

（一）武警阜平县中队

中国人民武装警察部队阜平县中队，隶属河北省武装警察总队保定市（地区）支队，同时接受中共阜平县委和阜平县人民政府的领导，是中国人民武装警察部队在阜平县设立的一级组织，是阜平县人民政府的一支武装力量。配合公安司法机关巡逻、逮捕、押解等，维护社会稳定，保护县域内人民生命财产安全，处置突发事件，圆满完成以执勤、“处突”为中心的各项任务。2003年、2004年连续两年被武警河北省总队评为“先进单位”，2004年中队党支部被支队评为“先进党支部”，2007年被武警河北省总队评为“先进中队”。

阜平县武警中队与军队连队同级，设中队长一名，政治指导员一名。

（二）武警阜平县消防大队

2005年6月，县成立公安消防大队。公安消防大队隶属武警保定市消防支队，属中国人民武装警察部队序列。办公地点设在看守所院内。2006年12月县政府投资22万元建成小型消防站，建筑面积300平方米，车库两座。2008年1月，对消防站实施扩建，新增建筑面积587平方米，新建训练塔一座。到2010年，消防大队占地面积6889平方米，建筑面积1807平方米，消防水罐车两部，抢险救援车一辆，消防车库4座。消防大队隶属武警保定市消防支队和阜平县公安局双重领导。消防大队的职责主要是依照《中华人民共和国消防法》，对阜平县公民进行预防火灾的教育、组织公民对火灾进行扑救。

第二节　兵役

一、兵役制度

1998年12月29日，第九届全国人大常委会第六次会议，对1984年颁布的《兵役法》部分内容进行修改。新修订的兵役法删除原规定中实行“义务兵役制为主体”的提法，保留“义务兵与志愿兵相结合”与“民兵与预备役相结合”的基本制度，将陆、海、空三军义务兵服役现役期一律改为2年，取消超期服役的规定。

二、兵役登记

1996年后，阜平县兵役登记工作每年对年满18岁的男性公民进行兵役登记。

三、兵员征集

平时兵员征集，是人民政府和军事机关按照兵役法和国家命令，通过一定的工作程序，将符合条件的应征公民征集到军队服现役。包括一年一度的定期征集，也包括军事院校招生、招收飞行学员、个别吸收地方专业技术人员入伍等。兵员征集的基本任务是：宣传和贯彻

《兵役法》，保证党和国家征兵命令、指示的贯彻落实执行，主要从社会青年、在校学生和应届毕业生及青年工人中征集。教育和发动适龄青年踊跃报名应征，加强应征人员及其家属的思想工作，做好应征对象的政治审查工作，保证征兵工作任务的完成。截至2010年，阜平县征兵工作都是冬季征兵。

（一）加强领导

阜平县人武部按照有关指示精神，组织成立由有关部门领导参加的阜平县人民政府征兵工作领导小组。征兵领导小组由县政府和县人武部各指定一名领导任组长和副组长。领导小组下设征兵办公室，由宣传、公安、卫生和人武部等有关部门的人员组成，具体负责征兵的日常工作。

（二）宣传教育

加大相关法规宣传教育力度。以《中华人民共和国宪法》《中华人民共和国兵役法》《征兵工作条例》和征兵命令为依据，广泛地进行依照法律服兵役的宣传。通过召开干部会、群众会、适龄青年座谈会和应征对象家长会，组织应征青年和广大群众学习宣传相关法律，提高思想认识，增强国防观念。做好深入细致的思想工作，以适龄青年及其家属为重点，采取各种形式，开展生动有力的宣传教育，把思想工作做深做细做透。引导应征青年正确认识和处理个人利益与国家利益、眼前利益与长远利益的关系，激励青年应征参军的热情。负责征兵工作的领导和机关协同地方有关方面，切实解决实际问题，尽可能的帮助应征青年及其家属解决一些实际困难。协助民政部门做好应征兵员家庭的优抚工作，签订优抚合同，发放优抚证书。

（三）体检

保证把优秀青年送到部队，在征兵工作中，牢固树立“好中选优”的思想，层层择优，严把体检关。抽调思想好，责任心强，工作认真，技术水平高的医务人员组成体检组，主检由经验丰富，具有中等职称以上的专业人员担任。

（四）政审

阜平县人武部和征兵工作人员认真按照征兵政策，按照有关规定对应征对象逐个进行政治审查。审查办法，采取县、乡、村三级政审和区域联审。深入有关单位走访调查，掌握第一手材料，做到“五到五取证”。即：到应征对象所在学校，取得学历和在校表现的证明材料。到居委会或村委会，取得现实表现的证明材料。到派出所，取得年龄、户籍和有无历史前科的证明材料。到家长所在单位，取得直接抚养者现实表现的证明材料。到外出做工单位，取得在外表现的证明材料。对征集对象的情况分析坚持三个为主，即对其家庭和本人，以本人为主。对其历史表现和现实表现，以现实表现为主。对其在家生产劳动和外出做工表现，以外出做工表现为主。在联审定兵中，人武部、公安机关和接兵单位按照政策规定，共同对征集对象逐个进行政治审查，并实行政审工作岗位责任制，谁审查，谁签字，谁负责。严格审查措施，防止有劣迹的青年混入部队，对有疑点一时查不清的，不得批准入伍，确保每个新兵政治纯洁可靠。政审结束后，对所定新兵还要进行一次政治复查。

（五）定兵

审批定兵是保证新兵质量的关键环节。定兵会一般在应征公民身体复查、抽查和政审基本结束后或在上级车运计划会后召开。为确保兵员质量，阜平县在长期的实践中始终坚持做到三点：

健全定兵会议机构 定兵会由县征兵办公室组织召开。县征兵工作领导小组的主要领导、政审组长、体检组长和主检医生，乡镇武装部长必须参加会议，吸收接兵部队负责人参加，共同协商，集体审定。

严格执行定兵工作程序定 兵会由县征兵办公室主任主持，定兵开始前首先明确纪律要求，把思想认识统一到国务院、中央军委和上级的命令要求上来。定兵开始后，首先由乡（镇）武装部长根据县征兵办公室下达的征兵任务，在与接兵部队协商基础上对合格青年逐一唱名，然后分别征求政审、体检和接兵部队负责人的意见，如意见一致则通过，如有分歧，则充分协商或由领导裁定。定兵时要做到“五个不定”：应征青年现实表现查不清的不定，身体重要脏器有疑问的不定，本人或家庭不同意的不定，征接双方意见分歧的不定，群众反映有问题一时查不清的不定。

贯彻择优选送的原则　优先选定政治思想好、身体素质好、文化程度高和有专长的青年入伍。坚决做到“四个杜绝”：杜绝现实表现不好的青年应征入伍；杜绝患有传染病、慢性病、隐疾病史或智力低下等明显不合格青年应征入伍；杜绝初小或文盲青年应征入伍；杜绝不足年龄和超龄青年应征入伍。各乡（镇）对初定新兵所在乡村和单位进行张榜公布，接受群众监督，发现问题及时调换。非农业户口青年的征集，严格执行当年的征兵命令，不得突破非农业户口青年征集比例。被批准服现役的应征公民，由县征兵办公室填写《应征公民入伍批准书》，将《入伍通知书》发给应征公民，明确报到集中的时间、地点，同时及时整理新兵的档案材料。新兵的档案材料不同时期有不同内容，一般有应征公民政审表、体检表、入伍批准书，党团员组织关系，特种兵的调查证明材料等。

（六）新兵征集

1996年，阜平县注重征兵和接兵这两个基本方面，切实做到工作协调，步调一致，形成合力，共同完成征集任务，是搞好征兵工作的重要环节。为协调好征接双方的关系，征兵过程中要开好“四个会”，即：接兵人员到达时，开好征接协调会。接兵部队走访调查结束后，开好情况交流会。定兵前，开好定兵协商会。新兵起运时，开好欢送会。征接双方在工作中遇有不同意见，应以政策规定为依据、主动协商，妥善解决。人武部门和各级征兵办公室要尽可能地为部队接兵人员的工作和生活提供方便，统一安排接兵部队的医生参加体检工作，及时向接兵部队提供合格人员名单，发挥接兵部队的质量把关作用。

四、预备役登记

1996年，阜平县依照国家法律规定对应服预备役公民进行的注册管理。通常分为军官预备役登记和士兵预备役登记。目的是掌握预备役人员的数量、质量和分布状况，有计划地储备预备役军官和士兵，为战时兵员动员做准备。

1998年重新修订颁布的兵役法，对军官、士兵的预备役登记作明确规定。预备役军官和士兵的登记，由当地的县、自治县、市、市辖区兵役机关负责。登记的对象、范围是：经过兵役登记未被征集服现役的应征公民；退出现役确定服预备役的军官和士兵；批准服军官预备役的专职人民武装干部、民兵干部、非军事部门的干部、高等院校毕业学生和专业技术人员。依照规定，退出现役确定服预备役的军官和士兵，确定服军官预备役的高等院校毕业学生，在到达工作单位或者居住地以后的30天内，到当地县级兵役机关办理预备役登记。适合服军官预备役的专职人民武装干部、民兵干部、非军事部门的干部和专业技术人员，由县级兵役机关进行登记，并报上级军事机关批准。县级兵役机关对预备役人员，按照军事专业分类注册登记。对经过登记的预备役人员的变化情况，每年核对一次。因身体变化不适合服预备役，以及死亡或超过服预备役最高年限的，办理解除登记；对被捕、判刑的，办理注销登记；迁出或迁入阜平县，办理注销或重新登记。

第三节　民兵

一、组织建设

1996—2006年，阜平县民兵组织建设按照减少数量、合理布局、突出重点的原则提出各项规定。1. 对民兵组织逐步进行精减调整。2. 组建民兵的重点是乡镇厂矿企事业单位。2. 压缩民兵的年龄，男性公民改为年满18岁—35岁，其中基干民兵为18岁—28岁，女性公民为年满18岁—28岁。民兵营连干部的年龄一般不超过35岁。3.简化组织层次，民兵组织只编基干民兵和普通民兵两种，女性公民只编基干民兵。取消原县民兵师、公社民兵团和武装基干民兵。4.严格民兵条件。5.把民兵组织和预备役制度结合起来，统筹安排。凡是编入民兵组织的公民也就编入了预备役。其中，基干民兵为一类预备役，普通民兵为二类预备役（预备役人员登记工作内容）。与此同时，还编组了通讯、侦察、高机、重机、八二迫、八二无等六种专业技术分队，并尽可能做到专业对口。

2007年阜平县建立6个应急分队。民兵专业技术分队的编组，按照扩大编组种类和数量，提高科技含量的要求进行调整。依托民兵武器装备编组的专业技术分队，仍采取有什么装备编什么分队的方法，一套装备编两套人员。调整全县基干民兵的布局，突出重点乡镇、企事业单位和主要交通沿线，减少偏远乡镇村的编兵数量，注意整合基干民兵队伍，优化组织结构。通过整组工作，民兵组织结构更加优化，力量编配更加合理，建设重点更加突出。

二、政治教育

1996—2000年，县武装部门坚持对民兵进行革命传统教育，革命英雄主义教育和爱国主义教育。2000—2001年注重形势教育、战备教育和法制教育。2002—2003年民兵工作遇到许多新情况新问题，民兵自身利益也发生多元变化。在这种情况下，全县各级党组织和人民武装部门进行形势教育，重点是让民兵树立中心意识和大局意识，摆正个人、集体与国家之间的关系。2004—2010年阜平县人民武装始终把战备教育放在第一位，做到富不忘国、与时俱进、做四化建设的排头兵。和平发展成为新时代的主题，当今世界仍然很不安宁，不能“刀枪入库，马放南山”。通过战备教育，使广大民兵懂得“有国才有家，卫国才能保家”的大道理。从思想上筑起反西化、反分化、反对敌对势力侵略的牢固长城。

三、民兵军事训练

根据形势变化和中央军委的指示，20世纪90年代阜平县民兵军训发生四个大变化：

（一）指导思想发生变化，军事训练不再是民兵的中心任务，而是服从“以经济建设为中心”这一大局。

（二）压缩训练任务，减轻群众负担。缩小训练范围，训练周期由4年缩短到2年，每个周期的时间由60～80天，减为30天，后改为每年15天，全县民兵训练人数减少了80%。训练对象只限于基干民兵，灾情严重地区减免训练任务。

（三）改变训练方法，改过去小型分散为以乡镇厂矿为单位集中训练，器材教具集中使用，教学力量得到加强。

（四）突出专业技术训练，编组专业技术分队。2000—2010年阜平民兵训练又有新进步，周期训练改为年度训练，训练在基地进行，时间安排在3月上旬到5月初，参加人数和训练内容由保定军分区统一制定。2005年后训练重点是对应急分队、专业技术分队和民兵干部进行训练。

阜平是国定贫困县，县乡（镇）财政收入不足。1996—2001年统筹费征收不到位，一度影响民兵的训练。2002—2010年民兵活动经费由省财政统一拨付，确保了民兵训练质量和数量。

四、民兵参建工作

民兵是阜平县经济建设中的一支生力军，时时处处走在前面，为改变家乡落后面貌做出巨大贡献。

阜平为全山区林业县，从革命战争年代到新时代民兵一直是封山造林绿化荒山的主力，同时还营造许多“民兵林”“青年林”。法华等村的民兵承包营造的“民兵林”“青年林”，成效显著。1966年转业回乡的王志录，先后在阜平县几个乡镇任人武部长、乡长、人大主席等职。退居二线后承包家乡后庄村200亩荒山，苦干5年，栽果树3000多棵，把荒山变为果园，树上收果，树下收粮，引水上山，旱涝保收，为群众靠山吃山脱贫致富树立了“榜样”。农闲时节，四处指导当地果农修剪果树、防治病虫害，千方百计让大家增加收入。给人们讲果树管理知识，请人们到家里的“农家书屋”看科技书刊。是当地深受农民欢迎的“退伍兵”。

阜平县的活雷锋—任俭，1969年11月加入中国人民解放军广西某部，在部队受团级嘉奖两次，立三等功一次。1981年复员回乡后当上了县养路工区的农民合同工。十几年如一日做好事不留名。在村里义务为村民理发上千人次，义务照顾老退伍军人。兢兢业业看护国防线路。1995年5月评为河北省“劳动模范”，1998年获全国“五一劳动奖章”。

阜平县民兵在应对自然灾害和突发事件中，一直担负着急难险重任务。2003年春抗击“非典”中，各乡镇村民兵在村口路边盘查疑似病人，严控疫情流行，认真负责，与全县人民共同战胜“非典”疫情。2006年6月12日，一辆载煤焦油的大卡车在山西省繁峙县神堂堡乡大寨口侧翻，发生煤焦油泄漏事故，煤焦油流入大沙河。1000余名预备役民兵，乘车直奔事故现场，运土石方7380立方米，筑坝260米，投放被褥600余套、活性炭9吨、沙土1700多袋，经过紧急抢险，避免了造成大面积水污染的灾难。《中国国防报》《战友报》等新闻媒体进行了报道，受到中共保定军分区党委通报表彰。

五、民兵装备库管理

阜平县民兵武器装备经历从无到有，从差到较好不断优化的过程。1996—1999年13个乡镇民兵武器装备全部实行集中保管。2000—2010年阜平县民兵武器装备全部集中到保定军分区（现警备区）民兵武器装备仓库统一保管，保管费用由县财政拨付。

第四节　国防教育

一、爱国主义教育

阜平县国防教育基地较多。有日本侵略者在河北省制造“三大惨案”之一的“平阳惨案”，即“千人墓”。县烈士陵园供奉着千余位革命烈士的英灵，是对公民特别是民兵、青少年进行国防教育的好场所。人武部照旺台村民兵训练基地，拥有比较先进的电化教学设备。是民兵、中学生军事训练、国防教育的基地。城南庄晋察冀军区旧址，几经改建由河北省委宣传部统一编写教材，成为进行国防教育的理想之地。1996—2010年县人武部利用这些教育基地组织民兵进行革命传统教育100余次，增强民兵的爱国主义信念。

二、党政干部国防教育

1996年，根据国防教育法有关规定，党校开设国防课，阜平县人武部协助党校成立“军事教学研究领导小组”，以高等学院的军训大纲为基本依据，以中等军训为主要内容，结合党校学员实际，进行辅导学习，把国防课的考核列入对学员考核项目之一，成绩列入档案。

1998—2005年，采取短期轮训的办法，对基层党政干部进行国防教育。在轮训中，每人过一周的军事生活，进行观摩、操作作业和野外训练等。遵照新时期民兵、预备役工作原则、方针，增强国防观念，提高领导民兵，预备役工作的能力。

2005—2010年，实行第一书记定期到人武部办公，县委、县政府定期召开“议军”会，规范各项制度，使工作更加细化和完善。形成全县上下关心国防，重视国防建设的局面。

三、民兵预备役人员的国防教育

1996年，利用报纸、刊物及其他舆论工具，进行民兵预备役人员全民国防教育。组织各机关团体，基层单位人人订阅《国防报》《中国民兵》等报刊，丰富民兵连队的政治教材。

1997—2000年，围绕国防教育，举办演讲会。组织青年、民兵开展国防知识竞赛，竞赛中了解和掌握国防知识，还以问卷的形式扩大宣传教育面。

2001—2005年阜平县各级人武部门充分利用电影、广播、电视、网络等新媒体，实行再传播再教育。人武部门经常组织民兵学习报刊、广播、电视上的有关内容，有计划进行学习讨论，并就有关学习教育专题举行“知识竞赛”。

2006—2010年，利用征兵，整组、集训、活动勤务，进行国防教育。在征兵工作中，全方位开展国防教育宣传，召开座谈会、动员会，宣传《中华人民共和国兵役法》响应祖国的召唤，踊跃报名参军，焕发青年建设现代化国防的激情，认识保卫祖国、抵御侵略是人民军队的神圣职责。

在民兵整组过程中充分利用、宣传发动、组织动员、集合点验和总结讲评的场合，对民兵预备役人员进行《中华人民共和国宪法》《中华人民共和国兵役法》《征兵工作条例》学习教育，提高民兵预备役人员的国防意识和依法参加民兵组织的觉悟。

在民兵预备役人员的军事训练开展国防教育。利用民兵预备役人员军训期间人员集中，时间集中的这一优势，强化对参训民兵预备役人员的国防教育。安排专人备课、讲课，从兵役法规到国防时事，规范宣教，使参训民兵预备役人员充分认识到自己的光荣义务和肩负的责任，激发科学参训的热情。

四、学校的国防教育

1996—2010年，教育系统把国防教育列为学校教育的重要内容，将学生军训作为国防教育的一种重要形式，在阜平县人武部组织下，全县各高级中学、职业中学每年都对新入学学生进行为期7至10天的军事训练，15600余名学生受训。2001—2010年，阜平县人武部与教育局共同组织中学生重走革命路，重温革命历史，先后到城南庄革命纪念馆、史家寨窑洞、平阳千人墓、烈士陵园进行革命传统教育。结合阜平县抗日战争时期五丈湾村民兵队长李勇大摆地雷阵，易家庄民兵游击队长刘应法血战马武寨，抗敌弹尽殉国的英雄人物事迹，让学生了解新中国的成立来之不易，今天的幸福生活来之不易，组织学生观看《底片下的回忆》一以罗峪村妇救会主任、民族英雄刘耀梅英勇就义的事迹拍成的电影。激发学生奋发向上的爱国热情，坚定跟党走的信念。

第五节　拥政爱民

一、拥政

每年八一、元旦、春节，县武装部都邀请地方党委、政府、人大、政协的领导及各界群众召开军民座谈会，主动汇报和介绍年度工作或单项工作完成情况，及时传达上级军事机关对武装工作的指示和要求，以便地方党委、政府领导了解情况，更好地支持武装部工作。

二、爱民

1996—2010年，县人武部帮扶“贫困村”3个，使这些村面貌发生了可喜变化。出资捐款筹建“希望小学”，帮助家庭困难子女上学。四川汶川发生地震后，县人武部机关人员捐款5000余元进行救援。

三、军民共建

1996—2010年军民共建、培养军地两用人才取得显著成效。炊事兵回乡搞起餐饮业，汽车驾驶员退伍后，回乡搞起运输业或汽车维修业，有的学到种植、养殖技术，回乡后搞起大棚菜、果园、养猪场、养鸡场等。退伍战士臧建录回乡后，他利用在部队增长的见识组建一支建筑包工队，在实践中学会了识图、预算、组织调度等经营管理，不仅自己成家立业，还带动几十名乡亲就业、脱贫致富。

退伍战士孟庆增回乡后成为国家干部，退居二线后已出版个人摄影集两册，成为省摄影家协会会员。张玉珠退伍后，从临时工成长为县广电局主任记者（副教授级）和省部级劳模。还有不少复员军人成长为本行业专业技术拔尖人才。

许多退伍战士在地方努力工作刻苦学习、锻炼成长为国家领导干部。刘耀生、陈先贺等人提拔为副县级领导；耿文金提升为正县级干部。高天民先在阜平县任县长，后任保定市副市长、市人大常务副主任；张俊杰等人调到省直部门成为省市领导干部。战士韩国生退伍回乡，长期做工业企业管理工作，《河北日报》《共产党员》杂志曾发表长篇通讯进行报道表扬，被提拔为副县级领导干部，为振兴阜平经济发挥着自己的作用。

第十二篇　经济总情

1996—2010年，阜平县坚持以经济建设为中心，以脱贫致富奔小康为总目标，解放思想，实事求是，开拓进取，深化改革，大力实施科教兴县，开放兴县，产业兴县战略，积极推进经济体制改革。全县经济持续快速发展，经济实力显著增强。各项社会事业全面长足进步，小康建设取得巨大成就，人民生活水平日益提高。

2010年，全县生产总值完成233881万元，是1996年56062万元的4.17倍。按可比价计算增长3.46倍，人均GDP由1996年2775元增长到2010年的11006元，增长2.97倍。三产结构由1996年的22.1：29.2：48.7调整为2010年的25.5：23.9：50.6。其中第一产业完成59555万元，第二产业完成55902万元，第三产业完成118424万元。

2010年，全县全部财政收入完成19176万元，比1996年总量增长5.60倍。年平均增长44%；固定总投资完成280544万元，投资总量比1996年增长15.2倍，平均增长108%。

2010年，农民人均收入2460元，比1996年增加1602元，增长1.87倍；城乡居民储蓄存款余额354258万元，比1996年增加305349万元，增长6.24倍；在岗职工年平均工资23372元，比1996年增加19221元，增长4.63倍。

第一章　国民经济运行

“九五”时期，阜平县坚持和维护改革、发展、稳定大局，面对复杂经济形势和多种自然灾害，迎难而上，团结奋进，完成“九五”计划各项目标任务。“十五”期间，围绕“三五十”总体目标，凝心聚力，加压奋进，保持经济社会持续快速健康发展良好态势，“十五”规划主要指标成倍增长，经济活力和综合实力明显增强，生态和社会效益日趋显现，成为发展又快又好的历史时期。“十一五”期间，全县上下积极应对世界金融危机等严峻挑战，奋力爬坡，加速追赶，全县经济发展呈现崭新局面。各项社会事业、民主法治、精神文明、生态建设都得到全面加强。

第一节　“九五”期间（1996—2000年）

一、经济发展

2000年，全县国内生产总值完成7.27亿元，年均递增5.6%，其中第一产业递增2%，第二产业递增16.5%，第三产业递增24.7%，财政收入完成3515万元，年均递增7%。“九五”期间，全县累计引进资金17490万元，实际利用外资477.5万美元，外地投资企业达40家。

二、改革取得进展

县办55家国有工商企业全部改制，企业活力明显增强。以四荒拍卖为突破口的农村改革成效显著，五年累计拍卖荒山20万亩。粮食流通体制、劳动和社会保障制度、财政体制改革都迈出新步伐。

三、基础设施建设

全社会固定资产投资累计完成16.47亿元，是“八五”期间的6.7倍。交通建设完成阜长公路、阜繁公路二级路改扩建工程。通信建设，

1998年建成的卫星电视接收站

市交换机总容量13000门，移动电话用户3850户，分别是“八五”期间的4倍和19倍。电力建设，无电自然村全部通电，农村电网改造工程完成。广播电视建设，13个乡镇180个村开通有线电视，有线电视用户12000户，“村村通”工程圆满完成，解决83个村收看电视难问题。县城建设以城镇供水、中兴街、东寺大街、阜平宾馆、商务大厦改造建设为标志，县城环境明显改善。

四、扶贫成果显著

在国管局、38集团军及省市有关单位大力支持下，通过开展重点帮扶、对口帮扶、实施“共富工程”，2000年，全县人均收入200元以下贫困人口，由“八五”末的5.13万人减少到1.2万人。全县农民人均纯收入达到1403元，比1995年增加572元。

第二节　“十五”期间（2001—2005年）

一、经济发展

“十五”期间，全县经济持续快速发展，GDP增速保持9%以上，排保定市第22位。2005年生产总值完成12.4亿元，规模以上工业

企业增加值完成8000万元，排保定市第10位。财政收入由2000年3518万元增加到9388万元，由“九五”末全市21位上升至第8位。个人储蓄存款17亿元，5年增加10亿元，人均存款增加近5000元。用电量由“九五”末4186.4万千瓦时增加到12187.3万千瓦时。农民人均纯收入1830元，增加423元，城镇居民可支配收入5200元，增加2800元。

二、产业结构

旅游、林果、畜牧水产、矿产四大支柱产业初具规模，产业优势逐年显现，经济优势逐年壮大。以晋察冀边区革命纪念馆和天生桥国家地质森林公园为标志，自然生态景观和革命历史文化景观相交融，绿色旅游、红色旅游发展战略构想顺利实施。投资3亿元的罗家庄仙人山景区开发项目签约，旅游业发展前景广阔。坚持生态经济效益并重的路子，促进林果业的快速发展，实现生态和经济共赢。“十五”末全县植被覆盖率60%，森林覆盖率26.6%。大枣产量突破亿斤大关。畜牧养殖业发展迅速，初步形成东庄鼋鱼、龙泉关柴鸡、海沿奶牛、大教厂肉牛4个养殖小区。“山泉黄”牌鼋鱼、“派山牌”蜂蜜、“古恒山牌”柴鸡蛋等一批优势品牌知名度提高。以石材、铁矿为主的矿山开发有序发展，矿产建材成为全县工业经济的主导力量。

三、基础设施建设

“十五”期间投资36亿多元，是“九五”期间的2倍多。2005年，全县公路通车里程1600公里，比2000年增加260公里。保阜公路、207国道、阜繁公路、城白公路（城南庄至白石岭）等干线公路改扩建工程和“村村通”工程相继竣工。建设世纪城、亨达等住宅小区。拓宽北街、桥西街、东寺大街等街道，修建了万金园。农网和城网改造工程顺利完成，固定电话发展到36042门，移动电话发展到33000多户。开通MMDS有线电视，电视频道扩大到40个。北方云母、山珍红力、华益铁冶、瑞祥果脯、宗全机焦等一批重点建设项目竣工投产。

四、民营经济

2005年，全县民营企业3118个。阜兴建材有限公司、阜平化工有限公司通过ISO9000质量体系认证。腾达石材、山珍大枣、康源食品等5家生产企业取得自营出口权，实现自营出口创汇零突破。

五、社会事业

教育事业：全县小学楼房化率96%，中学楼房化率99%，中小学生入学率100%，通过省政府“普九”复查。科技：引进新品种100多个，农作物良种覆盖率98%以上，建农业科技示范园11个，科技贡献率45%。医疗卫生：建立了突发性公共卫生体系和疫情监测报告体系。

第三节 “十一五”期间（2006—2010年）

一、经济发展

“十一五”期间，全县经济实现较快增长，GDP增速保持在10%以上。2010年生产总值完成23.4亿元，比“十五”末增加11亿元。规模以上工业企业增加值1.59亿元，比“十五”末增加0.79亿元。全社会和城镇固定资产投资31.36亿元、24.2亿元，分别是“十五”末的3倍、3.3倍。财政收入大幅度增长，由2005年的0.9亿元，增加到1.9亿元。全县居民储蓄余额达到35.4亿元，是“十五”末的2.4倍。农民人均纯收入2460元，比“十五”末增加630元。森林覆盖率33.8%，比“十五”末增加7个百分点。2010年，全县总人口21.6万人，自然增长率7‰以内。单位GDP能耗下降20%，完成主要污染物总量消减任务，其中COD削减99吨，二氧化硫削减72吨。

二、支柱产业

旅游业 晋察冀边区革命纪念馆晋升AAAA级景区，入选“河北最美30景”。天生桥景区被列为国家地质公园、森林公园，吴王口温泉休闲度假景区改造升级，古北岳恒山、仙人山、云花溪谷景区建设顺利推进。2010年全县接待游客30万人次，实现旅游总收入1.55亿元。

林果业 完成第一个十万亩大枣示范工程和福子峪大枣科技观光园建设。第二个大枣十万亩示范工程启动建设，全县大枣发展到30万亩，1500万株，年产值1.8亿元。建成龙泉关、砂窝、吴王口等乡镇为主的优质核桃基地，城南庄、夏庄等乡镇为主的板栗基地。

畜牧水产业 新建春利奶牛养殖场、黄岸底奶牛养殖小区和北果园、大石坊、五丈湾3个鼋鱼养殖小区，奶牛存栏2000头，鼋鱼养殖水面2000亩。海沿奶牛养殖小区和平阳腾达高产奶牛养殖场巩固发展，培育了“山泉黄”鼋鱼、“派山”蜂蜜、“古恒山”柴鸡蛋等一批知名品牌。2010年畜牧水产业产值2.8亿元。

矿产建材业 炭灰铺矿整合暨45万吨煤井扩建项目完成，砂窝、龙门、城南庄等石材加工小区完成提升改造，年板材销售收入4.8亿元。铁矿开采秩序得到整治，铁精粉加工企业74家，年产值15亿元。

三、基础设施

交通 争取国债资金2474万元，改造农村公路247.4公里。保阜高速公路二期（保定至阜平县城段）建成通车，县城北外环和天生桥服务区开工建设，西阜高速公路完成立项。2010年，公路硬化里程762.8公里，209个行政村实现通柏油（水泥）路。全县通柏油（水泥）路总里程1299公里。

电力 完成农网和城网改造工程，台峪、北果园2个35千伏变电站和城南庄35千伏变电站增容改造工程。

通信 全县固定电话发展到3万多门，移动电话突破10万户。投资8000多万元，建联通基站55个。

广播电视 开展“村村通”工程，完成有线电视网络升级改造和246个盲点村建设任务。

1996—2010年阜平县国民经济运行情况统计表

表12-1-1

项目 年度	国民经济生产总值（万元）	农业总产值（万元）	粮食总产量（吨）	干鲜果总产量（吨）	农民人均纯收入（元）	工业总产值（万元）	工业增加值（万元）	全部固定资产投资（万元）	社会消费品零售总额（万元）
1996	56062	21050	35681	17330	858	26057	3166	16310	15663
1997	75064	37179	51404	40379	1358	31141	3968	35129	17038
1998	86356	42330	52497	49606	1457	36130	13813	46038	18464
1999	68201	31889	48097	17006	1358	33519	12595	32065	18565
2000	72779	41418	50405	56681	1407	30773	10828	38015	17452
2001	79833	38026	49944	34889	1457	39422	14538	48197	19412
2002	86225	40570	49578	38260	1495	46495	15812	53949	21522
2003	87733	28235	40599	30130	1551	53227	19187	58501	23878
2004	100651	38054	51215	30174	1698	56641	20250	63053	34230
2005	116708	46299	53703	62990	1830	74351	25129	103646	39529
2006	129002	47870	56940	70374	1988	82938	28475	109035	44449

续表 12-1-1

项目 年度	国民经济生产总值（万元）	农业总产值（万元）	粮食总产量（吨）	干鲜果总产量（吨）	农民人均纯收入（元）	工业总产值（万元）	工业增加值（万元）	全部固定资产投资（万元）	社会消费品零售总额（万元）
2007	149325	63169	57441	73151	2188	90901	32109	119571	52617
2008	181099	71003	57545	61155	2399	107372	35284	148270	64605
2009	191041	80674	57757	79749	2299	100865	33509	250929	77625
2010	233881	98615	61078	71955	2460	126336	38884	280544	92873

1996—2010 年阜平县国民经济运行情况统计表

表 12-1-2

项目 年度	财政收入（万元）	财政支出（万元）	金融机构存款余额（万元）	居民储蓄存款余额（万元）	金融机构贷款余额（万元）	实际利用外资（万美元）	在职职工平均工资（元）
1996	2522	5241	54400	48909	44068	109.8	4151
1997	3612	6077	66033	54613	60985	200	4672
1998	4212	6241	77241	62791	75148	140	5511
1999	3448	6103	81368	71301	78463	27.6	5057
2000	3515	8675	88706	78795	81194	14.6	5651
2001	3518	11734	94026	84356	81077	50	6458
2002	4594	14316	105802	90298	88660	50	7372
2003	5419	15223	121216	103901	81107	5	8797
2004	6817	16376	144608	119863	91717	8	8749
2005	9388	19851	175098	147449	97925	50	11725
2006	12876	27218	213862	177119	106284	22	13525
2007	15850	33470	279341	220014	112119	—	17364
2008	18628	38616	326444	262047	106354	—	20358
2009	15566	47635	374307	302610	135885	8	21992
2010	19176	61638	429050	354258	165319	5	23372

第二章　经济结构

1996 年，阜平县国有企业从业人员 2136 人，完成总产值 4200 万元。2000 年，国有企业 55 家、集体企业 18 家改制，改制后企业成为自负盈亏的法人实体。

1996 年，个体工商户 3442 个，从业人员 4629 人，注册资金 5872 万元。2010 年，个体工商户2235户，从业人员5269人，注册资金12920万元。1996年，私营工商户24户，从业人员389人，注册资金794万元。2010年，私营工商户588户，从业人员6052人，注册资金50477万元。

1996年阜平县三产结构为22.1∶29.2∶48.7，2010年三产结构为25.5∶23.9∶50.6。

第一节　所有制结构

一、国有经济

1996年，阜平县国有企业（县办）固定资产5300万元，从业人员2136人，完成总产值4200万元。1999年，国有企业固定资产1亿多元，从业人员2800人，完成总产值6000万元。2000年县属国有企业全部改制。

1996年，交通运输业增加值总量7726万元，2010年增加值总量39366万元，比1996年增长4.1倍。1996年，金融业增加值总量2160万元，2010年增加值总量4756万元，比1996年增长1.2倍。1996年，电力业供电量3859.4万千瓦时，总收入964.85万元，实现利润72.04万元。2010年供电量21389.9万千瓦时，总收入11097.98万元，实现利润154.75万元。

二、集体经济

1996年，全县18家集体企业固定资产235万元，从业人员486人，完成总产值300万元。2000年县办集体企业全部改制。

1996年，乡镇企业1112家，从业人员11518人，完成总产值37100万元，实现利润4113万元，上缴税金471万元。2000年745家乡镇企业中集体企业125家改制。2002年农村集体固定资产投资11900万元。2010年农村集体固定资产投资为23025万元。

三、个体经济

1996年，个体工商户3442个，从业人员4629人，注册资金5872万元。2000年，个体工商户3508个，从业人员4182人，注册资金7342万元。2005年，个体工商户1194户，从业人员2650人，注册资金7819万元。2010年，个体工商户2235户，从业人员5269人，注册资金12920万元。1996年，私营工商户24户，从业人员389人，注册资金794万元。2000年，私营工商户92户，从业人员415人，注册资金4215万元。2005年，私营工商户274户，从业人员4618人，注册资金17980万元。2010年，私营工商户588户，从业人员6052人，注册资金50447万元。

第二节　产业结构

一、三产结构

1996年全县三产结构比为22.1∶29.2∶48.7，2010年三产结构为25.5∶23.9∶50.6。

1996—2010年阜平县主要经济指标统计表

表12-2-1

项目/年份	全县生产总值（万元）				增长速度（%）				结构比例（%）				人均生产总值（元）
	总值	一产	二产	三产	总值	一产	二产	三产	总值	一产	二产	三产	
1996	56064	12398	16345	27321	12.1	-22.9	82.1	3.5	100	22.1	29.2	48.7	2775
1997	75064	21758	20026	33280	16.5	39.0	5.6	14.5	100	29.0	26.7	44.3	3698
1998	86356	24198	23389	38769	12.2	3.9	12.3	16.8	100	28.0	27.1	44.9	4210
1999	68201	18013	20292	29896	-15.4	-19.2	-5.4	-20.3	100	26.4	29.8	43.8	3317

续表 12-2-1

项目 年份	全县生产总值（万元）				增长速度（%）				结构比例（%）				人均生产总值（元）
	总值	一产	二产	三产	总值	一产	二产	三产	总值	一产	二产	三产	
2000	72779	21317	20956	30506	2.4	21.0	-11.6	4.2	100	31.7	25.5	42.7	3557
2001	79833	21006	24188	34639	7.9	-11.6	27.7	10.5	100	26.3	30.3	43.4	3855
2002	86225	22473	27260	36492	8.6	10.5	10.7	6.0	100	26.1	31.6	42.3	4147
2003	87733	16506	31355	39872	7.7	-6.1	14.5	9.6	100	18.8	35.7	45.4	4214
2004	100651	21924	31738	46989	9.5	9.7	14.5	5.7	100	20.7	38.0	41.3	4804
2005	116708	27336	38834	50538	14.7	32.6	17.6	5.6	100	23.4	33.3	43.3	5563
2006	129002	28420	41979	53603	11.0	10.2	7.3	14.3	100	23.4	32.0	44.6	6128
2007	149325	34067	43777	71481	10.4	9.2	1.4	17.5	100	22.8	29.3	47.9	7067
2008	181100	41422	48182	91496	10.7	4.2	14.0	13.0	100	22.9	26.6	50.5	8624
2009	191041	48485	42214	100342	10.1	9.4	11.6	9.6	100	25.4	22.1	52.5	9033
2010	233881	59555	55902	118424	13.4	8.7	11.7	16.1	100	25.5	23.9	50.6	11006

二、第一产业

阜平县第一产业以种植业、渔业、畜牧业为主。随着经济发展结构调整，畜牧业占比下降，渔业占比上升，种植业占比稳定。

1996—2010 年部分年份阜平县第一产业内部结构统计表

表 12-2-2

项目 年度	增加值总量（万元）						比重（%）					
	第一产业	种植业	林业	畜牧业	渔业	农林牧渔服务业	第一产业	种植业	林业	畜牧业	渔业	农林牧渔服务业
1996	12543	7454	1641	2626	675	138	100	59.5	13.1	21.0	5.4	1.0
2000	23497	15892	1596	4880	899	230	100	67.6	6.8	20.8	3.8	1.0
2005	27336	17403	1840	4707	3075	311	100	63.7	6.7	17.2	11.2	1.2
2006	30715	19480	2429	4538	3947	321	100	63.4	7.9	14.8	12.9	1.0
2007	34064	20495	2317	6666	4228	358	100	60.2	6.8	19.6	12.4	1.0
2008	41422	25398	2220	6866	6548	390	100	61.4	5.4	16.5	15.8	0.9
2009	48485	30273	2007	6994	8806	405	100	62.5	4.1	14.4	18.2	0.8
2010	59555	35752	1805	8536	12981	481	100	60.0	3.0	14.3	21.8	0.9

1996—2010年部分年份阜平县种植业、林业产品产量统计表

表12-2-3

年度＼项目	种植业				林业	
	小麦（吨）	玉米（吨）	马铃薯（吨）	红枣（吨）	当年造林面积（公顷）	核桃（吨）
1996	15456	11613	1036	628	6036	823
2000	15498	22938	8996	50000	4027	1692
2005	13539	23252	7283	60000	1334	1010
2006	13080	25967	8020	67000	1287	1500
2007	12648	26206	7115	70000	4674	1350
2008	9853	29600	6269	58000	4067	1380
2009	9003	30751	7069	74000	3134	3010
2010	8375	31751	6373	70000	4000	1500

1996—2010年部分年份阜平县畜牧业、渔业产品产量统计表

表12-2-4

年度＼项目	畜牧业				渔业		
	肉类总产量（吨）	大牲畜存栏（头）	猪存栏（头）	羊存栏（头）	水产品产量（吨）	鼋鱼（吨）	鲤鱼（吨）
1996	4174	24072	54600	143800	1257	—	—
2000	6657	21400	54900	161700	3050	—	—
2005	7948	22900	58500	34500	2800	600	580
2006	7767	19100	53100	33200	3250	800	688
2007	7876	20000	54200	34900	3500	921	624
2008	5629	15900	40800	38400	4000	1600	900
2009	5827	17100	53900	46500	4000	1600	315
2010	5928	17300	54200	48000	5600	2600	560

三、第二产业

第二产业主要以工业为主。主要企业有：阜平太行化工厂、阜平县化肥厂、阜平县大理石厂、阜平县水泥厂、阜平县机械厂、阜平县炭灰铺煤矿、阜平县果脯厂、阜平县皮毛厂、阜平县冷冻厂、阜平县针织厂、阜平县云母厂等。主要产品有硫酸、碳酸氢铵、水泥、煤、果脯、肉制品、云母、皮毛。1996年，乡以上工业总产值10057万元，销售收入9181万元，实现利税1150万元。1998年，国家调整入统工业标准（入统标准为年销售收入500万元以上），达到入统标准的企业有：阜平太行化工厂、阜平县电力局、阜平县水泥厂、阜平县炭灰铺煤矿。2010年，入统工业（规模以上）企

业为21家，产值66506万元，销售收入61220万元，实现利税2831万元，规模以下工业产值59830万元。

四、第三产业

第三产业主要以交通运输业、信息传输计算机服务和软件业、批发零售业、住宿餐饮业、金融业、居民服务和其他服务业等。

1996年，大型客货车1500余辆，家用轿车百辆。2010年大型客货车3000余辆，家用轿车3000辆。1996—2010年，县城—城南庄，县城—吴王口，县城—平阳等主要道路完成改建，设立河口收费站和砂窝收费站。2009年取消河口收费站。2004年，开展村村通工程建设，209个行政村道路全部硬化。2010年保阜高速公路建成通车。

1996年，全县程控电话装机量5281门。其中市话3775门、农村电话1506门、移动电话185部、无线寻呼机875个。2010年，全县固话用户25282户、移动电话128452户、互联网用户10428户、移动基站200个。

1996年，全县社会消费品零售额15663万元。商品销售网点有：县百货公司、县社贸易中心、县城集贸市场。2010年全县社会消费品零售额92873万元。商品销售网点有：商务大厦、新百商场、金鼎商城、泰和购物广场、阜盛超市、东盛超市等。

1996年，全县住宿餐饮业营业额3102万元。规模较大的饭店有阜平县招待所、粮丰饭店。2000—2010年，较大饭店有逸美时光酒店、虹桥大酒店、君悦国际酒店等

1996年，金融机构有人行、建行、工商行、农行、农村信用联社等。1996年11月农发行成立。2001年8月阜平县工商银行撤销。2003年阜平县建设银行撤销。1996年全县储蓄存款余额7.7亿元。2010年42.9亿元。1996年，阜平县有中国人民保险公司阜平分公司。1998年6月，成立人寿保险公司。2010年保险机构5家。

1996—2010年阜平县第三产业部分年度内部结构统计表

表12-2-5

项目 年度	增加值总量（万元）							
	第三产业	交通运输业	信息传输计算机服务和软件业	批发零售业	住宿餐饮业	金融业	居民服务	其他
1996	27183	7726	260	3224	2026	2160	150	11637
2000	31116	9164	855	3479	2271	1608	894	12845
2005	50538	19120	2674	5700	3044	2691	2580	14729
2006	58603	21223	3030	6683	3692	2797	2889	18298
2007	71481	26507	4353	8596	4664	3496	3303	20562
2008	91496	27604	6274	10943	6095	4095	3321	33164
2009	100342	31461	6787	13380	6570	4423	3293	34428
2010	118424	39366	7026	15191	7702	4756	4362	40021

1996—2010 年阜平县第三产业部分年度内部结构统计表

表 12-2-6

项目 年度	所占比重（%）							
	第三产业	交通运输业	信息传输计算机服务和软件业	批发零售业	住宿餐饮业	金融业	居民服务	其他
1996	100	28	1	12	7	8	1	43
2000	100	29	3	11	7	5	3	41
2005	100	38	5	11	6	5	5	29
2006	100	36	5	11	6	5	5	31
2007	100	37	6	12	7	5	5	29
2008	100	30	7	12	7	5	4	36
2009	100	31	7	13	7	4	3	34
2010	100	33	6	13	7	4	4	34

第三节　投资结构

一、1996—1998 年，全县投资增长很快，固定资产投资从 1996 年 16310 万元增长到 1998 年 46038 万元，年平均增长 85%。矿山投资、煤场投资、公路整修扩建、各种营业楼、办公楼、宿舍楼等投资，拉动了全县投资高增长。

二、1999—2004 年，投资增长较慢。1999 年固定资产投资 32065 万元，与上年相比下降 30.4%，2004 年，固定资产投资 63053 万元。

三、2005—2008 年，投资增长较快。2005 年固定资产投资 103646 万元，投资突破 10 亿元。2008 年固定资产投资 148270 万元，年平均增长 44%。主要有：矿山、公路两侧煤场、天生桥景区、晋察冀纪念馆、宗全焦化等项目投资。

四、2009—2010 年，投资达到最高点。2010 年固定资产投资 280544 万元，投资总额 30 亿元。有矿山、工业园区、住宅小区等投资。

1996—2010 年阜平县固定资产投资统计表

表 12-2-7　　单位：万元

项目 年度	全县投资总额	基本建设	城镇投资	更新改造	农村集体	农村个人	城镇私人建房
1996	16310	5904	—	1207	—	—	1750
1997	35129	6955	—	1815	—	—	3645
1998	46038	13267	—	2115	—	—	4150
1999	32065	5430	—	415	—	—	4850
2000	38015	12865	—	210	—	—	3848
2001	48197	15000	—	3000	—	—	6840

续表 12-2-7

项目 年度	全县投资总额	基本建设	城镇投资	更新改造	农村集体	农村个人	城镇私人建房
2002	53949	21609	—	3470	11900	11500	8940
2003	58501	25311	—	1750	11890	12200	9100
2004	63053	—	41304	—	12449	9300	—
2005	103646	—	77781	—	16265	9600	—
2006	109035	—	82045	—	17990	9000	—
2007	119571	—	90291	—	20280	9000	—
2008	148270	—	120760	—	21510	9500	—
2009	250929	—	207300	—	33629	10000	—
2010	280544	—	241519	—	23025	16000	—

第四节　物资能源消费结构

一、物资消费

1996年钢材消费164吨，用于工业生产52吨，建筑施工112吨。水泥消费2224吨，用于工业生产1077吨，建筑施工1147吨。原木消费301立方米，用于工业生产消费。原煤消费979吨，柴油67吨。汽油消费258吨，用于工业生产128吨，建筑施工62吨，运输邮电68吨。电力消费594万千瓦时，用于工业生产370万千瓦时，建筑施工103万千瓦时，运输邮电121万千瓦时。

1997—2010年，统计范围调整变化，钢材、水泥、原木等物资商品不再纳入统计范围，统计资料不完整。

二、能源消费结构

2005—2010年，能源消费总量逐年增长，单位能耗逐年降低。全社会能源消费量从9.78万吨标准煤增长到13.54万吨标准煤。单位GDP能耗从0.853吨标煤/万元下降到0.677吨标煤/万元，累计降低率达到20.66%。单位工业增加值能耗从1.329吨标煤/万元下降到0.533吨标煤/万元，累计降低率达到59.93%。

2005—2010年阜平县能源消费量、单位能耗及降低率统计表

表 12-2-8

项目 年度	全社会能源消费	规上工业能源消费量	单位GDP能耗		单位工业增加值能耗	
	消费总量（万吨标准煤）	消费总量（万吨标准煤）	指标值（吨标煤/万元）	上升或下降（+-%）	指标值（吨标煤/万元）	上升或下降（+-%）
2005	9.78	1.32	0.853	—	1.329	—
2006	10.43	1.30	0.819	-4.02	1.185	-10.88
2007	10.86	1.38	0.782	-4.49	1.088	-8.19
2008	11.88	1.39	0.741	-5.18	0.941	-13.45
2009	12.36	1.46	0.700	-5.56	0.849	-9.84

续表 12-2-8

年度＼项目	全社会能源消费	规上工业能源消费量	单位 GDP 能耗		单位工业增加值能耗	
	消费总量（万吨标准煤）	消费总量（万吨标准煤）	指标值（吨标准煤／万元）	上升或下降（+-%）	指标值（吨标准煤／万元）	上升或下降（+-%）
2010	13.54	1.12	0.677	-3.35	0.533	-37.24

2010 年阜平县各主要能源品种的消费量统计表

表 12-2-9

成品油（一）　单位：吨

	合计	汽油	柴油	润滑油	农用柴油
消费量	24437	4887	15036	14	4500

全县用电量（二）　单位：万千瓦时

年度	合计	第一产业	第二产业	第三产业	城镇居民	乡村居民
2010	20370	5033	8367	601	3048	3321

居民生活消费能源（三）　单位：吨

—	原煤	煤制品	汽油	柴油	液化气煤气
城镇	4007	—	1077	—	908
乡村	19033	234	1577	3845	—
合计	23040	234	2654	3845	908

第三章　经济质量与效益

1996—2010 年，阜平县经济总量 1996 年为 56064 万元，2010 年为 233881 万元，比 1996 年增长 3.2 倍。居民储蓄存款余额 1996 年为 48909 万元，2010 年为 354258 万元，增长 6.2 倍。人均生产总值 2010 年与 1996 年相比增长 3.1 倍；固定资产投资 2010 年与 1996 年相比增长 6.2 倍；社会消费品零售总额 2010 年与 1996 年相比增长 9 倍；财政收入 2010 年与 1996 年相比增长 6.6 倍；农民人均纯收入 2010 年与 1996 年相比增长 1.9 倍。

第一节　生产力水平

一、综合情况

1996 年，全县生产总值 56064 万元，人均生产总值 2775 元。到 2010 年年末，全县生产总值 233881 万元，人均生产总值 1.1 万元。其中：1996 年农业总产值 21050 万元，农民人均纯收入 858 元。到 2010 年年末，农业总产值 98615 万元，农民人均纯收入 2460 元。1996 年工业总产值 26057 万元，在职职工平均工资

4151元，2010年末，工业总产值126336万元，在职职工平均工资23372元。

2010年年末，全县拥有工业企业1655家，从业人员11385人，注册个体企业2235户，从业人员5269人。注册私营企业588家，从业人员6052人。有金融机构7个，其中银行5个，保险业2个。

二、劳动力总量及其结构

1996年全县劳动力88836人，2010年全县劳动力85262人。1996年从事一、二、三产业劳动力比例为65∶14∶21。2000年一产劳动力占55%。2005年一产劳动力占50%。2010年一产劳动力占45%。劳动力的产业结构2010年为45∶27∶28。

1996—2010年阜平县部分年度劳动力情况统计表

表12-3-1

项目＼年度	1996	1997	2000	2005	2010
全社会劳动力（人）	88836	82137	79502	82492	85262
一产	55742	50968	43726	41246	38368
二产	11549	12320	17491	18973	38368
三产	18655	17249	18258	22273	23873
大专以上	1402	1512	2329	4815	5899
高中及中专	14998	15116	17647	18673	19234
初中	75124	75288	76701	90123	94623
小学及以下	64232	63068	63177	60211	54377
从事科学技术人员（包括农业技术人员）（人）	3289	3463	3618	4497	5089

从2000年、2010年两次人口普查结果对比，全县劳动力的文化结构发生了明显变化。小学文化程度劳动力由2000年63177人降到2010年54377人，减少14%。初中文化程度由2000年76701人增加到2010年94623人，增长23%。高中（包括中专）文化程度由2000年17647人增加到2010年19234人，增长9%。大专以上文化程度由2000年2329人增加到2010年5899人，增长153%。全县从事农业技术人员由1996年520人增至2010年2125人。增长408%。

三、主要产品生产能力

1996年，阜平县粮食总产量3568.1万公斤，人均粮食178公斤。肉类总产量417.4万公斤，人均肉类22公斤。水产品总产量125.7万公斤，人均6.8公斤。红枣总产量62.8万公斤，人均3公斤。马铃薯总产量103.6万公斤，人均5公斤。到2010年，全县粮食总产量6107.8万公斤，人均粮食305公斤。肉类总产量592.8万公斤，人均肉类29公斤。水产品总产量560万公斤，人均27公斤。红枣总产量7000万公斤，人均34公斤。马铃薯总产量637.3万公斤，人均31公斤。2010年末，工业用煤消费总量1.12万吨，成品油消费量19937吨，工业用电总量8367万千瓦时。第三产业生产能力及总量增速加快。1996年，交通运输总量7726万元，信息传输业总量260万元，批发零售业总量3224万元，住宿餐饮业总量2026万元，金融业总量2160万元，居民服务及其他服务业总量150万元。到2010年，交通运输业总量118242万元，批发零售业总量15191万元，住宿餐饮业总量7702万元，金融业总量4756万元，居民服务及其他服务业总量4362万元。

第二节　经济总量与效益

一、经济总量

2010年，实现生产总值（GDP）233881万元，人均生产总值11006元，工业总产值126336万元、固定资产投资280544万元，社会消费品零售总额92873万元，财政收入19176万元，农民人均纯收入2460元，金融机构存款余额429050万元，居民储蓄存款余额354258万元。2010年同1996年相比，生产总值增长3.2倍，人均生产总值增长3.1倍，固定资产投资增长6.2倍，社会消费品零售总额增长9倍，财政收入增长6.6倍，农民人均纯收入增长1.9倍，金融机构存款余额增长6.9倍，居民储蓄存款余额增长6.2倍，社会经济发展取得巨大成就。

二、经济效益

1996—1998年，属快速发展期，GDP年增速12%以上。农业总产值由21050万元增长到42330万元，粮食总产量由35681吨增长到52497吨，干鲜果总产量由17330吨增长到49066吨。工业经济蓬勃发展，以花岗岩开采及粗加工为主的矿业经济异军突出，大小采矿点及加工企业遍布西部各乡镇，全县工业总产值由1996年的26057万元增长到36130万元。煤炭交易遍布平阳至吴王口公路两侧。全县财政收入由2522万元增长到4212万元，农民人均纯收入由858元增长到1457元。

1999—2004年，属经济恢复期。1999年受自然灾害和亚洲金融危机影响。实现生产总值68021万元，同比下降15.4%。财政收入完成3448万元，同比下降18.1%，导致当年拖欠公教人员工资2～4个月不等。农民人均纯收入完成1358万元，同比下降6.8%。针对全县出现的经济困难，结合全县实际，县委提出了“三年打基础、五年见成效、十年变面貌”的奋斗目标。（一）开展县域经济示范活动，积极鼓励公职人员投资创业，促进全县经济发展。（二）对全县国有企业进行改制，按照“只求所在、不求所有”原则，从体制上、机制上对县内国有企业进行改制再造，激发这些企业生机和活力。（三）进行产业结构调整，充分利用资源优势、人才优势、技术优势，嫁接改造、做大做强老企业，培育发展新企业，进行深加工、细加工，延长产业链条，提高产品附加值和科技含量，把产品做精做细。利用丰富的花岗岩资源，相继在阜平镇、城南庄镇、砂窝乡建立5个石材小区，对石材进行深加工，推动产品上档升级，从1999到2004年，全县经济增长保持在个位数。经济效益有了明显提高。

2005—2010年，属较快发展期。全县生产总值年增长在两位数以上，经济总量（GDP）首次突破10亿元。2005年，全县生产总值116708万元，财政收入9388万元，固定资产投资103646万元，社会消费品零售总额39529万元，在岗职工年平均工资11725元。全县经济形成“东部大枣、西部核桃、南部板栗”林果产业带，“东庄鼋鱼养殖、海沿奶牛养殖、平阳肉牛养殖、东下关肉驴养殖”等特色养殖小区，“河北梦雨、山珍大枣”为代表的一批果品加工企业建成，“春利铁选、天合矿业、大地金舟”为代表的一批铁精粉加工企业，“阜盛超市、东盛超市、百世商城”为代表的一批商品零售企业，“逸美时光、虹桥大酒店、君悦国际”为代表的一批住宿餐饮企业相继开业。

1996—2010年阜平县部分年度国民经济效益指标统计表

表 12-3-2

指标 \ 年度		1996年	2000年	2005年	2008年	2009年	2010年
综合经济效益	人均生产总值（元）	2775	3557	5563	8624	9033	11006
	GDP发展速度（万元）	112.1	102.4	114.7	110.1	110.8	113.4
	劳动者报酬（万元）	18673	28998	46642	83275	91167	111542
	生产税净值（万元）	3220	3283	7383	12971	13150	17129
	劳动生产率（元/人）	7321	15728	25783	29301	30112	31258
	投资效果系数（%）	1.31	0.95	0.81	0.75	0.82	0.71
规模工业效益	增加值利税率（%）	25.7	24.3	26.8	27.3	27.1	27.4
	中间投入率（%）	65.3	68.7	63.9	69.2	69.5	70.4
	资产贡献率（%）	81.9	82.8	85.6	86.7	88.5	89.8
	资产负债率（%）	66.1	72.8	69.5	67.2	66.8	67.2
	成本费用利润率（%）	85.3	87.2	88.5	90.3	91.2	92.4
	产品销售率（%）	84.2	85.1	87.6	89.2	90.1	91.3
农民劳动均纯收入（元）		858	1407	1830	2399	2299	2460
外贸出口创汇总额（万美元）		—	3.2	40	31	29	36

1996—2010年阜平县部分年度投资、消费结构统计表

表 12-3-3

项目 \ 年份	GDP总量（万元）	固定资产投资（万元）	占GDP（%）	城乡消费（万元）	占GDP（%）	投资消费总量（万元）	占GDP（%）
1996	56062	16310	29.1	15683	28	31993	57.1
2000	72779	38015	52.2	17452	24	55467	76.2
2005	116708	103646	88.8	39529	33.9	143175	122.7
2006	129002	109035	84.5	44449	34.5	153484	119
2007	149325	119571	80.1	52617	35.2	172188	115.3
2008	181099	148270	81.9	64605	35.7	212875	117.5
2009	191041	250929	131.3	77625	40.6	328554	172
2010	233881	280544	120	92875	40	373419	160

第四章　经济体制改革

经济体制改革包括：农村经济体制改革、工业经济体制改革、流通体制改革。宏观调控体制改革包括：计划体制改革、投资体制改革、财政体制改革、价格体制改革。

第一节　农村经济体制改革

一、稳定家庭联产承包责任制

1999年，县委、县政府下发阜发〔1999〕4号文件《关于进一步稳定和完善农村土地承包关系的实施方案》，为农业农村工作提出具体指导意见。中共阜平县委农村工作部下发阜农字〔1999〕8号文件《关于对农村土地延包工作有关问题的说明》，开展全县第二轮土地承包工作，承包期限30年。全县5.3万农户签订“农村土地承包合同”，发放“土地经营权证书”。

二、“四荒”承包拍卖

1999年，中共阜平县委、阜平县人民政府下发阜发〔1999〕32号《关于拍卖“四荒”使用权的意见》。拍卖程序经村民大会或村民代表会讨论通过，进行公开拍卖、发包，签订开发治理合同，明确开发治理范围、数量、时限、双方的权利义务。

三、新农村建设

1996年县委、县政府按照“分类指导、梯次推进”原则和工作思路明确重点，强化举措，大力推进。1998年，全县有55个村实现小康。2003年开展文明生态村创建活动。2008年全县建成文明生态村78个。2009年确定新民居示范村20个。2010年省农村工作部批复省级新民居建设示范村8个。

四、农村基层民主政治建设

按照省、市委要求，加强农村基层民主政治建设的组织领导，出台“阜平县农村基层民主政治建设纲要”和“阜平县村级民主管理条例”。1999年，209个行政村农村村务公开栏进行完善、提高，并以广播、发放明白纸，出动宣传车等多种方式进行宣传。2004年，全县13个乡镇209个行政村逐笔逐项公开重大收支项目，其中半数以上村由原来每季一公开变成一月一公开。全县村务公开率100%，规范满意率98%以上。2010年，村民代表会的民主理财组织，村务监督组织在村务工作中履行决策、监督职能村达到95%。村民民主选举、民主决策、民主管理、民主监督得到落实。

第二节　工业经济体制改革

一、体制改革

1996年，县办工业开始推行股份制改革，每年在年度目标中下达企业改制任务和各项主要经济指标。

2000年，县政府为推动国有企业管理体制改革，对国有和集体企业进行股份制改造。县政府制定《阜平县企业改革实施方案》，由县体改委牵头，财政局、国资局、审计局、物价局、土地管理局、建设局、经贸局、商业局、物资局、粮食局、外贸局等单位参与。推行“国退民进”“经营者控大股”和“破产、拍卖、民营”等改革措施，引导民间资本、外资等进入企业，形成多元化投资主体。做到整体改制到位，法人治理结构建立到位，产权和职工劳动关系到位，改革成本筹措到位。2000年，完成全县53户国有企业股份制改革。原企业国有资产全部退出，国有企业均改制为“有限责任公司”，企业职工由国有固定工“改为”合同制。县内国有企业除粮食系统13个国有粮站和阜平县供电有限责任公司外其余全部改制。

二、健全体制

2000年，开始对国有企业实行“月快报制度”，对全县重点企业（不分企业所有制性质）实行“财源监控报告”制度。

第三节　流通体制改革

一、商业物资体制改革

1997年，按照国家商业体制改革精神，阜平县商业局与物资局合并组建阜平县商业物资总公司，下属企业全面推行股份制改革。2000年，县政府制定《阜平县企业改革实施方案》，撤销商业物资总公司，职能移交阜平县经济贸易局。百货公司、五金公司、食品公司、烟酒蔬菜公司、鞋业开发公司、对外贸易公司、木材公司、建材公司、物资贸易中心、机电公司、燃料公司、金属公司、回收公司、化轻公司等14个单位全部转让、租赁和拍卖，多数企业职工下岗。随着企业改革深入，到2010年，个体私营商业摊店遍布全县各地。东盛超市、阜盛超市、建设超市、新百货超市、泰和购物广场、冀北商城、万人商厦、百货大楼等大型购物中心吸纳5000多人就业。注册登记的个体商户2230多家，从业人员5260人。

二、供销体制改革

1996—1998年，基层供销社实行赎买经营承包改革，供销社库存商品通过赎买方式承包，下岗职工分流。1999—2001年，按照“活一块，死一块”原则，对企业进行改革。副食品公司分离为副食品公司和盐业专营公司。日杂公司分离为日杂公司和烟花爆竹专营公司。农副土特产公司、食品加工厂等单位资产流失，企业内部职工下岗失业。2002—2006年，长城资产管理公司开始清收供销社不良贷款，县社通过与长城资产管理公司协商实行打包解债，清偿不良贷款。2007—2010年，县供销社改革成为事业单位，参照公务员管理，供销社职能彻底转变。

三、粮食体制改革

改革开放后，粮食流通体制不断改革、完善，粮油购销政策不断调整，激活了阜平县粮食市场，粮食流通主体、流通结构、流通范围发生新的变化，粮油品种多样化，满足和保证了人民群众生活需求。

（一）粮食购销政策

1996年，上级分配阜平县粮食定购任务玉米250吨。1997年，国家出台粮食收购“保护价”政策，阜平县粮食部门按照保护价敞开收购农民余粮。2000年，县政府实施工业企业改制，撤销阜平县粮油贸易总公司。粮食局下属粮油议价公司、粮贸公司、面粉厂、饲料公司和红金贡酒厂改制退出国有企业序列。2006年，粮食企业改制，全系统377人，全员解除国有职工身份并与单位解除劳动关系。粮油市场放开，私营个体粮食商户得到发展。2010年底，保留国有粮食企业一个，即：国有粮食购销一库，私营个体粮食商户取得粮食收购许可证资格的4户，即：阜平县顺亿粮油购销有限责任公司、阜平县富民粮油购销有限公司、阜平县大元粮油批发部、阜平县桃花村粮油批发部。

（二）粮食购销价格

1996年，随着国家对粮食宏观调控不断加强，粮食市场趋于稳定。1997年，国家出台粮食收购“保护价”政策，开始实行按保护价敞开收购农民余粮，当年粮食保护价每50公斤玉米28元、小麦34.5元。1998年，保护价50公斤玉米30.5元、小麦36.5元。1998年，取消国家粮食定购任务。1999年，保护价50公斤玉米35元、小麦41元。2000年，保护价50公斤玉米42元、小麦46元。2001年退出“保护价”收购。2006年国家《粮食流通管理条例》实施。到2010年粮食局的职能发生了根本性转变，主要负责对社会粮食流通进行宏观管理，负责《粮食收购许可证》的审批。

（三）粮食流通市场

1998年粮改，除国有粮食购销企业外，其他任何单位和个人不得直接从农民手中收购粮食。1999年，根据国家有关粮改政策要求，逐步放宽各类企业直接入市收购粮食的资格条件。

2004年，全县为7个国有粮食购销站和4家个体粮食商户发放粮食收购许可证，允许在全县范围内收购粮食。2006—2010年，国有粮食企业改革，粮食市场逐步为个体粮食商户占领，粮食流通渠道为市场购销。

第四节　宏观调控体制改革

一、计划体制改革

1996年前后，计划经济向市场经济过渡期，市场管理采取“宏观调控，微观搞活”的原则，除关系国民经济全局的重大项目外，其余项目全部放开。在指导性计划管理方面，采取以市场预测为基础，提供市场需求信息和制定配套经济意见，同时对行业、企业及时提出导向，使微观经济活动能遵循宏观调控运行。重点建设计划方面，采取对重点项目考察论证，并增列前期项目工作计划，确保每年有新项目建成投产。2000年后，在保持经济平稳快速增长情况下，把更多注意力放在结构调整上。按照存量调强，增量调优总体要求，立足解决产品结构优化度低、产业集中度低问题，改造提升传统优势产业，培育壮大特色产业，大力发展服务业，努力构建新产业格局。转变经济增长粗放方式，不断提高经济增长质量和效益，切实把经济增长建立在依靠科技进步、高效利用资源、保护生态环境的基础上，实现经济更快更好发展。推进经济增长方式转变，把握长远方向和目标，找准工作切入点，突出重点，整体推进，加强政府调节和引导，充分发挥市场机制的作用。

二、投资体制改革

根据河北省计委《关于投资合同体制改革的暂行规定》，从九十年代开始，按照完善社会主义市场经济体制要求，在国家宏观调控下充分发挥市场配置资源基础性作用，确立企业在投资活动中主体地位，规范政府投资行为，保护投资者的合法权益，营造有利于各类投资主体公平、有序竞争的市场环境，推动全县经济协调发展社会全面进步。1996—1999年，加强政府投资项目管理，改进建设实施方式，规范政府投资项目建设标准，并根据情况变化及时修订完善。2000—2004年，引入市场机制，充分发挥政府投资的效益。创造条件，利用特许经营，投资补助等方式，吸引社会资本参与公益事业和公共基础设施项目建设。2004—2006年，建立和完善政府投资监管体系，建立政府投资责任追究制度，工程咨询，投资项目决策、设计、施工、管理等部门和单位，有相应的责任约束。2007—2010年，规定基础性项目建设，采取参股、控股等多种形式解决。竞争性项目投资，由市场融资，企业自主决策，自担风险。经营性国有固定资产投资项目，实行建设项目法人责任制，政府部门行使建议修改权和否决权，对工程承包单位资质和招标过程公正性进行全程监督。改进全社会固定资产投资管理，严格财经纪律，堵塞管理漏洞，降低建设成本，提高投资效益，加强执法检查，培育和维护规范的建设市场秩序，保证产业政策落到实处。

三、财税体制改革

（一）财政体制改革

1996—2001年，财政体制沿用1994年1月1日起实行的分税制财政管理体制，在收入划分上主要采取按税种分享、分成和专享等形式。2002年，省实行“四税”分享改革。坚持分税制改革方向，将增值税、营业税、企业所得税和个人所得税四个主要税种全部实施分享改革，彻底改变了按隶属关系划分收入的格局。2003年，实行激励性财政体制，实行“定额分享、超收全返”政策。2008年，对财政收入划分体制进行适当调整：资源税收入体制调整；新建、扩建高新技术企业和农业产业化龙头企业增值税收入体制调整；营业税收入体制调整。2010年县财政体制归省财政厅直接管理。

（二）国税税制改革

流转税改革流转税改革模式是建立以增值税为主体，并实行增值税与消费税、营业税相配套的税制格局。即在工业生产领域和批发零售商业普遍征收增值税，第三产业中加工和修理修配也实行增值税；在征收增值税基础上选少量消费品征收一道消费税，实行增值税和消费税交叉调节；新的流转税制统一适用于内资企业、外商投资企业和外国企业。

所得税制改革所得税制改革税种有企业所得税、个人利息所得税、车辆购置税

征管制度改革征管查一条线式模式。1995年在12个乡镇设立税务所，实行专管员制度，沿用“一员进户，各税统管，集征、管、查一条线的征管模式”，县局定位为单纯管理型机关。

征管查三分离模式。2002年12月，按照“申报纳税，集中征收、重点稽查、微机监控”模式要求，阜平县国税局正式启动运行CTAIS（中国税收征管信息系统），将全县所有纳税人纳入微机监控。2005年3月，阜平县国税局按照总局关于《税收管理员制度（试行）》通知，取消税收专管员制度，全面落实税收管理员制度。税收管理员原则上不直接从事税款征收、税务稽查、审批减免缓税和违章处罚等项工作。在特殊情况下，如交通不便地区和集贸市场的零散税收，税收管理员也可直接征收。2008年8月，阜平县国税局撤销乡镇税务所，成立税务分局，按“征、管、查”相分离原则，改革过去“一员进户，各税统查、征管查一线式”旧模式，按岗位设立征收岗、管理岗、稽查岗等，按岗定人、各负其责，通过人员分工进行三离，同时，采取“划片管理、定点征收、交叉检查、定期轮换、调离审计”模式运行办法。

（三）地税体制改革

1994年，税制改革划分中央税和地方税的税种征收范围，分设两个税务机构后，流转税为改革重点。流转税由增值税、消费税和营业税组成，统一适用于内资企业和外商投资企业，取消对外商投资企业和外国企业征收的工商统一税。对商品交易和进口普遍征收增值税，选择少数消费品交叉征收消费税，对不实行增值税的劳务交易和第三产业单独征收营业税，原征收农产品税的农林牧水产品税，并入农林特产税征收。改革后的企业所得税从1994年起，将原国有企业所得税、集体企业所得税、私营企业所得税统一合并为内资企业所得税。考虑到对外商企业的税收优惠政策，暂不统一内外资企业所得税，保留内资企业所得税、外商投资企业、外国企业所得税两种所得税制度。修改个人所得税法草案，把现行的个人收入调节税，适用于外籍人员的个人所得税和城乡个体工商户所得税合并，建立统一的个人所得税。其他税种改革有土地增值税、资源税、城市维护建设税、土地使用税和个别税种的调整以及取消对外资企业、外籍人员征收的城市房地产税、车船使用牌照税统一实行房产税和车船使用税。2001年元月停征固定资产投资方向调节税。2003年停征屠宰税而农业税、契税、特产税仍由财政部门管理，2006年4月28日，农业特产税改称为烟叶税，由地方税务局管理征收。

四、价格体制改革

改革开放后，价格改革一直走在整个经济体制改革前列，有力地推动着市场发育和社会主义市场经济体制的形成，随着改革开放形势快速发展，2000年加入WTO后，价格管理工作重点出现了重大转移。

1996年，计划经济基本上完成向市场经济体制的过渡，国家对商品价格管理实现市场调节价。基层物价部门从1996年84种（类）商品实行最高限价和差率控制，到2002年只对19种（类）重要商品实行政府定价和政府指导价，其他商品和服务价格则一律实行市场调节价。

2000—2001年间，价格管理由直接管理转为间接管理，由行政监督检查转为管理、服务、指导，由重点管价转为行政事业性收费。为做好此项工作，一批与市场经济相适应的法律法规，诸如《中华人民共和国价格法》《价格违法行为行政处罚规定》《政府价格决策听证办法》《成本监审暂行办法》《价格违法行为举报规定》等应运而生，价格管理工作走上了法制化轨道。

第十三篇　农　业

1996年阜平县耕地面积14.50万亩，其中水浇地面积7.67万亩，旱地面积6.83万亩，人均0.7亩，旱涝保收田人均不足0.3亩。主要农作物有小麦、玉米、红薯、马铃薯、花生、水稻。主要分五个区域：西部山区马铃薯、玉米区；西北中山区小麦、玉米、杂粮区；东南部粮油区；沙河两岸、库区周边的稻麦复种区；县城周边的粮菜区。阜平是传统农业县，到2010年完成由传统农业向现代农业发展转型。大搞农田水利基本建设，增加农田面积，改善生产条件。推广农业科学技术，特别是玉米杂交种子、一年两熟栽培模式、小麦“两密一稀”“三密一稀”等种植模式。在施用农家肥的基础上，增加化肥应用。除草由拔、锄、耕的人工除草改为化除。推广小型农机具，大、中、小型拖拉机发展到1000台以上，脱粒机1700多台，实现机器脱粒打麦。平均2～3户有一台喷雾器防病虫害，农村三轮车等机械化运输工具2.727万辆。通过实行家庭联产承包制，提高农民种田积极性，历史上长期缺粮的县解决了“吃饭”问题。改革开放后，通过市场经济，调整种植结构，提高种植效益，农作物单产翻了一番，由1978年亩产的130公斤，逐步提高到1996年的242公斤，总产达到4950万公斤。到2010年末由于经营方式转变，农民种粮积极性不高，粮食产量处于下降趋势。商品率和加工转化率较低，经济效益亟待提高。

阜平县是河北省首批重点林业县，坚持“以林为主，林、粮、牧结合，多种经营，全面发展”的指导方针。2005年县委提出“生态立县、特色强县、科技兴县”的发展战略，落实林业政策，承担实施太行山绿化、退耕还林国家重点生态工程项目。2007年启动集体林权制度改革工作，解放林业生产力，群众治山造林积极性更加高涨。阜平县注册造林公司6家，承包300亩以上荒山的联合体近千个，大大加快绿化步伐，每年增加造林2000公顷。2010年，阜平县有林地面积126万亩，活立木蓄积150万立方米，森林覆盖率33.83%，林业产值3.9亿元。

畜牧养殖业是阜平县农村农民的重要产业和收入来源之一。1996—1999年畜牧业主要以家庭养殖为主。2000年后县委、县政府把畜牧养殖作为农村经济发展的重要工作，畜牧业发展作为县城经济的“四大支柱产业”.实施“农户＋科技＋产业”的龙头工程，出台优惠政策，在占地、用电、用水、资金等方面给予支持，使畜牧业得到快速发展。2003年全县第一家规模化，标准化牛场一平阳奶牛养殖场建立，当年存栏80余头，2010年存栏310头，增长2.9倍。鼋鱼养殖1996年只有28户，2010年建成8个养殖小区，养殖户780户，产值近亿元。柴鸡养殖在史家寨、大台、龙泉关等乡镇发展很快。2000—2010年规模化养殖得到快速发展，调动广大农民养殖的积极性。畜牧养殖业发展成为农村经济新的增长点，成为阜平县脱贫致富、强县富农的支柱产业之一。2010年与1996年相比，肉类总产值由6930吨减少到6880吨；鱼类由2100吨增长到3500吨，增长0.67倍；蛋类由2700吨增长到3200吨，增长0.19倍；奶类由210吨增长到6000吨，增长27.10倍。牧渔业产值由16800万元增加到38600万元，增长1.30倍。

第一章 农作物产区

玉米种植覆盖阜平县各乡（镇）村，小麦种植除龙泉关镇、天生桥镇外，其他各乡（镇）都种植小麦。马铃薯种植分布在全县各地。红薯栽植主要分布在东、南部。全县13个乡镇209个行政村都种植杂粮。

第一节 粮食主产区

一、玉米

玉米播种面积在阜平县种植作物面积中占第一位，分布在阜平县各乡镇。西部深山区的天生桥镇、龙泉关镇、城南庄镇、夏庄乡、吴王口乡、砂窝乡种植春玉米。东部浅山区的阜平镇、平阳镇、王林口乡、北果园乡、台峪乡、大台乡、史家寨乡以种植夏玉米（麦套玉米）为主。1996—2000年小麦种植面积减少，夏玉米播种面积也相应减少。随着玉米补贴项目的实施，加之玉米易管理、产量高、市场行情好，农民不仅在基本农田种植，在旱岗坡地，自开小片地均可种植，玉米面积逐年增加，从1996年的7.2万亩增加到2010年的11.2万亩。

玉米（2010年摄于顾家台村）

二、小麦

小麦种植面积在阜平县粮食作物面积中占第二位。主要分布在县城东北部的阜平镇、平阳镇、城南庄镇、王林口乡、台峪乡、大台乡、史家寨乡、北果园乡。1996年种植面积6.5万亩，但由于连年干旱、种植效益低、费工误时、农村劳动力转移等问题，1997—2000年小麦种植面积逐年减少。截至2010年种植小麦的有史家寨、城南庄，阜平镇、王林口等乡镇，种植面积1.5万亩。

三、薯类

红薯也叫甜薯、地瓜、红山药，富含蛋白质、淀粉、果胶、氨基酸、维生素及多种矿物质。马铃薯是第三大作物。主要分布在西部深山区的天生桥镇、龙泉关镇、夏庄乡、城南庄镇、吴王口乡、砂窝乡，种植面积约3万亩，2000年后的种植面积稳定在3.5万亩，种植模式为马铃薯与玉米套播或单种。马铃薯与玉米套播多种植在水浇田，玉米为春播，马铃薯于7月中旬收获。在龙泉关镇种植部分秋薯，9月下旬收获。

甘薯在阜平县各乡镇都有种植，常年种植面积1万亩左右，多种于沙壤旱坡地。由于口感问题，农民很少加工薯面，主要以鲜食为主，作为调剂口味的粮食。

马铃薯（2010年摄于寿长寺村）

第二节 杂粮和蔬菜主产区

一、杂粮

主要包括谷子、豆类（红小豆、绿豆、黄豆等）等，在阜平县各乡镇均有种植，主要种植在旱岗坡地，种植模式为单种或枣树杂粮套种。1996年种植面积1万亩左右，随着连年干旱与飞禽的严重危害，效益低下，截至2010年杂粮种植面积仅剩0.3万亩。

二、蔬菜主产区

蔬菜是阜平县的弱势产业，1996年种植蔬菜0.9万亩，2010年种植蔬菜增加到1.5万亩。主要商品菜集中在阜平县城周边的照旺台、安庄、白河、青沿等村。龙泉关镇的黑崖沟、西刘庄等村、吴王口乡的银河村有0.5万亩的错季蔬菜基地。设施蔬菜少，主要分布在阜平镇龙门村、大道村、北果园乡的广安村。

第二章 种植业

2010年阜平县耕地面积14.50万亩，基本农田10.8万亩。粮食作物种植有玉米、小麦、薯类、谷类、水稻、豆类。经济作物种植有：花生、芝麻、麻类、蔬菜、药材等。1996—2010年阜平县推广引进新品种40多个，病虫害防治工作取得新进展。农业管理机构健全。

第一节 生产条件

一、耕地

阜平县耕地面积14.50万亩，基本农田10.8万亩，由于马路经济的发展，耕地面积越来越少。围山转等水土保持工程的开发、山坡果粮间作面积扩大，农作物播种面积进一步加大，特别是花生等油料作物。

二、劳动力

阜平县是传统农业县，下辖13个乡镇，209个行政村。截至2010年总人口20.2万人，其中农业人口18.1万人，农业劳动力8.5万人。

1996—2010年阜平县农村劳动力文化素质统计表

表13-2-1　　单位：万人

年度＼项目	劳动力总数	文盲半文盲	小学文化	初中	高中（中专含在其中）	大专以上
1996	8.24	0.1648	2.06	5.0264	0.9064	0.0824
1997	8.29	0.1658	2.0725	5.0569	0.9119	0.0829
1998	8.36	0.1672	2.09	5.0996	0.9196	0.0836
1999	8.41	0.1682	2.1025	5.1301	0.9251	0.0841
2000	8.36	0.1672	2.09	5.0996	0.9196	0.0836
2001	8.38	0.1676	2.095	5.1118	0.9218	0.0838
2002	8.42	0.1684	2.105	5.1362	0.9262	0.0842
2003	8.45	0.169	2.1125	5.1545	0.9295	0.0845

续表 13-2-1

年度 \ 项目	劳动力总数	文盲半文盲	小学文化	初中	高中（中专含在其中）	大专以上
2004	8.33	0.1666	2.0825	5.0813	0.9163	0.0833
2005	8.34	0.1668	2.085	5.0874	0.9174	0.0834
2006	8.3	0.166	1.575	4.563	1.913	0.083
2007	8.42	0.0984	1.505	4.6063	2.1262	0.0842
2008	8.43	0.0986	1.1075	4.7423	2.2973	0.0843
2009	8.39	0.0978	1.0975	4.7879	2.3229	0.0839
2010	8.5	0.09	1.025	4.635	2.535	0.0890

1996—2010 年阜平县乡村劳动力性别划分统计表

表 13-2-2　　单位：万人

年度 \ 项目	总劳动力	男	女
1996	8.24	4.19	4.05
1997	8.29	4.2	4.09
1998	8.36	4.26	4.1
1999	8.41	4.22	4.19
2000	8.36	4.20	4.16
2001	8.38	4.23	4.15
2002	8.42	4.3	4.12
2003	8.45	4.21	4.24
2004	8.33	4.22	4.11
2005	8.34	4.18	4.16
2006	8.3	4.2	4.1
2007	8.42	4.26	4.16
2008	8.43	4.28	4.15
2009	8.39	4.29	4.1
2010	8.5	4.3	4.2

三、农业机械

1996 阜平县农业机械保有量 5100 台（件），截至 2010 年阜平县拥有小型农机具 782 台，耕、整地机械 16 台，机动喷雾器 336 台，机动脱粒机 2480 台，农产品初加工动力机械 1425 台，农产品初加工作业机械 828 台，排灌机械 6115 台（套），拖拉机配套农具 430 部，手扶拖拉机 348 台，大中型拖拉机保有量 381 台，联合收割机 12 台，畜牧养殖机械 9 台，青饲料收获机械 12 台，农用三轮车 11150 台，农用车

810 台。

第二节　粮食作物种植

一、玉米

玉米播种面积在阜平县粮食作物中占首位，分为夏玉米和春玉米两种。1996—2000 年，玉米播种面积平均 9 万亩。2001 年到 2010 年平均播种面积稳定在 9.5 万亩左右。单产最高的 1998 年，平均亩产 420 公斤。也是总产量最多的一年，达到 3780 万公斤。2009 年播种面积 9.5 万亩，总产量 3420 万公斤。播种面积最多的 2010 年 11.2 万亩。

二、小麦

小麦播种面积在阜平县粮食作物中占第二位。1996—1999 年小麦平均播种面积 5.5 万亩，小麦播种面积最多的 1998 年，面积为 6.5 万亩，是小麦单产最高的年份，亩产 340 公斤，也是总产最多的一年，达 1870 万公斤。2000—2009 年小麦种植面积呈逐年下降趋势，平均播种面积为 1.5 万亩。2009 年是小麦播种面积最少的一年，面积为 1.4 万亩。

三、薯类

分马铃薯和甘薯两类。马铃薯播种面积居阜平县农作物播种面积的第三位。1996—2002 年主要种植在阜平县西北部深山区的龙泉关镇、天生桥镇、吴王口乡、砂窝乡、下庄乡。2003 年种植区域扩大到南部浅山区的城南庄镇、阜平镇等乡镇。2005 年播种面积 4.5 万亩，亩产 1800 公斤，总产 8100 万公斤。2006 年后播种面积逐年下降，2010 年 2.5 万亩。

1996 年甘薯种植面积为 0.8 万亩，2010 年甘薯种植面积为 0.5 万亩。

四、谷类

在阜平县种植历史悠久，分为春谷和夏谷。1996 年阜平县播种谷子 0.4 万亩，亩产 102 公斤。2000 年后播种面积呈逐年下降，2010 年播种面积 0.2 万亩。

五、水稻

1996 年阜平县水稻播种面积 0.2 万亩，随着地表水的减少，大部分水稻田改种其他作物，2010 年阜平县水稻播种面积为 0.05 万亩。

六、豆类

阜平的豆类主要有黄豆、红小豆、绿豆三类。进入 90 年代随着产业结构的调整和市场经济的发展，豆类播种面积在阜平县呈逐年上升趋势，2000 年阜平县豆类播种面积达到 0.6 万亩，平均亩产达 175 公斤。2010 年阜平县豆类播种面积为 0.8 万亩。

1996—2010年阜平县粮食作物种植面积及产量统计表

表 13-2-3

项目/年度	作物播种总面积（万亩）	所占耕地面积（%）	耕地亩产（公斤）	总产量（万吨）	夏收粮食						秋收粮食													
					播种面积（万亩）	亩产（公斤）	总产量（万吨）	冬小麦			合计		玉米		高粱		谷子		大豆		秋收薯类			
								播种面积（万亩）	亩产（公斤）	总产量（万斤）	播种面积（万亩）	总产量（万斤）	面积（万亩）	总产量（万斤）	面积（万亩）	总产量（万斤）	面积（万亩）	总产量（万斤）	面积（万亩）	总产量（万斤）	面积（万亩）	总产量（万斤）		
1996	20.1	162	242	3.56	6.5	262	1.7	6.5	262	1.54	13.6	3.18	7.5	2.08	0.2	0.01	0.8	0.03	0.4	0.02	4.2	1.09		
1997	20.0	161	245	5.14	6.2	272	1.69	6.2	272	1.69	13.8	3.21	7.5	2.31	0.2	0.01	0.8	0.03	0.4	0.02	4.2	1.09		
1998	19.8	160	248	5.25	6.0	290	1.74	6.0	290	1.74	13.8	3.17	7.5	2.16	0.2	0.01	0.8	0.03	0.4	0.02	4.2	1.09		
1999	19.8	160	256	4.80	6.0	310	1.86	6.0	310	1.86	13.8	3.2	7.6	2.04	0.2	0.01	0.8	0.03	0.4	0.02	4.2	1.09		
2000	19.6	158	259	5.04	5.5	290	1.6	5.5	290	1.54	14.1	3.48	7.6	2.22	0.2	0.01	0.5	0.02	0.4	0.02	4.2	1.09		
2001	19.6	158	261	5.00	5.5	283	1.56	5.5	283	1.56	14.1	3.53	7.6	2.30	0.2	0.01	0.3	0.015	0.5	0.025	4.2	1.09		
2002	19.2	155	271	4.96	5.5	292	1.61	5.5	292	1.61	13.7	3.59	7.5	2.24	0.2	0.01	0.2	0.01	0.5	0.025	4.2	1.09		
2003	19	153	279	4.06	5.3	217	1.15	5.3	217	1.15	13.7	4.15	7.4	2.74	0.1	0.005	0.1	0.005	0.6	0.025	4.5	1.9		
2004	18.8	151	310	5.12	5	290	1.45	5	290	1.35	13.8	4.45	7.8	2.76	0.1	0.005	0.1	0.005	0.6	0.025	4.5	1.9		
2005	19	153	318	5.37	5	292	1.46	5	292	1.35	14	4.54	7.8	2.98	0.1	0.005	0.1	0.005	0.6	0.025	4.5	1.9		
2006	20.9	159	316	5.69	5.0	286	1.43	5.0	286	1.30	15.9	4.87	8.8	2.96	0.1	0.005	0.1	0.005	0.6	0.025	4.5	1.9		
2007	19.6	158	320	5.74	4.5	302	1.36	4.5	302	1.26	15.1	4.77	9	3.51	0.1	0.005	0.1	0.005	0.7	0.03	4.5	1.9		
2008	18.5	149	330	5.75	3.5	336	1.18	3.5	336	0.98	15	4.92	9.3	3.31	0.1	0.005	0.1	0.005	0.8	0.04	4.3	1.73		
2009	18.2	147	330	6.0	3	280	0.84	3	280	0.90	15.2	5.32	9.5	3.42	0.1	0.002	0.1	0.005	0.8	0.04	4.3	1.74		
2010	18.2	147	341	6.11	1.5	253	0.38	1.5	253	0.83	16.7	5.84	11.2	4.03	0.1	0.005	0.1	0.005	0.8	0.04	4.3	1.74		

第三节　经济作物种植

一、花生

1996年阜平县花生播种面积为0.8万亩，随着花生市场价格不断攀升，种植面积呈逐年上升趋势，1999年播种面积0.9万亩，平均亩产160公斤。2010年播种面积2万亩，平均亩产180公斤左右。

二、芝麻

1996年种植面积0.06万亩左右，平均亩产为50公斤。主要种植在坡岗旱地或零散地块上，有的套种间作在田埂、地边、渠边、薯垅中。随着经济效益的增长，芝麻的种植面积呈逐年上升趋势，2010年播种面积0.5万亩。

三、烟叶

阜平种植大叶烟历史久远，但因种植分散产量低，形不成种植规模，销路不畅，不能给农民带来较大的经济价值，到2010年种植面积几乎为零。

四、麻类

阜平的麻类主要有青麻、白麻两种，播种面积很小。到2010年阜平县麻类种植面积只有0.1万亩。

五、蔬菜

（一）露天蔬菜　阜平露天蔬菜品种繁多，种植形式以单作、大田间作为主。主要有萝卜、白菜、豆角、菠菜、葱、蒜、韭菜、茄子、芹菜、黄瓜、辣椒、青椒、西红柿、甘蓝、西葫芦等，春夏秋三季鲜菜生产不断。1996年露天蔬菜播种面积为1.0万亩，年产鲜菜0.87万吨。随着人们生活水平的提高和对自身身体健康状况的重视，蔬菜的消费量逐年增多，种植面积增加，截至2010年露地菜种植面积达1.4万亩，生产蔬菜1.51万吨。

在露天蔬菜的种植中，无公害错季蔬菜品质好、产值高，在西北部深山区海拔1300～1500米的乡镇发展较快。2003年龙泉关镇黑崖沟村种植无公害错季蔬菜0.3万亩，年产量300万公斤，产值120万元（按市场价格每公斤0.4元计算）。2010年吴王口乡寿长寺、柳树沟村发展无公害错季豆角50亩，亩产量1250公斤，年亩收益5000余元。

（二）大棚菜　2000年县原种场建设10亩高标准的绿色棚菜示范区，建大棚20个，年产鲜菜15万公斤。2001年辐射到县城周边的10个行政村，阜平镇大道村建大棚4个，北果园乡广安村建起大棚6个，截至2010年蔬菜大棚发展到150个。

（三）菌类　阜平县的菌类主要有平菇、黑木耳。平菇常年种植面积50亩，亩产0.75万公斤左右。黑木耳常年种植50亩，亩产550公斤。皆为零散种植，没有形成规模。

（四）瓜类　主要有西瓜、甜瓜、南瓜等。1996年阜平县栽种西瓜0.2万亩，亩产7000公斤，总产量为1.4万公斤。2000年发展大道、高阜口、寺口等几个西瓜种植专业村。2001—2009年随着煤业的兴起，矿业的发展，农民打工挣钱的意识增强，种瓜挣钱的意识越来越淡薄，西瓜种植面积大大减少，2010年种植面积仅为0.05万亩。甜瓜、北瓜以零散种植为主，规模很小。

六、药材

阜平县西北部深山区、中部亚深山区，是中药材集中产区。盛产柴胡、黄芩、黄金茶、丹参、桔梗等。东部浅山区，盛产远志、白头翁、酸枣仁、瓜蒌等。年产量在20万公斤以上，年收入在100万元左右。1999年阜平县种植药材0.2万亩，种植品种有甘草、柴胡、黄芩、丹参、远志、瓜蒌、酸枣、桔梗、板蓝根、黄芩茶等10种药材。由于销路不畅，种植面积锐减，2010年阜平县药材种植面积为0.33万亩。

第四节　种植业投入与效益

80年代联产承包，调动了农民种田的积极性，粮食产量逐年增长。90年代随着改革开放的深入，计划经济向市场经济转型，农民由种田向市场转变，农业投入与产出带来经济效益下降，农民种粮积极性下降。1999年据对胭脂河下游主要产粮区30多个农户调查结果。

一、亩投入

种子 小麦20公斤，每公斤以2.5元计，价值50元；玉米3公斤，每公斤以12元计，价值36元；小计：86元。

化肥 基肥（混合肥）25公斤，每公斤以3.6元计，价值90元；追肥100公斤，每公斤以0.5元计，价值50元；小计：140元。

农药 0.5公斤，小计20元。

水、电费 小计50元。

投工 20个，工值43元计，小计860元。

二、亩收益

小麦320公斤，以每公斤1.7元计，价值544元；玉米360公斤，以每公斤1.8元计，价值648元；合计1192元。

三、实际收益

种子、化肥、农药、水电费、投工5项投入总计为1156元，每亩地实际收益1192-1156=36（元）。

调查表明：由于种地效益低下，“种田不合算”的思想严重影响农民种粮积极性，打工挣钱买米买面成了部分农民的优先选择，再加上马路经济（主要是煤场）与鼋鱼养殖业的发展，出租土地的收益远比种植粮食收益高，是影响农民种田积极性的因素。在马路经济较发达的山区，小麦种植面积也越来越少，人们习惯种植省工省力且产量较高的玉米。原因是玉米不仅能作为猪、牛、羊、鸡等动物饲料，还能以高于小麦的价格出售。2006年国家全面免除农业税，2008年开始实行良种补贴，农民种田积极性有所提高。

1996—2010 年阜平县经济作物种植面积及产量统计表

表 13-2-4　　单位：万亩、万斤

年度＼项目	播种面积	油料		花生		芝麻		蔬菜		瓜类	
		面积	产量	面积	产量	面积	产量	面积	产量	面积	产量
1996	1.7	0.7	0.128	0.6	0.12	0.1	0.008	0.9	0.75	0.1	0.05
1997	1.7	0.7	0.128	0.6	0.12	0.1	0.008	0.9	0.75	0.1	0.05
1998	1.7	0.7	0.128	0.6	0.12	0.1	0.008	0.9	0.75	0.1	0.05
1999	1.8	0.8	0.138	0.7	0.13	0.1	0.008	0.9	0.75	0.1	0.05
2000	2.3	0.9	0.141	0.8	0.135	0.1	0.008	1.2	0.95	0.1	0.05
2001	1.9	0.8	0.138	0.7	0.13	0.1	0.008	1.0	1.1	0.1	0.05
2002	2.2	0.8	0.138	0.7	0.13	0.1	0.008	1.2	1.0	0.1	0.05
2003	2.1	0.8	0.135	0.6	0.12	0.2	0.015	1.2	0.95	0.1	0.05
2004	2.2	0.8	0.135	0.6	0.12	0.2	0.015	1.3	1.1	0.1	0.05
2005	2.3	0.8	0.135	0.6	0.12	0.2	0.015	1.4	1.2	0.1	0.05
2006	1.8	0.8	0.135	0.6	0.12	0.2	0.015	0.9	0.75	0.1	0.05
2007	2.7	1.2	0.215	1.0	0.2	0.2	0.015	1.4	1.1	0.1	0.05
2008	2.5	0.9	0.148	0.8	0.14	0.1	0.008	1.4	1.25	0.1	0.05
2009	2.6	1.0	0.148	0.9	0.14	0.1	0.008	1.5	1.35	0.1	0.05
2010	3.6	2.1	0.311	2.0	0.31	0.1	0.01	1.4	1.325	0.1	0.05

第五节 耕作制度

一、土地耕作方式

阜平县东部浅山区主要是玉米、小麦套作。小麦成熟前，将玉米点播在小麦两密一稀或三密一稀的大垅里，让其共生一段时间，小麦收获之后，立即锄掉麦茬让玉米独长，这样就延长了玉米的生长期，实现夏收小麦秋收玉米一年两熟。西部深山区是春种秋收一季田，有的地方马铃薯与玉米套作可以一年两熟。

除套作外，间作也是普遍采用的方式，如：玉米大豆间作，花生甘薯间作，甘薯芝麻间作等，有效地提高粮食产量，成为阜平县普遍掌握、熟练应用的技术。

小麦播种多为耧播，玉米为点种，谷类为耧播，红薯、水稻先育苗后插秧栽种，其他杂粮作物多为耧播、点播、撒播。

二、作物栽培模式

小麦播种在秋分节前后，有“白露早、寒露迟、秋分种麦最合适”的农谚。县域西部比东部一般要早10天或半月。麦田套种玉米一般在小麦收割前10～15天播种。春玉米、谷类、豆类、薯类等春播作物一般都在谷雨前后播种，农谚说：“谷雨前后，种瓜种豆”。夏播作物多在麦收前后播种，错过节气即减产，甚至绝收。

传统习惯是稀植。阜平有“玉米地里卧头牛，吃穿不用愁”之说。小麦不间苗全由播种时决定稠稀。普遍实行“两密一稀”“三密一稀”，小麦播种量每亩15～20公斤。玉米苗密植到3000株，产量大幅增加为改革开放前的三四倍。薯类密度一般在4000～5000株。

三、施肥

施肥方式大体有两种，一种是耕地时施底（基）肥，一种是中耕时施追肥。基肥，过去多为农家肥，主要是猪圈肥、大牲畜粪肥、羊卧地。改革开放后使用微量元素肥料，瓜菜类作物开始使用叶面肥喷施。基肥多用磷肥或复合肥，追肥多用碳酸氢铵、尿素等，根据作物生长情况，在小麦返青，玉米、谷类、豆类锄二遍定苗后施用。

四、灌溉

小麦一般浇水5次，即封冻、返青、起苗、拔节、孕穗、扬花等水，土壤特别渗水的沙土地，要浇六七次水方能得收。玉米、杂粮不能浇水的旱地，尚在靠天收成。

五、中耕

小麦一般锄1～2次，在春天进行。秋作物一般连定苗带施肥锄3次。随着农村劳力转向其他产业，大田中耕次数有所减少，旱地杂粮则只在间苗定苗锄1次，杂草太多的才锄2次。

六、地膜覆盖

1984年开始推广地膜覆盖技术，由县农业科技人员帮助县城附近菜农用地膜覆盖种植蔬菜，后发展到小拱棚、塑料中棚、大棚及日光温室，搞得好的户半亩地年收入万元。1996年以后，农业科技人员在寿长寺、龙泉关等高寒地区帮助农民搞地膜玉米、土豆覆盖，获得成功。有的村因气候寒冷，根本无法种植玉米，即使种植也熟不了。地膜覆盖技术使这些村的玉米长得很好，有的地块每亩达到700公斤以上。土豆地膜覆盖也大幅度增产。

1996—2010年阜平县化肥施用量（折纯量）统计表

表13-2-5　　单位：吨

年度＼项目	化肥总量	氮肥	复合肥
1996	4395	2745	1650
1997	4428	2768	1660
1998	4480	2800	1680

续表 13-2-5

项目 年度	化肥总量	氮肥	复合肥
1999	4532	2832	1700
2000	4383	2747	1636
2001	4234	2662	1572
2002	4085	2577	1508
2003	3936	2492	1444
2004	3787	2407	1380
2005	3638	2322	1316
2006	3489	2237	1252
2007	3359	2152	1207
2008	3229	2067	1162
2009	3099	1982	1117
2010	2969	1897	1072

第六节　新品种与新技术

一、引进新品种

1996—1998 年，引进人参果种植技术，在原种场种植 20 亩（大棚 10 亩，露地 10 亩）。推广旱作农业技术 5000 亩，在严重自然灾害情况下，获得较好的收成，每亩增产 100 多斤。

1999—2002 年引进包衣种子，小麦 0.5 万公斤（冀丰 4185），在 11 个小麦种植乡镇试种 300 亩。玉米种 11.5 万公斤，（黄单 417、农大 60、京杂 6 号、冀丰 58），在 13 个乡镇试种 3 万亩。推广优良品种 20.025 万公斤，其中包括包衣种子 3 万公斤，引进玉米、小麦、蔬菜等新品种 9 个，引进脱毒马铃薯优级种 6 万公斤。玉米制种 5000 亩，产种 150 万公斤。玉米制种在稳定 5000 亩的基础上，新建柏崖制种基地，示范新品种“阜试 1 ～ 23 号”获得成功。推广了小麦全生育期地膜覆盖栽培技术，填补了地膜覆盖在阜平县的空白。

2003 年引进脱毒马铃薯克新 1 号新品种 10 万斤，在龙泉关、天生桥、夏庄、吴王口、砂窝 5 个乡镇试种，亩产 3000 ～ 4000 公斤，给阜平西部山区的薯业生产提供了良好的种源。

2004 年推广酵母菌肥等新化肥的使用。推广先进适用技术 15 项，培训农民科技人员 7 万人次。在原种场建设蘑菇温室 2 个，无公害温室蔬菜棚 2 个，无毒甘薯育苗 20 亩，推广黑玉米 1 亩，鲁梅克斯饲草 1 亩。推广 13 个作物新品种、饲草 2 个、谷子 2 个、甜玉米品种 2 个、蔬菜品种 15 个、试验出适合阜平县品种 7 个。在白河村建 400 户秸秆气化站一座。

2005 年，马铃薯生产由天生桥西部向城南庄、大台、阜平镇辐射延伸。建无公害蔬菜示范园 12 亩，推广优质蓖麻 2500 亩，饲草 162 亩。全年推广无公害蔬菜生产、饲草种植，中药材栽培、病虫综防，旱作农业等技术 15 项。在原种场建 150 亩科技示范园区 1 个，无公害生产首试成功；在龙泉关镇黑崖沟村建设无公害错季菜 1000 亩，和保定三绿蔬菜公司挂钩，产品直销保定市。实施国家级集雨工程旱作节水，节水技术示范区和效果试验项目，建设集雨设施 436 座，修防渗渠 10 公里，总蓄水量 7.1 万立方米。首次引进脱毒马铃薯加工专用品种400亩，订单销售60万公斤。以龙泉关、夏庄、吴王口、天生桥等5个乡镇为主，示范推广无公害错季菜3000亩，增加收入600万元。

2006年在夏庄、大台、吴王口等乡镇退耕还林，快速发展中草药产业。种植黄芩1000亩、黑柴胡1000亩、板蓝根1000亩，天麻2000平方米。新建科技园区3个，分别是黑崖沟无公害生产示范园区面积500亩，东板峪店、庙台生态养鸡示范园区500亩，原种场旱作节水技术示范区150亩。300万元国家级脱毒马铃薯良种繁育基地项目竣工使用，建设种子加工线一套、兴建网室大棚8个引进微型薯10万粒，建设600平方米储存库和1000平方米低温保存库各一座。

2007—2010年投资30万元开展旱作高效农业项目，修建集雨窖121座、建设旱作基本农田2万亩，完成沼气池1600个。在阜平镇、大台、王林口、城南庄等乡镇大力推广“三位一体”沼气池1400个。

二、推广新技术

1996—2010年，完成阳光工程培训300人次、病虫综防8万亩次。培训国家级沼气技术员40名，良种更新换代1.75万公斤。推广节肥、节水技术1万亩，小麦节水示范推广2万亩，玉米优质品种及高产配套技术2.6万亩。新建青贮窖11个，青贮秸秆3860吨，干贮秸秆3170吨，秸秆还田33亩。推广绿色防控技术，建蔬菜园区1000亩。进行玉米田间配方肥示范500亩，其中春玉米350亩、夏玉米150亩。配方施肥推广面积5万亩，其中玉米3.5万亩、马铃薯1万亩、花生0.5万亩。在吴王口乡银河村发展绿色蔬菜60亩，产品成功打入北京市场。

第七节 病虫害防治

一、病害发生与防治

阜平县农作物病虫害常年发生面积90多万亩次，防治80多万亩次。其中，小麦病虫害发生20多万亩次（2008年、2009年10多万亩次），玉米病虫害发生30多万亩次（2008年、2009年40多万亩次），杂粮病虫害10万多亩次，蔬菜病虫害3万亩次，农田杂草发生15万亩次，农田鼠害7万亩次。

（一）小麦病害发生与防治

阜平县小麦病害主要有白粉病、锈病、黑穗病、叶枯病等。

农业防治：种植抗病品种，麦收后及时灭茬翻耕，消灭自生麦苗，减少菌源；合理密植；合理施肥。

种子处理：白粉病、黑穗病、锈病，用15%粉锈宁可湿性粉剂60～100克拌种50公斤，务必干拌，充分搅拌均匀。

大田防治：锈病、白粉病亩用15%粉锈宁可湿性粉剂30～40克对水50～75公斤喷雾；病毒病防治，及时治虫防病，把蚜虫、灰飞虱消灭在向农田迁飞前，发现病株及时拔除；黑穗病防治，选用20%三唑酮乳油或50%多菌灵、70%甲基托布津在发病初期进行喷雾防治；叶枯病，可选用50%多菌灵、70%甲基托布津可湿性粉剂500倍液喷雾或70%代森锰锌800～1000倍液喷雾。

（二）玉米病害发生与防治

阜平县玉米病害主要有玉米病毒病、大斑病、小斑病、褐斑病、丝黑穗病、黑粉病等。

农业防治：选用抗病品种、清除田间杂草及病残体，减少菌源传播。

种子处理：采用多菌灵、甲基托布津可湿性粉剂，按种子重量的0.3%～0.5%拌种可预防黑穗病发生；辛硫磷乳油10毫升加水0.5公斤拌玉米种子5公斤可防苗期粗缩病。

大田防治：褐斑病在发病初期用15%粉锈宁可湿性粉剂30～40克对水50～75公斤喷雾；病毒病防治：及时治虫防病，把蚜虫、灰飞虱消灭在向农田迁飞前，在玉米5叶期前及早防虫，发现病株及时拔除；黑穗病防治：选用20%三唑酮乳油或50%多菌灵、70%甲基托布津在发病初期进行喷雾防治；大、小斑病：可选用50%多菌灵、70%甲基托布津可湿性粉剂500倍液喷雾或70%代森锰锌800～1000倍液喷雾。

（三）马铃薯病害发生与防治

阜平县马铃薯病害主要有：疫病、环腐病、病毒病等。

农业防治：选用抗病品种；选留无病种薯。种薯处理：托布津500倍浸泡种薯2小时，然后晾干播种。大田防治：发现病株及时拔除并用75%百菌清600～800倍液喷雾；发现蚜虫及时防治可预防病毒病。

（四）甘薯病害发生与防治

阜平县甘薯病害主要有：甘薯黑斑病（黑钉）、茎线虫病（糠心病）、软腐病等。

培育无病薯苗：选新床址；精选种薯；用50～54℃温水浸种10分钟取出后剔出变色薯块，上床后加强管理，培育无病壮苗。栽插无病薯苗；用50%辛硫磷200倍液，先浇水插秧，后施药再覆土可防线虫病；多菌灵3000倍液浸薯苗基部2～3分钟可防黑斑病。适时收获、安全贮藏。

（五）花生病害发生与防治

阜平县花生病害主要有：病毒病、叶斑病、线虫病等。

农业防治：选用抗病品种、清除田间杂草及病残体，减少菌源传播。

药剂处理：亩用10%克线磷2公斤均匀撒于播种沟内，播种覆土可预防线虫病发生。

大田防治：病毒病防治：及时治虫防病，把蚜虫、消灭在向农田迁飞前，发现病株及时拔除；叶斑病：可选用50%多菌灵、70%甲基托布津可湿性粉剂500倍液喷雾或70%代森锰锌800～1000倍液喷。

（六）大豆病害发生与防治

阜平县大豆病害主要有：大豆叶斑病。防治同花生叶斑病。

（七）杂粮病害发生与防治

阜平县杂粮病害主要有：高粱丝黑穗病、谷子黑穗病、叶斑病等。

黑穗病同玉米、叶斑病同花生。

（八）蔬菜病害发生与防治

阜平县蔬菜病害主要有：霜霉病、病毒病、炭疽病、疫病、白粉病、软腐病、枯萎病、斑枯病等。

农业防治：选用抗病品种、清除田间杂草及病残体，减少菌源传播。

种子处理：播前用种子重量0.3%～0.4%的25%甲霜灵或75%百菌清拌种可防霜霉病；每平方米苗床用8～10克50%多菌灵处理床面土壤可防枯萎病；播前用50～51℃的恒温水浸种20分钟可防炭疽病。

大田防治：白粉病亩用15%粉锈宁可湿性粉剂30～40克对水50～75公斤喷雾；病毒病防治：及时治虫防病，把蚜虫、灰飞虱消发病前用甲霜灵灭在向农田迁飞前，发现病株及时拔除；斑枯病：可选用50%多菌灵、70%甲基托布津可湿性粉剂500倍液喷雾或70%代森锰锌800～1000倍液喷雾；霜霉病：在发病初期用75%百菌清500～600倍喷雾；枯萎病：用50%多菌灵600～800倍液灌根；疫病：发病前用甲霜灵锰锌500倍液灌根、喷雾。

二、虫害发生与防治

（一）小麦害虫发生与防治

阜平县小麦害虫主要有：麦蚜、麦红蜘蛛、小麦吸浆虫、黏虫等。

农业防治：选用抗病耐虫品种；清除田间、地头杂草，减少害虫的适生环境。

药剂防治：麦蚜虫：亩用10%吡虫啉可湿性粉剂40～70克对水30～50公斤喷雾；吸浆虫：蛹期防治：亩用5%毒死蜱粉剂0.6～1.2公斤拌干细土20公斤拌匀撒于麦田；红蜘蛛：哒螨灵10～15克对水30～50公斤喷雾；黏虫：选用4.5%高效氯氰菊酯、2.5%功夫小子800～1000倍液喷雾；灭幼脲3号30～40克。

（二）玉米害虫发生与防治

阜平县玉米害虫主要有：玉米螟（钻心虫）、玉米蓟马、玉米蚜、玉米红蜘蛛、黏虫等。

农业防治：处理越冬寄主秸秆；清除田间、

地头杂草，减少害虫的适生环境。

药剂防治：及时监测虫情，做到早发现、早防治。蚜虫：10% 吡虫啉每亩 40 ～ 70 克对水 30 ～ 50 公斤喷雾；红蜘蛛：哒螨灵 10 ～ 15 克对水 30 ～ 50 公斤喷雾；玉米螟、蓟马可选用 4.5% 高效氯氰菊酯 800 ～ 1000 倍液滴注于心叶内；黏虫：选用 4.5% 高效氯氰菊酯、2.5% 功夫小子 800 ～ 1000 倍喷雾。

（三）马铃薯害虫发生与防治

阜平县马铃薯害虫主要有二十八星瓢虫、蚜虫等。

二十八星瓢虫：人工捉成虫，可选用 4.5% 高效氯氰菊酯、2.5% 功夫小子 800 ～ 1000 倍雾；蚜虫：同玉米蚜虫

（四）甘薯害虫发生与防治

阜平县甘薯害虫主要有甘薯天蛾。

农业防治：冬春季甘薯田适时翻耕，破坏蛹的适生环境。

灯光诱杀。

药剂防治：用 80% 敌敌畏 2000 倍液喷雾。

（五）大豆害虫发生与防治

阜平县大豆害虫主要有：豆荚螟、大豆红蜘蛛、大豆蚜、大豆潜叶蝇等。

农业防治：处理越冬寄主秸秆；合理轮作；清除田间、地头杂草，减少害虫的适生环境。

药剂防治：豆蚜用 50% 蚜虱净 1500 ～ 2000 倍液喷雾；豆荚螟用 2.5% 的溴氰菊酯 4000 倍液喷雾；大豆潜叶蝇用 50% 辛硫磷 1000 倍液喷雾。

（六）杂粮害虫发生与防治

阜平县杂粮害虫主要有：高粱蚜虫、高粱条螟等。防治方法同玉米。

（七）蔬菜害虫发生与防治

阜平县蔬菜害虫主要有：菜蚜、菜青虫、小菜蛾、棉铃虫、二十八星瓢虫、美洲斑潜蝇、红蜘蛛等。

农业防治：冬春季适时翻耕，破坏蛹的适生环境。

灯光诱杀。

药剂防治：及时监测虫情，做到早发现、早防治。蚜虫：10% 吡虫啉每亩 40 ～ 70 克对水 30 ～ 50 公斤喷雾；红蜘蛛：哒螨灵 10 ～ 15 克对水 30 ～ 50 公斤喷雾；玉米螟、蓟马可选用 4.5% 高效氯氰菊酯 800 ～ 1000 倍液滴注于心叶内；棉铃虫、二十八星瓢虫：可选用 4.5% 高效氯氰菊酯、2.5% 功夫小子 800 ～ 1000 倍雾；斑潜蝇：可用 5% 抑太保 2000 倍液喷雾。

（八）地下害虫防治

农业防治：除草灭虫，消灭虫卵和寄主。

成虫诱杀。

人工捕杀幼虫。

药剂防治：用 50% 辛硫磷加适量水，喷拌细土 50 公斤顺垄撒在幼苗根附近。用 10% 氯氰菊酯 1500 ～ 2000 倍液喷雾。

（九）蝗虫（蚂蚱）防治

1998 年阜平县王快水库周边发生大面积飞蝗，以后每年都有不同程度的发生，蝗虫种类有飞蝗、土蝗。

人工捉蝗。

药剂防治：可选用 4.5% 高效氯氰菊酯、2.5% 功夫小子 800 ～ 1000 倍雾。

第八节　农业管理与服务

一、农机管理

改革开放后，农民种田的积极性越来越强，农业机械使用越来越广泛。1996 年全县三轮车 340 辆，拖拉机 800 辆。农用车保有量 1140 辆，年检审 1110 辆。到 2010 年三轮车发展到 11150 辆，拖拉机 729 辆，农用运输车 810 辆，全年农用车保有量 12689 辆，年检审 12612 辆。2010 年与 1996 年相比，年保有量增长 11 倍，年检审增长 14 倍。

1996—2010 年阜平县农机年检审统计表

表 13-2-6　　单位：台、辆

项目 / 年度	三轮车	拖拉机	农用运输车	年保有量	年检审
1996	340	800	—	1140	1110
1997	1080	880	—	1960	1950
1998	1840	940	10	2790	2750
1999	2670	925	30	3625	3600
2000	3790	919	80	4789	4780
2001	4850	908	140	5898	5862
2002	5950	883	290	7123	7110
2003	6930	875	430	8235	8211
2004	7230	869	580	8679	8660
2005	7270	844	660	8774	8746
2006	8070	834	710	9614	9590
2007	8670	805	730	10205	10194
2008	9360	786	766	10912	10901
2009	10350	752	789	11891	11876
2010	11150	729	810	12689	12612

二、农药管理

（一）管理机构

1997 年 5 月国务院发布《中华人民共和国农药管理条例》，阜平县农业局于 1997 年 7 月正式成立药检站，工作人员 3 人，工作职能和人员管理隶属农业局。2008 年 9 月机构改革，成立农业行政综合执法大队，定编人员 8 人。药检站的工作职能归属执法大队，药检站取消。

（二）管理工作

阜平县经营农药的单位有；供销合作社的农业生产资料经营单位、植物保护站、土壤肥料站、农业、林业技术推广机构、森林病虫害防治机构、农药生产企业等。1998 年在全县范围内，对经营农药的单位或企业进行全面清理和整顿，统一规范农药经营市场，统一办理农药经营许可证，农药管理逐步进入法律轨道。2000 年农业部发布 194 号、199 号、274 号和 322 号公告，阜平县农业系统对甲胺磷、硫磷等 24 种高毒、高残留农药作了削减和替代工作。2007 年又全面禁止使用甲胺磷、对硫磷、甲基硫磷、久效磷和磷胺五种高毒农药。2008—2010 年农业行政综合执法大队对销售假冒伪劣农药加大查处力度，三年立案查处农药案件 91 起，为农民挽回经济损失 100 多万元。

三、种子管理

（一）管理机构

农作物种子监督检验站于 1998 年 7 月设立，定编人员 3 名。负责阜平县种子质量与种子市场的监督监管工作。2008 年 9 月机构改革，成立农业行政综合执法大队，种子监督检验站的工作职能纳入执法大队。

（二）管理工作

种子监督检验站主要职能是品种资源引进、新品种选育、区域试验、检验、检疫、经营、管理、推广等。2000 年 12 月 1 日《中华人民共和国种子法》颁布实施之后，强化工作职能，种子经营实行许可证制度。2008年9月农业行政综合执法大队成立，强化和完善种子监督职能。主要负责种子行政许可、行政处罚、行政管理；负责种子市场和种子质量的监管；负责农作物新品种引种、试验、示范、推广和保护等。

农业行政综合执法大队在阜平县批准设立经营主要农作物种子的企业摊点8家，主要以委托代销方式经营。阜平县每年引进优良品种40万公斤，其中小麦1万公斤，玉米25万公斤，花生2万公斤，马铃薯12万公斤。主要引进推广小麦优良品种有：中麦9号、北农9549、北京0045；玉米优良品种有：东单80、农大95、丹玉69、宽城12、鲁单981、科试880等。

2008—2010年行政综合执法大队，重点对经营种子的企业摊点引进的主要作物玉米、小麦、蔬菜等品种的质量、品种的真实性、品种的标签及品种的经营档案进行监督、检查。整改或淘汰不合格种子经营企业3家，开展主要农作物种子质量抽检60个品种，种子包装标识检查480个次，规范种子经营档案24卷，查处违法经营种子案件7起，查获非法种子3000公斤，从源头上遏制销售假劣种子、套牌种子现象的发生，为农民挽回经济损失20万元。

第三章 农业综合开发

农业综合开发项目有：旱作农业和生态农业。旱作农业开发重点：引进抗旱品种及配套栽培技术。生态农业从保护生态环境入手推广无公害农产品生产技术，实施荒山荒坡开发治理。西部深山区以苹果、核桃、马铃薯为主，东部浅山区以发展大枣产业为主。

第一节 开发项目

一、旱作农业

阜平县域总面积2496平方公里，山场面积占89.7%，耕地面积占3.6%，其中旱岗地占近50%，分布在境内6000多条山沟里。由于地处中纬度地带，属大陆性东部季风区暖温半干旱气候，干旱与耕地少是影响农业发展的主要因素，实施旱作农业，进行荒山综合治理成为实现农业可持续发展的重要举措。

旱作农业的开发重点：引进抗旱品种及配套栽培技术，主要农作物玉米推广三北六，坡地种的大白铃马铃薯。根据水在农业增产中的显要地位和县域地貌特点及降水规律，大力推广以塘坝、小水库、蓄水池和防渗渠为主的蓄水及节水灌溉配套技术。根据土壤肥料在农业增产中的首要地位和旱岗地、新修隔坡梯田肥力低，土性差的弱点，大力推广客土改造，配肥地力，以肥调水和秸秆还田技术。根据地膜覆盖能保墒增温，提高农作物产量的功能，推广地膜覆盖技术，推广抗旱，保水生长调节等化学制剂。

二、生态农业

阜平县山地面积大，属传统农业县，远离大城市的工业污染，县政府从保护生态环境，发展生态农业着手：1. 搞好生态农业开发规划，实施荒山荒坡开发治理规划。2. 划分种植区域，确定主导产业，西部深山区苹果、马铃薯，东部浅山区发展大枣产业，增加杂粮等。3. 搞好环境和农产品认证，推广无公害农产品生产技术。

第二节 工程管护与资金管理

一、工程管护

1996—2000年对各项目乡（镇）结合本地实际，建立科学、规范的工程管护机制，统一组织、指导、管理本乡（镇）农业综合开发工程管护工作，指定专人负责，明确职责，实行工程管护工作与项目工程竣工验收、产权置换、落实管护主体同时开展，坚持全面管护、“堵疏”结合，预防为主的原则。

2001—2010年制定具体、明确管护制度和考核办法，管护工作落实到人，实行定人员，定任务、定标准、定奖罚的原则。

在运行机制上，根据当地实际和不同工程，采用适宜的运行机制，保证农业综合开发项目的工程管理工作正常有序进行，促进农业综合开发项目工程长期持续发挥效益。

在组织实施上，实行乡（镇）政府明确一名领导具体负责此项工作。村级管护机构具体组织实施本村范围内的农业综合开发项目工程管护工作。要求管护人员要热爱管护工作，能够为集体和农户利益着想，遵纪守法，责任心强，办事公道，身体健康，家庭劳力充裕。管护人员按照要求，依法进行工程管理，保证管护工程的完好和正常使用。

二、资金管理

1996—2000年，建立健全财政支农资金稳定增长机制，健全农业资金投入保障机制，依法落实纳入预算管理的各项农业基金和行政性收费政策，扩大农业资金规模，确保财政预算支农资金投入达到法定增长要求。

2001—2010年，围绕全县农业主导产业，集中财力、突出重点，解决产业发展的突出问题，按照“因地制宜、公平竞争、效益优先、公开透明”的原则，对各项支农资金进行有效整合。加强专项资金管理，建立项目评审、项目招投标、项目资金报账、项目跟踪管理和资金监督检查等机制，确保支农资金安全有效。落实农业项目公开公示制度，建立公开、公平、透明的政策环境和监督机制，项目申报、立项、检查等工作接受群众和社会监督，保证项目顺利实施和专项资金安全运行。

第四章 林业

阜平县规划林业用地317万亩，有林地126万亩，有高等植物122科，348属，685种。1996—2010年阜平县重点承担实施太行绿化、退耕还林两大工程项目。15年累计实施人工造林36.66万亩，飞播造林41.4万亩，封山育林126.1万亩。退耕还林累计19万亩。建设义务植树基地15个，其中13个乡（镇）各1个，县直机关2个，总规模25万亩。

龙泉关辽道背原始次生林（2010年摄）

第一节 树种及分布

一、树种

1996年，阜平县规划林业用地317万亩，有林地126万亩，其中用材防护林103万亩，经济林22万亩，疏林7万亩，灌木林约100万亩，无林地近90万亩，2010年森林覆盖率33.83%。

阜平县属暖温带常绿针阔叶混交林地带，华山植物系，2010年阜平县有高等植物122科、348属、685种，其中被子植物82科、288属、580种；裸子植物3科、3属、2种。因自然环境条件不同，植被呈现区域差异。

二、分布

（一）中部山区植被

中部山区植被以半旱生、旱生草本植物和小灌木为主，广泛分布着白羊草、黄青草、黄背草为群种的草本植物群落，伴生有野古草、隐子草、萎陵草、狗尾草、菅草及荆条、胡枝子、酸枣、蚂蚱腿子、芫蒿、山皂角等，植物组成比较单纯，天然乔木树种较少。植被盖度50%～70%，分布有集中连片的杨、刺槐、侧柏、油松、柿、李、杏、桃、枣树等人工林。

（二）西北部山区植被

西北部山区随海拔增高植被呈现由低到高的垂直分布，受国家保护的植物有核桃楸、银杏、刺五加、翠柏、水杉、紫葳等。海拔700米以下是以白羊草、黄背草为群种的草本植物群落。700米以上，是以灌木和乔木为主的灌丛型群落，灌木主要有荆条、黄栌、胡榛子、山皂角、绣线菊、葛条、蚂蚱腿子、蒙栎、楸树、五角枫、椴树等。伴生草本植物主要有唐松草、被针叶苔、山丹丹、莨草，还有知母、地榆、丹参、沙参、白头翁、柴胡、黄芩、桔梗、天门冬、苔参等中药材。植被盖度在80%以上，分布有集中连片的刺槐、侧柏、油松等人工林，柞树、山杨、鹅尔枥、核桃楸等天然混交林。

（三）东南部低山区植被

东南部低山区植被以禾本科植物为主，主要有马唐草、虎尾草、狗尾草、苦菊菜、车前子、打碗花、大蓟、小蓟、苍耳、蒺藜等，冲积扇陡坡、田埂地边长有酸枣、及蒿类等旱作植物。低洼地长有喜温性禾本科和莎本科植物，三棱草、芦苇、莎草、水芹、苔草、节节草。分布有集中连片的杨树、刺槐、柳树、榆树、柿、苹果、梨、桃、李、红果、枣树等人工林。

2010年全县森林覆盖面积33.83%

（四）四旁树

四旁树是在宅旁、村旁、路旁、水旁栽植的树木，是阜平县森林资源的重要组成部分，占全县森林覆盖率的3%以上。

阜平的村落大部分在水源丰富的地方，有水就有村，有村就有树，每一个村庄都被葱茏的树木包围着。四旁树主要有刺槐、杨树、柳树、榆树、臭椿、火炬、桧柏、国槐等乔木树种，有枣树、柿、苹果、李、梨、红果、桃、杏、葡萄、核桃、板栗、花椒等经济林树种，有银杏、白皮松、华山松、桧柏、法桐、白蜡、合欢、栾树、金叶女贞、紫叶小檗、沙地柏等乔灌木为主的绿化苗木。其中受国家和河北省保护的重点植物有刺五加、核桃楸、大花杓兰、手参、勘察（北方）鸟巢兰、二叶舌唇兰、绶草、穿山薯蓣、迎红杜鹃、大叶藓、蕨、党参、桔梗、锦带花、无梗五加、鹿蹄草、罗布麻17种。

山地造林受干旱气候影响较大，发展潜力受到制约。随着“村村通”及县、乡级公路和社会主义新农村建设的快速发展，阜平人民对环境质量的要求提高了，同时带动林木树种多样性的增加，四旁树的发展有了大好的机遇，利用土地优势，在自家房前屋后栽植林木、果树，既可绿化、美化环境，也增加经济收入。

第二节 植树造林

一、人工造林

1996—2010年，造林水平不断提高，造林季节以单一的春季造林发展到春、夏、秋三季造林。造林方式由直播造林发展到提前整地，挖鱼鳞坑、垒埝阶、开挖水平沟等。育苗技术由裸根苗发展到容器育苗，油松营养钵、枣树营养钵、洋槐营养钵，树种搭配由单一树种向营造混交发展。

二、封山育林

封山育林是利用森林的更新能力，在自然条件适宜的山区，实行定期封山，禁止垦荒、放牧、砍柴等人为的破坏活动，通过树木根系萌蘖、天然传种等恢复森林植被的一种育林方式。阜平县是纯山区县，在高山，远山地带较为适宜采用封山育林。通过封山育林，形成灌木林，可保持水土、净化空气、涵养水源。

三、飞播造林

阜平县飞播造林始于1979年在天生桥、岔河两个播区各试播油松7.5万亩。1987年9月，省林业调查队对这两个飞播区进行调查，通过8年飞播油松林和同龄人工油松林对比，发现飞播油松的基径、树高、材积等均大于人工造林，造价上飞播造林比人工造林每亩低1.2元。1996年后，龙泉关镇北刘庄村、西刘庄村及国营驼梁林场5000亩飞播油松林，北果园乡店房、抬头湾1000亩飞播油松林等都已郁郁成林，提高了当地的森林覆盖率。随着气候的变化，降水较少，特别是2002年实施禁牧山羊后，植被迅速恢复，荒坡灌草厚密，飞播种子无法落地，加上人畜破坏，飞播造林已经不适宜在阜平发展。2003年1万亩飞播工程任务，无法飞播以点播完成，效果不理想，2003年后阜平县不再实施飞播造林工程。

龙泉关长城岭飞播林（2010年摄）

截至2010年阜平县造林绿化快速发展，涌现出一大批典型示范工程，如北果园乡小花沟村2000亩枣树基地，槐树底村1500亩枣树基地，城南庄镇宋家沟村200亩酸枣接大枣工程，龙泉关镇北刘庄村、西刘庄村及国营驼梁林场5000亩飞播油松林，北果园乡店坊、抬头湾1000亩飞播油松林等成林工程。同时通过封山使城南庄、夏庄、天生桥、龙泉关、砂窝、吴王口、台峪等乡镇深山区山场植被得到恢复，形成灌木林55万亩。这些林地的增加使100多万亩山场的水土流失得到了有效控制，净化空气和王快水库的水源，减缓泥沙对王快水库的淤积，延长王快水库的使用年限。

四、重点生态工程

（一）太行山绿化工程

太行山绿化工程是在太行山石质山区营造水源涵养林、水土保持林，发展果木经济林，通过恢复和扩大森林植被，以提高山区的水土保持能力，并兼有较好的经济效益。阜平县1994年开始承担国家太行山绿化项目，县委、县政府围绕"战太行、绿太行、富太行"的目标，认真落实"三抓"（抓质量、抓进度、抓管护）、"两保"（保成活、保效益）措施。飞、封、造相结合，加快造林绿化步伐。截至2010年累计完成209.35万亩，其中人工造林36.19万亩，飞播造林44.4万亩，封山育林128.76万亩。

（二）退耕还林工程

退耕还林工程是国家林业六大工程之一，包括退耕地还林和荒山匹配造林。退耕地造林指在水土流失严重或粮食产量低而不稳定的坡耕地和沙化耕地，以及生态地位重要的耕地，退出粮食生产，植树或种草，国家实行退耕还林资金和粮食补贴制度，国家按照核定的退耕还林面积，在一定期限内无偿向退耕还林者提供适当的补助粮食、种苗费和现金补助。按照政策，阜平县对退耕户每亩退耕地每年补助原粮100公斤（2003年之后改为每年每亩补助粮款140元）、现金20元，一次性补助种苗造林费50元。还生态林的补助8年，还经济林的补助5年。到期后，为巩固退耕还林成果，国家对退耕户继续实行补助政策，补助标准减半，补助年限同上。另一半集中使用，主要建产业基地和培训等。

2002年退耕还林工程在阜平启动，到2010

年累计完成19万亩，其中退耕地3.5万亩，荒山匹配人工造林10.1万亩、封山育林6.4万亩。营造生态林17.8万亩，经济林1200亩。

典型示范工程：阜平镇色岭口李彦双承包养马口村北荒山1000多亩，青沿村杜建国承包村大南沟450亩荒山，都取得很好的经济效益。

五、义务植树

1981年12月，全国人大五届四次会议通过了《关于开展全民义务植树运动的决议》，动员全国各方面的力量加快绿化祖国进程。阜平相继成立绿化委员会，组织开展全民义务植树活动，栽植各类树种90万株。自此“义务植树”成了每年造林的一项重大活动。2005年结合县城绿化，阜平县实施“千亩”小派山县直单位义务植树基地，栽植侧柏20万株，为县城绿化增添色彩。2009年阜平县启动县城后花园—大派山县直机关义务植树基地建设，计划利用5年时间，建设万亩大派山生态景观林。截至2010年阜平县建义务植树基地15个（其中13个乡镇各1个，县直机关两个），总规模25万亩。

六、育苗

（一）育苗规模

改革开放以前，阜平县育苗任务以国营苗圃为主，按计划需要生产苗木。育苗采用常规方法，树种单一，设施简陋，手段落后。当时有青沿、后庄两个国营苗圃，主要培育洋槐苗木。农村土地实行联产承包以后，农民开始在责任田育苗，培育的苗木主要用于营造用材林和经济林。1996—2000年，随着太行山绿化工程项目的实施，优种核桃、大枣、桃、苹果、板栗等果树优良品种引进，干部、群众开始承包土地从事良种嫁接育苗、设施育苗、容器育苗工作。个体育苗面向阜平县工程需要，考虑市场需求。2001年引进速生杨107、108两个品种。阜平县育苗工作仍然以个体分散育苗为主，注册公司仅有一家，青沿绿洲良种繁育基地，主要生产优质清香核桃苗木和阜香、阜帅大枣苗木（阜平自主选育的阜香、阜帅，是2009年9月25日，通过省林木良种审定的两个优良干制大枣新品系），年繁育苗木20多万株。2009年开始生产大枣容器苗，得到省林业局肯定并在全省枣产区推广。截至2010年，阜平县每年育苗面积在1000亩以上，主要以刺槐、枣、核桃、杨树等为主。引进枣品种47个、核桃15个、主要为辽系、清香、晋龙等。

（二）种苗管理

2000年《种子法》颁布实施后，阜平县种苗管理逐步走向规范化，林业部门成立种苗机构，3人通过培训考核取得相关资格证件。对各类苗木制定了不同标准，在工程造林中使用“一签两证”（标签、合格证、检疫证）。

1996—2010年阜平县林业生产统计表

表13-4-1

项目 年度	林业产值（万元）	造林面积（亩）	四旁植树（万株）	育苗面积（亩）	采伐木材（立方）	年末实有林地面积（亩）
1996	11113.7	4133	30	100	4710	113333
1997	12537.6	7333	60	100	3737	63913
1998	12710	5925	50	167	3007	50000
1999	10437	7780	60	167	5030	54666
2000	13725	7533	60	167	4800	63333
2001	13221	5346	51	167	4000	52000

续表 13-4-1

项目 / 年度	林业产值（万元）	造林面积（亩）	四旁植树（万株）	育苗面积（亩）	采伐木材（立方）	年末实有林地面积（亩）
2002	12550	3647	50	166	2600	9533
2003	16246	2933	50	166	1930	9333
2004	19145	3067	50	166	1930	9333
2005	20177	1334	45	100	3638	10933
2006	25930	1287	90	100	3638	10933
2007	28406	4674	110	100	2251	16667
2008	25467	4067	90	100	1057	16667
2009	39749	3134	90	133	813	1667
2010	41293	4000	90	100	101	2667

1996—2010 阜平县重点承担实施太行山绿化、退耕还林两大工程项目，按照“东部大枣，西部核桃，河道两岸防护林，低山沟谷经济林，高山陡坡生态林”的发展思路，通过封、飞、造并举，林、灌、草结合，狠抓精品示范工程，积极探索和推行抗旱造林技术，不断加快荒山绿化进程。十五年间累计实施人工造林 36.66 万亩，飞播造林 41.4 万亩，封山育林 126.1 万亩。新增乔木 51.765 万亩。其中用材林 23.25 万亩，防护林 18.765 万亩，经济林 9.75 万亩。

第三节　林果种植

阜平县果树资源丰富，主要果树有枣、核桃、板栗、柿子、桃、山杏、杏扁、花椒、李子、葡萄、山楂等 12 个树种，果树面积 522419 亩，其中红枣 450000 亩、核桃 33260 亩是阜平县的主要树种。年产果品 8000 万公斤，其中红枣 7400 万公斤，核桃 150 万公斤，苹果、桃、柿子、板栗等其他果品 450 万公斤。

一、核桃

1996 年随着核桃市场价格的提升，核桃的种植面积逐年增长。县城西半部的龙泉关镇、天生桥镇、吴王口乡、砂窝乡、下庄乡、史家寨乡和城南庄镇、阜平镇、大台乡 9 个乡镇都有分布，涉及 110 个行政村，人口近 7.6 万人，总面积 69000 亩，常年产量 2000 多吨。

阜平核桃生产原主栽品种类型为绵核桃，有部分新疆核桃。2000 年以后，大量引进推广种植薄皮优种核桃。主要品种有辽 1、辽 3、辽 4、辽 7、辽 8，礼品 1 号、2 号，丰辉，晋龙 1 号、2 号，中村 1 号，清香，绿波、鲁光、香林等品种，其中性状表现优良且非常适宜阜平县种植的品种有晋龙 1 号、2 号，辽 1，清香等。

2001—2008 年由林业局、扶贫办联合在龙泉关镇的黑崖沟、西刘庄、龙泉关、顾家台、印钞石新建良种清香核桃示范园 5000 亩。2009 年结合巩固退耕还林成果项目对原有实生核桃园实施高接换优，在阜平镇的青沿、三岭会，城南庄镇的南台，夏庄乡的面盆，吴王口乡的周家河等村实施改接换优 1500 亩。在阜平镇的青沿、吴王口乡的周家河建立了优种核桃标准化管理示范园。截至 2010 年底，发展的优良品种核桃株数达到 80 多万株，成片面积 2 万亩，优种核桃产量达到 30 吨，阜平县核桃基地初具规模，良种化栽培格局逐步形成。

二、板栗

阜平板栗由于气候变化，特别是技术管理等方面的原因，已严重退化，结果晚，产量低，质量差。1996 年退休干部人大常委会原副主任韩文珍等向县委、县政府提出“改造优化、发展阜平板栗”的建议，县政府派专人到京东板栗主产县迁西进行考察。此后，下庄、龙门、城南庄等地开始大量栽植板栗，1998年发展板栗3万株。2008年，阜平县组织实施了城南庄镇南台村“千亩优种板栗基地建设”工程，发展优种板栗1000亩，栽植板栗3万株。截至2010年，阜平县有板栗14855亩，产量304吨。

三、苹果

1996年阜平县有苹果树332.2亩、11.3万株，年产苹果6万公斤。家庭果园发展到1.71万户，多以苹果为主。截至2010年阜平县苹果树发展到3267.2万亩，年产量85万公斤。

四、其他

花椒　花椒曾是阜平成宗外销的林果产品，1996年后，花椒树没有扩大栽植，由于管理不善，一些花椒树干枯死亡，2010年，阜平县花椒种植面积1861.5亩，年产花椒26万公斤。

葡萄　阜平葡萄多为农民在自家庭院零星栽植，自食为主，多为当地搭大架、夏日乘凉的老品种。1996年开始引进巨丰、龙眼、玫瑰香、牛奶、保尔加尔等优良品种，约计3万株。

桃　桃树在阜平也是以家庭庭院为主的果树，1998年阜平镇的苍山村建有一个31亩桃园。2000年退耕还林工程在大台乡柏崖村实施了126.6亩桃园，都已见收益，但规模小，产量低，还不能成为果农的主要经济收入。

梨、杏、柿　梨、杏、柿在阜平也是以家庭庭院为主的果树，由于分散、零星，无法成为商品，为农民创收。

1996—2010年阜平县果品生产统计表

表13-4-2　　单位：吨

项目 / 年度	总产量							
	苹果	梨	红枣	桃	柿子	杏	核桃	板栗
1996	760	13	6250	78	70	123	855	5
1997	1500	14	1000	200	240	160	900	20
1998	2100	29	5000	210	310	270	1860	24
1999	2166	35	1300	208	310	282	1620	24
2000	3776	0	5000	350	370	386	1692	30
2001	2643	0	3000	320	265	400	1184	21
2002	1560	0	3500	218	350	266	802	26
2003	1020	0	2742	200	350	230	850	28
2004	1150	0	2800	185	510	300	860	20
2005	1080	0	6000	150	426	280	1010	20
2006	1020	0	6700	160	400	250	1500	21
2007	850	0	7000	180	450	260	1380	30
2008	850	0	5800	185	458	230	1380	28
2009	850	0	7400	260	806	495	3010	304
2010	800	0	7000	240	800	100	1500	310

第四节 林木防护

一、森林资源保护

（一）森林资源消耗量控制

90年代初根据“林木采伐量小于生长量”的原则编制木材生产计划，适量采伐森林，严格控制森林资源消耗量，以实现资源的可持续利用。1996—2005年阜平的木材生产一直供不应求，消耗量不断增加。这种资源的高消耗模式将危及森林资源前景，导致用材林中的成熟林资源趋于枯竭，迫使提前采伐中龄林，降低林地质量。为加强森林资源的林政管理，2010年建立森林资源产业化管理制度和林地有偿转让使用的新机制—森林资源流转中心。

（二）森林生物多样性保护

阜平森林中蕴含的丰富物种资源和遗传种质资源是自然界的宝贵财富。由于全球性的森林资源下降，栖息地破坏和萎缩，导致物种的大量减少或灭绝，生物多样性急剧降低。为保护森林的生物多样性，阜平县于2006年建立河北银河山省级自然保护区。

（三）生态公益林保护

国家级公益林是指生态区位极其重要或生态状况极为脆弱，对国土生态安全、生物多样性保护和经济社会可持续发展具有重要作用，以发挥森林生态和社会服务功能为主要经营目的的重点防护林和特种用途林。

2002年阜平县启动国家级公益林工程，按照《国家级公益林区划界定办法》，林业部门抽调技术人员，开展国家级公益林的区划工作，经审定，阜平县列为国家生态公益林面积为193100亩，涉及8个乡镇、3个国有林场、25个行政村，41个单位和个人，国家补偿标准为每亩5元，实际到县为每亩4.75元，年森林生态效益补偿金总额917000元。2009年新增国家公益林22000亩，主要分布在驼梁山林场、城南庄林场和东风三个国有林场，其中驼梁山林场16993.95亩；城南庄林场2385.6亩；东风林场2620.8亩。2010年新增省级公益林2.6万亩。截至2010年底，阜平县有公益林总面积241100亩，补偿标准改为集体和个人公益林每亩10元（实际到县为每亩9.75元），国有公益林仍为每亩5元。

（四）森林灾害防治

森林灾害包括森林病虫害、森林火灾。森林灾害的防治，阜平县实行“防重于治”，通过生物、化学和工程等措施进行综合防治。对于影响范围广、突发性强的森林病虫害（如松毛虫、油桐尺蠖等），建立长期监测网，加强虫情、病情的预测、预报工作，以便及时采取防治措施。对于破坏性严重的森林火灾，除加强护林防火规章执行力度以外，建立火警的预警系统，加强护林防火组织、工程措施建设等。

二、森林病虫害防治

（一）森林病虫害现状

阜平县森林资源纯林面积大，树种单一，生物多样性差，生态系统脆弱，自身抵御能力低，再加上气候异常导致病虫害发生频繁。主栽树种有松树、杨树、刺槐等（果树除外）其中松树、杨树病虫害发生面积占阜平县林业的80%以上，主要病虫害有木橑尺蠖、杨扇舟蛾、叶蜂、松毛虫、天牛、杨树食叶害虫、杨树蛀干害虫、杨树溃疡病、褐斑病等。过去很少成灾的刺槐眉尺蠖、绵天幕毛虫也偶发性成灾。

（二）病虫害防治措施

生物防治 主要是培养害虫的天敌，引进各种寄虫蜂杀灭害虫。

化学防治 对山林面积较小的块林或零散树木，用药剂喷杀；对密度较大的山林，使用熏蒸剂对各种害虫进行薰杀。

灾情监测 县林业局设立森防站，建监测预警系统、检疫检验和除治系统等，通过森防体系基础建设，提高对森林病虫害的监测、预防、检疫和防治能力及水平。

营林技术 林业局大力提倡营造混交林，混交林能改变树种的单一性，可有效防治病虫害的传播。

（三）植物检疫

森林植物检疫是森林病虫害防治工作的重要组成部分，1996年在广安设立木材检查站，兼职植物检疫，2000年经省政府批准在河口设立专门的植物检疫检查站。为更好的监测病虫害，相继在阜平县重点林区建立检测点26个，其中建松毛虫检测点8个，美国白蛾检测点10个，红脂大小蠹检测点8个。美国白蛾、红脂大小蠹在阜平县尚未有疫情发生。对检疫对象，实行严格的监控制度，检测点实行周报制度，每周末报本周检测情况，若有情况立即报告。

（四）病虫害防治案例

2002年，驼梁山林场发生松毛虫病虫，为控制灾情，林业系统组织干部职工16人，同驼梁山林场全体职工一起，抗战20多天，药物喷杀松毛虫，取得很好效果。

三、森林防火

阜平为山区县，总面积372万亩，其中山场面积333万亩，森林覆盖率32.3%，是河北省首批重点林业县，I级森林火险县。

（一）引发森林火灾的原因

春耕开始农民野外农事活动频繁，一些防火意识差的人火烧地边，极易引发火灾。进入林区人员增多，这些人活动分散，防火意识差，容易带火种上山，不小心会引发火灾。上坟烧纸，各村庙会上香、烧纸，节日放炮等都是引发森林火灾的隐患。

（二）森林火灾的预防和扑救

阜平县严格按照“党政同责，防控并举”的总体思路，不断加大资金投入，逐步建立起“组织指挥、多元防控、有效扑救”相统一的三大防控体系，为森林资源筑起一道坚实的防火墙。

成立以县委书记任政委、县长任总指挥长的森林防火指挥部，并根据乡镇分布情况，划分五个防火作战区域，区域指挥长分别由县委副书记、人大常委会主任、政协主席、常务副县长、常委副县长兼任，副指挥长由所包乡镇副县级领导及区域乡镇党委书记、乡镇长兼任，区域指挥部负责本区域森林防火工作的指导、联系、督查。县、乡、村三级党委、政府，县直有关部门党政一把手是森林防火工作的第一责任人。

1996年投入防火经费十万元。县委、县政府为确保森林防火安全，逐年加大资金投资，由2007年的45万元，增加到2010年的482.6万元。为确保建设资金和防控措施“双到位”，县政府出台《三大防控体系建设及资金管理办法》《专职护林员管理办法》等一系列防火文件，对每名专职防控人员的待遇和责任进行明确规定，并逐一签订责任状，确保所有林区巡山管护全覆盖，瞭望监测全天候，入山检查无漏洞。真正构筑纵向到底、横向到边的基层防护网。

基层防火机制。阜平县设专职护林员1680名，实行全年上岗。在林区制高点建立瞭望台、点19个，密切监视火情。在重点地段新建固定检查站10个，关键时期实行24小时值班和入山检查。县防火办及13个乡镇组建14辆巡逻宣传车，不间断进行巡逻、宣传。

森林防火宣传。1996年阜平县把宣传教育放在第一位，采取多种形式、多种渠道进行宣传教育。发放明白纸、戒严令、宣传画等印制品。县电视台播放防火字幕，中小学校每周开设一节森林防火课，关键时期与移动、联通合作群发防火短信，重点林区设置防火电话彩铃，定做铝制防火牌，发放移风易俗倡议书，实现森林防火知识家喻户晓，人人皆知。

野外火源管理。加强野外火源管理是森林防火的基础，在移风易俗上下功夫，倡议文明祭祀，上坟由烧纸改为挂纸、压纸或献花、栽树等文明方式进行祭奠。加大对野外违规用火者的查处力度，严格按照“见灰就查、吸烟就罚、现行就抓、宁拘不罚”的原则，严厉打击野外违法用火。

（三）火灾应急

县、乡两级政府向全社会公布森林防火值班电话，坚持实行24小时值班和领导带班制度，特别是节假日和关键时期各乡镇必须保证1名主要领导在岗，严格执行森林火灾归口报告制度，确保上报下达及时准确，畅通无阻。组建30人的县专业扑火队1支，13个乡镇各组建1支防火队，每队10～20人，阜平县专业扑火队伍人数达到190人。结合实际情况，修订《森林火灾应急处置预案》，对发生森林火灾后的组织指挥、运行机制、应急保障以及善后处理等各个环节进行详细安排部署，并按照14支专业扑火队驻地分布统一编组，实行梯队扑救和就近支援，使森林火灾应急处置做到了火情发现及时，上报准确。预案实施指挥统一，规范有序。火灾扑救迅速有效，安全专业。

第五节 林业管理

一、林业管理机构

1996年机关行政编制5人，设办公室、林政股、财务股3个职能股室。1998年5月林业局改为县政府具有行政职能的直属事业机构，事业编制154人，其中局机关42人，13个乡镇林业站65人，3个国有林场47人。2002年阜平县红枣局撤销合并到林业局，林业局仍为县政府直属事业单位，机关事业编制18名。另外设林业派出所、植物检疫站、木材检查站3个股级事业单位，乡林业站13个，事业编制41人，3个国有林场事业编制仍为47人。2003年6月批准设立森林防火办公室股级事业机构1个，事业编制3名，人员总编制不变。2009年9月成立阜平县森林公安局，为林业局直属行政机构，规格为股级，政法专项编制2名，实行林业、公安双重领导，党政工作以林业主管部门管理为主，公安业务工作以公安部门管理为主。将县林业派出所更名为阜平县林业局综合行政执法队，为股级全额拨款事业单位，核定编制13名。

2010年有在职人员116人，内设办公室、造林股、林政股、果桑股4个内设机构，森林公安局1个直属行政机构，防火办1个股级事业机构和执法队、森防站、技术推广站、木材检查站4个事业单位，下设7个林业片站，3个国有林场。

（一）驼梁山国有林场

林场场址在龙泉关镇龙泉关村，林场总经营面积8.6万亩，1996—2003年实施太行山绿化工程完成人工造林1万亩。2004年林场享受国家重点生态公益林补偿，补偿面积7.2万亩。2006年林场场部实施危旧房改造工程，建办公楼500平方米。2010年实施中幼林抚育工程，抚育中幼林5000亩，实施林场职工危房改造工程，改造44户。截至2010年林场有林地7.0万亩，灌木林地0.84万亩，未成林造林地0.45万亩，疏林地0.07万亩。天然林2.8万亩，人工林4.2万亩，活立木蓄积量65415立方米，森林覆盖率达81.4%。

（二）城南庄国有林场

林场场址在城南庄镇的大岸底村，经营总面积2.6万亩。1996—2003年完成太行山绿化工程人工造林2000亩，封山育林4000亩，2004年在下庄林区建成防火瞭望塔，同年修建林间道路15公里。2008年申请贫困林场扶持资金、修缮场部办公用房10间。截至2010年城南庄林场有林地面积1.9万亩，未成林造林地0.15万亩，灌木林地0.55万亩，疏林地0.04万亩，天然林0.52万亩，人工林1.38万亩，活立木蓄积量18246立方米，享受国家重点生态公益林效益补偿林的面积1.77万亩，尚有0.1万亩有林地未享受公益林生态效益补偿，林场森林覆盖率73%。

（三）东风国有林场

林场场址在大台乡下店村，总经营面积6.7万亩。1996—1998年完成太行山绿化工程人工造林2010亩，封山育林3000亩。1999年建成神仙山防火瞭望台，瞭望台由保定市林业局投资建成，可以观察阜平、唐县、涞源三个县的火情。2005年被列为国家级贫困林场，同年修林间路15公里。截至2010年东风林场有林地1.44万亩，未成林造林地0.21万亩，灌木林地1.2万亩，疏林地88.5亩。天然林0.9万亩，人工林0.54万亩，活立木蓄积量18246立方米。

享受国家重点生态公益林效益补偿林的面积 1.3 万亩，林场森林覆盖率 21.9%。

二、林木采伐管理

为保护和改善环境，充分发挥森林蓄水保护、调节气候的作用，做到合理开发、永续利用，阜平县实行严格的林木采伐制度和木材运输证管理制度。采伐林木必须申请采伐许可证，并按许可证的规定进行采伐（农村居民采伐自留地和房前屋后个人所有的零星林木除外），无证采伐滥伐林木的按照国家有关规定依法进行处理。3 个国有林场及国家公益林的林木采伐，由省林业局发放林木采伐许可证。其他集体和个人的林木采伐由县林业局发放林木许可证，具体工作有林政股办理，发放采伐许可证不得超过批准的年采伐限额和下达的木材生产计划。

“十一五”期间，阜平县森林采伐限额为 25121 立方米，其中集体林 19104 立方米，国有林（3 个国有林场）6017 立方米。2010 年的木材生产为 18643 立方米，其中国有林为 4756 立方米，集体林为 13887 立方米。阜平县中幼林面积 111.45 万亩，林木采伐以人工林的中幼林间伐为主。木材产量以商品材为主，自用材较少。商品材最高年产量是 2008 年，产量为 4203 立方米。

三、征占用林地管理

1996—2000 年林地管理比较松散。2001 年国家林业局下发《占用征用林地审核审批管理办法》，2002 年财政部、国家林业局联合出台《森林植被恢复费征收使用管理办法》，对征占用林地管理做出明确规定，统一了收费标准。2004 年启动征占用林地管理，首次审核并报省林业局审批了 12 家矿山、企业征占用林地 108.75 亩，收取植被恢复费 16.9 万元，完成异地造林 150 亩。2007 年保阜高速公路外业勘查，林业局在规定期限内完成征占用林地的审核和审批工作，保阜高速公路征占用林地 2752.35 亩，征收植被恢复费 1370.58 万元。2008—2010 年阜平县利用省林业局下拨植被恢复费和水利、土地、扶贫等部门的资金捆绑使用，建设“十万亩”无公害大枣示范基地，完成异地造林任务。

四、集体林权制度改革

集体林权制度改革是“十一五”期间农村综合改革的重要组成部分，按照省市的统一安排布置。2007 年集体林权制度改革在阜平县启动，为确保林改工作顺利开展，县、乡、村都成立林改领导小组，并明确第一责任人和主要责任人。阜平县林权制度改革领导小组下设办公室，办公室设在林业局，具体负责林改的日常工作。

阜平县列入林改范围的集体林地面积为 2417950 亩，林改工作要求是 2007 年完成明细产权，2008 年进行配套改革，2009 年完成扫尾工作。为完成林改任务，林业局抽调业务骨干 18 人分成 6 个组，奔赴 12 个乡镇 196 个行政村，展开林改工作，进行勘界认定和技术指导，通过在各乡抓示范村以点带面、稳步推进、重点突破的方法，利用三年的时间基本完成了林改任务。截至 2010 年完成林地确权面积 2410415 亩，占林改总任务的 99.69%，农户参与率 98%，登记发证 5659 本，发证面积 2410415 亩，占林改总任务的 99.69%。

2007 年县委、县政府出台《阜平县集体林权制度改革实施方案》，制定《阜平县林地保护利用规划》和林改政策解答，指导林改工作的顺利开展。当年县财政拨付 15 万元作为林改启动经费，林业局投入林改经费 62 万元，以保障林改工作顺利进行。2009 年县林业局建成占地 60 平方米的阜平县森林资源流转中心，并制定出台《阜平县森林资源流转管理办法》《阜平县森林资源资产抵押管理办法》，为阜平县森林资源依法流转搭建便捷的平台。2007 年完成人工造林 5 万亩，其中社会造林比重 90% 以上，投入比例占 70% 以上，当年造林超过 1000 亩的大户就有 10 户。大枣“十万亩”示范区三期工程，全部明晰产权，分山到户，除完成栽植枣树十万亩、80 万株外，还间作花生 8000 亩，收入 560 万元。枣农对现有枣树的管理积极性提高，2008年红枣收入创历史最好水平。北果园乡的冯家沟村，全村40多户，2010年大枣收入3万元以上的30多户，其中有1户收入10万元。

五、林权证登记申请办理

阜平县林权证从2002年开始办理，填证机关是林业局，发证机关是县政府。2007年实施集体林权制度改革，对已发放的林权证包括20世纪80年代发放的林地使用执照和林地使用证进行复核和换发。林改后办理的林权证，严格按照国家林业局颁布的林木和林地权属登记管理办法的程序进行操作，确保林权证的准确、合法、有效。截至2010年全县发证5659本。

第五章　畜牧养殖业

阜平县畜牧养殖种类广泛，主要有牛、马、羊、骡、猪、鸡、鸭、鹅、兔、貂、狐、蜂等。畜牧养殖业是山区农村的重要产业和收入来源之一。1996年总产值7100万元，2010年总产值为274000万元。

第一节　畜禽品种与产值

一、品种

阜平山场面积广阔，牧草资源丰茂，养殖业发展历史久远，养殖种类广泛，大家畜、中家畜、小动物一应俱全。1996—2010年，养殖种类变化不大，主要畜禽种类有肉牛、奶牛、马、驴、骡、山羊、绵羊、猪、野猪、鸡、鸭、鹅、兔、貂、狐、海狸鼠、蜂、山鸡。在养殖中随着育种技术进步，社会经济条件改变，市场需求有一定变化。

1996—2010年阜平县畜牧良种引进推广一览表

表13-5-1

年度＼项目	羊	牛	猪	鸡	兔、貂	水产
1996		西门塔尔肉牛	长白	星杂288	虎皮黄兔	虹鳟、鲟鱼
1997			大白	白来航	青紫蓝兔	河蟹
1998		荷斯坦奶牛	冀合白猪			
1999					加利福尼亚兔	
2000	南江黄羊				獭兔	
2001	辽宁绒山羊		杜洛克			
2002	辽宁绒山羊 萨能奶山羊			褐蓝灰		
2003	辽宁绒山羊 萨能奶山羊					
2004	波尔山羊 萨能奶山羊					
2005	波尔山羊				乌苏里貉	
2006						

续表 13-5-1

年度＼项目	羊	牛	猪	鸡	兔、貂	水产
2007				太行柴鸡		
2008				太行柴鸡		
2009	杜泊羊			华北柴鸡		
2010	杜泊羊					

二、产值

畜牧养殖业是阜平山区农村的重要产业和收入来源之一。1996 年前畜牧业仍以家庭养殖为主体，1996—2010 年养殖对象稍有拓变，养殖品种不断更新，养殖方式不断改变，畜牧业总产值不断增加。

1996—2010 年阜平县畜牧业产值统计表

表 13-5-2　　单位：万元（现价）

年度＼项目	畜牧业总产值	牲畜繁殖增长				家禽饲养	畜禽产品	其他动物饲养
		大牲畜	猪	羊	牛			
1996	7350	300	300	500	250	200	5000	800
1997	8600	300	350	550	250	250	6000	900
1998	9900	320	420	600	260	300	7000	1000
1999	11330	350	500	700	300	380	8000	1100
2000	13050	380	600	900	320	450	9200	1200
2001	13530	400	650	1000	330	450	9400	1300
2002	14610	420	800	1200	370	520	9800	1500
2003	15200	450	900	1400	400	550	10000	1500
2004	16920	500	900	2500	420	600	10500	1500
2005	18660	550	1000	3000	460	650	11000	2000
2006	20080	600	1100	3200	500	680	12000	2000
2007	24070	650	1200	3500	520	700	15000	2500
2008	25720	700	1300	4000	550	720	16500	3000
2009	27400	750	1300	4000	600	750	17000	3000
2010	28150	800	1600	4000	650	800	17200	3000

第二节　畜禽饲养

一、大牲畜

（一）牛

肉牛　阜平县肉牛饲养品种主要为西门塔尔肉牛和本地的太行黄牛。1996—2004 年随着国家扶贫力度的加大和阜平县“周转畜”项目的实施，全县肉牛饲养数量增多。2005 年从东北引进西门塔尔肉牛 1000 余头，涉及平阳镇立彦头村、下庄乡面盆村、吴王口乡河滩地等全县 30 个村，为全县肉牛养殖注入新的活力，2008 年晟天肉牛养殖场动工兴建，设计牛位 740 个，主要开展肉牛繁殖和育肥，2009 年投产、2010 年申报省级标准化肉牛示范场，对全县肉牛养殖起到示范作用。

奶牛　阜平县的奶牛养殖起步晚，基础设施落后，20 世纪 90 年代后，全县才有自产鲜奶可饮用。2000 年全县奶牛饲养量仅有 200 头，且以散养为主。进入 21 世纪，县委、县政府把畜牧业作为发展县域经济的“四大支柱产业”之一来抓，出台优惠政策，在占地、用电、取水、资金等方面给予支持。2002 年，阜平县第一个标准化奶牛养殖小区—海沿奶牛养殖示范区诞生。海沿奶牛养殖小区位于阜平镇海沿村，占地面积 40 亩，存栏奶牛 272 头，容纳养殖户 50 户。2003 年，全县第一家规模化、标准化奶牛场—平阳奶牛养殖场成立，2006 年更名为阜平县腾达高产奶牛养殖场，年存栏奶牛 86 头，场址也搬迁到白家峪村。2009 年又对场区进行扩建，栏位达到 420 头，养殖规模逐年扩大，2010 年奶牛实际存栏 310 头。2009 年城南庄宋家沟王庆伟带头与 3 户农民兴建和顺奶牛场，设计栏位 170 个，2010 年存栏奶牛 120 头。2009 年保定市春利奶牛场动工兴建，设计投资 1.054 亿元，占地 400 亩，牛位 3200 头，2010 年 9 月从北京购进种牛 400 头，并采用 TMR（全混合日粮）饲喂技术，成为阜平县规模最大、管理规范的奶牛场。

阜平县腾达高产奶牛场 2003 年建场后，坚持走科学化、标准化发展道路。经县畜牧部门的积极协调，利用国家扶持政策，2004 年起与北京安泊公司合作胚胎移植项目，成功繁育出一批年产 7 ～ 8 吨鲜奶的高产奶牛，推动全县品种改良，良种繁育工作迈向新台阶。

（二）马

1996 年后全县养马户越来越少，饲养量也随之下降。截至 2010 年，主要以观赏、旅游区骑乘娱乐为主。

（三）骡

随着社会的发展，农机具在农村的推广和使用，以役用为主，马、驴杂交后代骡，1996 年后逐步淘汰，2010 年全县骡饲养量不足百匹。

（四）驴

全县驴的饲养品种分为太行驴和德州驴，其利用价值也由原来的役用逐步向肉用转变。太行驴主要分布在阜平县的偏远山村，以役用为主，饲养数量有 300 头。从山东引进的德州驴以体格大、长势快、肉质好被广大养殖户青睐，主要舍饲用于商品驴，年存栏量在 1000 头左右。2009 年东下关王爱民在印钞石村建养驴场，从山东购进种驴 140 头，为阜平县最大规模养驴户，台峪村张二春养殖 60 头，其余均为零星散养。

二、小牲畜

（一）猪

阜平农村家家养猪。猪肉成为人民日常生活中主要的肉食品。全县饲养猪的品种主要有本地黑猪和从外地引进的长白、夏洛克、约克夏等品种。2000 年前全县普遍饲养黑猪，黑猪产仔率高、肉质香、抗病力强。2000 年后黑猪饲养主要分布在天生桥镇、龙泉关镇一带。

2000—2004 年生猪养殖方式从传统的散养向科学的规模化养殖转变。饲养瘦肉型猪一般 5 ～ 6 个月出栏，出栏体重 90 ～ 100 公斤，成为农民致富的重要途径。2005 年全县年出栏生猪 10 ～ 50 头的养殖户达 40 户，50 ～ 100 头的养殖户 15 户，100 头以上养殖户 3 户。2006—

2007年生猪价格涨势较大，2008年猪肉供大于求，价格下降较大，影响农民养猪的积极性。为稳定市场供应，国家实施生猪补贴政策，主要包括能繁母猪补贴、母猪保险、标准化规模养猪场补贴。截至2010年全县设计存栏300头以上的猪场22个，存栏50～100头猪场60多个。

（二）羊

1996—2000年阜平县饲养的羊以本地黑山羊和绵羊为主。高峰时期，山羊养殖户近2000户，年存栏达30余万只，放牧山羊成为农民重要致富手段。在此期间，全县曾引进南江黄羊、绒山羊，但没有形成规模养殖，效益不明显。

为搞好水土保持，恢复植被，保护生态环境发展。2001年阜平县依据国家、省相关政策，出台《关于禁牧山羊工作的实施方案》，随着禁牧工作的深入，本地黑山羊从原来的30余万只锐减到2万只左右。为帮助山羊养殖户调整产业结构，改革饲养模式，增加养殖效益，实现减畜不减效的目标，2002—2006年，县畜牧局、扶贫办等部门从陕西、山东等地引进易舍饲品种：小尾寒羊、波尔山羊、奶山羊1万只，逐步形成一批舍饲养羊重点户、舍饲养羊示范村，与此同时全县绵羊饲养量猛增，奶山羊、波尔山羊及与本地山羊逐年增加，推动全县养羊业的发展。

（三）兔

1996年后全县家兔养殖业饲养量呈下降趋势，2000年全县家兔饲养量不足3万只，饲养品种也有原来的大耳白、比利时转变为獭兔，主要分布在王林口乡前岭村、瓦泉沟村一带。截至2010年家兔饲养几乎为零。

三、家禽

（一）蛋鸡

1996年后，随着防疫灭病技术的提高，制约鸡业规模化养殖的瓶颈被消除，蛋鸡的死亡率大大降低，产蛋率上升，养殖效益明显提高。2002—2006年从外地引进优良品种海蓝灰蛋鸡和海兰褐蛋鸡，2009年后补进京白蛋鸡，截至2010年，全县2000只以上的蛋鸡饲养户32户；500～2000只以上养鸡户48户，燕头万寿顺鸡场存栏达到10000只，形成阜平镇大道蛋鸡养殖专业村、燕头蛋鸡养殖专业村。随着养鸡规模化养殖程度的提高，以王林口乡前岭村、大台乡后岭村为重点的鸡、鸭孵化专业户逐步兴起，孵化品种以太行柴鸡为主。

（二）鸭

1996—1999年全县饲养鸭的数量很少，以本地鸭为主。2000—2001年王林口乡侯术明引进新疆填鸭并在王快水库周边（山咀头、小花沟等地）进行养殖，因效益不高没有形成规模。

（三）其他

其他家禽主要是鹅，饲养数量很少，用于看家护院和观赏，2010年全县养殖量在千只左右。

阜平县家畜禽饲养分两个阶段：

第一阶段：1996—2000年全县的家畜禽饲养主要以散养为主，数量不少，养殖效益较低。

第二阶段：2001—2010年随着产业化调整，畜牧业在大农业中所占的比重越来越大，其主导地位越来越明显，养殖方式也由传统的散养、作坊式养殖向规模化、标准化、生态化养殖转变，养殖效益明显提高，养鸡业成为农民致富的重要产业。

1996—2010年阜平县畜牧业生产统计表

表 13-5-3

年度＼项目	存栏						出栏						家禽（只）		兔（只）	
	牛（头）	马（匹）	骡（匹）	驴（头）	猪（头）	羊（只）	牛（头）	马（匹）	骡（匹）	驴（头）	猪（头）	羊（只）	存栏	出栏	存栏	出栏
1996	14500	420	380	5020	22100	155000	2852	126	100	2500	36890	160720	389000	216000	14500	36000
1997	14700	400	300	3400	22000	140000	3065	112	70	1035	35000	150000	400000	200000	12000	28000
1998	14530	380	250	3300	21000	130000	2800	130	50	1100	34800	110000	400000	240000	11000	24000
1999	12280	350	220	3000	21000	140000	2000	120	60	1080	31800	120000	410000	23000	10000	20000
2000	12200	320	220	3000	20000	128000	1860	100	50	950	29000	101000	51400	22500	9000	18100
2001	12000	300	200	2800	20000	110000	1680	80	40	920	32000	80000	400000	240000	8000	17000
2002	11500	280	180	2600	19000	80000	1550	80	30	860	36500	93000	39000	220000	9000	20000
2003	10900	250	150	2500	19000	50000	1600	70	35	800	37000	40000	398000	230000	6000	15000
2004	11400	230	130	2400	18800	40000	1400	70	30	700	37000	40000	400000	210000	6000	15000
2005	11500	200	100	2100	18000	45000	1800	60	40	700	39000	36000	420000	200000	5000	12000
2006	11200	180	90	2000	18500	51000	2500	60	35	800	37000	38000	430000	220000	2800	9000
2007	10800	170	80	1800	18100	55000	2900	50	30	7500	35000	40000	410000	230000	2900	9000
2008	11600	140	70	1300	20000	60000	2800	50	20	600	32000	45000	400000	220000	3000	10000
2009	12300	100	60	1100	19000	70000	3000	40	20	600	310000	600000	392000	210000	3500	12000
2010	12000	85	50	1000	18000	75000	3080	30	20	650	33000	50000	386000	180000	3000	11000

1996—2010年阜平县畜禽产品统计表

表 13-5-4　　单位：吨

年度＼项目	肉类总产量							牛奶	羊毛	蜂蜜	禽蛋
	猪肉	牛肉	羊肉	驴肉	骡马肉	家禽肉	兔肉				
1996	3600	427	2240	225	28	330	90	210	150	850	2700
1997	3580	515	2160	150	28	330	80	220	140	800	2700
1998	3400	440	1880	150	27	328	80	430	120	820	2700
1999	3300	380	1890	148	25	320	80	600	120	910	2400
2000	3180	340	1500	130	24	310	72	800	110	900	2500
2001	3200	330	1200	120	24	300	70	850	95	950	2800

续表 13-5-4

年度\项目	肉类总产量							牛奶	羊毛	蜂蜜	禽蛋
	猪肉	牛肉	羊肉	驴肉	骡马肉	家禽肉	兔肉				
2002	3000	360	1300	100	22	330	60	1260	100	1000	2850
2003	3460	380	600	96	20	350	50	1560	80	1050	2900
2004	3400	400	600	90	20	350	50	1800	45	1100	2950
2005	4010	420	540	90	20	340	45	2200	45	1150	3000
2006	3700	480	560	80	20	380	42	2800	50	1200	2900
2007	3100	510	600	72	20	360	40	3700	55	1250	3000
2008	3500	520	620	72	19	320	38	3800	60	1280	3100
2009	3800	540	680	75	19	330	38	4200	55	1320	3300
2010	3805	595	621	60	18	308	33	6000	50	1104	3200

第三节 良种繁育

一、牛

1996 年配种站解体，阜平县牛的改良工作以本交为主。1998 年畜牧局职工吴晓峰到石家庄种牛站进行培训学习后，把肉牛和奶牛人工授精工作开展起来，肉牛品种主要有西门塔尔，奶牛品种主要有荷斯坦、黑星等优良品种。到 2010 年配种员发展到五个，全县肉牛和奶牛改良率 90% 以上。

二、马、骡、驴

随着改革开放生产力的飞速发展，马、骡、驴在阜平县的饲养量逐渐减少，基本上没有进行过改良，个别饲养户都是自繁自养，品种类型逐渐减少，优良性状逐渐退化。

三、猪

阜平县的猪以散养为主，仔猪主要通过外地贩运来满足需要，大型猪场则通过外地引进种猪进行改良，品种主要有杜洛克、长白、大白。

四、羊

1993 年从辽宁盖州引进绒山羊 3000 只，对阜平县山羊进行杂交，取得很好的改良效果。1994 年从山东引进小尾寒羊 1200 只；1998 年从沧州引进南疆黄羊 50 只；1999 年引进波尔山羊 50 只；2003—2005 年先后从陕西引进奶山羊 300 余只；2006 年后陆续引进波尔山羊、杜泊。由于饲养管理水平低，加上规模小，适应性差（与本地山羊相比）等原因，这些品种在全县都没有得到大面积扩繁，杂交改良效果没达到预期效果。

五、科研成果与优质推广

2003 年在平阳镇开展胚胎移植工作，利用黄牛做受体种植优种奶牛胚胎取得成功，到 2006 年繁育良种奶牛 50 多头。经生产测试，一个乳期产奶在 7～8 吨，效益显著。

阜平县优种推广取得成功的品种主要有荷斯坦奶牛、西门塔尔肉牛，绒山羊，杜洛克、长白和大白猪，牛主要是推广人工授精技术，2008 年奶牛性控冻精开始推广，到 2010 年，羊和猪的推广主要是靠杂交和良种引进。

第四节 特种养殖

一、蜜蜂

阜平县域面积广阔，蜜源植物丰富，全县

有刺槐60万亩，枣树30万亩，1500万株。漫山遍野是荆条、酸枣、野花、山草、桃、杏、李、梨、苹果、黑枣、板栗、花椒、核桃、柿等干鲜果树，栽植量极大，加上各种农作物有上百种，丰富的蜜源植物为大力发展养蜂业奠定了雄厚的物质基础。1996—2005年阜平县养蜂规模始终保持上升趋势，从15000箱达到28000箱，养殖户1000多户，养殖大户（单户50箱以上）470个。从2006年的28000箱增加到2010年的33000箱，产品以蜂蜜、王浆、花粉、蜂蜡为主。养殖品种以意蜂为主，中华蜂（笨蜂）逐年减少。据统计，1996年笨蜂保有量在600箱左右，2006年仅为200箱，2010年为120箱左右。蜂蜜年产量（含外地来阜平放养蜂群）达到0.35～0.50万吨，王浆4吨，花粉12吨，蜂胶1吨，蜂蜡12吨，（因气候因素，蜂产品产量年度波动较大）年产值突破亿元大关。

二、特种经济动物养殖

（一）貂

1996—2004年，阜平县水貂养殖主要以单户养殖为主，总体养殖规模不断扩大。2005—2006年达到高峰，年貂存出栏达到17万只，2007—2009年稳定在10万～11万只，2010年上升到15万只。养殖户670个，主要集中在五丈湾、王林口、细沟、王快、草场口、东庄等地。受市场价格影响，养殖效益波动大，规模不定。

王林口村水貂养殖场一角（2003年摄）

（二）貉子

阜平县貉子养殖起步较晚，2005年史家寨乡定家庄村从河北昌黎引进种貉两批150只，通过试养，长势良好，繁育正常。2006年平阳、北庄等地又从河北肃宁引进貉1000只，品种均为东北亚种乌苏里貉。经过几年的养殖，截至2010年养殖户30个，每年出栏在0.5万～1万只左右。

（三）狗

阜平县养狗历史悠久，主要用途为看家护院。随着人民生活水平的提高，养狗的用途增加，有的作为宠物，有的用来食肉，有的作为种狗等。阜平县无规模化养殖，散养以柴狗（太行犬）为主，藏獒、牧羊犬等名贵犬较少。2006年全县存栏狗15000余只，2008年存栏狗2万只，2010年存栏狗21000只。

（四）猫

阜平县养猫历史久远，据毛的长短分为长毛猫和短毛猫，据毛色特征分为白猫、黑猫、狸猫等。从事商品生产很少，无规模养殖，2010年总量3万只。

（五）蝎子

阜平县人工养蝎起步晚，只是将捕捉到的野蝎进行暂养。1997年阜平县组织开办养蝎培训班，在方太口鼋鱼养殖公司院内建立种蝎场。广安、北果园等村开展较大规模的人工养殖，饲养量达30万只以上。受技术水平、市场价格等因素制约，1998年底人工养蝎全部下马。

（六）其他

阜平县养狐起步较早，20世纪80年代已形成规模养殖，养殖品种主要是蓝狐，集中在第一山、王快、铁岭及部分库区移民村，养殖规模受狐皮市场价格制约，多时达到上万只，2006年存栏量不足2000只。

海狸鼠、鹿、蚯蚓、土鳖虫均有人工饲养，规模不大。

第五节　水产养殖

一、鼋鱼养殖

阜平县鼋鱼养殖始于1985年，鼋鱼源为捕捉的野生鼋鱼。生长快，疾病少，质量好。20世纪90年代养殖户依托本地良好的种质优势，水资源优势和一套成熟的科学管理模式，鼋鱼产业越做越大，成为河北省第一养鳖大县。截至2010年全县鼋鱼养殖面积1800亩，总产量1800吨，产值近亿元。其中“山泉黄牌”鼋鱼2004年被认证为无公害水产品，2005年被评为河北名牌产品。

1996年王快、五丈湾、草场口等贫困村发展鼋鱼28户，池塘面积52亩，吸引西北部6个贫困村，17户农民，在东庄、西庄、方太口养殖鼋鱼。1997—2000年养殖户大都取得了较好的收益，年户均收入在1万左右，养殖户年收入最好的2.2万元。2008年阜平被农业部评定为中华鳖标准化养殖示范县，阜平县国家级中华鳖种质资源保护区批准建立。2010年建成养殖小区8个，养殖户780个，产值近亿元。阜平中华鳖国家级水产种质资源保护区总面积6700公顷，其中核心区面积2000公顷，实验区面积4700公顷，核心区特别保护期为全年。保护区位于河北省阜平县王快水库、王快水库至不老台村沙河河段（全长100公里）、王快水库一羊道胭脂河河段（全长80公里），范围为北纬38°43′～39°05′，东经113°47′～114°31′，核心区位于阜平县城至王快水库交汇口沙河河段，石猴至王快水库交汇口胭脂河河段及王快水库入库口至黄家坡、北古洞段、地理坐标在北纬38°45′～38°50′，东经114°12′～114°30′。实验区主要包括阜平县城一不老台沙河河段，石猴一羊道胭脂河河段及王快水库库区余部。主要保护对象是中华鳖，其他保护物种包括青虾、黄颡鱼、草鱼、鲫、鲤、鲢、鳙等。

二、冷水鱼养殖

2000年阜平县旺泉淡水鱼繁养场试养西伯利亚杂交鲟鱼，经过几年养殖，取得很好的效益。为解决苗种购买难、购买贵，制约发展的难题，阜平县水产站2005年承担鲟鱼亲鱼培育课题，培养出8年龄的亲鱼2000多尾，身长1米多，体重20～30公斤。2008年与北京鲟鱼繁育场合作开展人工孵化，有效降低生育成本。2009—2010年崔家庄渔场池塘养殖鲟鱼，面积80亩，年产量350吨。

龙泉关镇骆驼湾村的顾瑞利1998年利用本村冷水资源，开始养虹鳟鱼5亩。1999年获利，亩产2吨，年利润10万元。2002年大台乡金龙洞养殖虹鳟鱼取得成功，截至2010年阜平县虹鳟鱼规模达到50亩，年产虹鳟鱼100吨，经济收入300万元。另外砂窝、段庄等地也有零星的虹鳟鱼养殖。

三、其他

阜平县境内淡水面积3.35万亩，其中王快水库3.2万亩，阜平县小型水库，水面面积950亩，塘坝63座，水面面积460亩，池塘39个，面积65亩，总面积1475亩，年产鱼类900吨。1996年后，树木杂草等植被增加，水中腐殖含量也随之增加，提高淡水养鱼的肥力。鱼的种类有鲤、鲢、鲶、鲫、草鱼等。海沿水库和东下关水库库塘淡水鱼有230吨左右。

鳄龟，又名小鳄鱼龟。2002年阜平县绿源养殖有限公司从美国引进鳄龟26只，经过几年的繁育，截至2010年已存塘鳄鱼龟230多只，最大的体重40多公斤。

四、增效放流工作

阜平县中华鳖国家级种质资源保护区批准建立后，2009年8月在大沙河青沿至东庄段放流中华鳖2万只，2010年10月在王快水库（贾牛镇村水库边为放流现场）放流中华鳖4万只。

1996—2010年阜平县鼋鱼养殖统计表

表 13-5-5

年度 \ 项目	养殖面积（亩）	养殖产量（吨）	产值（万元）
1996	80	80	800
1997	100	110	1100
1998	120	125	1250
1999	150	160	1500
2000	200	210	1800
2001	220	230	1800
2002	300	340	1850
2003	350	350	1850
2004	480	500	3000
2005	800	880	4800
2006	1000	1100	6600
2007	1100	1200	7200
2008	1200	1300	7800
2009	1500	1550	9000
2010	1800	1800	9800

第六节　疫病防治

一、传染病

阜平县是布病老疫区，1998年6月15日阜平镇楼房村发生布病疫情。疫情发生后，畜牧局按照“检、免、杀”的原则抽调人员，深入布病疫区，对楼房、龙门、木匠口等村调查摸底，对4230只山羊通过采血、化验、防疫、消毒，对1910只阳性羊全部扑杀，其他羊只全部免疫，有效扑灭疫情。

1996—2010年，阜平县散发过几起引进性猪、牛口蹄疫，由于发现及时，措施得力，得到控制。另外猪瘟、猪丹毒、猪肺疫、鸡新城疫等疫病时有零星发生，都及时得到控制，没有发生过大的疫情。

二、防疫检疫

1996年乡镇防疫站基础设施比较简陋，1998年1月1日《中华人民共和国动物防疫法》颁布执行，使动物防疫和检疫工作有了法律依据。2004—2005年动物防疫体系建设全部完成。中央投资100万元，地方配套102万元，建立阜平镇、平阳镇、城南庄镇、大台乡、天生桥镇、砂窝乡6个基层分站。配备执法办案工具，现场快速监测设备及车辆，消毒及样品采集、保存设备；配备动物防疫人员的执法设备。总占地面积3500平方米，建筑面积1100平方米，仪器设备212台套，消毒专用车1辆，监督执法车1辆，摩托车6辆。2005年阜平县省级疫情测报站项目在县南城区开工建设，总投资155万元，2007年8月竣工，畜牧水产局自桥东街搬迁到南城区办公。

基础设施的加强、办公条件的改善、队伍建设的强化，疫病防控能力明显加强，检疫工作水平大大提升。

三、管理机构及职能

1996—2004年，管理防疫检疫工作有县兽医站和兽医卫生监督所。兽医站主管基层分站的动物诊疗及防疫工作，政府强免的防疫项目有口蹄疫、猪瘟、鸡新城疫、布病，防疫密度达到100%。监督所负责全县的动物及动物产品的检疫工作。2009年按照《中华人民共和国动物防疫法》要求县动物防疫监督站撤销，变更成阜平县动物卫生监督所、阜平县动物疫病防控中心。2005年成立动物防疫监督站，主管全县的防疫和检疫工作，政府强免的防疫项目有口蹄疫、高致病性禽流感、猪瘟、鸡新城疫，要求政府包防疫密度，业务部门包免疫密度，层层签订责任状，把防疫工作列入年终考核，要求防疫密度、耳标佩带率、建档率达到100%。

1996—1998年由全县13个乡镇兽医站负责动物的防疫和检疫工作，1998—2004年基层动检站和基层兽医站分开，兽医站从事动物诊疗及动物防疫工作，动检分站从事动物检疫工作，2005年成立6个跨乡镇区域的基层防疫监督站，每站6个编制，从事动物的防疫和检疫工作。2009年6个基层防疫监督站变成畜牧兽医站，每站7个编制。除从事防疫、检疫外，还包括技术推广、品种改良等职责。

第七节 饲草饲料

一、饲草

（一）自然草

阜平山场广阔，饲草分布于草坡、草山、荒地、荒滩、沟堰，品种较多。2006年区化调查，野生草贮量明显减少，草场面积缩小，草场级别下降。主要是割柴、压绿肥、放牧减少，导致以荆子为主的灌木丛增生繁茂，挤占草坡。同时牧草刈率低，分蘖力下降，致使全县天然草场载畜量减少。草的种类以白羊草、黄背草、无芒雀麦草、碱草、野古草、苔草、马唐、葛藤、苜蓿、野豌豆、胡枝子等为主。

（二）作物秸秆、秕壳

畜禽可饲秸秆类有谷草、玉米秸、玉米轴和小麦、绿豆、黄豆、芸豆、黑豆、菜豆、豇豆等秸秆及红薯、花生、瓜等秧蔓。秕壳类有谷壳、麦壳、豆壳、花生壳等。

（三）树叶

可饲用树叶主要有刺槐、国槐、椿树、杨、柳、榆、枣、苹果、桃、杏等。除此之外，很多野生山林树木如山杨、桦木、白蜡、苦楝、各种栎类等均有大量的树叶可采饲。养畜大户每年秋末冬初采集野生树叶，以备冬季雪天舍饲。

（四）人工种草

人工种草始于1979年，20世纪80年代连续种植，但利用率不高，效益发挥不够。主要种植品种有沙打旺、苜蓿、草木樨、黑麦草。2001年引进鲁梅克斯优种牧草，在北果园鱼池周边试种，长势良好，适口性好。2002—2010年随着奶牛养殖业的兴起，部分奶牛养殖户有小面积的种植，没有形成规模。

二、饲料

（一）青饲料

来源广，营养价值高，多汁柔软，适口性高，消化率高，具有轻泻止渴作用，是家畜重要的优良饲料。阜平县常用的青饲料有野青草，包括禾本科（如早熟禾、野雀麦、鸡脚草、宾草、猫尾草、羊草等）。豆科（野豌豆、三叶草等）、莎草科、菊科、十字花科及蓼科等。野菜如苋科（野苋菜）、藜科（灰灰菜）以及肉草、马齿苋、扫帚菜、苍耳、荠菜等都是家畜喜食的野草野菜。栽培类的青饲料有苜蓿、紫云英、野豌豆等。水生类的青饲料有水葫芦。

人工种植的块根类如胡萝卜、萝卜、蔓菁、甘薯、土豆、马铃薯，果瓜类（北瓜、南瓜、西葫芦）都是畜禽的良好饲料。全县用于养殖业的块根饲料鲜重在1万吨左右。

（二）精饲料

是指禾本科和豆科等作物的籽实及其加工

副产品。除加工副产品外，主要是粮食和油料。

这类饲料中除新鲜的糟渣类外，含干物质都在80%以上，含粗纤维低于18%，养分丰富，容易消化。

常用的能量精料有玉米、大麦、米糠、麸皮。植物蛋白精料有大豆、豆饼、豆粕、花生饼、棉籽饼、菜籽饼。

三、秸秆

阜平县主要有玉米秸、谷草、小麦、黄豆、黑豆、绿豆等秸秆及红薯、花生、瓜等秧蔓。秕壳类有谷壳、麦壳、花生壳等，一般年份全县年产玉米秸5万吨，麦秸5000吨，花生蔓1000吨，红薯蔓2000吨，豆类秸秆2500吨，秕壳500吨，理论载畜量20多万个羊单位，利用不平衡，利用率较低。随着奶牛养殖业和肉牛育肥以及舍饲养羊业的发展，饲料加工技术的普及，玉米秸利用率不断提高，除部分作为干饲草外，青贮量不断增加，2010年青贮窖体积6200立方米，青贮料3500吨。由于青贮饲料适口性好，营养成分高于干草，养殖效益提高。

四、饲料加工

阜平配合饲料生产始于1990年（畜牧水产局下设机构），1992年阜平县水产站在环城路北投资40万元建起阜平县兴达饲料厂，年单班生产能力3000吨，生产鱼用添加剂（营养盐、多维素）。同时王快村也建起小型配合饲料加工厂，配合饲料产量5000吨左右。1998年后，北京、石家庄等厂家的配合饲料涌入，自行加工逐步减少，到1999年王快禁止网箱养鱼，加工饲料停止。随着饲料管理深化，办厂门槛的提高，截至2010年阜平县配合饲料使用逐步以外购取代。

第八节　畜牧养殖业管理

一、饲料管理

为加强饲料生产行业管理，促进饲料工业和养殖业的发展，维护人民身体健康，1999年国务院颁布《饲料和饲料添加剂管理条例》，明确国务院农业行政主管部门负责全国饲料、饲料添加剂的管理工作，县级以上地方人民政府负责饲料、饲料添加剂管理部门（简称饲料管理部门）负责本行政区的饲料、饲料添加剂管理工作。阜平县成立饲料工业办公室，具体负责饲料、饲料添加剂生产、经营管理及行政处罚。阜平县饲料工业办公室为畜牧局下设事业单位。

二、兽药管理

为加强兽药的监督管理，保证兽药质量，有效防治畜禽等动物疾病，促进畜牧业的发展和维护人体健康，2001年11月出台《兽药管理条例》，2002年1月1日起施行。根据条例相关规定，截止到2010年阜平县畜牧水产局主管辖区的兽药管理工作，委托兽医站具体负责对兽药生产企业、经营企业、兽医医疗单位的监督管理。

三、技术推广管理

阜平县畜牧兽医站（2002年改成阜平县畜牧站），是阜平县畜牧养殖技术推广、良种引进、饲草种植的技术推广单位，属畜牧水产局下属全额事业单位。

四、动物检疫管理

（一）机构

1996—2003年，检疫工作的管理机构是阜平县兽医卫生监督检验所，检疫工作由县动物检疫站负责。2004年防疫、检疫、监督工作合并成立阜平县动物防疫监督站，负责全县的动物检疫工作。

1996—1998年基层动物检疫工作有乡镇兽医站检疫员担任；1999—2004年动物检疫工作有乡镇动检站从事；2005年检疫工作有动物防疫监督分站从事。2009—2010年由动物卫生监督所负责机构管理工作。

（二）检疫监督

为预防控制动物疫病的传播，经河北省人民政府批准，阜平县河口公路动物检疫监督站于1999年正式成立，从事公路动物的检疫监督工作。截至2010年检查站设施不断完善，工作开展正常。

第十四篇　阜平大枣

阜平大枣历史悠久，已有三千多年的栽培历史。经长期发展，到中华人民共和国成立初期全县枣树已是漫山遍野。改革开放以来，随着流通渠道顺畅，大枣加工业发展，大枣市场价格上升，调动了农民栽植枣树的积极性，枣树总量快速增长。科学技术的进步使传统的粗放管理变为科学管理，大枣质量和经济效益逐年提高。1997 年全县产枣 6000 多万公斤，总收入 7000 万元左右，占农业总收入的 40% 左右，成为经济发展的支柱产业。2000 年后，开始探索大枣的无公害管理，在城南庄镇的福子峪和北果园乡的东城铺村搞了试点，无公害大枣管理技术在全县普及。2006 年在北果园、城南庄、阜平镇 3 个乡镇 24 个行政村建设“阜平县十万亩无公害大枣开发区”，新开发大枣基地 5 万亩，对原有枣园实施树体改造和无公害管理 5 万亩，实现大枣的优质高效生产。2008 年 10 月经国家工商总局商标局批准，阜平大枣注册为中国地理标志商标，成为中国地理标志商品。2010 年实施“第二个大枣十万亩”工程，涉及阜平镇、平阳镇、王林口乡、史家寨乡和大台乡 5 个乡镇 23 个行政村，大枣产业在阜平县蓬勃发展。

第一章 大枣资源、基地规划与建设

阜平大枣遍布全县。主要品种为婆枣，分为20多个类型，早熟、丰产、个大等特优良性状的有9个单株类型。1992年阜平县政府编制《阜平县红枣基地建设可行性报告及规划说明书》，规划基地范围南北长40公里，东西宽35公里，总面积162.21万亩，规划基地20万亩。2006—2009年投资1亿元实施规模为10万亩的大枣基地建设，其中开发基地5万亩，实施枣树树体改造无公害管理5万亩。2010年实施第二个10万亩大枣基地建设。2010年大枣产量在5000吨以上的3个乡（镇），1万吨以上的4个乡（镇），5万吨以上的一个乡。

第一节 大枣资源

一、资源变迁

据战国策记载：苏秦游说燕文候时说燕国“枣栗之实足食于民”。战国时期，阜平就盛产大枣。2010年有枣树1600多万株，其中百年以上古枣树近30000株。

平阳镇北水峪村现存三株用酸枣树作砧木嫁接的枣树，胸径1.48～1.98米，树高8.7～10米，被称为“枣树王”。经林业专家测定，栽于南宋初期，距今有880多年历史，依然枝繁叶茂开花结果。旧《阜平县志》有“重阳以枣祀神”的记载。阜平自古贫穷，传说有一位县令传言四方：“谁栽一棵枣树，就奖谁一枚铜钱。”后来树活了，人们找县令要钱。县令道：“我给了你们钱，你们的枣树归谁？”人们这才明白，于是家家户户都栽枣树，把枣树栽遍了全县。

枣树是“救命树”，粮食基本绝收年份，大枣往往丰收。清乾隆甲申年“枣重花繁”，曾补救过当年的灾欠，抗日战争最残酷的1942年、1943年和新中国成立后国家三年困难时期（1959、1960、1961年），大枣连年丰收又帮人们度过灾荒。枣树又被称作“功劳树”，大枣生能吃，熟能吃，行军打仗，战场厮杀，从挎包里掏出来吃上几把，身上就有战斗力。抗战八年晋察冀根据地的部队拿红枣充军粮，是“子弟兵的干粮”。

二、扶持发展

1949年中华人民共和国成立时，全县有枣树228万株，1954年增加到396万株，1956年480万株，比1949年增长52.2%。当时县内人口较少，大枣平均占有量很大，是大枣生产的一个黄金时期。由于成食堂大炼钢铁遭到砍伐、加之枣疯病危害、人口增长过快、大枣价格过低等种种原因，枣树数量锐减。1976年底，全县仅剩209万株，低于1949年的水平。农村实行联产承包责任制，经营机制改变，大枣价格上扬，农民栽植枣树的积极性空前高涨。1986年县委、县政府把枣树定为“县树”，中共中央总书记胡耀邦到阜平视察写下“立下愚公志，枣满太行山”的题词。阜平枣农大搞“围山转”枣林工程，通过经济沟建设，阜平大枣发展很快，1996年全县枣树发展到1000万株以上。城南庄镇宋家沟村农民杨永岐全家四口人，承包村里100棵枣树，到1996年发展到2700多棵，是名副其实的枣树状元。

阜平县是全国著名的大枣之乡，2010年枣树面积45万亩、1500万株，其中挂果树25万亩、1000万株，年产鲜枣7000万公斤，年枣总产值2亿多元。栽培面积和产量分别占全国的2%和5%。全县靠大枣走上富裕道路的农民有3.4万户、13.5万人口。大枣加工产品有枣脯、枣茶、枣酱、枣罐头、枣饮料、大枣干红等八大系列30多个品种。全县有各类加工厂点

400多家，年加工红枣5500吨，加工产品8000多吨，年生产总值2700多万元，其中年生产总值在100万元以上的企业20家，加工产品广销全国各地，出口东南亚、加拿大、美国等地。阜平大枣以其优良的品质和发展规模屡获殊荣，1995年被收入《全国名特产品大典》；2004年国家林业局、中国经济林协会评为“中国名特优经济林大枣之乡”；2005年首届中国国际枣产业发展论坛组委会评为名优红枣生产县；2007年在中国国际林业产业博览会上获金奖，中国果品流通协会评为中国优质大枣基地重点县；2008年获第十二届廊坊农展会“枣王”称号；2009年中国果蔬产业品牌论坛组委会评为“中国十大名枣”，中国果品流通协会评为“中国枣业十强县”，河北省果品行业协会和河北省质量奖审定委员会评为“河北省名牌产品”。

第二节　基地规划与建设

一、基地规划

1992年阜平县政府编制出台《阜平县红枣基地建设可行性报告及规划说明书》，大枣基地包括北果园、城南庄、平阳、王林口、台峪、史家寨、大台、阜平镇等八个乡镇，基地南北长40公里，东西宽35公里，总面积169.21万亩，规划基地20万亩，其间发展枣树10万亩、400万株。“十五”期间，阜平县委县政府把大枣产业作为县域经济四大特色产业之一，采取一系列措施，致力于大枣产业的开发研究和无公害生产。组织实施阜平县东城铺片大枣“双万亩”县级示范工程、福子峪村枣树“双千亩”县级示范工程和阜平县大枣“十万亩”无公害基地建设工程。利用10年时间，把大枣产业培育成特色突出、产业化程度高、富民、强县的阜平第一大支柱产业，建成全国知名的枣业强县。

二、基地建设

（一）双“双千亩”基地

2005—2006年，实施福子峪“双千亩”示范工程，开发山地栽植枣树2000亩，对枣园实施无公害标准化技术管理2000亩。

北果园乡店房村大枣基地一角（2010年摄）

枣树基地示范工程实行统一规划、统一施工、统一标准、分山到户、分户经营的办法。推行自家整地、自选苗木、自行栽植、自我管护的治理模式，发展大枣基地2000亩，完成炮震和机械化水平沟整地2000亩，栽枣树8万株，修上山公路3公里，工程总投资80万元。工程实施期间，国务院机关事务管理局及县林业、扶贫、财政、交通等单位给予技术指导和资金支持。

枣树无公害管理示范工程，采用“树开心、枝拉平、精细管、肥平衡、无公害、质先行”的棚架综合管护新技术，对挂果枣树全部实施树体改造和无公害管理，枣树挂果率和质量进一步提高，对带动全县大枣产业的发展起到重要的示范作用。

（二）“双万亩”基地

2005年在北果园乡的东城铺村实施标准高、

大枣

管理科技含量高的大枣“双万亩”县示范工程。

“双万亩”即开发山地新栽枣树1万亩，对原有枣园实施优质高效无公害管理1万亩。项目工程总投资1300万元，县级以上部门投资400万元，农民个人自筹和劳务折资900万元。

万亩大枣基地开发示范工程，按照“部门出资、投向不变、捆绑使用、各记其功”的筹资办法和“机整地、路上山、集水窖、自流灌、统一治、分户管、栽大苗、早丰产”的综合治理模式，开挖水平沟100万米，间作农作物3000亩，新栽枣树40万株，修上山路15公里，建集水窖400个。

万亩大枣优质高效无公害管理示范工程，采用棚架综合管理新技术，对东城铺村1万亩枣树重点实施树体改造和无公害标准化管理，实现阜平大枣的高质高效生产。

2006年“双万亩”县示范工程完工，基地面积增加到2.8万亩。

（三）“双10万亩无公害大枣”基地

2006年县委、县政府决定从2006—2009年利用四年时间投资1亿元，在北果园乡、城南庄镇、阜平镇等3个乡镇、24个行政村实施规模为10万亩的大枣基地，开发大枣基地5万亩，对原有枣树实施树体改造无公害管理5万亩。

5万亩红枣基地，按照“资金统筹、投向不变、捆绑使用、各记其功”的资金筹措办法，整合发改、财政、国土、交通、农业、林业、水利、扶贫等部门项目资金，按照大枣基地综合治理模式，开挖水平沟500万米，栽种枣树200万株，造地间作农作物2万亩，修上山路80公里。

对原有5万亩枣园，全部采用综合栽培管理新技术，进行树体改造和优质高效无公害生产。

一期工程（2006年）发展基地1.2万亩，管理1.5万亩。二期工程（2007年）发展基地2万亩，管理1.5万亩。三期工程（2008年）发展基地1万亩，管理1万亩。四期工程（2009年）发展基地0.8万亩，管理1万亩。截至2009年底阜平县10万亩大枣基地建设完成。平均每年每亩增产20%～30%以上，特一和一、二级优质果率提高到80%以上。项目村年平均纯增红枣产量1500万公斤，效益5000多万元，人均增长近千元。

枣林

2010年整合部门资金800万元，启动实施第二个10万亩大枣示范工程，完成机械化整地新栽枣树1万亩，新增无公害管理1万亩。

2006—2010年对“双十万亩”红枣示范工程的建设，阜平县总结出“六推行、六解决、六实现”的工作方法。

推行“机整地、路上山；窖集水、保抗旱；统一治、分户管；水平沟、枣粮间；栽大苗、早丰产”的新型高标准机械化整地开发新模式，解决挖坑栽树周期长，见效慢，不愿投资，不愿干的问题，实现了既能栽树又能种粮，既着眼长远又结合当前的高效益开发，项目区农民自愿投资投劳的积极性空前高涨。

十万亩大枣基地一角（2010年摄）

推行“宜统则统，宜分则分，统分结合”的项目管理新办法。通过“统”，解决规划设计、开发标准、路网建设问题，实现了开发速度快、治理标准高、基地规模大、产业效益好。通过“分”，解决了农民“资为谁投、山为谁开、地为谁种、树为谁栽、益为谁受”的问题，实现谁承包、谁资金配套。谁投工整地找苗，谁栽种管理收益。

推行“资金统筹、投向不变、捆绑使用、各记其功”模式，解决投入不足，大事难办问题，实现部门资金整合，集中力量办大事。

推行党政一把手亲自抓，分管副职具体抓，林业部门牵头，相关部门、乡镇密切配合管理机制，解决了一个部门管不了，多个部门管不好，相互推诿扯皮的问题，实现了主要领导负责，主管领导督办，相关部门、乡镇落实，村、户具体操作实施的良性互动。

推行阜平大枣提质增效无公害管理的新办法，制定出台《阜平大枣无公害管理技术规程》，解决枣产品生产标准不统一，安全水平无保障的问题，实现大枣产品质量优、无公害。

推行“龙头＋协会＋基地＋农户”的产业发展模式，解决大枣产业组织化程度低、销售渠道不畅问题，实现枣产品卖得出、能增收、能增效。

第三节　分布与产量

一、分布

阜平县13个乡镇，12个乡镇栽有枣树。其中北果园乡、台峪乡、大台乡、史家寨乡、王林口乡、城南庄镇、阜平镇、平阳镇等8个乡镇为大枣主产区。县城东部为浅山丘陵区，坡度大都在25度以下，海拔在200～1000米之间（其中80%的面积在海拔500米以下），为片麻岩山地，有少量花岗岩和石灰岩，分化层较厚，多为山地褐土，土层厚度为20～30厘米，植被盖度为40%～50%。丰水年沟谷有水，年平均气温12.7℃，年降水量570毫米，无霜期170～190天，年光照2800小时，气候、土壤等条件适宜阜平大枣生长。土壤内营养成分较全，大枣质量明显优于外地大枣。县城西北部的砂窝、吴王口、天生桥、夏庄等4个乡镇受自然环境影响大枣核大、皮黄、肉薄，质量较差。

二、产量

阜平县枣产量主要来源于县城东部的8个乡镇135个行政村。阜平素有“旱枣儿、涝李子”之说，偏旱年份往往丰收，涝年特别是秋雨过多，裂果腐烂，不仅减产，质量也差。因此，受自然灾害的影响，阜平大枣的丰歉变化很大。

1996—2009年阜平县红枣产量统计表

表14-1-1　　　　单位：万公斤

年度	总产量
1996	绝收
1997	6000
1998	5000
1999	1300
2000	5000
2001	3000
2002	3500

续表 14-1-1

年度	总产量
2003	2742
2004	2800
2005	6000
2006	6700
2007	7000
2008	5800
2009	7400

第四节 品种与质量

一、品种

阜平大枣有20多个品种，分为本土品种和引进品种。

本土品种主要有婆枣、阜香、阜帅等。婆枣品质优良，营养丰富，经济价值高、食用价值高、药用价值高。婆枣适应性强，尤其适宜海拔200～800米的片麻岩地区栽培，耐旱抗涝、耐热抗寒、耐瘠薄。婆枣是大枣诸品种中在阜平栽培历史最长，面积最广，产量最大的品种。阜香、阜帅是阜平县自主选育的两个本土品种，质量效益俱佳，是2009年12月河北省林业局公告的优良品种。

引进品种主要有赞皇大枣、沧州金丝小枣，山西省稷山板枣、交城骏枣、运城婆枣、相枣、河南省新郑灰枣、灵宝大枣，山东省滕县躺枣、聊城圆铃枣、月光枣、冬枣、龙枣、茶壶枣、胎里红等15个品种。

二、质量

阜平大枣（婆枣）个大（平均单果重8～10克）、核小（核肉比1∶18）、皮薄、肉厚、甘甜可口、营养丰富，享誉海内外。经北京市食品研究所、河北农业大学测定，婆枣含蛋白质2.5%、脂肪0.4%、葡萄糖、果糖、蔗糖、低聚糖等糖类63.71%；每百克鲜枣含糖含磷179毫克、铁4.08毫克、钙87.4毫克、维生素A0.01毫克、维生素B10.054毫克、维生素C20.036毫克。维生素含量是鲜荔枝的26倍鲜苹果的82倍、鲜鸭梨的100倍、鲜桃的75倍、鲜柑橘的5倍。含糖为百果之首，俗称“维生素之王”。

婆枣的药用价值，《本草纲目》《大明本草》等书中均有记载，临床上用它做药引，用它补血、益心脾，治疗肝炎、过敏性紫癜、血小板减少等，是有名的补血果品，枣果中含有的环磷酸腺苷、环磷酸鸟苷、儿茶酚对心血管病、癌症等都有一定治疗作用。

第二章 育苗、栽培与管理

阜平独特的自然环境，果农和科技人员的辛勤劳作，造就了阜平大枣的独特品质。20世纪90年代，阜平开始选育优种，建立育苗试验田。2001年开始推广优种嫁接。2006年按照“机整地、路上山，窖集水、保抗旱，统一治，分户管，选优种，早丰产”的思路和模式进行开发建设。2007—2009年实行“树开心，枝拉平，精细管，肥平衡，无公害，质先行”综合管理模式，对树体改造达到枝条均匀，通分透光的效果。运用农业生物低毒无公害农药综合防治病虫害，全面实施无公害管理，红枣产量提高20%，特一、一、二级优质果率在80%以上，无虫果率、无病害率在80%以上。

第一节 育苗

一、苗圃育苗

2000年前以家庭性苗圃为主，规划比较简单，只在圃内留好道路位置，设置排灌系统等必要设施就行。2001年在福子峪、东城铺、宋家沟建设大规模专业性苗圃基地。到2005年包括母本圃、采穗圃、繁殖圃、示范园四大部分及其配套设施系统基本完善。

母本圃即优种圃，面积一般不大，用来观察、比较品种性状和保存优种。

采种圃主要是提供繁殖材料。枣树嫁接所用砧木是酸枣，酸枣资源充足，砧木种子可以考虑购买，也可对酸枣进行类型选择后自行繁育种子。枣树苗圃的采种圃与繁殖圃的面积比例为1∶10。

繁殖区主要用来生产成品苗木。繁殖区包括砧木区和嫁接区，二者地块大小相等，每班年轮换，即今年的砧木区是明年的嫁接区。繁殖区的规划要合理规范，一般进行分区管理。为了耕作管理方便，结合地形采用长方形分区，每个小区一般长度不短于100米，宽度可为长度的1/3～1/2.繁殖区土地在每育3～4年苗木后，要休闲或轮作农作物1～2年，防治重茬影响苗木质量。

示范园主要用于展示推广品种的抗逆性、丰产性、优良品种以及栽培特点，以利于品种的推广和苗木的营销。面积一般每品种667平方米即可。

道路结合小区进行设置。干路为苗圃中心与外部联系的主要通道，设成双车道，宽度6～10米；支路一般设置单车道，宽度4米左右。

排灌系统结合地形和道路统一规划设置。沟渠比降不宜过大，通常不超过0.1%，设置喷灌系统。

专业苗圃设必要的生产建筑设施，如办公室、宿舍、农机具及化肥等生产资料贮藏室、工棚、车库等。

二、归圃育苗和开沟断根育苗

（一）归圃育苗即根蘖归圃育苗法。

是阜平县枣树繁殖的传统育苗方法，一直沿用到2000年。归圃苗就是将优良品种枣树根部萌生的幼小根蘖，集中移入苗圃人工培养成苗。

育苗方法。10月下旬根蘖落叶后到土壤结冻前或翌春枣树发芽前起苗。选茎干株高20厘米以上发育良好的根蘖，挖好侧根，尽可能带一段长15厘米左右的母根。根蘖苗挖出后地上部留5厘米剪去苗梢，然后蘸上含1000毫克/升的吲哚乙酸或萘乙酸的泥浆。根蘖运输前要用塑料袋包装，并在袋中填放湿锯末保湿运输。一般随时起苗随时栽植，以秋天落叶后栽植为宜，也可先假植等到来春3～4月栽植。栽植行距30～45厘米，株距15厘米，每667平方米育苗量9800～14000株。栽植深度同挖前苗木生长深度相当，栽后踏紧苗木两侧松土。根蘖栽好后灌足透水，使土壤与苗根密接。水渗干后，培土覆盖苗茬，最后覆盖地膜。春季根蘖发芽后，在苗茬部位划破地膜，放出幼苗，每株选留1个壮芽，其余芽全部抹去。

（二）开沟断根育苗。

开沟断根育苗是利用枣根易发生不定芽的特性培养枣苗的方法，即分株法。繁殖出的苗是根蘖苗。方法是通过断根刺激根发牙，就地培养成苗。该方法无须专业苗圃，但比较费工，且成苗一般不如归圃苗须根多。

具体方法：在枣树萌芽前，在优种栽培园行间（母株必须是根蘖繁殖或有性繁殖株，不能是嫁接树）挖条沟在树冠外外围挖环形沟，沟宽30～40厘米，剪断沟两壁的所有细根，然后用湿土盖没断根。5月，剪口及其附近萌生根蘖，相继出土长成芽苗。苗高20～30厘米时，每丛留一株健壮苗，其余间除，同时每株母树施有机肥50～100千克，并在沟内填一次土。适时灌水，保持沟内土壤湿润。当年秋末，多数幼苗可长成1米以上的成苗。

断根育苗不足之处是繁育系数低，成苗的纯度和种性受母树影响大。因此，只能限于品种纯度高，且有大规模栽培的枣区采用。

三、嫁接育苗

20世纪90年代枣树嫁接主要砧木是酸枣砧。酸枣含仁率高、成本低、繁殖容易、抗旱耐瘠，是大枣品种优化的最好方法。2000—2010年砧木嫁接在全县普遍采用。

（一）酸枣种子采集。

育苗的酸枣采收期应以果实完熟后最好，酸枣种子要选用成熟度高，种仁饱满，生命力强的酸枣种核。

（二）酸枣种核的层积处理。

秋季采下酸枣果实先堆沤4～5天，堆温不超过65℃，待果肉软化后，搓破果皮、果肉，加水漂洗去掉皮肉和浮核，将洗净的酸枣核晒干备用。

酸枣种核的沙藏处理

用带壳的种核繁殖砧木苗需要在11—12月对种核进行层积处理。方法是：先把种核用清水浸泡2～3天，使用核充分吸水，再用800倍50%多菌灵溶液中浸泡3～5分钟杀菌。挖好层积沟，层积沟常选择背阴、排水好的地方，沟深40～50厘米，长宽因种量而定。沟底先铺10厘米厚的湿沙（手握成团，一松即开），然后分层铺放种核和湿沙，每层厚2～3厘米，使种核间都隔有湿沙，距地面15厘米时，再铺5厘米厚的湿沙封顶保湿。坑口用木板或草席封盖，上面再盖土保湿，使沟内温度保持在3～10℃。种量小时，可用木箱或花盆在室内层积，重点是保持水分和温度。

科技人员嫁接枣树

酸枣种核的热烫处理

当种核来不及层积时棵可采用热烫处理催芽。方法是将干种核倒入70～75℃的热水（2份开水加1份冷水）中，自然冷却后再换用冷水清洗、浸泡2天。然后与湿沙拌匀，上覆盖塑料薄膜，增温催芽。待部分种核露嘴后播种。

（三）整地和播种

苗圃地在播种前要施足基肥，然后深耕耙平土壤。基肥量一般667平方米土地施有机肥田头圈肥4000～5000千克，磷酸二铵20～25千克。平整好土地后灌足底水，经若干天晾墒后播种。使用渠灌的还要修好灌水渠并做畦，机播时可播后做畦；如使用喷灌，可不做水渠和畦。

3月中下旬至4月中下旬，地温上升到10℃以上，即可进行播种。酸枣苗培育时采用双行密植，宽行间距70厘米，窄行间距30厘米，株距15～20厘米，每667平方米育苗量6600～8800株。播种深度一般种核要求2～3厘米，种仁略浅，1～2厘米，不宜过深或过浅。点播每穴2～3粒种即可。无论是条播还是点播，覆土要均匀，利于种子正常发芽。

（四）苗期管理

播种过程中，前面播种，后面喷施扑草净，每667平方米喷施133.3克，喷洒后立即覆盖地膜。地膜覆盖对杂草除治、种子发芽都十分有利，是干旱半干旱地区酸枣砧苗培育的关键技术。播种1周左右，种子发芽长出幼苗时，应检查出苗情况并及时破膜放苗。苗高长到4～5厘米时，用铲从幼苗一侧距苗干基部5厘米处向下斜切，切断地面下 12 ～ 15 厘米处的直根，促进侧根生长。苗高长到 10 厘米时定苗，每播点保留 1 株壮苗，间除其余幼苗。定苗期间如发现缺苗，应就近将准备间除的壮苗带土挖出，移栽补苗，并及时补浇移苗水。移苗后 1 周第二次检查补苗。幼苗生长期间，防治不到的杂草还会长出，在长草部位的地膜上及时压土地，可有效防治杂草为害。苗高 15 厘米时，在宽地划沟第一次追肥，苗高 30 厘米左右时，第二次追肥，每次追肥量以每班 667 平方米施 20 千克磷酸二铵为宜。施肥后喷灌或沟灌。苗高 40 厘米时，清除砧苗基部的分枝，苗高 60 厘米左右时，对砧苗主茎进行摘心，以促进砧苗加粗生长。第二年春季开始嫁接

（五）接穗的选择和处理

接穗的选择。接穗必须采自优良品种的健壮结果树或采穗圃。应选直径在 6 ～ 10 毫米，芽体饱满的当午新枝做接穗，在发芽前采集。

接穗封蜡处理

先把石蜡在容器内熔化，蜡温升到 95 ～ 100℃时用接穗蘸蜡，接穗封蜡面相接。观察蜡速度越快越好，先蘸一头后，反过来再蘸另一头，使两次封蜡面相接。观察蜡层，薄而透明为宜，如蜡层厚而发白，说明蜡温太低，应加热增温，但不能高于 105℃。可在蜡筒下坐一水盆，里面盛水，保持盆水微沸，说明蜡温正好。接穗进行封蜡时，可用锅熬蜡，在篱上平摆一层接穗，迅速过蜡后，散放到苇箔上，令接穗间互不接触。

接穗封蜡后进行贮藏

一般在春节前采下的接穗，封蜡后可分品种每 50 ～ 100 支一捆放入塑料袋中，袋上扎通气孔，存入 0 ～ 2℃的冷库中，第二年春嫁接时取出。早春到萌芽前采集的接穗因贮藏期短可在封蜡后用锯末保湿冷藏，时间更短时可直接在封蜡后放入纸箱，在沙窑、地窖、冷室内等阴凉处保存。

（六）嫁接时间

枣树苗圃嫁接一般从 3 月中旬即可开始，持续到 4 月下旬。嫁接时间过晚，当年生长量小，不能成苗。8 月以后嫁接，新生枝往往不能正常成熟，冬天易被冻死。接前 7 ～ 10 天，圃地要灌水一次。

（七）嫁接技术

削砧

用镰从距地面 3 ～ 4 厘米处削断砧木苗，然后用杈清除剪断的枝条，再用笆清除圃内杂草及其他杂物，一般嫁接多少，削砧多少。不要一次清完砧再接，否则砧木易失水而影响嫁接成活率。

嫁接

嫁接一般采用劈接法，切削接穗一面长、一面短一侧稍薄、一侧稍厚，使削面宽度略小于或等于砧木直径。一般以贴近地面或高出地面 1 ～ 2 厘米，切砧时剪锋从砧木中央切下，立即把接穗长面向里，短面向外插入砧木，使接穗梢厚的一侧枝面与砧木枝面对齐，准确地说要使砧穗形成层对齐，即俗话说的皮（枝皮）对皮骨（木质部）对骨。插入接穗后立即用塑料条把接穗和砧木接口部缠紧，嫁接即告完成。

（八）嫁接苗的管理

嫁接完成后，随着气温的上升，接芽和砧苗基部芽都要相继萌发，每隔 1 周就应进行一次除萌，即掰除砧木上的萌芽，以集中砧木养分促进接口愈合和接芽生长。当接后 20 ～ 30 天时，检查 1 次成活率，对没有接活的重新补接。当接穗芽抽梢长 30 厘米时，接口也已完全愈合，可解除接条。嫁接苗木生长高峰期是 5—7 月，6—7 月生长最快，追肥应重点放在 6 月份以前，当苗木长到 15 厘米左右时开始叶面喷肥，喷施 0.3% 尿素和 0.5% 磷酸二氢钾混合液，每 2 周 1 次，连续 3 ～ 4 次。苗高 20 厘米时土壤追肥，一般 667 平方米追施尿素 10 ～ 15 千克为宜，肥后灌水，生长季苗圃土壤水分以保持在 14% ～ 18% 为宜。

四、出圃和贮运

（一）枣苗出圃

在枣苗完全落叶后土壤结冻前或翌年春天 3

月中下旬至4月上旬可以出圃。起苗前1周灌水，使土壤松软，以利于起苗时少伤根系。起苗时要深挖25厘米，铲断主根，尽量保全侧根，少伤或免伤根皮。根蘖苗起苗时还需带20厘米左右的母根。起苗后剪除二次枝，主干保留80厘米左右，剪除上部枝梢，然后按地径和根系状况分级放置。

（二）枣苗质量检测、检疫和消毒

枣苗质量检测项目包括苗木等级、数量、检疫性病虫，茎、干、根生长情况，嫁接苗接口愈合程度及品种纯度等。苗木要求品种纯正，无检疫性病虫，茎干挺直，枝干、根皮无明显机械损伤；嫁接苗接口愈合面积达2/3以上。枣树检疫病虫害种类各地标准不一，主要有枣疯病、枣粉蚧等。

（三）枣苗的包装和运输

枣苗出圃、质检后要尽快进行包装，使枣苗保持新鲜状态，以提高成活率。包装前根系都要蘸泥浆，将要运出的枣苗要成捆用塑料布包严，不能马上栽植和运输的要立即假植。

（四）枣苗的假植

假植是枣苗出圃后、栽植前保护枣苗的技术方法。假植沟规格深25～30厘米，宽1米，长以枣苗多少而定。把枣苗成排斜放沟中，根部和苗茎用细土填严，浇透水，使土与苗根密接，防止枣苗干枯。

为适应干旱的气候环境，提高枣树栽植的成活率，2009年阜平县在全省率先开始实施大枣容器苗栽植技术，栽植成活率提高了30%。枣树容器育苗技术是用营养钵嫁接枣树的技术，其育苗方法和圃苗嫁接法一样，只是在营养钵里培育。枣树容器苗可以在雨季造林。

第二节　管理

一、土壤管理

从20世纪90年代初林业科技人员开始研究枣树的土壤管理，到2010年形成了一整套土壤管理办法。

清耕法

在枣园内除枣树外不种植任何其他作物，利用人工除草的方法清除杂草，保持土地表面的疏松和裸露状态。清耕法的优点是可以改善土壤的通气性和透水性，促进土壤有机物的分解，增加土壤速效养分的含量；经常切断土壤毛细管，防止土壤水分蒸发，减少杂草对养分和水分的竞争。缺点是长期清耕，会破坏土壤结构；使土壤有机质迅速分解而含量下降，导致土壤理化性状恶化；地表温度变化剧烈，加重水土和养分的流失。

生草法

是在枣园内除树盘外，在行间种植禾本科、豆科等草种（如百脉根、扁茎黄芪等）的土壤管理方法。分永久性生草和短期生草2类。永久性生草是在枣树苗木定植的同时，在行间播种多年生牧草，定期刈割，不加深翻；短期生草指选择一、二年生的豆科或禾本科的草类，逐年或隔年播于行间，在枣树花前或秋后刈割。生草法优点是保持和改良土壤理化性状，增加土壤有机质和有效养分的含量；防止水土和养分流失；改善枣园地表小气候；促进果实成熟和枝条充实；降低土壤管理成本，有利于机械化作业。缺点是易造成与枣树的养分水分竞争；长期生草易使表层土壤板结，影响通气；草根系密度大，截取下渗水，消耗表层氮，导致枣树根系上浮。

覆盖法

是利用秸秆、杂草、薄膜、沙砾和淤泥等对树盘、株间，甚至整个行间进行覆盖的方法。优点是覆盖可以防止土壤水土流失；改善土壤结构和物理性质；抑制土壤水分的蒸发；调节地表温度，缩小地温的日变化和季节变化幅度；抑制杂草生长；防止返碱；积雪保墒；增加有机质含量和有效态养分；促进枣树的吸收和生长。缺点是容易招致鼠害和虫害；长期覆盖还容易使根系上浮，在土壤水分急速减少时容易引起干旱。

免耕法

又叫最少耕作法。即土壤不进行耕作，主

要利用除草剂防止杂草。优点是地表容易形成一层硬壳，保持土壤的自然结构，土壤渗透性、保水力、通气性较好；无杂草，可减少养分、水分消耗；有利于枣园机械化管理，节省劳力和成本。适用于土层深厚，土质较好的枣园。缺点是土壤有机质逐渐减少。

清耕覆盖法

即在枣树最需要肥水的前期保持清耕，而在雨水多的季节间作或生草覆盖地面，以吸收过剩的水分和养分、防止水土流失，并在雨期过后、旱季到来之前刈割覆盖物，或沤制肥料。清耕覆盖法结合了清耕、生草、覆盖三者的优点，在一定程度上弥补了三者各自的不足。

产枣区土壤深翻通常在秋季进行，结合秋施基肥，深翻后灌溉。根据树龄、栽培方式等具体情况采取不同的深翻方式。深翻扩穴法多用于幼树、稀植树和庭枣树。沿树冠外围逐年向外深翻，直至树冠下方或株间全部深翻为止。隔行深翻法多用于成行栽植、密植枣园。隔行沿树冠外围向外深翻，每年换行，直至行间全部深翻。

耕翻一般多在春季进行，土壤解冻后及时耕翻，耕翻深度一般在15～20厘米，比深翻浅。

阜平产枣区多采用手工锄草，一般在杂草出苗前后和结籽前除草，深度5～10厘米。近几年开始使用化学药品除草。

用杂草和秸秆把树冠以下范围全部用地膜覆盖，一定时期后，将其埋入土内，然后再更换新的覆盖物。枣林地面覆盖可提高地温，保持温度，改良土壤，除草及促进枣树生长和果实品质的提高。

二、水管理

枣树生长期正值干旱季节，及时补充枣林土壤水分很关键，一般年份需浇四次水。4月上、中旬萌芽前时行灌水叫催芽水，可促进根系生长及其对营养的吸收运转，有利于萌芽，提高开花质量，促进坐果和幼果生长。枣树花期对水分相当敏感，充足的水分可以防止因干旱而引起的焦花现象，减少落花落果，一般在开甲前灌水叫花期水。7月上旬，在幼果迅速生长期进行灌水，可促进细胞的分裂和增长，是果实肥大的基础，这些灌水叫促果水。秋施肥后，在土壤上冻前灌水，以促进树体发育，让枣树安全过冬，百姓称为“上冻水”。

三、施肥

为提高土壤肥力，传统做法是刨树下枣树苗子，刮树下枣树茬子，割幼嫩枣树枝条等植物压绿肥。民间有“春刨树下土五寸等于上了一次粪”。改革开放后，采用传统方法与使用化肥相结合的方式。施肥一般在春季枣树发芽前，在树底下开出几条圆形大沟，把农家肥或化肥洒在沟内，沟深一般在30～50厘米，保证枣根能够全部吸收。1996年后主产区开始使用枣树专用肥料。枣区的枣树一般一年要上“四肥”：基肥、萌芽肥、花期肥和助果肥。

春施基肥有利于积累大量的贮藏营养，为红枣丰产奠定基础。基肥以有机肥为主，适当配合施入一些速效性肥料。萌芽前追肥一般在4月上旬进行。花期追肥可减少落果，可采用土施，也可采用叶面喷肥。助果肥最好是氮、磷、钾复合肥，一般在幼果生长旺盛的7月中旬追肥，可施地下肥，也可叶面喷肥。盛果期枣树产量最高，需肥量也最大，盛果期枣树每株每年需施有机肥100公斤，速效氮肥1公斤，过磷酸钙2.5公斤，草木灰2.5公斤。2000年林业系统编制《红枣土壤施肥手册》，分发到全县12个乡镇171个行政村，让枣农了解、掌握枣树的土壤施肥办法。

在树冠外围稍远处挖宽30～50厘米，深40厘米左右的环状沟施肥。将肥料与表土混合，施入沟内，其上盖一层土。环状施肥易切断水平根，为避免伤根过多，可将环状沟中断为3～4个小沟，环状沟施肥法多用于幼树施基肥。在树冠下，距主干1米以外处，顺水平根方向放射状挖5～8条沟施肥。沟宽30～40厘米，深度以不伤大根为宜，长度一般60厘米左右。将肥料与表土混合施入，覆土。大树可将放射沟与环状沟结合使用，使根系分布范围内有较多的养分。

在枣树行间或株间开沟施肥。多用于成年枣园。

成年枣树或密植枣园，根系已布满全园时，可以将肥料均匀地洒在园内，再翻入土中。枣粮间作地区，为结合给农作物施肥常采用此法。此外，追施速效性氮肥时，结合灌水，也可使用此法。

在树冠外围稍远处每隔 50 厘米左右，环状挖若干个直径 30 厘米左右、深 20 ～ 30 厘米的穴，将肥料施入穴中。多用于追肥。

将溶解度大的肥料溶于水中，与滴灌、喷灌结合起来给枣树施肥的方法。

结合花期喷水提高坐果率及防治病虫同时进行。叶面喷肥主要通过叶片上的气孔和角质层吸收营养，一般喷后 15 分钟到 2 小时即可被吸收利用。但吸收强度与叶龄、肥料成分及溶液浓度有关。一般喷施尿素等肥料浓度以 0.3% ～ 0.5% 为宜，磷酸二氢钾以 0.5% ～ 1% 为宜。从叶片的吸收能力看，幼叶生理机能旺盛，气孔所占比例大，较老叶吸收快。叶背面气孔多，且具有较松散的海绵组织，细胞间隙大，有利于渗透或吸收。操作时，应注意把叶背面喷匀喷到。叶面喷肥的最适温度为 18 ～ 25℃，夏季最好在上午 10 时前和下午 4 时后进行，以免气温过高，溶液浓缩快，影响喷肥效果，避免药害的发生。

管道施肥是结合喷灌、滴灌把肥料施用于树体根系或叶片的一种施肥方法。根系施肥技术用于枣树萌芽前，将装有相当于叶面肥料浓度肥液的瓶子或塑料袋，埋在距树干约 1 米处，将粗度约 5 毫米的吸收根剪断放进瓶或袋中，埋好即可。可用于防治枣树缺素症施肥。

肥料滴注施肥是用带 4.5 毫米钻头的手钻在树干上打眼，钻孔角度与树干呈 45° 左右角，斜向下，深度 3 ～ 4 厘米。把装有肥液的瓶或袋挂于树上，用专用树干输液器对树体进行肥料的滴注，可用于缺素症或其他病害的治疗与康复。

四、间作

枣园间作一般在新栽 3 ～ 5 年后实施，有林粮间作和林药间作，枣林内以间作花生和小杂粮为主，部分枣农试种药材。这是一种传统的管理办法。

五、树体管理

阜平县在 2006 年实施的“十万亩无公害大枣”示范基地上创新枣树修剪技术，采用“树开心，枝拉平”的方法，取得了非常好的效果，河北省林业局肯定了阜平县的创新技术，并在全省产枣区推广。降低树高，引光入膛，缓和枝势，提高枣树坐果率和果实品质。

（一）冬剪

冬剪在枣树落叶后到萌芽前进行。把树高降到 3.5 米以下，直立枝拉平，过密枝疏除，过长枝回缩，过老枝更新，采取先拉枝，后开心的方法。

中龄树　根据枣树的生长情况，分期分批疏除过密的大枝，直立枝要拉开角度至 80 度，冗长枝进行适度回缩，一般冠径不超过 5 米，密挤枝、重叠枝、交叉枝、衰弱枝、枯死枝、病虫枝等无用枝条从基部疏除。影响下层光照的中心枝要落头开心，把树高降至 3.5 米，直立枝拉平，以促进下层枝组的生长发育，改善光照，增加结果空间。所留枝条根据空间大小，采用短截和刻芽的方法，刺激隐芽萌发，逐步培养新的树形和结果枝组。夏剪时，及时抹芽和枣头摘心，以减少营养消耗，逐步恢复树势提高产量。

老龄树　适度回缩骨干枝和辅养枝，发芽前根据树势情况，对骨干枝和辅养枝进行不同程度回缩。树势开始转弱，部分枝条出现枯死，有效枣股减少，产量明显下降的老枣树进行轻度更新，一般回缩枝长的 1/4 ～ 1/3；树势明显衰弱，上部枝条大量枯死，有效枣股大量减少，产量大幅度下降的老枣树，进行中度回缩。一般回缩枝长的 1/3 ～ 1/2；树势极度衰弱，枝条大量死亡。树冠残缺不全，骨干枝光秃，产量很低的老枣树进行重度更新。一般回缩枝长的

1/2～2/3，有的树可回缩到骨干枝的基部。

回缩后，剪锯口下部的隐芽萌生很多枣头，枣头长到20厘米左右时，要进行抹芽，对生长势强、方位好的枣头，留下做骨干枝培养，其余枣头有空间的留作辅养枝和结果枝组，无用的及时疏除。7、8月份新生枣头到80厘米左右时进行摘心，以使枣头生长充实，以后按正常要求修剪。

老树更新以一次进行为好，一次更新枣头萌生多，利用骨干枝和结果枝组的选择和培养，树相整齐，树冠形成快，投产早。分批更新，发枝少，生长弱，树相不整齐，树冠成形晚，产量恢复过慢。

（二）夏剪

包括抹芽、摘心、花期化学修剪。冬剪后的枣树枝量小，养分充足，易发新枝。枣树萌芽后，及时抹芽、摘心。新生枣头有空间时，在麦收前尽早留3～5个二次枝摘心。这样可避免无用新生枝与枣果争夺养分，造成落果。抹芽、摘心应在枣树生长期多次及时进行以节约树体养分。花期化学修剪主要是采取环割1～3道或纵划伤数道，涂抹生长抑制激素，例如促花王，促进坐果。

（三）涂白

涂白可减轻枣树冻伤、日烧、防治叶蝉及病菌危害等。涂白剂常用配方是：水10份、生石灰3份、石硫合剂原液0.5份、油脂（动、植物油）少许。

（四）刮皮

随着树体年龄增长，树皮增厚缺乏伸展性，妨碍树干加粗生长，树体容易早衰，树皮裂缝是许多病虫的越冬场所。及时刮除老皮，集中烧毁，既能促进树体生长，又能防治病虫。刮皮时树下铺上纸或布，刮下的树皮须及时清除干净，集中烧毁。

（五）吊枝　撑枝

枣树进入盛果期后，常出现骨干枝被果实压弯现象，甚至压断树枝，枣农采用吊枝和撑枝来保护枣树。吊枝是用绳子把主枝吊起，固定在主干或在树中心立起的支柱上。撑枝是用木棍等物把主枝支撑固定。

（六）除蘖

枣树在生长期间，如果管理不当，会造成根蘖和枝干隐芽大量发生，应及时清除这些萌蘖，除萌时期最好在刚发芽不久，以节省养分。

第三节　病虫害防治

一、病虫害

1996—2010年枣树病害主要有枣锈病、枣疯病、缩果病、裂果病，虫害主要有桃小食心虫、枣步曲、黏虫、绿盲蝽象。

二、枣疯病防治

枣疯病被称为枣树“癌症”。枣疯病症状主要表现为：叶片黄化，小枝丛生，花器返祖，果实畸形，根皮腐烂。枣农在枣林里一旦发现疯病树，一般采取彻底刨除重病树、病根蘖、及时清除病枝。1996—2003年，每年因枣疯病刨掉枣树10万株以上。2004年，在河北农大专家的指导下，经过不断探索、研究，搞清了枣疯病发病的机理，研制出了具有杀灭病原和补充营养双重功效的祛疯1号，采用树干输液，对病毒树的治疗和康复效果显著，枣疯病得到有效控制。

三、缩果病防治

缩果病是危害严重的红枣病害。症状表现为：枣果感病后，初期在果肩部或腰部出现淡黄色斑点，进而呈淡黄色水渍状斑块，边缘不清，后期病毒斑呈暗红色，失去光泽。病果果肉由淡绿转为土黄色，果料大量脱水，组织萎缩松软，呈海绵状坏死，进而果柄形成离层，果实提前脱落。病果瘦缩、味苦、糖分下降。1992年发生过一次较严重的缩果病害。1996年后，缩果病由过去的单株和点片发生发展到大面积发生。最重的发病率可达30%以上。2000年后在省市科研单位的指导下，通过加强枣树管理，增强树势，提高树体抗病能力。采取早春刮树皮、清扫落叶、落果，集中深埋或烧毁。在发芽前，喷3～5波美度的石硫合剂。从幼果开始每隔7～10天，树冠喷50%的多菌灵800倍液、大生1000倍液等，扼制缩果病的发生。2009年县科技局聘请唐山市农科院专家朱世宏与县科技人员在东城铺、水泉、贾沟等村进行了防治缩果病田间试验。通过喷施“轮纹一号”进行防治，取得一定效果，并在部分枣区进行示范推广。

四、枣锈病防治

感病叶片初期，叶片背面散生或聚生凸起的土黄色夏孢子堆，孢子堆大小不一，形态各异，多生在中脉两侧、叶尖、叶片基部。在叶片正面对着夏孢子堆的地方出现不规则淡绿色斑点，进而呈灰褐色角斑。感病后叶片发黄，形成离层，早期脱落，落叶先从树冠下部开始，逐渐向上蔓延，严重时枣叶全部落光，只留瘦小绿果挂在枣吊上，后失水皱缩，不红即落，影响枣树生长发育和产量。“七五”“八五”期间，一直采用传统的波尔多液（硫酸铜：石灰：水=1：2：200）防治枣锈病。“九五”期间，在陈德廷、郑来宽等科技人员的带领下进行了新药筛选实验。结果表明，胶悬铜、绿得保、络氨铜、抗菌保等新型铜制剂粉锈宁、抗枯灵对枣锈病有防治效果，使用方法简单，成本较低。

五、裂果病防治

裂果病是一种生理性病害，是在水分进入枣果内部，使枣肉吸水膨胀、其张力大于表皮的承受能力时把枣皮撑开的一种自然现象。裂果病的症状表现为：果实近成熟时，如阴雨不断，在果面或纵或横开裂，果肉稍外露，从而引起霉菌感染，裂缝口边缘开始浆烂，果肉发软，组织解体，不能食用。2006年在“10万亩”大枣基地产区主要采取的防治办法：合理修剪，改良树体的通风透光条件；加强枣园管理，特别是土肥水管理，增强树势；喷洒“枣丰宝”进行防治，（“枣丰宝”是一种叶面果全营养液，喷施以后可延长枣果表皮细胞生长期，阻止雨水进入枣果内部，以达到防裂目的）。“枣丰宝”从7月20日左右始喷，以后每隔10～12天喷施一次，喷到9月20—23日结束，可以防裂，增大果实，提高产量和质量。

六、桃小食心虫防治

为害症状：以幼虫蛀食枣果为害，幼虫蛀果后，从蛀果孔流出点状胶质，随后伤口愈合形成褐色圆形斑点，斑点进而凹陷，造成大量落果、果实瘦小、无肉，晒干后枣农俗称“干丁枣”。第一代或第二代幼虫为害枣果，枣果一般不脱落，幼虫在果内潜食，排粪于果实内和枣核周围，不堪食用，造成严重损失，降低商品价值。防治方法：保护和利用天敌，如甲腹茧蜂齿和腿姬蜂蚂蚁两种寄生蜂，还有蚂蚁、步行虫等。2006年阜平县引进蚂蚁防治桃小食心虫，效果很好；结合冬季挖树盘，翻动树干周围1米范围内的土壤，将冬茧翻到地表，以冻死越冬虫茧；6月中下旬，在枣林间悬挂人工合成桃小性诱剂诱芯，诱杀雄成虫，并具有干扰交配作用；7月中旬至8月中旬，捡拾越冬代桃小食心虫为害的枣果，集中销毁，可消灭大量第一代幼虫；5月下旬至7月上旬，将树冠下地表封闭，也可以根据虫情测报，在桃小食心虫发生高峰期树冠喷施25%灭幼脲3号1000～15000倍，或菊酯类农药2000～3000倍，均可取得较好防效。

七、枣步曲防治

枣步曲的特征：以幼虫食枣叶为害，枣芽萌发吐绿时，初孵幼虫开始为害嫩芽，取食嫩叶，随着虫龄增大，食量随之增加，将叶片食成缺刻，严重的可将枣叶、花蕾，甚至枣吊全部吃光。待二次萌芽，也多其危害，造成枣树大量减产，甚至绝收。防治方法：结合冬管，深翻枣园或挖树盘，消灭越冬虫蛹；在4月下旬至5月中旬幼虫发生盛期，利用其假死性，用杆击打枣树，使幼虫落地进行人工捕杀或毒杀；采用长效杀虫药带防治枣步曲，惊蛰前，在树干中下部光滑处绑5厘米宽的塑料带，下缘内折，害虫出蛰期，在塑料带下缘涂0.5～1厘米宽的长效步曲灵软膏，以毒杀上树的雌虫和初孵幼虫；4月下旬至5月上旬，树冠喷施

5%高效顺反氯氰菊酯1500～2000倍、菊酯类药2000～3000倍、灭幼脲3号1500～2000倍，均可取得较好防效；保护天敌，利用益鸟、益虫自然控制害虫。

八、黏虫防治

为害特征：幼虫危害枣芽、叶、片，并蛀食枣果。枣树展叶时，幼虫吐丝缠缀嫩叶躲在叶内食害叶肉，轻则将叶片吃成大小缺刻，重则将叶片吃光，枣树花期，幼虫钻在花丛中吐丝缠缀花序，食害花蕾，咬断花柄，造成花枯凋落。虫口密度大的枣园，暴发成灾，枣树如同火焚，造成绝收。防治方法：结合枣树冬季管理，刮除老翘树皮，并集中烧毁，以消灭越冬蛹，或秋季在主枝基部绑草绳，诱虫在草绳上化蛹，集中烧之；在成虫发生盛期，利用其老趋化性和趋光性，用黑光灯，糖醋液诱杀，由于雄虫对性诱敏感，可用性诱剂诱杀；在幼虫发生高峰期，树冠喷施20%杀灭菊酯3000～4000倍加40%氧乐果1500倍混合液均可取得较好防效；保护和利用天敌，以虫治虫，枣黏虫的天敌主要有松毛虫、赤眼蜂、卷叶蛾、小姬蜂和姬蜂等。

九、绿盲蝽象防治

危害特征：若虫危害枣树幼芽、嫩叶及花蕾，成虫、危害叶片、花蕾、花及果实，被害叶片先出现枯死小点，进而变成不规则的小洞，枣农称其为“破叶疯”，受害花蕾停止发育而枯落，严重时几乎无花开放。防治方法：枣树萌芽前在树上喷5波美度的石硫合剂；4月中下旬枣树近萌芽时，树上喷21%的杀灭毙乳油3000～5000倍液，1周后加喷1次；枣树发芽后及时喷施苦参碱，每隔10～15天喷施一次，连喷2～3次；10月中旬左右，虫口密度大时，喷药杀灭成虫草，减少产卵量。

第四节　自然灾害防治

一、自然灾害

主要自然灾害有风灾、雨灾、雹灾等。

二、风灾防治

枣树的抗风能力强，但若风速太大对枣树也会造成一定的危害。盛果期要及时吊枝或顶枝，对幼小的伤残树要加强保护，设立支柱，以免发生风折或风倒现象。对新嫁接成活的嫩枝必须绑扶，以免风折。枣树受风害后，要根据受害情况，及时保护处理，对倒树要顺势扶正，立柱支撑，对伤枝要吊起或顶枝，并捆紧基部创面，促使恢复树势。

三、雨灾防治

枣树雨害主要是在大枣成熟和采收前，雨水多，导致裂果或霉烂，严重影响大枣质量，直接影响到农民的经济收入。1996年雨灾致使全县大枣绝收。为防雨灾，1997年开始采取喷施生石灰、采收后及时烘枣的措施，防治裂果、烂果。2000年阜平县在大枣主产区进行大枣避雨试验，取得成效。

四、雹灾防治

冰雹危害会造成新梢、枝叶、树干、花果损伤，而落叶、落花、落果。冰雹过后，一般采取加强枣树管理为主，对枝干雹伤及时喷施波尔多液，以免病菌入侵。

第三章　红枣经营与企业选介

红枣经营包括采收、储藏、加工、分装运输与销售。20世纪90年代，阜平大枣销往海外。《河北梦雨食品有限公司》《满堂红大枣酒业有限责任公司》《盖宇天然饮料食品有限公司》《亿林枣业有限公司》等企业发展壮大。红枣产业村基地规模扩大，拉动阜平经济增长，大枣产业成为阜平县的支柱产业。

第一节　采收与储藏

一、采收

大枣成熟期分为：白熟期、脆熟期和晚熟期。白熟期果皮绿色减退，呈绿白色或乳白色，果实肉质松软，果汁少，含糖量低，一般加工蜜枣时采收。脆熟期大枣从梗洼、果肩变红到果实全红，质地变脆，汁液增多，含糖量剧增，用于鲜食和加工枣酒时采收；晚熟期果皮红色变深，微皱，果肉近核处呈黄褐色，质地变软，此期果实已充分成熟，出干率高，色泽浓，果肉肥厚，富有弹性，品质好。

农谚云："七月十五枣红圈，八月十五枣上杆。"由于受气候变化的影响，中秋节前后采摘脆枣，九月下旬收获干枣。大枣的采收一般采用手摘和震落的方法：手摘主要适用于鲜食和加工醉枣，保证鲜枣不受损伤，利于贮藏和加工；震落主要适用于制干枣的采收。阜平枣农用竹竿或木棍震荡枣枝，有时在树下铺布单接枣，以减少枣果破损和节省拣枣时间，有时直接把枣打落到枣树下，再捡起来。

附：不同采收期对干制商品枣产量和质量的影响研究

20世纪80年代，普遍出现了干制红枣采收期偏早的问题。虽然科技人员和枣农都有晚采比早采好的感觉，但由于缺乏充分的实验验证和量化损失程度方面的数据，早采损失的严重性一直没能引起足够的重视，技术人员无法具体指导，枣农更是受现得利益的驱使，以致盲目抢收之风愈演愈烈。针对生产上存在的这个亟待解决的问题，1995年、1997年在阜平县车道和石猴两个村进行了不同采收期对枣果产量、质量和效益的影响实验。

实验以阜平县盛果期婆枣为试材，采用随机区组，单株小区重复六次的实验设计，采果时间从阜平县枣农最早采收时间开始，每隔五天采一次，每次每株采100～150个枣果，共采4次（9月25、30、10月5日、10日）。采收时在所选的枣树上打好标记并固定枝条作为采收枝，首次采收时，从枝条顶部第一个二次枝算起采摘，每隔5个二次枝采摘1个二次枝上的所有枣果，第二次则从所固定枝条顶部第二个二次枝起采摘，仍每隔5个二次枝采摘1个二次枝上的所有枣果，以此类推，采摘时去除病虫果。采后处理：

（1）试样采回后称重并计算单果鲜重，然后放在框中晾晒，等晾晒至商品干枣程度后收藏，于10月30日再分别称重计算干枣单果重及制干率（制干后重量/制干前重量×100%）。

（2）将每试样按当地特级、一级、二级三级枣的标准分别分成四个等级称重并计算各级所占的百分率。然后按晚采枣果的相对增重幅度和各级枣果比例，根据当地各级枣的平均零售价格计算其经济效益。

（3）在每试样中随机取出20个干枣称重后，剥掉果肉称重，计算可食率（果肉重/果重×100%）。

（4）在每试样余下的干枣中，将同一采收期的6个样品随机取出20个枣果共120个放在一块混匀，采用恩酮比色法和2.6-D法分别测定四个时期的枣果含糖量和Vc含量。

两年的实验表明：阜平大枣适当晚采可显著增加单果重、含糖量、高等级果百分率和经济效益，而对可食率及Vc含量影响不大，由表可以看出，每晚采5天，枣果增重6%～12%，制干率提高13.6%～44.4%（见表），经济效益提高14.1%～37.9%（见表）；晚采半月，则可使单果重增加24%、制干率提高54.1%，含糖量提高8.1%，优质果率提高89.62%，经济效益提高66.9%。

综合各项指标，阜平大枣最适采收期为10月10日即寒露节过后两三天开始采摘为宜。

阜平县不同采收期对干制商品枣产量和质量的影响

表 14-3-1

项目＼采收日期			9 月 25 日	9 月 30 日	10 月 5 日	10 月 10 日
制干后单果重	平均单果重（克）		4.127	4.37	4.622	5.12
	相对果重（克）		100	106	112	124
	LSR 显著性	0.05	c	bc	b	a
		0.01	BC	BC	AB	A
制干后可食率	平均可食率（%）		92.17	92.25	92.94	93.28
	相对可食率		100	100.09	100.84	101.20
制干率	平均制干率（%）		49.9	56.7	68.8	76.9
	相对制干率		100	113.63	137.88	154.11
	LSR 显著性	0.05	a	ab	bc	c
		0.01	A	AB	BC	C
制干后营养含量	Vc	含量（毫克 /100 克）	16.92	16.44	19.81	16.54
制干后		相对含量	100	97.34	117.08	97.75
	糖	含量（%）	62.95	65.02	69.98	68.05
		相对含量	100	103.29	111.17	108.10

阜平县不同采收期对商品干枣等级果率的影响

表 14-3-2

项目＼采收时期		9 月 25 日	9 月 30 日	10 月 5 日	10 月 10 日
各等级果所占百分率（%）	特级	4.04	8.50	12.25	17.07
	一级	32.07	43.66	50.41	51.40
	二级	52.16	39.49	35.95	29.47
	三级	11.62	8.36	1.29	2.14

二、贮藏

20 世纪 90 年代，枣农把捡回来的红枣晾晒在房顶上，一般是铺上秸秆，使其透风，防治腐烂。等红枣不再潮湿时，进行筛选。红枣一般分为特级、一级、二级、三级，等级外的红枣一般用于酿酒。外贸公司收购红枣，一律采用装麻袋外运或外销。2000 年后随着经济市场的进一步开放，红枣价格的提升，枣农对红枣的保养更加重视，红枣的干、鲜、等级的区分更加明确，储藏的方法更为多样化。产枣区丰年漫山遍野都是红枣，枣农家房上地上堆放的都是红枣，这是最普遍的天然贮藏法。其他储藏方法有常温贮藏、窑洞贮藏和冷库贮藏。

常温贮藏　挑选半红的无伤鲜枣，在阴凉潮湿处铺 3 ～ 5 厘米厚的湿沙，上放一层鲜枣，再铺一层湿沙，进行沙枣层积，如此堆高至 30 厘米左右。为防止沙子干燥，可定期用少量清水补充湿度。用此方法可贮藏 1 个月左右。

窑洞贮藏　果实采收后，挑选无伤枣果入窖，预冷 12 小时，然后装入 0.01 ～ 0.02 毫米厚的无毒聚氯乙烯或聚乙烯薄膜袋中，每袋容量不超过 2.5 公斤，袋中部两侧各打两个直径约 1 厘米的小孔。果袋最好竖着摆放在多层的货架上。贮藏期间应注意窖温管理，定期观察袋中果实的情况，当果实原有红色变浅或有病斑出现时，说明果实已开始变软或腐烂，应及时出库销售。窑洞贮藏法可贮 20 ～ 40 天。

冷库冷藏　经专家研究，冰点以上的最低温度是大枣贮藏的最佳温度。根据测定，鲜枣在半红采收时，冰点均在 -2℃以下，为了避免冻害，鲜枣的冷藏温度最好控制在 -1℃左右。贮藏方式可采用打孔袋或用纸箱、木箱、塑料周转箱等内衬塑料袋等方法。打孔袋贮藏同窑洞贮藏中介绍的方法基本相同。采用箱内衬塑料薄膜方法时，最好用 0.03 厘米厚无毒聚氯乙烯薄膜，每箱容量不超过 10 公斤。装果后袋口不能封死，对折掩口即可。掩口前，应敞口充分预冷，待果温降至接近贮藏温度时，再掩口封箱码垛贮藏。果实在贮前最好做预处理，如用 2% 氯化钙 +30 毫克 / 公斤 CA3 浸果 30 分钟，可提高果实的贮藏效果。

第二节　加工、包装、运输、销售

一、综合情况

枣酒、枣干、枣面、枣泥、酒醉枣等简易加工，广泛流传于民间，枣乡都能加工制作，有一套传统的加工工艺，产品不加任何添加剂，

大枣筛选（2009 年摄）

色、香、味俱佳，多为自己食用或馈赠亲友。进入 80 年代，阜平大枣加工开始起步。从北京、浙江义乌等地引进大枣果脯蜜饯加工技术。1983 年阜平县办起三个果脯厂，年加工大枣果脯 39.4 万公斤，投放市场很受欢迎。此后，大枣加工事业迅速发展，生产规模不断扩大，产品品种不断增多，档次不断提高，销售市场也逐步被打开。90 年代初，全县大枣加工点发展到 110 家，1996 年全县加工点 406 家，生产各种果制脯品 4000 吨，截至 2010 年加工的水晶枣、紫晶枣、香死佬枣、桂花大枣汁、酥枣、大枣果仁、枣花蜂蜜、蜂蜜大枣等成为很有影响的产品，受到顾客欢迎。

包装、运输是销售前的主要环节。1996 年阜平县红枣销售摊点 14 家，2010 年发展到 90 家。

二、加工

（一）干制

大枣晾晒（2008 年摄）

晒干法

进入 20 世纪，熟透了的大红枣以其营养价值高而倍受消费者青睐，枣乡果农大量生产干制枣果。传统枣的干制采取自然晒干法，就是在房顶或场院上，用砖和秫秸做铺架，高 20 厘米，上铺席或竹箔，枣摊开 6 ～ 10 厘米厚。白天每隔 2 小时上下翻动一次，夜间用塑料布覆盖。晾晒大约 15 ～ 20 天，手握枣不发软，含水量达 25% 以下，即可分级贮藏。

烘烤法

随着市场经济的发展，传统的晾晒法不能满足市场需求，果农开始建烘干房进行室内烘干，此法不受天气限制，干制时间短，营养成分损失少，红枣洁净无杂质，果皮呈色好，商品价值高。烘烤的过程是：首先清洗、分类、装盘，将完全成熟的大枣清洗后，按枣大小、成熟度分级装盘，百度两层枣即可；然后放入烘房烘烤，烘烤24小时，前6个小时缓慢升温，由常温升到55℃，6～8小时后快速长温，烤房温度控制在65℃，要注意排汽，及时翻动，持续20小时，20～22小时，烘房温度升到68～70℃，以排除果肉内部细胞水，22～24小时，压炎控温，使温度慢慢降到40℃左右，即可出烘房，包装、销售。

（二）糖制

阜平大枣糖制产品，品种繁多，各具特色。从家庭小量制做到规模化加工，有着非常丰富的经验，其产品营养丰富，深受消费者喜爱。大枣的糖制从20世纪80年代开始，2005年后基本不再糖制红枣。

枣的糖制品其主要原料是枣和食糖。枣的糖制可以充分利用枣的果实，除果核之外，均可以制成不同品种的糖制品。枣的糖制要求生产设备可繁可简，生产规模可小可大。除干枣外，糖制品是枣果加工的主要类型。阜平县的糖制大枣产品主要有蜜枣、无核蜜枣、多味枣、枣酱、枣泥等。

（三）罐制

枣的罐制从20世纪90年代中期兴起，截至2010年枣罐制品已成为阜平红枣加工的一个重要类型。罐制是把食品封闭在一种容器中，以隔绝外界空气和微生物，通过加热杀菌，将容器内部的微生物杀死，维持密封状态而使食品得以长期保存的方法。阜平县的大枣罐制主要是醉枣、枣汁、枣罐头等。

（四）枣饮料

1990年果汁加工普遍。果汁饮料在加工过程中经过勾兑、调配、杀菌、包装，具有酸甜适口、饮用方便、干净卫生，含有丰富的营养物质，保持了原果的色、香、味等特点，深受人们的欢迎。阜平的枣饮料主要有枣茶、红枣汁和枣粉（枣粉当地百姓叫枣面）。

（五）枣酒

阜平枣酒（又名枣杠子），风味独特，与众不同。枣杠子以阜平大枣为原料，以当地天然山泉水为水母，当地农民朴实而精细的工艺酿造出来的，清冽甘醇，别有一番风味，格外受人青睐。阜平县产枣区有几十个农家自建的小型枣酒加工厂，以散装卖出为主。阜平县满堂红大枣酒业有限责任公司，2008年由原来的红金贡酒厂、京平大枣酒业有限公司，改制重组而成，是阜平县最大的枣酒加工企业，公司生产六大系列产品18个品种的枣酒。

2000年后，红枣白兰地由河北农业大学食品科技学院专家团研发。采取传统工艺与现代技术相结合的方法，有效解决了传统枣酒中甲醇含量偏高的难题，甲醇含量达国家规定指标，营养成分科学合理，口感好，很受消费者欢迎。

（六）枣醋

阜平县枣醋最初是农民利用残次枣经缸藏发酵后做成。1996—2010年阜平县龙门博夏醋厂是阜平县内唯一一家成规模的枣醋加工企业，从事研制开发、生产酿造、经营销售，是一家以红枣加工为主的私营企业。

三、包装

（一）大枣分级

大枣的分级以人工挑拣为主，主要是外观

精选大枣

品质挑选法。就是将大枣中受病虫、日灼、碰压、等果面损伤严重的，干条、破头、浆头、病虫害等损伤较重的，外观缺陷明显的果实先挑出来。按照枣果的大小进行分级，一般分为：特级、一级、二级、三级。

（二）大枣包装

90年代前是“装麻袋卖原枣”。90年代后随着市场经济的发展，大枣商品化程度提高，枣农开始探索大枣的包装，起初用瓦楞纸箱，后来用钙塑瓦楞纸箱，鲜枣用塑料箱、泡沫塑料箱。截至2010年大枣的包装形式多样，外观新颖。

四、运输

运输一般要求“一快二轻三防”，即快装快运，轻装轻卸，防热防冻。运输时批次分明，堆码整齐，环境整洁，通风良好。防止烈日暴晒和雨淋。

五、销售

计划经济时期，实行统购统销，长期处于“装麻袋卖原枣”的状态。1992年、1994年阜平县举办大枣节，提高了阜平大枣的知名度，拓宽了大枣销售市场。1996—2010年阜平县注册了“深山红”“盖宇”“兴阜”等一系列大枣品牌。

1996年阜平县有红枣销售摊点14家，2005年增加到31家。2010年增加到90家。加工产品广销全国各地，出口东南亚、加拿大、韩国、日本、俄罗斯、美国等地。

第三节　企业选介

河北梦雨食品有限公司

河北梦雨食品有限公司创建于2006年5月，位于阜平县阜平镇高阜口村，占地13000平方米，投资3500万元。建有年产5000吨的果脯生产线和容积10000立方米的冷库一座。经营蜜饯制造、农产品加工、销售；产品进出口业务。注册资本1500万元。公司员工126人，其中管理人员12名、技术人员16名。2010年实现销售收入3250万元，利税575

河北梦雨食品有限公司

万元。

2010年被认定为首批农业产业化省级扶贫龙头企业。2006年取得国家认监委颁发的卫生注册证书、自营进出口权，中国果品流通协会会员。2007年取得全国工业产品生产许可证，获得国家颁发的“质量、信誉、服务满意示范企业”荣誉证书。被中国企业发展协会授予中国创新优秀企业。2008年阜平县第一届德信典型评选中评为“诚信企业“，被保定市企业信用建设委员会评为“保定市信用企业“，确定为保定市“优化发展环境成长型监测企业”。2010年被中国中轻产品质量保障中心评为国家级“质量、信誉、服务满意示范企业”。2011年被中国质量诚信企业协会、中国品牌价值评估中心、河北质量诚信监督委员会评为河北质量诚信AAA品牌企业。

2009年公司以福子峪无公害大枣基地产品为原料，谋划实施了夏庄乡菜池村千亩樱桃基地项目。企业恪守“产业报国、惠利民生、以农为本、为农服务”的经营宗旨，与农民建立起“互惠互利，风险共担”的利益共同体，公司为保护枣农利益，坚持按合同价收购，提高了5乡16村5000多户23000人的人均收入，安排200多农村剩余劳动力就业。

公司产品因质优价廉、深受消费者的欢迎。产品除销往北京、天津、上海等国内各大城市外，还远销欧美，日本、韩国、俄罗斯、澳大利亚、东南亚及中国港澳台等20多个国家和地区。

满堂红大枣酒业有限责任公司

阜平县满堂红大枣酒业有限责任公司，位于阜平县城东7公里处的方太口经济开发区，占地45亩。职工近百人，专业技术人员50多名。公司生产的六大系列产品共18个品种：大枣系列白酒（圣池典藏、圣池经典、圣池香、圣池春）、大枣接待酒、大枣营养酒（仙霖V6、仙霖V8）、大枣干红、红酒、大枣饮料、大枣干鲜果品等优质产品，1994年红金贡枣获第二十四届东京国际博览会金奖。2008年公司改制，由原红金贡酒厂、京平大枣酒业有限公司，重新组建了阜平县满堂红大枣酒业有限责任公司。公司新研制的仙霖酒以阜平特产大枣酒为酒基，配以大枣、阿胶、牡蛎等食药两用中药材提取精制而成。酒体晶莹透亮，药香浓郁。男性饮后速畅血脉，软化血管、补精气、健脾胃，激发活力，尤其对中老年男性功能的保养改善有着良好的作用。

盖宇天然饮料食品有限公司

阜平县盖宇天然饮料食品有限公司，始建1984年，位于王林口乡东王林口村，占地面积1.67万平方米，拥有厂房及附属设施4600平方米，固定资产300万元。企业主产品是盖宇牌野酸枣汁，采用太行深山的野生酸枣为原料，经独特工艺制造而成的纯天然饮品，投放市场后深受消费者青睐，先后荣获中国著名饮料保护品牌，2001年被中国国际农业博览会命名为中国名牌产品，每年加工酸枣50吨，生产野酸枣汁博珍枣茶2万多箱，辅产品有盖宇牌嘎呗脆香酥枣、大枣可乐、枣脯产品等，是阜平县果品加工业的龙头企业。

保定天航绿色食品保鲜有限公司

公司建于1999年9月，是北京市民政局对口帮扶所建企业，占地面积5000平方米，总投资390万元，其中固定资产投资260万元，建有2000立方米气调大枣保鲜库，一次性可保鲜脆枣120吨，年产值50万元，销售收入75万元，实现利税5.5万元。主要设备是从意大利引进的乙烯脱出机和二氧化碳脱出机，大枣保鲜期限80天以上，保鲜脆枣很受市场欢迎。

2005年公司投资38万元，建干制红枣生产线和小杂粮包装生产线，新增主要设备有全自动电加热五单元温控带式连续生产烘干机、变压器和全自动真空、充氮包装机。产品主要有保鲜脆枣、干制红枣和小杂粮，年生产加工能力新增生产干制红枣280吨，小杂粮60吨，年销售收入260万元，实现利税38万元。

2010年公司员工32人，投资10万元。对干制红枣烘干设备进行了技术改造，安装了全自动湿度控制系统，使干制红枣的标准化生产水平进一步提高，产品质量可靠。生产效率和年加工能力提升，年增生产干制红枣50吨，年销售额收入320万元，实现利税45万元，产品销往保定、石家庄、北京、天津、广州、沈阳等国内大中城市。

公司取得的主要荣誉：保定市信用企业、河北省信用优良企业、河北省优质产品和河北省名牌产品等。

丰旭食品有限公司

阜平县丰旭食品有限公司建于1993年9月，占地面积6800平方米，其中生产车间4400平方米，干部职工36人。主营果脯蜜饯加工、销售、兼营农副产品白砂糖购销，年加工各式果脯200余吨，年产值140万元，销售收入160万元，利税3万元。

1996年公司有职工56人，主要生产加工设备有：人工去核机30台、人工划丝机20台、不锈钢锅6口、竹烤屉2000多个、宜兴大缸76个。主要生产品种有：青无核、红无核、南丝蜜枣、花红脯等，年生产产品200余吨，销售200余吨，销售额280万元，利税5万多元。2005年，公司投资40万元，新建干制红枣生产线，新增设备自动去核机2台，自动划丝机2台，自动真空包装机2台。主要生产品种有：无核蜜枣、花红脯、杏脯、桃脯，年销售收入360万元，实现利税9万元。

2010年投资10万元，对干制红枣烘干设备进行了技术改造，安装了全自动湿度控制系统，使干制红枣的标准化生产水平进一步提高，产品质量更加稳定可靠，加工能力进一步提高，年销售收入700万元，实现利税32万元，产品主要销往保定、石家庄、北京、天津、广州、浙江、江苏等国内大中小城市。

保定市亿林枣业股份有限公司

保定市亿林枣业股份有限公司前身为阜平县亿林枣业有限公司，公司采用"公司+合作社+农户"的经营模式，是一家集采摘、观光、产、供、销一体化的企业，市场面向全国。公司为农户提供红枣种植技术、无公害农药、太阳能杀虫灯及其他科技信息，年收购大枣1200多吨。公司占地面积8.1亩，有4间成品库，3间原材料库，3个生产车间，1间检验室，3间办公室。生产设备包括：筛选机1台，清洗机1台，自动去核机1台，真空机1台，烘干设备2套。为开拓红枣新功能和新用途，公司由原来初加工，升级为深加工，购置配套红枣加工设备：去核、切片、打粉、包装生产线，使产品多样化。公司新建1000立方米冷库用于红枣保鲜。公司有员工40人，年销售量1200吨，年销售额2000万元。亿林枣业是阜平县最大的红枣加工制造企业，产品种类有红枣礼盒、熬粥枣、泡茶枣、去核酥枣、夹心枣、亿林核桃、红枣夹核桃等。公司产品销路广，其中包括中国石油天然气股份有限公司河北区加油站便利店、邮乐网、11185邮政电话订购及其他多家商店、便利店等。公司还充分运用电子商务在淘宝网、拍拍网设立网店，通过网销，把阜平大枣带到全国各地。

第四章　枣乡文化

阜平县为全国"大枣之乡"，在全国农林名优稀特产品博览会上多次获奖，其中东城铺、水帘洞、车道、河北沟等村最出名。这些山村的沟沟岔岔，漫山遍野是枣树，站在山上眺望，宛如一片绿海。秋天空中蓝天白云，地上青枝绿叶，满树红枣，树下谷子、豆子、花生、芝麻和山上茅草，组成一幅独特壮美的"太行枣林图"。枣景观又伴生枣文化，大枣半青半红转紫红，吃起来清香鲜甜。成熟后农民将大枣收回，摊放在房顶上晾晒，全村各家房顶连缀起来红呼呼一片，枣排、枣串吊挂在白墙上，成为美好的装饰。人们还把个儿大、光溜的枣儿，沾上酒放入坛坛罐罐里做"醉枣儿"，春节时取出来吃，清香扑鼻，松脆爽口。

2000—2010年，县政府又集中财力物力人力兴建枣林观光旅游区。该旅游区位于县城南16公里处，距晋察冀边区革命纪念馆4公里。包括城南庄镇福子峪村大枣观光园及福子峪—北果园乡吴家沟百里枣林观光带。在阜平县"大枣十万亩"工程示范区，"十万亩"即开发山场栽枣树50000亩，对原有枣园实施优质高效无公害管理50000亩，采用棚架科学管理，培养大枣特色产品。区内环境优美，沟系纵横，山体错落有致，涓涓溪流林中流淌，枣林风光美轮美奂。夏秋时节，置身林间，"远看枣乡一片绿，近看枝头万点红"，让人充分感到"中国大枣第一乡"的神韵。

第一节　大枣之乡

一、枣林风光

阜平县大枣主产区是枣树的海洋，沟沟岔岔坡坡埝埝长的都是枣树，一年四季景色各异。

"枣发芽种棉花"。枣树在当地是发芽最迟的。嫩嫩的枣芽从黑褐色的枝头蹿出来，给连绵起伏的太行山带来一片生机勃勃的绿意。叶子从嫩黄变为墨绿，时令也就进入了初夏时节。

初夏，绿绿的枣叶间就绽放出细密的花来，

这花小而淡黄，虽然不像牡丹雍容富贵，但是却香气氤氲大地，沁人肺腑，给人间带来甜蜜和欢乐。嗡嗡的蜜蜂成群结队地在枣林里繁忙，从四面八方追着花讯而来的蜂农，挑选依山傍水的地方，支起帐篷，架起锅灶，搭建一个新家，排好蜂房，忙碌上一个来月，就能从这里收获甜甜的枣花蜜。这蜜就是上天赐给他们的财富，也是他们用辛勤劳动获得的甜蜜生活。年复一年，蜂农在特定时节，在枣林养蜂、放蜂，辛勤劳作，采割老少皆宜的枣花蜜。由蜜蜂和柔风授过粉的花朵开始坐果，青青的小枣果缀在稠密的绿叶间，乍看难分叶子果子，等小青枣长到手指头大小，便成串成团凸显出来，而且分量越来越重，甚至把枣树枝条压弯到地上，预告一年的丰收即将来临。

“七月十五枣红圈”，农历七月青枣初见褐红色的时候，加工蜜枣、蜜饯的果脯厂就开始收购青枣了。枣农用木杆轻轻打下个大的，用袋子装上卖给果脯加工厂，再加工成各种枣制品，就可以进入市场成为人们盘中的美食了。

“八月十五枣上杆”。农历八月中秋，是枣乡最美的时光，满山遍野的枣树，青枝绿叶满树红枣，随风落地的是结得早熟透了的；半红半绿的是中游派，吃起来酸甜适口，尚待成熟；还发青的是小妹妹枣，她们出世晚往往是躲过了病虫害，个头小却少裂痕、少虫蛀，生的圆丢丢、亮光光，不仅俊俏而且品质优良。枣农们扬起竿子一打，哗——的一声，枣雨落地，男男女女的枣乡人成群搭伙地把枣收到筐筐篮篮里，不久就会变成票子，变成电脑、家用电器之类的时尚物，变成幸福的欢笑歌声。外来的游人不必客气，走到树下挑最大最好的吃吧，临走往衣兜里装上几个，乡亲们是不会责备你的。如今旅游者进山来观光采摘已是枣乡新出现的一道靓丽风景。

枣下树，晾上房，就该由秋入冬了。枣林里金黄的叶子在寒风中飘飘而下。深冬金黄的服装脱净，露出原始素朴的黑褐色，扎根地下，默默地积蓄力量，准备来年开花、结果。即使在北风呼啸的冬天，枣树用自己钢铁般的躯干和粗粗细细、大大小小的枝杈以及远远近近的根系，坚定地抗击着漫天狂风，保护着山野上那层薄薄的土壤，保护着这里的绿色生态。这里并不因为寒冬的冷酷而成为一个寂寞、凋零的世界，喜鹊、麻雀、鸽子、乌鸦、山鸡等留鸟在冬季的枣林里叫着闹着，一派生机景象。

枣乡四季的“四扇屏”，是实实在在的风景，是有生命的画作。

二、红枣美生活

枣乡人民没有专门学过美学，更没有高深的美学理论，但是他们懂得大枣的美。而且把枣之美不知不觉地应用到日常生活中，用劳动创造美，用双手绘出最新最生动的画卷，于是清贫的生活中有了浓浓的乡情。

房上红枣毡 大枣下树，大多农家把枣晾晒在房顶上，红艳艳的一片一片，站在高处放眼四望，整个山村有四野树木黄绿的树叶为底色，加上房上红枣毡的点缀，成为山间一副其大无比的风景画。

墙上红枣 秋后，枣乡人用细麻绳把个大、肉厚的上等好枣穿成串，叫枣串子。把个大肉厚且比较均匀的好枣，用当地当年长在地里的细青麻杆穿成菱形，乡亲们叫作“枣排子”。枣串和枣排子是人们最爱吃的零食，不仅口感香甜、干脆而且是机动灵活的饰品挂件。正月里举办花会闹红火，拉鼓车、扭秧歌的人们把枣串挂在脖颈上，充作一串红项链，逗得人们发笑。枣串、枣排挂在庭院里正房的白墙上，就成了一副用实物组合、摆设成的图画，颇有返璞归真的原始美、自然美，妙趣无穷。

新年醉枣 秋后，挑选通体透红的脆枣，在枣酒或其他白酒中浸沾过，然后放置在陶罐或陶制坛子里，用纸或塑料袋把口封闭严实，存放到阴凉处，待春节取出，扑面而来的是酒香和枣香的独特香气，食之又甜又脆。人们更看重的是它的色彩，醉枣鲜红、透亮，显得主人室内紫光吉祥、喜气洋洋，在这种氛围中招待亲朋好友更见亲热友好。醉枣曾是枣乡人民的待客美学的显示，在橘子、香蕉、荔枝等南果冲击北果的情势下，当今醉枣依然美不胜收，仍是枣农们招待贵客好友的上佳礼品。

腊八日的冰山　腊八，是阜平民间一大节日，家家户户实行浇冰山自娱自乐。就是在节日的前一个晚上，砍来鲜鲜亮亮的柏树枝，将砍好的树枝绑在小板床上，要使其能够稳立在地上，然后在柏树枝头塞上红枣和辣椒，之后用清水浇成一体，就做成一座冰山，明晃晃的冰凌里裹着绿油油的柏树枝，鲜红的大枣、辣椒，白、绿、红三色相间分外妖娆与和谐。腊八这天家家户户把自家的冰山摆出来，大人孩子围着观看、评说，村里的笑声赶跑了沉寂，一片欢腾。

第二节　枣乡模范

赵红卫　女，阜平县北果园乡革新庄村人。因她为当地枣产业发展的贡献，对枣产业市场开拓的影响力，对农民发展枣产业脱贫致富的带动力，被评为河北阜平枣王，被乡亲们称为“枣花姐姐”。

1990年赵红卫与任吉其结婚时，全家只有27棵枣树。主要靠种地为生，每年只有四五百元收入，日子过得很艰难。赵红卫想出去闯荡一番，而她的丈夫和母亲不同意她的想法。理由是“咱们村里人祖祖辈辈靠山吃山”。就这样，赵红卫外出打工的想法没能实现。便开始了她漫长的苦苦追寻与探索，经历了坎坷的致富门路尝试。她开过枣酒酿制作坊，开过铁矿，承包过道路修筑工程。虽然挣了些钱，但不是她的最终目标，经过磨炼，经过深思，又看到村民们渴望致富的眼神，她决心那也不去了，和村民们一起，开发荒山，大量栽植枣树，发展红枣产业。到2007年她家的枣树发展到2700多株。

2008年，是赵红卫夫妻人生中的一个重要里程碑。她们在这一年拿出积蓄，又多家借款，筹措资金9万元，承包了村北荒山600多亩，承包期50年。当时，荒山上只有200多株零散枣树，大都是杂草丛生。她们硬是披星戴月，起早贪黑，整修埝阶，深挖水平沟，凡是能栽的地方都栽上枣树。为了上下坡运送、生产便利，修通了一条长2里能走三轮车的山道。忙时，人手不够，就雇用村民，最多时需要十几人。赵红卫夫妇为人实在，村民们都愿意为他们干活。到2010年赵红卫家的枣树发展到将近2万株。

赵红卫枣园管理都是按照无公害产品检测标准去做。从不使用高度农药，不使用化肥，而是使用一些对人体无害的农药或土办法治理病虫害。她们用的肥料一是就地取材，把拔掉的杂草堆放在枣树周围，然后埋土，让其腐烂，一举两得；二是使用一些有机肥料，如羊粪、鸡粪等。

赵红卫夫妻的红枣以皮薄、肉厚、核小、口感好、挂果时间长、营养丰富等优质特点受到保定、石家庄等城市客商的赞誉，还远销美、日、韩、东南亚等20多个国家和地区。在赵红卫的带动下，全村大量栽植，科学管理枣树，成了阜平有名的“枣窝子”，每年都有较好收获，加快了当地村民增收致富的步伐。

陈德廷　男，1977年3月参加工作，中共党员，大学本科文化，曾任阜平县人大常委会副主任、阜平县红枣产业协会会长、高级农艺师。

陈德廷2001年任林业局长后，以建设生态林业大县为己任，强力推动全县林业发展。针对阜平牧放山羊多，林业植被破坏严重的实际情况，大胆提出用一年时间完成全县禁牧山羊工作建议，这一建议被政府采纳后，按期完成了30万只山羊的禁牧任务。2003年阜平县示范山造林质量，在全省四个市联查评比中名列第一。2005年倡导推广的“机整地、路上山，窖积水、保抗旱，水平沟、枣粮间，统一治、分户管，栽大苗、早丰产”的新型治山模式，加快了山地开发步伐，亩投资减少150元。这一模式在全省山区造林绿化中予以推广。

陈德廷任林业局长六年，争取林业发展资

陈德廷（左一）传授果树修剪技术（2005年摄）

金近亿元（包括退耕还林粮食补助资金），完成人工造林20万亩，飞播造林5万亩，封山育林25万亩，义务植树200多万株。红枣产量达到7000万公斤，林业产值达到2亿元。全县有林地面积增加22万亩，森林覆盖率提高了7.5个百分点，经全省2005年二类资源清查，森林覆盖达到26.27%，居保定第一。

陈德廷勤于动脑，善于创新，通过科技开发与推广新技术促进全县红枣产业的发展。

（一）在科技开发研究上取得重大成果

先后与河北农大、河北林学院、河北林科院、市林科所等大中专院校科研单位挂钩，参加了14个省部级枣科研课题的开发研究工作，抓课题做实验23项，在省级、国家级刊物上发表论文12篇，获科研成果6项，获科技成果奖5项。其中作为主要完成人参加的“太行山枣树丰产综合技术开发”课题于1992年12月获国家星火二等奖，“抗枣疯病种质筛选利用与枣疯病治疗康复技术体系”课题，2005年1月获河北省人民政府科技进步一等奖。“枣疯病控制理论与技术”课题，2007年2月获国务院科技进步二等奖。在阜平大枣选优课题中，带领单位一班人摸清栽培类型22个，选出优良类型9个，其中选出的丰产大果型河北沟大枣（2009年定名为阜香）浪窝沟大枣（2009年定名为阜帅）枣园抗枣疯病优良单株3个极优良阜平大枣类型，已在全省繁育推广。

（二）在技术推广上取得显著成绩

三十多年如一日坚持战斗在第一线，进行技术指导和现场培训，不断普及推广果树特别是枣树生产管理新技术。在任红枣局长、林业局长期间，亲自蹲点抓万亩枣树山地综合开发示范工程3处，千亩示范工程5处。2005—2007年抓的集大枣发展、管理于一体的大枣“双千亩”“双万亩”和“十万亩”县级示范工程受到了省市的充分肯定，探讨总结出“六创”“六解决”的阜平红枣发展新路，2006年全市造林绿化观摩会和2007年全省果品工作会在阜平召开，陈德廷在会上作经验发言。针对阜平枣产区植被稀疏、降水少，山上开发栽植枣树成活率低的实际情况，探索研究总结出对野生酸枣进行扩穴垒树盘，嫁接大枣、采用三年生大枣嫁接苗，在干旱年份采用裸根枣苗、瓶装造林的发展新模式，使贫瘠山地造林成活率90%以上。深入乡村培训专业技术人员及枣农5000多人次，提高枣农素质，培养技术骨干1000多人，培养科技示范户500多户。亲自蹲点抓高接换优示范村5个，无公害枣树管理示范村10个，率先在点上推广“树开心、枝拉平”树体改造技术和优质高效无公害栽培管理新技术，10个村20多万株枣树年平均增产鲜枣100多万斤，增值百万元，枣农靠红枣走上了富裕路。全县年红枣收入1万元以上的户达1万多户，3万元以上的户达1000多户，5万元以上的户达到200多户，人均枣收入超千元的村达40多个。

2005年5月，陈德廷（左三）察看万亩枣树工程项目

30多年来，无论星期天还是节假日陈德廷都很少休息，忘我地工作在第一线，在枣树生产管理的关键季节，早晨5点起床，晚上10点多钟才回家。许多枣农亲切的称之为“枣乡活财神”和“枣乡农民的贴心人”。

一分耕耘一分收获。陈德廷连续十年评为优秀公务员，曾40多次获县级以上奖励。1990年被省林业厅评为全省果树产园改造和百果园竞赛先进个人；1993年被保定地委行署授予保定地区优秀农业科技人员称号；1994年被评为保定地区第二届十大杰出青年、保定地区优秀共产党员；1995年被国家科协授予全国农村科普先进工作者称号；1996年市政府记二等功；1997年被省林业厅评为全省林业局科技推广年先进个人；1998年被评为保定市跨世纪人才；2000年被市政府授予保定市人民满意公务员（享受市劳模待遇）、市政府记一等功；2001年被保定市委评为优秀共产党员；2003年被市委、市政府评为保定市造林绿化先进个人；被市总工会授予保定市荣誉工会积极分子称号。2004年授予河北省劳动模范荣誉称号，2005年省林业局授予全省科技兴林活动年先进个人；被市委市政府授予“城镇绿化先进个人”称号；2006年全国总工会授予全国五一劳动奖章。

张贵忠　阜平县北果园乡店房村农民。他从小家境贫寒，能吃苦耐劳。初中毕业，回村务农。土地承包时他家里没有分到一棵枣树。2002年张贵忠以每年3000元的承包费承包了本村200多亩荒山，承包期50年。2003年与东城铺村高中毕业的贾菊梅结婚。张贵忠不仅有了个有文化的贤内助，更有了一个与他同甘共苦，治理荒山的好伴侣。夫妻二人每天天不亮就出发，太阳落山才回家。夫妻二人多次参加省、市、县有关枣树科学管理技术培训班，勤奋学习，经常向懂科技善管理的能人请教。每年放炮挖坑，修整埝阶，栽植枣树。冬闲开春抓紧时机，修剪枣树，舍得将那些枯枝、堂枝、下垂枝、无果枝剪掉，疯枣树彻底锯掉，清理干净。张贵忠的枣树从不使用化肥农药，而是从行唐等地拉回鸡粪施肥。杂草拔后埋在枣树周围，让其腐烂，变为有机肥料。张贵忠夫妇经常在山上细心观察枣树生长状况，用他们自己的话说：像拉扯孩子一样爱护枣树，管理枣树。枣园忙碌、红枣收获时节，就雇用十几人帮着干，让村民在家门口就能挣到钱。

承包荒山八年，张贵忠夫妇不管刮风下雨，酷暑寒冬，辛勤耕作，坚持不懈。他们脸晒黑了，肉脱皮了，手上磨出了血泡，鞋穿破一双又一双，硬是凭着愚公移山精神，苦干加巧干，科学管理枣树，到2010年，从承包荒山时的一二百株枣树，发展到8000余株，年收获红枣35000余公斤，收入十几万元。成为阜平县勤劳致富星。

李明平　东城铺村党支部书记，东城铺村163户570多口人，330亩耕地。为解决耕地少、口粮不足的难题，2000年李明平带领村干部一班人和村民通过义务工的办法，垒埝阶100多道，动用土石方1.3万方，扩展耕地61亩。其中水浇地6亩，旱地55亩，使全村耕地面积增加到391亩。为增加水浇地面积，他和村干部们多方筹资1.5万元，打大口井2眼，使全村60亩旱地变成了水浇地，从而保证了全村粮食自足自余。

要想富，先修路。为改善道路状况，解决行路难，争取多方筹资12万元把东城铺至革新庄村、东城铺至南沟口村两条乡村土石路变成了水泥路。筹资30多万元，修建了7条4米宽、11.5公里长的山路，解决了行路问题。

为解决村民饮水难，2005年筹资5万多元，从6里远的南沟村引水，解决了饮水问题。

家中有粮，道路通畅，吃水难题化解，村民们心里踏实了，脱贫致富的心气足了。

东城铺村山高沟深，耕地少，枣树多，缺少科学的管理技术和方法，辛勤的劳作并没有使村民的钱袋子鼓起来，这让李明平寝食难安。

2005年县里推广枣树棚架管理技术和方法，要在大枣主产区搞试点，东城铺村成为阜平县大枣“双万亩”管理示范基地之一。在林业、农业、水利等部门的大力支持下，李明平带领村民，按照县里提出的“机整地、路上山；窖集水、保抗旱；统一治、分户管；水平沟、枣粮间；栽大苗、早丰产”的枣树山地开发治理新模式，开始了声势浩大的开山栽植枣树的行动。东城铺村男女老少齐上山的感人场面。李明平书记想起来仍激动不已。

经过4个月的鏖战，该村完成机械开挖水平沟整地1040亩，栽植枣树4万株。在林业、科技等部门的指导下，按照“树开心、枝拉平、精细管、肥平衡、无公害、质先行”的技术要求，开始了枣树棚架管理新技术的试验，对原有的1000亩枣树进行树体改造和无公害管理，使枣树当年挂果累累，红枣产量提高了50%以上，效益翻了一番。同年9月，借力该村启动“双万亩”示范工程（新开发山地栽植枣树一万亩，对原有枣树实施科学管理一万亩），东城铺村余下的1700亩荒山全部开发，栽枣树6.8万株，全村枣树总面积达到4700亩，人均8.2亩。

由于枣树开发规模大、标准高、措施新、效益好，2007年东城铺村被确定为“河北省红枣提质增效、无公害管理、产业开发示范村”。

在李明平的带领下，东城铺村2008年高接换优选出阜香大枣1万多株，联系省农科院引种嫁接冀抗1号大枣1000多株，成为质地最优、果肉最厚、质量最好、品牌最响的东城铺大枣。

2009年，李明平带领干部群众，争取资金14万元在村里建起了1000平方米的红枣专业市场，方便了枣农销售。在村里建起了4个果脯厂，引进设备和技术，使年加工能力由原来的300吨提高到600吨，产值由原来的200万元增加到450万元。经过努力，红枣年收入达3000多万元，人均年收入5236元。

农历六月十三后，枣开始发个儿了李明平正在忙活一件大事：选了一片有上千颗枣树的优质枣林，精细管理，筹资修建上山的道路，准备等秋天成熟的时候举办采摘节。对此，面庞黝黑、条条皱纹深植的李明平感慨万千：“等秋天红枣收获时节，再来看，这里就变成金色和红色的了。”

李庆兵 男，1949年出生，北果园乡贾沟村人。他喜欢栽植枣树，科学管理枣树，向枣树要钱，靠枣树致富。他家分地时只有110棵枣树，到2010年发展到2300余棵，年收获红枣1万多斤，收入十几万元。李庆兵曾接受过中央电视台采访，并在中央7台播放。李庆兵是全村栽植枣树大户，是靠枣树脱贫致富的带头人，是全乡名人。

李庆兵发展和管理枣树的主要做法：

引进新品种 阜平大枣以婆枣为主，是阜平的老品种。李庆兵常琢磨，要想枣树多年丰收，光靠多栽还不行，要想法引进新品种，改良换代。于是李庆兵多次外出考察，引进醉枣王、蜜罐、冬枣等新品种。首先在自家地里实验栽种，有明显成果后，再推广给村民栽种。

科学巧管理 李庆兵管理枣树有一套，全乡闻名。他注重整枝修剪，修枝主要在冬闲和开春。他把冬闲变冬忙，即使下雪刮风，也不停手。李庆兵年过花甲，但上树下树轻快自如，得心应手。枣疯病枝杈彻底清理，枯枝、堂枝、直立枝一枝不留，整个树体疏密适度，修剪合理，保障结果枝旺盛生长。使用有机肥。为了保障红枣质量，他从不使用无机肥。李庆兵带领村民到沧州、唐县拉回羊粪等有机肥料，围绕枣树挖坑施肥，肥效大，效力时间长。李庆兵自己熬制石硫合剂，抓住病虫害发生时机，适时喷撒。还从天津购回无毒农药苦参碱，别的村每年要喷撒10次左右，李庆兵用药只喷两三次，有效控制病虫害发生，枣果累累，长势喜人。

经有关部门鉴定，李庆兵家的大枣是无公害产品，质量上乘。红枣收获季节，保定、石家庄市等外地游客、商家亲自到树下采摘收购。李庆兵家的大枣还参加了廊坊农展会，受到广大客户青睐。

第三节　习俗与谚语

一、枣乡习俗

待客习俗　过去，枣乡人民生活贫穷，亲朋上门就拿出红枣来招待。如今枣乡农民仍然保留着用红枣、花生待客的习惯，以为这是自家生产的东西，没有化肥、农药，是绿色安全食品。

婚礼习俗　千百年来乡亲们常常给新郎家送上或摆出大枣、花生、栗子表达美好的祝愿。花生香，大枣甜，祝新人的日子香香甜甜。摆上大枣、花生、栗子寓意新人早生贵子。

祭祀与供奉　阜平旧县志有“以枣祀神”的记载，中秋节晚上，农家小院里，摆上一桌贡品，红枣是必不可少的。家庭主妇净手焚香，请求上苍的福佑。

枣花　如前所述是阜平人民喜爱的一种食品，更是一种祭品。各种各样的枣花馍，春节时分摆在案桌上，主要是供奉给本家的祖宗先人享用，时间要从除夕夜一直摆到新年过罢。然后平均分配给孩子们吃，称之为“福气馒头”，一是希望枣花馍给孩子带来好运；二是往昔农家日子贫寒吃一顿白面很不易，用这已经风干了的馒头给孩子们解馋，也是大人舍不得吃、因而表现出浓浓的父母之情，让日后子女们铭记，不忘孝敬。

二、枣谣枣谚

枣乡人民生活中离不开枣，话语中表情达意也出现了大量生动、形象、精当、极富表现力的谣谚，成为人们生活中的一种鲜活的文化，被语言学家成为群众口头上的“活化石”。

桃三杏四梨五年，枣树当年就还钱　语义是枣树挂果很早，当年栽的枣树如果植株大、管理得又好，当年就能结枣。劝说人们爱枣树，动员人们多栽枣树。

枣发芽种棉花　枣树是当地发芽最晚的果树，告诉农民枣树发芽开始种棉花。发芽后，枣害虫步蛐、黏虫（即桃小食心虫）等开始发生，应该及时消灭害虫，不然步蛐一旦吃坏或吃光叶子，红枣就会减产、绝产。

六月十五枣发暄儿，七月十五枣红圈儿，八月十五枣上竿　这三句话说明了大枣的生长过程，同时也提醒人们注意在大枣生长的不同时期，采用不同措施进行不同的管理，不误农时。

山里红包粽子，万也不是个枣儿　寓意是山里红（即红果）虽然和枣一样红艳夺目，但是酸得令人掉牙，包粽子用山里红远远不如红枣对人口味。引申意义是提醒人们不要用错东西，坏了事。

仨核桃俩枣，不值当的　寓意是某件事物不值得注意或重视，不必去管它。

八月十五蒸糕——趁早（枣儿）　这句歇后语的本意是，到了八月中秋大枣就熟了，可以蒸糕了。更明显的寓意是，提醒人们办事要抓紧时间早动手，不要坐失良机。

扤着小篮卖酸溜溜（酸枣）——彈充红枣　此歇后语的本意是没有像枣那样的好东西可卖，就去市场上卖酸枣这样没有品位的东西。引申义是，讽刺那些没本事、没好货的人不害羞臊地显摆、推销自己。

有枣没枣打三竿　引意为不讲区别，不分好歹，一下子收拾。这话在20世纪60年代初“四清”运动中颇为流行，表达群众对当时极“左”路线的不满。

清晨的草儿露水枣儿　带着露水的枣儿吃起来清脆、水灵灵的甜十分可口。

吃一个大枣能甜你个跟头　寓意是对阜平大枣甜美的夸张说法。

第十五篇　工业、建筑业

1996 年全县各类工业企业 1112 家，实现工业总产值 4.43 亿元，利税 4584 万元。1998 年投资 2000 万元建石材加工小区 8 个，石材加工企业 300 家，石材加工设备 900 台（套），年加工能力 500 万平方米。2000 年，阜平县经济贸易管理局所属国有企业和阜平县轻工业局所属集体企业通过兼并、重组、破产、出售、转让、租赁等形式进行改制，乡镇集体企业全部出售转让或出租，县属企业大部分国有资本退出，民营经济崛起。2009 年县政府出台《关于对民营企业提供资金技术用地支持的若干意见》和《关于对停产和亏困企业实施帮扶的实施意见》。实施派山蜂业、北方云母与高校专家人才对接，民营企业壮大起来。2010 年全县各类工业企业 1655 家，从业人员 11385 人，工业总产值 21.1 亿元，利润 1.9 亿元，上缴税金 2790 万元。

1996—2010 年，建筑业从小到大，从少到多，实现快速发展。1996 年有建筑工人 162 人。到 2010 年建筑工人增加到 2860 人。1996 年总产值 320 万元，2010 年总产值 2632 万元，增长 7.2 倍。1996 实现利润 150 万元，2010 年实现利润 821 万元，增长 4.47 倍。

第一章　工业总情

阜平县工业企业有化肥厂、化工厂、水泥厂；采矿业有炭灰铺煤矿、上堡铁选厂、台峪金选厂等；大红枣深加工企业有王林口天然饮料食品有限公司、果脯十三厂、阜平县蜜饯厂、梦雨食品有限公司等。2002年投资2000万元用于石材开发项目，石材加工企业发展到300家，年加工能力达到500万平方米。2010年全县谋划实施工业型项目34项，总投资148.8亿元，全县民营企业发展到1655家，注册资金5200万元。

第一节　工业规模与总量

一、工业规模

阜平县的工业企业属基础性低端工业企业，以矿山开采、加工企业为主。主要有化肥厂、化工厂、水泥厂、炭灰铺煤矿、上堡铁选厂、台峪金选厂等，大枣深加工企业有王林口天然饮料食品有限公司、果脯十三厂、阜平县蜜饯厂、梦雨食品有限公司等。没有机械制造业、铸造业和高科技生产企业。1996—2000年，阜平工业在计划经济管理体制下运行。全县国有工业、二轻工业、乡镇集体工业，实行全员劳动合同制。通过劳动合同，明确职工权利和义务。1998年县委、县政府在年度目标中，下达企业改制任务和各项主要经济指标，各类国有工业、集体企业按照任务目标，安排生产经营活动，开始推行股份制改革。2000年经贸局所属国有企业完成全面改制，改制后全县留存各类工业企业925家。企业全部实现自主经营、自负盈亏。

为加快阜平工业企业发展，2001年县委、县政府确定为实施工业企业“项目年”，引进开发十大重点项目，当年见成效。2002年，投资2000万元用于石材开发项目，全县石材加工设备有原来不足500台（套），发展到900台（套），石材加工企业发展到300家，年加工能力达到500万平方米。2005年引进资金1.75亿元，利用外资0.5亿元，年底全县民营经济发展到1429家，注册资金达到2.6亿元。2006—2010年，充分发挥阜平资源优势，从抓开发基础工作做起，加速产业结构调整，重工富县、强农富民。由卖原料向开发、开采、就地加工转变，由产品粗加工向精加工、深加工转变，由资源优势变为商品优势，项目效益明显提升。对宗全机焦等重点工程继续加大项目扶持力度，下大力狠抓现代工业提档升级，全力打造华北最大煤化工基地。规范矿产、建材园区升级改造。2010年全县谋划实施工业型项目34项，总投资148.8亿元，全县民营企业发展到1655家，注册资金5200万元。

二、工业总量

1996年全县工业总产值4.43亿元，营业收入3.08亿元，增加值0.8亿元，实现利润0.4亿元，上缴税金0.05亿元。2000年完成工业总产值3.65亿元，营业收入3.18亿元，增加值0.94亿元，实现利润0.4亿元，上缴税金0.04亿元，各项经济指标与1996年基本持平。2005年完成工业总产值8.1亿元，营业收入7.4亿元，增加值2.1亿元，实现利润0.8亿元，上缴税金0.1亿元。2010年完成工业总产值21.1亿元，营业收入19.1亿元，增加值5.4亿元，实现利润4.9亿元，上缴税金0.3亿元，完成出口产品交货值0.5亿元，规模以上工业增加值1.59亿元。

1996—2010 年阜平县工业企业主要指标完成情况统计表

表 15-1-1

项目 年度	总产值（万元）	营业收入（万元）	增加值（万元）	利润总额（万元）	上缴税金（万元）	劳动者报酬（元）	企业个数（个）	职工人数（人）
1996	44300	30833	7708	4113	471	—	1112	11518
1997	63010	52500	1678	6260	610	—	1112	11518
1998	57942	51345	12132	5795	740	—	723	3964
1999	50400	45353	11584	4670	525	—	745	4040
2000	36556	31776	9406	3510	360	—	925	5124
2001	45530	40905	10222	4458	460	—	825	4654
2002	48281	41368	11359	4565	534	2931	1286	8162
2003	54663	46663	12785	5126	610	2979	1298	8182
2004	66251	60300	16823	6151	932	3080	1300	8732
2005	81167	74028	20634	7480	1250	4087	1429	9637
2006	98861	89173	25236	9095	1353	4552	1330	8932
2007	120214	107899	30787	11023	1468	4992	1420	9790
2008	146900	132442	37680	13413	1970	5696	1523	10550
2009	175398	157964	45102	15679	2300	6937	1560	10980
2010	211424	190552	54429	18783	2790	8372	1655	11385

第二节 工业结构

一、所有制结构

（一）国有工业

1996年阜平县登记注册国有企业30家，固定资产5500万元，从业人员2136人，产值4200万元。1999年国有企业进行大规模股份制改革，国有股本渐次退出。是年，国有企业固定资产1亿元，从业人员2800人，完成总产值6000万元。2000年县属国有企业完成改制，企业真正成为自主经营、自负盈亏法人实体。

（二）集体工业

1996年全县有18家集体工业企业，固定资产235万元，从业人员486人，总产值300万元。县办集体企业由阜平县轻工业局管理。1996年轻工业局挂二轻总公司牌子，1997年撤销轻工业局。2000年集体企业全部改制。

（三）民营工业

1996年全县民营工业1112家，从业人员11518人。总产值37100万元，实现利润4113万元，上缴税金471万元。2000年全县民营工业745家，从业人员4040人，总产值50400万元，增加值11581万元，实现利润4670万元，上缴税金525万元。2005年全县民营工业128家，从业人员2412人，总产值72323万元，增加值20375万元，实现利润7120万元，上缴税金1140万元。2010年全县民营工业1655家，从业人员11385人，总产值211424万元，增加值73686万元，实现利润18783万元，上缴税金7194万元。

二、产业结构

1996年阜平县各类工业企业1112家，从业人员14022人，工业总产值3.71亿元，占全县工农业生产总值29.2%。其中全民工业企业30家，从业人员2036人。二轻系统工业企业18家，从业人员468人。乡镇企业1112家，从业人员11518人，其中乡办企业15家，从业人员705人。村办企业53家，从业人员881人。联户企业97家，从业人员1167人。个体企业947家，从业人员8765人。1998年全县各类工业企业723家，从业人员3964人。工业总产值3.65亿元，占全县工农业生产总值的25.5%。2000年企业改制，2005年全县各类工矿企业1429家，从业人员9637人，工业总产值8.1亿元，占全县工农业生产总值33.3%。2010年全县各类工业企业1655家，从业人员11385人。工业总产值21.1亿元，占全县工农业生产总值23.9%。

三、劳动力结构

1996年后，阜平县民营企业发展很快，但员工文化素质相对较低。在工业企业员工中，大部分是当地农民，许多属于家族式人员。全县从业人员14022人，其中：初中及以下文化员工占77.1%，高中（含中专）文化占18.9%，大专及以上学历仅为4%。2005年全县工业企业从业人员9637人，其中：初中及以下文化员工占75%，高中（含中专）文化占20%，大专以上学历占5%。2010年全县11385从业人员中，初中及以下文化员工占71.7%，高中（含中专）文化占19.8%，大专及以上学历占8.5%。全县民营企业从业人员中女性从业人员4226人，全部民营企业中大专及以上文化程度人数160人，中专及技校文化程度人数206人，初级职称107人，中级职称80人，高级职称10人。全县民营企业职工培训机构3个，年培训职工3780人次。

随着经济发展和社会进步，阜平县工业企业劳动生产率不断提高。1996年全县工业全员劳动生产率为6692元/人，2010年为47807元/人，比1996年增长7.14倍。

第三节 工业体制

一、产权制度改革

阜平县原有35个县属工业企业，均为小、微型企业，多数处于停产、半停产状态，有的企业资产负债率高达200%以上。保定市委、市政府主要领导曾多次到阜平县调研，为企业找病根、开药方、理思路、明确要求。2000年阜平县推进县属国有工业企业改制，县委、县政府专门成立阜平县企业改制领导小组，下设办公室，对重点难点企业派驻工作组强力推进。出台《全面推进县办国有企业改革的实施意见》，明确所有工作都要为企业改制让路。通过改制，国有成分退出，企业独立承担债权、债务和资产益损。实现政企分开，使企业真正走向市场，成为独立承担民事责任的法人实体，依靠市场竞争、调节搞活企业。县办国有企业改制中，国有成分全部退出，不搞国有持股，也不设企业法人股，全部由职工持股和自然人持股。做到产权明晰，企业资产人格化，经营者和职工成为真正企业资产所有者，权、责、利统一。

二、经营体制改革

2000年县内21家国有企业全部改制。企业在国有成分退出同时，由职工和经营者按自愿、公开原则购买股权，成为民营企业股东。鼓励有能力者持大股，不设奖励股，不搞配股，大多数职工在得到安置同时成为民营企业股东，成为法律意义上的企业所有者。改制企业在建立股东会、董事会、监事会和经理层的基础上，普遍完善党组织和工会组织，企业自我约束机制和监督机制明显增强。

三、管理体制改革

2000年企业改制后，实行政企分开，政府由直接管理企业变为宏观指导，协调服务，社会主义市场经济条件下政府与企业职能归位。原太行化工厂、机械厂、理石厂等企业通过改制，企业发展，社会稳定，市场机制发挥重要作用。政府能够抽出精力抓重点企业和重点项目，扶优扶强，培育新经济增长点。

第四节 工业管理

一、组织机构

1996年机构调整时撤销黄金管理局、矿山管理局、花岗岩管理局，设立地矿总局。对全县黄金、铁矿、花岗岩等矿产品开采加工业进行统一管理。

1996—2002年阜平县乡镇企业由乡镇企业管理局统一管理。2002年撤销阜平县乡镇企业管理局，管理职能转移到阜平县经济贸易局。

1996年阜平县设经济管理委员会。2001年阜平县经济管理委员会、阜平县对外贸易局、阜平县商业物资总公司合并组建为阜平县经济贸易管理局。

2002年4月乡镇企业局、粮食局合并到阜平县经贸局。同年安全生产监管职能从劳动部门转移到经贸局，成立安全生产监督管理局（一个机构、两块牌子），全系统有企业2969个，其中商务12个，外贸5个，工业22个，乡镇企业2930个。企业职工15621名，其中商务842名，外贸409名，工业1413名，乡镇企业12957名。

2006年9月机构调整，阜平县经济贸易局分为阜平县安监局、阜平县商务局和阜平县工业促进局。工业促进局（挂中小企业局的牌子），由发展改革局管理，工作上相对独立。负责对县域工业经济发展指导与服务工作。

2010年5月17日工业促进局（中小企业局）职责划入发展改革局，在发展改革局挂工业和信息化局牌子。2010年阜平县工业促进局撤销，阜平县工业促进局和信息化局成立。承担全县工业行业管理，信息产业发展及原工业促进局相关职责。

二、企业管理

（一）经营管理

1996—2000年，阜平县工业企业实行承包经营，厂长负责，集体（或个人）承包，签订合同，明确承包者任期目标及奖惩标准和措施，经法律部门公证，使合同具有法律效力。承包者再把具体经营责任和效益指标层层分解、落实到每个车间、班组、个人身上，从厂长、车间主任到职工个人共担风险，共享利益。2010年全县工业经济进入民营化发展的新时期。

（二）生产管理

1996—2000年阜平物资比较贫乏，成规模工业企业较少，小型工业企业主要任务是组织生产。

2000年政企分开后，根据现代企业制度改革的要求由企业自主决定。各企业加强生产过程中各环节管理，建立严格生产管理制度，对工厂生产成本进行倒算管理，提高各厂生产管理水平。

2010年全县工业企业生产管理走向正规化、标准化、系统化。

（三）质量管理

1996—2000年企业实行承包经营，产品质量与工资、福利挂钩，经营者严把质量关，产品质量有很大提升。

2000年，阜平县开展“品种、质量、效益年”活动，县内工业企业质量管理水平和产品质量提高，主要工业产品质量稳定。不少工业企业结合自身特点运用先进质量管理方法进行企业创新，取得较好成效。但也存有部分企业不会用、不常用、不愿意用先进质量管理方法现象，影响企业整体竞争力提升。2000年后国有集体工业进行全面改制，股份制和个体经济占据市场主导地位，先进质量管理方法得到广泛应用，取得成效。

2000—2002年食品产品质量安全存有不同程度问题，直接威胁着人民群众生命安全。

2002年按照食品安全市场准入制度，对符合规定条件生产者实行生产许可证管理制度。河北梦雨食品有限公司、阜平山珍大枣制品有限公司、阜平县红力蜜饯制品有限公司、阜平县龙门博夏醋厂、河北省派山蜂业开发公司、保定天航绿色食品保鲜有限公司等27家生产企业获得食品生产许可证，取得QS标志。在实行食品生产许可证同时，县政府组织有关部门定期、不定期开展打假活动，到2010年大规模打假活动开展10多次，查处假冒伪劣产品总值1500多万元，立案查处450余起，保证食品生产质量。

（四）财务管理

1996—2000年，阜平县经贸局分季度对下属企业进行财务审计，各企业根据“建立健全企业内部财务管理制度、做好财务管理基础工作，如实反映企业财务状况、依法计算和缴纳国家税收、保证投资者权益不受侵犯”原则，制定适合企业实际财务管理制度。企业主管部门加强财务审计监督管理。成立财审科，专门就审计工作对所属企业制定厂长离任审计制度、年度审计制度等，使企业财务工作有章可循，趋向制度化管理。

2000—2010年，阜平县国有企业改制后，工业企业主管部门不再对企业进行财务审计，国家加强税务管理，尤其是增值税管理，财务管理由税务管理取代。

（五）供销管理

1996年全县工业企业物资代购工作步入正轨。由厂部根据有关信息确定各种物资库存储备量，以满足连续性生产需要。根据产品市场情况确定企业生产计划，由生产计划做出年度、季度、月份物资需求量，企业供应部门根据企业储备计划和物资需求计划，制定出全厂物资采购计划，由专人负责，按计划要求按时将物资购回。2000—2010年大多数企业实行定点采购，部分企业灵活采购，比价采购。

1996年后销售科任务不再单纯负责销售工作，增加市场调查、售后服务、客户回访等职能，进一步加强与客户联系，增强服务意识，提高适应市场能力，经营销售工作向更高水平发展。2005年后随着市场竞争加剧，销售工作采取新销售策略。企业认识到商标重要性，加大广告宣传活动，同时在外地建立销售网点，扩大市场占有率。2010年各企业在销售管理上注重产销衔接，实行以销定产，减少生产盲目性，提高资金使用率。有企业还在一些大中城市设立办事处或销售窗口。

（六）安全管理

1996—2002年，阜平县劳动人事局承担全县安全生产综合管理、职业卫生监察、矿山安全卫生监察和特种设备监察等职能。

2002年成立阜平县安全监督局与经贸局合署办公。

2005年4月，发展改革局和经济贸易局合并组建为发展改革局，安全生产监督管理局独立，列为县政府工作部门。行使安全生产综合管理和监督监察职能，对全县工业企业安全生产统一管理。

2008年在全县13个乡镇成立安全生产监督管理所，实行三级联网管理办法。全县对安全生产实行一票否决，出现重特大生产安全事故，取消当年一切评选资格。采取互查、抽查、联查方式进行安全生产大检查，发现安全隐患勒令限期整改直至停产治理。各企业采取多种形式加强安全教育，提高安全生产意识，在厂区设立醒目安全生产警示牌，建立健全安全生产规章制度，严格安全生产规定组织生产。在完善安全生产应急预案，加强各类事故及可能危及安全生产自然灾害的预测、预报、预警、预防工作同时，进一步强化应急救援队伍管理，建立应急值班制度，提高突发事故处置能力。

2008年保定市安全生产监督管理局组织行政执法案卷评查工作中，阜平县安全生产监督管理工作排名全市第一。

2009年保定市尾矿库整理现场观摩会在阜平县鑫溢丰铁选厂尾矿库召开，涞源、易县、唐县等县市主管副县长、安监局干部职工及矿山开采企业100多人到场参观学习。年底保定市召开尾矿库整治行动总结表彰大会，阜平县人民政府、阜平县安监局、三家尾矿库企业被授予先进单位，政府县长徐志清、县委常委、副县长董国平等16名同志受到市委、市政府表彰。2010年安全生产管理工作步入正规化管理。

第五节 名牌产品

一、食品行业

（一）盖宇牌野酸枣汁、博珍枣茶

1984年，阜平县天然饮料食品厂建立，位于定阜公路王林口站东一公里处。占地30亩，固定资产500万元，员工60人。交通便利，电力、通信设备齐全。该厂主要产品三大类十几个品种："盖宇"野酸枣汁、"博珍"枣茶、金丝蜜枣、无核蜜枣、酥枣、大枣补汁、大枣可乐、汽水、橘子汁饮料等。1996年该企业属乡办企业。2000年企业进行改制，更名为阜平县盖宇天然饮料食品有限公司。该公司的主导产品"盖宇牌野酸枣汁"，选用野生酸枣、手工采摘、高温杀菌，通过山泉水浸提精制而成，盖宇牌野酸枣汁富含蛋白质VC、VE、VB12、钙、磷、铁和氨基酸，纯天然口味。"博珍牌枣茶"选用阜平优质大枣，福建乌龙茶等原料制成。"盖宇"野酸枣汁、"博珍"枣茶，常饮可健脾开胃，抗癌防癌。该产品在国内外畅销，出口美国、马来西亚等国家和地区。1999年国际茶业、保健品博览会上获金奖，获第四、第五届河北省消费者信得过产品奖。2000年9月"盖宇"牌酸枣汁和"博珍"牌枣茶被国家轻工业局中国中轻产品质量保障中心认定为"中国著名饮料保护品牌"。2000年9月"盖宇"牌酸枣汁在2000年乐陵全国红枣交易会上被评为银奖。2001年11月获河北省第六届消费者信得过产品奖。2001年11月"盖宇"野酸枣汁获中国国际农业博览会名牌产品。2004年5月"盖宇"野酸枣汁获河北省农展会优质农产品金奖。2004年8月获农业科技专家大院模式示范单位。2006年12月获河北省首届名优果品展评会优质产品奖。2008年获河北省优质产品奖。

（二）蜂蜜枣珍、贡枣、香酥枣

1975年，阜平县蜜饯厂建立，属于国有企业。2000年6月改制为阜平县山珍大枣制品有限公司。固定资产400万元，年生产能力1000吨，是阜平县枣系列和果脯等出口产品主要公司之一。该公司依靠严格科学管理和先进生产技术，遵循"信誉第一，用户至上"宗旨，生产的枣系列食品远销马来西亚、新加坡、俄罗斯、日本等国外市场。产品主要有红贡枣、黑贡枣、无核蜜枣、酥枣、香酥枣、枣酱、杏脯、桃脯、海棠脯、薯脯等20多个品种。1998年阜平县山珍大枣制品有限公司与中国农业科学院蜂蜜研究所共同开发研制"蜂蜜枣珍"高级天然补品，2001年荣获河北省第六届"消费者信得过产品"。

加工车间

包装车间一角

（三）果脯、杏脯、花红脯

2006年6月，河北梦雨食品有限公司创建，位于阜平县阜平镇高阜口村，公司占地13000平方米，建筑总面积7800平方米，总投资5200万元，建有年产5000吨果脯生产线，容积

10000立方米冷库，于2008年建设自己大枣生产基地和花红果脯生产基地。公司主要生产免洗大枣、无核蜜枣、无核红枣、杏脯、花红脯等。产品除销往北京、天津、上海等国内各大城市外，还远销日本、韩国、俄罗斯、澳大利亚、东南亚及港澳台等地区。

2010年企业由季节性生产发展为全年生产，年生产能力5000吨。销售收入1867万元，利税187万元，解决120多名下岗职工和农村剩余劳动力就业。受益群众涉及5个乡镇，16个自然村2.3万人。

企业作为立足当地资源农产品果品深加工龙头企业，2006年取得国家认监委颁发卫生注册证书、获得自营进出口权。2007年取得全国工业产品生产许可证，获国家颁发“质量、信誉、服务满意示范企业”荣誉证书。2008年在阜平县第一届德信典型评选中被评为“诚信企业”，保定市中小企业局等6家单位联合评为“保定市信用企业”，定为保定市“优化发展环境成长型监测企业”。

（四）京华蜂蜜

1992年，阜平县派山蜂业公司创建。主要生产“派山牌京华蜂蜜”系列产品。连续四届被评为河北省优质产品、消费者信得过产品、河北免检产品，2001年荣获中国国际农业博览会名牌产品称号。2007年获取食品准入QS全国工业产品许可证。

（五）大枣果白酒

阜平县红金贡酒厂1996年获河北文化名酒企业。2002年获最受欢迎家乡酒品牌，阜平县满堂红大枣酒业有限公司2010年获河北省产品检验合格企业，重点推广单位。公司精心研制推出的中国第一大枣果白酒系列产品获“冀星”品牌。

（六）高老西牌红枣醋

1990年，阜平县龙门博夏醋厂建立，该厂研发高老西红枣醋，以阜平大红枣、天然矿泉水为主要原料，采取传统工艺与现代技术相结合方法生产红枣香醋。2004年博夏醋厂生产产品被省消协定为“信得过产品”。2005年10月被保定市农村产业化领导小组认定为“保定市第二届农副产品推介交易会名优农产品奖”。同年荣获“中国国际枣业深加工示范企业”。2007年在全国发明展览会上获铜牌。2008年被保定市政府评为重点龙头企业。2009年获中国地方特产荣誉称号。2010年龙门博夏醋厂生产“高老西儿”牌红枣醋获河北省中小企业名牌产品称号。

二、建材行业

（一）阜兴硅酸盐水泥

阜平县阜兴建材有限公司拥有员工270名，占地面积3万平方米，固定资产1600多万元，年产值1200万元，实现利税200万元。公司机构设置有7车间、5科室。主要生产设备有：直径2.8×10米机立窑1座，有直径2.2×9.5米高细磨1台。设备先进，生产工艺配料自动化控制。主要生产“阜兴”牌325普通硅酸盐水泥，年生产能力10万吨，连续多年获河北省“消费者信得过产品”称号，2001年9月获得国际质量体系认证证书。

（二）阜平一号黑、二号黑、三号黑

河北阜平县腾达石材厂集矿山开采、石料加工、经营于一体，位于阜平县城西石材工业区，该厂1992年建立，2000年有职工386人，其中技术人员186人，投资总额1800万元，厂房占地10万平方米。拥有花岗岩矿山8座，年开采量35000立方米。生产经营墓碑石、板材、异型材、精工石雕工艺品。产品销往日本、韩国、欧洲等20多个国家和地区。年生产墓碑石、异型材、精工石雕工艺品3万套，优质板材15万平方米。该厂是中国石材工业协会会员单位。主要有阜平一号黑、二号黑、三号黑、雪花呢、三花、万年青、黑白点等10多个花色品种。

三、非金属矿物制品业

河北省阜平县北方云母工业有限公司前身是阜平县云母集团工业公司，成立于1993年。2004年企业成功改制，创建河北省阜平县北方云母工业有限公司。由最初手工加工云母片发

展成为云母纸制造企业，是我国北方地区生产规模较大、科技含量较高云母制造企业。

位于西庄的生产车间大门

生产车间

河北省阜平县北方云母工业有限公司总部位于阜平县桥东街34号，生产车间位于阜平县西庄村，民营股份制企业，占地面积10余亩，2010年注册资金63.9万元，固定资产425万元，职工33人，生产各类云母纸1050吨，多次被中国中轻产品质量中心和中国产品质量检验认证推荐办公室授予“河北省质量、信誉、服务满意示范单位”。公司连续多年被阜平县政府评为“纳税先进单位”，2001年被阜平县政府纳入“阜平县重点单位”。2005年被保定市政府纳入“保定市重点成长性企业”，2008年9月被中共保定市纪委和保定市监察局评为“成长型企业监测点”。

第二章　工业门类

阜平县工业企业分为建材、采矿、矿产品加工、化工、煤矿、云母加工和食品加工企业7大类。建材业有水泥厂1个，石子、石料厂1个。采矿业有阜平县鸿达石材厂、砂窝乡龙王沟西沟掌辉绿岩矿等9家采矿企业和一家无烟煤煤矿。矿产品加工有城南庄、易家庄、麻棚、龙门、砂窝5个石材小区。化工行业有化工厂、化肥厂，云母深加工企业1家。1996年全县果脯加工点314家。其中乡办5家，村办24家，联合办50家，个体235家。2010年全县果脯加工点40家。规模较大果脯加工企业6家，年加工能力4650吨。

第一节　建材业

一、水泥

1970年5月，阜平县北岳水泥有限公司（原阜平县水泥厂）建立，1994年1月29日保定地区行政公署以保经〔1994〕17号文批复阜兴建材有限公司8.8万吨水泥生产线立项。1999年7月22日阜平县经济贸易局以阜经贸字〔1999〕12号文批复，阜兴建材有限公司对主机设备进行技术改造，由1.5×5.7米两台生料磨，改造成一台2.2×7.5米生料磨，一台1.5×5.7米水泥磨改造成一台2.2×9.5米高细磨。新增Φ2.2×9.5米水泥高细磨1台，Φ2.8×10米机立窑1座。年生产能力10万吨，资产总计1500万元。2001年生产“阜兴”牌水泥8万吨，实现产值1650万元，税金80万元。“阜兴”牌水泥，2001年9月通过ISO 9002质量体系认证，2002年被河北省质监协会授予产品“质量信得过产品”称号，连续6年荣获省市各级质量监督部门颁发的质量、服务双满意单位荣誉证书。2000年5月改制为具有独立法人资格的股份制企业，企业更名为阜平县北岳水泥有限公司，注册资金92.3万元，职工200人。2005年完成产值1900万元，营业收入2000万元，上缴税金100万元。2010年公司拥有固定资产2000万元，注册资金92.3万元，员工200人，产量10万吨，产值2500万元，税金120万元。

阜平县水泥厂（1998摄）

二、石材业

（一）石材业开采加工

阜平县花岗岩矿区，主要分布在阜平镇、城南庄、吴王口、砂窝、夏庄等乡镇，总储量4.5亿立方米。有中国一、二、三号黑，大、中、小三花、黑白点、雪花呢、万年青、森林绿、芝麻白、阜平红等10余个系列20多个品种。经河北省工勘院和质量监督检验部门测定，各种花岗岩的质量参数、加工技术指标均达到国家标准。1996—2010年，全县矿山开采完成投资8.3亿元，开发花岗岩矿90余座，总占地4.4平方公里，年开采能力100万立方米以上。

1996—2000年县政府出台《关于建立石材加工小区推动石材加工业发展的实施方案》（阜政〔2000〕29号），三年时间，建成3个石材小区，2001年4月成立“阜平县石材协会”，并加入“中国石材协会”。2000—2005年建立城南庄、易家庄、麻棚、龙门、砂窝5个石材小区。2005年6月成立“阜平县工业园区管理委员会”，2005年全县石材加工企业300家，年加工能力500万平方米。2010年累计完成投资2.2亿元，发展入区企业500家，占地1.6平方公里，新上加工设备2400台（套），其中大锯900台，切割机、磨光机等配套设施1500台。主要生产各种板材、墓碑石、电脑雕刻工艺品及路基石等，产品销往北京、天津、石家庄、太原等10余个城市，出口韩国、日本、俄罗斯、新加坡、意大利等国家。年加工各种板材400万平方米、墓碑8000立方米，综合产值5亿元，年利税1600万元。

年产值1000万元以上采矿企业有：阜平县鸿达石材厂砂窝乡龙王沟西沟掌辉绿岩矿（年产值4500万元）、阜平县阜博联营石材厂砂窝乡龙王沟西沟掌辉绿岩矿（年产值3500万元）、阜平县百亩台杨树坑矿、砂窝乡杨树坑辉绿岩矿（年产值2500万元）、段中文上旺安沟掌崖圈辉绿岩矿（年产值1500万元）等。

年产值1000万元以上石材加工企业4家：阜平县永生石材厂（年产值2500万元）、阜平县腾达石材有限公司（年产值2100万元）、阜平县玖隆港石材有限公司（年产值1100万元）、阜平县骁龙石材有限公司（年产值1200万元）。

石材加工业带动交通运输、住宿餐饮、汽车维修、石油经销等行业发展。安排当地农民就业上万人。

（二）石材业发展规划

2010年阜平县政府编制《阜平县石材产业发展规划》。矿山开采区规划：在吴王口、砂窝两乡镇，对现有辉绿岩矿山进行资源整合，根据辉绿岩矿山“线状”特性，将现有的63个矿山整合成40个左右，阜平镇、城南庄镇、夏庄乡等盛产黑白点、大、中、小三花的矿山，根据储量大，开采难度小，一证多点的特点，进行资源整合和技术改造，改变传统开采方式，运用新技术、新设备，提高石材成材率，减少废石下山。

石材交易市场建设规划：建立砂窝石材交易市场、龙门石材交易市场、易家庄石材交易市场。主要布局：砂窝石材交易市场依托砂窝、吴王口两乡60余座辉绿岩矿山和80余家加工企业，在砂窝村一龙王庄村规划建设占地100亩的辉绿岩荒料及产成品石材交易市场。龙门石材交易市场依托阜平镇的辉绿岩矿、楼房村、木匠口村的黑白点矿及100余家加工企业，在龙门村河口一带规划建设占地100亩的辉绿岩、黑白点荒料及产成品石材交易市场。易家庄石材交易市场依托城南庄镇栗树漕、麻棚、岔河及夏庄乡黑白点、三花矿及城南庄300余家加工企业，在易家庄一带规划建设占地150亩黑白点、三花荒料及产成品石材交易市场。

石材产业园区规划：布局一廊、三区（2011年至2020年）、三园（2011年至2015年）。一廊为城南庄至砂窝百里花岗岩开采加工长廊；三区为砂窝、龙门、城南庄石材加工小区；三园指依托三区，规划3个石材产业示范园区，以后新建企业必须入园。砂窝石材小区及砂窝石材产业园：砂窝小区现有大柳树、神岭台、龙王庄、河角、河彩、龙王沟6个点保持不变，在大柳树规划300亩荒沟建设砂窝石材产业园。龙门石材小区及龙门石材产业园：龙门石材小区现有河口、龙门、楼房3个点保持不变，依托龙门砖厂现有50亩土地，规划100亩荒坡建设龙门石材产业园。城南庄石材小区及城南庄工业园：城南庄小区包括城南庄、塘沿口、后庄、南台、万宝庄、易家庄、栗树漕、麻棚、岔河等点，搬迁城南庄点，取缔南台点，搬迁易家庄部分企业，其他各点保持不变，在炮厂沟规划400亩建设城南庄石材产业园。

三、石子、石渣

阜平县石灰石主要分布在大台乡，区域面积168平方公里，辖9个行政村，人口1.17万。该乡山场面积广大，以大台村为中心方圆40平方公里的区域内储存有大量天然石灰石。经破碎筛选后加工成石子和石渣，作为一种建筑材料被广泛应用。

1996年大台村村民吕建庄、吕中新投资60万元，建成大台乡第一个石料加工厂一金龙洞石料厂，年效益30万元。1997—2005年，村民吕二青、韩士朋、杨英杰、韩龙立等人投资510万元，建成4家石料厂，安排农村劳动力近200人，年产石子190万吨。2005年实现年产值270万元。2006—2007年投资240万元，对设备进行更新改造，安装除尘等配套设施。2008—2010年各加工厂投资420万元，再次进行了以环保为重点的技术革新，2010年实现年产值1000多万元。

第二节　化工业

一、化肥厂

1976年3月，阜平县化肥厂筹建，位于阜平镇白河行政村南坡根自然村。占地面积83.94亩。1979年建成投产，总投资518万元，其中国家投资415万元，县自筹67万元。设计生产能力为“河北型”合成氨3000吨。1982—1984年通过3次技术改造，生产能力达到年产1万吨合成氨。从1979年建成投产到1991年累计生产合成氨187320吨。1992年由于资金、技术、市场等方面原因，企业亏损严重。1993年宣告破产。1996年利用化肥厂旧址筹建阜平县太行石材有限公司。

二、化工厂

1984年，阜平县化工厂建立，厂址原选在王林口乡东王林口自然村。后搬迁到原龙门庄乡龙门行政村沙地自然村。当年建成投产，年产工业硫酸2万吨。1992年宣布破产重组。重组后化工厂更名为阜平县太行化工厂，下设办公室、财务科、设备科、生产科、安保科、销售科、供应科、化验室、机修车间、硫酸一、二车间、破碎一、二车间、选铁分厂、大川硫铁矿、横岭里金矿、南台金选厂等单位，职

化工厂硫酸车间

工500余人。年产工业硫酸40000吨，铁精粉40000吨，2000余两黄金和部分金精粉。占地面积13万平方米，建筑面积20000平方米。1996年产值2001万元，利税900万元。

1999年阜平太行化工厂进行全面改制，由县属国有企业改制为阜平县化工有限责任公司。2000年8月15日挂牌营业。下设中远玄铁分厂、横岭里金矿、陆通选铁分公司。年产工业硫酸4万吨，铁精粉10万吨，黄金3000两。固定资产1014万元，注册资金115万元，员工413人。产值253万元，税金37万元。公司所需主要原材料为硫铁矿石，铁矿石和金矿石，辅助材料为白灰，主要产品销往保定、石家庄、北京、天津等地。

2000年对原硫酸一系统进行两转两吸技术改造，筹建陆通选铁厂。

2003年3月开始，利用三个半月时间，投入资金1000多万元，对硫酸二系统陈旧设备成功地进行两转两吸3+1水洗工艺技术改造，2005年生产能力4万吨，实现产值2000万元，上缴税金340万元。

2007年上半年投入1446.64万元资金，由原来两转两吸3+1水洗工艺改为两转两吸3+2酸洗工艺，建成一套年产4万吨硫酸生产装置。“废水”“粉尘”“尾气”污染排放达到国家规定排放标准，2010年底完成产值297万元，实现利税108万元。

第三节 采矿业

一、矿产资源调查开发利用

（一）分布

阜平县矿产相对集中，形成各具特色矿产集中区。其中辉绿岩类花岗石主要分布于吴王口乡—砂窝—阜平镇一带，花岗岩类花岗石主要分布在阜平镇、城南庄镇。金、银、铜、铝、锌等主要分布于吴王口乡、台峪乡、夏庄乡、城南庄镇。磁铁矿型铁矿资源集中分布在砂窝乡、史家寨乡、大台乡、台峪乡、北果园乡，煤矿分布在大台乡。

（二）矿产资源调查及储存量

从50年代开始，国家在阜平境内开展较系统矿产资源调查评估和勘查工作。完成全境1∶100万、1∶20万、1∶5万区域地质调查；1∶100万、1∶5万航空磁测量、1∶20万区域化探、区域重力测量、1∶50万水文地质编图、环境地质调查、1∶20万区域水文地质调查和环境地质调查。

通过地质调查评价和地质勘察，基本查明全县矿产资源状况。县域范围内发现中型矿产地1处，小型矿产地6处，矿点129处，矿化点31处，大型矿泉热水地1处，小型矿泉热水地5处。花岗石（辉绿岩、花岗岩）产地有望成为大型或超大型产地。有储量的矿产地65处，达详查程度的7处，占12%。矿产保有储量中，煤占总储量86%，硫铁占23%，白云母占78%，金、银、铁、铅、锌、铜等主要金属矿产及花岗岩等非金属矿产储量均为资源储量。

（三）矿产开发利用

阜平县已探明矿产资源绝大部分被开发利用。2010年开发利用主要矿产18种以上。全县有采矿许可证97家（辉绿岩矿70家，闪长岩矿19家，煤矿1家，金矿1家，石灰岩矿6家），有勘查证28家（磁铁矿15家，赤铁矿1家，多金属矿2家，金矿10家）。阜平县矿山大部分为小型矿山，加工企业总产值在百万元以上企业47家。各类矿石年开采总量1000万吨以上，采选业总产值4.5亿元。花岗石产量居保定市首位，黄金产量位居保定市第三位。

二、建材类矿产生产加工

（一）辉绿岩开采加工

全县辉绿岩总储量1亿立方米，可开采量5000立方米，荒料年生产能力1.6万立方米，可产石材800万立方米，闪长岩（花岗岩）总储量4.5亿立方米，荒料生产能力2.5万立方米。阜平县2010年有石材小区5个，石材加工企业300多家，各类石材加工设备2400余台（套），主要生产装饰板材、城市广场砖，路沿及墓碑等系列产品，年加工石料15000立方米，大部分为成品、半成品销售，部分矿产品销售境外。

（二）石灰岩

矿总储量10亿吨以上，年生产能力109.8万吨。主要用于县内的建筑工程、公路建设、水泥建材制造等行业，部分白灰产品销往唐县、顺平、灵寿、行唐等地。

（三）其他矿产情况

铁矿储量2亿吨，2005年后全县铁矿石年生产能力达到1500万吨。截至2010年全县有大、中、小型铁选厂70余家，年产铁精粉达到100万吨。煤矿储量462万吨，年生产能力45万吨。金矿年生产能力0.5万吨，黄金远景储量12万吨。

县政府为吸引外资开发出台一系列优惠政策，组织专门人员对矿山开采加工业进行长远规划。具体措施是：稳定大川硫铁矿，炭灰铺及金龙洞石灰岩开采。加大开发吴王口乡、砂窝乡、阜平镇、城南庄镇、夏庄乡花岗石、辉绿岩等饰面石材力度。重点开发城南庄镇、吴王口乡、台峪乡黄金采选，砂窝乡、台峪乡、大台乡、城南庄镇、史家寨乡、北果园乡铁矿。形成以花岗岩开采加工，煤炭开采、黄金选冶、铁矿采选四大产业为基础矿业生产布局。2010年全县有万余名农村劳动力由农业转入矿产业，农民人均月收入增加600元。

三、煤炭开采

炭灰铺煤矿是阜平县唯一一家煤炭矿山企业，位于大台乡炭灰铺村，开采历史悠久。1958年正式定名为“阜平县炭灰铺煤矿”，属县办煤矿。1996年煤矿原有煤炭资源枯竭，复采残煤，煤矿生产进入低潮。1998年原矿1～4号井闭坑关停，在矿区外围探出新煤田后，着手新矿井建设。2000年5月阜平县炭灰铺煤矿实行改制，将阜平县炭灰铺煤矿组建为“阜平县炭灰铺煤业有限责任公司”。国有资产全部退出，公司注册资本为55万元，股权设置总额由经营者、企业班子成员及中层干部、基层职工按比例认购。原企业债权债务由新公司承担，职工退出国有身份，给予一定补偿，入股职工由新公司安置。改制完成后，公司拥有职工180人，工程技术人员20人，固定资产5000万元。经阜平县企业改革领导小组批准，阜平县炭灰铺煤业有限公司于2000年5月29日揭牌运营。

炭灰铺煤矿

2001年3月建设5号新矿井，于2007年7月投入生产。公司原有井田面积0.22平方公里，新探明井田面积1.55平方公里，新建5号井年生产能力9万吨，服务年限20年。2005年煤产量达到7.6万吨，创历史最高水平。2008年产量5万吨，同年矿井进行扩大能力改造，生产能力达到45万吨。2008年产量5万吨，2009—2010年煤矿停产整合。

（一）煤炭勘探

阜平县炭灰铺煤矿位于大台乡炭灰铺村，距县城35公里，距207国道涞（源）阜（平）线

7公里，地理坐标：北纬39°00′05″～39°01′45″，东经114°22′46″～114°26′15″，煤田处于太行腹地，山高谷深，地形条件复杂。

矿区地质地貌为太古界包围，是中元古界寒武系、奥陶系和侏罗系火成岩构成的山区。地貌上属侵、剥蚀残余山地所围绕具断陷盆地的高、中山地。原有井田位于一条山沟的北坡，最低标高+600米。现井田在原矿区东部，海拔标高+650～970米，井田地质以陆相沉积为主，煤系地层为石炭系。原矿可采煤三层（4.5.6号），煤层平均厚度7.99米。现矿可采煤层四层（4.5.6.7号），其中，6号煤为主采煤层，平均厚度6.35米。

河北省地质局区域地质测量大队、保定综合地质大队、河北省煤炭工业管理局地质勘探公司水文队、井陉矿务局钻探队先后在原矿区内进行地面地质调查工作。河北省地矿局第十三地质大队、河北省张家口市地质队又在矿区外围进行地勘普查，取得一定的地勘成果。

1996—1999年，张家口市地质队对煤矿进行外围普查勘探。在炭灰铺原澡堂子处设计施工1号钻孔，该孔钻探500米，结果证实Fb次级推复体构造确实东延，“次火山岩”确实存在，在晚侏罗早期沉积之下确实存在含煤岩系，并首次发现有石炭系本溪组地层，矿区东部有找煤远景。根据1号孔取得成果，在考虑火山地质特征基础上，又在大铁工布置2号钻孔，钻探500米，结果发现在矿区东部外围、煤盆向北被火山—沉积侵蚀，煤盆有向南抬起圈闭之势。之后，结合矿区次级推（滑）复体构造及所夹、所压煤系地层东延的可能，以及区域上原始煤盆产布情况等，在破寺村布置3号孔，经钻探于1998年10月，首次找到含有工业煤层石炭系上统太原组以及中统本溪组。煤层赋存于距地表247米深处，厚5．03米。随后相继布设了4、5号孔，分别在220米、200米深处探出6.1米和8.0米的厚煤层。3、4、5孔后，设计布设6、7、8、9号钻孔因资金紧张没有钻探。三孔探明保有储量为301万吨，远景D级储量3000千万吨以上，其煤质属无烟煤2号，具有高挥发分、高发热量、高化学活性和低灰、低硫、低磷特点，是优质气化、化工、电力和民用煤炭。据宁夏平罗县和内蒙古阿左旗交接处如箕沟煤矿所产“太西煤”资料（太西煤是中国境内质量最好的无烟煤），阜平煤与之十分类似。

1998年太西煤与阜平煤煤质特征对比统计表

表15-2-1

项目 \ 煤产地（名称）	煤质特征（原煤）				
	水　分（%）	灰分（%）	挥发分（%）	全硫（%）	发热量（卡／克）
太西煤	1～2	7.11～9.5	5.22～5.43	0.18～0.33	7759～7836
阜平煤	0.73～1.8	7.82～18.31	5.28～9.68	0.82～1.42	8212～8427

（二）矿井建设

2号井建于1966年，其建设依据是上年在矿区内探明30万吨井田储量。总投资30万元，为斜井开拓。主斜井倾角为30°，斜长134米，垂高70米，副井斜长124米，主井井口标高为+605米，主副井标高高差为10米，通风设计合理。本矿井建设起点较高，使矿井首次实现用绞车运煤。该井建设时被定为战备井，年产能力2万吨，设计服务年限为10年，实际开采年限达到25年。

3号井建于1972年，是根据生产实践中井下巷探所获地质资料和煤层赋存而建设的矿井，建设资金为自筹，总投资20万元，是斜井开拓。斜坡倾角为30°，主井斜长126米，副井斜长110米，有完善通风系统。机械设备与2号井相同。生产能力1万吨，其生产年限达到20年。

4号井建于1983年，建设依据是井陉矿务局钻井队所探明15万吨储量及生产探巷所探明储量。总投资40万元，斜井开拓，主斜井倾角30°，净断面3.77平方米，斜长180米，副井斜角31°，净断面3.57平方米，斜长140米，主副井井口高差10米，通风良好。本井设计生产能力3万吨，服务年限7年，实际生产年限12年。

5号井是原矿1～4号井的接续井，建于2001年3月12日，地点在距旧矿区1.5公里的破寺村，建设依据是新探明301万吨井田储量。

为促进5号井早日开工建设，2001年煤矿全体股东集资120万元进行矿井建设，阜平县信用联合社到建井工地现场办公，根据矿井建设进度，分期分批支持建井贷款840万元。

5号井设计生产能力为9万吨，服务年限20年，从2001年3月建设，2005年3月竣工建成，2007年7月正式投产，总投资3000万元。经过几年整改提高，初步达到规范化要求。2008年10月，根据省政府号召，矿井停产整合，进行扩大规模改造。

（三）煤炭开采

巷道掘进 1996—2003年，煤矿采用煤电钻打眼，人工装药，导火索引爆，人工装载。2004年后煤矿对巷道掘进引进空压机，用风钻打眼，降低工人劳动强度，提高掘进功效。巷道掘进呈前进式，除穿层与运输大巷外，一般在煤层沿煤地板布巷。掘进放炮，使用煤矿专用炸药和专用雷管，放炮器引爆，实行机械装煤。5号新矿井采用条带式采煤法，先开两条掘进巷，从下平巷往上平巷打开采眼，形成通风系统，然后隔4米煤柱，重新打开采眼回采，依次往后退，支护方式为锚网梁支护，煤层从顶到底一次性采完。

运输与提升 1996—2003年，井下运输采用铁制运输轨道，轨距为500毫米，用矿车运煤，每车0.5吨。2003年5号新矿井井下运输巷道铺设轨距为600毫米、规格为每米15公斤的钢轨道，用1吨U型矿车运输，型号为G1.1-6A，下山采用JD-25型绞车提升，工作面至采区下山运输采用SGB420/30B型刮板运输机运输，集中煤仓储煤。大巷使用XK2.5-6.48-IKBT型防爆蓄电池机车运输，联络信号声光齐全。

主井提升系统为立井单层钢丝绳缠绕式提升机提升，井深246米，直径4.5米，断面积15.9平方米，担负提升煤炭、人员、矸石和排水。使用标准防坠罐笼提升，提升绞车型号为：ZJK-2.5/2.0，电机功率为210千瓦，并安装绞车后备保护装置。罐车安装自动反倾装置。井外推车轨道设置为椭圆形，重车为斜坡道。

排水 2001年5号井建设时，根据以往矿井正常涌水量53.7立方米/小时和最大涌水量162立方米/小时为依据，井下设置储水仓，排水设备。水仓总容量为460立方米，其中主水仓容量为260立方米，副水仓容量为200立方米，矿井有扬程为270.05米工作泵、备用泵、检修泵各一台，型号为：MD85-45×6，电机功率132千瓦，主井敷设133×4排水管路两趟，最大排水能力226立方米/小时，井下正常涌水量为1立方米/小时，最大涌水量为22立方米/小时，能够满足排水需求。2005年矿井经整改后成为双回路供电矿井，主供电源10千伏，均有平阳、大台两个电站线路向矿井地面变电所供电，变电所内设500千伏安、400千伏安变压器一台，总容量900千伏安，地面变电所有两趟660伏供电线路向井下中央变电所供电，中央变电所向采区、泵房供电。地面备有320千瓦的发电机组，以备在特殊情况下使用。

通风 矿井通风方式采用中央并列抽出式通风，运行主扇2台，1台运转，1台备用，为轴流式通风机，型号为：BK54-4-№13。掘进、回采工作面采用GBT11-28千瓦局扇正压通风，能满足矿井正常生产所需风量。井下设有测风站，矿井总进风量为1550立方米/分，总回风量为1841立方米/分，工作面进风量489立方米／分，回风量594立方米／分，有效风量率为84%，矿井通风状况良好。为保证矿井安全，井上下安装瓦斯监测监控系统，在井下南北翼设有两个工作站，在各巷道、工作面都安装甲烷传感器，设有报警装置。

照明 井下机电设备全部防爆，三大保护系统齐全（接地保护、漏电保护、过流保护），安装瓦斯电和风电闭锁装置，煤电钻综合保护装用率100%。井下主要供电线路全部使用阻燃、防爆电缆。井下供电做到“三无”（无鸡爪子、无羊尾巴、无明接头）、“四有”（有过电流和漏电保护装置、有螺钉和弹簧垫圈、有密封圈和挡板、有接地装置）、“两齐”（电缆悬挂整齐、设备硐室清洁整齐）、“三全”（防护装置全、绝缘用具全、图纸资料全）、“三坚持”（坚持使用检漏继电器、坚持使用煤电钻及照明信号保护、坚持使用瓦斯电和风电闭锁）。

（四）生产与销售

产量 炭灰铺煤矿是阜平县唯一煤矿，中华人民共和国成立初期设备落后，年产量最高只有几千吨。90年代为5万吨。进入2000年后1～4号井闭坑后，建设5号井，生产能力为9万吨。2005年实际生产量达到7.6万吨，2008年实际生产5万吨。

销售 20世纪90年代前，煤炭销售渠道主要是百姓生活和县直机关企事业单位冬季取暖，煤炭除民用外，还为本县化肥厂和水泥厂日常生产使用。2002年5号井投入生产后，煤炭销售更是供不应求，主要销往宁晋化肥厂，以及天津、山东等煤炭销售集散地。

90年代燃料使用以液化气为主，煤炭主要用于冬季取暖。进入2000年煤炭和液化气的用量逐年减少，炭灰铺煤矿生产的煤炭大部用于保定、定州等外地工业用煤。

（五）矿工

矿工来源 1996年因1～4号井闭坑关停，大部分工人下岗失业。5号井生产后，下岗工人全部回矿上班，还从当地招用农民工70多人，矿工人数达到180人，绝大部分矿工来自当地。

矿工待遇 1996年掘进工为240元，其他工种比照掘进工工资增加幅度而增长。2000年掘进工工资500元。2004年掘进工工资1000元。2005年实行岗位工资和吨煤工资两种形式，掘进工工资700元。2008年掘进工工资2000元左右，井上工人工资在700～1500元之间，井下工人工资按工程进度、出煤量计算，2010年井上工人工资在1000～1500元，井下工人工资2000～3000元。

劳保福利 1996年工人劳保用品基本齐全，矿用工作服、水靴、安全帽一年一发，手套、毛巾、肥皂、口罩一月一发，沐浴使用锅炉供水，每月四场电影。2004年后职工劳保按国家要求发放，劳保用品质量按煤矿安全规程要求购置，配备自救器，地面建有锅炉、澡堂、更衣室，淋浴冲澡。

矿工保险 1996—2003年煤矿为矿工投入人身意外伤害保险，每年每人投保30元，年保额为3000元。2004年下井工人投保800元，年投保额10万元。合同制工人按规定缴纳养老、工伤、生育、医疗等项保险金。按照国家规定，煤矿按生产能力缴纳风险抵押金500万元。

（六）煤矿管理

生产管理 1996—2000年根据上级对县下达各项经济技术计划指标，县主管部门向煤矿下达具体经济技术指标计划，包括开拓进尺、原煤产量、坑木损耗、用电指标、原煤成本、销售额、税金、利润等，要求煤矿按月上报执行情况，年终汇总上报年度计划总体执行情况。煤矿每年都将下达的指标分解到班组，逐日逐月检查落实。

5号井建成后，矿井填绘反映实际情况图纸有：矿井地质图（1∶2000）、井上下对照图（1∶2000）、巷道布置图（1∶1000）、采掘工程平面图（1∶1000）、通风系统图（1∶1000）、井下运输系统图（1∶1000）、安全检测装备布置图（1∶1000）、排水、防尘管理系统图（1∶1000）、井下通信系统图（1∶1000）、井上下配电系统图和井下电气设备布置图（示意）、井下避灾路线图（1∶1000）。制定年计划、月计划，层层分解落实，掘进、测量同时跟进，实行班组管理，领导跟班管理。

劳动管理 1996年煤矿管理逐步规范化，矿井建立严格考勤和考核制度，规定职工必须按时上下班，由充灯房和井口房登记职工出入井，职工下井要亲自到充灯房登记领工牌和矿灯，不准代领代交。对旷工者给以处罚，旷工一天给以批评教育，两天扣发当月奖金，无故旷工三天以上者停班检查，扣发工资的10%，达10天以上者，予以除名。职工有事必须请假，1～2天跟班长请假，3～5天跟井长请假，5天以上跟矿长请假。

矿井普遍采用岗位工资和计件工资。2010年后采用岗位工资和吨煤工资两种管理方式。5号井生产后，安全与生产任务挂钩，完成产量任务而且没有事故，奖励班长100元、工人60元，反之罚班长100元、工人60元。

安全管理 煤矿矿长是安全生产第一责任人，下设1名安全副矿长，专门负责矿井安全工作，生产副矿长、技术副矿长、机电副矿长协助安全管理。班组长是班组安全生产第一责任人，班组设专职安全员和专职瓦斯检查员，巡回检查安全生产情况。

1996—2010年安全生产无事故记录。2002年3月5号井建设和生产后，矿井成立以矿长为组长安全领导小组，矿领导轮流跟班下井，安全员、瓦检员等特殊工种持证上岗，操作证经专职职能部门培训考试后方能领取。安全办公会议一周一次，召开班前班后会，安全检查一月二次，隐患排查一月一次，并报送上级主管部门。一年组织职工进行两次安全教育培训学习，成立事故抢险救护队，与保定灵山煤电公司签订事故抢险救护协议，进行抢险演练，制订事故救援预案和矿井灾害预防处理计划。建立安全设施台账，实行专款专用。提升系统安装由中国矿大研制的防坠、防墩罐装置，主、副井井口安装梯子间，为专门安全出口。矿井安全规章制度、安全责任制度和安全操作规程三项制度齐全，各岗位严格按《煤矿安全规程》进行操作，在具体工作中，实行安全生产承诺制，工人向班长承诺，班长向井长承诺，井长和各副矿长向矿长承诺，矿长向县安监局承诺，层层签订安全生产责任书。狠抓“一通三防”工作，落实“一炮三检”制度，严格执行“先抽后采、监测监控、以风定产”的瓦斯治理十二字方针。

第四节 云母加工业

一、粗加工

1996年周继存、周世存在阜平镇大元村建立阜平县绝缘材料厂，进行云母粗加工。隶属阜平县乡镇企业局，职工45人。年加工云母片19吨，产值200万元。2000年企业改制，注册资金50万元。2010年加工云母片20吨，产值300万元。

二、云母深加工

河北省阜平县北方云母工业有限公司，前身是阜平县云母集团工业公司（县扶贫办支持企业），成立于1993年。2004年企业改制，创建河北省阜平县北方云母工业有限公司。由最初手工加工云母片发展成为云母纸制造企业。1997年公司建立第一条机械化云母纸生产线，产品由最初的云母片发展成制造云母纸，大量云母制品用于冶金工业。2006年建成第二条云母纸生产线，2010年生产各类云母纸1050吨，主要生产用于航空航天工业和大中型高压电机、电器的云母绝缘制品，产品销往上海、广东、江苏、浙江、山东、陕西、东北三省。年创产值1420万元，上缴税金115万元。

2006—2010 年非金属矿物制品业主要经济指标完成情况表

表 15-2-2

项目/年度	产品产量（吨）	产值（万元）	收入（万元）	利润（万元）	税金（万元）
2006	930	1030	800	20	95
2007	1050	1300	900	20	112
2008	1100	1350	940	22	118
2009	1080	1360	970	23	120
2010	1050	1420	1200	38	115

第五节　食品工业

一、果脯加工业

1996 年全县果脯加工点 314 家。其中乡办 5 家，村办 24 家，联办 50 家，个体 235 家。年产值 4000 万元，从业人数 6000 人。2010 年全县果脯加工点 40 家，从业人员 3000 余人，年加工各类果脯 5500 吨。年产值 5000 万元。规模较大果脯加工企业 6 家，年加工能力 4650 吨。有 6 家企业拥有外贸经营产品运销日本、韩国、俄罗斯、澳大利亚及东南亚地区。有 12 家企业长年加工生产。从 2005—2010 年，年均创外汇 40 万美元。

阜平县山珍大枣制品有限公司，占地面积 10 亩，建筑面积 2700 平方米，职工 153 人，2010 年生产量 1010 吨，主要产品有蜜枣、杏脯、桃脯，实现总产值 407 万元，经济效益 109 万元。阜平县红力蜜饯制品有限公司，占地面积 10 亩，建筑面积 3000 平方米，职工 311 人，2010 年年生产量 721 吨，主要产品无核蜜枣，2010 年总产值 491 万元，经济效益 83 万元。阜平县东城铺果脯厂（私营企业），主要生产无核蜜枣，年创产值 390 万元。阜平县华鑫果脯厂，主要产品蜜枣，产值 360 万元。阜平县龙门搏夏醋厂，主要生产枣醋、枣酱，2010 年产值 300 万元。阜平县盖宇天然饮料食品有限公司，占地面积 30 亩，建筑面积 400 平方米，职工 56 人，2010 年生产量 500 吨，产值 250 万元。

二、其他食品加工业

1996 年全县有食品工业 412 家，完成工业产值 6988 万元。2000 年全县食品加工业发展到 500 家，200 多个品种，年产值 11211 万元。2005 年全县食品工业企业有 458 家，年产值 10106 万元。2010 年全县食品工业发展到 600 家，产值 24388 万元。全县有白条鸡加工点 18 个，年加工冷冻禽类 15 万只。

第六节　酿酒业

阜平枣酒历史悠久，枣酒以红枣作为主要原材料烧制而成。1996 年有酒厂 5 家，年产红枣酒 115 吨。2000 年全县酒厂 20 家，生产 358 吨。2006 年后阜平县满堂红大枣酒业有限公司、京平大枣酒业有限责任公司、阜平县岳氏枣酒厂、平阳酒厂、桂花枣酒厂等先后建立。2010 年全县有酒厂 37 家，年产枣酒 1026 吨，产值 3519 万元。

一、满堂红大枣酒业有限责任公司

阜平县满堂红大枣酒业有限责任公司原为阜平县红金贡酿酒有限公司，1992 年 5 月阜平县粮食局投资 100 万元，由原西庄乡方太口粮站改建而成。1996 年销售 280 吨。2009 年 6 月更名为阜平县满堂红大枣酒业有限责任公司，公司占地 45 亩，建筑面积为 5100 平方米，地下储酒库为 1000 立方米，储存能力 2000 吨。固定资产 2200 万元，员工 102 人。2010 年公司研制生产大枣果白酒系列产品、接待酒、仙霖酒、圣池、大枣干红酒四大系列，16个品种。生产各类系列酒112吨，产值329万元。阜平县满堂红大枣酒业有限公司2010年获河北省产品检验合格企业，重点推广单位。

二、京平大枣酒业有限责任公司

京平大枣酒业有限责任公司2003年成立，注册资金80万元，占地面积5亩，资产860万元。企业以红枣为原料，主要生产红枣低度酒，保健营养酒，果汁、干红等。2008年生产大枣白酒380吨，产品销往北京、保定、石家庄、山西、内蒙古等地，年产值480万元。2010年3月，被阜平县满堂红大枣酒业有限公司兼并。

第三章 建筑业

80年代前阜平县的建筑行业只有县城修缮社一家。只能承接一些民房建造和一般工程。2000年后随着商品房的兴建，全县的建筑行业从小到大，从少到多，实现快速发展。建筑施工队伍遍及县乡镇村，施工由民房逐步向建小高层、高层楼房过度。施工设施、工具逐步机械化，施工水平明显上档升级，建筑业在国民经济和县财政收入中的比重逐年上升。

第一节 建筑公司队伍

一、建筑公司

（一）1996年阜平县有5个建筑公司。1999年5个建筑工程公司合并为阜平县建筑集团公司，注册资金2028万元，流动资金3189万元，固定资产632万元，产值100万元。公司拥有大型机械149台（套），专业技术人员126人，中级以上技术人员24人。2004年更名为宏祥建筑（集团）工程公司。为二级建筑企业（施工总承包）。注册资金2483万元，流动资金4240万元，固定资产770万元，年产值500万元，拥有大型机械268台（套），员工2860人，专业技术人员180人。2010年注册资金3123万元，流动资金5146万元，固定资产890万元，产值878万元，拥有大型机械400台（套），专业技术人员186人。

（二）华昌建筑工程公司（劳务分包企业），企业资质为二级，专业技术人员6人，职工15人，注册资金50万元，流动资金30万元。

二、乡镇村建筑队

1996年全县乡镇村建筑队有35家，其中有资质5家。分别是平阳建筑工程队、史家寨建筑工程队、南湾村建筑队、东下关建筑队、砂窝建筑队。年总产值300万元，从业人员8000多人。2010年乡村建筑队发展到46家，总产值600万元。

三、外埠建筑队

1996年阜平县建筑市场外埠建筑企业有3家，分别是保定市东方房地产公司、石家庄麒麟房地产公司、定州市瞬影房地产公司。2000年后外埠建筑队逐步进入阜平县建筑市场，2010年全县外埠建筑队8家，主要有石家庄一诺房地产公司、保定市东方房地产公司、石家庄市中天恒房地产公司等。

第二节 勘察设计

一、地质勘查

1996—2000年，阜平县建设局建筑工程质量监督站，对全县多层建筑工程项目实行地基验槽、地基基础、主体结构、竣工验收四步到位和日常检查、巡查的质量监督制度。2001年按照《中华人民共和国建筑工程质量管理条例》，进一步加强对新项目特别是高层建筑项目的勘察和质量管理力度。2005 年对世纪城小区、亨达小区、恒泰小区、河畔明郡、天宇名园、假日兰庭等一大批建筑项目进行重点勘察。2010 年阜平县建设局强化勘察、设计、图审和监理等各方质量责任，加强对工程勘察技术资料的审核把关。

二、工程设计

1996 年住宅楼的设计面积大多每套 50 ～ 80 平方米。2000 年发展到 90 ～ 110 平方米。2002 年加强对建筑工程施工图设计文件审查工作，所有设计文件都送审查机关审查备案。主要工程设计由阜平县建筑设计所承办，少数工程由北京、石家庄等设计院承办。大部分建筑为框架结构，结构安排合理，房屋宽敞明亮，以通透性为主，内部设有客厅、卧室、厨房、卫生间及储藏室等，水、电、暖、通讯、电视卫星接收一应俱全。2005 年阜平县开始建造高层住宅楼，内部设计多为 80 ～ 110 平方米，同时增加 110 ～ 150 平方米的三室一厅、三室两厅和四室一厅，以及两厅两卫等新式房间格局。截至 2010 年，阜平县建筑设计所累计完成 150 栋楼房工程设计，总面积 20 万平方米。

第三节　建筑施工

一、施工项目

1996 年阜平县房地产开发起步，多为独层独院、二层独院，全年新开工项目 23 个。1998—2000 年县政府对建筑行业加大管理力度，引来外埠建筑企业，主要有石家庄市中天房地产公司、保定市临川房地产公司。2000 年后商品楼建设速度加快，当年全县累计验收工程 65 项，竣工工程合格率为 100%。2005 年南城区开发，总投资 1.2 亿元，建设住宅楼 20 栋，总建筑面积 13.2 万平方米。世纪城、亨达小区、瑞景新城、瑞景家园、茗清阁、都市花园、福苑区、光明区等 8 个较大型生活小区也在同期建成入住。2000—2005 年累计验收工程 83 项，竣工合格率 100%，其中市级以上优质工程 6 个，分别为世纪城小区、亨达小区、恒泰小区等。2006—2009 年启动建设万金家园、电业小区、恒泰金苑、河畔名郡、天宇名园、假日兰庭等商住楼。2010 年全县新上建筑项目 26 个，竣工面积 219 万平方米，实现产值 2632 万元，增加值 1035 万元，实现利润 821 万元，市级以上优质工程 10 个。

二、施工设备与技术

1996—2004 年建筑施工机械化水平快速提高，采用 250 自落式钢筋混凝土搅拌机、砂浆机、井字架升降机、推土机、铲车等机具。2005 年大型工程开始使用塔吊，人货升降机、钢管脚手架等机具，大型土方工程开始使用挖掘机。2010 年大型机械普遍推广使用。

2000 年阜平县建筑企业推广新工艺、新技术、新材料、新设备、新产品，施工技术不断进步。建筑工程从多层（6 层以下）向（10 层以上）高层发展，2005—2010 年基础工程从单一条型片伐基础向钢筋混凝土预制桩、挖孔桩、冲孔灌注桩等多种形式桩基发展，大型公共建筑多采用剪刀墙、钢筋混凝土框架结构。新型涂料、花岗岩等新型装饰材料成为外墙装饰材料主流。

1996—2010 年阜平县住房建筑统计表

表 15-3-1

项目 年度	年内施工面积 （平方米）	竣工房屋产值 （万元）	房地产投资 （万元）
1996	16542	16542	423
1997	14596	14596	516
1998	23645	23645	642

续表 15-3-1

项目 年度	年内施工面积 （平方米）	竣工房屋产值 （万元）	房地产投资 （万元）
1999	24698	24698	689
2000	34526	34526	985
2001	45698	45698	1003
2002	34876	34876	1256
2003	46975	46975	1645
2004	12364	12364	1072
2005	46975	46975	1813
2006	36497	36497	1913
2007	34789	34789	2084
2008	68749	68749	2364
2009	64975	44975	3462
2010	88946	65314	5429

第四节　建筑业管理

一、机构设置

1996年，阜平县建设委员会、阜平县劳务开发局和阜平县爱卫办合并，组建阜平县建设环保局。下设4个行政股室：办公室、城乡规划管理股、建设工程管理股、环境保护管理办公室，行政编制7人。事业股室10个：招标办、稽查办、质监站、自来水公司、环境监理站、房管所、城管队、劳务所、造价站、环卫所。建设集团公司为局属集体企业。2001年阜平县环境保护局挂牌成立，环境保护管理办公室、环境监理站归属环保局，阜平县建设环保局更名为“阜平县建设局”。2005年1月设立保定市住房公积金阜平县管理部，由房管所行使职能，成立窗口服务中心，靠挂法制股。2006年10月阜平县住房公积金管理工作，全部移交市中心管理处。2007年7月规划股升格为阜平县规划局。2008年成立保定市建设市场交易中心阜平分中心，劳务所靠挂招标办。2009年2月造价站与招标办分设，独立办公。抗震办、图审办、劳务部、散装水泥管理办公室、建筑市场交易中心靠挂造价办。风景名胜区管理所靠挂工程股。2010年5月县政府成立农村危房改造领导办公室，办公室设在建设局。

二、招标投标

1999年成立阜平县招标领导小组，同时成立建筑工程招标投标评标委员会。制定《阜平县建筑安装工程招标投标实施办法》，对招、投标双方严格执行资质审查，严把标底关、评标关、合同关。2000年县政府制定《阜平县建筑工程施工招标投标管理实施细则》，工程投资50万元以上或建筑面积在1000平方米以上工程，须通过招标确定施工单位，严格按照招投标手续进行招标、投标，没有招、投标手续的视为违规建筑工程。重大工程县纪委、监察局、建设局、工商局，金融管理等部门共同参与。

三、建筑工程管理

1996年建筑工程质量监督站，主要负责全县建筑工程质量监督、仲裁和紧急处理，对建筑施工实行“一条龙”管理。1999年实行施工许可证制度。建筑单位按照国家有关规定到建设局建筑业管理股申请领取施工许可证，未取得施工许可证建设单位不得施工。2000—2004年，县建筑施工单位争创“优良工程”，县建筑工程质量监督站累计验收106项工程，竣工工程合格率为100%，其中优质工程5个。2005年建筑行业狠抓《中华人民共和国建筑法》《中华人民共和国招投标法》贯彻落实，在检查过程中，查处13项工程质量问题。2006—2009年开展房屋质量普查，对15栋安全隐患较大的房屋工程进行整改加固，从严处理16项工程质量问题。2010年对工程管理实行质量、安全“一票否决制”，申报市优工程11项，省优工程5项，获市优工程2项，省优工程5项。

四、质量监督

1996年质量监督工作由阜平县建设环保局管理，负责对工程质量进行监督。质量监督程序：办理工程质量监督注册登记手续，制定监督工作方案，抽查工程实体质量，监督工程竣工验收。从图纸设计、基础开挖、钢筋布置到工程竣工，逐项进行质量监督。工程管理人员、施工单位质检员，按照质量管理法规条例规定，严格执行“三不准”（基础检验不合格、不准进行上部施工；主体结构检验不合格，不准进行装饰；竣工检验不合格，不准交付使用）和“五严禁”（严禁偷工减料、严禁玩忽职守与盲目指挥、严禁私招乱雇和层层转包）等制度。

五、安全管理

1996年县内建筑工程安全管理由建设环保局组织实施，负责建筑工程安全生产管理，督促施工企业落实安全生产措施，深入施工现场，查处事故隐患。办理安全监督手续，办理人身意外伤害保险，工程安全评价。对施工现场进行标准化管理，督促施工企业建立“四牌”（安全无重大事故计数牌、施工现场标志牌、安全生产纪律宣传牌、防火须知牌）、“二图”（拟建工程建筑透视图、施工总平面布置图）、安全标志牌制度，在施工部位、作业点、危险区、主要通道口设有安全宣传标语。1996—2010年，全县开展100余次建筑工程安全生产大检查，未发生重大安全事故。

六、建筑业墙体材料管理

阜平县墙体材料革新开始于1992年。1993年，建设局成立墙体改革办公室，1996年全县有3个黏土砖厂。1997年对不合格的砖厂进行清理和整顿。2006年开始创建免烧砖厂，利用河沙，生产多规格，多型号混凝土多孔砖。2010年阜平县新型墙体材料生产厂家发展到5家。

2010年阜平县免烧砖厂一览表

表15-3-2

项目 企业名称	地址	年产量（吨）
阜平县新华免烧砖厂	大元	1700
鸿宁建筑材料厂公司	方太口	1800
阜山河免烧砖厂	凹里村	2100
阜新免烧砖厂	八里庄村	2200
为民新型材料厂	大道村	1200
总计	—	9000

七、建筑市场管理

1996年县建设局设立建筑市场管理办公室，负责工程招标、投标（含议标分配业务）、定额管理、开拓对外业务、安全生产、技术培训、工程合同、外来施工队伍注册等。凡50万以上的建筑安装工程都实行招标投标，从报建、招标投标、施工安全、质量监督、竣工验收等5个方面建立档案，加强管理。1996年全县工程招标投标率67%，2000年全县工程招标投标率55%，2005年全县工程招标投标率67%，2010年全县工程招标投标率80%。1996—2010年累计培训上岗职工1050人。2010年办理房屋买卖123起，备案登记142起。

第十六篇 商贸服务业

1996年，县内商品流通领域实行多种经济成分、多条流通渠道、多种经营方式和少环节的“三多一少”体制。商贸服务范围逐步由主副食品及日用百货向餐饮旅游、生活服务等产业拓展。

1998年后，阜平县国有和集体商贸企业的市场份额日趋缩小，个体私营商业快速发展，流通领域成为继农村经济体制改革后打破计划经济体制最迅速、最彻底的第二个领域。新兴商贸服务不断涌现，市场商品丰富，购销两便。以连锁、超市为代表的现代营销方式蓬勃发展。适应流通现代化的需要，国有批发企业调整经营结构，进行重组整合、改造，大型零售企业普遍实行批零兼营，开展总经销、总代理业务，密切了工商业间的关系。2010年，全县建有大型专业市场6个，大型超市3个，商场5个。恢复、新建农村集市19个，形成以专业市场为主体，以大型超市和商场为骨干，以个体私营网点为依托，以农村集市贸易和流动商贩为补充多类型、多功能型商贸流通服务体系和营销网络。2010年，全县社会消费品零售总额92873万元。第三产业总产值118424万元，占全县国民生产总值的50.6%。

第一章　商业贸易

1996年，全县社会消费品零售总额为15663万元，第三产业总产值27321万元，占全县生产总值的48.7%。1996—2000年，按照经济体制改革的要求，以改革旧的管理体制和经营机制为突破点，通过简政放权，实行政企职责分开，主管部门与直属企业脱钩，理顺政府与国有企业间的关系，使政府管理职能实现根本转变。

第一节　国有商业

一、商业局所属商业

（一）组织机构

1996年，阜平县商业局设办公室、财务科、业务科、专卖科、审计科、定点屠宰办。有百货公司、五金公司、糖酒烟蔬菜公司、食品公司、饮食服务公司、鞋业开发公司6个国有商业公司。全系统干部职工534人。1997年，商业局与物资局合并，组建阜平县商业物资总公司。内设机构不变，下辖百货公司、五金公司、食品公司、烟酒蔬菜公司、鞋业开发公司、对外贸易公司、木材公司、建材公司、物资贸易中心、机电公司、燃料公司、金属回收公司、金属公司、化轻公司、商厦，全系统干部职工998人。2000年企业进行改制撤销商业物资总公司，职能移交阜平县经济贸易局。2006年9月，商务局成立。内设机构有办公室、政策法规股、经济合作股、行政执法队，干部职工56人。

（二）经营体制

1996年，阜平县建立健全以国营商业和供销合作商业为主的流通服务网络。国营商业和供销合作商业各公司的经营方式大多是批发兼零售。1996—2000年，县公司从保定市直公司（三级批发企业到二级批发企业）直接进货，加收地区差价，批发给各供销社和其他零售门市部。各零售门市部在此基础上加收批零差价进行销售服务。随着国家商贸流通体制改革和购销政策调整，计划经济条件下国营商业和集体商业一统天下的传统经营模式被打破，逐步形成国有、集体、联营、个体并存的流通新格局。

随着商贸流通体制改革进一步深化，购销渠道，经营方式和经销品种逐步放开，联合体、个体及私营经济迅速发展，逐渐成为商贸流通领域主力军。国营商业，供销合作社，为适应市场竞争日益激烈的新形势，采取国有民营，私有民营，股份制改造和拍卖兼并等多种形式，多层次，多领域的经济体制改革。把国有、集体身份的商贸、物资、粮油、服务、医药等行业纳入市场经济轨道，完成由计划指导型向市场服务型转变。2000年，流通领域全面改革，全县形成多种经济成分并存，多流通渠道、多经营方式流通体制和商品购销服务网络，全社会消费品零售总额4亿元。截至2010年，全县建有大型专业市场6个，东盛超市、阜盛超市、新百超市3个大型超市，商务大厦、百货商场、冀北商城、泰和购物广场、视霸家电商场5个大型商场，恢复、新建农村集市19个。形成以专业市场为主体，以大型超市和商场为骨干，以个体私营网点为依托，以农村集市贸易和流动商贩为补充的多类型、多功能商贸流通服务体系和营销网络。1997年，全县商业系统完成购进4004万元，销售完成4945万元，实现利税145.8万元，上缴利税108.8万元。1998年，完成购进4108万元，销售完成5786万元，实现利税208万元，上缴利税134万元。1999年，完成购进6432万元，销售完成7266万元，实现利税282.8万元，上缴利税258.8万元。全县商贸服务业呈现渠道畅通，品种多样，购销两旺的繁荣局面。2010年，全县实现社会商品零售总额9.2亿元，比1999年增长126倍。

（三）主要商业企业

阜平县百货股份有限责任公司 1996年，百货公司从业人员143人，年购进商品额800万元，商品销售额820万元，实现利润8万元。经营“针、纺、百、文”四大类4000多个品种。1999年购进商品额900万元，销售额950万元，实现利润10万元。2000年3月，根据县委、县政府〔2000〕5号文件，在阜平县政府企业改革领导小组领导下进行股份制改造，股东157人，拥有固定资产1170万元。2000年6月，阜平县百货公司更名为阜平县百货有限责任公司，注册资金60万元，年购进额为1200万元，销售1140万元，实现利润12万元。2005年，公司实行租赁经营，经营户43家，经营针、纺、百、文、家具用具12个大类4800多个品种，经营额1300万元。2010年公司拥有固定资产1170万元，注册资金60万元，经营额1650万元，实现利税18万元。

百货大楼外景

百货大楼一楼售货大厅

阜平县胜利五金股份有限公司 1996年，零售网点6个，固定资产320万元，主要经营五金、交电、化工、机电等1400多个品种，完成购进900万元，销售1100万元，利税15万

胜利五金股份有限公司大楼

元。2000年8月，进行股份制改造，股东97人，注册资金36万元，固定资产30万元，营业面积1880平方米，营业额60万元，上缴税金3万元。2001年，阜平县五金公司更名为阜平县胜利五金有限责任公司。2005年，公司实行租赁经营，经营12个大类1400种商品，年营业额82万元。2010年，公司固定资产30万元，注册资金36万元，股东97人，年营业额101万元。

阜平县食品股份有限公司 1996年，食品公司经营生猪、鲜蛋、牛、羊、禽等，完成购

糖酒食品大厦

进270万元，销售280万元，实现利润3.5万元。1999年，完成购进300万元，销售额320万元，利润4万元，干部职工42人。2000年公司进行股份制改造，公司更名为阜平县食品股份有限公司，股东46人，其中自然股43人，

注册资金30万元，年经营额15万元。2010年公司资产总额16万元，股东42人，其中自然股39人，注册资金30万元，年经营额17万元。

猪肉销售。1996年，生猪市场开放，全县年出栏百头以上规模专业户20家，自产自销。当年全县销售猪肉750吨。2000年销售猪肉840吨。2005年，销售猪肉900吨。有定点屠宰场1个。全县定点屠宰率100%。2010年销售猪肉1050吨。

禽蛋销售。阜平县居民在禽蛋销售上主要以鸡蛋为主，除养殖户自产自销，主要靠超市和个体经营者零售。1996年全县销售鸡蛋40吨，2000年销售45吨，2005年销售50吨，2010年销售52吨。

阜平县糖酒股份有限公司　1996年，阜平县糖酒公司完成购进总额100万元，销售额120万元，实现利润7万元。2000年进行股份制改造，公司更名为阜平县糖酒股份有限公司。股东41人，其中自然股36人，注册资金50万元。2010年，公司注册资金50万元，拥有股东28人，其中自然股26人，2000—2010年，公司对外租赁经营，年均营业额为19万元。

阜平县宏达商务有限公司　前身是阜平县饮食服务公司。2000年实行股份制改造，更名为宏达商务有限公司。股东174人，注册资金65万，资产总额3045万元，固定资产178万元。公司占地总面积2407.6平方米。营业面积6583.92平方米（其中：商务大厦2000平方米、虹桥大酒店4583.92平方米）。2005年股东163人，资产总额3122万元，固定资产198万元。2010年股东163人，注册资金65万元，资产总额2605万元，固定资产212万元，年营业额210万元。

物资供应　1996年，物资局设金属公司、木材公司、燃料公司、化轻公司、机电公司、金属回收公司、生产资料服务公司、建材公司8个专业公司。设内经销一处、经销二处、煤炭经销处、金属回收处、物资供应站、河口联营煤站等15个独立核算经营单位。全年购进完成1642万元，销售1785万元，亏损170.5万元，上缴利税41.14万元。1997年，县物资局与县商业局合并，组建为阜平县商业物资总公司。2000年，企业改制，商业物资总公司撤销，职能移交阜平县经济贸易局。

二、粮油购销

（一）组织机构

1996年，阜平县粮食局挂阜平县粮食局、阜平县粮油贸易总公司两块牌子。粮食局设财审股、保管股、业务股、办公室。阜平县粮油总公司辖32个基层企业，其中购销企业14个，工业企业3个，经营企业15个。1999年，局内设办公室、财审股、业务保管股、粮食执法队。2000年，撤销阜平县粮油贸易总公司。2010年底粮食局内设办公室、财审股、业务保管股、监督检查股、粮食执法队。直属企业：国有粮食购销一库。基层企业退出国有序列，实行租赁承包，跨行业经营。是年私营个体粮食商户取得粮食收购许可证资格的4户，即：阜平县顺亿粮油购销有限责任公司、阜平县富民粮油购销有限公司、阜平县大元粮油批发部、阜平县桃花村粮油批发部。

（二）粮食收购

1996年阜平县完成国家粮食定购任务（玉米）250吨，定购价0.63元/斤，市场收购3250吨，其中小麦1500吨，玉米1750吨。1997年，国家出台粮食收购“保护价”政策，完成国家粮食定购任务（玉米）250吨，市场收购3000吨。1998年，取消粮食定购任务。1999年，市场收购2800吨，其中小麦700吨，玉米2100吨。2000年，国家粮食收购实行保护价收购，市场收购6200吨。2001年，玉米退出了“保护价”收购。2003年，小麦退出“保护价”收购。2004年，国家粮食收购任务全部取消，粮食市场全面放开。2006—2009年，国家对国有粮食企业粮食贷款和粮食库存实行双归零，阜平国有粮食购销一库储存市级地方粮食5000吨（小麦）。2009年，市级地方粮食储备抛售清库。

（三）粮食销售

1996年阜平有农业人口181313人，非农业人口20687人。定购粮销售4186吨，市场粮食销售4830吨，库区口粮销售2694吨。1997年库区口粮改为直补，同年取消“公粮制”。由于国有粮食企业一直从事平价粮油的供应和购销业务，国家取消平价粮油供应后，未能及时转变经营理念，难以适应市场的要求，加之资金匮乏和市场疲软等诸多因素，经济效益日益下滑，粮食企业经营日趋艰难，基层粮站经营业务全部被小商小贩替代。是年市场粮食销售3100吨。1999年粮油统销价格和粮食经营全面放开，粮、油、米、面不再凭票凭证供应。2000年阜平农业人口178802人，非农业人口26360人，当年市场粮食销售5000吨，2001年市场粮食销售7010吨，之后逐年减少，2004年全面取消粮食收购任务，2006年国家《粮食流通管理条例》实施，粮食局的职能发生根本性的转变，主要负责对社会粮食流通进行宏观管理，负责粮食收购许可证的审批和年审。2006年国有粮食企业粮食贷款和粮食库存实行双归零，市场粮食销售9289吨。

1996—2010年阜平县粮食购、销、存统计表

表16-1-1　　单位：吨

项目 / 年度	定购（玉米）	市场收购	市场销售	库区口粮	库存	
					玉米	小麦
1996	250	9826	8220	250	1606	—
1997	515	2857	3100	515	1363	—
1998	—	6026	4010	—	3379	—
1999	—	6100	5300	—	4179	—
2000	—	6200	5000	—	5379	—
2001	—	6000	7010	—	4369	—
2002	—	5980	5080	—	5269	—
2003	—	6120	5400	—	5989	—
2004	—	5800	6000	—	5789	—
2005	—	5200	6000	—	4989	5000
2006	—	4300	9289	—	—	5000
2007	—	—	—	—	—	5000
2008	—	—	—	—	—	5000
2009	—	—	—	—	—	5000
2010	—	—	—	—	—	—

（四）粮油价格

1997年，国家出台粮食收购“保护价”政策，开始实行按保护价敞开收购农民余粮，当年的粮食保护价玉米0.28元/斤，小麦0.345元/斤。1998年，国家取消了粮食定购任务。1999年，玉米保护价0.35元/斤，小麦0.41元/斤。2000年，玉米保护价0.42元/斤，小麦0.46元/斤。2001年，粮食退出“保护价”收购。

粮食市场放开后，粮油购、销价格随行就市。2004—2006年，全县为7个国有粮食购销站和4家个体粮食商户发放《粮食收购许可证》，允许在本县范围内收购粮食。2006—2010年，粮油市场逐步放开，粮食价格、粮食收购、销售全部进入市场化运作。

1996—2010年阜平县主要粮食品种购销价格统计表

表16-1-2　　单位：元/斤

项目／年度	小麦		玉米	
	收购价格	销售价格	收购价格	销售价格
1996	0.38	0.675	0.315	0.39
1997	0.345	0.70	0.28	0.45
1998	0.365	0.81	0.305	0.69
1999	0.41	0.44	0.35	0.52
2000	0.46	0.45	0.42	0.42
2001	0.51	0.5.	0.48	0.47
2002	0.51	0.51	0.44	0.42
2003	0.56	0.58	0.53	0.48
2004	0.78	0.56	0.60	0.58
2005	0.78	0.80	0.67	0.70
2006	0.75	0.78	0.80	0.83
2007	0.80	0.83	0.81	0.84
2008	0.84	0.87	0.85	0.88
2009	0.89	0.92	0.89	0.93
2010	0.90	0.93	0.95	0.98

（五）粮油储运

阜平县基层粮食企业点多分散，储粮设施简陋、落后，为做好粮食储备，县粮食局实行安全储粮责任制，定期对仓储进行检查。库存粮食全部采取房式散装存放，以“双低”方法储存，坚持“一符、三专、四落实”（“一符”：账与实物相符；“三专”：专人、专账、专藏；“四落实”：品种、地点、数量、质量）活动，提高粮食储存水平。全县仓库1996年402间，仓容量达到200万吨；2000年283间，仓容量12000吨；2010年底仓库19间，仓容量6000吨。

三、专营商品业

（一）烟草

组织机构　1996年，阜平县烟草公司内设3科1室，即：专卖科、营销服务科、安保行政科和综合办公室，干部职工47人。2004年5月，取消县公司，成立阜平县卷烟营销部。2005年，成立阜平县烟草专卖局，在职干部职工42人。2010年，在职干部职工45人，离退休人员11人，其中党员22人，大中专毕业生16人。

卷烟销售　1996—2002年，阜平县卷烟市场以张家口烟厂、石家庄烟厂、保定烟厂、云南省的烟厂为主，1996年销量2885箱，年销售额2698万元，实现毛利301万元。2010年，销售卷烟8104箱，年销售10762万元，实现毛利2262万元，比1996年增长7.5倍。

1996—2010年阜平县卷烟经营统计表

表16-1-3

项目 年度	销售（箱）	销售额（万元）	实现毛利（万元）
1996	2885	2698	301
1997	2983	2777	332
1998	3005	2998	489
1999	3101	3010	509
2000	3215	3000	520
2001	3114	2997	511
2002	4211	3112	645
2003	5419	4226	690
2004	5617	4501	760
2005	6341	6510	980
2006	6777	7769	1025
2007	7028	8500	1800
2008	7767	9100	1918
2009	8118	9854	2109
2010	8104	10762	2262

专卖管理 2000年，县烟草公司专卖管理人员8人。2001年，聘请专家对管理人员进行技术指导。在硬件建设方面，配备2部专用车辆，增加手机等通信设备。在部分乡（镇）建立以“访送分离”为主体的“大访销、大配送”网络销售体系。2010年拥有业务送货车辆4部，专卖稽查车辆3部，办公车辆2部，固定资产773万元，实现微机化管理。业务经营、专卖管理、财务管理、人事档案管理及办公室工作均依靠网络运行，实现在线指挥、遥控操作。

专卖执法 1992年1月1日《中华人民共和国烟草专卖法》施行。1996年加大执法力度，卷烟销售实行明码标价。2003年卷烟市场执法检查工作主要由烟草专卖局专卖科负责。2008年县烟草专卖局实行分类管理模式，加强重点管理。2010年县政府组织公安局、检察院、法院、工商局等有关部门联合开展“双打”（打击假冒伪劣、打击乱渠道进货）活动，查获各类假烟410箱，查处违法案件230起，收缴罚款13万元。

（二）盐业

1996年，食盐由县副食品公司代理经营，县供销社为主管部门。1999年6月公司更名为阜平县副食品盐业公司。当年购进食盐809吨，销售1219吨。1999年成立阜平县盐政管理所，实行碘盐经营审批。2000年实行盐政与110联网，设立举报电话，对全县碘盐经营进行检查督导，依法取缔非法经营，净化盐业市场。

2002年后增加铁、钙、硒等营养盐。

2008年实行食用盐小包装，食盐销售1600吨，占年计划的110%。2009年购进食盐1500吨，销售1700吨，其中入口盐购进1400吨，销售1500吨，创历史最高纪录。2010年按照市政府要求，小包装食用盐提升为精制绿色小包装食用盐，在全县范围内设立碘盐销售点256个，遍布全县209个行政村，实现县、乡、村三级服务网络。2010年完成“食盐安全村”209个，“食盐安全社区”5个，2010年实现消除碘缺乏病目标。

（三）酒类

1996年阜平县糖酒烟蔬菜公司隶属阜平县商业局管理，年销售额为1200万元。2000年公司改制，更名为阜平县糖酒股份有限公司，零售门店实行租赁经营。2005年10月19日商务部通过酒类流通管理办法自2006年1月1日起施行。县商务局在2006年办理酒类零售许可证10个，出动商务局执法人员120余人次，车辆600辆台次，对酒类批发零售商店及摊点进行治理整顿，严厉打击违法、非法经营，行政处罚8万元。2007年年检零售许可证280个、批发许可证10个，出动执法人员80余人次，开展专项整治4次，没收假冒伪劣酒类商品200余件。2008—2010年办理零售许可证831个，查处无证经营行为53起，查处违法经营280起，查处假冒伪劣酒446件，假冒名酒33瓶，没收散装酒100瓶，散装酒42桶。对14家批发企业经营品牌进行重新登记，零售业发展到850家。

（四）民用爆炸物品

机构设置 1996年民用爆炸物品由县物资局化轻公司管理经营，1997年从化轻公司分离，组建阜平县民用爆炸物品公司，经营面积600平方米，干部职工30人。2000年企业实行整体转制，组建阜平县立明民用爆炸物品有限公司，股东50人，注册资金30万元。2010年公司设5个股室，干部职工65人。

经营管理 阜平民用爆炸物品由公安部门负责管理，物资部门负责经营，1997年成为专营业务。1996年销售炸药260吨，经营收入200万元。1997—2000年年均销售量1500吨，经营收入1000万元。2003年公司投资80万元，在阜平镇照旺台村修建民用爆炸物品仓储设施。新购置爆炸物品专用车辆一部，配备电脑、打印机各一台，完善管理销售制度。2004年对全县60多个爆炸物品使用点实行统一供应、送货上门。为方便石材开发小区的需要，2005年投资10万元在砂窝乡建立民爆器材服务站。2007年保阜高速公路开工建设，这一时期民用爆炸物品的需求量大幅增长，是年销售2402吨。2008年销售2720吨。2007—2010年阜平县成为河北省爆炸物品经营使用量较大的县（区）之一。

2001—2010年阜平县民用爆破器材销售统计表

表16-1-4

项目 年度	炸药（吨）	火雷管（枚）	电雷管（枚）	导爆管雷管（枚）	导爆索（米）	导火线（米）
2001	397.7	595941	635047	6500	33723	531272
2002	710.5	959466	1172940	9582	51200	850835
2003	801.3	1033257	1148122	—	74150	1074214
2004	1218.6	1405046	1290864	—	138250	1729735
2005	1089.5	1166667	869308	—	109753	1550875
2006	1379.7	1001045	942385	—	183550	1652830

续表 16-1-4

项目 年度	炸药 （吨）	火雷管 （枚）	电雷管 （枚）	导爆管雷管 （枚）	导爆索 （米）	导火线 （米）
2007	2402.2	936565	1095431	157880	280700	2236040
2008	2720.3	359360	1082024	788420	443200	626510
2009	2165.9	—	1001040	540800	612050	—
2010	1182.2	—	802126	195350	810100	—

（五）生猪定点屠宰管理

1996年，县政府实行生猪定点屠宰管理制度。成立畜禽定点屠宰管理领导小组，办公室设在县商业局，全县设5个定点屠宰厂。2000年畜禽定点屠宰管理办公室由商业物资总公司接管，2002年职能划归县经贸局。2006年阜平县商务局成立后，加大对生猪屠宰行业的执法检查，主要是对宾馆、饭店、食堂、肉食加工单位加大检查力度，严厉打击个人屠宰，对非法购进的生猪产品给予收缴并处罚款，是年查获非法渠道购进的生猪210公斤。

2007年，阜平县商务局与生猪定点屠宰企业，销售单位签订《肉品销售安全管理责任书》，推行《生猪产品销售专用单》，全程跟踪管理。出动执法人员579余次，取缔非法屠宰点两个。2007—2010年查获非法渠道购进生猪860公斤，没收无定点厂检疫和瘦肉卡的生猪45公斤。没收查获产品做无害化处理。

（六）成品油供应业

1996年，河北省石油公司阜平县分公司销售成品油100吨。1998年，市县一体化改革，公司更名为河北石油集团阜平县石油公司，拥有加油站1座，年销售成品油200吨，销售收入20万元。2000年，企业实行整体转制，公司再次更名为中国石油化工股份有限公司河北保定石油分公司阜平经营部，辖环城路、东湾、河口、龙王庄、方太口5座加油站，拥有固定资产1200万元，注册资金250万元，年销售成品油4000吨，销售收入1200万元。2005年建平阳加油站，经营部年销售成品油31788吨。2007年建城南庄加油站。到2010年底经营部共辖7座加油站，固定资产3300元，干部职工67人，年销售成品油32556吨，实现销售收入2亿元。

阜平石油公司被划归中石化集团后，个体私营加油站加快发展步伐，打破成品油由石油公司专营的格局。截至2000年全县加油站发展到26家，年销售成品油4万吨，销售收入2.8亿元。2010年全县加油站36家，其中中石化7家，中石油3家，社会加油站26家。农村加油站点31家，全年销售成品油50157吨，实现销售收入3.5亿元。

（七）医药商品销售

1996年阜平县医药药材公司有干部职工65人。内设四股一室：中药批发股、西药批发股、会计股、地产药材收购股、办公室。公司建筑面积1277平方米，其中办公室16间，占地630平方米，地产药材库18间，占地647平方米。公司拥有零售门店6个，基层设有平阳、城南庄、东下关、砂窝4个批发站。经营西药820种，中药材710种，销售额750万元，利税25万元。

2000年，阜平县医药药材公司实行整体转制，组建为阜平县医药药材股份有限公司，股东49人，固定资产400万元，注册资金为80万元，总营业面积为950平方米。公司内设4个科，2个室，所属零售商店3个，基层批发站4个，从业人员65人。经营西药910种，中药材550种，销售额770万元。2001年阜平县医药药材股份有限公司通过省食品药品CSP认证。2005年4个基层批发站全部撤销，年销售额600万元，利税30万元。2009年撤销中兴街零售门市部。2010年公司设4科2室，有门店2个，从业人员60人，年销售额800万元，利税35万元。

四、对外贸易业

（一）组织机构

1996年，阜平县对外贸易局设人秘科、财务科、业务科和一个营业部。辖有14个县直公司。全系统干部职工490人，固定资产总额761万元。1999年固定资产达到1630万元。

1996—1999年，外贸局对公司实行直接管理，每年给各公司下达主要经济指标。各公司属国营预算外企业，经理是公司的法人代表，隶属于外贸局管理。2000年外贸局所属企业进行全面改制，改制时外贸系统下属企业10家，其中阜平县冷冻厂、阜平县皮毛厂、阜平县汇源贸易公司、阜平县土畜产品公司率先改制。之后将阜平县粮油公司、阜平县粮油食品公司、阜平县五金矿产公司、阜平县农副产品公司、阜平县外贸宾馆、阜平县矿产开发6个公司合并改制为阜平县对外经济贸易有限责任公司。改制后的公司为5个：海峰食品有限责任公司、飞龙皮毛有限责任公司、汇源贸易有限责任公司、今朝农副产品有限责任公司、阜平县对外贸易有限责任公司。县政府对外贸局机关人员进行了分流，部分人员合并到县经贸局。经贸局设对外经济贸易股，挂阜平县对外经济贸易局牌子。2006年9月机构改革，撤销阜平县对外经济贸易局、阜平县经贸局，对外贸易管理职能划入商务局。

（二）业务经营

1994年经外贸部批准阜平县外贸局获得外贸代理出口经营自主权。从1996年开始，外贸业务逐步发展壮大。外贸局先后引进人才，培养报关、报检、财会人员形成一支独立的进出口专业队伍。出口商品陆续打入国际市场，出口的主要商品有粮油、食品、五金、矿产、手工艺、中药材等六大类40多个品种。商品主要销往日本、俄罗斯、巴拿马、新加坡、马来西亚、泰国等地。1996年出口商品收购值完成1833.88万元，创外汇220万美元。

1997年外贸局把代理外贸出口业务作为突破口，使自营业务和间接出口业务“双轮”驱动，全年出口创汇完成147万美元，县外贸本系统完成130万美元。出口商品有粮油、食品、皮毛、土特产、中药材、矿产品、工艺品七大类上百个品种。商品主要销往美国、韩国、日本、新加坡、瑞典、澳大利亚等国家。

1998—1999年受亚洲金融风暴和国家采取紧缩银根政策影响，外贸企业步入最困难的时期，再加上贷款缴税等原因，使外贸企业债台高筑，有的甚至资不抵债。1999年完成出口收购值1101万元，创外汇109.6万美元，比1995年分别下降63.3%和71.6%。2000年外贸企业全面改制，全年出口值完成33.2万美元。2001年完成直接出口114万美元。外贸局撤并入经济贸易局后，先后办理自主进出口权的企业4家。分别是：阜平县山珍大枣股份有限公司、阜平县果菜公司、阜平县梦雨食品有限公司、阜平县红利食品有限公司。2006年新增冀翼商贸有限公司。全县有自主进出口权的公司达到6家。完成出口创汇20万美元。2007—2008年完成出口创汇63万美元。2009年阜平县德康石材投资4.7万美元，在韩国设立德康石材贸易有限公司。2009—2010年完成出口创汇67万美元。

出口的主要商品有石材、果脯、核桃、花椒、药材等几十个品种。主要销往韩国、日本、美国等国家和地区。从2000年改制后，阜平对外贸易实现了由国营到股份制的转变，实现由给外贸供货到自营进出口的转变。

1996—2010年阜平县对外经济贸易统计表

表 16-1-5

年度\项目	出口创汇（万美元）	年度\项目	出口创汇（万美元）
1996	220	2004	31.5
1997	147	2005	40
1998	95	2006	20
1999	110	2007	34
2000	33.2	2008	29
2001	114	2009	31
2002	74	2010	36
2003	27.8	—	—

第二节　集体商业

一、商品经营

（一）农业生产资料经营

农业生产资料供应是供销社的工作重点，在农业生产资料的供应中，供销社紧紧围绕全县春耕生产、夏收夏种、防汛抗旱、秋收冬播等工作，及时组织农业生产资料的采购、储存与供应，做到“淡储旺供”，不误农时。主要经营化肥、农药、农机具、农用地膜等。1996年销售各种化肥18100吨，农药及除草剂10吨，农用地膜5吨，柴油23吨，农药械2500架，农机具销售43万元。2000年在春耕、“三夏”、秋种期间，县社开展打假宣传，确保化肥市场稳定。当年销售各种化肥7000吨，农药及除草剂6吨，农机具销售7万元。2004年，阜平县农资配送中心成立，经营品种和经营方式实现多品种、系列化、规模化。2005年县社配合县农业局、畜牧局对5种高度农药进行市场检查，收缴违禁农药58瓶，与基层经销农药门店签订责任状，保证农民施药安全。当年销售各种化肥3000吨，农药及除草剂5吨，农用地膜4吨，柴油25吨，农机具销售11万元。到2010年全县建农资服务网点66个，遍布全县13个乡镇66个行政村。农资商品覆盖率90%以上，其中25个网点实行统一配送、统一价格、统一标识。销售各种化肥1300吨，农药5吨，农用地膜3吨。

1996—2010年阜平县供销社农资商品经营统计表

表 16-1-6　　单位：吨

年度\项目	化肥购进	化肥销售	农药购进	农药销售	农膜购进	农膜销售
1996	1900	18100	11	10	5	5
1997	18000	18000	11	10	5	4
1998	18000	17900	10	9	6	5

续表 16-1-6

年度 \ 项目	化肥购进	化肥销售	农药购进	农药销售	农膜购进	农膜销售
1999	8000	7900	10	10	5	5
2000	7000	7000	7	6	6	5
2001	5000	4900	7	7	5	5
2002	4500	4500	6	5	5	6
2003	3800	3700	5	5	5	5
2004	3500	3500	5	4	4	4
2005	3100	3000	5	5	4	4
2006	1800	2237	6	5	5	4
2007	1800	2227	5	6	4	4
2008	1500	2276	4	4	3	3
2009	1350	3895	5	5	3	3
2010	1300	3890	5	5	3	3

（二）生活资料经营

1996—2000年，阜平县商业、供销两大流通部门为生活资料经营的主渠道，除供应食品、副食品、棉布、手表、自行车外，电视机、电冰箱、电风扇、洗衣机、抽油烟机等高档消费品销售量逐步增多。2000年后摩托车逐步进入寻常百姓家。2005年后电动自行车以其方便、快速、节能、环保等优点受到消费者青睐，几乎取代了自行车和摩托车。耐用消费品逐年增加，电脑、空调、手机、家用轿车等。2010年县内从事生活资料经营的均为民营或私营企业、个体户，进货渠道日益多元化。

1996年购进商品118万元，销售130万元。2000年购进商品172万元，销售175万元。2005年购进商品277万元，销售283万元。2010年购进商品900万元，销售1000万元。

禽蛋销售　1996年购进鸡蛋4吨，销售4吨。2000年购进鸡蛋5吨，销售5吨。2005年购进鸡蛋6吨，销售6吨。2010年购进鸡蛋8吨，销售8吨。

酒类销售　1996年销售白酒1吨，啤酒4吨。2000年销售白酒6吨，啤酒6吨。2005年销售白酒12吨，啤酒14吨。2010年销售白酒17吨，啤酒20吨。

洗涤用品　1996年后洗涤用品市场品种不断增加，消费量日益上升。1996年洗涤用品销售11万元，2000年销售12万元，2005年销售15万元，2010年销售20万元。

化妆品　1996年销售各类化妆品10万元，2000年销售19万元，2005年销售23万元，到2010年销售额达到30万元。

自行车　1996年以前自行车主要的品牌为飞鸽、永久、红旗、燕山等少数几个种类。1996年以后各种型号、各种档次的自行车进入市场，经营由国营集体向个体户发展，一般标准的加重、轻便自行车，开始向美观、时尚、轻便转变。山地自行车、变速自行车等高档自行车成为新宠。1996年销售各种品牌自行车433辆，2000年480辆，2005—2010年自行车年均销售550辆。

电视机 1996年全系统销售黑白、彩色电视机242台，1999年销售2540台，2000年后彩色电视机占据了市场，2005年销售彩色电视机2100台，2010年4020台。

电风扇 1996年销售电扇191台，空调3台，1999年销售电扇1098台，空调139台，2010年销售电扇684台，空调253台。

电冰箱 1996年销售电冰箱105台，1999年销售765台，2005年销售932台，2010年销售1838台。

（三）农副产品经营

2000年前阜平县农副产品经营主要依靠商业、供销系统设点收购。2000年后形成专业公司和小商小贩共同经营的市场经济模式。主要经营核桃、大红枣、花椒、花生、水果等农副产品。产品销往北京、上海、福州、台湾等30多个省市和地区，以及俄罗斯、韩国、泰国、新加坡等国家。1996年收购农副产品126万元，销售收入160万元。2000年收购农副产品401万元，销售收入420万元。2010年收购农副产品1040万元，销售收入1210万元。

（四）烟花爆竹

1996—2000年，烟花爆竹由县土产日杂公司兼营，主管部门县供销社。1998年烟花爆竹从县土产日杂公司分离出来，成立专营公司。是年销售收入85万元。2005年县社制定烟花爆竹安全管理办法和零售网点安全经营制度，换发零售许可证105个。2006年对烟花爆竹实行统一经营，归口管理和定点销售许可制度，年销售额198万元。2010年全县范围内设立固定烟花爆竹销售点70个，其中长期销售点10个，完成销售额235万元。从2002年到2010年年均销售烟花爆竹150万元。

二、协会

1999年后供销社先后注册成立阜平县农副产品流通协会、阜平县果品加工协会、阜平县烟花爆竹流通协会、阜平县农资配送中心。2007年成立阜平县农民经济组织联合会，围绕当地红枣、核桃、板栗等农副产品新注册登记农民专业社2个，新增社员12户，股金16万余元。2008—2010年组建阜平县农民经济组织联合会乡镇分会6个，吸收系统内外8个农民合作经济组织，加入阜平县农民经济组织联合会。截至2010年，阜平县农民经济组织联合会集体会员39个，个体会员957户，社员股金235.5万元，带动农户5272户。

社区综合服务中心围绕当地居民生产、生活需求，开展农资供应，日用消费品零售，农副土特产品购销、餐饮住宿、休闲娱乐、家电维修、信息服务、种植、养殖、技术交流、科技推广等服务，受到当地农民欢迎。2010年全县建成王林口乡、吴王口乡、天生桥镇、阜平镇、平阳镇、城南庄镇、砂窝乡、大台乡8个农村综合服务中心。

三、经营管理

阜平县集体商业主要是县供销合作社，主要经营生产和生活资料。1996年县供销合作社机关设办公室、人事科、财务科、业务科、基层科、审计科6个科室。生产公司、土产公司、副食品公司、红枣公司、贸易中心、食品加工厂、果脯厂、空中楼饭店、农副土特产品公司、羊毛加工厂、日杂公司、桥东楼（公司）等县直公司12个。城关、平阳、北庄、台峪、王林口、史家寨、大台、段庄、砂窝、百亩台、上堡、吴王口、龙泉关、东下关、城南庄、下庄、岔河、北果园等基层社18个。全系统职工1119人，其中在岗职工700人。

2000年县供销合作社对县直公司和基层供销社进行全面改制。改制后县供销社内设办公室、人事科、财务科、基层业务科、统筹科5个科室。人员编制32人，县直公司9个，基层供销社18个。全系统职工1179人。其中在岗职工660人。2010年县直公司按照资产保值、增值有利于企业增效的原则，经过合并改造减少到6个，分别为贸易中心、盐业专营公司、烟花爆竹专营公司、土产公司、果品加工厂、农资配送中心。基层供销社减少到8个，分别为：平阳镇、台峪、阜平镇、大台、龙泉关镇、砂窝、王林口、城南庄镇。全系统职工1223人，其中在岗职工206人。

1996—2010年阜平县供销社经营统计表

表16-1-7

项目 年度	购进（万元）	销售（万元）	职工总数（人）			工资总额（元）
			在岗	非在岗	离退休	
1996	5001	6500	700	276	143	336
1997	6677	7273	700	249	134	366
1998	7196	7719	700	249	153	387
1999	4145	4580	700	251	188	455
2000	3865	4134	660	308	211	460
2001	3785	4229	660	297	257	475
2002	4790	5518	630	316	248	511
2003	5324	5978	632	254	272	521
2004	2864	3080	525	338	286	675
2005	2925	3203	510	331	301	693
2006	3228	3442	510	322	304	722
2007	3410	3690	450	368	347	1255
2008	3160	3822	400	363	387	1438
2009	5460	5670	350	411	409	1686
2010	6500	6940	206	581	436	1710

第三节　个体商业

一、发展规模

1996年，县政府对个体商业企业提出“先扶持、后经营，先发展、后规范”的管理要求，允许农民进城经商，允许批零兼营，允许一业为主，兼营多业。当年全县个体商户2858户，从业人员4180人，注册资金1416万元，营业额1908万元。2000年国有集体商业进行全面改制，中小型超市在县城兴起，个体私营餐饮、宾馆、招待所、美容美发等服务增多。家电、服装、鞋类、建材、摩托车、电动车等品牌专卖店纷纷落户开张，既方便城乡居民，也极大地繁荣县域经济。2000年全社会消费品总额实现4亿元。2005年全县有个体私营商户3084户，从业人员6341人，注册资金4584万元。2010年全县有个体私营商户3905户，从业人员12400人，注册资金10599万元，全社会消费品总额92873万元。

二、超市商场

（一）超市

东盛超市前身是一家个体小副食品商店。2001年店主个人投资380万元，进行更新改造，2003年更名东盛超市，营业面积1000平方米。主要经营日用百货、服装、五金交电、针纺鞋帽、家用电器、蔬菜水果、米面粮油等，2010年销售额1165万元。

阜盛超市前身是一家服装店和一家家具店，2002年由外地人承包经营，经过改造合并，更名为阜盛超市，营业面积950平方米。主营日用百货、五金交电、针纺鞋帽、家用电器、蔬菜水果、米面粮油、甜食品、肉食品、化妆品、餐饮等。2010年销售1036万元。

百世超市前身是县商业局下属的百货商店，2006年投资改造，更名为百世超市，营业面积400平方米，主营日用百货、五金交电、服装鞋帽、米面粮油等，2010年销售额905万元。

（二）商场

商务大厦隶属于阜平县宏达商务有限公司，2000年创办。注册资金65万元，固定资产178万元，营业面积2000平方米。主营日用百货、五金交电、针纺鞋帽、文化用品、家用电器、化妆品，金银饰品等，2010年销售额1680万元。

百货商场1996年隶属于阜平县商业局，营业面积400平方米，年销售额820万元。2000年企业改制为阜平县百货有限责任公司，主要经营针、纺、百、文、服装鞋帽、家具用具等12类4800多个品种，2010年销售额1650万元。

冀北商城1999年创办，隶属于阜平县阜平镇城厢村，经营面积2000平方米，主营服装鞋帽、家用电器、家具用具、乐器等。2000年实行租赁经营，2000—2010年，年均销售额1080万元。

泰和购物广场，前身是一家饭店，2004年改造扩建，2006年竣工，企业更名为泰和购物广场。营业面积1500平方米。主要经营服装鞋帽，家用电器、针纺织品、金银首饰等，2010年销售额520万元。

视霸家电商场1987年创办，主营海尔、王牌、康佳、长虹等14个品牌系列产品，该公司有两个商场和一个维修服务中心，营业面积300平方米，维修服务中心拥有高级专业技术人员12人，服务车3辆。2001年被河北省电子工业厅评为家用电器一级维修单位，同年加入海尔俱乐部，成为阜平县唯一一家海尔专卖店。2010年发展成为一家集总体实力、先进技术与完善服务为一体的先进企业，年销售额850万元。

阜平县1996—2010年全社会消费品零售总额统计表

表16-1-8　　单位：万元

年度＼项目	全社会消费品零售总额	年度＼项目	全社会消费品零售总额
1996	15663	2004	34230
1997	17038	2005	39529
1998	18464	2006	44449
1999	18565	2007	52617
2000	17452	2008	64605
2001	19412	2009	77625
2002	21522	2010	92873
2003	23878	—	—

三、煤炭市场

（一）形成与发展

1980年阜平县就建起规模较小的煤炭市场，1995年后煤炭市场由吴王口、砂窝向阜平镇、王林口乡、平阳镇快速发展，2004年全县有煤场642家，煤炭市场主要分布在保阜、阜繁、阜忻、阜石四条公路沿线两侧，涉及8个乡镇。其中阜平镇212家，平阳镇185家，天生桥镇54家，龙泉关镇32家，王林口乡59家，北果园乡23家，砂窝乡46家、吴王口乡31家。2008年全县煤场达到836家，2009年治理整顿取缔244家，截至2010年全县有煤场592家，成为当地农民脱贫致富的重要途径和县财政收入重要来源。煤炭业的发展带动交通运输业、餐饮业、石油经销等行业的发展。形成重要的煤炭集散地，被称之为阜平的“马路经济”。

（二）治理整顿

1996年，政府对煤炭市场整顿，组织有关部门开展联合执法，对违规违章经营者予以处罚或取缔。2009年4月5日至6月30日，开展了一次煤炭市场专项整治行动。制定出科学的整治方案，成立以县委书记为政委，县长为指挥长，相关部门领导为成员的煤炭市场整治行动指挥部。县委、县政府主要领导亲自挂帅，县领导和部门分包负责，县乡（镇）部门合理推进的工作运行机制，保障整治工作顺利开展。到6月底各项整治工作基本完成。全县所有煤炭市场全部退路15米经营，并建起高标准隔离墙。地磅全部退路15米安装使用，煤炭市场通往公路的道口全部水泥硬化，煤场内易扬尘设备全部取缔，并建设喷淋洒水设施。集中整治取缔煤炭市场244家，退路经营煤炭市场263家，建设隔离墙1.3万余米，退路安装地磅81台，硬化出入口道路2010余米，取缔易扬尘设备300余台。在阜平镇、平阳镇、王林口乡三个重点乡镇组建10个煤炭集中交易市场，300余家煤场完成入市经营。通过挂靠经营、联合经营等方式，对全县煤炭市场进行整治重组，推进“抱团发展”，增强产业竞争力。之后，阜平县制定出台煤炭市场管理办法和煤炭市场发展规划，进一步加强营销和市场管理。煤炭市场集中整治后，实现有序健康发展，交易量快速增长，财政收入增加，环境得到改善。

（三）经济效益

1996—2010年，全县煤炭市场营销业总投资约6亿元，占地约4000亩，2005—2010年，年最大吞吐量达到1500万吨，交易额为80亿元，税收4000多万元，直接从业人员10000余人。

第二章　餐饮服务业

1996年前阜平县生活服务业规模小，经营品种单一，服务单位设施陈旧，卫生、服务条件差。1996年后，个体私营餐饮服务业快速发展。2010年私营餐饮、旅馆、洗浴、照相、美容美发等服务行业遍布全县的城镇、乡村和社区。

第一节　住宿餐饮业

一、住宿业

1996年，县城较大型的宾馆有县政府招待所、虹桥旅馆、冀鑫宾馆、外贸宾馆。2000年有个体旅店22个，从业人员61人；2005年23个，从业人员74人；2010年89个，从业人员300人，经营额4001万元，利税300万元。2010年县城有保险宾馆、阜平宾馆、电力宾馆、锦都宾馆、泰和宾馆、逸美时光、虹桥宾馆、君悦宾馆、龙昌宾馆大型宾馆9家。泰和宾馆、逸美时光、龙昌宾馆为集住宿、餐饮、娱乐、休闲为一体的综合式服务企业。

二、餐饮业

1996—2000年阜平县餐饮业国有和集体占据市场的主导地位，2000年前阜平餐饮业多为夫妻店，雇工少、规模小、效益差。1996—2000年随着改革的不断深入和发展，2002年国有资本全部退出。股份合作制、个体联合体、私营商业得到迅速发展。各类小吃店、快餐店、冷饮店建立。经营品种有油条、烧饼、手工拉面、抻面、刀削面、米线、锅贴饼子、枣儿黄米年糕、江米黄米粽子、绿豆凉粉、荞面、莜面饸饹、牛肉罩饼等风味小吃，摊多点广，分布县城和乡村集市的各主要交通要道。2003 年夜宵摊、炒冰摊逐步兴起，夏秋之夜夜宵、炒冰摊围地设席，少的 10 余桌，多的数十桌，遍布县城主要街道，消费者以中青年为主，食品有田螺、石螺、鱼肉、羊肉串、皮皮虾、蔬菜、炒冰、烤肠等。

2005 年煤炭市场发展带动餐饮业的发展，全县各集市及公路沿线兴办起大小饭店上千家，主要是个体私营，从业人员达到 4000 多人，为过往客户提供方便快捷的服务。

2010 年随着阜平农业、工业经济的发展和人民生活水平的提高，饮食观念的变化，全县饮食业日趋繁荣，个体、联合体经济得到全面发展，营业时间不断延长，有的商家饭店昼夜 24 小时不停业。无论在质量、服务水平还是经营理念、规模档次、环境卫生等方面都发生巨大变化。一些规模较大的饮食业通过改造、扩建、兼并成为集餐饮、住宿、购物、洗浴、娱乐为一体的一条龙一站式服务企业，满足不同层次的各界人士需要，饮食服务业创历史以来最高水平。规模较大的有虹桥大酒店、逸美时光、龙昌宾馆、同福楼等。

1996 年全县餐饮业网点有 127 个，从业人员 202 人。2000 年餐饮业网点有 115 个，从业人员达到 321 人。2005 年餐饮业网点有 86 个，从业人员达到 248 人。2010 年餐饮业网点有 182 个，从业人员 1500 人，营业额 9941 万元。

1996—2010 年住宿、餐饮业统计表

表 16-2-1 单位：万元

项目 / 年度	住宿、餐饮业营业额	项目 / 年度	住宿、餐饮业营业额
1996	3102	2004	6309
1997	3761	2005	7318
1998	4125	2006	8874
1999	4309	2007	11261
2000	5163	2008	12683
2001	5517	2009	15192
2002	5673	2010	9941
2003	5722	—	—

第二节 居民服务业

一、洗浴业

1996 年全县洗浴网点 13 个，从业人员 45 人。2000 年洗浴网点 4 个，从业人员 61 人。2005 年洗浴网点 19 个，从业人员 93 人。2010 年洗浴网点发展到 24 个，从业人员 132 人。随着人们生活水平日益提高，阜平洗浴业开始向高水平发展，出现装饰豪华，设备先进的桑拿、洗浴、按摩、餐饮、住宿等新兴业态。如：县城内的泰和浴都、红楼宾馆、逸美时光、龙昌大酒店、城南庄的自然温塘、吴王口的自然温泉等。尤其是位于城南庄的温塘距晋察冀边区革命纪念馆仅 5.3 公里，水质极适合于洗浴，医疗价值高，富含硫、铁、钙、镁等 20 多种矿物质，常年恒温 46℃，对各类皮肤病、关节炎有一定的疗效。自古就有好多人到此慕名洗浴，俗称“扎塘”。通过多年的开发改造，2010 年成为集旅游、修养、观光、度假于一体的温塘疗养院。吴王口的自然温泉也建设成休闲度假园。

海港快捷酒店夜景

二、美容美发业

1996年阜平理发业有很大的发展，服务项目日益增多。从最初单纯理发到烫发、美发、美容、保健等，体现城乡居民对美的追求。男式发型主要有：标准短发、超短碎发、长短刘海、自然碎发，分板寸、毛刺、飞发三个类型，有青年式、老板式、高山式等；女士发型主要有：标准四六发型、短碎发、中碎发、长碎发、少女碎发、燕尾短发、波浪式修发、奔式发、直式发、凤尾发、青春发等。焗油染发设计有：黑、自然黑、黄、中黄、橘黄、红、火红、酒红、葡萄红、金棕、浅棕、玫瑰紫等。1996—2000年中青年以焗自然发、黑发为主，2000年后染色日益多样化。女中青年以黄、棕黄、棕红为主，极少数男中年染棕黄发，大部分中老年人以自然黑为主。理发周期：男青年短发绝大多数20天理一次，中老年一个月一次，女青年平均半个月护发一次，中老年30～40天护发一次，每逢节假日或者走访亲友、参加聚会、婚宴等多数要吹风、造型、美容、美发，打扮一番。

1996年全县有营业性的美容美发业网点9个，从业人员15人。2000年美容美发业网点23个，从业人员58人。2005年一批装饰讲究，名称别具风格的美容美发店在县城和乡镇迅速建起，如：美容美发工作馆、美容干洗店等，服务质量、服务水平也有很大的提高。阜平的理发业出现历史以来最好的水平。2005年美容美发业网点45个，从业人员93人。2010年美容美发业网点发展到52个，从业人员152人。

三、摄影扩印业

1996年阜平县摄影业只能洗黑白照片，彩色照片需到保定或石家庄进行冲洗、扩印，营业网点仅有3个。1996—2000年摄影业逐步发展，个体摄影、摄影网点逐年增加、遍布城乡。既有挂牌开设门店的，也有在旅游景点、广场路边设摊的，还有流动为群众服务的。改革开放后摄影业发生很大的变化。从普通照相馆到接纳婚纱摄影、个人写真等全面升级。不仅在规模上有较大发展，而且在档次、质量、艺术、水准等方面都有很大的提高。县城知名度较高的有渤海影楼、艺华影楼、百花婚纱影楼、富民影楼等，经营项目齐全。项目由单纯照相发展到录像、刻盘、装饰婚车、鸣放礼炮、新娘化妆、婚礼主持、司仪等，服务水平日益提高。渤海影楼主要承揽彩色摄影、彩色放大、彩色扩印、证件快照、数码精放、婚纱摄影、集体外拍、旧照翻新上彩等。艺华影像主要承揽婚礼摄像、婚礼主持、婚礼策划、电子婚纱、电子相册、生日贺寿、团体旅游、单位及个人资料片、专题片的策划、摄制、刻录、光盘复制。百花婚纱影楼主要承揽婚纱摄影、身份证照、结婚证照、证件快照和其他各种艺术摄影。2010年广播电视局婚庆服务中心、阜平县三眼婚庆公司等5家企业已发展成为一站式、一条龙服务企业。

1996年阜平县有影视照相网点3个，从业人员8人。2000年影视照相网点7个，从业人员14人。2005年影视照相网点8个，从业人员16人。2010年影视照相网点发展到17个，从业人员47人。高、中、低档服务项目可满足不同层次的服务需要，举办一场婚礼消费1100～8800元。

四、婚庆服务业

1998—2010年，阜平县先后成立艺华、佳艺、三眼、红玫瑰等婚庆公司。负责婚礼照相、录像、刻盘、婚礼装车、新娘化妆、婚礼主持鸣放礼炮等。为青年男女婚礼进行一站式、一条龙服务。

五、修理业

1996年，全县有修理店（点）20户，从业人员37人。2000年修理门店、从业人员不断增加，经营项目逐渐增多，也有部分修理项目，如：修理钢笔、手电筒、半导体收音机等行业逐渐消失。家电维修、电动车、摩托车、汽车等修理业逐年增加。2010年全县有汽车修理网点15户，从业人员45人。家电、钟表、摩托车修理店（点）32个，从业人员64人。从事修鞋、补包、自行车修理、配钥匙、补雨伞等大部分无固定店面，分布在县城、集镇的街道两旁、农贸市场等场所。热水器、电冰箱、洗衣机、液化气灶、高压锅等日常家用器具等大多为上门服务。手机和电脑多为厂家维修点或委托当地维修站代修，部分名牌家电厂家建立售后服务网络，为客户提供全方位服务。

六、广告业

1996年县广告经营网点少，业务范围小。2000年电脑技术迅速发展，带动广告业的发展，经营网点不断增加，业务范围涉及大型户外户内喷绘、大型数码雕刻、户外写真、霓虹灯设置、广告路牌制作、广告代理发布、媒体招商等。知名网点有传诚牌匾制作中心、宝鹏大型彩色图文喷绘广告装潢公司、新东方设计师等。2010年全县广告公司发展到21家。

第三章　农村集市庙会

1996年前全县只有县城、城南庄、平阳、龙泉关、砂窝、史家寨有固定的集市，其他乡村每年只有固定的一、二次庙会，农村群众赶集上店非常不方便。1996年以后县有关职能部门在抓好城镇市场建设管理工作的同时，把市场管理范围向农村延伸，创造条件，支持发展农村集市。先后帮助建立北栗园铺集市和大教厂两大牲畜集市。建立和恢复了方太口、百亩台、史家寨、东下关、王林口、大台、广安、坊里、海沿、砂窝、岔河、柏崖、大道、东板峪店、崔家庄、马驹石、河口、上堡、木匠口等农村集贸市场。农村集市的发展，加快了红枣、核桃、土豆等土特产品流通，推动农村的经济发展。

第一节　经营管理及效益

一、管理机构

1996—2000年阜平县集市贸易由工商局负责监管，2000—2010年由阜平县市场服务局监督和管理。2001年8月阜平县成立市场建设服务局，正科级机构，编制30人。内设办公室和市场建设物业管理股，下设太行市场管理所、城南庄市场管理所、广安市场管理所、东城铺市场管理所。2001年11月初依据阜政办〔2001〕6号文件规定，工商局与市场建设服务局人、财、物正式分离，市场建设服务局独立开展工作。2004年7月县政府批准市场建设服务局职能配置，内设机构和人员编制规定，核准编制21人，其中局长1名，副局长1名、股级职员人数2人、后勤人员2名，内设机构不变。2002年1月成立太行市场所、城南庄市场所、东城铺市场所、广安市场所，2月份新增稽查队。2003年8月撤销广安所、稽查队，新增煤炭所、王林口所、史家寨所、城西所、督查室。11月撤销了王林口所、督查室。2004年2月撤销城西所，3月恢复王林口所、河口所，新增大台所，11月恢复稽查队。

2005年3月撤销河口所，2006年3月恢复河口所、广安所，2007年3月撤销河口所。

2009年7月新增砂窝所，撤销大台所、稽查队、广安市场所。2010年3月成立城管执法队，撤销东城铺所、煤炭铺所，史家寨所。到2010年底局内设市场物业管理股、办公室，下辖太行市场所，王林口市场所，城南庄市场所，沙窝市场所，城管执法大队，干部职工30人。

二、经营管理

2001年市场建设服务局成立后，加强对集市贸易的管理。2004年5月阜平县政府发布《关于加强市场管理的通告》、2004年11月发布《关于建立县城便民市场的通告》、2005年6月发布《关于加强城南庄镇市场管理规范街道秩序的通告》、2009年7月发布《关于加强市场管理的通告》，并组织人员多次开展执法检查和集中清理违章经营。截至2010年，出动车辆253次，579人次，清理店外店、占道经营888户，安排入市648户，临时摊位180户，规范整治煤场236家，建隔离墙6000米。随着市场设施的完善，环境的优化，市场经济呈现持续稳定发展的局面。到2010年底，全县有各类专业市场6个，恢复和建设19个集市，23个庙会，600多人实现就业和再就业。

三、经营效益

1996年全县市场营业额1210万元，之后市场日益繁荣。2001年全县市场营业额2140万元，收取市场管理费107万元，上交税金12.8万元。2010年市场营业额为6280万元，比2001年增加4140万元，市场管理费31.4万元，比2001年增加20.7万元，上交税金37.7万元，比2001年增加24.8万元。2010年组织大中型庙会、交流会52次，成交额6300万元，客流量220万人次。商品展销会10次，展销商品16类350多个品种，客流量176万人次，展销额125万元。阜平县市场建设服务局成立到2010年年平均上缴税费29.6万元。

阜平县乡村集市一览表

表16-3-1

项目 / 集市地点	集市时间（农历）
方太口	初一、十一、二十一
百亩台	初一、十一、二十一
栗元铺	初二、十二、二十二
史家寨	初二、十二、二十二
东下关	初三、十三、二十三
王林口	初三、十三、二十三
大　台	初四、十四、二十四
广　安	初四、十四、二十四
坊　里	初五、十五、二十五
海　沿	初五、十五、二十五
砂　窝	初六、十六、二十六
柏　崖	初六、十六、二十六
岔　河	初六、十六、二十六
大　道	初七、十七、二十七

续表 16-3-1

项目 / 集市地点	集市时间（农历）
东板峪店	初八、十八、二十八
马驹石	初八、十八、二十八
崔家庄	初九、十九、二十九
河　口	初九、十九、二十九
上　堡	二十
木匠口	二十九

阜平县庙会市场一览表

表 16-3-2

项目 / 庙会名称	庙会时间（农历）	庙会地址	规模
平阳庙会	一月十九日	平阳镇	大
王快庙会	一月二十三日	平阳镇王快村	中
西庄庙会	二月十九日	王林口乡西庄村	中
西下关庙会	二月十九日	天生桥镇西下关村	中
平阳庙会	二月十九日	平阳镇	大
不老树庙会	三月六日	天生桥镇不老树村	小
易家庄庙会	三月十日	城南庄镇易家庄	中
龙泉关庙会	三月十六日	龙泉关镇	中
阜平镇庙会	三月十八日	阜平县城	大
王快庙会	三月十八日	平阳镇王快村	中
夏庄庙会	三月二十三日	夏庄乡夏庄村	小
岔河庙会	三月二十三日	城南庄镇岔河村	小
城南庄庙会	三月二十八日	城南庄镇	大
广安庙会	四月二日	北果园乡广安村	中
茅沙弯庙会	四月四日	阜平镇河口村	小
平阳庙会	四月十一日	平阳镇	大
龙泉关庙会	四月十八日	龙泉关镇	大
阜平镇庙会	四月二十一日	阜平县城	大
坊里庙会	五月五日	大台乡坊里村	中
阜平镇庙会	五月十七日	阜平县城	大
龙泉关庙会	五月十七日	龙泉关镇	小

续表 16-3-2

项目 庙会名称	庙会时间（农历）	庙会地址	规模
龙泉关庙会	七月十一日	龙泉关镇	小
平阳庙会	十月十七日	平阳镇	大

第二节 集市

一、集贸市场

1996年太行集贸市场是阜平县唯一一个大型贸易市场。1997—2001年又在广安、城南庄、平阳等集市设置店铺和铁货架等供贸易使用。2001年8月市场局接收太行贸易市场、城南庄旧居市场、广安市场、东城铺市场、河口5个市场。截至2010年底，改建市场3个，新建市场1个，新建展示厅3座，引进中心资金10万元，自筹资金31万元，改建河口市场，建筑面积500平方米。争取财政资金10万元，改建太行市场，硬化市场街2500平方米，组织职工入股集资80万元，翻建市场北院大棚，建成商业门脸490平方米。争取财政资金30万元，开挖市场院市场街下水管道380米，翻建公厕、化粪池各1处，修补北院内门脸屋顶490平方米，建设市场街两侧售货大棚500平方米，美化了市场环境，提高市场效益。在三年大变样中，制定太行市场升级改造工程项目，投资7200万元，实施市场整体拆迁，建设2栋18层商住楼，已于2010年3月启动拆迁。改建东城铺市场，争取财政资金12万元，自筹资金1万元，建成市场售货大棚200平方米。

集市花卉摊位

在抓好城镇市场建设管理工作的同时，把市场管理范围向农村延伸，创造条件，支持发展农村集市。2003年7月批准建立北栗园铺集市和大教厂两大牲畜集市。2005—2010年，全县建立和恢复的集市相继营业。有方太口、百亩台、史家寨、东下关、王林口、大台、广安、坊里、海沿、砂窝、岔河、柏崖、大道、东板峪店、崔家庄、马驹石、河口、上堡、木匠口等。除上堡、木匠口每月1个集外，其余的都是每月3个集。农村集市的发展，加快红枣、核桃、土豆等土特产品流通，推动农村的经济发展。

二、便民市场

2002年规划小坝、小西门、小东街、小白楼、党校路口、水利局门口、畜牧局门口、车站等8处便民市场。2006年12月实施完成桥西街便民市场上档升级改建工程，投资39万元，新建840平方米商业门脸和售货大棚，首次将露天便民市场改建成全封闭式便民市场，提升经营档次，满足人民生活需要。

第三节 庙会展销会

一、庙会

阜平每年有大型庙会9次，中型庙会8次，小型庙会6次，这些庙会举办时间大部分在春夏季，秋冬季较少。庙会主要是物资交流，上市商品，有：农具、农业生产资料、针纺布匹、服装百货、干鲜水果、烟酒副食、骡马驴牛及小杂货等，阜平庙会吸引灵寿、行唐、曲阳、定州、唐县、涞源、山西五台等地客商，成农村物资交流的重要平台。

二、展销会

2000—2005年，县政府加大对市场管理的力度，利用多种形式宣传提高阜平知名度，招商引资，活跃市场经济。到2010年接待各类经济团体，举办商品展销会8次，其中较有特色的是2009年春季中华美食展销会，由保定市展销会中心介绍联系，阜平市场部门举办，参展单位20多家，展出全国名特食品近百种，如天津大麻花、狗不理包子等，首次在阜平展销，受到社会各界的好评。

第十七篇 金 融

1996年，阜平金融机构有中国人民银行阜平县支行、中国农业银行阜平县支行、中国农业发展银行阜平县支行、中国工商银行阜平县支行、中国建设银行阜平县支行、阜平县农村信用联社。2004年中国银行业监督管理委员会保定监管分局阜平县办事处成立，负责对辖区银行业金融机构及其业务活动监督管理。2008年中国邮政储蓄银行股份有限公司阜平县支行成立。全县金融行业形成以人民银行为领导，农村信用社为基础，国有商业银行、国家政策性银行为主体，多种金融机构并存，分工合作，功能互补，与社会主义市场经济相适应金融组织体系。1996年全县储蓄存款余额7.7亿元。2010年全县各项储蓄存款余额42.9亿元，比1996年增长5.5倍。其中全县城乡居民储蓄存款35.4亿元，比1996年增长7.2倍。

1996年阜平县有中国人民保险公司阜平支公司1家。1998年后，阜平县财产保险、人身保险分业经营，其他成分保险机构介入，保险市场形成多元化发展格局。2010年全县有保险机构5家，各保险公司和服务部严格执行授权经营和承包权限，按照国家承保政策制定完善各项内部管理制度，不断拓展业务渠道，扩大承保范围，实现承保、理赔分离。

第一章 银行业

阜平县银行业在传统储蓄种类上不断拓展业务，保障当地经济发展资金需求。随着经济体制改革逐步深化，县内金融机构把“存款立行”作为生存与发展的根本，落实承包责任制，实行工资、奖金与任务挂钩，存贷挂钩、多存多贷管理办法，抓重点、抓大户、抓大额间歇资金。县内农业银行、邮政储蓄银行和信用联社相继开通ATM，进一步方便群众存取款业务。2000年，阜平县农村信用联社、农业银行、邮政储蓄银行储蓄存款实现较大幅度增长。2010年，全县各项存款余额42.9亿元，其中城乡居民储蓄存款余额35.4亿元，比1996年增长7.2倍。

第一节 中国人民银行阜平县支行

一、存款

存款业务包括对公存款、储蓄存款。1996年储蓄存款有活期储蓄、定期储蓄、定活两变储蓄3种类型。1996年后储蓄存款种类逐年增多，陆续推出整存整取储蓄、零存整取储蓄、有奖有息储蓄、长期保值储蓄、大额可转让定期储蓄、住房储蓄、教育储蓄等。阜平县银行业在传统储蓄种类上不断拓展业务，提出各种服务承诺，制定考核办法，大量吸收城乡居民闲散资金，保障当地经济发展资金需求，1996年阜平城乡居民储蓄存款余额4.9亿元。随着经济体制改革逐步深化，县内金融机构把“存款立行”作为生存与发展的根本，落实承包责任制。定目标、定措施。实行工资、奖金与任务挂钩、存贷挂钩、多存多贷管理办法。抓重点、抓大户、抓大额间歇资金。开展优化服务，上门揽存，密切联系贷款户，发挥其存款积极性，形成多元化、多渠道组织存款新格局。1998年农行“金穗卡”、代理存取款业务逐步展开，县内其他商业银行也相继开通ATM。

2000年农村信用联社、农行、邮政储蓄银行储蓄存款猛增。

2003年阜平实行财政、货币“双稳定”政策，逐步提高利率。各金融机构采取多种形式，广泛揽储，增加存款。坚持“扶优择强，效益优先”信贷原则，继续向优质客户、重点行业、重点企业和农业倾斜，加大对“三农”投入支持力度。

2004—2006年，县城经济环境有所改善，城乡居民收入有所提高，高房价、高医药费、高教育费使居民预期消费水平下降。部分行、社内部管理力度加大，中小企业含民营企业发展态势良好，存款不断增长。

2007年全国出现经济过热现象，中国人民银行阜平县银行及时采取适度从紧的货币政策，实现经济平稳“软着陆”。县内企业存款稳步上升，储蓄存款不断增加。

2008年受金融危机影响，经济下滑，人行阜平支行根据中央决策部署，实行“适度宽松”的货币政策及有效拉动内需措施，降低利率。受金融危机动荡影响，居民个人资金开始从资本市场流向储蓄市场，各行、社利用此因素积极揽储，储蓄存款呈平稳增长势头。

2009年，人行阜平支行按季召开金融系统行长联席会，经济金融形势分析会，全力打造金融、企业、政府三方交流合作平台。通过采取银企对接、项目推介、银行贷款等措施，有效地解决企业融资难问题。各金融机构发挥主力军作用，加大对县城重点行业，重点项目支持力度，一些中小型企业得到资金支持，摆脱金融危机影响，实现建设和效益双增长。

2010年，全县各项存款余额42.9亿元，其中城乡居民储蓄存款余额35.4亿元，比1996年增长7.2倍。

（一）对公存款

对公存款包括工业、农业、商业、机关团体和企事业单位存款。1996年全县对公存款28353万元，之后逐年上升。1999年对公存款下降到10872万元，2001年对公存款下降到9669万元。2002年开始回升，2005年对公存款上升到27649万元，2006—2009年对公存款实现稳步增长，2010年对公存款72617万元。

（二）储蓄存款

1996—2010年，银行存款主要包括企业和城乡居民两类存款。1996年储蓄存款4.9亿元。1999年储蓄存款8.48亿元，其中城乡居民储蓄存款7.38亿元，占储蓄存款总额的87%。2000年后，阜平县调整产业结构，加大矿山开采业力度，建立石材小区。石材行业发展带动运输、餐饮等多种行业发展。农民务工收入不断增加。2004年全县农村居民储蓄存款10亿元。2005年煤炭市场发展成为新经济增长点。2007年城乡居民储蓄存款20亿元。2008年保阜高速公路兴建、天生桥国家森林地质公园开园、农业连年丰收，开创经济增长新途径。2009年城乡居民储蓄存款突破30亿元。2010年，全县各项存款余额42.9亿元，其中城乡居民储蓄存款35.4亿元。

1996—2010年阜平县金融系统存款统计表

表17-1-1　　单位：亿元

项目 年度	存款		
	合计	对公存款	储蓄存款
1996	7.726	2.835	4.891
1997	8.983	3.071	5.912
1998	7.743	1.463	6.280
1999	8.217	1.087	7.130
2000	8.871	0.991	7.880
2001	9.403	0.967	8.436
2002	10.580	1.550	9.030
2003	12.121	1.731	10.390
2004	14.461	2.475	11.986
2005	17.510	2.765	14.745
2006	21.386	3.674	17.712
2007	27.934	5.933	22.001
2008	32.645	6.440	26.205
2009	37.431	7.170	30.261
2010	42.688	7.262	35.426

二、贷款

1996—1997年，全县金融机构实行总量控制、比例管理、分类指导、市场融通的信贷资金管理制度。人行阜平县支行对信贷总量的控制由主要依靠信贷规模管理逐步向运用再贷款、再贴现、公开市场操作、准备金、基金利率、贷款限额等手段管理。1998年取消国有商业银行贷款限额控制，对国有商业银行贷款管理，由下达指令性计划，改为按季（按年）下达指导性计划。1999年各商业银行建立信贷责任制，对信贷员、信贷科长（部门经理）、行长或分管行长明确责任，对不能按期收回贷款的，按规定追究责任。2000—2002年人行阜平县支行推行资产负债比例管理制度，实行计划指导、自求平衡、比例管理、间接调控信贷资金管理。2003—2005年建立贷款证制度，规定对没有贷款证企事业单位，商业银行、信用联社一律不得发放贷款。2006年将企业贷款证改为贷款卡，实行定期年审制度。2007—2009年，县内企业和个人征信系统先后上线运行，征信系统实行全国联网，信用信息主要记载借款和还款情况，有无违约记录。

1996—2010年，全县银行主要面向工业、商业、建筑业、农业、乡镇企业和私营个体提供短期和中长期流通资金和固定资金贷款。不同时期侧重面和侧重点有所不同。1996年全县各项贷款余额28000万元。2010年末全县各项贷款余额165319万元，是1996年的5.9倍。

（一）短期贷款

短期贷款包括工业贷款、商业贷款、建筑业贷款、农业贷款、乡镇企业贷款、三资企业贷款、私营企业及个体贷款、其他短期贷款。1996年短期贷款20286万元，2010底短期贷款157610万元，是1996年7.7倍。其中工业贷款93072万元，商业贷款4920万元，农业贷款56622万元，私营企业及个体贷款2996万元，其他短期贷款9120万元。

（二）中长期贷款

中长期贷款包括基本建设贷款、技术改造贷款、其他中长期贷款、个人中长期消费贷款。1996年中长期贷款余额7714万元。2010年底中长期贷款7709万元，与1996年基本持平。

1996—2010年阜平县金融系统贷款统计表

表17-1-2 单位：万元

项目 年度	总计	短期贷款									中长期贷款			
		合计	工业	商业	建筑	农业	乡镇	三资	私营	其他	合计	基建	技改	其他
1996	28000	20286	3205	12771	83	2045	1206	—	—	976	7714	2800	493	4421
1997	38369	23067	3335	13079	70	3035	2419	90	—	1039	15302	5829	294	9179
1998	38413	23124	3289	13613	68	4000	1682	90	—	382	15289	11809	178	3302
1999	82967	54851	3015	15419	16	20934	1988	90	1007	12382	28116	12873	160	15083
2000	81194	54130	3310	11243	61	21710	1075	430	58	16243	27064	12563	85	14416
2001	81077	54703	—	9356	78	33727	4280	—	—	7262	26374	10990	—	15384
2002	88660	58749	—	10470	—	37978	3650	—	—	6651	29911	10790	—	19121
2003	81107	59751	—	7047	—	41829	4263	—	—	6612	21356	2382	—	18974
2004	91717	70991	—	8010	—	52881	4520	—	—	5580	20726	3382	—	17344
2005	97925	80249	—	9204	—	58672	7340	—	370	4663	17591	1982	—	15609
2006	106284	88168	2567	9627	26	71136	—	—	—	4812	18116	2182	—	15934
2007	112119	61598	2567	9885	26	42390	—	—	—	6730	48021	—	—	48021

续表 17-1-2

年度 \ 项目	总计	短期贷款									中长期贷款			
		合计	工业	商业	建筑	农业	乡镇	三资	私营	其他	合计	基建	技改	其他
2008	106354	53093	—	5717	—	39155	—	—	651	7568	53261	—	—	53261
2009	135885	73660	—	4920	—	56622	—	—	2997	9120	62225	—	—	62225
2010	165319	157610	—		—	—	—	—	—	—	7709	—	—	—

（三）征信工作

为加强征信市场管理，推动社会信用体系建设，2003 年国务院赋予中国人民银行“管理信贷征信业，推动建立社会信用体系”的职责。2008 年国务院赋予中国人民银行“管理征信业，推动建立社会信用体系”职责。2008—2010 年，人行阜平县支行认真履行职责，加大工作力度，相继建成全县统一企业和个人征信系统。征信相关制度建立，使全社会信用意识逐步提高，越来越多企业和个人开始了解征信，开始关注自己信用记录。2010 年人行阜平县支行先后与工商、税务、司法等部门联合，将企业和个人合法经营、依法纳税和债权债务纠纷等纳入其征信系统，拓宽信用信息范畴。

三、货币流通

（一）货币投放

货币投放（银行现金支出）包括工资性支出、农副产品采购支出、工矿及其他产品采购支出，新增事业管理费支出、储蓄存款支出、其他金融支出、居民提取存款支出、汇兑支出、有价证券支出、其他支出。

1996 年，全县货币投放量 9.68 亿元。1997—2001 年逐年加大，到 2002 年货币投放量 23.2 亿元。2004 年煤炭市场、石材市场迅猛发展，现金需求量不断增大，现金供不应求状况加剧，货币投放量 35 亿元。2005—2010 年，现金投放主要集中在储蓄机构支出、工资性支出和行政、事业管理费等项支出，固定资产投资、基础设施集中建设，民营经济快速发展，旅游业不断繁荣等因素，造成现金大量投放。2007 年货币投放量突破 100 亿元，之后继续加大。2010 年全县货币投放量 698.65 亿元，在保定市 22 个县中位居第一。

1996—2010 年阜平县金融系统现金统计表

表 17-1-3　　单位：亿元

年度 \ 项目	投放额	回笼额	年度 \ 项目	投放额	回笼额
1996	9.68	10.09	2004	35.01	33.09
1997	10.83	11.69	2005	54.97	43.10
1998	11.86	12.86	2006	70.31	50.54
1999	13.57	14.98	2007	119.84	65.24
2000	15.87	16.87	2008	123.93	66.04
2001	19.68	20.46	2009	246.88	86.57
2002	23.21	23.37	2010	698.65	454.57
2003	23.20	24.50	—	—	—

（二）现金管理

1996 年，凡在银行和其他金融机构开立账户机关、团体、部队、企事业单位均实行现金管理，一个单位只许在一家银行开立现金结算户，办理支取和缴存现金，避免在多家银行开户，发生多头支取现金的现象。

随着市场经济发展，金融业出现许多新情况新问题，给抑制通货膨胀造成一定压力。1997 年根据中国人民银行发出《关于加强现金管理工作有关问题的通知》《关于大额现金支付管理的通知》要求，对开户单位只保留 3 ～ 5 日（边远地区可保留 15 天）零星开支现金存量，对大额现金支付实行三级审批及登记备案制。开户银行实行由现金管理人员、现金管理部门负责人、分管行长三级审批制，建立台账，实行逐笔登记，尔后 10 日内报送人行阜平县支行备案。人行阜平县支行每月分析研究县内现金收支新特点、新情况、新问题，及时上报省人行。为进一步加强大额现金支付管理，防范和打击经济犯罪，中国人民银行下发《关于大额现金支付管理的通知》，对一日一次性从储蓄账户提取现金 3 万元以上，储蓄机构柜台人员应请取款人提供本人有效身份证件，查验无误后予以支付。一次性提取现金 5 万元（含 20 万元）以上，取款人必须至少提前 1 天以电话等方式预约，以便银行准备现金。对未设置个人密码账户，不得通过银行卡办理账户之间转账业务。1999 年 10 月，根据《现金结算账户管理办法》办理现金结算卡，进行现金结算与支付。2002 年，人行阜平县支行与辖区内金融机构法人代表签订现金管理责任书，对辖区内货币流通状况进行专项检查，对县信用联社及下属信用社库存现金重新核定，对大额现金漏登、漏报、化整为零支取现金，非基本账户提现等问题限期纠正。2003 年加强对临时账户、专用账户管理，对每季全辖区现金支取进行汇总上报，并对大额支现进行专题分析，使现金管理稳健运行。全年对金融机构进行现金管理检查 4 次，对存在问题责成限期整改，维护现金流通市场稳定。2004 年阜平县银监办事处成立，现金管理职能移交银监办事处，人行阜平县支行负责监控。

1996 年，阜平县金融机构现金收入 17.17 亿元，现金支付 21.75 亿元，净投放额为 4.58 亿元。2010 年，现金收入 137.72 亿元，现金支付 176.20 亿元，净投放额为 38.48 亿元。

1996—2010 年阜平县金融机构现金收支和净投放回笼统计表

表 17-1-4　　单位：亿元

项目 年度	现金收入	现金支出	净投放
1996	17. 17	21. 75	4. 58
1997	21. 12	22. 74	1. 62
1998	22. 04	22. 66	0. 62
1999	23. 13	29. 73	6. 60
2000	28. 27	30. 05	1. 78
2001	39. 05	40. 53	1. 48
2002	42. 15	48. 40	6. 25
2003	49. 93	56. 06	6. 13
2004	56. 78	61. 54	4. 76

续表 17-1-4

项目 年度	现金收入	现金支出	净投放
2005	93.73	89.73	4.00
2006	100.79	98.70	-2.09
2007	132.22	149.23	17.01
2008	124.06	153.96	29.90
2009	118.09	147.62	29.53
2010	137.72	176.20	38.48

四、结算业务

1996—2005年，结算制度经过多次修订和完善，支付结算得到有效监管，结算质量、结算秩序有较大改观，结算方式也由原来手工操作逐步转为电子化操作。2005—2010年，各行、社、处、所先后配备电脑，实行储蓄业务电算化，字迹工整、速度快捷、误差明显减少。辖区结算向规范化、法制化发展。账户管理由原来宽松、粗放管理逐步走向规范化管理，账户设立、使用、销户均有整套规章可循，可操作性强。

（一）结算种类

1997年9月19日，中国人民银行印发《支付结算办法》后，支付结算种类分为票据和结算方式两大类。票据包括：银行汇票、商业汇票、银行本票、支票四种。结算方式包括：汇总、委托收款和托收承付三种。1998年12月19日，中国人民银行颁发《银行结算办法》，办法规定结算种类包括：银行汇票、商业汇票、银行本票、支票、汇总、委托收款。2005—2010年，先后开通大、小额支付系统、支票影像系统、网上银行支付系统、电话银行支付系统。支付工具除传统的银行存单、存折、银行卡外，又推出支付宝、POS机、电话银行、自动存取款机等。

（二）结算账户

中国人民银行为加强银行结算账户管理，1994年颁布《银行账户管理办法》，以适应市场经济发展需要为基本点，规范、整顿市场经济秩序，要求在银行开设账户的机关、团体、部队、企业、事业单位、个体经营户和个人，严格执行开户许可证制度，开户单位持人行阜平县支行合法开户许可证在确定的相关银行只开一个基本账户，撤销统一单位在多家银行开设的多头户。2003年4月10日，周小川行长签署2003年第5号中国人民银行令，正式公布《人民币银行结算账户管理办法》，2003年9月1日在全国施行。2005年1月1日，人行阜平县支行对全县人民币结算账户进行电子化管理，结算账户分为基本账户、一般账户、专用账户和临时账户4类。同时开展对银行结算账户一年一检管理办法。通过年检对不符合开户条件的账户予以撤销，经过发证和多次年检清理，到2010年底全县开立单位银行账户1192个，其中基本户915个，一般户125个，专户127个，临时户25个。

（三）中央银行票据兑付

依据信用社改革试点资金支持方案及有关文件规定，阜平县农村信用合作社联合社于2005年6月以两级法人产权组织形式认购专项中央银行票据4447万元，至2007年6月末考核期满两年。根据专项中央银行票据兑付有关文件规定，于2007年7月初，阜平县农村信用合作联社（2006年12月改制为统一法人产权组织形式）按期上报专项中央银行票据兑付申请。经中国人民银行总行和中国银行业监督管理委员会审核，因贷款占用形态和财务报表真实性有待核实，因此专项中央银行票据在2007

年未能兑付。针对存在问题，人民银行及时督促阜平县联社，研究整改措施，部署整改工作。2008年阜平县联社加大对贷款占用形态的规范与管理，在全面核实贷款占用形态的基础上，及时调整，不断完善，真实、准确反映贷款占用形态。同时强化管理，严控新增不良贷款。通过采取责任清收、岗位清收、依法清收、政府协助清收及优质资产置换等措施，不良贷款清收进度加快，信贷资产质量明显改善，且贷款占用形态和财务报表真实、准确。2008年底阜平联社再次申请兑付专项票据，经中国人民银行总行和中国银行业监督管理委员会审核，各项指标达到专项票据兑付考核标准，兑付央行专项票据4447万元。

（四）同城结算

1996年，县内同城结算主要方式，分现金支票和转账支票两种。对有营业执照，有固定营业门店或加工场所经营户，均允许在银行开立账户，使用支票结算。2003年，根据中国人民银行颁布的《人民币银行结算账户》规定，进一步放宽人民币结算条件，允许自然人使用支票参与投资、消费、结算，以减少现金流通，促进社会资金聚集，增加信贷资金来源。

商业汇票，由收款人或付款人签发，承兑人承兑，到期向收款人或背书人支付款项，便于企业先发货后收款或按双方约定期限付款进行交易。1996—2000年，县流通行业客户多数都采用汇票形式进行结算。

（五）异地结算

汇兑结算，汇款人委托银行将资金调拨，清理交易旧欠、往来账款、自提自运的商品交易，物资采购的结算款项等，汇给异地收款单位或个人。有信汇、电汇两种，由汇款人自己选择。少数单位因特殊需要，还可以办理信汇自带，到汇入行支取款项。

电子汇兑，汇款人委托开户行将款项通过银行电子汇划方式划给异地收款单位或个人。

银行卡具有消费信用，转账结算，存取现金诸多功能，集存款、结算于一卡，方便、快捷、安全。

五、反假币

1996年7月，阜平县建立反假币联席会议制度，办公室挂靠人行阜平县支行发行保卫股。1996—2001年，银行、公安多次开展大规模反假币宣传，开展“五进”（进农村、进社区、进机关、进学校、进家庭）活动，接受反假币咨询50万人次，开办培训班12起。利用电视台、广播电台和电影院等宣传媒体，采取张贴标语、悬挂横幅，上街宣传咨询等多种形式进行全方位宣传。2008年，开展辖区反假币网络建设工作，建立示范网点8个，聘用反假币联络员100人。2009年，人行阜平县支行制作反假币宣传动画片，利用电视媒体，商业银行电子滚动字幕等，开展爱护人民币、反假币知识宣传。2010年人行阜平县支行进一步加强对人民币的维护工作，将爱护人民币内容列入工作重点，广大人民群众对反假币工作有新认识。

1996—2010年，累计散发反假币宣传品25万份。反假币活动做到宣传、教育、打击、防范并重，银行、公安、群众齐上。人防、技防相结合，做到凡假必交。累计收缴假币56823张，面值11.20万元。

六、发行库建设

1996年，投入20万元在发行库安装闭路监控录像设备，实行24小时录像闭路监控。1997年，在外库增设防盗门，由保卫人员负责管理、维护。1998年，加强库房规章制度建设，建立《非营业时间进出登记制度》《查库制度》等21项制度。建立发行人员相互监督与相互制约制度。对库房密码锁更换，用进口锁替换国产锁，建立密码回避制度。按照省人行发行库达标与升级要求，对发行库进行改造。2001年，人行阜平县支行发行库撤销，各商业银行、信用社直接向上级分行调拨现金。

七、金银经营管理

1996年，人行阜平县支行根据中国人民银行《关于整顿金银经营单位的通知》。对县内金银经营单位进行整改，对不符合经营条件的单位予以取缔。通过整顿、初审，省分行批准，1996年阜平县东海信用社获准从事经营黄金饰品零售业务，人行阜平县支行发行股代理收购金银。1996—2000年，平均年收购白银1200公斤、黄金2300公斤。加强政策宣传，对个体经营金银，个体金银加工匠进行全面培训。对金银匠实行许可证制度，限定个体金银加工匠只能代客维修、以旧换新，不得接受沙金、矿金、工业金和“三废”回收金以及来路不明的黄金，违者将按倒买倒卖和走私黄金处理。2000年，国家放开金银市场，改金银饰品零售管理审批制为零售业务核准许可制，继续完善金银饰品零售市场，打击黄金走私活动。规定个体金银加工匠必须经过金银法规知识和实际操作考试，两项均及格者方给予以上报审批，对3个合格金银加工匠颁发许可证。2001年全县经营金银饰品零售企业有2家，取得许可证金银加工匠有3人。2010年全县金银饰品零售商店发展到6家。较大型有梦金园银星珠宝专卖店、同心珠宝专卖店、曼都珊珠宝阜平第一金店、老凤祥珠宝阜平第一金店，在泰和购物广场、虹桥商务大厦设有金银首饰专柜。

第二节　中国农业银行阜平县支行

一、组织机构

1996年，阜平县农村信用合作社联社与农行脱钩。中国农业银行阜平县支行（简称农行）机关内设办公室、监察室、保卫股、会计股、稽核股、信贷股、代发办（专项业务）、存款股，信用卡部9个部室。全行所辖支行营业室，支行储蓄所，城关营业所、东下关营业所、砂窝营业所、平阳营业所、城南庄营业所等7个营业机构。1997年撤销代发办，为加强政策性贷款管理力度，1998年成立专项信贷部。2000年在县城增设二营业部，2000年撤销砂窝营业所和东下关营业所，2001年城南庄营业所撤销，2002年撤销平阳营业所，2003年支行储蓄所撤销。2009年中国农业银行股份有限公司阜平县支行正式成立。2010年设综合管理部、资金运营管理部、客户经理部3个机构。辖支行营业室、城关分理处、中兴分理处3个网点。截至2010年有干部员工113人，其中在岗员工60人，离休4人，退休24人，内退人员15人，分流人员10人。

中国农业银行阜平县支行（摄于2010年）

二、存款业务

1996年，农业银行阜平县支行各项存款余额0.84亿元，各项贷款余额1.00亿元。2004年，加大各项存款营销工作力度，树立存款立行指导思想，实行全员营销战略，各项存款逐年增长。2004年各项存款余额2.38亿元，2009年各项存款余额9.60亿元。2010年各项存款10.69亿元，比1996年增长11.40倍。

三、贷款业务

1996年，中国农业发展银行阜平县支行（简称农发行）成立，农业银行阜平县支行相关政策贷款业务划转到农发行，转到农发行贷款0.58亿元。划转后农行贷款总余额1.15亿元，种类按贷款用途分为一般农业贷款、商业贷款、乡镇企业贷款、其他贷款。1998年4月，按照国务院金融机构改革要求，政策性业务中扶贫贷款又划回到农行，从发行移接政策性贷款6684笔，金额0.75亿元。其中：粮食性政策贷款0.19亿元，扶贫贷款0.57亿元，1998年底贷款余额1.77亿元。

2000—2006年，贷款管理工作同国际惯例接轨，由四级分类变为五级分类：即正常类、次级类、关注类、可疑类、损失类。对难以收回呆滞、呆账贷款农行利用行政、法律手段组织清收，累计清收不良贷款0.32亿元。随着长城资产管理公司成立，农行及时向长城公司剥离不良贷款0.72万元。2006年，贷款余额2.22亿元，其中：常规贷款1.16亿元，政策性贷款1.06亿元。

2008年，财政部委托农行成立资产处置部，阜平农行将所有不良贷款全部剥离到资产处置部，剥离不良贷款1.75亿元。此次剥离后，2008年，阜平农行全部贷款余额为2303万元，全部为正常贷款。2010年，阜平农行贷款余额为7298万元。其中中石化贷款2478万元，农户小额贷款3351万元，个人消费贷款（主要为住房按揭贷款）1469万元。

为了增强贷款“安全性、流动性、效益性”，阜平农行在贷款管理上先后采取审贷分离制度，贷款审批委员制度、“三查”制度，定期到户调查，不良贷款监测台账制度，分险管理例会制度，派驻分险经理制度等。

在贷款投向上，阜平农行重点扶持阜平县防渗渠、塘坝等水利工程，果脯、石材、皮毛、云母等加工企业，公路改造、能源建设以及果树种植业、养殖业等。重点支持阜平县冷冻厂、太行山石材有限公司、大柳树水电站、阜平县交通局、保定通源路桥有限公司、保定中兴房地产开发有限公司等300多家骨干企业以及13500多户农户自然人和个体户。

四、农业银行阜平县支行中间业务

1996年，农业银行阜平县支行中间业务量小，当年实现中间业务收入1.50万元，主要为结算业务收入，收入渠道单一。2000—2004年，努力把中间业务收入作为效益的主要增长点，充分发挥农行金融产品丰富、服务功能完善等

2008年增设自助转账终端

优势，以代理保险、银行卡、电子银行、结算、现金管理服务收入等为创收渠道，通过完善奖惩激励机制、全员营销等措施，实现中间业务收入快速增长。2004年实现中间业务收入35万元，2007年，通过营销代理基金销售、提高电子渠道交易占比等措施，各项中间业务收入441万元。2007年以后由于金融危机发生，各项业务受到影响，中间业务收入增势有所下降。2010年，继续加强柜台业务服务水平，完善结算网络，全方位创收，抓大不放小，全年实现中间业务收入386万元，提高中间业务在各项业务收入中所占比重。

2010年农行营业大厅

1996—2010年农业银行阜平县支行经营统计表

表 17-1-5　　单位：万元

年度	存款余额	贷款余额	利润	年度	存款余额	贷款余额	利润
1996	8428	11459	-1004	2004	23793	24748	-354
1997	8829	14872	-1302	2005	35999	22291	171
1998	10019	17721	-997	2006	44174	22218	415
1999	11309	29725	-1004	2007	74047	20569	759
2000	9980	23652	-354	2008	86199	2303	1057
2001	8812	23720	-625	2009	96003	3852	800
2002	13994	26782	-508	2010	106850	7298	1315
2003	18892	17629	-377	—	—	—	—

第三节　中国农业发展银行阜平县支行

一、组织机构

1996年11月3日，中国农业发展银行阜平县支行成立（简称农发行），下设1部2室：会计出纳部、营业室、办公室，干部职工21人。2001年4月撤销营业室，改设客户部。2010年农发行实行聘用制，有员工17人。其中经济师12人，会计师1人，政工师1人，助理会计师1人，经济员1人，高级技工1人。

二、存款业务

阜平农发行成立后，按照国务院粮食改革要求，加强对粮食企业监管的要求，不吸收存款和追求利润，不办理个人存贷款业务，只办理粮食企业存款业务。业务经营范围及对象为：粮食、油料、棉花收购、储备、调销贷款；肉类、食糖、烟叶、羊毛等国家专项储备贷款；粮食、棉花、油料加工企业收购贷款；粮棉油种子贷款；农、林、牧、副、渔产业化龙头企业贷款；农业科技贷款；农业小企业贷款；农村基础设施建设贷款；农业综合开发贷款；农业生产资料贷款。办理政府财政支农资金的代理拨付，开立专户并代理拨付粮食风险基金。办理业务范围内开户企事业单位存款，办理开户企事业单位结算。经中国银行业监督管理委员会批准的其他业务。贷款对象为所有符合农发行业务范围企业。

1998年4月，为配合粮食流通体制改革，加强对粮食企业账户管理，防止收购资金被挤占挪用，对粮食企业开设了3个专用存款账户，即：应付利息存款账户、收购资金存款账户、企业财务资金存款账户。1999年3月，根据财政部规定，对阜平县财政局开设粮食风险基金存款专户，并进行监督。2001年12月，根据国家政策，对财政局、粮食局开设国家会务粮油补贴和退耕还林补贴专用存款户，用于国家专项补贴的拨付划转。2004年，国家对农民种粮实行直接补贴，根据国家政策，农发行对财政局开设农民种粮直补专用存款户，并监督拨付使用。2005年，国家取消粮食收购保护政策后，正式确定农发行是建设新农村的银行。截至2010年各项存款2304万元。

三、贷款业务

中国农业发展银行阜平县支行成立时，接收扶贫开发贷款1219万元，粮食企业贷款6071万元。农发行成立初期主要负责办理粮食收购、调销、储备、加工及农业开发贷款。

1996年，发放贷款4325万元，1996年11月到1998年4月，发放扶贫开发贷款1800万元，扶持贫困户4800户，扶持石材加工、果品加工等乡镇企业和个体工业企业135家。1998年4月，国家实行粮食专营和粮食收购保护价政策，农发行主要的业务是：支持粮、棉、油收购和储备，对收购资金实行封闭管理、封闭运行。除粮食收购贷款外，将所有贷款全部划转给农行，划转贷款金额10095万元。1998—2005年，为收购资金封闭运行阶段，对粮食企业资金运行进行封闭管理，要求粮食企业"收一斤粮，贷一斤粮款、卖一斤粮，还一斤粮款"，不给农民卖粮打白条。2005年，国家取消粮食收购保护价政策后，经国务院第57次常务会议决定，确定农发行是建设新农村的银行，为农发行改革和业务发展奠定政策基础。2005—2010年，除部分国有粮食企业继续坚持粮食经营外，大部分粮食企业退出粮食经营。2008年阜平县第一个股份制企业—阜平县富民粮油有限责任公司成立，在农发行开立账户，取得粮食贷款300万元。2010年，全县粮食企业进行改制，国有粮食企业全部退出。1996—2010年，累计发放粮食贷款20814万元，支持粮食企业收购、调销粮食30000万斤。

农发行业务经营范围不断拓展，服务对象和客户类型日趋多元化，涉及农、林、牧、副、渔以及农村路网、电网、水网（包括饮水工程）、信息网（邮政、电信）建设、农村能源和环境设施建设等各行业。2010年全县贷款余额5218万元，其中粮食贷款5218万元。

1996—2010年中国农业发展银行阜平县支行经营统计表

表17-1-6　　单位：万元

项目 年度	存款	贷款累放	贷款累收	贷款余额	
					粮食贷款
1996	203	4325	—	7290	6071
1997	897	4053	—	10095	4525
1998	204	1003	—	3192	3192
1999	212	1392	910	3674	3674
2000	144	938	495	4117	4117
2001	222	1566	866	4817	4817
2002	230	1535	366	5986	5986
2003	200	363	1397	4952	4952
2004	700	2055	1197	5810	5810
2005	579	2189	892	7107	7107
2006	963	1185	2532	5760	5760
2007	4645	300	42	6018	6018
2008	7736	270	571	5717	5717
2009	3663	240	797	4920	4920
2010	2304	600	300	5218	5218

四、结算

1996年，农发行办理支票、银行汇票、汇兑、委托收款和托收承付等结算，县内票据交换为每日一次，市内票据交换由农业银行代理。2002年4月，开通电子联行系统，实现系统内资金汇划即时到账。2004年11月，开通大额资金支付系统，实现全国银行间资金汇划即时到账。告别联行业务手工操作，实现资金汇划电子化。2006年5月，开通小额业务支付系统，丰富结算业务手段，满足多层次客户需要，拓宽农发行业务范围。2006年9月，开通人民币结算账户系统，保证开户单位开户资料真实性，加强对账户有效监督。2008年，新开办金山牡丹卡业务。

第四节　中国工商银行阜平县支行

一、建立

1984年10月1日，中国工商银行阜平县支行成立（简称工商行），1996年各项存款余额5693万元，其中储蓄存款余额3895万元，各项贷款余额4645万元，其中工业贷款2497万元，全年累计发放贷款2889万元，累计收回2451万元，亏损231万元。

二、撤销

中国工商银行阜平县支行，由于管理不善，1999年10月27日中国工商银行阜平县支行降格为中国工商银行保定分行阜平分离处。1999年10月31日经有关各方协商中国工商银行阜平县支行平阳镇办事处移交给阜平县农村信用合作社，2000年末各项贷款6458万元，不良率为99.99%，连续6年亏损，累计亏损2885万元。中国工商银行保定分行阜平分离处及所属机构2001年8月13日予以撤销。

第五节　中国人民建设银行阜平县支行

一、建立

1979年3月1日，中国人民建设银行阜平县支行成立（简称建行），隶属于中国人民建设银行保定中心支行，受中心支行和阜平县人民政府双重领导，主要业务办理基本建设和更新改造、固定资产投资拨款、贷款，建筑业部分工商业流动资金贷款、委托贷款和其他贷款。办理自筹资金、存款和其他存款。

二、撤销

1996年阜平县建设银行设办公室、信贷计划科、会计科、筹资科、保卫科、审计科、业务发展科、信用卡部、房地产信贷部。下属东湾、城西、城岗、桥西支行5个储蓄所，干部职工62人，完成一般性存款3971万元，其中储蓄存款2654万元，发放各类贷款2600万元，收回各类贷款160万元，实现利润1.2万元。根据国家政策中国人民建设银行阜平县支行2003年予以撤销。

第六节　中国邮政储蓄银行股份有限公司阜平县支行

2008年，中国邮政储蓄银行阜平县支行（简称邮政银行），依托和发挥网络优势，为城乡居民提供基础金融服务。服务项目有：小额贷款、个人商务、二手房、小企业贷款服务，企事业单位对公存款结算服务，个人理财、代理保险服务，电话银行、网上银行服务。

一、组织机构

2008年5月15日，中国邮政储蓄银行阜平县支行成立，属国有商业银行，设4个管理

中国邮政储蓄银行阜平县支行

部门：综合管理部、综合业务部、信贷业务部、会计核算部；辖一类网点2个：中国邮政储蓄银行有限责任公司阜平县支行营业部、中国邮政储蓄银行有限责任公司阜平县平阳镇支行；辖二类网点3个：中国邮政储蓄银行有限责任公司阜平县中兴支行、中国邮政储蓄银行有限责任公司阜平县城南庄支行、中国邮政储蓄银行有限责任公司阜平县砂窝支行；辖三类网3个点：中国邮政储蓄银行有限责任公司阜平县北果园营业所，中国邮政储蓄银行有限责任公司阜平县龙泉关营业所，中国邮政储蓄银行有限责任公司阜平县东下关营业所。2010年撤销三类网点龙泉关营业所，增设三类网点阜平县小坝营业所、阜平县吴王口营业所、阜平县中兴街营业所，干部职工37名。一类网点人、财、物由县支行管理，二、三类网点人、财、物由县邮政局管理，银行业务均由县支行监督管理。

二、储蓄存款

（一）个人储蓄存款

2008年存款余额22934万元；2009年存款余额25310万元；2010年存款余额29983万元。

（二）对公存款

2008年对公存款2750万元，2009年对公存款余额3219万元，2010年对公存款余额3807万元。

三、贷款

2008年信贷结余283户，2135万元，2009年信贷结余387户，2480.21万元，2010年信贷结余407户，2575.52万元。

四、经营管理

（一）加强营销体系建设

根据市分行在县支行成立营销团队文件要求，中国邮政储蓄银行阜平县支行及时组建了理财大团队，抽调业务素质较高管理人员担任团队主管，负责营销团队学习、培训、业务指导工作，各单位负责人为县支行营销人员，负责各单位营销工作，制定营销方案、实施细则、督促落实。

（二）强化内控管理

成立了邮政金融资金安全管理领导小组和邮政金融资金安全管理委员会，按规定定期召开联席会议，形成会议纪要，对发现问题在联席会议上提出、及时整改。制定阜平县支行金融安全管理责任制、阜平县支行综合治理管理办法、阜平县支行治安保卫综合实施细则、阜平县支行安全防范检查办法、阜平县支行营业场所安全管理规定、阜平县支行营业场所安全操作规程、阜平县支行突发事件应急预案，以制度规范行为强化管理。

（三）开展“邮政金融案件风险隐患清查”“合规管理年”“业务行为规范年”活动

根据市分行统一部署，为增强该行合规经营管理意识，培养良好合规文化，提高合规风险管理能力，实现持续、稳健、规范发展，2008年以“当好邮行人，拒绝黄、赌、毒”为主线，开展“邮政金融案件风险隐患清查”活动；2009年以“办合规业务、合规办理业务、做合规员工”为主题开展“合规管理年”活动；2010年以“按章操作、规范行为”为主题，开展以信贷、对公结算为主体各类业务行为规范管理活动，使全行各岗位人员学习、熟悉、掌握、执行业务规章制度和操作流程，达到“制度执行不走样，业务行为不走样”规范要求，有效防范和控制操作风险，减少或杜绝各类案件特别是新业务案件发生，确保全行业转型顺利推进。

五、经济效益

2008年，完成业务收入320万元，实现利润180万元，为支行起步和发展奠定基础；2009年完成业务收入741万元，实现利润329万元；2010年完成业务收入818万元，实现利润504万元。

第七节 阜平县农村信用合作联社

一、存款

1996年，农村信用社与农行脱钩，成立阜平县农村信用合作联社（简称县联社），各项存款余额2.33亿元。为增加自身市场竞争能力、壮大农信实力，农村信用合作联社不断加大组织资金考核力度，资金实力不断增长，2000年各项存款余额5.18亿元，比1996年增加2.80亿元，年平均增长30.5%。2005年各项存款9.54亿元，比1996年增加7.20亿元，年平均增长34.3%。2009年各项存款余额19.26亿元，比1996年增加16.93亿元，年平均增长55.80%。2010年各项存款余额22.71万元，比1996年增加20.38亿元，年平均增长62.40%。

（一）储蓄存款

1996年，非公有制经济不断壮大，矿山开采、果脯加工、煤炭运输业等迅速发展，为农民收入和储蓄增加奠定坚实基础，农民储蓄存款大幅增加，当年储蓄存款余额2.24亿元，占各项存款总额95.9%。2000年储蓄存款余额4.70亿元，占存款总额91.90%，年平均增长28.20%。2005储蓄存款余额8.36亿元，占各项存款87.70%，年平均增长30.40%。2009年储蓄存款余额14.21万元，占各项存款73.80%，年平均增长41.20%。2010年储蓄存款余额15.58亿元，占各项存款68.6%，年平均增长42.6%。

（二）对公存款

1996年，对公存款主要对象是各级财政部门和单位存款，当年对公存款余额967万元，占各项存款4.1%。2000年对公存款余额4187万元，占各项存款8.10%，增长83.30%。2005年对公存款余额1.18亿元，占各项存款12.3%，增长124%。2009年对公存款5.15亿元，占各项存款26.80%，增长402%；2010年对公存款7.13亿元，占各项存款31.40%，增长30.50%。

二、贷款

1996年，发放各项贷款12918万元。其中农业贷款4868万元，企业贷款1211万元，个体工商户贷款6839万元，贷款余额13523万元，其中农户贷款5715万元。2000年各项贷款余额为35693万元，比1996年增加22170万元，年增长41%。农户贷款余额19541万元，占各项贷款余额54.8%。2001年12月17日，为加强农村信用合作联社对农户金融服务，阜平县信用联社制定《关于开展农户小额贷款业务的通知》，规定1万元以下小额农户贷款可由有经济实力农户联保，使一大部分不能提供存单等有价单证质押农户得到贷款支持。2002年5月，农村信用合作联社制定《农户小额信用贷款管理办法》，基于农户信誉，在核定额度内向农户发放不需要质押、抵押和保证担保贷款。由个人申请、村委会和农村信用合作联社组织信用评定小组进行等级评定，发给农户小额信用贷款证。农户凭证随时到信用社办理贷款，优秀等级20000元，较好等级10000元，一般等级5000元。2003年全县创建一个信用乡（下庄乡），29个信用村，评定信用户5000余户，发放贷款证5000个，发放小额贷款1238万元，农户联保贷款4101万元。2003年，是全县发放贷款最多金融机构。2004年，全县发放贷款33904万元，其中农业贷款31217万元，工商企业及其他类贷款2687万元。主要支持规模养殖、果脯加工、石材加工、煤炭运输和旅游业等五大支柱产业发展。2005年，各项贷款余额68528万元，比1996年增长55005万元，年平均增长45%，其中农户贷款57004万元，占各项贷款余额83%。2009年各项贷款余额124495万元，比1996年增加110972万元，年平均增长55%，其中农户贷款91869万元，占各项贷款余额74%。2010年各项贷款余额124495万元，比1996年增加110972万元，年平均增长58.6%，其中农户贷款99060万元，占各项贷款余额66.0%。

2003年，开办河北省生源地助学贷款，由农村信用合作联社发放贷款，政府补贴贷款利息。2003—2010年发放生源地助学贷款331人，发放贷款935万元。

2003—2010年河北省生源地助学贷款统计表

表17-1-7　　　　单位：万元

年度＼项目	助学贷款额	年度＼项目	助学贷款额
2003	30	2007	127
2004	35	2008	145
2005	52	2009	211
2006	75	2010	260

三、清收不良贷款

1996年5月，阜平县成立依法收贷领导小组，抽调40余名干警帮助农村信用合作联社收贷。起诉360笔，收回贷款200笔，金额400万元。1997年，农村信用合作联社实行贷款新老划段，加大对不良贷款责任人追究力度。2006年出台《诉讼管理暂行办法》《抵债资产管理暂行办法》《不良资产清收管理暂行办法》，加大不良贷款清收力度，贷款质量逐年提高。2006年不良贷款余额4668万元；2007年不良贷款余额4612万元；2008年不良贷款余额5859万元；2009年不良贷款余额7618万元；2010年不良贷款余额18409万元。不良贷款出现逐年增加的原因是统一口径变化引起。2006年之前统一口径为四级分类，2006年之后统一口径改为五级分类，五级分类不良贷款数据要远远大于四级分类的数据。

四、接受城市信用社与规范劳动用工

2000年12月，阜平县农村信用合作联社按照上级要求，对原东海城市信用社、工商城市信用社财产、资产、人员全部接受，接受人员32人，存款4500万元，贷款2800万元。

1996—2004年，农村信用合作联社劳动用工制度由过去内部招工逐步转向社会招工，招工条件逐年提高。2005年实现由省联社统一招工，当年招工2人，学历为本科学历；2007年底通过考试，规范劳动用工制度，并轨转正临时工53人；2008年招专科以上学历10人，逐步优化农村信用社人力资源结构，提高文化结构，员工素质逐年提高，壮大阜平农信实力。

五、经济效益

1996年，阜平县农村信用合作联社亏损118万元，1997年亏损126万元。1998年农村信用合作联社与农行脱钩后，加强内部管理，不断完善贷款手续，采取增收节支措施，除加强贷款利息收入外，还开办代理保险、购买国债等业务，广开增收渠道，实现利润81万元。1999年实现利润54万元。2000年由于企业改制等方面原因，该社亏损321万元。2001年对所辖各信用社实行“费用包干、超支自负”等办法以减少费用开支，当年农村信用合作联社实现扭亏为盈，当年盈余123万元。2002年由于经营管理不善再次出现亏损，亏损额达到837万元。2004年按照省社改革精神，大量压缩机关人员充实业务一线，加大对临时工、季节工清理力度，规范代办员队伍，对业务发展需要代办员重新审查资格，签订代办协议。推行经济保证人和保证金形式分配制度，按劳取酬，绩效挂钩，彻底扭转亏损局面。实现利润80万元。2005年实现利润80万元，2006年实现利润639万元。2007年对全辖的费用开支实行统一管理，实现利润977万元，2010年盈余528万元。

六、法人治理

1996年，阜平县农村信用合作联社由人行阜平县支行托管。2003年6月27日，国务院下发《关于印发农村信用社改革试点方案的通知》，按照“明晰产权关系、强化约束机制、国家适当扶持、地方政府负责”总体改革要求，由河北省政府对农村信用社实施间接、宏观管理，银监会依法行使对农村信用社金融监管职能，河北省联社为信用社的行业管理部门。2004年10月，河北省启动农村信用社改革。2005年6月29日，河北省农村信用合作联社挂牌营业，阜平县农村信用合作联社从此结束由银监会托管的历程，由河北省联社统一管理。同年年底，按照省联社的统一部署，全县所有信用社代办站清理，信用社代办站退出历史舞台。2006年12月30日，阜平县统一法人社挂牌开业，成立阜平县农村信用合作联社，由过去二级法人变为一级法人。到2010年管理体制没变。

1996—2010年农村信用合作联社经营统计表

表17-1-8

项目/年度	信用社（个）	职工数（个）	信用站（个）	各项存款		各项贷款		股金（元）	利润（万元）
				合计（万元）	其中储蓄存款	合计（万元）	其中农户贷款		
1996	21	142	220	23336	22369	13523	5715	64	-118
1997	18	140	210	30648	27756	19554	9464	47	-126
1998	16	138	210	37418	32897	24368	12816	295	81
1999	16	136	210	43549	40178	29871	17210	336	54
2000	18	134	205	51798	47611	35693	19541	549	-321
2001	18	134	205	79602	50781	42442	31579	1510	123
2002	18	166	205	58101	51702	46055	35868	2198	-837
2003	18	165	205	79190	61191	50503	39854	2683	94
2004	18	165	197	82777	68381	61159	50928	3872	80
2005	18	165	—	95363	83604	68528	57004	6060	94
2006	18	165	—	117348	98395	78307	63900	5460	639
2007	18	212	—	140009	114819	85490	65778	5460	977
2008	18	216	—	166032	134253	97263	75549	5250	730
2009	18	223	—	192605	142058	124495	91869	5255	357
2010	20	214	—	227089	155769	150195	99060	5250	528

第二章 保险业

1996—2010年，阜平县各保险公司坚持“以人为本效益为先”企业经营理念，重点开拓和发展业务，防范和化解风险，不断开展新险种，保险险种逐年增多，保费收入逐年增加，保险理赔工作逐步正规。1996—2010年，各保险公司对参保客户根据合同条款规定，按照主动、迅速、准确、合理原则进行全面调查取证，依法依据予以赔偿，群众的参保意识、参保观念得到加强，人寿、财保工作逐步走向正规。1998年后，太平洋保险公司、泰康人寿保险公司、民生人寿公司相继进入阜平县开展业务。

第一节 中国人寿保险股份有限公司阜平支公司

一、组织机构

1998年6月，中国人寿保险公司阜平营业部成立，设客户服务部。2004年1月，更名为中国人寿保险股份有限公司阜平支公司，公司设综合部、客户服务部、个险部、团险部、中介部，员工25人。2008年，中介部更名为银行保险部，下设平阳、城南庄、大台、砂窝、东下关、广安、东城铺七个营销服务部，营销员200人。2010年营销员210人。

二、承保业务

1998年，公司保险业务品种8种。年底完成保费61万元。2000年，公司加大宣传力度，定期、不定期对营销员进行培训，当年开办三大类（少儿系列保险、重大疾病保险、意外险）26个险种。开办银行代理保险业务，主要有国寿鸿泰保险（分红型），代理银行包括农行、建行、邮政储蓄。2001年公司业务逐步走上快车道，在阜平市场上形成较大规模。2004年险种增加到六类，有（重大疾病医疗保险、养老金保险、两全保险、意外伤害保险、儿童系列保险、投资分红保险）40个险种。公司在原有险种的基础上，逐步增加分红保险产品，形成分红保险系列，业务重点转入分红保险。保费收入1580万元。1998—2005年，公司坚持用心经营、诚信服务、成己为人、成人达己经营理念，多渠道开辟新险种。下乡到村服务到家，一年上一个台阶，各项业务指标在全市乃至全省均名列前茅。2005年，进入“河北省三十优保险公司”，2007年获“河北省三十优保险公司”第八名荣誉称号。2008年公司承保全县干部职工和城镇居民大额医疗保险，实现保费收入4536万元。2010年公司承办保险7类，有重大疾病医疗保险、养老金保险、团体年金保险、两全保险、意外伤害保险、儿童系列保险、投资分红保险等，总保费收入4937万元，其中银邮代理保费收入2200万元。保费总收入比1998年增长79倍。

公司在阜平寿险市场占有率在70%以上，累计为全县70万人次提供保险服务。

三、理赔

1998年，公司理赔案件38件，承保额61万元，理赔金额11万元，赔付率32%。2000年承保额为160万元，赔付金额20万元，赔付率41%。2005年承保额1786万元，赔付金额51万元，赔付率43%。2007年承保额2621万元，发生赔付案件较多，赔付金额72万元，赔付率61%。2008年承保额4536万元，理赔金额98万元，是公司成立以来理赔金额最多一年，赔付率52%。2010年承保额4937万元，赔付金额84万元，赔付率49.19%。

1998—2010年中国人寿阜平支公司承保理赔统计表

表17-2-1　　单位：万元

项目＼年度	1998	1999	2000	2001	2002	2003	2004	2005	2006	2007	2008	2009	2010
承保额	61	142	160	450	1174	1270	1580	1786	2860	2621	4536	4700	4937
理赔额	11	17	20	32	37	35	43	51	57	72	98	89	84

第二节 中国人民财产保险股份有限公司阜平支公司

一、组织机构

1996年，中国人民保险公司进一步深化改革，根据中华人民共和国保险法关于“同一保险人不能同时兼营财产保险业务和人身保险业务”的规定，原中国人民保险公司划分为“中保财产保险有限公司阜平支公司”和“中保人寿保险有限公司阜平支公司”，分设后的财、寿险支公司均为正科级单位，分别隶属保定市财、寿分公司。1996年，财险公司设办公室、营业室、业务室，干部职工12人。1999年，县公司更名为中国人民保险公司阜平县支公司，设办公室，营业室、业务室。2003年6月23日，县公司更名为中国人民财产保险股份有限公司阜平支公司，干部职工7人，设办公室、营业室、业务室。2010年，公司内设综合部、销售部、营业室、理赔部，设有平阳营销服务部。公司版在册人员4人，地方版合同人员4人。2004、2007年被评为“省级标杆县”。

二、承保业务

1996年，公司承包五大类25个险种，主要险种有健康险、意外险、企财险、家财险、机动车辆保险等，保费收入151万元，险种之间发展比较均衡。2002年保费收入翻番，保费收入300万元。2004年保费收入803万元，保费收入比1996年翻两番。2005年保费收入719万元。2006年保费收入首次突破千万元，受到上级表彰和奖励。2010年，公司承保机动车辆保险、责任险、意外险、家财险、企财险、工程险、货物运输险、农业保险8大类，500多个险种，险种范围涵盖各行各业，保费收入2100万元，是1996年的13倍。

三、理赔业务

1996年，公司理赔案件285件，理赔金额154万元，简单赔付比率102%。理赔案件有学生平安保险，机动车辆保险、企业财产保险等，金额都没超过1万元。1996年赔款最多的一笔是城关供销社的企财险，赔款金额9760元。2000年保费收入210万元，赔付金额145万元。2005年保费收入791万元，赔付金额为281万元。2008年保费收入1311万元，赔付金额602万元。2003—2010年，单笔赔付金额在10万元以上的案件呈上升趋势。2009年6月28日，公司承保的冀FG0808车，在保定市七一路高速引线附近直行时，剐蹭栏杆，和三者车冀FA3379车相撞，造成车损及三者损失，该车2009年3月9日在公司投保，保险期限为2009年3月10日0时起至2010年3月9日24时止，投保险种为交强险、机动车辆损失险、第三者责任保险、车上人员责任险、不计免赔率特约保险、玻璃单独破碎险，计收取保费11905.12元，经公司查勘认定后，属于保险责任，经理算后，最终赔付车损险147588.35元，第三者责任险9704.01元，不计免赔率特约保险28470.99元，合计185763.34元。在2010年的理赔案件中，单笔赔款10万以上的达到了12笔，2010年12月21日结案的一笔机动车辆保险，赔款金额达到52万元。2010年赔付案件632起，理赔金额732万元，简单赔付比率35%。

1996—2010年阜平县财产保险经营统计表

表17-2-2　　　　单位：万元

项目/年度	保费收入	赔款	上缴税金	利润
1996	151	154	10	0
1997	194	103	12	12
1998	213	106	13	18

续表 17-2-2

项目 年度	保费收入	赔款	上缴税金	利润
1999	213	115	13	22
2000	251	145	16	25
2001	254	131	15	28
2002	300	150	18	31
2003	382	242	23	42
2004	803	257	47	147
2005	791	281	46	140
2006	1108	309	65	238
2007	1307	573	155	356
2008	1311	602	190	220
2009	1222	592	206	212
2010	2085	732	187	183

第三章　金融管理

1996—2003 年，金融监管工作由中国人民银行阜平县支行负责，2004 年，原由人民银行阜平县支行行使银行业监管工作由中国银行业监督管理委员会保定监管分局阜平办事处负责。监管分局办事处严格按照行政许可初审权、非现场监管权和现场检查建议权要求，认真坚持对县内金融机构管理，依法整顿金融秩序，抓早抓小，从源头抓起，防范金融风险，实行严格金融稽核，有效保障全县金融业务顺利开展。

第一节　金融监管

一、金融管理机构

1996—2003 年，金融监管工作由中国人民银行阜平县支行负责，其间金融机构有中国农业银行阜平县支行、中国工商银行阜平县支行、中国建设银行阜平县支行、阜平县农村信用合作联社及阜平县邮政局所属 8 家邮政储蓄机构。其中中国工商银行阜平县支行于 2001 年撤销，中国建设银行阜平县支行于 2003 年撤销，中国农业发展银行阜平县支行于 1996 年 11 月成立，邮政储蓄银行阜平县支行于 2008 年 5 月成立。

1996 年，中国人民银行阜平县支行内设人秘股、金管稽核股、计划资金股、会计股、货币发行股、保卫股、纪检监察室，有干部职工 39 人。2004 年 1 月，保定市银监局驻阜平办事处从县人行分离，原由人民银行阜平县支行行使的银行业监管工作由中国银行业监督管理委员会保定监管分局阜平办事处管理。办事处由 3 人组成。具体为行政许可初审权、非现场监管权、现场检查建议权。人行阜平县支行内设机构为办公室、调查统计股、综合业务股、发行股、保卫股 4 股 1 室。2010 年，内设机构改为两部两室，即：综合办公室、纪检监察室、金融管理部、综合业务部，干部职工28人。

二、整顿金融秩序

1996—2003年，中国人民银行阜平县支行重点开展查处乡镇农村合作基金会以吸股为名向社会开办储蓄、贷款业务，开展利率联合大检查活动。坚持金融机构年度申报制度，建立健全金融机构法人和法人代表档案。建立监督台账、大额支现审批、登记和退库审批制度。开展税款收纳、报解、入库情况实地检查。实行金融债权行长例会，全面分析汇总，严厉打击辖区内企业有偿还能力不还银行债务情况。降低不良贷款比例，推行分级负责、统一监督、包（行）社到人，全方位监控的金融监督管理责任制。

2004—2005年，阜平县监管办事处主要负责农村信用合作联社高级管理人员年度考核、农村信用合作联社改革央行票据置换检查、资料上报、农村信用合作联社风险隐患排查；邮政储蓄机构违规开办业务查处；下庄和吴王口空白乡镇金融服务改善；金融机构枪支弹药检查、保定分局职能部门安排进行的不定期专项检查、县辖区经济金融情况调研以及日常县辖区金融数据汇总上报等。2007年，对阜平县农村信用合作联社进行风险隐患排查，发现东海信用社6笔计200万元未经联社审批自行发放贷款；金库的正、副钥匙没有分开保管，一人就可以进入金库；柜员尾箱现金超量，有的仅达一百多万元。西庄信用社、东海信用社查库登记制度执行不严格，存在较大风险隐患。根据检查到风险点情况，阜平县监管办事处向阜平县农村信用合作联社下发“阜平监管办关于阜平联社案件风险抽查发现问题整改意见”。阜平农村信用合作联社及时整改，消除风险隐患。2008年，对阜平农村信用合作联社不良资产占用形态及利润真实性进行央行专项票据兑付前现场检查，发现少数贷款占用形态不实。正常贷款中包含不良贷款，部分贷款虽经过倒约换据，但仍然不能正常结息，导致贷款增幅与利息收入水平不匹配；个别信用社人为延长贷款期限，掩盖贷款真实占用形态，存有利润失真情况，应收利息科目存在稳定余额。如联社营业部2008年初应收利息科目余额为846万元，8月底余额为846.50万元，8月底实际利息收入586万元。工商信用社“递延资产”科目余额为24万元，为2004年以前的房租和汽车维修，没有按照会计制度的要求做账务处理。在其他应收款科目中列支出纳短款、暂付款等项目。违规在“在建工程”科目中列支固定资产项目，还有一些信用社将打印机、终端等固定资产项目在“在建工程”项目中列支。阜平监管办提出具体指导意见后，信用社及时进行整改。以上问题查处和整改为农村信用合作联社票据兑付工作和农村信用改革发展打下坚实基础。

2009年，阜平县监管办事处重点开展空白金融机构乡镇网点建设工作，通过调研论证在吴王口、夏庄乡设立网点的可行性。12月吴王口、夏庄分社、邮政储蓄银行阜平县支行吴王口乡营业所正式开业。

2010年7月19日至7月30日，阜平县监管办事处配合分局检查组对阜平县农村信用合作联社经营真实性、合规性进行现场检查。检查出阜平县农村信用合作联社6月末正常贷款中隐性不良2331万元、关注贷款中隐性不良5603万元，合计7934万元。检查后不良贷款合计28232万元，占比19.73%。正常转关注179笔、5586万元，转次级167笔、1330万元，转可疑413笔、4262万元。为兑付央行票据隐含的不良贷款43笔、金额397万元。6月末所得税余额22.60万元，一季度提取所得税4万元。2009年汇算清缴应缴税金及减免补提18.60万元。6月末利润总额47万元，税率25%，应缴所得税11.70万元，实际提取4万元，差额7.70万元。本期净利润24万元，扣除7.70万元，调整后利润应为16.30万元。6月末阜平县农村信用合作联社账面应提贷款呆账准备金8582万元，实际提取6304万元，资本净额3227万元，资本充足率1.92%。此次查增7934万元不良贷款后，应提贷款损失专项准备为11994万元，缺口5690万元，净额调整为-191万元，资本充足率-0.11%。以上问题的查处使阜平县农村信用合作联社经营规范起到促进作用。

根据《河北省银监局办公室关于印发〈邮政储蓄银行河北省分行个人小额贷款现场检查方案〉的通知》（银监冀局办发〔2010〕248号）文件要求，阜平县检查组于2010年8月26日至9月8日对邮政银行阜平县支行个人小额贷款业务进行现场检查。检查发现部分贷款贷前资料不详实，审查资料不严密，贷款检查不慎重等现象。针对检查现场发现问题，邮政银行阜平县支行于2010年10月就工作中存在的问题进行整改，有效监管工作保障阜平县金融稳健运行，为上级部门金融决策提供客观依据。

三、防范金融风险

1996年人行阜平县支行帮助企业清理“三角债”，压缩“三项资金”（库存产品积压资金、应收款和发出商品贷款）占用，对金融机构资本充足率、经营效益、许可证管理等方面制定风险预警办法。1997—2002年人行阜平县支行加大监管力度，防范和化解金融风险，实行适度从紧货币政策。规范金融广告，签订防范金融风险责任状，建立金融机构工作信息网络，组织有关部门在全县范围内开展基金会逾期贷款的追缴工作。2002年阜平县防范化解金融风险领导小组成立，开展清收不良贷款“百日大会战”活动。2004年阜平县监管办事处，对商业银行进行不良资产监测考核评价，检查不良贷款和逾期贷款指标“双降”目标的落实。2005年阜平县监管办事处关注金融机构变化情况，加强对高风险金融机构的监测。2008—2010年监管办事处督促银行、信用社、邮政储蓄银行开展内部制度操作风险大检查活动。加强地方非银行机构风险监测，对担保公司、小额贷款公司等非银行机构的经营活动、资本势力、资产负债规模、内部控制和风险管理进行重点监测，主动与县政府主管部门协调沟通，提出有针对性的应对措施，防范系统性风险，维护全县金融稳定。

四、金融稽核

1996—2001年，人行阜平县支行开展“三乱”稽核（信贷资产自查稽核、专业银行部分资产专项稽核、执行结算纪律稽核）。2002—2006年对专业银行小金库、呆账认定、房地产信贷业务、统计报表情况等进行现场检查指导。完善和规范信用联社及分社的机构档案资料，狠抓清产核资和清收不良贷款。对全县金融机构反洗钱监督检查，从存款实名制入手，对大额资金支付转移进行跟踪监测，防范打击不法分子洗钱行为。2008—2010年，阜平县监管办事处开展存款、贷款业务调查，农村信用社票据业务风险排查，债务投资业务检查，贷款分类偏离度检查，央行票据业务真实性等多项调查，早发现早规范，金融管理进一步规范化。

第二节 金融调控

一、开户监督

1996年，人行阜平县支行对各金融机构开立企事业单位账户进行清理，核定各类账户户（基本账户户、一般存款账户户、专用存款账户户、临时存款账户户）。同年账户管理系统正式运行，县银行账户列入账户管理系统，实现账户管理规范化、电子化。1998年8月开展企业多头开户专项清理，撤销账户108个，并对违规银行进行处理。截至2010年开立银行账户1192个。

二、利率调整

1996—2010年利率调整24次，每次调整监管部门都密切关注社会反映，及时反馈政策实行情况，维护金融稳定。

1996—2010 年金融机构人民币存款基准利率统计表

表 17-3-1 单位：年利率 %

调整时间＼项目	活期	定期					
		3 个月	6 个月	1 年	2 年	3 年	5 年
1996. 5. 1	2. 97	4. 86	7. 20	9. 18	9. 90	10. 80	12. 06
1996. 8. 23	1. 98	3. 33	5. 40	7. 47	7. 92	8. 28	9. 00
1997. 10. 23	1. 71	2. 88	4. 14	5. 67	5. 94	6. 21	6. 66
1998. 3. 25	1. 71	2. 88	4. 14	5. 22	5. 58	6. 21	6. 66
1998. 7. 1	1. 44	2. 79	3. 96	4. 77	4. 86	4. 95	5. 22
1998. 12. 7	1. 44	2. 79	3. 33	3. 78	3. 96	4. 14	4. 50
1999. 6. 10	0. 99	1. 98	2. 16	2. 25	2. 43	2. 70	2. 88
2002. 2. 21	0. 72	1. 71	1. 89	1. 98	2. 25	2. 52	2. 79
2004. 10. 29	0. 72	1. 71	2. 07	2. 25	2. 70	3. 24	3. 60
2006. 8. 19	0. 72	1. 80	2. 25	2. 52	3. 06	3. 69	4. 14
2007. 3. 18	0. 72	1. 98	2. 43	2. 79	3. 33	3. 96	4. 41
2007. 5. 19	0. 72	2. 07	2. 61	3. 06	3. 69	4. 41	4. 95
2007. 7. 21	0. 81	2. 34	2. 88	3. 33	3. 96	4. 68	5. 22
2007. 8. 22	0. 81	2. 61	3. 15	3. 60	4. 23	4. 95	5. 49
2007. 9. 15	0. 81	2. 88	3. 42	3. 87	4. 50	5. 22	5. 76
2007. 12. 21	0. 72	3. 33	3. 78	4. 14	4. 68	5. 40	5. 85
2008. 10. 9	0. 72	3. 15	3. 51	3. 87	4. 41	5. 13	5. 58
2008. 10. 30	0. 72	2. 88	3. 24	3. 60	4. 14	4. 77	5. 13
2008. 11. 27	0. 36	1. 98	2. 25	2. 52	3. 06	3. 60	3. 87
2008. 12. 23	0. 36	1. 71	1. 98	2. 25	2. 79	3. 33	3. 60
2010. 10. 20	0. 36	1. 91	2. 20	2. 50	3. 25	3. 85	4. 20
2010. 12. 26	0. 36	2. 25	2. 50	2. 75	3. 55	4. 15	4. 55

1996—2010年金融机构人民币贷款基准利率统计表

表17-3-2　　单位：年利率%

项目 调整时间	6个月	1年	1～3年（含）	3～5年（含）	5年以上
1996.5.1	9.72	10.98	13.14	14.94	15.12
1996.8.23	9.18	10.08	10.98	11.70	12.42
1997.10.23	7.65	8.64	9.36	9.90	10.53
1998.3.25	7.02	7.92	9.00	9.72	10.35
1998.7.1	6.57	6.93	7.11	7.65	8.01
1998.12.7	6.12	6.39	6.66	7.20	7.56
1999.6.10	5.58	5.85	5.94	6.03	6.21
2002.2.21	5.04	5.31	5.49	5.58	5.76
2004.10.29	5.22	5.58	5.76	5.85	6.12
2006.4.28	5.40	5.85	6.03	6.12	6.39
2006.8.19	5.58	6.12	6.30	6.48	6.84
2007.3.18	5.67	6.39	6.57	6.75	7.11
2007.5.19	5.85	6.57	6.75	6.93	7.20
2007.7.21	6.03	6.84	7.02	7.20	7.38
2007.8.22	6.21	7.02	7.20	7.38	7.56
2007.9.15	6.48	7.29	7.47	7.65	7.83
2007.12.21	6.57	7.47	7.56	7.74	7.83
2008.9.16	6.21	7.20	7.29	7.56	7.74
2008.10.9	6.12	6.93	7.02	7.29	7.47
2008.10.30	6.03	6.66	6.75	7.02	7.20
2008.11.27	5.04	5.58	5.67	5.94	6.12
2008.12.23	4.86	5.31	5.40	5.76	5.94
2010.10.20	5.10	5.56	5.60	5.96	6.14
2010.12.26	5.35	5.81	5.85	6.22	6.40

第十八篇　旅游业

阜平县旅游景点有明朝万历年间修建的龙泉关古长城、康熙帝御马刨出的马刨泉、石佛堂、万米长的地下溶洞—金龙洞、古北岳恒山—神仙山。有慰藉先烈不朽英灵的烈士陵园、千人墓，铭刻老一辈无产阶级革命家光辉业绩的城南庄革命纪念馆、晋察冀边区政府旧址、晋察冀日报旧址和第一部“毛泽东选集”诞生地等红色遗址27处。

1972年，阜平县委、县政府依托晋察冀军区司令部旧址，建立城南庄革命纪念馆。1983年确定为省级重点文物保护单位。1995年列为省级爱国主义教育基地。1996年定为国家级重点文物保护单位。

1995年，阜平县委、县政府设置旅游局，负责全县旅游资源项目勘察、旅游资源配置，旅游景点管理和新建旅游项目开发等工作。2005年，阜平县委、县政府为做大做强旅游产业，发展阜平“红色旅游”“绿色旅游”，县委、县政府根据财力情况全力向旅游业发展倾斜，加大投入支持力度。重点支持旅游项目规划、人才培训、资源保护、招商引资、市场开发、宣传促销以及景区内供水、供电、交通、环境保护等旅游基础设施建设。实施城南庄晋察冀边区纪念馆及福子峪村大枣科技示范园、红色旅游体验园工程，推进城南庄文化产业园区建设。实施天生桥、云花溪谷、吴王口温泉等一批生态旅游项目建设，建成以自然体验与疗养为主的休闲娱乐园。依托石佛堂人文古迹，带动开发菩提湖周边区域，建成集观光、休闲多功能于一体的温馨家园。进行了龙泉关招提寺复建，古北岳恒山开发勘探、论证和招商引资等前期准备工作。

2006—2010年，阜平以“开发红色土地，建设绿色阜平”为目标，成功打造了晋察冀边区革命纪念馆红色旅游经典景区和集“国家地质公园、国家森林公园”两项桂冠于一体的天生桥瀑布群绿色旅游精品景区，初步构筑了红绿相得益彰的旅游格局。明确把旅游业放在四大支柱产业之首的发展定位，制定《河北省阜平县旅游产业发展总体规划（2006—2020年）》《阜平县旅游资源保护管理办法》，颁布出台《关于加快旅游产业发展的实施意见》，确立依托两山（五台山、平山），面向京津（北京、天津），辐射华北，打造“一区三园”（“一区”：晋察冀边区革命纪念馆红色旅游景点景区；“三园”：以阜平天生桥周边为主的自然生态园、以吴王口温泉周边为主的休闲乐园、以菩提湖周边为主的温馨度假园）发展思路，构筑起红色旅游、绿色旅游、休闲娱乐游三足鼎立的旅游格局。

第一章 旅游资源

阜平县自然景观奇特。境内旅游景点有集“中国北方最大瀑布群、中国最大片麻岩天生桥、罕见的原始次生林”于一体的天生桥国家地质（森林）公园。仙人山景区。云花溪谷景区。汉宣帝神爵元年（前61年），颁发诏书（见《汉书郊祀志》），禅封泰山为东岳，华山为西岳，衡山为南岳，嵩山为中岳，恒山（即神仙山）为北岳的神仙山景区。县内有明长城残垣、住兵要塞龙泉关、吴王口，古御道、教厂行宫、龙宿庵、马刨泉等旧址。宗教文化积淀深厚，有建于唐代的石佛堂、道教圣地水帘洞及仙人寺、普佑寺、招提寺等庙宇。红色旅游资源有晋察冀边区革命纪念馆、花山村毛泽东主席旧居、史家寨边区政府旧址、马兰晋察冀日报社旧址等红色纪念地。

第一节 人文旅游资源

一、晋察冀边区革命纪念馆

晋察冀边区革命纪念馆，位于阜平县城南20公里的城南庄村，南临胭脂河，北靠菩萨岭。是全国100个红色旅游经典景区之一、全国爱国主义教育示范基地、国家AAAA级景区、河北省国防教育示范基地、河北省廉政教育示范基地、“河北最美30景”之一。

晋察冀边区革命纪念馆，浓缩了抗日战争和解放战争时期晋察冀的历史和现实、经典与辉煌。1937年，日本帝国主义发动全面侵华战争。在民族危亡的关键时刻，聂荣臻在阜平建立晋察冀抗日根据地，是中国共产党和八路军创建的第一个敌后抗日根据地。毛泽东主席亲笔授予“敌后模范的抗日根据地和统一战线的模范区”称号。抗日战争时期，以阜平为中心的晋察冀边区，是华北抗战及全国持久抗战的坚强堡垒。解放战争初期，为实现中央夺取东北战略意图，晋察冀部队率先挺进东北，为后续部队进入东北打通道路。1948年4月，毛泽东主席率领中央机关从陕北来到晋察冀边区驻地阜平县城南庄，召开土改和整党工作汇报会，发表《新解放区农村工作的策略问题》和《一九四八年的土地改革和整党工作》两篇文章；召开中共中央书记处扩大会议，审时度势，调整南线战略，做出暂不渡江的“城南庄决策”，为三大战役胜利奠定坚实基础，成为解放全中国的重要后方基地和战略指挥中心。4月30日毛泽东主席亲自起草《纪念“五一”劳动节口号》，第一次明确提出“各民主党派、各人民团体及社会贤达，迅速召开政治协商会议，讨论并实现召集人民代表大会，成立民主联合政府”，向全国人民发出成立新中国的动员令。晋察冀边区在党的建设、政权建设、经济建设、文化建设等方面建树卓著，为新中国成立积累了宝贵经验，被誉为“新中国的雏形”。

为继承革命传统、弘扬伟大的晋察冀精神，1972年，阜平县委、县政府依托晋察冀军区司令部旧址建立城南庄革命纪念馆。1983年列为省级重点文物保护单位。1995年被列为省级爱国主义教育基地。1996年被定为国家级重点文物保护单位。2005年，按照河北省委“规划一步到位、分步实施、建设全国一流爱国主义教育基地”指示和阜平县“建设太行山生态文化旅游强县”要求，完成一期工程建设，成功举办河北省纪念抗日战争胜利60周年大会，正式更名为“晋察冀边区革命纪念馆”，被列为全国爱国主义教育示范基地。2010年启动、2011年完成二期工程建设，建成“解放战争时期的晋察冀”专题展馆、多功能报告放映厅、附属用房工程。纪念馆规模不断发展，知名度和影响力不断提升，年接待游客30余万人次，成为全国40多家机关和企业爱国主义教育基地。在弘扬晋察冀精神、教育激励后人、引领经济社会发展中发挥了重要作用。

晋察冀边区革命纪念馆，占地17万平方米。景区由休闲广场、主题展览馆（第一展馆、第二展馆）、雕像广场、旧址区、后山旅游区五部分组成。第一展馆建筑面积2200平方米，展线长260米，展出文物621件，照片222张，图、表31块。紧紧围绕“模范抗日根据地——晋察冀边区”主题布展，运用大量珍贵照片、文物及先进声、光、电、幻影成像等技术，展览内容详细生动，集中反映了晋察冀根据地光辉历史和晋察冀军民的丰功伟绩。第二展馆建筑面积1550平方米，展线173米，展出图片188张，图表20个，文物115件，立体景观4个。紧紧围绕“全国解放战争的战略基地与指挥中心”主题，依历史脉络，从解放张家口到解放华北全境，分为进驻张家口、保卫解放区、巩固壮大解放区、组建华北解放区、参加大决战、欢庆华北全境解放等6个章节，采取景观复原、触摸屏、雕塑等方式，充分展示晋察冀解放区为解放战争胜利和新中国成立做出的卓越贡献。雕塑广场矗立有聂荣臻和美穗子，邓拓、沙飞与新闻战士，李勇和爆破组，戎冠秀与受伤战士，国际友人白求恩，狼牙山五壮士六组青铜雕塑，向世人展现晋察冀的红色经典和动人故事。

城南庄晋察冀军区司令部旧址，有两重院落，是1947年秋聂荣臻司令员率领军区机关从张家口撤离回到阜平修建的。旧址占地面积1752平方米，前院矗立着晋察冀军区司令员聂荣臻铜像，气势恢宏。院中栽有桧柏、银杏和榕树。后院是晋察冀军区司令部旧址，包括3排21间土坯房，有毛泽东主席、周恩来、任弼时等中央领导同志的宿办室，有军区作战室、电话室、会议室，是晋察冀军区司令部在河北唯一完整保留的机关旧址，是党中央、毛泽东主席进京前唯一完整保留的居住旧址，原址原貌。后山有晋察冀军区工兵连战士人工挖凿的防空洞，长128米，保存完好。

二、晋察冀边区政府

1938年1月1日至15日，晋察冀边区军政民代表大会在阜平县城第一高小大北堂隆重召开。出席大会145名代表中，有共产党员、国民党员、各抗日军队和抗日团体代表，有工人、农民、开明士绅和资本家代表，有满、蒙、回、藏等少数民族代表以及五台山和尚、喇嘛代表。大会宣言：“为着创立与巩固晋察冀根据地，保持华北游击战争；为着统一与整理晋察冀边区内军事、财政、经济以及一切行政机构，保持持久的必然胜利；为着打击汉奸政权，团结一切抗日力量，争取徘徊的动摇分子，晋察冀边区有成立临时政权的必要。”大会用民主选举的方式选举产生了边区政府——晋察冀临时行政委员会。

边区政府成立后，驻阜平县城。根据地各项工作逐步走向正轨。边区农会、工会、妇救会等抗日团体全部建立起来，边区临时高等法院和边区人民银行也在阜平成立。同时，还相继建立了冀西、冀中、冀北3个主任公署。冀西主任公署设在阜平，张苏任主任，下辖3个专属，阜平属二专署。

1938年3月7日，日本侵略者第一次“扫荡”，边区政府由阜平迁到五台台麓寺。1939年4月，迁回阜平顾家台村，11月迁到花山村。在此期间，边区政府带领边区人民坚持抗战，在动员人民群众坚壁清野反扫荡同时，积极开展扩大生产、减租减息和支前工作。

1939年夏秋季发生水灾，边区政府于7月19日发布公告，要求各县通过广泛贷款抢种，开展救灾。8月1日公布救灾治水，安定民生的具体办法，对筹粮救济，解决粮食、改进生产自救等问题做出具体规定。对恢复生产起了积极的作用。

经过积极筹备，1939年6月25日在花山成立边区公安总局。

在边区政府成立两周年前夕，发表纪念宣

言，宣布施政纲领；主要内容：坚持抗战，坚持统一战线，坚持三民主义新中国的实现，坚持边区的完整；坚持进步，完成地方自治；巩固群众武装，胜利地开展游击战争；广泛发展经济建设运动，巩固自力更生的经济基础，粉碎敌寇“以战养战”的阴谋；武装干部和民众的头脑，广泛开展文化教育。

1940年1月15日，在花山村沟口河滩召开庆祝边区政府成立两周年大会，有党政军民数千人参加。中共中央北方分局书记彭真、晋察冀军区司令员聂荣臻、晋察冀边区政府主任宋劭文等分别讲话。会议期间还举办了军工和工农业生产展览。

为掀起全边区生产热潮，公布了生产运动的竞赛条件和奖励办法。

2月22日，召开边区干部会议，宋劭文做《从开展边区宪政运动，促进全国宪政运动》的报告。公布《边区县区村条例》《边区参议会暂行条例》《边区暂行选举条例》。会后，各群众团体、宪政促进会在阜平相继建立。

6月15日，边区政府发布18号令，颁布《晋察冀边区县区村暂行组织条例》《晋察冀边区参议会暂行组织条例》《晋察冀边区暂行选举条例》。

从1940年秋到1943年春，因反“扫荡”需要，边区政府曾数次在阜平、平山、灵寿等县之间转移。1943年春，边区政府迁回阜平，先住史家寨凹里村，后住史家寨村。1943年1月15日，晋察冀边区政府第一届参议会在阜平县城南庄镇温塘村召开，经各地广泛选举产生的288名参议员参加了会议。朝鲜独立同盟、日本反战同盟，以及记者、科技人员等中外来宾和政府各界80多人列席了会议。

会议期间，议员们在广泛讨论基础上，一致通过中共北方分局1940年8月公布的《晋察冀边区施政纲领》为边区政府施政纲领。还通过《晋察冀政府组织条例》《晋察冀边区法院组织条例》《晋察冀边区租佃息条例》《晋察冀边区统一累进税税则》及《实施细则》《晋察冀边区关于逮捕搜查处理特种刑事犯之决定》《晋察冀边区抗战勤务条例》。大会选举成仿吾为边区参议长，于力为副会长。选举成仿吾、于力、杨耕田等7人为参议会驻会常设机构——参议员办事处委员。选举聂荣臻、宋劭文、吕正操、张苏、王承周、刘奠基、胡仁奎、刘凯风、王久茎等9人为新的边区行政委员会委员。选举王菲然为边区高等法院院长。

大会期间还进行盛大阅兵仪式，炮兵、骑兵、步兵依次通过，展示了八路军队伍的不断壮大。

1944年12月至1945年1月，边区政府在驻地史家寨家北村边区礼堂召开第二届群英大会。晋察冀军区代司令员、代政治委员程子华、晋察冀边区政府主任宋劭文、晋察冀军区参谋长唐延杰分别做形势与任务，生产和战斗总结报告。1945年抗日战争胜利后，边区政府迁往张家口。1946年10月，国民党军队进占张家口，边区政府又迁回阜平广安村。发布冀晋区和察哈尔合并为北岳区，成立北岳区行政公署的命令，颁发坚决实施《中国土地法大纲》布告。1947年10月至11月，北方分局、军区联合召开土地工作会议，领导全边区的土改工作。1948年5月与冀晋鲁豫边区政府合并成立华北政府，迁往平山县。

三、晋察冀边区政府在史家寨居住过的窑洞旧址

史家寨村位于阜平县城东北15公里处。抗日战争期间，史家寨是晋察冀边区和冀晋区（后改为北岳区）党政军领导机关驻地。2010年史家寨及其附近村庄山坡仍保留有一排排窑洞，是当年晋察冀边区机关旧址。

1943年春末夏初，晋察冀边区委员会迁驻阜平城北10公里的凹里村，军区司令部驻城南庄区温塘村。同年9月下旬，日本侵略者对晋察冀边区所属的北岳区开始为时三个月的残酷“大扫荡”，阜平是日本侵略者扫荡重点。边区军民展开艰苦的反“扫荡”斗争，历经三个月奋战，终于取得反“扫荡”胜利。在日本侵

略者疯狂“扫荡”下，阜平县大量房屋被烧毁，晋察冀边区机关干部，发扬延安精神，选择史家寨村及周围小山庄的黄土坡为窑址，亲自动手，当地群众积极参加，用铁锨、铁镢、独轮手推车为工具，开凿窑洞。经过两个多月奋战，大部窑洞基本完成，机关住下后又随住随挖，不断完善，一直挖到抗战胜利。

窑洞大多数为土窑，有少量石窑。窑洞2米多高，3米深，采用木制门窗。另外还有一些土坯碹窑，外面像一排平房，里面为拱形屋顶，没有木料。

窑洞的分布：

史家寨村西山坡根有石窑洞8个，是晋察冀分局驻地（对外称教委会），晋察冀边区党委副书记刘澜涛，秘书长姚依林在这里居住办公。史家寨村漕沟有土窑洞14个，是边区抗联会驻地。

史家寨村大东沟有窑洞15个和一排简易平房，是边区公安局驻地。

家北村大东沟有土窑洞20个，是边区城工部驻地。

家北村歪脖子沟有窑洞80个，是晋察冀边委会驻地。主任宋劭文住在这里。

家北村黑枣树沟有窑洞5个为边委会伙房。黑枣树沟与歪脖子沟中间的山梁，挖了条隧道，既是防空洞，又是到伙房的通道。

家北村太平庄，建造10间简易平房，为边区“大礼堂”，这是当时最大的建筑。

家北村廿亩地（即现在的花果山），有土石窑洞30多个，是晋察冀边区高等法院驻地，院长王斐然住在这里。

庙儿台村西黄土岗上，有土窑洞100多个，是晋察冀军区司令部和政治部驻地，当时聂荣臻到了延安，代政委程子华和爱人林平在此居住。

庙儿台村上大教场有窑洞10个，后沟有窑洞25个，三亩地有窑洞6个，这三处为边区交际处，经常有国际友人居住。

庙儿台村上北头岸（河儿峪沟口），有两排土坯碹窑100多间，是晋察冀边区党校驻地。

庙儿台村上河儿峪沟中的当家沟、走道沟共有窑洞30多个，边区的驮骡运输队居住在此。

史家寨村西五里远的雷堡村，有窑洞30多个，是晋察冀日报社驻地，总编辑邓拓住在这里。

红土山村有窑洞20个，碹窑8间；槐树庄村大角扇有窑洞20多个，葡萄岸、场沟有窑洞4个，是报社下属单位驻地。

在12平方公里的史家寨、雷堡、庙儿台、家北、槐树庄、红土山6个村庄的大小17道山沟，挖土石窑洞400多个，建土坯碹窑100多个。这一壮举彻底粉碎了日本侵略者杀光、烧光、抢光“三光”政策所造成的住房困难，在艰苦的抗日斗争史上留下光辉一页。

1945年8月，日本投降后，晋察冀边区领导机关迁往张家口。冀晋区党委、冀晋行署从城南庄一带迁驻史家寨。司令员王平住原晋察冀军区窑洞，后住在史家寨村，主任杨耕田住家北村。

1983年，阜平县人民政府将史家寨窑洞群定为县级文物保护单位。

四、晋察冀日报社旧址

《晋察冀日报》原名《抗敌报》。1937年12月11日在阜平县城文娴街创刊。1940年11月7日，《抗敌报》第457期更名《晋察冀日报》，原《抗敌报》报社主任邓拓任《晋察冀日报》社社长。

1937年至1945年6月，由于日本侵略者不断“扫荡”，《晋察冀日报》社先后在阜平县城、马兰、柏崖、大台、连家沟等村战斗工作6年3个月15天。其中1939—1940年，1943—1945年，《晋察冀日报》社两次在马兰村出版工作，历时3年6个月。

马兰村（原属岔河乡，1996年扩乡并镇并入城南庄镇），位于县城西南30公里，全村一百多户人家。为掩护报社转移，19位村民英勇牺牲。

1943年秋季大“扫荡”中，《晋察冀日报》社胡畏、黄庆涛、弓春芳、候春妮、郑磊俊、安庆学、曹斗斗牺牲。报社和马兰村的乡亲们把7位烈士遗体葬在马兰村下小河旁。1945年改为“马兰烈士墓”，邓拓题诗一首：“笔阵开边塞，长年钓剪风。启明星在望，抗战气如虹。发奋挥毛剑，奔腾起万雄。文旗随战鼓，浩荡入关东”。1944年5月，在距马兰村1.5公里的坡山村，晋察冀日报社社长邓拓主持编选和出版了第一部《毛泽东选集》，全书共五卷。

1984年秋，邓拓夫人丁一岚、《晋察冀日报》社部分老报人、阜平县政府对马兰烈士墓进行修葺，立汉白玉石碑1座，镌刻邓拓题诗。每年清明节，乡亲和学生都来扫墓祭典。1996—2010年，邓小岚及部分报社老同志多次来马兰，对他们居住过的房屋进行整修保护。

五、晋察冀边区党政军民代表大会旧址——大北堂

大北堂位于原阜平县中学院内西北角，东临教学楼、教职员工宿舍，西临库房，南临学生食堂，北临教职工宿舍（原为阜平县师范两个教室，一间阅览室）。抗战期间被日寇烧毁，1950年进行翻盖。1937年9月中旬罗荣桓主任曾在此为县城居民和青年学生作抗日动员报告，号召成立“动委会”。1938年1月1日至15日晋察冀边区军政民代表大会在此召开，选举产生了边区政府——晋察冀临时行政委员会。

1983年定为县级重点文物保护单位，1996年定为国家重点文物保护单位。

六、烈士碑林

阜平县革命烈士陵园建于1959年12月，位于县城东寺大街街北小派山脚下，从平地通往烈士陵园大门有66级石条台阶，陵园正门镌刻“烈士陵园”四个镏金大字。陵园占地四万平方米，分上、中、下三院，中院下院东西厢房为陈列馆，上院正厅为烈士纪念堂，有房屋29间。两个八角亭，陵园布局严谨，层次分明，建筑典雅肃穆。每年清明节阜平中学、城厢小学师生都来祭扫缅怀英烈。县烈士陵园烈士堂设有1123位烈士灵牌；陵区有赫光、谷雄一、程庆昌、赵烈、赵尚武、郭法成、王册、林超等20多位烈士墓和碑；还有晋察冀画报社“英魂碑”以及阜平人民1943年秋季反“扫荡”纪念碑和其他碑多尊。

七、革命文物

全国第一部《毛泽东选集》 1944年春夏时节，人民新闻家、原晋察冀日报社主任邓拓与副主任张春桥等，在晋察冀边区党委彭真、刘澜涛等领导下，于阜平县马兰行政村坡山自然村编印中国图书出版史上第一部《毛泽东选集》（五卷本）。

第一部《毛泽东选集》，版面设计庄重大方，掀开封面就看到铜板精制的毛泽东肖像，像下赫然写着“中国人民领袖毛泽东同志”。铜板由晋察冀画报社协助制作。肖像后面依次是扉页、版权页、编者的话、总目录。五个分卷又各自有详细目录，正文中每篇著作题目单占一页，便于查阅。选集有29篇文章800多页46万多字，除收集了毛泽东从抗日战争爆发前后到1944年公开发表过的25篇著作外，还选收了《湖南农民运动考察报告》《红四军党内第九次代表大会决议》和1937年5月在延安召开的全国代表会议报告和结论。印刷1000册，精装本由红缎、兰缎做书皮，上边烫着“毛泽东选集”五个金字。

边区参议会大瓷碗 大瓷碗陈列在晋察冀边区革命纪念馆，是晋察冀边区首届参议会代表使用的餐具。1943年1月15日至21日，晋察冀边区首届参议会在阜平县温塘村边区参议会礼堂举行。会议讨论通过边区现行方针政策。与会代表288人，大会选举成仿吾为边区参议长，于力为副参议长。聂荣臻司令员为大会题词：“我们屹立在五台山、太行山、恒山、燕山，旌旗指向长白山；我们驰骋在滹沱河、永定河、朝河、滦河，凯歌高奏鸭绿江。”

高街村获奖幕布与奖旗 幕布：1981年在阜平县阜平镇大园村征集。幕布长506厘米，宽264厘米，质地粗布。奖励时间1945年，内

容：1944年12月高街村剧团自编自演了话剧《穷人乐》。1945年2月15日，《晋察冀日报》刊登中共晋察冀分局关于剧团创作《穷人乐》的决定，指出这是发展群众文艺运动的新方向和新方法，决定奖该剧团幕布一套，7月2日剧团举行受奖仪式，领奖者为高街村剧团团长、支部书记陈福全，该幕布已定为国家一级文物。

奖旗：1981年在阜平县阜平镇大园村征集。奖旗长107厘米，宽64厘米，质地为粗布，奖励时间1945年。上写“奖给高街村剧团，坚持穷人乐方向，中共冀晋区党委”。“穷人乐”是高街村剧团集体创作抗敌剧社协助排导、自编自演的多场话剧，高街村剧团是晋察冀边区最活跃的村剧团之一。

晋察冀边区小学课本 《国语课本第六册》，17本。质料麻纸，尺寸32开，时代出版社1945年出版。

《常识课本第四册》2本。质料为麻纸，尺寸32开，时代出版社1946年出版。

《国语课本第四册》44本，质料为麻纸，尺寸32开，时代出版社1946年出版。

第二节 自然旅游资源

一、天生桥国家地质公园

阜平县天生桥国家地质（森林）公园，距阜平县城30公里，是国家AAAA级旅游景区。位于太行山东麓，冀晋交界处，东北距北京295公里，西距佛教圣地五台山48公里，定龙公路、保阜高速公路从景区边穿过。总面积56平方公里，是一处集地质、地貌、冰川、生态、人文景观为一体，独具特色的国家地质公园、森林公园。是当代中国仅有的两家“双国家公园”之一（另一家是张家界）。

该景区是一处以中山和亚高山地貌为特色的自然风景区，境内峰峦叠嶂，沟壑纵横，溪瀑多姿，植被茂密，风景雄险奇秀，集“中国北方最大瀑布群，中国最大片麻岩天生桥、罕见的原始次生林”于一体，以山奇、水奇、桥奇、林奇、草奇、洞奇、冰奇而著称，被誉为“太行山深处的香格里拉”。

2004年9月26日，天生桥国家地质、森林公园开园

主体景观天生桥瀑布群，由片麻岩形成的国内最大天生石桥和北方最大瀑布群构成。天生桥桥长27米，宽13米，高13米，是中国首次发现的片麻岩天生桥，距今有28～29亿年。岩石矿物成分复杂，纹理构造多变，变化程度较深，节理发育明显，在许多地段出现斜长角闪石片麻岩和斜长角闪花岗岩，是500公里长的太行山脉中独特的地层结构系统。天生桥的形成是由山谷瀑流沿裂隙冲蚀、崩塌而成，桥上是60米瀑布，桥下是112米高的天生桥瀑布。天生桥与瀑布相融成趣，气势雄伟险巧。丰水期飞流直下，如万马奔腾，声响如雷；枯水期，潺潺流水，如撒珠抛玉，声韵清脆。冬季瀑水成

2010年冬，天生桥冰瀑

冰，冰柱晶莹，姿态各异。九条瀑布集中在一条山谷中，高低错落。主要瀑布有天门瀑、情侣瀑、马尾瀑、三叠瀑、望盔瀑、琼浆瀑、双龙瀑。景区内瀑布、高峰、峡谷、林海、云雾、花潮，天生桥景观构成了一幅天然画图。瀑布分布集中，规模宏大，造型秀美，被专家鉴定为中国北方最大的瀑布群，天生桥为中国首次发现的片麻岩天生桥，2001 年被评为国家地质公园。

森林公园主峰百草坨，海拔 2144 米，百草坨上十几万亩的山场都是原生态，称为原始生态园，有 6000 亩落叶松与 70000 亩白桦林为主的乔灌木共生原始次生林。峰顶平坦如砥，芳

天生桥景区之百草坨（庞卫星摄于 2010 年）

草如茵，金莲花、山丹丹花等星星点点。登上百草坨，观看冀晋两省层峦叠嶂地貌。仲夏之际漫山遍野鲜花绽开，五颜六色十分优美，堪称“空中花园”，植物学家称之为“五花草甸”。这里有四季十里不同天的特殊山体景观，一座山岭两个季节的人间奇观。春天，阴坡冰雪迟迟不化，初夏时节，沟内尚堆积着残留冰雪，而阳坡则花红柳绿、姹紫嫣红，实属人间奇观。园内有大圣倚天、镇海塔、城堂峰、小黄山、唐僧石、悟空崖、伏象峰、巨鼠山、雄狮云海等景点。

百草坨森林公园系温带大陆性半干旱半湿润季风气候。夏、秋季温暖多雨，春、冬季干燥寒冷。植被垂直分布，从下至上分别为落叶阔叶林、针叶林和亚高山草甸，主要乔木有辽东栎、油松、杨树等。灌木有玫瑰、绣线菊、平榛等。其中有国家二级保护植物刺五加、核桃楸。还有许多变色植物，如青榨槭、黑荀子、元宝槭、花楸等，为秋季旅游增添亮丽与多姿。园内森林覆盖率 60%，植被覆盖率 85% 以上。走进林区就如进入巨大的“天然氧吧”，富氧离子含量是城市地区的二三十倍。森林公园有高等植物 120 科、357 属、532 种，有陆生脊椎动物 159 种，重点保护动物有金钱豹、金雕等。

从景区边缘穿过的定龙公路（俗称西大道），是清代康熙、乾隆皇帝多次朝拜五台山的必经之路。与之有关的景点有教厂行宫、马刨泉、龙宿庵、回龙巷、招提寺、三箭山、明长城（在阜平县境内长达 120 公里）、烽火台。在抗日战争和解放战争中，中国十位元帅有八位在这里战斗生活过。

二、神仙山

神仙山，是太行山东麓一支脉。距阜平县城 36 公里，距保阜高速 31 公里，雄踞于阜平、唐县、涞源三县交界处，东是唐县林场，北是涞源林场，西南是阜平东风林场，主峰奶奶尖海拔 1869.8 米。主要景观有千古奶奶庙、三霄圣母殿、鹰嘴石窟、百峡顶、天瀑、双面观音等。该山峭壁悬崖，林草青翠，春夏秋鲜花不断，当地百姓素有“神仙山一年七十二场浇花雨”之说。

据史书记载，神仙山曾是中国“三山五岳”中的古北岳恒山。汉宣帝神爵元年（前 61 年），颁发诏书（见《汉书郊祠志》），禅封泰山为东

神仙山顶——奶奶庙（李玉亮摄于 2009 年）

岳，华山为西岳，衡山为南岳，嵩山为中岳，恒山（即神仙山）为北岳。当时阜平尚未建县，地属行唐和曲阳两县。后恒山因规避汉文帝刘恒的名讳改恒山为常山。山高峰险道路难走，汉唐以后祭祠北岳改在曲阳北岳庙（窦王殿）进行，唐、宋、元、明、清各代对北岳庙都做过维修扩建。直到清顺治十八年（1661年）才改祀山西省浑源县天峰岭为北岳。此后原北岳恒山更名为神仙山。阜平县境内神仙山南的台峪乡千亩台至今还称“北岳神台”，与神仙山遥相对应的平阳南山仍被称为“北岳寨”。

神仙山风景以奇为美，具有山下石奇、山上林奇、山巅庙奇的立体景观。以奇峰叠起、千山万壑、列石排空为特色。其中玲珑剔透的风动石是中国六大风动石之一。凌空天然生成的奇特“山”字峰，为国内珍奇景观。古北岳恒山是省级森林公园，满山遍布原始次生林和人工林，计有植物120科、357属、532种。植物群落繁茂，有飞禽走兽150多种，隶属17目、55科、101属，是生物链保护较好的生物王国。

据传，古北岳恒山有70多座庙宇、道观。由于历代战乱及年久失修，这些庙宇大多只存遗迹和残缺不全的碑文碑座。现存遗址遗迹的观、寺、庵、庙宇有35处。相传这些建筑雄伟壮观，安王庙占地150余亩，金龙寺大铜佛高大无比，耳内能容4人围坐，各寺院的佛像达万余尊。现留存的北岳庙、药王庙、圣母庙等庙宇经修复对外开放，香火不断。每年农历2月初2至3月15日，京津冀及北方各省善男信女，到山上朝拜、进香。古北岳恒山流传着许多优美传说，如三圣母斗八仙、张果老与悬根松、陈氏庵传说、舍利塔传说、坟茔碑林行踪、和尚浇园故事、神僧飞檐走壁传奇、道观珠宝探秘、金龙遨游储鱼槽、孟良借粮传说，以及革命战争故事等。

1943年秋，晋察冀军区在这里举行神仙山保卫战，痛歼日本侵略者。军区42团（团长成少甫政委熊光焰）等部队在晋察冀军区副司令员肖克和三分区政委王平指挥下，与敌在神仙山一带周旋三个月，作战43次毙日伪军669人，受到军区通令嘉奖，42团2连获“神仙山保卫者”荣誉称号。神仙山石城院村外山上有一个3丈宽、1丈高、10多丈深的大石洞，萧克将军与100多名八路军伤病员曾在此躲避日军大“扫荡”。作家孙犁撰写《吴如儿》《刑兰》《山地回忆》等小说，歌颂这里的抗日儿女。近年来，当地群众捐款重修了山上的三座庙和上山道路。

附：清朝举人袁本澄赋神仙山诗

山间草木伴云烟，一局残棋石凳悬。

指点樵人胜负斧，柯烂尽已留多年。

历史传说

神仙山原名恒山。东晋时期，十大名僧排行第一的释道安，带五百僧众在此山修行。后由于战乱，释道安率四百和尚南下四川峨眉山，留下一百名和尚，在神仙山下的炭灰铺村建起和尚寺。炭灰铺村和尚寺内大铜佛像异常高大，一只耳朵上能站立十个人。同时，从神仙山顶到山下，漫山遍野都布满大小不一的铜佛像。

杨家将与北国交战数月，兵困粮绝。特派大将孟良去筹借粮草。一日，孟良来到阜平县神仙山西侧陈氏庵，不由得一声长叹：这荒山野岭中哪有粮草。陈氏庵的师太，胸怀宽广又善于精打细算，每年她都要尼姑们在山上种蔓菁（注：一种蔬菜，似萝卜），秋天吃不完的蔓菁擦成干，磨成粉，抹成坯，用这种坯垒成又高又大的庵墙。师太闻听孟良想借粮，便笑着说：“借粮没有，实在要借，你就把这庵墙搬去吧！”孟良说：“这庵墙如何能吃？”师太笑而不答。孟良取过墙坯一咬，顿觉香味扑鼻，又好吃又充饥，连连拜谢师太，并令军士搬这蔓菁坯回营。杨家将吃了蔓菁坯，精神倍增，一举杀退辽兵。

神话传说

神仙山，有着美丽的神话传说。相传，此

山原叫恒山，八仙在山顶的一个石盘上下棋，但“三奶奶”说此山是她所有，八仙称是他们先占。神仙们发生争执，正好遇到药王爷，药王爷作为中人，从中调解。八仙说他们下棋的棋盘石是证据，“三奶奶”大笑称：“八仙下棋的棋盘下压着我的金簪子可以为凭。”药王爷翻过棋盘石，一看果然金簪子就在下面。八仙说此山可以不据，但“恒山”的名字要带走，说完飘逸而去，到了山西浑源。“恒山”也就到那里去了。“三奶奶”急了，“把名字带走了，我这山叫什么呢?”药王爷说：“都是神仙，就叫神仙山吧!”“三奶奶”为感谢药王爷，让他占了最高的山头。最高峰上的药王庙、奶奶庙什么年代所建至今无据可考。药王庙附近的草，包治百病的传说也不知何人所传。

三、云花溪谷

云花溪谷景区位于阜平县夏庄乡境内，距县城50公里、五台山30公里，与灵寿五岳寨、平山驼梁、五台南坨景区为一体，毗邻天生桥瀑布群、城南庄晋察冀边区革命纪念馆。景区以花海、奇峰、飞瀑、林密、温凉著称，面积96.2平方公里。

奇峰　景区奇峰险峻，峭壁林立。千米以上高峰90余座，有游龙山、罗汉山、笔架山、牛舌山等。主峰玫瑰坨海拔2281米，是河北五大高峰之一，有“太行第一坨”之称。登高望远是令人叹为观止的“一坨观八景”——金蛙昂首，黎明日出，东眺王快、岗南水库，南俯五岳、天桂景区，西望五台五峰，北指百草坨。山中怪石如柱似塔，如禽似兽，七级塔、神龟出海，石蛇千姿百态，形象逼真。尤其是坨顶最高处山岩，东看似一条黄鱼遥望雾海，西看似一金龟卧于山顶。

飞瀑　景区森林植被完好，降水充沛，落差大，三步一瀑，五步一潭。有树夹泉、冰泉等数十个清泉宛若串串明珠，晶莹剔透，清凉甘甜。银河瀑、马尾瀑、龙舌瀑等十几处瀑布飞珠溅玉，千姿百态。青石潭、三色潭、碧玉潭等十余处，或方或圆，或深或浅，不拘一格，巧夺天工。

花海　海拔2000米高的坨顶，坦若平川，绿草如茵，5000亩草甸，生长着野玫瑰、金莲花、胭脂花、百合花、紫菊花、灯笼花……上百个品种，红、黄、白、蓝、紫一应俱全，花期长达半年，尤以6月、7月最佳，宛若花的海洋。

林海　景区原始森林、次生林密布，森林覆盖率65%。物种丰富，植物102科686种，从山顶的高山草甸渐为落叶松林带、桦木林带、针阔混交林带、落叶阔叶林带。上千亩稀有树种——红桦，极为珍贵。400年以上树龄的古板栗树100多棵，近千年树龄的倒栽柳树上千棵。

气候宜人　景区内山峰众多，海拔较高，森林茂密，气候凉爽宜人，盛夏如秋，夏季平均气温18.9℃。“云海多见”，呈现出“云以山为体，山以云为衣”景观特点，是避暑度假理想场所。

云花溪谷山花（李福民摄于2008年）

云花溪谷山顶（李福民摄于2008年）

四、银河大峡谷

银河大峡谷位于阜平县吴王口乡，距县城40公里。受地质构造及地表水下切作用影响，形成大沙河支流寿长寺沟峡谷地貌，峡谷全长42公里，是太行山东麓典型下切“陉口”。峡谷内森林生态系统完好，自然景观独特，动植物资源丰富，天然次生林和地带性植被群落类型在太行山区具有稀有性、代表性和典型性，是中国北方地区重要的物种基因库之一。具有“雄、奇、秀、险、幽”五大特点。主要有以下三大景区：

（一）吴王口温泉

吴王口温泉又称北温泉，三面环山，一面临河，属小盆地气候，冬暖夏凉，清爽宜人，曾是历代僧侣道家的沐浴洗礼处。温泉含硫、钙、钾等多种矿物质，水温80℃，每小时涌水量10.8立方米，对风湿病、关节炎、皮肤病、美容养颜有一定功效。有一股冷泉，可根据需要调节水温。温泉旁有始建于唐代温塘寺一座。1996年建温泉疗养院。整体建筑采用民族风格的园林式建筑，有客房25间，床位70张，24小时天然温泉水供应，备有会议室、餐厅、洗浴中心等设施。可举办篝火晚会，是会议、休闲、度假和观光旅游的理想去处。

（二）寿长寺动植物园

寿长寺动植物园紧邻佛教圣地五台山，属凉温半湿润气候，年平均气温7.2～9.2℃，无霜期147～163天，园内原始森林和次生林覆盖率65%。森林内野生动物较多，有狼、豹、猪獾、山羊、斑羚等国家二级保护动物及省级保护动物数十种，盛产穿地龙、黄芩、大黄、何首乌、黑柴（柴胡）等几十种中药材。

（三）仙人寺

仙人寺位于吴王口乡南庄旺村南沟，东接山西省繁峙县，西与五台山相邻。海拔1466米，始建于隋末唐初年间。还有夔门锁关、空腹古槐、明长城遗址、溪流跌水、峭壁奇石、自然村落等6大景区。

五、仙人山

仙人山景区位于天生桥镇罗家庄行政村，距县城21公里，景区面积55平方公里。该景区西起北坨（百草坨），南接南坨省级自然保护区，海拔1800米，属国家重点防护林带。其地貌地形与天生桥地质公园浑然一体。天然次生林遮天蔽日，覆盖景区，有山鸡、野兔、狍子、一级珍禽褐马斑等珍禽异兽，党参、手参等药草，国家二级保护植物核桃楸、猕猴桃，三伏天气，平均气温在20℃左右。该景区拥有峡谷风光、森林花坡、瀑布、历史胜迹等十几项资源类型，分为黑龙滩风景区、罗家峡风景区、桃树坡风景区、尼姑庵瀑布景区、桦树林风景区、芦家营古代兵营风景区、乡土人情动植物资源区等7个风景区。

罗家庄仙人山自然保护区自然风光与众不同，有着高品位的风景美学价值，在历史、文化、民风方面有一定的研究价值。

（一）风景美学价值

山，奇峰林立，巨壑纵横，断崖绝壁，棱角分明。树，高大挺拔，郁郁葱葱，种类齐全。花，五彩缤纷，争相斗艳。瀑布，宛若匹练悬空，银河倒挂，气势磅礴，壮观无比。以山为骨架，水为血脉，植被为衣饰，奇峰峭壁，翠林幽谷，清泉碧流相结合组成了以幽、秀、野、雄为特色的自然景观。夏日酷暑，幽谷小憩，伴以习习凉风，汗意顿消；初秋天高云淡，万水千山，尽收眼底。溪水潺潺，瀑布涛声。云海花潮，百鸟飞翔。感受大自然的恬美与安静，品味大自然的纯真与甘甜。不同的季节，不同的景色，不同的心情，自然、原始、淳朴、秀丽的景观美学价值得以再现升华。

（二）历史文化价值

由于地处深山老峪，偏僻、闭塞、无人问津，古代劳动人民运用丰富的智慧创造出一个个动人的故事传说。得天独厚的地理条件又成为历代战争时期的古战场。兵营遗址、炮楼、古烽火台遗迹可见当年的烽火峭烟。跌马崖、小寨尖是八路军战士奋勇杀敌战场。

（三）民俗风情价值

一方水土养育一方人民、孕育一方的自然文化，这里的民俗古老悠久，民风淳朴憨厚，人民热情好客。走进农村，走进农家，是都市人体验民风民俗、地方文化的理想场所。

（四）休闲娱乐价值

该景区水体、植被保护良好，无外界破坏和污染，空气清新，气候凉爽，景色雅致，蓝蓝的天，白白的云，青青的草，红红的花儿创造了和谐、舒适的休闲环境。

六、千峰山

千峰山地处海拔957～2129米的群谷之中，在阜平县龙泉关镇北刘庄自然村北，距阜平县城35公里，佛教圣地五台山35公里。山中峭崖耸立，数量众多命名为千峰山。境内山脉逶迤连绵，层峦叠嶂，沟谷纵横，集雄险奇秀为一体，千丈崖、倚天剑、凤凰石、群蛙跳塘、一线天等奇峰林立。30多处山泉孕育着150多种林木，松、桦、枫、橡、榆、柳、野生猕猴桃、国家二级保护植物核桃楸、山榛等乔灌木形成天然次生林。有山羊、狍子、山鸟、野猪、獾等几十种野生动物，大黄、猪苓、党参等名贵药材。千峰山景区分为剑谷、智慧谷、空中草园、长寿谷、情人坡、天上人间、黄花洞、九曲石头阵八大景区，有上百个景点，面积20平方公里，“险、奇、分布集中”是该景区的主要特色。

千峰山（白志斌摄于2010年）

剑谷景区，谷长200米，约300米高的两根石柱，下宽上窄，像两把剑插立于两悬崖之间，当地居民称为“倚天双剑”。景点有一线天、笔架峰、凤凰石、渐醒睡狮、群蛙跳塘等。剑谷景区的末端，三边悬崖，好似到了崖的尽头，峰回路转，就会发现崖角上有一条石台阶可以上崖，名曰“楼沿”。

智慧谷景区，主要景点有鸳鸯峰、千层蚌、定山神柱、变形大佛、金猴拜弥勒、雄鸡报晓、寿龟观天、塔林等，雕化崖两边，竖似一根根立柱，横像一个个葫芦，人称“天算盘”。

千峰山景区棒槌崖（白志斌摄于2010年）

天上人间景区，包括将军崖、天门洞、嫦娥奔月、佛堂崖。

长寿谷景区，整个大山崖像老寿星开怀大笑。山下宫家庄村70户人家90岁以上老人十几口，传说是寿星保佑。沿谷的两边百丈崖，迎宾崖40多米，双塔20多米，骆驼峰40多米，恐龙峰100多米，谷东边有5个3～4米高造型各异的石雕。

情人坡景区，有300多亩降龙木、铁流棍灌木林，高约3～4米，山岗东是十米高花岗岩小石林，是游人休闲的好地方。

空中草原景区，约1000亩草甸子，草甸最高顶“黄落伞”是整个景区的主峰，主峰西边有两个凹，称作东宫凹、西宫凹，两凹中有两个20多米高的石雕，整个山头好似一巨大黄伞，黄落伞北边有1000多亩白桦林。

石羊山黄花洞景区，有仙人石、仙人洞、童子拜佛、玉手托珠等景点，黄花洞西边山头上有一片草坪，三个石桌。

九曲石头阵景区，在70多米高的瀑布下边

有361根3～4米高石笋形成一个完美的九曲阵，传说转九曲阵可以免灾去病。

这八大景区峰崖错落除了旅游观光、休闲度假外，适合探险、攀岩、蹦极等活动。

七、菩提湖

菩提湖位于阜平镇海沿村，距县城10公里，东距保定150公里，南距石家庄110公里，西距五台山90公里，紧靠全国红色经典景区——晋察冀边区革命纪念馆。湖面面积25万平方米，蓄水367万立方米。是小憩垂钓、游泳洗浴、划船荡舟、休闲娱乐场所。湖区周边环境优美、植被茂密、山清水秀、景色宜人。春可踏青、夏可泅水、秋可垂钓、冬可溜冰。古朴、原生态的自然山村，民风淳朴，是游客远离城市喧嚣，静心休养胜地。

八、五崖寨

五崖寨（原名五爷寨）位于龙泉关镇平石头村，面积20平方公里。东距阜平县城35公里，西距五台山46公里。北距保阜高速公路3公里。

五崖寨风景区有乌龟石托起的大石崖，怪石嶙峋；海拔2000米的摩天岭险峻突兀。

五崖寨东为奇石众多的天然石洞，洞高40余米，面积1200平方米。洞中存有石雕佛像、石香炉、寺院、道场等，现保留皇帝骑龙线雕、菩萨洞、三圣佛等石像雕塑。根据五爷寨险峻、陡峭的特点，后来逐渐演化成人们所说的五崖寨。

五崖寨南有一矩形擎天大石柱直插云霄；正西有两座险峻挺拔的山峰，一座为石羊山，一座为风劈崖；山顶有形象逼真的十二生肖石，石羊山、风劈崖中间形成一条峡谷，溪水流下形成几十米落差的瀑布群，蔚为壮观。峡谷中天然石洞内有一尊天生石佛，酷似观音菩萨；山顶一块大石像老鹰在俯瞰峡谷；千仞山主峰一侧有一巨石群体似唐僧师徒乘船东渡。山下有百亩花果园，系北方罕见的猕猴桃科果林。峡谷深处矗立一尊高30米如来佛石像。

从寨外到寨中要经过一条河流，名为将军石河，传说刘备、关羽、张飞等为振兴朝政、国泰民安专程来此地拜佛求经，特劈开此河引神水进村救助百姓，酷似刘、关、张及孔明六座雄伟的大奇石矗立在河中。下游有一面积为88平方米的平整大石，石旁边有参天大树。五崖寨风景区有：释迦牟尼的弟子、观世音菩萨、五爷等的石像；有古树参天的次生林景观。从古至今不断有人专程寻访此地，求子、求学、求财、求医、讨取圣水，传说来此一游，可保风调雨顺、安康吉祥。

五崖寨风景区内植物资源丰富。山野菜、山蘑菇、榛子、山软枣、山葡萄、山核桃、山桃等天然鲜果、药材。高山植物园有高山杜鹃、不知名的奇花异草，不同植被的原始次生林景观。

九、大派山

大派山为县城之靠山，山峦层层叠叠，像孔雀开屏，将县城和城西法华村、城东东寺村拥抱在怀中。主峰海拔1088.5米，极目远眺，定州塔，窦王殿、王快水库朦胧可见。大派山山草茵茵，槐、柏青翠一年四季四景各异。山间桃花湖为山泉聚成。大派山脚下，北有一块酷似雄鹰大嘴的巨石称为鹰嘴石；南有一座宛如猫头的山头称为猫沙湾。大派山主峰酷拟抬头西向的乌龟，1996年“龟背”上修起电视转播塔，成为“石龟驮塔”一大新景。1996—2010年，县政府筹措资金绿化大派山，成为县城居民散步、登山、休闲场所。

大派山（2010年拍摄）

十、小派山森林公园

小派山森林公园由保定市伟民设计院规划设计，总投资2亿元，规划建设面积2平方公里，涉及步游路、行车路、亭台楼阁、人工湖、娱乐广场、植树绿化等建设。为县城居民提供一个集休闲、娱乐、健身等多功能综合性公园。2010年一期工程完成投资300万元，植树绿化1000亩，硬化道路1000多米，安装健身器材20余套，建八角亭3个。

十一、枣林风光

阜平县为全国“大枣之乡”。大枣及产品在全国农林名优稀特产品博览会上多次获奖，其中东城铺、水帘洞、车道、河北沟等村最出名。这些山村漫山遍野都是枣树。秋天满树红枣，树下谷子、豆子、花生、芝麻和山上茅草，织成一副“太行枣林图”。枣景观又伴生枣文化，大枣半青半红转紫红，吃起来清香鲜甜。成熟后农民将大枣收回，放在房顶上晾晒，各家房顶连缀起来红乎乎一片，编成枣排挂在白墙上，成为美好的装饰。人们还把个儿大、光溜的脆枣儿，用酒洗好放入坛坛罐罐里作“醉枣儿”，春节时取出来吃，清香扑鼻，脆松爽口。1986年后各村都开始搞大枣加工，制作各种果脯，形成阜平山区特有“枣文化”。

2005—2010年，县政府集中财力物力人力兴建枣林观光旅游区。该旅游区位于县城南16公里处，距晋察冀边区革命纪念馆4公里。包括城南庄镇福子峪村大枣观光园及福子峪——北果园乡吴家沟百里枣林观光带，是阜平县“大枣十万亩”工程示范区。采用“树开心、枝拉平、精细管、肥平衡、无公害、质先行”的科学管理，培育大枣特色产品。

第三节 温泉景观

一、城南庄温泉

城南庄温泉，又名南温泉，位于县城西南27公里处城南庄镇温塘自然村。泉水从大理石雕刻的兽嘴中流出，水温56℃，每小时涌水量5.4立方米，富含硫、钾、钙、锌等27种矿物质，对皮肤病有很好的疗效。每逢春暖花开的早春时节，周围各县游客纷纷赶来洗浴，俗称“扎塘”。革命战争年代，刘少奇、朱德、聂荣臻、彭真、刘澜涛等边区首长及文化名人邓拓、田间等人都曾在此洗浴。1948年春，毛泽东、周恩来、任弼时等中央领导到城南庄之后，经常来温塘洗澡，为了纪念他们，当地群众称这里的温泉叫“领袖泉”“将军池”。

2003年，县政府对南温塘进行较大规模整修，对原有浴池进行扩建，可同时容纳上百人洗浴，配套设施和洗浴服务完善，成为旅游、沐浴、疗养好去处。

二、吴王口温泉（详见本节前目银河大峡谷）

该温泉又称北温泉，温泉矿物质含量丰富，温度达80℃，每小时涌水量10.8立方米。由于其水温高、水量丰、水质好、用途广，被当地人称为“圣水”。

三、下堡温泉

下堡温泉位于阜平县城西北23公里处的下堡村，距北温泉20公里。温泉周边地域开阔，植被覆盖率达95%以上。下堡温泉常年流水不断，水温38℃，每小时涌水量达15.48立方米。80年代初建成简易浴池，温泉水从井口通过镶嵌着的石狮头流出后分别被引入男、女两个浴池。浴池下方建有小型塘坝一座。这里民风淳朴，居住村民100多户，民居建筑大部分为石砌结构，冬暖夏凉。

四、桃园温泉

神仙山金龙洞南侧有温泉，常年喷溢，水温80℃以上，可作温泉洗浴。

第二章　旅游服务

1996—2010年，阜平县不断加强对旅游设施的投入和管理，规划升级县城通往各旅游景区道路，加强对景区沿线美化。做好景区内外旅店、饭馆和具有当地鲜明特色的农家乐布局、建设，从布局上注重吸引游客，用周到热情服务和独具特色接待理念，做大做强阜平旅游产业，吸引更多外地游客到阜平观光旅游。

第一节　旅游线路

一、线路概况

阜平交通比较便利，县城距石家庄机场110公里，距北京350公里，保定148公里，207国道横贯南北，保阜高速公路贯穿东西，省道阜繁公路、阜忻公路、新繁公路、保阜公路、定龙公路等均直达县城，形成四通八达的交通网络。县城内的公共汽车、出租车，集中于冀北商城、汽车站、医院周边及河口加油站附近，车站内有通往北京、保定、石家庄、定州、五台山、沙河等市的公共汽车。可乘车游遍阜平。

二、晋察冀边区革命纪念馆

晋察冀边区革命纪念馆位于阜平县城南20公里处，207国道从景区穿过，城南庄镇至县城班车从早晨7点至下午5点，客车每小时往返一趟，乘坐客车、出租车方便快捷，无线通信畅通无阻。

三、阜平天生桥地质森林公园

阜平天生桥瀑布群旅游区距县城35公里，距五台山48公里，定龙公路、保阜高速路从景区旁穿过。保阜高速公路2009年正式投入使用。国家二级公路定龙公路东下关至景区的旅游专线公路，适合旅游的各种车辆。县城通向天生桥景区的小巴班车30分钟一趟。东下关境内建起无线通信转播塔。旅馆业、餐饮业遍布景区，距景区8公里的天生桥村有以大盆肘子为特色的商业一条街。

天生桥风景区面积较大，一天游遍景区比较吃力，二、三日是最好选择。这里是度假避暑理想场所。

随着天生桥二期建设工程全面实施，高空索道于2007年5月投入使用。景区内新建多个停车场，可同时停放小型车350辆，大型车45辆。新修景区商铺店面总计15家。建成景区步游路总长4.2公里。

为改善景区交通环境，景区每年投入大量资金用于山上步游道、路边栏杆加护和维修。2005—2010年新修、翻修步游路面2.8公里。新增设护栏800米。新建八瀑及九瀑两个卫生间，翻修了主停车场的星级洗手间。

景区对原景观路进行改造，新建8000米环形步游路，拓宽了景区主干道。

第二节　旅游生活服务

一、餐饮

阜平县的饭店主要分布在县城、各乡（镇）

天生桥大盆肘子

政府驻地和干线公路两侧。天生桥国家地质森林公园开放拉动了旅馆业、餐饮业发展。距天生桥景区8公里的东下关形成了一道典型以大盆肘子为特色的商业一条街。天桥肘子、天桥贵妃鸡、天桥金丝面、天桥珍珠粥等很多特色菜肴可供旅客品尝。

2010年，天生桥景区周围农家院数量达到71家，晋察冀革命纪念馆及城南庄温泉周围农家院19家。一些制作简便、口味独特的阜平食品，成为阜平的特色食品。

（一）主食

锅贴饼子　用开水将玉米面或高粱面、黄米面、山药面和面（玉米面和山药面都要先用开水泼面）趁热贴于锅边，锅里煮上稀粥，饭熟饼熟，挨锅一面烤成黄褐色，酥脆可口，如果面内掺放莴苣、榆钱、杨叶或土豆丝则成菜饼子，同样可口。

锅贴饼子

榆钱疙瘩　春季采鲜榆钱用水洗净，拌上玉米面，采用蒸或搅两种方法做成疙瘩，既鲜又香。

搅疙瘩　菜疙瘩是阜平特色食品，是本县六七十年代农村主食，1996年以后则成了城镇、农村居民调剂生活的一种特色食品。搅疙瘩做法是：在锅里先放少量水，将洗好的菜切碎放在锅里，再在上边焖上玉米面，边焖边搅，蒸熟、搅匀成大小不一疙瘩即成。

黄子　用玉米面（也有用白面）发酵后，

黄子

加水和成稀面，倒入黄熬（一种专门作黄子的锅）上摊匀，烙成焦黄色，熟后趁热将黄子对折，俗称两手掰。

饸饹　将玉米面、红薯面加少量榆皮面（榆皮面有野生和家种两种，野生的是将榆树内皮推成面），先在锅内烧上开水，将饸饹床支在锅上现压现煮，煮熟后在凉水里浸泡，捞出盘成窝，做好汤料即可食用。也有用莜麦面、红薯面和白面做饸饹的。

煎饼　将玉米面或高粱面加少许榆皮面，和成稀面，在大锅上，摊成薄饼。用肉汤或菜汤烩着吃。

炸油条　又称炸麻糖，炸果子。将明矾，碱面，盐按比例配好，放在水里化开，倒入适当面粉，将和好的面，切成条炸熟叫油条，切成长方块形状，中间拉两个孔叫麻糖，凉热均可食用。

烧饼　是阜平特色食品，已有一千多年历

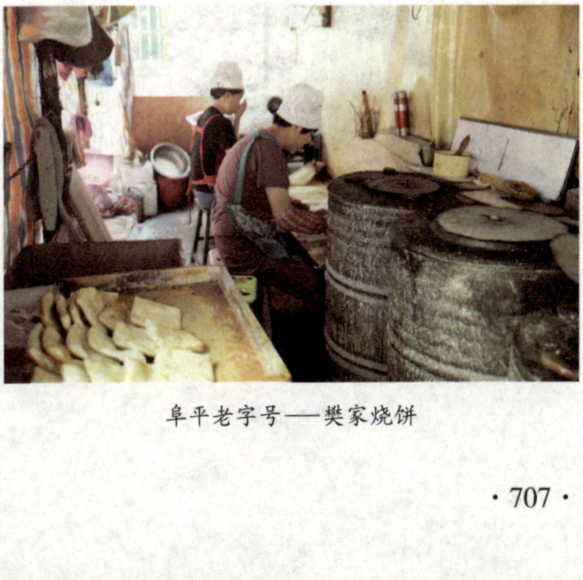

阜平老字号——樊家烧饼

史，当时叫“胡饼”。因为是用大缸做炉子烤制而成，后被称为缸炉烧饼。缸炉烧饼主要原料是白面、芝麻、素油三种。用清水加少许盐和面，将白面擀成薄饼加一层油，合起后再擀成长宽6厘米上下的面饼，在撒上芝麻的托盘里粘一下，把没沾芝麻一面用清水拍一下，贴到烧热的缸炉里。缸炉里的烧饼，一面被火烤，一面被缸烙，几分钟后烧饼出炉。缸炉烧饼脆酥爽口，凉热均可食用。2000年后，不少饭馆将韭菜炒烧饼做成一道菜（亦可当饭，亦可当菜）端上饭桌，成为烧饼新吃，是具有阜平特色的食品。

豆渣饼子 豆腐渣掺玉米面，再加花椒、大料和少量食盐和面捏成饼子（圆形），在锅上蒸熟食用。80年代前每逢过年，家家做豆腐，用做豆腐剩下的豆渣，做成豆渣饼子是整个正月里的主食。

（二）副食

猪肉 阜平人爱吃腌猪肉，春节前腌猪肉是阜平人一项传统生活习惯。杀猪后把肉切成方块，煮到九成熟，在糖锅里上色，再放油炸，在大缸里放一层肉撒一层盐，最后灌上猪油就成为腌肉，也叫腊肉。一两年之内不变色、不变味、不腐坏，随吃随用，是阜平人民流传的一种生活习俗。

豆腐 阜平农村人家都会做豆腐，主要原料是黄豆或黑豆。六七十年代农家做豆腐用石磨磨浆，1996年后，普遍采用粉碎机。用豆腐布袋揉豆浆，用卤水点成的豆腐“老”而有劲。

浇汁豆腐

因为一次做得比较多，除吃一些鲜豆腐外，还有人家将剩余的豆腐做成油炸豆腐、油煎豆腐、冻豆腐、豆腐干等。

腌菜 在霜降前后，将白菜叶、萝卜丝、萝卜缨等在清水里洗净，切成细条，拌匀放在缸里，一层菜一层盐。按每5公斤菜250克盐为宜压实。过10天左右，有了微醉味即成。随着人们生活提高，2000年后人们仍在秋天盐烂腌菜，但已演变成由圆白菜（苗子白），芹菜，洋姜，花生米，黄豆，胡萝卜等混杂做成。

香椿鱼 春天香椿发芽时，用白面、鸡蛋、适当咸盐搅成稀糊状，将洗净的嫩香椿一小枝一小枝的沾上面糊糊，放进油锅里炸熟即可。

咸菜 在霜降以前，将白萝卜、胡萝卜、洋姜洗净，加盐放在缸里，一个月后即可食用。

二、住宿

1996—2010年，宾馆住宿业快速发展，个体私营旅馆相继建成投入使用。特别是天生桥国家地质森林公园接待游人后，新兴起的“农家乐”食宿两便、住宿简朴、舒适、价格低廉，深受游人欢迎。2010年，全县宾馆、旅店企业网点发展到89家，从业人员300人，营业额达到7500万元，利税300万元。

天生桥国家地质森林公园景区有特色木屋、野营帐篷。2010年动工兴建三星级宾馆，预计2012年投入运营。

阜平县君悦会馆

阜平县君悦会馆（君悦国际）是一所集餐饮、住宿、休闲娱乐、商务会议接待为一体的商务酒店。酒店注册名称为：君悦商务会馆。酒店坐落于阜平中兴街99号，建筑面积4000平方米，一楼为酒店客房接待大堂，45套客房分布于主楼3～5层，其中设有豪华商务套房1套、休闲大床房8套、标准间32套、大床房4套，客房设施齐全。大堂西侧设有功能齐全的商务中心和小型超市，每天16小时为客人提供传真、打印、复印、日用消费品送货上门服务。5层设有中型课堂式会议室一个，可容纳200人，会议室内配备多功能影音设备。1、2层餐饮部，可同时容纳400人就餐。二楼设贵宾雅间17个。

虹桥大酒店

虹桥大酒店位于阜平县中兴街，占地面积2407.6平方米，营业大楼及三层拐角餐饮楼各一座。虹桥大酒店于2001年7月1日试营业，8月正式营业。2000—2010年虹桥大酒店客房部接待宾客226415人次、接待会议6000人次。餐饮部接待宾客558000人次。

逸美时光酒店

逸美时光酒店位于阜平县城桥东街16号，建筑面积5000平方米，集洗浴、客房、餐饮、休闲娱乐为一体，是阜平县综合性酒店。2008年7月14日开业。

酒店拥有客房45间，其中高套2间，豪单、豪标五间；能容纳百人的会议室1个、40平方米中型会议室1个，可满足不同规模会议需要。餐厅高档雅间21个，主要菜品有海参养生系列、官府菜系列、本地家常菜系列、澳门豆捞火锅。

酒店采用中央空调系统，客房全部实现光纤上网，酒店安装网络办公系统，实现无纸化办公，组建了视频会议平台。2009—2010年接待会议198次，接待顾客21万人次。

酒店开业以来，先后荣获河北省“消费者满意单位”、保定市“绿色饭店”等荣誉，是阜平县食品卫生A级单位。

阜平龙昌宾馆

阜平龙昌宾馆坐落于阜平县城东大桥南端大沙河畔白河村。交通便利，是国道省道交汇处，是集餐饮、住宿、旅游、会议、接待、娱乐、休闲、洗浴为一体的三星级酒店，员工103人。宾馆占地面积2600平方米，建筑面积3300平方米，宾馆主楼五层并设有地下室一层，广场可同时停放大小车辆百余部。

宾馆于2007年10月1日开业，餐厅从石家庄市请来原白楼宾馆厨师长料理后厨，从广东、四川请来粤菜、川菜厨师，以川粤菜为特色，走品牌之路，推出猴王闹龙宫、东坡肘子、龙昌烤鸭、花菇煨土鸡、湘江开胃鱼头、红松瓤肉、霸王炒河虾、太行水煮鱼、蒙古烤羊腿，大清花饺子等佳肴。

第三节　其他服务

一、园林娱乐服务

天生桥地质森林公园不断开辟新娱乐项目，2010年在景区内开辟了园林采摘区，并对园区内果木树进行统一管理。

二、导游服务

景区在进行硬件建设同时，对软件进行完善。为更好给游客提供导游服务，天生桥景区招聘了8名导游。

三、特色商品

阜平特色商品主要有“盖宇”牌野酸枣汁、“博珍”枣茶、金丝蜜枣、酥枣、果脯、杏脯、花红脯等系列产品。其中“盖宇”牌野酸枣汁2006年获河北省首届名优果品展评会优质品奖。蜂蜜、枣珍等天然补品，2001年获河北省第六届“消费者信得过产品”。“派山牌京华蜂蜜”系列产品，1997—2007年连续四届被评为河北省优质产品，2001年荣获中国国际农业博览会名牌产品。“高老西儿”牌红枣醋，2010年获河北省中小企业名牌产品称号。阜平县红金贡酒厂1996年获河北文化名酒企业。阜平县满堂红大枣酒业有限公司生产的中国第一大枣果白酒系列获“冀星”品牌。

第四节　娱乐设施

一、文化娱乐

1996年，阜平县休闲娱乐设施落后，缺少专业、中高档次、有一定规模的休闲娱乐中心和康体健身中心。2000年前休闲娱乐场所规模小、等级低、服务差、缺乏组织管理。2000年后，阜平娱乐设施有所改善，在县城先后建立了大众舞厅，KTV有欣潮娱乐会所、金焰会所、36°会所。所内有高中低档名酒、名烟、名茶、饮料，各种特色小吃。

二、休闲广场建设

2010年建休闲广场，位于政府西侧200米，地处县城中心地带，面积15250平方米，投资550万元，建有花坛、喷泉、舞池等健身娱乐场地；环形塑胶跑道、遮光看台、灯光篮球场、羽毛球、乒乓球等运动场地。2010年12月交付使用。

第三章　旅游开发

1996年后，阜平县逐步重视旅游开发工作。实行县领导负责，主管部门具体落实的工作责任制。在资金上向旅游行业倾斜。1999年投资300万元对城南庄原“晋察冀军区旧址”进行整修；投资30万元对石佛堂、三岩寨等景区道路进行修建；对神仙山、金龙洞等景点进行勘察论证。2000年，天生桥国家地质公园正式立项，开工建设。2002年县政府为天生桥国家地质公园争取项目资金500万元。2007年8月旅游资源招商推介会在阜平举行。2008年7月8日，阜平县与河北亚太企业集团签订玫瑰溪谷开发合同。

第一节　旅游规划

一、成立组织

1995年4月，县政府设置旅游局，事业单位，靠挂在建设局。2007年9月，旅游局和建设局分开。负责阜平县旅游业管理和旅游项目开发。

二、勘察项目

2000—2010年，为更好地开发阜平县旅游资源、开发旅游业，旅游局聘请保定、北京旅游专家多次对天桥瀑布——百草坨——辽道背原始次生林进行详细考察。1999年投资300万元对城南庄原晋察冀军区旧址进行整修；投资30万元对石佛堂、三岩寨等景区道路进行修建；对神仙山、金龙洞等景点进行勘察论证。通过全面勘查，初步发现全县有70个旅游资源单体，分属8个主类24个亚类。有自然生态、飞瀑群风光、民风民情、革命古迹和历史人文古迹等。

第二节　旅游开发

一、开发项目

天生桥国家地质公园，是国家AAAA级旅游景区，天生桥瀑布群被保定市作家协会列为创作基地、燕赵都市报读者最喜爱的景区。晋察冀边区革命纪念馆，是全国爱国主义教育基地、红色旅游经典景区。2009年被河北省旅游局评为“河北最美30景”之一。这两大景区成为全县“一红一绿”两大龙头。截至2010年，投资4.3亿元的云花溪谷景区、投资1.65亿元的仙人山景区、投资1.3亿元的长城岭生态旅游区均已签约开发。千峰山、吴王口温泉、神仙山、菩提湖、石佛堂、银河大峡谷等景区招商工作全面展开。

二、旅游开发优惠政策

阜平县于2006年12月22日制定《关于加快旅游产业发展的实施意见》，出台《阜平县旅游资源保护管理办法》《阜平县农家乐旅游管理办法》一系列相关政策，2006年制定《河北省阜平县旅游产业发展总体规划（2006—2020年）》。确立阜平县“生态旅游立县”长远发展战略，把旅游业放在县域经济四大产业首位，形成“依托两山（五台山、平山）、面向京津、辐射华北、打造一区三园”发展思路。逐步构筑起红色旅游、绿色旅游、休闲娱乐游三足鼎立的大旅游格局。同年，先后编印《阜平旅游便览》《河北阜平旅游招商》《中国阜平太行深处的香格里拉》《到阜平旅行》《阜平旅游交通图》等宣传推介图书图片。

2006年12月22日，中共阜平县委、县人民政府出台了《关于加快旅游产业发展的实施意见》，进一步明确旅游业发展的指导思想、基本原则和目标任务。到“十一五”末，全县旅游业总收入达到5000万元，年游客接待量达到80万人次，AAA级景区达到3家，AAAA级景区确保1家争取2家。

县政府设立奖励专项资金，对发展旅游业做出突出贡献单位和个人给予奖励。对新评定为国家AAA级旅游景区、三星级旅游饭店的，给予一次性奖励2万元；对新评定为国家AAAA级旅游景区、四星级旅游饭店的，给予一次性奖励5万元；对新评定为国家AAAAA级旅游景区、五星级旅游饭店的，给予一次性奖励10万元；对新评定为国家工（农）业旅游示范区的，给予一次性奖励5万元；对新评定为省级以上（包括省级）农家乐旅游示范点的，给予一次性奖励2万元。对引进旅游项目资金单位和个人，参照《阜平县招商引资奖励办法（修订）》（阜政办〔2003〕1号）兑现奖励。

第四章 旅游管理

阜平县旅游事业起步后，县政府及有关部门加强对涉游单位和旅游景点的管理。重点抓了旅游景点安全管理，旅游环境管理、防火演练、防止意外事件发生等管理。2008年后，县政府实施全县已开发和未开发旅游景点规划管理工作。

第一节 旅游景区管理

一、旅行社管理

阜平县的旅行社发展比较缓慢，缺乏省内游、省外游、国内游和出国游的旅行社组织机构。2010年阜平境内旅行社只有锦绣旅行社1家，从业人员7人，属于个体经营。

二、安全管理

安全工作是旅游工作第一要务，1996年，成立安全监管领导小组，由下而上层层签订安全生产管理责任状，责任到人，制定应急救援预案，组建应急救援队伍，配备应急器材。在景区内制作安装景区保护标志、防火警示、公共信息图形符号和安全路标指示牌。聘请专家对职工进行安全生产知识和（ISO 9000）质量管理体系认证培训。2003年，县政府与天生桥景区、晋察冀边区革命纪念馆负责人签订安全生产责任状。对各项安全工作严格管理、严格控制，定期对各个景区进行安全检查督促，做到一年内全面检查不少于4次，不定期检查不少于6次。依法整治，综合治理，建立健全安全隐患台账，并对重大危险源统一登记建档。

三、旅游环境管理

1996—2000年，旅游管理部门组织人员对景区内各饭店、商业摊点进行督导检查，在景区（点）开展食品卫生、公共场所卫生整治工作。加强对旅游从业人员健康体检及卫生知识培训工作。要求经营单位自觉服从管理，自觉维护景区形象，禁止在旅游区内随意倾倒、堆放或扔弃食品和饮料包装物、果皮、废纸等生活垃圾及其他固体废弃物。

四、旅游宣传

1996—2000年阜平开发的旅游景点较少，旅游市场开发呈缓慢自由型发展，旅游经营活动以流动商为主。2000—2005年，县委政府加大市场拓展营销力度，通过报纸、电台、电视台等舆论媒体进行广告宣传。在中央电视台、北京卫视、河北卫视、保定电视台播放阜平旅游宣传专题片，在《新京报》《燕赵都市报》、河北官方网站、“阜平旅游网”等众多媒体平台上大力宣传阜平县旅游资源和招商引资优惠政策。编制印刷《到阜平旅行》《阜平旅游交通图》，完成专题片《山水风情东下关》。组织参加招商会、洽谈会等。多次组织旅游企业参加国内旅交会、廊坊经贸洽谈会、旅游发布会、博览会，及时更新更换高速路及主要道路广告宣传牌。2010年在京昆和京石高速公路发布塔牌旅游广告，并在北京—河北旅游宣传一条街发布灯箱广告和北京公交车车载广告。

五、规划管理

大力推进文化建设，建设文化阜平。以“传承老区精神，弘扬德信文化”为着力点，全面推进文化建设，叫响“红色文化”品牌，打造“诚信阜平”。开展“旅游提升年活动”，打造“红、绿、金”三大旅游品牌，深入挖掘“晋察冀文化”内涵，扩大“红色阜平”知名度和影响力。着力推进纪念馆二期工程，谋划建设“城南庄文化产业园区”。积极融入“大西柏坡红色旅游圈”。依托生态资源加快天生桥、吴王口温泉等一批绿色旅游开发项目建设进度，抓好银河大峡谷、菩提湖度假园等项目招商及开发工作。借助毗邻佛教圣地五台山地缘优势，整合佛教等文化资源，探索发展“金色”旅游，谋划实施古北岳恒山旅游开发和龙泉关文化产业园区综合开发。大力开发乡村度假游、田园采摘游等多种形式休闲娱乐旅游，完善基础设施，打造精品旅游线路，积极争取西阜高速公路城南庄至夏庄、夏庄至天生桥、天生桥至吴王口温泉连接线立项，全力建设西部旅游产业区交通大动脉。

第二节　旅游效益

一、晋察冀边区革命纪念馆

1996年前，游客以外地散客、部队、学校进行爱国主义教育和当地人为主。1996—2005年，以阜平、保定、石家庄及周边城市游客为主，2005年后，先后接待省级以上领导、革命先辈及其后代1000多位。晋察冀边区革命纪念馆成为清华大学材料系、空军指挥学院等省内外几十家大中专院校和单位定点爱国主义教育教学基地，发挥了爱国主义教育的功能。2005—2010年，游客涵盖全国，以北京、石家庄、天津、山西、山东、河南等地游客为主。游客以机关党员、大中专院校学生、家庭为单位的散客为主，党员占60%，学生占30%，散客占10%。随着纪念馆不断扩建和完善，年接待量逐年增加。2004年接待量6万人，2005年后迅速上升，2010年接待量20多万人次。

二、天生桥国家地质森林公园

天生桥国家地质森林公园自2003年开放以来，游客逐年上升。到2008年接待游客48万人次，2009年接待游客51万人次，2010年接待游客56万人次，营业额达到2400万元，上缴税金78万元。

1996—2010年阜平县部分年份旅游收入统计表

表18-3-1

项目 年份	旅游人次 （万人次）	人均次消费 （RMB元）	总收入 （亿元）
1996	5	100	0.05
2000	7	100	0.07
2005	10	100	0.1
2010	76	300	2.28

第十九篇　精神文明建设

中共阜平县委、阜平县人民政府坚持物质文明和精神文明一起抓，动员组织全县人民广泛参与社会主义精神文明建设，深入开展思想道德教育活动和群众性精神文明建设活动。1987年成立精神文明建设委员会。1996—1998年开展社会公德、职业道德、家庭美德“三德”教育活动。1999—2001年开展“讲政治、讲学习、讲正气”“三讲”教育活动。2002—2003年开展“三个代表”重要思想教育活动、“一个宗旨三项教育”(“一个宗旨”：全心全意为人民服务；“三项教育”：实事求是的思想路线教育，严格公正文明执法的法制教育，全心全意为人民服务的宗旨教育）活动。2004年开展“四职一纠”(“四职”：职业理想、职业道德、职业技能、职业纪律；“一纠”：纠正行业不正之风）教育实践活动。2005—2008年开展“讲文明树新风”教育活动。1996—2010年，持续深入开展文明县城、文明单位、文明乡镇、文明社区、文明生态村、文明家庭、文明之星创建活动。通过连年不断抓、持之以恒抓，形成县城带动乡镇、乡镇带动农村、“窗口”带动行业、行业带动全社会的精神文明建设格局。广大人民群众的精神生活得到极大充实丰富，精神面貌发生深刻变化。全县党风、政风、民风、社会风气全面好转，涌现出一大批先进集体、文明家庭、先进个人。建成河北省精神文明单位8个，保定市精神文明单位61个；评选出五星级文明家庭5090户，文明之星5000人；李金荣、邓小岚、刘胜汉、贾玉昆、郑占国、邓淑梅等被评为县道德模范。

2003—2010年，开展“文明生态村”创建活动。到2008年，文明生态村60个，培育新民居示范村26个。

第一章　思想道德教育

1996—2010年，在全县开展思想道德、公德教育、职业道德教育和未成年人道德教育，收到良好的效果。讲文明、树新风蔚然成风。

第一节　思想教育

一、安排部署

1996年，县委印发《关于用三年时间在全县党员中开展建设有中国特色社会主义理论和党章学习活动的意见》，安排部署加强全县党员干部思想政治教育活动。1997年以江泽民《讲学习、讲政治、讲正气》为内容，加强社会主义市场经济下党性、党风的思想教育。2000年制定出台《关于开展"三个代表"重要思想为主要内容的教育活动意见》，全县各机关单位学习"三个代表"重要思想。2004年县委开展"科学发展观"宣传教育活动。2006年县委要求全县党员干部和广大人民群众践行社会主义荣辱观。从2008年开始，用三年时间开展"社会主义核心价值观"的思想大讨论，加强思想政治教育，提高全县党员、群众思想道德和科学文化素质。

二、主要活动

1996—1997年，阜平县委按照中共中央《关于深入开展社会主义精神文明建设的若干意见》，全面贯彻落实《爱国主义教育实施纲要》，加强全县人民的思想政治教育。1998年，开展"坚持用马克思列宁主义、毛泽东思想、特别是邓小平建设有中国特色社会主义理论"思想教育活动，全面启动四大教育资源（城南庄革命纪念馆、史家寨晋察冀边区政府、平阳千人墓、烈士陵园）对广大青少年进行爱国主义教育，教育青少年爱祖国、爱家乡、爱学校、爱学习、爱岗敬业。激发青少年的爱国热情，推动两个文明建设健康发展。

1999—2000年，从全县实际出发，加强思想政治教育。探索新时期思想政治工作新路子，总结思想政治工作新经验，充实思想政治工作力量，加强与思想政治工作配套的法制教育，在人民群众中形成知法、懂法、守法、用法的新风气。在理想信念方面，进一步强化"讲学习、讲政治、讲正气"的三讲观念，引导广大干部群众认清重大原则和是非界限，从政治上与党中央保持一致。

2000—2003年，结合开展"三个代表"重要思想教育活动，号召全县党员干部查找不足，不谋私利，克己奉公，增强全心全意为人民服务的思想意识和公仆意识。

2004—2010年，开展社会主义荣辱观的思想大讨论。精神文明办公室和宣传部编写以"八荣八耻"为内容的小册子3万余本，分发到全县13个乡镇209个行政村。在电视台和《今日阜平》播放思想道德模范李金荣、郑占国、刘胜汉、常贵民等人的先进事迹，推动思想政治工作的全面开展，收到良好效果。

第二节　社会公德

一、公德教育

1996年，县文明委、县委宣传部做出《关于在全县开展"思想道德教育"活动的安排意见》，广泛开展"社会公德、职业道德、家庭美德"教育。文明办、宣传部发放"三德"教育小册子5000本。县教育系统利用"六一"儿童节、"五四"青年节，组织少先队员、中学生、团员青年1500多人到城南庄革命纪念馆、晋察冀边区政府旧址、烈士陵园、平阳千人墓进行革命传统教育，培养和增强学生爱祖国、爱学习、爱劳动的优良品德。号召全县中小学生向雷锋同志学习，做德智体美全面发展的好学生。中小学每周一举行升国旗仪式，坚定跟党走信念。1997年，在全县范围内掀起精神文明建设高潮。县医院、中医院加强医德、医风建设，开展文明服务活动。1998年，春季开展以反对封建迷信为主要内容的文明社会、文明庙会活动。在县城中兴街开展大规模文明宣传活动，悬挂标语20条。邀请平阳大鼓队助阵宣传。在城南庄、平阳、龙泉关、柏崖、坊里、西庄、砂窝、台峪等较大的乡镇庙会，开展破除迷信，树立新风活动。公安、文化、工商、宣传部、文明办等单位制作展板100多块，印发宣传材料1000余册，悬挂标语42条，设咨询台18个，发放科技材料1000余册，受教育群众8万人次。在开展集中整治活动中，制止迷信活动26起。查抄非法出版物、书刊、小报1500册。1999年文明办印发《提高县民文明素质工程活动的意见》。2000年，在村民思想道德建设方面，制定了切实可行的行为规范和道德建设标准。统一制定《五好党员》《十好村民》标准，打印成文，发放到13个乡镇的209个行政村，张贴上墙。

2001—2003年，在全县开展《五好家庭》《文明之星》活动。评出五好家庭5000户，文明之星5000人。

2004年，精神文明办公室制定文明公约，在全县各乡镇、村、学校、厂矿企业等张贴。

阜平人文明公约

热爱祖国、热爱阜平；淳朴热情、顾全大局；

明礼崇德、艰苦创业；团结友善，敬业奉献；

诚信包容，锐意进取；知荣明耻，扶危济困；

遵纪守法，敬老爱幼；和睦邻里，热心公益；

崇尚科学，移风易俗；保护环境，美化家园。

2006年结合县委工作安排，制定了阜平人行为守则。

阜平人行为守则

要讲究公共卫生，不要乱吐乱溺乱扔；

要爱护公共设施，不要乱涂乱刻乱画；

要遵守公共秩序，不要乱行乱停乱挤；

要维护公共形象，不要乱穿乱说乱摆；

要保护生态环境，不要乱踩乱折乱烧。

2007年为弘扬“敬业奉献、勤劳勇敢、艰苦奋斗、敢于胜利”的老区精神，树立“团结友善、明礼崇德、诚信包容、敬业奉献”形象，开展德信典型评选活动。截至2010年，评选出各类典型195个。第一届德信典型“孝顺儿女”职教中心教师李金荣，2009年获保定市“孝老爱亲”模范称号。通过大张旗鼓的宣传、表彰先进集体和个人，促进政风、行风、民风、家风好转。

1996—2010年阜平县思想道德教育典型统计表

表19-1-1

类别 / 年度	杰出青年	孝顺儿女	敬业标兵	诚信企业	诚信公民	亲民爱民模范
1996	1	2	3	2	3	—
1997	1	2	3	2	3	—
1998	1	2	3	2	3	—

续表 19-1-1

类别 年度	杰出青年	孝顺儿女	敬业标兵	诚信企业	诚信公民	亲民爱民模范
1999	1	2	3	2	3	—
2000	1	2	3	2	3	—
2001	1	2	3	2	3	—
2002	1	2	3	2	3	—
2003	1	2	3	2	3	—
2004	1	2	3	2	3	—
2005	1	2	3	2	3	—
2006	1	2	3	2	3	—
2007	3	5	5	2	3	—
2008	3	5	5	2	3	10
2009	3	5	5	2	3	10
2010	3	5	5	2	3	10
合计	23	42	53	30	45	30

二、职业道德教育

1996年，县委印发《关于加强社会主义精神文明建设的意见》。1997—1999年，开展“职业道德教育”活动。县财政局、税务局、工商局、交通局、公安局、商业局、卫生局等7家单位开展以“职业道德”“职业理想”“职业信念”和“纠正行业不正之风”为主要内容的教育活动。财政、公安等系统重点围绕“门难进、脸难看、话难听、事难办”的不良风气开展纠风活动。在卫生、医药系统主要开展医风、医德教育。

2000—2002年，活动进一步深入，扩大到电力、农行、工商行、邮电、土管、司法、法院、检察院、农发行等10家单位。上述单位坚持做到职业理想抓教育，职业道德抓形象，职业纪律抓执法，职业技能抓培训，提高广大干部职工的职业道德水平。2003年在“非典”期间，县文明办以“职业道德教育”为切入点，在全县100多个行政、企事业单位开展“遵守纪律、严以律己、服从指挥、服务大局”抗击“非典”的教育活动。法院干警常贵明勇敢承担起每天往返报送法院“非典”疫情的职责，直至抗击“非典”胜利结束。2004年县文明办在全县7个参赛系统，30个单位中自上而下开展“四职一纠”竞赛活动，评选优胜单位和职业道德标兵，5个单位，5名个人夺标。2005年开展“创建文明行业”竞赛活动，参赛的范围有10个行业，80个单位，分为“优质服务杯”“文明执法杯”“建功立业杯”“亲民爱民杯”“善美阜平杯”5个称号。县文明办协调人大代表、政协委员、纪检部门、工会组织、劳动模范参加的评议会，听取各行业工作汇报，走访基层单位，划票打分，最终各行业的前3名获奖励。

2006—2008年，在“讲文明、树新风”活动中，县委宣传部、文明办、县工会组织全县开展“尊老爱幼”“善美阜平”，做“阜平好人”的活动。对重情重义的善美哥——刘胜汉；拾金不昧的“阜平好人”——邮政局职工贾玉坤；孝老爱亲的好儿媳——职教中心教师李金荣；致富不忘回报乡亲在家乡办起养老院，为孤寡老人送温暖，使老人们老有所养——郑占国大力表扬。在“讲文明、树新风”活动中，全县涌现出文明单位10个，文明个人10名。

2009—2010年，在“纠正行业不正之风”，治理公路“三乱”行动中，公安、交通、土管、环保、安监等单位结合部门工作实际，文明执法、合理收费，创造了良好的社会氛围。纪检部门根据工作需要，对“公路三乱”和“行业不正之风”等现象，采取果断措施，净化了收费市场，文明执法蔚然成风。

三、未成年人道德教育

1996年，在全县中小学开展未成年人思想道德教育。1997—1999年，在学校增设“香港回归”“澳门回归”的课程教育，增强爱港、爱澳、爱国的荣誉感。2000年，县精神文明办公室协调教育系统在“清明节”期间，组织全县13个乡镇的中小学学生开展以“缅怀先烈弘扬先烈精神，激发爱国热情”为主题的爱国主义教育活动。邀请参加过抗战的老战士、老游击队员、老支前队员讲述浴血奋战、抗敌保国的英雄事迹，让孩子们知道幸福生活来之不易，激发孩子们热爱党，热爱祖国，热爱家乡，好好学习，立志成才，报效祖国的热情。“清明节”，城内2000多名中小学生到烈士陵园扫墓，寄托哀思，继承遗志，让英烈们的光辉形象扎根于学生的心目中。

2001—2004年，认真贯彻落实《中共中央国务院关于加强和改进未成年人思想道德教育的若干意见》精神，由文化局牵头，公安局、文明办、宣传部、教育局参加，对全县网络市场进行了全面的清理整顿。针对一些小学生上网成瘾、性早熟的客观现象，加强性健康教育，学校在给每位学生家长的倡议书中，要求家长与老师配合，引导孩子们摒弃不健康的习惯，树立正确的人生观、价值观，让孩子们走上健康向上的正规道路。

2008—2010年，开展“社会主义核心价值观”的大学习、大讨论，开展“德信”教育。教育局按照县委工作部署，为培养有理想、有道德、有文化、有纪律的接班人，让中小学生重温革命历史，重走红色革命道路，沿着毛主席从五台山到阜平县城南庄走过的道路开展有千名学生参加的接力赛。邀请当年与毛主席见过面的老农民讲述那段感人的历史，让孩子们亲身经历那段艰苦岁月的历程。经过三年“社会主义核心价值观”的大学习，大讨论，全县5000多名中小学生写心得体会文章10000多份，申请加入中国共产主义青年团的学生2000多名。刚入学的小学生，积极向上，个个争当优秀少先队员。

第三节　文明典型

一、孝老爱亲

李金荣出生在城南庄镇井沟村一个贫苦农民家庭里，家里兄弟多，生活困难，从小就养成了勤俭节约、吃苦耐劳、尊老爱幼的良好品质。李金荣是职教中心教师，18年含辛茹苦抚养小姑小叔成人，尽心照顾两辈瘫痪在床的老人，传为佳话。

1980年，经人介绍李金荣与教师张清民结婚。当时，婆家上有八十多岁瘫痪在床的爷爷，下有两个妹妹、两个弟弟，最小的只有七岁，婆婆年轻守寡，家里地里全靠婆婆一人操持。生活压力大。脾气很不好，李金荣嫁过去后特别体谅婆婆的苦衷，看到婆婆一个人忙里忙外，就和丈夫商量，调回本村工作，帮着婆婆种地抚养弟弟妹妹。一年秋种期间，天阴下雨，别的活不好干，她就往地里担粪，由于路滑，一不小心，连人带粪摔倒在路边两米深的便沟里，小臂上划了个3厘米多长的口子，鲜血染红了衣袖，她强忍疼痛跑到乡卫生院缝了七八针，第二天又接着到地里干农活。

就这样，再苦、再难的日子，她都咬牙坚持着，冬去春来，十几个寒暑过去了。在她的操持下，先后给两个小叔盖起了新房，娶了媳妇，两个小姑相继出嫁，自己的两个女儿也渐渐长大成人。1997年李金荣调到职教中心任教。1999年夏天，婆婆突患脑血栓，躺在床上不省人事。李金荣白天上课，晚上边批改作业边照料卧病在床的婆婆，帮婆婆翻身、喂饭、擦身子、按摩、接屎接尿，扶着下地走路，坚持让婆婆锻炼。一天、两天、一个月、两个月、一年过去了，在她的精心照料下，70 岁的婆婆慢慢能下地活动，还逐渐能干一些家务活儿了。

2005 年婆婆的脑血栓又犯了，出门全靠人扶或背，为照顾婆婆，李金荣把婆婆带到学校，边上课边伺候，从不嫌弃。婆婆爱吃什么，想吃什么，什么时候吃药，什么时候打针，她都牢牢地记在心里。2007 年冬天，婆婆摔断了手腕，她送婆婆到医院接骨，主治医生看她背着婆婆上楼下楼，就对老人说："有这样的好儿媳，真是你的福气。"

2008 年阜平县委、县政府开展"第一届德信人物评选"活动，李金荣被授予"孝顺儿女"荣誉称号。2009 年保定市第二届道德模范评选，李金荣荣获"孝老爱亲"模范光荣称号。

二、帮扶马兰（马兰村）

帮扶马兰——邓小岚

邓小岚，邓拓之女。1943 年出生于阜平县易家庄村，寄养在老乡家里，先后转到麻棚村和马兰村，在那里长到 3 岁。"马兰是我的第一故乡，那里的父老乡亲养育了我。"邓小岚回忆说。

1997 年邓小岚第一次回到马兰村，路边一位老大娘脱口喊出了邓小岚的乳名，感动的小岚泪流满面，小岚暗暗下定决心。"就为了这个，也该为马兰的父老乡亲做点事""每年退休金 3 万多元，1 万元自己用，两万元用来帮助马兰的乡亲们。"

1999 年退休后的邓小岚回到了马兰村。乡亲们把最好的屋子腾出来给小岚住，把最好的饭菜给小岚吃。小岚没有一点儿架子，和乡亲们拉家常，了解乡亲们的生产、生活，挨家挨户去看孩子们的学习状况。当看到马兰村东头几间破旧的校舍，看着孩子们在危房中学习，决心帮助村里翻建教室。自己的钱不够就请弟妹们帮忙，集资修建了新校舍 7 间。了解到学校没有音乐老师，也没有音乐器材，小岚又一次心痛了，回到北京发动家人和朋友们把用过的手风琴、小提琴、电子琴等乐器、乐谱都捐出来，带到马兰村。孩子们以前见都没有见过的乐器，现在竟然可以亲手用上了。乐器是有了，可是没人教，于是吹拉弹唱全能的小岚就在马兰住下，手把手地教孩子们识谱、拉琴。一教就是好几年，每年往返北京与马兰村十来次，每一次进山，都要坐一个半小时的火车，然后再乘三个多小时的长途汽车。邓小岚说："村领导和老师们对我的音乐教学都非常支持，只要看到我来了，就会主动把课程稍做调整，保证随时都能上音乐课。"在小岚的精心指导下，10 多岁的王金龙已会用小提琴拉出简单的乐曲。小岚鼓励孩子们说："等你们把琴练好了，带你们去北京演出。"在邓小岚的苦心培育下，马兰小学乐队登上了中央电视台。

马兰有山有水，风景秀丽，很适合搞旅游。但是卫生习惯相当滞后。尤其是厕所，就地挖个坑搭个石板，夏天苍蝇乱飞蛆虫乱爬。小岚说服并帮助乡亲们改成水冲厕所。小岚在梁吉友家住得最多，首先在梁吉友家建起了水冲式厕所，作为改厕的样板，在全村进行推广。筹资给马兰村建了一套有 6 个蹲坑的水冲式公共厕所，并亲自带人施工建设。

三、善美哥

善美哥——刘胜汉

刘胜汉，畜牧水产局一名职工。因"捐造血干细胞救兄""跳水救落水儿童"被评为善美哥。

2001 年 7 月，刘胜汉的哥哥刘森浩因身体不适，到北京某医院检查，结果确诊为急性髓系白血病。医生说，这是一种造血系统的髓系原始细胞克隆性恶性增殖性疾病，异基因造血干细胞移植是目前最有可能根治的方法。供者与患者人类白细胞抗原（HLA）配型全相合的概率很低，兄弟（姐妹）之间相对较高。为及时拯救哥哥的生命，刘胜汉姐弟几人一块到北京307医院进行医学检测，看谁的能捐。经过检测，刘胜汉和四姐两人符合捐献条件。

刘胜汉有一儿一女，妻子没有工作，作为一个四口之家的顶梁柱。当时，为哥哥治病的事操心忙碌，妻子担心胜汉捐献造血干细胞后，休息不好或营养赶不上闹垮了身体；侄子、侄女也明白做这种手术有一定的风险，万一手术不能成功，治不好父亲的病不说，叔叔再有个一好二歹，心里岂不是过意不去？因而执意不让叔叔捐献，坚持花钱等待外供。“由谁来捐献”，一大家子人聚集在一起商量。“大伙什么话也别说，说了也不管用。我是弟弟，第一个捐献的就是我！”刘胜汉用不容置疑的语气当下拍板，自己捐献造血干细胞。

经过一系列的准备工作，2月17日，在天津中国医学科学院血液研究所血液病医院，刘胜汉为哥哥捐献了300毫升造血干细胞。经过几个月的治疗，检测结果显示，哥哥身体的免疫系统正在恢复，手术取得圆满成功。

看到哥哥身体逐渐康复，刘胜汉有说不出的高兴：“兄弟情同手足，心连着心哩。老兄的病好了，比什么都强！”

“患病是不幸的，尤其是患了白血病。但我又是幸运的，因为弟弟的捐献，让我又有了新的生命。”哥哥刘森浩为能治好自己的病感到幸运，更为有这样的好弟弟感到幸福和自豪。

刘胜汉不仅是一个看重兄弟情义的好兄弟，更是一位见义勇为的真英雄。

2007年7月10日下午6时许，爱好钓鱼的刘胜汉开车来到距离县城约5公里的青沿村大沙河边钓鱼。

当静坐河边，聚精会神等待鱼儿上钩时，突然听到孩子的呼救声，胜汉循声望去，看到上游不远处有两个小孩在水里挣扎。糟了，孩子掉进深水了！说时迟那时快，胜汉扔下鱼竿，飞速跑过去，跳进水里，用两只胳膊架住就近的一个小孩，奋力地拖上岸；然后，一边让救出的小孩到附近喊人，一边返回水里救另一个小孩。此时，小孩已经沉入水底。刘胜汉一头扎进深水里，用手摸，用脚踩，寻找落水小孩，经过几个来回，最终把溺水的小孩拖上了岸。这时，闻讯赶来的人们一边帮着打“120”急救，一边通知小孩家长。一切安排妥当后，又急又累的刘胜汉瘫坐在河边，待了好一阵儿，才悄悄离去。

救人后的第二天，刘胜汉因公出车去了外地。第三天回来后，打听溺水小孩情况，妻子告诉胜汉：两个小孩都是青沿村的，一个叫李浩，9岁；另一个叫李航玉，10岁。李航玉由于溺水时间较长，不幸死亡。妻子还说，李浩的父亲李天来经多方打听，得知你的单位、住址，昨天带着烟酒专门到家里致谢，李航玉的家长也托人送来礼品表示感谢。

刘胜汉埋怨妻子不该收人家的东西。随即，开车把烟酒、礼品送回到青沿村小孩家里。

刘胜汉的救命之恩，李浩的父母感激不过，执意要李浩认刘胜汉做义父。“孩子落水，救人是理所应当的！碰上谁，都会去救。做了应该做的事就让孩子认我，不是损我么！”刘胜汉大大咧咧地说。

刘胜汉见义勇为，勇救落水儿童的事迹，在当地传为佳话。2008年当选阜平县第一届“德信人物”，受到县委、县政府表彰。

四、阜平好人

阜平好人——贾玉坤

2003年37岁的贾玉坤鼓起勇气，参加邮政局营销员招聘，成为一名邮政局临时工。贾玉坤把工作中的苦和累当作追求事业进步的锻炼和磨砺，忘我工作。送牛奶、投邮件、订报纸，经营广告、期刊，无论在哪个岗位上，无论领导交办的哪项工作，都是超额完成。创造出一个月里配送牛奶1030袋，揽投邮件20.7万份，征订报刊1.7万元金额的惊人业绩。

2010年7月28日，贾玉坤把在街上捡到装有5万元现金、内存15万元的银行卡和部分证件、票据的公文包交到失主定州客商冯先生手中。“真没想到里面有很多钱，丢了还能给送回来。你真是太好了！”冯先生接过公文包十分激动，再三致谢。

“贾玉坤拾金不昧，是善良品格的表现，也是平时一贯严格要求自己，注重为人修养的结果。”邮政局局长杨宏峰这样评价贾玉坤。

“很小的时候，母亲捡到过一个装有十几块钱和一些粮票的钱包，想方设法把钱包交给了失主。在那时家境极为贫困的情况下，母亲给我们做出了很好的榜样，不是自己的钱，一分也不能要，这是长辈留给我的优秀品德。”贾玉坤说。2011年的元宵联欢会上，贾玉坤被县委、县政府评为“阜平好人”。

五、回报家乡

史家寨乡场坊村是位于阜平县最北端的一个深山村，全村400多口人，由场坊、老路口、出一朝等七个自然村组成，郑占国的家就在其中最为偏僻的出一朝村。该村地窄沟深、山高坡陡，村民生活十分困难。

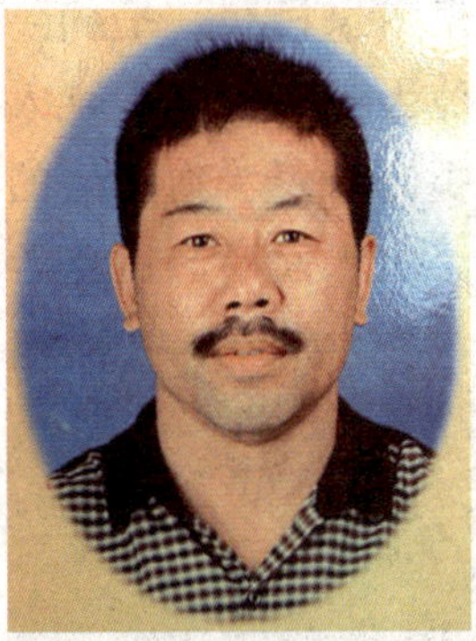
致富回报家乡人——郑占国

郑占国只读了两年小学，就辍学回家放羊。四年后，外出打工，“那几年，炎热的夏天在几米深的槽子里挖楼基，寒冷的冬天在脚手架上撤合子板，可没有少受罪！”说起当年的经历，郑占国记忆深刻。后来，又开中巴，跑客运。客运专线为县城到口子头村。在这条线上，上学的学生占了很大比例。有过辍学痛楚的郑占国深知学生上学的不易，尽最大力量给予关照：每逢周五周六周日，学生们乘车一律免费。

郑占国跑了10年客运，没有赚到钱，还落下6万多元的债务。2007年，郑占国到县城，向亲戚家借来十几万元，在县城郊区买来2亩山场，将其平整好，搞房地产开发。没有钱，郑占国就用集资的办法，答应完工后以成本价销售给集资户。凭借良好的声誉和优良的建筑质量，房子建成后，很快销售一空。初战告捷，郑占国有了合作伙伴，生意也越做越大。

眼药村60多岁的单身老人杨文科，多年前，因患脉管炎截肢，只剩下一条腿，生活异常困难。为准备自己的后事，他托人用杨木做了一口棺材，落下2000元的外债。郑占国听说后，帮他还了债。每年三月十八、四月十八、是当地的庙会。按照当地风俗，要唱两台戏以祈盼风调雨顺，热闹劲儿不逊于过年。为让乡亲们欢欢喜喜过庙会，郑占国每年都会拿出五、六万元，请来戏班子唱戏，并在庙会当天备好饭菜，让所有到场者吃饱喝好！

郑占国不仅有自己的公司，还拥有一个养猪场，事业风生水起，家境殷实富足，城里有房，母亲也住在身边。最让他牵挂的还是遥远的小山村的父老乡亲。隔一段时间，占国带上一些米面、钱物等回老家看看。细心的郑占国发现，光靠隔三差五地接济，对于一些特殊困难户来说，作用不大。庞富贵、庞富兵兄弟，都是单身汉，大哥庞富贵年老体弱，弟弟庞富兵没有记忆力。即便给送去米面生活也不能自理。83岁的刘德新老人，自己生活都有困难，还要管60岁的精神病儿子刘爱林。像这样的老

郑占国为老人盛饭菜

人，村里有二十五六位。郑占国经过反复考虑，决定在老家建养老院，把村里孤寡疾患的乡亲们养起来。郑占国花费50多万元在深山沟里建起家庭养老院，占地600平方米，有12间房、21个床位。卧室、活动室、厨房、餐厅一应俱全。76岁孤寡老人刘小五是第一个住进养老院的。记者采访刘小五时，刘小五激动地说："天天有肉吃，冬天山里新鲜菜少，占国就从县城往回捎，我这身体比来前强多了。"之后，又有11位孤寡老人住进来。

六、光明使者

光明使者——邓淑梅

邓淑梅，阜平县中医院眼科医生。在35年的从医生涯中，做过大大小小几千例手术，为一个个眼疾患者解除病痛，送去光明，赢得患者一致好评，被称为"光明使者"。邓淑梅医术精湛、服务热情，每天看眼病的人很多，在淑梅看来每位病人都是亲人。家里摆满眼科医学专业书籍，只要一有空闲，就会认真钻研业务。工作中碰到难题，都要仔细查阅相关资料或打电话请教省、市专家学者。邓淑梅每天总是提前上岗，晚点回家，即使是星期天、节假日也没有正常休息过。淑梅说："乡下人没有休息日、节假日的概念，有病都是坚持不住了才来医院，为了不让病人白跑和受罪，牺牲点节假日也是应该的，让病人在医院等候，在家也不安心。"

由于常年超负荷工作，邓淑梅患有高血压和抢眼症，夜间入睡困难，医院眼科还承担着面部整形的工作，有时夜间经常有外伤患者需要整形，作为眼科主任的邓淑梅，只要一有急症，就立即起床赶往医院，第二天还照常上班，致使失眠症更加严重。

淑梅对所有就诊病人，不论贫富贵贱、老幼弱残，都一视同仁，热情相待，精心诊治。遇到行动不便又没有人陪同的患者，亲自搀扶着做各项检查，遇到病人有困难了，也会去帮忙。2006年的麦收季节，城南庄镇一位因白内障致双目失明的老人来院就诊，家属流着泪说："马上就麦收了，老人看不见，家里需要人干活，想做手术钱又不够，怎么办啊？"淑梅毫不犹豫地说："治好眼睛是最重要的，我先给你垫医药费，钱什么时候有就什么时候给，没有就算了。"30多年来，邓淑梅帮人付过多少次药费，自己也记不清了。

七、见义勇为

见义勇为——常贵民

常贵民，阜平县法院办公室主任。2011年农历大年初一。下午3时许，阜平县西大桥小康村5岁小女孩王佳潼和姐姐在大沙河溜冰玩儿时，冰面突然断裂，王佳潼坠入冰河。在大沙河畔散步的常贵民听到哭喊声，迅速向出事地带跑去。到河边时，发现冰面上的小女孩儿拿着一根玉米秸惊慌失措地哭着，而落入水中的小女孩正随着冰冷的河水沉浮挣扎，距下面的冰封区越来越近……如不及时抢救，小孩儿马上会被冲入冰层下面，后果不堪设想。千钧一发之际，贵民未来得及脱掉大衣和棉鞋，跳入冰冷刺骨的河中，只在孩提时玩过"狗刨"的常贵民并没有惊慌失措，浮出水面后，迅速游

2011年大年初一常贵民救助儿童的场景，几番挣扎自己才艰难地爬上岸

过去将孩子抓住举出了水面。由于大衣和棉衣已被水浸透，脚又无法着底，连续举了两次也未能将孩子举到岸上。贵民逐渐感到体力不支，呼吸困难，身体下沉……在生死关头，常贵民坚定了这样一个信念：即使自己出不去，也一定要把孩子举到岸上！贵民拼尽力气，几经努力，终于抓住岸边的冰面将孩子举到了岸上，几番挣扎自己才艰难地爬上岸。

孩子得救了，常贵民却患了重感冒，捂着被子在床上休息治疗一星期。被救孩子的父母拿着1000元钱到家中致谢，被贵民婉言谢绝了。

八、养路标兵

养路标兵——任俭

任俭，省劳动模范。从事公路养护三十余年来，干一行，爱一行，钻一行，精一行，在公路养护、公路绿化等方面，成为公路养护人学习的典范，不愧于“劳动模范”称号。

“公路永远是一个长不大的孩子”，任俭常常这样说。对待公路就像呵护孩子一样，做到耐心细致。任俭养护的公路不但干净整洁，花团锦簇。任俭每日清扫公路、种花植树、浇水施肥，养护时，发现公路有一小点坑槽，又不值得也不方便进行大面积挖补处理，就自己找些废旧沥青料，加热后填补。减少了挖补，延长了公路使用寿命，提高了行车安全系数，降低了公路养护成本。采取这种方法处理的小坑槽几百个。有人调侃任俭：“劳模当上了，马上就退休了，还这样干，想得到什么？”任俭只是淡淡一笑，又去忙公路活了。早上7点出工，下午太阳落山回家；雨天夜里起来巡逻，全家出去清理塌方。

任俭养护的责任路段位于河龙线阜平天生桥风景区出口处。1999年，养护的路段由土路改建为沥青路面，公路养护一下子全部免去，工作轻松多了，看到一条黝黑的长龙深入到绵延不断的群山环抱之中，总觉得这条公路始终缺点什么。每到夏季，太行山深处的绿色点缀着大地，新改建公路两侧则露出新鲜的泥土和残崖，同新修的柏油路极不相称。于是，任俭就琢磨着开始栽花种草，自费购置花草，2001年，借观摩外县公路之际，专门到唐山、承德等地学习借鉴外地公路绿化经验。回来后，连续三年边学边干，积累经验。到2004年，栽植的花草已达20多种，20余万株，同绿化树木交相辉映，花团锦簇，外地游客到天生桥风景区观光时，常常在任俭的责任路段停下来，拍照留念，观赏赞叹。任俭种花种草经验在全工区进行推广。

“让公路美起来”，这是任俭的口头禅；“不能一枝独秀，要带动全线路”这是任俭的目标。个人种花种草不行，还带领全路段养路工绿化美化公路，把自己收集的花种分类分包送到市公路处，让所有兄弟县工区分享种花种草的成功与喜悦。

谈起种花种草绿化美化公路来，任俭滔滔不绝，总结了三大经验：一下大力。必须把种花种草的土壤整理成适合花草生长的土壤，太肥太瘦均不适宜花草生长，他请教过专家，请教过种花农户，上山背回适合花草生长的腐殖土拌到花池里，根据花草的种类，施用不同的农机肥。二抓时机。种花种草要求的时机相当严格，该种什么种什么，要让公路沿线的花草错季开放。栽花种草要在雨天，确保成活率。再则就是抓好浇水时机，“花草养的好不好，浇水就是巧”，要适时浇灌。勤松土，勤锄草，勤浇水，勤施肥，“四勤”做到位，保证花草旺盛，连年不断。

如今任俭养护的责任路段，成为阜平养路工区公路养护的典范。每到春、夏、秋季，到天生桥风景区旅游的外地游客，总会停留一番，呼吸花草的芬芳，感叹大自然的美好，敬佩养路人的勤劳。

任俭是一个喜欢帮助别人的人，一个助人

为乐不计得失的好人。说起任俭，个个竖起大拇指，异口同声称其“好人”。

2007年春天，东下关医院领导找到任俭，提出医院绿化，借鉴栽花种草经验。任俭满口答应院长，自己会全力帮忙。随后，利用空闲时间亲自到医院，手把手教大夫护士栽种花草20余种，5000余株。

2009年春季，任俭在一次偶然的机会遇见了东下关供电所所长，两人谈起了种花植树的事情。所长向任俭透漏了供电所绿化的想法，任俭看到所长的难为情，就主动承担了供电所院内外的栽花草任务。任俭挤出时间自带工具、自备花籽，帮供电所院内种植各种花木5000余株。所长坚持要答谢任俭，被任俭婉言谢绝：“你们工作挺忙，为全乡人民送来了光明，我做这点事应该，就算我代表老百姓谢谢你们电力职工了。”

任俭热心助人的事数不胜数。每年为群众义务理发，照顾村里体弱多病的孤寡老人，积极参加农村各种活动，带头捐款捐物献爱心。经过任俭帮助的人经常到家看望他，有河北的、山西的、内蒙古的、天津的……见到受过自己帮助的人任俭总会说：“谁也有难处，帮助别人自己会快乐，我不要你们感谢我，只是希望你们能在他人困难时出手相助。”

第二章　文明创建

1996—2010年，阜平县委始终把文明创建工作放在首位，制定文明创建方案，明确责任单位、职责、重点及目标要求，提升居民文明素质，打造文明和谐的社会环境和人文环境。文明单位创建从机关风气、服务质量、环境建设、职工素质入手，营造良好的活动氛围。截至2010年创建省级文明单位8个，市级文明单位61个。

第一节　文明县城创建

一、主要工作

1996—2000年，阜平县委、县政府高度重视精神文明建设，把文明县城创建作为中心工作统筹安排，制定文明县城创建方案，明确责任单位、主要职责、工作重点、目标要求。每年召开全县精神文明建设工作会议，开展文明创建工作。把精神文明建设经费纳入财政年度预算，经费得到保障，文明县城建设得以深化。

2004—2006年，县文明办制定《阜平人行为守则》和《阜平人文明公约》，在主要街道和各单位显要位置悬挂。为革除居民生活陋习，社管会制定了《阜平社区文明公约》，并将公约制成宣传牌，张贴到县城90余栋楼的350个单元的楼道口，使公约家喻户晓，人人皆知。在窗口单位，开展“优化社会环境、提高服务质量”的主题创建活动，诚实守信、履约践诺、服务群众的氛围日益浓厚。在学校，开展“诵读中华经典、传承社会文明”主题教育活动，孩子们在潜移默化中受到了爱祖国、爱家乡的教育。在机关，开展“文明办公五部曲”活动，县直各单位服务意识进一步增强、工作效率进一步提高。各行各业找差距、弥不足，全社会知荣辱，讲奉献的良好氛围进一步形成。

2007年，在全县范围内开展德信典型评选活动，发现、培养、树立各行各业、社会各界先进典型，进行大张旗鼓的表彰和宣传，表彰先进集体10个、个人190名。其中张云梅荣获“首届河北百名百姓雷锋”荣誉称号，常贵民入选“中国好人榜”。大力弘扬晋察冀文化，为提升市民素质注入新活力。阜平是革命老区，晋察冀精神是阜平发展文明县城建设取之不尽、用之不竭的精神源泉。2007年，专门成立晋察冀精神办公室，在全县深入开展“带头践行，大力弘扬晋察冀精神”活动。创作了《老区阜平红故事》(续集)。完成20集《寻根晋察冀》大型纪录片录制，完成大型音乐舞蹈史诗《永远的丰碑—晋察冀精神永放光芒》创作等一批文艺作品，2008年围绕“人”的精神需求，坚持以人为本，扎实开展文明创建活动。全县有文艺宣传队170余个。舞蹈队、锣鼓队、农村小戏，各村有各村的特色。社区“彩色周末”、文化馆下乡演出成为居民广泛参与的文化活动。5个居委会以活动中心为平台，成立20余支300多人的业余文化宣传队。建新农村文化广场150个，文化书屋186个，乡镇文化站11个。全县开展了清明节——文明祭祀、端午节——爱国主义教育、七夕——家庭和谐等内容的主题教育活动。在公民道德宣传活动中，深入开展“讲社会公德，做一个有爱心的人”主题教育，深化温情邻里、文明礼貌、关爱贫困家庭等实践活动。青年志愿者义务在小派山景区捡拾白色垃圾，深入乡村访贫问苦，常年资助贫困孤寡老人，为构建文明、和谐阜平注入新的活力。

以规范管理、依法管理、长效管理为目标，对县城进行绿化、美化、亮化。为彻底解决户外广告设置无序的问题，印发《阜平县户外广告管理工作实施办法》，统一标准、整治广告牌匾。县城卫生进行了责任区划分，定期开展全民卫生大扫除，重点清理卫生死角，进行督查评比，确保卫生责任的落实。县城管理实行“门前三包”责任制，做到“垃圾日产日清”，街道保洁率达到100%。县委、县政府把实施“畅通工程”作为民心工程来抓，加大资金投入，完善交通标志、路牌的设置。集中开展了整治“三超一疲劳”“严打整治亮剑行动”“制理酒驾”“制理学校周边环境”等专项文明交通整治活动。开展“扫黄打非”专项活动，坚持“一手抓繁荣、一手抓管理”。2008年文化、公安、工商、消防等部门对电子游戏，音像、书店、网吧等场所进行专项整治10余次。加强文化市场的管理，对不适宜未成年人的活动场所设置了禁入标志，有效遏制文化娱乐场所的违法违规经营行为，促进了文化市场的健康繁荣发展。

2009—2010年，在文明县城创建过程中，投资760万元，绿化植树3500多亩，完成大派山千亩景观林、小派山森林公园、迎宾路绿化等一批重点工程，春季绿化造林工作位列保定市第三名。狠抓污水、垃圾规范管理，县污水处理率达到90%，中水回用率达到30%以上，垃圾无害处理率达到89.7%，危险废物和医疗废物安全处置率达到100%。城区主街沿线拆除破旧牌匾1000多块，增设彩虹桥12座，对县城主要建筑进行亮化。加大了县城容貌、摊点、占道经营的管理力度，城容城貌明显改善。为改善居民人居环境，提升县城品位，加快县城建设，县委、县政府科学规划定位“一城两区”，实施沙河县城段综合治理工程，形成“两带（现代滨水绿带、自然休闲林带）、三道（风林漫步道、健身游憩道、滨水信步道）、多景”的景观格局，体现“生态、文化、和谐、精致”的理念。

通过文明县城创建，政务环境廉洁高效。中心组集中学习时间每年36天，人均自学笔记30000字以上。邀请省市专家授课6期，培训干部1500人次。办事程序进一步简化，把行政审批较多且需联（协）审的政府部门与行政服务中心联合办公，实行一条龙服务。政务制度建设进一步加强，制定了《关于在全县基层党组织和党员中深入开展创先争优活动的实施意见》和7个配套文件。加强反腐倡廉工作，群众对行风满意度达到90%以上。

二、创建效果

1996—2002年，推行“148”法律服务专线，以法律咨询为平台，法律服务效果显著。“148”法律服务专线为广大市民解答法律咨询达154人次；以“法律广场”活动为平台，加快普法活动进程，制定全县各级干部学法、用法工作安排意见，印发关于在全县开展“劳动用工、劳务市场，清理整顿”法制宣传教育专项活动实施方案。开展了法律进社区活动，先后举办社区法制宣传活动9次，展出宣传栏270块，悬挂宣传条幅140条，举办社区义务法律咨询4期，法律咨询1200余人次。

2003—2008年，开展“德信文化进万家”系列活动，群众文明程度不断提高。县图书馆、文化馆、村民中心等文化设施建设扎实推进，文化惠民工程成效明显。“马兰小乐队”登上央视舞台。晋察冀文化品牌影响力进一步提升。

2004—2010年，县委、县政府把“诚信、高效”作为各项工作的出发点和立足点，在大沙河征地拆迁过程中，坚持尊重群众的知情权和监督权，就征地拆迁、补偿安置等民生问题公开化、透明化，采用集中、入户相结合的宣传方式，发放明白纸1000余份，高效务实的政府作风，得到了群众的理解和支持，仅半个多月的时间完成了90%以上的拆迁任务。文明窗口行业创建活动深入开展，县国税局、地税局开展诚信纳税活动，工商局开展评选诚信企业和商户、“百城万店无假货”“红盾护农”“农资打假下乡”等活动。窗口单位将服务规范、服务标准集印成册进行宣传公示。

2007年第一届表彰德信典型文艺晚会

2007年第一届德信典型代表在颁奖晚会现场

2005—2010年，以“文明县城”创建活动为契机，全力推进县城建设26项重点工程。迎宾大道、滨河西路建成通车，县城路网不断优化。加快了省级园林县城、市级文明县城的创建步伐，县城魅力不断提升。

2008年第二届德信典型表彰文艺晚会现场

第二届获奖德信典型代表

2007—2010年，为强化文明县城创建工作，加强组织建设、完善工作机制、健全运行机制，保证创建活动扎实有效地开展。“文明单位”“文明乡镇”“德信典型”“十星级文明农户”等创建活动为全县干部群众树立了“行业标杆”和“道德标杆”，全社会掀起“学典型、做典型”

的热潮。

第二节　文明单位创建

一、主要工作

1996年，县政府紧紧围绕文明单位创建目标，开展系列精神文明创建活动，加强督导检查。1997年精神文明建设委员会下发创建办法，对文明单位创建活动提出更高的要求。1998—2001年，利用宾馆、商场、银行等各类电子显示屏，开展文明单位创建宣传。县电视台开办“文明单位巡视”专栏，播出专题报道。2002—2003年，围绕发扬优良传统、开展文明新风、优质服务等活动，组织发起调查问卷活动。通过问卷调查，引发干部职工对社会风气的理性思考，作为文明单位的一员在“应该发扬什么、摒弃什么、树立什么、鞭挞什么”的问题，达成共识，产生共鸣。2004年，围绕“摒弃不良作风”“发扬优良传统”“增强规则和法制意识”“加强政务诚信建设”“树立市场意识”五个话题，要求文明单位领导撰写稿件，录制节目参加访谈。受到广大干部群众的认可，在社会各界产生强烈反响。

2005—2006年，鼓励文明单位职工参加各类演讲、书画、象棋等比赛，调动了各行各业干部群众参与创建活动的积极性。

2007—2010年，县文明办对工商局、邮政局、交通局、国税局、供电公司等省级文明单位全程跟踪，规范创建。撬动省级文明单位创建活动的平衡推进和整体提升。按照“督两头、带中间”的原则，督导检查纵向到底，横向到边，实现了省、市、县文明单位创建活动无空白，无盲区。督导检查的结果在工作简报上如实通报情况，传播交流先进创建经验，对不重视、不响应、不作为的单位予以批评监督，调动各单位“比、学、赶、帮、超”的创建积极性。

二、文明单位

1998—2009年，在精神文明建设活动中，全县被授予省级文明单位8个。其中电力公司先后6次被授予省级文明单位。交通局前后3次被授予省级文明单位。国税局、养路工区、网通公司各1次被授予省级文明单位。61个单位被授予市级文明单位。

1998—2009年阜平县省、市级文明单位一览表

表19-2-1

项目 年度	省级文明单位	市级文明单位（乡镇）
1998—1999	养路工区 电力局 工商局	交警大队、地方税务局、教育局、国家税务局、气象局、电信局、邮政局、交通局、移动公司、农业银行、商业物资总公司、阜平镇、平阳镇、砂窳乡
2000—2001	交通局 电力局 国税局	气象局、邮政局、移动公司、农业银行、交通局运管站、定龙线阜平收费站、粮食局、交警大队、河北阜平中学、文化体育局、农业发展银行、工商局、砂窝乡、台峪乡
2002—2003	电信局、电力局 国税局	交通局、粮食局、农业银行、定龙收费站、工商局、阜平中学、交警大队、气象局、养路工区、地税局、城南庄镇、化工厂
2004—2005	国税局 网通公司供电公司养路工区	城南庄镇、工商局、气象局、交通局、农行、定龙线收费站、阜平中学、邮政局、移动公司、王林口中学、东下关大教厂村
2006—2007	交通局 供电公司网通公司	工商局、水务局、检察院、计生局、南街社区、党校、城南庄镇、东下关乡、妇联、定龙线阜平收费站、公安局、环保局、养路工区、移动公司、邮政局、国税局
2008—2009	供电公司交通局 邮政局	国税局、城南庄、王林口、龙泉关、联通公司、农行、旅游局、工商局、气象局、检察院、职教中心、发改局、环保局、建设局、地税局、南街社区、妇联

第三节 文明村镇、文明家庭创建

一、文明村镇创建

1996年，中共中央十四届六中全会提出：在全社会创建文明城市、文明行业、文明村镇。阜平县1997年评出文明村20个，文明乡镇3个。2000年，积极推进农村城镇化、城乡一体化建设，城南庄镇被评为“保定市知名村镇”。到2010年全县有文明乡镇7个，文明村88个。

二、文明家庭创建

1996年，阜平县委在全县农村开展“评三户”（“三户”即遵纪守法户、五好家庭户、双文明户）“挂三牌”活动。为强化“三户”质量的评选活动，利用橱窗、黑板报、展板、印发明白纸等形式，向村民宣传“三户”内容，增强全县村民遵纪守法意识，自觉遵守社会公德，倡导家庭美德，创造优美环境，关心小家爱大家，提高村民文明素质。1997—1998年，开展争创文明家庭活动，在阜平镇、城南庄镇、龙泉关镇搞试点，并将试点经验在全县推广。2000年评出五星级文明家庭2325户，从五星级文明家庭中评出100户“十佳”文明公民。2001—2009年，连续开展“好婆婆”“好媳妇”“好妯娌”“好夫妻”“好家庭”五好评选活动。到2010年全县五星级文明家庭3090户。

第四节 文明社区创建

一、党建工作

2002年，阜平县社区管理委员会（以下简称社管会）成立后，把党的建设作为推动精神文明建设的总抓手，以“创先争优”“思想作风纪律整顿”活动为载体，建立选拔培训、考核奖惩机制，解决社区干部养老保险和医疗保险等问题，真正实现了“收入有保障、干好有希望、退后有所养”。2003—2005年，针对社区党员流动性强、数量多、涉及面广的现状，建立了东寺、南街社区党总支，建派山蜂业公司企业支部1个，加大了党员教育力度。建立了“三有一化”“双化双责”机制。把社区党建、社区管理、社区服务、社区精神文明建设结合在一起。2006—2007年，与驻社区单位一起开展文明共建，争取资金20万元，完成了北街、北菜园、南街社区的办公用房建设。

二、稳定工作

社管会牢固树立“社区稳，则县城稳；社区乱，则县城乱”的全局理念，以“依法信访百日整治”和“两手抓、三深入”活动为抓手，注重在“深、细、实”上求突破，维护社区稳定。开展送法入户活动，发放依法信访明白纸2万多份，让居民充分了解信访政策。建立健全信访隐患定期排查制度，建隐患台账五大类65起，强化信访动态管理，成立5支巡防队，深入小区和大街小巷，加强社区安全保障防范工作。2002—2010年，调解各种矛盾85起，排除上访隐患65起。

三、民生工作

2002—2008年，社管会把改善民生作为一切工作的出发点，全力搭建服务平台。建成1个社区服务站，实行“一站式”服务。强化服务质量，把城镇居民普遍受益和满意作为一切工作的评价标准，加强涉及居民切身利益的民政、计生、低保、就业、家政等社区服务。开办交通协管、户籍协管等41个公益岗位，安置下岗失业人员500多人次，开办家政服务点30个，年服务对象3万多人。以低碳小区建设为重点，以城容城貌整治为契机，招聘下岗职工，成立专职卫生监督员队伍，对县城主要街道实施监督，探索研究居民小区和小街小巷卫生长效保洁机制，得到县委、县政府肯定和表扬，提升了社区文明形象。

2008—2010年，以“形象提升年”活动为契机。建设文化阵地，整合文化资源。以创建文化娱乐平台为着力点，重点完善了5个社区图书阅览室，组建起北菜园社区大鼓队等文艺宣传队32个，开辟了社区文化广场5个。打造精品赛事，成功举办第七届“鸿霖热力杯”

篮球赛、“逸美时光杯”乒乓球大赛。举办以“活力社区、魅力阜平”为主题，以“彩色周末”“文化广场”等系列节目为重要内容的第二届社区文化艺术节，丰富居民的业余文化生活。组织参加市第二届社区运动会，获得比赛成绩全市第二名、优秀组织奖两项殊荣。深入开展“好公婆、好媳妇”、电影进社区、德信典型评比等系列活动，进一步提高了居民文明程度。

四、文化建设

2008年，社管会提出“建设文化社区、共创和谐阜平”的目标，把发展社区文化，作为建设“和谐社区、魅力社区”的抓手，以文化活动为载体，丰富居民业余文化生活，提高居民文明素质，和谐邻里关系，强化居民对社区的认同感、归属感，推进和谐社会建设。县城大、小广场扭秧歌，跳现代舞，已成为一道靓丽的风景线，人们尽情享受着愉悦的文化生活。

2008—2010年，社区文化蓬勃发展，突破了简单娱乐的“小文化”框框。立足广大居民求知、求美、求乐的美好愿望，歌唱赞美新生活、服务全县工作，成为社区文化的主流方向。“团结友善、明礼崇德、诚信包容、敬业奉献”的人文精神进一步传承和发扬，社区文化形成了党委、政府主导，宣传文化部门指导，各社区片组织协调、全社会共同参与的良好局面。

第三章　文明生态村创建

2003年，阜平县委、县政府按照省、市创建文明生态村要求，从村容村貌、道路交通、生态环境入手，开展文明生态村的创建。2003—2008年，建成文明生态村60个。2009年转入新民居示范村建设，到2010年培育新民居示范村26个。通过文明生态村的建设，农村基础建设、卫生、生态环境明显改善，农民文化品位提升，农民生活条件提高。

第一节　创建工作

一、文明生态村

2003年按照省、市安排部署，开展了文明生态村的创建活动，到2010年全县培育文明生态村60个，新民居示范村26个。

2005—2010年阜平县创建文明生态村、新民居示范村一览表

表19-3-1

年度 乡镇	2005	2006	2007	2008	2009	2010
阜平镇	海沿村	葛达头村	三岭会村 东漕岭村	青沿村	海沿村	大元村 白河村 小石坊村
王林口乡	马沙沟村	西庄村	西王林口村 方太口村	辛庄村	西王林口村	马沙沟村 东庄村
平阳镇	山嘴头村	皂火峪村	平阳村 东板峪村	铁岭村	东板峪村	白家峪村
台峪乡	井尔沟村	平房村	庄里村	营尔村	井尔沟村	—
大台乡	老路渠村	柏崖村	坊里村	东板峪店村	柏崖村	炭灰铺村
史家寨乡	上东漕村	葛家台村	定家庄村	凹里村	红土山村	红土山村 凹里村

续表 19-3-1

年度 乡镇	2005	2006	2007	2008	2009	2010
砂窝乡	龙王庄村	砂窝村 大柳树村	下堡村	上堡村	下堡村	仙湾村
吴王口乡	周家河村	不老台村	桃园坪村	寿长寺村	吴王口村	—
天生桥镇	朱家营村 北栗园铺村	南栗园铺村	不老树村	燕台村 不老树村	不老树村 朱家营村	—
龙泉关镇	西刘庄村 北刘庄村	平石头村 八里庄村	印钞石村	龙泉关村	龙泉关村	—
城南庄镇	城南庄村	后庄村	南台村	大岸底村	城南庄村 福子峪村	—
北果园乡	东城铺村	广安村	半沟村	营岗村	半沟村	东下庄村
夏庄乡	夏庄村	二道庄村	菜池村	夏庄村	夏庄村	—
合计	15	15	16	14	15	11

二、主要活动

按照省、市推进文明生态村建设的要求，结合阜平县实际，2003年12月2日，阜平县委出台《阜平县全面推进农村文明生态村建设的实施方案》，紧接着召开全县干部大会，安排部署文明生态村的创建工作。每个乡（镇）选出1～2个基础条件较好的村作为试点，确定城南庄、东城铺、海沿、井尔沟、西刘庄、北刘庄、龙王庄、夏庄、周家河、老路渠、山嘴头、马沙沟、上东槽、朱家营、北果园等15个行政村为示范村，从村容村貌、道路交通、生态环境入手，实施文明生态村的创建。

2004—2005年，创建工作进入全面推进阶段，县委连续出台《阜平县文明生态村创建标准》《阜平县文明生态村创建工作制度》《阜平县文明生态村创建任务分解》《阜平县文明生态村考核办法》《阜平县文明生态村2004—2015创建规划》《关于在全县农村广泛开展创建文明生态村活动的意见》等6个文件。召开动员大会、组织经验交流会、现场观摩会、调度会，选树先进典型，大张旗鼓地宣传报道，在县电视台流动播出，营造创建氛围。2005年，县委、县政府兑现以奖代补资金30万元，对创建文明生态村先进乡镇、优秀帮扶工作队和先进个人进行表彰。4月4日，县委又召开专门会议，对2005年度15个文明生态示范村的党支部书记、15个包村部门一把手进行现场调度，听取工作进展汇报，进行创建文明生态村相关知识培训，按标准实施文明生态示范村创建。

2006年，各乡镇村立足实际，以“开发红色土地，建设绿色阜平”为总体目标，因地制宜，突出特色，全面落实创建规划。结合“村村通”工程抓硬化，对15个创建村主街道全部硬化，硬化面积30多万平方米。结合秋季造林抓绿化，绿化荒山1.5万亩。结合“生态富民”工程抓沼气化，建成广安、葛达头两个沼气示范村，发展沼气260多户。在道路硬化中，后庄村利用当地石材丰富的优势，用石材加工的边角料、河卵石，就地取材，变废为宝，硬化街巷，形成了山区特色。八里庄村为提高创建质量，丰富群众文化生活，由村两委干部垫资3万元启动村文化书屋建设。为保证如期完成创建目标，帮建科局，采取超常规工作措施，明确帮建内容。财政局、电力局、公安局、国税局、计划局等单位帮扶15万元资金全部到位。电力局针对15个创建村的线路全部整修改造。2007年，按照社会主义新农村的要求，全面开展文明生态庭院和“五进农家”（生态文化进农家，整洁环境进农家，卫生厕所进农家，清洁能源进农家，绿色用品进农家）活动，使改善人居环境拓展到每家每户。做到创建一批，巩固提高一批，发展一批。突出文化兴村，引领社会新风尚。2007年15个重点创建村，建立健全了“红白事理事会”“道德评议会”“禁毒会”等群众组织。开展“十星级文明户”评选活动，引导广大农民树立社会主义荣辱观，倡导文明新风，维护社会稳定。搞好“村民中心”建设，开展社会主义核心价值观教育。设置宣传栏，宣传政策法规，发布致富信息，表彰好人好事。安装体育活动器材，培养文体活动人才，丰富文体活动内容，健全文化书屋。按照一个标识，一个章程，一个阵地，一套项目，一位骨干，一套机制的“六个一”原则，推进“村民中心”建设，不断完善和扩展服务功能，把村民中心建成服务中心、学习中心、活动中心、政务中心。

2008年，开展结对帮建文明生态示范村活动。发挥自身优势，按照“五帮”(帮谋划、帮思想、帮硬件、帮增收、帮班子）的要求，重点支持和帮助创建好“六项建设”，即改善生产生活条件的基础建设，增加农业收入的产业建设，提高人口素质的社会事业建设，改善村容村貌的文明新风建设，规范有序的法制建设，以班子为核心的村级组织建设。交通局提供水泥1000吨用于创建村硬化街道。林业、水利、卫生、计划等科局筹资20万元资金用于创建村街道绿化；农业局提供资金和技术指导创建村村民使用沼气；文体广电局负责创建村图书室建设、健身器材配备和宣传报道；卫生系统负责创建村合作医疗点的建设。全年累计帮扶资金100万元，培育文明生态村14个。2009年实施新民居示范村的创建，在文明生态村创建的基础上，经过全县上下努力，到2010年完成文明生态村创建60个。新民居示范村26个。

第二节　创建成效

一、基础设施

基础设施得到加强。铺设引水管道100多万米，打井80眼，引泉水101处，建蓄水池101座，解决13480户51000人的安全饮水问题；投资793万元，进行农村电网改造，增主变2台，配变15台，改造配变15台，增改造线路87公里。农村移动机台300余个；交通道路全县干线5条229.78公里，县道两条47公里，乡道13条198公里，实现了乡乡通油路，村村之间全部铺设水泥路；广播电视实现了“村村通”。

二、环境建设

卫生环境改善。实施“净化、美化、畅化、绿化、亮化”五化工程，落实“门前三包”，垃圾日产日清。建便民市场50个。全县建沼气池3500户，改厕26870座，无害化卫生厕所达到45%，改厕普及率达到51.3%。建立卫生清扫队伍187支，每年开展2次环境卫生大检查，村容村貌大大改善。

生态环境优化。开展造林绿化，各村进一步完善环村林、田间林和山林网。截至2010年，全县栽植树木1000万株，森林覆盖率61.3%，生态效益初步显现。公路两旁植树130853株，栽植花卉82000株，安装路灯7248个，绿化和美化了村庄。

三、文化建设

2003—2010年，开展文化下乡200多次，帮助建立农村图书室，送书1000万册。举办农家书屋管理人员培训班，参训人员考试合格后发放上岗证。全县13个乡（镇）全部建立图书室，86个文明生态村建立农家书屋。

第三节　典型选介

一、第一山村

阜平镇第一山村，位于阜平县城西1公里处，交通便利，有阜平县城“后花园”之称，是县城居民晨练和游玩的场所。全村总面积2平方公里，辖3个自然村，305户，940口人，主要产业以养殖业、运输业和县城经商为主，2005年农民人均纯收入1200元，2005年度被评为市级文明生态村。

第一山村是集1958年王快水库移民，2000年寿长寺深山贫困移民和原住户于一体的新村。

村民居住集中，住房排列整齐，在2004年建设文明生态村活动中，村内大部分道路已经实现硬化，部分村民生活已实现沼气化，条件优越。

（一）道路：2004年，投资50万元对桥西街至赵家沟、城岗至幸福村两条公路加宽和硬化，2008年投资50万元加宽和硬化县城至胡子沟、县城至大派山两条公路，交通十分便利。

（二）农民住房：2004—2010年，投入100万元对村民住房实施整体规划。新建房屋，坚持少占耕地，横竖成行，整齐划一，对村中"空心村"进行改造。成为阜平县新民居示范村。

（三）农民生活条件改善：本着生活富裕、环境优美目标，2004—2010年，投资50万元，建沼气池，全村居民实现沼气化，彻底改变村内"脏乱差"状况。

（四）生态化建设：第一山村紧靠阜平县城中心城区，生态环境好坏直接影响着阜平县城的对外形象。2004—2010年，投资50万元，将境内所有山场和沟谷全部栽植山杏、板栗、柿子等优质果树，道路两旁栽植火炬、籽槐、冬青等花卉，第一山村真正变成"阜平县城后花园"，休闲、散步的好地方。

二、黑崖沟村

黑崖沟村位于阜平县城西37公里处，全村辖5个自然村，286户，1025口人。耕地面积848亩，山场面积6000亩，是无公害苹果和错季蔬菜生产基地。2004年人均收入1000元，是首批文明生态示范村之一。

2003年，黑崖沟村制定文明生态村的实施方案，成立创建文明生态村领导小组，发动群众，投入文明生态村创建工作中。至2004年，栽植落叶松20万棵，油松3万棵。栽植苹果2000株。修建永久性花池20个，栽植各种花草树木10万株。清理垃圾120方，建垃圾固定存放点8个，街道两侧墙壁全部白化，刷写标语20条，健全卫生保洁制度。硬化主街道1300平方米，辅街道700平方米，硬化村委会大院及活动广场850平方米；建影壁一座（长13米，高8米）；建成700平方米的两层楼文化活动中心。

村两委班子积极为村民寻求致富门路，充分发挥当地区位优势，壮大无公害苹果生产基地，大力开展技术培训，帮助引进新技术、新品种，提高果品质量，发挥当地自然优势，发展错季蔬菜和草莓的种植面积。道路的畅通，环境的改善，村民的身心非常愉悦，自发组织了秧歌队，在茶余饭后，自娱自乐，群众的收入大幅增加，业余生活丰富多彩。

附1：文明生态村建设百村千户调查

基本情况 2005年农税减免、种粮直补等政策的兑现，让农民普遍得到了实惠，调动了农民建设新农村的积极性。农村经济得到了较快发展，产业基地规模逐步扩大，产业化经营程度不断提高，农民收入持续增长。农村三乱现象得到了有效遏制，农村文明程度有了较大提高。基础设施得到进一步加强，农村公益事业不断提高，为社会主义新农村建设提供了基础保证。基层民主政治建设得到加强，农村社会稳定。随着农村法制建设的加强，农村村务机构逐步健全、体系得到进一步完善、四项权利，八项制度得到落实，农村干群关系融洽，为社会主义新农村建设营造了良好的氛围。

存在的问题 1.经济发展缓慢。2005年农民人均纯收入为1830元，与兄弟县（市）相比还有较大差距。从30个村的调查情况来看产业发展、基础建设、公益事业的投入不足是造成农民增收难的主要因素；惠农政策带来的经济增长被农资价格的增长所吞噬，农民承受的隐形负担还很重，30个村65%的农民仍存在生产资金短缺的问题。2.农村基础设施差，公益事业落后。从30个村调查情况来看，阜平县偏僻农村行路难、饮水难、上学难、通讯难、就医难的问题还相当突出，急需改善。3.渠道单一农民增收难。对40户农户调查显示，85%的农民家庭收入主要来自于种植业和养殖业，15%的农民家庭收入来源于外出务工。增收渠道单一，剩余劳动力过剩是农民收入不高的重要因素。

由于地处深山、交通不便、信息闭塞、资源匮乏，加之农民素质较低、思想保守，缺乏致富本领是阻碍农村经济发展的又一重要因素。

应对措施 1. 捆绑资金，重点扶持。建设文明生态村是一项综合工程，需大量的资金投入。在建设中要抓住重点，资金捆绑使用，城建、土地、农业、水利、电力、电信等职能部门要加大对文明生态村建设的扶持力度，积极争取上级专项资金，全力支持文明生态村的建设。2. 科学规划，合理布局。编制村庄建设发展规划要统筹考虑，科学规划。一要村庄向集镇靠拢，扩大集镇规模，提高城镇化水平；二要合理编制中心村发展规划，完善中心村的配套服务设施，引导周边村庄有条件的村民到中心村建房；三要村庄分布较为散落的乡镇，选取村庄附近的地段重新编制新的村庄发展规划，规划时要注重节约土地，减少浪费；四要对远离集镇和中心村的村庄，采取在原址上编制村庄发展规划的方式，规划时要注重结合现状，因地制宜。3. 面向市场，抓产业化调整。充分利用阜平县山清水秀，工业污染少，气候多样等特征，以市场为导向，加快产业结构调整的步伐，对一些效益较好的大枣、马铃薯、中药材、无公害错季蔬菜、鼋鱼、肉牛、奶牛养殖等产业进一步扩大规模并积极引导其向绿色无公害方向发展。另外要充分利用阜平县优势，积极发展新型产业，拓宽农民的增收渠道。

调查时间：2006 年 5 月 1 日—9 月 30 日

附 2：城南庄镇的调查

城南庄镇位于阜平县城南部，晋察冀边区革命纪念馆就坐落于此。全镇总面积 2.64 万公顷，其中耕地面积 807 公顷，林地 15312 公顷，果园 715 公顷。辖 21 个行政村，224 个自然村，总人口 5986 户 21439 人，农村劳动力 1.4 万人。改革开放以后，各项支农惠农政策的落实，调动了农民积极性，农村经济稳步发展，农民生活水平显著提高，科技文化教育发展加快，各项社会事业正在朝着全面协调可持续的方向发展。

办学条件明显改善 城南庄镇累计投入资金 132.1 万元用于改善办学条件，修缮危房 95 间，校园硬化面积达 7100 平方米，新增微机室 7 个，微机净增 96 台，增设专用教室 25 个，新增图书 2600 册，教学仪器 755 件（套），中小学农业信息网络、电化教育设施建设发展较快。“八一”希望小学被列为市级规范化学校，大岸底、易家庄两所小学被评为市安全文明校园。

“两免一补”政策落实到位 城南庄镇有中小学在校生 1894 人，享受 2006 年“两免一补”614 名，达到 1/3。2007 年按国家政策全部实行免费教育。

开展农民科技培训。城南庄镇把农业技术培训列为文明生态村建设的重要指标，作为“科技兴镇”的重要举措。以电子信息馆为纽带，大力开展农村实用科技培训，把巩固提高做到实处。全镇举办了肉牛养殖、小尾寒羊饲养、养鸡、枣树管理、石材加工、土豆栽培等培训 40 期，参加培训 8000 余人次，印发明白纸 4000 余份，农用新科技在农村得到广泛普及。

以农业为主的多种经营方式并存 20 世纪 90 年代后，由于增加石材加工，矿业开发，劳动力输出等产业，农民的经济收入明显增加，生活水平日益提高。2005 年全镇粮食产量 5842 吨，比 2004 年增产 2.65 吨，薯类总产量 2239 吨。经济作物种植面积达 168.8 公顷，占耕地面积的 0.6%，年产 71 吨，产值 353 万元。畜牧产值实现 1012 万元，比上年增长 20%。年内输出劳动力 9330 人次，创收 3500 万元，农民人均收入 2020 元，比 2004 年增长 13%。

基础设施逐步改善，生活环境不断优化 在国家政策和县政府的大力支持下，积极争取国家政策和项目，组织实施了林业生态建设、农网改造、人畜饮水改造、镇村道路建设、镇村环境整治等一批基础设施项目建设，农村基础条件进一步改善。2005 年投资 300 万元硬化“村村通”公路 20 公里，实现了镇村道路通畅；农村计生、广播电视“村村通”工程稳步推进；生态保护、农电网改造等公共服务事业和公共基础设施建设取得明显成果。

生活环境不断优化 科教文卫等各项社会事业发展迅速，建立了医疗救治和疾病预防控制机制。移动电话、计算机开始进入农户家庭，扩大了农户接受外界信息的能力和渠道，农村居民的信息化水平、文化生活水平不断得到提高，农民自编自演开展文体活动，县镇组织科技、文艺下乡活动，丰富了群众业余文化生活。

城南庄镇文明生态村建设取得了可喜成绩，但与“社会主义新农村”的要求还有一定差距，制约农村经济繁荣、社会稳定发展的因素依然存在，社会主义新农村建设任重道远。

困难和问题 在走访调查过的16个行政村当中，南台、易家庄、北桑地等缺水最为严重。其中南台辖16个自然村，总面积2998亩，330户共1200人，人均耕地0.48亩，农作物以玉米种植为主，经济作物有板栗、核桃、柿子等。村支部书记杨丙国告诉我们：近两年干旱缺水，挖一眼井按5000元算，10眼井就是一笔大的开支，由于无钱打井抗旱，部分果树已枯死。以横岭滩、南台为主的四个最大的自然村人畜饮水已成问题，需从几里地以外取水。北桑地村支部书记陈先科、易家庄村支部书记杨国忠及村民都反映了这个问题。可见，水源的短缺已成为制约该镇经济发展的瓶颈，亟待解决。

城南庄镇总体上的医疗卫生、科技、文化、教育、社会保障等各项社会事业发展水平普遍较低。农村医疗条件差，医疗水平低，农民生一场大病往往意味返贫。同时农村医务人员水平低，医疗卫生状况令人担忧。文化教育投入不足，底子薄、基础差、人才缺、资金少、设施差的状况未从根本上改变。全镇有13所中小学，建筑面积16604平方米，由于教育经费短缺，部分校舍年久失修，已属危房，存在严重的事故隐患。如南台小学、前庄小学、井沟小学及城南庄中学教师办公室等。教师队伍年龄老化，知识观念缺乏更新，专业教师奇缺，特别是音、体、美、微机、英语教师，这种现状严重制约了素质教育健康、快速发展。对社会保障的投入严重不足，养老保险和医疗保险制度尚未开展，农村弱势群体保障体系薄弱。

部分村民充分利用当地资源，进行石材加工，建成了一批石材开发小区，上大锯290台（套），这已成为拉动城南庄经济发展的火车头。但石材开发所造成的环境与水源的污染已相当严重。由于缺规划整治资金，石材加工产生的“三废”（废水、废渣、废尘）随处可见，阻塞了交通，堵塞了河道，昔日清澈的胭脂河水现已鱼虾绝代，根本不能供人畜饮用与农田灌溉。易家庄、栗树漕沿线石料加工产生的浮尘遍野，铺天盖地，“晴天不见日，雨天不见路”，严重损害了人们的身心健康，需投入大量资金进行整治。

文明生态村建设的几点建议 抓乡镇文明化。积极推进农村的“四改”（改环境、改容貌、改卫生、改观念），加大对农村公路、农电网、电视网、电话网等基础设施建设投资，改善镇村环境；编修村镇规划，推进现代化村镇建设，改变农村面貌。采取推行农村饮水改造、发展启用沼气、实行人畜分离和垃圾集中处理等措施，改善农村卫生状况；改变传统观念，提高农民发展循环经济和生态保护的意识，下大力度治理环境污染，建设资源节约型、环境和谐型的社会主义新农村。

抓乡风文明化。建立健全乡风文明评比奖励机制，文化活动要充分调动农民群众参与的积极性、主动性和创造性；加强文化基础设施建设，利用广播、电视、报纸、宣传队、文艺演出队、科技宣传队等各种形式送文艺下村，加强先进文化在农村的传播速度和覆盖范围，让中国特色社会主义先进文化占领农村阵地；要继承和发扬农村自身所拥有的文明传统，提倡尊老爱幼、妯娌和睦、邻里团结、不打架不骂人、爱护文物、遵纪守法、遵守社会公德等良好乡风民俗。

加快城乡统筹，促进和谐发展。统筹城乡经济社会发展是党的十六大提出的一项战略任务。面对城乡发展的差距和矛盾，要始终把发展农村生产力、建立现代农业、增加农民收入放在第一位，全面提升农村经济发展。统筹城乡发展，财政支出、固定资产投资和信贷投放都要切实向农村倾斜，取消对农民进城就业的各种限制，建立以工促农、以城带乡的长效机制，建立城乡统一的劳动力市场和公平竞争的就业制度。要抓好统筹规划、城乡市场的统筹发展、城乡基础设施的统筹建设、城乡教育、卫生、社会事业的统筹发展和城乡社保制度的统筹，让农民真正分享城市化、工业化的建设成果。统筹各方力量，形成工作合力，大力推动社会公众资源向农村倾斜、公共设施向农村延伸、公共服务向农村覆盖、城市文明向农村辐射。积极调整财政支出结构，通过加大对农村教育、卫生、交通、电力、通讯、农田水利等基础设施和生态环境建设的投入力度，不断改善农民的生产生活条件，提高城乡基础设施的共享度，解决农村生产生活基础设施严重滞后的瓶颈制约。通过加大农村公共产品的支持力度，让公共服务更多地深入农村、惠及农民，弥合各项公共事业方面的城乡差距。

加快推进农业产业化，建立农民收入持续增长机制。农业产业化是促进农民增收的根本途径。在抓好粮食生产，确保粮食安全的同时，继续推进农业和农村经济结构的战略性调整，大力发展特色农业、绿色农业和生态农业，加快推进农业产业化经营。紧紧抓住国家加大农业产业化投入的机遇，集中力量大力扶持发展成长性好、竞争力强的龙头企业，提高农业经济效益。引导农民主动融入大市场，通过选择优势项目，制定优惠政策，营造宽松的发展环境，招商引资兴办农副产品加工业，加快发展农产品精深加工业，提高农业附加值。

调查时间：2008 年 4 月 1 日—7 月 31 日

第二十篇　教　育

1996年，阜平县幼儿园、学前班72所，入园幼儿2798人；小学141所，附设点152个，在校学生26730人；初中21所，在校学生9399人；普通高中1所，在校学生1012人；职教中心1所，在校学生1110人。特殊教育学校1所，在校学生12人。全县教职工2396人。1996—2010年，历届阜平县委、县政府按照“治穷先治愚，治愚靠教育”“再穷不能穷教育，再苦不能苦孩子”的指导思想，始终把教育放在优先发展的战略地位，全县教育事业在改革中发展，在发展中提高。1999年小学入学率、巩固率、毕业率、完成率（以下简称“四率”）全部达标，初中入学率100%，巩固率99%，毕业率100%。15周岁青少年完成率99%，中小学教师学历合格率98%，达到“普九”（基本普及九年义务教育，以下简称“普九”）标准。教育结构不断调整，中小学布局逐步趋于合理，教育质量显著提高。高考、中考、小考成绩居全市山区县之首。1999年10月通过河北省普九复查验收。2000年，高考上线人数185人，位居保定市第六名。2009年9月，阜平中学通过省级示范性高中达标验收。阜平县职教中心获“河北省德育工作先进集体”“保定市职业教育立功单位”等荣誉。2010年，全县幼儿园24所，入院幼儿5044人；小学90所，附设点73个，在校学生16108人；初中16所，在校学生6255人；普通高中1所，在校学生2370人；职教中心1所，在校学生8079人；特殊教育学校1所，在校学生22人。全县教职工2494人。

2002年、2005年通过河北省两轮复查验收，2005年被省政府评为“两基”（基本普及九年义务教育；基本扫除青壮年文盲，以下简称“两基”）工作先进县。2009—2010年，通过河北省政府教育综合督导评估，被评为“教育工作先进县”。

第一章　教育布局与管理

1996—2010年，教育管理从中小学布局调整入手，实行以县为主的义务教育管理体制。学习和推广“北京经验”，对学生进行启发、引导、点拨、鼓励，学习推广目标教学法，贯彻落实《基础教育课程改革纲要（试行）》。按照“先培训，后上岗”“不培训，不上岗”原则，开展以“自我反思，同伴互助、专业引领”为主的校本教研活动。2010年，教育局出台《阜平县义务教育阶段教育质量管理与评价方案（试行）》，对学校教育质量、教师教学质量、学生学习成绩及综合素质进行综合评估，激发教职员工的积极性。2009年通过河北省政府教育综合评估，2010年被评为“教育工作先进县”。

第一节　中小学布局

一、基本情况

阜平是全山区县，地广人稀，校点分散。1996年，全县小学141所，附设点152个，初中21所。特别是偏远小学办学条件差，多是复式班，一村一校、一校一师的情况比较普遍，校点布局不合理，制约着全县教育事业的发展。

二、布局调整

1996年，县政府出台《关于合校并点的实施意见》，规定2.5千米以内小学点合并到附近大校点，5千米以内的小学点高年级学生集中到大校点，只保留幼儿班或一、二年级。1～6年级6个单式班的小学设校长1人，10个班以上学校配教务主任1人。文件出台后，开始有计划的合校并点工作。1996年8月，育才小学合并到城厢小学，城厢中学迁至原育才小学。阜平中学取消初中部，成为县办高中。上堡、王快、照旺台三所“戴帽学校”（有初中班和小学班的称“戴帽学校”）初中与小学分离。2007年，按照“整合高中发展初中、整合初中发展小学、整合小学发展幼教”原则进行新一轮布局调整。截至2010年，全县初中16所，小学90所，附设点73个，高中1所，职教中心1所。

第二节　教育管理

一、义务教育管理

1996—2010年，县教育局实施目标责任管理，每年初教育局与各乡（镇）文教室签订目标责任书，各乡（镇）文教室与中小学签订目标责任书，中小学实行校长岗位责任制。坚持过程性检查评估与年终考核总评结合，依据考核情况对乡（镇）文教室、中小学校实施奖惩。2007年，将高中公助生招生指标按比例分配到各初级中学。2010年，出台《阜平县教育局关于进一步加强教育教学管理，全面提高教育教学质量的意见》《阜平县教育质量管理与评价方案》等文件，设立10万元年度奖，奖励教学质量突出的单位和个人。中考成绩位居全市第二平台。大力推进标准化学校建设，2010年，23所学校通过保定市政府验收。

二、教学管理

1996—2000年，围绕学习推广“北京经验”，注重启发、引导、点拨、鼓励。作业批改一般包括书写、格式、评价等级（优良可差）、改正等几个方面，作业完成较好，大多老师采用“小红花”形式给予表扬，作业批语增强了针对性，多了鼓励性批语。在课堂布置上开始出现“读书角”“才艺展示”“光荣榜”等。学校管理普遍实行教师、学生、班级“量化管理”，教学管理逐渐趋于精细化、规范化。

学习和推广依据布鲁姆“掌握学习”理论

创建的“目标教学法”是教研工作一项重要内容，也是教师广泛采用的教学方法。“目标教学法”是一种以教学目标为核心和主线实施课堂教学的方法（以教师为主导、以学生为主体、教学目标为主线的教学方法）。“目标教学法”教学过程一般包括“制定目标—展示目标—实施目标—检测目标—矫正深化—达成目标”等几个阶段。

2000—2003年，教研工作重点是学习和贯彻落实《基础教育课程改革纲要（试行）》，为实施新课程做各项准备工作。县进修学校教师和教研室各学科教研员参加国家、省、市等各级新课程标准、新教材培训。每年暑期县教育局组织教师培训。教师培训分两级，一级培训为骨干教师培训，二级培训为骨干教师为授课教师组织的全员培训。2004年，阜平县小学一年级、初中七年级开始实施新课程。学习、研究和实践新课程是2004年后教研工作主要内容。按照“先培训，后上岗”“不培训，不上岗”原则，每年寒暑假教育局都要组织新课标和新教材培训。2006年，阜平县成为保定市“校本教研制度建设”项目实验单位。截至2010年暑期，中、小学所有教师参加了新课程培训。构建“扎根每一堂课、辐射每一位教师、关注每一名学生”新型教研文化，开展以“自我反思、同伴互助、专业引领”为主要形式的校本教研制度研究成为全县教研活动重要内容。

2007—2009年，教育系统建起45个现代化多媒体教室，29个简易多媒体教室和29个远程教育室，现代教育技术手段在课堂教学中运用，现代信息技术教育在课堂教学中的应用研究，网络及远程教育资源开发和利用成为全县教研活动重要内容。2010年，教育局出台《阜平县义务教育阶段教育质量管理与评价方案（试行）》，对学校教育质量、教师教育质量、学生学业成绩及综合素质考核进行综合评估，评估结果与学校、教师、校长年度考核、评优评模、职称晋升和校长任用挂钩，激发了教职员工的积极性。

三、经费管理

1996年，完善落实“村办小学、乡（镇）办初中、县办高中”教育经费管理体制。教育基本建设投资，采取政府拨款、群众捐资和引进外资相结合的办法。县政府出台“乡（镇）村筹三，县补一”政策，调动了乡（镇）、村两级的积极性。

2003年开始实行“以县为主”管理体制，主要靠中央和省市财政转移支付方式增加教育投入。对“普九”欠账，县政府进行清理审计，逐年偿还。学生收费，2003年实行“一费制”，2007年实行“两免一补”，小学、初中教育真正实现免费教育。学前、高中、职中通过多渠道筹资、合理收费，作为教育经费。

第三节　管理机构

一、教育局

1996年，教育局设局长1人，副局长4人。1997年，增设党委书记1人。1998年，增设武装部长1人。2002年设局长1人，副局长3人。2006年，局长职位空缺，书记主持工作，副局长2人。2007年设局长1人（兼党委书记），副局长3人。2010年设局长1人（兼党委书记），副局长4人。

1996年，教育局设办公室、人事股、财务股、普教股、审计股、成教股、督导室。2002年设校办产业管理办公室。2006年设安全股。2007年设教育支付中心。2008年审计股、教育支付中心并入财务股。2010年，教育局设办公室、人事财务股、教育督导安全股3个股室。

二、乡（镇）文教室

乡（镇）文教室，负责本乡（镇）学校、教室、学生日常管理，是县教育局派出机构，受县教育局和乡镇政府双重领导，做好本乡（镇）教学教育工作。1996年，全县13个乡（镇）文教室，设总校长1人，普教校长1人，成教校长1人。2006年，乡（镇）文教室改称乡（镇）总校，设总校长、普教校长、成教校长各1人。

第四节 普及九年义务教育

一、基本扫除青壮年文盲

1996年，全县满15周岁的青壮年人口为115313人，文盲2486人（其中丧失学习能力的377人）。为扫除青壮年文盲，县委、县政府确立“科教兴县”战略，一手抓普九，一手抓扫盲，把“两基”纳入党委、政府工作议事日程，列为考核重要内容。实行县领导包乡（镇）、乡（镇）领导包行政村，村干部包文盲目标责任制。教育局与乡镇文教室校长，文教室校长与学校校长，学校校长与教师，教师与“小先生”，层层签订责任书，责任到人。以乡村两级成人学校为阵地，教育局自编乡土教材（分小学版、中学版），做到有教材，有授课，有作业，有测试，有记录，有档案。农林牧、科技、司法等部门积极参与，举办形式多样的农林牧、科技、法律知识培训班，文盲、科盲、法盲一齐扫。制定落实“八定八到村”（“八定”：定领导、定班级、定学员、定教师、定期限、定职责、定经费、定期查。“八到村”：领导到村、宣传到村、指标到村、建档立卡到村、考核到村、责任到村、设点办班到村、督导检查到村）和“两个承包”（乡镇政府、村委会承包发动文盲参加学习，承包经费落实和改善学校办学条件）的具体措施。经过两年不懈努力，全县青壮年文盲基本扫除，非文盲率99.3%，达到省定标准。1997年10月，阜平县代表河北省顺利通过国家扫盲达标验收。

二、基本普及九年义务教育

1996年，县委、县政府出台《关于实施普及九年义务教育攻坚工程的意见》，实行县级领导包乡镇、包科局，科局、乡镇领导包行政村、包学校的目标责任制，签订责任书，层层落实目标任务。1997—1999年，全县投资10219.2万元，新建、改建、扩建学校120所，建成希望小学45所，寄宿制学校21所，建筑面积335299平方米，教学楼建筑面积320020平方米。全县小学四率达标，初中适龄少年入学率100%，巩固率97%，毕业率100%，15周岁完成率99%。小学教师学历合格率98%，学历提高率30%，初中教师学历合格率92%，均达到普九标准。1999年10月，阜平县通过省政府普九工作检查验收。2002—2009年，13个乡镇，阜平中学、职教中心建立信息馆。经过“普九”复查、“普及实验教学”、经省政府对县政府教育教学综合评估、标准化学校建设，教学仪器和电教设备齐全的13所小学、7所中学达到省定一类验收标准。2010年，13所学校、28个电子白屏多媒体设施，位于保定市前列，集传统媒体与现代科技于一体的教育资源库逐步形成。全县建多媒体教室66个，电子备课室76个，65所学校建立独立网站，48所学校建成校园网，加入保定市教育城域网，填补了阜平县教育史上电化教学五大空白，基本实现信息技术教育四室一网目标。全县电子图书9471.9GB，图书670285册，教育系统固定资产2.1亿多元。

三、复查、验收

1996—1999年，基本普及九年义务教育后，开始落实教育优先发展战略任务，多方筹措资金，改善办学条件，提高办学水平、师资水平，加大控辍保学力度，积极开展实用技术培训，巩固扫盲成果。分别于2002年、2005年，通过省政府两次复查验收，2005年被省政府评为“两基工作先进县”。

2005年5月，阜平县召开第二轮“普九”复查工作会议

四、综合督导评估

1996—2010年，县委、县政府确立"学前教育抓巩固、义务教育抓均衡、高中教育抓普及、职业教育抓提高"总体思路，树立"抓教育就是抓发展，抓教育就是抓民生，再穷也要办教育，再困难也要支持教育"思想，落实"以县为主"管理体制，确保教育经费"三个增长"(教育财政拨款增长高于财政经常性收入增长，在校学生人数平均教育费用逐步增长，教师工资和学生平均公用经费逐步增长)。完善教育政策性经费投入机制。多措筹资，改善办学条件，优化教育资源，提高办学效益。1996年通过省政府普初验收。1999年通过省政府普九验收。2005年5月，通过省政府二轮复查验收，被评为"教育工作先进县"。2009年11月，通过河北省政府教育综合督导评估，2010年被评为"教育工作先进县"。

第二章　教育实施

1996—2010年，阜平县学前教育按照"尊重事实，因地制宜，全面启动，整体发展，实践特色，循序渐进"发展原则，加大学前三年教育普及力度。中小学教育实行以县为主的义务教育管理体制。教学工作推行"学生为主体，教师为主导，训练为主线"的教学法，推行"目标教学法"，以"巩固基础提升能力，抓住重要发展思维，实践探索自主创新，找出规律，学会方法"为指导思想，促进学生智力开发，全面提高教育教学质量。教学研究实行"人人说，人人听，人人讲"办法，开展"一个课例，多人施教""一个课例，多次研讨"活动，推广交流典型经验。教育由应试教育向素质教育转变，全面贯彻教育方针，培养学生德智体美全面发展。高中教育以"铸阜中师魂，强阜中管理，育阜中英才，创阜中辉煌"为总体思路，树立学课整体意识，注重完善教学。

第一节　学前教育

一、幼儿园建设

1996年，县办幼儿园1所，教学班5个，在园幼儿183名。乡村学前班71个，在班幼儿2615名。幼教职工90名，其中国办25名，民办65名。县办幼儿园直属教育局管理。乡村幼儿园、学前班由乡、校管理，实行校长负责制。

为确保幼教事业持续健康发展，教育局根据学前教育基础性、地方性、非义务性、山区县等特点，采取政府拨款，乡村自筹，社会捐助等办法，多渠道筹措资金，改善办园条件。2006年，建起乡镇幼教中心站8个，幼教辅导站10个，结合山区特点，建立以中心站为主，辅导站为辅，由幼儿教师巡回辅导的教学模式，优化育儿环境。2007年，为普及学前三年教育，县制定"尊重事实，因地制宜，全面启动，整体发展，实践特色，循序渐进"发展原则，加大学前三年教育普及力度。2010年，乡（镇）幼儿园8个，幼教中心站40个，幼教辅导站47个。形成以县幼儿园为龙头，乡镇幼儿园为骨干，农村幼儿园和幼教辅导站为主体，幼儿班和幼儿亲子点为补充的学前教育网络。

二、保育、教育

执行国家教委制定的《幼儿园教育纲要》，幼儿园学制为三年，分大中小班，小班招收3～4岁幼儿，中班招收4～5岁幼儿，大班招收5～6岁幼儿，一年招生两次。

1996—2000年，进一步贯彻落实国家教委颁发的《幼儿园工作规程》和《幼儿园工作管理条例》，深入进行幼教改革，实行保教并重，保教合一原则，开展幼儿教育。2002年，县幼儿园建起标准幼儿活动室、舞蹈室和卫生保健室。幼儿保教设施完善配套，配备攀登架，滑梯，脚踏琴等大型玩具。县幼儿园晋升为省级二类园，年招生10个幼教班，在园幼儿420人。2006年县幼儿园被市评为先进幼儿园。通过市“普三”验收，2007年通过省“普三”验收，2008年通过市复查验收。2010年底，全县幼儿教师83名，幼儿园11所，适龄幼儿5592人，在园（站、班）幼儿5044人，入园率90.2%。三个乡镇通过市区域性推进学前教育均衡发展工作验收。

县幼儿园儿童观赏动画片

2001—2010年阜平县学前教育基本情况统计表

表20-2-1　　单位：人、个

学年度 \ 项目	独立园数	独立园班数	独立园幼儿数	独立园教职工数	全县班数	全县幼儿数
2001.9—2002.8	1	8	244	39	58	2291
2002.9—2003.8	1	8	273	34	53	1632
2003.9—2004.8	1	8	280	29	70	2415
2004.9—2005.8	1	10	304	35	89	2565
2005.9—2006.8	3	19	328	52	127	3391
2006.9—2007.8	4	24	710	66	134	4013
2007.9—2008.8	2	14	486	53	174	4411
2008.9—2009.8	6	27	961	63	162	4094
2009.9—2010.8	6	28	1101	62	175	4496

三、阜平县幼儿园简介

阜平县幼儿园建于1958年，“文化大革命”期间停办，1979年恢复。园址位于阜平县城政府路147号，占地面积1430平方米。1995年拆除旧房，建成新园教学楼一层。1998年建教学楼第二层，合计建筑面积1850平方米。2004年11月，升格为省级一类幼儿园。2007年，普及学前三年教育、普及普通话达标等通过省级验收。县幼儿园自制玩教具3000套件。2008年，被评为保定市自制玩教具示范园。2010年，幼儿班12个，在园幼儿644人，教职工56人。

第二节　小学教育

一、学校设置

1996年，全县小学141所，附设点152个，教学班1060个，在校生26730人。

1996年，根据各乡、村情况，有计划、有步骤地进行合校并点。2.5公里以内的小学点撤并到附近中心校点，4～6公里以内的校点高年级学生集中到中心校点，保留一、二年级低龄生。

2010年，小学由141所合并成90所，附设点73个，扩建中心小学13所，建寄宿制小学21所。

二、学校管理

1996—2010年，全县初等教育学校管理实行以县为主义务教育管理体制。乡镇文教室（乡总校）负责管理本乡镇中小学教育教学工作，学校校长实行岗位目标责任制，教育局督导评估。年初教育局与乡镇文教室及学校签订目标责任书，年中教育局相关股室定期评估检查，半年初评，年终总评，评估结果全县通报，并予以奖惩。

教育局每年对空缺学校校长，面向全县公开招聘，竞聘上岗，上岗校长试用期一年，合格后聘任，发任命书。

三、教学工作

学制 初等教育学制为6年制义务教育。7周岁适龄儿童全部入学，完成六年初等教育后，全部升入初中。

课程 全县初等教育课程设置为：思想品德、语文、数学、社会、自然、体育、音乐、美术、劳动九门课程。周课时1～6年级分别为21～25节。1996年，3～6年级增设了英语、计算机课，共11门课程，周课时1～2年级为21～22节，3～6年级为28～29节。课外活动每周2～3节。

教材 1996—2003年，小学统一使用六年义务教育全国统编教材。2004年开始统一使用新课标课本。

四、教法

教学改革工作。1996—2000年，各校推行“三为主”（学生为主体，教师为主导，训练为主线）教学法。2001—2005年推行“目标教学法”。诊断学情，确定目标，激发动机，优化程序，实施目标，反馈调控，检测目标，深化矫正，整体达标。教学管理改革从“抓两头，带中间”的教法，转为面向全体学生“抓中、促优、带后”。

在抓教法改进的同时，注重抓常规教学，要求教师做到“三个熟悉”（熟悉大纲，熟悉教材、熟悉学生）。备课要求做到“八备”（备教材，备学生、备教法、备教具、备过程、备练习、备板书、备作业），还要做到通备教材，精备单元，细备课时。倡导实行集体备课，组织教师备课、说课、作课、听课、观摩，开展“作课比武”活动，聚智慧、促成长，进一步提高业务水平。要求教师在教学中做到“三个不放过”（不放过每一节课，不放过每一个知识点、不放过每一个学生）。

2006—2010年，进一步优化教学工作，以“巩固基础提升能力，抓住重点发展思维，实践探究自主创新，找出规律学会方法”为指导思想。树立“三个观念”（树立以学生为主体，教师为主导，目标、训练为主线的教学观；树立面向全体学生施教，全面发展，学有所长的质量观；树立爱每一个学生，关心学生每一个方面的学生观），促进学生全面发展。抓好三个环节（抓备课环节，杜绝假备课现象，抓授课环节，充分体现“自主学习，自主创新”原则，抓教学反馈环节，搞好随堂检测和单元质量分析）。落实“两个管理”（对学困生管理，对薄弱学科管理）。突出一个重点（全面提高教育教学质量）。

五、教研

1996—2005年，小学教研活动以“人人说、人人听、人人评”为主；区片教研活动以“一个课例，多人施教”“一个课例，多次研讨”为主；县级教研活动以“名师示范课”“送教下乡”“专家讲座”“教材培训”为主。举办各种教学竞赛活动，如评课、说课大赛、作课比武、论文评比。县教研室召开不同形式的校本教研、课程改革、教学管理现场会，交流会，推广交流典型经验。

2006年，阜平县成为保定市“校本教研制度建设”项目实验单位。2007—2008年，教研室组织视导员对各中小学进行教学评估。2009年，阜平县接受河北省县域教学评估，获得“合格（最高级别）”评价等级。国家推行特岗计划，阜平县把特岗教师培养作为全县的课题研究，其中市级课题《特岗教师培养途径和方法的研究》立项并起动。通过说课、公开课等形式不断促进特岗教师成长，多位特岗教师在县大赛中获奖。

2010年，阜平县基本实现校校通，建设现代化多媒体教室或简易多媒体教室及远程教育网络，现代技术开始在课堂教学中运用，现代信息技术教育在课堂中的应用研究，网络及远程教育资源开发和利用成为全县教研活动重要内容。12月，通过省教育厅对阜平县教学综合评估。

六、德育

1996年，小学教育由应试教育向素质教育转轨，全面贯彻教育方针，五育并举，德育为首。各校建立以校长为组长的德育工作领导小组，明确专人主抓德育工作。德育教育内容主要为：爱国教育、传统教育、理想教育。开展七大系列活动，即祖国在我心中爱国主义系列教育活动；国旗下讲话系列教育活动；青少年读书系列教育活动；学“守则、规范”“争创文明班集体”系列活动；“主题班队会”系列教育活动；“学雷锋树新风”系列活动；“校园文化艺术节”系列活动。1996年开展纪念长征胜利60周年活动；1997年开展“喜迎香港回归”庆祝活动；1998年开展“纪念毛主席到阜平50周年”革命传统报告活动；1999年开展庆祝建国50周年和迎澳门回归活动；2001年开展庆祝北京申奥成功活动；2002年开展“保护环境，爱护我们共同的家园”系列演讲活动；2004年开展“赞美祖国，赞美家乡，赞美学校”演讲活动。2008年开展“反对邪教，崇尚科学”系列活动；2009年开展“国学教育、经典诵读”活动。2010年大力推动特色教育，各校根据实际，确立本校的特色教学。每年3月5日开展“学雷锋树新风”活动。城厢小学“国学教育”、八一希望小学“红色教育”等特色教育开展得有声有色。

2001—2010年阜平县小学教育统计表

表20-2-2　　单位：人、个

学年度＼项目	学校数	附设点数	班数	学生数	招生数	毕业数	教职工数	专任教师数
2001—2002.8	110	152	910	18960	2310	3921	1597	1394
2002—2003.8	106	90	799	17296	2291	3609	1440	1237
2003—2004.8	103	72	754	15617	2028	3235	1374	1166
2004—2005.8	101	62	728	14366	2181	2833	1327	1120
2005—2006.8	94	45	694	13531	2185	2570	1276	1077
2006—2007.8	92	41	693	13315	2383	2533	1257	1068
2007—2008.8	91	35	699	13991	2941	2322	1196	1010
2008—2009.8	91	71	704	14882	3235	2257	1121	933
2009—2010.8	90	73	696	16108	3370	2039	1113	930

七、重点小学简介

城厢小学 城厢小学建于1912年，位于阜平县城北街。学校占地面积59543平方米，建筑面积7474平方米。2010年学校有40个教学班，在校生3450人，教职工114名，全国优秀教师2人，省特级教师2人，市骨干教师5人，市级名师、优秀教师、标兵40多人。

城厢小学正在上微机课

1996—2010年，有26人次单科成绩进入县前10名，学校连续15年被评为县教育教学优胜单位。有百名教师参加国家、省、市级培训。学校军乐队多次受到县委、县政府表彰奖励，田径队13次获得全县田径运动会总分第一名。被授予“全国小学作文教改实验校”“河北省心理健康教育实验校”“河北省体育传统项目学校”“保定市规范化学校”“保定市德育示范校”“保定市安全文明校园”“保定市艺术教育十佳学校”“省政府教育教学综合督导评估工作立功单位”等荣誉称号。

平阳镇中心小学 平阳镇中心小学建于1921年，前身为平阳完小。1997年更名为平阳镇中心小学。1999年，学校通过“普九”复查。2002年，建微机室、电教播放室、语音室、音乐室，教学仪器达到一类水平，图书达10000余册。获阜平县“两基”巩固提高工作先进单位称号。2005年，获阜平县第二轮普九复查阶段先进单位称号。2008年，学校安装了监控器、电暖气。2009年，建成电子备课室、多媒体教室，建立了学校网站。

1997年，学校被评为“保定市规范化学校”“阜平县教育教学优胜单位”。1998年，被评为“保定市名校”。1999年，被评为“保定市示范家长学校”。2001年，获“保定市先进校务公开单位”“保定市先进教工之家”“保定市安全文明校园”称号。2004年，被评为“阜平县教育教学优胜单位”“阜平县教育教学工作综合考核优胜单位”。2010年获“河北省政府教育教学综合督导评估立功单位”。

2007年创办《种植爱的阳光》《在反思中成长》《浪花》《魅力阜平》《蓓蕾初绽》《走向成熟的足迹》等校刊。2009年开设校本课程《写字辅导》。

2010年，学校有市、县师德标兵、先进个人16人，省市县骨干教师5人，市级优秀班主任6人。

城南庄八一希望小学 城南庄小学建于1927年。1994—1995年聂力将军、省军区指战员、北京89003部队、北京市八一中学、张家口市第六中学等联合捐款完成改（扩）建工程。学校占地面积7600平方米，建筑面积1600平方米。教职工16人，在校生248名，入学率100%，巩固率100%。中共河北省委原副书记李炳良为学校题写校名——“城南庄八一希望小学”。

1996—2010年，学校被中华工程联合会授予“弘扬白求恩、雷锋精神十佳集体”，被河北省教育委员会授予“德育先进集体”，被保定市教育局授予“保定市名校”“市规范化学校”“市师德建设先进单位”“市标准化小学”称号。

西下关小学 阜平县天生桥镇西下关小学，建于1934年，距县城25公里。学校有教学楼两栋，10个教学班，教职工23人，占地面积2500平方米，建筑面积1800平方米。

1996年学校获“保定市规范化学校”。1997年获“保定市名校”。2002年被县委、县政府评为“两基巩固提高先进单位”；2008年获“保定市语言文字规范化示范校”；2010年获阜平县委、县政府“督导评估立功单位”。

附：寄宿制小学调查

2017年3月至5月，县志办公室会同教育局采取面点结合、查寻资料和座谈结合等方法，对全县寄宿制小学进行了为期三个月调查，调查结果如下：

一、困难·愿望

阜平县是全山区县，山高沟深，交通极为不便。居住深山区的学生上学困难重重。

（一）路远、路险，上学行路难。

小学生上学走二、三公里、三、四公里是近的，远的要走而一二十公里。大台乡炭灰铺小学服务18个自然村，南安村距离学校11公里、陈氏庵村距离学校12.5公里。史家寨乡段庄小学服务5个行政村28个自然村，服务半径12.5公里。吴王口乡石滩地小学服务2个行政村9个自然村，服务半径10公里。下庄乡旧营小学服务3个行政村18个自然村，最远的学生离校17.5公里。学生上学翻山越岭，崎岖难行，遇雨雪恶劣天气，险象环生。低年级学生家长要接送，给家庭生产生活造成许多困难。

（二）校舍破旧危险。石头房、土坯房居多，夏天漏雨，冬天漏风，多是危房。学生、教师、家长提心吊胆。“黑屋子、土台子、泥孩子”是当时多数小学的真实写照。

（三）吃饭难。上学要自带干粮，夏天吃馊的，冬天吃凉的，一年四季喝冷水。

（四）学习难。校点分散，多数校点是复式班，师资少，都是全科教师。课程不能开齐开全，外语、音乐、美术、体育课形同虚设。家长、教师为孩子学习深深担忧，失学、辍学时有发生，普及义务教育难上加难。

学生家长迫切希望有像中学生一样让孩子吃住在校的小学，彻底解决孩子上学难问题。

二、起步·发展

1985年，石滩地小学教师耿晋国、耿广汉，自己动手垒灶支锅、砌墙盘炕，个人垫工资买油买粮买菜，有时学生自带干粮或自带米面，由老师热饭做饭，让片内六年级学生吃住在校。在校生30多人。石滩地小学这种自办吃住在校

光明小学升旗仪式

的破冰之举，像萌芽、像星火，使人们在求索中受到启发，看到希望。

1994年，经中国扶贫基金会介绍，香港汇富融资集团董事长林家璁先生捐资10万元、段庄村委会筹资2万元新建教学楼16间。自此段庄小学改名为汇富小学。建成后，周围5个行政村28个自然村的学生均可入学，1995年在校生182人，住宿生95人，教师14人；2001—2002年在校生211人，住宿生108人，教师12人。

光明小学是国务院机关事务管理局（以下简称国管局）捐资修建的一所高标准寄宿制小学。校址位于大台乡炭灰铺村。1996年，国管局局长郭济到炭灰铺村扶贫调研时目睹破旧的校舍，了解到学生每天步行几十里上学的困难，深感忧虑。回京后召开干部职工大会，满怀深情，介绍该校条件和学生求学的艰难，激发了

光明小学学生宿舍

职工爱心，纷纷慷慨解囊，很快捐款48万元。建校工程6月22日开工，11月8日竣工。占地面积4000平方米，建筑面积800平方米，建二层教学楼一栋，运动场地2000平方米。学习、住宿、用餐、课余活动等设施俱全。可满足教庆、南盘沟、胭脂洞、木柳柱、南安沟口、岭根等距学校15公里左右11个自然村学生就学，郭济局长为学校命名“光明小学”。

1996年，吴王口小学用世界银行贷款23.5万元，在学校原址拆旧建新，建二层教学楼一栋，建筑面积770平方米，学校占地面积1600平方米。吴王口小学服务13个行政村。同年建成的还有槐场寄宿制小学，服务15个自然村，服务半径8公里，在校生52人，住宿生50人，教师5人。1998年，在校生120人，住宿生62人，教职工12人。

1997年，建成砂窝、葛家台、石滩地、旧营四所寄宿制小学和玉华希望小学。砂窝寄宿制小学由砂窝乡政府牵头、群众筹资、当地企业家及爱心人士共同筹资40万元建成。占地11328平方米，建二层楼两栋，建筑面积3743平方米。可满足砂窝、河彩、龙王庄三个行政村17个自然村学生就学。葛家台小学由6个教学点组成，1997年社会各界大力援助，筹资16万元，建二层楼一栋，共20间。2002年在校生141人，住宿生68人，教师9人。石滩地寄宿制小学服务2个行政村9个自然村服务半径10公里。1997—2004年，小学五、六年级住宿，住宿生90人左右。2005年，三、四、五、六年级住宿，住宿生120人，教职工9人。1997年用扶贫资金建成夏庄乡旧营寄宿制小学，占地面积820平方米，建筑面积640平方米。服务3个行政村18个自然村，在校生82人。玉华小学系罗瑞卿之女罗玉华捐资5000美元建成的寄宿制小学（校址在大台乡康家沟村）。2002年阜平县教育局以建设寄宿制学校为主攻方向。调整布局，合校并点。把全县小学划分为50个小区实行学区一体化管理，解决音乐、体育、美术、劳技等学校师资不足和管理弱、质量低问题。亭子沟、苇子沟、老路渠三所小学合并建成中技希望小学，服务8个自然村。学校将两个办公室腾出作为男、女生宿舍。配备生活老师，建成寄宿制小学。

对寄宿制小学的捐助。1998年春，北京教育科学研究院科研管理处处长耿申、副处长白爱宝到葛家台小学考察，得知住宿生每月只七八元的生活标准，回京后四处求援，使葛家台小学得到一系列资助：1999年美籍华人乔龙庆和项定莹、陆祖芬夫妇捐款1万元；2000年9月北京教育编纂委员会捐款1万元；2001年9月白爱宝副处长的美国朋友捐款1万元；2002年葛家台小学加入美国黄汝斌基金会，得到8200元伙食补助款，每位学生每周增加二两鲜猪肉、半斤豆腐、两个鸡蛋，每天能吃到新鲜蔬菜；黄汝斌基金会为该校捐赠价值6000元图书720册，帮助学校建立图书室；2003年捐赠价值2400元的音乐器材。11月乔龙庆先生捐款2700元用于购买铁床。2004年春乔龙庆再次捐款20000元，资助学校建起豆腐坊及小养猪场。

2002年阜平县有完全小学106所，附设点93个，教学班762个。完全小学中寄宿制小学21所，占小学总数的20%。附设点比1996年减少59个。寄宿制小学有：东漕岭小学、井尔沟小学、光明小学、京台小学、中技希望小学、苗圃小学、葛家台小学、槐场小学、段庄小学、砂窝小学、上堡小学、吴王口小学、石滩地小学、寿长寺小学、栗元铺小学、西下关小学、旧营小学、同心小学、郊山咀小学、温塘小学、龙泉关小学。21所寄宿制小学服务37个行政村164个自然村，2004年在校生1623人，住宿生1121人。

三、精细·管理

“细节决定成败”，寄宿制小学建成后，能否健康发展，关键在管理。根据小学生的实际情况，实施精细化管理，确保每一个在校生学好、吃好、住好、安全。县成立以主管副县长为组长的管理领导小组，教育局长及相关部门负责人为成员。制定出台《阜平县寄宿制学校管理办法》。学校建立以校长为责任人的管理责任制。年级、班层层建立责任制。时时事事有人负责，全天候、无盲点、无死角。确保学生安全、强化责任、健全制度、确保校园安全。不断加强校园文化建设，开展形式多样的文化活动，实施学校绿化美化工程，建设走廊文化、围墙文化、宣传栏文化、宿舍文化、餐厅文化，陶冶情操净化心灵。不断改善食堂条件，提高伙食标准，增加饭菜品种。对住宿生实行两免一补，(免除学杂费、课本费，补助住宿生生活费)。加强对住宿生安全教育，开展日常防触电、防溺水、防火灾、防意外事故、防中毒等“五防”教育。

在制度管理的同时，学校开设经典文化方面的教育课。如孔子关于教与学方面论述，荀子《劝学》中的名句及《弟子规》内容学习。组织学生时常吟诵。使学生在学习、礼仪方面受到潜移默化的熏陶教育。

寄宿制小学从无到有、由少到多、快速发展。得益于党和国家对革命老区、贫困山区的政策支持；得益于国管局有力捐助和多方帮助；得益于各方爱心人士的无私奉献；得益于阜平各级干部群众，教育部门卓有成效的工作。

一所所寄宿制小学，崭新的校舍上空鲜艳的国旗迎风飘扬，在青山蓝天白云映衬下，格外清新靓丽。这样的学校，学生满意、教师满意、家长满意、群众满意。

阜平农村寄宿制小学的建设，优化了全县农村义务教育布局，整合了教育资源、教师资源。使人力、物力、财力发挥良好效益，有效地缩小了城乡义务教育的差距。2005年学龄儿童入学率100%、巩固率99%，实现失学率、辍学率双下降。2005年河北省第二轮普九复查验收，对阜平县寄宿制小学的快速发展充分肯定。复查小组组长贾晓庞称寄宿制学校是“山区教育的一枝奇葩。”河北省政府奖励阜平县50万元。

第三节 中学教育

一、初中教育

（一）学校管理及设置

1996年，全县初中21所，教学班179个，在校生9399名，教职工807名，其中专任教师634名。

初中学校实行以县为主九年义务教育管理体制，国办初中撤销后，全县均为乡办初中，由乡镇文教室具体管理，实行校长负责制、量化管理（主要有教师量化、班级量化、后勤工作量化）。

1998年，全县初中20所，2000年24所，2002年22所，2003年21所，2006年20所，2008年19所。2009年，阜平中学搬迁到新校址，照旺台初级中学、槐树庄初级中学、龙门初级中学、小坝初级中学、原城厢初级中学合并为新的城厢中学，校址在阜平中学旧址，全县初级中学16所。

（二）学制

初中教育实行三年制义务教育。

（三）课程

1996—2003年，初中教育课程开设：语文、数学、外语、物理、化学、生物、历史、地理、政治、体育、音乐、美术、劳动技术13门，周课时为：初一30节，初二32节，初三35节。2004年增设微机课，开设14门课程。课外活动每周两节。

（四）教材

1996—2003年，初中教育统一使用九年义务教育全国统编教材，2004年后统一使用新课标教材。

（五）教法

1996—1999年，初中教育推广学习“北京经验”，课堂教学推行“三为主教学法”(以教师为主导，以学生为主体，以教学目标为主线)。2000—2010年推行“目标教学法”。

（六）教研

初中阶段教研组织有初中数学、语文、英语、政治、历史、地理、生物、物理、化学、音乐、美术、体育12个县中心教研组，教研组组长由县教研室各学科教研员担任，各组成员由优秀教师和学科带头人组成。学校设有相应学科教研组。规模大的学校如城厢中学、平阳中学成立年级教研组和备课组。学校学科教研组肩负着开展校内教研活动，参与学校教学管理，承办县、乡教研活动等职能。

1996—1999年，学校教研以“说课、作课、听课、评课”活动为主，县教研组在城厢中学组织了“说课竞赛”活动。

2000—2003年学校教研以“一个课例，多人施教，一个课例，多人研讨，一个课例，多次研讨”为主要内容的活动。县教研组在平阳中学推广了英语“三化”教学法，即句型教学情境化，课文教学整体化，课后练习交际化。物理教学推广“四环节”教学法，即兴趣、自学探究、精讲点拨、分类练习。注重发挥学生的主体作用，效果良好。

2004—2006年，在城厢中学推广“十六字”教学法，即创设情景、激发情感、主动学习、主动发展。语文学科尝试“诵读、积累、感悟、熏陶”八字阅读教学法。

2006—2008年，通过“自主学习，自主发展”教研活动，教师参加“十五”计划课题申报，重点研究语文、数学、化学、生物的教学改革。

2009年，国家实施特岗计划，阜平教研活动把特岗教师培养，作为课题，围绕“深化课堂改革”“特岗教师培养”开展课题研究，举办说课、展示课等系列活动。2010年，申报市级课题14项，其中市级课题《特岗教师培养途径和方法的研究》立项启动，200多名教师在县级作课、说课活动中获奖，26名教师在市级以上优质课评比和说课大赛中获奖，12名教师被评为保定市教学标兵。阜平县教研室自2002年始连续9年被评为保定市优秀教科研单位。

（七）课外活动

初中教育课外活动规定每周两节，各校根据实际开展形式多样、内容丰富的课外活动。

全县统一要求做到五有、三落实：即有计划、有组织、有目的、有检查、有总结；时间落实，辅导教师落实，课题落实。对确有专长的学生进行专门训练，发展特长，培养专门人才。

二、学籍管理

在本校服务半径内升入初中的学生，身体健康，无传染病，智商符合规定，可入本校读书，取得学籍。新生入学后，学校建立学籍表，按班装订成册，教务处存档。报教育局普教股审查备案，存入微机。

转出：学生因家庭迁移或其他原因需转到他校学习的学生，由学校发给《转学联系单》办理有关学籍手续。

转入：因学校班容量大，不收转学生，特殊情况，经学校研究同意，教育局审核批准，学生方可办理转学手续，取得学籍。校长给教务处开《入学通知单》。教务处给班主任开《入学通知单》，学生方可入班上课。

休学、复学：学生因病请假超过两月，可持医院证明，药费单据，休学申请，办理休学手续。休学期间保其学籍。康复后，经学校审核批准入学。

留级：一般学生不能留级。休学半年以上，复学后学生本人不能跟班，强烈要求留级者，经学校审核批准，办理相关手续安排留级。

1996—2010年阜平县初级中学统计表

表20-2-3　　单位：人、个

项目 / 学年度	学校数	班数	学生数	招生数	毕业数	教职工数	专任教师数
1996.9—1997.8	21	179	9399	3688	3364	807	634

续表 20-2-3 单位：人、个

学年度＼项目	学校数	班数	学生数	招生数	毕业数	教职工数	专任教师数
1997.9—1998.8	20	189	9862	3348	3215	958	682
1998.9—1999.8	20	193	10404	3582	3243	938	679
1999.9—2000.8	20	187	10295	3649	3751	912	673
2000.9—2001.8	24	189	10193	3565	3424	999	675
2001.9—2002.8	24	229	10334	3881	2830	1007	765
2002.9—2003.8	22	193	10835	3757	3340	934	706
2003.9—2004.8	21	192	10833	3449	3487	914	690
2004.9—2005.8	23	228	9776	3202	3267	958	700
2005.9—2006.8	20	175	8823	2717	3218	906	674
2006.9—2007.8	20	163	7980	2492	2875	707	527
2007.9—2008.8	19	146	7396	2450	1882	660	497
2008.9—2009.8	19	142	6622	2300	2392	644	479
2009.9—2010.8	16	131	6255	2071	1890	696	465
2010.9—2011.8	16	133	5841	2007	1849	864	627

三、重点初中简介

城厢中学 城厢中学位于县城北街。建于1970年，1996年独立办学。2008年小坝中学并入，2009年槐树庄中学、龙门中学、照旺台中学并入，整体搬迁至原阜平中学。

城厢中学占地58338平方米，建筑面积17046平方米。2009年，学校投入800万元改善办学条件，配有理化生实验室、微机室、图书室、阅览室、音美教室等高标准专用教室。学校有35个教学班，3124名学生，教职工186名。其中专任教师143名，中学高级教师38人，中教一级教师84人，中教二级教师21人。1人研究生毕业，74人本科毕业，68人专科毕业，学历合格率100%。省市级骨干教师、优秀教师、教学标兵31人。

1996—2010年，县委、县政府授予“教育教学质量优胜单位”。2009年荣获“省政府教育教学督导评估立功单位”荣誉称号。2010年荣获阜平县“学校安全工作先进单位”“标准化学校创建工作先进单位”“2010年度教育工作实绩突出单位”“保定市2010年度招生考试工作优秀考点”称号。

王林口中学 王林口中学由西庄联中和王林口联中合并而成。2002年12月迁至新校址——东庄村。学校服务面积168平方公里，辖20个行政村，56个自然村，人口1.9万人。学校占地20000平方米，建筑面积7100平方米，交通便利，是阜平县规模较大的初级中学之一。

王林口中学学生在上课间操

学校有教职工55人，其中专任教师46人。本科以上学历35人，占教师总数的76.1%；专科学历11人，占教师总数的23.9%。有12个教学班，在校学生598人，班均43人，学校教室26个。2009年，投资30万元新增微机47台、12套多媒体及配套设备。投资16.5万元，更新物理、化学、生物实验室实验台。投资15万元，新增图书3000多册。投资12万元绿化、美化校园环境。

1996—1997年连续两年被阜平县教育局授予教育工作实绩突出单位。2004—2005年被阜平县教育局授予工作先进单位。2009年通过省政府教育教学综合督导评估。2010年被中共阜平县委、县人民政府授予省政府教育教学综合督导评估工作立功单位，被保定市教育局授予争创保定市标准化学校建设工作先进单位。

北果园中学 北果园中学建于1958年，位于阜平县城东南15公里处。占地面积21000平方米，建筑面积6180平方米。2010年有12个教学班，学生484人。

学校有教职工50人，其中专任教师39人，学历合格率100%。其中本科学历教师13人，中级教师20人，市级骨干教师、优秀班主任9人。1996年，学校建伙房、餐厅、学生公寓、浴室、水房。2010年，学校有微机室1个，语音室1个，电教器材室1个，理、化、生实验室、器材室各1组，音乐、美术专用教室、体育器材室各1个，电子备课室60平方米，开通了校园网，共享远程教育和宽带教育资源，拥有独立网站。学校有实验器材、学科教具4370件（套），图书22436册，多媒体教室10个，微机80台。

1996—2010年，先后被评为“安全文明校园”“语言文字规范化学校”“教育教学工作优胜单位”“教育教学质量先进单位”“综合评估实绩突出单位”“保定市教育系统先进集体”。

平阳中学 平阳中学建于1959年，位于平阳镇平阳村。占地面积14000平方米，建筑面积8100平方米。教学楼、综合楼、学生宿舍楼、师生餐厅各1座。校园绿化、美化总面积4500平方米，三季有花，四季常绿。2010年，学校有16个教学班，在校生710名，教职工70人，其中专任教师47人，本科学历29人，专科学历18人，学历达标率100%。教师继续教育培训率100%。普通话合格率100%。

1998年，镇政府投资建成2152平方米教学楼，2005年，建成2387平方米综合楼。2009年，筹资210万元，建成2100平方米高标准学生宿舍楼、标准食堂。2010年，投资19.2万元，建成水冲式厕所。投资12.6万元装配微机36台，多媒体教室1个。投资15万元购图书11058册，学校藏书2.73万册，阅览室报纸杂志80多种，仪器7754台件。学校独立网站正常运行。

1996—2010年，先后获“保定市德育示范校”“保定市规范化学校”“保定市教师职业道德建设先进单位”“保定市语言文字规范化示范校”“阜平县教育教学优胜单位”“阜平县立功单位”等称号。

四、高中教育

（一）办学条件

1996年，阜平中学被确定为河北省重点中学，是阜平县唯一一所高中教育学校。1996—1997年，投资400万元，建学生宿舍楼5660平方米，实现公寓化管理。投资60万元，安装供暖设施，集体供暖。1998—2000年，投资388万元，建综合实验楼5321平方米，投资120万元，装备内部设施。设理化生仪器室、实验室

阜平中学新校址外景

10个，微机室2个，配备微机148台。语言室2个，配座128个。电子备课室1个，配备微机40台。多媒体教室1个，配座132个。图书室1个，藏书20000多册。学生阅览室1个，配座70个，备有报纸杂志270多种。教师资料室1个，储藏工具书及教学用书3000多册。文印室1个，配有复印机、制版印刷一体机。配有音乐室、美术室、学生活动中心。2001—2008年，投资180万元，修建大北堂、建教工食堂、改造实验室、硬化校院、操场、篮球场、购置电脑、铁床、变压器等。

2006年，县委、县政府在县城北照旺台村征地166.38亩，投资5000万元，建起综合教学楼13637平方米，宿舍楼4809平方米，餐厅3825平方米，投资50万元硬化道路、校院。2009年9月9日，阜平中学整体搬迁到新校址。

（二）教学质量

1997年，高考上省专线首次突破百名大关，1998年上线123名，位居保定市第七名，山区县第一名。1999年上线177名，比1998年提高44%，继续保持保定市第七名位次，获保定市“教育工作先进单位”称号，其中学生张彦文、安伟分别考入清华、复旦大学。2000年高考上本科线185人，跃居保定市第六名，跻身第一平台，获保定市“教育教学先进单位”称号。2001年高考上本二线183人，专科线642人，上线率86.7%。

学校运动会上艺术生展示作品

2007年高考上线256人，2008年上线258人，再创新高。2009年，高考本一上线112人，本二上线268人；2010年高考本一上线104人，本二上线248人，有12人国家名牌大学录取。1996—2010年，阜平中学有4人评为国家级优秀教师，12人评为河北省优秀教师，90人次获市级以上优秀教师和骨干教师奖励。2009年，阜平中学完成河北省示范性高中达标验收。2009年、2010年阜平县委、县政府授予“教育工作实绩突出单位”称号。

2010年，学校有教学班39个，在校生2370人，其中住宿生2156人。教职工227人，其中专任教师177人，中级职称73人，高级职称34人。

1996—2010年阜平县中学教学统计表

表20-2-4　　单位：名、个

项目/年度	招生数	毕业数	教学班数	高考		专任教师数
				本一上线数	本二上线数	
1996	470	266	18	25	63	127
1997	560	276	20	16	53	133
1998	560	463	22	25	63	130
1999	560	458	24	53	78	137
2000	555	564	26	86	99	130
2001	699	556	28	68	113	127

续表 20-2-4　　单位：名、个

项目 年度	招生数	毕业数	教学班数	高考		专任教师数
				本一上线数	本二上线数	
2002	744	560	30	42	124	131
2003	685	602	31	33	131	140
2004	688	722	32	37	128	155
2005	773	770	33	36	139	160
2006	907	740	34	47	144	168
2007	798	720	35	63	193	163
2008	800	796	36	48	190	183
2009	750	952	36	57	211	182
2010	788	793	36	64	184	177

说明：1999 年之前阜平中学有初中部，本表中教学班级只统计高中的班级数，专任教师数包括初中任教教师。

附：阜平中学教师外流情况调查

1996—2010 年，阜平中学先后有 33 位教师擅自离岗，到外地工作。外流教师到保定市区、石家庄市区、曲阳县等工资待遇较高的市、县任教。经多方努力，有 14 人返校。

一、外流情况

1996 年阜平中学出现教师外流现象，2000 年、2007 年外流人数较多。33 名外流教师中，有 7 人为教研组长、12 人为学科组长，均为一线中青年骨干教师，大学本科 31 人，专科 2 人，高级教师 6 人，中级教师 22 人，初级教师 5 人。外流教师平均年龄 36 岁，最小的 24 岁，最大的 43 岁。外流教师普遍学历高、职称高，年富力强，工作经验丰富，教学成绩好。

二、外流原因

教师外流的原因是多方面的，有社会大环境影响，有管理不到位的因素，也有县发展空间小，出路窄的原因。外流教师大部分到了条件好的城市，待遇好，单位可解决住房、家属就业问题。1996—2010 年间有两次大规模外流，其中 2000 年外流 7 人，2007 年外流 12 人。外流的主要原因：第一、待遇低，且多有拖欠，不能正常发放。阜平县由于财政困难，该发工资项目发不全，工资不能及时发放，年年拖欠，工资补发困难，仅 1999 年就拖欠四个月。第二、职称评聘难。职称评难，评职称够条件的教师要排队。给了职称指标，才能评职称。聘用难，评上职称后要排队等指标，造成评聘脱节。第三、无福利待遇。如星期六、日加班，早晚自习值班待遇得不到解决。第四、个人和家庭出路窄。孩子上学，家属就业，存在诸多问题，短期内难以改变。到经济发达地区，便于安排，可改变家境。第五、条件差。和外地比差距大，教学区、生活区、活动区不能有效分离，教师办公条件差、宿办合一，单职工教师家属，孩子挤在一间办公室住，做饭用煤油炉，办公室杂乱。学校不能给教师提供宿舍，不能提供自动化办公设备，个人作用发挥空间较小。

三、外流影响

阜平中学教师外流对阜平县整个教育发展产生不利影响。学生、学生家长以及社会各界都有反映、有议论。第一、学科教师岗位空缺，不能够及时补充。县政府决定每年可招聘 10 名教师，只能招到三四个。现有教师只好拔高使用，兼课代课。招聘的特岗教师，流失也很严重。第二、中层领导岗位、学科带头人、中青年骨干教师数量上突然减少，给学校的管理带来困难。第三、生源外流。学生跟着老师跑，到外县市就读。阜平县小学生、初中生、高中生每年到定州、石家庄、保定等地就读的有300多人。每年中考的前100名，只能留住30多人，生源质量急剧下降。小学、初中的优秀学生也流到外地。第四、优秀学生思想产生动摇，学校发展令人担忧。

教师外流，对全县教师队伍产生很大冲击，影响了部分教师的工作积极性，想着跳槽或者去考公务员，学校管理难度加大，直接影响教育教学质量。

四、扼制外流措施、效果

为扼制教师外流，县委、县政府做了大量的工作。第一县政府常务会决定每年为阜平中学招聘教师，让学校筹措资金发放工作补贴，提高教师待遇，调动教师工作积极性；第二召开专门会议解决职称评聘的问题。中学一级教师从2008年开始分三批聘任，中学高级教师2008年全部聘任；第三登门拜访，做工作，帮助教师解决实际困难，感召教师。经过多方努力，已有14人返回学校。

阜平中学1996—2010年教师外流情况统计表

表20-2-5

序号	年度	姓名	学历	职称	年龄	去向	返岗情况
1	1996年	韩文国	本科	中一	37	石家庄	
2		李国英	本科	中一	35	石家庄	
3	1997年	郭晓东	本科	中一	27	保定	
4	1998年	马风琴	本科	中一	46	保定十七中	
5	1999年	苗凤香	本科	中高	33	石家庄	已返校
6		张建庄	本科	中一	37	保定	
7	2000年	孟昭江	本科	中一	40	石家庄	
8		张玉田	本科	中一	41	石家庄	
9		杨瑞斌	本科	中一	40	廊坊	
10		顾红英	本科	中二	31	保定	
11		孙　敏	本科	中一	39	石家庄	
12		张俊彦	本科	中二	32	保定	
13		王　梅	本科	中一	35	石家庄	
14	2003年	耿　杰	本科	中一	37	天津	已返校
15	2004年	段文汇	本科	中二	33	四川	
16	2005年	郄晋梅	本科	中一	40	石家庄	
17		安慧丽	专科	中二	39	石家庄	
18	2006年	李贵忠	本科	中一	45	石家庄	
19		李　丽	本科	中一	40	石家庄	已返校
20		王立平	本科	中一	45	保定	

续表 20-2-5

序号	年度	姓名	学历	职称	年龄	去向	返岗情况
21	2007 年	冯志恒	本科	中高	42	廊坊	已返校
22		周　江	本科	中高	39	曲阳恒阳中学	已返校
23		李海瑞	本科	中高	41	曲阳恒阳中学	已返校
24		智　勇	专科	中一	37	曲阳恒阳中学	已返校
25		吕　哲	本科	中高	47	曲阳恒阳中学	已返校
26		高金平	本科	中一	41	曲阳恒阳中学	已返校
27		高利林	本科	中高	42	曲阳恒阳中学	已返校
28		王海军	本科	中一	42	曲阳恒阳中学	已返校
29		王　义	本科	中一	38	曲阳恒阳中学	已返校
30		赵　芳	本科	中一	48	曲阳恒阳中学	
31		王君宇	本科	中一	43	曲阳恒阳中学	已返校
32		贾爱国	本科	中一	39	曲阳恒阳中学	已返校
33	2008 年	崔爱云	本科	中二	28	读研一直未回	

第四节　中等职业技术教育

一、教学理念

1994 年，原城南庄农技中专学校迁至阜平县平阳镇前进机械厂旧址，改（扩）建为一所综合性职业学校——阜平县职业技术教育中心（简称阜平职教中心）。

职教中心占地 600 亩，建筑面积 14 万平方米。1997 年，建成综合楼一栋，装配完成计算机和服装制作实训基地。2007 年，建成实训楼一栋，建立电子电工实训基地。2009 年，完成原有教学楼的加固工作。2010 年，建成阜平县新型农民培训中心，装配了先进的农林、动物治疗、动物解剖实验室。

2005 年，县委、县政府确立“打破行政区域界限，立足带动辐射周边，发展大职教”的办学理念，提出建设“9+1”（行唐、灵寿、平山、五台、繁峙、灵丘、曲阳、涞源、唐县、阜平）十县职业教育协作区，把阜平职教中心建成太行山区职教“龙头”，发挥“龙头”辐射作用。2009 年，职教中心完成“一校三址”的发展布局：学校本部成为第一校区，开展实习实训和社会培训；在县城城厢中学原址建成第二校区，开展文化课和专业理论课教学；依托北京分校建成第三校区，开展学生岗前培训和就业指导。三区相互独立、协调发展，形成“流水线型”职业教育人才培养新模式。

凭借学校学生就业率高，专业设置符合市场需求的优势，学校在校人数不断壮大，学生由 1996 年的 1000 余名增加到 2003 年的 3400 名，截至 2010 年职教中心有 85 个教学班，在

阜平职教中心外景

校生数8079名。

职教中心坚持“长短结合”、学历教育和科技培训并重，立足当地实际，全力服务“三农”。结合“新农村建设双带头人培养工程”，搞好涉农专业建设，为“强县兴市富民”服务，“阜平经验”在全市推广，并载入《保定市职业教育“十二五”发展规划》。1999年，被评为省重点职业教育中心。2004年晋升为国家级重点中等职业学校。2006年被认定为国家半工半读试点学校。2010年成为“国家中等职业教育改革发展示范学校”。

二、教学工作

（一）专业设置

学制为三年，根据国家、省有关规定选取教材，根据学校实际情况积极开发校本教材，已开发《语文》《数学》《英语》《食用菌栽培技术》《枣树栽培技术》等十几种教材。

1996年设专业：农教、机电、汽修、果林、服装、旅游、计算机专业。1997年增设环保专业。1998年增设外事、计量、司法专业。1999年增设医士专业。学校根据人才需求，不断调整专业设置。1998—1999年，设普通高中专业，学校分为高中部和职专部两大部。2001年增设保安（公安保卫）专业。2002年增设艺术高中、服装、机电一体化、汽车运用与维修专业。2003年增设幼教、艺术高中、高中、电子电器应用与维修、饭店服务与管理专业。2004年增设速记、通信专业。2005年，撤销高中部招生，增设物流、机电技术应用专业。2006年增设现代物流、数控、现代商务专业。2007年增设养殖、数控技术应用、商品经营专业。2008年增设林特产品加工专业。2009年增设种植、农村经济管理、农业机械化等涉农专业、服装制作与营销专业。2010年增设农村电气技术、农业机械使用与维护、畜禽生产与疾病防治、现代农艺技术、学前教育专业。

1996—2010年阜平县职业教育统计表

表20-2-6　　单位：人

年度＼项目		招生数	毕业数	主要专业
1996	中专部	750	750	计算机、汽车维修、外事服务、果林农教师资、民师、
	职高部	260	260	
	合计	1110	1110	
1997	高中部	50	50	计算机、环保专业、机电专业、果林、外事、汽修
	职专部	1230	1230	
	合计	1280	1280	
1998	职专部	1450	1450	计算机、环保、外事、汽修、果林服装、计量、司法、机电
	合计	1450	1450	
1999	高中部	120	120	综合高中、寻呼、电算、外事、汽修、果林、服装、机电
	职专部	984	984	
	合计	1104	1104	
2000	高中部	210	210	综合高中、计算机、外事、汽修、医士机电
	职专部	890	890	
	合计	1100	1100	

续表 20-2-6　　单位：人

项目/年度		招生数	毕业数	主要专业
2001	高中部	240	240	计算机、外事、汽修、综合高中、医士机电
	职专部	1120	1120	
	合计	1360	1360	
2002	高中部	190	190	计算机、外事、汽修、综合高中机电
	职专部	1220	1120	
	合计	1410	1410	
2003	高中部	205	205	计算机、外事、汽修、综合高中、医士机电
	职专部	1020	1020	
	合计	1225	1225	
2004	高中部	210	210	计算机、外事、汽修、综合高中机电
	职专部	978	978	
	合计	1188	1188	
2005	高中部	230	230	计算机、酒店服务、汽修、综合高中机电
	职专部	1002	1002	
	合计	1232	1232	
2006	高中部	275	275	计算机、酒店服务、汽修、综合高中、物流、机电
	职专部	1240	1240	
	合计	1515	1515	
2007	高中部	220	220	计算机、酒店服务、汽修、综合高中、机电
	职专部	1340	1340	
	合计	1560	1560	
2008	职专部	2556	2556	计算机、酒店服务、汽修、综合高中、电子电工
	合计	2556	2556	
2009	涉农	2983	2983	电子电器应用与维修、饭店服务、服装制作与营销、计算机专业、汽车运用与维修、农业机械化、农村经济管理种植专业、养殖专业
	职专部	1929	1929	
	合计	4912	4912	
2010	涉农	1137	1137	服装设计与工艺、计算机、酒店服务与管理、农村电气技术、农村机械使用与维护、畜禽生产与疾病防治、现代农艺技术

（二）实习

学校拥有国家级电子电工、省级汽车运用与维修、现代农业、服装制作与营销、计算机等6个实训基地。电子电工专业实训基地，装配13个实训室，拥有电子技术实训装置、高级维修电工实训考核装置、电子焊接装配生产线等成套设备443台套，能够满足农村电气技术、电子电器应用与维修、计算机应用等专业实训教学需要。汽修专业实训基地，拥有汽车发动机、底盘等成套设备412台套，计算机机房16

职教中心学生在实训基地接受培训

个，有计算机1230台。涉农专业实训基地，成套设备324台套。

2006—2010年，相继建立天津胜利宾馆校外实训基地，每年为旅游酒店类专业学生提供实习岗位100个。建立英特曼校外实训基地，每年为服装专业学生提供实习岗位180个。建立天津光电集团、青岛海尔集团校外实训基地，每年为电子电工类专业学生提供实习岗位240个。建立北京爱义行校外实训基地，每年为汽车运用与维修专业学生提供实习岗位80个。建立阜平县东兴鼋鱼养殖基地、海沿奶牛养殖基地、东城铺大枣示范园等13个校外实训基地，每年为涉农专业学生提供实习岗位780个。

（三）联合办学

学校立足县情、校情，1994年联合办学。1996年，阜平职教中心与北京市六所国家级重点职业高中结成兄弟联谊学校。学校6个专业分别和北京六所学校联谊，双方就学校管理、学术交流、师资培训和学生输出等多方面达成协议。联谊学校无偿赠送办公用品及教学仪器设备，同时在学生实习、学校管理、资料信息、师资培训等多方面给予大力支持。联谊学校还无偿为职教中心培训服装、旅游、烹饪专业教师数十名。通过联办学校，输送1500名毕业生到北京就业。学校还和青岛开发区职业中等专业学校、北京市花园路职业高中、北京幼儿师范、北京市二轻工业学校、北京市昌平职业学校开展联合办学。

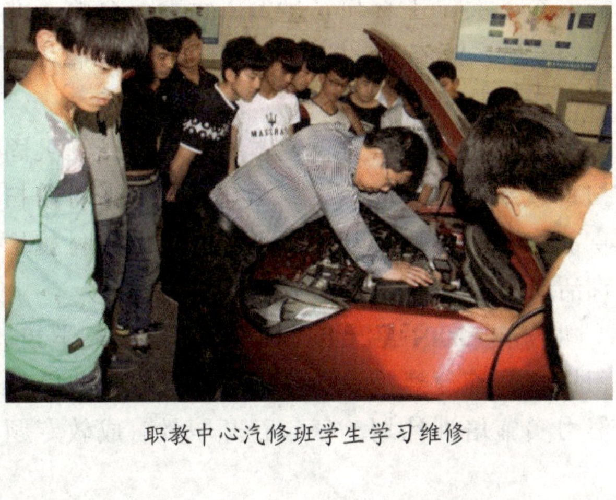

职教中心汽修班学生学习维修

2006—2010年，学校积极探索联合办学新路。和青岛同创学院成功开办机电一体化专业和北京花园路职业高中联办计算机及应用专业，和青岛开发区职业中专联办现代化物流专业。

三、学生就业

学校以服务为宗旨，以就业为导向。建立培训处，负责学生就业。1997年，学校建立毕业生跟踪档案，一方面了解学生工作情况，另一方面整理学生成功成才典范，选拔创业明星，为学校招生就业工作进一步发展提供素材。1999—2008年，先后筹建北京、天津、青岛三个就业服务中心，进一步密切与就业市场、合作企业联系，积极开展“订单”培养，学生就业安置率和稳定率逐年提高。2009—2010年，驻京、津办事处挂牌成立，保证学生就业畅通和稳定。毕业生就业率97.95%，就业稳定率80.3%。

四、师资队伍建设

1996—2005年，学校注重教师培养，促进“双师型”师资队伍建设。结合国家“中等职业学校教师素质提高计划”，选派优秀专业教师参加国家、省级骨干教师培训。2005—2010年，参加国家级骨干教师培训20余人，其中李胜伟、曲俊梅2名教师分赴德国和奥地利交流学习。参加省级骨干教师培训60余人次，参加省级学科带头人培训10人。

五、培训

1996—2010年，学校依托“中国扶贫基金会人才培训中心阜平培训基地”“中华职教社温暖工程实施基地”“国家星火计划农民科技培训星火学校”“国家阳光工程培训基地”“河北省首批技能型紧缺人才培训基地”“劳动力转移培训基地”“河北省扶贫培训基地”的资源优势，有效开展农村劳动力转移培训、农村实用技术培训、在职职工岗位培训和农村干部素质培训四大工程，培养专业技术人才，劳务输出两万余人。

学校采用不同方式开展培训，面向农村农民培训，主要在农闲季节到学校集中培训，对企业职工主要进行岗前培训和生产岗位指导，对种植、养殖、农家乐经营户采用送技术到家，15年间培训85期。63.5%的学员取得相应职业技能证书，5000人转岗就业，每年人均增收8000余元，帮助3000余户农民家庭脱贫致富，其中500余人自主创业，成为农村科技致富带头人。

1998年，和河北大学联办，成立河北大学生函授站，开设成人汉语言文学和政治教育专业，进行专科学历教育。1999年，和中央党校联办经济管理和法律本科函授，2003年，和河北师大联办教育管理专业本科函授，2010年，成为北京科技大学校外学习中心，招收会计学、工商管理、法学等专本科学员。

六、外界支持

1997年，河北籍港商杨杰成，捐资职教中心开设医士专业。香港翔远集团董事长孙梦兰，以集团名义捐资100万元，设立“富本阜平职教基金”“职教创业明星奖”。到2010年举办10届，表彰优秀毕业生100名。

七、荣誉

1996—2010年，阜平职教中心先后获得“全省中小学德育工作先进集体”“中国西部地区教育顾问单位”“河北省安全文明校园”“河北省五四红旗团委创建单位”“保定市教育工作先进单位”“学校德育和思想政治工作先进集体”“保定市职业教育教学工作先进集体”“保定市职业教育招生就业工作先进单位”“保定市劳动力培训转移工作先进单位”“河北省教育系统先进集体”“保定市和谐学校”“保定市招生就业先进单位”“保定市实施升级进位工程优胜单位”“保定市2006—2007年度扶贫开发工作先进集体”“保定市职业教育工作立功单位”等多项荣誉。

第五节　成人教育

一、体制变革及发展

1996年，阜平县教育局设立成教股，主管全县成教工作，成人教育体制实行成人学校与乡（镇）、村普通中小学合址的变革，一校两牌，合署办公。普教学校校长兼职成教学校校长，既抓普教工作，又抓成教工作。乡文教室专设成教校长一人，主抓成教工作。1996年，13个乡镇都建立了成人学校，209个行政村有134所成人学校，办学率100%。有固定教室，配备基本图书资料及教学仪器，有专职成人教师43人，固定兼职教师102人。2006年，将各乡（镇）成人学校划归县职教中心统一管理，成为县职教中心分校。按国家对职成教要求，按人口万分之二配备成教教师，职教中心教师也是乡镇成人学校教师。截至2010年，全县13个乡镇建成13所有独立院落成人学校，形成以职教中心为龙头，乡（镇）成人学校为骨干，村成人学校为基础的教育网络。各级成人学校采用“上挂、横联、下辐射”办学模式，利用科技培训、技术推广、科技扶贫、人才培训，劳动力转移等方式，开展农民教育。平阳、城南庄两所乡镇成人学校成为省级规范化成人学校。东下关、王林口、砂窝、大台、台峪、北果园6所乡镇成人学校成为市级规范化学校。

二、农民教育

1996年，农村文盲基本扫除，除继续巩固扫盲成果，抓好“一堵、二扫、三提高”的扫盲工作外，全县成教工作主要开展农村科技培训活动，为当地经济建设服务。

1997—2001年，各乡（镇）、村成人学校，积极参与当地经济大合唱，坚持“三教统筹”，努力实施培训计划。每年召开职教、成教专题会议，制定培训计划。确定以县职教中心为龙头，以城南庄、东下关、北果园等乡镇为市级示范乡，把阜平镇、平阳镇、王林口乡作为县级实施培训示范乡，充分发挥乡村成人学校的基地作用，与农林、畜牧、科技部门积极配合，乡乡定科技项目、村村培养科技明白人，签订技术服务合同，健全科技服务体系。各乡村成人学校做到"四有"，即培训有计划，推广有项目，科普有成果，创收有实体。2002年，中国青少年发展基金会建设乡村电子信息馆投资项目落户阜平。阜平成为河北唯一一家总投资100余万元的项目投资对象，建成阜平中学、职教中心和13个乡村电子信息馆，全县13个乡镇有了集传统媒体与现代科技信息于一体的教育资源库。充分发挥乡村电子信息馆作用，使农民教育、职业教育有机结合，协调发展。

2003—2006年，举办种植、养殖、服装、林果、大枣加工、大棚蔬菜等培训班600余期，培训人员8.4万人次，印发明白纸17.2万份。2004—2006年，举办"百万农民进课堂""百村千户万人科技示范"活动。

2007—2010年，聘请省、市级有关专家教授授课。河北农大、保定市畜牧水产局、市科技局等专业技术人员来阜平县进行无公害大枣、苹果、蔬菜生产技术和鼋鱼养殖技术培训。

三、职工教育

阜平县职工教育重点抓下岗工人培训工作。成教股会同职教中心，联合县劳动就业部门，开办下岗职工培训班，培训下岗职工，并负责推荐工作。1996—2010年，办培训班15期，培训职工1800人次。再就业1200人次。

四、干部教育

1997年，阜平县委、县政府在职教中心建立"阜平县干部党员培训中心"，进行在职预备党员培训。在培训内容上，既注重理论，又要使每个党员都能学到1～2门技术，通过集中学习和函授相结合方式，提高了干部党员尤其是农村基层干部的总体素质。

第六节　民办教育与特殊教育

一、私立中小学

启明中学　1999年，行唐县韩合香创办阜平县第一所民办学校——启明中学，校址在照旺台村。设有小学1～6年级班，初中1～3年级班，高中1～3年级班。开始学校招生比较困难，每学年招生不足200人，每班不足20人。后初中教学聘请当地退居二线的教师任教，初中教学质量显著提高，招生量逐年增多，最多年份招生超过400人。高中教学由于聘请不到教师，教学质量难以提高，2007年终止高中招生。2009年下半年学校停办。

英豪小学　2001年7月，阜平县平阳镇李进军租用县社照旺台果脯厂创办阜平县第二所民办学校——英豪小学，学校开设1～6年级小学班。2007年停办。

二、私立幼儿园

1992年1月，宝宝乐幼儿园成立，在园人数80人、教师5名，分大、中、小三个班，每人每月45元，午餐每人每月30元，宝宝乐幼儿园2008年8月停办。2000年后，县城私立幼儿园迅速发展，到2010年发展到13所。

2010年阜平县民办幼儿园一览表

表20-2-7　　　　单位：人

项目 名称	园长	建园时间	在园数	地址
英才双语幼儿园	李冬梅	2002.2	83	北街政府东
超前幼儿园	王计军	2002.3	253	农贸市场

续表 20-2-7　　单位：人

项目 名称	园长	建园时间	在园数	地址
阳光幼儿园	李　国	2003.2	37	北街政府东
农机幼儿园	张爱兰	2003.7	158	农机三楼
超常幼儿园	刘　跃	2007.7	85	党校对过
小红帽幼儿园	王　灿	2008.7	45	环城路
吉园幼儿园	赵秀平	2008.7	25	广播局北
小精灵幼儿园	吕梦秋	2008.7	89	县医院门口
好孩子幼儿园	李伟民	2009.7	62	北街财政局东
爱心幼儿园	张文明	2010.2	29	法华学校东
小博士幼儿园	李　会	2010.7	53	高街
化肥厂幼儿园	陈小美	2010.5	100	原化肥厂
春之声幼儿园	张明风	2010.9	20	桥东街东湾

三、特殊教育

阜平县特殊教育学校，前身为阜平县聋哑学校。建于1991年11月，是阜平县唯一一所实行九年义务教育、全日制、封闭式、寄宿制特殊教育学校。教育对象为听障、语障、智障适龄少年儿童。使用全国统一特殊教育课本，学制6年。1996年，学校在照旺台村租用民房，设2间教室，2间宿舍，2间办公室，1间伙房。校长1人，教职工8人。有听、语障学生12人。学校教学以聋校试用课本为教材。

2008—2010年，投资20万元，购置语训感统蒙特台利教具等通用、专用教育教学设施。配有专业教师12名。开设文化、体育、美术、劳动、听说训练、感统、社会实践、职业教育等课程。专业教师全部参加省、市组织的专业培训，教师撰写的论文有10篇在市级刊物上发表、交流。三名教师在全市组织的公开课上获二、三等奖。教师15人次获市、县级先进个人称号。学生毕业后成为自食其力的劳动者。8人到福利工厂工作。

第三章　教师

1996—2010年，坚持把提高教师队伍素质作为实现教育可持续发展的基础工作来抓，围绕“办人民满意的教育，做人民满意的教师”主题，在全县开展“修师德，强师能，铸师魂”活动。转变教育观念，学习先进办学经验，内引外联，提高教育水平。截至2010年，高级职称资格的160人，中级职称资格的1689人，初级职称资格的494人。国家级骨干教师1人，全国优秀教师7人。省特级教师4人，省级骨干教师3人，市级骨干教师22人。82名教师分别获国家、省、市表彰和奖励。

第一节　来源与构成

一、教师来源

1996年，全县有教职工2396人，其中国办教师2110人，民办教师286人，小学教职工1356人，初中教职工650人，高中教职工123人，职中教职工114人，幼教教职工24人，特教教职工13人，教育局机关股室116人。

1996—1999年，分配师范类毕业生：本科生13人，专科生202人，中师生905人，计1120人。

1999年，是阜平县师范类毕业生分配最后一年，此后，高中学校从本科师范类毕业生中择优招录。2003年招录本科生2人，2004年招录本科生11人，2006年招录本科生15人，2007年招录本科生11人，计39人。2009年，阜平县向省政府申报“特岗计划”，截至2010年分配222名特岗教师。

1996年，全县有民办教师286人，其中小学255人，初中30人，职中1人。到1999年底，民办教师全部转为公办教师。

二、教师构成

2010年，全县有教职工2494人，其中小学教职工1067人，初中教职工696人，高中教职工227人，职中教职工405人，幼教教职工83人，特教教职工16人。

三、教师素质

阜平县围绕“办人民满意的教育，做人民满意的教师”主题，在全县教师中开展“修师德、强师能、铸师魂”活动，全县教师师德考核合格率为100%，82名教师分别获国家、省、市师德标兵表彰和奖励。在师能培养上，转变教育理念，瞄准外地先进办学经验，采取内引外联办法，积极学习名校名师的教育理念。

2010年，全县在职教师中取得高级职称资格的有160人，中级职称资格的1689人，初级职称资格的494人。国家级骨干教师1人，全国优秀教师7人。省特级教师4人，省级骨干教师3人，市级骨干教师22人。

第二节　师资培训与进修

一、学历进修

1996年，高中毕业教师参加中师学历进修59人，全部取得中师学历。1997—2000年，招收三期小学教师参加大专学历进修360人，246人取得大专学历，广播电视大学招生58人。小学教师达标率100%，学历提高率30%，中学教师学历合格率86%。2001—2010年，全县中小学教师参加广播电视大学进修375人，取得专科学历55人，本科学历31人。

二、师资培训

（一）校长培训

1996—1997年，对全县52名小学校长进行岗位培训，培训内容为马克思主义基本原理、教育学知识讲座、学校管理知识。1998年，对82名小学校长进行培训，内容为邓小平教育思想研究、学校教育法制基础、学校管理研究、中小学教育评估、中小学教育科学研究和素质理论与实践。1999年，对21位新任小学校长进行岗位培训，内容为：马克思主义基本原理、教育政策法规、邓小平理论、小学管理、教育学和心理学。中学校长参加市级培训，高中、职中校长参加省级培训。2000—2010年，对全县中小学校长进行培训，参训率100%，合格率100%，中小学校长持证上岗。

（二）教师培训

1996—2000年，全县中小学教师参加继续教育和各种不同类型的培训学习。2001—2004年，暑假集中举办骨干教师、学科带头人培训班，推广“校本培训”模式，推广研训一体化办学体制。按照教什么考什么原则，启动全县1171名小学教师和校长的素质考试。2008年，18名教师参加省级骨干教师培训，76名教师参加市级骨干教师培训。2009年，1322名中小学教师进行综合教育技术应用能力培训。对145名特岗教师进行教育法律法规、中小学职业道德、课堂教学培训。2010年，对阜平中学、阜平职教中心、县幼儿园和特教学校338名教师进行综合教育技术应用能力培训，参加河北省综合教育技术应用能力考试。

第三节　教师聘用

一、分配聘用

1996—1999年，执行国家师范类大专毕业生统一分配政策，四年分配任中小学教师毕业生365人。2000年停止实行统一分配政策。2001年，阜平中学招录聘用教师，每年招录5～10人。2001—2007年招录教师39人。2009年国家实行特岗教师计划，截至2010年，全县聘用特岗教师222人。

二、岗位招聘

1996—2010年，对在岗教师实行以乡镇或学校为单位“公开招聘，择优聘用”政策，规定落聘教师比例不得高于参聘教师总数的1%。

三、职称评聘

1996—2006年，阜平县中小学教师职称评聘工作分两步走，第一步，全体参聘。第二步，对评上职称的教师排队，分年度与工资挂钩。2007年，县政府决定对阜平中学、职教中心取得职称资格的教师分三年聘完。2009年县政府决定，按照2008年的岗位设置数量，一次性聘满空缺岗位，从2009年7月1日起执行职称与工资挂钩。2010年，全县在职教师中取得高级职称资格160人，中级职称资格1689人，初级职称资格494人。

2009年，义务教育阶段中小学教师实行绩效工资。2010年起，非义务教育阶段学校教师和教育系统机关人员实行绩效工资。

第四章　学生

1996—2010年，阜平县实行小学升初中九年一贯制升级制度。2004年，教育局下发《关于推进学校基础教育课程改革的实施意见》，大力推行素质教育，提高课堂效率，减轻学生负担。教育学生德智体美全面发展。

第一节　学生管理与教育

一、学生入学

2006—2010年，小学和初中实行就近入学。为推进教育均衡发展，全县划分8个学区，分别是：平阳、王林口、阜平镇、北果园、城南庄、砂窝、史家寨、天生桥，同一学区内中学生可以选择入学。

二、学生作业

1996—2004年，中小学学生课业负担基本特点是：城区中小学生课业负担重于乡下学生；中学生课业负担重于小学生；各学段高年级学生课业负担重于低年级学生；毕业班学生课业负担重于非毕业班学生。2004年4月，教育局下发《关于推进学校基础教育课程改革的实施意见》，推行素质教育，提高课堂效率，减轻学生负担。2005年，教育局下发《关于学校不得组织学生统一订购资料和禁止以各种名义办辅导班搞有偿家教的通知》，治理教育“三乱”现象。2006年，落实每周上五天课，实行双休日。2007年，教育局出台《关于严格控制学生在校学习时间的通知》，要求学校严格控制学生在校学习时间，上课时间不早于8:00。走读生每天在校学习时间，小学不超过6小时，初中不超过7小时，高中不超过8小时。寄宿生晚自习结束时间，初中不晚于21:00，高中不晚于

21:40。确保寄宿生每天睡眠时间，初中生不少于9小时，高中生不少于8小时。寄宿制小学学生每天睡眠时间不少于10小时。2008年，下发《阜平县教育局关于中小学学校管理规定》，对中小学学生作业量做出明确要求：小学1～2年级不留书面家庭作业，3年级作业量不超过30分钟，4年级作业量不超过45分钟，5～6年级作业量不超过60分钟，初中作业量不超过90分钟，高中作业量不超过120分钟。2009年6月，下发《阜平县教育局关于进一步规范义务教育阶段学校办学行为严禁收费办班补课的通知》，要求杜绝为学生征订教辅读物。严格按国家规定控制学生在校时间。义务教育阶段严禁节假日延时为学生补课。改革课堂教学，规范学校办学行为，减轻学生课业负担。

三、学籍管理

2003年，初中实行电子学籍，初中学生信息入阜平县教育系统学籍库。2009年建高中网络平台。实行小学升初中九年一贯制升级制度。

四、思想品德教育

1996—1997年，实行新的《全日制高级中学思想政治课程标准》《九年义务教育小学思想品德课和初中思想政治课课程标准》。根据新标准编写新教材，1998年9月高中、初中使用新教材。1999年9月小学使用新教材。新教材小学重点进行“五爱”为中心的公民道德品质教育；初中重点进行公民健康心理品质和正确思想方法的启蒙教育、法律和社会发展常识教育、国情教育。高中重点以邓小平理论为中心内容，讲授马克思主义经济学、哲学、政治学的基本观点和社会主义现代化建设常识等。2003年，执行新修订《九年义务教育小学思想品德课和初中思想政治课课程标准（修订）》，旧的《课程标准》废止。新《课程标准》有以下变化：调整和充实教学内容，优化课程结构；删除“繁、难、偏、旧”内容，减轻学生负担；强调更新教育观念，推进素质教育。

2004—2010年，使用新的教材版本：小学分为一、二年级为《品德与生活》，三四五六年级为《品德与社会》，初中为《思想品德》，高中为《思想政治》课本。其中小学课程设置为新课改一种活动型综合课程，将思品、生活、劳动、自然等多种学科有机整合。

第二节　体育

一、管理机构

1996—2008年，全县学校体育工作由县教研室主管，2009年，改由教育局普教股主管。

二、体育场地

1996年，全县有8个田径场。2009年，阜平中学新建操场，跑道长400米，职业技术教育中心操场跑道长300米，北果园、史家寨、城南庄、王林口、砂窝中学操场跑道长200米。全县有水泥地篮球场24个、乒乓球桌40台。器材达标率56.3%。1996—2006年，用世行贷款购置体育器材分配到各学校，器材基本满足体育课正常需要。

三、体育体制改革

1996—2001年，全县所有学校执行教育部统一制定《中、小学体育教学大纲》，体育教学内容以田径、篮球、民间传统体育项目为主。课时要求：中小学每周2节体育课，两操（课间操、眼保健操），两活动（每周两次课外活动，学校组织篮球、乒乓球、田径、跳绳、踢毽、越野等项目）。

2001年7月，教育部颁布《基础教育课程改革纲要试行》。2002—2009年，阜平县执行国家新课程标准，体育教材《体育与健康》。教学内容：田径、篮球、舞蹈、韵律操、武术操、民间民俗活动等。教学形式：“双主育人”（学生是体育教学活动中的主体，教师是体育教学过程中的主导）。

2010年10月，落实中央7号文件《中共中央、国务院关于加强青少年体育，增强青少年体质的意见》（中发〔2007〕7号）和《国家中长期教育改革和发展规划纲要（2010—2020年）》。提出“广泛开展全国亿万学生阳光体育运动”。根据国家、省、市文件精神教育局制定了《每天一小时校园体育活动》。开齐开全体育课程，小学由2节体育课变为4节，初中由2节变为3节，高中为2节，课间操改为大课间，时间由原来20分钟变为30～40分钟，在没有体育课的当天必须安排课外活动。将“每天一小时校园体育活动”列入课表，纳入教学工作计划。

四、广播体操

1996年前推行实施第五套广播体操。1997—2001年，推行实施第八套大众广播体操。2002—2007年，推行实施第二套全国中小学生（幼儿）系列广播体操“世界真美好（幼儿）、雏鹰起飞（小学）、青春的活力（中学）”。2008—2009年推行实施“七彩阳光、舞动青春”广播体操。2010年9月1日，推行实施全国中小学生系列武术健身操，小学《雏鹰展翅》，中学《英雄少年》《功夫青春》。三套操在各学校作为大课间主要内容普及推广。

五、体质健康

2007年，开始对《学生体质健康标准》进行测试上报国家数据库。阜平县从2009年开始执行。2009年，全县中小学上报国家数据库成功率90%；2010年成功率96%。2009—2010年连续评为保定市先进工作单位。2010年，对学生体质健康做抽样分析，体能素质、肺功能的肺活量继续呈下降趋势，在7～18岁年龄组学生中有75%的人肺活量下降。肥胖学生明显增多，肥胖已成为青少年重要健康问题。近视眼患病率仍居高不下。

六、考试制度

1996—1998年，初中体育升学考试以45分计入中考总分。考试内容：100米、立定跳远、引体向上（男）、仰卧起坐（女）。1999—2006年，全县初中体育实行过关考试，考试内容：50米、立定跳远（男、女）。2007年，初中毕业生体育升学考试以30分计入中考总分，考试内容：课程评价10分、1000米（男）10分、800米（女）10分、立定跳远和双手头上掷实心球任选一项10分。

七、体育竞赛

县运动会 1996—2010年，阜平县每年组织一次春季中学生田径运动会，秋季篮球和羽毛球比赛。2006—2010年，学校开展特色项目比赛，如：拔河、跳绳、踢毽子等。

2007年4月，参加保定市第七届中学生田径运动会，取得较好成绩。2009年4月，参加保定市第八届中学生田径运动会，3人达二级运动员标准。闫龙飞破男子400米保定市记录，800米第二名，达国家二级运动员标准。高文浩、张帅200米达二级运动员标准。何振飞获男子五项全能第三名，董建勇获男子800米第五名，1500米第七名，刘孟腾、何振飞、高文浩、张帅4×400米接力第五名。阜平县团体获第九名（保定市取前10名），奖杯1个。孙秉菊、耿吉忠被评为保定市优秀教练员。

第五章　考试与招生

阜平县中小学教学质量检测有单元考试、月考、期中、期末考试。是综合评估教师主要内容之一，也是县、乡校表彰奖励主要依据。招生工作是阜平县教育部门教育教学的主要工作。1996年，初中招生考试4277名。1997年，全面推行九年义务制教育，取消小学升初中考试，全面录取小学毕业生。1996年，高中招生报名1487人，录取713人，录取率47.9%。2010年，高中招生报名1890人录取788人，录取率41.7%。

第一节　考试

一、高考

1996—2001年，考试科目：文史类语文、数学（文）、外语、历史、政治。理工类语文、数学（理），外语、物理、化学。2002—2010年，考试科目实行3+1考试（语文、数学、外语＋综合科目）。

考试时间：1996—2002年7月7～9日；2003—2010年6月7～8日；2004年高考取消英语听力测试。

会考：

1996—2002年，考试科目9科（语文、数学、外语、历史、地理、政治、物理、化学、生物）。2003年6月，将信息技术考试列为考试科目，成为10科。1996—2002年，实践科目8科（物理、化学、生物实验、劳动技术、音乐、美术、信息技术、体育）。2004年，实践科目7科（物理、化学、生物、实验、劳动技术、音乐、美术）。

1996—2002年，考试时间定于10月份，会考考试一年一次。2003—2010年为5月21～23日，12月6～8日，一年两次。

二、中考

1996—2000年，考试科目：语文、数学、外语、历史、地理、物理、化学。2001—2002年考试科目：语文、数学、外语、综合科目、体育。2003年受“非典”影响，考试科目：语文、数学、英语。2004—2009年，考试科目：语文、数学、外语、综合科目、物理、化学、生物、实验、信息技术。2007年体育考试计入中考总分。2010年考试科目：语文、数学、英语、综合文科、综合理科、地理生物、信息技术、体育、理化生实验。

三、中小学教学质量检测

全县中小学教学质量检测主要有单元考试、月考、期中、期末考试。每次考试后，教师都要撰写质量分析报告，从教师和学生两方面找差距，采取个别辅导，试卷讲评课等形式的教学补救措施。除此之外，教育局每年组织初中七、八年级和小学各年级升级调研考试，一般小学六年级、初中七、八年级为全县统考。小学一至五年级由乡（镇）总校负责组织考试，初中毕业班参加河北省统一中考。

第二节　招生

一、初中招生

1996年，初中招生报考4277名，录取4078人。1997年在全县范围内推行九年义务教育，取消小学升初中考试，各初中学校按自己的教育范围全员录取小学毕业生。2010年初中招生2071人。

二、高中招生

1996年，高中招生报名1487人，录取713人，录取率为47.9%，阜平中学录取6个班273人，职业高中录取440人。中专中师报名428人，录取236人，职专123人。县师范报名324人，录取21人。高考报名386人（理科198人、文科178人、对口10），省专线上初选63人（理科46人、文科17人），师专线上初选1人，普通高校共录取175人，对口录取3人。高二历史、地理、生物、化学、物理会考报名257人1285科次，全部合格。成人高考报名74人，录取26人。上半年自学考试报名133人292科次，合格84科次。下半年报名147人321科次。

2010年高中招生报名1890人，阜平中学高中招生12个班，录取788名。（公助生460人），到年底，阜平中学教学班36个，在校高中生2670名。

1996—2010年阜平县初中、高中招生情况统计表

表20-5-1　　单位：人、个

年度＼项目	初中招生	高中		职业高中
		招生数	班数	
1996	4078	273	6	440
1997	4165	560	8	458
1998	4082	560	8	450
1999	4045	560	8	120
2000	4013	555	8	600
2001	3921	699	10	240
2002	3881	744	10	190
2003	3757	685	10	205
2004	3449	688	10	210
2005	3202	773	10	230
2006	2717	907	12	275
2007	2492	798	12	220
2008	2450	800	12	—
2009	2300	750	12	—
2010	2071	788	12	—

1996—2010年阜平县高考第一名一览表

表20-5-2

年度＼项目	科类	姓名	性别	户口所在地	录取学校
1996	理科	马　悦	女	阜平镇	南京邮电学院
	文科	白万利	男	阜平镇	厦门大学
1997	理科	王　宁	女	阜平镇	西南交通大学
	文科	张利民	男	阜平镇	中国人民大学
1998	理科	刘英华	女	平阳镇	中国医科大学
	文科	胡金龙	男	阜平镇	北京大学
1999	理科	张彦文	男	城南庄镇	清华大学
	文科	白秀丽	女	王林口乡	北京信息工程学院
2000	理科	贾业宁	女	阜平镇	北京航空航天大学
	文科	李文静	女	阜平镇	中国政法大学

续表 20-5-2

年度 \ 项目	科类	姓名	性别	户口所在地	录取学校
2001	理科	甄天桥	男	台峪乡	哈尔滨工业大学
	文科	齐呈龙	男	龙泉关镇	中国政法大学
2002	理科	周清博	男	吴王口乡	中国科学技术大学（合肥）
	文科	闫 琦	女	阜平镇	北京师范大学
2003	理科	耿立东	男	阜平镇	同济大学（上海）
	文科	卢 洁	女	阜平镇	北京科学技术大学
2004	理科	顾琴昱	女	砂窝乡	西安电子科技大学
	文科	李红涛	男	城南庄镇	江南大学
2005	理科	孟凡北	男	城南庄镇	同济大学
	理科	顾国栋	男	阜平镇	天津大学
	文科	刘艳玲	女	城南庄镇	中山大学
2006	理科	丁 一	男	王林口乡	北京交通大学
	文科	张 欣	女	台峪乡	辽宁大学
2007	理科	刘立明	男	砂窝乡	北京邮电大学
	文科	张立家	男	平阳镇	西安电子科技大学（长安新校区）
2008	理科	李 超	女	王林口乡	同济大学（上海市）
	文科	周秀帅	女	吴王口乡	湖南大学
2009	理科	马志骁	男	阜平镇	天津大学
	文科	陈学聪	女	阜平镇	陕西师范大学
2010	理科	陈宏伟	男	阜平镇	浙江大学
	文科	陈永帅	男	城南庄镇	天津中医药大学

第六章 教育保障

阜平县实行“以县为主”的教育管理体制，逐年加大投入，完善经费保障机制。2007年，实行“两免一补”，小学初中全面实行免费教育。1996—2010年（1999年除外），财政对教育拨款增长高于财政经常性增长，教师工资和生均公用经费逐年增长，保障了教育工作顺利开展。15年间，坚持“人民教育人民办”，办学条件逐年改善。教研组织健全，教研队伍不断壮大，教研活动持续开展，教育教学质量持续提高。

第一节 教育经费

一、教育经费来源

1996—2002年，阜平县办学经费来源主要包括：国家财政性教育经费，主要有财政预算内教育经费，县财政安排义务教育事业费和基建投资；中央财政对义务教育补助专款；其他财政预算内用于义务教育的支出；县、乡（镇）政府依法征收的教育附加费；学校勤工俭学收入。社会对基础教育投入主要有社会集资、群众捐资、设立教育基金等。个人负担的教育费用，主要有学生家长交纳的学费、杂费。

2003—2010年，实行“以县为主”管理工作体制。从教育投入结构看，义务教育主要由县财政投入。阜平县主要靠中央和省市财政转移支付方式增加投入。对“普九”欠债，县政府进行清理和审计。学前和高中、职中可以多渠道筹集，通过收费，合理分担教育成本作为经费来源。

二、教育经费拨付

1996—2010年，阜平县教育经费主要由县财政拨付，包括：教职工工资、教师公用经费、学生公用经费、办公经费、修缮费。

1996—2010年阜平县财政拨付教育经费及增长统计表

表20-6-1　　单位：万元

年度＼项目	合计	其中人员工资	公用经费	修缮费	同上年度相比教育经费增长（%）
1996	1664	1383	34	247	23.6
1997	1781	1559	24	198	7.1
1998	1938	1734	55	149	8.9
1999	1825	1710	36	79	-5.8
2000	2460	2273	26	161	34.8
2001	2727	2515	36	176	10.8
2002	3946	3561	36	349	44.7
2003	4157	3871	46	240	5.4
2004	4562	3940	126	496	9.7
2005	6130	5362	286	482	34.3
2006	6788	4497	231	2060	10.7
2007	8170	6273	974	923	33.3
2008	10700	7968	1248	1484	31
2009	13560	9072	1628	2860	26.7
2010	22136	9450	7568	5118	63.2
合计	92544	65168	12354	15022	—

三、教育经费管理

（一）财务管理体制

1996—2006年，设置财务机构的中小学校，实行“统一领导、统一管理”体制。学校财务活动由校长签字，财务部门统一管理。

不需要单独设置财务机构的附设点，实行

“集中管理”体制。即在一定区域内设置中心财务机构，统一管理区域内各教学点财务活动，学校只设报账员，在校长领导下管理学校财务活动，统一向中心财务机构报账。

在财政部门监督下，建立县级教育集中支付分中心，中小学公用经费和专项经费实行集中管理，专款专用。

按照农村义务教育“以县为主”管理体制要求，在资金所有权、使用权不变前提下，对农村中小学经费实行县级集中统一管理、统一核算。

从2007年1月1日起，在所有权、使用权、财务自主权、会计主体法律责任不变前提下，农村义务教育阶段公办中小学校教育经费全部实行“校财局管”。

中小学校校办产业、勤工俭学项目财务活动，由学校财务机构统一管理。

（二）财务管理章程

中小学校财务管理的基本原则是：贯彻执行国家有关法律、法规和财务规章制度；坚持勤俭办学方针；正确处理事业发展需要和资金供给关系，社会效益和经济效益关系，国家、集体和个人三者利益的关系。

中小学校财务管理的主要任务是：合理编制学校预算；依法多渠道筹集事业资金，加强核算，提高资金使用效益；加强资产管理，防止国有资产流失；建立健全财务规章制度；对学校经济活动进行财务控制和监督；定期进行财务分析，如实反映学校财务状况。

预算是指中小学校根据教育事业发展计划和任务编制的年度财务收支计划。国家对中小学校实行“核定收支、定额或者定向补助、超支不补、结余留用”预算管理办法。

预算编制坚持“量入为出、统筹兼顾、保证重点、收支平衡”原则。预算编报严格审批程序，中小学校预算由学校提出建议方案，各部门汇总报财政部门审核批复后执行。

收入是指中小学校开展教学及其他活动依法取得的非偿还性资金。包括：财政补助收入、上级补助收入、事业收入、经营收入、附属单位上缴收入和其他收入。

中小学校必须严格按照国家有关政策规定依法组织收入；各项收费必须严格执行国家收费范围和标准，并使用符合国家规定的合法票据；各项收入必须全部纳入学校预算，统一管理，统一核算。

支出是指中小学校为开展教学及其他活动发生的各项资金耗费和损失。中小学支出包括：事业支出、建设性支出、经营支出、对附属单位补助支出。

中小学校开展非独立核算经营活动，必须以不影响正常教学活动为前提。在开展非独立核算经营活动中，正确归集实际发生的各项费用；不能直接归集的，按照规定比例合理分摊。

中小学校从有关部门取得有指定项目和用途并且要求单位核算的专项资金，按照要求定期报送资金使用情况；项目完成后，报送资金支出决算和使用效果书面报告，并接受有关部门检查、验收。

中小学校加强对支出管理，各项支出按实际发生数列支，不得虚列虚报，不得以计划数和预算数代替。

资产是指中小学校占有或者使用能以货币计量的经济资源，包括各种财产、债权和其他权力。

中小学校资产包括流动资产、固定资产、无形资产和对外投资等。中小学校定期或者不定期地对固定资产进行清查盘点，年度终了前，进行一次全面清查盘点，做到账、卡、物相符。

中小学校转让无形资产，按照有关规定进行资产评估，取得的收入除国家另有规定外计入事业收入。中小学校取得无形资产而发生的支出，计入事业支出。

中小学校对外投资，按照国家有关规定报主管部门、国有资产管理部门和财政部门批准或备案。以实物、无形资产对外投资，按照国家有关规定进行资产评估。

对校办产业和勤工俭学项目投资取得收益，

计入附属单位上缴收入；对其他单位投资取得收益，计入其他收入；国家另有规定者除外。

（三）财务监督

财务监督分内部监督和外部监督两种形式。

内部监督。各单位建立、健全本单位内部会计监督制度。记账人员与经济业务事项和会计事项审批人员、经办人员、财物保管人员的职责权限应当明确，并相互分离、相互制约；会计机构内部建立稽核制度。出纳人员不得兼任稽核、会计档案保管和收入、支出、费用、债权债务账目的登记工作。搞好内部会计控制，主要包括：不相容职务相互分离控制、授权批准控制、会计系统控制、预算控制、财产保全控制、风险控制、内部报告控制、电子信息技术控制等。

外部监督。主要是财政、审计等部门监督。各单位要依照有关法律、行政法规规定，接受有关监督检查部门依法实施监督检查，如实提供有关情况，不得拒绝、隐匿、谎报。

（四）财务审计

2002年8月，教育局成立审计股，对全县中小学及文教室进行财务审计。2008年9月财务、审计、支付中心合并为财务股。每年暑假定期对全县13个乡镇总校5个直属学校18所初中审计一遍。小学委托乡总校审计，实现财务监督全覆盖，对审计出的问题提交局党委会。根据性质严重程度，给予全县通报或调整岗位等相应处分。

（五）教育支付中心

2007年1月1日成立“阜平县财政集中支付中心教育分中心”。

岗位设置：教育支付分中心设岗6人：总会计1人（兼中小学分管会计），出纳1人，分管会计3人，单据审核、档案管理1人。

第二节　教育设施

一、校舍建设

1996—1999年，县委、县政府颁发《关于实施普及九年义务教育攻坚工程的意见》《关于建设教育强县实施意见》，坚持“人民教育人民办”“分级办学、分级管理，谁办学、谁受益”原则，科局包校，通过集资或争取外部援助，全县干部职工筹集资金10219.2万元，建成希望小学45所，寄宿制小学21所。新建、扩建、改建维修学校120所，建筑面积335299平方米，其中平房建筑面积15279平方米，占4.6%，楼房建筑面积320020平方米，占95.4%。2010年，中小学校舍按“普九”标准配齐了教室、宿舍、办公室、仪器室、实验室、图书室、活动室。

2001—2005年，利用四批危房改造工程、省级危改工程、计委工程、中央寄宿制项目、农村寄宿制项目、二期义务教育、布局调整项目资金2034万元，对36所中小学校进行改造，改造危房面积35833平方米。

2006—2007年，利用中央和省级资金1600万元对平阳中学等10所学校进行校舍维修改造，改造面积16353平方米，全县8所保留初中成为寄宿制学校。

2006—2009年，县政府拨款5000万元资金用于阜平中学一期工程建设，2009年9月阜平中学搬迁到照旺台新校址。

2009—2010年，利用中央和省级校舍安全工程资金1149万元，对京台希望小学等17所学校进行安全加固和新建。

二、教育设施与设备

1996—1999年，在兴建校舍的同时，按“普九”标准购置仪器、图书、音体美器材、桌凳、投影仪。全县投入资金360万元（其中世行贷款50万元，省补资金50万元，自筹资金260万元），13所小学、7所中学达到省定一类验收标准，其余学校达到省定二类标准。

2003年，购置电脑2244台，建起微机室，北果园中学等5所中学建远程教育室和音美专用教室。全县教育系统固定资产15746.65万元。

2007—2009年，学校内部办学条件向信息技术教育装备主渠道发展，除附设点外所有中小学均配备了微机室，电子备课室，多媒体教室，信息馆。

2010年，有13所学校28个电子白屏多媒体设施，走在保定市前列，有了集传统媒体与现代科技于一体的教育资源库。全县建多媒体教室66个，电子备课室76个，65所学校建立独立网站，48所学校建成校园网，加入保定市教育城域网，填补了阜平县教育史上电化教学五大空白，基本实现信息技术教育四室一网目标。全县电子图书9471.9GB，图书670285册，教育系统固定资产2.1亿多元。

第三节 教学研究

一、教研组织

1996—2001年，全县小学教研组组织包括县、乡（镇）、校三级，初中教研组包括县、校两级，县教研室负责初中、小学教研活动组织和协调工作。高中阶段学校（阜平中学和职教中心）以校为单位单独成立教研组织，包括年级组、学科组、集体备课组，学校教务处负责本校教研活动组织工作。

县级教研组织初中阶段设立有初中数学、语文、英语、政治、历史、地理、生物、物理、化学、音乐、体育、美术等12个县中心教研组，小学阶段设立有小学语文、数学、自然、音乐、体育、美术等6个县中心教研组。县各学科中心教研组组长由教研室各学科教研员担任，成员由县级以上优秀教师和学科带头人组成，大的学科有10～15名成员，小的学科有5～10成员。县中心学科教研组职能主要包括三个方面，围绕全县学科教学中存在的突出问题或共性问题开展教学研究活动；为全县中小学提供教学服务；对乡（镇）学校教研活动进行业务指导。

2002年后，阜平县借鉴唐山经验，在原有三级教研网络基础上，综合学校规模大小、校与校距离远近、教学质量高低、师资水平强弱等多种因素，全县13个乡镇成立23个小学学区，初中跨乡（镇）成立6个初中教学协作区。每个小学学区设立一所研训基地校，基地校校长担任学区组长，研训基地校主要职责是辐射和带动周边学校发展。每个初中教学协作区设立一所研训基地校，基地校校长负责协作区教研活动组织协调等后勤保障工作，区各校教导主任和教研室1名包区教研员负责区具体教研活动开展。

2006年，为深化课程改革，加强校本教研制度建设，阜平县教研组织形成县、区、乡、校四级校本教研网络。校本研训基地改称课改基地。2007年，县教研室组织视导员对全县义务教育阶段中小学进行教学评估。2009年，阜平县接受河北省县域教学评估，获得“合格（最高级别）”评价等级。

2009—2010年，紧紧围绕“深化课堂改革”“特岗教师培养”，组织开展课题研究，举办说课、展示课等系列活动。2010年，全县申报市级课题14项，其中市级课题《特岗教师培养途径和方法的研究》立项并开始起动，有200多名教师在县级作课、说课活动中获奖，26名教师在市级以上优质课评比和说课大赛中获奖，12名教师被评为保定市教学标兵。2002年起，阜平县教研室连续9年被评为保定市优秀教科研单位。2010年，教研室创办《阜平教育教学通讯》，刊载学校先进管理经验、教师教学心得体会和教学反思等文章，出版3期。

二、教研人员

县教研室是阜平县中小学教学研究专业机构，县教育局主管。教研室教研员队伍主要有专职教研员和兼职教研员组成。专职教研员工作单位在县教研室，兼职教研员工作单位在学校。

1996—2010年，教研室中教组和小教组大部分学科配有1名专职教研员，部分学科如初中地理、生物，小学思品、社会由其他学科教研员兼任。兼职教研员由教研室从各学校公开招聘业务精湛、乐于奉献的一线优秀教师，兼职教研员一般为县各学科中心教研组成员。

三、教研活动

教研活动形式。1996—2005年，阜平县学校教研活动主要以“人人说，人人作，人人听，人人评”为主，区片主要以“一个课例、多人施教；一个课例、多人研讨；一个课例、多次研讨”等多种形式开展活动。县级主要开展名师示范课、送教下乡、专家讲座、教材培训，举办各种教学竞赛活动（如评优课、说课大赛、教学设计大赛、论文评比、骨干教师评选等）。教育系统召开不同形式校本教研、课程改革、教学管理现场会、交流会，推广交流典型经验。2006—2010年，教学案例分析以教师个人教学研究为主要形式。教学反思主要包括课后反思、阶段反思两种形式。

教研活动情况。2002年秋，阜平县创办初中和小学校本研训基地。2003年3月13日，阜平县教研工作现场会在平阳中学、平阳小学召开。会上教育局提出“盯住关键严管理，抓住根本强素质，扭住中心上质量”办学思想，明确“因校制宜、立足实际、讲求实效、全面启动”教研工作指导思想。2003年下半年，全县举办“百、千、万”节优质课活动。校、乡、片、县层层评选，130多节优质课获县级奖励，300多位青年教师成为县、乡、校业务骨干。

2004—2007年，每年寒暑假都开展新课标、新教材培训活动。2005年4月，保定市小学数学教学标兵评比活动在阜平举行，会上邀请全国著名小学数学教育专家刘德武作“可能与一定”新课程教学示范课，结合课例作新课程教学专题讲座。2006年，进行“校本教研制度建设”课题研究，确立以“教学反思，同伴互助，专业引领”为基本要素校本教研模式。2009年，阜平县通过河北省县域教学评估，获得“合格”（最高级别）评价等级。9月教育局出台“特岗教师教学能力培训计划”，将特岗教师培养作为教师队伍建设重要内容。2010年5月，全县举办中小学各学科特岗教师展示课活动。2010年5月10日，教育局主管，教研室主办的《阜平教育教学通讯》创刊号出版发行。

四、教研成果

1996—2010年，全县申请立项省、市级课题28项，其中有16项结题，城厢小学的《边远山区小学生作文教学探索》和城厢中学《初中语文个性化阅读教学初探》两项省级课题结题并获保定市优秀教学成果奖。

1996—2010年，全县有国家级骨干教师1人，全国优秀教师7人；省特级教师4人，省级骨干教师3人；市级骨干教师22人，每两年举办一次教学论文和教学设计大赛，260多篇论文或教学设计获奖。每年择优推荐教学论文和教学设计参加省、市级评选活动，180多篇获省、市级优秀论文或优秀教学设计奖。教师撰写的60多篇文章在国家、省、市报刊上发表。全县26名教师在市级以上说课、作课大赛中获奖，24名教师获保定市教学标兵称号，43名特岗教师在全县举行的特岗教师展示课活动中获奖。

第四节　勤工俭学与捐资助教

一、勤工俭学

1996—2010年，学校勤工俭学开展“五小”活动，即通过小秋收、小养殖、小拾拣、小采集、小种植进行创收。这项活动要求既安全，又有便利条件的学校可以安排在节假日刨药材、捉蝎子、拾酸枣、吸铁沙等小创收活动，不规定完成目标。

二、捐资助教

县委、县政府对捐资助教活动中涌现出的先进集体和个人给予表彰。具体办法为：

对捐资助教先进个人，颁发捐资助教先进个人荣誉证书，同时在县新闻媒体进行宣传表彰；对捐资助教先进单位，颁发捐资助教先进单位荣誉证书和牌匾，同时在县新闻媒体进行宣传表彰；对于企业或个人资助学校建设的项目与设施，经捐赠者同意，可以企业名称（品牌）或捐赠者个人名字命名校名，对单位或个人捐赠数额较大的，设立专项教育基金，按捐赠者意愿确定基金名称。

1996—2010年，阜平县以县政府名义向捐资助教的单位和个人颁发荣誉证书、牌匾126个。通过新闻媒体宣传表彰先进人物或事迹64人次，有26所学校是以资助学校建设企业或个人命名。

1996—2010年阜平县社会各界捐款助教一览表

表20-6-2　　单位：万元

项目 年月	单位	受资助单位	金额
1996.8	国际企业公司	阜平县教育局	6
1996.12	保定市国税局	王林口中学	15
1997.6	中华慈善总工会	阜平县教育局	5
1997.7	河北省基金会	龙泉关中学	26
1998.3	北京康乐宫	砂窝小学	50
1998.10	宋庆龄基金会	会馆	45
1999.9	北京宋庆龄基金会	栗园铺小学	5
2000.8	北京宋庆龄基金会	捐助女童	8
2001.5	河北老促会	槐场小学	1
2001.5	香港应善良基金会	西庄小学	17
2005	台塑集团	照旺台学校	40
2006.10	香港毛慈明、吴威立	柳树庄小学	3
2006.10	香港毛慈明、吴威立	温塘小学	8
2006	台塑集团	城相小学	80
2007.10	保定职业女子中专	下庄郊山咀小学	5
2009.5	天津普瑞森医药贸易有限公司	广安小学	20
2010	国中医药有限公司	阜平县教育局	12（万美元）

第二十一篇　科学技术

1996—2010年，阜平县坚持“科学技术是第一生产力”，坚持科技与经济相结合，狠抓科技开发、创新和成果转化。县、乡（镇）、村相继建立技术服务组织，形成三级科技网络，促进科学技术在企业和农村的推广，实现生产单位和科研机构的互惠互利，调动广大科技人员的积极性，科研成果显著。“防冻水管”和“输水管阀门”获得国家专利。2005年“山泉黄”牌鼋鱼获河北省名牌产品称号。“生猪简易快速保定技术研究与应用”课题获河北省科学技术成果奖。2007年“枣疯病控制理论与技术”获国务院科学进步二等奖。2008年阜平县“十万亩无公害大枣开发示范区”被认定为国家太行山星火产业带大枣示范基地。2009年阜平县两个大枣优良单株通过河北省林木品种审定委员会审定，定名为“阜香”“阜帅”。错季草莓适应品种筛选与配套技术研究填补了阜平县草莓栽培技术空白。县气象局为工农业生产服务，在天气、农业气象观测和人工影响天气、防雷、防霜等方面，不断增加观测项目，改进观测手段，更新观测仪器，提高观测质量。2003年11月阜平县气象局在全市建成首家自动化气象站。实现气压、气温、风向、风速、降水、地温、草温等自动化观测。2008年，在全省率先成立阜平县气象灾害防御指挥部，气象服务更具针对性，指挥抗灾更具科学性。县地震局全面推进落实防震减灾各项措施，加强地震监测、地震科普宣传，增强全民防震意识。2010年制定《阜平县抗震防灾规划》，阜平县防震减灾工作在全市地震系统名列前茅，被保定市地震局授予“全市地震工作先进单位”。2010年“拉线制作工具”在河北电力公司农电“五小”成果评比获一等奖。全县专业技术人员从1996年3356人，发展到2010年的5103人。15年取得科研成果13项，国家科研成果3项，省、市科技进步奖10项。

第一章 科技机构

1996—2010年，阜平县逐步完善科技机构，改革科技体制、管理机制。15年间科技企业从无到有，从小到大，促进阜平经济的快速发展。

第一节 管理机构

一、机构设置

1996年，科学技术委员会（科委），专职干部12人，属县政府独立科局。2002年与计划局合并，成立发展计划局（当时机构改革时，因阜平为四类县，允许保留的科级机构减少，便从形式上把科技局划归发展计划局，但实际工作中仍按独立科局对待）。2010年，阜平县科技局下设8个股（室）：综合办公室、知识产权办公室、山区经济技术开发办公室、地震办公室、信息化工作办公室、信息产业办公室、信息网络管理中心、电子行业特有工种职业技能鉴定指导中心。

二、体制改革

2008年，科技体制改革。改革以往项目申报方式，将项目申报改变为网上申报，取消纸制项目申报书。改革科技项目评审方式，将会议评审改变为网上评审，完善专家参与管理的机制，体现公平、公正的原则。

第二节 科技企业

一、保定市大枣科技专家工作站

2004年，阜平县建立保定市大枣科技专家工作站，使农民、企业有了获取更多科技成果的技术平台。专家与工作站的利益分配采取年薪加提成的形式，专家除拿固定年薪外，根据与企业合作项目情况签订技术服务效益分配合同。此外，专家还可以通过技术入股、带资入股，与企业和农民结成利益共同体。这个利益共同体以企业、专家分别与基地农户签订“合同收购订单”和“技术服务”合同的契约形式进行法律约束，由此实现专家、企业、农民三者的相互“双向担保”，真正建立起以利益为纽带，专家、企业、农民三者互动的联结机制。保定市大枣科技专家工作站为阜平县王林口乡盖宇天然饮料厂聘请河北农业大学研究员、博士生导师、科技管理处处长刘孟军为首席专家。

二、保定市鼋鱼产业科技专家工作站

阜平县2005年组建保定市山泉黄鼋鱼种质资源中心，开展中华鳖无公害健康养殖技术研究及操作示范等工作。

2007年，筹建保定市鼋鱼产业科技专家工作站，为鼋鱼养殖户提供技术服务，为产业发展提供科技支撑。

三、种子公司

1996年，农业局种子公司有职工22人，1998年阜编字〔1998〕18号文定编22人，2007年实有人数30人，2009—2010年编制登记人员34人。公司职责是向全县农民供应优良粮食、蔬菜种子。

1996—1999年，县种子公司每年玉米制种在5000亩以上，分别在城南庄镇易家庄、天生桥镇龙王庙、阜平镇大道、王林口乡刘家沟、大台乡柏崖等村进行玉米制种，年产种在75～100万公斤，满足阜平县农民玉米种子需求。1997年，引进包衣种子，小麦0.5万公斤、玉米11.5万公斤，小麦在11个乡镇试种3300亩，玉米在13个乡镇试种3万亩。1998年，引进脱毒马铃薯优级种子6万公斤，引进玉米、小麦、蔬菜新品种9个，14.25万公斤。

2000—2006年，县种子公司年销售玉米种子20万公斤左右，推广新品种3个，小麦种子

5万公斤，大豆种子4000余公斤，高粱种子0.5万公斤，年下乡技术培训20多次，培训农民4000人次，年品种示范22个，优良品种普及率达到98%以上。2007年，按照国务院发40号文件精神，县种子公司进行种子体制改革，经营和管理职能分开，种子工作站主要负责新品种引进试验、示范、推广及政策落实等工作。

2007—2010年，种子工作站和全国种业五十强企业三北种业、宽城种业、东亚种业等大型种业公司合作，年引进新品种5～7个进行试验，同时在天生桥镇龙王庙村搞100亩试验示范田，每年9月20日左右邀请全国各地种业供销商、全县各乡镇农业技术员、种子代销员200余人召开新品种推介现场观摩会，年进行科技培训20期，受训农民4000余人次。

第三节　科技团体

一、阜平县鼋鱼养殖产业协会

1997年成立鼋鱼养殖产业协会，贾立平担任会长，挂靠畜牧局，会员230个。协会为养殖户提供种苗、饲料，提供技术帮助，采取“统一规划、统一苗种、统一技术、统一销售、分户饲养”的经营模式。协会与银行联手，由协会担保，农民将贷款交给协会，协会按贷款数额供给农户苗种、饲料，商品鼋鱼出售后再还贷款。在协会引导下，养殖规模不断扩大，农民收入逐年增加，提高了阜平县鼋鱼养殖的知名度。

二、阜平县林业学会

2002年，成立林业学会，高级农艺师郑来宽任会长，会员7人。林学会组织会员参与林业科学研究及技术推广工作，与北京林业大学合作进行林木良种选育。选出落叶松优良单株3株，自主选育出两个大枣优良品种。2009年，通过省良种鉴定并定名“阜香”“阜帅”。在实生繁育的核桃栽培群体中，选出3个丰产、质优核桃良种，在造林上推广营器苗造林和瓶装造林技术。1996—2010年，林学会累计发表学术论文20余篇。

三、阜平县海沿奶牛绿色养殖协会

2004年，阜平县海沿奶牛示范区成立绿色养殖协会，由袁龙担任会长，协会挂靠畜牧局，协会会员160人，理事15人，常务理事7人。协会坚持以市场为导向，以“高起点、高收入、高标准”为原则，积极发展奶牛绿色养殖。奶牛养殖示范区有兽医2名，专业防疫员1名，安全生产员1名，制定严格生产安全和防疫灭病措施。粪便等污染物在小区内采取无公害处理，达到国家环保要求。协会设有配种师1名，引进优良品种与当地品种杂交。配有专职防疫员1名，定期对奶牛进行消毒和防疫，示范区牛奶质量达到国家标准。带动农户600多户，间接受益农户1000多户。引导农户，解决农民与市场的问题，增加养殖户的收入。

四、阜平县红枣产业协会

县人大副主任高级农艺师陈德廷牵头与林业系统成立阜平县红枣产业协会并担任会长，协会挂靠林业局。2008年7月30日，召开第一届会员代表大会，会上选举出协会领导机构。讨论通过有关章程以及协会发展目标。协会成立后，积极发展会员。截至2010年，枣企业和产枣村集体会员发展到6个，个人会员发展到430人。协会成立后组织实施阜平大枣无公害管理的科技培训。会长带队到行政村进行20多场现场技术培训，培训枣农2000多人，提高了协会会员和广大枣农的技术水平，提高了大枣产量，增加了农民收入。协助县政府开展了10万亩大枣三期工程建设，完成枣树发展1万亩30万株，扩建无公害大枣管理1万亩。协助河北梦雨食品有限公司、阜平红力蜜饯制品有限公司、阜平康源食品有限公司、阜平华鑫果品厂4家企业建立无公害大枣出口及内销备案基地，增加企业效益。

第四节　监测台站

一、土肥站

阜平县农业局土肥站核定编制4人。1996

年有科技人员7人，2010年有科技人员5人。职责是土壤普查、土壤肥料化验、新式肥料、激素的试验、节水示范推广。

1996—2001年，下乡开展农业技术培训，推广农作物及果树综合配套高产栽培技术。

2002—2003年，承担实施节水农业技术示范区和试验场建设项目。国家投资30万元，项目建设地点大台乡东板峪店村、柏崖村和农业局原种场。对项目区东板峪店、柏崖两村2000亩耕地取代表性土样10个，经化验所有土样均是有机质、碱解氮为中，速效磷高，有效钾低。因此提出在增施有机肥的基础上，稳氮降磷重施钾的施肥原则。

2004—2005年，承担实施集雨节灌技术示范项目，国家投资60万元。项目建设地点大台乡东板峪店村、龙泉关镇黑崖沟村和农业局原种场。修建集雨窖、蓄水池40个，蓄水总量1200立方米。1座旧塘坝清淤防渗处理，蓄水量7000立方米。修建水泥防渗渠2200米，挖大口井1眼，建成扬水站。集雨节灌高效农业示范区建设：苹果树间作错季菜高效农业示范田500亩，亩增收510元。果树间作饲草立体高效农业示范田500亩，亩增收520元。设施节水灌溉试验示范200亩，亩增收（两季）100元，节水25%。坡地生物梯试验示范500亩，亩增收120元，节水40%，植被覆盖率80%，减少水土流失。田间覆盖保墒试验示范400亩，亩增收80元，节水10%，植被覆盖率90%，降低水分蒸发30%。

2006—2008年，以农业技术培训为切入点，指导农民科学施肥。由底施二元氮磷复合肥（磷酸二铵）向三元氮磷钾复合肥转变，提高农作物和果树产量，平均亩增产7.2%。

2009—2010年，承担实施测土配方施肥补贴项目，中央投资95万元，项目建设地点，为全县13个乡镇209个行政村5万农户。

购置土壤化验仪器设备及有关附属设备25台（套）。土壤取土化验2650个（农作物2530个，大枣120个），土壤化验取得有效数据27380个。化验项目包括土壤质地、pH酸碱度、有机质、碱解氮、速效磷、有效钾、有效铜、有效铁、有效锰、有效锌各2650个。全氮、全磷各500个；缓效钾2530个。春玉米田间肥效试验和校正试验各20个。农作物配方肥对比试验4个，平均亩增产42.6公斤，平均亩节约施肥成本9元，亩增产节支94.2元。聘请专家对玉米、马铃薯、花生、冬小麦、大枣5种作物施肥指标体系与施肥配方进行研究。依据专家组制定的施肥指标体系与施肥配方，研究制定阜平县施肥配方查对表（县、区、乡、村、户五级施肥配方查对表），满足农民对施肥配方个性化的需求。施肥配方信息公告栏上墙200块，分布在13个乡镇200个行政村。小麦、玉米配方肥示范展示面积2000亩，平均亩增产38.3公斤，平均亩节约施肥成本8元。平均亩增产节支84.6元。推广农作物测土配方施肥面积20万亩。提高农作物产量和质量，降低施肥成本，减轻土壤板结，激发农民使用配方肥的积极性。

二、植保站

阜平县农业局植保站核定编制6人。1996实有科技人员6人，2010年实有人员5人。职责是承担全县农作物及果树病虫害发生预测、预报、检疫等。为农民提供防治信息，施用农药及防治技术。

病、虫、草、鼠害预测预报

县植保站每年定点系统调查农作物病、虫、草、鼠害，在系统调查的基础上进行大面积普查，根据普查情况及时发布植保信息，并指导大田防治。每年发布植保信息10～15期。

农作物病虫草鼠害发生防治

阜平县农作物病、虫、草、鼠害常年发生面积90多万亩次，防治80多万亩次。其中小麦病虫害1996—2006年20万亩次，2007—2008年10万亩次，2009—2010年5万亩次。玉米病虫害1996—2006年30万亩次，2007—2008年40万亩次，2009—2010年5万亩次。杂粮病虫害10万亩次。蔬菜病虫害3万亩次。农田杂草15万亩次，农田鼠害7万亩次，蝗虫

（东亚飞蝗、土蝗）4万亩次。

病虫害防治

1998年6月阜平县王快库区发生重大病虫害——东亚飞蝗，涉及王快、五丈湾、山咀头等20多个村，虫害面积1.2万亩。县长王秀文亲临现场指挥防治，经40天奋战，蝗虫彻底消除。阜平为河北省定点蝗虫监测县。

第二章 科技队伍

阜平县始终把科技创新作为发展的战略核心，出台一系列鼓励科技创新、激励科技人员创业的政策措施，激发科技人员的创新热情。越来越多的科研人员把研究方向转向国家重点支持、与行业发展联系紧密、能够对产业和企业发展产生较大促进作用的课题，科技在助推经济转型跨越中支撑作用日益凸显。

第一节 人才引进与合作

一、人才引进

1996—2010年，上级选派到阜平的选调生35名，大学生村官28名，特岗教师222名，招聘公务员42名，县委选派科技副乡（镇）长25名，市委选派科技副县长3名。

二、科技合作

2009年，阜平县与天津商业大学、天津滨海高新区留学人员联谊会和天津市留学人员联谊会分别签订合作协议，就科技与经济对接、信息交流、项目推介、人才引进及培训等达成合作意向。按照合作协议，阜平县与天津商业大学组织科技与经济对接活动，组织专家培训各类实用人才。

第二节 科技人才结构

一、人才构成

1996年，阜平县科技人员总数3356人，高级职称58人，其中高级农艺师6人，高级畜牧师11人，高级工程师7人，中学高级教师21人，其他13人。中级职称848人，其中工程师43人，农艺师54人，兽医师44人。主治（管）医（药、护、技）师97人，中教一级、小学高级教师587人，其他23人。初级职称2450人，其中助理工程师332人，助理畜牧师316人，助理经济师371人，助理农艺师283人，助理会计师302人。医师、护师262人，中教二级三级教师、小教一级二级教师359人，其他225人。

2010年，阜平县科技人员5103人。高级职称271人，其中高级农技师18人，高级畜牧师16人，高级工程师11人，中学高级教师196人，其他30人。中级职称2851人，其中工程师84人，农艺师81人，兽医师82人，主治（管）医（药、护、技）师181人，中教一级、小学高级教师2380人，其他55人；初级职称1969人，助理工程师270人，助理畜牧师234人，助理经济师277人，助理农艺师197人，助理会计师239人。医师、护师179人，中教二级三级教师、小教一级二级教师328人，其他245人。

二、专业结构

阜平县农业系统有推广机构19个，其中县农业局有推广机构6个：新能源办公室、种子推广站、土肥站、植保站、良种场、农广所。乡镇农业技术推广站13个。农业科技人员93人，具有高级技术职称9人，中级技术职称21人，初级技术职称65人。本科22人，大专43人，中专82人。

阜平县林业系统有推广机构8个，其中县

林业局推广站1个，乡镇基层推广站7个。全系统有在职人员120人，具有高级技术职称5人，中级技术职称16人，初级14人，高级技师25人。2004年被评为市新世纪学术技术带头人2人，具有大学学历5人，大专文化程度26人，中专33人，高中以下56人。

2010年畜牧水产专业技术人员96人，有高级职称7人，中级职称42人，初级职称21人。

1996—2010年阜平县高级专业技术人才结构统计表

表21-2-1　　　　单位：人

年度＼类别	高级农艺师	高级畜牧师	高级工程师	中学高级教师	其他
1996	6	11	7	21	13
1997	6	12	9	23	23
1998	6	12	10	35	24
1999	8	13	10	43	25
2000	8	13	10	43	25
2001	11	13	10	51	27
2002	13	14	11	78	29
2003	13	14	11	82	29
2004	13	14	11	88	29
2005	15	14	11	101	29
2006	15	15	11	112	30
2007	15	15	11	140	30
2008	16	15	11	163	30
2009	17	15	11	196	30
2010	18	16	11	196	30

1996—2010年阜平县中级专业技术人才结构统计表

表21-2-2　　　　单位：人

年度＼类别	工程师	农艺师	兽医师	主治（管）医（药、护、技）师	中教一级、小学高级教师	其他
1996	43	54	44	97	587	23
1997	44	56	45	122	647	32
1998	46	57	45	142	676	45
1999	48	57	45	162	827	45
2000	52	60	46	173	1242	57
2001	54	62	47	178	1461	58
2002	56	63	47	178	1587	58

续表 21-2-2　　单位：人

年度＼类别	工程师	农艺师	兽医师	主治（管）医（药、护、技）师	中教一级、小学高级教师	其他
2003	60	67	47	180	1803	60
2004	69	69	43	180	1920	57
2005	69	69	43	181	1938	58
2006	71	69	44	181	2021	61
2007	72	70	46	181	2142	65
2008	79	73	63	181	2216	69
2009	82	77	79	181	2306	69
2010	84	81	82	181	2380	55

1996—2010 年阜平县初级专业技术人才结构统计表

表 21-2-3　　单位：人

年度＼类别	助工	助兽	助经	助农	助会	医师 护师	中教二级三级教师 小教一级二级教师	其他
1996	332	316	371	283	302	262	359	225
1997	337	313	374	280	304	259	371	206
1998	334	311	364	281	301	253	372	217
1999	317	294	347	264	284	236	355	195
2000	276	254	308	223	245	196	317	169
2001	277	253	309	225	240	197	321	158
2002	290	259	312	225	241	201	334	156
2003	279	251	311	220	248	193	314	159
2004	263	243	306	213	241	193	317	191
2005	273	254	309	221	249	186	331	235
2006	272	247	301	213	245	190	326	273
2007	267	242	294	208	241	185	320	289
2008	279	243	286	211	243	188	337	259
2009	265	229	272	197	229	174	323	239
2010	270	234	277	197	239	179	328	245

第三节　科技人才奖励

一、林果业

1998 年，“新型保花保果暨在枣树上应用及推广”项目，完成单位红枣局，获市科技进步一等奖。1999 年，“太行山大枣优质丰产综合技术开发与应用”项目，项目研制人胡耀华，获省创业三等奖。2004 年，“核桃早熟丰产优化技术示范推广”项目，完成单位林业局，获市科技进步二等奖。2005年，“抗枣疯病种植筛选利用与枣疯病治疗康复技术体系”项目，项目研制人员陈邵敏、李永清，荣获省科技进步一等奖。2007年，“枣疯病控制理论与技术”项目，项目研制人胡笑彤、刘俊孝，获国家科技进步二等奖。2009年，“太行山优势果品绿色产业化技术升级与集成示范”项目，项目研制人刘光龙、李保国、齐国辉、李东奇、陈桂芬、冯广平、顾玉红，荣获省科技进步三等奖。

河北省有突出贡献的中青年专家——郑来宽

2010年12月24日，林业局副局长，高级农艺师郑来宽被省政府授予“河北省有突出贡献的中青年专家”称号。

郑来宽，河北农大林果专业毕业。1998年8月参加工作，先后在县红枣开发服务中心、北果园乡政府、县红枣局、林业局工作。20余年来，郑来宽爱岗敬业，不懈追求，潜心基层林果发展思路与实践的摸索与研究工作，取得可喜成绩。他先后参加林业科研项目11项，取得9项科研成果，获得6项市级以上科技进步奖。通过在生产第一线抓课题、搞试验，总结推广十多项生产新技术，组织并实施阜平大枣种质资源调查，进行阜平大枣选优。2009年牵头组织选育出2个优良单株通过河北省林木品种审定委员会审定，并定名为“阜香”“阜帅”，推动阜平大枣产业发展，累计增加效益7500多万元。

2006年4月6日，枣树管理现场培训（刘光龙摄）

二、畜牧业

2005年8月阜平县“山泉黄”牌鼋鱼获得河北省名牌产品称号。完成单位，阜平县鼋鱼养殖协会。2010年，畜牧水产局选题研究的“生猪简易快速保定技术研究与应用”课题，项目研制人员：甄梁、李改慧、冯秀迪、王顺国，获河北省科学技术成果奖和市科技进步二等奖。

三、卫生

2009年，阜平县中医院针灸科“金枝黄方治疗胆石症临床观察”项目，项目研制人员邢国献、吕占平、杨树国、毕红梅、齐文华。

第三章　科技研究与成果应用

随着科教兴县战略的实施，阜平县科技人员积极承担省、市科研项目，取得不少科技成果。

第一节　科学技术研究成果

一、水管

成果名称：防冻水管

主要研究人员：曲良

鉴定时间：2006年6月4日

阜平县曲良自主研发防冻水管，并在2006年6月14日获得国家实用新型专利。专利号为ZL200520018944.8。防冻水管有一垂直放置水管，还包括有一端管，端管上端口与水管下端口螺纹连接；水管侧面上部设有出水口，下部设有回水管，水管内部设有拉杆、活塞式开关，该拉杆一端穿出上端盖的通孔，另一端与活塞式开关相连，该活塞式开关下端设有橡胶塞。实用新型结构简单，安装容易，实用于北方广大农村和城镇冬季户外环境，避免水管冻裂，减少水资源的浪费。

二、输水管阀门

成果名称：输水管阀门

主要研究人员：曲良

鉴定时间：2009 年 11 月 18 日

阜平县曲良自主研发一种输水管阀门于 2009 年 11 月 18 日获得国家实用新型专利。专利号为：ZL200820240854.7。该输水阀门包括输水管接口和入户管、阀门总成，阀门总成其水平向一端通过输水管接口连接输水管，水平向另一端连接有蓄水室，蓄水室连接有通气管，竖直方向一端连接入户管；入户管一端连接阀门总成，另一端连接有上端盖，上端盖设有用于密封入户管的主动杆及控制主动杆手柄。实用新型输水管阀门，可以通过手柄转动主动杆，使入户管与阀门总成导通。当使用完毕后，转动手柄带动主动杆运动，使主动杆封闭入户管与阀门总成的接口，使入户管内剩余的水进入蓄水室，这样就可以有效防止在入户管内水在冬季冻裂入户管。同时结构简单造价低，容易更换。

三、全自动折叠车库

成果名称：亿通全自动折叠车库

成果完成单位：阜平县卫生局疾控中心

主要研究人员：董卫星

鉴定时间：2010 年 2 月 5 日

该成果是董卫星自主研发的亿通全自动折叠车库于 2010 年 2 月 5 日获得国家实用新型专利。专利号为 201020575109.5。该专利车库全部收合后仅占地 1 米 ×2.3 米，展开后可保护面积为 2.5 米 ×5.5 米，库高为 1.8 米，可完全满足车宽在 2.3 米以下、车长在 5 米以下、高度低于 1.8 米的各型车辆使用；车库采用槽钢和扁铁巧妙结合成可伸缩界架，外表用三防篷布材料制成，具有防雨、防晒、防火、防盗的性能，整体使用寿命五年以上；车库采用遥控全自动机械联动装置，只要手持遥控器，车库便可按照主人意志进行开启、展开、收合和关闭。具体生产时，可生产任意尺码的车库，以满足消费者的需要。

四、拉线制作工具

成果名称：拉线制作工具

成果完成单位：砂窝供电所

主要研究人员：周连社

鉴定时间：2010 年 8 月

拉线制作工具系河北省电力公司农电“五小”成果评比中一等奖，后又获国家专利（专利号 2010659969.7）。拉线制作工具，利用滑轮和杠杆原理，由缠线轮、缠线轮支架、U 形弯操作孔、机身压线轮、导向固定块构成。其特征是：将铁线缠绕在缠线轮，把铁线在 U 形弯操作孔中弯成 U 形弯，固定在缠线轮支架上，把铁线一头穿过机身内部的两个压线轮。使用此拉线制作工具非常方便，不需熟练工，任何人只需 15 分钟的简单培训即可完成美观、规范、符合要求的拉线制作，也不会造成手部损伤，并且解决了之前普遍存在的损伤铁线镀锌层问题。

第二节　科技成果及应用

一、林业科技成果及应用

1996—2010 年，阜平县林业系统先后与河北农大、河北林学院、河北林科院、市林科所等大专院校科研单位挂钩，参加 20 多项省部级科研课题的开发研究工作，在省级、国家级刊物上发表专业论文百篇，获科研成果 6 项，获科技成果奖 7 项。其中“太行山枣树丰产综合技术开发”课题获国家星火二等奖。1999 年《太行山大枣优质丰产综合技术开发与利用》获河北省创业三等奖。2001 年 8 月，“阜平大枣”地方标准（编号 DB13061T26-2001）被保定市质量技术监督局批准公布实施。2002 年实行无公害果品认证，红枣无公害标准化生产迈出实质性步伐。“抗枣疯病种质筛选利用与枣疯病治疗康复技术体系”课题，于 2005 年 1 月获河北省科技进步一等奖。2007 年“枣疯病控制理论与技术”获国务院科技进步二等奖。截至

2007 年 10 月 7 日，科技管理后的优质红枣

2010 年完成无公害产地认定 13.20 万亩。项目区特级和一、二级优质果率由原来不足 40% 提高到 70% 以上，效益成倍增长。项目村年平均纯增红枣产量 1500 多万公斤，效益 5000 多万元，人均增收近千元。在阜平大枣选优课题中，摸清栽培类型 22 个，选出优良类型 9 个，其中选出的丰产大果型河北沟大枣、狼窝沟大枣于 2009 年 9 月 25 日，通过省林木良种审定专家评审命名“阜香”“阜帅”，在县内开始繁育推广，栽培面积约 1.5 万亩。在实生繁育的核桃栽培群体中，选出 3 个丰产质优核桃良种。2011 年在邢台召开的全国核桃产业会议上，被评为优质产品，正在进行异地嫁接观察，成为阜平县核桃产业的主栽品种。

二、畜牧业科技成果应用

2003 年畜牧科技人员在平阳镇开展胚胎移植工作，利用黄牛做受体种植优种奶牛胚胎取得成功。到 2006 年繁育良种奶牛 50 多头。

2005 年畜牧系统组建“保定市山泉黄鼋鱼种植资源中心”，开展“中华鳖无公害健康养殖技术研究及操作示范”工作，8 月 10 日“山泉黄”鼋鱼获得河北名牌产品称号。2007 年筹建“保定市鼋鱼产业科技专家工作站”，为全县鼋鱼产业发展提供科技支撑。库区周边村养起鼋鱼，鼋鱼饲养量达到 600 万只，500 多饲养户，户均收入 2 万多元。

2010 年 12 月 16 日，阜平县甄梁等四名技术人员选题研究“生猪简易快速保定技术研究与应用”项目荣获河北省科学技术成果奖，河北省科学技术厅为省畜牧水产局和参研人员颁发“河北省科学技术成果证书”。提高生猪免疫速度和质量，减轻生猪的应激反应。

三、农业科技成果应用

吴王口乡寿长寺银河大峡谷海拔高度 1300 ～ 1500 米，年平均气温 12.7℃。2000 年 3 月农业技术人员在此种植错季豆角 60 亩，引进 30 多个新品种。经筛选，选出三个适合当地种植新品种：白不老、架豆王、绿龙。此处生产的豆角肉厚、饱满、口感独特、营养丰富、富含蛋白质、碳水化合物、多种维生素和矿物质元素，营养价值高。

2001—2004 年，以龙泉关、夏庄、吴王口、东下关等 5 个乡镇为主，示范推广无公害错季蔬菜 5000 亩，黑崖沟无公害生产示范园区面积 500 亩。推广种植脱毒马铃薯 3.50 万亩，纯收入 1000 多万元，1.80 万户农民受益。国家投资 300 万元建起阜平县脱毒马铃薯良种繁育基地，建网室大棚 8 个，引进微型薯 10 万粒，建 600 平方米储存库和 1000 平方米低温保存库各一座。推广饲草产业，涉及 13 个乡镇 50 个村，种植 2000 亩，使 2000 多个养殖户收益。在夏庄、大台、吴王口等乡利用退耕还林推广发展中草药产业，种植黄芩 1000 亩，黑柴胡 1000 亩，板蓝根 1000 亩，天麻 2000 平方米。推广旱作农业，修建集雨窖 121 座，建设旱作基本农田 2 万亩。

2005 年引进“达赛莱克特”原种无毒草莓苗 5.5 亩、15000 株，于 8 月移栽 5 亩，建成 10 多亩的试验田。2006 年全县良种更新换代 3.50 万斤，推广节肥节水技术 1 万亩。2007 年建立科技示范户 150 个。2008 年推广玉米优质品种及高产配套技术 2.60 万亩，小麦节水示范推广 2 万亩。2009 年在东下关乡朱家营村开展“错季草莓适宜品种筛选与配套技术研究”工作，该项目填补草莓栽培技术的空白。玉米优质配套品种技术推广 2.50 万亩。

2010 年阜平县露地蔬菜由大路型品种向精特型品种转型，在平阳镇白家峪村、王林口乡辛庄村、北果园乡广安村种植200亩娃娃菜、西兰花等特色蔬菜，成为阜平县第一批销往北京批发市场的订单蔬菜种植基地。

第三节 新能源开发应用

一、沼气

1996—1999年，阜平县新能源开发利用坚持“因地制宜、多能互补、综合利用、讲求效益”的指导方针，以沼气建设为重点，开展对生物质能、太阳能、地热能等新能源的综合开发利用，提高能源的利用效率，促进节能减排，推动农村新民居建设，提高农民生活质量。2000—2009年，阜平县引进“三位一体”沼气池，该种池型是将沼气池、猪圈、厕所科学合理地结合在一起，人畜粪便自流入池，所产沼气用于炊事、照明，沼渣、沼液肥料是有机肥。形成以养殖为龙头，以沼气为纽带，以种植为依托的生态农业良性循环系统，达到家居温暖清洁化，农业生产无害化，庭院经济高效化的目标，具有显著的社会效益、经济效益和环保生态效益。截至2010年底，阜平县建设“三位一体”沼气池3500余户，涉及全县80多个行政村，200多个自然村，建成柳树底、龙门、照旺台、葛达头、槐树庄、王快、冯家口、长角、平房、井尔沟、刘家沟、马坊、东王林口、福子峪、顾家沟、城南庄、石猴、后庄、大岸底、马棚、下家峪、凹里、辛庄、苇子沟、大连地等40多个沼气示范村，实现炊事沼气化，提升生活品位和生活质量。

2010年申报成功阜平县第一处大中型沼气工程，在阜平县城南庄镇保定市春利农牧业有限公司建设800立方米大型沼气工程。全部工程分两期建设，第一期为沼气工程主体，所产沼气全部用于发电。第二期工程铺设输气管道，供应城南庄300户居民用气。工程项目的建设，结束了阜平县没有大型沼气工程历史。

二、气化站

2001年，全市第一座秸秆气化站在阜平县阜平镇白河村建成投产。秸秆气化技术是利用农作物秸秆、树枝、杂草等有机可燃物质在专用气化炉中不完全燃烧，经过一系列复杂的氧化还原反应和高温裂解而产生的以一氧化碳和氢气为主要成分的混合可燃气体，也称秸秆煤气，经加压贮存，通过管道输往各家各户，从而实现“两人烧火，全村做饭”。白河村秸秆气化站建成投用后，供应白河村230户居民用气，实现一日三餐，全部气化。运行3年后，由于气体中秸秆焦油无法清除，粘连风机，堵塞管道，无法有效解决，导致时开时停，断断续续，不能正常供气，于2004年停止运营。

三、太阳能

1996年发展推广太阳能热水器8000平方米，主要集中于县城和乡镇所在地，为居民洗澡卫生提供热水。充分利用太阳能采热，既节约能源，又实现零污染。2006年，从江苏盐城引进铸铁式太阳灶300台，分别建成东板峪店、葛达头、栗园铺等太阳灶应用示范村。

四、地热

阜平县境内有城南庄镇温塘村、砂窝乡下堡村、吴王口乡吴王口村三处温泉，均进行程度不同的规模开发，主要用于温泉洗浴、度假疗养。

第四章 科学技术普及

1996—2010年，阜平县以大力培养实用型人才，提升职业素质和专业技能为重点，加快培养高级技师，种养加能手，促进高技能人才和农村实用人才队伍建设，围绕公众科技素质的提高开展一系列科普活动。

第一节　宣传培训

一、科普宣传

每年春季组织科技专家深入乡村，利用集市庙会，向广大农民宣传党的科技方针、政策，传授致富新技术，举办科普讲座、技术答疑、发放科技书籍、展出科普挂图、推广良种，向公众提供面对面的科普服务。免费向农民发放自编科普明白纸。使农民掌握种植、养殖的常规技术。每年利用科普宣传车，组织科技人员到全县各乡镇开展灵活多样的科普宣传和技术咨询服务活动。

1996—2010 年阜平县技术培训情况统计表

表 21-4-1

年度 项目	1996	1997	1998	1999	2000	2001	2002	2003	2004	2005	2006	2007	2008	2009	2010	合计
培训（场次）	6	6	8	10	9	8	7	9	10	10	12	14	16	16	18	159
培训人数（万）	1	1.1	1.1	1.5	1.6	1.2	1.5	1.4	1.8	1.9	2.5	3	3.2	3.5	3.6	29.9
发放科技资料（万份）	0.5	0.5	1	1.2	0.8	1.2	1.4	1	1.8	2	2.2	3	3.5	3.6	3.8	27.5

二、技术培训

每年年初召集会议，县农、林、牧、水、科技、卫生等职能部门部分具有中、高级职称的，在工作前沿的科技人员进行交流，研讨在本年度技术培训的导向及具体培训项目，制定各职能单位具体技术培训方案。2006—2010 年，将每年 9 月定为“科普宣传月”，每年 9 月中旬的一周定为“科普宣传周”。组织县科技局、农业局、林业局、畜牧局、水利局、卫生局等职能部门科技人员（每单位选 3 ～ 5 人），到县城繁华地段—县招待所院前、泰和广场进行科普宣传，技术咨询。

第二节　科技示范

一、科普机构

1996 年后，由县科协起草，经县组织部上报县委批准，13 个乡镇 1 个社区成立乡级科普领导小组，组长由乡镇长担任，成员由抓科技工作的副乡镇长、乡妇联主任、乡镇（社区）团书参加。全县 209 个行政村相应成立科普领导小组，组长有村主任担任，成员有两委班子成员参加。

二、科普示范

1996—2010 年，县科协、县组织部根据各村具体生产、发展情况确定科普示范乡、村、户。

1996—2010 年阜平县科普示范乡、村、户情况统计表

表 21-4-2　　单位：个

年度 项目	1996	1997	1998	1999	2000	2001	2002	2003	2004	2005	2006	2007	2008	2009	2010	合计
科普示范乡（镇）	1	2	2	3	4	4	4	4	4	4	4	4	4	4	4	52
科普示范村	5	5	7	7	7	7	7	7	7	7	20	20	20	20	20	166
科普示范户	1000	1000	1200	1500	1500	1500	1500	1500	1500	1500	2000	2000	2000	2000	2000	23700

三、科普示范推广项目及效益

科普示范在全县各项生产活动中起着科技推动作用。阜平大枣生产、加工，优质核桃栽培推广，无公害苹果生产，生物肥的科学施肥，特色蔬菜引种，畜牧良种引进等项目的引用推广，均使全县农民获得较大的经济效益。15年间由科技示范推广项目带来的经济效益累计达12亿元。

阜平县对枣树进行科学管理，推广“树开心，枝拉平，精细管，肥平衡，无公害，质先行”的新型配套技术，对枣园无公害管理5万亩，纯增红枣产量1500多万公斤，效益5000多万元。培养出枣农科技示范户500多户，年红枣收入上万元的户达500多户，5000元以上的户达4000多户。人均枣收入超千元村达40多个。

阜平县畜禽鱼类引进和推广。推广面大，保有量多的品种有：辽宁绒山羊、杜泊羊、波尔山羊、西蒙塔尔肉牛、荷斯坦奶牛、长白猪、大白猪、杜洛克、褐蓝灰鸡、乌苏里貂、虹鳟鱼、鲟鱼。

1996—2010年阜平县畜牧良种引进推广情况一览表

表21-4-3

项目 年度	羊	牛	猪	鸡	兔、貉	水产
1996	—	西门塔尔肉牛	长白	星杂288	虎皮黄兔	虹鳟、鲟鱼
1997	—	—	大白	白来航	青紫蓝兔	河蟹
1998	—	荷斯坦奶牛	冀合白猪	—	—	—
1999	—	—	—	—	加利福尼亚兔	—
2000	南江黄羊	—	—	—	獭兔	—
2001	辽宁绒山羊	—	杜洛克	—	—	—
2002	辽宁绒山羊、萨能奶山羊	—	—	褐蓝灰	—	—
2003	辽宁绒山羊、萨能奶山羊	—	—	—	—	—
2004	波尔山羊、萨能奶山羊	—	—	—	—	—
2005	波尔山羊	—	—	—	乌苏里貉	—
2006	—	—	—	—	—	—
2007	—	—	—	太行柴鸡	—	—
2008	—	—	—	太行柴鸡	—	—
2009	杜泊羊	—	—	华北柴鸡	—	—
2010	杜泊羊	—	—	—	—	—

第三节　科技网络

一、政务网络

阜平县科技网络2005年开始发展，2008年县科技局牵头组织筹建阜平县政府电子政务网络，县直72个单位接入电子政务系统。2009年正式投入运行，学习和借鉴先进县的成功经验，以整合资源、创新行政管理流程、提高行政效能和便民服务为目标、进一步推进电子政务资源整合，加快电子政务服务体系建设。以政府门户网站为枢纽，完善网上政务服务流程、加强网上政民互动和政务信息网上公开。将电视电话会议系统由县联通公司移到县政府六楼会议室，建设开通县乡视频会议系统，实现县、乡、村三级视频会议及远程培训工作，提高了会议效果和应急处理能力。

二、红枣网络

2008年，阜平县科技局组织协调阜平县果品发展研究中心和阜平县红满天大枣农民专业合作社正式注册开通阜平大枣网站（英文网址：www.fpdz.cn，中文网址：阜平大枣网）。

第五章　科技管理与服务

1996—2010年，阜平县科技工作围绕支柱产业开展科学技术攻关，科技成果显著。科研项目的研发推广为阜平县经济发展发挥了很大作用。

第一节　科技经费管理

一、科技经费

科技三项经费，是指国家为支持科技事业发展而设立的新产品试制费、中间试验费和重大科研项目补助费。按照国家、省、市相关政策，各地科技三费支出应不低于当年财政支出的1%。

二、经费管理

阜平县是国家级贫困县，财政困难，1996—1999年科技三项经费一直处于空白状态，2000—2007年略有好转，直到2008年县财政每年正式下拨科技三项经费（35万元/年）。因阜平县建立政府电子政务网络产生网络租赁费，所有下拨的科技三项费都用于支付县网通公司的网络租赁费，真正用于科技事业发展的费用几乎没有。

第二节　科技项目管理

阜平县科技项目主要是围绕县支柱产业来开展科研攻关，平均每年上报省、市科技系统项目1～2个。取得成果的有以下项目：

一、大枣栽培技术

太行山大枣绿色栽培关键技术研究。主要研究内容为：通过研制开发标准化生产技术，使绿色大枣生产过程规范化，产品优质化。具体技术包括开展缩果病和裂果病防治技术研究，选育出抗缩果病、裂果病的优良品种体系。研制开发综合性的病虫害，无公害调控管理技术体系。探索出一套综合治理技术，采用室内和田间试验，枣缩果病防治取得成功。

二、栽培管理与病虫害防治

山区枣产业新型省力化有机栽培管理与病虫害防治技术研究。探究枣树省力化有机栽培管理技术措施并进行集成示范。研究和集中示范疑难病害——大枣缩果病、裂果病等符合有机大枣生产的防治技术措施。采取物理防治和生物防治相结合的方法进行防治病虫害。

三、高寒地带错季草莓课题研究

开展高寒地带“错季草莓适宜品种筛选暨配套栽培技术研究”课题研究工作。科技局在夏庄乡羊道行政村花塔自然村，种植2.5亩错季草莓，品种为“达赛莱克特”，并于2010年9月份上市销售，填补这一时段市场草莓的空白。草莓品质好、口感好，深得消费者喜爱。为调整阜平县农业种植结构，农民创收致富开辟一条新途径。

四、星火产业基地

2008年，经科技局申请，阜平县十万亩无公害大枣开发示范区被河北省科技厅认定为“河北省山区星火产业带示范基地”。

第三节 科技成果管理

一、林果业

2001年开始引进大枣良种化栽培，在产枣区域进行推广。2005年开展“大枣提质增效技术开发研究”和“降低大枣生产灾害”项目研究以及枣疯病防治工作，取得明显成果。2006年，推广中小企业科技服务平台，组建阜平县生产力促进中心，为大枣加工企业和石材加工企业开展一些科技服务工作，得到企业认可。2007年重点抓枣疯病综合治理工作，引进抗枣疯病的“星光枣”1350株，在苍山村建立35亩示范园；在马沟村进行抗枣疯病品种的对比试验，取得成果。同年全市科技、信息化、信息产业工作调度会在阜平县召开，得到市局领导的充分肯定。2008年，坚持改革创新，狠抓“一县一业一园”建设，阜平县大枣产业又有新发展，其中十万亩无公害大枣开发示范区被认定为“国家太行山星火产业带大枣示范基地”。2009年，“太行山优势果品绿色产业化技术升级与集成示范”项目，荣获“科技进步三等奖”，并颁发“河北省科学技术成果证书”。

二、农业、畜牧业

2005年引进“达赛莱克特”原种无毒草莓苗5.5亩15000株，并于8月移栽5亩，建成10多亩的试验田。同年组建“保定市山泉黄鼋鱼种质资源中心”，开展“中华鳖无公害健康养殖技术研究及操作示范”工作。2006年筹建“保定市鼋鱼产业科技专家工作站”为鼋鱼产业发展提供科技支撑。2009年在天生桥镇朱家营村开展“错季草莓适宜品种筛选与配套栽培技术研究”工作，该项目填补错季草莓栽培技术的空白。2010年，阜平县畜牧水产局甄梁等4名技术人员选题研究的“生猪简易快速保定技术研究与应用”项目获市科技进步二等奖，获河北省科学技术成果奖。该研究有效地提高生猪免疫速度和质量，减轻生猪应激反应，提高经济效益，解决基层防疫工作困难，具有极强的实用性和推广价值。

第四节 知识产权管理

一、知识产权保护

1996—1999年，阜平知识产权保护管理较为松散。

2000—2009年，通过新闻报道、宣传车、在主要街道和大型商场、超市悬挂保护知识产权和“双打”条幅、发放明白纸等多种形式，广泛宣传有关法律法规和甄别商品真伪知识，提升广大群众知识产权保护意识。

2010年，阜平县科技局联合工商、质检等部门成立专项小组，在全县范围内开展打击侵犯知识产权和制售假冒伪劣商品专项行动。重点整治侵犯著作权、商标权、专利权、植物新品种权和制售假冒伪劣商品等违法行为，打击仿冒知名商品名称、包装、伪造产地等不正当竞争行为，查处侵犯注册商标和地理标志商标专用权的违法行为，制止恶意商标抢注，查办侵犯核心关键技术专利权和具有较大影响的大案要案，检查31家文化经营场所、3家大型超市、1家大型农贸市场、22家工业企业、14家药店、34家种子化肥农药经营企业，查处昌黎产无随附单葡萄酒98瓶，予以封存停售。傍名牌“金丝带”啤酒8罐，罚款50元并没收产品。查处城南庄一经营假冒“骄马”特级柴机油的五金门市部。开展“无假冒专利示范单位”创建活动，授予阜平县信达电力物资购销有限公司、阜平县医药药材有限责任公司为“无假冒专利示范单位”。

二、文化市场管理

1996—2010年，加强对校园周边文化市场监管力度，重点查处网吧，加强网络知识产权保护，严厉打击互联网侵权盗版行为，有效遏制音像制品、非法出版物以及娱乐场所的违规、违法行为。加大对印刷、复印和批发零售单位检查整治力度，从复印、印刷、仓储、零售等环节全面防控，严厉打击各类违法行为。

第五节 气象服务

一、气象组织

1989年1月1日，阜平县气象站更名为河北省阜平县气象局。2006年12月31日升级为国家气象观测站一级站，2008年12月31日恢复为国家气象观测一般站。观测场海拔高度281.9米，区站号53690。气象局为部门和地方双重管理领导体制，由部门领导为主。2010年在编职工10人，本科学历3人，大专学历2人，中专学历5人。中级专业技术人员5人，初级专业技术人员5人。

二、气象观测

1996—2002年，每年因气象灾害及其次生灾害造成的损失占自然灾害损失的90%以上。每年暴雨（雪）、雷电、干旱、大风、冰雹、低温、冻害等气象灾害时有发生。2003年11月，阜平气象局在全市建成首家自动化气象站，截至2010年实现气压、气温、温度、风向、风速、降水、地温、草温等自动化观测。自动化气象站采集数据密度大、准确性高，能够使气象预报更好地服务于广大人民群众。

三、公益服务

阜平县2002年启动农业气候细网格区划工作，2003年5月，完成区划任务并出版《阜平县农业气候区划成果图集》，发放至县政府、乡镇及村两委，为当地农业结构调整提供科学依据。2004年，与省气象科研所合作完成《太行山错季草莓引种实验》课题，2005—2010年，阜平县气象局在龙泉关镇黑崖沟村进行错季草莓大面积种植推广实验，为错季草莓在阜平县西部深山区种植提供了准确科学依据，同时在黑崖沟村进行了中药材种植研究，为当地农民提供致富途径。

四、专业服务

1996年6月，气象局与电信局合作，正式开通“121”天气预报自动咨询电话。2005年1月，“121”电话升级为“12121”。1998年3月，县广播电视局开始在电视台播放阜平天气预报，天气预报节目由气象局制作完成后，送到电视台播放。2005年5月，电视天气预报制作系统升级为非线性编辑系统。2008年1月，通过积极运作，在气象局、广播电视局之间架起专用光纤，实现点对点网络传输，气象业务现代化水平得到提升。2007年，建立阜平信息网站，2009年7月，阜平信息网站更名为阜平气象网站，网站预报发布及时、内容丰富、更新快。2007年为各乡镇和县政府及有关部门安装电子显示屏40块，2010年在气象灾害易发区行政村建立气象预警信息大喇叭自动广播系统60套。建立气象短信预警发布平台，及时向县政府、各乡镇科局、各村委会及气象信息员发送气象信息。除每天早晚两次的预报内容外，气象灾害预警信号及防御指南，能够在电子显示屏、大喇叭、自动广播系统及手机短信中及时播放。2008年，成立阜平县气象灾害防御指挥部。2010年创建“阜平县气象灾害防御暨安全生产管理平台”，此平台应用GPS定位技术、地理信息技术、DV拍摄、影像合成等技术，实现全县77座水库塘坝、55个尾矿库、56个地质灾害点、66个加油站、9个水力发电站的分布情况、发生区域、主要致灾因素等以影视图像和文字说明形式展现，实时监测灾害发生区的气象要素。该平台的所有资料可随时调阅，了解全县气象灾害孕灾体情况。

五、防雷工作

阜平县是全山区县，地形复杂，雷灾时有发生。2002年，海沿村奶牛养殖场连续8次遭受雷击，击死奶牛5头，击伤15头，击倒36头，给养殖户带来重大经济损失。阜平县气象局深入到海沿村进行实地勘查、调研，聘请保定市防雷中心专家进行现场调查，最终摸清雷灾发生的特点和原因，在短时间内写出《海沿村雷电防御方案》。2007年6月1日，海沿村奶牛养殖基地雷电灾害防御工程正式启动，34家养牛棚安装接地装置，在整个养牛场安装六套避雷针，安装电源防雷器，在海沿村安装五套避雷针，基本实现直击雷和感应雷的保护。防雷工程的建立，海沿村奶牛养殖基地在雷暴高发期没有发生灾害性事故，推动全县防雷工作的顺利开展。从海沿村奶牛养殖基地雷电防御工程的初建、竣工投运整个过程，中央、省、市、县各种宣传媒体十分关注，央视一套、二套、七套、十套分派记者到阜平采访，以科学防雷、关注民生、服务三农为主题进行报道。

六、人工影响天气服务

1996—2005 阜平气象系统在红枣基地车道村、苹果基地西刘庄村、核桃基地龙王沟村和水源基地海沿村建立人工消雹增雨固定作业点。每年 6 月 1 日到 9 月 30 日作业点实行正常值班。确保保护防御范围内农村、庄稼不受雹灾侵袭，通过消雹增雨缓解旱情。2010 年阜平县有碘化银发生炉 2 座、三七高炮 3 门、BL 型火箭发射架 2 部。

七、农业气象服务

1996—2007 年气象局在东城铺村“十万亩”大枣基地、辛庄大棚蔬菜基地建起四要素（降水、温度、风向、风速）、六要素（降水、温度、风向、风速、气压、湿度）小气候观测设备。2008 年，联合省、市气象局及县有关部门专家成立“乡村气象服务专家联盟”，定期组织专家深入田间地头，进行气象服务需求调查，实地指导，通过广播系统、手机预警信息发布平台、《阜平气象》报、农业气象专题服务材料等多种方式及时发布农业气象灾害预警信息，开展精细化气象服务。2008—2010 年，印发《阜平气象》报 30 期，电视台播报 60 余次。

第六节　防震减灾

一、防震组织

1996 年，全县建有观测哨 216 个，测报点 4 个，专职观测人员 198 人，负责观测水井、动物异常并及时上报。2007 年，成立阜平县地震局，挂靠科技局，与科技局为一个机构，两块牌子，独立办公。

阜平县属六度裂度区，境内无地震带和断裂带，很少发生地震，有记载的地震为 2001 年 9 月 11 日 6 时 25 分发生的 3.8 级有感地震，震中位于东经 114°1′7″、北纬 38°54′1″ 的砂窝乡百亩台村，此次地震没有造成人员伤亡和财产损失。2009 年，阜平县按照上级地震部门要求，建立“三网一员”（地震知识宣传网、震情测报网、灾情速报网和乡村防震减灾兼职工作人员）工作机构—乡（镇、社管会）地震群测群防管理中心、行政村（居委会）地震群测群防站和乡（镇、社管会）动物异常测报站的建设及挂牌工作。健全“三网一员”基本制度，自编《乡镇村防震减灾兼职人员培训教材》，对乡镇（社管会）防震减灾助理员和行政村（居委会）防震减灾联络员进行业务培训，提高了业务素质。兑现防震减灾兼职工作人员的工作补贴。

2010 年制定《阜平县抗震防灾规划》，加强地震应急避难场所和应急救援体系的建设，县政府将避难场所建设纳入城市发展规划。

二、建设工程防震

1996—2005 年，县地震局下大力狠抓建设工程抗震设防要求管理工作。认真贯彻落实《中华人民共和国防震减灾法》，积极与有关部门沟通联系，规范建设工程抗震设防管理，把抗震设防审批作为规划审批的前置条件，所有建设工程颁发规划许可证之前必须有县地震局抗震设防审批意见。2006—2010 年，主抓农村新民居地震安全工程建设和中小学校舍安全工程。地震局牵头联合建设、国土等部门对全县中小学校及部分农村民居进行安全排查，对排查出有安全隐患的中小学，联合建设部门责令其拆除、整改、加固或新建，保障校舍安全及全县新建、改建建筑的抗震设防能力，为全县人民的安全住房提供有力保障。

2009—2010 年，阜平县地震防震减灾工作在全市地震系统名列前茅，连续两年得到嘉奖并被保定市地震局授予“全市地震工作先进单位”。

第二十二篇　文化体育

1996—2010年，全县文化基础设施得到改善，人才队伍得到加强，群众性文化体育不断普及。文化主管部门经常性的组织专业团体和民间艺术团体下乡演出，受众人数10万多人。组织文化辅导员下乡培训近百次，每年围绕重大节日和纪念日开展丰富多彩的地域文化活动50余次。全县13个乡镇建起综合文化站，80%的行政村建起文化广场。以村为单位组织开展各种文化活动，丰富了村民的业余文化生活。全县建成186个农家书屋，每个书屋平均投放图书1000多册。文体广电局在万金园建成1500多平方米的功能完备的图书馆，在阅览图书的同时，还可以通过电脑进行电子阅览。

扎实推进体育设施建设，开展群众体育活动，竞技体育成果喜人。全面实施《国家学生体质健康标准》，社会健身意识普遍增强，学校体育稳步发展，农民体育日趋活跃。建成全民健身场所96处，186个行政村建有篮球场地。通过组织开展各种赛事活动，提高全民健身的意识和兴趣，培养一大批体育运动爱好者。建立阜平县体育总会，发展多个民间个体运动自由团体。

广播电视事业加快发展，新闻宣传质量不断提高。加大对外宣传力度，把全县一些经验做法和重点工作及时准确地上传到市电视台和广播电台。先后进行有线电视网络建设和维护、发射机房改造、成立电视业务办理大厅、“村村通”广播电视全面覆盖；县内自办2个频道全部开通，实现光纤到户和数字电视的传输。结合农村数字电影放映“2131工程”，开展送电影下乡活动。建设8100平方米3D电影院，填补阜平县没有3D电影的空白。

第一章　文化

1996年全县农村文化户130多户，阜平县乡（镇）文化馆、站健全，209个行政村都建有图书室，农村文化站的硬件建设有很大变化。2005—2007年在全县13个乡镇文化站分期分批进行扩建，为独立院落。各乡镇文化站组织开展基层文化活动空前活跃。2008年成立“晋察冀文化领导小组”，挖掘整理阜平革命历史。2010年农村文化户增加到2500多户，文化活动日趋丰富。按照法律、法规做好文物保护工作。文化管理工作性质由管理型转变为服务型，净化和规范全县的文化市场，取得可喜成果。

第一节　机构与管理

一、组织机构

1996年机构改革，文化局和体育运动委员会合并组建成阜平县文化体育局，负责全县文化、体育工作。2003年4月，将文化体育局和旅游局合并组建成阜平县文化体育旅游局，负责全县文化体育和旅游工作。2007年3月广播电视局与文体局合并，更名为阜平县文体广电局。2010年11月文化体制改革，阜平电视台、网络公司从阜平县文体广电局分离出来，阜平县文体广电局更名为阜平县文化广电新闻出版局，为县政府直属事业机构。主要职责是指导、协调和服务文化、广播电视、文物、旅游、体育等事业发展。有5个下属事业单位：文化馆、图书馆、电影公司、文物保管所、文化市场执法队。

二、文化管理

（一）文化市场管理

1996年以前，音像市场、卫星地面接收等行业工作，由广播电视局负责管理。1996年管理人员认真履行职责，严查淫秽色情、盗版和国家明令禁止内容的音像制品流向市场，使其健康有序发展。2002年文体局接管后对企业进行详细登记，完善相关经营证件，为保护知识产权，下大力打击盗版音像制品。坚持经常性的检查、排查，1996—2010年平均每年集中销毁音像制品约5万张，维护消费者和经营者的合法权益。为使文化市场健康发展，文化广播新闻出版局（以下简称文广新局）结合公安、工商部门，对经营场所淫秽色情音像制品进行彻底清理。一经发现，对其进行限期整改，并罚款处理，情节严重的吊销营业执照，全力实现淫秽色情音像制品零的目标。2009—2010年严格音像制品邮寄制度，与邮政部门协调沟通，无文体部门的审核批准证明，不得邮寄音像制品，严格按照音像制品邮寄规定进行。

（二）演出管理

1996年加大演出团体的管理力度，对来阜平演出的外地剧团、歌舞团、杂技团等演出团体，在接待、安排场地的同时，注意审查演出单位的节目内容、表演形式等方面的情况，提出具体要求，促使其在阜平境内文明演出、合理收费，更好的活跃全县城乡文化生活。截至2010年县文化广电新闻出版局工作性质由管理型转变为服务型，有效地净化和规范全县演出市场。

第二节　文化实体

一、文化馆

阜平县文化馆建于1952年，原馆舍坐落在县城十字街。1996年，县政府把文化馆房舍院落置换给国税局，文化馆搬迁到原国税局。2005年11月，文化馆搬迁到原文化局（桥西街25号），馆舍建筑面积695.40平方米，整体为三层楼房。设舞蹈组、美术组、创作组和办公室。有排练厅、舞蹈室各1个。馆内机构设置为：书记兼馆长1人，副馆长2人，下设行政办公室和业务辅导部两个部门。2010年在职人员9人，其中大专以上学历8人，中级职称5人。

文化馆负责全县群众文化工作的辅导、培训，县内重大文化活动的组织创编和实施，承办上级交办的专项活动，培养文艺骨干。通过组织大型群众文艺活动，发现培养一批优秀人才。1996—2010年县文化馆组织15次大型文艺调演，涌现出130个业余文艺演出团体，汇演水平不断提高。其中有许多节目参加省、市调演或汇报演出。1996年文化馆组织编排的《青山忠魂》在保定市首届群文部业务展演活动中荣获一等奖。

二、乡镇文化站

乡镇文化站主要负责本乡镇的文体活动，宣传普及科学文化知识。1995年全县25个乡镇全部设立文化站，有专职人员25人。1996年合乡扩镇，25名专职人员随乡镇合并分配到13个乡镇。随着乡镇经济快速发展，农村文化活动空前活跃，各种小型文体比赛演出活动十分普遍。平阳镇的大鼓、龙泉关镇、天生桥镇花会活动每年正月十五、十六演出中新中有新，各乡镇的文艺汇报演出精益求精，乡镇文化站的活动带动全县文化事业工作的开展。

农村文化站硬件建设有很大变化。2005—2007年，国家出资24万元，在全县13个乡镇分期分批进行扩建，为独立院落。2008年国家投资修建天生桥镇、城南庄镇两个乡镇文化站。2009年，建成龙泉关镇、砂窝乡、大台乡3个乡镇文化站。2010年，对剩余的8个乡镇投入建设完毕。

三、文化户

改革开放后随着人们生活水平的提高，农民“日出而作，日落而息”传统生活方式有很大改变，许多家庭开始重视文化生活和智力投资。以家庭为中心的藏书、自娱自乐、练字学画的越来越多，涌现出一大批积极参加文体活动、热心传播科学文化的先进人物。1996年，全县农村文化户130多户。2010年农村文化户2500多户。大致分为四类：（一）热心群众文化活动，积极组织倡导，提供资金赞助。（二）文艺世家，家庭文化氛围浓厚，家庭成员热爱绘画、书法、写作，并取得一定成绩。（三）经常进行音乐、舞蹈等小型演出并带动村里人自娱自乐。（四）建立家庭图书室，购置图书，并借阅村民，义务提供科技信息。

四、图书馆（屋）

（一）县图书馆

上级机关单位向县图书馆赠捐图书，首先为基层着想，帮助建立建设农村图书室。2005年7月，中国国际旅行社总社图书馆更新换代，图书馆工作人员三次进京争取到这一项目，受赠图书2万余册，铁书架27个，健身器3件，使馆藏图书达到6万余册，丰富了图书种类。是年12月，县政府联系接受省图书馆图书4500册，期刊3800册，分别送书下乡到平阳镇山嘴头村图书室2500册，书架1个；平阳镇各老村图书室2000册；阜平镇高阜口小学图书室期刊2000册；2005年送幼儿园阅览室期刊1800册。2006年，经国家事务管理局穆文、尹亚夫介绍，县图书馆同天津市北辰区教育局结为帮扶对子，受赠图书6万余册，分别送书下乡到龙泉关镇平石头村、八里庄村、北刘庄村，下庄乡二道庄村、台峪乡平房村、王林口乡西庄村、城南庄镇后庄村、砂窝乡砂窝村、大柳树村，史家

2005年，阜平县图书馆一角

寨乡葛家台村、平阳镇皂火峪村、阜平镇葛达头村、北果园乡广安村（配有书架、阅览室大桌）、大台乡柏崖村、天生桥镇栗元铺村、吴王口乡不老台村各3000余册，完成15个文明生态村图书室建设。

2007—2008年，图书馆接受文化部、财政部送书下乡工程图书9663册，分别送到阜平镇、大台乡、城南庄镇、王林口乡、北果园乡、砂窝乡、台峪乡、天生桥镇、夏庄乡九个乡镇各1077册，完成9个乡镇图书室建设。2009年8月，接受文化部、财政部农村书屋工程图书36142册，六大类657种。分别送到辛庄、方太口、菜池、东漕岭、后庄、上平阳、山咀头、大教厂、井沟、印钞石、北刘庄、铁岭口、史家寨、百亩台、大连地、不老台、半沟17个行政村，完成17个农村书屋建设。

2010年阜平县13个乡镇建全图书室。后庄、上平阳、广安、不老台、龙泉关、柏崖、砂窝、东王林口等38个行政村建立农家书屋。2009年新建天生桥、大岸底、青沿、光城、革新庄等农家书屋26家，分别配送图书1321种，1579册，为使新建农家书屋更加规范，2010年举办农家书屋管理人员培训班，通过考试合格，为参训人员放发上岗证。

同年，争取到岔河、万宝庄、魏家峪、槐场、罗峪、朱家营、五丈湾、庄里、盘龙台等121个行政村的新农村农家书屋工程，各送书1200种、1240册。

（二）学校（中心）图书馆

阜平中学图书馆　1952年，阜平中学图书馆建立。中共十一届三中全会以后，学校图书馆得到社会各界人士大力支持。2000年，当年曾生活、战斗在阜平县的老干部王宗槐、张苏、霍嘉林等人与首都老干部教育促进会资助阜平中学图书馆，捐款、捐书、捐物，馆舍大有改观。为继承发扬革命前辈的优良传统，感谢革命老前辈对老区人民的关怀，阜平中学图书馆改名为“宗槐图书馆”，面积2665平方米。由图书室、阅览室、资料室3部分组成。日常工作由教务处领导，图书管理员4名，馆内藏图书4万册，杂志、报纸160余种。2002年学校依照教育部下达的普及实验教学文件精神，实行微机化管理和开架借阅。按《中国图书馆分类法》第四版分类录入微机的上架图书13086册。设有教师库、学生库、资料库、典藏库，图书室业务全部采用微机化管理。

图书馆星期一至星期六对教师全天开放。资料室专供教师使用，上架图书不外借。借阅任务由高一、高二年级完成，两个星期借阅一次。阅览室星期一至星期五下午第三节课和课外活动时间开放，为学生阅读提供空间。

为激发学生的阅读兴趣，图书馆开展各种读书活动。如：高一新生入学时由于阅读习惯和阅读水平不同，特举办读《菜汤》一文的活动，在不提供作者和写作背景的情况下，看学生的知识面及其发散性思维，读完后每人写一篇读后感，优秀文章在校刊上发表。当高一新生对图书馆了解后，高一、高二分别开展诗歌朗诵和课本剧表演，深受学生欢迎。开展阜平中学学生辩论赛，为学生提供展现才华的舞台，让学生充分领略阅读的乐趣和成功的喜悦。

阜平县职业技术教育中心图书馆　阜平县职业技术教育中心图书馆建于1994年，建筑面积1000平方米，藏书14万册，电子图书32万册。馆内分为期刊报纸阅览室、专业图书室、文学文艺图书室、综合图书室等4个功能区和1个流动便民图书室。其经历大致可分为三个阶段：

第一阶段：1994—1999年

图书馆由城南庄原阜平农机中专学校迁建伊始，藏书约有2万余册，大多为果林、养殖等专业类书籍。截至1999年馆藏图书4万余册，图书种类增加计算机、汽修、机电等专业类书籍。图书馆阅读对象主要为在校师生，由教务处负责，馆长由教务处主任兼任。

第二阶段：2001—2004年

2001—2002年学校图书馆藏书数量、种类、借阅人次都有较大增加。2003年学校被评定为国家级重点中专职业学校。2004年学校图书馆搬迁新址（由原学校礼堂建成）。馆内面积1000余平方米，藏书量突破10万册，原北辰集团董事长孙梦兰先生捐赠电子图书（光盘）1万余套（盘）电脑、VCD等设备20余台套。馆内新增期刊报纸阅读室、综合图书室，平均年借阅量1万余人次。

第三阶段：2005—2010年

基础设施不断加强，相继引进电子检索、防盗仪等自动化管理设施，服务对象由校内师生扩展到社会大众。2005年图书馆设流动便民图书馆，利用农村集日定期下乡，为群众提供知识、信息服务，受到社会广泛赞誉。截至2010年，图书馆藏书14万余册，期刊报纸近百种，电子图书3万余册，年借阅量平均两万余人次。“服务教学、服务三农、服务社会”已成为阜平县职教中心图书馆办馆宗旨。

城南庄中学图书馆 1999年城南庄中学图书馆建立，占地40平方米，藏书数量较少。2000年由国家出资，教学设施得到全面改善。图书馆位于实验楼二楼南侧，建筑面积95平方米。2005年普九工作中，成为保定市合格图书馆。图书馆有藏书21566册，七大类：马列主义、毛泽东思想类44册、哲学类34册、社会科学类40册、文学艺术类6600册、自然科学类585册、综合性图书480册、其他类9177册。截至2010年图书馆有书架24个，目录柜1个、档案柜1个、资料柜1个、办公桌2个、阅览室内有报纸架1个，桌椅60套。

图书管理员的常规管理 添置新书配置以学生需求为主，为不同层次、不同需求、不同兴趣爱好的读者提供健康丰富课外读物。

登记排架按《中华人民共和国图书分类法》进行分类编码入册，图书上架分门别类，明码标签，科学规范，上架辟有专柜，分类排架设置，便于查找借阅。

借阅流通严格按借阅制度，规范借阅。

整理、装订和修补及时对各种资料进行整理、装订、修补，可以保证资料的完整、系统、方便存放和借阅。

日常护理做好防火、防盗、防潮、防虫、防鼠等工作。

图书室管理制度室 内设有教师借阅制度、书刊赔偿制度、学生借阅阅览室阅览规则、教师阅览室阅览规则、学生借阅制度。

图书室的使用 星期一至星期五上午8:30—11:30为教师借阅时间；星期一至星期五下午第二节课至第四节课为学生借阅时间。其中星期一至星期二为七年级借阅时间，星期三至星期四为八年级借阅时间，星期五为九年级借阅时间。在借阅中，实行开架借阅方式，每生每次只借一本，凭图书证借阅。借完书后，要求学生及时写读书笔记，心得体会和感想。每学期对学生开设2节阅读课。开展新书推介活动，创办墙报、黑板报和宣传栏，培养学生阅读兴趣和能力，及时为教师提供教学信息资料。

（三）农家书屋

东漕岭农家书屋 东漕岭农家书屋面积80平方米，室内配有桌子17张，椅子34把，配有电视、远程教育宽带和VCD音响设备。2009年8月26日接收国家文化部、财政部农村书屋建设工程捐赠图书一批（价值24105.06元，有图书50种，2136册），通过整理分类上架，于2009年9月6日正式开室。并制定便民借阅制度，供村民借阅。书屋严格按借阅管理制度开展工作。

广泛宣传、带动村民走进书屋、提高借阅率。利用党支部召开两委会、党员会、代表会宣传，用广播喇叭反复宣传广播、营造浓郁气氛，让家家户户都知道村里有个读书、借书的好地方。书屋吸引村民和学生经常来看书、借书。

开展活动，发挥书屋科技作用。书屋多次组织技术讲座，教育引导广大村民学用科学与脱贫致富结合起来。村“两委”邀请林业部门讲授核桃种植技术，技术人员讲授玉米的种植，结合科技发挥书屋的科普功能，激发村民的读书兴趣。

书屋图书分为六大类：文化教育类（278种

695本），生活类（71种179本）、科技类（177种713本）、政治类（87种209本）、少儿类（79种209本）、音响类（65种100盘）。报纸、期刊有《保定日报》《河北日报》《人民日报》《河北农民报》《燕赵都市报》《环保科技报》《共产党员》杂志。

龙泉关村农家书屋　龙泉关村2004年建立“农家书屋”，图书种类主要有养殖类、种植类、医疗保健类、交通安全类、文化教育类等，占地约50平方米。

农家书屋在管理员张红飞的宣传指导下，村民纷纷前来借阅。每天晚上6—8点是集中借阅的时间，周六、日是村民集中阅读讨论时间。为了防止图书破损，还制定严格的读书借阅制度，保证每个村民能及时、完整借到想阅览的图书。

山嘴头村农家书屋　2006年县文化局捐赠上千册图书和部分乐器，村里建立60平方米农家书屋。配备管理员，制定管理制度。组织男女青年开展文艺宣传活动，丰富农村文化生活。

大教厂村农家书屋　2004年5月31日农家书屋成立，面积30平方米。2010年有各种图书6000册，图书种类六大类，少儿、科学、文化生活等为最多。书屋管理员齐银锁，对图书管理认真负责，借阅有文字登记，个人签字。

后庄村农家书屋　城南庄镇后庄村农家书屋建于2003年4月，建筑面积50平方米，可容纳40余位村民同时阅读。书屋有图书659种、2136册，书屋存书有文教、科技、养殖、农业、卫生、体育等门类。

村委会为书屋制定各项借阅制度，对图书进行分类登记造册，由张贵安专管，还对管理人员进行专业培训。

村里定时对村民开放借阅，每周一次。严格落实借阅制度，有效地提高农民素质，丰富农村文化科学生活。

印钞石村农家书屋　印钞石村农家书屋占地面积30平方米，建于2009年9月5日，有生活、科技、政治、文化、少儿等659类书籍，2136册。生活与科技类借阅比例较大，全村村民平均每周借阅三本。

五、电影公司

阜平县电影公司为保定地区阜平放映队，成立于20世纪60年代，当时有放映员16人。有老式16毫米胶片放映机3台，发电机3台，在全县25个乡镇、209个行政村轮流放映。阜平县没有专门电影院，电影公司大院作为露天影院对外放映35毫米电影。

随着文化市场深入改革，个体放映队和行政村成立的放映队成为电影放映的一支骨干力量。90年代初全县有103个放映队。公司职工增加到26名，下设机修、放管、发行、器材、财务、检片等股室。

1992—1996年电影市场疲软，放映队陆续减少。1996年初，全县剩十几个放映队且不能正常放映，电影公司只有几名值班人员，其余自谋职业。1996年下半年机构调整，电影公司搬迁到桥西街（原劳动服务公司大楼）。2000年桥西街扩建，电影公司办公楼拆除。2002年电影公司新楼建成。

2009年筹措资金购买27台数字流动放映机，分为27个放映队，按照乡镇划分放映区域。同年加入保定市鑫广农村院线公司，按照国家每村每月一场电影的要求，农村放映开始走向正轨。全县209个行政村实现电影放映全覆盖。2010年保定市鑫广农村院线公司撤销，农村放映队加入保定市锦绣农村院线公司。

六、电影院

阜平县电影院1982年建成投入使用，有坐式放映机两台，大型发电机1台，配电室1间，座位1156个，职工13名。电影院的建成，丰富了人民的文化生活。1996—2008年由于电影院年久失修，房面风化严重，已成危房。2009年旧电影院拆除，2010年9月新影院建成。建筑面积8100平方米。放映大厅1683平方米，907个软椅座位，达到国家要求的无遮拦式观影条件。放映系统配置先进的德国巴克2D数字放映机，立体环绕音响，配有火烈鸟5.0计算机售票系统。同年数字影院并入河北中联院线，与全国同步播放最新国内外影片。

第三节　文化活动

一、文艺团体与活动

1996年文化馆举办首届交谊舞培训班，培养两千多名交谊舞学员。1997年在文化馆院内举办首届“灯谜”展演有奖活动；同年，举办首届书画培训班。1997—2005年，由文化馆主办，冀北商城乐器专柜赞助，连续举办9年农村文艺汇演。2006年举办阜平县首届“金秋文化艺术节”。2007年举办第二届“金秋文化艺术节”。2008年举办阜平县“泰和杯”农民歌手大奖赛。2009—2010年举办阜平县书画、根雕、剪纸大型展览。1996—2010年文化下乡500余场。

二、农村文艺团体

1996—1998年全县有10个业余文艺演出队，年平均串村巡回演出100余场次。1999—2004年全县有30个业余文艺演出队，年平均串村巡回演出150余场次。2004—2010年全县有60个业余文艺演出队，每年平均串村巡回演出200余场次。涌现出一批演出质量较高，演出人员比较固定，深受当地人民群众欢迎的业余文艺宣传队。如龙泉关镇西刘庄曲剧队、平阳镇平阳村河北梆子队、台峪乡台峪村女子管弦乐队、北果园乡东城铺村新星文艺宣传队、城南庄镇城南庄村民乐队、中艺文艺宣传队、大岸底老调队、白岔村综合文艺队、阜平镇高街村春艺文艺宣传队等。

第四节　文学艺术

一、文学

1996—2010年，阜平县的文学创作队伍不断发展壮大，全县有近百名业余作者从事文学创作，创作出很多优秀的诗歌、散文、小说和纪实文学。小说类作品较有成就的赵新，是在全国文学艺术界有较大影响的阜平本土作家，被文艺界尊称为“河北的山药蛋派”。个人自费出版中长篇小说3部，短篇小说22篇，微型小说100多篇。在赵新老师的精心培养和亲切指导下，阜平的文学创作进入繁荣时期，涌现出一批文学新人，开始在全省乃至全国逐步崭露头角。2006—2010年，阜平籍作家群的著述呈快速上升之势，各类不同形式的文学作品相继问世。（详见本篇第九节著述）

二、曲艺

曲艺以民间艺人说书为主，书类有大鼓书、坠子书、竹板书等。2004年7月阜平县龙泉关镇白迎冬荣登中央电视台《曲苑杂坛》节目，表演“说说唱唱”。同年参加广西电视春节联欢晚会，表演曲艺节目。2008年参加中央电视台“金土地”节目曲艺表演，2009年参加中央电视台《周末喜相逢》节目中的曲艺节目。

三、音乐

1996—2004年，阜平县的歌曲演唱和器乐演奏较为普遍。2005年县文化馆顾喜红的论文《阜平群众文化活动浅见》在“河北省小康文化建设暨小城镇文化发展战略征文”中获得三等奖，还创作许多群众喜闻乐见的音乐节目，其中有《英雄的太行山》等。韩鹏高业余创作歌曲一百多首。《请到我们大西北来》《中国人民之歌》《山妹子》等10多首被《音乐周报》《电脑音乐报》刊登。《山歌一曲唱阜平》参加河北省群众歌手擂台赛，受到评委称赞，在河北电视台农民频道播放。自编自唱的《阜平是旅游的好地方》《阜平山水好地方》《阜平德信文化歌》《阜平天生桥放歌》《请到阜平枣乡游》《阜平处处展新容》《世外桃源阜平县》等歌曲受群众好评。

2005年顾喜红的歌曲《英雄的太行山》在河北省文化厅举办的“纪念抗日战争暨世界反法西斯战争胜利60周年征歌活动”中荣获三等奖。

郑清贵　1956生，阜平镇人，艺名郑笛，萨克斯演奏家。1976年参军，曾是部队文艺工作者。转业到地方，在阜平县直单位工作，业余时间受邀到外地演出。在全国巡回演出200余场次。演出场次主要有：2004年6月中华全国总工会、黑龙江省总工会振兴东北老工业基地慰问巡回演出《劳动颂歌》。主要到一汽、大庆油田、通化钢铁厂等老工业基地演出。2004年12月中华全国总工会文工团赴中原油田慰问演出。2007年4月30日—5月3日河南省安阳马氏庄园第一届文化旅游节中华全国总工会文工团大型文艺演出，萨克斯演奏《回家》。全国总工会文工团藏历铁虎新年茶话会慰问演出。另外，还多次在河北电视台、保定市电视台文艺栏目演出。

2004年，郑清贵在振兴东北老工业基地慰问演出

中华全国总工会文工团于2004年、2008年两次为郑清贵颁发荣誉证书。2007年聘请为中华全国总工会文工团培训中心萨克斯讲师。2009年中华全国总工会文工团特聘为器乐辅导教师。郑清贵在北京市筹办的庆祝中华人民共和国成立60周年活动期间做出贡献，北京市委、市政府为其颁发纪念证书。

四、舞蹈

1996—2004年阜平县的舞蹈事业蓬勃发展。红满天舞蹈队、陵园、东寺等秧歌队各队成员一直保持在30人以上，大都是50岁以上的老人，队里有演出服装150多套，还有扇子、手绢、快板等演出道具。截至2010年各种形式的舞蹈、秧歌队发展到100多个，活跃了群众文化生活。

2010年阜平县舞蹈家协会成立，协会积极组织全县舞蹈工作者开展舞蹈艺术创作、进行理论学术研究，举行专业舞蹈比赛，挖掘培养舞蹈人才，开展群众性舞蹈活动，丰富大众文化生活，特别是在培养、挖掘少年儿童舞蹈艺术方面做出有益贡献。协会注重地方文化的挖掘整理，致力于舞蹈人才的培育，积极参与各级舞蹈赛事，为宣传推介阜平做出不懈努力。舞蹈《看大戏》《天天向上》等获国家级舞蹈大赛一等奖，《太行深山小百灵》受邀参加河北电视台少儿春节联欢晚会。

五、美术

阜平县绘画艺术源远流长。县内先后出土的新石器时期陶器上即绘有张着大口的鱼、奔跑的鹿、啄食的鸟、跳跃的狗等，虽构图原始，但野趣天成。清代县城城隍庙大型壁画，其塑像艺术极佳。民国民间，西庄普佑寺壁画极为精美，飞凤游龙，昂首舞爪，鸟雀野兽，别具风格，各色人物宛然如生。新中国成立后，师范美术教员卢大实以山水、花鸟画出名，儿子卢士鹤随父学习美术，艺术造诣也较高。

1996—2010年文化馆每年组织举办大型美术培训班一次，培养美术骨干90余人。截至2010年有30余幅农民画参加地区的创作展。

王宝鹏 1965年生，阜平城厢人。1985年到文化馆上班，1989年毕业天津美术学院，多年来主攻山水画，兼习花鸟，并擅长书法。以太行山为创作主体，其作品多次参加国家、省、市艺术大展、画展和国际艺术交流展并获奖。1988年、1989年分别荣获全国首届青年书法大展硬笔书法大展二等奖，并入选获奖作品集，国画《春染太行》《春风》入选河北省绘画作品展并获奖。国画《春意十分》参加由文化部举办的全国中国艺术大展获一等奖，《河北日报》《保定日报》《保定晚报》刊登。国画《春到太行》获全国中国画分科大赛三等奖，国画《春宵》获省艺术联展一等奖、书法获二等奖，国画《墨竹》被韩国首尔市收藏。2009年被聘为国家书画家协会会员，中国国际书画研究院研究员。

曹利忠 1974年生，阜平县人。1997年毕业于保定师范专科学校美术教育专业，毕业创作留校。2005 年进修河北师大，获本科学历，毕业后专门从事美术教育教学工作。水粉画《鱼》在第三届“画展杯”全国中小学书画摄影大赛中荣获教师组一等奖。丙烯《静物》在第二届河北文艺联展中荣获二等奖。油画《故乡》荣获河北省首届中小学美术教师书画评比一等奖。2009 年第五届“艺术之星”全国少儿美术书法摄影大赛中荣获集体一等奖，本人荣获指导教师一等奖，被授予全国“艺术之星”教学标兵光荣称号。

郄录平 1965 年生，阜平县人，1991 年毕业于河北省师范学院美术系（本科），获学士学位。毕业创作参加省建党 70 周年美展，作品留校。毕业后从事美术教育工作。雕塑《青年女教师》作品，在第二届“华辰杯”全国中小学书画摄影作品大赛中荣获教师组一等奖。油画《乡恋》《晨》在第二届河北艺术联展中荣获中青组二等奖和优秀奖。油画作品《乡恋》《乡愁》《晚秋》《晨》被《河北艺术联展精品集》收录入集。油画《正月》荣获河北省首届中小学美术教师书画评比一等奖。

2007 年 5 月学术论文《谈多媒体在美术教学中的应用》和《如何在美术教学中培养学生的创造能力》分别发表在《当代教育理论和实践》和《教育教学理论和方法》刊物上。

2007 年与曹利忠老师一起创建阜平县新蕾艺术班，填补阜平县少儿美术教育的空白。2009 年第五届“艺术之星”全国少儿美术书法

《盼》（作者：郄录平）

《清泉飞歌》（作者：郄录平）

摄影大赛中荣获集体一等奖。郄录平荣获指导教师一等奖，被授予全国“艺术之星”教学标兵光荣称号。

白国平 女，1961 年出生，城南庄镇大岸底村人。她自幼酷爱书画艺术，在书画领域内不断拓展、不断创新，赢得广泛的社会赞誉。被阜平县书画协会选聘为常务副会长。在书画大赛中多次获奖，被中国书法联谊会吸收为河北省省级会员。

《国色天香》（作者：白国平）

樊桂英 女，1966 年出生，阜平镇岗路头村人。自幼学习美术画画，尤其见长画梅艺术。笔下之梅极具变化之妙、构思精巧、观之耐人寻味、令人拍手称绝。省级画展中，作品“雪梅图”引人入胜，被河北省图书馆收藏。

六、剪纸

剪纸在农村妇女中世代相传，非常普及，且不乏佳作。不少女人用各色纸片，稍加构思就能剪出一花、一草、一动物。成年女子长年日夜操劳，平时无此闲暇，每到年节来临，都会挤时间剪几幅画，贴在窗户上。能剪出妙趣

《铁骨傲霜》（作者：樊桂英）

横生的《事事如意》《八个葫芦对嘴儿》《年年有余（鱼）》《麒麟送子》《喜鹊登梅》《福禄贺寿》《八仙过海》《二十四孝》《桃园结义》《唐僧取经》等栩栩如生的系列人物形象。剪纸艺术作为阜平的民间剪纸艺术品，成为农家年节窗花、门迎饰品，深受当地农民群众喜爱。

七、扎纸

扎纸作品除为丧葬专扎《金童玉女》《把门将军》《金银宝斗》《送魂车马》《电视》《楼殿》之类的丧葬品外，还有每年春节、元宵节期间裱糊的各式彩灯、花卉、盆景以及春季为孩子制作的各种风筝。1946年为欢庆抗战胜利后的第一个灯节，全县人民争相献艺，每家都挂出精心制作的彩灯。有四棱灯、六棱灯、宫廷吊灯、圆形长穗写着“普天同庆”等新式挂灯。“走马灯”中除了传统的戏剧人物形象外，还增添了“拉洋车”“拨旱船”“送花篮”“推车挑担送粪”“扶耧牵驴下地”“扶犁驱牛耕田”等各种形式的《春灯忙》《垦荒灯》。截至2010年扎纸艺术一直保留下来。

八、漏印缯花

漏印是将精工透雕的薄木板（后用橡胶或塑料薄板）平铺布面，刷一层用石灰和小米糨糊和的粥状物，使其流入并附着于雕投外的布面上，晾干后放入染锅内煮成深蓝、浅蓝或翠兰底靶，捞出来清洗掉石灰面及浮色，即显现出清晰的白色（原色）。图形花纹有《喜鹊登梅》《鸳鸯戏水》《金鱼戏莲》《寿鹿仙鹤》《凤凰戏牡丹》以及各种花卉、景物，用来做包袱、头巾、围腰、护襟等，农村各染坊均能染制。缯花是用线头在布面排列成无数小疙瘩（喜欢大花则将疙瘩增加的稍大些），然后放进染锅里，煮成深蓝、浅蓝、油绿、枣红等各底钯，捞出洗掉浮色，再解开先结的“疙瘩”，即显出底处未能染色的白花朵。妇女、儿童多用此缝制棉衣和夹衣，方法简单，每个家庭都会染印这种花布。

九、根艺

阜平针、阔叶林木、树种繁多，制作根艺的资源非常丰富。平阳中学语文教师刘振增退休之后制作许多根艺作品。现为全国根艺协会会员。其根艺作品曾在全国《园艺》一书刊登作品五篇；河北日报画刊刊登一篇作品《孺子牛》；阜平大枣杯根雕作品获二等奖。南栗园铺村胡建国高中毕业后，外出专学根艺，创作出许多作品，成为根艺师，并在家乡创办“栗园根艺学校”培养学生近百人。

十、书法篆刻

陈明生　1936年生，阜平镇照旺台村人。县人大常委会原副主任，河北省书法协会会员，曾为石印《阜平报》刻字、为县老调剧团和电影院（队）专职书写海报、字幕。陈明生的书法融行书和楷体为一体，工笔流畅，时常为县城机关单位题写牌匾大字和在主要街道、公共场合刷写大字标语，为阜平土生土长的书法家。

谢英刚　1956年生，阜平县人。篆刻作品多次在《河北法学》《河北公安》《警世钟》等省市报刊上发表，多次在省、市组织书法作品比赛中获奖。其创作曾受书法家黄琦指点，逐步形成风格，2009年其作品被阜平作为礼品赠送

篆刻作品（作者：谢英刚）

日本友好访问团。

张大华 男，中共党员，1948年生，阜平县天生桥镇龙王庙村人。中国检察官文学艺术联合会会员、中国书画家协会会员，河北省书法家协会会员。曾任保定市检察官书画协会主席、保定市书法家艺术研究会副主席，保定市国学学会副会长。

书法作品获：2008年“奥运有我，全国优秀书画展”银奖；2010年“上海世博会书法大赛”金奖，“第六届金鼎奖书画展”金奖，“和谐亚洲·激情亚运书法展”银奖；2011年“国学奖.世界华人书法大赛”金奖，“纪念辛亥革命100周年书画展”优秀奖，“全国兰亭艺术大展”金奖；2016年“河北省检银杯书画巡回展”二等奖；2017年“保定市政法系统书画展”二等奖。他创作的《游冀中·讲保定故事》《游华夏·讲中国故事》《社区板报故事》《中国戏曲故事》《中国成语故事》《中国寓言故事》六部快板集，由河北大学出版社和河北人民出版社出版发行。

张基隆 1941年生，阜平城厢人。20世纪50年代从事印章刻制，历半个世纪，字迹工整清秀，被公检法部门列为印章刻制定点单位。

田丰 自幼喜欢书画、篆刻艺术，工作之余坚持艺术创作，现为中国建设职工书画协会会员、北京市职工书画协会会员，书法作品入选中国美术馆“中国建设书画精品大展”。庆祝新中国成立60周年书画大赛中获得优秀奖。在庆祝建党80周年全国书画篆刻大赛中获银奖。在《北京晚报》《中国建设报》《首都建设报》《劳动午报》《工会博览》《宣传手册》等报纸杂志发表书画、篆刻作品近百幅。

耿瑞勤 1956年生，阜平镇高阜口村人。自幼酷爱书法，见长于行草书，在县委宣传部、文广新局、文联、书画协会等单位举办的电视书画大赛中多次获奖。在保定市举办的《河北省红色书画展》多部书中，都以不同的风格载入耿瑞勤的珍书墨宝。

阜平县部分书画作者作品特点一览表

表22-1-1

项目 姓名	创作体裁	主要特点	代表作
高彬祥	书法	各种书体兼长，用笔遒劲、书风狂放，擅长墙体大字。	—
刘素旺	书法	师法古人，书风追求书卷气，讲究变化和灵动，达情为上。	《陋室铭》获市纪检委反腐倡廉书法展一等奖、《笔阵图》获市农行书法展三等奖
白国平	书画	书法清秀隽永，功底扎实，国画追慕当代名家，各取其长，以花鸟画为主。	《紫藤》被枣花刊物作为封面
岳彦琪	国画	花鸟画为主，画风清雅，继承传统。	《竹韵》等作品在枣花刊物刊登
郑建昌	国画	擅长画动物、枯梅，用笔老辣、用墨大胆，敢放敢收。	《清荷》被枣花刊物作为封面
王国香	书法	擅长欧体楷书，结构精准、风格雅致。	—
樊桂英	国画	以画梅见长，小幅见情，巨幅见势。	《寒梅傲骨》被枣花刊物作为封面
刘霞	书画	书法笔墨洒脱，长卷巨幅皆能，国画古风浓郁，花鸟见长。	曾获中华魂全国诗书画优秀展示奖、第五届羲之杯书画邀请展书法二等奖
刘伟	国画	山水画见长，气势磅礴、意境深远。	曾获电力系统书画展三等奖
张建洲	书法	笔势流畅，气韵通达	多幅作品被收藏作为雅室装饰
马德俊	书法	主攻颜体，沉着稳健	多幅作品被收藏作为雅室装饰
张俊生	书法	主攻毛体，意境开阔，笔力潇洒	多幅作品作为礼品赠送
张静	书画	清新、幽雅、朴素自然	《冬语》被枣花刊物作为封面

十一、摄影

1996年县城照相馆12家，农村照相馆76家。彩色照相流行，结婚照普遍实行。2000年后传统的国内外相机，以及家庭普遍使用的“傻瓜”相机逐渐被数码相机所取代，有天缘、渤海等较大的照相馆。2000—2006年渤海照相馆投资40万元购置先进的数码彩扩设备，推动了阜平县数码摄影技术的普及和发展。

2006年6月成立“阜平县摄影家协会”，会员56人，2006—2010年阜平县摄影家协会积极开展工作，组织不同形式的摄影活动、培训、展览30余次。协会积极发展会员，为宣传阜平、促进经济发展做出贡献。

孟庆增 1955年生，平阳镇皂火峪村人。阜平县摄影家协会主席。2005年出版《绿色家园》摄影集，该书2006年获得保定市“五个一工程”奖。2009年编写出版大型历史画册《红色印迹》，该书集中展现晋察冀首府在阜平发生的重大历史事件和重要历史人物，有很高的历史价值。

陈先国 1960年生，城南庄镇栗元庄村人。河北省摄影家协会会员。1995—2010年在省报刊发表摄影作品30余幅。应邀为《阜平县志》《阜平县水利志》《阜平旅游便览》的方志类书籍提供照片，发挥了志书“存史、资政、教化”的作用。

第五节 著述

1996—2010年，阜平县的著述以诗歌、小说、散文、民间故事等体裁的文学作品较多。2008年成立“晋察冀文化研究整理工作领导小组”，倡导大力挖掘整理阜平的革命历史，阜平的文学创作出现新局面。

一、诗歌

《历代吟月诗歌精选》作者刘坡，阜平县人。1997年10月由河北人民出版社出版，32开本，41.4万字，印1880册。该书为古典诗词选集，精选了从《诗经》至清末光绪年间的吟月诗词（或诗词中有吟月章句的）1800首。

《“铁局长”的故事》（朗诵诗），作者高明乡，1999年春保定市纪检系统诗歌比赛中获一等奖。

《水库生涯之歌》作者李清哲，2003年由中国文联出版社出版，印2050册。《水库漫吟》作者李清哲，2004年由中国和平出版社出版。《水库诗草》作者李清哲2005年由中国文联出版社出版。

《水库气象三百首》作者李清哲。2005年中国文联出版社出版。

《拓荒》作者刘振平，2007年11月内蒙古人民出版社出版，大32开本，全书15万字，该书fp为诗歌集。

《水库气象三百首》（续集）作者李清哲，2006年中国文联出版社出版，32开，是上一部的姐妹篇。《水库之魂》作者李清哲，2009年由中国文联出版社出版。

二、小说

《婚姻小事》作者赵新，1996年8月由花山文艺出版社出版。32开，24.5万字，印2000册。为长篇小说。《二八月乱穿衣》作者赵新，1999年2月中国文联出版公司出版。32开本，30万字，印2000册，收入作者短篇小说22篇，中篇小说2篇。《鸡不叫天也明》作者赵新，2009年5月江西高校出版社出版。大32开，20.5万字。该书收集作者短篇小说61篇。

《啼血杜鹃》作者吕新生，2004年中国文史出版社出版，32开本，21万字，印2000册。该书为小说集。

《白龙河》作者王林义、赵春。2006年7月中国文联出版社出版，32开本，21.8万字。该书为中华民族抗日战争小说。

《派山之韵》主编刘坡、吕新生，2007年12月中国青年出版社出版，大32开本，全书46万字，印数2000册。该书为小说、散文、诗歌、报告文学、电影剧本、故事、杂文等多种题材的会聚文学作品集。

《涧底松》作者段峰云，台峪乡营尔村人。

2008年11月大众文艺出版社出版发行，32开，47万字，该书为长篇小说。

三、学术类

《第一部“毛选”诞生记》作者高明乡，1996年6月载《河北日报》。省级报社的高级编辑说“我过去不知道河北还有个阜平县，我是看了他的文章才知道阜平有那么多革命历史”。《难忘的教诲—周恩来说戏城南庄》(文章)，作者高明乡，1998年7月载《河北经济日报》。《中学生写作漫议》作者高明乡，2004年3月出版，冀出内准字（2004）第A023号，共12讲，10万字。该书出版供中学生在家参用，对中学生作文提高有一定作用。

《中华之光》大型画册作者杨发金280万字，巴拿马新世纪出版社2005年12月第一版，印1000册。彩色印装。《走近巴拿马华人》作者杨发金2.5万字国务院侨务办公室主办《侨务工作研究》2006年第六期，至2007年第一、二期连载。《汉西分类词典》作者杨发金320万字，外语教学与研究出版社，2002年11月第一版印6000册，1251页西班牙文工具书。

四、散文

《任俭的三个“不等式”》作者高明乡，1996年载中宣部办的《党建》杂志第二期。《今日西大道》作者高明乡，2002年2月载《人民日报》海外版。

《心中的周恩来》作者杨发金。《永远的怀念》人民出版社出版。

《村戏》《初识千峰山》《歌手民工》作者张金刚，2009年在《荷花淀》等刊物上发表，皆为散文。其中《歌手民工》曾获“我眼中的燕赵和谐美”征文三等奖。

《顺维号货轮船员历险记》作者杨发金，《紧急护侨》，新华出版社出版。

《冰炭同炉文集》作者安惠彦，2010年由《红袖添香》专业文学网站建立个人文集，在网上发表文章100余篇，上百万字。

五、纪实文学

《革命家的足迹》赵宪、葛致巍、孙钊美合著，1998年中国文联出版公司出版，全书48万字。著名作家、诗人魏巍为该书写了序言。

《太行深处一家人——顾氏革命家庭纪实》作者赵宪、云萍，2007年山西人民出版社出版，32开本，全书8万字，该书为纪实文学作品。

《天桥传说与风土民情》作者李爱萍，2007年9月远方出版社出版，32开本，全书16万字，印数2000册。

《回望晋察冀》作者高明乡、尹铮，2009年4月新华出版社出版，32开本，印数2000册。该书为纪实文学作品，获2010年保定市“五个一工程”奖。

《赵云霄之歌》作者赵春、王林义，2009年5月中国文联出版社出版，32开本，14.79万字，印数1000册。该书为纪实文学集，以此作为向新中国成立60周年献礼的作品。

《人生如歌》作者范国珍，2009年9月河北大学出版社出版，16开本，全书32万字。

六、史志类

《阜平县水利志》主编高明乡，1998年5月方志出版社出版，16开本，25万字，印400册，该志为阜平首部水务专志。开国上将、阜平县第一任人民县长王平为该志题词：改造山河、造福人民。

《阜平县志》主编高明乡，1999年5月由方志出版社出版，16开本，131.6万字，印3000册。该志获河北省首届地方志成果特等奖。

《游便览》作者高明乡，计十大景区，2001年1月出版，省内出版号。该书为阜平首部旅游专书。

《阜平土地志》作者高明乡，2002年9月出版，冀出内准字（2002）AB0029号。该志为阜平首部土地专志。

《阜平老八路》作者阜平县民政局。2005年8月由保定市北方胶印有限公司印刷出版，32开本，全书14万字，印数3000册。书号冀出内准字（2005）第A13010号，为全县人民学习革命历史的资料。

《太行绿歌》主编高明乡，2009年9月政协阜平县委员会编写，河北省内书号，32开本，印数1000册。该书全面记述了阜平县农田水利建设和山地开发。

《阜平文史资料》(第二辑)作者曹玉江，2010年6月出版，河北省内书号，32开，全书23.5万字，印数1000册。

《经典阜平》作者吕新生、陈业鹏，2010年7月大众文艺出版社出版，大32开本，21万字，印数2000册。

第六节 文物

一、文物保管与普查

1985年全国第二次文物普查，全县文物保护单位24处。其中，国保单位1处、5点，省级文物保护单位2处，县级文物保护单位21处。1987年文物保管所对全县文物进行复查补漏，查出革命遗址、古建筑、古遗址、古墓葬60余处。1988—1990年，第二次文物普查收集文物100多件，其中有一万年前的鹿角化石、商代陶器、近代重要书籍和纪念品。被定为国家一级文物的有：抗战时期的“高街村剧团幕布”和“高街村剧团的奖旗”，还有二级、三级国家文物。

2007年9月至2010年12月，按照《国务院关于开展第三次全国文物普查的通知》要求，县委、县政府高度重视文物普查工作，2008年3月成立第三次文物普查领导小组，制定普查实施方案，组建文物普查队，派业务骨干到石家庄，接受省文物局组织的普查业务培训。为保证普查野外工作顺利开展，县政府下拨文物普查专项经费2万元，市文物部门下发配备笔记本电脑，GPS及照相机等普查设备，为普查工作提供有力的组织保证和经费、设备保障。

普查小组充分利用广播、电视、图片等多种形式，在全县范围内进行文物保护和普查知识宣传教育。书写标语1000余张，张贴到13个乡镇、209个村民委员会。通过宣传，让广大群众了解保护文物的重要性，提高保护文化遗产的意识，积极提供文物线索。在省、市文物部门的配合下，阜平县文物普查工作顺利开展，截至2010年底，经过拉网式普查，发现不可移动的文物点242处，其中有较高价值的文物点26处。

二、古代遗迹

（一）遗迹

古人类遗址商代遗址7处，西周至战国遗址2处，战国遗址3处，采集标本484件。这7处商代遗址是：北果园乡北果园村遗址、大连地遗址、桑园遗址、营岗遗址、龙泉关镇龙泉关村西遗址、史家寨乡东台遗址、砂窝乡河彩遗址；西周至战国遗址2处是：城南庄镇后庄遗址、大岸底遗址；战国遗址3处是：王林口乡东王林口遗址、庙南遗址、阜平镇蛤蟆石遗址。

古墓葬招提寺古墓群、普佑寺古墓群、大道古墓、印钞石古墓等四座古墓，1999年5月版《阜平县志》已有记载。

八里岗古墓：位于城南庄镇八里岗村，1978年村民在整修梯田时发现，并发掘出土嵌松石圆茎菱格剑、夔龙纹双耳豆、鼎、匜、勺等青铜器，1983年阜平县人民政府公布为县级文物保护单位。

（二）古寺庙

招提寺 招提寺位于阜平县城西34公里处，属龙泉关镇，建于明朝初年。此寺背倚“青龙山”，前对“伏虎山”，大有降龙伏虎气势。平面布局呈长方形，由山门，前殿，后殿、配房组成，结构材料均为砖、木、石。保存情况：山门、前殿基本完好，配房破损严重，

2010年招提寺前殿

后殿已毁。殿正中供一金粉镀刷的大肚弥勒佛泥塑像，殿两旁是四大天王。第二层院“大雄宝殿”匾额，是康熙皇帝御笔亲书，殿正中须弥台上供奉释迦牟尼塑像。殿下是木雕“千手佛”。千手佛的旁边是泥塑的十八罗汉，造型千姿百态。寺院除3座大殿外还有配房，左侧供方丈住宿，右侧是主堂，其次是禅堂、僧舍，整个寺院有房100多间。每年内蒙古、东北等地香客途经此地到五台山进香，首先在招提寺敬佛上香。

康熙二十二年（1683年）康熙皇帝前往五台山进香，传说行至招提寺时，见寺北一座高山突兀，勒马自语“此山罕见，奇也”遂命太监拿来弓箭，连发三箭，皆逾峰巅，随从皆呼“万岁”。从此，此山更名为“三箭山”。乾隆十五年（1750年），乾隆皇帝重过此地，立碑一座，上刻：“我皇祖经此，三箭连逾峰巅，此山因以得名，丙寅秋过之，曾成近体重瞻圣绩再赓前章……”，并赋诗一首。此碑，被称为“乾隆御碑”，为青石石料，碑首雕有二龙戏珠图案，方座环刻云水纹图案，碑通高2.6米，宽0.68米，厚0.19米，由时任直隶总督方观承监制。“乾隆御碑”为县级文物保护单位。

石佛堂 石佛堂位于阜平县城南15公里的苍山村西侧，苍山坨8处石窟建在崖壁上。旧志记载：苍山西侧叫石佛山，巨石如佛，高入云端。清朝举人张尊三曾作诗歌颂。

石佛堂始建于明代正德四年（1459年），历代陆续开凿至嘉靖三十年（1551年）竣工。清道光六年（1826年）道人丁合成、张合德主持重建，每一个窟内增添了道教内容。直至解放初期均为道教场所，抗日战争期间这里最后一批道士有不少人参加了抗日队伍。

石佛堂（摄影庞卫星）

2010年存有8个石窟虽然大小不一，但结构大致相同，依次为“关帝堂”“圣母堂”“观音堂”“天尊堂”“三教堂”“药王堂”“龙王堂”“皇始堂”，总面积为206.56平方米。窟前有羊肠小道把8窟连接在一起。

窟内有浮雕、石像、壁画、泥塑及碑刻等。壁画内容以神仙佛教为主，石刻以浮雕造像为主，人物形象质朴，刀法稚拙粗狂，兽形简括随意，民间特点很浓。对研究地方雕刻艺术和当地风俗习惯都有重要价值。窟内和崖壁坡上有石碑2块，明代清代各1块。立于第5窟之内和第3窟门外。

西侧第4窟“天尊堂”前建有石塔1座，塔身4层，通高4米，中层为圆柱形，中间设一佛龛，里面供奉泥塑一尊。全塔外形庄重秀丽，形似酒坛。佛堂后面最高处有空地一块，约300平方米。此处原有“红叶寺”一座，有房数间，现已无存。清道光年间，道士丁合成在此居住，力耕而食。道士预先凿一圆形石洞，内放世罂一个。洞门设机关，进则不可复出。百余年后，丁道士坐化，其徒将他安放在洞巨罂之内，洞檐又以短石护之，世世有徒伺守，至今此物整体尚存，游人颇感新奇。

石佛堂崖畔南侧，有一道人趴小梯，胆壮者可由此爬上峰巅。立足山巅，四处山野尽收眼底。自峰巅北挪数步，有一道宽约一丈，深约5丈的大石漕，不论气候多旱，漕底清泉总是汩汩不断，人称“圣水漕”。大旱之年，常有人来取“圣水”求雨。几百年来，石佛堂多次毁坏与重修，其“儒、佛、道”三教合一的特点十分鲜明，又为河北省现存数量极少的石窟艺术之一，1982年7月被列入河北省重点文物保护单位。近年，对石佛堂的石塔和山路进行了修建。

（三）古关隘

长城岭长城 阜平县境内的古长城，以长

长城岭长城

二道街城门

城岭长城保存较为完整，南至灵寿县李家沟村，途径阜平城南庄镇岔河、夏庄乡、龙泉关镇、北经吴王口乡、史家寨七里沟村进入山西境内灵丘县谢子坪村，全长一百多公里。这段长城大都是明朝正统二年（1437年）到万历四年（1576年）逐步修建的。沿线有重点关隘三座，即：紫荆关、倒马关、龙泉关。三关均设参将坐镇，指挥长城沿线诸关口驻军，在关上设有敌楼。阜平县境内的古长城为内长城，它的建筑以山为墙，就山势的高低、险、坦定城墙的高与厚。旧《阜平县志》记载："城西几十里亦台孙枝，古长城台基尚存，上边的边城，西接五台县界，东距龙泉关20公里，重山复嶂，奔电屯云，燕晋出入之冲也。"中间为关门，两侧各有二战台对称骑墙而筑。整个建筑结构是：下部条石作基，上部外包青砖，石灰固缝，内部填装土石，远看边墙像世龙横卧山峦，气势雄伟壮观。

龙泉关二道城门　长城岭下的龙泉关建于明正统二年，明万历四年重修，呈南北方向，总长1000米，中间是关门，西边马道、戏台各一，砖石结构，阜忻（州）公路穿过，残损严重，但当年清朝驻军建在南山坡半山腰上的营盘却依稀可见。曾是明清两朝防守北方游牧民族南下中原的重要关口。

二道街城门　位于龙泉关镇龙泉关村，明代建筑，坐南朝北，原有内城和外城。青砖铺地，城门为石砖结构，通高6米、宽4.4米，进深20米，名为"万里长城龙泉关"。1983年阜平县人民政府公布为县级文物保护单位。

吴王口长城敌楼　吴王口为阜平县第二大关口，明长城及硐楼在山上逶迤齐整。此关明清年间一直有驻兵把守。明代俺答部多次从该关入侵中原；李自成农民起义军某部和山西高鼎农民起义军亦从此攻入阜平、灵寿等地。吴王口是河北、山西两省进出的咽喉要道。位于石滩地村的长城敌楼为县级重点文物保护。

长城敌楼

2010 年阜平县重点文物保护单位一览表

表 22-1-2

项目 名称	时代	级别	批准时间	地址	责任保护单位
晋察冀军区司令部旧址	1947—1948	国家级	1996. 11	城南庄村	纪念馆
庙台冀晋军区司令部旧址	1945—1948	国家级	1996. 11	史家寨乡庙台村	史家寨乡政府
花山旧址	1947—1948	国家级	1996. 11	城南庄花山村	纪念馆
晋察冀边区军政民代表大会旧址	1938	国家级	1996. 11	阜平城厢中学	城厢中学
家北晋察冀边区政府旧址	1938—1945	国家级	1996. 11	史家寨乡家北村	史家寨乡政府
苍山石佛堂	明	省级	1982. 7	阜平镇苍山村	县文保所
长城岭口	明	省级	1982. 7	龙泉关镇印钞石村	龙泉关镇政府
长城敌楼	明	县级	1983. 4	吴王口乡东沟石滩地村	吴王口乡政府
长城敌楼	明	县级	1983. 4	史家寨乡七里沟村	史家寨乡政府
长城敌楼	明	县级	1983. 4	吴王口乡大地沟村	吴王口乡政府
《晋察冀日报》社旧址	1941—1948	县级	1983. 4	城南庄镇马兰村	城南庄镇政府
五丈湾地雷阵战场旧址	1945—1948	县级	1983. 4	王林口镇五丈湾村	王林口乡政府
晋察冀边区第一届参议会旧址	1943	县级	1983. 4	城南庄镇后庄村	城南庄镇政府
四秃子山	1943	县级	1983. 4	城南庄镇易家庄村	易家庄村委会
阜平县烈士亭	1949	县级	1983. 4	县城东寺	阜平县民政局
平阳千人墓	1943	县级	1983. 4	平阳镇平阳村	平阳镇政府
十八烈士墓	1943	县级	1983. 4	城南庄镇栗树漕村	城南庄镇政府
赤瓦屋烈士墓（包括张立碑）	1943	县级	1983. 4	夏庄乡赤瓦屋村	夏庄乡政府
龙泉关二道街城门	明	县级	1983. 4	龙泉关镇龙泉关村	龙泉关镇政府
普佑寺墓群	明	县级	1983. 4	王林口镇西庄村	王林口镇政府
招提寺石碑	清	县级	1983. 4	龙泉关镇顾家台村招提寺	龙泉关中学
城南庄古遗址	战国	县级	1983. 4	城南庄镇八里岗	城南庄镇政府
大道古墓	战国	县级	1983. 4	阜平镇大道村	阜平镇政府
寺口古遗址	元朝	县级	1983. 4	王林口镇寺口村	王林口镇政府

续表 22-1-2

项目 名称	时代	级别	批准时间	地址	责任保护单位
印钞石古墓群	元朝	县级	1983.4	龙泉关镇印钞石村	龙泉关镇政府
招提寺墓群	明	县级	1983.4	龙泉关镇顾家台村	龙泉关镇政府
吴王太子墓	西周	县级	1983.4	王林口镇方太口村	王林口镇政府

三、馆藏文物

2010 年阜平县文物保管所馆藏文物 1650 件，其中一级 2 件、二级 3 件、三级 31 件。

青铜器馆藏出土文物青铜器类 10 件，1999 年 5 月版《阜平县志》已有记载。

黑皮陶碗

黑皮陶碗 1985 年出土于王林口镇方太口村。通高 6.5 厘米，口径 20 厘米，泥质灰陶，边有绳纹四道，制造精细，质地坚硬，是商代饮食器物。

黑皮陶盘

黑皮陶盘 1985 年出土于王林口镇方太口村。高 2 厘米，口径 20.5 厘米，底围 62 厘米，重 0.04 公斤，边面油黑，泥质陶，火候高，质地坚硬，为黑陶器物的优质品，时代为商代。

水晶环

水晶环 1975 年出土于城南庄镇城南庄村。外径 7.8 厘米，内径 4.4 厘米，重 18 克，质地水晶，时代战国。1993 年 9 月 3 日由河北省文物局文物鉴定组鉴定为国家三级文物。

玛瑙环 1986 年出土于北果园乡东城铺村。外径 9 厘米，内径 6.4 厘米，重 50 克，质地为玛瑙，时代为战国。1993 年 9 月 3 日由河北省文物局文物鉴定组鉴定为国家三级文物。

大腹圆底陶罐

大腹圆底陶罐 1986 年出土于王林口镇方太口村。口径 16.5 厘米，高 19 厘米，腹围 43 厘米。罐的周身布满了粗绳纹，为汉代文物。

双圈纹壁

双圈纹壁 1986 年出土于北果园乡大南地村，内径 1 厘米，外径 4.3 厘米，质地为青玉，时代为汉代。1993 年 9 月 3 日由河北省文物局文物鉴定组鉴定为国家三级文物。

白釉罐

白釉罐 1986 年出土于王林口镇方太口村，白瓷，晚唐时代，高 10 厘米，腹围 46 厘米，口径 8.5 厘米，重量 500 克，圆口圆腹平底。1993 年 9 月 3 日，由河北省文物局文物鉴定组鉴定为国家三级文物。

茶叶末釉双系瓶

茶叶末釉双系瓶 1986 年出土于大台乡下店村，口径 4.7 厘米，底径 5.6 厘米，高 15.8 厘米，重量 300 克。时代为五代。1993 年 9 月 3 日由河北省文物局文物鉴定组鉴定为国家三级文物。

熨斗 1986年出土于柳泉村，长31厘米，高6厘米，重1.26公斤，系金代用品，质地铁。1993年9月3日由河北省文物局文物鉴定组鉴定为国家三级文物。

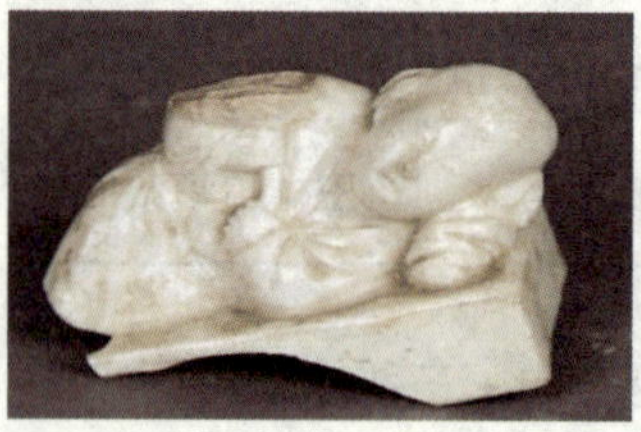

白釉童子持莲枕

白釉童子持莲枕 1976年出土于县城城厢村人民银行院内，高11厘米，重565克。时代为宋代。1993年9月3日，由河北省文物局文物鉴定组鉴定为国家三级文物。

钧窑碗 1985年出土于王林口镇寺口村，高5厘米，口径14.4厘米，底径6.5厘米。1993年9月3日，由河北省文物局鉴定为元代，国家三级文物。

钧窑碗

玉环

玉环 1994年出土于县城东寺村，清代一墓穴。同时出土的还有玛瑙珠88件，银签1件，银耳挖1件，玉坠3件，佩饰2件，玉带卡1件，玉制假牙1件，蔷薇水晶片1件，以上器物均保存完整，现存于文物保管所内。

2010年阜平县三级以上文物藏品一览表

表22-1-3

项目 名称	时代	级别	项目 名称	时代	级别
三角雷纹铜甗	春秋	二	扁茎双翼铜格短剑	春秋	三
直耳圈足铜鼎	春秋	三	兽面形铜带钩	春秋	三
扁茎斜从突脊铜短剑	春秋	三	直耳足铜毁	春秋	三
夔龙纹双耳铜豆	战国	二	兽首形铜鐏	战国	三
圆茎嵌松石铜格剑	战国	二	素面环柄铜匜	战国	三
圆茎菱铜格剑	战国	三	直内三穿铜戈	战国	三
三棱长铜簇	战国	三	水晶环	战国	三
双弦纹环耳铜鋗	战国	三	素面双环耳舟	战国	三
双翼铜镞	战国	三	素面双环耳铜鋗	战国	三
玛瑙环	战国	三	椭圆形铜勺	汉代	三
双圈纹璧	汉代	三	白釉缸	唐代	三
茶叶末釉双系瓶	五代	三	白釉童子持莲枕	宋代	三
铁熨斗	金代	三	方系圆铜权	元代	三
钧窑碗	元代	三	龙钮铜大钟	明代	三
酱釉乌兽花卉纹坐化缸	明代	三	鎏金凤冠	清代	三
晋察冀分局赠给高街村剧团的幕布	近代	一	晋察冀分局奖给高街村剧团的奖旗	近代	一

四、革命纪念地

（一）城南庄晋察冀军区旧址

城南庄晋察冀军区旧址，位于阜平县城南20公里处。南临胭脂河，北依菩萨岭。旧址分前后两院，前院东西厢房18间，分为6个展览室。展出聂荣臻元帅领导的晋察冀军区在阜平及全边区的一些重大活动及阜平人民在抗战、解放战争两大时期的革命斗争事迹。展出1948年春毛泽东、周恩来、任弼时等在阜平召开军事汇报会，做出粟裕部暂不过江的城南庄决策、土改工作会、起草五一劳动节口号等一系列重大革命活动。大门口上额由书法家、原晋察冀边区政治部主任舒同题字。后院22间北房为当年晋察冀军区司令部机关的住房，有毛泽东、周恩来、任弼时当年的住房和办公室、生活用具，陈列文物247件。后院有一小门，直通后山防空洞，洞深128米，可直通后山。城南庄革命纪念馆于1978年4月10日建成开放，于2005年8月，改建为"晋察冀边区革命纪念馆"。

（二）晋察冀边区革命纪念馆

晋察冀边区革命纪念馆总占地面积14.7万平方米。是全国爱国主义教育基地之一，全国重点文物保护单位。整个景区由展览馆、雕塑广场、晋察冀军区司令部旧址及后山防空洞组成。

晋察冀边区革命纪念馆的前身是"毛主席光辉革命实践纪念馆"，是1972年阜平县委、县政府在晋察冀军区司令部所在地、毛主席居住工作过的城南庄建成的。1977年经保定地委同意将该馆更名为"城南庄边区革命纪念馆"。1980年为适应新形势的需要，又对馆内陈列内容及馆藏文物资料进行了完善和补充。2005年中国人民抗日战争胜利暨世界反法西斯战争胜利60周年，在河北省委、省政府的关怀下，改陈扩建后更名为"晋察冀边区革命纪念馆"。

（三）史家寨窑洞群

史家寨窑洞群位于阜平县城东北15公里处。抗日战争期间，是晋察冀边区和晋冀区（后改为北岳区）党政军领导机关驻地。现今在史家寨及其附近村山坡上仍残存一排排窑洞，是当年边区机关的旧址。窑洞大多为土窑，少量为石窑。两米多高，三米深，木制门窗，另外还有一些土坯碹窑，外面看像一排平房，里面为拱形屋顶，没有木料。

（四）中国第一部《毛泽东选集》诞生地——马兰

第一部《毛选》诞生地旧址

位于县城西南30公里处，原属岔河乡。1996年合乡扩镇并入城南庄镇，全村百十户人家。抗战时期人民新闻家邓拓领导的《晋察冀日报》社常住该村，该村19名村民为掩护报社英勇牺牲。1944年7月1日前夕，报社印刷厂周明主持，在马兰行政村的坡山自然村印刷出版了由邓拓主编的《毛泽东选集》，为中国出版史上第一次出版《毛泽东选集》。

第二章　通讯、广播、电视

1996年阜平电视台增加采编、录像、播音、编辑制作等视频音响设备，固定时间每天播《阜平新闻》。2003年1月创办县委内部刊物《今日阜平》，报道阜平经济发展大事要事，传播党的声音。2006—2010年设固定宣传栏目，配合县委、县政府中心工作。

第一节 报刊通讯

一、创办县委机关内部刊物。

阜平县委宣传部于2003年1月1日创办县委、内部报刊《今日阜平》。报道服务对象主要是县委、县政府机关、事业单位，各乡镇、行政村，各中小学校，各企业团体。2004年9月中断，出报81期。2009年1月1日重新复刊，成立《今日阜平》编辑部。坚持全员办报原则，由《今日阜平》编辑部进行排版校对审查工作。该报为周刊，分四个版面，头版为时政要闻，二版综合新闻，三版分别以“史海钩沉”“读书”“副刊”“理论”等为主题，四版为社会新闻和服务。报刊全面记录阜平经济社会发展要事，传播党政声音，挖掘培树各行业典型，鼓舞全县人民共建美好家园热情。

二、对外宣传

1996年，县委宣传部外宣组在《人民日报》以“利用资源优势，谋取经济新发展”为主题，发表《太行唱响科教致富道情——革命老区阜平石头变金》《保定报社支援老区教育》《阜平县注重培养跨世纪农村干部队伍》等文章。在《市场报》《法制日报》等国家级媒体发表文章5篇。在《河北经济日报》、河北电台等省级媒体刊播稿件19篇。

1997年，在《人民日报》发表稿件3篇，在《河北日报》发表稿件28篇，《河北经济日报》发表稿件4篇。

1998—1999年，在《人民日报》《经济日报》《农民日报》《市场报》《健康周刊》《解放军报》等报刊发表《殷殷深情寄老区》《“小产业”也可作“大文章”》《乡村提留款为何难收？干部应以身作则》《如何化解乡村债务？》《阜平县开发大枣深加工》《红枣中的情思》《为了聂帅的临终嘱托》等稿件，在《河北日报》《河北经济日报》等省级媒体发表稿件34篇。

2000年，在《中国旅游报》发表消息“阜平发现我国北方最大瀑布群”，《法制日报》发表“绿染的年华”，《人民日报市场报》发表“情系阜平老区撑起一方天地，河北阜平县农村信用联社支农纪实”。在《河北日报》《河北经济报》、河北电视台等媒体发稿59篇。

2001年，新华社《生活早报》发表“阜平毛泽东旧居游人不断”，《人民政协报》“阜平发现我国北方最大的瀑布群”，《法制日报》“做大枣文章，走产业化之路”，《经济消息报》“阜平枣类食品俏销国外”，《河北日报》《河北经济日报》《燕赵都市报》等省级媒体发表稿件15篇。

2002—2004年，在《人民日报》刊发通讯“阜平：扶贫开发唱响致富歌”，《光明日报》发表专稿“阜平饱蘸激情绘美景”，《农民日报》刊发“阜平柴鸡蛋走出太行山”“阜平县特色农业惠农家”，《大众科技报》《中国旅游报》等国家媒体发表文章3篇。在《河北日报》《河北经济日报》等省级媒体发表稿件15篇。

2005年，在《人民日报》发表“晋察冀边区革命纪念馆——红色精神代代传”，《经济日报》发表“情系老区拓思路”，《中国国防报》“红缨枪、消息树、鸡毛信——访王二小式少年英雄、抗日儿童团团长王专”。在省级媒体上稿50篇。

2006年，在国家、省级媒体推出“冀晋联手紧急防污抢险”“情系老区拓思路”“多策并举毒水蔓延缓慢”“紧急措施确保饮用水”等稿件，分别在《人民日报》《光明日报》《经济日报》刊发，中央电视台、中央人民广播电台就抗污抢险进程进行多次动态报道。在《河北日报》、河北电视台等媒体全年发表稿件68篇。

2007年，在《人民日报》刊发文章“聂荣臻战地救助日本小姑娘”“晋察冀抗日根据地”《经济参考报》刊发“河北阜平推出古树文化游吸引游客”，《中国人口报》刊发“让每个女孩都灿烂如花”。河北省级媒体发稿34篇。

2008年，在《经济日报》《人民日报》《光明日报》刊发保阜高速建设系列稿件，在《中国县域经济报》发表“壮大经济，阜平巧打生态牌”等稿件，在国家、省级媒体发稿64篇。

2009年，在《人民日报》头版头条发表通讯“太行明珠耀神州”，《农民日报》发表通讯“拉近深山与都市的距离——河北阜平实施对接京津战略发展纪实”。《经济日报》发表通讯“共和国从这里走来”，“太行山：繁荣事业似花锦，山乡巨变换新颜”。在国家、省级媒体发稿51篇。省以上宣传报道在同类县排名第一。

2010年，在新华社发表文章“优质大枣工程造福山区群众”，《人民日报》发表消息“国产优秀电影进太行山老区”，“重走红色办报路：有一种精神值得我们敬仰”，在国家、省以上媒体发稿42篇。

1996—2010年阜平县在省以上报刊发稿统计表

表22-2-1

年度＼项目	报　刊	发稿数	年度＼项目	报　刊	发稿数
1996	国家级	8	2004	国家级	6
	省　级	19		省　级	5
1997	国家级	3	2005	国家级	4
	省　级	38		省　级	50
1998	国家级	5	2006	国家级	12
	省　级	15		省　级	68
1999	国家级	4	2007	国家级	6
	省　级	19		省　级	34
2000	国家级	4	2008	国家级	12
	省　级	59		省　级	52
2001	国家级	6	2009	国家级	12
	省级	15		省　级	39
2002	国家级	4	2010	国家级	10
	省　级	6		省　级	32
2003	国家级	4	—	—	—
	省　级	4		—	—

第二节　广播电视

一、有线广播

1995年大派山转播台建成。建筑面积480平方米，机房15间。发射塔高53米，架高压线电线12千米，修建专用公路11.50公里。机房安装两套1000瓦发射机，一套300瓦发射机，发射6、12和36频道和中央人民广播电台节目，覆盖全县总人口的85%。1998年建成多路微波MMDS系统，通过大派山转播台发射塔向全县13个乡镇、160个行政村、7000多个用户，传输12套有线电视节目，基本上解决了全县农村群众看电视难的问题。

1999年曲阳至阜平传输信号光缆架设完成，省光缆电视信号传到阜平，阜平有线电视增加到21套。1999年国务院做出加快农村广播电视村村通工程的决定，要求三年内山区所有行政村都要通广播电视。根据省市要求，县政府成立领导小组，由县广电局负责。

2001年完成全县209个行政村通广播电视的任务。在平阳镇平阳村、王林口乡西庄村、城南庄镇城南庄村、岔河村，龙泉关镇西刘庄村、东下关乡东下关村、大教厂村，吴王口乡不老台村等设立有线电视前端和网络，在广电局设立村村通维护管理中心。根据当时用户多少，设立平阳、王林口、城南庄、东下关、岔河、龙泉关和西刘庄村有线广播电视站，完善配备机房、设备和维修人员。截至2010年有线广播设备配套完善。

二、电视宣传

电视宣传（自办节目）经历从无到有，从小到大，从弱到强的过程。

1989年10月阜平县广播电视局购进第一台摄像机，型号为MT，拍摄新闻，不定期播出。

1992年后又增添一台M7摄像机，摄像人员由原来2人增加到5人。

1994年12月，县广播电视局成立县电视台。电视台成立后，播出的节目从不定期改为定期，即每周播出两组“阜平新闻”。专题栏目有“枣乡风采”等，不定期播出。建台初期，由于采编人员少，摄像设备少，每组“阜平新闻”没固定时间，有几条播几条。记者什么任务都干，拍摄新闻、拍摄专题、也拍摄广告。

2000年后电视台各项工作逐步规范化。

2002年5月20日，电视台新闻部成立。《阜平新闻》开始用字幕打出标题和采编记者姓名，每组新闻后用字幕标出该组新闻的编辑、播音、监制等人名。

2003—2005年，电视节目“阜平新闻”由每周二组、三组变为每周五组（“非典”期间，每天播出“阜平新闻”）。为担负起这一任务，采、编、播、制作人员不断增加，业务水平也相应提高。

2006年3月成立专题外宣部。

2007年3月成立电视台总编室，记者队伍扩大，业务水平提高，采、编、播硬件设备增新。为全面提高电视台自办节目《阜平新闻》整体水平，不断进行改革创新。凡属县委、县政府重要工作，大事要事等播出的新闻，都配发评论。凡属县委、县政府每个时段的中心工作都要开办专栏，如“学典型、促发展”“拆迁为发展、合力做贡献”等。每组新闻不少于8分钟，内容丰富。经过不断努力，《阜平新闻》栏目宣传的导向性更强，更具权威性，成为阜平县重点工作的风向标，成为阜平人民了解县情、知悉掌握社会、经济、文化事业等发展动态的平台之一。

2006—2010年，专题外宣部开设的较固定宣传栏目有《绿色家园》《农村天地》《枣乡风采》等。配合县委、县政府中心工作随时开办不固定的宣传栏目。

外宣工作为保定市电视台、电视台（一台、二台）上送稿件。2006年度被保定市电台评为第7名；保定市电视台（新闻频道）评为第5名。保定市二台（经济频道）评为第3名，2007年度评为保定市一套新闻频道第八名，2008年度评为市一台第四名。

第三章 档案、史志

阜平县档案管理依法、科学、规范有序。2010年馆藏档案120个全宗。文化档案71528卷，声像档案461盘，电子档案312盘，照片档案1017幅。馆藏资料4万卷（册），阜平档案馆复制乾隆三十年旧县志500套。史书编写有《阜平县党史大事记》《史稿》《民族英雄刘耀梅》《阜平县志》等。

第一节　档案

一、设施设备

1997年阜平县动工兴建档案馆，1998年底竣工，1999年投入使用。档案馆建于县政府大院内东侧，系倚坡势而成的二层楼房，建筑面积680平方米，档案储存库面积400平方米，档案阅览室面积30平方米。2001年阜平县档案馆被河北省档案局评为“九五”期间馆库建设先进单位。2005年档案馆库房安装防护网，购置灭火器等。2006年特辟档案特藏库。2007年购置100立方米密集档案柜，更换原来的全部木质档案装具，30余套铁皮档案柜，改为待整理档案装具。2008—2010年，购置微机2台，打印机一台，扫描仪一台。安装了河北省档案局研发的档案管理软件（科怡软件）。

二、馆藏档案

截至2010年底，阜平县档案馆馆藏档案120个全宗，有文书档案71528卷（以卷为单位）、12万件（以件为单位），声像档案461盘，电子档案312盘，照片档案1017幅，馆藏资料4万卷（册）。

档案主要来源：

中央、省、市下发的各种文件和中共阜平县委、阜平县人民政府、县直各部门各乡镇贯彻执行上级指示，履行本部门职能形成的计划、总结、通知、规定等以及下属单位报送的文件。内容有党建、组织、人事、纪检监察、宣传、文教卫生、计划生育、工业交通、财贸、民政、劳动工资、工会、统计、审计、青年、妇女、农业、商业等。

抗日战争、解放战争时期留存下来的革命历史档案资料：阜平县原是晋察冀边区首府，中共中央北方分局（中共中央晋察冀分局、中共晋察冀中央局）、晋察冀边区参议会、晋察冀边区行政委员会、晋察冀军区、晋察冀边区各界抗日救国联合会以及北岳区的部分文件资料留存在阜平县档案馆；中共阜平县委、阜平县抗日民主政府（阜平县民主政府）、阜平县各界群众团体的文件资料也大部留存在阜平县档案馆；中华民国时期的《中国国民党第一次代表大会宣言》，以及《吕祖指立篇秘注卷》《朔方道志》《中华法学大全》等；1913年由国民党县长李应棠主持，王振典、孙乐山编写的《阜平县志》等；

明清时期及以前《四书人物类典串珠》《钦定书经传说录纂卷》《大清律例通纂卷》《通鉴纲目》《浑源州志》《济宁直属州志》《正定府志》《阜平县志》四卷本（劳辅芝同治十三年修）、《阜平县志》五卷本（邹尚易乾隆三十七年修）等。

改革开放，农村荒山、工程、矿山等方面形成大量的承包合同。不少乡（镇）村由于当时不重视档案保存，合同、契约丢失或草率不清，常常引起纠纷甚至诉讼，给经济建设带来许多麻烦，也影响了社会安定。2005年县档案局下大力将全县4万多份二轮土地延包合同整理接收入馆。

三、管理利用

（一）升级达标

1995—1996年，开展档案管理上等升级活动，对馆藏档案进行系统整理，理顺全部档号，编制全宗名册、案卷目录、卷内文件目录、资料分类目录等。健全各项规章制度，落实档案库房“预防措施”。2004—2007年配备河北科怡档案软件，机读目录数据库建设起步，截至2010年录入案卷级目录5000条，文件级目录80万条，全文扫描档案50多万页。阜平县档案馆复制乾隆三十年旧县志500套。

（二）鉴定开放

根据国家开发历史档案的规定，档案馆对开放档案的范围和期限做了规定，建立必要的开放制度，经过整理、编制检索工具等，先后开放1973年以前的档案4258卷。

（三）开发利用

2002年阜平县建立“档案寄存中心”，寄存各党政机关、企事业单位以及个人档案5230

卷。同年建立“阜平县现行文件查阅中心”，截至2010年，接待查阅利用者2256人次、5435卷次，为编写《阜平县志》《阜平县文化志》《阜平县大事记》提供大量资料。

（四）史料编研

1937年晋察冀抗日根据地建立到1948年晋察冀边区政府并入华北人民政府10余年间，有大量的革命历史资料保存下来。这一时期中共中央北方分局、晋察冀边区政府、晋察冀军区、晋察冀边区各人民团体和阜平县及各区、村遗存的档案资料，多为劣纸和手写，许多已发黄发霉，破旧残损。2002年阜平县向河北省档案局申报“革命历史档案抢救补助费”的可行性报告，得到上级批准，拨付补助费，县档案馆开始对珍贵档案进行抢救。2006年阜平县档案馆“晋察冀边区及中共中央北方分局革命历史档案抢救保护”项目获得国家级立项，成为国家重点档案。

2007年，组织人力、财力深入各乡村搜集、整理散存在社会上的革命历史资料。利用采访、搜集、录入、扫描、裱糊、脱酸、复制等措施抢救革命历史档案。2008年县委书记王月衡、县长徐志清提议建立“晋察冀文化研究整理工作小组”，收集整理出一直流传在民间的红色故事。2009—2010年将馆藏晋察冀边区革命历史档案资料，按内容分为15类，编辑成《晋察冀边区阜平县红色档案丛书》15部。

附：阜平革命红故事

毛泽东犁地听真言

1948年春天，挂在毛主席心上的一件大事就是土地改革。常言道：欲知山中路，须问打柴人。晋察冀边区的土地搞得怎么样？毛主席是一有机会就向村里的百姓们打问。且说这天傍晚，主席信步来到花山村外，看见陈忠礼老汉正在吆喝着牛耕地。“我帮你犁两趟行不行？”陈老汉一看此人身材高大定有力气，便让他犁犁试试。毛主席吆喝一声牛，扶稳犁杖，踏住垄沟，地犁得又匀又细，陈老汉连连夸好。在地头上，毛主席递上一颗纸烟，边歇歇儿，边拉家常：“你们村土改搞得怎么样？”陈老汉为人耿直，开门见山地说：他们说形势大好，我看是问题不少。俺们花山村，从沟口到沟掌笼共100多户人家，一下子就划了20来户地主和富农，70来户是中农，贫下中农就10来户，成分划得实在太高！毛主席听了连连点头，说对对对。陈忠礼老汉说什么也没想到给他犁地聊天儿的就是毛主席，更没有料到时间不长花山村高划成份的错误做法很快就得到了纠正。

毛泽东让药救儿童

毛泽东经常对人说：“我就怕穷困老百姓的哭声，看到他们流泪，我也忍不住要掉泪。”

1948年春天，毛泽东乘吉普车由城南庄去西柏坡。经过一道两面陡坡的大山沟时，路边草丛中躺着一个八九岁的孩子，他双眼紧闭，脸色蜡黄，身边坐着一个30多岁的农村妇女正在啼哭抹泪儿。

毛泽东大声叫道：“停车！”第一个跳下车，大步走到那女人和孩子身边。他摸摸孩子的额头说“孩子怎么了？”“不行啦！”女人泪流满面。毛泽东眼圈泛红，猛地扭过头朝车上喊“医生哩？”“我在这里”。毛泽东对朱医生说“快给孩子看病”。朱医生用听诊器听，又量体温，然后问孩子发病的过程。

一想到用药，朱医生犯了难，要是给孩子打一针盘尼西林很快就会让孩子转好，可是这盘尼西林只有一两支，毛泽东在城南庄养病都省着舍不得用，周恩来副主席一再叮嘱不到十分必要的时候，不能轻易用。这药不仅昂贵，而且要从敌占区进，很不容易搞到，为搞这药不知牺牲了多少人性命。主席一听朱医生的话就生气了“你真是死板！不知道救命要紧？我有病可以以后再治，孩子要是殁了会给这家造成多大灾难？”在毛主席严令下，朱医生含泪将一直珍藏很久的盘尼西林注射在孩子身上。功夫不大，孩子掀起眼皮，轻轻地叫了一声

"娘"。毛主席这才挥手让司机上路。

周恩来在阜平的故事

打前站　1948年4月10日下午，周恩来为中央机关打前站来到阜平县西下关村。区长陈大德说南屋还有一些地雷需要搬走，周恩来制止说："主席的车就要到了，既然多年没动，现在再动可能出危险，派两个人在库房上站岗，任何人不让进去就行了。"区长陈大德请示周副主席给中央机关杀口猪招待，大家知道中央从延安过来一路上很苦，已经很长时间没吃上肉了。周恩来劝说大家不要杀了，最后还是拗不过大家只好同意杀猪慰劳毛主席。周恩来提出两点建议：一是主席来是大喜事，杀了猪大家一块吃，二是主席晚上工作，上午休息，杀猪时不要影响他休息。于是，区上的干部高高兴兴杀了一口猪慰劳中央机关和毛主席。

天下穷人是一家　在阜平至今还流传着周恩来和东下关村贫协主席贾老殿的一段话。在任弼时同志主持召开的西下关土改座谈会上，周恩来也到了会场，他握着身边贾老殿那双长满厚茧的大手，问："你家有几口人？"

贾老殿说："家里穷，没张罗上人没儿没女。"周恩来听罢，热情地说："我和你一样，也是没儿没女。天下穷人是一家，以后大家有了土地都过上好光景了，谁家过日子也不犯愁了。穷人的后代都是我们的子女。"一番话说的贾老殿心里热乎乎的，脸上有了笑。

回去怎么说　城南庄土改座谈会结束后同志们就要走了，周恩来副主席对大家说："这回你们见到了毛主席，心理一定很高兴，回去以后有人问你们见到毛主席没有，你们怎么说啊？"同志们齐声回答："就说没有见到。"周恩来说："现在是战争时期，要提高革命警惕，防止敌人破坏。要是有人问你们见到毛主席了没有，你们应该既不承认也不否认，毛主席确实来了嘛。"周恩来同志的工作就是这么既细致，又富有艺术性。

关心小司机　1948年4月的一天，周恩来和陈毅等人从西柏坡到城南庄开军事汇报会。路经瓦房台大岭时，陈毅坐的车一拐弯被路边一块凸出的石头撞了一下，车猛地一窜，车轱辘滑到路边差点跌进沟里。行进在前面的周恩来从车窗转过脸问："怎么样？"陈毅走下车来诙谐地说："哈哈，摸了一家伙阎王鼻子！"小司机吓得变脸失色，准备挨批。周恩来走过来爱抚地拍着小司机的肩膀说："小鬼，不要怕，以后要多加小心。人走一辈子道儿，哪有不跌跟头的哩！"小司机开始还等着挨批评，听了周副主席的话，心理热乎乎的。以后他勤学苦练，成了个好司机。

刘少奇在阜平的故事

1947年春天，刘少奇率中央工作委员会（简称"中央工委"）来到晋察冀根据地，在晋察冀边区政府首府——河北省阜平县工作期间，留下了许多令人难以忘怀的故事……

住"迦蓝"　指导根据地的土地改革、为制定《中国土地法大纲》做准备，是刘少奇同志及中央工委来阜平的主要任务，1947年5月3日，少奇同志在城南庄黄牙沟村一个枣树林里召开晋察冀边区土改干部工作会议，会上他代表中央工委做了重要讲话。因工作繁忙，身体不好，他就到城南庄温塘村边工作，边洗澡边养病。为了不给当地干部群众添麻烦，住在温塘村东头迦蓝庙里的西配房里。白天屋里光线暗，他就到西南坡跟一棵核桃树底下，在膝盖上办公看文件。村干部知道了非给他找两间好房不可，少奇同志连忙阻拦说："不用，不用。"

请吃饭　有一次，一位译电员来给少奇同志送电报，正好是开饭时间，他让译电员吃了饭再走，以免误了在机关吃饭，译电员只好和徐特立等首长一起先吃。桌子上只有一盘炒白菜、一盘炒萝卜和一碗清汤。译电员回到本单位之后，同事们问："今天少奇同志留你吃饭，一定吃了好的吧？快跟我们大家说说。"译电员叹口长气说："唉——甭说了，吃得跟咱们一样。"

换挎包　中央工委机关机要处的同志从延安来到阜平，看到晋察冀军区译电员挎得是密码皮包，而他们挎得是旧布包，就给周股长提意见，让少奇批个条子，到晋察冀军区后勤部领几个新书包。少奇同志看了周股长打的报告，态度和蔼地说："你们的旧挎包不是蛮好的嘛，不是从延安背到阜平来了吗？密码保护的也挺好啊！"周股长和译电员们说："那是我们想了许多办法……"少奇同志笑着说："对呀，今后还是靠自己多想办法嘛，咱中央工委是来工作的，不能比挎包好坏，看到人家有什么就伸手要。"他又劝告说："现在还不富裕，摆不起阔气，就是将来革命胜利了，也要艰苦奋斗，这是党的优良传统，咱们中央机关得带好头。"于是大家又高高兴兴地挎起了旧布挎包。

罗荣桓导演"县长上任戏"

1937年"卢沟桥事变"3个月之后，也就是10月10日夜间，时任阜平国民党县长张仲孚携款带印逃走，阜平县没了县长。驻在阜平开辟敌后根据地的115师政治部主任罗荣桓当机立断，任命王平当了县长。王平身兼数职实在忙不过来，就在这当口，张苏来到了阜平。张苏是蔚县人，北平大学著名的爱国学生领袖，他在太原八路军办事处见到周恩来，周副主席让他回到蔚县当抗日县长，走到繁峙县遇到115师师长林彪，林彪告诉他蔚县已失陷，建议他去阜平任县长。罗荣桓见到张苏十分高兴，对他说："阜平县是整个华北敌后第一个由共产党领导建立起来的抗日民族政权，我们一定要把工作做好，搞出个样子来。你这县长是八路军总部任命的，要有信心。"他上下一打量张苏不由得皱起了眉头，见张苏衣服破旧，衣领袖口都有污迹，忙问："你还有别的衣服吗？"张苏回忆起从繁峙到阜平一路翻山越岭，像要饭吃的一样，不好意思地说："还有一件咖啡哔叽夹袄。"罗荣桓像导演拍戏似地说："你上任时穿戴要讲究些，要有风度，县府吏员绝大部分是旧职员，他们往往以衣帽取人，不要让他们看不起我们共产党的县长……"他思索片刻又说："对了，你还得有个漂漂亮亮、清清爽爽的警卫员，回头我给你派去。"为了展示共产党县长的"风度"，张苏身穿长袍，头戴礼帽，脚踩黑布新鞋、白布新袜，手提文明棍，带着罗荣桓亲自为他挑选的警卫员向仲良（罗荣桓的警卫员），由南街东门出城，再由东关进城，沿途受到"动委会"工作人员和县城居民的列队鼓掌欢迎。进入县衙，一科科长张修吾带领府衙全体人员在政府大堂前迎候。礼毕，他向新县长介绍了本县人口、土地、风俗人情、趣闻逸事等。最后说，阜平很苦，每年田赋收入只有三千元。张苏一听，不由得哎呀了一声，说："我老家蔚县跟阜平只隔了一个涞源县，比阜平可是强多了，一年光田赋收入就二十多万元！"张修吾误会了张苏的意思，只怕新来的县长看不上阜平，解释说："县长大人，您老人家可别小看这个穷县，县小油水儿不小，过去来这儿当县长的虽说不如大县富县发财，可哪个一年不弄它个五千六千的……"张修吾生怕县长瞧不起这太小太小的数字，臊得脸跟块红布似的。张苏先是哈哈一笑，然后神情严肃地对大堂上的吏员们说："今天阜平算是改朝换代！以往的县长都姓'私'，今天姓了'公'了，成了平民百姓的掌权人！我们八路军共产党的官儿，不搜刮黎民百姓个人发财，而是要领导百姓们抗日救国，赶跑鬼子，争取国富民强……"满堂吏员惊讶得张大了嘴。他们伺候了不知多少茬县太爷，今天是头一回听说县长是黎民百姓的县长。我的天！难道孙中山先生提出的"天下为公"今天真的成了事实？众吏员惊讶得瞪着眼，怎么也省不得这是个什么变化！张修吾满面窘惭，连连称是。但是在共产党团结改造政策中，这班县衙旧人员很快就站到人民一边，为人民抗战做出了各自的贡献。阜平人民是幸运的，1937年10月就当家做了主人，只不过这时正是国共合作团结抗日之时，其政权叫抗日民主政府，还不叫人民政府罢了。

彭真救灾台峪村

1939年夏天，整个华北地区发生了历史上罕见的大水灾，史称“海河大水”，百姓们称“民国28年大水”。一场大水把太行山一带和冀中平原冲了个稀里哗啦。中共中央北方分局的驻地阜平县台峪村灾情很重，许多人家房倒屋塌，缺吃少穿。北方局书记彭真亲自召集村里的地主富农座谈，讲明大敌当前大家应当同舟共济的道理，动员他们捐款、捐树。经过做工作，全村互相支持，互相帮助，灾民们很快就住上了简易新房。彭真和分局其他领导还想出一个救灾办法：特别缺粮的户可以割青草给分局喂马，省下的马料给灾民吃。原来村民们给分局加工毛粮，每百斤小麦、玉米交回面粉85斤，这回改为只交80斤，剩下的20斤余粮让灾民们拌糠菜充饥。在彭真等领导动员下，村里的地主富农还捐出粮食5000斤，使全村人度过了这个荒年。乡亲们感谢道：“往常年遇到这样的灾祸，不是逃荒就得要饭。今年要不是彭真和北方分局村里不知饿死多少人哩！”这个村的郑大娘家里穷得揭不开锅，有时悄悄溜进北方分局机关食堂偷拿几个干粮回去给孩子们吃。村干部发现后，把她拿的干粮夺回来，还教训她说：“以后再偷非开斗争会斗争你不可！”郑大娘吓得跪在地上磕头作揖。彭真批评村干部，他家孩子饿坏了，拿点拿点吧，干吗说偷呢？这多难听。以后食堂里有了剩饭剩菜可以给她家点。咱们是共产党员，不爱穷人还算什么无产阶级政党！后来分局从台峪迁往史家寨，郑大娘和村里的人们送了一程又一程，还三番四次叮嘱孩子们，到什么时候也别忘了北方分局和彭真。时光荏苒，到90年代彭真以全国委员长身份视察河北，在专列上向阜平县的领导询问台峪村人们的生活怎么样了，让县领导给台峪村的人们捎信问好。

邓颖超成全了一家人

1947年11月，邓颖超、黄华等以中央工作委员会代表的身份来到阜平县王快区细沟村搞土改试点，她事事关心，处处为百姓着想。

王快镇有个小村只有一户人家，老哥俩只有弟弟成了家，生下一个闺女后，弟弟便去世了，大哥与弟媳及侄女一家三口生活了十几年。土改中这家人分了房子分了地，大哥和弟媳想登记结婚，村干部们嘲笑道：“大伯子哥娶兄弟媳妇，丢人不丢人？”女儿也坚决反对。男人害羞得要上吊，弟媳躺在炕上不起来。女儿急了，只好来央告村干部，恳求区民政助理员“恩典恩典”。村干部们说：“正经事还忙不过来呢，谁管你们这种闲淡事？”区干部都推脱不管。邓颖超听说了这件事，对区村干部说：“弟弟去世后，哥哥和弟媳在一起生活，说明土改后农民觉悟提高了，思想进步了，要求政府给个合法证明，你们死守着大伯子哥娶兄弟媳妇是丑事的旧风俗老习惯，不给人家开结婚手续，一桩好事，岂不是让你们给办砸了？再说女儿也没权利包办娘的婚姻啊！”区干部们按邓颖超的嘱告办了。这俩人儿结婚后，男的放羊，女的管家，女儿下田，小日子过得甜甜蜜蜜，三里五乡的百姓都说邓颖超成全了这家人。

（五）档案室

20世纪90年代初阜平县各科室乡（镇）档案室管理比较规范，各乡镇建立起比较规范的档案室，1995年经省市档案局检查验收，有2个单位达到省一级标准，4个单位达到省二级标准，13个单位达到省三级标准。2000年后除继续进行县直单位和乡镇档案室规范化建设外，县档案局大力开展村级建档工作，在全县209个行政村、5个居委会全部建立档案室，配备兼职档案管理人员，购置档案装具。68个文明生态村建立了比较规范的档案室，全县3000户家庭自愿建立了家庭档案。截至2010年阜平县有31个单位达到省一级标准，12个单位达到省二级标准，17个单位达到省三级标准。

第二节 史志编修

一、史类编撰

编著《阜平县党史大事记》 为把中华人民共和国成立前大事、要事全部记载进去，县党史办到档案馆及有关部门多次查阅资料，对中华人民共和国成立前的大事要事进行反复的资料补充、校对工作，在多次翻阅研究的基础上，编著《阜平县党史大事记》10多万字，2010年定稿。

编写《史稿》 阜平县是晋察冀边区首府，许多革命先辈在这里工作和生活多年，每个村庄都留有革命家的足迹，许多伟人、革命家在阜平动员人民抗日、赶走日寇、保卫家园的革命战争期间付出很大心血，有许多革命战士牺牲在阜平，晋察冀根据地成为华北抗日堡垒，为中国的解放做出了巨大贡献。党史办人员翻阅中央、省党史部门出版的书刊100多本，县级资料100多卷，积累资料30多万字，珍贵图片100多幅。

2006—2007年，县党史办对抗战时期阜平县人口伤亡和财产损失情况进行调研。由于工作专业性强，工作任务重，时间紧，加班加点查阅资料，研究核实资料，在上级要求的时间内按时按质完成任务。建党80周年协助保定电视台拍摄《瞬间》获大奖。建党90周年协助省委组织部拍摄的电教片《民族英雄刘耀梅》获大奖。

二、志类编撰

中国地方志编修始于1984年。阜平县政府成立专门机构—阜平县地方志办公室。先后由白彦章、孙世科、刘振华任主任；到1997年《阜平县志》历时13年，由20余人参与，上百个单位、上百人提供资料，为该志编纂付出心血。年底完成97万字的初稿，上交市地方志办公室审定。经省方志办编审委员会审核指导，特别是在河北省地方志编委会副主任卢振川指导下，进行反复、认真的修改，使之有了明显的提高，具有三个明显的特点：1. 将毛主席、党中央在城南庄作为县志特记，记于志首；将晋察冀边区、军区在阜平列为专编列于全志第二部分，加重本志的分量，避免肢解这些内容，将之分散记述使人不得要领的弊病，深为专家称赞。2. 精准的使用老照片，与文字互相佐证、互相补充，内容上更显翔实可靠，形式上图文并茂，尽享视觉愉悦，避免黑压压文字一片、表格数张的呆板枯燥。3. 志中“特记”“人物”等编恰当使用平实的文学语言，引人入胜，受到正能量感染。

《阜平县志》出版后受到著名方志专家卢振川、杨琦等人的首肯。2001年获河北省首届地方志编修成果特等奖。

第四章 体育

阜平县职工体育、学校体育、社区体育不断发展。农村由于缺乏体育设施，农民体育活动较少。1996年以后，随着全县农村文化小广场的新建，各乡村配备健身器材，到2010年农村体育运动进入以健身为主的体育锻炼。学校体育坚持德、智、体全面发展的教育方针，按照国家教育发展纲要，坚持体育课和课间操制度。全县中小学每年组织春季田径运动会，从中发现和培养体育尖子人才，增强中小学生的整体素质。1996年以后阜平县社区体育发展迅速，参与人员逐年增多，涉及体育项目越来越广。到2010年以离退休干部、在职职工和城镇居民为主的体育锻炼人员，早晨跑步、爬山、练太极拳、跳广场舞，夜晚广场散步；青少年打篮球、踢毽子、打羽毛球的健身体育活动逐步变成常态。每年组织农行杯、交通杯象棋赛。华世沣杯篮球赛和乒乒球赛。阜平县体育代表团，参加河北省第九届自行车运动会获女子团体第3名。

第一节　群众体育

一、职工体育

1996年职工体育活动较为活跃，仅县城机关单位的篮球队就发展到20多个。每年举办一次篮球、越野长跑、拔河、象棋比赛，活跃了职工的文化生活。

俱乐部健身房

2001—2005年，老干部局组织离退休干部门球队，天天在县体育场打球娱乐。

2006—2010年，以离退休干部职工为主体，城乡居民参加的群众体育健身活动已很普遍。体育场、党校、水利局、电影院、五金公司广场、东湾、东寺等场地，春夏秋冬，早晨晚上都有人在乐曲伴奏下集体做保健操、气功操。

二、农民体育

阜平县农民传统的体育活动有拔河、摔跤、掰腕子、踢毽子、拿兵、跳高、跳远、举重、撞拐等群众性项目。90年代以后，随着农民业余时间的增多，阜平县坚持以“开展全民健身活动，增强人民体质”为宗旨，推动农民体育活动发展。充分发挥协会等社会群体力量，发动农民利用农闲时节开展群众性的体育活动，以健身强体为主要内容的体育活动逐步增多。业余活动有象棋、篮球、乒乓球、门球等。从2003年起县总工会、文广新局、社区管委会、电视台每年组织一次篮球比赛。参赛队伍涉及全县党政机关、企业、学校师生、退伍士兵、农民。有业余球队20多支参赛，涌现出砂窝一队、二队、退伍老兵队等优秀业余球队。县文体部门从1996—2010年举办6次乒乓球比赛，参赛选手达到50多名，涌现出不少优秀年轻运动员。

三、学校体育

1996年学校推行学生体育达标卡制度，阜平县中学生体育达标700余人，达标率为23%以上。阜平县小学生体育达标1340人，达标率为12%。学校体育课教学化比较正常，体育老师按学校的实际条件组织教学，学生得到应有的训练。平阳中学刘启祯、秦金龙和阜平中学仝英明等均为外籍人，多年从事体育教学，田径、体操、球类等业务辅导全面，为阜平县培养出一批批优秀体育教师。截至2010年阜平各乡镇中小学每年举行一次全校运动会，县每年春季举办一次中小学田径运动会，还不定期举办其他各类运动会，体育运动比较活跃。

阜平中学运动会开幕式

四、社区体育

2002年阜平县社管会成立，社区体育更加活跃起来，休闲时间逐渐增多，健身健美意识逐渐增强。城镇面积大幅度扩展，人口增加，社区体育便成为其中一项重要内容。早晚爬山成为不少居民的生活习惯，每天早晚在“万金园”、体育中心健身健美的人很多，大小派山腰亦成为县城居民和周边农民散步、体操的场所。城内还出现多支健身操队、打鼓队。店铺开张都有健身操队表演助兴。早晚踏着录音机节拍做健身操、跳广场舞、扭秧歌，寓休闲健身与体育锻炼于一体，成为街头文化体育一道靓丽风景线。

2005—2010年，阜平县从实际出发因势利导，配置体育设施，在小派山修建水泥路爬山步行道和歇脚凉亭。安排社区体育比赛，每年举办社区球类等比赛30场次。

五、老年体育

阜平县老年人体育协会，具有社、团法人资格。1996年老年体育工作跨入省、市先进行列。

1997—2000年，县老年体协领导经常深入乡、村调研，探索农村老年体育发展之路，召开不同类型座谈会，了解、掌握、解决老年文体活动中存在的难点，寻求发展之路。先后到定州、曲阳学习开展老年体育工作的经验。

2001—2004年，派员参加保定市老年体协举办的健身球、健身操、柔力球、威灵健骨操、中华响扇、第三套健身秧歌等培训班八次，为普及、推广老年文体项目培训辅导员和裁判员。举办三期老年体育培训班，培训业务骨干、辅导员200余人。自发的老年文体活动走向有组织、有计划的健康发展轨道。各社区、乡村相继组建中老年文体队，各队职责明确，制度健全，队员有章可循，在舒适的环境中，选择文体不分，自娱自乐，乐在其中。店铺开业，重大节日庆典，文体队着装表演助兴。

老年文体项目逐年增多，形式多样内容丰富。群众性老年文体锻炼项目在继承传统7种项目基础上，学习、引进中华响扇、柔力球、八段锦等23种文体项目。由单纯表演型转化为科学锻炼、祛病健身型。各种文体比赛和展示，感化一些“麻将友”洗手，启发众多老人走出厨房参加到体育锻炼中来。在广场，庭院，街头巷尾，山头河边都有中老年扭秧歌、练太极拳、下象棋、舞宝剑、打门球、太极扇、爬山峦、垂杆钓、敲鼓玩、耄耋翁妪走万米。耆稀老人骑车转。参加锻炼的老人既锻炼了身体，又开阔视野，增长见识，陶冶情操，交流感情，增进友谊，摆脱孤独。

老年文体活动以构建和谐社会和建设社会主义新农村为主题，坚持“以基层为主，以小型活动为主，以强身健体为主”的原则。先后举办多次中老年文体展示，展现老年人夕阳不老的精神风貌和精湛的表演艺术。先后参加国家、省、市老年体协组织的健身秧歌、健身球、健身操、太极拳、中国象棋比赛，获得殊荣。

2006年，召开县老年体协第二届三次会议，调整补充13名委员，增补2名名誉主席，补选主席、副主席、秘书长。履行法定代表人的变更手续。调整后的县老年体协增添了曾担任过县人大主任、县政协主席的3名老干部，加强县老年体协的领导力量。县乡（镇）、（社区）村也先后建立老年文体协会组织。

截至2010年，全县13个乡镇和社管会建立老年文体协会，社管会下设的5个社区和三分之二的村采取体协加支部的办法组建老年文体协会。县体协还组建健身球、健身操、健身秧歌、太极拳、象棋等指导委员会。各级老年体协组织的不断健全和完善，推动全县老年体育工作的开展。全县老年文体队由初建的15支发展到2010年的100支。

老年体育示范区建设稳步推进。按照市创建老年体育示范区的要求，县成立创建老年体育示范区领导小组，制定“十一五”《创建老年体育示范区规划》。全县13个乡镇和社管会、209个行政村和5个社区在“十一五”期间实现“一个中心、东西一条线、南北一大片”的两个乡镇、两个社区和23个行政村老年体育示范区。2008年王林口乡、北菜园社区被市老年体协命名为“老年体育示范区”。2009年方太口村被市老年体协命名为“老年体育示范区”。

2008—2010年，河北省健康老人评选。县老年体协和县老龄委、妇联会相互配合、积极沟通，进村入户，认真调查，按条文对照核实，依据本人条件，逐个筛选，甄光荣、蔡芝、韩国英、张业基、杨德春、李蟠飞、王朝法等7人被评为“河北省健康老人”。其中甄光荣被评为“中华人民共和国第七届健康老人”。张业基连续两届评为“河北省健康老人”。

阜平县老年体育工作获奖情况

1996年7月1日，阜平县委授予刘从文“优秀共产党员”。1998年保定地区老年人体育协会，授予刘从文“老年体育积极分子”。2004年4月下旬，参加保定市“常青杯”第一届老年人秧歌大赛，分别荣获第四名、第五名。6月下旬，参加保定市中老年建设球、健身操比赛，分别荣获第四名、第五名。2005年，河北省老年人体育协会授予阜平县老年人体育协会“老年人健身活动展示先进单位”。保定市老年人体育协会授予阜平县老年人体育协会“保定市老年体育工作先进单位”。阜平县委授予县老年人体育协会“老有所为先进单位”。2006年5月，参加保定市中老年健身球、操比赛，荣获“梅花奖”“菊花奖”和“编排创新奖”。6月，参加保定市第三届老年人健身秧歌大赛，荣获“编排创意奖”。8月，参加保定市老年人中国象棋比赛，阜平二队荣获团体总分第二名，个人第四名，第七名和“优胜奖”。参加河北省老年人健身秧歌比赛（规定套路）县级组“优胜奖”和“优秀奖”。9月中旬，参加河北省太极健身球、操秧歌大赛，荣获“菊花奖”和县（市）组“规定套路优胜奖”。11月下旬，县老年协会文艺队参加全国中老年人健身秧歌比赛，荣获（自选套路）“二等奖”“优秀组织奖”2007年5月，参加保定市第四届“常青杯”老年人秧歌比赛荣获“梅花奖”。7月，参加保定市第六届运动会（老年组）“坤英杯”中国象棋比赛，荣获“体育道德风尚奖”；老年组“中国电谷杯”太极拳比赛，荣获“中国电谷杯”团体第七名，个人第二名、第四名、第八名。2008年4月，参加保定市与奥运同行“常青杯”第五届老年人健身秧歌大赛，荣获“梅花奖”。7月，保定市“世纪协和杯和谐中华颂奥运”老年人大型书法展，县老体协选送参展50副老人书法作品，均获“优秀作品奖”，部分展品国家奥组委、保定市档案馆收藏。9月20日，参加保定市首届“京博杯”老年人柔力球比赛，阜平东晨队李秀兰荣获“单人自选套路奖”。2009年5月10日，参加保定市迎国庆第六届“常青杯”老年人柔力球大赛，阜平队荣获乡村组自选套路比赛“梅花奖”。参加河北省老年人健身秧歌比赛荣获“金奖”。6月6日，参加保定市迎国庆“思特利”全市老年人柔力球大赛，王作珍、周香林荣获“双人优秀表演奖”，张国平荣获“单人优秀表演奖”。2009年，保定市老年人体育协会授予阜平县老年体协会“保定市老年体育工作先进单位”；授予谷风国“老年体育工作先进个人”。2009年，河北省老年人体育协会授予王林口乡方太口村“河北省老年体育工作先进单位”

附录

1. 阜平县社区文体队

吉祥鼓队　北街社区文体队
北街社区太极队　莺歌燕舞文体队
世纪城文体一队　白河文体队
东寺社区文体队　东寺大鼓队
万金园文体队　刘瑞英太极拳队
南坡根文体队　满天红文体队
喜洋洋健身队　西街文体队
老年协会文体队　世纪城文体二队
中华文艺宣传队　东湾马氏文体队
石湖秧歌队　大元秧歌队
南街社区文体队　柔力球队
夕阳红文体队　大元开心文体队
洞晨太极拳队　保明太极拳队

大元文体队　北菜园社区文体队

刘玉琴文体队　榆树工文体队

巾帼健身队　寻梦健身队

东寺社区青年舞蹈队

2. 老年文体展示

2004年5月下旬，阜平县老年体协举办阜平县化工杯秧歌大赛，11支文体队300多名队员参加了比赛。

8月上旬，举办太极拳，太极剑表演。下旬，举办老年象棋比赛，比赛队员24名。

9月举办庆国庆歌咏比赛。九九重阳节15支文体队400多人表演歌咏、太极拳、门球、健身操、健身秧歌展示。

2005年举办第二届环保杯老年人秧歌大赛。

2006年，文体队展示项目有枪、剑、棍、杂技、太极拳、武术单人表演，旱船、背歌、擎歌老年健身秧歌、健身球、健身操。

7月，举办阜平县老年中国象棋比赛，参赛队员39名。

2007年7月15日，举办阜平县中老年人中国象棋比赛，参赛队员42名。

9月22日，“迎新中共十七大”和“北京奥运会”召开举办健身秧歌大赛，14支文体队的300多名中老年参加了比赛。

参加阜平县廉政歌咏比赛，荣获三等奖。

九九重阳节举办大型中老年文体展示。

2008年举办“庆奥运、迎国庆”大型中老年文体展示。

2009年5月，与北京体育大学在阜平操场举办柔力球、太极拳联谊展示。

8月8日，县举办首次“全民健身日”启动仪式，县城举办“百名老人登山健步走”竞赛。

9月，举办“庆华诞迎重阳”老年文体展示，25支文体队的400多名队员参加，表演了丰富多彩的文体节目。

3. 城乡流传健身歌谣

晨迎朝霞登派山，音乐伴奏舞翩翩（双人舞）。行云流水太极拳，银发老人扭得欢（街舞）。

震撼天地吉祥鼓，彩蝶飘逸扇子舞。千回蜂转抖空竹，一展乾坤恩怨无（太极扇）。

老梅新绽斗芬芳（健身操），宝剑出鞘闪寒光。气功莫如锦八段，门球场内号码喊。

六十六节回春操，刀捧棍鞭耍得好。一曲清唱动派山，丝竹伴奏声动天（二胡）。

琴棋书画润雅情（书画），喜看山城夕阳红。

第二节　竞技体育

一、县级运动会

1998年，阜平县承办保定市自行车比赛，5个县参加比赛，计50个人，阜平县总成绩第一名，涞源县第二名，保定市第三名。

9月举办全民中国象棋、围棋比赛，刘光涛获得中国象棋比赛第一名；刘青虎获得围棋比赛第一名。

10月举办阜平县职工篮球赛，由27个队参赛，取得前三名的分别是交通局代表队、土地局代表队、公安局代表队。

2002年4月举办县职工乒乓球比赛，有36人参加，王东获得男子第一名；刘月娟获女子第一名。7月举办围棋比赛32人参加，获得前三名的是刘青虎、李长江、郄佳林。

2009年4月举办“逸美时光”杯乒乓球比赛，阜平县18个单位120多人参加比赛。获得男子前三名的分别是王欢、王勇、高东斌；获得女子前三名的是陈冰润、孟宪花、孙丙菊。4月22—23日举办全民“地税杯”中国象棋比赛，65名选手参加比赛。获得本次比赛第一名的是李忠，第二名高东斌，第三名杨立云。5月举办“瑞景杯”阜平县职工篮球赛，有8个队参加比赛，获得比赛第一名的是恒友物业代表队，第二名平阳代表队，第三名天桥加油站代表队。

二、市（地区）级以上运动会

1996年参加河北省第九届自行车运动会获女子团体第3名。

参加市级体育运动比赛获奖统计表

表22-4-1

项目 年度	竞赛名称	竞赛成绩	获奖单位或姓名
2001	保定市“电信杯”职工篮球赛	第三名	阜平代表队
2003	保定市“保运杯”中国象棋比赛	团体第五名	阜平代表队
2008	保定市CBO男子篮球赛	未获得名次	
2009	保定市中国象棋比赛	团体第八名	阜平代表队
	保定市CBO女子篮球赛	未获得名次	

第三节　体育队伍与设施

一、体育队伍

到2010年阜平县有专职体育教师64人，其中大学本科7人、专科毕业生14人，中专毕业生16人，高中及其他毕业2人。中小学体育运动骨干2000余人，运动队75个，其中田径队52个，球类队22个，自行车队1个。

二、体育设施

1996—2006年落实农民体育健身工程，209个行政村建立健身广场。2007年为固镇、砂窝、光城、方太口、营岗、抬头湾、下关、广安、海沿、龙门、印钞石、西林口、下庄、不老树各发放篮球架1副，乒乓球台2台。2008年为王林口、方太口、下庄、不老树、广安、固镇、抬头湾各发放健身器材8件。

省级农村体育健身工程为青沿、寺口、龙泉关、砂窝、向阳庄、白家峪、槐树庄各发放篮球架一副，乒乓球台2台。

2009年国家级农村健身工程为岔河、东城铺、细沟、色岭口、康家峪、土门、法华、柳树底、麻棚、后庄、石猴、北水峪、东板峪、山咀头、东王林口、西王林口、谷家庄、大岸底、北果园、城南庄、白河、王快、东庄、平阳各发放篮球架1副，乒乓球台2台。

为居民体育活动的需要，在小派山建设健身场，2000平方米，有爬山路、歇脚凉亭，健身器材15件，县城内各小区都建设健身广场，发放健身器材，1996—2010年累计发放健身器材1000件，篮球架、乒乓球台150件。

第二十三篇　医药卫生

1996—2010年，阜平县卫生事业得到较快发展，医疗环境大为改观。先后投资1629万元，用于基础设施建设。其中投资535万元建县医院门诊楼、医技楼、传染病房楼，建筑面积6237平方米。投资80万元建阜平县“120”急救站，建筑面积530平方米。投资875万元对平阳、城南庄、砂窝、史家寨、东下关5个中心卫生院和龙泉关、吴王口、下庄、北果园、王林口、台峪、大台、阜平镇8个乡镇卫生院进行改扩建，建筑面积12800平方米。投资139万元建村卫生室40所，建筑面积2240平方米。住院病床1996年260张，2010年435张。救护车1996年2辆，2010年7辆。医疗设备功能齐全，大中型医疗设备1996年37台，2010年145台。

2003年，抗击“非典”时，阜平县没有发生非典型肺炎病例，实现“零病例”和“零传染”目标。1996年，有县属医疗、保健、防疫机构4所，乡镇卫生院19所，村卫生室268个。全县卫生专业人员522人。2010年，有县属医疗、保健、防疫机构4所，私营医院1所，中心卫生院5所，乡镇卫生院9所，村卫生室273所，卫生专业人员508人。随着学历结构逐步改变，业务素质明显提高，医疗技术新项目不断拓展。脑血管病专科采用的经颅穿刺，碎吸抽血，脑脊液置换，脑梗死溶栓等新技术，均取得满意效果。一些需要到外地大医院治疗的病员现在不用出县，住院时间也明显缩短。

爱国卫生运动以保健食品卫生，饮用水卫生，环境卫生，改水改厕，灭鼠杀虫为重点，开展卫生城市创建活动。药品市场管理日臻完善，批发零售经营有序，医药监督执法有力，为全县人民的医疗卫生保健提供了可靠保障。2007年新型农村合作医疗制度的实施，大大减轻农民医疗负担。到2010年全县农业人口183557人中有165480人参加了新农合，参合率90.15%，年报销补偿金额2093.69万元。

第一章　医疗

1996—2010年，阜平县卫生医疗组织健全，医疗技术、业务素质逐年提高，医疗设备不断改进，医务人员学历不断提高。1996年，阜平县卫生工作人员645人，其中本科13人，大专36人，中专251人。2010年，全县卫生工作人员651人，其中本科36人，大专156人，中专246人。

阜平县医院科室齐全，设备先进，年就诊人数由1996年的9700人次增加到2010年的20800人次。1997年12月河北省卫生厅批准阜平县中医院为二级甲等医院。

第一节　医疗组织与改革

一、管理机构

1996年，阜平县卫生局行政编制13人，设7个股室：办公室、医政股、疾法股、药政股、人事股、财务股、爱卫办。2003年撤销药政股，成立阜平县食品药品监督管理局。2010年，行政体制改革，行政编制7人，股室2个，办公室、业务股。卫生局下辖医疗单位4个（县医院、中医院、妇幼保健站、疾病预防控制中心），中心卫生院5个，乡镇卫生院9个，防保站10个，村级卫生所（室）268个。从事医疗卫生专业工作人员1020人。工作职责主要是组织协调指挥全县的医疗救治、防病灭病、爱国卫生、妇幼保健、卫生执法监督及突发公共卫生事件的应急处置等任务。

二、机构改革

1996年合乡扩镇，全县有19个乡（镇）卫生院，2003年根据区域划分进行医疗机构布局调整，保留9个乡镇卫生院，其余10个乡镇卫生院更名为防保站，归属保留的乡镇卫生院管辖，在业务上实施由医疗救治向防保为主转型。

三、经费改革

1996年，卫生经费由财政全额拨付变为差额补贴。在医务人员管理上，打破传统管理模式，由“终身制”变为聘任制，聘期均为三年，期满接续合同。经费改革激发了职工工作积极性，有效促进医疗服务功能的整体发挥。

第二节　医疗机构

一、县医院

1966年，阜平县医院从东寺自然村迁址到北菜园自然村。医院占地面积13224平方米，房屋均为砖混结构，工字式，一层；科室少，病房拥挤，设备落后。1996年后多次改扩建，截至2010年，县医院建成医疗科室齐全，设备先进，技术力量雄厚，应急能力较强的集医疗、教学、科研为一体的县级综合性医院。

基础设施建设逐步加强。1997年投资200万元兴建住院门诊大楼，建筑面积3000平方米。2003年10月，医院购置安装YF-50型焚烧炉，完成医疗垃圾消毒、焚烧无污染处理。2005年投资210万元，建医技楼，建筑面积2139平方米。12月，传染病病房投资125万元建设竣工，建筑面积1098平方米。为改善医疗

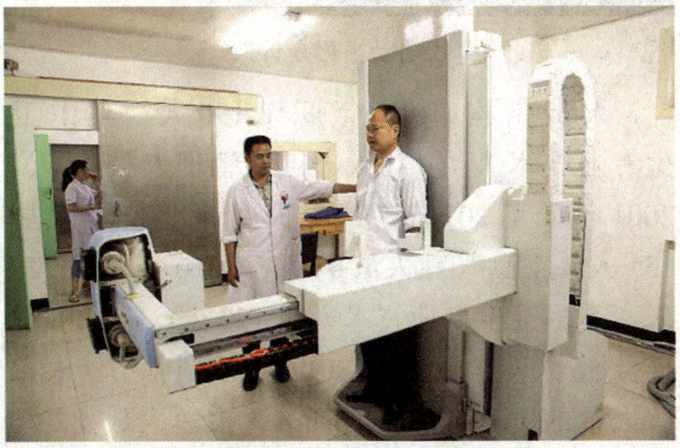

500ma X射线摄像透视（DR）一体机

环境，医院投资7万元购进冬青、碧桃冬瓜槐、紫柏、金叶女贞等10余种花草树木，计12000多棵。绿化面积1983平方米，绿化覆盖率达95%以上，被评为“保定市绿化医院”。2008年投资98万元建成日处理200立方米污水处理站。11月20日经保定市环境监测站验收合格，实现了医疗废水达标排放。同年投资150万元对病房楼进行了全面改造，科室、病房全部安装空调，为患者营造了舒适的疗养环境。

医疗设备不断更新。1996年医疗设备主要有500毫安、300毫安X光机、B超、脑电图、心电图、显微镜等15台件。2004年投资65万元，购置了全自动血球分析仪、心电监护除颤机、牙科综合治疗床。2005—2010年投资500万元，购置东软公司CT—C2800型全身螺旋CT机、病理切片机、X光洗片机、血流变、微量元素分析仪、蛋白分析仪、彩超、CR、全自动生化分析仪、低速离心机、鼻腔镜、经颅多普勒等15台大中型设备。科室全部安装电脑，大大提高了工作效率。另外，在重点科室安装16组摄像监控器，加强防盗防火安全监控。

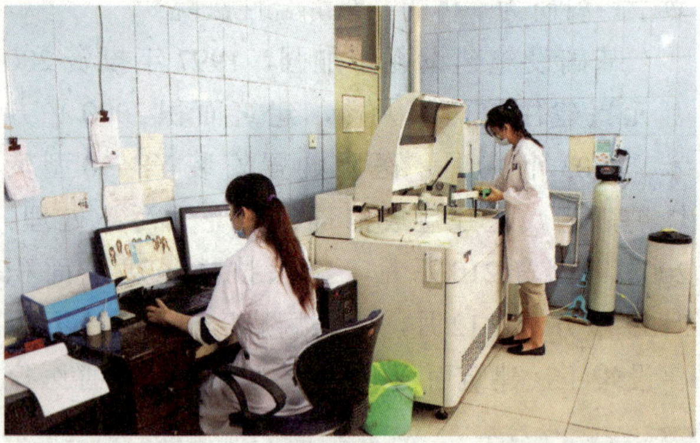

全自动生化分析仪

人员结构。1996年职工190人，其中卫生专业技术人员141人，工勤管理人员45人。2001年职工202人，其中卫生专业技术人员151人，工勤管理人员51人。2010年职工229人，其中卫生专业技术人员173人，工勤管理人员56人。学历层次。1996年本科学历7人占总人数的3.6%，大专学历8人占总人数4.2%，中专学历73人占总人数38.4%。2001年本科学历5人占总人数的2.5%，大专学历12人占总人数的6%，中专学历85人占总人数的42%。2010年本科学历4人占总人数的1.7%，大专学历58人占总人数的25.3%，中专学历112人占总人数48.9%。

业务量。1996年编制床位120张，2008年床位180张，2010年床位230张，达到综合医院建设标准。年门诊量1996年25412人次，住院患者2186人次。2001年门诊量26114人次，住院患者2237人次。2010年门诊量40000多人次。住院病人4000人次，年均手术量900余台次。

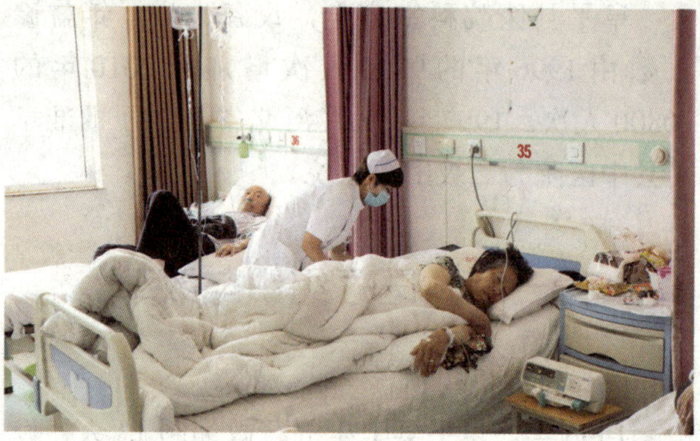

住院部病房

医疗服务项目。1996年临床科室设置：内科、外科、妇产科、儿科、骨科、急诊科、口腔科、眼科、耳鼻喉科、中医科、皮肤科。2006年设传染病科。2007年设体外碎石科。1996年医技科室设置：放射科、心电图室、胃镜室、B超室、激光室、检验科。2003年设输血科。2005年设CT室。2010年设病理科。

二、中医院

中医院由原城关卫生院改建，占地面积3881平方米。1986年经崔月犁部长批示，卫生部下拨资金100万元建中医院门诊楼，建筑面积3973.5平方米。1998年投资60万元建职工餐厅。2004年投资50万元建阜平县“120”急救站，建筑面积500平方米。

人员结构。1996年职工99人，其中卫生专业技术人员89人，工勤人员10人。2001年职工131人，其中卫生专业技术人员113人，工

中草药房

勤人员18人。2010年职工人数202人，其中卫生专业技术人员176人，工勤人员26人。

学历层次。1996年本科学历3人占总人数3%，大专学历7人占总人数7%，中专学历49人占总人数49%。2001年本科学历4人占总人数3%，大专学历20人占总人数15%，中专学历75人占总人数57%。2010年本科学历11人占总人数5%，大专学历59人占总人数29%，中专学历97人占总人数48%。

科室建设。1996年科室设置有院办室、医务科、护理部、财务科、总务科、内科、外科、妇科、儿科、急诊科、眼科、针灸科、放射科、检验科、手术室、消毒供应室、药剂科。2010年设质控办、感染科、设备科、保卫科、“120”急救站、五官科、功能科、医保科、农合科、骨伤专科、糖尿病专科、血透室、高压氧舱室、CT室。脑血管病专科，优势突出，疗效独特，被市卫生局命名为特色专科。

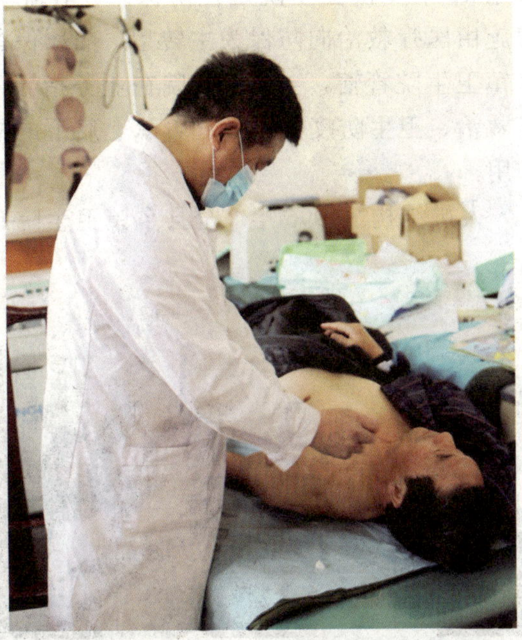

利用中医适宜技术为患者解除病痛

医疗设备。1996年主要设备有X光机，B超机，心电图机等10余件设备。1997年投资135万元购置美国产GE9000HPCT机一台，填补了阜平县CT检查项目的空白。2002年投资152.05万元购置计数分析仪、日本产遥控胃肠机、脑电图机、心电除颤仪、24小时动态心电监护仪。2003年投资53.7万元购置500MAX机、C型臂、血液灌流机、心电监护仪、骨伤治疗仪、电脑康复治疗仪。2007年投资4万元购置煎药机、粉碎机，大大提高了中医药病床使用率。

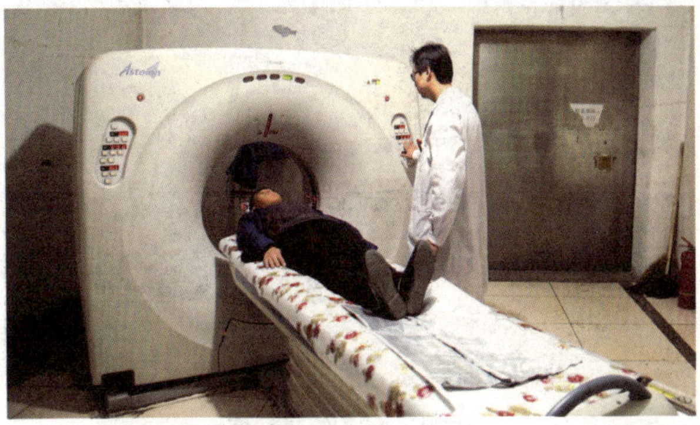

CT机

业务量。病床由1996年60张增至2010年100张。年门诊量由1996年15000人次增至2010年42000人次。年住院病人由1996年800人次增至2010年2400人次。

1997年12月省卫生厅批准为二级甲等医

齐贵龙主治医师为患者诊脉

院。1998年9月被保定市评为“文明服务二星级单位”。1999年被保定市技术监督局、河北省质量认证咨询服务保定市中心、保定市技术监督协会评定为“推行ISO9000标准管理、服务质量先进单位”。2009年获河北省“中医工作先进县”、保定市“中医工作示范县”称号。

三、乡镇医院

（一）中心卫生院

1996年，东下关、砂窝、史家寨、城南庄、平阳5个地段医院更名为中心卫生院。主要负责医疗、防疫、妇幼保健及乡镇卫生院的业务指导。5个中心卫生院有职工73人，具有专业技术职称的41人。2010年职工总人数84人。有职称的卫生专业技术人员61人，占职工总人数的72.6%，科室设置基本齐全。

平阳中心卫生院外景

房屋建设。1997年，中央、省、市下拨资金167万元，其中87万元，对平阳、城南庄、东下关、砂窝、史家寨5个中心卫生院房屋进行改造，改造面积2000平方米。2006—2009年，连续4年投资487万元，对5个中心卫生院的房屋进行改扩建，建筑面积5210平方米。床位由1996年的80张增至2010年的105张。

科室设置。1996年只有简单的内科门诊、外科门诊、妇科门诊。医技科只有化验室、放射科，设备简陋，一般阑尾、疝气手术均不能开展。截至2010年，在基础设施建设，设备更新、医疗项目开发、人才培养、技术发展等方面都发生了深刻的变化。5个中心卫生院均有内、外、妇、儿四大临床科室。医技科室有放

全自动生化分析仪

射科、B超室、化验室、心电图室。平阳、砂窝、城南庄还设置了手术室。5个中心卫生院配置25台先进设备，有X光机、心电图机、血流变、B超机、尿液分析仪等。（大部分设备由省级配发）

随着环境不断改善，接诊病人数量逐年递增。2007年实施新型农村合作医疗制度以后，年门诊总人数由1996年的900人次，增至2010的20800人次，基本做到“小病不出村、大病不出乡”，方便了群众就医。

（二）乡镇卫生院

1996年，全县有乡镇卫生院19个，同年实施机构改革合乡并镇，保留9个乡镇卫生院，其余10个乡镇卫生院定位防保站。在业务上实施由医疗救治向防保为主转型，归属保留的乡镇卫生院管辖。乡镇卫生院在业务指导、医疗救治、卫生防疫等方面起着承上启下的枢纽作用。

人员结构。1996年，全县乡镇卫生院有职

平阳中心卫生院培训会议

工105人，其中中专以上学历67人。2001年有职工143人，其中中专以上学历89人。截至2010年有职工86人，中专以上学历59人。

器械配备。1996年，乡镇卫生院比较简陋，只有听诊器、血压计、体温计“老三样”，不能满足群众就医需求。1997—2010年，上级陆续配发X光机，心电图机、B超机、无影灯、血糖分析仪总计65台（件），乡镇卫生院得到较快发展。

房屋建设。1997年，投资80万元对台峪、龙泉关、王林口、北果园、东城铺、大台卫生院进行房屋改造，建筑总面积1500平方米。2006—2008年，先后投资221万元对龙泉关、吴王口、下庄、北果园、王林口、台峪、大台、阜平镇8个乡镇卫生院进行改扩建，建筑总面积4100平方米。

四、农村卫生所

全县209个行政村，有村卫生所（室）268个，具有执业资格的乡村医生369人。1996年后，依据《河北省卫生医疗机构管理条例》定期对乡村医生进行培训、考核，合格者由省卫生厅统一颁发卫生执业证书。卫生所（室）主要职责是担负本村的医疗救治和卫生防疫任务。1996—2006年期间，268个卫生所（室），始终没有配发任何医疗设备，各村委会也没有资金支持，完全是独立经营。2008—2010年，国家投资139万元，建立41个村卫生室，建筑面积2240平方米。对各村卫生所全部配备血压计、高压消毒锅、紫外线消毒器、诊疗床、手术床、地灯等。截至2010年，全县农村卫生所达到“三室独立”（诊断室、观察室、治疗室）的建设标准。

五、私立医院

1996—2003年，县卫生局对一些非法医疗摊点，进行严厉打击。2004—2010年，县卫生局根据《河北省医疗机构管理条例》，对具备开院资格的仁爱医所批准建立民办医院，另外审批了2个门诊部，5个个体诊所。

2009年10月18日，阜平仁爱医院成立。职工人数21人，其中西医主治医师3人、主管护士1人、护士6人、药师1人、工勤人员10人。临床科室有：内科、外科、妇科、急诊科、中医科。医技科室有：B超室、化验室、心电图室、放射科。医疗设备有国产B超1台，X光机1台，（进口）心电图机1台，半自动生化分析仪1台，显微镜1台，离心机1台。尿液分析仪、培养箱、阴道镜、红光治疗仪、盆腔治疗仪、微波治疗仪、短波治疗仪、雾化器、利普刀填补了阜平县医疗检查项目的空白。对妇科阴道炎、盆腔炎、卵巢囊肿、不孕不育以及男科前列腺炎、皮肤病、肝病的治疗均有独到之处。

六、社区门诊

2002年后，县卫生局先后批准阜平县北街社区卫生服务站、阜平县社区卫生服务站、阜平县南街社区卫生服务站、阜平县北菜园社区卫生服务站、阜平县东寺社区卫生服务站成立，从业人员24人，累计门诊数365000人次。

第三节　医疗护理队伍

一、学历结构

1996年，全县有卫生工作人员645人，其中卫生技术人员522人、工勤管理人员123人，本科13人，占总人数2%，大专36人，占总人数5.58%，中专251人，占总人数38.9%。

2001年，全县有卫生工作人员741人，其中本科14人，占总人数1.88%，大专65人，占总人数8.77%，中专371人，占总人数39.27%。

2010年，全县有卫生工作人员651人，其中：卫生技术人员508人、工勤管理人员143人，本科36人，占总人数5.53%，大专156人，占总人数23.96%，中专248人，占总人数38.1%。

二、中西医结构

1996年，全县有中医、中药技术人员75人，西医、西药技术人员447人，中西医药技术人员比为16：100。

2001年，全县有中医、中药技术人员55

人，西医、西药技术人员479人，中西医药技术人员比为11∶100。

2010年，全县有中医、中药技术人员50人，西医西药技术人员458人，中西医药技术人员比为10∶100。

三、专业职务结构

1996年，全县从事卫生专业技术人员522人。其中副高级职称副主任西医师2人，副主任中医师3人。中级职称主治西医师38人，主治中医师28人。主管西药师2人，主管中药师6人，主管护师5人，主管技师3人。初级职称西医师116人、中医师22人、西医士84人、中医士4人。西药师36人，中药师6人。西药士18人，中药士3人。西药剂员29人，中药剂员3人。护师55人，护士14人，护理员25人。检验师8人，检验士7人，检验员5人。

2001年，全县从事卫生专业技术人员534人。其中副高级职称副主任西医师2人，副主任中医师3人。中级职称主治西医师83人，主治中医师22人。主管西药师5人、主管中药师3人。主管护师22人，主管技师4人。初级职称西医师104人、中医师15人。西医士70人，中医士3人。西药师34人，中药师4人。西药士9人，中药士1人。西药剂员35人，中药剂员4人。护师44人，护士17人，护理员28人，检验师14人，检验士3人，检验员5人。

2010年，全县从事卫生专业技术人员508人。其中副高级职称副主任西医师1人，副主任中医师3人。中级职称主治西医师74人，主治中医师23人。主管西药师1人，主管中药师1人，主管护师25人，主管技师7人。初级职称西医师109人、中医师9人。西医士79人，中医士3人。西药师29人，中药师5人。西药士6人，中药士2人。西药剂员38人，中药剂员4人。护师24人，护士28人。护理员18人，检验师9人，检验士7人，检验员3人。

1996—2010年阜平县医疗队伍发展统计表

表23-1-1

项目 / 年度	职工总人数（人）	本科（人）	占总人数（%）	大专（人）	占总人数（%）	中专（人）	占总人数（%）	无学历（人）
1996	645	13	2.01	36	5.58	251	38.91	345
1997	661	13	1.96	40	6.05	276	5.022	332
1998	698	13	1.86	45	6.44	298	48.99	342
1999	719	13	1.80	51	7.09	337	44.22	318
2000	734	13	1.77	56	7.62	358	41.82	307
2001	741	14	1.88	65	8.77	371	39.27	291
2002	741	14	1.88	65	8.77	371	39.27	291
2003	723	17	2.35	78	10.78	360	37.06	268
2004	697	20	2.86	83	11.90	345	35.72	249
2005	691	21	3.03	97	14.03	306	38.63	267
2006	679	25	3.68	109	16.05	292	37.26	253
2007	673	28	4.16	124	18.42	270	37.29	251
2008	662	33	4.98	138	20.84	263	34.44	228

续表 23-1-1

项目 年度	职工总人数（人）	本科（人）	占总人数（%）	大专（人）	占总人数（%）	中专（人）	占总人数（%）	无学历（人）
2009	650	35	5.38	149	22.92	257	32.15	209
2010	651	36	5.52	156	23.96	248	32.41	211

四、医护人员结构

1996年，有医护人员522人，其中医生441人，占总人数的84.4%，护士81人，占总人数的15.6%。2010年，有医护人员508人，其中医生331人，占总人数的65.2%，护士177人，占总人数的34.8%。

1996—2010年阜平县医护人员统计表

表 23-1-2

项目 年度	医护人员总数（人）	医生人数（人）	占总人数的百分比（%）	护士人数（人）	占总人数的百分比（%）
1996	522	441	84.4	81	15.6
1997	532	450	84.6	82	15.4
1998	532	450	84.6	82	15.4
1999	522	441	84.5	81	15.5
2000	530	450	85.0	80	15.0
2001	534	454	85.0	80	15.0
2002	548	469	85.6	79	14.4
2003	540	461	85.3	79	14.7
2004	538	464	86.2	74	13.8
2005	538	464	86.2	74	13.8
2006	530	437	82.5	93	17.5
2007	531	421	79.3	110	20.7
2008	525	383	73	142	27
2009	510	360	71.0	150	29.0
2010	508	331	65.2	177	34.8

五、医务人员分布

1996年，县级医疗单位卫生技术人员378人，中心卫生院及乡镇卫生院卫生技术人员178人，村级卫生所、私人诊所卫生技术人员369人。

2010年，县级医疗单位卫生技术人员472人，中心卫生院及乡镇卫生院卫生技术人员170人，村级卫生所、私人诊所卫生技术人员221人。

第四节　医疗技术

一、县医院

1996年，县医院中医科主任主治医师陈广力采用针灸疗法结合中药成功治疗内痔、外痔、混合痔。

1996年，县医院成功实施阜平县第一例股骨头置换术。2005年，中医院临床应用新技术、新疗法，开展肌肉、肌腱、韧带修复、瘢痕切除、骨折带锁内针、自锁髓内针、外固定架、脊柱骨折内固定术（迪克氏针、椎弓根钢板）、椎间盘摘除术、椎板减压术等。

1996年，县医院外科主任刘连双与妇产科主任顾英兰合作，为一名涞源妇女成功摘除重达30多斤的肿瘤。截至2010年，妇产科对子宫全切、次全切、子宫肌瘤摘除、宫外孕均能手术。

二、中医院

2001年，中医院采用经颅穿刺，碎吸抽血，脑积液置换，脑梗死溶栓等新技术取得效果。成功抢救4例心肌梗死病人。

1997年，中医院成功完成阜平县第一例开颅手术。截至2010年完成开颅手术20多例。

中医院采用中西医结合新技术新疗法，治疗小儿腹泻、支气管肺炎取得独特疗效。

阜平县医院、中医院均能开展眼睑肿物切除、眼睑皮肤松弛矫正、上睑下垂矫正、垂睑整形、睑内翻、睑外翻矫正、泪道探通、泪囊摘除、结膜肿物摘除、眼球摘除、抗青光眼手术。两院不断同上级医院合作开展白内障复明手术（超声乳化吸出白内障加人工晶体植入）。

1996—2010年阜平县医疗卫生专业知识培训一览表

表23-1-3

项目 年度	培训内容	人数	培训地点	备注
1996	妇女两病、小儿四病防治专业知识	26	卫生局会议室	
1997	创建爱婴医院专业知识	39	县医院会议室	
1998	农村初级保健专业知识	286	县医院会议室	
1999	医师资格考试大纲医学综合笔试和实践技能培训	37	卫生局会议室	
2000	中西医结合新疗法小儿腹泻、支气管肺炎	23	中医院会议室	
2001	经颅穿刺、碎吸抽血、脑积液置换、脑梗死溶栓新技术培训	18	中医院会议室	
2002	心脑血管疾病的最新诊断标准	23	中医院会议室	
2003	“非典”预防专业知识	336	县医院会议室	
2004	禽流感防治知识	28	疾控中心会议室	
2005	糖尿病预防	35	疾控中心会议室	
2006	心肌梗死的急诊抢救知识	23	中医院会议室	
2007	新型农村合作医疗制度关于疾病临床用药标准解答	34	卫生局会议室	
2008	手足口病防治知识十问	312	县医院会议室	
2009	血脂异常与心肌梗死和脑血栓防治知识	56	县医院会议室	
2010	基本公共卫生服务工作与考核标准	216	县医院会议室	

第二章　保健

1996年，农村初级卫生保健工作按照省政府“2000年人人享有初级卫生保健”规划目标，在全县实施农民健康工程。到2010年建立村庄健康档案，倡导健康婚育，使大部分村民对健康保障有了新认识。在妇女儿童保健工作中，妇幼保健站加强医疗队伍建设，增强医疗设备，在三大常规化验基础上，增加生化、电解质、肝功能、胃功能等项目。在妇女两病（乳腺癌、宫颈癌）防治工作中，加强宣传力度，做到家喻户晓，人人皆知，采取措施，有效降低妇女两病患病率。

第一节　农村卫生保健

一、初级卫生保健

1996年，为推进阜平县农村初级卫生保健工作的开展，实现省政府“2000年人人享有初级卫生保健”规划目标，成立由县政府主要领导任主任，相关部门参加组成的初级卫生保健委员会。负责制定本区域初保规划及年度实施计划，组织发动全社会积极参与并对工作开展情况实施监督、检查。卫生行政部门建立相应的办事机构，具体负责全面工作，办公室设在阜平县卫生局。1997—2010年，阜平县卫生系统，认真开展社区医疗保健，县医院负责桥东街、桥西街、东寺大街及政府以东社区居民及伤残病人的康复、卫生服务工作。中医院负责中心街、南街及政府以南居民的康复工作。县防疫站负责县城内0～6岁儿童的免疫及在校学生的健康检查工作。县妇幼保健站负责县城区域孕产妇健康及儿童系统管理。各乡（镇）卫生院按区域划分，负责本辖区内的计划免疫、四苗接种及婴幼儿的系统化管理，并负责当地居民的伤残病人康复工作。建立健全服务档案，以利工作向纵深发展。

1998—2010年，阜平县卫生局负责乡村医生业务培训和考核，各乡（镇）卫生院具体负责组织实施。在参加省中专水平培训的基础上，重点组织上站学习，每月至少一天（一年不少于12天）。考核工作根据本年度内每个乡村医生的工作情况，写出评语，每年至少1次。

二、农民健康工程

1996—2010年，乡村开展“人人为健康、健康为人人”活动，贴近农民，普及健康知识，组织发动村民及外来人口参与健康活动，把政府号召转化为群众自觉行为，使农村居民真正得到实惠。引导村民养成良好饮食卫生习惯，具备一定的合理营养意识，改变不良卫生习惯和行为，养成健康的生活方式和卫生行为。

（一）建立村民健康档案

1998年成立健康保健小分队。1999—2010年，健康保健小分队深入到家家户户，为每个人建立健康档案，并对60岁以上人群进行健康体检。在公共活动场所设立健康宣传栏，举办健康知识讲座。

（二）倡导健康婚育

村内建人口计生指导咨询室，开展计划生育宣传教育，为村民提供避孕节育，优生优育等计生指导和服务。避孕节育知情选择率95%以上，生殖保健知识普及率95%以上。

（三）普及健康锻炼

引导村民开展多种形式的文化娱乐活动，组建体育锻炼团队，主动吸纳村民参加体育锻炼。提倡老年居民适当参加生产劳作，棋牌活动倡导坐动结合，不长期静坐，棋牌室内不吸烟，保持空气流动。提高村民健身锻炼知识普及率，吸引村民学习科学文化知识。

健康保健小分队服务5个乡镇，60多个行

政村，建立7000多份健康档案，发放健康保健、防病治病等方面的宣传单、小册子10000余份。

第二节 妇女儿童保健

一、基本情况

1996年，妇幼保健站有房9间，职工32人，治疗设备为一台B超和一些简单的化验设备，产科只能开展人流，引产，正常产。2010年，职工48人，其中执业医师14人，执业助理医师7人，护士9人，医技人员3人，管理5人，工勤人员2人，其他人员8人。用房面积，1996年300平方米，2010年700平方米。医疗设备有数字B超1台、心电监护仪1台、心电图机2台、麻醉机1台、综合手术床1台、产床2台、婴儿保暖床2个、手术器械包5个、乳腺红外线诊断仪1台、治疗仪1台、无痛人流设备1套、微波治疗仪2台、儿童听力筛查仪1台、智力筛查仪1台、微量元素检测仪1台、半自动生化分析仪1台、半自动血球分析仪1台、血凝仪1台、电解质分析仪1台、血流变仪1台、救护车1辆。化验项目在原来的血、尿、便三大常规化验基础上增加生化、电解质、肝功能、肾功能等项目。产科能开展剖宫产术。新项目开展后，业务量逐年递增，年业务收入由1996年的20万元增至2010年的200万元。2005年启动国家规定的《降低孕产妇死亡率，消除新生儿破伤风》项目，实行住院分娩给予补助。2005—2010年，总计住院分娩补助9290人，补助金额206.69万元。通过强化孕产妇系统管理，有效降低孕产妇死亡率，连续5年孕产妇死亡率为0。

1996—2010年阜平县孕产妇系统管理统计表

表23-2-1

项目 年度	孕产妇总数（人）	系统管理人数（人）	孕产妇系统管理率（%）
1996	1573	1271	80.80
1997	1546	1256	81.24
1998	1532	1276	83.28
1999	1589	1324	83.32
2000	1536	1316	85.67
2001	1755	1538	87.63
2002	1733	1465	84.53
2003	1863	1550	83.19
2004	2400	1614	67.25
2005	2231	1550	69.47
2006	2669	2095	78.49
2007	2966	2536	85.50
2008	3000	2826	94.20

续表 23-2-1

年度＼项目	孕产妇总数（人）	系统管理人数（人）	孕产妇系统管理率（%）
2009	3077	2830	91.19
2010	3217	3105	96.51

二、妇女病防治

20世纪90年代初期，阜平县卫生系统对妇女两病的普查普治受交通不便、资金短缺等条件限制，卫生科普宣传工作基本处于停滞状态。1996年后，县妇幼保健站购置救护车一台，加大妇女两病宣传力度，发放防病灭病知识手册5万余份。串乡走村，利用集市庙会进行广泛宣传，做到家喻户晓，人人皆知。通过采取防治措施，有效降低妇女两病患病率。

1996—2010年阜平县妇女“两病”防治普查统计表

表 23-2-2

年度＼项目	应查人数（人）	实查人数（人）	查出妇女病人数（人）	普查率（%）	患病率（%）	治疗率（%）
1996	27854	19856	3562	71.28	17.93	100
1997	27784	20356	4120	73.26	20.23	100
1998	27693	21240	4264	76.69	20.07	100
1999	28745	22154	4252	77.07	19.19	100
2000	29290	23386	4192	79.84	17.92	100
2001	28730	17800	2084	61.95	11.70	100
2002	28731	17800	6337	61.95	35.60	100
2003	28730	17800	5645	61.95	31.71	100
2004	28740	17800	5326	61.93	29.92	100
2005	26238	15693	4378	59.81	27.89	100
2006	28740	17900	5223	62.28	29.17	100
2007	24263	14627	6232	60.28	42.60	100
2008	27457	19070	6842	69.45	35.87	100
2009	28362	22380	5001	78.90	22.34	100
2010	28856	25245	5113	87.48	20.25	100

三、幼儿保健

1996—2010年，在幼儿系统管理方面，加大宣传力度。幼儿园门前制作宣传栏，每半月更换一次。利用集市庙会到各乡、镇、村进行义诊、宣传。宣传内容主要是优生、优育；怎样防治小儿佝偻病，小儿缺铁性贫血，怎样防治小儿肺炎，小儿腹泻等。每年下乡10余次，小儿义诊万余人。强化儿童入园体检。每年均按时完成上级下达工作任务。

1996—2010 年阜平县儿童保健统计表

表 23-2-3

项目 年度	7 岁以下儿童保健情况				儿童入托体检情况		
	儿童总数（人）	普查人数（人）	普查率（%）	治愈率（%）	入托儿童数（人）	入托体检数（人）	体检率（%）
1996 年	13782	12395	90. 17	95	2016	1945	96. 47
1997 年	13925	12563	90. 21	95	2225	2107	94. 69
1998 年	13686	12249	90. 50	95	2231	2119	94. 97
1999 年	16985	15423	90. 80	94	2635	2527	95. 90
2000 年	17456	15994	91. 62	95	2813	2705	96. 16
2001 年	16864	15730	93. 27	95	2718	2609	95. 98
2002 年	16820	15389	91. 49	94	2673	2567	96. 03
2003 年	13860	12484	90. 07	94	2516	2403	95. 50
2004 年	13950	12599	90. 31	94	2635	2548	96. 69
2005 年	15420	14360	93. 12	95	2965	2874	96. 93
2006 年	13106	12054	91. 97	94	2875	2659	92. 48
2007 年	16679	15362	92. 10	96	3205	3078	96. 03
2008 年	14258	13216	92. 67	96	3123	3046	96. 53
2009 年	18315	16867	92. . 71	98	3689	3582	97. 09
2010 年	19315	18012	93. 25	98	3764	3671	97. 52

第三章　卫生防疫

卫生防疫主要是地方病防治和传染病防治。常见的地方病有：布鲁氏菌病、碘缺乏病、地方性氟中毒、地方性砷中毒、克山病、大骨节病等。传染病防治主要采取计划免疫和预防接种。2003 年，非典型性肺炎（非典）在全国传播，阜平县采取措施，严防严控，没有发生一例非典型性肺炎患者。

第一节　机构人员与设施

一、机构沿革

2004 年撤销卫生防疫站，成立疾病预防控制中心。其工作职能是负责全县疾病预防控制、突发公共卫生事件应急处置、疫情报告及健康相关因素信息管理、健康危险因素监测与干预、健康教育等工作。

二、人员结构

1996年，阜平县卫生防疫站在职职工57人。2003年在职职工81人，2004年，卫生防疫站分为疾控中心、卫生监督所两个单位。截至2010年疾控中心有职工49人，其中自收自支37人，专业技术人员36人。中级职称9人，初级职称26人，助理1人。大专以上学历25人，中专以下24人。

三、科室设置

1996年防疫站设有11个科室。1998年成立消杀流行病科、体检办证科、学校卫生科。1999年撤销体检办证科、学校卫生科、地方病科。2001年将劳动卫生科与放射卫生、学校卫生合并，成立劳动学校卫生科。2002年恢复成立地方病科、学校卫生科、劳动卫生科。2004年设科室11个，有办公室、总务科、财务科、计免科、流行病科、防痨科、检验科、环卫科、食品科、地方病科、劳动学校卫生科。2010年疾控中心设12个科室：免疫规划科、流行病科、艾滋病科、结核病防治科、消杀环卫科、地方病、慢性病科、检验科、体检科、办公室、财务科、药械科。

疾控中心有大、中、小型各类设备60台件。

第二节　地方病防治

一、布鲁氏菌病（又称布病）

布鲁氏菌病疫情1998年、2001年在阜平爆发过2次。1998年阜平镇发生布病，疫情涉及两个行政村6个自然村，发病23例。2001年5月，下庄乡发生一起布病，涉及3个行政村，发病5例。针对疫情采取的措施主要是投服药品利福平、强力霉素、疫苗预防接种。对饮用水源和人畜栖息场所用漂白粉、来苏儿消毒。对病羊全部扑杀。通过上述措施使疫情得到有效控制。

二、碘缺乏病

碘缺乏病的主要表现与危害

缺碘易导致智力低下、呆傻、白痴等智力残疾。缺碘易导致地方性甲状腺肿和甲减。严重缺碘可导致地方性克汀病，这主要是由于胎儿期及婴儿期严重缺碘，病人呆傻、矮小、聋哑、瘫痪呈现特殊丑陋面容。孕妇缺碘可导致早产、流产、死产、先天畸形儿、先天聋哑儿等。缺碘不严重时，虽未出现典型的克汀病症状，但仍有智力低下或发育滞后，即所谓的亚克汀病。1994年8月23日国务院颁布《食盐加碘消除碘缺乏危害管理条例》，1994年10月1日起施行。阜平县1995年按照条例对消除碘缺乏危害，采取供应加碘食盐为主的综合防治措施。1996—2007年严格实施碘盐监测，每月对盐业公司抽取9个盐样进行碘盐定量监测，碘盐覆盖率100%。每年抽取东西南北中五个方位共9个乡镇288户居民进行居民碘盐监测，质量合格率为100%。2008年阜平县对9所小学，7～12岁4072名学生进行了甲状腺肿大调查。查出甲状腺肿大81人，患病率为2%，并及时对学生投服碘化油胶丸，予以防控。2009年对8～10岁学龄儿童160人抽测中，整体碘营养处于良好状态。2010年县疾控中心碘盐实验室参加国家考核，成绩合格。

三、地方性氟中毒

全县氟病区有北工、大川、黑林沟、上堡、顾家台、庙沟、吴王口、石牛沟、刘定沟、南庄旺等10个自然村，涉及人口5020人。1996年改水降氟井34处，氟病区村将饮用河水改为无氟自来水，受益人口5020人。截至2010年地方性氟中毒没有发生。

第三节　传染病防治

一、计划免疫

1996—2006年，计划免疫工作是四苗防六病，即卡介苗、乙肝疫苗、百白破疫苗、脊髓灰质炎疫苗，分别防治肺结核、乙肝、百日咳、白喉、破伤风、脊髓灰质炎。2007年国家规定在全国范围内使用的乙肝疫苗、卡介苗、脊灰疫苗、百白破疫苗、麻疹疫苗、百白破疫苗等6

种免疫规划疫苗基础上，以无细胞百白破疫苗替代百白破疫苗，将甲肝疫苗、流脑疫苗、乙脑疫苗、麻腮风疫苗纳入国家免疫规划，对适龄儿童进行常规接种。

重点地区对重点人群进行出血热疫苗接种；发生炭疽、钩端螺旋体病疫情或发生洪涝灾害可能导致钩端螺旋体病暴发流行时，对重点人群进行炭疽疫苗和钩体疫苗应急接种。

通过接种上述疫苗，预防乙型肝炎、结核病、脊髓灰质炎、百日咳、白喉、破伤风、麻疹、甲型肝炎、流行性脑脊髓膜炎、流行性乙型脑炎、风疹、流行性腮腺炎、流行性出血热、炭疽和钩端螺旋体病等15种传染病。

2008年7月1日开始，阜平县落实扩大国家免疫规划，新增加麻风、麻腮，乙脑、A群流脑、A+C群流脑、无细胞百白破等计划内疫苗的免费接种，2009年7月1日增加了甲肝疫苗的免费接种。2010年还进行乙脑、甲流感等二类疫苗的接种，以及阻断乙肝行动和15岁以下乙肝查漏补种等活动。乙脑接种664支，甲流感14190支，15岁以下乙肝查漏补种第一轮接种3111支。

二、预防接种

预防接种是防病、治病的重要手段。1996—2010年，卫生系统对基础免疫接种工作早安排、早部署，在预防上采取具体措施，使防病、治病收到较好效果，减少疾病发生。每年对免疫接种情况统计汇总，报送上级主管部门，并存档。尤其在2009年开展了三次预防接种：基础免疫接种、加强免疫接种、规划免疫接种。

1996年阜平县免疫规划疫苗加强免疫接种情况统计表

表23-3-1　　单位：次

1996年3月（次）实种剂次数																		
MMR（麻腮风）		MM（麻风）		MV（麻疹）		MenA（A群）		MenAC（A+C流脑）		JE—1（乙脑）		JE—i（二类疫苗）				HepA—1（甲肝）	HepA—i（二类）	
1	2	1	2	1	2	1	2	1	2	1	2	1	2	3	4	—	1	2
—	—	—	—	—	—	—	—	—	—	—	—	—	—	—	—	—	—	—
—	575	—	16	532	—	621	572	408	190	546	521	—	—	—	—	548	—	—
—	411	—	162	266	—	456	437	396	410	430	377	—	—	—	—	361	—	—
—	104	—	0	9	—	114	110	125	66	98	97	—	—	—	—	95	—	—
—	113	—	0	139	—	156	78	61	0	99	92	—	—	—	—	85	—	—
—	251	—	123	15	—	370	362	300	286	364	352	—	—	—	—	334	—	—
—	57	—	18	66	—	52	55	62	63	55	67	—	—	—	—	58	—	—
—	109	—	30	50	—	31	9	45	5	66	35	—	—	—	—	41	—	—
—	165	—	185	211	—	310	347	285	234	334	187	—	—	—	—	334	—	—
—	261	—	50	216	—	247	279	268	343	261	261	—	—	—	—	225	—	—
—	49	—	0	31	—	126	130	35	35	124	33	—	—	—	—	94	—	—
—	94	—	10	61	—	78	0	147	121	76	0	—	—	—	—	45	—	—
—	27	—	5	80	—	78	72	23	23	83	0	—	—	—	—	22	—	—
—	13	—	0	10	—	129	78	8	9	115	36	—	—	—	—	0	—	—

续表 23-3-1　　　　　　　　　　　　　　　　　　　　　　　　　　单位：次

1996 年 3 月（次）实种剂次数																		
MMR（麻腮风）		MM（麻风）		MV（麻疹）		MenA（A 群）		MenAC（A+C 流脑）		JE—1（乙脑）		JE—i（二类疫苗）				HepA—1（甲肝）	HepA—i（二类）	
—	2229	—	599	1686	—	2768	2529	2163	1785	2651	2058	—	—	—	—	2242	—	—

2001 年阜平县免疫规划疫苗加强免疫接种情况统计年报表

表 23-3-2

2164	8	23	147	35	268	285	45	62	300	61	125	396	409	—	1	MenAC（A+C 流脑）
1785	9	23	121	35	343	234	5	63	286	0	66	410	190	—	2	
2692	115	83	76	124	261	375	66	55	364	99	98	430	546	—	1	JE—1（乙脑）
2106	36	0	0	33	261	233	35	67	352	92	97	377	523	—	2	
—	—	—	—	—	—	—	—	—	—	—	—	—	—	—	1	JE—i（二类）
—	—	—	—	—	—	—	—	—	—	—	—	—	—	—	2	
—	—	—	—	—	—	—	—	—	—	—	—	—	—	—	3	
—	—	—	—	—	—	—	—	—	—	—	—	—	—	—	4	
2243	0	22	45	94	225	334	41	58	334	85	95	361	549	—	1	HepA—1（甲肝）
—	—	—	—	—	—	—	—	—	—	—	—	—	—	—	1	HepA—i（甲肝二）
—	—	—	—	—	—	—	—	—	—	—	—	—	—	—	2	
2735	150	92	95	103	211	345	69	56	376	38	95	468	637	小计	1	HepB（乙肝）
2709	150	92	95	103	211	322	69	56	376	38	94	466	637	及时		
2752	157	64	91	94	214	327	77	55	380	39	90	528	636	—	2	
3021	139	79	76	130	247	344	58	358	371	33	107	448	631	—	3	
2721	136	92	95	100	211	356	69	54	376	38	95	459	640	—	—	BCG（未介苗）
2643	171	54	84	97	208	283	66	53	354	37	97	505	634	—	1	PV（脊灰）
2660	171	50	81	97	205	278	72	53	369	35	97	512	640	—	2	
2666	158	57	72	103	223	294	73	51	371	34	97	499	634	—	3	
2904	0	14	255	50	372	287	132	63	331	184	124	461	631	—	4	
2668	169	57	81	97	206	278	77	53	369	35	96	512	638	—	1	DPT（百白破）
2666	163	59	74	103	224	294	73	51	371	32	98	489	635	—	2	
2712	152	84	71	121	233	299	76	51	371	33	112	470	639	—	3	
2709	0	13	251	51	229	317	92	62	352	163	154	400	625	—	4	
1712	0	0	221	19	40	244	17	64	264	150	104	193	396	—	—	DT（白破二联）
1324	109	0	4	81	145	140	65	22	354	45	109	220	30	—	1	M（麻疹）

2005年阜平县免疫规划疫苗加强免疫接种情况统计年报表

表 23-3-3 单位：人

报告单位	国标编码	2005年加强免疫累计应种人数						2005年加强免疫累计应种人数					
		脊灰		百白破	麻疹		白破二联	脊灰		百白破	麻疹		白破二联
		OPV1	OPV2	DPT	MV1	MV2	DT	OPV1	OPV2	DPT	MV1	MV2	DT
阜平	—	2871	2775	2721	2704	2407	2563	2866	2767	2716	2698	2401	2532

2008年阜平县传染病发病情况统计表

表 23-3-4

病名＼项目	发病数（例）	发病率（1/10万）	构成比（%）	去年发病率（1/10万）	发病率增减（%）
肺结核	111	56.01	18.97	68.41	-18.12
肝炎	94	47.44	16.07	71.95	-34.07
乙肝	88	44.41	15.04	71.95	-34.07
乙肝炎	—	—	—	—	—
（未分型）	2	1.01	0.003	2.03	-50.2
丙肝	3	1.51	0.005	1.01	-49.39
戊肝	1	0.5	0.002	—	—
痢疾	64	32.3	10.94	29.9	8.03
布病	4	2.02	0.007	2..53	-20.33
类梅毒	3	1.51	0.005	2.53	-40.24
麻疹	1	0.5	0.002	7.6	-93.36
淋病	1	0.5	0.002	—	—
出血热	1	0.5	0.002	0.51	-0.41
狂犬病	1	0.5	0.002	—	—
小计	280	141.3	47.86	185.96	-24.02
丙手足口病	142	71.66	24.27	—	—
其他感染性腹泻病	96	48.44	16.41	12.16	298.36
流行性腮腺炎	30	15.14	5.13	12.16	24.49

续表 23-3-4

项目 病名	发病数（例）	发病率（1/10 万）	构成比（%）	去年发病率（1/10 万）	发病率增减（%）
类风疹	22	11.1	3.76	27.36	-59.43
流行性感冒	13	6.56	0.02	4.05	61.83
小计	305	153.91	52.14	58.78	161.85
合计	585	295.21	100	244.74	20.62

2009 年阜平县 1—12 月基础免疫接种统计表

表 23-3-5

类别 人数	BCG（未介苗）	OPV（脊灰）	DPT（百白破）	MV（麻疹）	HBV（乙肝）	首针	及时接种
应种人数（人）	2828	8414	7083	1250	8392	2816	2816
实种人数（人）	2828	8414	7082	1250	8391	2816	2738
接种率（%）	100	100	99.99	100	99.99	100	97.23

2009 年阜平县 1—12 月全县加强免疫接种统计表

表 23-3-6

类别 人数	OPV（脊灰）	DPT（百白破）	MV（麻疹）	DT（白破二联）
应种人数（人）	3116	1648	916	2150
实种人数（人）	3112	1645	914	2140
接种率（%）	99.87	99.82	99.78	99.53

2009 年阜平县 1—12 月扩大国家免疫规划疫苗接种统计

表 23-3-7

类别 人数	乙脑	A 群流脑	A+C 流脑	麻风	麻腮	麻腮风	无细胞百白破
应种人数（人）	2801	5232	4341	1607	1470	395	2636
实种人数（人）	2800	5231	4330	1607	1468	394	2634
接种率（%）	99.96	99.98	99.75	100	99.86	99.75	99.92

2010 年阜平县免疫规划疫苗加强免疫接种情况统计年报表

表 23-3-8

合计	天桥镇	龙泉关	台峪	大台	王林口	北果园	史家寨	夏庄	城南庄	吴王口	砂窝	平阳	城关	报告单位
—	—	—	—	—	—	—	—	—	—	—	—	—	—	单位编码

续表 23-3-8

合计	天桥镇	龙泉关	台峪	大台	王林口	北果园	史家寨	夏庄	城南庄	吴王口	砂窝	平阳	城关	报告单位		
2735	150	92	95	103	211	345	69	56	376	38	95	468	637	1	HepB（乙肝）	本月（次）应种剂次数
2752	157	64	91	94	214	327	77	55	380	39	90	528	636	2	HepB（乙肝）	本月（次）应种剂次数
3021	139	79	76	130	247	344	58	358	371	33	107	448	631	3	HepB（乙肝）	本月（次）应种剂次数
2721	136	92	95	100	211	356	69	544	376	38	95	459	640		BCG（未介苗）	本月（次）应种剂次数
2643	171	54	84	97	208	283	66	53	354	37	97	505	634	1	PV（脊灰）	本月（次）应种剂次数
2660	171	50	81	97	205	278	72	53	369	35	97	512	640	2	PV（脊灰）	本月（次）应种剂次数
2666	158	57	72	103	223	294	73	51	371	34	97	499	634	3	PV（脊灰）	本月（次）应种剂次数
2904	0	14	255	50	372	287	132	63	331	184	124	461	631	4	PV（脊灰）	本月（次）应种剂次数
2668	169	57	81	97	206	278	77	53	369	35	96	512	638	1	DPT（百白破）	本月（次）应种剂次数
2666	163	59	74	103	224	294	73	51	371	32	98	489	635	2	DPT（百白破）	本月（次）应种剂次数
2712	152	84	71	121	233	299	76	51	371	33	112	470	639	3	DPT（百白破）	本月（次）应种剂次数
2709	0	13	251	51	229	317	92	62	352	163	154	400	625	4	DPT（百白破）	本月（次）应种剂次数
1712	0	0	221	19	4	244	17	64	264	150	104	193	396		DT（白破二联）	本月（次）应种剂次数
1324	109	0	4	81	145	140	65	22	354	45	109	220	30	1	MR（麻风）	本月（次）应种剂次数
—	—	—	—	—	—	—	—	—	—	—	—	—	—	2	MR（麻风）	本月（次）应种剂次数
—	—	—	—	—	—	—	—	—	—	—	—	—	—	1	MMR（麻腮风）	本月（次）应种剂次数
2229	13	27	94	49	261	165	109	57	251	113	104	411	575	2	MMR（麻腮风）	本月（次）应种剂次数
—	—	—	—	—	—	—	—	—	—	—	—	—	—	1	MM（麻腮）	本月（次）应种剂次数
599	0	5	10	0	5	185	30	18	123	0	0	162	16	2	MM（麻腮）	本月（次）应种剂次数
1686	10	80	61	31	216	211	50	66	15	139	9	266	532	1	MV（麻疹）	本月（次）应种剂次数
3	0	0	0	0	0	0	0	3	0	0	0	0	0	2	MV（麻疹）	本月（次）应种剂次数
2770	129	78	78	126	247	311	31	52	370	156	114	456	622	1	MenA（A 群）	本月（次）应种剂次数
2531	78	72	0	130	279	347	9	55	362	78	110	437	574	2	MenA（A 群）	本月（次）应种剂次数

三、传染病防治

1996—2003 年，按国家规定只报甲类、乙类传染病（包括肺结核），阜平县以肺结核、乙肝、细菌性痢疾为主；麻疹、伤寒、副伤寒、百日咳、甲肝、布病经常发生。流行性出血热、新生儿破伤风、斑疹伤寒、猩红热时有出现。1997 年在城南庄镇后庄行政村—王家庄自然村出现过伤寒暴发，1998 年在阜平镇—楼房村出现了布病暴发。2004 年城南庄镇几个村出现了风疹暴发。2006 年乙肝死亡 1 例。2008 年狂犬病死亡 1 例。2008 年手足口病纳入丙类传染病管理以后，2008—2009 年在阜平县出现了大面积的流行。2009 年发现 2 例甲型 H1N1 流感输入型病例，由于疫情控制得当，未造成爆发流行。2010年麻疹出现了3个爆发点，分别为：王林口乡柳峪村，报告麻疹病例2例。砂窝乡大柳树村，报告麻疹病例2例。阜平镇累计报告麻疹病例155例。爆发点发病数占全县发病总数的67.66%。为控制病情发生：加强宣传教育，普及麻疹防病知识，增强群众自我防护意识。加强麻疹疫情的主动搜索和监测管理工作（特别是学校和托幼机构的监测工作），做好疫情的预警和预测，为科学防控提供依据。规范发热预检分诊和发热门诊，对所有发热出疹病人进行诊断、隔离治疗。加强院内感染管理工作，落实各项工作制度，对易污染的场所及时进行消毒处理，防止交叉感染。对于居家隔离治疗的，由辖区医疗机构负责其居家隔离治疗。加强麻疹疫苗常规免疫预防接种工作管理，全面、彻底落实查漏补种及应急接种工作，不留死角、死面，消灭免疫空白。随着疫情防控措施的逐步落实，麻疹疫情得到有效控制。1996—2010年阜平县传染病以肺结核、乙肝、细菌性痢疾、流行性腮腺炎、麻疹、风疹、其他感染性腹泻病为主，布病、梅毒、出血热、狂犬病、艾滋病也时有出现，乙肝、狂犬病、艾滋病出现了死亡病例。

2009年阜平县传染病发病统计表

表23-3-9

病名 \ 项目		2009年发病数（例）	发病率（1/10万）	构成比（%）	2008年发病率（1/10万）	发病率增减（%）
乙类	肺结核	138	69.36	13.8	56.01	28.38
	肝炎	123	61.82	12.3	47.43	30.33
	甲肝	2	1.01	0.2	—	—
	乙肝	111	55.79	11.1	44.41	25.63
	肝炎（未分型）	6	3.02	0.6	1.51	99.20
	痢疾	40	20.10	4	32.30	-37.75
	布病	6	3.02	0.6	2.01	49.40
	梅毒	6	3.02	0.6	1.51	99.20
	麻疹	3	1.51	0.3	0.50	198.81
	淋病	2	1.01	0.2	0.50	99.20
	甲型H1N1流感	2	1.01	0.2	—	—
	小计	320	160.84	32	141.30	13.83
丙类	手足口病	510	256.33	51	71.66	257.72
	腹泻病	115	57.80	11.5	48.44	19.31
	流腮	39	19.60	3.9	15.14	24.49
	流感	7	3.52	0.7	6.56	-46.37
	风疹	5	2.51	0.5	11.10	-77.36
	急性结膜炎	3	1.51	0.3	1.01	49.39
	斑疹伤寒	1	0.50	0.1	—	—
	小计	680	341.78	68	153.91	122.06
合计		1000	502.61	100	295.21	70.26

1996—2010年阜平县传染病统计表

表 23-3-10　　　　单位：例

项目／年度	脊髓灰质炎	乙肝	痢疾	流行性腮腺炎	其他感染性腹泻病	麻疹	风疹	丙肝	伤寒+副伤寒	肝炎（未分型）	百日咳	猩红热	出血热	新生儿破伤风	乙脑	流行性感冒	甲肝	布病	新生破	百日破	斑疹伤寒	流脑	菌痢	梅毒	急性出血性结膜炎	淋病	狂犬病	手足口病	戊肝	甲型H1N1流感	合计
1996	1	—	186	—	—	4	—	—	4	109	4	—	—	—	—	—	—	—	—	—	—	4	—	—	—	—	—	—	—	—	307
1997	—	12	183	—		4	—	—	12	53	12	—	—	—	—	—	—	—	—	—	—	43	—	—	—	—	—	—	—	—	295
1998	—	165	109	—	—	—	—	—	46	—	8	—		—	—	—		23	—	—	—	—	—	—	—	—	—	—	—	—	351
1999	—	107	34	—	—	—	—	—	3	52	1	—	1	—	—	—		1	1	—	—	—	—	—	—	—	—	—	—	—	205
2000	—	81	25	—	—	—	5	—	9	28	—	—	3	—	—	—		2	2	—	—	—	—	—	—	—	—	—	—	—	150
2001	—	83	—	—	—	3	—	—	5	—	—	—	3	—	—	—	4	5	2	1	8	—	31	—	—	—	—	—	—	—	170
2002	—	86	16	—	—	4	—	—	—	—	—	1	2	2	13	—	4	—	—	—	15	—	—	—	—	—	—	—	—	—	143
2003	—	107	34	—	—	5	—	—	2	—	1	—	1	—	—	—	14	1	1	—	1	—	—	—	—	—	—	—	—	—	205
2004	—	132	—	1	—	3	36	—	17	—	—	—	2		—	—	1	—	1	2	1	—	60	—	—	—	—	—	—	—	275
2005	—	112	46	27	—	10	—	4	4	3	1	1	1	1	1	1	1	—	—	—	—	—	—	6	—	—	—	—	—	—	306
2006	—	114	45	16	25	23	14	—		—	—		1	—	—	8	1	—	—	—	5	—	—	—	2	1	—	—	—	—	408
2007	—	135	59	24	2	15	54	2	2	4	—	1	1	—	—	8	1	5	1	1	6	—	—	5	—	—	—	—	—	—	483
2008	—	111	64	30	96	1	22	3	—	2	—	—	—	—	—	13		4	—	—	—	—	—	3	2	1	1	142	1	—	585
2009	—	138	40	39	115	—	—	5	—	4	—	—	—	—	—	7	2	6	—	—	1	—	—	6	—	2	—	510	—	2	1000
2010	—	65	14	4	19	231	7	2	—	1	—	1	—	—	—	5	1	2	—	—	—	—	—	3	—	1	—	5	—	—	387

四、疫情分析

阜平县2009年（1月1日零时至12月31日24时）各种传染病1000例，发病率为502.61/10万，无死亡病例。发病率比2008年上升了70.26%（主要为手足口病例增加所致）。

（一）按病种分析

其中甲类传染病0例，乙类传染病8种320例，占报告病例的32%，丙类传染病7种680例，占报告病例的68%。发病居前6位的是手足口病（510例）、肺结核（138例）、肝炎（123例）、其他感染性腹泻（115例）、痢疾（40例）、流行性腮腺炎（39例）。除痢疾、流感、风疹外，其余传染病均呈上升趋势，增报甲型H1N1流感2例。

（二）各类传染病发病情况

肠道传染病：报告46例，报告发病率23.12/10万。占乙类传染病报告发病总数的14.38%，以痢疾（40例）为主，多见于夏秋季，占此类传染病86.96%。另报告肝炎（未分型）4例，甲肝2例。此类传染病较上年（67例）下降了31.62%。

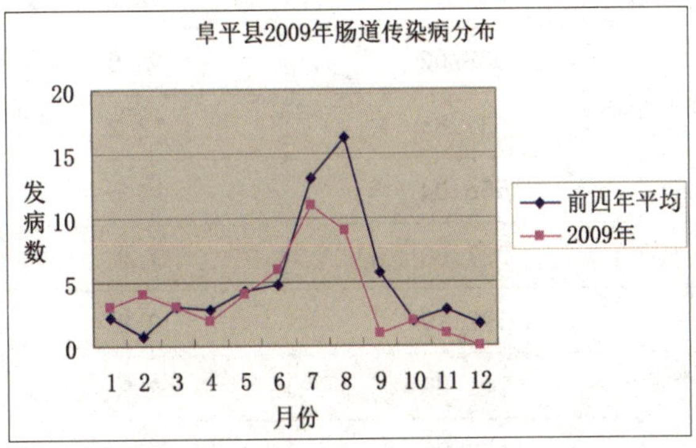

阜平县2009年肠道传染病分布

呼吸道传染病：报告143例，报告发病率71.87/10万。占乙类传染病报告发病总数的44.69%，以肺结核（138例）为主，发病率略微上升，占此类传染病96.50%。另报告麻疹3例，甲型H1N1流感2例，此类传染病较上年（112例）上升了27.17%。

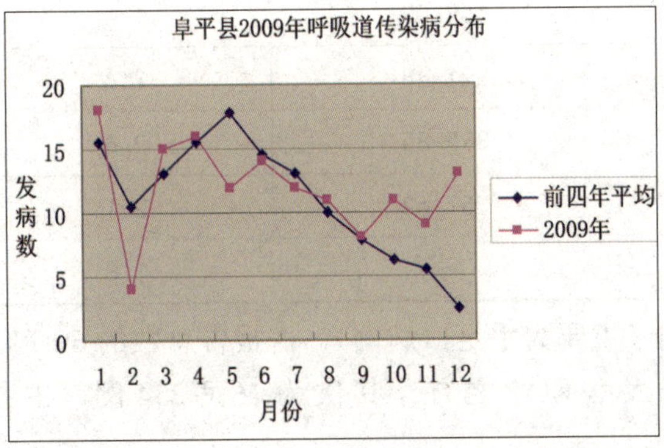

阜平县2009年呼吸道传染病分布

虫媒及自然疫源性疾病：报告6例，均为布病，报告发病率3.02/10万。占乙类传染病报告发病总数的1.88%，布病无明显季节性，全年均可发生，此类传染病与上年（6例）持平。

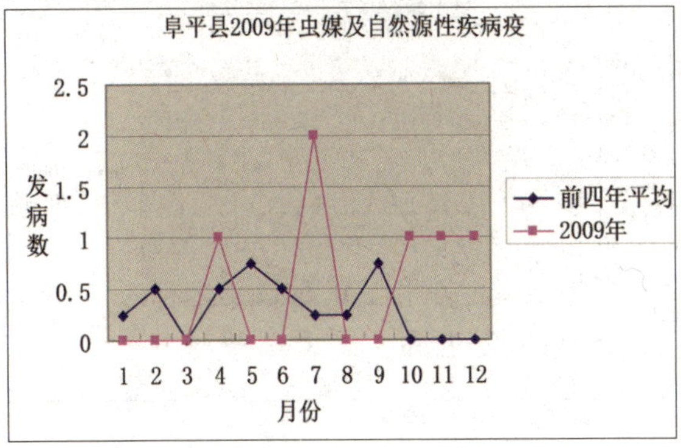

阜平县2009年虫媒及自然源性疾病疫

血源及性传播疾病：报告125例，报告发病率62.83/10万。占乙类传染病报告发病总数的39.06%，以乙肝（111例）为主，占此类传染病88.8%，乙肝没有明显季节差别，全年均有发生。另报告丙肝6例、梅毒6例、淋病2例，此类传染病与上年（95例）相比上升31.57%。

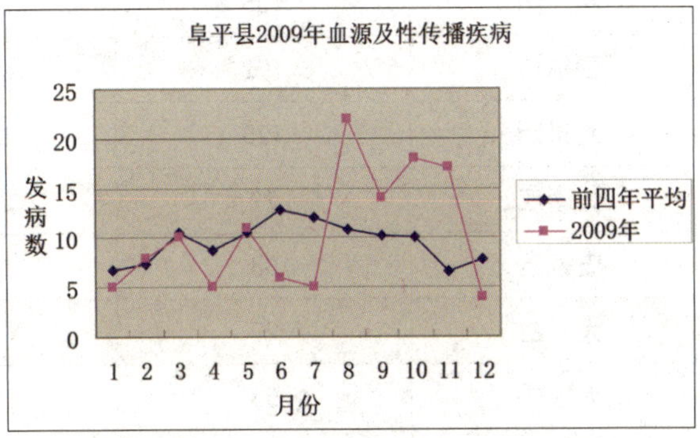

阜平县2009年血源及性传播疾病

丙类传染病：共报告7种680例，报告发

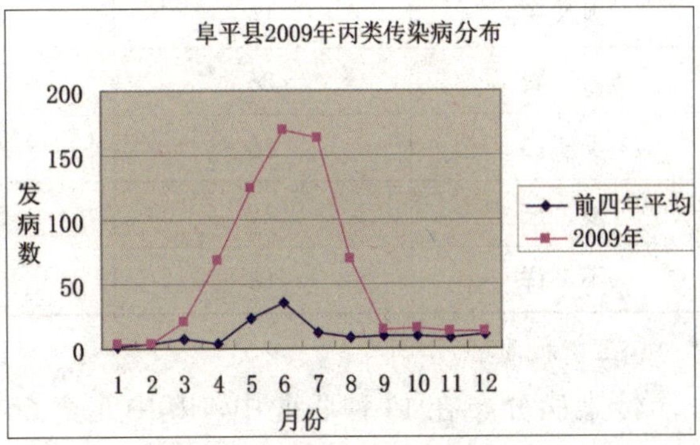

阜平县2009年丙类传染病分布

病率341.78/10万。发病居前三位的是：手足口病（510例）、其他感染性腹泻病（115例）、流行性腮腺炎（39例），分别占丙类传染病的75%、16.91%、5.74%。与上年（305例）比，报告发病率上升了122.06%（主要为手足口病例增加所致）。

手足口病：报告510例，报告发病率

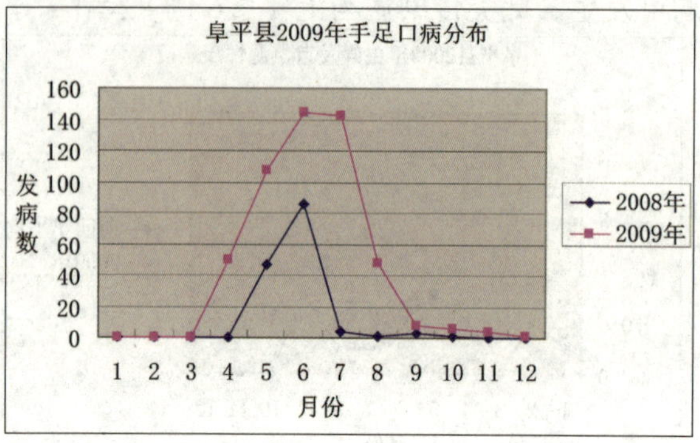

256.33/10万。与上年（142例）比，报告发病率上升了257.72%。

（三）按发病年龄和性别分析

各个年龄段均有传染病发生，其中以0～5岁和10～60岁为主。男性发病数为577例，占报告发病总数的57.7%。女性发病数为423例，占报告总数的42.3%。性别比为1.36∶1。

（四）按发病地区分析

全县13个乡镇均有传染病报告。2009年报告发病人数1000例。其中发病数最多的是阜平镇279例，占总数的27.9%；其次为平阳镇135例，占总数的13.5%；北果园乡125例，占总数的12.5%；王林口乡122例，占总数的12.2%；报告病例最少的是龙泉关镇，报告14例，占报告总数的1.4%。发病率最高的是王林口乡，最低的是龙泉关镇。

2009年阜平县传染病地区分布统计表

表23-3-11

乡镇＼项目	发病数	人口数	发病率（1/10万）	构成比（%）
阜平镇	279	46956	594.17	27.9
平　阳	135	25092	538.02	13.5
王林口	122	19380	631.86	12.2
北果园	125	22480	556.04	12.5
城南庄	72	21327	337.60	7.2
史家寨	38	9689	392.19	3.8
大　台	29	12032	241.02	2.9
天生桥	53	10973	483.00	5.3
台　峪	42	8412	499.28	4.2
龙泉关	14	8800	159.09	1.4
砂　窝	26	11739	221.48	2.6
吴王口	26	6568	395.85	2.6
夏　庄	21	5872	357.62	2.1
不　详	18	—	—	1.8

（五）按职业分析

传染病分布在13种职业中，其中儿童607例（主要为手足口病例），占报告总数的60.7%，居发病职业之首。其次为农民254例，占报告总数的25.4%。学生100例，占报告总数的10%。以上情况表明，儿童、农民、学生的医疗保健意识不够，防病灭病意识较差，以及不良的卫生习惯造成传染病在该人群的高发。

第四节　“非典”防控

一、组织防控

2003年4月，广州爆发非典型性肺炎（简称“非典”）疫情并陆续在全国蔓延开来。阜平县积极应对，成立了阜平县防治非典型肺炎工作领导小组，政府县长孟祥伟担任组长，各相关单位一把手为成员，领导小组下设办公室，办公室地点设在卫生局，办公室主任由魏彦茹副县长兼任。办公室下设8个工作小组：综合信息组、突发疫情处置组、技术指导组、后勤保障组、宣传组、市场监管和社会稳定组、检查督导组、纪检监察组。在健全组织的同时，制订了8项工作预案和技术方案，绘制了“疫情日报单位网络图”和“外来人口来阜人员管理流程图”。疫情防控措施：实行24小时值班制度，落实疫情日报制和零报制。卫生部门成立了医疗救治组、专家会诊组。县医院为收治发热病人定点医院，各乡镇卫生院和村卫生所（室）规范了发热门诊排查登记制度和患者转诊制度。为阻断疫情输入，县东南西北出入口全部设立哨卡逐一排查过往车辆和行人。县、乡、村设立三道防线，实行三级检验制度，各机关单位门口严格排查登记，对各类交通工具和公共场所进行严格消毒，阜平县没有发生非典型肺炎病例。

二、防非宣传

县疾病预防控制中心印发宣传材料8万余份，防非宣传小册子1.7万余份，在电视台进行防非知识宣传9次，接受采访15次。疾控中心对卫生院、防保站、社会各部门、各学校、各医疗机构分别派出人员进行专业培训，举办培训班20期，培训710人次。

三、物资储备

购置连体隔离衣100件、白大衣100件、胶靴100双、手套200副、口罩300副、防护眼镜100副、漂白粉2吨、过氧乙酸2吨、高压消毒机3台、电动喷雾器5台，保障了非典防治工作的需要。

四、预防消毒

对全县饭店、旅馆、商场、车站、学校等公共场所进行预防性消毒，消毒总面积383792平方米，各卡点总计消毒车辆76706辆次，消毒培训1200多人次，接消毒电话咨询400多人次，编印下发消毒宣传材料三种3万份。

五、疫情督查

非典防控工作中，对全县公共场所，食品生产经营单位的消毒进行严格督查，其中检查大型商场超市6家，美容美发店167家，责令整改17家、停业5家。学校食堂、学生集体用餐单位20家，企事业单位食堂7家，宾馆饭店328家，责令整改23家、停业8家。食品生产经营单位543家，责令整改35家、停业11家。

六、哨卡疫情检测

从4月26日至6月17日，派出专业检测人员1271人次，在小锅岭、柴皮岭、神堂堡、南台设立疫情检测点坚持24小时值班，检测来往人员168865人次。

七、疫情处置

4月26日至6月30日，阜平县医院发热门诊收治37名发热病人、隔离37人、家庭隔离106人，均未发现非典病例。“非典”防控期间，接到疫情电话305起，处理305起。截至6月24日，返乡人员上站体检9403人。其中北京3447人、山西1178人、广东28人、内蒙古19人、其他4731人，发现可疑人员55人，解除55人。

第五节　卫生许可证制度

一、卫生许可证制度建设

1996—2004年，阜平县卫生防疫站承担着县域内的食品（含餐饮业）、化妆品、保健食品、公共场所、放射卫生、生活饮用水的卫生许可证发放工作。2004年12月25日，按照国家卫生体制改革方案精神撤销卫生防疫站，成立阜平县卫生监督所和阜平县疾病预防控制中心。

2005—2010年，卫生监督所承担着全县区域内的食品（含餐饮业）、化妆品、保健食品、公共场所、放射卫生、生活饮用水的卫生许可证发放工作。在卫生行政许可制度建设中，建立了卫生行政许可审批制度、制定了行政许可条件、行政许可流程及从业人员健康管理制度，重要食品协议准入制度、食品进货查验记录制度、食品质量自检制度、食品信息公示制度、不合格食品退市制度、公共场所卫生管理制度、卫生设施登记制度、生活饮用水消毒管理制度等相关制度。

二、发放卫生许可证范围

依据《中华人民共和国食品卫生法》《公共场所卫生管理条例》《公共场所卫生管理条例实施细则》《化妆品卫生监督条例》《职业病防治法》《生活饮用水卫生监督管理办法》《消毒管理办法》《中华人民共和国传染病防治法》等法律法规，凡在阜平县范围内从事公共场所、食品生产加工企业、食品经营企业、餐饮业、化妆品及保健食品经营单位必须办理卫生许可证。

1996年，全县发放卫生许可证112张。2010年在全县范围内对公共场所、食品加工、食品经营单位、餐饮业、化妆品及保健食品经营单位进行卫生许可审核，发放卫生许可证3892张，其中食品加工企业1384张、食品经营企业1067张、餐饮业763张、公共场所436张、化妆品及保健食品242张。

第四章 爱国卫生

1996年，阜平县爱国卫生从公共卫生、防病灭灾入手，深入开展食品卫生、饮用卫生、学校卫生、职业卫生活动，加强防病灾害力度，强化环境治理，实施改水改厕。截至2010年，随着爱国卫生运动开展，传染病患病率逐年降低，城乡卫生环境得到了明显改善。

第一节 公共卫生

一、食品卫生

《中华人民共和国食品卫生法》正式颁布实施后，阜平县卫生部门，加强了从业人员健康体检，严格执业培训和许可证书的发放。不间断地开展食品卫生专项整治活动，使食品卫生监督进入一个法制管理的新阶段。1996年对食品从业人员健康体检1500人，查出不合格人员96人，调离工作岗位3人。检查食品生产经营单位106家，责令停业整顿2家，发放卫生许可证112家。截至2010年食品从业人员健康体检28000人。查出五病患者1160人，调离工作岗位1160人。检查食品生产经营单位12800家，颁发卫生许可证12600家。

1996—2010年，检验果脯1396份，调味品141份，冷食品289份，蛋糕353份，酒类101份，乳制品60份。销毁超期、变压、无厂名、无厂址、无配方、无出场日期的伪劣食品1098公斤。经常性卫生监督7569户次，销毁伪劣、变质、超期食品5254公斤。餐具、饮具消毒监测1720件，合格率90%以上。

1996—2010年，阜平县没有发生较大食物中毒事件。2008年9月突发食用三鹿奶粉事件中，阜平县行动迅速，积极应对，筛查妇幼儿8528人次，临床确诊泌尿系结石23人、住院治疗26人，出院好转26人，复诊283人，未发生一例危重患者。荣获保定市“问题奶粉事件筛查救治工作先进单位”。

二、饮用水卫生

1996年后，随着金矿、铁矿开发数量的增多，大沙河、胭脂河、平阳河、板峪河等都不同程度受到污染。1997年国务院《生活饮用水卫生监督管理办法》颁布后，防疫部门加强对饮用水质的监督监测。1998—2010年监测110家，为改善饮用水条件提供科学依据。突出的污染是2006年6月12日下午，一辆装有80吨煤焦油的大型油罐车在山西省繁峙县神堂堡乡大寨口公路段发生侧翻事故，约60吨煤焦油流入山西省河道，顺势下泄到阜平县吴王口乡境内的大沙河段。事故发生后，县领导带领全县抽调的治污队伍，连续23个昼夜拦河堵截，未造成污染，维护了阜平人民的饮用水安全。

三、学校卫生

学校卫生的重点是为学生预防性健康体检建立健康档案。内容包括：人均面积、课桌椅、微小气候、通风采光、班容量，防止牙病、砂眼、视力低下等。1996—2010年，对全县中、小学生进行体检，体检15万人次，监测学校910所次。

四、职业卫生

1996—2003年，阜平县矿山开发和公路煤场增多，给一些粉尘作业人员造成重度伤害，对此，劳动卫生科加紧了从业人员的健康体检。2004—2010年体检从业人员3100人，其中发现12例尘肺病人，向其提出防治建议。

第二节 防病灭害

一、消灭鼠害

1996年，阜平县城组织发动了春季灭鼠活动。通过调查，城内鼠密度14%，4月8日统一投放溴敌隆鼠药3000袋，收到较好效果。投药后抽查发现鼠密度降至1.6%。具体防鼠灭鼠办法：把灭鼠毒饵和器械（鼠夹、粘鼠板）搁置在老鼠常跑的鼠道上，比较奏效。生态灭鼠，此种办法是管好食物和垃圾、堵塞沟通室内外地孔管道，断其水源营造不利于鼠类生存的环境。通过上述方法长期治理，鼠密度大大降低。截至2010年除毒饵外，其他方法还在使用。

二、环境治理

2003年，抗击“非典”期间，以县城街道，居民区、公共卫生场所、机关单位为重点，农村以清理垃圾、杂草、粪土、杂物乱堆乱放为重点，开展大清扫活动。此项活动清理垃圾、粪土、杂物10000余吨，动用人力3万多人次。2004—2006年，针对农村开展“预防人畜共患病健康教育活动”，张贴宣传画4000张，指导手册2000本，墙体标语100条，播放广播稿50篇，制作电视光盘5份，宣传覆盖面80%以上。广大农民增强自我保护意识，熟知并懂得相关预防知识。2009—2010年，集中开展“清洁城乡、保护健康”的爱国卫生运动，清理垃圾1000吨，动用人力500多人，街道两旁放置垃圾桶100多个，改厕率18%，自来水合格率100%。

第三节 改水改厕

一、改厕的质量标准

1996—2008年，农村水厕管理相对落后，水厕卫生条件较差。2009年，结合阜平县实际，爱卫办下发《阜平县执行中央2008年度农村改厕项目技术方案》，进行农村水冲式厕所改造工作，按乡镇分布实施。厕所地下部分为砖砌结构，上面有盖，有排气孔、检查孔。地上部分墙壁为水泥砖结构，有房顶、门、通风口，还有节水型的冲便器。2010年县、乡组织技术人员验收，符合质量标准要求的，每改一个厕所，补助资金800元，其中中央财政补助400元，县财政补助400元。

二、乡村改厕

1996年以前，农村普遍使用连茅圈。为改变不卫生的陈规陋习，清除蚊蝇滋生地，切断细菌传播途径，防控人畜共患疾病。1998年冬季，以龙泉关、城南庄两个镇为试点，进行农村卫生改厕，年内完成厕所改造400多户。随着爱国卫生运动深入开展和人民自我卫生保健意识的增强，卫生改厕已被人民群众认可。

2010年底，阜平县建成无害化卫生厕所1400座，分别由城南庄镇城南庄村、福子峪村、王林口镇东庄村、平阳镇白家峪村、北果园乡东下庄村、天生桥镇朱家营村、不老树村、阜平镇大元村承建。厕所建成后，农村卫生环境得到了明显改善，降低多种传染病的发病率。

第四节　卫生城市创建

一、县城环境治理

1996—2000年，阜平县把卫生城市创建与文明县城创建结合起来，制定卫生城市创建方案。明确责任单位、主要职责、工作重点、目标要求。2001—2003年，围绕文明县城创建目标，开展卫生城市创建活动，提升居民文明素质，养成爱卫生、爱环境习惯，打造文明和谐卫生环境和人文环境。2004—2006年，制定《阜平人行为守则》《阜平人卫生公约》，开展“优化环境，提升卫生服务质量”主题创建活动。在学校开展“我是卫生小天使”活动，在机关开展“卫生办公五部曲”活动。县城卫生面貌有很大提升。2007—2010年，阜平县城市管理力度不断加大，制定《阜平县生活垃圾管理办法》，加强日常清扫保洁，提高主街道及小街小巷的清扫保洁质量。加强街道经营摊点的管理，查处店外经营470多家。加强对县城和城乡接合部违章违法建筑的治理，拆除县城内乱搭乱建73处，查处31处违章建设，并实施24小时监控，有效遏制违章违法建设。对县城迎宾大道、桥西街等主要街道两侧建筑墙体进行改造喷涂，对街道两侧广告牌匾进行全面整治、维修更新。沿街经营房的广告牌匾进行规范安装，楼顶广告一律按霓虹灯广告设计安装。县迎宾大道等主街道更换路灯，城区主要道路沿街建筑物安装霓虹灯，县城卫生面貌焕然一新。

二、县城扩容升级

县城扩容升级从2000年开始。2000—2010年推进县城扩容升级，坚持“发展规划不变，市政功能不变，设施更加完善，管理更加优化”的原则，围绕“山、水、路”建设推进城市扩容升级，全力打造宜居、宜游、宜商、宜业的魅力县城。“两轴一环”路网建设加快推进，迎宾路、滨河西路、北沟河双桥建成通车、北环路建设进展过半。万金园、文化活动中心，集中供水供热、恒和污水处理厂、基来安垃圾处理厂、休闲运动广场一期工程建成各种设施投入运行，县城功能日趋完善。

第五章　医药管理

1996—2010年，在专业管理上，以医疗卫生13项核心制度为标准进行考核。干部任用方面建立“能者上、庸者下”的用人机制。药品经营质量管理坚持GSP认证跟踪检查与日常监督检查相结合，与专项专治相结合，遏制药品质量管理“下滑”的现象，规范药品零售企业经营管理和销售药品行为。特殊药品管理采取“三道防线”（责任防线、法律防线、诚信防线）确保特殊药品合法经营、合理使用。药品执法检查把“确保人民用药安全有效”放在首位，严厉打击假劣药品，净化阜平药业市场。截至2010年阜平县药品安全状况明显好转。

第一节　医政监督管理

一、医疗机构管理

1996—2000年，开展“四职一纠”（“四职”：职业理想、职业道德、职业技能、职业纪律；“一纠”：纠正行业不正之风）活动为主题的医德医风教育、“行医十不准”（不准以任何借口收受患者及其家属的“红包”和其他馈赠；不准利用职务之便，接受医疗设备、医疗器械、药品、试剂等生产销售企业或个人以各种名义的回扣、提成和其他不当利益；不准通过介绍病人到其他单位检查、治疗或购买药品、医疗器械等收取回扣和提成；不准在工作日擅离职守、私自从事各种收费性诊疗和技术活动，牟取个人私利；不准故意刁难、推诿病人，增加病人心理负担；不准对药品、仪器检查、化验报告及其他特殊检查等实行“开单提成”，与科室、个人收入挂钩，或私自利用医疗单位的检查仪器、工具、试剂等，收取“红包”；不准在国家规定的收费标准和项目之外，设立名目乱收费和自定标准乱涨价；不准私设“小金库”；不准违反国家有关药品集中招标采购规定，对中标药品必须严格履行契约；不准使用假劣药品。个人不得私自生产、销售、使用无生产批准文号的药品和制剂）教育、《河北省医疗卫生单位工作人员违反职业纪律规定》的教育。2001—2010年开展10次药品购销商业贿赂专项整治。

二、医疗人员管理

（一）公立医院医护人员管理

1996—2010年，县公立医院录用通过举荐，面试，考试等方法招录高学历人才。在专业管理上，以医疗卫生13项核心制度为标准进行考核。干部任用方面，大胆提拔重用高学历、业务素质高、思想作风好的管理型人才，建立“能者上、平者让，庸者下”的用人机制和竞争机制。医疗队伍建设，通过到外地进行进修深造，业余自学考试，深化继续教育，在岗培训等方法，营造人才脱颖而出的成长环境，防止梯队建设出现“脱层断节”。工作人员的使用采取聘任制，一般聘期为三年，期满对目标任务完成好，绩效突出的接续合同，对不能胜任或表现不好的予以解聘。

（二）乡村医生、个体医生管理

1996—2000年，对乡村医生和个体医生进行系统规范的业务培训，不断更新乡村医生业务知识，完成从无学历向正式学历的过度。2001—2004年，对乡村医生加强法律法规，规章制度的强化培训，做到依法执业，规范操作。2005—2010年，以村为单位实现承担任务量化，对符合《乡村医生管理规定条例》的予以注册，对符合《中华人民共和国执业医师法》的换发执业医师证书。对承担公益性任务的给予物资设备方面的支持，对完成任务好的定额给予补助。

第二节 药政监督管理

一、药政管理机构

阜平县药品监督管理局成立于2002年10月，2003年3月实行省以下垂直管理，2006年4月更名为阜平县食品药品监督管理局，为保定食品药品监督管理局直属行政执法机构。负责行政区域内食品、保健品、化妆品安全管理的综合监督、组织协调和依法组织开展对安全事故的查处。负责对辖区内药械（包括中药材、中药饮片、中成药、化学原料药及其制剂、抗生素、生化药品、诊断药品、放射性药品、血清、疫苗、血液制品、医疗器械、卫生材料、直接接触药品包装材料和容器等）的研究、生产、流通和使用进行行政监督和技术监督。设办公室、食品安全股、市场监督股、药品稽查股四个股室。办公地址位于阜平县中兴街41号粮食局五楼，在编公务员8人。

2008年，关注饮食用药安全宣传的活动

二、药品经营质量管理

国家食品药品监督管理局2000年发布《药品经营质量管理规范》(简称GSP)，阜平县药品监督管理局坚持GSP认证跟踪检查与日常监督检查相结合，与专项整治工作相结合，举办专业培训班，加强对企业GSP认证业务知识培训。2001—2009年，对药品经营企业进货渠道、药学技术人员是否在岗、质量管理制度的执行、购销台账是否完整、质量记录及档案、人员培训及管理等进行全面检查。严格禁止药品零售企业以任何形式出租或转让柜台。巩固GSP认证成果，遏制部分企业在认证后药品质量管理“下滑”“回潮”，规范药品零售企业经营管理和销售药品行为。截至2010年，阜平县有20家药品零售企业，1家药品批发企业完成GSP认证工作，认证跟踪检查率100%。

三、特殊药品管理

1996年，特殊药品管理还不够完善。2000—2006年，阜平县食品药品监督管理部门大力宣传特殊药品管理有关规定，把特殊药品监管同禁毒工作联系起来，与公安部门齐抓共管。加强对医疗机构特殊药品使用的监管，开展特殊药品保管储存、使用记录、审批手续等专项检查，并指定专人负责。实现对麻醉药品和第一类精神药品流通的动态监控，严格实行监管责任制和每月、每季巡查制度，杜绝特殊药品管理和使用的违法违规现象的发生。

2007—2010年，阜平县多措并举筑牢兴奋剂治理“三道防线”，确保兴奋剂类药品合法经营合理使用。(一)筑牢责任防线，与全县17家药品经营企业签订《合法经营兴奋剂类药品承诺书》，切实要求企业严格履行承诺，认真贯彻落实《反兴奋剂条例》，“绑牢”企业责任。做到周周有检查，有整改，月月有总结，有提高，扎实深入开展含兴奋剂药品专项整治工作。(二)筑牢法律防线，组织《中华人民共和国药品管理法》《反兴奋剂条例》等兴奋剂相关知识培训10余次，企业法人、质量管理人员等500多人次参加培训，与各药品经营企业逐家签订《规范经营兴奋剂类药品保证书》，规范企业的经营行为，确保兴奋剂治理相关规定的有效落实。(三)筑牢诚信防线。要求企业对含兴奋剂类药品认真自查，做到无盲点，不漏一个品种，每一个品种最小包装都要有“运动员慎用”标示。经营企业要设立“运动员慎用药品专柜(区)”，并将“禁止销售蛋白同化制剂、肽类激素(胰岛素除外)”标示牌摆放在显著位置。对含兴奋剂成分药品严格按照规定实行处方管理，审查处方的来源合法性和规范性。免费制发《购买、使用药械警示牌》100多份，鼓励企业依法诚信经营。及时督促经营企业做好含兴奋剂药品的贴标，专柜(专区)分类摆放等。

四、药品执法管理

1996年药品管理不够完善。2000年，阜平县有药品经营企业21家(其中批发企业1家，零售企业20家)，县级医疗机构3家，乡镇卫生院13家，各类卫生室、个体诊所200余家。阜平县食品药品监督管理局承担食品安全管理的综合监督，组织协调和依法组织开展对重大事故查处的职能。2001—2007年，把“确保人民用药安全有效，确保医药经济健康发展”作为工作的出发点和落脚点，把严厉打击制售假劣药品、医疗器械违法行为作为工作的重中之重。先后开展狂犬疫苗专项整治、金属植入医疗器械产品市场专项检查、假劣人血白蛋白专项检查、终止妊娠药品专项检查、口腔义齿和软组织药品导入治疗仪等不合格医疗器械高风险产品专项检查、中药注射剂、中成药非法添加化学药物专项检查、药品包装、标签说明书专项检查、疫苗流通管理专项整治。2008年奥运期间对含兴奋剂药品专项整治、三鹿乳粉事件专项清查、重大节日药品质量安全专项检查等多项大规模执法行动。出动监督执法人员1680次，检查药品经营、使用单位720个次，查处各类违法案件330件。截至2010年全县药品安全状况明显好转。

第六章　合作医疗

2007年阜平县为河北省新型农村合作医疗试点县。参合人数2007年为149531人，参合率80.75%。2010年为165480人，参合率90.15%。2007年基金筹集727.79万元，2010年基金筹集2093.69万元。补偿人数由42842人增加到65408人。2007年住院报销补偿1万元以上的19人。截至2010年9月住院报销补偿1万元以上的173人，其中2万元以上32人，达到封顶线4万元的4人。

第一节　城镇居民基本医疗保险

一、参保范围和缴费标准

具有阜平县城镇户口，未纳入城镇职工基本医疗保险的人员，包括：18周岁（含18周岁）以上的非从业居民。建制镇各中小学在校学生，阜平中学、县幼儿园、聋哑学校、职教中心等四所县直学校在校学生。未满18周岁的非在校城镇居民。

普通成人居民每人每年180元，对于低保对象、重度残疾和低收入家庭60周岁以上的老年人，个人缴纳60元。普通学生儿童每人每年10元，对属于低保对象或重度残疾的，个人不缴纳基本医疗保险费，政府全额补助。

二、药费报销原则和比例

城镇居民基本医疗保障范围包括住院和门诊大病（恶性肿瘤放化疗、重症尿毒症的血液透析治疗、脏器移植抗排异治疗、白血病，学生儿童还包括再生障碍性贫血、系统性红斑狼疮、意外伤害。）城镇居民基本医疗保险基金用于参保人员住院和门诊大病医疗费用报销。

报销起付线　住院起付线：县内一级及以下医院100元；县级300元（学生儿童200元）；县外转诊1000元。

门诊大病起付线：一个参保年度内起付标准成人800元，学生儿童500元。

报销比例　县内80%，县外70%。

年度最高支付限额　基本：每个年度内成人3万元；学生儿童5万元。

大额：每个年度内9万元。

三、参保情况

阜平县城镇居民基本医疗保险2008年实施，应参保人数22665人实际参保11616人，参保率51%，报销医药费人数1名，报销金额0.11万元；2009年实际参保人数20787人，参保率91.7%，报销医药费人数424名，报销金额83.41万元；2010年实际参保人数20589人，参保率91%，报销医药费人数1301名，报销金额206.56万元。

第二节　新型农村合作医疗

一、管理机构

2007年阜平县被河北省人民政府定为新型农村合作医疗试点县。成立阜平县新型农村合作医疗领导小组，组长由阜平县委副书记、政府县长担任。副组长由县委常委、常务副县长、主管卫生工作的政府副县长担任。卫生局、财政局、农业局、审计局、人口与计划生育局、民政局、扶贫办主要负责人为成员。为促进新农合制度的有效实施和规范管理，成立了阜平县新型农村合作医疗管理委员会、监督委员会，阜平县新型农村合作医疗管理中心。2008年根据工作需要对各组织领导成员名单进行了重新调整。具体业务由合作医疗管理中心负责。

二、参加对象和缴费标准

凡不享受公费医疗、社会医疗保险的本县常驻户口的农民以家庭为单位均可参加。

2007年农民个人每年缴纳参合费10元，中央、省、市、县对参加合作医疗的农民每人每年补助40元，共计50元。2008年农民个人每年缴纳参合费10元，中央、省、市、县对参加合作医疗的农民每人每年补助80元，共计90元。2009年农民个人每年缴纳参合费20元，中央、省、市、县对参加合作医疗的农民每人每年补助80元，共计100元。2010年农民个人每年缴纳参合费20元，中央、省、市、县对参加合作医疗的农民每人每年补助120元，共计140元。

三、就医补偿办法

（一）门诊补偿

参合农民持合作医疗证在定点乡镇卫生院、村卫生所就诊支付的门诊医药费的可报销部分由该定点医疗机构先行垫付，予以即时报销。

（二）住院补偿

在县内定点医疗机构住院凭合作医疗证、身份证（或户口本）、住院收费收据、诊断证明到该院新型农村合作医疗即报处直接报销。经批准转到县级以上医疗机构住院的或急危重症患者、外出打工、因事外出患急病直接到县外医疗机构住院治疗的，要于就诊5日内通知县新型农村合作医疗管理中心登记备案并补办相关手续。在出院后15日内，由本人或家属持《合作医疗证》、身份证（或户口本）、病历复印件（加盖医疗机构公章）、住院收费收据、总费用清单、诊断证明到县新型农村合作医疗管理中心办理报销手续。

2007—2010年阜平县医疗补偿标准统计表

表23-6-1

年度＼项目	乡镇卫生院		县级医院		市级医院		省级医院		省以上医院		住院封顶线（元）
	起付线（元）	补偿比（%）	起付线（元）	补偿比（%）	起付线（元）	补偿比（%）	起付线（元）	补偿比（%）	起付线（元）	补偿比（%）	
2007	100	55	200	45	1000	30	2000	30	2000	30	15000
2008	100	75	200	65	1500	45	1500	45	1500	45	20000
2009	100	75	200	65	1500	45	1500	45	1500	45	30000
2010	100	80	300	70	1500	45	2000	45	1500	40	40000

（三）参合人数及报销总额

2007—2010年全县农业人口参加合作医疗逐年增加，由2007年的149531人增加到2010年的165480人，参合率由80.75%增到90.15%。筹集合作医疗基金由2007年的727.79万元增加到2010年的2316.72万元。报销补偿金额由2007年的557.59万元增加到2010年的2093.69万元，补偿人次由42842人增加到65408人。

2007—2010年阜平县农村合作医疗情况统计表

表23-6-2

年度＼项目	农业人口	参合人数	参合率（%）	合作医疗基金（元）	报销补偿人次	补偿金额（元）
2007	185200	149531	80.75	7277907.83	42842	5575912.86
2008	185000	145634	78.72	13346079.30	60845	11377850.58
2009	182382	157281	86.24	15756348.80	65883	13773758.14
2010	183557	165480	90.15	23167200	65408	20936936.90

四、新农合成效

新农合实施后，农民就诊率和住院率明显得到上升。住院率由2007年的4.634%提高到2009年的9.832%，到2010年底住院率为8.829%。

2007年住院报销补偿1万元以上的为19人，2008年为85人，2009年为158人，截至2010年住院报销补偿1万元以上的为173人，其中2万元以上的32人，达到封顶线4万元的4人。

第二十四篇　人　物

革命战争年代，在阜平这块红色土地上，1925年，建立中国共产党的基层组织。1938年，晋察冀边区政府成立，阜平人民组建“抗日义勇军”，战斗在抗日前线；组建“阜平营”，开赴延安保卫毛主席、保卫党中央。阜平被誉为“华北的延安”“新中国雏形”。长期的革命斗争，培养、锻炼、造就了一大批具有一定理论水平、富有革命精神、丰富的实践经验，具有良好组织能力，勇于担当，不怕牺牲的革命干部。1948年，解放战争进入战略决战的关键时刻，新解放区城市的管理、秩序的稳定、经济的发展、政权的建设、急需大批干部。在这种形势下，一批阜平籍干部奉调随军南下，到新解放区接管政权，剿匪反霸，土地改革，建立新生的人民政权。

为了国家安宁、社会和谐、经济发展，张述红、白宗国、李克强等革命烈士献出了宝贵生命。离休干部在长期革命和建设中奋斗在各条战线上，为阜平的政治、经济建设发展，建立了卓越功勋。改革开放以来，各行各业的优秀工作者、专业技术人员努力工作，为阜平县各项事业发展，为特色社会主义建设做出了应有成绩。

第一章　人物传

阜平人民在新民主主义革命和社会主义建设事业中做出了巨大贡献，涌现出许多革命英烈和各条战线的先进模范。人物传篇中记述了限内人物12位，补记了首轮《阜平县志（下限1995年）》遗漏人物22位。王世勋（1911—1996年）曾当选为中国共产党第七届全国代表大会代表。李文祥（1914—2004年）1953年，参加全国群英会，以农民代表身份参加第三批赴朝鲜慰问团，慰问中国人民志愿军。1974年，当选为第四届全国人民代表大会代表。1989年，荣获国家“老有所为”精英奖。

第一节　限内人物传略

王世勋　（1911—1996）汉族，王林口镇柳峪村人，1932年9月加入中国共产党。历任中共河北省阜平县马驹石中心区宣传干部、阜平县第一区区委书记、阜平县委组织部部长，中共河北省完县县委书记，中共河南省宜南县委书记，中共淮阳地委组织部部长，中共武汉市纪律检查委员会处长、副书记，中共武汉市委组织部部长，武汉市政府监委主任，中央纪律检查委员会检查组副组长，中共北京市纪律检查委员会、监察委员会副书记，中共朝阳区委常委、副区长，北京日报行政领导小组组长，朝阳区革委会副主任、朝阳区人大常委会副主任，曾当选为中国共产党第七次代表大会代表，中共北京市第五次代表大会代表。

孙东川　（1914—1996）汉族，天生桥镇平石头村人，早年就读于保定育德中学和河北农学院。1937年12月参加工作，1943年9月加入中国共产党。任阜平县抗日政府实业科科员、晋察冀边区第三、四专署实业科秘书、科长。北岳区试验农场副主任、主任，察哈尔省农场副场长、场长，河北省农技所所长、省农机局局长、省农业厅副厅长兼安国县委第二书记、省农科院副院长、邯郸地区革委会副主任、省农科院院长、党组书记，省农委副主任、党组成员。曾兼任河北省首届农业高级职称评委会主任、河北省科协副主席。孙东川于1958年受命筹建河北省农林科学院，并长期主持和领导该院工作，是河北省农林科学创始人之一。他经常深入山区、坝上、平原广大农村和农业科研第一线调查研究，就发展振兴农村经济，实施“科技兴农”“科技兴冀”，为省委、省政府出谋划策。

安有成　（1905—1997）汉族，北果园乡寨沟村人。1938年3月加入中国共产党，1939年参加工作，任阜平县抬头湾村村长。1940年任崔家沟区工会主席、广安供销社主任。1941年调雁北地区灵丘县做地下工作。1942年调回崔家沟区任工会主席，领导村民开展大生产运动，搞生产自救，全村旱地变水地10亩，年增加粮食30担。1944年，在抬头湾试办农村互助组，广安综合合作社、城南庄营业所取得了成功经验，被评为晋察冀边区模范干部、劳动英雄，出席边区第一届群英大会，奖毛驴一头，边币500元，受到朱德、宋劭文、徐特立接见。1945年后历任城南庄区组织部部长，办事处主任，城南庄营业所主任，阜平县银行副行长，平阳公社第二书记，山咀头管理区书记。1960年任平阳机械厂党支部书记，1962年春任阜平县银行副行长。1962年12月退休（1983年改为离休）。

刘左峰　（曾用名刘如福）（1912—1997）汉族，阜平镇城厢村人。1937年7月参加工作，1945年1月加入中国共产党。抗日战争时期，在阜平县动委会工作。后到行唐县稽征局任局长。抗战中调赴晋察冀边区山西灵丘县，先后任灵丘县五区区长、六区秘书、怀仁县司法科科长。解放战争时期，任山西省浑源县城关区区长、民政科科长，浑源县县长。1949年随军入城解放太原，任支前委员会机关党总支书记。进城后，接任太原市公安局科长。新中国成立后，先后任太原市政府秘书处处长，经委、纪委办公室主任，太原市公共汽车公司经理，太原市基本建设委员会副主任兼办公室主任，太原市建筑工程管理局当班主任兼局办主任。1983年离休。

王振芳 （1927—1997）汉族，城南庄镇南寺村人，1944年1月18日参加革命工作，1947年加入中国共产党。抗日战争时期，历任石猴乡抗日救国儿童团中队长、副团长，中共北方分局武装交通队通讯员、警卫班长（排级）。解放战争时期，任晋察冀中央局警卫排长，曾先后在阜平县城南庄、平山县西柏坡两次为毛泽东、周恩来等中央首长做警卫工作。遵循毛主席教诲，努力学习，被授予“学习模范”。1948年《人民日报》曾刊登他的事迹。中华人民共和国成立后，历任东北空军司令部某部营长，国务院机关事务管理局行政处主任科员，中央水利电力部云南昆明水利电力勘测处以礼河第一勘测综合大队劳资科主任科员，昆明水利电力勘测设计院党委组织部部长，昆明水利电力勘测设计院云南大理西耳河第二勘测大队党委书记，云南昭通地区水利勘测大队队长、物资局局长、中级人民法院庭长、农业生产资料公司经理、云南省昭通地区中级人民法院科长。1981年离休，离休后任昭通地区中级人民法院老龄委主任。

王连华 （曾用名王富宝）（1934—1999）汉族，夏庄乡面盆村人。1959年6月参加工作，1981年加入中国共产党。1959年至1960年在夏庄乡任投递员；1960年至1991年在城南庄乡任投递员；1991年至1992年在阜平县邮电局任管理员；1992年后在县邮电局担任警卫工作。王连华三十多年如一日，工作上勤勤恳恳，任劳任怨，不论是赤日炎炎的盛夏，还是寒风刺骨的严冬，他都自觉克服困难全力以赴完成好上级交给的各项任务。1981年后，王连华曾被评为全国邮电系统劳动模范，全省先进乡邮员，全省服务质量标兵，全省邮电系统先进生产者和五好标兵，河北省劳动模范。1996年在中国邮政开办100周年之际，省邮政管理局、中国邮电工会河北省委员会向王连华颁发了从事邮政工作30年以上干部职工荣誉证书。

辛哲 （1918—2003）汉族，1918年出生，大台乡坊里村人。1938年7月加入中国共产党，同年8月参加阜平县抗日游击队。抗日战争时期，任本村自卫队中队长，青年抗日先锋队中队长，阜平县游击队班长、分队长。1939年3月至1940年6月18日，任晋察冀边区党委警卫队班长、排长，护送中共七大代表警卫连排长，延安中央教导大队（党中央、毛主席的警卫部队）三中队区队长。1943年11月至1948年6月任中央警备团团部警卫通信排排长，团部副指导员，曾与张思德一起工作、战斗、生活。1944年参加大生产运动，组织军民学文化、开展文艺活动受到地方区政府表扬。1945年8月任中央警备团四营副教导员。1946年11月至1947年4月任中央后方临时党委中央警备后方负责人，负责中央机关家属、机关档案、物资传送。1949年2月进北京，接管国民党保安警卫总队，任大队教导员、大队书记，7月任中央警备团政治处保卫股股长，9月任中央纵队二师政治部保卫科科长。1957年中央军委授予其独立自由勋章和三级解放勋章。1964年授予上校军衔。1988年中央军委授予其中国人民解放军功勋荣誉章一枚。1980年离休，享受正师职待遇。

李文祥 （1914—2004）汉族，城南庄镇后庄村人。抗战时期任游击队长，1942年调晋察冀军区驻城南庄办事处任业务员、业务部长。1948年响应毛主席“组织起来”的号召，由组织上安排他回老家后庄村搞互助合作试点。在后庄建起一个11户组成的“土地合伙儿组”，挖了4个大汪、5口水井，到1949年发展到24

户。中华人民共和国成立后，李文祥带领大伙修一条二里长水渠，引温塘河水浇地。1954年水渠修成，使120多亩旱地变成了水浇地，亩产增加50公斤，共增产6000公斤。县政府奖旗一面。“合伙儿组”从24户发展到100多户，组成“红光农业生产合作社”。1951年被评选为河北省农业劳动模范。1953年参加全国群英会。秋天，李文祥参加中国人民志愿军第三批赴朝慰问团，在朝鲜历时三个多月，为志愿军做报告100多场。1954年在县委、县政府和农、林、水各部门的大力支持下，修建温塘水库。保定专署水利局帮助设计、勘察并指导施工。李文祥带领全体社员肩挑背扛苦干8个月，用工1.9万个，建成当时保定专区第一座小（2）型水库，具有把临时蓄水提升为永久蓄水的试验和示范意义。接着又修建大小5座塘坝，起到了防洪蓄水灌溉作用。1958年，李文祥调到城南庄公社任社长。第二年带领民工到王快修建王快水库。1962年回后庄村任生产大队长。在一次紧张的改河造地工程中，他排除哑炮时发生爆炸，一只眼睛失明，另一只也只剩下0.3的视力。

1963年洪水后，县委领导建议他组织一支专业队搞绿化荒山试点。他带领十几个人组成治山专业队开进安子沟。吃在山中，干在山中，经过三年艰苦奋战，把安子沟万亩荒山全部绿化。打弓形坝1000多道，修梯田100多亩。1974年，李文祥当选为第四届全国人民代表大会代表。1989年获“全国老有所为精英奖”。

杨善朋　（1928—2006）汉族，大台乡炭灰铺村人。1953年加入中国共产党。1940年秋，刚刚12岁的杨善朋因家庭生活所迫，到本村私人煤窑当背煤工。中华人民共和国成立后，杨善朋当上了煤矿工人。解放初期，煤矿开展“创高产、争先进”劳动竞赛活动，由于当时煤矿生产条件差，挖出的煤只能靠人往出背。杨善朋不怕吃苦，坚持出满勤，每班从五六千米深的井下往外背煤2000多公斤，创每班每人单产最高纪录。1952年，他被评为全矿、全县劳动模范。当年秋天，他作为县劳模代表，到北京海淀区疗养院疗养。1953年，杨善朋加入中国共产党后，工作更加积极，不管是炎炎夏日还是刺骨严冬，不管是家务缠身还是身体不适，从不缺勤离岗，坚持出满勤、当先进。上班之余，还坚持到识字班上夜校，从一个字不识到认字3000多个。在组织和领导培养下，杨善朋先后任煤矿安全检查员、生产班长等职。1958年，杨善朋被评为全省劳动模范。到天津出席劳模大会时，作为代表中的代表，受到当时省委、省政府主要领导的接见。1974年，杨善朋因长年在井下劳动而患肺病，提前退休。

霍嘉霖　（原名霍有灵）（1916—2007）阜平镇城厢村人。1932年至1937年在河北省省立第八师范肄业（六年制，抗日战争开始，1937年7月返乡参加抗日救亡活动）。1937年10月参军，1938年8月加入中国共产党。抗日战争时期，历任阜平县抗敌后援会武装部部长，晋察冀阜平县政府自卫队总队长，晋察冀军区三分区政治部冲锋剧社社长、教导大队政治队队长、教导大队政治教导员、供给处政治教导员、二团三营政治教导员、政治部保卫科副科长、政治部组织科科长、四十六团政治委员，晋察冀军区野战三支队九团政治委员、晋冀纵队一旅二团政治委员等职。解放战争时期，先后任晋察冀军区卫生部医科大学副政治委员、后勤党委秘书室主任、后勤军械处政治委员，华北军区后勤军械部政治部主任等职。中华人民共和国成立后，历任志愿军后勤二分部副政治委员、后勤干部部部长，总后勤部政治部副主任兼干部部部长，军事医学科学院副政委，第十三研究院政治委员，总后勤部基建营房部政治委员，1982年8月离休。1988年7月被授予“独立勋章”。1995年被授予大校军衔。荣获“朝鲜民主主义人民共和国二级国旗勋章”“二级独立自由勋章”和“二级解放勋章”。

古立高　（原名顾立高）（1923—2007），平阳镇王快村人。国家一级作家，享受国务院专家津贴。1937年10月参加八路军，1938年4

月加入中国共产党。1939年初任晋察冀军区敌工部干事，秋任灵寿县情报站（敌工部）站长，同年冬被日本宪兵队逮捕，经党组织营救出狱。1941年1月，调华北联大文艺学院学习，1945年，调创作组从事专业创作，为搜集材料，体验生活，长期入伍参加战斗，曾以政治指导员、教导员、宣传科长身份，参加绥包战役、大同战役、清风店战役、石家庄战役、太原战役，1949年北平解放回军区宣传部创作。1955年毕业于中共中央高级党校。1950—1957年任中国文学艺术界联合会、中国作家协会、中央文学研究所等机关党支部书记。任北京作家协会党组书记、秘书长。参加中国第一、二、四、五次文学艺术界代表大会，中国青联代表大会。1986年参加在保加利亚举办的世界作家会议。创作的主要作品有七场话剧《同志之间》（1947年）电影文学《千锤百炼》（1949年，长影拍片）《无坚不克》（1951年）。其他有长篇小说《屹立的群峰》第一部《在铁火下》，第二部《冬去春来》，《隆冬》《早春》《初恋》等。中篇单行本有《永远向着前面》《珍贵的果实》《不可阻挡的铁流》等。短篇小说集有《老营长》《永生的战士》《胜利追赶着时间》等。作品曾入选《中国人民文艺丛书》《解放区短篇选》1949—1978年《短篇小说选》《中国现代短篇选》《中国新文艺大系》（小说卷）《中国解放区文学书系》。古立高被收录在《中国文学家辞典》（第一册）（北京、四川）《中国现代作家传略》（第四卷）（徐州）《河北省文化志·文学卷》（河北）《中国文学大辞典》（社科院上海）等书籍中。

樊林 （1935—2007）汉族，1959年9月考入北京外贸学院学习。1964年8月毕业后分配到外贸部西亚非洲司工作，历任外贸部二局科员，驻马里、黎巴嫩大使馆商参处三等秘书、二等秘书等职。1985年，调中国出口商品基地出口建设总公司工作，历任党委办公室副主任、信息咨询部经理、综合业务部经理、商情宣展部经理。1993年起任中国驻塞内加尔使馆商务参赞，高级经济师。樊林参加工作几十年，忠于党和人民，将毕生精力投入到外经贸建设事业中，在国外使馆商务处工作近20年时间，其间还曾担任《国际经贸消息报》通讯员，先后撰写刊登了《黎巴嫩加强海关管制》《达喀尔自由工业区简介》等数十篇文章。1982年6月，以色列入侵黎巴嫩，中国驻黎使馆被围困，根据国内指示，大使馆商务处工作人员全部撤离，只留下樊林一人留守。他不顾个人安危，发扬共产党员一不怕苦二不怕死的革命精神，始终坚守工作岗位，直到战争结束。在长期工作实践中积累了丰富的外经贸工作经验，为我国外经贸事业做出了自己的贡献。1996年退休。

第二节　补遗人物传略

张珠山 （1905—1934）字赤华，汉族，城南庄镇桐子沟村人。1931年加入中国共产党。1923年高小毕业后，在本县简易师范读书，接受进步思想较早。他同本村刘世亮创建桐子沟村小学并任第一教员。又和易家庄村知识界人士胡丕乾建立阜平县城南庄第三高级完小。同李心仁集资50银圆开办“瑞华书店”。此店后成为本区共产党秘密联络点。1931年7月，中国工农红军第二十四军到阜平，张珠山和群众积极配合帮助红军开展工作。在发动群众基础上，破监释囚，开仓放粮，惩办土豪。张珠山于1931年在家乡开展革命活动，发展贫苦农民入党，于1932年建立中共阜平县桐子沟支部。1933年7月，在曲阳党组织帮助下，成立中共阜平特别支部委员会，属曲阳县委领导，张珠山任委员。由于叛徒出卖，1934年4月30日王宗良、张珠山等8人被国民党保定行营抓捕。张珠山被捕后，意志坚定，临危不惧，在敌人的法庭上，身受残酷折磨，仍坚贞不屈。敌人恼羞成怒，当场宣布张珠山咆哮公堂，罪加一等。当晚张惨死在敌人铡刀下，年仅29岁。

刘如锡 （1901—1942）字贞文，汉族，县城东阁老街人。1925年加入中国共产党，1930年毕业于河北省正定第八师范学校，同年参加工作，1937年参加八路军。抗日战争前，曾任阜平县第一高小教员，江苏省徐州市扶轮小学教员。在阜平县任教期间，积极配合红军二十四军创建苏维埃政权，主办《茅屋》刊物，联合李耕涛、韩德三、李剑飞、霍嘉霖等传播进步文学和爱国主义思想。抗日战争时期，先后任阜平县抗敌后援会、抗日民族革命战争战地动员委员会宣传部长、晋察冀军区聂荣臻司令员的秘书、军区司令部秘书科科长、山西省盂县政府司法科科长、忻县县长等职。刘如锡于1942年5月4日壮烈牺牲。

邓瀚文 （1896—1957）字子忍，史家寨乡山峪村人。1925年加入中国共产党，1937年参加革命工作。1925年6月经李殿阁介绍加入中国共产党。入党后积极从事党的活动，是阜平县党组织创建人之一。他以教员的合法身份为掩护，秘密从事地下革命工作，把党组织由县城发展到农村。1929年仅山峪村就发展4名共产党员。同时积极宣传马列主义革命理论，领导党员、群众积极开展打土豪、斗恶霸、砸盐店等活动。抗日战争时期，1937年8月任阜平县吴王口区区长，1939年1月任五区区委书记，1939年春任阜平县实业科长，1939年10月—1944年7月任阜平县司法科长。在任司法科长期间，晋察冀边区国民党组织利用国共合作的机会，暗中破坏抗日战争各项革命工作。为掌握其破坏情况，邓翰文打入国民党内部，并参加了国民党组织。为掩护邓工作，县委召开全县干部大会，公开宣布邓参加了国民党，以“叛党”理由开除其共产党党籍。此后担任阜平县国民党党部书记，长期为共产党做了大量情报侦察工作。1944年反特运动中，广大群众不明真相，对邓为“国民党特务”进行批斗，身心受到严重摧残，亲朋为此受到株连。1944年7月，由组织保送到延安抗大党校任教。解放战争时期，任宣化市委组织部副部长，察哈尔省人民法院、张家口人民法院典狱长。社会主义建设时期，任察哈尔省人民政府监察委员、河北省人民监察委员、省文化局副局长兼文史资料研究馆馆员。

罗林 （原名罗胜德）（1905—1968）汉族，王林口镇柳峪村人。1931年加入中国共产党。任中共阜平县特支委员会一区委员交通干事。1934年4月初，阜平县党组织遭到国民党严重破坏，他到河北省涞源县以做买卖为名掩护身份。1936年秋到山西省广灵县榆沟村，化名刘向清在榆沟村发展了第一批中共党员，建立中共广灵县第一党小组。卢沟桥事变后，罗林在秋末冬初得知八路军一一五师进驻阜平，即回家乡与一一五师政治部接上关系。1938年2月，被党组织派到平北地区开展革命工作，历任区大队指导员、区农救会主任、区长、区委书记。1941年8月，任龙崇赤联合县委组织部长、滦昌怀顺联合县民运部长、察哈尔省工会组织部长、四海县县长。1949年先后任延庆县委书记、张家口地委委员、延庆县委第一书记、县人民武装部政委、北京市政协委员等职务。1968年去世，1973年2月14日骨灰安放在八宝山革命公墓。

王德修 （1906—1971）汉族，县城西街人。1931年6月加入中国共产党。在阜平县国民党支部做地下工作。1932年，中国共产党城厢支部正式建立，王德修任书记。同年7月，中国工农红军第二十四军在阜平县成立中华苏维埃阜平县政府，王德修任委员。抗日战争时期，历任阜平县第一区、四区、三区区长，阜平县公安局局长。解放战争时期，任阜平县县长，1948年调曲阳农场工作。中华人民共和国成立后，1950年，周恩来总理签发任命书，任命王德修为察哈尔省察南专署副专员，后相继担任中共中央纪律检查委员会三厅高级检察员，河北省农业厅畜牧局局长，中捷农场副场长和党委书记。

李殿庭 （原名李桂兰）（1911—1972）汉族，阜平县阜平镇大园村人。1937年8月参加革命，同年加入中国共产党。抗日战争和解放战争时期，历任阜平县一区动委会主任、组织部部长、区长、北岳区卫生中队队长、地委城工部长、大同市工委书记。全国解放后，先后担任大同市工业局局长、察哈尔省工业管理局局长、地质部北京探矿机械修配厂厂长、张家口探矿机械厂党委书记。1958年11月被国务院任命为河北省地质局副局长。1963年9月中华人民共和国地质部聘为地质部华北地质科学研究所学术委员会委员。

宋玉川 （1913—1975）汉族，大台乡炭灰铺村人。1937年加入中国共产党，同年参加工作。历任灵丘县委城工部副部长，组织部部长，雁北地委组织部中心干事，大同市一区区委书记，大同矿务局永定庄矿党委书记，大同市委工业部副部长，大同市经委主任，大同市副市长。

陈虞榕 （1914—1978）汉族，北果园乡崔家沟村人。1937年参加八路军，1939年加入中国共产党。1937年“七·七事变”时，陈虞榕正在北京大学就读。他怀着强烈的救国之心，毅然投笔从戎，参加八路军。历任一一五师宣传队宣传员、干事、股长、副科长、科长。解放战争期间，历任中国人民解放军第三野战军报社编辑部副主任，军政治部宣传部副部长。中华人民共和国成立后，历任军政治部宣传部部长，山东军区政治部宣传部副部长、部长，济南军区政治部宣传部第一副部长，济南军区洛阳步校副政治委员（副军级）。1966年后，曾任济南军区后勤部政治部副主任兼任山东省重点工程会战指挥部副主任和山东省基本建设委员会副主任。1955年被授予上校军衔，荣获中华人民共和国三级独立自由勋章和中华人民共和国三级解放勋章。1964年被授予大校军衔。

陈先就 （1913—1983）汉族，城南庄镇栗园庄村人。1932年加入中国共产党。抗日战争时期，任村党支部宣传委员、县农会常务委员。1935年9月，在宁武县参加修建同蒲铁路，领导工人罢工，反对资本家克扣工资，取得胜利。1937年8月至1938年1月，经组织选派到晋察冀军区政治部受训，后分配到三分区二团、五分区六团任特派员。1943年在晋察冀五分区六团浑源支队任特派员，后调入五分区六团任特派员，到绥东发展革命根据地至1945年日本侵略者投降。解放战争时期，任晋察冀五分区六团特派员参加绥包战役，获三级独立自由勋章一枚。1946年1月，任晋察冀三纵队九旅政治部敌工科长、十九兵团六十三军一八九师五六六团政治处主任、炮兵营政治委员、师政治部保卫科科长等职。1949年底至1950年，随部队开往山东进行改装教育。1951年2月随部队入朝，任军政治部俘训大队大队长兼政委，中国人民志愿军俘虏管理处审处科科长。参加板门店谈判。在朝鲜五次战役中接收俘虏近千名，圆满完成各项任务，1955年被授予中校军衔。回国后，任南京军区第十七文化速成中学队长。1958年转业，任蚌埠地委工交部副部长。1961年7月，调宿县地区工交部监察组、经委工作，任副部长、副主任等职。

王登五 （原名王成科）（1916—1983）汉族，大台乡东板峪店村人，1935年毕业于阜平县师范，1936年在柏崖村任教，1937年9月参加工作，1938年3月加入中国共产党。抗日战争时期，任阜平县动员学习组总务供给科科长，阜平县四区、七区区公所党、团书记助理员，四区区委会委员，合作社办事处主任，中共七区党委委员，县敌工部副部长、部长、党委委员，北岳区总支委员，区训练部助理、组织科副科长、党委委员。解放战争时期，任曲阳县二区工作组组长、区委委员。华北补训兵团一旅二团三营教导员，山西大同机器厂书记兼厂长。中华人民共和国成立后，任张家口市橡胶厂书记兼厂长，烟厂党委委员、副厂长，张家口市食品工业公司党支部书记、副经理，张家口市手工业局副局长、党委委员，张家口市桥西区副区长、党组副书记，张家口市物资局局长、党委书记。1982年离休。

邓述文 （1909—1984）汉族，史家寨乡山峪村人。1929年加入中国共产党。高小毕业，任本村小学教员，1937年参加革命工作。抗日战争时期，1939年1月任阜平六区区委书记。

1942年6月任阜平二区区委书记。1942年12月至1943年7月任阜平县十区区委书记，后任县宣传部副部长，县财政局局长。入党后献身革命事业，得知其兄邓瀚文加入“国民党”组织，他坚决反对，弟兄二人闹翻了脸。后来党组织告知其兄入国民党是受组织派遣，让邓述文当其兄秘密通信员，协助其兄做好地下工作。解放战争时期，任热河省凌源县委书记，领导全县人民积极开展对敌斗争，组织生产、支援前线。后任东北邮电总局秘书处副处长、黑龙江省邮电管理局副局长、热河省邮电管理局副局长。社会主义建设时期，1956年任内蒙古自治区邮电管理局副书记、副局长。在边疆少数民族地区工作28年，为边疆邮电事业做出了贡献。

杨广明　（1906—1985）汉族，夏庄乡干石沟村人。1937年10月加入中国共产党，同年参加革命工作。1944年至1945年任阜平县九区区长，1946年6月任阜平县民政科科长，1946年12月至1949年2月任阜平县实业科科长，1949年3月至1951年10月任阜平县政府副县长、县长。1957年8月任阜平县委副书记，1958年5月任阜平县委第二书记、政府县长。1960年3月至1962年7月任阜平县委书记处书记，1962年7月至1965年7月任阜平县委副书记、政府县长。

王道建　（1915—1987）汉族，北果园乡广安村人。1937年参加八路军，同年加入中国共产党。历任医生、医务科员、医院院长、卫生处处长、兵团卫生部副部长、军事医学科学院野战外科研究所所长、野战外科专家、放射医学研究所所长和军事医学科学院顾问等职务。王道建在五十多年的革命历程中，历经抗日战争、解放战争和抗美援朝战争，从事医务工作，曾参加过数十次战斗和大的战役，荣获“战斗乙等模范”光荣称号。1938年，国际主义战士白求恩大夫来晋察冀军区后，王道建是白求恩的助手。他的工作得到白求恩高度赞扬，白求恩于1938年12月7日曾给聂荣臻司令员写信建议正式表扬王道建。1964年，他组织领导放射医学研究所及307医院全体人员抢救我国首次发生的四例放射损伤病人，使病人生命得到挽救，治疗效果达到当时国际先进水平。王道建较长时间从事野战外科和防原医学研究组织领导工作，为军事医学研究出成果、出人才做出了成绩。任中华医学会放射医学与防护学会第一届委员会副主任委员，第一、二届全军医学科学技术委员会委员，第一任防原医学专业组组长，医学百科全书《核武器损伤医学防护》分册副主编，《解放军医学杂志》编委。

刘耀珍　（1911—1990）汉族，平阳镇罗峪村人，1933年加入中国共产党，1937年8月参加革命工作。抗日战争时期，历任阜平县三区罗峪村农会主任、党支部书记，区委宣传部部长，区委抗联会主任，区委书记。解放战争时期，历任北岳区实业公司火柴厂党支部书记，北岳区实业公司染料厂副厂长。天津解放后，任天津市毛织厂军代表、厂长，天津市仁立毛纺厂厂长，天津市纺织局生产技术处处长，天津市纺织局副局长，1983年1月离休。

冯昌隆　（1919—1990）汉族，1919年6月出生，城南庄镇铁贯村人。1937年11月投身革命参军入伍，1938年10月加入中国共产党。抗日战争和解放战争时期，历任晋察冀军区三分区供给部管理员、军需科科长、经济股股长、会计股股长、供给处副处长、处长、66军197师后勤处处长等职。参加了进攻绥远凉城丰镇战斗、围攻雄县战役、琉璃河阻击战、解放张家口、太原、石家庄、北京、天津战役。新中国成立后，先后担任华北军区空军后勤部副部长、空军第二分部部长、北京军区空军后勤部政治委员、部长、顾问等职。

顾耀宗　（1909—1992）汉族，史家寨乡上雷堡村人。1933年7月参加革命工作，同年加入中国共产党。1940年3月，任阜平县五区供销社主任。1943年7月任河北省承德县三区区委书记。1947年7月任热河省热中办事处主任。1949年1月任热河省供销社副主任。1951年4

月任东北区合作总社采购处长。1955年9月任云南省供销社副主任。1958年1月任云南省商业厅副厅长。1961年9月任云南省供销社副主任。1969年8月任云南省第四“五·七”干校革委会副主任。1973年4月任云南大学党的核心小组成员、革委会副主任。1979年1月任云南大学党委常委、副校长。1981年12月离休，任云南大学离退休党支部书记。

李屏东 （1912—1992）汉族，阜平镇高阜口村人。1937年9月入伍，1939年2月加入中国共产党。历任县大队长、连长、作战参谋、副营长、营长、科长、团参谋长、团长、军分区参谋长、志愿军后勤二分部参谋长、第一副部长、北京军区后勤部司令部副参谋长等职。1963年晋升为大校军衔。1955年被授予二级独立自由勋章、二级解放勋章。1988年被授予独立功勋荣誉章。抗日战争时期，参加百团大战和数次反扫荡斗争。解放战争时期，参加绥远许多战斗。新中国成立后，参加抗美援朝战争。李屏东对党对革命事业忠心耿耿。他革命事业心强，勤勤恳恳，兢兢业业，肯于吃苦，勇挑重担，作风民主，待人诚恳，团结同志，联系群众；他艰苦朴素，廉洁奉公，严格要求和教育家属、子女，以共产主义思想品德和表率行为给子女们树立了学习榜样，留下了珍贵的精神财富。1986年离休时为副军职。

张树廷 （1914—1992）汉族，王林口镇五丈湾村人。1939年参加革命工作，1938年1月加入中国共产党。

曾任阜平县五丈湾村村长、党支部书记。阜平县第四区宣传委员，三区组织委员。1948年3月任阜平县三区区委副书记、书记。1949年至1953年任阜平县委常委，1950年6月任阜平县组织部副部长，1950年2月至6月任阜平县第六区区委书记，1953年6月至1954年6月任阜平县委副书记。1953年8月兼任县监委书记，1954年6月任阜平县经济计划委员会主任，1954年10月—1958年5月任阜平县政府县长。1958年5月—1959年11月任阜平县委副书记、政府副县长。1965年5月—1967年2月任阜平县政府副县长。1968年8月至1976年10月任阜平县革委会副主任，阜平县委副书记。1983年离休。

顾柱 （1918—1992）汉族，阜平镇大道村人。1931年参加工作，1937年9月加入中国共产党。抗战时期，先后任行唐县工会主任、雁北专区工会主任、广灵县抗联会主任，县委委员等职。在严酷的敌后斗争环境中，动员、组织人民群众，全力支援抗日战争，为敌后抗日政权建立做出了积极贡献。解放战争时期，先后任张家口市总工会组织部长，晋察冀兵工局化学总厂总支书记。1949年1月，随军接管天津，先后担任天津市企业公司总军代表，天津市工业局局长，天津市政府工业办公室主任、天津市计划委员会副主任兼机械局局长。1958年先后任河北省计划委员会副主任，科学技术委员会副主任，华北局经委副主任兼机械局局长，第八机械工业部生产调度司司长，中国拖拉机内燃机工业总公司副总经理、党委书记。

贾宇 （原名贾瑞海）（1911—1994）汉族，王林口镇东庄村人。1933年6月加入中国共产党，同年参加革命工作。1933年6月至1937年9月在本村从事党的地下工作，面对白色恐怖，排除一切困难，圆满完成了领导交给他的任务。解放战争期间，历任晋察冀军区政治部、司令部电台八分队文书，北岳区党委管理员、总务科长，华北局总务科科长、后方留守处主任，晋察冀边区银行冀中分行副经理。石家庄金融接管组仓库管理处主任。新中国成立后，历任太原市军管会办公室副主任、公产管理局局长，建工部太原工程局副局长。1958年7月任山西省建设厅副厅长，1966年2月任山西省基本建设委员会副主任兼建设厅厅长。1973年任大同市基本建设委员会主任。1980年2月任山西省基本建设委员会顾问。1983年离休，享受副省级待遇。

王朝纲 （1923—1994）汉族，阜平镇桃花村人。1939年1月加入中国共产党，1940年1月参加革命工作。抗日战争时期，历任阜平县法华村青救会主任、村党支部书记、阜平县七区青救会主任、区武装部部长。解放战争时期，历任阜平县六区、一区区委书记，阜平县政府秘书，县委宣传部长。1948年8月任支前大队政委，组织阜平县700多名民工担架队，支援解放绥远、张家口、北平战役，受到聂荣臻司令员接见和表扬。1949年1月回县，2月阜平县委抽调103名干部组成南下工作团，支援安徽、湖北新解放区革命工作。王朝纲任工作团政委，到达安徽后，1949年3月任芜湖县县长。在剿匪和土地改革运动中，出生入死，忘我工作，业绩显著，受到省委表扬，并被任命为芜湖行署专员。社会主义建设时期，历任安徽省芜湖行署专员，国家政务院监察委员会、监察部控诉局秘书组组长，1959年后任吉林省监察委员会委员兼办公室主任、监察委员会秘书长等职。1984年离休。

王中年　（1921—1995）汉族，大台乡东板峪店村人。1937年2月参加革命，同年加入中国共产党。抗日战争时期，历任阜平县五区青救会宣传委员，县青救会秘书，六区青救会主任，一区抗联宣传部长，五区抗联主任，县抗联青宣部部长等职。王中年广泛发动群众，开展减租减息、反对敌特斗争。在中华民族生死存亡的危急关头，特别是在1942年日军进行“五一”大扫荡时，在三位亲人惨遭日军杀害情况下，强忍悲痛，组织当地干部群众坚持斗争，受到上级党组织表扬。抗日战争胜利后，先后到冀晋党校、张家口烟厂学习。解放战争时期，任冀晋实业公司裕中烟厂科长。新中国成立后，历任石家庄风行烟厂厂长、市工业局科长、货车修理厂党委书记、副厂长，井陉矿务局党委书记，石家庄拖拉机厂党委书记，石家庄市工委主任、副市长、市委工业部部长、市委书记处书记、专员公署常务副专员，中共天津市和平区委员会书记兼区政协主席、区武装部政委，天津市一机局党委副书记、革委会副主任，6985工程指挥部副主任、主任、临时党委副书记、书记，天津市委组织部部长，天津市委副秘书长、市委办公厅主任，市委常委、市委秘书长，市委书记，市革委会主任。

第二章　南下干部

1949年，一大批阜平籍干部随军南下，在新解放区建立各级政权，领导人民维护社会治安、剿匪反霸、进行土地改革、恢复正常生活秩序、建设新中国。南下干部中有时任中共晋察冀四地委副书记张斌、中共县委书记张佑文、灵丘县县长韩文举、县武装部部长朱文秀等193人，其中男172人，女21人。

人物传略记述南下干部14人，人物简介记述南下干部33人。

第一节　人物传略

胡云初（？—1967）

阜平县人。1938年参加革命工作，同年加入中国共产党。抗日战争、解放战争时期在冀东工作，曾任热辽行署实业科科长，冀东行署实业科科长、农林厅厅长。1949年3月，任冀东南下干部总队党委会成员、组教处处长。同年11月到达永州地区，接管建政等工作，历任中共永州（零陵）地委常委、地委组织部长、地委副书记、湘南行署组织部长、行署专员、中共衡阳地委书记、湖南省委财贸部长。1957年任衡阳地委第一书记。1964年患脑血栓和植物神经紊乱等疾病，失去工作能力。1967年去世。

陈守芬（1914—1976）

城南庄人。1937年10月加入中国共产党。抗日战争时期，历任城南庄村党支部书记，阜平县委社会总部部长兼县公安局局长。晋察冀边区北岳区三分区地委委员，中共阜平县委书记兼县大队政委，北岳区三分区地委社会部部长，北岳区三专署专员，中共地委常委等职。解放战争时期，历任晋察冀边区第三、四、五专署专员，中共地委常委、地委副书记兼五专署专员。1949年2月，随军南下，任南下干部纵队第五支队政委。1949年5月，任中共皖南区宣城地委副书记兼宣城军分区副政委。中华人民共和国成立后，历任中共安徽省芜湖地委书记，安徽省农村工作委员会第二书记。上海柴油机厂党委副书记、书记兼厂长。中共上海市长宁区委第二书记、代理书记。上海市仪表电信工业局党委书记，上海市物资局党委书记。1953年任上海柴油机厂党委书记兼厂长，期间连续三年被八机部评为上海市红旗单位。1976年9月逝世。

吕清溪（1913—1984）

大台村人。1937年7月加入中国共产党。抗日战争时期，任阜平县第五区区委书记（史家寨片）。抗战胜利后，先后担任阜平县区委书记、平山县委宣传部长。1948年随军南下，历任河南省襄城县长，西华县县长、县委书记，许昌专署农机局局长，科委主任，民政局局长，组织部副部长、部长、地委副书记等职务。1984年4月在许昌逝世。

张斌（1908—1985）

原名顾立祯。阜平县人。1917年至1931年底，在城南庄村小学、阜平县城内高小读书。1932年1月参加革命工作，同年加入中国共产党，在城南庄以小学教师兼开书铺为掩护，负责党组织情报和联络工作。1937.9—1938.3任城南庄动委会民兵指导员。1938年4—7月，在山西海惠庵农训班学习。1939年4月，任山西灵丘县农会主任、县委组织部长。1943年1月任灵丘县一区区委书记。1944年4月，任山西浑源县委组织部长。1945年2月，任灵丘县委副书记，8月任山西雁北地委书记。1946年1月任晋察冀四地委副书记。1949年3月南下，任皖南区贵池地委副书记。1952年2月任安庆地委书记，5月，调任滁县地委书记兼军分区政委。1955年5月—1958年12月，先后任安徽省林业厅副厅长、劳改指挥部副指挥、林业厅代厅长兼宿县县委第一书记。1959年1月，任安徽省农业厅副厅长。1963年10月，任安徽省农科院院长。1978年7月重新工作，任安徽省农科院院长。1979年7月，任安徽省政协常委，全国工商联委员、安徽省工商联副主任委员。1985年3月27日在合肥逝世。

孙国发（1907—1992）

原名孙水泉。三官村人。1937年抗日战争全面爆发后，在本村参加抗日工作，先后任村抗日动员会组织委员、副村长、村长。1938年2月加入中国共产党，任村党支部书记。1939年12月任城南庄区委组织委员。1940年5月任城南庄区委书记。1941年12月任县农会副主任兼组织部长。1942年12月任县供销社社务部组织委员兼党支部书记。1943年5月任阜平县八、九两区联社主任。1945年10月到冀晋区党委党校学习。1946年2月学习结束后，先后任行唐、灵寿县贸易公司干部、秘书，冀晋贸易总公司股长、科长、粮店经理，阜平县贸易分公司经理。1949年2月南下，历任皖南区贸易总公司大通二分公司经理、中国百货公司皖南区公司副经理、中国店员工会皖南筹备委员会主任、中国店员工会安徽省筹备委员会副主任、中国商业工会安徽省委员会主席、省工会党组成员。1958年10月任合肥钢厂副厂长、工会主席、党委委员，1968年8月任合肥钢厂工代会主任，1975年12月任合肥钢铁公司顾问。1981年6月离休。1992年1月14日在合肥逝世。

张茂菊（1926—1994）

女，大台乡大连地村人。1939年参加儿童团，投身抗日救亡运动，站岗、放哨、捉拿汉奸。1943年10月加入中国共产党。1948年2月南下，先后在登封、密县担任妇女联合会主任。1959年，历任密县副县长、开封地直机关组织部长、杞县监委副书记、唐河县商业副局长、洛阳地区重工业局副局长等职。1994年8月17日逝世。

顾万才（1917—1994）

阜平县人。1937年加入中国共产党，同年参加革命工作。抗日战争时期，历任本村民兵中队长、党支部书记，六区区委组织委员、保卫委员、派出所所长、区长、县公安局局长。解放战争时期随军南下，任中共湖北省蕲春县区委副书记、书记。新中国成立后，任中共蕲春县委副书记兼公安局局长，黄冈行署公安处副处长、处长、黄冈行署副专员，黄冈地委副书记、第二书记。1978年任湖北省高级人民法院院长、党组书记，1983年任湖北省人大常委会委员。1984年离休。

杨振良（1924—1998）

北果园乡水泉村人。1939年1月加入中国共产党，同年参加革命工作。历任阜平县抗联会组织部长，农民部部长，1948年任河南登封县区长、区委书记，1950年任郑州地委宣传部副部长，1951年任密县宣传部长、副书记、书记、地委委员。1959年任郑州市委委员、农工部长、农林委员会副主任兼新郑县委书记，唐河县委副书记，1975年后任洛阳地委委员、生产指挥部副部长、计委主任，1977年任洛阳地委委员、组织部副部长。1980年任洛阳地委常委、组织部长，1983年离休，1998年10月7日逝世。

孟春秀（1923—1999）

女，阜平县平阳镇人。1945年加入中国共产党，同年参加工作。抗日战争和解放战争时期，任平阳区青年妇女部长。1948年任城关区妇联会干事，后任四区邮务所所长。1949年2月随军南下至皖南。任皖南青阳县城关区农会干事，主要任务是征粮工作。积极宣传党的政策，依靠当地群众，完成征粮任务。皖南干部学校成立后，负责图书馆筹建工作。后在皖南区党委党校、安徽省委党校、省委初级党校做图书管理工作。省委中级党校成立后，任校办公室机要秘书。1959年9月—1964年12月任安徽省合肥市五交化公司主任。1965年1月，调国家外交部工作，任国际问题研究所机要秘书，赴中国驻瑞典大使馆任三等秘书、办公室副主任。1977年任满回国，在外交部信使队出国文件组工作。1982年赴中国驻意大利大使馆工作，任二等秘书（副处级）。1985年9月任满回国。1986年5月离休。1999年12月15日逝世。

张超（1921—2000）

台峪乡台峪村人。1938年3月参加工作，1938年3月任村青抗会主任，10月任区青年抗日救国会干事。1942年9月，任区财粮助理员、交通站副站长，县政府财政科科员。1947年9月，任阜平县直属粮库主任。1948年2月加入中国共产党。1949年2月随军南下，任青阳县粮食局局长。1951年3月，任池州专署财委会秘书。1952年2月，池州与安庆两地区合并，任安庆专署财委会秘书。1953年10月，任专署财政科副科长、科长。1956年任专署财办副主任。1957年3月专署撤销财政科，设财政局，任财政局局长。1959年12月，任中共安庆地委财贸部副部长、地直财口基层党委书记。1963年7月地委财贸部撤销，调任安庆专署财办主任、专署党组成员。“文化大革命”中受冲击、迫害。1968年10月，任地区黄湖“五七”干校负责人。1970年11月，任地区“五七”干校革委会筹备小组组长。1971年5月，地区“五七”干校与地区毛泽东思想学习班合并，任革委会第一副主任。1973年6月，任安庆地区财政局金融局局长兼局党的核心小组组长。1974年1月，任安庆行署财政税务局长兼局党组书记。1981年11月，任中共安庆地委组织部副部长兼任地委老干部管理委员会副主任。1983年11月离休，享受地专级待遇。2000年7月逝世。

耿柏（1922—2001）

曾用名耿子玉，女，北果园乡魏家峪村人。1940年11月参加革命工作，1944年4月加入中国共产党。先后担任县抗日救国妇女联合会分队长、教师、阜平县王快镇妇联会干事、华北局党校第一部会计、湖北省汉川县委组织干事、湖北省党校组织干事、广西壮族自治区公路运输工会组宣科科长、工会副主席、广西壮族自治区总工会生产部农水组组长、区测绘局人保科科长、区人委办公厅印刷厂党支部书记、南宁市印刷厂主任、南宁市商标印刷厂党总支书记。1982 年 5 月离休。2001 年 4 月 20 日逝世。

阎志超（1919—2001）

1919 年生，阜平县史家寨乡沙角湾村人。1937 年 10 月参加革命工作，任史家寨乡动员委员会武装部长，1938 年 10 月在分区教导队学习，1939 年 2 月任史家寨乡自卫队队长。1939 年 5 月加入中国共产党，同年 12 月任区政府实业助理员。1940 年至 1944 年先后任区人民代表大会秘书、主席，区政府区长，区合作社办事处主任。1944 年 12 月参加阜平县委训练班整风学习。1945 年 2 月任阜平县委城工部干事，阜平县委秘书。抗战胜利后，历任中共阜平三区委员会书记，阜平县委委员、组织部副部长。1947 年 12 月到中共中央华北局党校学习。1949 年 2 月南下，任南下行军中队支委。1949 年 10 月任湖北省天汉县委组织部长。1951 年 7 月至 1954 年，先后任湖北省委党校组教科科长、党委副书记，中共中央中南局组织部科长。1954 年 10 月调广西，历任中共广西壮族自治区委联络部办公室副主任、主任，1956 年 11 月至 1958 年 3 月任广西外事处副处长。1958 年 3 月任区直党委副书记。1962 年 3 月任区监察委员会候补委员、监察员，1968 年 8 月整党建党学习班指导员、支部副书记，区革委会留守处政委，区革委会办事组信访组组长、政工组组长，区直党委副书记，区直机关党委书记。是中共广西壮族自治区第二、三、四次代表大会代表，政协广西壮族自治区第二、三、四届委员会委员。1981 年 11 月离休，2001 年 6 月 12 日因病逝世。

万振三（1918—2005）

阜平镇燕头村人。1938 年 9 月参加工作，同年加入中国共产党。1939—1940 年，任阜平县二区、五区青委委员、抗先队队长。1941—1945 年，任阜平县一区区委委员、区武装部大队长、县委委员、县武装部部长。抗日战争时期，任武装大队长，在反“扫荡”战斗中，担负地雷战培训、传授地雷装卸技术，从事布雷、控雷，同敌人展开地雷战。1948—1949.1 月，任阜平县人民政府县长，1949 年 2 月，带阜平县干部南下，任中共皖南青阳县委副书记、政府县长。1950.1—1954 年，任中共安徽省太平县县委书记、徽州地区工会主任，后调任徽州地委工交部长。1955 年冬任安徽省委工交部轻工处处长。1957 年春，任芜湖地委工交部长。1958 年秋，调马鞍山市先后任市委常委、马钢一铁厂党委第一书记、马钢公司副经理。1961 年底，任徽州地委常委、歙县县委书记。1962 年任马鞍山市副市长。1966 年春，任安徽省手工业局局长、党组成员。1969—1973 年春，任中共安徽省寿县县委副书记、革委会主任。1973 年任安徽省轻工局副局长。1977 年任安徽省纺织工业厅厅长、党组书记。1982 年春，任安徽省经委副主任、党组成员。在任安徽省手工业、轻工业、纺织工业三大行业厅、局长时期，为安徽省地方工业建设与发展做出了贡献。1982 年 11 月离休。

周银喜（1922—2007）

砂窝乡河彩村人。1937 年参军，1942 年加入中国共产党。抗日战争初期，跟随八路军一一五师在华北沿平绥、平汉、津浦三条铁路线参加了多次战役。参加平型关、神堂堡战斗，1940 年参加百团大战，战斗中身负重伤，多次建立战功。1948 年 9 月至 1949 年 1 月参加平津战役，后随部队南下时再次负伤，在广东省韶关战地医院疗养。中华人民共和国成立后，在韶关医院工作，曾任韶关市第一人民医院院长。2007 年 2 月病逝。周银喜乐于助人，1995—2007 年资助家乡贫困学生 53 人，资助费近 10 万元，资助家乡贫困户衣物 400 余件。

第二节　人物简介

韩文举

1910 年生，阜平县阜平镇马沟村人，1931

年参加工作，同年加入中国共产党。参加工作后，在三区槐树底，一区照旺台小学担任教员。抗日战争时期，在阜平一区任区委书记，抗联会主任。阜平县政府第一科科长（民政科、教育科、司法科合并为第一科）。1945年6月，任灵丘县政府民政科科长。日本投降后，任政务秘书，灵邱县政府县长，县委会常委。1947年7月南下，到冀鲁豫区党委党校，任总支委员，队支部书记。1949年4月任中南军政委员会妇女干部职业学校校长兼支书（1950年3月中共中央中南局批准为地委级干部待遇），中南行政委员会机关干部文化学校校长、党总支书记。1954年11月至1983年3月任武汉行政干校副校长、党委副书记。武汉市粮食局副局长，局党委常委。1983年3月离休，享受正局级待遇。

赵魁富

1911年生，阜平县城南庄镇桐子沟村人。1933年加入中国共产党，1937年在城南庄区委工作。1938年任城南庄区区委副书记、书记。1945年任阜平县委组织部部长。两年后，到中央党校学习，学习期间参加山西五台县东冶镇土改，山西娘子关土改。土改结束后又回中央党校。1948年第一批南下，任河南省内乡县委副书记兼组织部长。1950年任内乡县委书记。1952年任广东省海南岛琼山县委第一书记，1955年参加广东省文化干校学习，1958年任海南岛自治州州委书记，自治州和海南区党委合并办公后，任乐东县委第一书记，自治州与海南区党委分开，自治州搬到通什镇，设立海南黎族、苗族自治州，任自治州党委农业书记。后调任海南区党委纪检委副书记、自治州党委常委。1981年离休。

王熙和

1914年生，阜平县阜平镇白河村人。1940年参加工作，同年加入中国共产党。1937年，任本村农会组织委员、村长，组织群众挖战壕，埋地雷，坚壁清野，发展生产、动员参军、成绩显著，被评为模范村长，出席区英模大会受到表彰奖励。1947年，任阜平县三区区长。历任阜平县工商局局长，阜平县民政科、司法科科长兼法院院长，阜平县政府秘书。1949年随军南下，任省直机关工作队队长，皖南行署怀宁县县长。1952年后历任安徽省交通厅监察室主任，芜湖、淮河航运局局长、书记。安徽省交通部交通处处长、办公室主任、副秘书长。皖江航运局书记。1965年长江组建“托拉司”，皖江航运局划归“托拉司”。带领部分职工回省会合肥，组建安徽省航运局，任书记。对全省航运管理和水运企业，建章立制，建立水上运输新秩序。同年任交通厅副厅长、党委成员。1983年离休，后任省航运史编写委员会主任，五年内编印出版《安徽航运史》和《航运志》，被评为国家级和省级优秀志书。交通部中国航海史研究会和省地方志办公室颁发了奖杯和奖状。组建安徽省航海学会，担任理事长、名誉理事长，多次被评为先进学会和明星学会。

顾耀选

1914年生，阜平县阜平镇沙沟村人。14岁时因家庭经济困难，读了3个月高小就辍学回家务农。19岁到山西省大同市做土石工。1937年10月加入中国共产党，任村党支部书记，1938年任董家村区不脱产区委委员。1939年10月脱产，任董家村区委组织委员，董家村区区委副书记，六区（下堡区）区委书记，阜平县委宣传部长，冀晋区党委干校学员并任组长。解放战争时期，任阜平县委组织部部长，三地区区委（唐县北乐）党校副校长，完县区委书记。1948年4月在灵寿县北方分局党校（华北局南下工作队）学员队任副队长，3个月后南下。1948年7月，任湖北省应山县委组织部部长兼余家店区委书记。1950年10月任中共应山县委副书记兼组织部部长。1951年任中共湖北省通山县委书记。1952年任中共广东省惠阳县委第二书记。1953年7月任粤东区党委委员、组织部副部长兼中共潮安县委书记。1956年5月任中共汕头地委组织部长。1957年7月任中共汕头地委副书记兼地委组织部长。1964年1月调广东省粮食厅任副厅长。1970年1月任韶关冶炼厂革委会副主任。1972 年 1 月任英德茶厂革委会副主任。1973 年 7 月任广州市农委副主任。1982 年 12 月离休，享受正厅级待遇。

刘维勤

1916 年生，阜平县阜平镇城厢村人。1938 年 2 月参加阜平县基干游击队，1946 年 3 月加入中国共产党。1938 年至 1942 年任晋察冀军区供给部经济科科员，1943 年至 1949 年任阜平县高街供销栈经理，1949 年南下任皖南青阳县贸易公司经理。1952 年任安徽省安庆专署工商科科长，1954 年任安徽省统计局农业处处长，1957 年任安徽省安庆专署商业局局长，1965 年任安徽省池州专署财办主任，1978 年任安庆市人民银行中心支行行长。1984 年离休。

康玉庭

女，1918 年生，阜平县阜平镇高阜口村人。1937 年 9 月参加工作，1942 年 1 月加入中国共产党。1937 年 9 月后，历任村妇女队长、指导员、妇救会主任。1940 年 7 月任阜平县六区妇救会宣传部长。1941 年 3 月至 1942 年 9 月先后任八区、五区妇救会主任。1943 年 9 月任阜平县妇救会检查团团长。1945 年 1 月任一区妇救会主任，1946 年任阜平县妇救会宣传部长，1947 年到边区卫校学习，1948 年任阜平县妇救会主任。1949 年 2 月南下到皖南青阳县任妇救会主任。1950 年 1 月任太平县妇救会主任、县妇委书记，池州地委妇委委员。1953 年任徽州屯溪市妇委会主任，1956 年任安徽纺织一厂人事科副科长。1958 年 1 月任芜湖专区手工业训练班主任。1959 年任马鞍山市交通局党委副书记，1966 年 1 月任安徽省合肥市眼镜厂党委书记。1969 年任安徽省服装厂党委书记。1981 年离休。

郭文远

1918 年生，阜平县平阳镇王快村人。1937 年 11 月加入中国共产党，1938 年 8 月参加革命工作。抗日战争时期，任区委组织委员、区委书记。1940 年 9 月至 1945 年 8 月任阜平县委委员、公安局副局长。1945 年 8 月至 1948 年 9 月任灵寿县一区区委书记、公安局长。1949 年 2 月南下到皖南，任青阳县委书记，贵池专区党校校长。1952 年 12 月任安徽省行政学院组教处处长、院党委书记。1958 年 8 月至 1980 年 11 月任安徽工学院党委书记、副书记。1980 年 11 月离休。

邓绍孟

1919 年生，阜平县阜平镇圣水村人。1937 年 10 月加入中国共产党，担任村党支部书记，1939 年 8 月脱产，任十一区（龙门）代表会副主席，文救会联络员，县武装部政治股员，武装部修械所所长，六区（西下关）武装大队长。1949 年初随军南下，到皖南石台县二区（七都）任区委书记兼区长，县武装部部长（参加县委），太平县县大队副政委。1952 年 5 月任池州军分区司令部办公室主任，1954 年转业到地方工作，任安庆专署民政科科长。1956 年 3 月任专署办公室主任。1958 年 6 月任专署血防所所长。1959 年 1 月任专署劳动局局长。1961 年 8 月挂职到东至县昭潭区任大队党支部书记、区委副书记，同年任县监委副书记。1963 年，任安庆外贸办事处党总支书记。1976 年 1 月，任安庆地区医药站革委会主任。1979 年 9 月，任安庆地区卫生局副局长。1982 年 12 月离休，享受地专级待遇。

张宝鼎

1921 年生，阜平县城南庄镇花沟掌村人。1938 年任村青年抗日先锋队队长。1939 年 2 月加入中国共产党，同年 8 月参加工作，任阜平县六区（董家村）青年抗日救国会青抗先队长。1940 年 5 月至 1946 年 10 月先后任七区（下堡）青救会主任，七区区委宣传委员，二区（高街）区委委员、区长。阜平县政府实业科副科长、一区（先驻西庄后在城内）区委书记、阜平县政府秘书。1948 年 2 月调行署支前工作组任组长，带队参加察南战役，保证部队粮草供应。6 月分配到天镇县人民政府任秘书。1949 年 2 月参加南下干部大队，编在六支队一大队（县建制），任秘书。1949 年 5 月到达皖南屯溪市。当月市人民政府成立（地级市），分配到社会科任副科长、科长，政府秘书。1950年2月任绩溪县人民政府副县长、代理县长。1952年任徽州专员公署民政科科长，1953年1月任专署秘书主任，1954年7月任中共歙县县委书记，1956年11月任中共芜湖地委政法部副部长，1957年1月2日调歙县任中共县委书记处第一书记、书记，1958年5月调芜湖地区中级人民法院任院长，同时任地委政法部副部长，1961年10月任徽州专员公署办公室主任，1963年4月任徽州地委统战部副部长，1965年任地委政法领导小组副组长，1968年10月任一〇四干校革命领导小组副组长。1969年任统战系统革命领导小组组长。1972年2月任安徽省屯溪茶业学校革委会主任、校长。1979年6月任安徽省徽州分校校长。1980年11月任徽州地委统战部副部长。1983年9月离休，享受副地级待遇。

耿泰龙

1921年生，阜平县阜平镇青沿村人。1938年加入中国共产党，同年参加革命工作。抗日战争时期，历任村支部组织、宣传委员，村抗先中队指导员。区公所治安协助员（半脱产），区人民武装自卫队大队部干事。阜平县联社城关联合支部书记，合作社经理，阜平县一区区委组织宣传委员、区委副书记。1949年2月随军南下，任阜平县南下大队一区队书记兼区队长。到达皖南地区后，任青阳县陵阳区委书记兼区长。皖南革命干部学校队主任。新中国成立后，历任皖南区党委党校队支部书记、队主任。贵池县土改工作组党委书记兼人民法庭审判长。国营上海第七棉纺厂党委副书记，监委书记。上海市普陀区委五金工业局党委书记、普陀区委组织部副部长、普陀区委教育卫生工作部部长。1971年后调任朱家湾街道党委副书记、区中心医院代理总支书记。普陀区委复查组组长，上海市普陀区纪律检查委员会副书记。1984年离休后，聘为上海市普陀区监察局特约监察员，并担任市委党校离休干部学习班支部成员、学习组长。

耿表曾

1922年生，阜平县北果园乡魏家峪村人。1941年6月参加工作，1937年12月任本村儿童团长、青救会主任，1939年3月行唐县马化村小学教员，1939年12月，晋察冀军区第三军分区供给部警卫排战士，因身体原因复员回家。先后在本村担任青年抗日先锋队副队长、指导员，村人民武装自卫队中队部指导员。1941年6月任阜平县第三区人民武装自卫队大队部半脱产执委。1943年3月正式脱产，任阜平县第三区抗联会宣传部长，6月改任青年部长。1944年1月调阜平县第三区公所，先后任财政干事、会计、助理员等职。1946年先后任阜平县政府财政科科员，阜平县粮食局科员、会计。1948年夏，财政粮食合并为财政科，任粮食会计，10月任财政科副科长。1948年11月加入中国共产党。1949年2月参加南下干部队伍。在灵寿县西柏堂进行整训，编为南下纵队第四支队第一大队，任供给科长，4月中旬到达安徽合肥。1949年4月21日解放军渡江后，南下干部迅速跟进，阜平县120多名南下干部徒步前进，于1949年4月26日过江，4月30日到青阳县，按县委分配方案，到自己工作岗位。1949年5月任青阳县人民政府财政科长，7月任青阳县人民政府秘书。1950年4月任池州专署民法科副科长，池州专署工商科副科长。1951年12月池州专署与安庆专署合并，调任太平县人民政府县长（太平县原属池州专署，池州专署撤销后，划归徽州专署）。1952年7月任徽州专署财政科长。1954年6月任徽州专署秘书主任。1956年1月徽州专区与芜湖专区合并，留在屯溪，任屯溪市委五人小组副组长，负责处理徽州地委遗留的肃反专案扫尾工作。1956年7月任芜湖地委副秘书长。1957年3月任中共绩溪县委第二书记。1958年3月任芜湖专区化肥厂筹备处主任书记。1959年4月任芜湖专区白马山水泥厂筹备处主任书记。1961年芜湖地区分为芜湖徽州两个地区，任徽州地委副秘书长。1970年11月调任屯溪塑料厂革委会主任、党总支书记，带领全厂职工努力生产，成为年盈利近百万元的小型工厂。1975年1月任徽州地区知识青年上山下乡办公室主任。1978年9月任徽州地区农林办公室副主任。1980年3月任徽州地委党校常务副校长、党委书记。1980年8月任徽州地委副秘书长兼办公室主任，1982年3月任秘书长。1983年10月离休，享受地级待遇。

王国寅

1923年生，阜平县大台乡东板峪店村人。1941年11月参加工作，1948年12月13日加入中国共产党。抗日战争时期，历任儿童团团长、青年救国主任、治安主任、小区抗先队队长。解放战争时期，曾任乡新农会主任、贫农团主任、阜平县四区武装部副大队长、区政府优抚助理、民政助理，参加张家口和北京等地支前工作。1949年2月随军南下，参加渡江战役。1949年4月底任皖南青阳县城关区财粮助理员、6月任吴潭区武装大队长。新中国成立后，历任安徽省青阳县委宣传部干事，青阳县庙前区区长，区委副书记、书记，青阳县整党工作队队长，蓉城区区委书记，丁桥区区委书记，安徽省安庆地区整党工作队组长，安庆地区检察院检察员兼组长、安庆地区东流县检察院检察长（参加县委）。在此期间因在防汛抗旱工作中不顾个人安危，抢救水坝，《华东通讯》曾登载他的先进事迹。1958年后历任安庆地委政法部业务科科长，安庆地区刘家大排铁矿党委副书记，安庆地区公安处政治处主任，安庆地区体委副主任，安庆地区地直党委副书记，地直党委常委，地区保密委员会委员，地委纪检委委员，安庆地委行署机关行政事务管理局局长、党组书记。1985年12月离休，享受地级待遇。

张法典

1923年生，阜平县平阳镇人。1940年参加工作，1943年加入中国共产党。1940年8月至1945年7月，任上平阳、白河、大柳树小学教师、白河中心小学校长，下平阳完全小学校长兼党支部书记，教联会主任。1945年7月至1948年底，历任阜平县教育科督学，县抗联、冀晋抗联干事，冀晋群众报社、冀晋日报社编辑。阜平二区区委宣传委员，王快土改试点工作组组长。县委政策研究组组长、县委秘书。1948年底，任阜平县南下干部大队长、县委宣传部长。1949年初南下皖南后，任青阳县委宣传部长，在新解放区展开解放战争形势、征粮、剿匪宣传工作。总结了新区工作经验。此后，调往皖南干部学校工作，曾任组教科长、团委书记。在青阳县就地招生，训练知识分子，培养干部支援新解放区，以解决干部不足问题。皖南干部学校结束后，原班人员奉命改办皖南区党委党校，以形势、政策教育内容，以短训班形式培训党的区委书记。皖南、皖北合并成立安徽省委后，皖南、皖北党校合并为省委党校，张法典历任组教处副处长、处长、哲学教研室主任、教育长兼哲学教研室主任、党委委员。在此期间，参加中央在杭州举办的高级干部自修班和中央党校学习，任安徽省旁听班党支部书记。1964年11月至1985年9月调北京外交部工作。历任国际问题研究所美国研究组副组长、党总支书记、办公室主任。1969年冬，出任中华人民共和国驻瑞典大使馆一等秘书、政务参赞。任满回国后，任外交部政治部群众工作部副部长。该部撤销后，任干部司副司长。1982年出任中华人民共和国驻意大利大使馆政务参赞，同时出任圣马力诺总领事。1985年任满回国。1986年5月离职休养。

于政宣

1924年生，阜平县阜平镇西庄村人。1939年8月15日加入中国共产党并参加革命工作。1937年10月至1945年12月，历任本乡（村）抗日救国儿童团团长，青年抗日救国会主任，青年抗日先锋队指导员，游击组组长，锄奸委员会副主任，文化抗日救国会副主任兼任三乡（村）文救会联络员，战时救护员等职。1946年1月至1949年2月，任阜平县供销合作社第二供销部、山货医药部业务员、会计员。1949年2月随军南下皖南，4月23日渡江分配到青阳县工商局任科员，后调任县公安局治安股负责人，县供销社主任，皖南供销合作总社代表会当选为监事会委员。1953 年 7 月，调安庆地区太湖县任供销社主任，太湖县委委员，省供销合作总社代表会选为监事委员会委员。1954 年 7 月，作为安徽省代表，出席中华全国供销合作社第一次代表大会，并代表安徽省代表团在大会上发言。

1954 年 11 月，任安庆专署手工业管理科科长兼省供销社安庆办事处副主任，省手工业联社安庆办事处主任。1957 年 12 月出席全国手工业合作社第一次社员代表大会，受到中共中央副主席朱德接见，并代表安徽省代表团在大会上发言。1963 年 10 月出席中华全国手工业合作社第二次社员代表大会并做大会发言，会议代表受到党和国家领导人刘少奇、周恩来、朱德、邓小平亲切接见。手工业合作化后，任地区化肥厂筹备处副主任，专署煤炭工业局、冶金煤炭工业局局长，安庆地委工业交通部副部长兼专署计委副主任。在贯彻中央提出“调整、充实、巩固、提高”八字方针时，又恢复手工业领导机构，继任专署手工业管理局局长，省手工业联社安庆办事处主任，省手工业联合社理事会委员，兼任安庆市手工业联社党委书记。

1966 年 6 月，任宿松县委书记、兼县人武部第一政治委员和人武部党委第一书记。“文化大革命”期间受到冲击。1969 年 11 月任县革委会副主任、主任，县委副书记、书记，兼县人武部第一政治委员。1976 年 11 月任安庆地区革委会财办副主任，1978 年 1 月任中共潜山县委书记，兼县人武部第一政治委员。1979 年 8 月任安庆地委常委、地委组织部部长兼地直党委书记。1981 年 6 月任安庆地委副书记，1983 年 9 月任地委顾问，1985 年 12 月离休。安庆地市合并后，1988 年被中共安庆市委、安庆市人民政府聘请为经济工作顾问，担任省集体经济学会名誉顾问。

顾品三

1924 年生，阜平县大石坊村人。1939 年 9 月参加工作，在晋察冀边区政府教育处任勤务员，后任教育处点滴出版社书写员。1942 年秋任边区政府实业处林场练习生。1945 年任阜平县二区圣水村小学教师，下半年由县教育科保送到唐县冀晋第三师范学习。1946 年 6 月加入中国共产党。1947 年在阜平县委会作文书收发工作。1948 年底任阜平县委组织部组织员。1949 年初任阜平县南下干部大队党委组织部干事。南下渡江后任池州地区青阳县委组织部组织干事、干部干事，县委会秘书、县委组织部副部长。1952 年 7 月到省委党校学习，10 月任安徽省铜官山矿党委组织部干部科科长，矿务局人事科科长，铜官山冶炼厂党总支书记、党委书记。1960 年被选为市党代会代表出席市党代会，被选为市委候补委员。1961 年 6 月任铜陵有色金属公司党委委员、组织部部长。1964 年撤市成立特区，任特区党委政治部组织部部长。1968 年底下放到青阳县任贫宣队队长，后任青阳县革委会生产指挥组副组长。1969 年底赴安徽省万人学习班学习。1970 年任铜官山选矿厂党的核心小组组长、革委会主任、党委书记，当年被选为出席市党代会代表。1974 年邮电合并调任市邮电局党的核心小组组长、局长，10 月任铜陵市委常委、组织部部长。1980 年 10 月作为铜陵市党代会代表参加党代会，当选为市委委员，在全委会上当选为市委常委。1982 年任铜陵市人大常委会副主任（兼职）。1983 年任人大常委会常务副主任、党组副书记。1984 年被选为安徽省第四次党代会代表。1990 年离休。

李逢萼

1925 年生，阜平县阜平镇大园村人。1944 年 1 月加入中国共产党，同年参加工作，任本村抗日先锋队队长和武委会指导员。1946 年 7 月至 1949 年 3 月任一区、四区农会宣传委员、区大队长、区委委员和区委书记。1947 年冬参加县组建的随军支前大队，任一区担架连指导员。这次支前经山西大同等地直至内蒙古凉城，行程 2000 余里，时间 3 个月，随军参加了凉城战役。1949 年 2 月随军渡江南下，分配到皖南青阳县武装部工作，任政治股长、部长。后调到中国人民解放军西南服务团云南支队一大队任副中队长。1949年9月从南京出发向大西南进军。1950年3月到达云南玉溪地区通海县。1952年6月先后任通海县委组织部长、公安局长、政府县长。1952年6月，到达文山县，搞土改试点，任片长（几个行政村为一片）。1952年9月，调任砚山县任县委书记。1953年3月，任文山地委办公室主任。1956年3月先后任地委常委、地委秘书长兼农村工作部部长。1965年任文山地委副书记。1975年11月任昭通地委副书记，1976年8月至1977年4月主持地委工作。1984年2月离休。

孟广城

1926年生，阜平县平阳镇铁岭村人。冀晋区第三师范毕业，1940年2月参加革命工作，1942年加入中国共产党。抗日战争时期，历任村儿童团团长，阜平县平阳区青年救国会干事，平阳完小学生会主任，东板峪店村小学教师。抗日战争胜利后，由组织保送进晋察冀第三师范学习。解放战争时期，历任阜平崔家沟完小校长，西庄完小校长。阜平县委宣传部干事。1949年2月南下皖南区，4月底分配到青阳县委宣传部工作。7月调安徽池州地委宣传部，任副科长兼安徽皖南日报社记者站站长、特派记者。新中国成立后，任安徽日报社驻安庆、芜湖记者站站长。安徽日报社记者部主任、办公室主任、副秘书长、党委副书记、编委委员。中共中央华东局宣传部宣传处干部，“四清”工作组组长、队委副书记。上海静安区委办公室负责人，上海市委宣传部新闻出版处副处长、调研员。1986年11月，中华新闻工作者协会授予“长期从事新闻工作，为社会主义新闻事业做出了积极贡献”荣誉证书。1987年离休。离休后被聘为中共上海市委宣传部《台港澳报刊动态》编辑部副主编。1986年12月，中共上海市委宣传部颁发“中华人民共和国老干部离休荣誉证”。1995年上海市老干部局颁发“抗日战争胜利五十周年”纪念章一枚。

王天九

1927年生，阜平县阜平镇南街人。1940年12月参加工作，同年加入中国共产党。抗日战争时期，曾任村、区儿童团长，村治安员、区半脱产治安员。1945年7月，任阜平县城关派出所所长，阜平县公安局股员、股长。1949年2月随军南下，任副区队长。1949年5月24日过长江，任皖南青阳县委常委、公安局副局长、局长。1953年1月任安徽省马鞍山铁厂保卫科科长、保卫处副处长，1956年10月12日任马鞍山市公安局局长、市委委员。1958年9月马鞍山钢铁厂成立，先后任运输部党委书记、二轧厂、一铁厂、一钢厂党委书记，马钢厂公司副经理、第一副经理，马钢厂党委常委、党委书记。1984年9月任马鞍山市委副书记。1993年离休，享受地级待遇。

陈先云

1927年生，阜平县城南庄镇城南庄村人。1939年8月参加革命，1945年3月加入中国共产党。参加工作后，在晋察冀公安总局做勤务工作。1940年6月成立边区政府感化院，任分队长。1941年1月到边区民族革命第五中学读书。1942年、1943年任本村儿童团长、少先队长、童子军中队长。1943年“四四”儿童节北岳区领导机关在城南庄召开大会，检阅童子军，城南庄童子军获模范中队奖旗。1944年先后在本县马兰、诚信沟任教。1945年组织保送去延安，4月18日和去延安的40多人自阜平县柏崖出发，武装护送顺利通过日军封锁区和封锁线，跨冀、晋、陕17县，步行近800公里，历时32天，于5月19日到达延安。5月底中央组织部分配到新华通讯社当译电员。1947年3月，中央机关大批人员去华北，留下部分工作人员分编四个大队和中央警备团部分武装组成中央纵队，跟随党中央和毛泽东主席转战陕北。新华社的40多人组成四大队，任务是收译国内国际新闻。1948年3月新华社人员会师于平山朝家峪。1949年3月进住北平，同年8月南下，编入二野西南服务团云南支队。1950年3月进驻昆明，在新华社云南分社译电室任组长，1951年3月调到大理地区工作。在农村搞过减租退押，在机关当过地委党校管理员、辅导员、理论教员。曾任祥云县宣传部副部长、地委讲师团副组长，1958年任大理白族自治州粮食局局长。1987年离休，行政15级。

张凤元

1928年生，阜平县平阳镇白家峪村人。1946年2月参加革命工作，1949年2月加入中国共产党。解放战争时期，为阜平县师范学员，雷堡村小学教师，阜平县三区工商税务助理。1949年2月随军南下到皖南，任青阳县庙前区财粮助理，粮库主任。新中国成立后，历任安徽省青阳县公安局九华山派出所所长，县公安局股长，安庆专区公安处副科长、科长、政治处副主任，安庆地委工具改革办公室副主任、安庆专区机械局副局长、农机局副局长，安庆市纪律检查委员会专职委员兼办公室主任，安庆市第二工业站革委会主任，安庆市二轻工业局局长、党委书记，安庆市委常委、组织部长，安庆市科学技术委员会主任、党组书记。1983年12月离休，享受副地级待遇。

张培绪

1928年生，阜平县平阳镇下平阳村人，1946年2月加入中国共产党，同时参加革命工作。抗日战争时期，曾任村抗联宣传委员、村教育委员，阜平师范学员。解放战争时期，历任阜平县栗园铺小学教员，冀晋第三师范学员，高阜口高小教员、校长。1949年随军南下，任安徽省青阳县区委委员、区长。新中国成立后，历任安徽省青阳县区委副书记、书记。青阳县委秘书主任，宣传部副部长、部长、县委常委。东流县委农村工作部部长。安庆专署交通局局长，安庆地委工交部副部长，安庆专署计委副主任。后调中央工交政治部工作。历任国家计委机关党委宣传处处长、党办副主任、党组纪检组负责人、机关党委副书记。1989年12月离休，享受司局级待遇。

苗植田

1928年生，阜平县城南庄镇白家湾村人。1943年7月在城南庄高小参加中国共产党，1937年至1943年先后在温塘村、花山村、城南庄读书，任儿童团长、班长、学生抗日救国会主席。1944年任城南庄区宝地沟村小学教员，1944年底调晋察冀边区、冀晋区抗联任收发。1945年初调延安，同年5月由中央组织部分配到延安新华通讯总社工作，任总社译电员。1947年中共中央机关撤离延安后随总社迁到河北涉县。1948年4月南渡黄河任新华社豫西分社机要组长。1949年3月后任新华社开封分社、河南省分社机要股长。1950年5月调河南省公安厅任机要股长，同年8月调湖南省公安厅任机要科长。1952年10月调中共湖南省委机要处工作，任译电科长，秘书科长等。1954年调湖南省行政学院学习，毕业后任行政学院一部班主任。1956年9月调中国科学院冶金陶瓷研究所长沙分所任人事科长，1979年以后任冶金工业部长沙矿冶研究院行政科长、技术档案科长等。1984年7月冶金部批准享受司局级待遇。1984年8月离休。

刘常生

1929年生，阜平县阜平镇城厢村人。1943年加入中国共产党，同年参加工作。抗日战争时期，任阜平县城厢儿童团长，阜平县高小学生会副主任。参加抗日救亡宣传活动。脱产工作后，任阜平县一区青救会主任，深入村、镇、学校发展和组建青抗先、学生会、儿童团等组织，和群众一起除奸反霸，反“扫荡”，发展生产，支援前线，动员青年参军参战，保障部队运输和作战需要。解放战争时期，先后任阜平县一区、四区、七区青委书记，区委委员。1946年调北岳区党校学习8个月，结业后赴山西省浑源、五台搞土改试点，结束后回阜平七区任原职。1948年底调华北南下四支队一大队（县级）任县委宣传干事。1949年初随解放军南下至皖南青阳县任青年部长，开辟新区工作。1949年7月后，先后任安徽省池州军分区、安庆军分区青年科、组动科副科长，县兵役局副政委，省军区处长，省国防工办副主任，宿县、芜湖、宣城军分区参谋长、副司令员（13级）。

1978年调中国人民解放军军事学院学习两年。毕业后，任芜湖军分区副司令员。1988年中央军委授予解放战争胜利功勋荣誉章，抗日战争独立功勋荣誉章。1988年离休，经常参加军内外、省内外画展，参展画品百余件，入选画集10余件，1幅作品在西藏文化厅参展后被收藏。

刘如玲

女，1929年生，阜平县阜平镇城厢村人。1944年加入中国共产党，1948年底入伍。1946年底前，住阜平龙泉关，任六区半脱产小区委员。1947年土改后搬回阜平县城居住。1948年底到四地委党校学习，随后根据县委决定参加阜平县南下干部工作团。1949年南下皖南后，留皖南池州地区青阳县工作，任蓉城区（城关区）妇联主任、区委委员。宣传发动妇女求解放，参加征粮，土改剿匪反霸等工作。新中国成立后，任青阳县人民法院审判员，安徽省铜官山矿区铜官山选矿厂党委组织部干事，铜官山冶炼厂组织部干事、铜管山铜矿纪委副书记、矿党委委员，铜陵有色金属公司直属机关党总支书记。1964年撤市成立特区，调任铜陵特委直属机关工会主席。“文化大革命”开始后参加工宣队。1970年任市工业局办公室主任，市公交公司党总支书记、主任，1978年任铜陵市中国人民银行副行长、党组副书记。1977年调任铜陵市中级人民法院副院长、党组副书记、审判委员会委员，1978年任铜陵市检察院副检察长、党组副书记、审判委员会委员。1984年9月离休。

杨登科

1929年生，阜平县阜平镇四里庄村人。1946年6月参加工作，1948年10月加入中国共产党。1946年6月任山西灵丘县合作社保管员。1947年7月南下，1948年10月经河南光山县境过淮河到达湖北黄安县（后改红安）参加土改工作队。因形势紧张，部分干部又折回山东冀鲁豫南下干部留守处待命。武汉解放后，留守处干部随中原局向武汉进发，于1949年6月24日到达武汉。先后在中南局机关任管理员、会计，后到行政干校学习两年，1955年调江岸区检察院任科长。1971年调武汉市委政治处任科长，1980年调任江汉区人民法院副院长。1990年离休。

庞顺诚

1929年生，天生桥镇人。1945年6月在学校读书时加入中国共产党，同年参加革命工作。先后任小学教师、中共晋察冀边区阜平县政治处（当时党组织处于地下未公开，政治处即公开后的县委会）文书、阜平五区区委宣传委员。1949年2月随军南下到皖南。在皖南地区青阳县委任青阳县委通讯干事、县文教科长、共青团县委书记、青阳中学校长等职。在任团县委书记期间曾当选为青阳县出席中共安徽省第一次代表大会代表。1956年任安徽省教育厅秘书，1957年任安徽省东源中学（省属高中）校长、党支部书记。1959年代表东源中学出席安徽省教育战线先代会受到表扬。1971年后，任东至县革委会宣传小组组长、县文教局革委会主任、县委委员、安徽省池州师范学校代校长、安徽师范大学池州教学点负责人，池州、安庆地区行署教育局副局长，安庆地、市电视大学副校长等。1989年离休，享受局级待遇。离休后，任安庆教育系统机关工委常委，同时学习诗、书、画。书画作品曾多次在省、市级教育系统举办的书画展览中展出，有的还获奖。是安徽省老年书画联谊会会员、安庆市美术家协会会员，市晚晴诗书画联谊会、市老年书画联谊会、市老干部书画协会、市老年书画家协会艺术团体组织的理事、常务理事。

王德科

1930年生，阜平县大台乡柏崖村人。1945年1月在晋察冀边区阜平县供销社门市部工作，1946年10月加入中国共产党。1949年1月任南下四支队一大队四区队指导员，4月南下到皖南，历任青阳县九华区公安员、派出所所长区委委员、县公安局股长、秘书、政治协理员。1955年5月任东流县公安局政治协理员、副局长、县委五人小组成员兼办公室主任。曾荣立三等功，并受到专员公署奖励。1958年11月至1978年2月，任安庆地委工交部肃反办公室副主任，安庆市委组织部副科长、科长，安庆市公共汽车公司主任、书记，市第二人民医院主任、书记，市计划生育办公室主任，安庆市委组织部老干部科科长、市委老干部工作委员会副主任兼办公室主任。1983年12月任市委老干部局局长，安庆市人大常委会九届、十届、十一届常委委员。1985年被评为安庆市直机关优秀党员。1991年6月被评为安徽省老干部先进工作者，并受安徽省委组织部、省委老干部局表彰。1993年获中国文学笔会创作二等奖。1993年12月离休。任安徽省老年大学、老年书画联谊会理事、省门球协会副会长、安庆老龄委副主任。2000年被评为老年教育先进工作者，并受安徽省老年教育系统表彰。

李怀成

1930年生。阜平县阜平镇照旺台村人。1943年加入中国共产党，1947年参加工作。曾任阜平县共青团组织部长。1949年初随军南下，同年5月在皖南青阳县城关区任青年委员、部长，后调县委组织部任干事，11月任青阳县团委组织部长。1950年12月调华东团校学习训练，两个月后校组织武装工作队进入浙江金华地区任一中队二分队武装工作队长，曾配合部队清剿国民党还乡团。在追击途中两天两夜没吃一顿饭，彻底歼灭金春标等匪徒60余人。完成任务后，进入福建省南平休整，后进入古田，其所在分队立三等功。1952年2月任池州地区团委团干部轮训工作组组长。1953年10月至1954年5月任青阳县人民政府文教科长兼计划统计科长。1956年任青阳县陵阳区委书记。1957年7月任青阳县文教部长，与县委宣传部合并后任宣传部长。1959年5月调西藏参加平叛，曾任聂荣县委办公室主任兼组织部长。1966年10月至1973年8月调那曲地区生产组工作。后任专员行署联运办公室主任兼地区办马青拉公路建设指挥部指挥长。1976年任西藏那曲地区交通局办公室主任。1981年2月调回青阳县任交通局局长、城关镇党委书记、县财委、经委副主任。1990年离休

杨振甫

曾用名杨振福，1930年生，阜平县北果园乡水泉村人。1946年1月在本村加入中国共产党，同时参加工作。1946年4月在阜平县王快区公所、王林口交通站做通信工作。1948年2月在阜平县师范读书，7月调阜平县公安局做文印工作。1949年2月随军南下至皖南青阳县公安局任股员。1949年5月至1952年3月任池州地委办公室文书，池州地委纪律检查委员、地委组织部干事。安徽省成立后，任安庆地委组织部干部干事，地委办公室机要秘书，地委组织部组织科副科长。1956年6月至1958年4月任安徽省委组织部干部处调配科科长、巡视员，安徽省交通厅公路局安全监督科科长。1969年3月至1973年3月下放金寨县南溪公社、省新马桥“五七”干校。在此期间被评为安徽省上山下乡先进工作者，出席省上山下乡先进代表大会。1973年4月至1979年9月，任省汽车配件公司政工科长，省农机学校（中专）政工科长、副校长。1983年10月至1991年6月任安徽省地震局办公室主任、党组纪检组长（正处级）、机关党委书记，地震局人事教育处处长。1987年9月任安徽省地震局党组纪检组长（副厅级），并兼任机关党委书记。1991年6月被省直党委评为“先进党务工作者”。1991年6月离休，享受副厅级待遇。

陈道秀

女，1930年生，阜平县北果园乡崔家沟村人。1945年2月参加革命，1946年6月加入中国共产党。1945年2月在阜平县教师培训班学习，结业后任槐树底小学教师。解放战争时期，在华北冀晋中学，中共华北工委机要训练班学习并参加“三查三整”和农村土改运动。1947年7月任唐县南高村小学教师。1949年2月，调南下干部四支队一大队任区委宣传委员。随军渡江后，任皖南青阳县蓉城区委宣传委员、青阳县委宣传部干事。新中国成立后，任安徽皖南池州军分区、安庆军分区政治部宣传科干事，妇训队、卫生队指导员、政治部助理员。

1954年，任安庆地委组织部干部科干事，地委财贸部、农工部、组干科副科长、科长兼机关党委副书记。1961年6月任安徽省委农村工作部农口机关党委组织部长。“文化大革命”结束后，任安徽省合肥市革委会办事组指导员，安徽省宿县地区轻工业局副局长，安徽省合肥农村经济管理干部学院农业经济系党总支书记。1987年12月离休，正处级待遇，行政15级。

耿林曾

1931年生，阜平县北果园乡魏家峪村人。1945年2月参加工作，参加阜平县政府举办的教师培训班，学习两个月后，先后在水泉、王快、刁窝口、龙泉关学校任教。1948年5月调阜平县政府，先后在禁烟局、财政科任科员。1948年11月带领民兵参加攻打张家口的支前工作，张家口解放后，于1949年1月2日随军南下。1949年2月被编入华北南下纵队第四支队第一大队任供给科科员。4月渡江后到达皖南青阳县，先后任青阳县粮库主任、文化馆长。参加平息反动会道门“大刀会”叛乱战斗。1949年5月加入中国共产党。1950年2月调任太平县委宣传部干事。1951年4月在皖南区党校学习。安徽省委党校成立后，在安徽省委党校组教处工作。1952年4月被抽调参加安徽省委“三反”“五反”工作队。6月被抽调到思想改造工作队，到安徽大学开展思想改造运动。9月调任安徽大学政治处秘书兼青年科长。1954年10月高等院校进行院系调整，安徽大学被分为安徽师范学院、安徽农学院。调安徽农学院工作，先后任院刊编辑室主任、党委办公室主任兼院长办公室主任、农机系党总支书记。其间，作为调干生到上海复旦大学马列主义基础研究班学习两年半（1955年9月至1958年2月）。1971年3月后任安徽省革委会政工组、群工组秘书组长，安徽省电影、电视工业办公室主任，安徽省计划委员会办公室主任，省计委党组成员，安徽省人民政府驻上海办事处主任（副厅级），安徽省计划委员会党组成员（副厅级）。1992年12月离职休养。

孟肖瑞

曾用名孟小瑞，女，1931年生，阜平县平阳镇平阳村人。1945年4月，在平阳完小加入中国共产党，同年参加革命工作。抗日战争末期到解放战争初期，在平阳完小读书时任学校学生会（学救会）主席。1948年初进入阜平县师范读书，任校党支部委员，同年10月调县政治部（县委）做文书工作。1949年2月南下，到皖南青阳县委做文书工作，同年6月调池州地委做文书工作。1952年皖南皖北合并建立安徽省，任安庆专署土产公司人事科科员，同年7月调安庆专署任机要干事、专职党支部书记兼共青团总支书记、专署人事科（局）副科长。1956年10月任安徽省委工业交通部党委秘书、干部处一级巡视员。1958年11月，省委分设工业部、交通部，任省委交通部秘书。1961年3月工业、交通两部合并成立工交政治部任秘书。1963年工交部撤销，任安徽省汽车配件公司人秘科长、政治处负责人。1970年6月调安徽省机械工业局政工组工作。1975年任机械工业局办公室副主任、主任，1982年7月为局（厅）党委委员、厅党组成员。1984年任省机械工业厅纪检组组长（副厅级），厅党组成员。1993年12月离休后任安徽省残疾人福利基金会副理事长、秘书长。

王德璋

1932年生，阜平县大台乡柏崖村人。1948年毕业于阜平师范学校，1949年1月参加工作，同年5月加入中国共产党。1949年1月至1952年12月任南下干部四支队一大队助理员，皖南青阳县城关区乡长、区委宣传委员，青阳县委宣传部科长。1953年至1966年5月先后任安徽省委宣传部干事，安庆地委宣传部理论教育科科长、地委讲师团副团长。1969年10月至1976年2月，任安庆地区革命委员会政工组宣传组组长、政工组副组长。1976年3月至1985年1月，任安庆地委宣传部长，行署副专员、党组成员，安庆师范学院副院长、党委委员。1985年2月，任安徽省体育运动委员会副主任、党组成员，同时担任安徽省体育总会常务副主席、省体育学会理事长、省游泳协会主席。1993年2月离休。离休后，被聘任安徽省体育总会顾问和省游泳协会顾问，参加一些调研等工作。

附：人物表

1996—2010年阜平县烈士名录

表24-1

项目 姓名	性别	出生年份	籍贯	参加工作时间	牺牲时间	牺牲地点	牺牲时所在单位
张述红	男	1972	平阳镇王快村	1995.1	1996.7	新疆	新疆塔里木劳改监狱
李克强	男	1955	城南庄镇万宝庄村	1974.12	2006.5	阜平县	公安局刑警大队
白宗国	男	1958	天生桥镇栗园铺村	1979.2	1996.8	阜平县	物资局

阜平县南下干部名录

表24-2

项目 姓名	性别	籍贯	南下时间	南下时所在单位	南下时所任职务	南下地点	南下所在地第一单位和职务	离休时的单位及职务（或去向）	备注
韩文举	男	阜平县马家沟村	1947.7	灵丘县政府县长，县委会常委	—	—	冀鲁豫区党委党校，任总支委员	武汉市粮食局副局长，局党委常委	—
郑金殿	男	阜平县	1948.5	阜平县四区农会主任	—	湖北武昌	—	阜平县委监察委员会（纪检委）书记	1957年逝世
谷　惠		阜平县	1948.5	—	—	—	—	—	—
杨振良		阜平县	1948.5	—	—	豫西登封县	—	—	—
石　磊		阜平县	1948.5	—	—	陕南	—	—	—
李　建		阜平县	1948.5	—	—	—	—	—	—
王一民		阜平县	1948.5	—	—	豫西	一分区	—	—
耿宪曾	男	阜平县	1948.5	—	—	豫西区党委	—	—	—
赵景亮		阜平县	1948.5	—	—	—	中原局	—	—
杨振廷		阜平县	1948.5	—	—	豫西登封县	—	—	—
郑德杰		阜平县	1948.5	—	—	豫西巩县	—	—	—
陈　花		阜平县	1948.5	—	—	—	—	—	—
刘春彬		阜平县	1948.5	—	—	豫西巩县	—	—	—
顾　祥		阜平县	1948.5	—	—	豫西李楼村	五分区	—	—
白士恒		阜平县	1948.5	—	—	豫西密县	—	—	—
高　义		阜平县	1948.5	—	—	豫西巩县	—	—	—
郑福青		阜平县	1948.5	—	—	豫西巩县	—	—	—
郑兰青		阜平县	1948.5	—	—	豫西巩县	—	—	—

续表 24-2

项目 姓名	性别	籍贯	南下时间	南下时所在单位	南下时所任职务	南下地点	南下所在地第一单位和职务	离休时的单位及职务（或去向）	备注
吕福堂		阜平县	1948.5	—	—	豫西	一分区	—	—
陈先云	男	阜平县城南庄	1948.8	—	—	云南昆明	新华社云南分社译电室组长	大理白族自治州粮食局局长	—
吕清溪	男	阜平县大台村	1948	—	—	豫西襄城县	襄城县县长	许昌地委副书记	1984年4月逝世
赵魁富	男	阜平县桐子沟村	1948	—	—	—	河南省内乡县委副书记兼组织部长	海南黎族苗族自治州党委常委副主任	—
顾耀选	男	阜平县沙沟村	1948	—	—	湖北省	应山县委组织部部长兼余家店区委书记	广州市农委副主任	—
陈道秀	女	阜平县崔家沟村	1949.2	四支队一大队	区委宣传委员	—	—	—	—
万振三	男	阜平县燕头村	1949.2	南下四支队一大队	大队长	皖南青阳县	县委副书记	安徽省经济委员会副主任	2005年逝世
张法典	男	阜平县平阳镇	1949.2	南下四支队一大队	—	皖南青阳县	县委宣传部长	中国驻意大利大使馆参赞	—
胡耀光	男	阜平县	1949.2	南下四支队一大队	—	皖南青阳县	县委秘书	—	—
顾品三	男	阜平县大石坊村	1949.2	南下四支队一大队	—	皖南青阳县	县委组织部副部长	铜陵市人大常委会副主任、党组副书记	—
孟广城	男	阜平县平阳镇铁岭村	1949.2	南下四支队一大队	—	皖南青阳县	县委宣传部干部	上海市委宣传部调研员	—
刘常生	男	阜平县城厢村	1949.2	南下四支队一大队	—	皖南青阳县	青年部长	芜湖军分区副司令员	—
贾国哲	男	阜平县东	1949.2	南下四支队一大队	—	皖南青阳县	副县长	—	—
王熙河	男	阜平县白河村	1949.2	南下四支队一大队	—	皖南青阳县	—	安徽省交通厅副厅长	—
耿表增	男	阜平县魏家峪村	1949.2	南下四支队一大队	—	皖南青阳县	财政科科长	徽州地委秘书长	—
王德耀	男	阜平县	1949.2	南下四支队一大队	—	皖南青阳县	民政科科长	—	—
张　超	男	阜平县台峪村	1949.2	南下四支队一大队	—	皖南青阳县	粮食局局长	安庆地组织部副部长兼任地委老干部管理委员会副主任	2000年7月逝世
王天九	男	阜平县	1949.2	南下四支队一大队	—	皖南青阳县	公安局局长	马鞍山市委副书记	—
白永福	男	阜平县	1949.2	南下四支队一大队	—	皖南青阳县	—	—	—
于政轩	男	阜平县西庄村	1949.2	南下四支队一大队	—	皖南青阳县	工商局科员	安庆市委副书记	2009年逝世
张　勋	男	阜平县	1949.2	南下四支队一大队	—	皖南青阳县	—	—	逝世
刘维勤	男	阜平县城厢村	1949.2	南下四支队一大队	—	皖南青阳县	贸易公司经理	安庆市人民银行中心支行行长	—
邢富荣	男	阜平县	1949.2	南下四支队一大队	—	皖南青阳县	—	—	—
康玉庭	女	阜平县高阜口村	1949.2	南下四支队一大队	—	皖南青阳县	县妇联主任	合肥服装厂书记	万振三妻子，2006年逝世

续表 24-2

项目 姓名	性别	籍贯	南下时间	南下时所在单位	南下时所任职务	南下地点	南下所在地第一单位和职务	离休时的单位及职务（或去向）	备注
杨文林	男	阜平县	1949.2	南下四支队一大队	—	皖南青阳县	—	—	—
李　健	男	阜平县	1949.2	南下四支队一大队	—	皖南青阳县	—	—	—
李逢萼	男	阜平县大元村	1949.2	南下四支队一大队	—	皖南青阳县	县武装部部长	主持昭通地委工作	—
王伟然	女	阜平县	1949.2	南下四支队一大队	—	皖南青阳县	国家计委（或县委文书）	国家水利电力调度中心办公室主任	—
孟肖瑞	女	阜平县	1949.2	南下四支队一大队	—	皖南青阳县	省机械厅办公室主任	皖南工业厅纪检组组长	—
孟春秀	女	阜平县平阳镇	1949.2	南下四支队一大队	—	皖南青阳县	城关区农会干事	中国驻意大利大使馆二等秘书	张法典妻子，1999年12月15日逝世
王成秀	男	阜平县	1949.2	南下四支队一大队	—	皖南青阳县	—	—	—
张世清	男	阜平县	1949.2	南下四支队一大队	—	皖南青阳县	教育科长	黄山市屯溪区政协副主席	2009年逝世
耿林曾	男	阜平县魏家峪村	1949.2	南下四支队一大队	—	皖南青阳县	—	安徽省计划委员会党组成员	逝世
赵麟祥	男	阜平县	1949.2	南下四支队一大队	—	皖南青阳县	—	—	—
王　科	男	阜平县	1949.2	南下四支队一大队	—	皖南青阳县	—	—	—
姚志平	女	阜平县	1949.2	南下四支队一大队	—	皖南青阳县	—	安庆市马山宾馆经理	张立三妻子
白宗兰	女	阜平县沟口村	1949.2	南下四支队一大队	—	皖南青阳县	—	马鞍山市图书馆副科长	—
张彦萍	女	阜平县抬头湾村	1949.2	南下四支队一大队	—	皖南青阳县	—	—	—
袁凤英	女	阜平县	1949.2	南下四支队一大队	—	皖南青阳县	马鞍山钢铁设计院书记	钢研所所长	—
赵　宗（国）	男	阜平县	1949.2	南下四支队一大队	—	皖南青阳县	—	—	—
王少伯	男	阜平县	1949.2	南下四支队一大队	—	皖南青阳县	—	淮南市法院院长	—
杨振甫	男	阜平县水泉村	1949.2	南下四支队一大队	—	皖南青阳县	公安局任股员	地震局党组纪检组长（副厅级）并兼任机关党委书记	孟肖瑞丈夫
郑富瑞	男	阜平县	1949.2	南下四支队一大队	—	皖南青阳县	财政科科员	—	—
杨振隆	男	阜平县	1949.2	南下四支队一大队	—	皖南青阳县	—	—	—
杨秉坤	男	阜平县	1949.2	南下四支队一大队	—	皖南青阳县	—	—	—
李怀成	男	阜平县照旺台村	1949.2	南下四支队一大队	—	皖南青阳县	城关区任青年委员、部长	青阳县政府经委副主任	—
张立三	男	阜平县	1949.2	南下四支队一大队	—	皖南青阳县	税务局局长	安庆市	—
田文国	男	阜平县	1949.2	南下四支队一大队	—	皖南青阳县	省交通厅战备处处长	安徽省交通厅科长或战备处长	—
马玉中	男	阜平县	1949.2	南下四支队一大队	—	皖南青阳县	安庆某县县长	—	—

续表 24-2

项目 姓名	性别	籍贯	南下时间	南下时所在单位	南下时所任职务	南下地点	南下所在地第一单位和职务	离休时的单位及职务（或去向）	备注
吕天云	男	阜平县	1949.2	南下四支队一大队	—	皖南青阳县	—	—	—
孙国琇	男	阜平县	1949.2	南下四支队一大队	—	皖南青阳县	—	—	—
赵振平	男	阜平县	1949.2	南下四支队一大队	—	皖南青阳县	—	—	—
刘树山	男	阜平县	1949.2	南下四支队一大队	—	皖南青阳县	—	—	—
朱省三	男	阜平县	1949.2	南下四支队一大队	—	皖南青阳县	—	—	—
周富德	男	阜平县	1949.2	南下四支队一大队	—	皖南青阳县	—	—	—
臧世祥	男	阜平县	1949.2	南下四支队一大队	—	皖南青阳县	蓉城区	安徽省无线电二厂党委书记	逝世
李耀章	男	阜平县	1949.2	南下四支队一大队	—	皖南青阳县	蓉城区	—	—
陈道秀	女	阜平县崔家沟村	1949.2	南下四支队一大队	—	皖南青阳县	蓉城区委宣传委员	省农经干部管理学院党委书记	—
李君耀	男	阜平县	1949.2	南下四支队一大队	—	皖南青阳县	蓉城区	芜湖市自来水公司副经理	—
王朝富	男	阜平县	1949.2	南下四支队一大队	—	皖南青阳县	蓉城区	安徽农垦白米山农场管理区主任	—
邢富荣	女	阜平县	1949.2	南下四支队一大队	—	皖南青阳县	蓉城区	长江航道管理局	刘维勤妻子
张业才	男	阜平县	1949.2	南下四支队一大队	—	皖南青阳县	蓉城区	安庆地区司法局局长	—
段玉璋	男	阜平县	1949.2	南下四支队一大队	——	皖南青阳县	蓉城区	—	—
刘如玲	女	阜平县	1949.2	南下四支队一大队	—	皖南青阳县	蓉城区（城关区）妇联主任	铜陵市检察院副检察长	—
王德璋	男	阜平县	1949.2	南下四支队一大队	—	皖南青阳县	蓉城区	安徽省体委副主任	逝世
郝明经	男	阜平县	1949.2	南下四支队一大队	—	皖南青阳县	吴潭区	—	—
张培绪	男	阜平县平阳镇下平阳村	1949.2	南下四支队一大队	—	皖南青阳县	吴潭区区长	国家计委机关党委副书记	—
马　淮	男	阜平县	1949.2	南下四支队一大队	—	皖南青阳县	吴潭区	宿松县财贸办公室主任	—
顾加璋	男	阜平县	1949.2	南下四支队一大队	—	皖南青阳县	吴潭区	—	—
杨慧芬	男	阜平县	1949.2	南下四支队一大队	—	皖南青阳县	吴潭区	—	逝世
庞锦云	男	阜平县	1949.2	南下四支队一大队	—	皖南青阳县	吴潭区	—	—
樊宝隆	男	阜平县	1949.2	南下四支队一大队	—	皖南青阳县	吴潭区	—	—
苗瑞祥	男	阜平县	1949.2	南下四支队一大队	—	皖南青阳县	吴潭区	—	—
连蕴哲	男	阜平县	1949.2	南下四支队一大队	—	皖南青阳县	吴潭区	—	—
王国寅	男	阜平县东板峪村	1949.2	南下四支队一大队	—	皖南青阳县	城关区财粮助理员	安庆市直机关事务管理局局长	—
李显德	男	阜平县	1949.2	南下四支队一大队	—	皖南青阳县	庙前区	—	—

续表 24-2

项目 姓名	性别	籍贯	南下时间	南下时所在单位	南下时所任职务	南下地点	南下所在地第一单位和职务	离休时的单位及职务（或去向）	备注
陈胜福	男	阜平县	1949.2	南下四支队一大队	—	皖南青阳县	庙前区	马鞍山市文化局局长	—
张凤元	男	阜平县	1949.2	南下四支队一大队	—	皖南青阳县	庙前区	安庆市科委主任、党组书记	—
王守奎	男	阜平县	1949.2	南下四支队一大队	—	皖南青阳县	庙前区	—	—
刘贤祥	男	阜平县	1949.2	南下四支队一大队	—	皖南青阳县	庙前区	—	—
王德科	男	阜平县柏崖村	1949.2	南下四支队一大队	—	皖南青阳县	九华区公安员	中共安庆市委老干部局局长	—
王丙玺	男	阜平县	1949.2	南下四支队一大队	—	皖南青阳县	庙前区	—	—
孟宝玉	男	阜平县	1949.2	南下四支队一大队	—	皖南青阳县	庙前区	—	—
岳振一	男	阜平县	1949.2	南下四支队一大队	—	皖南青阳县	凌阳区	—	—
耿泰隆	男	阜平县	1949.2	南下四支队一大队	—	皖南青阳县	凌阳区委书记、区长	上海黄浦区组织部长	
樊德隆	女	阜平县樊家沟	1949.2	南下四支队一大队	—	皖南青阳县	凌阳区	—	耿泰隆妻子
耿　傚	男	阜平县	1949.2	南下四支队一大队	—	皖南青阳县	凌阳区	石棣县政协副主席	逝世
刘　凯	男	阜平县	1949.2	南下四支队一大队	—	皖南青阳县	凌阳区	—	—
庞顺诚	男	阜平县东下关乡	1949.2	南下四支队一大队	—	皖南青阳县	凌阳区	安庆市广播电视大学副校长	—
孙和梅	男	阜平县	1949.2	南下四支队一大队	—	皖南青阳县	凌阳区	—	—
孙世穆	男	阜平县	1949.2	南下四支队一大队	—	皖南青阳县	凌阳区	—	—
陈继昌	男	阜平县	1949.2	南下四支队一大队	—	皖南石台县	县委副书记	县委副书记或徽州人民银行行长	—
仇会俭	男	阜平县	1949.2	南下四支队一大队	—	皖南石台县	—	—	—
邓绍孟	男	阜平县圣水村	1949.2	南下四支队一大队	—	皖南石台县	二区区委书记	安庆市卫生局副局长	
赵宗明	男	阜平县	1949.2	南下四支队一大队	—	皖南石台县	—	淮南市人大常委会常委	—
王明甫	男	阜平县	1949.2	南下四支队一大队	—	皖南石台县	—	—	—
陈致忠	男	阜平县	1949.2	南下四支队一大队	—	皖南石台县	—	—	—
顾金萱	男	阜平县	1949.2	南下四支队一大队	—	皖南石台县	—	—	—
孙士林	男	阜平县	1949.2	南下四支队一大队	—	皖南石台县	县委宣传部干事	宣传部部长	—
张成俭	男	阜平县	1949.2	南下四支队一大队	—	皖南石台县	—	—	—
刘廷栋	男	阜平县	1949.2	南下四支队一大队	—	皖南石台县	—	—	—
周　玺	男	阜平县	1949.2	南下四支队一大队	—	皖南石台县	太平区副区长	荒山区纪委副书记	—
赵景琪	男	阜平县	1949.2	南下四支队一大队	—	皖南石台县	—	石台县财政局副局长	—
陈国禄	男	阜平县	1949.2	南下四支队一大队	—	皖南石台县	—	青阳县工商局科员	—

续表 24-2

项目 姓名	性别	籍贯	南下时间	南下时所在单位	南下时所任职务	南下地点	南下所在地第一单位和职务	离休时的单位及职务（或去向）	备注
李　建	男	阜平县	1949.2	南下四支队一大队	—	皖南石台县	—	—	—
顾敏章	男	阜平县	1949.2	南下四支队一大队	—	皖南石台县	—	黄山市屯溪区	逝世
王宝山	男	阜平县	1949.2	南下四支队一大队	供给科管理	皖南石台县	—	黄山市人民医院行政科长	逝世
高全基	男	阜平县	1949.2	南下四支队一大队	政委	皖南石台县	—	—	—
王朝纲	男	阜平县阜平镇桃花村	1949.2	南下四支队一大队	办公室秘书	皖南芜湖县	县长	吉林省监察委员会秘书长	—
姚士龙	男	阜平县	1949.2	南下四支队一大队	—	皖南芜湖县	—	—	—
韩　英	男	阜平县	1949.2	南下四支队一大队	—	皖南芜湖县	—	—	—
张宝鼎	男	阜平县花沟掌村	1949.2	南下六支队	秘书	皖南屯溪市	社会科任副科长	徽州地委统战部部长	—
王丙锡	男	阜平县	1949.2	—	—	皖南绩溪县	副县长	县长	—
杨培义	男	阜平县	1949.2	—	—	皖南石棣县	财政局副局长	泾县印刷厂厂长	—
杨炳莲	女	阜平县	1949.2	—	—	—	—	合肥市高压开关总厂五七厂干事	—
宋殿佑	男	阜平县王快村	1949.2	—	—	—	—	宣城行署对外经济贸易委员会督导员	—
白宗权	男	阜平县	1949.2	—	—	—	—	东至县劳动服务公司科员	—
赵宗国	男	阜平县	1949.2	—	—	—	—	东至县粮食局东流粮食站副站长	—
贾秀林	女	阜平县	1949.2	—	—	—	—	青阳县糖业烟酒公司副经理	—
张桂兰	女	阜平县	1949.2	—	—	—	—	安庆行署教委机关工会副主席	—
张风元	男	阜平县	1949.2	—	—	—	—	安庆市科学技术委员会主任	—
李玉珍	女	阜平县	1949.2	—	—	—	—	屯溪卫校政工组副组长	—
郑子奎	男	阜平县	1949.2	—	—	—	—	安徽省江北机械厂科长	—
白崇斌	男	阜平县	1949.2	—	—	—	—	安徽农垦普济圩农场二场一队干部	—
郭文远		阜平县王快村	1949.2	—	县委书记	皖南区	青阳县委书记	安徽工学学院党委书记、副书记	—
张　斌		阜平县	1949.2	晋察冀四地委	地委副书记	皖南贵池地委	地委副书记	安徽省政协常委、省工商联副主任委员	1985年3月27日逝世
张作文		阜平县	1949.2	—	—	—	安徽农学院党委书记	—	—
康文秀	男	阜平县五湖村	1949.2	聚兴隆总店	副经理（总店经理）	—	安徽省经委副主任	安徽省委工业主任	—
孙国发	男	阜平县三官村	1949.2	阜平县贸易分公司	经理（总店副经理）	皖南贸易总公司	大通二分公司经理	合肥钢铁公司党委书记	1992年1月14日逝世

续表 24-2

项目 姓名	性别	籍贯	南下时间	南下时所在单位	南下时所任职务	南下地点	南下所在地第一单位和职务	离休时的单位及职务（或去向）	备注
吴　振	男	阜平县疙瘩头	1949.2	—	—	—	—	—	—
谷玉桂	男	阜平县城南庄	1949.2	北岳公司工商学校	会计（分店股长）	—	—	—	—
耿　璋（耿盛章）	女	阜平县魏家峪	1949.2	涞源福源号	会计	—	—	—	—
朱文秀	男	阜平县	1949.2	—	武装部长	—	—	—	—
李逢尊	男	阜平县高街村	1949.2	—	武装部长	皖南青阳县	—	—	—
王鸣甫	男	阜平县	1949.2	—	政府民政科副科长	皖南石棣县	—	—	—
李贤德	男	阜平县	1949.2	—	行署工商科科员	—	—	—	—
赵金禄	男	阜平县	1949.2	—	司法科科员	—	—	—	—
贾炳福	男	阜平县车道村	1949.2	—	经理部部长	—	皖南日报社经理部部长	上海水利局	—
陈建昌	男	阜平县	1949.2	—	县委组织部长	皖南石棣县	—	—	—
赵宝玲	女	阜平县	1949.2	—	研究员	皖南宣城分区	—	—	—
张佑文	男	阜平县	1949.2	—	县委书记	皖南广德县	—	—	—
张　鑫	男	阜平县	1949.2	—	派出所所长	皖南屯溪市	—	—	—
刘玉生	男	阜平县瓦窑村	1949.2	省委机关	文员	—	—	—	—
耿泰龙	男	阜平县青沿村	1949.2	—	—	青阳县	陵阳区委书记兼区长	上海市普陀区委纪律检查委员会副书记	—
陈守芬	男	阜平县	1949.2	南下干部纵队第五支队	政委	皖南宣城分区	宣城地委副书记兼宣城军分区副政委	上海柴油机厂党委书记兼厂长	—
赵　琪	男	阜平县	1949.2	—	—	—	—	—	—
王朝府	男	阜平县	1949.2	—	—	—	—	—	—
马文栋	男	阜平县	1949.2	—	—	—	—	—	—
王朝儒	男	阜平县	1949.2	—	—	—	—	—	—
张蕴哲	男	阜平县	1949.2	—	—	—	—	—	—
孙世隆	男	阜平县	1949.2	—	—	—	—	—	—
顾连璋	男	阜平县	1949.2	—	—	—	—	—	—
李均衡	男	阜平县	1949.2	—	—	—	—	—	—
袁俊兴	男	阜平县	1949.2	—	—	—	—	—	—
赵　先	男	阜平县	1949.2	—	—	—	—	—	—
苗捷夫	男	阜平县	1949.6	北平市公安局	内六分局局长	湖南省	湖南省公安厅二处副处长	湖南省高级人民法院院长、省顾委委员	—
刘文波	女	阜平县	1949	华北大学	学员	湖南省	乾城县财粮科出纳员	吉首民师工会主席	—
苗植田	男	阜平县	1949	河南省	机要员	湖南省公安厅	译电员	冶金部长沙矿山研究院	—

续表 24-2

项目 姓名	性别	籍贯	南下时间	南下时所在单位	南下时所任职务	南下地点	南下所在地第一单位和职务	离休时的单位及职务（或去向）	备注
牛继峰	男	阜平县	1949	—	交通员	湖南长沙市军管会交通管理部铁路处	衡阳铁路局政治部交通员	衡阳装机厂	—
杨杰林	男	阜平县	1949	晋中	冀晋贸易公司华北局运输队	湖南省卫生处	省立长沙医院事务员	双牌县石油站	—
王振林	男	阜平县	1949	晋中直属大队	战士	湖南长沙专署机关	专署公安处公安队战士	回原籍	—
王秀英	男	阜平县	1949	人民解放军	四野独立团干部	湖南长沙地直机关	湘潭电机厂警卫连指导员	湘潭电机厂附一厂厂长	—
郑一夫	男	阜平县	1949	晋中一大队三中队	区委书记	湖南平江县	城关区委书记	邵阳机修厂党委书记	—
于双喜	男	阜平县	1949	人民解放军	159 师干部	湖南湘阴县	区武装部部长	—	—
胡云初	男	阜平县易家庄	1949	冀东总队	区党委组教处处长	湖南永州（零陵）专区	地委常委、组织部部长	衡阳地委第一书记	1967年逝世
杨绍英	女	阜平县	1949	冀东留守	干部	湖南永州（零陵）专区	专区文化干部学校学员	邵阳市发动机厂行政科副科长	—
刘　萍	女	阜平县	1949	冀东留守	出纳股股长	湖南永州（零陵）专区	专区银行办事处出纳股股长	长沙有色金属设计院情报科科长	—
方　明	男	阜平县	1949	冀东三大队一中队	县委委员、县长	湖南永明县	县委委员、县长	天津市蓟县水泥厂厂长	—
张凤成	男	阜平县	1949	冀东三大队六中队	县支前科科长	湖南永明县	县支前科科长	零陵地区物资局副局长	—
高治富	男	阜平县	1949	人民解放军	干部	湖南沅陵专署机关	专署贸易公司干部	辰溪县贸易公司	—
岳德星	男	阜平县	1949	人民解放军	干部	湖南沅陵专署机关	专署贸易公司干部	—	—
郑殿财	男	阜平县	1949	人民解放军	战士	湖南沅陵专署机关	湘西金矿警卫队	湘西金矿	逝世
孟行连	男	阜平县	1949	人民解放军	教导队参谋	湖南沅陵县	县医院监委	沅陵县医院党支部书记	逝世
顾万才	男	阜平县	—	县公安局	局长	湖北蓟春县	区委副书记	湖北省人大常委会委员	—

1996—2010 年阜平县离休人员名录

表 24-3

项目 姓名	性别	参加工作时间	离休（职）时间	离休（职）前职务
李蟠飞	男	1937.9	1983.6	科员
顾耀龙	男	1937.10	1983.9	科员
陈先生	男	1937.10	1984.4	科员
赵　俊	男	1938.1	1987.4	科员
李尚文	男	1938.1	1989.8	正处
胡文林	男	1938.2	1983.8	科员

续表 24-3

项目 姓名	性别	参加工作时间	离休（职）时间	离休（职）前职务
顾　伟	男	1938.2	1983.8	科员
赵国朋	男	1938.2	1987.4	正处
周玉善	男	1938.3	1982.12	正处
郝成林	男	1938.7	1988.12	正处
闫沛生	男	1938.8	1983.8	副科
孙延峰	男	1938.8	1988.8	正处
王希朝	男	1938.10	1982.11	正科
李吉青	男	1938.11	1988.3	正科
郑作仁	男	1938.11	1983.3	正处
李献廷	男	1939.7	1983.3	正处
王国瑞	男	1939.7	1982.12	科员
崔清吉	男	1939.9	1987.3	正处
陈守干	男	1939.9	1984.12	正处
马　珍	男	1939.10	1983.7	副科
陈守谦	男	1940.1	1986.11	正处
陈道利	男	1940.1	1982.12	科员
杨德春	男	1940.1	1982.10	副科
万长庚	男	1940.2	1987.1	正处
李儒林	男	1940.3	1987.12	副处
杨文耀	男	1940.3	1982.10	正处
刘　登	男	1940.3	1986.11	正处
顾俊圻	男	1940.6	1988.7	科员
耿明伦	男	1940.8	1985.12	科员
杨振奎	男	1940.8	1982.12	科员
杨善海	男	1940.9	1984.8	副科
王振绪	男	1940.9	1983.5	科员
王者春	男	1941.1	1987.1	正科
杨瑞生	男	1941.1	1984.12	副科
张步云	男	1941.3	1983.7	正科
张茂荣	男	1941.3	1984.12	科员

续表 24-3

项目 姓名	性别	参加工作时间	离休（职）时间	离休（职）前职务
郄立忠	男	1941.6	1988.1	科员
王玉谦	男	1941.6	1988.4	副科
段新正	男	1941.7	1987.4	科员
苗砚田	男	1942.1	1983.7	副厅
王成先	男	1942.1	1987.4	正科
齐士民	男	1942.2	1983.8	正处
陈瑞林	男	1942.2	1986.8	正处
谷清林	男	1942.2	1983.7	副科
刘佩玉	男	1942.2	1983.8	科员
孙士桥	男	1942.3	1986.3	正处
陈业升	男	1942.4	1988.4	正科
李　均	男	1942.5	1988.1	科员
李　辉	男	1942.6	1988.8	副科
张秀珍	女	1942.9	1983.6	科员
吕春林	男	1942.9	1987.3	正处
张毅然	男	1942.10	1984.7	科员
王德修	男	1943.1	1983.7	科员
张冀新	男	1943.2	1983.7	副处
张思锐	男	1943.3	1987.12	副处
宋文明	男	1943.3	1982.11	科员
杨振德	男	1943.7	1987.1	副处
崔士生	男	1943.8	1987.10	科员
韩春生	男	1943.9	1983.7	副处
邓清涛	男	1944.1	1987.12	副处
张录海	男	1944.2	1988.6	正科
张业基	男	1944.2	2001.7	科员
何国梁	男	1944.2	1987.12	正处
孟德文	男	1944.8	1983.6	副科
梁士其	男	1944.8	1987.10	副处
杜呈祥	男	1944.8	1987.9	副处
齐录德	男	1944.9	1983.5	科员

续表 24-3

项目 姓名	性别	参加工作时间	离休（职）时间	离休（职）前职务
张广德	男	1944.9	1988.8	科员
张　生	男	1944.9	1989.11	副处
孙成明	男	1944.9	1989.3	副处
杨文德	男	1944.9	1983.9	科员
顾清林	男	1944.9	1988.12	副科
韩明生	男	1944.9	1987.3	副处
刘丛文	男	1944.9	1984.12	正科
高　英	男	1944.9	1986.1	副处
张效黄	男	1944.9	1987.1	科员
杨殿林	男	1944.9	1988.12	副处
陈德庆	男	1944.9	1989.6	副处
吕天佑	男	1944.9	1988.12	副处
杨歧林	男	1944.9	1988.12	副处
杨金珍	女	1945.1	1982.10	副处
王　专	男	1945.1	1989.10	正处
张思禹	男	1945.1	1983.9	科员
李宝庚	男	1945.1	1987.3	副处
齐文科	男	1945.1	1983.1	科员
李宝田	男	1945.2	1992.12	副科
顾金海	男	1945.2	2001.2	科员
侯文学	男	1945.3	1999.2	科员
郄宝春	男	1945.3	1991.11	副科
郑连金	男	1945.3	1983.7	科员
李成兰	女	1945.4	1988.8	副处
董士庆	男	1945.5	1988.1	副科
顾立惠	女	1945.6	1987.8	副处
王丙兰	女	1945.6	1987.5	副处
王生富	男	1945.7	1983.5	副处
高振合	男	1945.7	1988.7	副科
杨振纲	男	1945.7	1983.8	科员
张俊然	男	1945.8	1988.8	正科

续表 24-3

项目 姓名	性别	参加工作时间	离休（职）时间	离休（职）前职务
董其祥	男	1945.8	1994.3	副处
任星亮	男	1945.8	1988.1	副处
顾金兰	女	1945.9	1987.12	副处
马文斌	男	1945.9	1990.9	副科
陈　甦	男	1945.9	1982.12	副处
顾　真	男	1946.5	1983.7	科员
白坛生	男	1946.6	1984.12	正科
田秀林	男	1946.6	1984.12	副科
郑彦生	男	1946.6	1983.8	副科
王成名	男	1946.8	1990.6	副处
杨先堂	男	1946.8	1983.8	科员
郑万荣	女	1946.9	1987.5	科员
张喜增	男	1947.1	1989.4	副科
邢孟庚	男	1947.1	1983.6	科员
孙玉田	男	1947.1	1992.2	小教高级
张之勋	男	1947.1	1985.8	科员
段秀芍	男	1947.2	1983.8	科员
李根荣	男	1947.3	1988.1	副处
齐文德	男	1947.3	1986.9	科员
尚玉恒	男	1947.11	1990.12	副科
刘荣生	男	1948.1	1988.3	科员
李墨林	男	1948.1	1983.4	副处
顾　有	男	1948.1	1993.2	科员
段孟林	男	1948.2	1983.8	科员
卢廷章	男	1948.2	1983.8	科员
王明德	男	1948.3	1990.6	副科
王成生	男	1948.3	1993.12	中教高级
韩文吉	男	1948.3	1983.4	副处
段金华	女	1948.3	1994.4	科员
张振明	男	1948.4	1986.9	科员
郝明兰	女	1948.4	1982.12	科员

续表 24-3

项目 姓名	性别	参加工作时间	离休（职）时间	离休（职）前职务
张玉山	男	1948.5	1988.12	副处
耿永旺	男	1948.7	1989.3	副处
董竹德	男	1948.8	1986.4	科员
赵明堂	男	1948.9	1993.3	科员
刘立增	男	1948.9	1987.5	科员
刘海深	男	1948.10	1989.8	副处
齐贵珍	女	1948.10	1989.8	副处
刘振龙	男	1948.10	1994.3	副科
张锦然	男	1948.10	1983.3	科员
王德乾	男	1948.10	1985.3	科员
牛尚发	男	1948.10	1993.5	副科
吕忠福	男	1948.11	1983.10	副科
耿贵廷	男	1948.12	1992.8	科员
刘荣凯	男	1948.12	1990.5	副科
辛玉庚	男	1949.1	1992.4	正处
赵富芹	女	1949.1	1994.3	科员
韩文林	男	1949.1	1993.4	正科
刘连和	男	1949.1	1993.5	副科
李树仁	男	1949.1	1994.12	副科
陈明忠	男	1949.2	1988.1	科员
赵国周	男	1949.2	1983.6	科员
刘贺芝	男	1949.2	1983.8	科员
陈　墉	男	1949.4	1990.12	正科
陈先荷	女	1949.4	1984.12	科员
田文杰	男	1949.6	1986.11	科员
王恕谦	男	1938.11	1983.9	正处
卢士在	男	1947.2	1993.8	正处
李殿岐	男	1946.4	1989.11	正科
宋学珍	女	1949.3	1984.4	正科
孟广锦	男	1942.8	1981.2	正处
韩玉怀	男	1947.6	1993.12	正科

续表 24-3

项目 姓名	性别	参加工作时间	离休（职）时间	离休（职）前职务
郝富喜	男	1948.2	1987.4	正科
李进喜	男	1945.10	1986.6	正科
高贵生	男	1946.6	1986.11	正科
耿　俨	男	1945.1	1989.11	副处
赵　成	男	1946.8	1981.11	正科
栗福增	男	1948.9	1980.12	正科
崔海宴	男	1944.10	1975.5	副处
智俊信	男	1945.7	1990.1	副处
杨瑞恒	男	1948.5	1987.9	正科

1996—2010 年阜平县获市级以上劳动模范名录

表 24-4

项目 姓名	性别	出生年月	工作单位	职务	奖励名称	授奖单位	授奖年份
王志贤	男	1943.8	天生桥镇大教厂村	农民	省劳动模范	河北省人民政府	2009
贾根金	男	1947.8	王林口镇东庄村	农民	市劳动模范	保定市人民政府	2007
刘明生	男	1948.8	砂窝乡龙王沟村	农民	市劳动模范	保定市人民政府	1996
张玉珠	男	1949.1	文广新局	职工	省劳动模范	河北省人民政府	2008
张宝雄	男	1949.8	王林口镇前岭村	农民	省劳动模范	河北省人民政府	2004
孙建林	男	1950.1	县人大	副主任（二线）	省劳动模范	河北省人民政府	1999
胡山琴	男	1951.11	北果园小花沟村	农民	省劳动模范	河北省人民政府	1999
白玉军	男	1953.5	邮政局	职工	全国劳动模范	国务院	2010
韩有勇	男	1953.3	县医院	骨科主任	市劳动模范	保定市人民政府	2007
李明平	男	1953.7	北果园乡东城铺村	农民	省劳动模范	河北省人民政府	2009
杨田堂	男	1955.1	城南庄镇福子峪村	农民	市劳动模范	保定市人民政府	2011
杨晓泉	男	1957.3	宏祥建筑公司	副总经理	市劳动模范	保定市人民政府	2007
陈德廷	男	1857.8	县人大	副主任	全国五一劳动奖章	全国总工会	2006
张殿林	女	1959.3	农村信用联社	主任（二线）	市劳动模范	保定市人民政府	2007
陈占洲	男	1962.6	县政协	副主席	全国五一劳动奖章	全国总工会	2007
谷墨雄	男	1963.10	邮政局	局长	市劳动模范	保定市人民政府	2011
郄佳国	男	1965.7	林业局	局长	市劳动模范	保定市人民政府	2011

续表 24-4

项目 姓名	性别	出生年月	工作单位	职务	奖励名称	授奖单位	授奖年份
陈业铭	男	1965.9	水务局	局长	市劳动模范	保定市人民政府	2011
李立新	男	1966.12	邮政储蓄银行	行长	市劳动模范	保定市人民政府	2007
庞拥军	男	1969.10	供电公司	局长	市劳动模范	保定市人民政府	2011
袁　龙	男	1971.3	阜平镇海沿村	农民	省劳动模范	河北省人民政府	2004
庞耀垄	男	1974.3	交通局	工程股股长	市劳动模范	保定市人民政府	2011
崔丙空	男	1983.1	北果园乡半沟村	农民	市劳动模范	保定市人民政府	201

1996—2010年阜平县获得高级职称专业技术人员一览表

表 24-5

项目 姓名	性别	出生年月	工作单位	技术职称	职称评定时间
赵国顺	男	1938.12.17	农业局	高级农艺师	1994.9.1
郑永万	男	1939.10.1	县医院	副主任医师	1994.9.1
顾宝圻	女	1939.12.27	县医院	副主任医师	1994.9.1
王德琦	男	1937.5.26	县志办	主任编辑	1996.5.1
张　良	男	1948.9.15	林业局	高级工程师	1996.5.1
张贵平	男	1949.9.9	化工厂	高级工程师	1996.5.1
韩伟祥	男	1952.8.29	中医院	副主任中医师	1996.5.1
顾文贵	男	1950.10.18	林业局	高级工程师	1996.7.1
徐宗伟	男	1947.3.15	党校	高级讲师	1997.5.1
胡俊兰	女	1947.3.15	党校	高级讲师	1997.5.1
陈继瑞	男	1949.5.6	党校	高级讲师	1997.5.1
贾文良	男	1949.5.11	畜牧局	高级畜牧（兽医）师	1997.5.1
薛桂芝	女	1951.9.5	畜牧局	高级畜牧（兽医）师	1997.6.1
郑贵主	男	1941.1.13	畜牧局	高级畜牧（兽医）师	1997.8.1
安益龙	男	1952.7.12	阜平中学	中学高级教师	1997.8.1
封树立	男	1963.5.9	农业局	高级工程师	1998.2.1
韩鸿昆	男	1945.1.24	县医院	副主任医师	1998.3.1
贾玉荣	女	1948.1.8	中医院	副主任中医师	1998.3.1
邓贵忠	男	1948.11.26	党校	高级讲师	1998.3.1
贾瑞林	男	1956.10.15	阜平中学	中学高级教师	1998.11.1
耿　斌	男	1957.9.8	阜平中学	中学高级教师	1998.11.1

续表 24-5

项目 姓名	性别	出生年月	工作单位	技术职称	职称评定时间
白宗芳	男	1957.11.24	阜平县教研室	中学高级教师	1998.11.1
刘国利	男	1958.5.12	职教中心	中学高级教师	1998.11.1
陈先川	男	1959.5.1	阜平中学	中学高级教师	1998.11.1
张红霞	女	1960.10.17	教育局勤工办	中学高级教师	1998.11.1
白万春	男	1962.9.5	阜平中学	中学高级教师	1998.11.1
史万青	男	1942.10.2	畜牧局	高级畜牧（兽医）师	1999.3.1
高玉娥	女	1949.4.9	农业局	高级农艺师	1999.3.1
张三堂	男	1961.10.3	中医院	副主任中医师	1999.3.1
张玉珠	男	1949.11.9	广播电视台	主任记者	1999.9.1
董兆云	男	1954.3.1	阜平中学	中学高级教师	1999.9.1
刘金学	男	1956.12.1	阜平中学	中学高级教师	1999.9.1
胡敬智	男	1942.6.18	畜牧局	高级畜牧（兽医）师	2000.1.1
段德云	女	1953.11.8	农业局	高级农艺师	2000.1.1
王建英	女	1964.7.25	农业局	高级农艺师	2000.1.1
蔡爱萍	女	1965.9.15	农业局	高级农艺师	2000.1.1
孙淑梅	女	1969.8.8	党校	高级讲师	2000.1.1
陈永菲	女	1972.3.1	医疗保险所	高级经济师	2000.1.1
陈德廷	男	1957.8.31	林业局	高级农艺师	2000.12.1
任罗峰	男	1961.8.15	阜平镇城厢中学	中学高级教师	2000.12.1
郑来宽	男	1963.6.12	林业局	高级农艺师	2000.12.1
邓风川	男	1964.10.22	水利局	高级工程师	2000.12.1
杨文江	男	1954.2.10	阜平中学	中学高级教师	2001.4.1
吴贵山	男	1957.7.9	阜平中学	中学高级教师	2001.4.1
杨瑞敏	男	1952.4.7	北果园乡东城铺中学	中学高级教师	2001.4.5
刘国平	男	1949.2.25	县医院	副主任医师	2001.7.1
胡建国	男	1957.9.10	林业局	高级农艺师	2001.7.1
陈绍敏	女	1967.2.4	林业局	高级农艺师	2001.7.1
霍宝廷	男	1946.10.4	文化馆	副研究馆员	2001.10.1
张彦宏	男	1953.12.19	教师进修学校	中学高级教师	2002.3.5
高长意	男	1957.1.17	教育工会	中学高级教师	2002.3.5
赵顺文	男	1957.3.27	阜平中学	中学高级教师	2002.3.5

续表 24-5

项目 姓名	性别	出生年月	工作单位	技术职称	职称评定时间
王 勇	男	1958. 9. 1	阜平镇城厢中学	中学高级教师	2002. 3. 5
段丽山	男	1960. 12. 20	阜平中学	中学高级教师	2002. 3. 5
苗玉合	男	1961. 9. 28	龙泉关镇龙泉关中学	中学高级教师	2002. 3. 5
杜 国	男	1963. 3. 9	阜平中学	中学高级教师	2002. 3. 5
顾品川	男	1963. 9. 9	阜平中学	中学高级教师	2002. 3. 5
顾廷学	女	1963. 12. 11	阜平中学	中学高级教师	2002. 3. 5
梁吉叶	女	1964. 9. 12	阜平中学	中学高级教师	2002. 3. 5
吕 哲	男	1964. 9. 28	阜平中学	中学高级教师	2002. 3. 5
赵 琴	女	1965. 10. 16	阜平中学	中学高级教师	2002. 3. 5
甄淑平	男	1966. 4. 23	砂窝乡砂窝中学	中学高级教师	2002. 3. 5
杨国军	男	1956. 11. 13	水利局	高级工程师	2002. 5. 1
王建亮	男	1952. 9. 10	城南庄镇城南庄中学	中学高级教师	2002. 12. 1
王梦乐	男	1954. 5. 2	史家寨乡史家寨中学	中学高级教师	2002. 12. 1
陈业枝	男	1958. 2. 1	阜平中学	中学高级教师	2002. 12. 1
王志俊	男	1959. 11. 6	阜平镇城厢中学	中学高级教师	2002. 12. 1
辛红霞	女	1965. 8. 23	阜平中学	中学高级教师	2002. 12. 1
李秀金	女	1968. 1. 23	阜平县教研室	中学高级教师	2002. 12. 5
周合云	女	1966. 2. 1	农业局	高级农艺师	2003. 2. 1
张文堂	男	1967. 10. 18	畜牧局	高级畜牧（兽医）师	2003. 2. 1
杨春生	男	1966. 3. 19	阜平中学	中学高级教师	2003. 12. 1
赵希章	男	1968. 8. 1	阜平中学	中学高级教师	2003. 12. 1
史彦平	男	1964. 12. 3	阜平镇城厢中学	中学高级教师	2003. 12. 5
冯国斌	男	1964. 1. 9	教师进修学校	中学高级教师	2004. 12. 1
李毅新	女	1965. 9. 1	阜平镇城厢中学	中学高级教师	2004. 12. 1
顾祥成	男	1966. 3. 3	阜平中学	中学高级教师	2004. 12. 1
刘常俊	女	1969. 10. 29	阜平中学	中学高级教师	2004. 12. 1
苗凤香	女	1970. 5. 7	阜平中学	中学高级教师	2004. 12. 1
牛玉梅	女	1971. 9. 23	阜平中学	中学高级教师	2004. 12. 1
黄庆捷	男	1963. 11. 13	教育局成教办	中学高级教师	2005. 11. 1
李淑兰	女	1964. 5. 11	农业局	高级农艺师	2005. 11. 1
冯志芳	女	1965. 8. 1	阜平中学	中学高级教师	2005. 11. 1

续表 24-5

项目 姓名	性别	出生年月	工作单位	技术职称	职称评定时间
闫路平	女	1965.11.27	阜平镇城厢中学	中学高级教师	2005.11.1
孙玉彩	女	1966.4.4	阜平中学	中学高级教师	2005.11.1
陈永婷	女	1966.5.8	阜平镇城厢中学	中学高级教师	2005.11.1
董　华	女	1967.2.19	阜平镇城厢中学	中学高级教师	2005.11.1
王树哲	男	1967.12.16	阜平中学	中学高级教师	2005.11.1
李来明	男	1968.10.1	阜平中学	中学高级教师	2005.11.1
冯志恒	男	1969.7.4	阜平中学	中学高级教师	2005.11.1
郄晋梅	女	1969.10.28	阜平中学	中学高级教师	2005.11.1
刘耀英	女	1971.5.15	阜平中学	中学高级教师	2005.11.1
刘慧贤	女	1971.4.24	阜平中学	中学高级教师	2005.11.5
张玉平	男	1955.1.16	党校	高级讲师	2005.12.1
郑茂进	男	1957.7.12	农业局	高级农艺师	2005.12.1
崔少宏	男	1949.10.2	文化馆	副研究馆员	2006.11.1
王素利	男	1964.12.11	阜平中学	中学高级教师	2006.12.1
顾清平	男	1965.2.18	阜平中学	中学高级教师	2006.12.1
马　光	男	1965.9.7	畜牧局	高级工程师	2006.12.1
王永静	女	1966.12.6	教师进修学校	中学高级教师	2006.12.1
张栋达	男	1967.2.2	阜平中学	中学高级教师	2006.12.1
赵　梅	女	1967.8.11	阜平镇城厢中学	中学高级教师	2006.12.1
李芳萍	女	1969.2.22	阜平镇城厢中学	中学高级教师	2006.12.1
孟建儒	女	1969.11.5	阜平镇城厢中学	中学高级教师	2006.12.1
马淑平	男	1970.6.2	阜平中学	中学高级教师	2006.12.1
张凤菊	女	1970.11.6	阜平镇城厢中学	中学高级教师	2006.12.1
张树生	男	1971.3.13	阜平中学	中学高级教师	2006.12.1
刘清士	男	1964.10.16	职教中心	中学高级教师	2006.12.5
赵淑恩	女	1958.9.23	平阳镇平阳中学	中学高级教师	2007.11.1
董立华	女	1963.11.7	阜平镇城厢中学	中学高级教师	2007.11.1
陈永儒	男	1963.12.11	阜平县教研室	中学高级教师	2007.11.1
段淑贤	女	1964.9.5	阜平镇城厢中学	中学高级教师	2007.11.1
郄录平	男	1965.2.21	阜平中学	中学高级教师	2007.11.1
李冬兰	女	1965.3.8	阜平镇城厢中学	中学高级教师	2007.11.1

续表 24-5

项目 姓名	性别	出生年月	工作单位	技术职称	职称评定时间
杨瑞梅	女	1970.12.22	阜平镇城厢中学	中学高级教师	2007.11.1
杨冬梅	女	1971.10.6	阜平镇城厢中学	中学高级教师	2007.11.1
杨素芬	女	1969.9.10	县医院	副主任中医师	2007.12.1
高玉春	女	1963.1.3	党校	高级讲师	2008.1.1
李天玉	男	1958.3.8	教育局成教办	中学高级教师	2008.12.1
刘俊杰	男	1958.4.23	吴王口乡吴王口中学	中学高级教师	2008.12.1
赵有林	男	1959.2.18	教育局成教办	中学高级教师	2008.12.1
梁吉军	男	1961.8.25	教师进修学校	中学高级教师	2008.12.1
郭晓辉	男	1961.11.27	大台乡中技中学	中学高级教师	2008.12.1
陈永新	女	1965.10.12	阜平镇城厢中学	中学高级教师	2008.12.1
顾国军	男	1966.3.6	阜平县教研室	中学高级教师	2008.12.1
王燕平	女	1966.9.29	教育局校产办	中学高级教师	2008.12.1
段永清	男	1966.11.6	阜平县教研室	中学高级教师	2008.12.1
王成贵	男	1967.3.15	吴王口乡吴王口中学	中学高级教师	2008.12.1
孙淑梅	女	1967.7.2	阜平中学	中学高级教师	2008.12.1
李玉鸿	男	1967.7.13	阜平中学	中学高级教师	2008.12.1
霍守英	女	1967.9.21	阜平中学	中学高级教师	2008.12.1
田　晶	女	1967.10.16	阜平镇城厢中学	中学高级教师	2008.12.1
张立霞	女	1968.1.23	教育局成教办	中学高级教师	2008.12.1
贾记平	女	1968.10.12	阜平中学	中学高级教师	2008.12.1
张振英	女	1968.12.26	阜平中学	中学高级教师	2008.12.1
张治中	男	1969.4.6	阜平中学	中学高级教师	2008.12.1
杨贵成	男	1970.1.15	王林口乡王林口中学	中学高级教师	2008.12.1
白彦红	男	1970.4.9	教育局成教办	中学高级教师	2008.12.1
张富生	男	1970.9.28	阜平中学	中学高级教师	2008.12.1
王玉梅	女	1971.12.26	阜平县教研室	中学高级教师	2008.12.1
顾文彦	女	1973.8.15	职教中心	中学高级教师	2008.12.1
胡翠明	男	1952.4.16	下庄乡同心希望小学	中学高级教师	2009.12.1
赵培忠	男	1953.11.8	阜平镇城厢中学	中学高级教师	2009.12.1
孟进亮	男	1953.12.20	教师进修学校	中学高级教师	2009.12.1
张　泽	男	1954.12.19	史家寨乡史家寨中学	中学高级教师	2009.12.1

续表 24-5

项目 姓名	性别	出生年月	工作单位	技术职称	职称评定时间
齐翠顺	男	1960.10.9	龙泉关镇龙泉关中学	中学高级教师	2009.12.1
王者秀	女	1961.9.19	阜平镇城厢中学	中学高级教师	2009.12.1
刘　勤	男	1962.9.14	阜平镇城厢中学	中学高级教师	2009.12.1
白造林	男	1964.4.4	教师进修学校	中学高级教师	2009.12.1
陈丽珍	女	1965.1.15	阜平镇城厢中学	中学高级教师	2009.12.1
王者书	女	1965.3.28	阜平镇城厢小学	中学高级教师	2009.12.1
马芬菊	女	1966.1.29	教育工会	中学高级教师	2009.12.1
吕惠英	女	1966.2.4	教育局校产办	中学高级教师	2009.12.1
刘保党	男	1966.2.16	吴王口乡吴王口中学	中学高级教师	2009.12.1
郑进京	男	1966.3.1	台峪乡子毅中学	中学高级教师	2009.12.1
吕明雪	女	1966.4.9	教育局成教办	中学高级教师	2009.12.1
陈宪军	男	1966.10.24	史家寨乡史家寨中学	中学高级教师	2009.12.1
韩　林	男	1967.4.11	阜平中学	中学高级教师	2009.12.1
陈永华	女	1968.11.1	教育局成教办	中学高级教师	2009.12.1
马　旭	男	1968.11.12	职教中心	中学高级教师	2009.12.1
郑卫玉	女	1969.2.1	阜平镇城厢小学	中学高级教师	2009.12.1
吕新林	男	1969.12.3	教育局成教办	中学高级教师	2009.12.1
刘树林	男	1970.3.12	阜平镇城厢中学	中学高级教师	2009.12.1
赵雪梅	女	1970.3.28	教育局成教办	中学高级教师	2009.12.1
周建军	男	1970.4.29	教育局成教办	中学高级教师	2009.12.1
李金山	男	1970.9.25	阜平县教研室	中学高级教师	2009.12.1
齐明学	男	1970.11.4	平阳镇平阳中学	中学高级教师	2009.12.1
韩淑乔	女	1971.6.2	教育局成教办	中学高级教师	2009.12.1
刘平娥	女	1971.8.8	阜平镇城厢中学	中学高级教师	2009.12.1
杨玉芬	女	1972.5.20	阜平县教研室	中学高级教师	2009.12.1
李新红	女	1972.7.1	教育局成教办	中学高级教师	2009.12.1
杨二军	男	1972.11.7	阜平中学	中学高级教师	2009.12.1
刘志军	男	1963.10.30	职教中心	中学高级教师	2009.12.2
孙玉霞	女	1959.8.13	广播电视台	高级经济师	2010.6.1
张淑荣	女	1971.3.29	农业局	高级农艺师	2010.6.1
刘振平	男	1952.9.24	北果园乡东城铺中学	中学高级教师	2010.12.1

续表 24-5

项目 姓名	性别	出生年月	工作单位	技术职称	职称评定时间
闫志明	男	1953. 8. 21	阜平镇城厢中学	中学高级教师	2010. 12. 1
张俊清	男	1954. 9. 20	龙泉关镇龙泉关中学	中学高级教师	2010. 12. 1
王彦文	男	1955. 4. 8	教育局成教办	中学高级教师	2010. 12. 1
董兆海	男	1955. 5. 15	阜平镇城厢中学	中学高级教师	2010. 12. 1
王世龙	男	1955. 5. 26	教育会馆	中学高级教师	2010. 12. 1
张永红	男	1959. 8. 4	龙泉关镇龙泉关中学	中学高级教师	2010. 12. 1
郝新明	男	1959. 10. 29	阜平镇城厢中学	中学高级教师	2010. 12. 1
张和平	男	1960. 1. 4	砂窝乡砂窝中学	中学高级教师	2010. 12. 1
张学森	男	1960. 8. 9	教师进修学校	中学高级教师	2010. 12. 1
曲俊国	男	1960. 10. 19	教育工会	中学高级教师	2010. 12. 1
马金海	男	1961. 7. 21	教师进修学校	中学高级教师	2010. 12. 1
万寿燕	男	1963. 3. 4	城南庄镇城南庄中学	中学高级教师	2010. 12. 1
刘光渊	男	1964. 3. 7	教师进修学校	中学高级教师	2010. 12. 1
王文玲	女	1964. 8. 18	教育工会	中学高级教师	2010. 12. 1
李常瑞	男	1964. 10. 11	职教中心	中学高级教师	2010. 12. 1
王金川	男	1965. 8. 14	阜平镇城厢中学	中学高级教师	2010. 12. 1
王建军	男	1965. 12. 17	砂窝乡百亩台小学	中学高级教师	2010. 12. 1
杨彦荣	女	1966. 5. 21	阜平镇城厢中学	中学高级教师	2010. 12. 1
顾正海	男	1966. 6. 1	龙泉关镇龙泉关中学	中学高级教师	2010. 12. 1
李　泉	男	1966. 9. 28	职教中心	中学高级教师	2010. 12. 1
李秀忠	男	1966. 10. 2	职教中心	中学高级教师	2010. 12. 1
张学文	男	1966. 12. 8	阜平县教研室	中学高级教师	2010. 12. 1
赵景中	男	1968. 8. 9	平阳镇平阳中学	中学高级教师	2010. 12. 1
刘　旨	男	1969. 4. 19	教育局成教办	中学高级教师	2010. 12. 1
段建利	男	1969. 5. 1	台峪乡子毅中学	中学高级教师	2010. 12. 1
杨国章	男	1969. 5. 19	职教中心	中学高级教师	2010. 12. 1
苑秀婷	女	1970. 2. 14	城关镇城厢小学	中学高级教师	2010. 12. 1
王　花	女	1970. 2. 23	职教中心	中学高级教师	2010. 12. 1
李秀峰	男	1971. 6. 3	阜平县教研室	中学高级教师	2010. 12. 1
白平丽	女	1974. 7. 7	阜平镇城厢小学	中学高级教师	2010. 12. 1

1996—2010年阜平县获省以上表彰的教师、教育工作者一览表

表24-6

项目 姓名	性别	所在单位	获奖称号	颁奖单位	获奖年度
张永红	男	龙泉关中学	河北省特级教师	省政府	1999
王者书	女	阜平镇城厢小学	河北省特级教师	省政府	2004
孟保国	男	教研室	河北省骨干教师	省教育厅	2005
杨冬梅	女	阜平镇城厢中学	河北省骨干教师	省教育厅	2005
白平丽	女	阜平镇城厢小学	全国优秀教师	教育部	2007
苑秀婷	女	阜平镇城厢小学	全国优秀教师	教育部	2009
白平丽	女	阜平镇城厢小学	河北省特级教师	省政府	2009
杨冬梅	女	夏庄乡同心小学	河北省优秀教师	省教育厅、人社厅、工会	2009
顾文彦	女	职教中心	河北省师德标兵	省教育厅	2010

索 引

D

E

F

G

Q

R

S

W

Y

Z

编后记

《阜平县志（1996—2010）》是1999年版《阜平县志》的续志，编纂始于2010年3月。历经组织发动、收集资料、编写初稿、总纂合成、评审修订、终审验收六个阶段，用时八年八个月，2018年11月付梓问世。全志24篇104章382节，图照404幅，表354张，140余万字。

自受命主编以来，我深感使命光荣，责任重大。再回首，苦心孤注，全力以赴，曾经历历，颇多感受。自己不仅为有幸亲历志书精心打磨、千锤百炼的全过程而自豪，也为目睹志书的全新亮相、成功问世而骄傲。

一、根本在领导重视。自二轮县志编修开始，几任县委书记、政府县长、常务副县长，一任接一任，都十分重视。在修志工作进入最后冲刺的关键阶段，现任县委书记刘靖、代县长贾瑞生、常务副县长戴鹏炜高度重视县志编修，经常过问指导工作。在县财政十分紧张的情况下，给我们建了方志室，改善了办公条件，提高了修志人员待遇。县领导的体贴关怀，使我们斗志倍增、士气倍增、干劲倍增。各乡镇党委政府、县直部门的中层领导都把县志编修作为头等大事、第一要务，尽职尽责，苦干实干，扎实工作。全县修志工作始终在正确的轨道上顺利推进。

二、关键在学术指导。河北省地方志办公室副主任王蕾，带领省内三位修志专家到阜平培训指导工作；原副主任王广才急我们所急，帮我们所需，先后四次亲临阜平雪中送炭，排忧解难，无偿给我们提供了上千万字的书籍、资料。保定市地方志办公室主任孙进柱、副主任张积涛、县志处处长赵光、副处长宫卫红、编辑李妍经常深入阜平，培训人员，指导工作。从收集资料到志稿撰写、从篇目设置到总纂终审，对阜平修志寸步不离，始终如一，倾注了大量心血，直到成书。

三、基石是自身努力。打铁还需自身硬。“为有源头活水来”，我们紧紧抓住提高自身素质始终不放松，在学习提高上狠下功夫。以保定市地方志编纂委员会办公室编印的《地方志业务培训手册》为教科书，组织大家认真学，反复学，写心得，谈体会，抓入门的同时抓深造，抓巩固的同时抓提高。采取走出去的办法，参加了衡水市桃城区的国家级专家评审会，保定市七市县的省级评审会。以“工匠精神、奉献精神、担当精神”为主题，开展了政治思想教育活动，提高大家“干一行爱一行，专一行红一行”的政治思想觉悟，培育造就了“团结、实干、向上”的战斗集体。全体编修人员众志成城，焚膏继晷，攻坚克难，圆满完成任务。

张玉珠、耿吉友、杨占柱、张殿军、李京京等同志参与了《阜平县志（1996—2010）》编纂工作，付出了他们的心血。

特别感谢：中国地方志指导小组办公室副主任、中国地方志学会副会长、研究员、博士生导师邱新立不辞百忙拨冗作序。

特别感谢：九十高龄的阜平县原县长王专，九年如一日，倾心尽力给予我们的大力支持。

特别感谢：县委办公室常务副主任刘会军不辞劳苦、不惜百忙编写《概述》。

特别感谢：阜平县统计局副局长李树江呕心沥血编写第十二篇《经济总情》。

因能力所限，多有错误疏漏，恳请专家学者、各界同仁、广大读者不吝赐教，悉心斧正。

编者

2019年3月